DIZIONARIO
INGLESE - ITALIANO
ITALIANO - INGLESE

ISTITUTO GEOGRAFICO
DeAGOSTINI

SETTORE DIZIONARI E OPERE DI BASE
Caporedattore: Valeria Camaschella
Coordinamento tecnico: Roberto Ghidoli
Coordinamento grafico: Marco Santini
Coordinamento redazionale: Davide Bernardini

Realizzazione editoriale: Studio Lemmari snc
di Elisa Calcagni e Donata Schiannini
con la collaborazione di: Paola Pianalto, Carla Zipoli; Carola Corneo,
Michele Matacchieri, Gaia Melotti, Silvia Nannicini, Chiara Pappalardo
Fotocomposizione: Linotipo 77 - Milano

1

Catalogo 10734
ISBN 88-402-0009-6

© 1989 Istituto Geografico De Agostini, Novara
NUOVA EDIZIONE
© De Agostini Editore, Novara 2004
www.deagostini.it
Redazione: corso della Vittoria 91, 28100 Novara

Stampa: «La Tipografica Varese S.p.A.» - Varese 2005

GUIDA ALLA CONSULTAZIONE DEL DIZIONARIO

abbey ['æbɪ] *s* abbazia. ———————————— *lemma*

ability [ə'bɪlətɪ] *s* abilità. ———————————— *qualifica grammaticale*

———————————— *traducente*

able ['eɪbl] *agg* capace ◊ **to be able to do something** essere in grado di, riuscire a fare qualcosa.

abroad [ə'brɔːd] *avv* all'estero.

account [ə'kaʊnt] *s* resoconto; *(comm)* conto ◊ **of no account** senza importanza; **by all accounts** a quanto si dice; **current account** conto corrente; **to take into account** tener conto di. ———————————— *uso in un campo particolare*

an [æn, ən, n] *art indeterminativo* v. **a.** ———————————— *rinvio ad altro lemma*

———————————— *trascrizione fonetica*

annual ['ænjʊəl] *agg* annuale.

annual ['ænjʊəl] *s* annuario.

———————————— *forme irregolari dei verbi*

arise [(*p* **arose** *pp* **arisen**) [ə'raɪz], ə'rəʊz, ə'rɪzn] *v intr* sorgere; presentarsi.

———————————— *rinvio da forma irregolare a lemma*

arose [ə'rəʊz] *p di* **arise**.

———————————— *differenza grammaticale rispetto al lemma**

bite [baɪt] *s* morso; *(insetto)* puntura; boccone *(m)*.

———————————— *plurali particolari*

child [(*pl* **children**) [tʃaɪld, 'tʃɪldrən] *s* bambino; figlio ◊ **child seat** seggiolino per bambini *(in auto)*.

dry [draɪ] *v tr/intr* seccare, seccarsi, asciugare, asciugarsi.

———————————— *verbo frasale*

▶ **dry up** asciugare; esaurire. ———————————— *fraseologia*

far [fɑː*] *agg* lontano ◊ **the Far East** l'Estremo Oriente.

---

* I sostantivi inglesi non hanno genere, non sono cioè né maschili né femminili; poiché i sostantivi italiani invece hanno sempre un genere, c'è sempre una differenza grammaticale. Questa differenza non viene segnalata quando i sostantivi italiani seguono il modello più comune, cioè quando terminano in **-o** e sono maschili e terminano in **-a** e sono femminili; in tutti gli altri casi è segnalato tra parentesi il genere del sostantivo italiano.

III

ABBREVIAZIONI

agg	aggettivo	**inter**	interiezione
agr	agricoltura	**intr**	intransitivo
AmE	inglese americano	**inv**	invariabile
anat	anatomia	**lett**	letteratura
arch	architettura	**m**	maschile
art	articolo	**mar**	marineria
astr	astronomia	**mat**	matematica
aut	autoveicoli	**med**	medicina
avv	avverbio	**milit**	militare
biol	biologia	**miner**	minerali
bot	botanica	**mus**	musica
BrE	inglese britannico	**pl**	plurale
bur	burocrazia	**polit**	politica
chim	chimica	**prep**	preposizione
cine	cinema	**pron**	pronome
comm	commercio	**region**	regionale
compl	complemento	**relig**	religione
cong	congiunzione	**rifl**	riflessivo
cuc	cucina	**s**	sostantivo
econ	economia	**sf**	sostantivo femminile
elettr	elettricità	**sing**	singolare
f	femminile	**sm**	sostantivo maschile
ferr	ferrovia	**tecn**	tecnica
fig	figurato	**tr**	transitivo
fin	finanza	**TV**	televisione
fis	fisica	**v**	verbo
fot	fotografia	**v.**	vedi
geog	geografia	**zool**	zoologia
geom	geometria		
giur	giurisprudenza		
gramm	grammatica		
inform	informatica		

IV

NOTE SULLA SCRITTURA E PRONUNCIA DELL'INGLESE

Molte parole si possono scrivere con il trattino o senza; quando le fonti inglesi più autorevoli indicano come possibile sia l'una che l'altra grafia, abbiamo scelto di solito la grafia senza trattino.

Le regole inglesi per dividere le parole nell'andare a capo non sono assolutamente definite; in questo dizionario abbiamo rispettato le regole universalmente riconosciute.

Per la pronuncia abbiamo utilizzato i simboli dell'Alfabeto fonetico internazionale (AFI); nell'uso scientifico una sequenza di questi simboli non si divide per andare a capo, ma dato lo scopo pratico dell'opera abbiamo preferito spezzare a volte la sequenza andando a capo piuttosto che sprecare spazio utile.

TRASCRIZIONE FONETICA

Consonanti

[p]	pen, happy (padre)
[b]	back, rubber (bambino)
[t]	tea, butter, walked, doubt (tutto)
[d]	day, ladder, called, could (dado)
[k]	key, cool, soccer, lock, school, cheque (cane, che)
[g]	get, bigger, ghost (gola, ghiro)
[tʃ]	cheer, match, nature, question (pece)
[dʒ]	jump, age, edge, soldier, gradual (giro)
[f]	fat, coffee, cough, physics, half (afa, faro)
[v]	view, of, navvy, (vero, bravo)
[θ]	thing (suono simile a una *t* pronunciata con la lingua spinta in avanti fino a toccare i denti, e con espirazione)
[ð]	then (suono simile a una *d* pronunciata con la lingua spinta in avanti fino a toccare i denti, e con espirazione)
[s]	soon, city, psychology, mess, scene, listen (sano)
[z]	zero, was, example ([gz]) (svago, esame)
[ʃ]	fishing, sure, station, tension (scena)
[ʒ]	pleasure, vision, rouge (garage)
[h]	hot, whole (suono espirato simile alla *c* toscana)

[m]	su<u>m</u>, ha<u>mm</u>er, cal<u>m</u>, bo<u>mb</u> (ra<u>m</u>o)
[n]	su<u>n</u>, fu<u>nn</u>y, k<u>n</u>ow, g<u>n</u>aw (<u>n</u>o, fuma<u>n</u>te)
[ŋ]	su<u>ng</u>, si<u>nk</u> (suono simile alla *n* italiana pronunciata con il dorso della lingua spinto indietro fino a toccare il palato molle)
[l]	<u>l</u>ed, ba<u>ll</u>on, batt<u>l</u>e (<u>l</u>etto)
[r]	<u>r</u>ed, ma<u>rr</u>y, w<u>r</u>iggle, <u>rh</u>ubarb (<u>r</u>ete, a<u>r</u>co)
[j]	<u>y</u>et, on<u>i</u>on, <u>u</u>se ([ju:]), ne<u>w</u>, <u>Eu</u>rope (bu<u>i</u>o)
[w]	<u>w</u>et, <u>o</u>ne [wʌ], <u>wh</u>en, q<u>u</u>een (<u>uo</u>mo)
[*]	indica la *r* finale che non si pronuncia, a meno che non sia seguita da parola che comincia con una vocale

Vocali

[i:]	sh<u>ee</u>p, f<u>ie</u>ld, t<u>ea</u>m, k<u>ey</u>, sc<u>e</u>ne (v<u>i</u>no)
[ɪ]	sh<u>i</u>p, sav<u>a</u>ge, g<u>ui</u>lt, syst<u>e</u>m, w<u>o</u>men (suono simile a una *i* molto breve con tendenza alla *e*)
[e]	b<u>e</u>d, <u>a</u>ny, s<u>ai</u>d, br<u>ea</u>d, b<u>u</u>ry, fr<u>ie</u>nd (*e* chiusa come in: st<u>e</u>lle)
[æ]	b<u>a</u>d, pl<u>ai</u>d (suono simile a una *a* con tendenza alla *e*)
[ɑ:]	c<u>a</u>lm, f<u>a</u>ther, h<u>ea</u>rt, l<u>au</u>gh (m<u>a</u>mma)
[ɒ]	p<u>o</u>t, w<u>a</u>tch, c<u>ou</u>gh, l<u>au</u>rel (r<u>o</u>sa)
[ɔ:]	c<u>au</u>ght, b<u>a</u>ll, b<u>oa</u>rd, dr<u>aw</u>, f<u>ou</u>r, fl<u>oo</u>r (p<u>o</u>nte)
[ʊ]	p<u>u</u>t, w<u>oo</u>d, w<u>o</u>lf, c<u>ou</u>ld (<u>u</u>tile)
[u:]	b<u>oo</u>t, m<u>o</u>ve, sh<u>oe</u>, gr<u>ou</u>p, fl<u>ew</u>, bl<u>ue</u>, r<u>u</u>de (<u>u</u>va)
[ʌ]	c<u>u</u>t, s<u>o</u>me, bl<u>oo</u>d, d<u>oe</u>s (suono molto rapido tra *a* e *o*)
[ɜ:]	b<u>i</u>rd, b<u>u</u>rn, f<u>e</u>rn, w<u>o</u>rm, <u>ea</u>rn, j<u>ou</u>rnal (suono simile a una *e* chiusa con tendenza alla *o*)
[ə]	cupb<u>oa</u>rd, th<u>e</u>, col<u>ou</u>r, act<u>o</u>r, nati<u>o</u>n, dang<u>e</u>r (suono simile a una *e* aperta con tendenza alla *a*)
[aɪ]	b<u>i</u>te, p<u>ie</u>, b<u>uy</u>, tr<u>y</u>, g<u>ui</u>de, s<u>igh</u> (*a + i*)
[aʊ]	n<u>ow</u>, sp<u>ou</u>t, pl<u>ough</u> (suono simile a una *a* con tendenza alla *u*)
[ɔɪ]	b<u>oy</u>, p<u>oi</u>son, l<u>aw</u>yer (*o* aperta + *i*)
[ɔɪə]	empl<u>oyer</u> (*o* aperta + *i* + suono simile a una *e* aperta con tendenza alla *a*)

NUMERALI

Cardinali

1	uno	one
2	due	two
3	tre	three
4	quattro	four
5	cinque	five
6	sei	six
7	sette	seven
8	otto	eight
9	nove	nine
10	dieci	ten
11	undici	eleven
12	dodici	twelve
13	tredici	thirteen
14	quattordici	fourteen
15	quindici	fifteen
16	sedici	sixteen
17	diciassette	seventeen
18	diciotto	eighteen
19	diciannove	nineteen
20	venti	twenty
21	ventuno	twenty one
30	trenta	thirty
40	quaranta	forty
50	cinquanta	fifty
60	sessanta	sixty
70	settanta	seventy
80	ottanta	eighty
90	novanta	ninety
100	cento	a hundred, one hundred
101	centouno	a hundred and one
110	centodieci	a hundred and ten
200	duecento	two hundred
300	trecento	three hundred
400	quattrocento	four hundred
500	cinquecento	five hundred
600	seicento	six hundred
700	settecento	seven hundred

800	ottocento		eight hundred	
900	novecento		nine hundred	
1 000	mille		a thousand, one thousand	
1 001	milleuno		a thousand and one	
1 010	milledieci		a thousand and ten	
1 100	millecento		a thousand one hundred	
2 000	duemila		two thousand	
10 000	diecimila		ten thousand	
100 000	centomila		a hundred thousand	
1 000 000	un milione		a million, one million	
1 000 000 000	un miliardo		one thousand million, a milliard; (*AmE*) a billion	

Ordinali

1°	I	primo	1st	first
2°	II	secondo	2nd	second
3°	III	terzo	3rd	third
4°	IV	quarto	4th	fourth
5°	V	quinto	5th	fifth
6°	VI	sesto	6th	sixth
7°	VII	settimo	7th	seventh
8°	VIII	ottavo	8th	eighth
9°	IX	nono	9th	ninth
10°	X	decimo	10th	tenth
11°	XI	undicesimo	11th	eleventh
12°	XII	dodicesimo	12th	twelfth
20°	XX	ventesimo	20th	twentieth
21°	XXI	ventunesimo	21st	twenty-first
30°	XXX	trentesimo	30th	thirtieth
40°	XL	quarantesimo	40 th	fortieth
50°	L	cinquantesimo	50 th	fiftieth
60°	LX	sessantesimo	60 th	sixtieth
70°	LXX	settantesimo	70 th	seventieth
80°	LXXX	ottantesimo	80 th	eightieth
90°	XC	novantesimo	90 th	ninetieth
100°	C	centesimo	100 th	one hundredth
101°	CI	centunesimo	101st	hundred and first
1 000°	M	millesimo	1 000th	one thousandth

VIII

UNITÀ DI MISURA

mm	millimetro	millimetre, (*AmE*) millimeter
cm	centimetro	centimetre, (*AmE*) centimeter
dm	decimetro	decimetre, (*AmE*) decimeter
m	metro	metre, (*AmE*) meter
km	chilometro	kilometre, (*AmE*) kilometer
m^2	metro quadrato	square metre, (*AmE*) square meter
m^3	metro cubo	cubic metre, (*AmE*) cubic meter
ml	millilitro	millilitre, (*AmE*) milliliter
cl	centilitro	centilitre, (*AmE*) centiliter
dl	decilitro	decilitre, (*AmE*) deciliter
l	litro	litre, (*AmE*) liter
hl	ettolitro	hectolitre, (*AmE*) hectoliter
mg	milligrammo	milligram(me), (*AmE*) milligram
cg	centigrammo	centigram(me), (*AmE*) centigram
dg	decigrammo	decigram(me), (*AmE*) decigram
g	grammo	gram(me), (*AmE*) gram
hg	ettogrammo	hectogram(me), (*AmE*) hectogram
kg	chilogrammo	kilogram(me), (*AmE*) kilogram
q	quintale	quintal
t	tonnellata	metric ton

In Gran Bretagna, oltre alle unità del sistema metrico decimale, sono ancora in uso a livello popolare alcune unità di misura tradizionali, delle quali riportiamo qui le più comuni.

in.	inch (pollice)	= m 0,0254
ft.	foot (piede)	= m 0,3048
yd.	yard (iarda)	= m 0,9144
	mile (miglio)	= m 1609,344
	pint (pinta)	= l 0,5679
	quart (quarto)	= l 1,358
	gallon (gallone)	= l 4,5434
oz.	ounce (oncia)	= gr 28,35
lb.	pound (libbra)	= gr 453,6

INDICAZIONI DI TEMPO

Secoli

Il Novecento,	the 20th century,
il ventesimo secolo	the twentieth century

Anni

Gli anni Venti, gli anni '20	the 20s, the twenties

L'ora

Che ora è?	What time is it? What's the time?
È, sono …	It is...
l'una	one o'clock
l'una e cinque	five past one
l'una e un quarto	a quarter past one
l'una e mezza	half past one
l'una e trenta	one thirty
le due meno un quarto	a quarter to two
le due meno venti	twenty to two
l'una e quaranta	twenty to two
le due meno cinque	five to two
l'una e cinquantacinque	five to two
le quattro (di mattina)	four a.m.
le quattro (del pomeriggio), le sedici	four p.m.

AGGETTIVI DERIVATI DA NOMI GEOGRAFICI

adriatico	Adriatic	cubano	Cuban
africano	African	danese	Danish
albanese	Albanian	dublinese	Dubliner
algerino	Algerian	egiziano	Egyptian
americano	American	europeo	European
argentino	Argentinian	finlandese	Finnish
asiatico	Asian	fiorentino	Florentine
atlantico	Atlantic	francese	French
australiano	Australian	friulano	Friulan
austriaco	Austrian	gallese	Welsh
baltico	Baltic	genovese	Genoese
belga	Belgian	giamaicano	Jamaican
berlinese	Berlinese	giapponese	Japanese
boliviano	Bolivian	ginevrino	Genevean
bolognese	Bolognese	giordano	Jordanian
bosniaco	Bosnian	greco	Greek
bostoniano	Bostonian	groenlandese	Greenlander
brasiliano	Brazilian	haitiano	Haitian
britannico	British	indiano	Indian
bulgaro	Bulgarian	inglese	English
calabrese	Calabrian	iracheno	Iraqi
californiano	Californian	iraniano	Iranian
canadese	Canadian	irlandese	Irish
ceco	Czech	islandese	Icelandic
cileno	Chilean	israeliano	Israeli
cinese	Chinese	italiano	Italian
cipriota	Cypriot	iugoslavo	Yugoslav(ian)
colombiano	Colombian	keniano/keniota	Kenyan
congolese	Congolese	libanese	Lebanese
coreano	Korean	libico	Lybian
croato	Croatian	ligure	Ligurian

lombardo	Lombard	serbo	Serb, Serbian
londinese	Londoner	siciliano	Sicilian
macedone	Macedonian	siriano	Syrian
mediterraneo	Mediterranean	slovacco	Slovak,
messicano	Mexican		Slovakian
milanese	Milanese	sloveno	Slovene,
monegasco	Monegasque		Slovenian
montenegrino	Montenegrin	spagnolo	Spanish
moscovita	Muscovite	statunitense	United States,
napoletano	Neapolitan		American
neozelandese	New Zealander	sudafricano	South African
nordamericano	North American	sudamericano	South
norvegese	Norwegian		American
olandese	Dutch	svedese	Swedish
pachistano	Pakistani	svizzero	Swiss
panamense	Panamanian	tanzaniano	Tanzanian
paraguaiano	Paraguayan	tedesco	German
parigino	Parisian	texano	Texan
pechinese	Pekinese	tirrenico	Tyrrhenian
peruviano	Peruvian	torinese	Torinese
piemontese	Piedmontese	toscano	Tuscan
polacco	Polish	tunisino	Tunisian
portoghese	Portuguese	turco	Turkish
portoricano	Puerto Rican	ucraino	Ukrainian
pugliese	Apulian	umbro	Umbrian
romano	Roman	ungherese	Hungarian
rumeno	Romanian,	uruguaiano	Uruguayan
	Rumenian	vaticano	Vatican
russo	Russian	veneziano	Venetian
sardo	Sardinian	venezuelano	Venezuelan
saudita	Saudi (Arabian)	viennese	Viennese
scozzese	Scottish, Scotch	zambiano	Zambian

---

to be   **to have**

Indicativo presente

I am	I have
you are	you have
he, she, it is	he, she, it has
we are	we have
you are	you have
they are	they have

Indicativo passato

I was	I had
you were	you had
he, she, it was	he, she, it had
we were	we had
you were	you had
they were	they had

Indicativo passato prossimo

I have been	I have had
you have been	you have had
he, she, it has been	he, she, it has had
we have been	he have had
you have been	you have had
they have been	they have had

Indicativo trapassato prossimo

I had been	I had had
you had been	you had had
he, she, it had been	he, she, it had had
we had been	we had had
you had been	you had had
they had been	they had had

Indicativo futuro semplice

I shall be	I shall have
you will be	you will have
he, she, it will be	he, she it will have
we shall be	we shall have
you will be	you will have
they will be	they will have

Indicativo futuro anteriore

I shall have been	I shall have had
you will have been	you will have had
he, she, it will have been	he, she, it will have had
we shall have been	we shall have had
you will have been	you will have had
they will have been	they will have had

Condizionale presente

I should be	I should have
you would be	you would have
he, she, it would be	he, she, it would have
we should be	we should have
you would be	you would have
they would be	they would have

Condizionale passato

I should have been	I should have had
you would have been	you would have had
he, she, it would have been	he, she, it would have had
we should have been	we should have had
you would have been	you would have had
they would have been	they would have had

Imperativo

let me be	let me have
be	have
let him, her, it be	let him, her, it have
let us be	let us have
be	have
let them be	let them have

Congiuntivo imperfetto

if I were
if you were
if he, she, it were
if we were
if you were
if they were

Infinito

to be	to have

Gerundio e participio presente

being	having

Participio passato

been	had

Infinito passato

to have been	to have had

Gerundio passato

having been	having had

CONIUGAZIONE REGOLARE

Indicativo presente

I walk
you walk
he, she, it walks
we walk
you walk
they walk

Indicativo passato

I walked
you walked
he, she, it walked
we walked
you walked
they walked

Indicativo futuro

I shall walk
you will walk
he, she, it will walk
we shall walk
you will walk
they will walk

Condizionale presente

I should walk
you would walk
he, she, it would walk
we should walk
you would walk
they would walk

Imperativo

let me walk
walk
let him, her, it walk
let us walk
let them walk

Infinito

to walk
Gerundio e participio presente
walking
Participio passato
walked

Tempi composti

I have walked	*Indicativo passato prossimo*
I had walked	*Indicativo trapassato prossimo*
I shall have walked	*Indicativo futuro anteriore*
I should have walked	*Condizionale passato*

VERBI IRREGOLARI

Infinito	*Indicativo passato*	*Participio passato*
abide	abode	abided
arise	arose	arisen
awake	awoke, awaked	awoken
be	was	been
bear	bore	borne
beat	beat	beaten
become	became	become
begin	began	begun
behold	beheld	beheld
bend	bent	bent
bereave	bereft, bereaved	bereft, bereaved
bestride	bestrode	bestridden
bet	bet, betted	bet, betted
bid	bade, bid	bidden, bid
bind	bound	bound
bite	bit	bitten
bleed	bled	bled
blow	blew	blown
break	broke	broken
breed	bred	bred
bring	brought	brought
broadcast	broadcast	broadcast
build	built	built
burn	burned, burnt	burned, burnt
burst	burst	burst
buy	bought	bought
cast	cast	cast
catch	caught	caught
chide	chided, chid	chid, chidden
choose	chose	chosen
cling	clung	clung
come	came	come
cost	cost	cost
creep	crept	crept
cut	cut	cut
deal	dealt	dealt
dig	dug	dug
do	did	done

draw	drew	drawn
drink	drank	drunk
drive	drove	driven
eat	ate	eaten
fall	fell	fallen
feed	fed	fed
feel	felt	felt
fight	fought	fought
find	found	found
flee	fled	fled
fling	flung	flung
fly	flew	flown
forbear	forbore	foreborne
forbid	forbade, forbad	forbidden
forecast	forecast	forecast
foresee	foresaw	foreseen
foretell	foretold	foretold
forget	forgot	forgotten
forgive	forgave	forgiven
forsake	forsook	forsaken
forswear	forswore	forsworn
freeze	froze	frozen
get	got	got (*anche* gotten *AmE*)
give	gave	given
go	went	gone
grind	ground	ground
grow	grew	grown
hang	hung, hanged	hung, hanged
have	had	had
hear	heard	heard
heave	heaved, hove	heaved, hove
hide	hid	hidden, hid
hit	hit	hit
hold	held	held
hurt	hurt	hurt
keep	kept	kept
kneel	knelt	knelt
know	knew	known
lay	laid	laid
lead	led	led
leap	leapt	leapt

learn	learned, learnt	learned, learnt
leave	left	left
lend	lent	lent
let	let	let
lie	lay	lain
light	lit	lit
lose	lost	lost
make	made	made
mean	meant	meant
meet	met	met
mislay	mislaid	mislaid
mislead	misled	misled
mistake	mistook	mistaken
misunderstand	misunderstood	misunderstood
outbid	outbid	outbid
outdo	outdid	outdone
outgrow	outgrew	outgrown
outrun	outran	outrun
outshine	outshone	outshone
overbear	overbore	overborne
overcast	overcast	overcast
overcome	overcame	overcome
overdo	overdid	overdone
overhang	overhung	overhung
overrun	overran	overrun
oversee	oversaw	overseen
oversleep	overslept	overslept
overtake	overtook	overtaken
overthrow	overthrew	overthrown
partake	partook	partaken
pay	paid	paid
put	put	put
read	read	read
rebind	rebound	rebound
relay	relaid	relaid
remake	remade	remade
rend	rent	rent
repay	repaid	repaid
rerun	reran	rerun
retell	retold	retold
rewind	rewound	rewound

rewrite	rewrote	rewritten
rid	rid, ridded	rid, ridded
ride	rode	ridden
ring	rang	rung
rise	rose	risen
run	ran	run
saw	sawed	sawn
say	said	said
see	saw	seen
seek	sought	sought
sell	sold	sold
send	sent	sent
set	set	set
sew	sewed	sewn, sewed
shake	shook	shaken
shed	shed	shed
shine	shone	shone
shoe	shod	shod
shoot	shot	shot
show	showed	shown, showed
shrink	shrank, shrunk	shrunk
shut	shut	shut
sing	sang	sung
sink	sank, sunk	sunk
sit	sat	sat
slay	slew	slain
sleep	slept	slept
slide	slid	slid
sling	slung	slung
slink	slunk	slunk
slit	slit	slit
smell	smelt	smelt
smite	smote	smitten
sow	sowed	sown, sowed
speak	spoke	spoken
speed	sped	sped
spell	spelt	spelt
spend	spent	spent
spin	spun, span	spun
spit	spat	spat
split	split	split
spread	spread	spread

spring	sprang	sprung
stand	stood	stood
steal	stole	stolen
stick	stuck	stuck
sting	stung	stung
stink	stank, stunk	stunk
stride	strode	stridden
strike	struck	struck
string	strung	strung
strive	strove	striven
swear	swore	sworn
sweep	swept	swept
swim	swam	swum
swing	swung	swung
take	took	taken
teach	taught	taught
tear	tore	torn
tell	told	told
think	thought	thought
throw	threw	thrown
thrust	thrust	thrust
tread	trod	trodden, trod
unbend	unbent	unbent
unbind	unbound	unbound
undergo	underwent	undergone
understand	understood	understood
undertake	undertook	undertaken
undo	undid	undone
unwind	unwound	unwound
uphold	upheld	upheld
upset	upset	upset
wake	woke	woken
wear	wore	worn
weave	wove	woven
weep	wept	wept
win	won	won
wind	wound	wound
withdraw	withdrew	withdrawn
withhold	withheld	withheld
withstand	withstood	withstood
wring	wrung	wrung
write	wrote	written

NOTE GRAMMATICALI

L'articolo

L'articolo determinativo è *the*; l'articolo indeterminartivo è *a* (*an* davanti a vocale o *h* muta).

Il sostantivo

Il plurale si forma aggiungendo *-s* (*cat → cats*); se il sostantivo termina in *consonante + y*, y cambia in *-ies* (*body → bodies*); se termina in *-s, -ss, -sh, -ch, -o, -x, -z*, si aggiunge *-es* (*bus → buses*).

Il possessivo

Esiste una forma particolare chiamata *genitivo sassone*, che si forma con il *nome del possessore + 's*; se il nome è plurale, solo con ' (*the boy's book* il libro del ragazzo, *the boys' book* il libro dei ragazzi).

L'aggettivo

L'aggettivo è invariabile, cioè non cambia forma, né al plurale né al femminile.

Il verbo

La coniugazione del verbo regolare e la lista dei principali verbi irregolari si trovano nelle pagine precedenti.

La terza persona singolare del presente indicativo si forma aggiungendo all'infinito *-s*. Se l'infinito termina in *-s, -ss, -sh, -ch, -o, -x, -z*, si aggiunge *-es* (*to go → goes*); se termina in *consonante + y*, y cambia in *-ies* (*to fly → flies*).

L'indicativo passato e il participio passato si formano aggiungendo all'infinito *-ed*. Se l'infinito termina in *-e* muta si aggiunge *-d* (*to love → loved*); se termina in *consonante + y*, y cambia in *-ied* (*to fly → flied*); se termina in *vocale accentata + consonante*, la consonante raddoppia (*to stop → stopped*).

Il gerundio (e participio presente) si forma aggiungendo all'infinito *-ing*. Se l'infinito termina in *-e* muta si toglie *-e* e si aggiunge *-ing* (*to love → loving*); se termina in *-ie*, si cambia *-ie* in *-y* (*to lie → lying*); se termina in *vocale + l*, la *l* raddoppia (*to travel → travelling*); se termina in *vocale accentata + consonante*, la consonante raddoppia (*to stop → stopping*).

I verbi modali

Sono verbi particolari, con funzione simile a quella dei *verbi servili* italiani. Hanno solo una forma del presente indicativo (non prendono la -*s* alla terza persona) e alcuni una forma del passato o condizionale, e sono seguiti dall'infinito di un altro verbo senza *to*. Nei tempi e modi che non hanno, possono essere sostituiti da altri verbi. Sono:

can (posso), *could* (potrei, potevo); sostitutivo *to be able*;

may (posso), *might* (potrei); sostitutivo *to be allowed*;

must (devo); sostitutivo *to have*;

ought (devo, dovrei), eccezionalmente seguito da *to*; sostitutivo *to have*;

shall (devo), *should* (dovrei, dovevo); sostitutivo *to have*;

will (voglio), *would* (vorrei, volevo); sostitutivi *to want, to like, to whish*.

ENGLISH - ITALIAN
INGLESE - ITALIANO

A

A [eɪ] *s* (*mus*) la (*m*) ◊ **A-road** strada statale.

a, an [eɪ, ə, æn, ən, n] *art indeterminativo* un, uno, una ◊ **once a day** una volta al giorno; **a Mr Todd** un certo signor Todd.

aback [ə'bæk] *avv* ◊ **to be taken aback** essere colto alla sprovvista, essere sorpreso.

abandon [ə'bændən] *v tr* abbandonare.

abandoned [ə'bændənd] *agg* abbandonato; sfrenato, irrefrenabile.

abase [ə'beɪs] *v tr* umiliare, degradare.

abate [ə'beɪt] *v intr* calmarsi.

abbey ['æbɪ] *s* abbazia.

abbreviate [ə'briːvɪeɪt] *v tr* abbreviare.

abbreviation [ə,briːvɪ'eɪʃn] *s* abbreviazione (*f*).

abdicate ['æbdɪkeɪt] *v tr* abdicare.

abdomen ['æbdəmen] *s* addome (*m*).

abetter [ə'betə*] *s* complice (*m/f*).

abide [ə'baɪd] *v tr* sopportare ◊ **I can't abide him** non lo posso soffrire.

ability [ə'bɪlətɪ] *s* abilità.

ablaze [ə'bleɪz] *avv*, *agg* in fiamme.

able ['eɪbl] *agg* capace ◊ **to be able to do something** essere in grado di, riuscire a fare qualcosa.

abnormal [æb'nɔːml] *agg* anormale.

aboard [ə'bɔːd] *avv*, *prep* a bordo (di).

abolish [ə'bɒlɪʃ] *v tr* abolire.

abolition [,æbəʊ'lɪʃn] *s* abolizione (*f*).

abominable [ə'bɒmɪnəbl] *agg* abominevole.

abort [ə'bɔːt] *v tr/intr* abortire, fare abortire.

abortion [ə'bɔːʃn] *s* aborto ◊ **to have an abortion** abortire.

abound [ə'baʊnd] *v intr* abbondare.

about [ə'baʊt] *prep* circa, su ◊ **a book about dogs** un libro sui cani; **what about, how about...?** che ne pensi di...?

about [ə'baʊt] *avv* circa; qua e là ◊ **it's about ten miles from here** è a una decina di miglia da qui.

above [ə'bʌv] *prep*, *avv* (al di) so-

3

pra (di), su ◊ **the page above** la pagina precedente; **above all** soprattutto.

abreast [ə'brest] *avv* di fianco ◊ **to march two abreast** marciare a due a due.

abridge [ə'brɪdʒ] *v tr* accorciare ◊ **abridged edition** edizione ridotta.

abroad [ə'brɔːd] *avv* all'estero.

abrogate ['æbrəʊɡeɪt] *v tr* abrogare.

abrupt [ə'brʌpt] *agg* improvviso; brusco.

abruptly [ə'brʌptlɪ] *avv* improvvisamente.

abscess ['æbsɪs] *s* ascesso.

absence ['æbsəns] *s* assenza ◊ **absence of mind** distrazione.

absent ['æbsənt] *agg* assente ◊ **absent-minded** distratto.

absolute ['æbsəluːt] *agg* assoluto; assolutistico.

absolve [əb'zɒlv] *v tr* assolvere.

absorb [əb'sɔːb] *v tr* assorbire.

absorbent [əb'sɔːbənt] *agg* assorbente.

abstain [əb'steɪn] *v intr* astenersi.

abstemious [æb'stiːmjəs] *agg* frugale, sobrio.

abstinence ['æbstɪnəns] *s* astinenza.

abstract ['æbstrækt] *agg* astratto.

absurd [əb'sɜːd] *agg* assurdo.

abundance [ə'bʌndəns] *s* abbondanza.

abuse [ə'bjuːs] *s* abuso, cattivo uso; maltrattamento ◊ **child abuse** violenza sui bambini.

abuse [ə'bjuːz] *v tr* abusare di; ingiuriare.

abysmal [ə'bɪzməl] *agg* abissale.

abyss [ə'bɪs] *s* abisso.

academic [,ækə'demɪk] *agg*, *s* accademico, universitario.

academy [ə'kædəmɪ] *s* accademia, scuola ◊ **academy of music** conservatorio.

accelerate [ək'seləˌreɪt] *v tr* accelerare.

acceleration [ək,selə'reɪʃn] *s* accelerazione (*f*).

accelerator [ək'seləreɪtə*] *s* acceleratore (*m*).

accent ['æksənt] *s* accento.

accent [æk'sent] *v tr* accentare.

accept [ək'sept] *v tr* accettare, gradire ◊ **to accept a bill** accettare una cambiale.

acceptable [ək'septəbl] *agg* accettabile, soddisfacente; gradevole.

access ['ækses] *s* accesso (*anche inform*); attacco ◊ **access of anger** accesso di collera.

access ['ækses] *v tr* (*inform*) accedere a.

accessible [ək'sesəbl] *agg* accessibile.

accessory [ək'sesərɪ] *s* accessorio.

accident ['æksɪdənt] *s* disgrazia, incidente (*m*), infortunio; caso ◊ **by accident** per caso.

accidental [,æksɪ'dentl] *agg* casuale, fortuito.

acclaim [ə'kleɪm] *v tr* acclamare.

acclimatize [ə'klaɪmətaɪz] *v tr* acclimatare.

accommodate [ə'kɒmədeɪt] *v tr* ospitare.

accommodating [ə'kɒmədeɪtɪŋ] *agg* accomodante, compiacente.

accommodation [əˈkɒməˈdeɪʃn] s alloggio; (AmE) vitto e alloggio.

accompany [əˈkʌmpənɪ] v tr accompagnare.

accomplice [əˈkʌmplɪs] s complice (m/f).

accomplish [əˈkʌmplɪʃ] v tr compiere, effettuare.

accomplished [əˈkʌmplɪʃt] agg compiuto, finito; esperto ◊ **an accomplished fact** un fatto compiuto.

accord [əˈkɔːd] s accordo ◊ **with one accord** di comune accordo.

accord [əˈkɔːd] v tr accordare.

accordance [əˈkɔːdəns] s conformità.

according [əˈkɔːdɪŋ] prep ◊ **according to him** secondo lui.

accordingly [əˈkɔːdɪŋlɪ] avv di conseguenza.

accordion [əˈkɔːdjən] s fisarmonica.

account [əˈkaʊnt] s resoconto; (comm) conto ◊ **of no account** senza importanza; **by all accounts** a quanto si dice; **current account** conto corrente; **to take into account** tener conto di.

account [əˈkaʊnt] v tr considerare.
▶ **account for** render conto (di); giustificare, spiegare.

accountable [əˈkaʊntəbl] agg responsabile (di).

accountant [əˈkaʊntənt] s ragioniere (m), contabile (m/f).

accumulate [əˈkjuːmjʊleɪt] v tr/intr accumulare, accumularsi, ammucchiare.

accumulator [əˈkjuːmjʊleɪtə*] s accumulatore (m).

accuracy [ˈækjʊrəsɪ] s esattezza, accuratezza.

accurate [ˈækjʊrət] agg accurato, preciso.

accuse [əˈkjuːz] v tr accusare.

accustom [əˈkʌstəm] v tr abituare.

accustomed [əˈkʌstəmd] agg abituato; abituale.

ace [eɪs] s (carte) asso.

ache [eɪk] s dolore (m), male (m).

ache [eɪk] v intr far male, dolere ◊ **ache for** desiderare ardentemente.

achieve [əˈtʃiːv] v tr ottenere, raggiungere.

achievement [əˈtʃiːvmənt] s conseguimento, raggiungimento; successo.

acid [æsɪd] agg acido.

acknowledge [əkˈnɒlɪdʒ] v tr riconoscere ◊ **we acknowledge receipt of your letter** accusiamo ricevuta della vostra lettera.

acorn [ˈeɪkɔːn] s ghianda.

acoustic [əˈkuːstɪk] agg acustico.

acoustics [əˈkuːstɪks] s acustica.

acquaint [əˈkweɪnt] v tr informare, far sapere ◊ **to be acquainted with somebody, something** conoscere qualcuno, essere al corrente di qualcosa.

acquaintance [əˈkweɪntəns] s conoscenza; conoscente (m/f).

acquire [əˈkwaɪə*] v tr acquistare, ottenere.

acquisition [ˈækwɪˈzɪʃn] s acquisizione (f), acquisto.

acquit [əˈkwɪt] v tr assolvere ◊ **to acquit oneself well** cavarsela bene.

acquittal [əˈkwɪtl] s (giur) assoluzione (f).

acre ['eɪkə*] s acro (=4047 m).

acrobat ['ækrəbæt] s acrobata (m/f).

acrobatics [,ækrə'bætɪks] s pl acrobazie.

acropolis [ə'krɒpəlɪs] s acropoli (f), cittadella.

across [ə'krɒs] prep, avv attraverso, da un lato all'altro ◊ **across the road** dall'altro lato della strada; **to come across** incontrare.

act [ækt] s atto; (giur) legge (f), decreto; (teatro) atto, numero.

act [ækt] v intr agire; recitare; fingere ◊ v tr recitare (la parte di).

acting ['æktɪŋ] agg facente, avente funzione di.

acting ['æktɪŋ] s azione (f); recitazione (f).

action ['ækʃn] s azione (f), atto; (giur) processo, causa.

active ['æktɪv] agg attivo.

activity [æk'tɪvətɪ] s attività.

actor ['æktə*] s attore (m).

actress ['æktrɪs] s attrice (f).

actual ['æktʊəl] agg reale, vero, effettivo.

actually ['æktʊəlɪ] avv in realtà, effettivamente.

acumen [ə'kjuːmen] s acume (m).

acupuncture ['ækjʊ,pʌŋktʃə*] s agopuntura.

acute [ə'kjuːt] agg acuto, aguzzo; (fig) perspicace.

ad [æd] s pubblicità, inserzione (f).

A.D. [,eɪ'd] avv d.C., dopo Cristo.

adapt [ə'dæpt] v tr/intr adattare, adattarsi.

adaptation [,ædæp'teɪʃn] s adattamento.

add [æd] v tr/intr aggiungere, aggiungersi, aumentare.

▶ **to add up** sommare; (to) ammontare ◊ **it doesn't add up** non quadra.

adder ['ædə*] s vipera.

addict ['ædɪkt] s tossicomane (m/f) ◊ **heroin addict** eroinomane.

addiction [ə'dɪkʃn] s dipendenza, assuefazione (f); mania.

addition [ə'dɪʃn] s (mat) addizione (f), somma, aggiunta (f) ◊ **in addition to** in più, oltre a.

address [ə'dres] s indirizzo, recapito; discorso ◊ **of no fixed address** senza fissa dimora.

address [ə'dres] v tr indirizzare.

adenoids ['ædɪnɔɪdz] s pl adenoidi (f).

adequate ['ædɪkwət] agg adeguato, sufficiente.

adhere [əd'hɪə*] v intr aderire.

adhesion [əd'hiːʒn] s adesione (f).

adhesive [əd'hiːsɪv] agg adesivo ◊ **adhesive tape** (BrE) nastro adesivo; (AmE) cerotto adesivo.

adjacent [ə'dʒeɪsənt] agg adiacente.

adjective ['ædʒektɪv] s aggettivo.

adjoining [ə'dʒɔɪnɪŋ] agg contiguo, adiacente.

adjourn [ə'dʒɜːn] v tr/intr aggiornare, aggiornarsi.

adjust [ə'dʒʌst] v tr adattare; regolare ◊ v intr adattarsi, abituarsi ◊ **to adjust accounts** pareggiare i conti.

ad lib [æd'lɪb] avv a piacere, a volontà.

ad-lib [æd'lɪb] v tr/intr improvvisare.

administer [əd'mınıstə*] v tr amministrare; (medicinali) somministrare.

administration [əd,mını'streıʃn] s amnninistrazione (f).

administrative [əd'mınıstrətıv] agg amministrativo.

administrator [əd'mınıstreıtə*] s amministratore (m).

admirable ['ædmərəbl] agg ammirevole.

admiral ['ædmərəl] s ammiraglio.

admiration [,ædmə'reıʃn] s ammirazione (f).

admire [əd'maıə*] v tr ammirare.

admirer [əd'maıərə*] s ammiratore (m).

admission [əd'mıʃn] s ammissione (f), accesso; confessione (f) ◊ free admission entrata libera; by his own admission per sua propria ammissione.

admit [əd'mıt] v tr ammettere, far entrare; ammettere, riconoscere.

admittance [əd'mıtəns] s ingresso ◊ no admittance vietato l'ingresso.

admittedly [əd'mıtıdlı] avv bisogna ammettere che.

admonish [əd'mɒnıʃ] v tr ammonire.

adolescence [,ædəʊ'lesns] s adolescenza.

adolescent [,ædəʊ'lesnt] agg, s adolescente (m/f).

adopt [ə'dɒpt] v tr adottare.

adoption [ə'dɒpʃn] s adozione (f).

adoptive [ə'dɒptıv] agg adottivo.

adore [ə'dɔ:*] v tr adorare, venerare.

adorn [ə'dɔ:n] v tr adornare.

adrenalin [ə'drenəlın] s adrenalina.

Adriatic [,eıdrı'ætık] agg adriatico.

adrift [ə'drıft] avv alla deriva.

adroit [ə'drɔıt] agg abile.

adulation [,ædjʊleıʃn] s adulazione (f).

adult ['ædʌlt] s, agg adulto; (scuola, corso) per adulti.

adulterate [ə'dʌltəreıt] v tr adulterare.

adultery [ə'dʌltərı] s adulterio.

advance [əd'vɑ:ns] s avanzamento; progresso; anticipo ◊ in advance in anticipo.

advance [əd'vɑ:ns] v tr/intr avanzare; anticipare.

advanced [əd'vɑ:nst] agg avanzato ◊ advanced studies studi superiori.

advantage [əd'vɑ:ntıdʒ] s vantaggio, profitto ◊ to take advantage of somebody abusare della bontà di qualcuno.

advantageous [,ædvən'teıdʒəs] agg vantaggioso.

advent ['ædvənt] s avvento (anche relig).

adventure [əd'ventʃə*] s avventura.

adventurous [əd'ventʃərəs] agg avventuroso.

adverb ['ædvɜ:b] s avverbio.

adversary ['ædvəsərı] s avversario.

adverse ['ædvɜ:s] agg avverso.

adversity [əd'vɜ:sətı] s avversità.

advertise ['ædvətaız] v tr fare pubblicità; mettere un annuncio sul giornale ◊ to advertise for an em-

ployment fare un'inserzione per trovare un impiego.

advertisement [əd'vɜːtɪsmənt] s annuncio, inserzione (f); pubblicità, réclame (f).

advertising ['ædvətaɪzɪŋ] s pubblicità.

advice [əd'vaɪs] s consigli (pl) ◊ **a piece of advice** un consiglio.

advisable [əd'vaɪzəbl] agg consigliabile.

advise [əd'vaɪz] v tr consigliare ◊ **ill advised, well advised** mal consigliato, ben consigliato.

adviser [əd'vaɪzə*] s consulente (m), consigliere (m).

advocate ['ædvəkət] s difensore (m), sostenitore (m); avvocato.

aerial ['eərɪəl] s antenna.

aerial ['eərɪəl] agg aereo.

aerobics [eə'rəbɪks] s aerobica.

aerodrome ['eərədrəʊm] s aerodromo.

aerodynamic [ˌeərəʊdaɪ'næmɪk] agg aerodinamico.

aeronautics [ˌeərə'nɔːtɪks] s aeronautica.

aeroplane ['eərəpleɪn] s aeroplano.

aesthetic [iːs'θetɪk] agg estetico.

affair [ə'feə*] s affare (m) ◊ (love) **affair** relazione sentimentale.

affect [ə'fekt] v tr influenzare, influire su, incidere su; riguardare, toccare; (med) colpire; affettare, ostentare; fingere.

affectation [ˌæfek'teɪʃn] s affettazione (f).

affection [ə'fekʃn] s affetto.

affectionate [ə'fekʃənət] agg affettuoso.

affinity [ə'fɪnəti] s affinità.

affirm [ə'fɜːm] v tr/intr affermare.

affirmation [ˌæfə'meɪʃn] s affermazione (f).

afflict [ə'flɪkt] v tr affliggere.

affluence ['æfluəns] s abbondanza, opulenza, ricchezza.

affluent ['æfluənt] agg ricco ◊ **affluent society** società del benessere.

afford [ə'fɔːd] v tr permettersi; offrire, fornire ◊ **we can afford a new car** ci possiamo permettere una macchina nuova.

affront [ə'frʌnt] s affronto, insulto.

Afghan ['æfgæn] agg, s afgano.

afloat [ə'fləʊt] avv a galla.

afraid [ə'freɪd] agg timoroso, impaurito ◊ **to be afraid of something** avere paura di qualcosa; **I'm afraid not, I'm afraid so** temo di no, temo di sì.

afresh [ə'freʃ] avv di nuovo.

African ['æfrɪkən] agg, s africano.

aft [ɑːft] avv (mar) a poppa.

after [ɑː'ftə*] prep dopo ◊ **after all** dopo tutto; (AmE) **it's ten after six** sono le sei e dieci; **after hours** dopo l'orario (di chiusura, di lavoro); **after sun lotion** doposole.

after [ɑː'ftə*] avv dopo, poi ◊ **the day after** il giorno dopo.

aftereffects [ˌɑːftərɪ'fekts] s pl conseguenze; postumi.

afterlife ['ɑːftəlaɪf] s vita nell'aldilà.

afternoon [ˌɑːftə'nuːn] s pomeriggio.

after-sales service ['ɑːftəseɪlz ˌsɜːvɪs] s (BrE) servizio assistenza clienti.

aftershave ['ɑːftəʃeɪv] *s* dopobarba (*m*).

afterthought ['ɑːftəθɔːt] *s* ripensamento.

afterward(s) ['ɑːftəwəd(z)] *avv* dopo.

again [ə'gen] *avv* di nuovo, ancora ◊ **again and again** ripetutamente.

against [ə'genst] *prep* contro.

age [eɪdʒ] *s* età ◊ **to come of age** diventare maggiorenne; **it's been ages since** sono secoli che.

agency ['eɪdʒənsɪ] *s* agenzia.

agenda [ə'dʒendə] *s* ordine (*m*) del giorno.

agent ['eɪdʒənt] *s* (*comm, chim*) agente (*m/f*) ◊ **sole agent** rappresentante esclusivo.

aggravate ['ægrəveɪt] *v tr* aggravare; esasperare.

aggression [ə'greʃn] *s* aggressione (*f*).

aggressive [ə'gresɪv] *agg* aggressivo.

aghast [ə'gɑːst] *agg* spaventato.

agile ['ædʒaɪl] *agg* agile.

agitate ['ædʒɪteɪt] *v tr/intr* turbare; agitare, agitarsi.

ago [ə'gəʊ] *avv* fa ◊ **two days ago** due giorni fa.

agonizing ['ægənaɪzɪg] *agg* straziante, penoso.

agony ['ægənɪ] *s* agonia.

agree [ə'griː] *v intr* essere d'accordo; accordarsi; (*gramm*) concordare ◊ *v tr* ammettere ◊ **I agree with you** sono d'accordo con te; **he agreed** disse di sì.

agreeable [ə'grɪəbl] *agg* gradevole; disposto.

agreement [ə'griːmənt] *s* accordo, intesa; (*giur*) contratto ◊ **as per agreement** come convenuto; **as per your instructions** secondo le vostre istruzioni.

agricultural [,ægrɪ'kʌltʃərəl] *agg* agricolo.

agriculture ['ægrɪkʌltʃə*] *s* agricoltura.

ahead [ə'hed] *avv* avanti, in avanti.

aid [eɪd] *s* aiuto, soccorso ◊ *pl* sussidi; assistenza (*sing*).

AIDS [eɪdz] *s* AIDS (*m*).

ailment ['eɪlmənt] *s* indisposizione (*f*).

aim [eɪm] *v tr/intr* mirare (*anche fig*), prendere la mira ◊ **what are you aiming at?** qual è il tuo scopo?

aim [eɪm] *s* mira, scopo ◊ **to miss one's aim** mancare il bersaglio.

aimless ['eɪmlɪs] *agg* senza scopo.

ain't [eɪnt] (*colloquiale*) *contrazione di* am not, is not, are not.

air [eə*] *s* aria ◊ **air-conditioner** condizionatore (d'aria); **air crash** disastro aereo; **air mail** posta aerea; **air terminal** aerostazione; **Air Force** aviazione militare.

air [eə*] *v tr* aerare, ventilare; (*lamentele, idee*) esprimere pubblicamente; (*AmE*) trasmettere per radio o televisione.

aircraft (*pl* **-s** *o inv*) ['eəkrɑːft] *s* aereo.

airline ['eəlaɪn] *s* linea aerea.

airport ['eəpɔːt] *s* aereoporto.

airsick ['eəsɪk] *agg* ◊ **to be airsick** soffrire di mal d'aria.

airstrip ['eəstrɪp] *s* pista d'atterraggio.

aisle [aɪl] s navata; (*supermercato, aereo*) corridoio.

ajar [ə'dʒɑ:*] agg socchiuso.

akin [ə'kɪn] agg affine.

alabaster ['æləbɑ:stə*] s alabastro.

alarm [ə'lɑ:m] s allarme (*m*) ◊ **alarm clock** sveglia.

alarm [ə'lɑ:m] v tr allarmare.

Albanian [æl'beɪnjən] agg, s albanese (*m/f*) ◊ s (*lingua*) albanese (*m*).

album ['ælbəm] s album (*m*); (*mus*) LP (*m*), 33 giri (*m*).

alcohol ['ælkəhɒl] s alcol (*m*).

alcoholic [ælkə'hɒlɪk] agg alcolico; alcolizzato ◊ s alcolizzato (*m*).

alcoholism ['ælkəhɒlɪzəm] s alcolismo.

ale [eɪl] s birra.

alert [ə'lɜ:t] agg vigile.

alert [ə'lɜ:t] s segnale (*m*) d'allarme ◊ **on the alert** all'erta.

Algerian [æl'dʒɪərɪən] agg, s algerino.

alibi ['ælɪbaɪ] s alibi (*m*).

alien ['eɪljən] s, agg straniero; (*fantascienza*) alieno.

alight [ə'laɪt] agg acceso.

alight [ə'laɪt] v intr scendere.

align [ə'laɪn] v tr allineare.

alike [ə'laɪk] agg, avv (in modo) simile.

alimony ['ælɪmənɪ] s alimenti (*pl*) (al coniuge separato).

alive [ə'laɪv] agg vivo ◊ **alive to** conscio di.

all [ɔ:l] avv, agg, pron tutto ◊ **all alone** tutto solo; **all the time**; tutti il tempo, sempre; **all of them** tutti loro; **all in all** tutto sommato; **all over** dappertutto; **all over the world** in

tutto il mondo; **all over again** da capo; **all right** (va) bene; **all the better** tanto meglio.

allergic [ə'lɜ:dʒɪk] agg allergico.

allergy ['ælədʒɪ] s allergia.

alleviate [ə'li:vɪeɪt] v tr sollevare.

alley ['ælɪ] s vicolo.

alliance [ə'laɪəns] s alleanza.

all-in [ˌɔ:l'ɪn] agg tutto compreso.

all-night [ˌɔ:l'naɪt] agg aperto tutta la notte, che dura tutta la notte.

allot [ə'lɒt] v tr assegnare; spartire.

allow [ə'laʊ] v tr permettere; accordare; (*tempo*) dare.

allowance [ə'laʊəns] s indennità; sgravio.

alloy ['ælɔɪ] s lega (metallica).

all right [ˌɔ:l'raɪt] avv, inter bene; va bene.

allude [ə'lu:d] v tr alludere.

alluring [ə'ljʊərɪŋ] agg seducente.

allusion [ə'lu:ʒn] s allusione (*f*).

ally [ə'laɪ] s alleato.

almighty [ɔ:l'maɪtɪ] agg onnipotente.

almond ['ɑ:mənd] s mandorla.

almost ['ɔ:lməʊst] avv quasi.

alms [ɑ:mz] s pl elemosina (*sing*).

alone [ə'ləʊn] agg solo ◊ avv da solo.

along [ə'lɒŋ] prep lungo.

along [ə'lɒŋ] avv ◊ **along with** insieme con; **all along** sempre, fin dall'inizio.

aloof [ə'lu:f] agg, avv distaccato; a distanza, in disparte.

aloud [ə'laʊd] avv ad alta voce.

alphabet ['ælfəbɪt] s alfabeto.

alphabetical [ˌælfə'betɪkl] agg alfabetico.

already [ɔːˈredɪ] *avv* già.

alright [ˌɔːˈraɪt] *avv, inter* v. **all right**.

also [ˈɔːlsəʊ] *avv* anche.

altar [ˈɔːltə*] *s* altare (*m*).

alter [ˈɔːltə*] *v tr/intr* alterare, cambiare.

alternate [ˈɔːltəneɪt] *agg* alterno ◊ **on alternate days** ogni due giorni.

alternative [ɔˈtɜːnətɪv] *agg* alternativo.

alternative [ɔˈtɜːnətɪv] *s* alternativa.

although [ɔːlˈðəʊ] *cong* benché, sebbene.

altitude [ˈæltɪtjuːd] *s* altitudine (*f*), altezza, quota.

altogether [ˌɔːltəˈgeðə*] *avv* completamente, del tutto; tutto sommato; in tutto.

altruistic [ˌæltruˈɪstɪk] *agg* altruistico.

aluminium [ˌæljuˈmɪnɪəm] *s* alluminio.

aluminum [əˈluːmɪnəm] *s* (*AmE*) alluminio.

always [ˈɔːlweɪz] *avv* sempre.

am [æm, əm, m] *1° persona sing indicativo presente di* be.

a.m. [ˌeɪˈem] *avv* della mattina ◊ **at 9 a.m.** alle 9 del mattino.

amass [əˈmæs] *v tr* ammassare.

amateur [ˈæmətə*] *s* dilettante (*m/f*).

amaze [əˈmeɪz] *v tr* stupire.

ambassador [æmˈbæsədə*] *s* ambasciatore (*m*).

amber [ˈæmbə*] *s* ambra; (*BrE*) (*semaforo*) giallo.

ambiguity [ˌæmbɪˈgjuːtɪ] *s* ambiguità.

ambiguous [æmˈbɪgjuəs] *agg* ambiguo.

ambition [æmˈbɪʃn] *s* ambizione (*f*).

amble [ˈæmbl] *v intr* camminare tranquillamente.

ambulance [ˈæmbjuləns] *s* ambulanza.

ambush [ˈæmbʊʃ] *s* imboscata, agguato.

amend [əˈmend] *v tr/intr* emendare, emendarsi.

American [əˈmerɪkən] *agg, s* americano, statunitense (*m/f*).

amiable [ˈeɪmjəbl] *agg* gentile.

amicable [ˈæmɪkəbl] *agg* amichevole.

amid(st) [əˈmɪd(st)] *prep* fra, tra, in mezzo a.

amiss [əˈmɪs] *agg* sbagliato ◊ **there's something amiss** c'è qualcosa che non va.

amiss [əˈmɪs] *avv* fuori luogo ◊ **don't take it amiss** non prendertela a male.

ammunition [ˌæmjuˈnɪʃn] *s* munizioni (*f pl*).

amnesty [ˈæmnɪstɪ] *s* amnistia.

among(st) [əˈmʌŋ(st)] *prep* fra, tra, in mezzo a ◊ **among other things** l'uno e l'altro.

amorous [ˈæmərəs] *agg* amoroso.

amount [əˈmaʊnt] *s* somma, ammontare (*m*), quantità.

amount [əˈmaʊnt] *v intr* ammontare; equivalere a.

amphitheater [ˈæmfɪˌθɪətə*] *s* (*AmE*) anfiteatro.

amphitheatre

amphitheatre ['æmfɪ,θɪətə*] s anfiteatro.

ample ['æmpl] agg ampio, spazioso; abbondante.

amplifier ['æmplɪfaɪə*] s amplificatore (m).

amplify ['æmplɪfaɪ] v tr amplificare.

amputate ['æmpjuteɪt] v tr amputare.

amuse [ə'mju:z] v tr divertire ◊ **to amuse oneself** divertirsi.

amusement [ə'mju:zmənt] s divertimento.

an [æn, ən, n] art indeterminativo v. **a**.

anaemic [ə'ni:mɪk] agg anemico.

anaesthesia [,ænɪs'θi:zjə] s anestesia.

anaesthetic [,ænɪs'θetɪk] agg, s anestetico.

anaesthetize [æ'nɪːsθətaɪz] v tr anestetizzare.

analgesic [,ænæl'dʒɪːzɪk] agg, s analgesico.

analogy [ə'nælədʒɪ] s analogia.

analyse ['ænəlaɪz] v tr (BrE) analizzare.

analysis (pl -ses) [ə'næləsɪs, si:z] s analisi (f).

analyst ['ænəlɪst] s analista (m/f).

analyze ['ænəlaɪz] v tr (AmE) analizzare.

anarchy ['ænəkɪ] s anarchia.

anatomy [ə'nætəmɪ] s anatomia.

ancestor ['ænsestə*] s antenato.

anchor ['æŋkə*] s ancora.

anchorman (pl -men) ['æŋkəmən, mən] s conduttore (m) di trasmissione giornalistica.

anchorwoman (pl -women) ['æŋkə,wumən, wimin] s conduttrice (f) di trasmissione giornalistica.

anchovy ['ænt∫əvɪ] s acciuga.

ancient ['eɪn∫ənt] agg antico.

and [ænd, ənd, ən] cong e; (tra due verbi) a, di; (tra due comparativi) sempre più ◊ **come and see** vieni a vedere; **try and help me** cerca di aiutarmi; **warmer and warmer** sempre più caldo.

anemic [ə'ni:mik] agg (AmE) anemico.

anesthesia [,ænɪs'θi:zə] s (AmE) anestesia.

anesthetic [,ænɪs'θetɪk] agg, s (AmE) anestetico.

anesthetize [æ'nɪːsθətaɪz] v tr (AmE) anestetizzare.

anew [ə'nju:] avv di nuovo.

angel ['eɪndʒəl] s angelo.

anger ['æŋgə*] s rabbia, ira.

anger ['æŋgə*] v tr mandare in collera, irritare.

angle ['æŋgl] s angolo; punto di vista.

angle ['æŋgl] v intr pescare (con l'amo).

Anglican ['æŋglɪkən] agg, s anglicano.

Angolan [æŋ'gəʊlən] agg, s angolano.

angry ['æŋgrɪ] agg arrabbiato ◊ **to get angry** arrabbiarsi.

anguish ['æŋgwɪ∫] s angoscia.

animal ['ænɪml] agg, s animale (m).

animosity [,ænɪ'mɒsətɪ] s animosità.

ankle ['æŋkl] s caviglia.

annexe ['æneks] *v tr* annettere.

annihilate [ə'naɪəleɪt] *v tr* annientare.

anniversary [ˌænɪ'vɜːsərɪ] *s* anniversario.

announce [ə'naʊns] *v tr* annunciare.

announcement [ə'naʊnsmənt] *s* annuncio; (*biglietto, lettera*) partecipazione (*f*).

annoy [ə'nɔɪ] *v tr* infastidire.

annoyance [ə'nɔɪəns] *s* seccatura.

annual ['ænjuəl] *agg* annuale.

annual ['ænjuəl] *s* annuario.

annuity [ə'njuːɪtɪ] *s* annualità ◊ **life annuity** vitalizio.

anomaly [ə'nɒməlɪ] *s* anomalia.

anonymous [ə'nɒnɪməs] *agg* anonimo.

anorak ['ænəræk] *s* giacca a vento.

anorexia [ˌænə'reksɪə] *s* (*med*) anoressia.

another [ə'nʌðə*] *agg, pron* un altro ◊ **one another** l'un l'altro, a vicenda; **one after another** uno dopo l'altro.

answer ['ɑːnsə*] *s* risposta.

answer ['ɑːnsə*] *v intr/tr* rispondere (a) ◊ **to answer the door** andare ad aprire la porta; **to answer back** ribattere.

answering machine ['ɑːnsərɪŋmə-'ʃiːn] *s* segreteria telefonica.

ant [ænt] *s* formica.

antagonize [æn'tægənaɪz] *v tr* inimicarsi, provocare l'ostilità di.

antelope ['æntɪləʊp] *s* antilope (*f*).

anthem ['ænθəm] *s* inno.

anthology [æn'θɒlədʒɪ] *s* antologia.

antibiotic [ˌæntɪbaɪ'ɒtɪk] *agg, s* antibiotico.

anticipate [æn'tɪsɪpeɪt] *v tr* anticipare, prevenire; prevedere.

anticipation [ænˌtɪsɪ'peɪʃən] *s* anticipazione (*f*), previsione(*f*); aspettativa, attesa.

anti-clockwise [ˌæntɪklɒkwaɪz] *agg, avv* in senso antiorario.

antidote ['æntɪdəʊt] *s* antidoto.

antifreeze ['æntɪfriːz] *s* anticongelante (*m*), antigelo.

antihistamine [ˌæntɪ'hɪstəmiːn] *s* antistaminico.

antipathy [æn'tɪpəθɪ] *s* antipatia, avversione (*f*).

antipodes [æn'tɪpədiːz] *s pl* antipodi.

antipyretic [ˌæntɪpaɪ'retɪk] *agg, s* antipiretico.

antiquarian [ˌæntɪ'kweərɪən] *agg, s* antiquario.

antique [æn'tiːk] *s* antichità ◊ **antique shop** negozio di antiquariato.

antiseptic [ˌæntɪ'septɪk] *agg* antisettico.

antiskid [ˌæntɪ'skɪd] *agg* antisdrucciolevole.

antisocial [ˌæntɪ'səʊʃl] *agg* antisociale.

antithesis (*pl* **-ses**) [æn'tɪθɪsɪs, siːz] *s* antitesi (*f*).

anus ['eɪnəs] *s* ano.

anvil ['ænvɪl] *s* incudine (*f*).

anxiety [æŋ'zaɪətɪ] *s* ansia.

anxious ['æŋkʃəs] *agg* ansioso, in ansia.

any ['enɪ] *agg* qualsiasi, qualunque; (*in frasi negative*) nessuno, alcuno; (*interrogative*) qualche, del ◊

13

come at any time vieni a qualunque ora, quando vuoi; **have you any milk?** hai del latte?

any ['ɛnɪ] *pron* uno qualunque; (*in frasi negative*) alcuno, nessuno; (*interrogative*) qualcuno ◊ **have you got any?** ne hai?; **I haven't any** non ne ho; **any of you** chiunque di voi.

any ['ɛnɪ] *avv* (*in frasi negative*) per niente; (*interrogative*) un po' ◊ **are you feeling any better?** ti senti un po' meglio?

anybody ['ɛnɪˌbɒdɪ] *pron* chiunque; (*in frasi negative*) alcuno, nessuno; (*interrogative*) qualcuno ◊ **anybody who** chiunque.

anyhow ['ɛnɪhaʊ] *avv* comunque; in qualche modo, alla meno peggio.

anyone ['ɛnɪwʌn] *v.* **anybody.**

anything ['ɛnɪθɪŋ] *pron* qualunque cosa; (*in frasi negative*) alcuna cosa, niente; (*interrogative*) qualche cosa.

anyway ['ɛnɪweɪ] *avv* comunque, ad ogni modo.

anywhere ['ɛnɪweə*] *avv* in qualsiasi luogo, dovunque; (*in frasi negative*) da nessuna parte; (*interrogative*) da qualche parte, in qualche luogo ◊ **anywhere else** in qualunque altro posto.

apart [ə'pɑːt] *avv* a parte; in disparte; separatamente ◊ **apart from** eccetto, a parte.

apartment [ə'pɑːtmənt] *s* (*AmE*) appartamento.

apathy ['æpəθɪ] *s* apatia.

ape [eɪp] *s* scimmia.

apex ['eɪpeks] *s* apice (*m*).

apologize [ə'pɒlədʒaɪz] *v intr* scusarsi.

apology [ə'pɒlədʒɪ] *s* scusa, scuse (*pl*).

apoplectic [ˌæpə'plektɪk] *agg* apoplettico.

apoplexy ['æpəʊpleksɪ] *s* apoplessia.

apostle [ə'pɒsl] *s* apostolo.

apostrophe [ə'pɒstrəfɪ] *s* apostrofo.

appal [ə'pɔːl] *v tr* atterrire, spaventare.

appall [ə'pɔːl] *v tr* (*AmE*) atterrire, spaventare.

appalling [ə'pɔːlɪŋ] *agg* spaventoso.

apparent [ə'pærənt] *agg* evidente, manifesto.

apparently [ə'pærəntlɪ] *avv* a quanto pare.

appeal [ə'piːl] *v intr* destare interesse; (*giur*) appellarsi alla legge; piacere ◊ **does the idea of working abroad appeal (to you)?** vi va l'idea di lavorare all'estero?

appear [ə'pɪə*] *v intr* apparire; (*giur*) comparire; essere pubblicato.

appearance [ə'pɪərəns] *s* apparizione (*f*), apparenza; aspetto ◊ **to keep up appearances** salvare le apparenze.

appease [ə'piːz] *v tr* calmare, placare.

appendicitis [əˌpendɪ'saɪtɪs] *s* appendicite (*f*).

appendix (*pl* **-xes**, **-ces**) [ə'pendɪks, ksɪz, siːz] *s* appendice (*f*).

appetite ['æpɪtaɪt] *s* appetito.

appetizer ['æpitaizə*] s aperitivo, stuzzichino.

appetizing ['æpitaiziŋ] agg appetitoso; (fig) allettante.

applaud [ə'plɔːd] v tr/intr applaudire.

applause [ə'plɔːz] s applauso.

apple ['æpl] s mela ◊ **apple tree** melo.

applejack [,æpl'dʒæk] s (AmE) acquavite (f) di mele.

applepie [,æpl'pai] s torta di mele.

appliance [ə'plaiəns] s apparecchio.

applicable ['æplikəbl] agg applicabile.

applicant ['æplikənt] s candidato; richiedente (m/f).

application [,æpli'keiʃn] s applicazione (f); (per trovare lavoro ecc.) domanda.

apply [ə'plai] v tr applicare ◊ v intr rivolgersi; fare domanda; riguardare ◊ **to apply for a job** fare domanda di assunzione.

appoint [ə'pɔint] v tr nominare.

appointment [ə'pɔintmənt] s nomina (f); appuntamento ◊ **to make an appointment** prendere un appuntamento.

appraisal [ə'preizl] s stima, valutazione (f).

appreciate [ə'priːʃieit] v tr apprezzare; essere riconoscente per; rendersi conto di ◊ v intr (comm) aumentare di valore.

appreciation [ə,priːʃi'eiʃən] s apprezzamento, riconoscimento.

apprehension [,æpri'henʃn] s inquietudine (f).

apprehensive [,æpri'hensiv] agg apprensivo.

apprentice [ə'prentis] s apprendista (m/f).

approach [ə'prəutʃ] v tr/intr avvicinare, avvicinarsi (a).

appropriate [ə'prəupriət] agg adatto.

appropriate [ə'prəuprieit] v tr appropriarsi di.

approval [ə'pruːvl] s approvazione (f).

approve [ə'pruːv] v tr/intr approvare.

approximate [ə'prɒksimət] agg approssimativo.

apricot ['eiprikɒt] s albicocca.

April ['eipril] s aprile (m) ◊ **April fool** pesce d'aprile; **April Fool's Day** primo aprile.

apron ['eiprən] s grembiule (m).

apt [æpt] agg adatto, capace.

aptitude ['æptitjuːd] s attitudine (f).

aqualung ['ækwəlʌŋ] s autorespiratore (m).

aquarium [ə'kweəriəm] s acquario.

Aquarius [ə'kweəriəs] s Acquario.

aquatic [ə'kwætik] agg acquatico.

aqueduct [kwidʌkt] s acquedotto.

Arab ['ærəb] agg s arabo.

Arabian [ə'reibjən] agg arabo.

Arabic ['ærəbik] agg arabo ◊ s (lingua) arabo.

arbitrary ['ɑːbitrəri] agg arbitrario.

arcade [ɑːˈkeid] s portico; (con negozi) galleria.

arch [ɑːtʃ] *s* arco.

archaeologist [ˌɑːkɪˈɒlədʒɪst] *s* archeologo.

archaeology [ˌɑːkɪˈɒlədʒɪ] *s* archeologia.

archbishop [ˌɑːtʃˈbɪʃəp] *s* arcivescovo.

architect [ˈɑːkɪtekt] *s* architetto.

architecture [ˈɑːkɪtektʃə*] *s* architettura.

ardent [ˈɑːdənt] *agg* ardente.

arduous [ˈɑːdjʊəs] *agg* arduo.

are [ɑː*] 2° *persona sing*; 1°, 2°, 3° *persona pl indicativo presente di* be.

area [ˈeərɪə] *s* (*geom*) area; zona; (*fig*) settore (*m*), campo.

aren't [ɑːnt] *contrazione di* are not.

Argentinian [ˌɑːdʒənˈtɪnɪən] *agg*, *s* argentino.

argue [ˈɑːgjuː] *v intr* litigare; ragionare.

argument [ˈɑːgjʊmənt] *s* argomento; lite (*f*); discussione (*f*).

arid [ˈærɪd] *agg* arido.

Aries [ˈeərɪːz] *s* Ariete (*m*).

arise (*p* arose *pp* arisen) [əˈraɪz, əˈrəʊz, əˈrɪzn] *v intr* sorgere; presentarsi.

arisen [əˈrɪzn] *pp di* arise.

aristocracy [ˌærɪˈstɒkrəsɪ] *s* aristocrazia.

aristocratic [ˌærɪstəˈkrætɪk] *agg* aristocratico.

arithmetic [ˌærɪθˈmetɪk] *s* aritmetica.

ark [ɑːk] *s* arca.

arm [ɑːm] *s* braccio; (*milit*) arma ◊ *pl* armi (*f*) ◊ **arm in arm** a braccetto.

armchair [ˈɑːmtʃeə*] *s* poltrona.

Armenian [ɑːˈmiːnɪən] *agg*, *s* armeno.

armistice [ˈɑːmɪstɪs] *s* armistizio.

armour [ˈɑːmə*] *s* armatura; (*milit*) mezzi (*pl*) blindati.

armpit [ˈɑːmpɪt] *s* ascella.

armrest [ˈɑːmrest] *s* bracciolo.

army [ˈɑːmɪ] *s* esercito.

arose [əˈrəʊz] *p di* arise.

around [əˈraʊnd] *avv*, *prep* all'intorno, intorno a.

arouse [əˈraʊz] *v tr* svegliare; (*curiosità*) risvegliare, suscitare.

arrange [əˈreɪndʒ] *v tr* sistemare; organizzare.

arrangement [əˈreɪndʒmənt] *s* sistemazione (*f*) ◊ *pl* progetti, piani.

arrears [əˈrɪəz] *s pl* arretrati.

arrest [əˈrest] *v tr* arrestare.

arrival [əˈraɪvl] *s* arrivo; (*persona*) arrivato.

arrive [əˈraɪv] *v intr* arrivare ◊ **to arrive at** arrivare a, raggiungere.

arrogance [ˈærəgəns] *s* arroganza.

arrow [ˈærəʊ] *s* freccia.

arsenal [ˈɑːsənl] *s* arsenale (*m*).

arsenic [ˈɑːsnɪk] *s* arsenico.

arson [ˈɑːsn] *s* incendio doloso.

art [ɑːt] *s* arte (*f*) ◊ *pl* (*università*) lettere.

artery [ˈɑːtərɪ] *s* arteria.

artichoke [ˈɑːtɪtʃəʊk] *s* carciofo.

article [ˈɑːtɪkl] *s* articolo.

artificial [ˌɑːtɪˈfɪʃl] *agg* artificiale.

artist [ˈɑːtɪst] *s* artista (*m/f*).

artless [ˈɑːtlɪs] *agg* semplice.

as [æz, əz] *avv*, *cong* come; mentre; poiché ◊ **as old as** vecchio come; **as far as** per quanto riguarda; **as soon (as)** (non) appena; **as well**

anche; **as well as** così come, oltre a; **as usual** come al solito; **as I was saying** come dicevo; **he saw her as he was leaving** la vide mentre stava uscendo; **as I was ill I stayed in bed** siccome ero malato, sono rimasto a letto; **poor as he is he is happy** sebbene sia povero, è felice.

ash [æʃ] s cenere (f); (bot) frassino.

ashamed [ə'ʃeɪmd] agg ◊ **to be ashamed of** vergognarsi di.

ashore [ə'ʃɔ:*] avv a terra, a riva.

ashtray ['æʃtreɪ] s portacenere (m).

Asian ['eɪʃn] agg, s asiatico.

aside [ə'saɪd] avv a p. rte.

ask [ɑ:sk] v tr domandare; invitare ◊ **to ask a question** fare una domanda.

▶ **ask for** chiedere; (guai) cercare.

askew [ə'skju:] avv di traverso.

asleep [ə'sli:p] agg addormentato.

asparagus [ə'spærəgəs] s inv asparago, asparagi (pl).

aspect ['æspekt] s aspetto.

asphalt ['æsfælt] s asfalto.

asphyxiate [əs'fɪksɪeɪt] v tr asfissiare.

aspirin ['æspɪrɪn] s aspirina.

ass [ɑ:s] s asino; (volgare) culo.

assail [ə'seɪl] v tr assalire.

assassinate [ə'sæsɪneɪt] v tr assassinare.

assault [ə'sɔ:lt] s assalto.

assemble [ə'sembl] v tr riunire; (tecn) montare, assemblare ◊ v intr riunirsi.

assembly [ə'semblɪ] s assemblea, riunione (f) ◊ **assembly line** catena di montaggio.

assent [ə'sent] s assenso.

assertion [ə'sɜː:ʃn] s asserzione (f).

assess [ə'ses] v tr valutare.

asset ['æset] s vantaggio ◊ pl beni ◊ **assets and liabilities** attivo e passivo.

assign [ə'saɪn] v tr assegnare.

assignment [ə'saɪnmənt] s compito.

assimilate [ə'sɪmɪleɪt] v tr assimilare.

assist [ə'sɪst] v tr assistere, aiutare.

assistant [ə'sɪstənt] s assistente (m/f).

associate [ə'səʊʃɪeɪt] v tr/intr associare, associarsi.

associate [ə'səʊʃɪət] s socio.

association [ə,səʊsɪ'eɪʃən] s associazione (f).

assume [ə'sju:m] v tr supporre; (responsabilità) assumere.

assumption [ə'sʌmpʃn] s supposizione (f), ipotesi (f).

assurance [ə'ʃʊərəns] s assicurazione (f); fiducia in se stesso.

assure [ə'ʃʊə*] v tr assicurare.

asthma ['æsmə] s asma.

asthmatic [æs'mætɪk] s asmatico.

astonish [ə'stonɪʃ] v tr stupire.

astound [ə'staʊnd] v tr sbalordire.

astray [ə'streɪ] avv ◊ **to go astray** smarrirsi; **to lead astray** portare sulla cattiva strada.

astride [ə'straɪd] avv, prep a cavalcioni (di).

astrologer [ə'strɒlədʒə*] s astrologo.

astrology [ə'strɒlədʒɪ] s astrologia.

astronaut ['æstrɪnɔ:t] s astronauta (m/f).

astronomy [ə'strɒnəmɪ] s astronomia.

asylum [ə'saɪləm] s asilo.

at [æt, ət] prep a, in; (inform) chiocciola ◊ **at home** a casa; **at two o'clock** alle due.

ate [et] p di eat.

atheism ['eɪθɪɪzəm] s ateismo.

atheist ['eɪθɪɪst] s ateo.

athlete ['æθlɪːt] s atleta (m/f).

Atlantic [ət'læntɪk] agg atlantico.

atlas ['ætləs] s atlante (m).

atmosphere ['ætmə,sfɪə*] s atmosfera.

atom ['ætəm] s atomo.

atrocity [ə'trɒsətɪ] s atrocità.

attach [ə'tætʃ] v tr attaccare; (lettere, documenti) allegare; (importanza) attribuire.

attachment [ə'tætʃmənt] attaccamento, affetto; accessorio; (inform) allegato.

attack [ə'tæk] v tr attaccare.

attack [ə'tæk] s attacco.

attain [ə'teɪn] v tr raggiungere.

attempt [ə'tempt] s tentativo ◊ **attempt on someone's life** attentato alla vita di qualcuno.

attempt [ə'tempt] v tr tentare ◊ **attempted murder** tentato omicidio.

attend [ə'tend] v tr frequentare; partecipare a; (malato) assistere, curare; occuparsi (di).

attendant [ə'tendənt] s custode (m/f), persona di servizio.

attention [ə'tenʃn] s attenzione (f) ◊ **pl** cortesie.

attic ['ætɪk] s soffitta; mansarda.

attitude ['ætɪtjuːd] s atteggiamento.

attorney [ə'tɜːnɪ] s procuratore (m);

(AmE) avvocato ◊ (AmE) **Attorney General** Ministro della Giustizia.

attract [ə'trækt] v tr attrarre.

attractive [ə'træktɪv] agg attraente.

attribute [ə'trɪbjuːt] v tr attribuire.

aubergine ['əʊbəʒiːn] s melanzana.

auction ['ɔːkʃn] s incanto, asta ◊ **to sell by auction** vendere all'asta.

audacity [ɔː'dæsətɪ] s audacia.

audibile ['ɔːdəbl] agg udibile.

audience ['ɔːdjəns] s pubblico, spettatori (pl); udienza.

audio-visual [,ɔːdɪəʊ'vɪzjʊəl] agg audiovisivo.

audit ['ɔːdɪt] s revisione (f) contabile, verifica.

auditorium [,ɔːdɪ'tɔːrɪəm] s auditorium.

August ['ɔːgəst] s agosto.

aunt [ɑːnt] s zia.

austerity [ɒ'sterətɪ] s austerità.

Australian [ɒ'streɪljən] agg, s australiano.

Austrian ['ɒstrɪən] agg, s austriaco.

authentic [ɔː'θentɪk] agg autentico.

author ['ɔːθə*] s autore (m), autrice (f).

authoritarian [ɔː,θɒrɪ'teərɪən] agg autoritario.

authoritative [ɔː'θɒrɪtətɪv] agg autorevole.

authority [ɔː'θɒrətɪ] s autorità.

authorization [,ɔːθəraɪ'zeɪʃn] s autorizzazione (f).

autobiography [,ɔːtəʊbaɪ'ɒgrəfɪ] s autobiografia.

autograph ['ɔːtəgrɑːf] s autografo.

automatic [,ɔːtə'mætɪk] agg automatico.

back

automation [ˌɔːtəˈmeɪʃn] *s* automazione (*f*).
automobile [ˌɔːtəməˈbiːl] *s* (*AmE*) automobile (*f*).
autonomous [ɔːˈtɒnəməs] *agg* autonomo.
autonomy [ɔːˈtɒnəmi] *s* autonomia.
autopsy [ˈɔːtɒpsi] *s* autopsia.
autumn [ˈɔːtəm] *s* autunno.
auxiliary [ɔːɡˈzɪljəri] *agg* ausiliario ◊ *s* ausiliare (*m/f*), aiuto; (*gramm*) ausiliare (*m*).
available [əˈveɪləbl] *agg* disponibile.
avalanche [ˈævəlɑːnʃ] *s* valanga.
avenge [əˈvendʒ] *v tr* vendicare.
avenue [ˈævənjuː] *s* viale (*m*).
average [ˈævərɪdʒ] *s* media ◊ **on average** in media.
aversion [əˈvɜːʃn] *s* avversione (*f*).
avert [əˈvɜːt] *v tr* distogliere; evitare.
aviation [ˌeɪvɪˈeɪʃn] *s* aviazione (*f*).
avid [ˈævɪd] *agg* insaziabile.
avoid [əˈvɔɪd] *v tr* evitare.
await [əˈweɪt] *v tr* aspettare.
awake [əˈweɪk] *agg* sveglio.
awake (*p* **awoke**, *pp* **awoken**) [əˈweɪk, əˈwəʊk, əˈweɪkt, əˈwəʊkən] *v tr/intr* svegliare, svegliarsi.
award [əˈwɔːd] *s* premio.
aware [əˈweə*] *agg* consapevole, conscio.
away [əˈweɪ] *avv* via, lontano ◊ **he lives two miles away** abita a due miglia di distanza.
awe [ɔː] *s* timore (*m*).
awful [ˈɔːful] *agg* terribile ◊ **an awful lot of money** un sacco di soldi.

awkward [ˈɔːkwəd] *agg* goffo.
awning [ˈɔːnɪŋ] *s* tendone (*m*), telone (*m*).
awoke [əˈwəʊk] *p di* **awake**.
awoken [əˈwəʊkən] *pp di* **awake**.
awry [əˈraɪ] *agg, avv* di traverso ◊ **to go awry** andare storto, andare a monte.
axe [æks] *s* ascia.
axis (*pl* **axes**) [ˈæksɪs, ˈæksiːz] *s* asse (*m*).

B

B [biː] *s* (*mus*) si (*m*) ◊ (*BrE*) **B-road** strada secondaria.
BA [ˌbiːˈeɪ] *s* primo livello di laurea in lettere.
baby [ˈbeɪbi] *s* neonato ◊ (*AmE*) **baby carriage** carrozzina.
babyhood [ˈbeɪbihʊd] *s* prima infanzia.
babysat [ˈbeɪbiˌsæt] *p, pp di* **babysit**.
babysit (*p, pp* **babysat**) [ˈbeɪbɪsɪt, ˈbeɪbiˌsæt] *v intr* fare il/la babysitter.
bachelor [ˈbætʃələ*] *s* scapolo ◊ (*BrE*) **Bachelor of Arts, Science** laureato in lettere, in scienze.
back [bæk] *s* schiena, dorso; (*edificio*) retro; (*sedia*) schienale (*m*) ◊ **behind somebody's back** all'insaputa di qualcuno; **back to front** alla rovescia.
back [bæk] *agg* posteriore; arretrato ◊ **back street** strada laterale; **back number** numero arretrato.
back [bæk] *avv* indietro ◊ **phone me back** ritelefonami.

19

back

back [bæk] *v tr* sostenere ◊ *v intr* indietreggiare; (*aut*) fare marcia indietro.

▶ **back down** (*fig*) fare marcia indietro;

▶ **back up** appoggiare, sostenere; (*aut*) fare marcia indietro; (*inform*) fare una copia di riserva di.

backache ['bækeɪk] *s* mal (*m*) di schiena.

backbiting ['bækbaɪtɪŋ] *s* maldicenza.

backbone ['bækbəʊn] *s* spina dorsale.

backdoor ['bækdɔ:*] *agg* clandestino; segreto.

backer ['bækə*] *s* sostenitore (*m*).

background ['bækgraʊnd] *s* sfondo; esperienza; bagaglio culturale ◊ **background music** sottofondo musicale.

backhand ['bækhænd] *s* (*tennis*) rovescio.

backlog ['bæklɒg] *s* lavoro arretrato.

backpack ['bækpæk] *s* zaino.

backrest ['bækrest] *s* schienale (*m*).

backside [,bæk'saɪd] *s* sedere (*m*).

backstroke ['bækstrəʊk] *s* (*nuoto*) dorso.

back-up ['bækʌp] *s* sostegno, supporto ◊ *agg* (*inform*) di riserva.

backward ['bækwəd] *agg* indietro; (*paese*) arretrato; (*persona*) tardo, ritardato.

backward(s) ['bækwəd(z)] *avv* indietro, all'indietro.

backwater ['bæk,wɔ:tə*] *s* ristagno, acqua stagnante.

backyard [,bæk'jɑ:d] *s* cortile (*m*).

bacon ['beɪkən] *s* pancetta (affumicata).

bacterium (*pl* **-ia**) [bæk'tɪərɪəm, ɪə] *s* batterio.

bad [bæd] *agg* cattivo; brutto; (*cibo*) andato a male ◊ *s* male (*m*) ◊ **bad manners** maleducazione; **not (too) bad** non male; **to feel bad** sentirsi male; **to go bad** andare a male; **from bad to worse** di male in peggio.

bade [bæd] *p, pp* di **bid**.

badge [bædʒ] *s* distintivo.

badger ['bædʒə*] *s* (*zool*) tasso.

badly ['bædlɪ] *avv* male, malamente; moltissimo.

badly-off [,bædlɪ'ɒf] *agg* povero.

bad-tempered [,bæd'tempəd] *agg* irascibile.

baffle ['bæfl] *v tr* confondere.

bag [bæg] *s* sacco; borsa.

baggage ['bægɪdʒ] *s* bagaglio, bagagli (*pl*) ◊ **baggage reclaim** ritiro bagagli.

baggy ['bægɪ] *agg* largo.

bagpipes ['bægpaɪps] *s pl* cornamusa (*sing*).

bail [beɪl] *s* cauzione (*f*) ◊ **on bail** in libertà provvisoria su cauzione.

bait [beɪt] *s* esca.

bake [beɪk] *v tr* cuocere al forno ◊ **baked beans** fagioli in salsa di pomodoro.

baker ['beɪkə*] *s* fornaio.

balaclava [,bælə'klɑ:və] *s* passamontagna (*m*).

balance ['bæləns] *s* bilancia; equilibrio; (*comm*) saldo ◊ **balance sheet** bilancio.

balance ['bæləns] *v tr* tenere in equilibrio, bilanciare; (*fig*) compensare; (*conti, bilanci*) pareggiare, far quadrare ◊ *v intr* mantenersi in equilibrio; (*conti, bilanci*) essere in pareggio, quadrare.

balcony ['bælkənɪ] *s* balcone (*m*); (*teatro, cine*) balconata, galleria.

bald [bɔːld] *agg* calvo.

bale [beɪl] *v tr* imballare.

Balkan ['bɔːlkən] *agg* balcanico.

ball [bɔːl] *s* palla; ballo ◊ (*AmE*) **ball park** campo sportivo, da baseball.

ballad ['bæləd] *s* ballata.

ballast ['bæləst] *s* zavorra.

ballet ['bæleɪ] *s* balletto.

balloon [bə'luːn] *s* aerostato; fumetto.

ballot ['bælət] *s* votazione (*f*); scrutinio ◊ **ballot box** urna elettorale; **ballot paper** scheda.

ballpoint pen ['bɔːlpɔɪntpen] *s* penna a sfera.

ballroom ['bɔːlruːm] *s* sala da ballo.

ban [bæn] *v tr* proibire.

banana [bə'nɑːnə] *s* banana.

band [bænd] *s* banda; (*mus*) complesso, orchestra; fanfara.

bandage ['bændɪdʒ] *s* benda; (*AmE*) cerotto.

bandit ['bændɪt] *s* bandito.

bandy-legged ['bændɪlegd] *agg* con le gambe storte.

bang [bæŋ] *s* colpo, botta ◊ **to go over with a bang** avere molto successo.

bang [bæŋ] *v tr* sbattere con violenza ◊ *v intr* scoppiare; sbattere.

bangle ['bæŋgl] *s* braccialetto.

banish ['bænɪʃ] *v tr* bandire.

banister ['bænɪstə*] *s* ringhiera.

bank [bæŋk] *s* banca, banco; (*lago, fiume*) sponda, riva ◊ **bank account** conto bancario; **Bank holiday** giorno di festa; **bank note** banconota; **bank book** libretto di deposito; **bank carta** assegni; **bank rate** (*BrE*) tasso ufficiale di sconto, (*AmE*) tasso di interesse bancario.

banking ['bæŋkɪŋ] *agg* bancario ◊ **banking hours** orario di sportello.

bankrupt ['bæŋkrəpt] *agg, s* fallito.

bankruptcy ['bæŋkrəptsɪ] *s* bancarotta, fallimento.

banner ['bænə*] *s* striscione (*m*).

banns [bænz] *s pl* pubblicazioni (*f*) di matrimonio.

banquet ['bæŋkwɪt] *s* banchetto.

baptism ['bæptɪzəm] *s* battesimo.

baptize [bæp'taɪz] *v tr* battezzare.

bar [bɑː*] *s* sbarra; ostacolo; (*cioccolata*) tavoletta; (*oro*) lingotto; bar (*m*) ◊ **bar of soap** saponetta; **the Bar** l'Ordine degli avvocati; **bar code** codice a barre.

bar [bɑː*] *v tr* sbarrare; escludere; proibire ◊ **to bar in, out** chiudere dentro, fuori.

barbecue ['bɑːbɪkjuː] *s* barbecue (*m*), graticola.

barber [bɑːbə*] *s* barbiere (*m*).

barbiturate [bɑː'bɪtjʊrət] *s* barbiturico.

bare [beə*] *agg* nudo, spoglio.

barefaced ['beəfeɪst] *agg* sfacciato.

barefoot ['beəfʊt] *agg, avv* a piedi nudi, scalzo.

bareheaded [ˌbeə'hedɪd] *agg, avv* a capo scoperto.

bargain ['bɑːgɪn] *s* affare (*m*) ◊ **a bargain price** un prezzo d'occasione.

bargain ['bɑːgɪn] *v intr* mercanteggiare, contrattare.

barge [bɑːdʒ] *s* chiatta.

bark [bɑːk] *s* corteccia.

bark [bɑːk] *v intr* abbaiare.

barley ['bɑːlɪ] *s* orzo.

barmaid ['bɑːmeɪd] *s* cameriera; barista.

barn [bɑːn] *s* granaio.

barometer [bə'rɒmɪtə*] *s* barometro.

barracks ['bærəks] *s pl* caserma (*sing*).

barrel ['bærəl] *s* barile (*m*); (*arma da fuoco*) canna.

barren ['bærən] *agg* sterile.

barricade [ˌbærɪ'keɪd] *s* barricata.

barrier ['bærɪə*] *s* barriera.

barrister ['bærɪstə*] *s* avvocato.

barrow ['bærəʊ] *s* carriola.

bartender ['bɑːˌtendə*] *s* (*AmE*) barista (*m*).

barter ['bɑːtə*] *s* baratto.

base [beɪs] *s* base (*f*).

base [beɪs] *v tr* basare.

base [beɪs] *agg* vile.

basement ['beɪsmənt] *s* seminterrato.

bashful ['bæʃfʊl] *agg* timido.

basic ['beɪsɪk] *agg* essenziale, fondamentale.

basil ['bæzl] *s* basilico.

basin ['beɪsn] *s* bacinella, catino.

basis (*pl* **-ses**) ['beɪsɪs, siːz] *s* base (*f*).

bask [bɑːsk] *v intr* crogiolarsi.

basket ['bɑːskɪt] *s* cestino, cesta.

basketball ['bɑːskɪtbɔːl] *s* pallacanestro (*f*).

bass [beɪs] *agg, s* (*mus*) basso.

bastard ['bɑːstəd] *s, agg* bastardo.

bat [bæt] *s* pipistrello; (*ping-pong*) racchetta.

batch [bætʃ] *s* infornata; gruppo di persone, cose.

bath [bɑːθ] *s* bagno; vasca da bagno ◊ **to have, to take a bath** fare il bagno.

bathe [beɪð] *v intr* (*BrE*) fare il bagno (*in mare, piscina*); (*AmE*) fare il bagno, lavarsi.

bathing ['beɪðɪŋ] *s* balneazione (*f*); bagni (*pl*) ◊ **bathing cap** cuffia da bagno; **bathing costume, bathing suit** costume da bagno.

bathrobe ['bɑːθrəʊb] *s* accappatoio; (*AmE*) vestaglia.

bathroom ['bɑːθrʊm] *s* (stanza da) bagno.

battalion [bə'tæljən] *s* battaglione (*m*).

battery ['bætərɪ] *s* batteria.

battle ['bætl] *s* battaglia, lotta.

battle ['bætl] *v intr* combattere.

battlefield ['bætlfiːld] *s* campo di battaglia.

battlements ['bætlmənts] *s pl* merli, bastioni.

battleship ['bætlʃɪp] *s* nave (*f*) da guerra.

bawdy ['bɔːdɪ] *agg* osceno.

bawl [bɔːl] *v intr* urlare.

bay [beɪ] *s* baia; (*bot*) alloro, lauro.

B.C. [ˌbiː'siː] *s* a.C., avanti Cristo.

be (*p* **was** *pp* **been**) [biː, wɒz, biːn] *v*

22

intr essere; costare; (+ *forma in - ing*) stare ◊ **I am reading** sto leggendo; **how much is it?** quanto costa?; **he is ten (years old)** ha dieci anni; **how are you?** come stai?; **to be well, ill** stare bene, male; **he is from Spain** è spagnolo; **I have been to London** sono stato a Londra; **he's nice, isn't he?** è simpatico, no?

▶ **be in** esser in casa; essere di moda; essere in carica;

▶ **be in for** aspirare a; doversi aspettare;

▶ **be through** essere finito; (*al telefono*) ottenere la comunicazione.

beach [bi:tʃ] *s* spiaggia.

bead [bi:d] *s* perlina.

beak [bi:k] *s* becco.

beaker ['bi:kə*] *s* coppa.

beam [bi:m] *s* trave (*f*); (*luce*) raggio.

beaming ['bi:mɪŋ] *agg* raggiante.

bean [bi:n] *s* fagiolo; (*caffè*) chicco ◊ **bean sprouts** germogli di soia.

bear [beə*] *s* orso.

bear (*p* **bore** *pp* **borne**) [beə*, bɔ:*, bɔ:n] *v tr* portare; sopportare; reggere; produrre, generare.

beard [bɪəd] *s* barba.

bearer ['beərə*] *s* portatore (*m*).

bearing ['beərɪŋ] *s* portamento; attinenza.

beast [bi:st] *s* bestia.

beat [bi:t] *s* colpo; palpito; battito; giro (d'ispezione).

beat (*p* **beat** *pp* **beaten**) [bi:t, bi:t, 'bi:tn] *v tr/intr* battere ◊ **to beat about the bush** menare il can per l'aia.

beaten ['bi:tn] *pp di* beat.

beater ['bi:tə*] *s* frullino.

beautician [bju:'tɪʃn] *s* estetista (*m/f*).

beautiful ['bju:təful] *agg* bello, magnifico.

beauty ['bju:tɪ] *s* bellezza ◊ **beauty salon, parlour** istituto di bellezza; **beauty queen** reginetta di bellezza, miss; **beauty spot** neo artificiale; (*BrE*) luogo pittoresco.

beaver ['bi:və*] *s* castoro.

became [bɪ'keɪm] *p di* become.

because [bɪ'kɒz] *cong* perché ◊ **because of** a causa di.

beckon ['bekən] *v tr* chiamare con un cenno.

become (*p* **became** *pp* **become**) [bɪ'kʌm, bɪ'keɪm, bɪ'kʌm] *v intr* diventare ◊ *v tr* stare bene (a), essere adatto (a) ◊ **what has become of him?** che fine ha fatto?; **that hat becomes you** quel cappello ti dona.

becoming [bɪ'kʌmɪŋ] *agg* appropriato; che si conviene; (*abiti*) che dona, che sta bene.

bed [bed] *s* letto ◊ **bed and breakfast** pensione familiare; camera e prima colazione.

bedclothes ['bedkləʊðz] *s pl* biancheria (*sing*) e coperte da letto.

bedlam ['bedləm] *s* (*fig*) manicomio.

bed linen ['bed,lɪnɪn] *s* lenzuola (*f pl*) e federe (*pl*).

bedridden ['bed,rɪdn] *agg* costretto a letto.

bedroom ['bedrʊm] *s* camera da letto.

bedside ['bedsaɪd] *s* capezzale (*m*).

bedsitter [bed'sɪtə*] s monolocale (m).

bee [bi:] s ape (f).

beech [bi:tʃ] s faggio.

beef [bi:f] s (carne (f) di) manzo.

beefeater ['bi:f,i:tə*] s guardia della Torre di Londra.

beehive ['bi:haɪv] s alveare (m).

been [bi:n] pp di be.

beep [bi:p] segnale (m) acustico, bip (m).

beeper [bi:pə*] s cercapersone (m).

beer [bɪə*] s birra.

beetle ['bi:tl] s scarabeo.

beetroot ['bi:tru:t] s barbabietola.

before [bɪ'fɔ:*] prep prima di; davanti a ◊ **the day before yesterday** l'altro ieri.

before [bɪ'fɔ:*] avv prima.

before [bɪ'fɔ:*] cong prima che, prima di.

beforehand [bɪ'fɔ:hænd] avv in anticipo.

befriend [bɪ'frend] v tr mostrarsi amico di.

beg [beg] v intr chiedere l'elemosina ◊ v tr chiedere ◊ **I beg your pardon?** scusi, come ha detto?; prego?

began [bɪ'gæn] p di begin.

beggar ['begə*] s mendicante (m/f).

begin (p began pp begun) [bɪ'gɪn, bɪ'gæn, bɪ'gʌn] v tr/intr cominciare ◊ **to begin with** innanzitutto.

beginner [bɪ'gɪnə*] s principiante (m/f).

beginning [bɪ'gɪnɪŋ] s inizio, principio.

begun [bɪ'gʌn] pp di begin.

behalf [bɪ'hɑ:f] s ◊ **on behalf of** per conto di.

behave [bɪ'heɪv] v intr comportarsi ◊ **to behave oneself** comportarsi bene.

behavior [bɪ'heɪvjə*] s (AmE) comportamento.

behaviour [bɪ'heɪvjə*] s comportamento.

beheld [bɪ'held] p, pp di behold.

behind [bɪ'haɪnd] prep dietro (a).

behind [bɪ'haɪnd] avv dietro; indietro; in ritardo.

behold (p, pp beheld) [bɪ'həʊld, bɪ'held] v tr scorgere.

being ['bi:ɪŋ] s essere (m) ◊ **human being** essere umano.

belated [bɪ'leɪtɪd] agg tardivo.

belch [beltʃ] s rutto.

belfry ['belfrɪ] s campanile (m).

Belgian ['beldʒɪən] agg, s belga (m/f).

belie [bɪ'laɪ] v tr smentire.

belief [bɪ'li:f] s opinione (f), convinzione (f); fede (f).

believe [bɪ'li:v] v tr/intr credere.

believer [bɪ'li:və*] s credente (m/f).

belittle [bɪ'lɪtl] v tr sminuire.

bell [bel] s campana; campanello ◊ **this name rings a bell** questo nome non mi è nuovo.

belly ['belɪ] s pancia.

belong [bɪ'lɒŋ] v intr appartenere; far parte (di).

belongings [bɪ'lɒŋɪŋz] s pl effetti personali ◊ **my belongings** le mie cose.

beloved [bɪ'lʌvd] agg adorato.

below [bɪ'ləʊ] prep sotto (a), al di sotto di.

below [bɪ'ləʊ] avv sotto.

belt [belt] s cintura.

beltway ['beltweɪ] *s* (*AmE*) tangenziale (*f*); circonvallazione (*f*).

bench [bentʃ] *s* panca, panchina; banco (da lavoro) ◊ **the Bench** la Corte.

bend (*p*, *pp* **bent**) [bend, bent] *v tr/intr* curvare, curvarsi; piegare, piegarsi.

bend [bend] *s* curva.

beneath [bɪ'ni:θ] *avv*, *prep* sotto, al di sotto di.

benefactor ['benɪfæktə*] *s* benefattore (*m*).

beneficial [ˌbenɪ'fɪʃl] *agg* utile; vantaggioso.

benefit ['benɪfɪt] *s* beneficio; indennità ◊ **for the benefit of** a vantaggio di.

benefit ['benɪfɪt] *v tr* giovare a ◊ *v intr* (*from*, *by*) trarre vantaggio, beneficio.

bent [bent] *p*, *pp di* **bend**.

bent [bent] *s* inclinazione (*f*).

bequeath [bɪ'kwi:ð] *v tr* lasciare in eredità.

bequest [bɪ'kwest] *s* lascito.

bereavement [bɪ'ri:vmənt] *s* lutto.

berry ['berɪ] *s* bacca.

berth [bɜ:θ] *s* cuccetta.

beseech (*p*, *pp* **beseeched**, **besought**) [bɪ'si:tʃ, bɪ'si:tʃt, bɪ'sɔ:t] *v tr* implorare.

beside [bɪ'saɪd] *prep* vicino a ◊ **he's beside himself (with anger)** è fuori di sé (dalla rabbia).

besides [bɪ'saɪdz] *avv* inoltre, per di più.

besides [bɪ'saɪdz] *prep* oltre a; a parte.

besought [bɪ'sɔ:t] *p*, *pp di* **beseech**.

best [best] *agg* (il) migliore; eccellente.

best [best] *avv* meglio, nel modo migliore; di più, maggiormente ◊ **at best** nella migliore delle ipotesi.

best [best] *s* (il) meglio, (il) migliore) ◊ **to do one's best** fare del proprio meglio; **all the best** tanti auguri.

best man [ˌbest'mæn] *s* testimone (*m*) dello sposo.

bet [bet] *s* scommessa.

bet (*p*, *pp* **bet**) [bet] *v tr/intr* scommettere ◊ **you bet!** certo!

betray [bɪ'treɪ] *v tr* tradire.

betrayal [bɪ'treɪəl] *s* tradimento.

better ['betə*] *agg* migliore.

better ['betə*] *avv* meglio ◊ **you had better do it** sarebbe meglio che tu lo facessi; **to get better** migliorare; **better still** ancora meglio; **to be better off** stare meglio, avere più soldi.

better ['betə*] *v tr/intr* migliorare.

between [bɪ'twi:n] *prep* fra, tra.

between [bɪ'twi:n] *avv* in mezzo, nel mezzo ◊ **in between** in mezzo; nel frattempo.

beverage ['bevərɪdʒ] *s* bevanda.

beware [bɪ'weə*] *v tr/intr* stare attento (a) ◊ **beware of the dog** attenti al cane.

bewildered [bɪ'wɪldəd] *agg* sconcertato, confuso.

beyond [bɪ'jɒnd] *avv* oltre, al di là.

beyond [bɪ'jɒnd] *prep* oltre, al di là di; al di sopra di ◊ **beyond belief** incredibile; **beyond all, any doubt** senza dubbio; **beyond question** fuori di dubbio; **beyond contro-**

versy fuori discussione; **beyond repair** irreparabile.

bias ['baɪəs] s pregiudizio.

biased ['baɪəst] agg prevenuto, parziale.

bib [bɪb] s bavaglino.

bible ['baɪbl] s bibbia.

bicarbonate [baɪ'kɑːbənɪt] s bicarbonato.

bicentenary [,baɪsen'tiːnərɪ] s bicentenario.

bicycle ['baɪsɪkl] s bicicletta.

bid [bɪd] s offerta (a un'asta).

bid (p **bade**, **bid** pp **bidden**, **bid**) [bɪd, beɪd, 'bɪdn] v tr/intr fare una offerta (di).

bidden [bɪdn] pp di **bid**.

bidder ['bɪdə*] s offerente (m/f) (a un'asta) ◊ **the highest bidder** il miglior offerente.

big [bɪg] agg grande; grosso.

bigamy ['bɪgəmɪ] s bigamia.

bighead ['bɪghed] s presuntuoso.

bigot ['bɪgət] s bigotto.

bigshot ['bɪgʃɒt], **bigwig** ['bɪgwɪg] s pezzo grosso.

bike [baɪk] s bici (f).

bile [baɪl] s bile (f).

bilingual [baɪ'lɪgwəl] agg, s bilingue.

bill [bɪl] s fattura; conto; bolletta; locandina, manifesto; (polit) progetto di legge; (comm) effetto, cambiale (f); (AmE) banconota ◊ **bill of fare** lista delle vivande, menù; **bill of exchange** cambiale; **bill of health** certificato di buona salute.

billboard ['bɪlbɔːd] s (AmE) tabellone (m) per affissioni.

billfold ['bɪlfəʊld] s (AmE) portafoglio.

billiards ['bɪljədz] s biliardo.

billion ['bɪljən] s (BrE) bilione (m); (AmE) miliardo.

bin [bɪn] s bidone (m) ◊ **bread bin** cassetta per il pane.

binary ['baɪnərɪ] agg binario.

bind (p, pp **bound**) [baɪnd, baʊnd] v tr legare; fasciare; (libro) rilegare; obbligare.

bingo ['bɪŋgəʊ] s gioco simile alla tombola.

binoculars [bɪ'nɒkjʊləz] s pl nocchiale (m sing).

biodegradable [,baɪə(ʊ)dɪ'greɪdəbl] agg biodegradabile.

bioethics [,baɪə(ʊ)'eθɪks] s bioetica.

biography [baɪ'ɒgrəfɪ] s biografia.

biological [,baɪə'lɒdʒɪkl] agg biologico.

biology [baɪ'ɒlədʒɪ] s biologia.

biopsy ['baɪɒpsɪ] s biopsia.

birch [bɜːtʃ] s betulla.

bird [bɜːd] s uccello.

birth [bɜːθ] s nascita ◊ **birth certificate** certificato di nascita; **birth control** contraccezione; **birth rate** indice di natalità.

birthday ['bɜːθdeɪ] s compleanno.

birthplace ['bɜːθpleɪs] s luogo di nascita.

birthrate ['bɜːθreɪt] s indice (m) di natalità.

biscuit ['bɪskɪt] s (BrE) biscotto; (AmE) focaccina dolce.

bishop ['bɪʃəp] s vescovo.

bit [bɪt] p di **bite**.

bit [bɪt] s pezzetto; boccone (m);

(*inform*) bit (*m*) ◊ **a bit** un poco; **not a bit** per niente.

bitch [bɪtʃ] *s* cagna; (*offensivo*) troia.

bite (*p* **bit** *pp* **bitten**) [baɪt, bɪt, 'bɪtn] *v tr/intr* mordere; (*insetto*) pungere.

bite [baɪt] *s* morso; (*insetto*) puntura; boccone (*m*).

bitten ['bɪtn] *pp di* **bite**.

bitter ['bɪtə*] *agg* amaro; (*vento, freddo*) pungente.

bitter ['bɪtə*] *s* (*BrE*) birra amara.

bitterness ['bɪtənɪs] *s* amarezza.

bittersweet ['bɪtəswiːt] *agg* agrodolce.

black [blæk] *agg* nero; scuro ◊ **black and blue** pieno di lividi.

black [blæk] *s* nero ◊ **to be in the black** avere il conto in banca coperto; **black out** oscuramento.

black [blæk] *v tr* annerire.

blackberry ['blækbərɪ] *s* mora.

blackbird ['blækbɔːd] *s* merlo.

blackboard ['blækbɔːd] *s* lavagna.

blackcurrant [ˌblæk'kʌrənt] *s* ribes (*m*) nero.

blacken ['blækən] *v tr* annerire; (*fig*) diffamare.

blacking ['blækɪŋ] *s* lucido nero (per scarpe).

blackleg ['blækleg] *s* crumiro.

blackmail ['blækmeɪl] *v tr* ricattare.

blacksmith ['blæksmɪθ] *s* fabbro.

bladder ['blædə*] *s* vescica.

blade [bleɪd] *s* lama.

blame [bleɪm] *v tr* biasimare; incolpare.

blame [bleɪm] *s* colpa, responsabilità.

bland [blænd] *agg* blando, leggero.

blank [blæŋk] *agg* in bianco; (*sguardo*) inespressivo ◊ **blank cheque** assegno in bianco.

blank ['blæŋk] *s* spazio vuoto; cartuccia a salve.

blanket ['blæŋkɪt] *s* coperta.

blare [bleə*] *v intr* strombazzare.

blasphemy ['blæsfəmɪ] *s* bestemmia.

blast [blɑːst] *s* raffica di vento; esplosione (*f*) ◊ **at full blast** a tutta velocità, a tutto volume.

blatant ['bleɪtənt] *agg* clamoroso.

blaze [bleɪz] *s* fiammata.

blaze [bleɪz] *v intr* ardere, fiammeggiare.

blazer ['bleɪzə*] *s* giacca sportiva, blazer (*m*).

bleach [bliːtʃ] *s* candeggina.

bleach [bliːtʃ] *v tr* candeggiare; decolorare.

bleached [bliːtʃt] *agg* decolorato, ossigenato.

bleak [bliːk] *agg* incolore; squallido, desolato.

bled [bled] *p, pp di* **bleed**.

bleed (*p, pp* **bled**) [bliːd, bled] *v tr* sanguinare.

blemish ['blemɪʃ] *s* macchia, difetto.

blend [blend] *s* miscuglio.

bless (*p, pp* **blessed, blest**) [bles, blest] *v tr* benedire ◊ **bless you!** salute!

blessed ['blesɪd] *agg* benedetto; beato; santo.

blest [blest] *p, pp di* **bless**.

blew [blu:] *p di* **blow**.

blind [blaɪnd] *agg* cieco ◊ **blind alley** vicolo cieco; **blind date** appuntamento "al buio", con uno sconosciuto.

blind [blaɪnd] *v tr* accecare.

blind [blaɪnd] *s* tendina; *(fig)* pretesto.

blindfold ['blaɪndfəʊld] *s* benda.

blink [blɪŋk] *v intr* battere le palpebre; *(luce)* lampeggiare.

blinker ['blɪŋkə*] *s (AmE) (aut)* lampeggiatore (*m*) ◊ **blinkers** paraocchi.

bliss [blɪs] *s* beatitudine (*f*).

blister ['blɪstə*] *s* vescica ◊ **blister (pack)** blister.

blizzard ['blɪzəd] *s* bufera di neve.

block [blɒk] *s* blocco; palazzo; isolato ◊ **a block of flats** un caseggiato.

block [blɒk] *v tr* bloccare, ostacolare.

blockade [blɒ'keɪd] *s* blocco.

blockbuster ['blɒk,bʌstə*] *s* grande successo.

block capitals [,blɒk'kæpɪtls], **block letters** [,blɒk'letəz] *s pl* stampatello (*sing*).

blond [blɒnd] *agg, s* biondo.

blonde [blɒnd] *agg, s* bionda.

blood [blʌd] *s* sangue (*m*); discendenza ◊ **blood group** gruppo sanguigno; **blood pressure** pressione sanguigna; **blood test** esame del sangue.

bloodbath ['blʌdbɑ:θ] *s* massacro.

blood-poisoning ['blʌd,pɔɪznɪŋ] *s* setticemia.

bloodshed ['blʌdʃed] *s* strage (*f*), spargimento di sangue.

bloodstain ['blʌdsteɪn] *s* macchia di sangue.

bloody ['blʌdɪ] *agg* sanguinoso; *(BrE, volgare)* maledetto.

bloom [blu:m] *s* fiore (*m*), fioritura.

blooming ['blu:mɪŋ] *agg* in fiore.

blossom ['blɒsəm] *s* fiore (*m*).

blot [blɒt] *s* macchia.

blot [blɒt] *v tr* macchiare; asciugare.

blotchy ['blɒtʃɪ] *agg* pieno di macchie.

blotting paper ['blɒtɪŋ,peɪpə*] *s* carta assorbente.

blouse [blaʊz] *s* blusa, camicetta.

blow (*p* **blew** *pp* **blown**) [bləʊ, blu:, bləʊn] *v intr* soffiare ◊ *v tr* spingere con un soffio; *(mus)* suonare ◊ **to blow one's nose** soffiarsi il naso.
- ► **blow out** spegnere; scoppiare;
- ► **blow up** gonfiare; saltare in aria.

blow [bləʊ] *s* colpo; *(fig)* disgrazia.

blown [bləʊn] *pp di* **blow**.

blowout ['bləʊaʊt] *s* scoppio (di pneumatico).

blowup ['bləʊʌp] *s (fot)* ingrandimento.

blue [blu:] *agg, s* blu (*m*), azzurro; *(film)* porno ◊ **blue collars** operai, "tute blu"; **out of the blue** improvvisamente; **to feel blue** sentirsi giù, depresso.

bluebell ['blu:bel] *s* campanula.

blueberry ['blu:,berɪ] *s* mirtillo.

bluebottle ['blu:,bɒtl] *s* moscone (*m*).

bluff [blʌf] *v intr* bluffare.

blunder ['blʌndə*] s errore (m) grossolano, abbaglio.

blunt [blʌnt] agg spuntato, smussato; (persona) brusco, diretto.

blur [blɜ:*] v tr offuscare.

blush [blʌʃ] v intr arrossire.

boar [bɔ:*] s cinghiale (m).

board [bɔ:d] s tavola, asse (f); tabellone (m); comitato, consiglio ◊ **board and lodging** vitto e alloggio; **on board** a bordo.

boarding card ['bɔ:dıŋka:d] s carta d'imbarco.

boarding house ['bɔ:dıŋhaʊs] s pensione (f).

boarding school ['bɔ:dıŋsku:l] s collegio.

boast [bəʊst] v intr vantarsi.

boat [bəʊt] s nave (f); barca.

boating ['bəʊtıŋ] s nautica da diporto.

bobby ['bɒbı] s (BrE, scherzoso) poliziotto.

bob-sleigh ['bɒbsleı] s bob (m).

bodice ['bɒdıs] s corsetto, bustino.

bodily ['bɒdılı] agg fisico.

body ['bɒdı] s corpo.

body-building ['bɒdı'bıldıŋ] s culturismo.

bodyguard ['bɒdıga:d] s guardia del corpo.

bodywork ['bɒdıwɔ:k] s carrozzeria.

bog [bɒg] s palude (f).

bogus ['bəʊgəs] agg falso.

boil [bɔıl] v tr/intr bollire.

boiler ['bɔılə*] s caldaia.

boiling ['bɔılıŋ] agg bollente.

boisterous ['bɔıstərəs] agg chiassoso.

bold [bəʊld] agg audace, coraggioso.

Bolivian [bə'lıvıən] agg, s boliviano.

bollard ['bɒləd] s (BrE) (aut) colonnina spartitraffico.

bolster ['bəʊlstə*] s capezzale (m).

bolt [bəʊlt] v tr serrare; (cibi) trangugiare.

bomb [bɒm] s bomba.

bombastic [bɒm'bæstık] agg magniloquente.

bond [bɒnd] s legame (m); (fin) obbligazione (f).

bone [bəʊn] s osso ◊ **fish bone** lisca; **to make no bones** non farsi scrupoli.

bonfire ['bɒn,faıə*] s falò.

bonnet ['bɒnıt] s cuffia; (BrE) (aut) cofano.

bonus ['bəʊnəs] s premio.

book [bʊk] s libro.

book [bʊk] v tr prenotare; (sport) ammonire ◊ **(fully) booked up** al completo, tutto esaurito; **to book through to Milan** prendere un biglietto diretto per Milano.

▶ **book in, into** (BrE) registrare, registrarsi (in albergo).

bookcase ['bʊkkeıs] s scaffale (m).

booking office ['bʊkıŋ,ɒfıs] s biglietteria.

bookkeeping ['bʊk,ki:pıŋ] s contabilità.

booklet ['bʊklıt] s libretto.

bookmaker ['bʊk,meıkə*] s allibratore (m).

bookmark ['bʊkma:k] s segnalibro.

bookseller ['bʊk,selə*] s libraio.

bookshop ['bukʃɒp] s libreria.

bookstall ['bukstɔ:l] s edicola; bancarella.

bookstore ['bukstɔ:*] s libreria.

bookworm ['bukwɜ:m] s topo di biblioteca.

boom [bu:m] v intr rimbombare; prosperare.

boost [bu:st] v tr incrementare; promuovere.

booster ['bu:stə*] s (med) richiamo.

boot [bu:t] s stivale (m); (calcio) scarpa; (aut) portabagagli (m).

booth [bu:ð] s cabina.

booty ['bu:ti] s bottino.

border ['bɔ:də*] s orlo; (Stato) frontiera.

borderline ['bɔ:dəlaɪn] s linea di confine, di demarcazione.

bore [bɔ:*] p di **bear**.

bore [bɔ:*] s seccatore (m); noia, seccatura.

bored [bɔ:d] agg annoiato ◊ **to get bored** annoiarsi.

boredom ['bɔ:dəm] s noia.

boring ['bɔ:rɪŋ] agg noioso.

born [bɔ:n] agg nato ◊ **he was born in 1960** è nato nel 1960.

borne [bɔ:n] pp di **bear**.

borough ['bʌrə] s circoscrizione (f) amministrativa; distretto.

borrow ['bɒrəu] v tr prendere a prestito.

Bosnian ['bɒznɪən] agg, s bosniaco.

bosom ['buzəm] s seno.

boss [bɒs] s capo.

bossy ['bɒsɪ] agg prepotente.

botany ['bɒtənɪ] s botanica.

botch [bɒtʃ] v tr pasticciare.

both [bəuθ] agg, pron entrambi ◊ **both of us are, we both are** tutti e due siamo.

both [bəuθ] avv ◊ **both... and** sia... sia.

bother ['bɒðə*] v tr infastidire; preoccupare.

bottle ['bɒtl] s bottiglia; biberon (m).

bottleneck ['bɒtlnek] s strettoia.

bottle-opener ['bɒtləupənə*] s apribottiglie (m).

bottom ['bɒtəm] s fondo; sedere (m) ◊ **from the bottom of my heart** dal profondo del cuore.

bottom ['bɒtəm] agg ultimo, il più basso.

bough [bau] s ramo.

bought [bɔ:t] p, pp di **buy**.

bouillon ['bu:jɒn] s brodo leggero.

boulder ['bəuldə*] s masso.

boulevard ['bu:lva:*] s viale (m).

bounce [bauns] v intr/intr rimbalzare, far rimbalzare.

bouncer ['baunsə*] s buttafuori (m/f).

bound [baund] p, pp di **bind**.

bound [baund] agg obbligato; destinato.

bound [baund] s limite (m); balzo.

bound [baund] v tr delimitare; confinare con.

boundary ['baundərɪ] s confine (m).

boundless ['baundlɪs] agg illimitato.

bow [bau] v intr inchinarsi ◊ v tr chinare; piegare.

bow [bəu] s arco.

bow [bau] s inchino.

bow [baʊ] *s* prora, prua.

bowels ['baʊəlz] *s pl* intestini; viscere.

bowl [baʊl] *s* scodella.

bowls [baʊlz] *s* gioco delle bocce.

bow tie [,baʊ'taɪ] *s* cravatta a farfalla, papillon (*m*).

box [bɒks] *s* scatola; cassa; (*teatro*) palco.

box [bɒks] *v intr* boxare, fare del pugilato.

boxer ['bɒksə*] *s* pugile (*m*); (*cane*) boxer (*m*) ◊ **boxer shorts** boxer (*indumento*).

boxing ['bɒksɪŋ] *s* pugilato.

Boxing Day ['bɒksɪŋdeɪ] *s* 26 dicembre, (giorno di) Santo Stefano.

box-office ['bɒks,ɒfɪs] *s* biglietteria.

boxroom ['bɒksrʊm] *s* ripostiglio.

boy [bɔɪ] *s* ragazzo.

boycott ['bɔɪkɒt] *v tr* boicottare.

boyfriend ['bɔɪfrend] *s* ragazzo, fidanzato.

bra [brɑː] *s* reggiseno.

brace [breɪs] *s* sostegno; apparecchio (per i denti) ◊ *pl* bretelle.

bracelet ['breɪslɪt] *s* braccialetto.

bracken ['brækən] *s* felce (*f*).

bracket ['brækɪt] *s* parentesi (*f*).

brag [bræg] *v intr* vantarsi.

braid [breɪd] *s* (*capelli*) treccia; spighetta.

brain [breɪn] *s* cervello.

brainwash ['breɪnwɒʃ] *v tr* fare il lavaggio del cervello a.

brake [breɪk] *s* freno.

brake [breɪk] *v intr* frenare.

bramble ['bræmbl] *s* rovo.

bran [bræn] *s* crusca.

branch [brɑːntʃ] *s* ramo; (*comm*) filiale (*f*) ◊ **branch office** succursale.

brand [brænd] *s* marca.

brand-new [,brænd'njuː] *agg* nuovo di zecca.

brash [bræʃ] *agg* sfacciato.

brass [brɑːs] *s* ottone (*m*).

brassband [,brɑːs'bænd] *s* fanfara.

brave [breɪv] *agg* coraggioso.

bravery ['breɪvərɪ] *s* coraggio.

brawl [brɔːl] *s* rissa.

brazen ['breɪzn] *agg* sfacciato.

brazier ['breɪzjə*] *s* braciere (*m*).

Brazilian [brə'zɪljən] *agg, s* brasiliano.

breach [briːtʃ] *s* breccia, varco.

bread [bred] *s* pane (*m*) ◊ **bread roll** panino.

breadth [bredθ] *s* larghezza.

break (*p* **broke** *pp* **broken**) [breɪk, brəʊk, 'brəʊkən] *v tr* rompere; (*giur*) violare; (*record*) battere ◊ *v intr* rompersi; (*alba*) spuntare; (*temporale*) scoppiare; (*tempo*) cambiare.

▶ **break down** (*aut*) guastarsi; (*persona*) crollare; (*cifre*) analizzare;

▶ **break out** scoppiare;

▶ **break up** fare a pezzi; (*lotta*) interrompere.

break [breɪk] *s* rottura; pausa.

breakdown ['breɪkdaʊn] *s* guasto; rottura; (*med*) esaurimento nervoso.

breakfast ['brekfəst] *s* prima colazione.

breast [brest] *s* seno.

breaststroke ['breststrəʊk] *s* (*nuoto*) rana.

breath [breθ] *s* respiro; *(di vento)* soffio ◊ **out of breath** senza fiato.

breathalyser ['breθəlaɪzə*] *s* (*BrE*) alcoltest (*m*).

breathe [bri:ð] *v tr/intr* respirare;
▶ **breathe in** inspirare;
▶ **breathe out** espirare.

breathless ['breθlɪs] *agg* senza fiato.

bred [bred] *p, pp di* **breed**.

breed (*p, pp* **bred**) [bri:d, bred] *v tr* generare; allevare.

breeze [bri:z] *s* brezza.

brevity ['brevətɪ] *s* brevità.

brew [bru:] *v tr* (*birra*) fare; *(infuso)* preparare.

bribe [braɪb] *s* bustarella.

bribe [braɪb] *v tr* corrompere.

brick [brɪk] *s* mattone (*m*).

bricklayer ['brɪk,leɪə*] *s* muratore (*m*).

bride [braɪd] *s* sposa.

bridegroom ['braɪdgrʊm] *s* sposo.

bridge [brɪdʒ] *s* ponte (*m*); *(carte)* bridge (*m*).

bridle ['braɪdl] *s* briglia.

brief [bri:f] *agg* breve.

briefcase ['bri:fkeɪs] *s* valigetta portadocumenti.

brigade [brɪ'geɪd] *s* (*milit*) brigata.

bright [braɪt] *agg* luminoso, brillante; vivace.

brighten ['braɪtn] *v intr* illuminarsi; schiarirsi.

brilliance ['brɪljəns] *s* splendore (*m*).

brilliant ['brɪljənt] *agg* brillante.

brim [brɪm] *s* orlo.

brimful ['brɪmfʊl] *agg* pieno fino all'orlo.

bring (*p, pp* **brought**) [brɪŋ, brɔːt] *v tr* portare.
▶ **bring back** riportare;
▶ **bring down** abbattere;
▶ **bring forth** dare alla luce;
▶ **bring up** allevare.

brink [brɪŋk] *s* orlo.

brisk [brɪsk] *agg* energico; svelto.

British ['brɪtɪʃ] *agg* britannico ◊ **the British** i britannici; **British Rail** Ferrovie dello Stato britanniche.

Briton ['brɪtən] *s* britannico.

broad [brɔːd] *agg* largo, ampio; generale; *(accento)* marcato ◊ **broad bean** fava.

broadcast (*p, pp* **broadcast**) ['brɔːdkɑːst] *v tr* (*radio, TV*) trasmettere.

broaden ['brɔːdn] *v tr* allargare.

broad-minded [,brɔːd'maɪndɪd] *agg* dalla mente aperta.

broil [brɔɪl] *v tr* cuocere sulla graticola.

broke [brəʊk] *p di* **break**.

broke [brəʊk] *agg* squattrinato, al verde.

broken ['brəʊkən] *pp di* **break**.

broken ['brəʊkən] *agg* rotto ◊ **in broken English** in un inglese stentato.

broker ['brəʊkə*] *s* agente (*m*).

bronchitis [brɒŋ'kaɪtɪs] *s* bronchite (*f*).

bronze [brɒnz] *s* bronzo.

brooch [brəʊtʃ] *s* spilla.

brood [bru:d] *v intr* rimuginare.

brook [brʊk] *s* ruscello.

broom [bru:m] *s* scopa.

broth [brɒθ] *s* brodo.

brother ['brʌðə*] s fratello.

brother-in-law ['brʌðərınlɔ:] s cognato.

brought [brɔ:t] p, pp di **bring**.

brow [brau] s fronte (f) ◊ pl sopracciglia (f).

browbeat (p **browbeat** pp **browbeaten**) ['braubi:t, 'braubi:tən] v tr minacciare, spaventare.

browbeaten ['braubi:tən] pp di **browbeat**.

brown [braun] agg, s marrone (m), bruno ◊ **brown bread** pane integrale; **brown sugar** zucchero grezzo.

browse [brauz] v intr curiosare tra i libri.

bruise [bru:z] s livido.

bruise [bru:z] v tr/intr ammaccare, ammaccarsi; farsi un livido a.

brunch [brʌntʃ] s brunch (m), pasto che combina colazione e pranzo.

brush [brʌʃ] s spazzola; pennello ◊ **brush up** spazzolata.

brush [brʌʃ] v tr spazzolare.

▶ **brush up** rinfrescare.

brusque [bru:sk] agg rude.

Brussels sprout [,brʌsəlz'spraut] s cavolino di Bruxelles.

brutal [bru:tl] agg brutale.

brute [bru:t] s bruto.

bubble [bʌbl] s bolla, bollicina ◊ **bubble bath** bagnoschiuma.

buck [bʌk] s (AmE, colloquiale) dollaro.

bucket ['bʌkɪt] s secchio.

buckle ['bʌkl] s fibbia.

bud [bʌd] s gemma.

Buddhism [budɪzəm] s buddismo.

buddy ['bʌdɪ] s (AmE) amico, compagno.

budge [bʌdʒ] v tr smuovere ◊ v intr spostarsi; cedere.

budgerigar ['bʌdʒərıga:*] s pappagallino.

budget ['bʌdʒıt] s budget (m), bilancio preventivo.

buffalo ['bʌfələu] s bufalo; (AmE) bisonte (m).

bug [bʌg] s cimice (f), insetto; (inform) baco, errore (m) in un programma; microfono spia.

buggy ['bʌgı] s (AmE) passeggino.

bugle ['bju:gl] s tromba.

build [bıld] s corporatura.

build (p, pp **built**) [bıld, bılt] v tr costruire.

▶ **build up** accumulare; aumentare.

builder ['bıldə*] s costruttore (m).

building ['bıldıŋ] s costruzione (f), edificio ◊ **building site** cantiere; **building trade** edilizia.

built [bılt] p, pp di **build**.

built-in [,bıl'tın] agg incorporato; (armadio) a muro.

built-up ['bıltʌp] agg edificato.

bulb [bʌlb] s lampadina.

Bulgarian [bʌl'geərıən] agg, s bulgaro.

bulge [bʌldʒ] s rigonfiamento.

bulk [bʌlk] s massa, volume (m) ◊ **in bulk** all'ingrosso; **the bulk of** il grosso di.

bull [bʊl] s toro.

bullet ['bʊlɪt] s pallottola.

bulletin [bʊlɪtın] s bollettino.

bullet-proof ['bʊlıtpru:f] agg antiproiettile.

bullfight ['bʊlfaɪt] s corrida.

bullfighter ['bʊlfaɪtə*] s torero.

33

bullshit ['bʊlʃɪt] s, inter (volgare) cazzate (pl).

bully ['bʊlɪ] s bullo.

bum [bʌm] s vagabondo; (volgare) culo.

bumble-bee ['bʌmblbi:] s calabrone (m).

bump [bʌmp] s colpo, urto; bernoccolo.

bump [bʌmp] v tr urtare.

▶ **bump into** imbattersi in.

bumper ['bʌmpə*] s paraurti (m).

bumpy ['bʌmpɪ] agg dissestato.

bun [bʌn] s focaccina dolce, ciambella; chignon (m).

bunch [bʌntʃ] s (chiavi ecc.) mazzo; grappolo; (banane) casco; mucchio.

bundle [bʌndl] v tr affastellare, legare in fasci.

bunk [bʌŋk] s cuccetta ◊ **bunk beds** letti a castello.

bunny ['bʌnɪ] s coniglietto.

buoy [bɔɪ] s (mar) boa.

burden ['bɜ:dn] s carico, peso.

burdensome ['bɜ:dnsəm] agg opprimente.

bureau (pl **-aux**) ['bjʊərəʊ, əʊz] s scrittoio; (AmE) cassettone (m); ufficio, agenzia.

bureaucracy [bjʊə'rɒkrəsɪ] s burocrazia.

bureaux ['bjʊərəʊz] s pl di **bureau**.

burglar ['bɜ:glə*] s scassinatore (m) ◊ **burglar alarm** antifurto.

burglary ['bɜ:glərɪ] s furto con scasso.

burial ['berɪəl] s sepoltura.

burly ['bɜ:lɪ] agg corpulento.

Burmese [bɜ:'mi:z] agg, s birmano.

burn (p, pp **burned**, **burnt**) [bɜ:n, bɜ:nd, bɜ:nt] v tr/intr bruciare.

burn [bɜ:n] s bruciatura, scottatura.

burning ['bɜ:nɪŋ] agg bruciante, ardente.

burnt [bɜ:nt] p, pp di **burn**.

burst (p, pp **burst**) [bɜ:st] v tr/intr scoppiare, far scoppiare.

▶ **burst into** scoppiare in (lacrime ecc.); fare irruzione in.

▶ **burst out** scoppiare a (ridere, piangere); esclamare.

burst [bɜ:st] s scoppio.

bury ['berɪ] v tr seppellire.

bus [bʌs] s autobus (m) ◊ **bus stop** fermata dell'autobus.

bush [bʊʃ] s cespuglio.

business ['bɪznɪs] s affare, affari (pl); commercio; azienda, impresa; mestiere (m), compito ◊ **he's away on business** è via per affari; **business English** inglese commerciale; **business lunch** colazione di làvoro; **business-like** ['bɪznɪslaɪk] agg serio, efficiente.

businessman (pl **-men**) ['bɪznɪsmæn, mən] s uomo d'affari.

businesswoman (pl **-women**) ['bɪznɪswʊmən, wɪmɪn] s donna d'affari.

bustle ['bʌsl] v intr darsi da fare.

busy ['bɪzɪ] agg occupato, impegnato, indaffarato ◊ **a busy road** una strada trafficata.

busybody ['bɪzɪ,bɒdɪ] s ficcanaso (m/f).

but [bʌt] cong ma; però ◊ prep eccetto, tranne ◊ *avv* soltanto ◊ **nothing but** nient'altro che; **but then** ma del resto, ma d'altronde; **we all went but her** andammo tutti tranne lei; **but for your help** se non fosse stato per il tuo aiuto; **he has but two friends** ha solo due amici.

butcher ['butʃə*] *s* macellaio.

butt [bʌt] *s* (*sigaretta*) mozzicone (*m*); (*fucile*) calcio.

butter ['bʌtə*] *s* burro.

butter ['bʌtə*] *v tr* imburrare.

butterfly ['bʌtəflaɪ] *s* farfalla.

buttocks ['bʌtəks] *s pl* natiche.

button ['bʌtn] *s* bottone (*m*).

buttonhole ['bʌtnhəʊl] *s* asola, occhiello.

buttonhole ['bʌtnhəʊl] *v tr* attaccare bottone con.

buxom ['bʌksəm] *agg* formosa.

buy (*p, pp* **bought**) [baɪ, bɔːt] *v tr* comprare.

buzz [bʌz] *s* ronzio.

buzzer ['bʌzə*] *s* cicalino.

by [baɪ] *prep* da; con; accanto a; entro; per ◊ **killed by a bomb** ucciso da una bomba; **a novel by Joyce** un romanzo di Joyce; **by car, by train** in macchina, in treno; **by sea, by land** via mare, via terra; **to pay by cheque** pagare con un assegno; **by 6 o'clock** per, entro le sei; **by day** di giorno; **to lead by two to nil** condurre per due a zero; **by the window** vicino alla finestra; **it's ok by me** per me va bene; (**all**) **by oneself** (tutto) da solo; **by the way** a proposito, tra parentesi; **two by two** due alla volta, a due a due; **he was dead by then** a quell'epoca era già morto.

by [baɪ] *avv* vicino; da parte ◊ **by and by** molto presto; **by and large** nel complesso.

bye(-bye) [ˌbaɪ('baɪ)] *inter* arrivederci, ciao.

bygone ['baɪgɒn] *s* ◊ **let bygones be bygones** mettiamoci una pietra sopra.

by-pass ['baɪpɑːs] *s* circonvallazione (*f*); (*med*) by-pass (*m*).

by-product ['baɪprɒdʌkt] *s* sottoprodotto.

byroad ['baɪrəʊd] *s* strada secondaria.

bystander ['baɪstændə*] *s* spettatore (*m*).

byword ['baɪwɜːd] *s* simbolo.

C

C [siː] *s* (*mus*) do.

cab [kæb] *s* taxi (*m*).

cabbage ['kæbɪdʒ] *s* cavolo.

cabbie, cabby ['kæbɪ] *s* (*BrE*) tassista (*m/f*).

cabin ['kæbɪn] *s* capanna; (*nave, aereo*) cabina ◊ **cabin class** seconda classe (nella nave).

cabinet ['kæbɪnɪt] *s* armadietto, mobiletto; (*polit*) Gabinetto.

cable ['keɪbl] *s* cavo; cablogramma (*m*) ◊ **cable car** funivia; **cable railway** funicolare; **cable television** televisione via cavo.

cable ['keɪbl] *v tr* telegrafare.

cache [kæʃ] *s* nascondiglio.

cackle ['kækl] *v intr* schiamazzare

cadge [kædʒ] *v tr* scroccare.

caesarean ['siːzeərɪən] *agg, s* (*med*)

35

◊ **caesarean (section)** (taglio) cesareo.

cafeteria [ˌkæfɪ'tɪərɪə] s self-service (m).

cage [keɪdʒ] s gabbia.

cajole [kə'dʒəʊl] v tr adulare.

cake [keɪk] s torta; pasticcino ◊ **cake of soap** saponetta; **to sell like hot cakes** andare a ruba.

calamity [kə'læmətɪ] s calamità.

calculate ['kælkjʊleɪt] v tr calcolare.

calendar ['kælɪndə*] s calendario ◊ **calendar year** anno civile.

calf [kɑːf] s vitello; (anat) polpaccio ◊ **calf skin** pelle di vitello.

calibre ['kælɪbə*] s calibro.

Californian [ˌkælɪ'fɔːnjən] agg, s californiano.

call [kɔːl] s chiamata, telefonata; grido, urlo ◊ **to be on call** essere disponibili.

call [kɔːl] v tr/intr chiamare, telefonare; (assemblea ecc.) convocare ◊ **to call somebody names** insultare qualcuno.

▶ **call for** richiedere; passare a prendere;

▶ **call off** disdire;

▶ **call on** far visita;

▶ **call up** telefonare a; (milit) richiamare.

call box ['kɔːlbɒks] s cabina telefonica.

call girl ['kɔːlgɜːl] s ragazza squillo.

calling ['kɔːlɪŋ] s vocazione (f).

callous ['kæləs] agg duro, insensibile.

calm [kɑːm] s calma.

calm [kɑːm] v tr/intr calmare, calmarsi.

calm [kɑːm] agg calmo.

calorie ['kælərɪ] s caloria.

Cambodian [kæm'bəʊdɪən] agg, s cambogiano.

camcorder ['kæmkɔːdə*] s videocamera.

came [keɪm] p di **come**.

camel ['kæml] s cammello.

cameo ['kæmɪəʊ] s cammeo.

camera ['kæmərə] s macchina fotografica; telecamera.

Cameroonian [ˌkæmə'ruːnɪən] agg, s camerunese (m/f).

camomile ['kæməmaɪl] s (bot) camomilla ◊ **camomile tea** (infuso di) camomilla.

camouflage ['kæmʊflɑːʒ] v tr camuffare; mimetizzare.

camp [kæmp] v intr accamparsi, fare campeggio.

camp [kæmp] s campo, campeggio.

campaign [kæm'peɪn] s (polit, milit) campagna.

camp bed [ˌkæmp'bed] s (BrE) brandina.

camper ['kæmpə*] s campeggiatore (m); (veicolo) camper (m).

camping ['kæmpɪŋ] s campeggio ◊ **to go camping** andare in campeggio.

campsite ['kæmpsaɪt] s campeggio, camping (m).

can (p **could**) [kæn, kʊd] v modale potere; sapere, essere capace di ◊ **can you swim?** sai nuotare?

can [kæn] v tr inscatolare ◊ **canned food** cibo in scatola.

can [kæn] s lattina; scatoletta; tanica; bidone (m) ◊ **can bank** raccoglitore per lattine.

Canadian [kə'neɪdjən] agg, s canadese (m/f).

canal [kə'næl] s canale (m).

canary [kə'neərɪ] s canarino.

cancel ['kænsl] v tr annullare; (treno) sopprimere.

cancellation [ˌkænsə'leɪʃn] s prenotazione (f) annullata.

cancer ['kænsə*] s cancro.

Cancer ['kænsə*] s Cancro.

candid ['kændɪd] agg onesto.

candidate ['kændɪdət] s candidato.

candle ['kændl] s candela.

candlestick ['kændlstɪk] s candeliere (m).

candor ['kændə*] s (AmE) sincerità.

candour ['kændə*] s sincerità.

candy ['kændɪ] s zucchero candito; (AmE) caramella.

candy-floss ['kændɪflɒs] s zucchero filato.

cane [keɪn] s canna; verga ◊ **cane sugar** zucchero di canna.

canister ['kænɪstə*] s scatola metallica.

cannabis ['kænəbɪs] s hashish (m).

cannibal ['kænɪbl] s cannibale (m/f).

cannot ['kænɒt] forma negativa di can.

canny ['kænɪ] agg furbo.

canoe [kə'nuː] s canoa.

canoeing [kə'nuːɪŋ] s canottaggio.

canon ['kænən] s canone (m); (relig) canonico.

can opener ['kænəupənə*] s apriscatole (m).

can't [kɑːnt] contrazione di can not.

canteen [kæn'tiːn] s mensa.

canvas ['kænvəs] s tela.

canvass ['kænvəs] v tr sollecitare.

cap [kæp] s berretto; (bottiglia) tappo (montagna) cima ◊ **cap in hand** umilmente.

cap [kæp] v tr tappare, coprire.

capability [ˌkeɪpə'bɪlətɪ] s capacità, abilità.

capable ['keɪpəbl] agg capace.

capacity [kə'pæsətɪ] s capacità; capienza ◊ **in his capacity** as in qualità di.

cape [keɪp] s cappa; (geog) capo.

capital ['kæpɪtl] agg maiuscolo; (fig) (econ) capitale (m); (lettera) maiuscola ◊ **capital punishment** pena capitale.

capital ['kæpɪtl] s (città) capitale (f); (econ) capitale (m); (lettera) maiuscola.

capitalism ['kæpɪtəlɪzəm] s capitalismo.

capitalist ['kæpɪtəlɪst] s capitalista (m/f).

capitolate [kə'pɪtjuleɪt] v intr capitolare.

capricious [kə'prɪʃəs] agg capriccioso, incostante.

Capricorn ['kæprɪkɔːn] s Capricorno.

capsize [kæp'saɪz] v tr/intr capovolgere, capovolgersi.

capsule ['kæpsjuːl] s capsula.

captain ['kæptɪn] s capitano.

caption ['kæpʃn] s didascalia, legenda.

captive ['kæptɪv] agg, s prigioniero.

captivity [kæp'tɪvətɪ] *s* cattività, prigionia.

capture ['kæptʃə*] *v tr* catturare.

car [ka:*] *s* automobile (*f*); (*ferr*) vagone (*m*) ◊ **car hire**, (*AmE*) **car rental** autonoleggio; (*BrE*) **car park** parcheggio; **car phone** cellulare per auto; **car wash** autolavaggio.

carafe [kə'ræf] *s* caraffa.

caramel ['kærəməl, 'kærəmel] *s* caramello.

carat ['kærət] *s* carato.

caravan ['kærəvæn] *s* (*BrE*) roulotte (*f*); (*nomadi*) carovana ◊ **caravan site** campeggio per roulotte.

carbohydrates [ˌka:bəʊ'haɪdreɪts] *s pl* carboidrati.

carbon ['ka:bən] *s* carbonio ◊ **carbon (copy)** copia carbone.

carburetor ['ka:rbəreɪtə*] *s* (*AmE*) carburatore (*m*).

carburettor [ˌka:bjʊ'retə*] *s* carburatore (*m*).

card [ka:d] *s* carta; biglietto; cartolina; carta da gioco; (*telefonica*) scheda ◊ **visiting card**, (*AmE*) **calling card** biglietto da visita.

cardboard ['ka:dbɔ:d] *s* cartone (*m*).

cardiac ['ka:dɪæk] *agg* cardiaco ◊ **to have a cardiac condition** essere cardiopatico.

cardphone ['ka:dfəʊn] *s* telefono a scheda.

care [keə*] *s* cura, attenzione (*f*); preoccupazione (*f*) ◊ **in somebody's care** sotto la cura di; **to take care of** prendersi cura di, occuparsi di.

care [keə*] *v intr* importare ◊ **I don't care** non m'importa; **who**

cares? chi se ne importa?; **for all I care** per quel che me ne importa.

▶ **care about** curarsi di, interessarsi di;

▶ **care for** voler bene a; prendersi cura di; piacere, gradire ◊ **would you care for some tea?** ti andrebbe un tè?

career [kə'rɪə*] *s* carriera.

carefree ['keəfri:] *agg* spensierato.

careful ['keəfʊl] *agg* attento, cauto ◊ **be careful!** stai attento!

careless ['keəlɪs] *agg* disattento; spensierato.

carelessness ['keəlɪsnɪs] *s* trascuratezza, negligenza.

caress [kə'res] *v tr* accarezzare.

caretaker ['keəˌteɪkə*] *s* custode (*m/f*).

car-ferry ['ka:ˌferɪ] *s* traghetto.

cargo ['ka:gəʊ] *s* carico.

Caribbean [ˌkærɪ'bi:ən] *s* caraibico ◊ **the Caribbean Sea** il Mar dei Caraibi.

caries ['keəri:z] *s* carie (*f*).

carnation [ka:'neɪʃn] *s* garofano.

carnival ['ka:nɪvl] *s* carnevale (*m*).

carol ['kærəl] *s* ◊ **Christmas carol** canto natalizio.

carpenter ['ka:pəntə*] *s* falegname (*m*).

carpet ['ka:pɪt] *s* tappeto.

carriage ['kærɪdʒ] *s* vettura; carrello; (*comm*) trasporto.

carriageway ['kærɪdʒweɪ] *s* (*BrE*) carreggiata.

carrier ['kærɪə*] *s* corriere (*m*); (*comm*) impresa di trasporti; (*bicicletta*) portapacchi (*m*); (*malattia*) portatore (*m*).

carrier bag ['kærɪə,bæg] *s (BrE)* sacchetto.

carrot ['kærət] *s* carota.

carry ['kærɪ] *v tr* portare, trasportare.

▶ **carry away** ◊ **to be carried away** lasciarsi trasportare;

▶ **carry on** continuare; mandare avanti, dirigere;

▶ **carry out** eseguire.

cart [ka:t] *s* carro.

cartoon [ka:'tu:n] *s* vignetta; fumetto; *(cine)* cartone animato.

cartoonist [ka:'tu:nɪst] *s* caricaturista *(m/f)*; vignettista *(m/f)*; *(cine)* disegnatore *(m)* di cartoni animati.

cartridge ['ka:trɪdʒ] *s* cartuccia; *(fot)* rullino; *(registratore)* cassetta.

carve [ka:v] *v tr* intagliare; *(carne)* trinciare ♦ **carving knife** trinciante.

carving ['ka:vɪŋ] *s* scultura, intaglio.

case [keɪs] *s* caso; scatola; valigia; *(giur)* causa, processo ◊ **in case of** nel caso di; **in case** casomai; **in any case** in ogni caso.

cash [kæʃ] *v tr* incassare.

cash [kæʃ] *s* contante *(m)* ◊ **cash on delivery** pagamento alla consegna; **to pay (in) cash** pagare in contanti; **cash down** in contanti; **cash card** tesserino di prelievo automatico, bancomat; **cash desk** cassa; **cash book** libro cassa; **cash register** registratore di cassa.

cash dispenser ['kæʃdɪs,pensə*] *v.* **cashpoint**.

cashier [kæ'ʃɪə*] *s* cassiere *(m)*.

cashpoint ['kæʃpɔɪnt] *s* sportello

automatico, bancomat *(m)* ◊ **cashpoint card** (tessera del) bancomat.

casing ['keɪsɪŋ] *s* rivestimento.

cask [ka:st] *s* botte *(f)*.

casket ['ka:skɪt] *s* cofanetto; *(AmE)* bara.

casserole ['kæsərəʊl] *s* casseruola ◊ **chicken casserole** pollo in casseruola.

cast *(p, pp* cast*)* [ka:st] *v tr* gettare; *(metalli)* fondere ◊ **to cast one's vote** votare.

▶ **cast off** *(mar)* salpare.

cast [ka:st] *s* lancio; *(cine, teatro)* cast *(m)* ◊ **(plaster) cast** ingessatura.

castanets [,kæstə'nets] *s pl* nacchere.

castaway ['ka:stəweɪ] *s* naufrago.

caste [ka:st] *s* casta.

caster sugar [,ka:stə'ʃʊgə*] *s* zucchero raffinato, semolato.

casting vote [,ka:stɪŋ,vəʊt] *s (BrE)* voto decisivo.

cast iron [,ka:st'aɪən] *s* ghisa.

castle ['ka:sl] *s* castello; *(scacchi)* torre *(f)*.

castor oil [,ka:stər'ɔɪl] *s* olio di ricino.

castor sugar [,ka:stə'ʃʊgə*] *s* v. **caster sugar**.

casual ['kæʒjʊəl] *agg* casuale, fortuito; indifferente, noncurante; *(abiti)* informale, casual ◊ **casual labourer** lavoratore avventizio.

casually ['kæʒjʊəlɪ] *avv* in modo informale.

casualty ['kæʒjʊəltɪ] *s* ferito; morto, vittima ◊ **casualty (ward)** pronto soccorso.

cat [kæt] *s* gatto.

CAT [kæt] *s* (*med*) TAC (*f*).

catalog ['kætəlɒg] *s* (*AmE*) catalogo.

catalogue ['kætəlɒg] *s* catalogo.

catalytic [kætə'lɪtɪk] *agg* catalitico ◊ **catalytic converter** marmitta catalitica.

cataract ['kætərækt] *s* cateratta.

catarrh [kə'tɑ:*] *s* catarro.

catch (*p, pp* **caught**) [kætʃ, kɔ:t] *v tr* prendere; (*attenzione*) attirare; (*fig*) capire, cogliere ◊ **to catch fire** prendere fuoco.

► **catch on** capire; (*moda ecc.*) affermarsi;

► **catch up** raggiungere; mettersi in pari.

catch phrase ['kætʃfreɪz] *s* slogan (*m*); frase (*f*) fatta.

catchword ['kætʃwɔ:d] *s* slogan (*m*); frase (*f*) fatta.

catchy ['kætʃɪ] *agg* orecchiabile.

category ['kætɪgərɪ] *s* categoria.

cater ['keɪtə*] *v intr* (*for*) provvedere a; soddisfare; (*comm*) fornire cibi e bevande.

caterer ['keɪtərə*] *s* fornitore (*m*).

catering ['keɪtərɪŋ] *s* servizio di ristorazione, catering (*m*).

caterpillar ['kætəpɪlə*] *s* bruco; (*tecn*) cingolo.

cathedral [kə'θi:drəl] *s* cattedrale (*f*), duomo.

catholic ['kæθəlɪk] *agg* universale; eclettico.

Catholic ['kæθəlɪk] *agg, s* cattolico.

cat's eye ['kætsaɪ] *s* (*BrE*) (*aut*) catarifrangente (*m*).

cattle ['kætl] *s pl* bestiame (*m sing*).

catwalk ['kætwɔ:k] *s* passerella.

caught [kɔ:t] *p, pp di* catch.

cauliflower ['kɒlɪˌflaʊə*] *s* cavolfiore (*m*).

cause [kɔ:z] *s* causa, motivo.

cause [kɔ:z] *v tr* causare; indurre (a).

causeway ['kɔ:zweɪ] *s* strada sopraelevata.

caution ['kɔ:ʃn] *s* prudenza; avvertimento.

caution ['kɔ:ʃn] *v tr* avvertire, ammonire.

cautious ['kɔ:ʃəs] *agg* cauto.

cavalry ['kævlrɪ] *s* cavalleria.

cave [keɪv] *s* grotta, caverna.

cavern ['kævən] *s* caverna.

caviar(e) ['kævɪɑ:(*)] *s* caviale (*m*).

cavity ['kævətɪ] *s* cavità.

cease [si:s] *v tr/intr* cessare.

ceasefire ['si:sfaɪə*] *s* cessate il fuoco (*m*).

ceaseless ['si:slɪs] *agg* incessante, continuo.

cedar ['si:də*] *s* cedro.

ceiling ['si:lɪŋ] *s* soffitto.

celebrate ['selɪbreɪt] *v tr/intr* celebrare, festeggiare.

celebrity [sɪ'lebrɪtɪ] *s* celebrità.

celery ['selərɪ] *s* sedano.

celibacy ['selɪbəsɪ] *s* celibato.

cell [sel] *s* cella; (*elettr*) elemento di batteria; (*biol*) cellula.

cellar ['selə*] *s* cantina.

cellphone ['sel,fəʊn] *s* (telefono) cellulare.

cellular ['seljʊlə*] *agg* cellulare.

Celt [kelt, selt] *s* celta (*m/f*).

Celtic ['keltɪk, 'seltɪk] *agg* celtico.

cement [sɪ'ment] *v tr* cementare (*anche fig*).

cemetery ['semɪtrɪ] *s* cimitero.

censor ['sensə*] *s* censore (*m*).

censorship ['sensəʃɪp] *s* censura.

censure ['senʃə*] *v tr* criticare.

census ['sensəs] *s* censimento.

cent [sent] *s* (*AmE*) centesimo; (*colloquiale*) monetina, soldo ◊ **per cent** per cento.

centenary [sen'ti:nərɪ] *s* centenario.

center ['sentə*] *s* (*AmE*) centro.

centi- ['sentɪ] *prefisso* centi-.

centigrade ['sentɪgreɪd] *agg* centigrado.

centigram(me) ['sentɪgræm] *s* centigrammo.

centiliter ['sentɪ,li:tə*] *s* (*AmE*) centilitro.

centilitre ['sentɪ,li:tə*] *s* centilitro.

centimeter ['sentɪ,mi:tə*] *s* (*AmE*) centimetro.

centimetre ['sentɪ,mi:tə*] *s* centimetro.

central ['sentrəl] *agg* centrale ◊ **central heating** riscaldamento centrale.

centralize ['sentrəlaɪz] *v tr* accentrare.

centre ['sentə*] *s* centro.

centre-forward [,sentə'fɔ:wəd] *s* (*sport*) centravanti (*m*).

centre-half ['sentəha:f] *s* (*sport*) centromediano.

century ['sentʃʊrɪ] *s* secolo.

cereal ['sɪərɪəl] *s* cereale (*m*).

ceremony ['serɪmənɪ] *s* cerimonia ◊ **don't stand on ceremony** non fare complimenti.

certain ['sɜ:tn] *agg* certo ◊ **to**

make certain of assicurarsi di; **for certain** sicuramente.

certainly ['sɜ:tnlɪ] *avv* certamente.

certainty ['sɜ:tntɪ] *s* certezza.

certificate [sə'tɪfɪkət] *s* certificato; diploma (*m*).

certify ['sɜ:tɪfaɪ] *v tr* certificare; (*giur*) autenticare.

chafe [tʃeɪf] *v tr* sfregare; irritare.

chain [tʃeɪn] *s* catena; (*fig*) serie (*f*).

chain [tʃeɪn] *v tr* incatenare ◊ **to chain smoke** fumare una sigaretta dopo l'altra.

chain store ['tʃeɪnstɔ:*] *s* negozio, supermercato che fa parte di una catena.

chair [tʃeə*] *s* sedia; (*università*) cattedra; (*riunione*) presidenza ◊ **to take a chair** sedersi; **to take the chair** assumere la presidenza.

chair [tʃeə*] *v tr* (*riunione*) presiedere.

chair-lift ['tʃeəlɪft] *s* seggiovia.

chairman (*pl* -**men**) ['tʃeəmən] *s* presidente (*m*).

chairwoman (*pl* -**women**) ['tʃeəwʊmən, wɪmɪn] *s* presidentessa, presidente (*f*).

chalk [tʃɔ:k] *s* gesso.

challenge ['tʃælɪndʒ] *s* sfida.

challenge ['tʃælɪndʒ] *v tr* sfidare; (*affermazione*) mettere in dubbio.

challenger ['tʃælɪndʒə*] *s* sfidante (*m/f*).

challenging ['tʃælɪndʒɪŋ] *agg* impegnativo, stimolante; (*sguardo*) di sfida.

chamber ['tʃeɪmbə*] *s* camera ◊ **Chamber of Commerce** Camera di Commercio; **chamber music** musica da camera.

chamois ['ʃæmwɑ] *s* camoscio ◊ **chamois (leather)** pelle scamosciata.

champion ['tʃæmpjən] *s* campione (*m*).

championship ['tʃæmpjənʃip] *s* campionato.

chance [tʃɑːns] *s* caso; occasione (*f*); possibilità ◊ **by chance** per caso; **to take a chance** rischiare.

chance [tʃɑːns] *v tr* rischiare ◊ *v intr* accadere.

chancellor ['tʃɑːnsələ*] *s* cancelliere (*m*) ◊ (*BrE*) **Lord Chancellor** Presidente della Camera dei Lord; (*BrE*) **Chancellor of the Exchequer** Cancelliere dello Scacchiere, ministro del Tesoro, delle Finanze.

chandelier [,ʃændə'liə*] *s* lampadario.

change [tʃeindʒ] *s* cambiamento; (*soldi*) resto; (*abiti*) cambio ◊ **just for a change** tanto per cambiare; **change machine** distributore automatico di monete.

change [tʃeindʒ] *v tr/intr* cambiare; (*abiti*) cambiarsi ◊ **to change one's mind** cambiare idea.
▶ **change into** trasformarsi.

changeable ['tʃeindʒəbl] *agg* variabile.

changing ['tʃeindʒiŋ] *agg* variabile; (*colore*) cangiante ◊ (*BrE*) **changing room** camerino; spogliatoio.

channel ['tʃænl] *s* canale (*m*) ◊ **the (English) Channel** la Manica; **the Channel Islands** le Isole Norman-

ne; **the Channel tunnel** il tunnel sotto la Manica.

chaos ['keiɒs] *s* caos (*m*).

chaotic [kei'ɒtik] *agg* caotico.

chap [tʃæp] *s* tipo, tizio.

chap [tʃæp] *v tr/intr* screpolare, screpolarsi.

chapel ['tʃæpl] *s* cappella.

chapter ['tʃæptə*] *s* capitolo.

character ['kærəktə*] *s* carattere (*m*); personaggio.

characteristic [,kærəktə'ristik] *agg* caratteristico.

characteristic [,kærəktə'ristik] *s* caratteristica.

characterize ['kærəktəraiz] *v tr* caratterizzare; descrivere.

charcoal ['tʃɑːkəul] *s* carbonella; carboncino (da disegno).

charge [tʃɑːdʒ] *s* spesa, costo; incarico, responsabilità; (*giur*) accusa ◊ **to take charge of** incaricarsi di; **to be in charge of** essere responsabile di; **charge card** carta clienti.

charge [tʃɑːdʒ] *v tr* far pagare (a); (*arma, batteria*) caricare; accusare ◊ *v intr* lanciarsi, precipitarsi ◊ **charge it on his account** addebitatelo sul suo conto; **he was charged with murder** fu accusato di omicidio.

charismatic [kæriz'mætik] *agg* carismatico.

charitable ['tʃærətəbl] *agg* caritatevole; di carità ◊ **charitable institution** istituto di beneficenza.

charity ['tʃærəti] *s* carità; (*organizzazione*) opera pia.

charm [tʃɑːm] *s* fascino; ciondolo; talismano.

charm [tʃɑːm] *v tr* affascinare, incantare.

charming ['tʃɑːmɪŋ] *agg* affascinante.

chart [tʃɑːt] *s* carta nautica; tabella; grafico.

charter ['tʃɑːtə*] *s* carta, statuto.

charter ['tʃɑːtə*] *v tr* (*aereo ecc.*) noleggiare.

charter flight ['tʃɑːtə‚flaɪt] *s* volo charter.

chase [tʃeɪs] *s* caccia.

chase [tʃeɪs] *v tr* inseguire ◊ **to chase away** scacciare.

chasm ['kæzəm] *s* abisso.

chassis ['ʃæsɪ] *s* telaio.

chastity ['tʃæstətɪ] *s* castità.

chat [tʃæt] *s* chiacchierata ◊ **to have a chat** fare una chiacchierata.

chat [tʃæt] *v intr* chiacchierare.

chatter ['tʃætə*] *s* ciarle (*pl*); (*uccelli*) cinguettio.

chatter box ['tʃætəbɒks] *s* chiacchierone (*m*).

chatty ['tʃætɪ] *agg* loquace, ciarliero.

chauvinism ['ʃəʊvɪnɪzəm] *s* sciovinismo.

cheap [tʃiːp] *agg* a buon mercato; (*fig*) scadente ◊ **cheap day return** biglietto ridotto di andata e ritorno valido un giorno.

cheapen ['tʃiːpən] *v tr* ribassare, ridurre il prezzo di.

cheat [tʃiːt] *s* imbroglione (*m*); imbroglio.

cheat [tʃiːt] *v tr/intr* ingannare, barare.

check [tʃek] *s* controllo, verifica; freno, ostacolo; (*AmE*) assegno;

(*AmE*) conto (*di ristorante*); (*AmE*) scontrino; contromarca.

check [tʃek] *v tr* controllare, verificare; frenare, contenere; (*scacchi*) dare scacco a; (*bagagli*) depositare.
▶ **check in** (*albergo*) registrarsi; (*aereoporto*) fare il check-in;
▶ **check off** verificare spuntando;
▶ **check out** saldare il conto; controllare;
▶ **check up (on)** informarsi su; investigare.

checkbook ['tʃekbʊk] *s* (*AmE*) libretto degli assegni.

checkered ['tʃekəd] *agg* (*AmE*) v. **chequered**.

checkers ['tʃekəz] *s pl* (*AmE*) (*gioco*) dama (*sing*).

check in ['tʃekɪn] *s* (*albergo*) registrazione (*f*); (*aeroporto*) check in (*m*), accettazione (*f*).

check up ['tʃekʌp] *s* controllo medico completo.

cheek [tʃiːk] *s* guancia; faccia tosta.

cheekbone ['tʃiːkbəʊn] *s* zigomo.

cheeky ['tʃiːkɪ] *agg* sfacciato.

cheer [tʃɪə*] *s* grido di incoraggiamento, acclamazione (*f*) ◊ *pl* evviva (*m*), urrà (*m*); applausi ◊ *inter* cin cin, alla salute.

cheer [tʃɪə*] *v tr/intr* applaudire; rallegrare; confortare.
▶ **cheer up** rallegrare, rallegrarsi, farsi animo.

cheerful ['tʃɪəful] *agg* allegro.

cheerio [‚tʃɪərɪ'əʊ] *inter* (*BrE*) ciao.

cheese [tʃiːz] *s* formaggio ◊ **cheese biscuit** salatino al formaggio.

cheesecake ['tʃiːzkeɪk] s torta al formaggio.

cheetah ['tʃiːtə] s ghepardo.

chemical ['kemɪkl] agg chimico.

chemist ['kemɪst] s farmacista (m/f); chimico ◊ **chemist's (shop)** farmacia.

chemistry ['kemɪstrɪ] s chimica.

cheque [tʃek] s (BrE) assegno ◊ **cheque card** carta assegni.

chequebook ['tʃekbʊk] s libretto degli assegni.

chequered ['tʃekəd] agg a quadri; movimentato.

cherry ['tʃerɪ] s ciliegia ◊ **cherry (tree)** ciliegio.

chess [tʃes] s scacchi (pl).

chessboard ['tʃesbɔːd] s scacchiera.

chest [tʃest] s petto, torace (m); cassa ◊ **chest of drawers** cassettone, comò.

chestnut ['tʃesnʌt] s castagna; (albero) castagno.

chew [tʃuː] v tr masticare ◊ **chewing gum** gomma da masticare.

chic [ʃiːk] agg chic, alla moda.

chick [tʃɪk] s pulcino.

chicken ['tʃɪkɪn] s pollo.

chicken pox ['tʃɪkɪnpɒks] s varicella.

chicory ['tʃɪkərɪ] s cicoria.

chief [tʃiːf] s capo, comandante (m/f).

chief [tʃiːf] agg principale.

chiefly ['tʃiːflɪ] avv soprattutto.

chieftain ['tʃiːftən] s capo (di clan ecc.).

chilblain ['tʃɪlbleɪn] s gelone (m).

child (pl **children**) [tʃaɪld, 'tʃɪl-

dɹən] s bambino; figlio ◊ **child seat** seggiolino per bambini (in auto).

childbirth ['tʃaɪldbɜːθ] s parto.

childhood ['tʃaɪldhʊd] s infanzia.

childish ['tʃaɪldɪʃ] agg puerile, infantile.

childlike ['tʃaɪldlaɪk] agg fanciullesco.

child-minder ['tʃaɪldmaɪndə*] s bambinaia.

children ['tʃɪldɹən] s pl di **child**.

Chilean ['tʃɪlɪən] agg, s cileno.

chili ['tʃɪlɪ] s (AmE) peperoncino.

chill [tʃɪl] s freddo; colpo di freddo.

chill [tʃɪl] v tr/intr raffreddare, raffreddarsi.

chilli ['tʃɪlɪ] s peperoncino.

chilly ['tʃɪlɪ] agg freddo ◊ **to feel chilly** essere infreddolito.

chime [tʃaɪm] v intr suonare, scampanare ◊ v tr battere (le ore).

chimney ['tʃɪmnɪ] s camino; cimniera ◊ **chimney sweep** spazzacamino.

chimpanzee [ˌtʃɪmpən'ziː] s scimpanzé (m).

chin [tʃɪn] s mento.

china ['tʃaɪnə] s porcellana.

Chinese [tʃaɪˈniːz] agg, s inv cinese (m/f) ◊ s (lingua) cinese (m).

chink [tʃɪŋk] s fessura; tintinnio.

chip [tʃɪp] s scheggia; frammento; (cuc) patatina (fritta) ◊ **(fish and) chip shop** friggitoria.

chip [tʃɪp] v tr/intr scheggiare, scheggiarsi.

chiropodist [kɪˈrɒpədɪst] s (BrE) pedicure (m/f), callista (m/f).

chirp [tʃɜːp] v intr cinguettare.

chivalry ['ʃɪvlrɪ] s cavalleria.

chlorine ['klɔ:ri:n] s cloro.

chock-a-block, chock-full [,tʃɒk-ə'blɒk, tʃɒk'ful] agg pieno zeppo.

chocolate ['tʃɒkələt] s cioccolato; (bevanda) cioccolata; cioccolatino.

choice [tʃɔɪs] s scelta.

choice [tʃɔɪs] agg scelto.

choir ['kwaɪə*] s coro.

choke [tʃəuk] v tr/intr soffocare.

choke [tʃəuk] s (aut) valvola dell'aria.

choose (p chose pp chosen) [tʃu:z, tʃəuz, 'tʃəuzn] v tr/intr scegliere; preferire.

chop [tʃɒp] v tr (legna) spaccare; (cuc) tritare ◊ **to chop up meat** tritare la carne.

chop [tʃɒp] s colpo (d'ascia); (cuc) braciola, costoletta.

chophouse ['tʃɒphaus] s ristorante (m) specializzato in costate e bistecche alla griglia.

choppy ['tʃɒpɪ] agg (mare) mosso, increspato.

chopsticks ['tʃɒpstɪks] s pl bastoncini cinesi.

chore [tʃɔ:*] s lavoro noioso ◊ **household chores** faccende di casa.

choreographer [,kɒrɪ'ɒgrəfə*] s coreografo.

chorister ['kɒrɪstə*] s corista (m/f).

chorus ['kɔ:rəs] s coro; ritornello.

chose [tʃəuz] p di **choose**.

chosen ['tʃəuzn] pp di **choose**.

christen ['krɪsn] v tr battezzare.

christening ['krɪsnɪŋ] s battesimo.

Christian ['krɪstʃən] agg, s cristiano ◊ **christian name** nome di battesimo.

Christianity [,krɪstɪ'ænətɪ] s cristianesimo.

Christmas ['krɪsməs] s Natale (m) ◊ **Christmas Eve** vigilia di Natale; **Christmas tree** albero di Natale; **Christmas card** biglietto di auguri natalizi; (BrE) **Christmas pudding** dolce natalizio a base di frutta secca o candita.

chronic ['krɒnɪk] agg cronico.

chronological [,krɒnə'lɒdʒɪkl] agg cronologico.

chubby ['tʃʌbɪ] agg paffuto.

chuck [tʃʌk] v tr buttare, gettare; (BrE) lasciare, piantare.
▶ **chuck out** buttare fuori;

chuckle ['tʃʌkl] v intr ridacchiare.

chum [tʃʌm] s compagno.

chunk [tʃʌŋk] s pezzo.

Chunnel ['tʃʌnl] s (colloquiale) tunnel (m) sotto la Manica.

church [tʃ:tʃ] s chiesa ◊ **Church of England** Chiesa Anglicana.

churchyard [,tʃɜ:tʃ'jɑ:d] s cimitero.

cider ['saɪdə*] s sidro.

cigar [sɪ'gɑ:*] s sigaro.

cigarette [,sɪgə'ret] s sigaretta ◊ **cigarette case** portasigarette; **cigarette lighter** accendino.

cinders ['sɪndəz] s pl ceneri (f).

cine camera ['sɪnɪ,kæmərə] s (BrE) cinepresa.

cinema ['sɪnəmə] s cinema (m).

cinnamon ['sɪnəmən] s cannella.

cipher ['saɪfə*] s cifra; (fig) nullità.

circle ['sɜ:kl] s cerchio; circolo; (cine) galleria ◊ **to come full circle** tornare al punto di partenza.

circle

circle ['sɜːkl] *v tr* circondare, girare intorno a ◊ *v intr* girare in cerchio.

circuit ['sɜːkɪt] *s* circuito.

circular ['sɜːkjʊlə*] *agg, s* circolare (*f*).

circulate ['sɜːkjʊleɪt] *v tr/intr* circolare; far circolare, diffondere.

circulation [,sɜːkjʊ'leɪʃn] *s* circolazione (*f*); diffusione (*f*); (*giornali*) tiratura.

circumference [sə'kʌmfərəns] *s* circonferenza.

circumstances ['sɜːkʌmstənsɪz] *s pl* circostanze; (*comm*) condizioni (*f*) finanziarie.

circus ['sɜːkəs] *s* circo.

cite [saɪt] *v tr* citare.

citizen ['sɪtɪzn] *s* cittadino; abitante (*m/f*).

citizenship ['sɪtɪznʃɪp] *s* cittadinanza.

citrus fruit ['sɪtrəs,fruːt] *s* agrume (*m*).

city ['sɪtɪ] *s* città ◊ **The City** il centro finanziario di Londra.

civic ['sɪvɪk] *agg* civico.

civil ['sɪvl] *agg* civile; cortese ◊ (*BrE*) **Civil Service** pubblica amministrazione; (*BrE*) **civil servant** impiegato statale.

civilian [sɪ'vɪljən] *agg, s* borghese (*m/f*).

civilization [,sɪvɪlaɪ'zeɪʃn] *s* civiltà.

civilized ['sɪvɪlaɪzd] *agg* civilizzato; gentile.

claim [kleɪm] *s* rivendicazione (*f*); pretesa; diritto.

claim [kleɪm] *v tr* rivendicare, reclamare, pretendere; sostenere, dichiarare ◊ **to claim damages** reclamare i danni.

clam [klæm] *s* vongola.

clamber ['klæmbə*] *v intr* arrampicarsi.

clammy ['klæmɪ] *agg* afoso, umido; (*mano*) sudaticcio, appiccicoso.

clang [klæŋ] *s* suono metallico.

clap [klæp] *v tr/intr* applaudire.

clap [klæp] *s* applauso.

clarification [,klærɪfɪ'keɪʃn] *s* chiarimento.

clarify ['klærɪfaɪ] *v tr* chiarire.

clarinet [,klærɪ'net] *s* clarinetto.

clash [klæʃ] *s* frastuono; scontro.

clash [klæʃ] *v intr* scontrarsi; stridere.

clasp [klɑːsp] *s* fermaglio, fibbia; stretta (di mano).

clasp [klɑːsp] *v tr* afferrare, stringere.

class [klɑːs] *s* classe (*f*) ◊ **to travel first class** viaggiare in prima classe.

class [klɑːs] *v tr* classificare.

classic ['klæsɪk] *agg, s* classico.

classification [,klæsɪfɪ'keɪʃn] *s* classificazione (*f*).

classify ['klæsɪfaɪ] *v tr* classificare.

classmate ['klɑːmeɪt] *s* compagno di classe.

classroom ['klɑːsrʊm] *s* aula.

clatter ['klætə*] *v tr/intr* tintinnare.

clause [klɔːz] *s* clausola; (*gramm*) proposizione (*f*).

claw [klɔː] *s* artiglio; (*crostaceo*) chela, tenaglia.

claw [klɔː] *v tr* ghermire.

clay [kleɪ] *s* argilla.

clean [kliːn] *agg* pulito.

clean [kli:n] *v tr* pulire.
▶ **clean out** pulire a fondo; (*fig.*) ripulire;
▶ **clean up** ripulire (*anche fig.*).

clean-cut ['kli:nkʌt] *agg* netto, ben definito; (*persona*) curato.

cleaner ['kli:nə*] *s* donna, uomo delle pulizie; smacchiatore (*m*) ◊ **(dry) cleaner's** tintoria.

cleanse [klenz] *v tr* pulire; purificare.

cleanser ['klenzə*] *s* detergente (*m*).

clean-shaven [ˌkli:n'ʃeɪvn] *agg* sbarbato.

cleansing ['klenzɪŋ] *s* pulizia ◊ **ethnic cleansing** pulizia etnica; (*BrE*) **cleansing department** nettezza urbana.

clear [klɪə*] *agg* chiaro; limpido, trasparente; (*strada*) libero; (*coscienza*) pulito ◊ **to make oneself clear** farsi capire.

clear [klɪə*] *v tr* chiarire; liberare, sgomberare; (*comm*) liquidare; (*assegno*) compensare; (*giur*) discolpare, prosciogliere; (*ostacolo*) superare ◊ *v intr* (*tempo*) rasserenarsi, schiarirsi ◊ **to clear the table** sparecchiare.
▶ **clear out** pulire; buttar via;
▶ **clear up** chiarire; risolvere; ripulire.

clear [klɪə*] *avv* chiaramente; completamente ◊ **clear of** distante da.

clearance ['klɪərəns] *s* sgombero; autorizzazione (*f*) ◊ **clearance sale** svendita.

clear-cut [ˌklɪə'kʌt] *agg* ben definito, chiaro.

clearing ['klɪərɪŋ] *s* radura.

clearway ['klɪəweɪ] *s* (*BrE*) strada con divieto di sosta.

clench [klentʃ] *v tr* stringere.

clergy ['klɜːdʒɪ] *s* clero.

clergyman (*pl* **-men**) ['klɜːdʒɪmən] *s* ecclesiastico.

clerical ['klerɪkl] *agg* clericale; impiegatizio, d'ufficio.

clerk [klɑːk] *s* impiegato; commesso.

clever ['klevə*] *agg* intelligente; abile; furbo.

client ['klaɪənt] *s* cliente (*m/f*).

cliff [klɪf] *s* scogliera; rupe (*f*).

climate ['klaɪmɪt] *s* clima (*m*).

climb [klaɪm] *v tr/intr* scalare; arrampicarsi; salire ◊ **to climb over a wall** scavalcare un muro.

climb [klaɪm] *s* salita; scalata.

climber ['klaɪmə*] *s* scalatore (*m*).

cling (*p, pp* **clung**) [klɪŋ, klʌŋ] *v intr* aggrapparsi, stringersi; (*abiti*) aderire.

clinic ['klɪnɪk] *s* clinica.

clink [klɪŋk] *v intr* tintinnare.

clip [klɪp] *s* graffetta; fermaglio.

clip [klɪp] *v tr* attaccare; tagliare; tosare.

clippers ['klɪpəz] *s pl* cesoie; tosaerba (*m/f sing*) ◊ **(nail) clippers** forbicine per le unghie.

cloak [kləʊk] *s* mantello; cappa.

cloakroom ['kləʊkrʊm] *s* guardaroba (*m*); gabinetto.

clock [klɒk] *s* orologio ◊ **to work round the clock** lavorare 24 ore su 24.

clockwise ['klɒkwaɪz] *avv* in senso orario.

clog [klɒg] *s* zoccolo.

clog [klɒg] v tr/intr intasare, intasarsi.

close [kləuz] agg vicino; (parente) stretto; (analisi) accurato, attento; (gara) serrato, combattuto; (tempo) afoso ◊ **a close friend** un amico intimo.

close [kləuz] avv vicino.

close [kləuz] s fine (f).

close [kləuz] v tr/intr chiudere, chiudersi; finire.

▶ **close down** chiudere definitivamente.

closely ['kləuslɪ] avv attentamente; da vicino.

closet ['klɒzɪt] s ripostiglio; armadio.

close-up ['kləusʌp] s (cine, fot) primo piano.

clot [klɒt] s grumo; coagulo.

clot [klɒt] v tr/intr coagulare, coagularsi ◊ **clotted cream** panna rappresa.

cloth [klɒθ] s stoffa, tessuto; strofinaccio.

clothe [kləuð] v tr vestire.

clothes [kləuðz] s pl vestiti, abiti.

clothing ['kləuðɪŋ] s abbigliamento, vestiario.

cloud [klaud] s nuvola.

cloudburst ['klaudbə:st] s acquazzone (m).

cloudy ['klaudɪ] agg nuvoloso; (liquido) torbido.

clove [kləuv] s chiodo di garofano ◊ **clove of garlic** spicchio d'aglio.

clover ['kləuvə*] s trifoglio.

clown [klaun] s pagliaccio.

club [klʌb] s clava; mazza da golf; club (m), circolo.

club [klʌb] v tr bastonare.

▶ **club together** associarsi, dare un tanto a testa.

clubs [klʌbz] s pl (carte) fiori.

clue [klu:] s indizio ◊ **I haven't got a clue** non ne ho la più pallida idea.

clumsy ['klʌmzɪ] agg maldestro, goffo.

clung [klʌŋ] p, pp di **cling**.

cluster ['klʌstə*] s gruppo; grappolo.

cluster ['klʌstə*] v tr/intr raggrupparsi.

clutch [klʌtʃ] s presa; stretta; (aut) frizione (f) ◊ pl grinfie.

clutch [klʌtʃ] v tr afferrare, stringere forte ◊ v intr aggrapparsi.

clutter ['klʌtə*] v intr ingombrare.

coach [kəutʃ] s pullman (m); carrozza; (sport) allenatore (m); insegnante (m/f) privato.

coach [kəutʃ] v tr allenare; dare lezioni private a.

coagulate [kəu'ægjuleɪt] v tr/intr coagulare, coagularsi.

coal [kəul] s carbone (m).

coalmine ['kəulmaɪn] s miniera di carbone.

coarse [kɔ:s] agg grezzo, ruvido; (fig) grossolano, rozzo; rude; volgare ◊ **coarse sugar** zucchero grezzo.

coast [kəust] s costa.

coast [kəust] v intr andare a ruota libera.

coastal ['kəustl] agg costiero.

coastguard ['kəustgɑ:d] s guardacoste (m).

coastline ['kəustlaɪn] s linea costiera, litorale (m).

coat [kəut] s cappotto, soprabito;

(*animale*) manto, pelliccia; (*vernice*) mano, strato ◊ **coat of arms** stemma.

coat [kəʊt] *v tr* coprire, rivestire ◊ **to coat with paint** verniciare.

coat-hanger [ˈkəʊtˌhæŋə*] *s* gruccia (per abiti).

coating [ˈkəʊtɪŋ] *s* rivestimento.

coax [kəʊks] *v tr/intr* persuadere con moine.

cobbles [ˈkɒblz] *s pl* ciottoli.

cobweb [ˈkɒbweb] *s* ragnatela.

cocaine [kəʊˈkeɪn] *s* cocaina.

cock [kɒk] *s* gallo; (*volgare*) cazzo.

cock [kɒk] *v tr* alzare, drizzare; (*arma*) armare.

cock-and-bull story [ˌkɒkənˈbʊlˌstɔːrɪ] *s* fandonia.

cockerel [ˈkɒkərəl] *s* galletto.

cock-eyed [ˈkɒkaɪd] *agg* strabico; storto.

cockney [ˈkɒknɪ] *s* londinese (*m/f*) originario dei quartieri popolari dell'East End; cockney (*m*), dialetto londinese.

cockpit [ˈkɒkpɪt] *s* (*aereo*) abitacolo.

cockroach [ˈkɒkrəʊtʃ] *s* scarafaggio.

cocoa [ˈkəʊkəʊ] *s* cacao; (*bevanda*) cioccolata.

coconut [ˈkəʊkənʌt] *s* noce (*f*) di cocco.

cocoon [kəˈkuːn] *s* bozzolo.

cod [kɒd] *s* merluzzo ◊ **cod-liver oil** olio di fegato di merluzzo.

code [kəʊd] *s* codice (*m*).

codify [ˈkəʊdɪfaɪ] *v tr* codificare.

coffee [ˈkɒfɪ] *s* caffè (*m*) ◊ **black coffee** caffè nero; **weak coffee** caffè

lungo; **strong coffee** caffè all'italiana, caffè ristretto; (*BrE*) **coffee bar**, (*AmE*) **coffee shop** caffè, bar; **coffee mill** macinacaffè; **coffee table** tavolino.

coffer [ˈkɒfə*] *s* cassa, forziere (*m*).

coffin [ˈkɒfɪn] *s* bara.

coherent [kəʊˈhɪərənt] *agg* coerente.

coil [kɔɪl] *s* rotolo; (*elettr*) bobina; (*contraccettivo*) spirale (*f*) ◊ **coil ignition** spinterogeno.

coil [kɔɪl] *v tr/intr* avvolgere, avvolgersi.

coin [kɔɪn] *s* moneta.

coin [kɔɪn] *v tr* coniare.

coinage [ˈkɔɪnɪdʒ] *s* coniatura; (*fig*) conio; sistema (*m*) monetario.

coincide [ˌkəʊɪnˈsaɪd] *v intr* coincidere.

coincidence [kəʊˈɪnsɪdəns] *s* combinazione (*f*).

Coke [kəʊk] *s* coca-cola.

cold [kəʊld] *agg* freddo ◊ **in cold blood** a sangue freddo; **to be cold** avere freddo.

cold [kəʊld] *s* freddo; (*med*) raffreddore (*m*) ◊ **cold sore** herpes; **to catch a cold** prendere un raffreddore.

coldly [ˈkəʊldlɪ] *avv* freddamente.

collaborate [kəˈlæbəreɪt] *v intr* collaborare.

collaboration [kəˌlæbəˈreɪʃn] *s* collaborazione (*f*).

collaborator [kəˈlæbəreɪtə*] *s* collaboratore (*m*).

collapse [kəˈlæps] *s* crollo; (*med*) collasso.

collapse [kəˈlæps] *v intr* crollare.

collapsible [kə'læpsəbl] *agg* pieghevole; smontabile.

collar ['kɒlə*] *s* colletto.

collarbone ['kɒləbəʊn] *s* clavicola.

colleague ['kɒli:g] *s* collega (*m/f*).

collect ['kə'lekt] *v tr* riunire, raccogliere; (*francobolli ecc.*) collezionare; (*denaro*) riscuotere ◊ *v intr* riunirsi ◊ **to collect the children from school** andare a prendere i bambini a scuola; **to collect one's thoughts** concentrarsi.

collect [kə'lekt] *agg, avv* (*AmE*) a carico del destinatario.

collection [kə'lekʃn] *s* collezione (*f*); raccolta; (*di denaro*) colletta.

collector [kə'lektə*] *s* collezionista (*m/f*); (*delle tasse*) esattore (*m*).

college ['kɒlidʒ] *s* scuola secondaria; collegio universitario; istituto superiore; (*AmE*) università.

collide [kə'laɪd] *v intr* scontrarsi.

colliery ['kɒljərɪ] *s* miniera di carbone.

collision [kə'lɪʒn] *s* scontro, collisione (*f*).

colloquial [kə'ləʊkwɪəl] *agg* colloquiale.

Colombian [kə'lɒmbɪən] *agg, s* colombiano.

colon ['kəʊlən] *s* (*gramm*) due punti (*pl*); (*anat*) colon (*m*).

colonel ['kɜ:nl] *s* colonnello.

colonial [kə'ləʊnjəl] *agg* coloniale.

colonize ['kɒlənaɪz] *v tr* colonizzare.

colony ['kɒlənɪ] *s* colonia.

color ['kʌlə*] *s, v tr/intr* (*AmE*) v. **colour**.

colour ['kʌlə*] *s* colore (*m*) ◊ *pl* colori, bandiera (*sing*) ◊ **fast colour** colore indelebile; **to lose colour** impallidire; **with flying colours** con grande successo.

colour ['kʌlə*] *v tr* colorare; tingere; (*fig*) influenzare ◊ *v intr* (*up*) arrossire.

colour bar ['kʌləba:*] *s* discriminazione (*f*) razziale.

colour-blind ['kʌləblaɪnd] *agg* daltonico.

coloured ['kʌləd] *agg* colorato; a colori; (*persona*) di colore ◊ *s* persona di colore.

colourful ['kʌləfʊl] *agg* colorato; vivace; pittoresco.

colt [kəʊlt] *s* puledro.

column ['kɒləm] *s* colonna; (*giornale*) rubrica.

columnist ['kɒləmnɪst] *s* giornalista (*m/f*) responsabile di una rubrica.

coma ['kəʊmə] *s* coma (*m*).

comb [kəʊm] *s* pettine (*m*).

comb [kəʊm] *v tr* pettinare; (*fig*) rastrellare, battere a tappeto.

combat ['kɒmbæt] *v tr/intr* combattere, lottare.

combination [,kɒmbɪ'neɪʃn] *s* combinazione (*f*).

combine [kəm'baɪn] *v tr/intr* combinare, combinarsi, unire, unirsi.

combustion [kəm'bʌstʃən] *s* combustione (*f*).

come (*p* **came** *pp* **come**) [kʌm, keɪm, kʌm] *v intr* venire, arrivare ◊ **come what may** qualunque cosa accada; **to come to that** per la verità; **to come true** avverarsi; **to come to life** prender vita, animarsi.

► **come about** accadere;
► **come across** incontrare per caso;
► **come along** presentarsi; fare progressi;
► **come apart** andare in pezzi;
► **come at** attaccare, aggredire;
► **come away** venire via; staccarsi;
► **come back** ritornare;
► **come by** ottenere, procurarsi;
► **come down** scendere; (*edificio*) essere demolito;
► **come forward** farsi avanti; presentarsi;
► **come from** venire da ◊ **where do you come from?** di dove sei?
► **come in** entrare ◊ **come in!** avanti!;
► **come in for** andare incontro a, subire;
► **come into** entrarci; (*denaro*) ereditare ◊ **money doesn't come into it** i soldi non c'entrano;
► **come off** riuscire; (*bottone*) staccarsi; (*macchia*) venire via;
► **come on** fare progressi; (*luce, gas*) accendersi ◊ **come on!** avanti!, andiamo!;
► **come out** uscire; (*macchia*) andare via;
► **come round** rinvenire, riprendere conoscenza;
► **come up** sorgere; (*germoglio*) spuntare; (*occasione ecc.*) saltar fuori, presentarsi;
► **come up against** (*opposizione ecc.*) scontrarsi con;
► **come upon** imbattersi in; (*cosa*) trovare per caso;
► **come up with** venir fuori (con un'idea ecc.);

comedian [kə'mi:djən] *s* comico.
comedown ['kʌmdaʊn] *s* passo indietro; delusione (*f*).
comedy ['kɒmɪdɪ] *s* commedia.
comet ['kʌmɪt] *s* cometa.
comfort ['kʌmfət] *s* comodità, benessere (*m*); sollievo, consolazione (*f*) ◊ **to live in comfort** vivere nell'agiatezza.
comfort ['kʌmfət] *v tr* confortare, consolare.
comfortable ['kʌmfətəbl] *agg* comodo ◊ **make yourself comfortable** mettiti comodo.
comic ['kɒmɪk] *agg* comico ◊ **comic strip** fumetto.
comic ['kɒmɪk] *s* comico; giornaletto a fumetti ◊ *pl* (*AmE*) pagina (*sing*) a fumetti in un giornale.
coming ['kʌmɪŋ] *s* arrivo, avvento ◊ **comings and goings** andirivieni.
coming ['kʌmɪŋ] *agg* prossimo; futuro.
comma ['kɒmə] *s* virgola ◊ (*BrE*) **inverted commas** virgolette.
command [kə'mɑ:nd] *s* comando, ordine (*m*); (*milit*) comando; (*di lingua ecc.*) padronanza.
command [kə'mɑ:nd] *v tr* comandare; controllare ◊ **to command somebody to do something** ordina-re a qualcuno di fare qualcosa; **to command one's temper** controllarsi.
commander [kə'mɑ:ndə*] *s* comandante (*m*), capo.
commando [kə'mɑ:ndəʊ] *s* commando; membro di un commando.
commemorate [kə'meməreɪt] *v tr* commemorare.

51

commend [kə'mend] *v tr* lodare; raccomandare.

commendation ['kɒmen'deɪʃn] *s* elogio, lode (*f*); raccomandazione (*f*).

commensurate [kə'menʃərət] *agg* (*with*) proporzionato (a).

comment ['kɒment] *s* commento ◊ **no comment** niente da dichiarare.

comment ['kɒment] *v intr* fare commenti.

commentary ['kɒməntərɪ] *s* commento; radiocronaca; telecronaca.

commentator ['kɒmenteɪtə*] *s* commentatore (*m*); radiocronista (*m/f*); telecronista (*m/f*).

commerce ['kɒmʃ:s] *s* commercio.

commercial [kə'mɔ:ʃl] *agg* commerciale.

commercial [kə'mɔ:ʃl] *s* inserto pubblicitario.

commercialize [kə'mɔ:ʃəlaɪz] *v tr* commercializzare.

commission [kə'mɪʃn] *s* commissione (*f*); (*comm*) provvigione (*f*) ◊ **on commission** su commissione, a provvigione.

commission [kə'mɪʃn] *v tr* commissionare.

commissioner [kə'mɪʃnə*] *s* commissario ◊ **commissioner of police** questore.

commit [kə'mɪt] *v tr* commettere; affidare ◊ **to commit oneself to do something** impegnarsi a fare qualcosa.

commitment [kə'mɪtmənt] *s* impegno.

committee [kə'mɪtɪ] *s* comitato, commissione (*f*).

commodity [kə'mɒdɪtɪ] *s* merce (*f*); prodotto, articolo.

common ['kɒmən] *agg* comune; usuale, solito; ordinario, volgare ◊ **it is common knowledge** è cosa di dominio pubblico; **common sense** buon senso; **common law** diritto consuetudinario; **Common Market** Mercato Comune.

common [kɒmən] *s* terreno demaniale ◊ **in common** in comune; **out of common** fuori del comune; (*BrE*) **the (House of) Commons** la Camera dei Comuni.

commonly ['kɒmənlɪ] *avv* comunemente, solitamente.

commonplace ['kɒmənpleɪs] *agg* banale, ordinario.

commonplace ['kɒmənpleɪs] *s* banalità, luogo comune.

Commonwealth ['kɒmənwelθ] *s* il Commonwealth (*m*) britannico.

commotion [kə'məʊʃn] *s* confusione (*f*); tumulto.

communal ['kɒmjʊnl] *agg* comunitario, pubblico.

communicate [kə'mju:nɪkeɪt] *v tr/intr* comunicare, trasmettere; (*stanza*) essere comunicante.

communication [kə,mju:nɪ'keɪʃn] *s* comunicazione (*f*) ◊ (*BrE*) **communication cord** segnale d'allarme.

communion [kə'mju:njən] *s* (*relig*) comunione (*f*).

communism ['kɒmjʊnɪzəm] *s* comunismo.

communist ['kɒmjʊnɪst] *agg*, *s* comunista (*m/f*).

community [kə'mju:nɪtɪ] *s* comunità ◊ **community centre** circolo ricreativo; (AmE) **community chest** fondo di beneficenza.

commutation ticket [ˌkɒmju:-ˈteɪʃnˌtɪkɪt] s (AmE) abbonamento.

commute [kəˈmju:t] v intr fare il pendolare ◊ v tr (giur) commutare.

commuter [kəˈmju:tə*] s pendolare (m/f).

compact [kəmˈpækt] agg compatto; (fig) conciso ◊ **compact disc player** lettore CD.

compact [kəmˈpækt] s portacipria (m).

companion [kəmˈpænjən] s compagno; manuale (m), vademecum (m).

companionship [kəmˈpænjənʃip] s cameratismo, amicizia.

company [ˈkʌmpənɪ] s compagnia; comitiva, gruppo; (comm) ditta, società; (teatro) compagnia ◊ **present company excepted** esclusi i presenti; **public (limited) company** società ad azionariato diffuso.

comparable [ˈkɒmpərəbl] agg paragonabile.

comparative [kəmˈpærətɪv] agg relativo; (gramm) comparativo.

compare [kəmˈpeə*] v tr confrontare, paragonare ◊ v intr (with) reggere il confronto (con), essere paragonabile (a) ◊ **to compare notes** scambiarsi impressioni, punti di vista.

comparison [kəmˈpærɪsn] s confronto ◊ **in comparison with** in confronto a; **beyond comparison** senza paragoni.

compartment [kəmˈpɑ:tmənt] s scompartimento.

compass [ˈkʌmpəs] s bussola; (fig) ambito ◊ pl (mat) compasso (sing).

compassion [kəmˈpæʃn] s compassione (f).

compassionate [kəmˈpæʃənət] agg compassionevole.

compatible [kəmˈpætəbl] agg compatibile.

compel [kəmˈpel] v tr obbligare, costringere.

compelling [kəmˈpelɪŋ] agg irresistibile, avvincente.

compensate [ˈkɒmpənseɪt] v tr ricompensare; risarcire; indennizzare ◊ v intr (for) compensare.

compensation [ˌkɒmpənˈseɪʃn] s compenso; risarcimento.

compere [ˈkɒmpeə*] s presentatore (m).

compete [kəmˈpi:t] v intr competere.

competence [ˈkɒmpɪtəns] s competenza.

competent [ˈkɒmpɪtənt] agg competente.

competition [ˌkɒmpɪˈtɪʃn] s competizione (f), gara; (econ) concorrenza ◊ **to go in for a competition** concorrere.

competitive [kəmˈpetɪtɪv] agg competitivo; (sport) agonistico; (econ) concorrenziale.

competitor [kəmˈpetɪtə*] s concorrente (m/f).

compile [kəmˈpaɪl] v tr compilare.

complacent [kəmˈpleɪsnt] agg compiaciuto di sé.

complain [kəmˈpleɪn] v intr lamentarsi.

complaint [kəmˈpleɪnt] s lamentela; reclamo; (*med*) disturbo; (*giur*) querela.

complement ['kɒmplɪmənt] *s* complemento; (*di nave*) effettivo.

complementary [,kɒmplɪ'mentərɪ] *agg* complementare.

complete [kəm'pliːt] *agg* completo; assoluto.

complete [kəm'pliːt] *v tr* completare.

complex ['kɒmpleks] *agg, s* complesso.

complexion [kəm'plekʃn] *s* carnagione (*f*), colorito; (*fig*) aspetto.

complexity [kəm'pleksɪtɪ] *s* complessità.

compliance [kəm'plaɪəns] *s* adeguamento, conformità.

compliant [kəm'plaɪənt] *agg* compiacente, arrendevole.

complicate ['kɒmplɪkeɪt] *v tr* complicare.

complicated ['kɒmplɪkeɪtɪd] *agg* complicato, complesso.

compliment ['kɒmplɪmənt] *s* complimento ◊ *pl* omaggi, ossequi ◊ **to pay somebody a compliment** fare un complimento a qualcuno.

complimentary ['kɒmplɪ'mentərɪ] *agg* (*biglietto ecc.*) (in) omaggio.

comply [kəm'plaɪ] *v intr* (**with**) conformarsi (a); accondiscendere (a).

component [kəm'pəʊnənt] *s* componente (*m*).

compose [kəm'pəʊz] *v intr* comporre ◊ **to compose oneself** ricomporsi, calmarsi.

composer [kəm'pəʊzə*] *s* (*mus*) compositore (*m*).

composition [,kɒmpə'zɪʃn] *s* composizione (*f*); (*scuola*) tema.

composure [kəm'pəʊʒə*] *s* calma.

compound ['kɒmpaʊnd] *agg* composto ◊ **compound fracture** frattura esposta.

comprehend [,kɒmprɪ'hend] *v tr* comprendere.

comprehension [,kɒmprɪ'henʃn] *s* comprensione (*f*) ◊ **listening comprehension** esercizio di comprensione (orale); **reading comprehension** esercizio di lettura, di comprensione di uno scritto.

comprehensive [,kɒmprɪ'hensɪv] *agg* comprensivo (di tutto) ◊ **comprehensive policy** polizza che copre tutti i rischi; (*BrE*) **comprehensive school** scuola secondaria aperta a tutti.

compress [kəm'pres] *v tr* comprimere.

comprise [kəm'praɪz] *v tr* comprendere.

compromise ['kɒmprəmaɪz] *s* compromesso.

compromise ['kɒmprəmaɪz] *v intr* giungere a un compromesso ◊ *v tr* compromettere.

compulsion [kəm'pʌlʃn] *s* costrizione (*f*), obbligo.

compulsory [kəm'pʌlsərɪ] *agg* obbligatorio.

compute [kəm'pjuːt] *v tr* calcolare.

computer [kəm'pjuːtə*] *s* computer (*m*) ◊ **computer science** informatica.

computerize [kəm'pjuːtəraɪz] *v tr* computerizzare.

comrade ['kɒmreɪd] *s* compagno.

comradeship ['kɒmreɪdʃɪp] *s* cameratismo, amicizia.

con [kɒn] *v tr* imbrogliare.

con [kɒn] *s* imbroglio, truffa ◊ **con man** truffatore.

con [kɒn] *s* ◊ **the pros and cons** i pro e i contro.

concave [ˌkɒn'keɪv] *agg* concavo.

conceal [kən'si:l] *v tr* nascondere; dissimulare.

concede [kən'si:d] *v tr* ammettere, concedere.

conceit [kən'si:t] *s* presunzione (*f*), vanità.

conceited [kən'si:tɪd] *agg* presuntuoso, vanitoso.

conceivable [kən'si:vəbl] *agg* concepibile.

conceive [kən'si:v] *v tr/intr* concepire.

concentrate ['kɒnsəntreɪt] *v tr/intr* concentrare, concentrarsi.

concentration [ˌkɒnsən'treɪʃn] *s* concentrazione (*f*); concentramento.

concept ['kɒnsept] *s* concetto.

conception [kən'sepʃn] *s* concezione (*f*); concepimento.

concern [kən'sɜ:n] *s* preoccupazione (*f*); (*comm*) ditta, azienda ◊ **it's her concern** è affar suo.

concern [kən'sɜ:n] *v tr* riguardare; preoccupare ◊ **to concern oneself with** occuparsi di; **as far as I am concerned** per quel che mi riguarda.

concerning [kən'sɜ:nɪŋ] *prep* riguardo a, circa.

concert ['kɒnsət] *s* concerto ◊ **in concert** di concerto, di comune ac-

cordo; **concert hall** sala da concerti; **concert performer** concertista.

concession [kən'seʃn] *s* concessione (*f*).

conciliation [kənˌsɪlɪ'eɪʃn] *s* conciliazione (*f*).

conciliatory [kən'sɪlɪətərɪ] *agg* conciliante.

concise [kən'saɪs] *agg* conciso, sintetico.

conclude [kənklu:d] *v tr/intr* concludere.

conclusion [kən'klu:ʒn] *s* conclusione (*f*).

conclusive [kən'klu:sɪv] *agg* conclusivo.

concoct [kən'kɒkt] *v tr* inventare, architettare.

concourse ['kɒŋkɔ:s] *s* atrio ◊ **shopping concourse** grande centro di vendita.

concrete ['kɒnkri:t] *s* calcestruzzo.

concrete ['kɒnkri:t] *agg* concreto; (*edilizia*) di calcestruzzo.

concur [kən'kɜ:*] *v intr* concordare; concorrere.

concussion [kən'kʌʃn] *s* commozione (*f*) cerebrale.

condemn [kən'dem] *v tr* condannare.

condemnation [ˌkɒndem'neɪʃn] *s* condanna; biasimo.

condense [kən'dens] *v tr/intr* condensare, condensarsi.

condescending [ˌkɒndɪ'sendɪŋ] *agg* che ha un'aria di superiorità.

condition [kən'dɪʃn] *s* condizione (*f*); (*med*) malattia ◊ **on condition that** a condizione che; **on no condition** in nessun caso.

condition [kən'dɪʃn] v tr condizionare.

conditioner [kən'dɪʃnə*] s (per capelli) balsamo; (per tessuti) ammorbidente (m).

condolences [kən'dəulənsɪz] s pl condoglianze.

condom ['kɒndəm] s preservativo.

conduct ['kɒndʌkt] s comportamento; conduzione (f).

conduct [kən'dʌkt] v tr condurre; dirigere, amministrare; (mus) dirigere ◊ **conducted tour** giro turistico guidato; **to conduct oneself** comportarsi.

conductor [kən'dʌktə*] s (di tram, bus) bigliettaio; (AmE) capotreno, controllore (m); direttore (m) d'orchestra; (elettr) conduttore (m).

conductress [kən'dʌktrɪs] s (di tram, bus) bigliettaia.

conduit ['kɒndɪt] s condotto, conduttura.

confabulate [kən'fæbjuleɪt] v intr discorrere, confabulare.

confectioner [kən'fekʃnə*] s pasticcere (m) ◊ **confectioner's (shop)** pasticceria.

confectionery [kən'fekʃnərɪ] s dolciumi (pl).

confederation [kən,fedə'reɪʃn] s confederazione (f), lega.

confer [kən'fɜ:*] v tr/intr conferire.

conference ['kɒnfərəns] s congresso ◊ **press conference** conferenza stampa.

confess [kən'fes] v tr/intr confessare, confessarsi; ammettere.

confession [kən'feʃn] s confessione (f).

confetti [kən'fetɪ] s pl coriandoli.

confide [kən'faɪd] v tr confidare.
▶ **confide in** confidarsi con.

confidence ['kɒnfɪdəns] s fiducia.

confident ['kɒnfɪdənt] agg fiducioso; sicuro di sé.

confidential [,kɒnfɪ'denʃl] agg riservato; confidenziale.

confine [kən'faɪn] v tr limitare; rinchiudere.

confined [kən'faɪnd] agg limitato, ristretto.

confinement [kən'faɪnmənt] s prigionia; reclusione (f).

confirm [kən'fɜ:m] v tr confermare; (relig) cresimare.

confirmation [,kɒnfə'meɪʃn] s conferma; (relig) cresima.

confirmed [kən'fɜ:md] agg inveterato ◊ **a confirmed drinker** un bevitore incallito.

confiscate ['kɒnfɪskeɪt] v tr confiscare.

conflict ['kɒnflɪkt] s conflitto.

conflict [kən'flɪkt] v intr essere in conflitto, scontrarsi.

conflicting [kən'flɪktɪŋ] agg contrastante.

conform [kən'fɔ:m] v intr conformarsi.

conformist [kən'fɔ:mɪst] s conformista (m/f).

confound [kən'faʊnd] v tr confondere; disorientare.

confront [kən'frʌnt] v tr affrontare.

confrontation [,kɒnfrʌn'teɪʃn] s scontro, confronto.

confrontive [kən'frʌntɪv] agg polemico.

confuse [kən'fju:z] v tr confondere.

confusing [kən'fju:zɪŋ] *agg* poco chiaro, che confonde.

confusion [kən'fju:ʒn] *s* confusione *(f)*.

congeal [kən'dʒi:l] *v intr* rapprendersi; *(sangue)* coagularsi.

congenial [kən'dʒi:njəl] *agg* congeniale; simpatico.

congenital [kən'dʒenɪtl] *agg* congenito.

congested [kən'dʒestɪd] *agg* congestionato.

congestion [kən'dʒestʃən] *s* congestione *(f)*, ingorgo.

Congolese [ˌkɒŋgəu'li:z] *agg, s inv* congolese *(m/f)*.

congratulate [kən'grætjuleɪt] *v tr* congratularsi con ◊ **to congratulate oneself** rallegrarsi.

congratulations [kənˌgrætju'leɪʃnz] *s pl* congratulazioni *(f)*; auguri.

congregation [ˌkɒŋgri'geɪʃn] *s (relig)* congregazione *(f)*.

congress ['kɒŋgres] *s* congresso.

Congressman *(pl* **-men)** ['kɒŋgresmən] *s (AmE)* membro del Congresso.

Congresswoman *(pl* **-women)** ['kɒŋgresˌwumən, wɪmɪn] *s (AmE)* membro (femminile) del Congresso.

conjecture [kən'dʒektʃə*] *s* congettura.

conjecture [kən'dʒektʃə*] *v tr/intr* ipotizzare, fare congetture.

conjugal ['kɒndʒugl] *agg* coniugale.

conjunction [kən'dʒʌŋkʃn] *s* congiunzione *(f)*; unione *(f)* ◊ **in conjunction with** insieme con.

conjure [kən'dʒuə*] *v intr* fare giochi di prestigio ◊ *v tr (up)* evocare; rievocare.

conjurer ['kʌndʒərə*] *s* prestigiatore *(m)*.

connect [kə'nekt] *v tr/intr* connettere, connettersi, collegare, collegarsi; *(fig)* associare; *(treno, aereo)* avere la coincidenza ◊ **to be connected with** essere in rapporti con; **to be well connected** conoscere persone influenti.

connection, connexion [kə'neʃn] *s* relazione *(f)*, rapporto; *(elettr)* connessione *(f)*, collegamento; *(treno, aereo)* coincidenza ◊ *pl* conoscenti; parenti ◊ **in connection with** in relazione a, a proposito di.

connive [kə'naɪv] *v intr* complottare; *(at)* essere connivente in, con.

connotation [ˌkɒnəu'teɪʃn] *s* connotazione *(f)*.

conquer ['kɒŋkə*] *v tr* conquistare; vincere.

conqueror ['kɒŋkərə*] *s* conquistatore *(m)*.

conquest ['kɒŋkwest] *s* conquista.

conscience ['kɒnʃəns] *s* coscienza ◊ **to have a clear conscience** avere la coscienza pulita.

conscientious [ˌkɒnʃi'enʃəs] *agg* coscienzioso ◊ **conscientious objector** obiettore di coscienza.

conscious ['kɒnʃəs] *agg* consapevole; *(med)* cosciente.

consciousness ['kɒnʃəsnɪs] *s* consapevolezza; coscienza ◊ **to lose, to regain consciousness** perdere, riprendere conoscenza.

conscription [kən'skrɪpʃn] *s (milit)* leva.

consecutive [kən'sekjʊtɪv] *agg* consecutivo.

consent [kən'sent] *s* consenso ◊ **by common consent** di comune accordo.

consent [kən'sent] *v intr* acconsentire.

consequence ['kɒnsɪkwəns] *s* conseguenza ◊ **of no consequence** di nessuna importanza.

consequently ['kɒnsɪkwəntlɪ] *avv* di conseguenza.

conservation [ˌkɒnsə'veɪʃn] *s* conservazione (f).

conservationist [ˌkɒnsə'veɪʃənɪst] *s* ecologista (m/f), ambientalista (m/f).

conservative [kən'sɜːvətɪv] *agg* conservatore; cauto ◊ **Conservative Party** Partito Conservatore.

conservatory [kən'sɜːvətrɪ] *s* serra; (*mus*) conservatorio.

conserve [kən'sɜːv] *s* conserva di frutta.

consider [kən'sɪdə*] *v tr/intr* considerare; riflettere (su), pensare ◊ **to consider doing something** pensare di fare qualcosa.

considerable [kən'sɪdərəbl] *agg* considerevole, notevole.

considerate [kən'sɪdərət] *agg* rispettoso, premuroso.

consideration [kənˌsɪdə'reɪʃn] *s* considerazione (f), rispetto ◊ **to take into consideration** prendere in considerazione.

considering [kən'sɪdərɪŋ] *prep* tenuto conto di.

consign [kən'saɪn] *v tr* consegnare; inviare; relegare.

consignment [kən'saɪnmənt] *s* consegna.

consist [kən'sɪst] *v intr* (*of*) constare di, essere composto da; (*in*) consistere in.

consistent [kən'sɪstənt] *agg* coerente.

consolation [ˌkɒnsə'leɪʃn] *s* consolazione (f), conforto.

console [kən'səʊl] *v tr* consolare.

console [kən'səʊl] *s* mensola; (*tecn, inform*) quadro di comando, consolle (f).

consolidate [kən'sɒlɪdeɪt] *v tr* consolidare.

consonant ['kɒnsənənt] *s* (*gramm*) consonante (f).

conspicuous [kən'spɪkjʊəs] *agg* cospicuo; evidente ◊ **to make oneself conspicuous** farsi notare.

conspiracy [kən'spɪrəsɪ] *s* congiura, cospirazione (f).

conspire [kən'spaɪə*] *v intr* cospirare, tramare.

constable ['kʌnstəbl] *s* (*BrE*) poliziotto, agente (m/f) di polizia ◊ **Chief Constable** capo della polizia, questore.

constant ['kɒnstənt] *agg* costante; fedele.

constellation [ˌkɒnstə'leɪʃn] *s* stellazione (f).

consternation [ˌkɒnstə'neɪʃn] *s* costernazione (f), sgomento.

constipated [ˌkɒnstɪ'peɪtɪd] *agg* stitico.

constipation [ˌkɒnstɪ'peɪʃn] *s* stitichezza.

constituency [kən'stɪtjʊənsɪ] *s* collegio elettorale.

constitute ['kɒnstɪtjuːt] *v tr* costituire.

constitution [,kɒnstɪ'tjuːʃn] *s* costituzione (*f*).

constitutional [,kɒnstɪ'tjuːʃənl] *agg* costituzionale.

constrain [kən'streɪn] *v tr* costringere, forzare.

constraint [kən'streɪnt] *s* costrizione (*f*).

constrict [kən'strɪkt] *v tr* comprimere, stringere; limitare.

construct [kən'strʌkt] *v tr* costruire.

construction [kən'strʌkʃn] *s* costruzione (*f*).

constructive [kən'strʌktɪv] *agg* costruttivo.

consul ['kɒnsəl] *s* console (*m*).

consulate ['kɒnsjʊlət] *s* consolato.

consult [kən'sʌlt] *v tr/intr* consultare, consultarsi.

consultant [kən'sʌltənt] *s* consulente (*m/f*).

consultation [,kɒnsəl'teɪʃn] *s* consultazione (*f*); (*med*) consulto.

consulting room [kən'sʌltɪŋruːm] *s* ambulatorio.

consume [kən'sjuːm] *v tr* consumare ◊ **to be consumed with curiosity** struggersi dalla curiosità.

consumer [kən'sjuːmə*] *s* consumatore (*m*) ◊ **consumer goods** beni di consumo; **consumer society** società dei consumi.

consumerism [kən'sjuːmərɪzəm] *s* consumismo; tutela degli interessi del consumatore.

consummate ['kɒnsəmeɪt] *v tr* consumare.

consumption [kən'sʌmpʃn] *s* consumo; (*med*) consunzione (*f*).

contact ['kɒntækt] *s* contatto ◊ **contact lenses** lenti a contatto; **to keep in contact with** mantenersi in contatto con.

contact ['kɒntækt] *v tr* contattare, mettersi in contatto con.

contagion [kən'teɪdʒən] *s* contagio.

contagious [kən'teɪdʒəs] *agg* contagioso.

contain [kən'teɪn] *v tr* contenere ◊ **to contain oneself** contenersi, trattenersi.

container [kən'teɪnə*] *s* recipiente (*m*); container (*m*).

contaminate [kən'tæmɪneɪt] *v tr* contaminare.

contamination [kən,tæmɪ'neɪʃn] *s* contaminazione (*f*).

contemplate ['kɒntempleɪt] *v tr* contemplare; meditare di.

contemporary [kən'tempərərɪ] *agg*, *s* contemporaneo.

contempt [kən'tempt] *s* disprezzo.

contemptible [kən'temptəbl] *agg* spregevole.

contemptuous [kən'temptjʊəs] *agg* sprezzante.

contend [kən'tend] *v intr* (*with*) lottare contro ◊ *v tr* sostenere, asserire.

contender [kən'tendə*] *s* contendente (*m/f*); concorrente (*m/f*).

content [kən'tent] *agg* contento, soddisfatto.

content [kən'tent] *v tr* accontentare, soddisfare.

content ['kɒntənt] *s* contenuto (*f*) **(table of) contents** indice.

contented [kən'tentɪd] *agg* contento, soddisfatto.

contention [kən'tenʃn] *s* contesa; opinione (*f*).

contentious [kən'tenʃs] *agg* dibattuto, controverso; polemico.

contentment [kən'tentmənt] *s* contentezza, soddisfazione.

contest ['kɒntest] *s* gara; lotta ◊ **beauty contest** concorso di bellezza.

contest [kən'test] *v tr* contestare; (*giur*) impugnare; contendersi.

contestant [kən'testənt] *s* concorrente (*m/f*); avversario.

context ['kɒntekst] *s* contesto.

continent ['kɒntɪnənt] *s* continente (*m*) ◊ (*BrE*) **the Continent** l'Europa continentale.

continental [ˌkɒntɪ'nentl] *agg* continentale ◊ **continental breakfast** colazione all'europea, senza piatti caldi; (*BrE*) **continental quilt** piumino, piumone.

contingency [kən'tɪndʒənsɪ] *s* eventualità ◊ *pl* spese impreviste ◊ **contingency plan** piano di emergenza.

contingent [kən'tɪndʒənt] *s* delegazione (*f*); (*milit*) contingente (*m*).

continual [kən'tɪnjuəl] *agg* continuo.

continue [kən'tɪnju:] *v tr/intr* continuare; rimanere in carica.

continuity [ˌkɒntɪ'nju:ətɪ] *s* continuità.

continuous [kən'tɪnjuəs] *agg* continuo; ininterrotto.

contort [kən'tɔ:t] *v tr/intr* contorcere, contorcersi.

contortion [kən'tɔ:ʃn] *s* contorsione (*f*).

contortionist [kən'tɔ:ʃnɪst] *s* contorsionista (*m/f*).

contraception [ˌkɒntrə'sepʃn] ◊ *s* contraccezione (*f*).

contraceptive [ˌkɒntrə'septɪv] *agg*, *s* contraccettivo.

contract [ˌkɒntrækt] *s* contratto; appalto ◊ **by contract** per contratto.

contract [kən'trækt] *v intr* contrarsi; impegnarsi (a), stipulare un contratto ◊ *v tr* contrarre (*malattia*).

contraction [kən'trækʃn] *s* contrazione (*f*).

contractor [kən'træktə*] *s* imprenditore (*m*); appaltatore (*m*).

contradict [ˌkɒntrə'dɪkt] *v tr* contraddire.

contradiction [ˌkɒntrə'dɪkʃn] *s* contraddizione (*f*).

contrary ['kɒntrərɪ] *agg*, *s* contrario ◊ **on the contrary** al contrario; **contrary to** contrariamente a; **to the contrary** in contrario.

contrast ['kɒntrɑ:st] *s* contrasto.

contrast [kən'trɑ:st] *v tr* paragonare, mettere in contrasto ◊ *v intr* contrastare, essere in contrasto con.

contribute [kən'trɪbju:t] *v tr/intr* contribuire (con, a); collaborare ◊ **to contribute £ 50** dare 50 sterline; **to contribute** to contribuire a; scrivere per (un giornale).

contribution [ˌkɒntrɪ'bju:ʃn] *s* contributo; collaborazione (*f*) (a un giornale).

contributor [kən'trɪbjutə*] *s* donatore (*m*); (*a giornale*) collaboratore (*m*).

contrivance [kən'traɪvns] *s* congegno; espediente (*m*); invenzione (*f*).

contrive [kən'traɪv] *v tr* riuscire a; escogitare; ordire.

control [kən'trəʊl] *s* controllo ◊ *pl* comandi ◊ **control tower** torre di controllo; **control panel** pannello di comando; **to be out of control** non rispondere più ai comandi; sfuggire di mano; **to be in control** avere la situazione sotto controllo.

control [kən'trəʊl] *v tr* controllare ◊ **to control oneself** controllarsi.

controversial [ˌkɒntrə'vɜːʃl] *agg* polemico; controverso.

controversy ['kɒntrəvɜːsɪ] *s* polemica, controversia.

convalesce [ˌkɒnvə'les] *v intr* essere in convalescenza, rimettersi in salute.

convalescence [ˌkɒnvə'lesns] *s* convalescenza.

convalescent [ˌkɒnvə'lesnt] *agg*, *s* convalescente (*m/f*).

convene [kən'viːn] *v tr/intr* riunire, riunirsi.

convenience [kən'viːnjəns] *s* comodità; convenienza ◊ **at your convenience** a suo comodo; **at your earliest convenience** al più presto; (*AmE*) **convenience store** piccolo supermercato (sempre aperto); **convenience foods** cibi quasi pronti; (**public**) **convenience** gabinetto pubblico.

convenient [kən'viːnjənt] *agg* conveniente, comodo.

convent ['kɒnvənt] *s* convento.

convention [kən'venʃn] *s* convenzione (*f*); convegno.

conventional [kən'venʃənl] *agg* convenzionale.

conversant [kən'vɜːsənt] *agg* (**with**) pratico di, al corrente di.

conversation [ˌkɒnvə'seɪʃn] *s* conversazione (*f*).

conversational [ˌkɒnvə'seɪʃənl] *agg* informale; (*stile*) colloquiale; (*linguaggio*) parlato.

converse ['kɒnvɜːs] *v intr* conversare.

converse ['kɒnvɜːs] *agg*, *s* contrario, opposto.

conversely ['kɒnvɜːslɪ] *avv* al contrario; viceversa.

conversion [kən'vɜːʃn] *s* conversione (*f*); (*edificio*) ristrutturazione (*f*); (*rugby*) trasformazione (*f*).

convert [kən'vɜːt] *v tr/intr* convertire, convertirsi; trasformare.

convert ['kɒnvɜːt] *s* convertito.

convertible [kən'vɜːtəbl] *agg* convertibile; (*aut*) decappottabile.

convey [kən'veɪ] *v tr* portare, trasportare; comunicare; (*idea*) dare.

convict ['kɒnvɪkt] *s* carcerato.

conviction [kən'vɪkʃn] *s* convinzione (*f*); (*giur*) condanna.

convince [kən'vɪns] *v tr* convincere.

convincing [kən'vɪnsɪŋ] *agg* convincente.

convivial [kən'vɪvɪəl] *agg* gaio, allegro.

convulse [kən'vʌls] *v tr* ◊ **to be convulsed with laughter** contorcersi dalle risate.

convulsion [kən'vʌlʃn] *s* convulsione (*f*).

cook [kʊk] *s* cuoco.

cook [kʊk] *v tr/intr* cuocere, cucinare.

cookbook ['kʊkbʊk] *s* libro di cucina, ricettario.

cooker ['kʊkə*] *s* cucina; fornello.

cookery ['kʊkərɪ] *s* arte (*f*) culinaria, cucina ◊ **cookery book** libro di cucina, ricettario.

cookie ['kʊkɪ] *s* (*AmE*) biscotto.

cooking ['kʊkɪŋ] *s* cucina; cottura ◊ **to do the cooking** fare da mangiare.

cool [ku:l] *agg* fresco; (*fig*) imperturbabile; freddo ◊ **keep cool** stai calmo.

cool [ku:l] *s* frescura; calma.

cool [ku:l] *v tr/intr* rinfrescare, rinfrescarsi; raffreddare, raffreddarsi.

coolness ['ku:lnɪs] *s* fresco; (*fig*) calma; freddezza; disinvoltura.

cooperate [kəʊ'ɒpəreɪt] *v intr* cooperare, collaborare.

cooperation [kəʊˌɒpə'reɪʃn] *s* collaborazione (*f*); cooperazione (*f*).

cooperative [kəʊ'ɒpərətɪv] *agg* cooperativo; che collabora.

coordinate [kəʊ'ɔ:dɪnət] *s* (*mat*) coordinata ◊ *pl* (*abiti*) coordinati.

coordinate [kəʊ'ɔ:dɪneɪt] *v tr* coordinare.

coordination [kəʊˌɔ:dɪ'neɪʃn] *s* coordinazione (*f*); coordinamento (*m*).

cope [kəʊp] *v intr* far fronte (a); farcela ◊ **to cope with a difficulty** far fronte a una difficoltà.

copious ['kəʊpjəs] *agg* abbondante, copioso.

copper ['kɒpə*] *s* rame (*m*); (*colloquiale*) sbirro ◊ *pl* spiccioli.

copulate ['kɒpjʊleɪt] *v intr* accoppiarsi.

copy ['kɒpɪ] *s* copia.

copy ['kɒpɪ] *v tr* copiare.

copybook ['kɒpɪbʊk] *s* quaderno.

copyright ['kɒpɪraɪt] *s* diritti (*pl*) d'autore.

copywriter ['kɒpɪraɪtə*] *s* copywriter (*m/f*).

coral ['kɒrəl] *s* corallo.

cord [kɔ:d] *s* corda; (*elettr*) filo.

cordial ['kɔ:djəl] *agg* cordiale.

cordial ['kɔ:djəl] *s* (*BrE*) cordiale (*m*).

cordless (phone) ['kɔ:dlɪs(ˌfəʊn)] *s* (*telefono*) cordless (*m*).

cordon ['kɔ:dn] *s* cordone (*m*) (*di polizia, militari ecc.*).

cordon off ['kɔ:dn'ɒf] *v tr* isolare (un'area) con un cordone (di poliziotti, militari ecc.).

cords [kɔ:dz] *s pl* pantaloni di fustagno o di velluto a coste.

corduroy ['kɔ:dərɔɪ] *s* fustagno ◊ *pl* pantaloni di fustagno o di velluto a coste.

core [kɔ:*] *s* (*frutto*) torsolo; parte (*f*) centrale, nucleo, nocciolo.

cork [kɔ:k] *s* sughero; (*bottiglia*) tappo.

corkscrew ['kɔ:kskru:] *s* cavatappi (*m*).

corn [kɔ:n] *s* (*BrE*) grano, frumento; (*AmE*) granturco, mais (*m*); cereali (*pl*); (*su piede*) callo ◊ **corn on the cob** pannocchia di granturco bollita o arrostita.

cornea ['kɔ:nɪə] *s* (*anat*) cornea.

corned beef ['kɔ:nd'bi:f] *s* manzo salmistrato; carne (*f*) in scatola.

corner ['kɔ:nə*] *s* angolo; (*aut*) curva; (*sport*) corner (*m*), calcio d'angolo ◊ **just round the corner** dietro l'angolo; **corner stone** pietra angolare; **to cut the corners** prendere una scorciatoia.

corner ['kɔ:nə*] v tr mettere con le spalle al muro ◊ v intr prendere una curva.

cornet ['kɔ:nɪt] s (mus) cornetta; (gelato) cono.

cornflour ['kɔ:nflauə*] s (BrE) farina di granturco.

Cornish ['kɔ:nɪʃ] agg cornico, della Cornovaglia.

cornstarch ['kɔ:nsta:tʃ] s (AmE) farina di granturco.

coronary ['kɒrənərɪ] agg coronarico.

coronation [ˌkɒrəˈneɪʃn] s incoronazione (f).

coroner ['kɒrənə*] s coroner (m), medico legale.

corporation [ˌkɔ:pəˈreɪʃn] s consiglio comunale; (comm) ente (m); (AmE) società.

corpse [kɔ:ps] s cadavere (m).

correct [kəˈrekt] agg corretto, esatto.

correct [kəˈrekt] v tr correggere.

correlate ['kɒrəleɪt] v tr mettere in correlazione.

correspond [ˌkɒrɪˈspɒnd] v intr corrispondere.

correspondence [ˌkɒrɪˈspɒndəns] s corrispondenza.

correspondent [ˌkɒrɪˈspɒndənt] s corrispondente (m/f) ◊ **special correspondent** inviato speciale.

corridor ['kɒrɪdɔ:*] s corridoio.

corrode [kəˈrəud] v tr/intr corrodere, corrodersi.

corrosion [kəˈrəuʒn] s corrosione (f).

corrugated ['kɒrʊgeɪtɪd] agg increspato; ondulato.

corrupt [kəˈrʌpt] v tr corrompere.

corset ['kɔ:sɪt] s busto, corsetto.

cortisone ['kɔ:tɪzəun] s cortisone (m).

cosmetic [kɒzˈmetɪk] s cosmetico.

cosmetic [kɒzˈmetɪk] agg superficiale, esteriore ◊ **cosmetic surgery** chirurgia estetica.

cosmonaut ['kɒzmənɔ:t] s cosmonauta (m/f).

cosmopolitan [ˌkɒzməˈpɒlɪtən] agg, s cosmopolita (m/f).

cosset ['kɒsɪt] v tr viziare, vezzeggiare.

cost [kɒst] s costo ◊ pl spese ◊ **cost price** prezzo di costo; **cost of living** costo della vita.

cost (p, pp **cost**) [kɒst] v tr/intr costare ◊ **how much does it cost?** quanto costa?

Costa Rican ['kɒstə'ri:kən] agg, s costaricano.

costly ['kɒstlɪ] agg costoso, caro.

costume ['kɒstju:m] s costume (m); tailleur (m) ◊ **costume jewellery** bigiotteria.

cosy ['kəuzɪ] agg intimo; confortevole; (ambiente) accogliente ◊ **to be cosy** stare bene, sentirsi a proprio agio.

cot [kɒt] s lettino (per bambini); (AmE) brandina.

cottage ['kɒtɪdʒ] s cottage (m), villino ◊ **cottage cheese** fiocchi di latte magro.

cotton ['kɒtn] s cotone (m) ◊ **cot-**

ton wool cotone idrofilo; (*AmE*) **cotton candy** zucchero filato.

couch [kauʧ] *s* divano ◊ **couch potato** pantofolaio.

couchette [ku:'ʃet] *s* (*treno, nave*) cuccetta.

cough [kɒf] *s* tosse (*f*).

cough [kɒf] *v intr* tossire.

could [kud] *p di* **can**.

couldn't [kudnt] *contrazione di* **could not**.

council [kaunsl] *s* consiglio ◊ **city council** consiglio comunale; **council house** casa popolare; **council estate** quartiere popolare

counsel [kaunsl] *s* (*giur*) avvocato ◊ **counsel for the defence** avvocato difensore; **prosecuting counsel, counsel for the prosecution** pubblico ministero.

counsellor ['kaunslə*] *s* consigliere (*m*).

counselor ['kaunslə*] *s* (*AmE*) avvocato.

count [kaunt] *s* conto, calcolo; conte (*m*).

count [kaunt] *v tr* contare, calcolare; annoverare.

▶ **count on** contare su;

▶ **count down** fare il conto alla rovescia.

countenance ['kauntənəns] *s* viso, espressione (*f*), aspetto.

counter ['kauntə*] *s* bancone (*m*), banco; cassa.

counter ['kauntə*] *v tr/intr* opporsi a; controbattere.

counteract [,kauntə'rækt] *v tr* neutralizzare, annullare gli effetti di.

counterattack ['kauntərə,tæk] *v tr* contrattaccare.

counterbalance [,kauntə'bæləns] *v tr* controbilanciare.

counterfeit ['kauntəfɪt] *agg* contraffatto, falso.

counterfeit ['kauntəfɪt] *v tr* contraffare, falsificare.

counterfoil ['kauntəfɔɪl] *s* matrice (*f*).

counterpart ['kauntəpɑ:t] *s* equivalente (*m*); (*documento*) copia.

countess ['kauntɪs] *s* contessa.

countless ['kauntlɪs] *agg* innumerevole.

country ['kʌntrɪ] *s* paese (*m*); nazione (*f*); patria; regione (*f*); campagna ◊ **from all over the country** da ogni parte del paese; **in the country** in campagna; **country house** casa di campagna.

countryside ['kʌntrɪsaɪd] *s* campagna.

county ['kauntɪ] *s* contea.

coup [ku:] *s* colpo ◊ **coup (d'état)** colpo di stato.

couple ['kʌpl] *s* coppia; paio.

couple ['kʌpl] *v tr* unire, agganciare ◊ *v intr* accoppiarsi.

courage ['kʌrɪʤ] *s* coraggio.

courageous [kə'reɪʤəs] *agg* coraggioso.

courgette [,kuə'ʒet] *s* zucchina.

courier ['kurɪə*] *s* corriere (*m*); accompagnatore (*m*) turistico.

course [kɔ:s] *s* corso; (*cuc*) portata, piatto; (*golf*) campo ◊ **in the course of** nel corso di; **of course** naturalmente, certo; **the main course** il piatto principale; **course of action** linea di condotta.

court [kɔ:t] *s* corte (*f*), tribunale (*m*); (*tennis*) campo ◊ **out of court** in via amichevole.

court [kɔ:t] *v tr* corteggiare.

courtesy ['kɜ:tɪsɪ] *s* cortesia ◊ **courtesy bus, coach** autobus gratuito (*di aeroporto, albergo*); **(by) courtesy of** per gentile concessione di.

courthouse ['kɔ:thaʊs] *s* (*AmE*) palazzo di giustizia.

court-martial [,kɔ:t'mɑ:ʃl] *s* corte (*f*) marziale.

courtroom ['kɔ:tru:m] *s* aula giudiziaria, tribunale (*m*).

courtyard ['kɔ:tjɑ:d] *s* cortile (*m*).

cousin ['kʌzn] *s* cugino, cugina ◊ **first cousin** cugino di primo grado.

cove [kəʊv] *s* piccola baia.

covenant ['kʌvənənt] *s* accordo.

cover ['kʌvə*] *s* riparo; (*libro*) copertina; (*pentola*) coperchio; copriletto; (*divano ecc.*) fodera; (*assicurazioni*) copertura; (*fig*) copertura ◊ **cover charge** coperto (*al ristorante*); **under separate cover** in plico separato, a parte; **to take cover** ripararsi.

cover ['kʌvə*] *v tr* coprire, ricoprire.

▶ **cover up** occultare, insabbiare.

coverage ['kʌvərɪdʒ] *s* (*assicurazioni, giornalismo*) copertura.

covering ['kʌvərɪŋ] *s* copertura, rivestimento.

cow [kaʊ] *s* mucca.

coward ['kaʊəd] *s* vigliacco.

cowardly ['kaʊədlɪ] *agg* vigliacco, vile.

cower ['kaʊə*] *v intr* accucciarsi; (*fig*) farsi piccolo.

cowshed ['kaʊʃed] *s* stalla.

coy [kɔɪ] *agg* ritroso, timido.

cozy ['kəʊzɪ] *agg* (*AmE*) v. **cosy**.

crab [kræb] *s* granchio.

crack [kræk] *s* crepa, fessura; (*frusta*) schiocco; (*arma*) colpo; (*tuono*) rombo; (*droga*) crack (*m*).

crack [kræk] *v tr/intr* spaccare, spaccarsi, incrinare, incrinarsi; (*frusta*) schioccare; (*codice*) decifrare ◊ **to crack a joke** fare una battuta.

▶ **crack up** crollare.

cracker ['krækə*] *s* petardo; (*cuc*) cracker (*m*).

crackle ['krækl] *v intr* crepitare.

cradle ['kreɪdl] *s* culla.

craft [krɑ:ft] *s* arte (*f*), mestiere (*m*); astuzia; nave (*f*), naviglio; aereo, aerei (*pl*).

craftsman (*pl* -**men**) ['krɑ:ftsmən] *s* artigiano.

craftsmanship ['krɑ:ftsmənʃɪp] *s* abilità.

crafty ['krɑ:ftɪ] *agg* astuto.

crag [kræg] *s* roccia.

cram [kræm] *v tr* riempire, stipare ◊ *v intr* prepararsi in fretta (per un esame).

cramp [kræmp] *s* crampo.

cramped [kræmpt] *agg* (*spazio*) ristretto, limitato.

crane [kreɪn] *s* (*zool, mecc*) gru (*f*).

cranny ['krænɪ] *s* fessura.

crash [kræʃ] *s* fragore (*m*); (*aut*) incidente (*m*); (*aereo*) disastro; (*fin*) crollo.

crash [kræʃ] *v tr/intr* fracassare; schiantarsi; scontrarsi; (*fin*) crollare ◊ **crash helmet** casco di protezione; **crash landing** atterraggio di fortuna; **crash course** corso intensivo.

crate [kreɪt] *s* cassa.

crater ['kreɪtə*] *s* cratere (*m*).

crave [kreɪv] *v tr/intr* desiderare ardentemente ◊ **to crave for a drink** morire dalla voglia di bere.

crawl [krɔ:l] *v intr* strisciare, andare carponi; avanzare lentamente.

craze [kreɪz] *s* mania; moda, voga.

crazy ['kreɪzɪ] *agg* matto ◊ **to go crazy** impazzire; **you drive me crazy** mi fai impazzire.

creak [kri:k] *v intr* cigolare; scricchiolare.

cream [kri:m] *s* crema; panna; (*fig*) il fior fiore (*m*) ◊ **cream-cheese** formaggio fresco; **cream-puff** bignè.

crease [kri:s] *s* piega; grinza.

crease [kri:s] *v tr/intr* sgualcire, sgualcirsi.

create [kri:'eɪt] *v tr* creare.

creation [kri:'eɪʃn] *s* creazione (*f*).

creative [kri:'eɪtɪv] *agg* creativo.

creativity [krɪə'tɪvɪtɪ] *s* creatività.

creator [kri:'eɪtə*] *s* creatore (*m*).

creature ['kri:tʃə*] *s* creatura.

credence ['kri:dəns] *s* credito.

credentials [krɪ'denʃlz] *s pl* credenziali (*f*).

credibility [ˌkredɪ'bɪlətɪ] *s* credibilità.

credible ['kredəbl] *agg* credibile.

credit ['kredɪt] *s* credito; stima; onore (*m*); (*comm*) credito ◊ *pl* (*cine*) titoli di testa o di coda; (*AmE*)

ringraziamenti ◊ **credit card** carta di credito; **to give credit to** prestare fede a.

credit ['kredɪt] *v tr* prestare fede a; (*comm*) accreditare.

creditor ['kredɪtə*] *s* creditore (*m*).

creed [kri:d] *s* credo.

creek [kri:k] *s* insenatura; (*AmE*) fiumiciattolo.

creep (*p, pp* **crept**) [kri:p, krept] *v intr* strisciare; insinuarsi.

creeper ['kri:pə*] *s* (*bot*) rampicante (*m*).

creepy ['kri:pɪ] *agg* che dà i brividi.

cremate [krɪ'meɪt] *v tr* cremare.

cremation [krɪ'meɪʃn] *s* cremazione (*f*).

crêpe [kreɪp] *s* crespo ◊ (*BrE*) **crêpe bandage** fascia elastica.

crept [krept] *p, pp di* **creep**.

crescent ['kresnt] *s* mezzaluna; strada a semicerchio.

crest [krest] *s* (*gallo, onda, collina*) cresta; (*cavallo*) criniera; (*araldica*) cimiero.

crestfallen ['krest,fɔ:lən] *agg* mortificato.

crevasse [krɪ'væs] *s* crepaccio.

crevice ['krevɪs] *s* crepa.

crew [kru:] *s* equipaggio.

crib [krɪb] *s* lettino (per bambini); presepio; (*scuola*) bigino.

crick [krɪk] *s* crampo.

cricket ['krɪkɪt] *s* grillo; (*sport*) cricket (*m*).

crime [kraɪm] *s* crimine (*m*)

criminal ['krɪmɪnl] *agg s* criminale (*m/f*) ◊ **criminal action** processo penale; **criminal law** diritto penale;

Criminal Investigation Department polizia giudiziaria.

cringe [krɪndʒ] *v intr* rannicchiarsi; (*fig*) sentirsi sprofondare.

crinkle ['krɪŋkl] *v tr/intr* increspare, incresparsi.

cripple ['krɪpl] *s* zoppo.

cripple ['krɪpl] *v tr* azzoppare; (*fig*) rovinare.

crisis (*pl* -ses) ['kraɪsɪs, si:z] *s* crisi (*f*).

crisp [krɪsp] *agg* croccante; (*aria*) frizzante; (*capelli*) ricciuto.

crisps [krɪsps] *s pl* patatine fritte.

criss-cross ['krɪskrɒs] *agg* incrociato.

criterion (*pl* -ria) [kraɪ'tɪərɪən, rɪə] *s* criterio.

critic ['krɪtɪk] *s* critico.

critical ['krɪtɪkl] *agg* critico.

criticism ['krɪtɪsɪzəm] *s* critica.

criticize ['krɪtɪsaɪz] *v tr* criticare.

croak [krəʊk] *v intr* gracchiare; (*rana*) gracidare.

Croat ['krəʊæt], **Croatian** [krəʊ-'eɪʃjən] *agg, s* croato.

crockery ['krɒkərɪ] *s* vasellame (*m*) (in terracotta).

crocodile ['krɒkədaɪl] *s* coccodrillo.

croft [krɒft] *s* piccolo podere (*m*).

crook [krʊk] *s* truffatore (*m*).

crooked [krʊkt] *agg* curvo, storto; (*fig*) disonesto.

crop [krɒp] *s* raccolto; coltura.

crop [krɒp] *v tr* coltivare; (*capelli*) rapare.

▶ **crop up** presentarsi.

cross [krɒs] *s* croce (*f*); (*biol*) incrocio ◊ **on the cross** diagonalmente.

cross [krɒs] *v tr* attraversare; (*gambe, braccia*) incrociare; (*assegno*) sbarrare; ostacolare ◊ **to cross one's mind** venire in mente.

▶ **cross out** cancellare.

cross [krɒs] *agg* obliquo; (*persona*) di cattivo umore.

cross-examination ['krɒsɪg,zæmɪ'neɪʃn] *s* (*giur*) controinterrogatorio.

cross-eyed ['krɒsaɪd] *agg* strabico.

crossing ['krɒsɪŋ] *s* incrocio; attraversamento pedonale; traversata.

cross-purposes [,krɒs'pɜːpəsɪz] *s* ◊ **to be at cross-purposes** fraintendersi, non parlare della stessa cosa.

cross-roads ['krɒsrəʊdz] *s* incrocio; (*fig*) bivio.

crossways ['krɒsweɪz] *avv* di traverso.

crossword puzzle ['krɒswɜːd-,pʌzl] *s* cruciverba (*m*).

crouch [kraʊtʃ] *v intr* rannicchiarsi, accovacciarsi.

crow [krəʊ] *s* corvo, cornacchia; canto del gallo.

crow [krəʊ] *v intr* (*gallo*) cantare; (*bambino*) strillare di gioia; vantarsi.

crowd [kraʊd] *s* folla.

crowd [kraʊd] *v tr/intr* affollare, stipare, accalcarsi.

crowded ['kraʊdɪd] *agg* affollato ◊ **crowded with** stipato di.

crown [kraʊn] *s* corona; ghirlanda; (*collina*) cima; (*dente*) corona, capsula ◊ **crown jewels** gioielli della Corona.

crown [kraʊn] *v tr* incoronare; (*fig*) coronare; (*dente*) incapsulare.

crucial

crucial ['kru:ʃl] *agg* cruciale; decisivo.

crucifix ['kru:sɪfɪks] *s* crocifisso.

crucifixion [,kru:sɪ'fɪkʃn] *s* crocifissione (*f*).

crucify ['kru:sɪfaɪ] *v tr* crocifiggere; (*fig*) mettere in croce.

crude [kru:d] *agg* grezzo; rozzo, grossolano ◊ **crude (oil)** petrolio greggio.

cruel [kruəl] *agg* crudele.

cruelty ['kruəltɪ] *s* crudeltà.

cruise [kru:z] *s* crociera.

cruise [kru:z] *v intr* fare una crociera; andare a velocità di crociera.

cruiser ['kru:zə*] *s* (*mar*) incrociatore (*m*); cabinato

crumb [krʌm] *s* briciola.

crumble ['krʌmbl] *v tr/intr* sbriciolare, sbriciolarsi; sgretolarsi; (*fig*) crollare.

crumbly ['krʌmblɪ] *agg* friabile.

crumpet ['krʌmpɪt] *s* frittella, focaccina da tè.

crumple ['krʌmpl] *v tr/intr* spiegazzare, spiegazzarsi; accasciarsi.

crunch [krʌntʃ] *v tr* granocchiare; far scricchiolare.

crunchy ['krʌntʃɪ] *agg* croccante.

crush [krʌʃ] *s* ressa; cotta, infatuazione (*f*); (*bevanda*) spremuta

crush [krʌʃ] *v tr* schiacciare; sgualcire; (*fig*) annientare; (*limoni ecc.*) spremere.

crushing ['krʌʃɪŋ] *agg* schiacciante.

crust [krʌst] *s* crosta.

crutch [krʌtʃ] *s* gruccia.

crux [krʌks] *s* nodo, punto cruciale.

cry [kraɪ] *s* grido; pianto, lamento.

cry [kraɪ] *v intr* gridare; piangere.
► **cry off** tirarsi indietro;
► **cry out for** reclamare.

crying ['kraɪŋ] *agg* palese.

cryptic ['krɪptɪk] *agg* criptico.

crystal ['krɪstl] *s* cristallo.

crystal clear ['krɪstl,klɪə*] *agg* cristallino.

crystallize ['krɪstəlaɪz] *v intr* cristallizzarsi; (*idea*) chiarirsi, definirsi; (*cuc*) candire.

cub [kʌb] *s* cucciolo.

Cuban ['kju:bən] *agg*, *s* cubano.

cubbyhole ['kʌbɪhəʊl] *s* bugigattolo.

cube [kju:b] *s* cubo ◊ **ice cube** cubetto di ghiaccio; (*BrE*) **stock cube**, (*AmE*) **bouillon cube** dado da brodo.

cubic ['kju:bɪk] *agg* cubico ◊ **cubic metre** metro cubo.

cuckoo ['kʊku:] *s* cuculo ◊ **cuckoo clock** orologio a cucù.

cucumber ['kju:kʌmbə*] *s* cetriolo.

cuddle ['kʌdl] *v tr* abbracciare; coccolare.
► **cuddle up** raggomitolarsi, rannicchiarsi.

cudgel ['kʌdʒəl] *s* randello.

cue [kju:] *s* (*biliardo*) stecca; (*teatro*) battuta d'entrata; (*fig*) suggerimento.

cuff [kʌf] *s* (*camicia*) polsino; (*AmE*) risvolto (dei pantaloni) ◊ **to speak off the cuff** improvvisare.

cufflink ['kʌflɪŋk] *s* gemello (*di camicia*).

cuisine [kwɪ'zi:n] *s* cucina.

culinary ['kʌlɪnərɪ] *agg* culinario.

culminate ['kʌlmɪneɪt] *v intr* culminare.

culottes [kju:'lɒts] *s pl* gonna (*f sing*) pantalone.

culpable ['kʌlpəbl] *agg* colpevole; (*giur*) colposo.

culprit ['kʌlprɪt] *s* colpevole (*m/f*).

cult [kʌlt] *s* culto.

cultivate ['kʌltɪveɪt] *v tr* coltivare.

cultivation [ˌkʌltɪ'veɪʃn] *s* coltivazione (*f*).

cultural ['kʌltʃərəl] *agg* culturale.

culture ['kʌltʃə*] *s* cultura; coltura, coltivazione (*f*).

cultured ['kʌltʃəd] *agg* colto.

cumbersome ['kʌmbəsəm] *agg* ingombrante.

cumulative ['kju:mjʊlətɪv] *agg* cumulativo.

cunning ['kʌnɪŋ] *s* astuzia.

cunning ['kʌnɪŋ] *agg* astuto, furbo; (*AmE*) carino.

cup [kʌp] *s* tazza; (*sport*) coppa ◊ **it's not my cup of tea** non è il mio genere.

cupboard ['kʌbəd] *s* credenza; armadio.

cup-tie ['kʌptaɪ] *s* (*sport*) partita di coppa.

curable ['kjʊərəbl] *agg* curabile.

curate ['kjʊərət] *s* curato, cappellano.

curb [kɜːb] *v tr* tenere a freno.

curb [kɜːb] *s* freno; (*AmE*) bordo del marciapiede.

curdle ['kɜːdl] *v intr* cagliare, cagliarsi.

cure [kjʊə*] *v tr* guarire; (*cuc*) affumicare; salare.

cure [kjʊə*] *s* cura, rimedio.

curfew ['kɜːfju:] *s* coprifuoco.

curiosity [ˌkjʊərɪ'ɒsətɪ] *s* curiosità.

curious ['kjʊərɪəs] *agg* curioso.

curl [kɜːl] *s* riccio, ricciolo; (*fumo*) spirale (*f*).

curl [kɜːl] *v tr/intr* arricciare, arricciarsi; torcere, torcersi; sollevarsi in spire.

▶ **curl up** raggomitolarsi.

curler ['kɜːlə*] *s* bigodino.

curly ['kɜːlɪ] *agg* riccio.

currant ['kʌrənt] *s* ribes (*m*); uva passa.

currency ['kʌrənsɪ] *s* diffusione (*f*); (*comm*) moneta, valuta ◊ **foreign currency** valuta estera; **to gain currency** affermarsi, diffondersi.

current ['kʌrənt] *s* corrente.

current ['kʌrənt] *s* corrente.

currently ['kʌrəntlɪ] *avv* attualmente.

curricula [kə'rɪkjʊlə] *s pl di* **curriculum**.

curriculum (*pl* **-s**, **-la**) [kə'rɪkjʊləm, lə] *s* programma (*m*) (di studi).

curried ['kʌrɪd] *agg* (*cuc*) al curry.

curry powder ['kʌrɪˌpaʊdə*] *s* (*cuc*) curry (*m*).

curse [kɜːs] *v tr* maledire ◊ *v intr* imprecare, bestemmiare.

curse [kɜːs] *s* maledizione (*f*); imprecazione (*f*), bestemmia; calamità, sventura.

cursor ['kɜːsə*] *s* cursore (*m*).

cursory ['kɜːsərɪ] *agg* superficiale, frettoloso.

curt [kɜːt] *agg* secco, brusco.

curtail [kɜː'teɪl] *v tr* ridurre, limitare.

curtain ['kɜːtn] s tenda; (*teatro*) sipario; (*fig*) cortina.
curve [kɜːv] s curva.
curve [kɜːv] v tr/intr curvare, svoltare.
cushion ['kʊʃn] s cuscino.
custard ['kʌstəd] s crema pasticciera.
custodian [kʌ'stəʊdjən] s custode (*m/f*).
custody ['kʌstədɪ] s custodia; arresto, detenzione (*f*) preventiva.
custom ['kʌstəm] s consuetudine (*f*); (*comm*) clientela ◊ **customs** dogana; **customs officer** doganiere; **customs duty** dazio doganale.
customary ['kʌstəmərɪ] agg abituale.
customer ['kʌstəmə*] s cliente (*m/f*).
customized ['kʌstəmaɪzd] agg personalizzato.
cut [kʌt] s taglio; (*prezzi*) riduzione (*f*).
cut (*p, pp* **cut**) [kʌt] v tr/intr tagliare, tagliarsi ◊ **to cut to pieces** fare a pezzi; **to have one's hair cut** farsi tagliare i capelli; **to cut school** marinare la scuola; **to cut and run** darsela a gambe; **to cut it fine** farcela per un pelo; **to cut a tooth** mettere un dente; **to cut to the quick** pungere sul vivo.
▶ **cut down** (*alberi*) abbattere; (*spese*) ridurre.
▶ **cut in** interrompere, interloquire;
▶ **cut off** tagliare; (*fig*) isolare; (*telefonata*) interrompere.
cutback ['kʌtbæk] s riduzione (*f*).
cute [kjuːt] agg carino; scaltro.

cut-glass ['kʌt'glɑːs] agg di vetro intagliato; impeccabile; (*accento*) aristocratico.
cutlery ['kʌtlərɪ] s posate (*pl*).
cutlet ['kʌtlɪt] s cotoletta ◊ **nut cutlet** cotoletta vegetariana.
cutout ['kʌtaʊt] s (*elettr*) interruttore (*m*); (*cartone ecc.*) ritaglio.
cut-price ['kʌtpraɪs] agg a prezzo ridotto.
cut-rate ['kʌtreɪt] agg (*AmE*) a prezzo ridotto.
cutthroat ['kʌtθrəʊt] agg spietato.
cutting ['kʌtɪŋ] agg tagliente ◊ **to be at the cutting edge** essere all'avanguardia.
cutting ['kʌtɪŋ] s ritaglio; (*bot*) talea.
cuttlefish ['kʌtlfɪʃ] s seppia.
cyclamen ['sɪkləmən] s ciclamino.
cycle ['saɪkl] s ciclo; bicicletta ◊ **cycle lane, path, track** pista ciclabile.
cycle ['saɪkl] v intr andare in bicicletta.
cycling ['saɪklɪŋ] s ciclismo.
cyclist ['saɪklɪst] s ciclista (*m/f*).
cyclone ['saɪkləʊn] s ciclone (*m*).
cylinder ['sɪlɪndə*] s cilindro; bombola (di gas).
Cymric ['kɪmrɪk] agg gallese.
cynic ['sɪnɪk] s cinico.
cynical ['sɪnɪkl] agg cinico.
cypress ['saɪprəs] s cipresso.
Cypriot ['sɪprɪət] agg, s cipriota (*m/f*).
cyst [sɪst] s cisti (*f*).
cystitis [sɪs'taɪtɪs] s cistite (*f*).
czar [zɑː*] s zar (*m*).
Czech [tʃek] agg, s ceco.

D

D [di:] *s* (*mus*) re (*m*).

dabble ['dæbl] *v intr* (*in, at*) occuparsi a tempo perso, da dilettante di.

dad [dæd] *s* papà (*m*).

daily ['deɪlɪ] *agg* quotidiano.

dairy ['deərɪ] *s* latteria; caseificio ◊ **dairy products** latticini.

daisy ['deɪzɪ] *s* margherita.

dally ['dælɪ] *v intr* perder tempo.

dam [dæm] *s* diga.

damage ['dæmɪdʒ] *s* danno.

damp [dæmp] *agg* umido.

dampness ['dæmpnɪs] *s* umidità, umido.

dance [dɑːns] *v intr* ballare.

dancing ['dɑːnsɪŋ] *s* ballo.

dandruff ['dændrʌf] *s* forfora.

Dane [deɪn] *s* danese (*m/f*) ◊ **Great Dane** alano.

danger ['deɪndʒə*] *s* pericolo ◊ **out of danger** fuori pericolo.

dangerous ['deɪndʒərəs] *agg* pericoloso.

dangle ['dæŋgl] *v tr/intr* (far) dondolare.

Danish ['deɪnɪʃ] *agg* danese ◊ *s* (*lingua*) danese (*m*).

dare [deə*] *v intr* osare ◊ *v tr* sfidare.

dark [dɑːk] *agg* buio, scuro; (*fig*) oscuro.

dark [dɑːk] *s* oscurità, buio.

darken ['dɑːkən] *v tr* scurire ◊ *v intr* oscurarsi.

darling ['dɑːlɪŋ] *agg* caro.

darling ['dɑːlɪŋ] *s* tesoro, caro; prediletto.

darn [dɑːn] *v tr* rammendare.

dart [dɑːt] *s* freccetta.

dart [dɑːt] *v intr* lanciarsi, scattare.

dartboard ['dɑːtbɔːd] *s* bersaglio (per freccette).

darts [dɑːts] *s* tiro al bersaglio (con freccette).

dash [dæʃ] *v intr* precipitarsi ◊ *v tr* scagliare; mandare in frantumi.

dashboard ['dæʃbɔːd] *s* (*aut*) cruscotto.

data ['deɪtə, 'dɑːtə] *s pl* dati ◊ **data processing** elaborazione (elettronica) dei dati; **data transmission** telematica.

date [deɪt] *s* data; appuntamento; (*AmE*) persona con cui si ha un appuntamento; (*frutto*) dattero ◊ **due date** data di scadenza.

dateline ['deɪtlaɪn] *s* linea del cambiamento di data.

daughter ['dɔːtə*] *s* figlia.

daughter-in-law ['dɔːtərɪnlɔː] *s* nuora.

dawdle ['dɔːdl] *v intr* bighellonare.

dawn [dɔːn] *s* alba.

dawn [dɔːn] *v intr* albeggiare ◊ **it dawned on him that** gli venne in mente che.

day [deɪ] *s* giorno ◊ **the day before yesterday** l'altroieri; **the day after tomorrow** dopodomani; **by day** di giorno; **day after day, day in day out** giorno dopo giorno; (*BrE*) **day return** biglietto giornaliero di andata e ritorno.

daybreak ['deɪbreɪk] *s* alba.

daydream ['deɪdriːm] *s* sogno a occhi aperti.

daylight-saving time [ˌdeɪlaɪt'seɪvɪŋˌtaɪm] *s* ora legale.

daytime ['deɪtaɪm] s giorno.

daze [deɪz] v tr stordire.

dazzle ['dæzl] v tr abbagliare.

dead [ded] agg morto; (batteria) scarico.

dead [ded] avv completamente, perfettamente ◊ **dead on time** in perfetto orario; **dead tired** stanco morto; **to stop dead** fermarsi di colpo.

deaden ['dedn] v tr attutire.

dead end [,ded'end] s vicolo cieco.

dead heat [,ded'hi:t] s (sport) risultato pari.

deadline ['dedlaɪn] s scadenza ◊ **to meet one's deadline** rispettare la scadenza.

deadlock [dedlɒk] s punto morto.

deadly ['dedlɪ] agg mortale, micidiale.

deaf [def] agg sordo.

deaf-aid ['defeɪd] s apparecchio acustico.

deafen ['defn] v tr assordare.

deaf-mute [,def'mju:t] s sordomuto.

deal (p, pp **dealt**) [di:l, delt] v tr (carte) distribuire; (colpo) dare ◊ v intr trattare, occuparsi di.

deal [di:l] s affare (m), accordo ◊ **a great, a good deal** molto, un bel po'.

dealer [di:lə*] s commerciante (m/f).

dealings ['di:lɪŋz] s pl relazioni (f), rapporti.

dealt [delt] p, pp di **deal**.

dean [di:n] s (relig) decano; (scuola) preside (m) di facoltà.

dear [dɪə*] agg caro ◊ **dear me!** oddio!

dearth [dɜ:θ] s scarsità.

death [deθ] s morte (f) ◊ **death penalty** pena di morte; **death rate** indice di mortalità.

debacle [deɪˈbɑːkl] s fallimento.

debatable [dɪˈbeɪtəbl] agg discutibile.

debate [dɪˈbeɪt] v tr/intr dibattere, discutere.

debauchery [dɪˈbɔːtʃərɪ] s dissolutezza.

debit ['debɪt] s debito.

debit ['debɪt] v tr addebitare.

debris ['deɪbriː] s detriti (pl).

debt [det] s debito.

debtor ['detə*] s debitore (m).

decade ['dekeɪd] s decennio.

decadence ['dekədəns] s decadenza.

decaffeinated [,diːˈkæfɪneɪtɪd] agg decaffeinato.

decanter [dɪˈkæntə*] s caraffa.

decay [dɪˈkeɪ] s rovina, declino; (denti) carie (f).

deceased [dɪˈsiːst] agg, s defunto.

deceit [dɪˈsiːt] s inganno.

deceitful [dɪˈsiːtful] agg ingannevole, disonesto.

deceive [dɪˈsiːv] v tr ingannare.

December [dɪˈsembə*] s dicembre (m).

decent ['diːsnt] agg decente; per bene, rispettabile; gentile.

decentralize [,diːˈsentrəlaɪz] v tr decentrare.

deception [dɪˈsepʃn] s inganno.

deceptive [dɪˈseptɪv] agg ingannevole.

decide [dɪˈsaɪd] v tr/intr decidere, decidersi.

deci- ['desɪ] *prefisso* deci-.

decigram(me) ['desɪgræm] *s* decigrammo.

deciliter ['desɪ,li:tə*] *s* (*AmE*) decilitro.

decilitre ['desɪ,li:tə*] *s* decilitro.

decimal ['desɪml] *agg*, *s* decimale (*m*) ◊ **decimal point** virgola.

decimate ['desɪmeɪt] *v tr* decimare.

decimeter ['desɪ,mi:tə*] *s* (*AmE*) decimetro.

decimetre ['desɪ,mi:tə*] *s* decimetro.

decipher [dɪ'saɪfə*] *v tr* decifrare.

decision [dɪ'sɪʒn] *s* decisione (*f*).

decisive [dɪ'saɪsɪv] *agg* decisivo; (*modi*) deciso.

deck [dek] *s* (*mar*) ponte (*m*); (*bus*) piano; (*carte*) mazzo; (*giradischi*) piatto ◊ **top deck** imperiale (*di bus*).

deck-chair ['dektʃeə*] *s* sedia a sdraio.

declaration [,deklə'reɪʃn] *s* dichiarazione (*f*).

decline [dɪ'klaɪn] *s* declino.

decode [,di:'kəʊd] *v tr* decodificare, decifrare.

decoder [di:'kəʊdə*] *s* decodificatore (*m*).

decompose [,di:kəm'pəʊz] *v tr/intr* decomporre, decomporsi.

decorate ['di:kəreɪt] *v tr* decorare; tappezzare; tinteggiare.

decrease [di:'kri:s] *v tr/intr* diminuire.

decree [dɪ'kri:] *s* decreto.

dedicate ['dedɪkeɪt] *v tr* dedicare.

deduce [dɪ'dju:s] *v tr* dedurre.

deduction [dɪ'dʌkʃn] *s* deduzione (*f*).

deep [di:p] *agg* profondo ◊ **in deep water** in cattive acque.

deepen ['di:pən] *v tr/intr* approfondire, approfondirsi.

deep-freeze [,di:p'fri:z] *s* congelatore (*m*).

deep-rooted [,di:p'ru:tɪd] *agg* radicato.

deer [dɪə*] *s inv* cervo; daino ◊ **deer skin** pelle di daino.

deface [dɪ'feɪs] *v tr* imbrattare.

defamatory [dɪ'fæmətərɪ] *agg* diffamatorio.

defeat [dɪ'fi:t] *s* sconfitta.

defeat [dɪ'fi:t] *v tr* sconfiggere.

defect ['di:fekt] *s* difetto.

defection [dɪ'fekʃn] *s* defezione (*f*).

defective [dɪ'fektɪv] *agg* difettoso.

defence [dɪ'fens] *s* difesa.

defend [dɪ'fend] *v tr* difendere.

defendant [dɪ'fendənt] *s* imputato.

defender [dɪ'fendə*] *s* difensore (*m*).

defense [dɪ'fens] *s* (*AmE*) difesa.

defer [dɪ'fɜ:*] *v tr* differire, rinviare.

deference ['defərəns] *s* riguardo.

defiance [dɪ'faɪəns] *s* sfida.

defiant [dɪ'faɪənt] *agg* di sfida, insolente.

deficiency [dɪ'fɪʃnsɪ] *s* deficienza, carenza.

deficient [dɪ'fɪʃnt] *agg* carente, insufficiente.

deficit ['defɪsɪt] *s* disavanzo, deficit (*m*).

defile [dɪ'faɪl] *v tr* contaminare; profanare.

define [dɪ'faɪn] *v tr* definire.

definite

definite ['defɪnɪt] *agg* definito, preciso; *(gramm)* determinativo.

definition [ˌdefɪ'nɪʃn] *s* definizione *(f)*.

deflate [dɪ'fleɪt] *v tr* sgonfiare.

deflation [dɪ'fleɪʃn] *s* *(econ)* deflazione *(f)*.

deflect [dɪ'flekt] *v tr/intr* deviare, far deviare; *(fig)* sviare.

deform [dɪ'fɔːm] *v tr* deformare.

deformity [dɪ'fɔːmətɪ] *s* deformità.

defraud [dɪ'frɔːd] *v tr* defraudare.

defrost [ˌdiː'frɒst] *v, tr* sgelare, scongelare; *(frigorifero)* sbrinare.

deft [deft] *agg* abile.

defy [dɪ'faɪ] *v tr* sfidare.

degenerate [dɪ'dʒenəreɪt] *v intr* degenerare.

degrade [dɪ'greɪd] *v tr* degradare, umiliare.

degree [dɪ'griː] *s* grado; *(scuola)* laurea.

dehydrate [ˌdiː'haɪdreɪt] *v tr/intr* disidratare, disidratarsi ◊ **dehydrated eggs, milk** uova, latte in polvere.

dejected [dɪ'dʒektɪd] *agg* avvilito, abbattuto.

delay [dɪ'leɪ] *v tr* ritardare, rinviare ◊ **to be delayed** subire un ritardo.

delay [dɪ'leɪ] *s* ritardo, rinvio ◊ **without delay** senza indugio.

delegate ['delɪgət] *s* delegato.

delete [dɪ'liːt] *v tr* cancellare.

deliberate [dɪ'lɪbərət] *agg* intenzionale; ponderato, misurato.

delicacy ['delɪkəsɪ] *s* delicatezza; *(cuc)* squisitezza, leccornia.

delicatessen [ˌdelɪkə'tesn] *s* negozio di gastronomia.

delicious [dɪ'lɪʃəs] *agg* delizioso, squisito.

delight [dɪ'laɪt] *s* gioia.

delight [dɪ'laɪt] *v tr* deliziare ◊ *v intr* dilettarsi.

delighted [dɪ'laɪtɪd] *agg* felice.

delightful [dɪ'laɪtful] *agg* incantevole.

delimit [diː'lɪmɪt] *v tr* delimitare.

delinquency [dɪ'lɪŋkwənsɪ] *s* delinquenza.

delinquent [dɪ'lɪŋkwənt] *agg, s* delinquente *(m/f)*.

deliver [dɪ'lɪvə*] *v tr* *(posta ecc.)* consegnare, recapitare; *(discorso)* pronunciare; *(med)* far partorire.

delivery [dɪ'lɪvərɪ] *s* consegna, distribuzione *(f)*; *(med)* parto.

delude [dɪ'luːd] *v tr* illudere.

deluge ['deljuːdʒ] *s* diluvio.

delusion [dɪ'luːʒn] *s* illusione *(f)*.

demand [dɪ'mɑːnd] *s* domanda, richiesta ◊ **in demand** richiesto.

demand [dɪ'mɑːnd] *v tr* richiedere, esigere.

demanding [dɪ'mɑːndɪŋ] *agg* esigente, impegnativo.

demerit [ˌdiː'merɪt] *s* difetto.

demijohn ['demɪdʒɒn] *s* damigiana.

democracy [dɪ'mɒkrəsɪ] *s* democrazia.

democrat ['deməkræt] *s* democratico.

democratic [ˌdemə'krætɪk] *agg* democratico.

demolish [dɪ'mɒlɪʃ] *v tr* demolire.

demonstrate ['demənstreɪt] *v tr* dimostrare, provare ◊ *v intr* *(polit)* partecipare a una manifestazione.

demonstration [ˌdemən'streɪʃn] *s*

dimostrazione (f); (polit) manifestazione (f).

demonstrative [dɪˈmɒnstrətɪv] agg espansivo; (gramm) dimostrativo.

demonstrator [ˈdemənstreɪtə*] s (polit) dimostrante (m/f); (comm) dimostratore (m).

demoralize [dɪˈmɒrəlaɪz] v tr demoralizzare.

demotivate [diːˈməʊtəveɪt] v tr demotivare.

demystify [ˌdiːˈmɪstəfaɪ] v tr demistificare, chiarire.

den [den] s tana, covo.

denial [dɪˈnaɪəl] s rifiuto.

denigrate [ˈdenɪgreɪt] v tr denigrare.

denims [ˈdenɪmz] s pl blue jeans (m).

denote [dɪˈnəʊt] v tr denotare.

denounce [dɪˈnaʊns] v tr denunciare.

density [ˈdensətɪ] s densità.

dent [dent] v tr ammaccare.

dental [ˈdentl] agg dentale ◊ **dental surgeon** dentista; **dental plate** dentiera.

dentist [ˈdentɪst] s dentista (m/f).

dentures [ˈdentʃəz] s pl dentiera (sing).

deny [dɪˈnaɪ] v tr negare.

deodorant [diːˈəʊdərənt] s deodorante (m).

depart [dɪˈpɑːt] v intr partire.

department [dɪˈpɑːtmənt] s (comm) reparto; (scuola) dipartimento; (polit) ministero.

department store [dɪˈpɑːtmənstɔː*] s grande magazzino.

departure [dɪˈpɑːtʃə*] s partenza; (fig) allontanamento ◊ **departure lounge** sala d'attesa.

depend [dɪˈpend] v intr (on) dipendere da, contare su ◊ **depending on** a seconda di.

dependence [dɪˈpendəns] s dipendenza.

dependent [dɪˈpendənt] s persona a carico ◊ agg dipendente.

depict [dɪˈpɪkt] v tr dipingere; descrivere.

depilatory [dɪˈpɪlətərɪ] agg, s depilatorio.

deplorable [dɪˈplɔːrəbl] agg deplorabile.

depopulate [ˌdiːˈpɒpjuleɪt] v tr spopolare.

deposit [dɪˈpɒzɪt] s deposito; acconto; cauzione (f) ◊ **deposit account** conto vincolato.

deposition [ˌdepəˈzɪʃn] s deposizione.

depositor [dɪˈpɒzɪtə*] s depositante (m/f).

depravation [ˌdeprəˈveɪʃn] s depravazione (f).

depreciate [dɪˈpriːʃɪeɪt] v intr svalutarsi.

depress [dɪˈpres] v tr deprimere, scoraggiare; (prezzi) abbassare; (pulsante) premere.

depressing [dɪˈpresɪŋ] agg deprimente.

depression [dɪˈpreʃn] s depressione (f).

deprive [dɪˈpraɪv] v tr privare.

depth [depθ] s profondità.

deputation [ˌdepjuˈteɪʃn] s delegazione (f).

deputize ['depjʊtaɪz] v intr fare le veci (di).

deputy ['depjʊtɪ] s vice (m/f); (polit) deputato.

derailment [dɪ'reɪlmənt] s deragliamento.

deranged [dɪ'reɪndʒd] agg pazzo.

derelict ['derɪlɪkt] agg abbandonato.

derisory [dɪ'raɪsərɪ] agg beffardo; (somma) irrisorio.

derive [dɪ'raɪv] v tr/intr derivare; trarre.

derogatory [dɪ'rɒgətərɪ] agg denigratorio, sprezzante.

descend [dɪ'send] v tr/intr discendere, scendere.

descendant [dɪ'sendənt] s discendente (m/f).

descent [dɪ'sent] s discesa; origine, famiglia.

describe [dɪ'skraɪb] v tr descrivere.

description [dɪ'skrɪpʃn] s descrizione (f); tipo, genere.

desecrate ['desɪkreɪt] v tr profanare.

desert ['dezət] s deserto.

desert [dɪ'zɜːt] v tr abbandonare, lasciare.

deserve [dɪ'zɜːv] v tr meritare.

deserving [dɪ'zɜːvɪŋ] agg meritevole, degno.

design [dɪ'zaɪn] s progetto; intenzione (f); linea, modello.

design [dɪ'zaɪn] v tr disegnare, progettare.

designer [dɪ'zaɪnə*] s disegnatore (m), progettista (m/f); grafico; (moda) stilista (m/f), modellista (m/f).

desire [dɪ'zaɪə*] v tr desiderare.

desire [dɪ'zaɪə*] s desiderio, voglia.

desk [desk] s scrivania; banco; (negozio) cassa.

desktop ['desktɒp] s piano della scrivania ◊ **desktop computer** personal computer; **desktop publishing** videoimpaginazione.

desolate ['desəleɪt] agg desolato.

despair [dɪ'speə*] s disperazione (f) ◊ **in despair** disperato.

despatch [dɪ'spætʃ] v tr v. **dispatch**.

desperate ['despərət] agg disperato.

despicable ['despɪkəbl] agg spregevole.

despise [dɪ'spaɪz] v tr disprezzare.

despite [dɪ'spaɪt] prep nonostante ◊ **despite of** a dispetto di.

dessert [dɪ'zɜːt] s dessert (m).

destination [ˌdestɪ'neɪʃn] s destinazione (f).

destiny ['destɪnɪ] s destino.

destitute ['destɪtjuːt] agg bisognoso, indigente.

destroy [dɪ'strɔɪ] v tr distruggere.

destruction [dɪ'strʌkʃn] s distruzione (f).

destructive [dɪ'strʌktɪv] agg distruttivo.

detach [dɪ'tætʃ] v tr staccare, distaccare.

detachable [dɪ'tætʃəbl] agg staccabile.

detached [dɪ'tætʃt] agg distaccato ◊ **detached house** villetta unifamiliare.

detail ['diːteɪl] s dettaglio.

detect [dɪ'tekt] v tr scoprire, individuare.

detection [dɪ'tekʃn] s scoperta, individuazione (f).

detector [dɪ'tektə*] s rivelatore (m).

deter [dɪ'tɜ:*] v tr dissuadere.

detergent [dɪ'tɜ:dʒənt] s detersivo.

deteriorate [dɪ'tɪərɪəreɪt] v intr deteriorarsi.

determined [dɪ'tɜ:mɪnd] agg deciso.

detest [dɪ'test] v tr detestare.

detour ['di:tuə*] s deviazione (f).

detractor [dɪ'træktə*] s detrattore (m).

detrimental [,detrɪ'mentl] agg dannoso.

devaluation [,di:vælju'eɪʃn] s svalutazione (f).

devalue [,di:'vælju:] v tr (econ) svalutare.

devastate ['devəsteɪt] v tr devastare.

devastating ['devəsteɪtɪŋ] agg devastante; sconvolgente.

develop [dɪ'veləp] v tr/intr sviluppare, svilupparsi ◊ **developing country** paese in via di sviluppo.

development [dɪ'veləpmənt] s sviluppo.

deviate ['di:vɪeɪt] v intr deviare.

deviation [,di:vɪ'eɪʃn] s deviazione (f).

device [dɪ'vaɪs] s congegno.

devil ['devl] s diavolo.

devise [dɪ'vaɪz] v tr escogitare.

devoid [dɪ'vɔɪd] agg privo.

devolution [,di:və'lu:ʃən] s decentramento (amministrativo).

devote [dɪ'vəʊt] v tr dedicare.

devotee ['devəʊti:] s appassionato.

devotion [dɪ'vəʊʃn] s dedizione (f); (relig) preghiera.

devour [dɪ'vaʊə*] v tr divorare.

dew [dju:] s rugiada.

diabetes [,daɪə'bi:ti:z] s diabete (m).

diabetic [,daɪə'betɪk] agg, s diabetico.

diagnosis (pl **-ses**) [,daɪəg'nəʊsɪs, si:z] s diagnosi (f).

dial ['daɪəl] s (orologio) quadrante (m); (telefono) disco combinatore.

dial ['daɪəl] v tr comporre, fare (un numero al telefono) ◊ **dialling code** prefisso telefonico; **dial, dialling tone** segnale di linea libera.

dialect ['daɪəlekt] s dialetto.

dialog ['daɪəlɒg] s (AmE) dialogo.

dialogue ['daɪəlɒg] s dialogo.

dialysis (pl **-ses**) [daɪ'ælɪsɪs, si:z] s dialisi (f).

diamond ['daɪəmənd] s diamante (m).

diamonds ['daɪəməndz] s pl (carte) quadri.

diaper ['daɪəpə*] s (AmE) pannolino.

diaphragm ['daɪəfræm] s diaframma (m).

diarrhea [,daɪə'rɪə] s (AmE) diarrea.

diarrhoea [,daɪə'rɪə] s diarrea.

diary ['daɪərɪ] s diario; agenda.

dice [daɪs] s inv dado (da gioco).

dictate [dɪk'teɪt] v tr dettare.

dictator [dɪk'teɪtə*] s dittatore (m).

dictatorship [dɪk'teɪtəʃɪp] s dittatura.

dictionary ['dɪkʃənrɪ] s dizionario.

did [dɪd] *p di* **do**.

didn't ['dɪdnt] *contrazione di* **did not**.

die (*participio presente* **dying**) [daɪ, 'daɪɪŋ] *v intr* morire.

▶ **die out** estinguersi.

diesel ['diːzl] *s* veicolo con motore diesel.

diet ['daɪət] *s* alimentazione (*f*); dieta.

differ ['dɪfə*] *v intr* differire.

difference ['dɪfrəns] *s* differenza.

different ['dɪfrənt] *agg* diverso.

differentiate [,dɪfə'renʃɪeɪt] *v intr* distinguere.

difficult ['dɪfɪkəlt] *agg* difficile.

difficulty ['dɪfɪkəltɪ] *s* difficoltà.

diffident ['dɪfɪdənt] *agg* insicuro.

diffuse [dɪ'fjuːs] *v tr* diffondere.

dig (*p, pp* **dug**) [dɪg, dʌg] *v tr* scavare.

digest [dɪ'dʒest] *v tr* digerire.

digest ['daɪdʒest] *s* sommario.

digestible [dɪ'dʒestəbl] *agg* digeribile.

digestive [dɪ'dʒestɪv] *agg* digestivo; digerente.

dignified ['dɪgnɪfaɪd] *agg* dignitoso.

dignity ['dɪgnətɪ] *s* dignità.

digress [daɪ'gres] *v intr* divagare.

digs [dɪgz] *s pl* (*BrE*) camera (*sing*) ammobiliata.

dike [daɪk] *s* diga.

dilapidated [dɪ'læpɪdeɪtɪd] *agg* cadente.

dilate [daɪ'leɪt] *v tr/intr* dilatare, dilatarsi.

diligent ['dɪlɪdʒənt] *agg* diligente.

dilute [daɪ'ljuːt] *v tr* diluire.

dim [dɪm] *agg* (*luce*) fioco; (*forma*) indistinto; poco illuminato.

dim [dɪm] *v tr/intr* offuscare, offuscarsi; (*luce*) abbassare.

dime [daɪm] *s* moneta da 10 centesimi di dollaro.

dimension [dɪ'menʃn] *s* dimensione (*f*).

diminish [dɪ'mɪnɪʃ] *v tr/intr* diminuire.

din [dɪn] *s* chiasso, fracasso.

dine [daɪn] *v intr* pranzare.

diner [daɪnə*] *s* cliente (*m/f*); (*AmE*) tavola calda.

dinghy ['dɪŋgɪ] *s* barchetta ◊ **rubber dinghy** gommone.

dingy ['dɪndʒɪ] *agg* sporco; squallido.

dining car ['daɪnɪŋkɑː*] *s* vagone (*m*) ristorante.

dining room ['daɪnɪŋrʊm] *s* sala da pranzo.

dinner ['dɪnə*] *s* pranzo; cena.

dinner jacket ['dɪnə,dʒækɪt] *s* smoking (*m*).

dip [dɪp] *v tr* immergere, intingere; (*BrE*) (*fari*) abbassare.

dip [dɪp] *s* nuotata; (*econ*) calo; (*cuc*) salsa.

diplomacy [dɪ'pləʊməsɪ] *s* diplomazia.

diplomat ['dɪpləmæt] *s* diplomatico.

diplomatic [,dɪplə'mætɪk] *agg* diplomatico.

direct [dɪ'rekt] *v tr* dirigere; indicare la strada.

direct [dɪ'rekt] *agg* diretto; schietto.

direction [dɪ'rekʃn] *s* direzione (*f*)

◊ *pl* indicazioni (*f*) ◊ **sense of direction** senso dell'orientamento; **directions for use** istruzioni per l'uso.

director [dɪ'rektə*] *s* direttore (*m*); (*cine, teatro*) regista (*m/f*); amministratore (*m*).

directory [daɪ'rektərɪ] *s* elenco, guida.

dirt [dɜːt] *s* sporcizia; terra.

dirt-cheap [,dɜːt'tʃiːp] *agg, avv* a un prezzo stracciato.

dirty ['dɜːtɪ] *agg* sporco.

disability [,dɪsə'bɪlətɪ] *s* invalidità.

disabled [dɪs'eɪbld] *agg* invalido; disabile.

disadvantage [,dɪsəd'vɑːntɪdʒ] *s* svantaggio.

disadvantageous [,dɪsædvɑːn'teɪdʒəs] *agg* svantaggioso.

disagree [,dɪsə'griː] *v intr* discordare.

disagreeable [,dɪsə'grɪəbl] *agg* sgradevole, antipatico.

disagreement [,dɪsə'griːmənt] *s* disaccordo, dissenso.

disappear [,dɪsə'pɪə*] *v intr* scomparire.

disappearance [,dɪsə'pɪərəns] *s* scomparsa.

disappoint [,dɪsə'pɔɪnt] *v tr* deludere.

disappointment [,dɪsə'pɔɪntmənt] *s* delusione (*f*).

disapproval [,dɪsə'pruːvl] *s* disapprovazione (*f*).

disaster [dɪ'zɑːstə*] *s* disastro.

disbelief [,dɪsbɪ'liːf] *s* incredulità.

disc [dɪsk] *s* disco.

discern [dɪ'sɜːn] *v tr* discernere, distinguere.

discharge [dɪs'tʃɑːdʒ] *v tr* scaricare; (*paziente*) dimettere; (*soldato*) congedare; (*impiegato*) licenziare; (*prigioniero*) scarcerare.

discharge [dɪs'tʃɑːdʒ] *s* (*elettr*) scarica; dimissione (*f*); licenziamento; congedo; scarcerazione (*f*).

discipline ['dɪsɪplɪn] *s* disciplina.

disclose [dɪs'kləʊz] *v tr* rivelare, svelare.

disclosure [dɪs'kləʊʒə*] *s* rivelazione (*f*); scoperta.

disco ['dɪskəʊ] *s* discoteca.

discomfort [dɪs'kʌmfət] *s* disagio, scomodità.

disconcert [,dɪskən'sɜːt] *v tr* sconcertare.

disconnect [,dɪskə'nekt] *v tr* scollegare; staccare.

discontented [,dɪskən'tentɪd] *agg* scontento.

discontinue [,dɪskən'tɪnjuː] *v tr* interrompere.

discord ['dɪskɔːd] *s* disaccordo.

discotheque ['dɪskətek] *s* discoteca.

discount ['dɪskaʊnt] *s* sconto ◊ **discount store** grande magazzino, discount.

discourage [dɪs'kʌrɪdʒ] *v tr* scoraggiare.

discover [dɪs'kʌvə*] *v tr* scoprire.

discovery [dɪs'kʌvərɪ] *s* scoperta.

discredit [dɪs'kredɪt] *v tr* mettere in dubbio; screditare.

discreet [dɪs'kriːt] *agg* discreto.

discrepancy [dɪs'krepənsɪ] *s* discrepanza.

discretion [dɪˈskreʃn] s discrezione (f).

discriminate [dɪˈskrɪmɪneɪt] v intr discriminare; distinguere.

discrimination [dɪˌskrɪmɪˈneɪʃn] s discriminazione (f).

discus [ˈdɪskəs] s (sport) disco.

discuss [dɪˈskʌs] v tr discutere; dibattere.

discussion [dɪˈskʌʃn] s discussione (f).

disdain [dɪsˈdeɪn] s sdegno, disprezzo.

disease [dɪˈziːz] s malattia.

disembark [ˌdɪsɪmˈbɑːk] v tr/intr sbarcare.

disenchanted [ˌdɪsɪnˈtʃɑːntɪd] agg disincantato.

disentangle [ˌdɪsɪnˈtæŋgl] v tr districare, sbrogliare.

disfigure [dɪsˈfɪgə*] v tr sfigurare.

disgrace [dɪsˈgreɪs] s disgrazia, vergogna.

disgrace [dɪsˈgreɪs] v tr disonorare, far cadere in disgrazia.

disgraceful [dɪsˈgreɪsfʊl] agg vergognoso, scandaloso.

disgruntled [dɪsˈgrʌntld] agg scontento.

disguise [dɪsˈgaɪz] s travestimento ◊ **in disguise** travestito.

disguise [dɪsˈgaɪz] v tr travestire.

disgust [dɪsˈgʌst] v tr disgustare.

disgusting [dɪsˈgʌstɪŋ] agg disgustoso.

dish [dɪʃ] s piatto; pietanza ◊ **dish rack** scolapiatti; **to do the dishes** lavare i piatti; **dish aerial, satellite dish** antenna parabolica.

dish [dɪʃ] v tr

▶ **dish out** servire; distribuire;
▶ **dish up** servire.

dishearten [dɪsˈhɑːtn] v tr scoraggiare.

disheveled [dɪˈʃevld] agg (AmE) arruffato, scarmigliato.

dishevelled [dɪˈʃevld] agg arruffato, scarmigliato.

dishonest [dɪsˈɒnɪst] agg disonesto.

dishonor [dɪsˈɒnə*] s (AmE) disonore (m).

dishonour [dɪsˈɒnə*] s disonore (m).

dishwasher [ˈdɪʃˌwɒʃə*] s lavastoviglie (f).

disillusion [ˌdɪsɪˈluːʒn] v tr disilludere, disingannare.

disinfectant [ˌdɪsɪnˈfektənt] s disinfettante (m).

disintegrate [dɪsˈɪntɪgreɪt] v tr/intr disintegrare, disintegrarsi.

disinterested [dɪsˈɪntrəstɪd] agg disinteressato.

disjointed [dɪsˈdʒɔɪntɪd] agg incoerente, sconnesso.

disk [dɪsk] s disco.

diskette [dɪsˈket] s dischetto, floppy disc (m).

dislike [dɪsˈlaɪk] v tr nutrire avversione, antipatia per ◊ **we dislike it** non ci piace.

dislike [dɪsˈlaɪk] s antipatia, avversione (f).

dislocate [ˈdɪsləʊkeɪt] v tr (med) slogare.

dislocation [ˌdɪsləʊkeɪʃn] s (med) slogatura, lussazione (f).

dislodge [dɪsˈlɒdʒ] v tr rimuovere.

disloyal [dɪsˈlɔɪəl] agg sleale.

dismal ['dısməl] *agg* triste, cupo.

dismantle [dıs'mæntl] *v tr* smontare, smantellare.

dismay [dıs'meı] *v tr* sgomentare.

dismay [dıs'meı] *s* sgomento.

dismiss [dıs'mıs] *v tr* licenziare; *(milit)* congedare; bandire; *(pensiero)* scacciare; *(giur)* respingere.

dismissal [dıs'mısl] *s* licenziamento; *(milit)* congedo.

dismount [,dıs'maunt] *v intr* scendere, smontare.

disobedience [,dısə'bi:djəns] *s* disubbidienza.

disobedient [,dısə'bi:djənt] *agg* disubbidiente.

disobey [,dısə'beı] *v tr* disubbidire a.

disorder [dıs'ɔ:də*] *s* disordine *(m)*; *(med)* disturbo.

disorganized [dıs'ɔ:gənaızd] *agg* disorganizzato.

disorientate [dıs'ɔ:rıenteıt] *v tr* disorientare.

disparage [dı'spærıdʒ] *v tr* denigrare.

disparity [dı'spærıtı] *s* disparità.

dispatch [dı'spætʃ] *v tr* spedire, inviare.

dispensary [dı'spensərı] *s* dispensario.

dispense [dı'spens] *v tr* distribuire; amministrare.

dispenser [dı'spensə*] *s* distributore *(m)* automatico; *(sapone)* dosatore *(m)*, dispenser *(m)*.

disperse [dı'spɜ:s] *v tr/intr* disperdere, disperdersi.

displace [dıs'pleıs] *v tr* spostare; sostituire.

display [dı'spleı] *s* mostra.

display [dı'spleı] *v tr* esporre, ostentare.

displease [dıs'pli:z] *v tr* scontentare, dispiacere a.

displeasure [dıs'pleʒə*] *s* malcontento.

disposable [dı'spəuzəbl] *agg* usa e getta, a perdere.

disposal [dı'spəuzl] *s* disposizione *(f)*; *(rifiuti)* eliminazione *(f)*, smaltimento.

dispose [dı'spəuz] *v tr* disporre.
▶ **dispose of** eliminare, liberarsi di.

disposed [dı'spəuzd] *agg* incline, disposto.

disposition [,dıspə'zıʃn] *s* inclinazione *(f)*, temperamento.

disproportionate [,dısprə'pɔ:ʃnət] *agg* sproporzionato.

disputable [dı'spju:təbl] *agg* discutibile.

dispute [dı'spju:t] *v tr* discutere, contestare.

dispute [dı'spju:t] *s* disputa ◊ **beyond dispute** incontestabilmente.

disqualify [dı'skwɒlıfaı] *v tr* *(sport)* squalificare; *(giur)* interdire.

disquiet [dıs'kwaıət] *s* inquietudine *(f)*.

disregard [,dısrı'gɑ:d] *v tr* non badare a, trascurare.

disreputable [dıs'repjutəbl] *agg* poco raccomandabile.

disrespect [,dısrı'spekt] *s* mancanza di rispetto.

disrupt [dıs'rʌpt] *v tr* disturbare.

disruption [dıs'rʌpʃn] *s* disturbo.

dissatisfaction [ˈdɪsˌsætɪsˈfækʃn] *s* insoddisfazione (*f*), malcontento.

dissatisfied [ˌdɪsˈsætɪsfaɪd] *agg* (*with*) insoddisfatto (di).

dissection [dɪˈsekʃn] *s* dissezione (*f*); (*fig*) analisi (*f*).

dissent [dɪˈsent] *s* dissenso.

dissimilar [ˌdɪˈsɪmɪlə*] *agg* (*to*) dissimile, diverso (da).

dissimulate [dɪˈsɪmjʊleɪt] *v tr/intr* dissimulare, fingere.

dissipated [ˈdɪsɪpeɪtɪd] *agg* dissoluto.

dissociate [dɪˈsəʊʃɪeɪt] *v tr* dissociare.

dissolve [dɪˈzɒlv] *v tr/intr* sciogliere, sciogliersi; dissolvere, dissolversi.

dissuade [dɪˈsweɪd] *v tr* dissuadere.

distance [ˈdɪstəns] *s* distanza ◊ **in the distance** in lontananza.

distant [ˈdɪstənt] *agg* distante, lontano; (*fig*) riservato.

distasteful [dɪsˈteɪstfʊl] *agg* ripugnante.

distinct [dɪˈstɪŋkt] *agg* distinto; chiaro, netto.

distinction [dɪsˈtɪŋkʃən] *s* distinzione.

distinguish [dɪˈstɪŋgwɪʃ] *v tr* distinguere.

distort [dɪˈstɔːt] *v tr* distorcere.

distract [dɪˈstrækt] *v tr* distrarre.

distress [dɪˈstres] *s* angoscia; miseria.

distribute [dɪˈstrɪbjuːt] *v tr* distribuire.

distributor [dɪˈstrɪbjʊtə*] *s* distributore (*m*).

district [ˈdɪstrɪkt] *s* distretto; circoscrizione (*f*); quartiere (*m*).

distrust [dɪsˈtrʌst] *s* diffidenza.

distrust [dɪsˈtrʌst] *v tr* non fidarsi di.

disturb [dɪˈstɜːb] *v tr* disturbare.

disturbance [dɪˈstɜːbəns] *s* disturbo; (*polit*) disordini (*pl*).

ditch [dɪtʃ] *s* fosso, fossato.

ditch [dɪtʃ] *v tr* piantare in asso.

divan [dɪˈvæn] *s* divano.

dive (*p AmE*) **dove**) [daɪv, dəʊv] *v intr* tuffarsi ◊ **diving board** trampolino.

dive [daɪv] *s* tuffo; (*mar*) immersione (*f*); (*aereo*) picchiata.

diverge [daɪˈvɜːdʒ] *v intr* divergere.

diversify [daɪˈvɜːsɪfaɪ] *v tr* diversificare.

diversion [daɪˈvɜːʃn] *s* (*traffico*) deviazione (*f*); divertimento.

divert [daɪˈvɜːt] *v tr* deviare; (*fig*) sviare.

divide [dɪˈvaɪd] *v tr/intr* dividere, dividersi.

divine [dɪˈvaɪn] *agg* divino.

diving [ˈdaɪvɪŋ] *s* tuffo.

division [dɪˈvɪʒn] *s* divisione (*f*); (*sport*) serie (*f*).

divorce [dɪˈvɔːs] *s* divorzio.

divorce [dɪˈvɔːs] *v tr* divorziare da.

divorcee [dɪˌvɔːˈsiː] *s* divorziato.

DIY [ˌdiːaɪˈwaɪ] *s* fai da te (*m*), bricolage (*m*).

dizziness [ˈdɪzɪnɪs] *s* vertigini (*f pl*), capogiro.

dizzy [ˈdɪzɪ] *agg* stordito ◊ **to feel dizzy** avere il capogiro.

do (*p* **did** *pp* **done**) [duː, dɪd, dʌn]

v ausiliare ◊ *v tr* fare ◊ *v intr* fare; andare; andare bene; bastare ◊ **do you like my new car?** ti piace la mia nuova auto?; **to do a favour** fare un favore; **to do one's best** fare del proprio meglio; **how are you doing?** come va?; **how do you do** piacere!; **you like it, don't you?** ti piace, vero?

▶ **do away with** abolire;

▶ **do up** abbottonare; avvolgere.

docile ['dəʊsaɪl] *agg* docile.

dock [dɒk] *s (mar)* bacino.

dockyard ['dɒkjɑ:d] *s* cantiere *(m)* navale.

doctor ['dɒktə*] *s* medico; *(titolo accademico)* dottore *(m)*.

doctrine ['dɒktrɪn] *s* dottrina.

document ['dɒkjʊmənt] *s* documento.

documentary [,dɒkjʊmentərɪ] *s* documentario.

documentation [,dɒkjʊmen'teɪʃn] *s* documentazione *(f)*.

doddering ['dɒdərɪŋ], **doddery** ['dɒdərɪ] *agg* tremante, barcollante.

dodge [dɒdʒ] *v tr* schivare.

dodgems ['dɒdʒəmz] *s pl* autoscontro *(sing)*.

does [dʌz] *3° persona sing indicativo presente di* do.

doesn't ['dʌznt] *contrazione di* does not.

dog [dɒg] *s* cane *(m)* ◊ **dog's life** vita da cani.

dog-eared ['dɒg,ɪəd] *agg (foglio ecc.)* con le orecchie.

dogged ['dʌgɪd] *agg* tenace.

doing ['du:ɪŋ] *s* opera ◊ *pl* attività *(f)*, imprese.

do-it-yourself [,du:ɪtjɔ:'self] *s* fai da te *(m)*, bricolage *(m)*.

dole [dəʊl] *s (BrE)* sussidio di disoccupazione ◊ **to be on the dole** vivere del sussidio.

doleful ['dəʊlfʊl] *agg* triste, malinconico.

doll [dɒl] *s* bambola.

dollar ['dɒlə*] *s* dollaro.

dolphin ['dɒlfɪn] *s* delfino.

dome [dəʊm] *s* cupola.

domestic [dəʊ'mestɪk] *agg* domestico; *(volo)* nazionale.

domesticate [dəʊ'mestɪkeɪt] *v tr* addomesticare.

dominate ['dɒmɪneɪt] *v tr/intr* dominare.

domineering [,dɒmɪ'nɪərɪŋ] *agg* dispotico, autoritario.

done [dʌn] *pp di* do.

donkey ['dʌŋkɪ] *s* asino.

donor ['dəʊnə*] *s* donatore *(m)*.

don't [dəʊnt] *contrazione di* do not.

doom [du:m] *s* destino (funesto).

doomed [du:md] *agg* destinato; infausto.

door [dɔ:*] *s* porta.

doorbell ['dɔ:bel] *s* campanello.

doorman *(pl* **-men)** ['dɔ:mən] *s* portiere *(m)*.

doormat ['dɔ:mæt] *s* zerbino.

doorway ['dɔ:weɪ] *s* soglia.

dope [dəʊp] *s* droga.

dormant ['dɔ:mənt] *agg* inattivo; *(fig)* latente.

dormitory ['dɔ:mɪtrɪ] *s* dormitorio.

dosage ['dəʊsɪdʒ] *s* posologia.

dot [dɒt] *s* punto, macchiolina ◊ **on the dot** in punto.

double

double ['dʌbl] *agg* doppio ◊ **double bed** letto matrimoniale.

double ['dʌbl] *avv* in due, doppio ◊ **to cost double** costare il doppio.

double ['dʌbl] *s* sosia (*m/f*); (*cine*) controfigura.

double ['dʌbl] *v tr/intr* piegare in due, raddoppiare.

double-breasted ['dʌbl'brestɪd] *agg* a doppio petto.

double-decker [,dʌbl'dekə*] *s* autobus (*m*) a due piani.

double-park [,dʌbl'pa:k] *v tr/intr* parcheggiare in doppia fila.

doubt [daut] *v tr/intr* dubitare (di).

doubt [daut] *s* dubbio.

doubtful ['dautfʊl] *agg* dubbioso, incerto.

doubtless ['dautlɪs] *avv* indubbiamente.

doughnut ['dəunʌt] *s* krapfen (*m*), ciambella.

dove [dəuv] (*AmE*) *p di* **dive**.

dove [dʌv] *s* colomba.

down [daun] *avv* giù, di sotto, in basso ◊ **down here, there** quaggiù, laggiù; **down with...!** abbasso...!

down [daun] *prep* giù per, lungo.

down [daun] *agg* giù (di morale); (*comm*) in contanti ◊ **down payment** acconto.

down [daun] *s* piumino; peluria; rovescio di fortuna.

downcast ['daunka:st] *agg* abbattuto.

downfall ['daunfɔ:l] *s* caduta, rovina.

downhearted [,daun'ha:tɪd] *agg* depresso.

downhill [,daun'hɪl] *agg*, *avv* in discesa.

downpour ['daunpɔ:*] *s* acquazzone (*m*).

downsize [,daun'saɪz] *v intr* ridurre il personale.

downstairs [,daun'steəz] *avv* di sotto, al piano inferiore.

down-to-earth [,dauntə'ɜ:θ] *agg* pratico, realistico.

downtown *avv* in centro.

downward ['daunwəd] *agg* discendente; verso il basso.

downward(s) ['daunwəd(z)] *avv* in giù, verso il basso.

doze [dəuz] *v intr* sonnecchiare.

dozen ['dʌzn] *s* dozzina.

drab [dræb] *agg* scialbo, grigio.

draft [dra:ft] *s* abbozzo, bozza; (*comm*) tratta; (*AmE*) (*milit*) leva.

draft [dra:ft] *s* (*AmE*) v. **draught**.

draft [dra:ft] *v tr* abbozzare; (*AmE*) arruolare.

draftsman (*pl* -**men**) ['dra:ftsmæn] *s* disegnatore (*m*); grafico.

drag [dræg] *v tr/intr* trascinare, trascinarsi.

drag [dræg] *s* noia, barba.

dragon ['drægən] *s* drago.

dragonfly ['drægənflaɪ] *s* libellula.

drain [dreɪn] *v tr* drenare; (*verdure ecc.*) scolare ◊ *v intr* defluire.

drain [dreɪn] *s* canale (*m*) di scolo, fogna.

drainage ['dreɪnɪdʒ] *s* prosciugamento; fognatura.

draining board ['dreɪnɪŋbɔ:d] *s* scolapiatti (*m*).

dramatist ['dræmətɪst] *s* drammaturgo.

drank [dræŋk] *p di* **drink**.

drapery ['dreɪpərɪ] *s* tessuti (*pl*); tendaggi (*pl*).

drapes [dreɪps] *s pl* (*AmE*) tende.

drastic [dræstɪk] *agg* drastico.

draught [drɑːft] *s* corrente (*f*) d'aria; (*mar*) pescaggio ◊ **draught beer** birra alla spina.

draughtsman (*pl* -men) ['drɑːftsmæn] *s* disegnatore (*m*); grafico.

draw (*p* **drew** *pp* **drawn**) [drɔː, druː, drɔːn] *v tr/intr* disegnare; attirare; tirare, estrarre; (*denaro*) prelevare ◊ **to draw near** avvicinarsi.

drawback ['drɔːbæk] *s* svantaggio, inconveniente (*m*).

drawbridge ['drɔːbrɪdʒ] *s* ponte (*m*) levatoio.

drawer ['drɔːə*] *s* cassetto.

drawing ['drɔːɪŋ] *s* disegno.

drawing room ['drɔːɪŋrʊm] *s* salotto.

drawn [drɔːn] *pp di* **draw**.

dread [dred] *s* terrore (*m*).

dread [dred] *v tr* temere.

dreadful ['dredfʊl] *agg* terribile.

dream [driːm] *s* sogno.

dream (*p, pp* **dreamt** *o* **dreamed**) [driːm, dremt, driːmd] *v tr/intr* sognare.

dreamt [dremt] *p, pp di* **dream**.

dreary ['drɪərɪ] *agg* tetro; monotono.

dredge [dredʒ] *v tr* dragare.

drench [drentʃ] *v tr* inzuppare.

dress [dres] *s* vestito ◊ **dress rehearsal** prova generale.

dress [dres] *v tr* vestire, adornare; (*ferita*) medicare, fasciare; (*capelli*)

acconciare; (*cuc*) condire ◊ *v intr* vestirsi ◊ **to get dressed** vestirsi.

dress circle [,dres'sɜːkl] *s* prima galleria.

dressing gown ['dresɪŋɡaʊn] *s* vestaglia.

dressmaker ['dres,meɪkə*] *s* sarta.

drew [druː] *p di* **draw**.

dribble ['drɪbl] *v tr/intr* (far) gocciolare; (*bambino*) sbavare; (*sport*) dribblare.

drier ['draɪə*] *s* v. **dryer**.

drift [drɪft] *v intr* andare alla deriva; (*neve, sabbia*) ammucchiarsi.

drift [drɪft] *s* direzione (*f*); (*neve, foglie*) cumulo; (*discorso*) senso, succo.

drill [drɪl] *v tr/intr* trapanare, eseguire trivellazioni; (*milit*) addestrare, esercitarsi.

drill [drɪl] *s* trapano; (*milit*) esercitazione (*f*).

drink [drɪŋk] *s* bevanda; sorso.

drink (*p* **drank** *pp* **drunk**) [drɪŋk, dræŋk, drʌŋk] *v tr/intr* bere ◊ **drinking water** acqua potabile.

drinkable ['drɪŋkəbl] *agg* potabile.

drinker ['drɪŋkə*] *s* bevitore (*m*) ◊ **a hard drinker** un forte bevitore.

drip [drɪp] *v tr/intr* gocciolare.

drip [drɪp] *s* goccia; gocciolio; (*med*) fleboclisi (*f*).

drip-dry ['drɪp'draɪ] *agg* che non si stira.

drive (*p* **drove** *pp* **driven**) [draɪv, drəʊv, drɪvn] *v tr/intr* guidare, portare, spingere, spingere ◊ **to drive somebody mad** fare impazzire qualcuno.

drive

drive [draɪv] *s* passeggiata, giro in macchina; viale (*m*) d'accesso; impulso; (*inform*) lettore (*m*).
driven [drɪvn] *pp di* **drive**.
driver [draɪvə*] *s* conducente (*m/f*), autista (*m/f*) ◊ (*AmE*) **driver's license** patente di guida.
driving ['draɪvɪŋ] *agg* (*pioggia*) battente, scrosciante.
driving ['draɪvɪŋ] *s* guida ◊ (*BrE*)
driving licence patente di guida;
driving test esame di guida.
drizzle ['drɪzl] *v intr* piovigginare.
drone [drəun] *v intr* ronzare.
droop [dru:p] *v intr* afflosciarsi.
drop [drɒp] *v intr* gocciolare; lasciare, lasciarsi cadere; (*prezzi, vento ecc.*) calare; (*passeggero*) far scendere ◊ **to drop asleep** addormentarsi; **to drop a line** mandare due righe; **to drop dead** morire sul colpo.
▶ **drop out** ritirarsi.
drop [drɒp] *s* goccia; caduta; diminuzione (*f*) ◊ *pl* caramelline, pastiglie.
drop-out [drɒpaut] *s* emarginato.
dropper [drɒpə*] *s* contagocce (*m*).
dross [drɒs] *s* scarti, scorie.
drought [draut] *s* siccità.
drove [drəuv] *p di* **drive**.
drown [draun] *v tr/intr* annegare.
drowsy ['drauzɪ] *agg* sonnolento.
drug [drʌg] *s* medicinale (*m*); droga ◊ **drug addict** tossicomane.
drug [drʌg] *v tr* drogare.
drugstore ['drʌgstɔ:*] *s* drugstore (*m*), emporio.
drum [drʌm] *s* (*mus*) tamburo; (*per petrolio*) fusto ◊ *pl* (*mus*) batteria (*sing*).

drummer [drʌmə*] *s* batterista (*m/f*).
drunk [drʌŋk] *pp di* **drink**.
drunk [drʌŋk] *agg, s* ubriaco ◊ **to get drunk** ubriacarsi.
dry [draɪ] *agg* secco, asciutto ◊ **dry land** terraferma.
dry [draɪ] *v tr/intr* seccare, seccarsi, asciugare, asciugarsi.
▶ **dry up** asciugare; esaurire.
dry cleaner's [ˌdraɪ'kli:nəz] *s* lavasecco (*f*), tintoria.
dryer ['draɪə*] *s* asciugacapelli (*m*); asciugabiancheria (*m*).
dual carriageway [ˌdju:əl'kærɪdʒweɪ] *s* strada a doppia carreggiata.
dub [dʌb] *v tr* soprannominare; (*cine*) doppiare.
dubious ['dju:bjəs] *agg* incerto; dubbio.
Dubliner ['dʌblɪnə*] *s* dublinese (*m/f*).
duck [dʌk] *s* anatra.
duckling [dʌklɪŋ] *s* anatroccolo.
duct [dʌkt] *s* condotto; (*anat*) canale (*m*).
dud [dʌd] *s* cosa inutile, che non funziona, bidone (*m*).
dud [dʌd] *agg* (*assegno*) a vuoto.
due [dju:] *agg* dovuto; giusto ◊ **in due course** a tempo debito; **due to** a causa di; **to fall due** scadere; **to be due** essere atteso, dovere.
due [dju:] *avv* ◊ **due south** diritto verso sud.
due [dju:] *s* dovuto ◊ *pl* quota (*sing*), tassa (*sing*), diritti.
duffel coat ['dʌflkəut] *s* montgomery (*m*).

dug [dʌg] *p, pp di* **dig**.

dull [dʌl] *agg* noioso; ottuso; *(rumore, dolore)* sordo; *(lama)* spuntato; *(tempo)* grigio.

dull [dʌl] *v tr* intorpidire; *(dolore)* alleviare.

duly ['djuːlɪ] *avv* a tempo debito; debitamente.

dumb [dʌm] *agg* muto; stupido ◊ **dumb show** pantomima.

dumbfounded [dʌm'faʊndɪd] *agg* stordito, stupito.

dumb-waiter [ˌdʌm'weɪtə*] *s* montavivande (*m*).

dummy ['dʌmɪ] *s* manichino; *(tecn)* riproduzione (*f*); *(bambini)* tettarella.

dummy [dʌmɪ] *agg* falso, finto.

dump [dʌmp] *s* discarica.

dump [dʌmp] *v tr* scaricare; buttar via.

dumping ['dʌmpɪŋ] *s* ◊ **no dumping** divieto di scarico.

dunce [dʌns] *s* somaro.

dune [djuːn] *s* duna.

dung [dʌŋ] *s* concime (*m*).

dungarees [ˌdʌŋgə'riːz] *s pl* tuta (*sing*), salopette (*f sing*).

dungeon ['dʌndʒən] *s* prigione (*f*) sotterranea.

dupe [djuːp] *v tr* gabbare.

duplicate ['djuːplɪkət] *v tr* duplicare.

durable ['djʊərəbl] *agg* durevole, resistente.

duration [djʊə'reɪʃn] *s* durata.

during ['djʊərɪŋ] *prep* durante, nel corso di.

dusk [dʌsk] *s* crepuscolo.

dust [dʌst] *s* polvere (*f*).

dust [dʌst] *v tr* spolverare.

dustbin ['dʌstbɪn] *s* pattumiera.

duster [dʌstə*] *s* straccio per la polvere.

dustman (*pl* -men) ['dʌstmən] *s* (*BrE*) spazzino.

dusty ['dʌstɪ] *agg* polveroso.

Dutch [dʌtʃ] *agg* olandese ◊ *s* (*lingua*) olandese (*m*) ◊ **the Dutch** gli olandesi; **Dutch courage** falso coraggio (dovuto al bere); **to go Dutch** fare alla romana.

Dutchman (*pl* -men) ['dʌtʃmən] *s* olandese (*m*).

Dutchwoman (*pl* -women) ['dʌtʃˌwʊmən, wɪmɪn] *s* olandese (*f*).

dutiable ['djuːtjəbl] *agg* tassabile, soggetto a dogana.

duty ['djuːtɪ] *s* dovere (*m*); dazio, tassa ◊ **on duty** di servizio; **off duty** fuori servizio.

dwarf [dwɔːf] *s* nano.

dweller [dwelə*] *s* abitante (*m/f*).

dwindle ['dwɪndl] *v intr* diminuire.

dye [daɪ] *s* tinta.

dye [daɪ] *v tr* tingere.

dying ['daɪɪŋ] *agg* morente.

dyke [daɪk] *s* diga.

dynamic [daɪn'æmɪk] *agg* dinamico.

dynamite ['daɪnəmaɪt] *s* dinamite (*f*).

dynasty ['dɪnəstɪ] *s* dinastia.

E

E [iː] *s* (*mus*) mi (*m*).

each [iːtʃ] *agg* ogni, ciascuno.

each [iːtʃ] *pron* ognuno, ciascuno ◊

they cost a pound each costano una sterlina l'uno.

each other [,i:tʃ'ʌðə*] *pron* si, ci, l'un l'altro ◊ **they love each other** si amano.

eager ['i:gə*] *agg* desideroso; impaziente.

eagle ['i:gl] *s* aquila.

ear [ɪə*] *s* orecchio; (*grano*) spiga; (*mais*) pannocchia ◊ **to play by ear** suonare a orecchio.

earache ['ɪəreɪk] *s* mal (*m*) d'orecchi.

early ['ɜ:lɪ] *agg* primo, iniziale; prematuro ◊ **in the early morning** di buon mattino; **early bird** persona mattiniera.

early ['ɜ:lɪ] *avv* presto; in anticipo ◊ **as early as possible** il più presto possibile.

earn [ɜ:n] *v tr* guadagnare, guadagnarsi ◊ **to earn one's living** guadagnarsi da vivere.

earnest ['ɜ:nɪst] *agg* serio ◊ **in earnest** sul serio.

earnings ['ɜ:nɪŋz] *s pl* guadagni; salario (*sing*).

earphones ['ɪəfəʊnz] *s pl* cuffia (*sing*).

earring ['ɪərɪŋ] *s* orecchino.

earth [ɜ:θ] *s* terra ◊ **nothing on earth** niente al mondo; **how on earth?** come mai?

earthenware ['ɜ:θnweə*] *s* terrecotte (*pl*), terraglie (*pl*).

earthly ['ɜ:θlɪ] *agg* terrestre.

earthquake ['ɜ:θkweɪk] *s* terremoto.

earthworm ['ɜ:θwɜ:m] *s* lombrico.

ease [i:z] *s* agio; disinvoltura ◊ **at ease** a proprio agio.

easel [i:zl] *s* cavalletto.

east [i:st] *s* est (*m*); oriente (*m*) ◊ *agg* dell'est, orientale ◊ *avv* a, verso est.

Easter ['i:stə*] *s* Pasqua.

easterly ['i:stəlɪ] *agg* dell'est, orientale.

eastern ['i:stən] *agg* dell'est, orientale.

eastward(s) ['i:stwəd(z)] *avv* verso est.

easy ['i:zɪ] *agg* facile; (*modi*) disinvolto ◊ **to take it easy** prendersela con calma.

easy chair [,i:zɪ'tʃeə*] *s* poltrona.

easy-going ['i:zɪ,gəʊɪŋ] *agg* accomodante.

eat (*p* ate *pp* eaten) [i:t, et, i:tn] *v tr* mangiare.

▶ **eat up** mangiare completamente; (*fig*) rodere.

eatable ['i:təbl] *agg* commestibile.

eaten ['i:tn] *pp di* eat.

eaves [i:vz] *s pl* gronda (*sing*).

eavesdrop ['i:vzdrɒp] *v intr* origliare.

ebb [eb] *s* riflusso ◊ **ebb tide** bassa marea.

ebb [eb] *v intr* rifluire; (*fig*) declinare.

ebony ['ebənɪ] *s* ebano.

eccentric [ɪk'sentrɪk] *agg, s* eccentrico.

echo [,ekəʊ] *s* eco (*m/f*).

éclair [eɪ'kleə*] *s* bignè (*m*).

eclipse [ɪ'klɪps] *v tr* eclissare.

ecological [,i:kə'lɒdʒɪkəl] *agg* ecologico.

ecologist [i:'kɒlədʒɪst] *s* ecologo; ecologista (*m/f*).

ecology [i:'kɒlədʒɪ] *s* ecologia.

e-commerce [i:'kɒmɜ:s] *s* commercio elettronico.

economic [,i:kə'nɒmɪk] *agg* economico.

economical [,i:kə'nɒmɪkl] *agg* economico, a buon mercato; (*persona*) economo.

economics [,i:kə'nɒmɪks] *s* economia.

economist [ɪ'kɒnəmɪst] *s* economista (*m/f*).

economize [ɪ'kɒnəmaɪz] *v intr* fare economia, risparmiare.

economy [ɪ'kɒnəmɪ] *s* economia ◊ *agg* economico ◊ **economy class** classe turistica.

ecstasy ['ekstəsɪ] *s* estasi (*f*).

Ecuadorian [,ekwə'dɔ:rɪən] *agg*, *s* ecuadoriano, ecuadoregno.

eddy ['edɪ] *s* vortice (*m*), mulinello.

edge [edʒ] *s* orlo, margine (*m*); (*coltello*) taglio, filo ◊ **on edge** nervoso.

edge [edʒ] *v tr* bordare ◊ *v intr* muoversi lentamente ◊ **to edge away from** sgattaiolare via da.

edgeways ['edʒweɪz] *avv* di sbieco.

edgy ['edʒɪ] *agg* nervoso.

edible ['edɪbl] *agg* commestibile.

edit ['edɪt] *v tr* curare.

edition [ɪ'dɪʃn] *s* edizione (*f*).

editor ['edɪtə*] *s* curatore (*m*); (*giornale*) direttore (*m*); redattore (*m*).

editorial [,edɪ'tɔ:rɪəl] *s* articolo di fondo, editoriale (*m*).

editorial [,edɪ'tɔ:rɪəl] *agg* editoriale, redazionale.

educate ['edju:keɪt] *v tr* educare, istruire.

education [,edju:'keɪʃn] *s* cultura; istruzione (*f*), insegnamento.

educational [,edju:keɪʃənl] *agg* educativo, istruttivo; scolastico; didattico.

eel [i:l] *s* anguilla.

eerie ['ɪərɪ] *agg* misterioso; terrificante.

efface [ɪ'feɪs] *v tr* cancellare.

effect [ɪ'fekt] *s* effetto ◊ *pl* beni.

effect [ɪ'fekt] *v tr* effettuare.

effective [ɪ'fektɪv] *agg* efficace; effettivo.

effectiveness [ɪ'fektɪvnɪs] *s* efficacia.

effeminate [ɪ'femɪnət] *agg* effeminato.

efficiency [ɪ'fɪʃənsɪ] *s* efficienza; (*tecn*) produttività.

efficient [ɪ'fɪʃənt] *agg* efficiente.

effort ['efət] *s* sforzo.

effortless ['efətlɪs] *agg* facile, senza sforzo.

effrontery [ɪ'frʌntərɪ] *s* sfacciataggine (*f*).

effusive [ɪ'fju:sɪv] *agg* espansivo, caloroso.

egg [eg] *s* uovo ◊ **new-laid egg** uovo fresco; **egg beater** frullino, frusta (per montare le uova).

egg [eg] *v tr* ◊ **to egg on** incitare.

eggplant ['egplɑ:nt] *s* (*AmE*) melanzana.

egoism ['i:gəʊɪzəm] *s* egoismo.

egoist ['i:gəʊɪst] *s* egoista (*m/f*).

Egyptian [ɪ'dʒɪpʃn] *agg*, *s* egiziano.

eiderdown ['aɪdədaʊn] *s* piumino.

eight

eight [eɪt] *agg, s* otto.

eighteen [ˌeɪˈtiːn] *agg, s* diciotto.

eighth [eɪtθ] *agg, s* ottavo.

eightieth [ˈeɪtɪɪθ] *agg, s* ottantesimo.

eighty [ˈeɪtɪ] *agg, s* ottanta (*m*) ◊ **the eighties** gli anni Ottanta.

either [ˈaɪðə*] *agg, pron* l'uno o l'altro; entrambi ◊ **either of them will come** o l'uno o l'altro dei due verrà.

either [ˈaɪðə*] *avv* (*in frasi negative*) neanche, neppure, nemmeno ◊ **she didn't go either** neppure lei ci è andata.

either [ˈaɪðə*] *cong* o, oppure, sia... sia, o... o ◊ **she's either in the garden or in the kitchen** o è in giardino o in cucina.

eject [ɪˈdʒekt] *v tr* espellere; emettere.

elaborate [ɪˈlæbərət] *agg* elaborato; minuzioso.

elastic [ɪˈlæstɪk] *s, agg* elastico.

elated [ɪˈleɪtɪd] *agg* euforico.

elation [ɪˈleɪʃn] *s* euforia.

elbow [ˈelbəʊ] *s* gomito.

elder [ˈeldə*] *agg* maggiore, più vecchio ◊ **he is two years my elder** è due anni più vecchio di me.

elderly [ˈeldəlɪ] *agg* anziano.

eldest [ˈeldɪst] *s, agg* maggiore (*m/f*), primogenito.

elect [ɪˈlekt] *v tr* eleggere; decidere.

elect [ɪˈlekt] *agg* eletto ◊ **the President elect** il presidente designato (non ancora in carica).

election [ɪˈlekʃn] *s* elezione (*f*).

elector [ɪˈlektə*] *s* elettore (*m*).

electorate [ɪˈlektərət] *s* elettorato.

electric [ɪˈlektrɪk] *agg* elettrico ◊ **electric blanket** termocoperta.

electrical [ɪˈlektrɪkl] *agg* elettrico.

electrician [ˌɪlekˈtrɪʃn] *s* elettricista (*m*).

electricity [ˌɪlekˈtrɪsətɪ] *s* elettricità.

electrocardiogram [ɪˌlektrəʊˈkɑːdɪəʊɡræm] *s* elettrocardiogramma (*m*).

electrocute [ɪˈlektrəkjuːt] *v tr* fulminare.

electronic [ˌɪlekˈtrɒnɪk] *agg* elettronico.

electronics [ˌɪlekˈtrɒnɪks] *s* elettronica.

elegant [ˈelɪɡənt] *agg* elegante.

element [ˈelɪmənt] *s* elemento ◊ *pl* elementi (atmosferici).

elementary [ˌelɪˈmentərɪ] *agg* elementare.

elephant [ˈelɪfənt] *s* elefante (*m*).

elevate [ˈelɪveɪt] *v tr* elevare.

elevator [ˈelɪveɪtə*] *s* montacarichi (*m*); (*AmE*) ascensore (*m*).

eleven [ɪˈlevn] *agg, s* undici (*m*).

elevenses [ɪˈlevənzɪz] *s pl* (*BrE*) spuntino (*sing*) a metà mattina.

eleventh [ɪˈlevnθ] *agg, s* undicesimo.

elicit [ɪˈlɪsɪt] *v tr* cavare fuori.

eligible [ˈelɪdʒəbl] *agg* idoneo.

eliminate [ɪˈlɪmɪneɪt] *v tr* eliminare.

elm [elm] *s* olmo.

elocution [ˌeləˈkjuːʃn] *s* dizione (*f*).

elopement [ɪˈləʊpmənt] *s* fuga romantica.

eloquence [ˈeləkwəns] *s* eloquenza.

else [els] *avv* altro ◊ **who else?** chi altri?; **somewhere else** da qualche altra parte.

elsewhere [,els'weə*] *avv* altrove.

elucidate [ɪ'lu:sɪdeɪt] *v tr* spiegare.

elude [ɪ'lu:d] *v tr* eludere.

elusive [ɪ'lu:sɪv] *agg* elusivo, evasivo.

e-mail ['i:meɪl] *s* posta elettronica, e-mail (*f*).

emancipate [ɪ'mænsɪpeɪt] *v tr* emancipare.

embankment [ɪm'bæŋkmənt] *s* argine (*m*); (*di strada, ferrovia*) terrapieno.

embark [ɪm'bɑ:k] *v tr/intr* imbarcare, imbarcarsi.

embarrass [ɪm'bærəs] *v tr* imbarazzare.

embarrassing [ɪm'bærəsɪŋ] *agg* imbarazzante.

embarrassment [ɪm'bærəsmənt] *s* imbarazzo.

embassy ['embəsɪ] *s* ambasciata.

embellish [ɪm'belɪʃ] *v tr* abbellire.

embers ['embəz] *s pl* braci (*f*).

embitter [ɪm'bɪtə*] *v tr* amareggiare.

emblem ['embləm] *s* emblema (*m*).

embody [ɪm'bɒdɪ] *v tr* incarnare, personificare; (*idee*) esprimere.

embrace [ɪm'breɪs] *v tr* abbracciare.

embroidery [ɪm'brɔɪdərɪ] *s* ricamo.

embryo ['embrɪəʊ] *s* embrione (*m*).

emerald ['emərəld] *s* smeraldo.

emerge [ɪ'mɜ:dʒ] *v intr* emergere.

emergency [ɪ'mɜ:dʒənsɪ] *s* emergenza ◊ **in an emergency** in caso

d'emergenza; **emergency exit** uscita di sicurezza; **emergency (ward)** pronto soccorso.

emergent [ɪ'mɜ:dʒənt] *agg* emergente.

emigrant ['emɪgrənt] *s* emigrante (*m/f*).

emigrate ['emɪgreɪt] *v intr* emigrare.

emigration [,emɪ'greɪʃn] *s* emigrazione (*f*).

eminent ['emɪnənt] *agg* eminente.

emission [ɪ'mɪʃn] *s* emissione (*f*).

emit [ɪ'mɪt] *v tr* emettere.

emotion [ɪ'məʊʃn] *s* emozione (*f*).

emotional [ɪ'məʊʃənl] *agg* (*persona*) emotivo; (*scena*) commovente.

emotive [ɪ'məʊtɪv] *agg* che suscita forti emozioni; scottante.

emperor ['empərə*] *s* imperatore (*m*).

empire ['empaɪə*] *s* impero.

employ [ɪm'plɔɪ] *v tr* impiegare.

employee [,emplɔɪ'i:] *s* impiegato.

employer [ɪm'plɔɪə*] *s* datore (*m*) di lavoro.

employment [ɪm'plɔɪmənt] *s* impiego ◊ **employment agency** agenzia di collocamento.

emptiness ['emptɪnɪs] *s* vuoto.

empty ['emptɪ] *agg* vuoto.

empty ['emptɪ] *v tr/intr* vuotare, vuotarsi; sgombrare.

empty-handed [,emptɪ'hændɪd] *agg* a mani vuote.

emulate ['emjʊleɪt] *v tr* emulare.

enable [ɪ'neɪbl] *v tr* consentire a.

enamel [ɪ'næml] *s* smalto.

encapsulate [ɪn'kæpsjʊleɪt] *v tr* racchiudere.

enchant [ɪn'tʃɑːnt] v tr incantare.

enchanting [ɪn'tʃɑːntɪŋ] agg incantevole.

encircle [ɪn'sɜːkl] v tr accerchiare.

enclose [ɪn'kləʊz] v tr circondare; (lettera) allegare.

encompass [ɪn'kʌmpəs] v tr comprendere.

encounter [ɪn'kaʊntə*] s incontro.

encounter [ɪn'kaʊntə*] v tr incontrare.

encourage [ɪn'kʌrɪdʒ] v tr incoraggiare.

encouraging [ɪn'kʌrɪdʒɪŋ] agg incoraggiante.

encroachment [ɪn'krəʊtʃmənt] s intromissione (f); usurpazione (f).

encyclopedia [en,saɪkləʊ'piːdjə] s enciclopedia.

end [end] s fine (f); estremità ◊ **for hours on end** per ore ed ore; **in the end** alla fine; **to make both ends meet** sbarcare il lunario.

end [end] v tr/intr finire.

▶ **end up** finire.

endanger [ɪn'deɪndʒə*] v tr mettere in pericolo.

endearing [ɪn'dɪərɪŋ] agg accattivante; affettuoso.

endeavor [ɪn'devə*] s (AmE) v. **endeavour**.

endeavour [ɪn'devə*] s sforzo, tentativo.

ending ['endɪŋ] s fine (f); (gramm) desinenza.

endless ['endlɪs] agg senza fine.

endorse [ɪn'dɔːs] v tr approvare; (assegno ecc.) girare.

endorsee [,endɔː'siː] s (comm) giratario.

endorsement [ɪn'dɔːsmənt] s approvazione (f); (comm) girata; contravvenzione (f) registrata sulla patente di guida.

endorser [endɔː'sə*] s (comm) girante.

endowed [ɪn'daʊd] agg (with) dotato (di).

endowment [ɪn'daʊmənt] s sussidio; donazione (f); dote (f).

end-product ['end,prɒdʌkt] s prodotto finale; (fig) risultato finale.

endurable [ɪn'djʊərəbl] agg sopportabile.

endurance [ɪn'djʊərəns] s pazienza, resistenza.

endure [ɪn'djʊə*] v tr sopportare, resistere a ◊ v intr durare.

enemy ['enəmɪ] agg, s nemico.

energetic [,enə'dʒetɪk] agg energico; attivo.

energy ['enədʒɪ] s energia.

enervating ['enəveɪtɪŋ] agg snervante.

enforce [ɪn'fɔːs] v tr far rispettare.

engage [ɪn'geɪdʒ] v tr assumere; impegnare; (attenzione) assorbire ◊ v intr (tecn) ingranare ◊ **to engage in business** mettersi in affari.

engaged [ɪn'geɪdʒd] agg impegnato; fidanzato ◊ **to get engaged** fidanzarsi; **the line is engaged** la linea è occupata.

engagement [ɪn'geɪdʒment] s impegno; fidanzamento.

engaging [ɪn'geɪdʒɪŋ] agg attraente.

engender [ɪn'dʒendə*] v tr produrre, causare.

engine ['endʒɪn] *s* (*aut*) motore (*m*); (*ferr*) locomotiva.

engineer [,endʒɪ'nɪə*] *s* ingegnere (*m*); tecnico; (*AmE*) (*ferr*) macchinista (*m*).

engineering [,endʒɪ'nɪərɪŋ] *s* ingegneria.

English ['ɪŋglɪʃ] *agg* inglese ◊ *s* (*lingua*) inglese (*m*) ◊ **the English** gli inglesi; **English breakfast** colazione all'inglese (con pietanze calde); **American English** americano; **British English** inglese parlato nel Regno Unito.

Englishman (*pl* -**men**) ['ɪŋglɪʃmən] *s* inglese (*m*).

Englishwoman (*pl* -**women**) ['ɪŋglɪʃ,wumən, wɪmɪn] *s* inglese (*f*).

engraving [ɪn'greɪvɪŋ] *s* incisione (*f*).

engrossed [ɪn'grəust] *agg* assorto, immerso.

engrossing [ɪn'grəusɪŋ] *agg* avvincente.

engulf [ɪn'gʌlf] *v tr* inghiottire.

enhance [ɪn'hɑːns] *v tr* accrescere, aumentare; migliorare.

enigmatic [,enɪg'mætɪk] *agg* enigmatico.

enjoy [ɪn'dʒɔɪ] *v tr* godere (di) ◊ **to enjoy oneself** divertirsi; **we enjoy travelling** ci piace viaggiare.

enjoyable [ɪn'dʒɔɪəbl] *agg* piacevole, divertente.

enjoyment [ɪn'dʒɔɪmənt] *s* piacere (*m*), divertimento.

enlarge [ɪn'lɑːdʒ] *v tr* ingrandire, allargare.

enlist [ɪn'lɪst] *v tr/intr* (*milit*) arruolare, arruolarsi; ottenere.

enmity ['enmətɪ] *s* inimicizia, ostilità.

enormity [ɪ'nɔːmətɪ] *s* enormità; mostruosità.

enormous [ɪ'nɔːməs] *agg* enorme.

enough [ɪ'nʌf] *agg, avv* abbastanza ◊ *s* quanto basta; il necessario ◊ **enough time** abbastanza tempo; **(that's) enough!** basta così!; **I have had enough** ne ho abbastanza.

enrich [ɪn'rɪtʃ] *v tr* arricchire.

enrol [ɪn'rəul] *v intr* iscriversi.

enroll [ɪn'rəul] *v intr* (*AmE*) iscriversi.

enrollment [ɪn'rəulmənt] *s* (*AmE*) iscrizione (*f*).

enrolment [ɪn'rəulmənt] *s* iscrizione (*f*).

ensign ['ensaɪn] *s* (*AmE*) insegna; distintivo.

enslave [ɪn'sleɪv] *v tr* rendere schiavo.

ensnare [ɪn'sneə*] *v tr* intrappolare; irretire.

ensure [ɪn'ʃuə*] *v tr* assicurare, garantire.

entail [ɪn'teɪl] *v tr* comportare.

entangle [ɪn'tæŋgl] *v tr* impigliare; invischiare.

enter ['entə*] *v tr/intr* entrare in; iscrivere; inserire ◊ **to enter (for) a competition** iscriversi a una gara.

▶ **enter into** avviare; (*accordo*) concludere.

enterprise ['entəpraɪz] *s* impresa; iniziativa.

enterprising ['entəpraɪzɪŋ] *agg* intraprendente.

entertain [,entə'teɪn] *v tr* divertire, intrattenere; ricevere, ospitare; (*speranza*) nutrire.

entertainer [ˌentə'teɪnə*] s intrattenitore (*m*), comico.

entertaining [ˌentə'teɪnɪŋ] agg divertente.

entertainment [ˌentə'teɪnmənt] s divertimento; spettacolo.

enthralling [ɪn'θrɔːlɪŋ] agg avvincente, affascinante.

enthusiasm [ɪn'θjuːzɪæzəm] s entusiasmo.

enthusiast [ɪn'θjuːzɪæst] s appassionato.

enthusiastic [ɪnθjuːzɪ'æstɪk] agg entusiasta, entusiastico.

entice [ɪn'taɪs] v tr sedurre; indurre con lusinghe.

entire [ɪn'taɪə*] agg intero.

entirely [ɪn'taɪəlɪ] avv interamente.

entitle [ɪn'taɪtl] v tr dare diritto a; (*libro*) intitolare ◊ **to be entitled to** avere diritto a.

entrance ['entrəns] s entrata ◊ **entrance examination** esame di ammissione; **entrance fee** tassa, quota d'iscrizione, prezzo d'ingresso.

entrance [ɪn'trɑːns] v tr estasiare, incantare.

entrancing [ɪn'trɑːnsɪŋ] agg incantevole.

entrant ['entrənt] s partecipante (*m/f*); concorrente (*m/f*).

entrap [ɪn'træp] v tr prendere in trappola; (*fig*) raggirare.

entreat [ɪn'triːt] v tr supplicare.

entrée ['ɑːntreɪ] s (*AmE*) piatto principale.

entrust [ɪn'trʌst] v tr affidare.

entry ['entrɪ] s entrata, ingresso; domanda d'iscrizione; (*dizionario*) voce (*f*) ◊ **entry form** modulo d'iscrizione; **no entry** vietato l'ingresso, divieto di accesso.

entwine [ɪn'twaɪn] v tr intrecciare.

envelop [ɪn'veləp] v tr avvolgere, avviluppare.

envelope ['envələup] s busta.

envious ['envɪəs] agg invidioso.

environment [ɪn'vaɪərənmənt] s ambiente (*m*).

environmental [ɪn,vaɪərən'mentəl] agg ambientale.

environmentalist [ɪn,vaɪərən'mentəlɪst] s ecologista (*m/f*), ambientalista (*m/f*).

envisage [ɪn'vɪzɪdʒ] v tr immaginare, prevedere.

envoy ['envɔɪ] s inviato.

envy ['envɪ] s invidia.

envy ['envɪ] v tr invidiare.

ephemeral [ɪ'femərəl] agg effimero.

epidemic [ˌepɪ'demɪk] s epidemia.

epilepsy ['epɪlepsɪ] s epilessia.

epileptic [ˌepɪ'leptɪk] agg, s epilettico.

epilog ['epɪlɔːg] s (*AmE*) epilogo.

epilogue ['epɪlɔg] s epilogo.

episode ['epɪsəud] s episodio.

episodic(al) [ˌepɪ'sɒdɪk(l)] agg episodico.

epitome [ɪ'pɪtəmɪ] s quintessenza, esempio tipico.

epitomize [ɪ'pɪtəmaɪz] v tr riassumere; (*fig*) incarnare.

epoch ['iːpɒk] s epoca.

equable ['ekwəbl] agg costante, uniforme.

equal ['i:kwəl] *agg* uguale ◊ **on equal terms** su un piano di parità.

equal ['i:kwəl] *s* pari (*m/f*) ◊ **to treat as an equal** trattare da pari a pari.

equal ['i:kwəl] *v tr* uguagliare, essere pari a ◊ **not to be equalled** senza pari.

equality [i:'kwɒlɪtɪ] *s* parità, uguaglianza.

equalize ['i:kwəlaɪz] *v tr/intr* pareggiare.

equanimity [,ekwə'nɪmɪtɪ] *s* serenità.

equation [ɪ'kweɪʒn] *s* equazione (*f*).

equator [ɪ'kweɪtə*] *s* equatore (*m*).

equilibrium [,i:kwɪ'lɪbrɪəm] *s* equilibrio.

equip [ɪ'kwɪp] *v tr* equipaggiare, attrezzare, fornire.

equipment [ɪ'kwɪpmənt] *s* equipaggiamento, attrezzatura.

equitable ['ekwɪtəbl] *agg* equo.

equity ['ekwətɪ] *s* equità ◊ *pl* (*fin*) azioni (*f*) ordinarie.

equivalent [ɪ'kwɪvələnt] *agg, s* equivalente (*m*).

erase [ɪ'reɪz] *v tr* cancellare.

eraser [ɪ'reɪzə*] *s* gomma; cancellino.

erect [ɪ'rekt] *agg* diritto, eretto.

erect [ɪ'rekt] *v tr* costruire, erigere; montare.

erode [ɪ'rəʊd] *v tr* erodere.

erosion [ɪ'rəʊʒn] *s* erosione (*f*).

erotic [ɪ'rɒtɪk] *agg* erotico.

eroticism [ɪ'rɒtɪsɪzəm] *s* erotismo.

err [ɜ:*] *v intr* errare.

errand ['erənd] *s* commissione (*f*) ◊ **to run an errand** fare una commissione.

erratic [ɪ'rætɪk] *agg* imprevedibile; incostante.

error ['erə*] *s* errore (*m*).

ersatz ['eəzæts] *agg* surrogato.

erupt [ɪ'rʌpt] *v intr* scoppiare; (*vulcano*) essere, entrare in eruzione.

eruption [ɪ'rʌpʃn] *s* (*guerra*) scoppio; (*violenza*) esplosione (*f*); (*vulcano*) eruzione (*f*).

escalate ['eskəleɪt] *v intr* intensificarsi; aumentare.

escalator ['eskəleɪtə*] *s* scala mobile.

escape [ɪ'skeɪp] *v intr* fuggire, evadere; cavarsela; (*gas*) fuoriuscire ◊ *v tr* sfuggire a ◊ **to escape notice** passare inosservato.

escape [ɪ'skeɪp] *s* fuga, evasione (*f*); (*gas*) fuga.

escapee [,eskeɪ'pi:] *s* evaso.

eschew [ɪs'tʃu:] *v tr* evitare, rifuggire da.

escort ['eskɔ:t] *s* scorta; accompagnatore (*m*).

escort [ɪ'skɔ:t] *v tr* scortare; accompagnare.

Eskimo (*pl* **-s** o *inv*) ['eskɪməʊ] *agg, s* eschimese (*m/f*).

especially [ɪ,speʃəlɪ] *avv* specialmente, soprattutto; particolarmente.

espionage [,espɪə'nɑ:ʒ] *s* spionaggio.

esplanade [,esplə'neɪd] *s* lungomare (*m*), passeggiata.

essay ['eseɪ] *s* saggio; (*scuola*) tema (*m*).

essence ['esns] *s* essenza.

essential [ɪ'senʃl] *agg* essenziale.

essentials [ɪ'senʃlz] *s pl* elementi essenziali, fondamenti.

establish [ɪ'stæblɪʃ] *v tr* fondare, costituire; stabilire; (*potere*) affermare.

establishment [ɪ'stæblɪʃmənt] *s* costituzione (*f*), fondazione (*f*); stabilimento ◊ **the Establishment** la classe dirigente, l'establishment.

estate [ɪ'steɪt] *s* proprietà, tenuta; beni (*pl*), patrimonio ◊ **estate agent** agente immobiliare.

estate car [ɪ'steɪtkɑ:*] *s* giardinetta, station-wagon (*f*).

esteem [ɪ'sti:m] *s* stima.

estimate ['estɪmeɪt] *v tr* stimare, valutare.

estimate ['estɪmət] *s* stima; (*comm*) preventivo.

estimation [,estɪ'meɪʃn] *s* valutazione (*f*), calcolo; opinione (*f*).

estuary ['estjuərɪ] *s* estuario.

eternal [i:'tɜ:nl] *agg* eterno.

eternity [i:'tɜ:nətɪ] *s* eternità.

ethereal [ɪ:'θɪərɪəl] *agg* etereo.

ethical ['eθɪkl] *agg* etico, morale.

ethnic ['eθnɪk] *agg* etnico.

Etonian [i:'təunjən] *s* (ex) allievo del collegio di Eton.

Eucharist ['ju:kərɪst] *s* Eucarestia.

eulogy ['ju:lədʒɪ] *s* elogio.

euphoria [ju:'fɔ:rɪə] *s* euforia.

euro ['juərəu] *s* (*moneta*) euro.

Eurocheque ['juərəutʃek] *s* eurochèque (*m*).

European [,juərə'pi:ən] *agg, s* europeo ◊ **European Economic Community** Comunità Economica Europea.

euthanasia [,ju:θə'neɪzjə] *s* eutanasia.

evacuate [ɪ'vækjueɪt] *v tr* evacuare.

evacuation [ɪ,vækjʊ'eɪʃn] *s* evacuazione (*f*).

evade [ɪ'veɪd] *v tr* evitare; (*tasse*) evadere.

evaluate [ɪ'væljueɪt] *v tr* valutare.

evaporate [ɪ'væpəreɪt] *v intr* evaporare ◊ **evaporated milk** latte condensato.

evasion [ɪ'veɪʒn] *s* evasione (*f*) ◊ **tax evasion** evasione fiscale.

evasive [ɪ'veɪsɪv] *agg* evasivo.

eve [i:v] *s* vigilia ◊ **New Year's Eve** l'ultimo dell'anno.

even ['i:vn] *avv* uniforme, regolare; (*numero*) pari ◊ **to get even with** prendersi la rivincita su.

even ['i:vn] *avv* anche, perfino ◊ **even if, even though** anche se; **not even** neanche; **even more** ancora di più; **even so** malgrado ciò; **even as** proprio mentre.

even ['i:vn] *v tr* livellare.

even-handed [,i:vn'hændɪd] *agg* imparziale.

evening ['i:vnɪŋ] *s* sera; serata ◊ **in the evening** di sera; **evening dress** abito da sera; **evening class** corso serale.

event [ɪ'vent] *s* avvenimento; (*sport*) gara ◊ **in the event of** in caso di; **at all events** in ogni caso; **current events** attualità.

eventful [ɪ'ventful] *agg* denso di eventi.

eventual [ɪ'ventʃuəl] *agg* finale, conclusivo.

eventuality [ɪˌventʃʊˈælətɪ] s eventualità, evenienza.

eventually [ɪˈventʃʊəlɪ] avv alla fine.

ever [ˈevə*] avv mai; sempre ◊ **have you ever seen him?** l'hai mai visto?; **ever since** sin da quando; da allora (in poi); **ever after** da allora in poi; **for ever and ever** per sempre; **as ever** come sempre; **he is ever so nice!** è tanto gentile!

evergreen [ˈevəgriːn] s sempreverde (m).

everlasting [ˌevəˈlɑːstɪŋ] agg eterno, perenne.

every [ˈevrɪ] agg ogni ◊ **every day** ogni giorno, tutti i giorni; **every other day** ogni due giorni, un giorno sì e uno no; **every now and then** ogni tanto, di quando in quando; **every third week** ogni tre settimane.

everybody [ˈevrɪˌbɒdɪ] pron ognuno; tutti ◊ **everybody's doing it** tutti lo fanno; **everybody else** tutti gli altri.

everyday [ˈevrɪdeɪ] agg quotidiano.

everyone [ˈevrɪwʌn] pron v. **everybody**.

everything [ˈevrɪθɪŋ] pron tutto, ogni cosa ◊ **everything else** ogni altra cosa; **everything but** tutto tranne.

everywhere [ˈevrɪweə*] avv dappertutto, ovunque.

evict [ɪˈvɪkt] v tr sfrattare.

eviction [ɪˈvɪkʃn] s sfratto.

evidence [ˈevɪdəns] s prova; (giur) testimonianza.

evident [ˈevɪdənt] agg evidente.

evil [ˈiːvl] agg cattivo, malvagio.

evil [ˈiːvl] s male (m).

evince [ɪˈvɪns] v tr manifestare, rivelare.

evocative [ɪˈvɒkətɪv] agg evocativo.

evoke [ɪˈvəʊk] v tr evocare, rievocare.

evolution [ˌiːvəˈluːʃn] s evoluzione (f).

evolve [ɪˈvɒlv] v tr/intr sviluppare, svilupparsi, evolversi.

ewe [juː] s pecora.

ex- [eks] prefisso ex.

exacerbate [ekˈsæsəbeɪt] v tr esacerbare, inasprire.

exact [ɪɡˈzækt] agg esatto, preciso.

exact [ɪɡˈzækt] v tr esigere.

exacting [ɪɡˈzæktɪŋ] agg esigente; impegnativo, faticoso.

exactly [ɪɡˈzæktlɪ] avv esattamente.

exactness [ɪɡˈzæktnɪs] s precisione (f).

exaggerate [ɪɡˈzædʒəreɪt] v tr/intr esagerare.

exaggeration [ɪɡˌzædʒəˈreɪʃn] s esagerazione (f).

exalt [ɪɡˈzɔːlt] v tr esaltare; lodare.

exam [ɪɡˈzæm], **examination** [ɪɡˌzæmɪˈneɪʃn] s esame (m); (med) controllo ◊ **to take an exam(ination)** dare un esame.

examine [ɪɡˈzæmɪn] v tr esaminare; (med) visitare.

examiner [ɪɡˈzæmɪnə*] s esaminatore (m).

example [ɪɡˈzɑːmpl] s esempio ◊ **for example** per esempio; **to set a good example to** dare il buon esempio a.

exasperate [ɪgˈzæspəreɪt] *v tr* esasperare.

excavation [ˌekskəˈveɪʃn] *s* scavo.

exceed [ɪkˈsiːd] *v tr* superare, oltrepassare.

excel [ɪkˈsel] *v intr* eccellere ◊ *v tr* superare.

excellence [ˈeksələns] *s* eccellenza.

excellent [ˈeksələnt] *agg* eccellente.

except [ɪkˈsept] *prep* eccetto, tranne ◊ **except for** a parte, fatta eccezione per.

except [ɪkˈsept] *cong* ◊ **except (that)** salvo che, solo che; **except when** salvo quando.

exception [ɪkˈsepʃn] *s* eccezione (*f*) ◊ **to take exception to** trovare da ridire su.

exceptional [ɪkˈsepʃənl] *agg* eccezionale.

excerpt [ˈeksɜːpt] *s* estratto, brano, stralcio.

excess [ɪkˈses] *s* eccesso ◊ **excess fare** supplemento sul prezzo del biglietto; **excess luggage** bagaglio in eccedenza; **excess postage** soprattassa postale.

excessive [ɪkˈsesɪv] *agg* eccessivo.

exchange [ɪksˈtʃeɪndʒ] *s* scambio; (*fin*) cambio; (*telefono*) centralino ◊ **in exchange for** in cambio di; **Stock Exchange** Borsa Valori; **exchange rate** tasso di cambio.

exchange [ɪksˈtʃeɪndʒ] *v tr* cambiare, scambiare ◊ **to exchange dollars for euros** cambiare dollari in euro.

Exchequer [ɪksˈtʃekə*] *s* (*BrE*) lo Scacchiere (*m*), ministero delle Finanze, del Tesoro.

excise [ek'saɪz] *s* imposta, dazio.

excite [ɪkˈsaɪt] *v tr* eccitare; stimolare; suscitare.

excited [ɪkˈsaɪtɪd] *agg* eccitato, agitato ◊ **to get excited** emozionarsi, eccitarsi.

excitement [ɪkˈsaɪtmənt] *s* eccitazione (*f*), agitazione (*f*).

exciting [ɪkˈsaɪtɪŋ] *agg* emozionante, eccitante.

exclaim [ɪkˈskleɪm] *v intr* esclamare.

exclamation [ˌekskləˈmeɪʃn] *s* esclamazione (*f*) ◊ **exclamation mark** punto esclamativo.

exclude [ɪkˈskluːd] *v tr* escludere.

exclusive [ɪkˈskluːsɪv] *agg* esclusivo ◊ **exclusive of VAT** IVA esclusa.

excommunicate [ˌekskəˈmjuːnɪkeɪt] *v tr* scomunicare.

excruciating [ɪkˈskruːʃɪeɪtɪŋ] *s* straziante, atroce.

excursion [ɪkˈskɜːʃn] *s* gita, escursione (*f*) ◊ **excursion ticket** biglietto festivo.

excuse [ɪkˈskjuːs] *s* scusa.

excuse [ɪkˈskjuːz] *v tr* scusare ◊ **excuse me** scusi, permesso.

ex-directory [ˌeksdɪˈrektərɪ] *agg* fuori elenco telefonico.

execute [ˈeksɪkjuːt] *v tr* eseguire; (*giur*) giustiziare.

execution [ˌeksɪˈkjuːʃn] *s* esecuzione (*f*); (*giur*) esecuzione (*f*) capitale.

executioner [ˌeksɪˈkjuːʃnə*] *s* boia (*m*), carnefice (*m*).

executive [ɪgˈzekjʊtɪv] *agg* esecutivo.

executive [ɪgˈzekjʊtɪv] *s* dirigente (*m/f*); (*polit*) esecutivo.

exemplary [ɪgˈzemplərɪ] *agg* esemplare.

exemplify [ɪgˈzemplɪfaɪ] *v tr* esemplificare.

exempt [ɪgˈzempt] *agg* esente, esonerato.

exempt [ɪgˈzempt] *v tr* esentare.

exemption [ɪgˈzempʃn] *s* esenzione (*f*).

exercise [ˈeksəsaɪz] *s* esercizio; esercizio fisico, moto ◊ **exercise book** quaderno; **exercise bike** cyclette.

exercise [ˈeksəsaɪz] *v tr/intr* esercitare, esercitarsi, fare moto.

exert [ɪgˈzɜːt] *v tr* esercitare ◊ **to exert oneself** sforzarsi.

exertion [ɪgˈzɜːʃn] *s* sforzo.

exhale [eksˈheɪl] *v tr* espirare.

exhaust [ɪgˈzɔːst] *s* gas (*m*) di scarico ◊ **exhaust (pipe)** tubo di scappamento.

exhaust [ɪgˈzɔːst] *v tr* esaurire, sfinire.

exhausted [ɪgˈzɔːstɪd] *agg* esausto, sfinito.

exhaustive [ɪgˈzɔːstɪv] *agg* esauriente.

exhibit [ɪgˈzɪbɪt] *v tr* esporre; (*coraggio*) dimostrare.

exhibition [ˌeksɪˈbɪʃn] *s* mostra, esposizione (*f*).

exhibitor [ɪgˈzɪbɪtə*] *s* espositore (*m*).

exhilarating [ɪgˈzɪləreɪtɪŋ] *agg* stimolante; esilarante.

exhort [ɪgˈzɔːt] *v tr* esortare.

exile [ˈeksaɪl] *s* esilio; (*persona*) esule (*m/f*).

exile [ˈeksaɪl] *v tr* esiliare.

exist [ɪgˈzɪst] *v intr* esistere.

existence [ɪgˈzɪstəns] *s* esistenza.

exit [ˈeksɪt] *s* uscita ◊ **exit visa** visto di uscita.

exonerate [ɪgˈzɒnəreɪt] *v tr* discolpare.

exotic [ɪgˈzɒtɪk] *agg* esotico.

expand [ɪkˈspænd] *v tr/intr* espandere, espandersi; allargare; (*metallo*) dilatarsi.

expanse [ɪkˈspæns] *s* distesa, estensione (*f*).

expansion [ɪkˈspænʃn] *s* espansione (*f*); (*metallo*) dilatazione (*f*).

expansive [ɪkˈspænsɪv] *agg* espansivo.

expatriate [eksˈpætrɪət] *agg, s* residente (*m/f*) all'estero.

expect [ɪkˈspekt] *v tr* aspettare, aspettarsi; pensare, supporre; esigere, richiedere ◊ **to be expecting a baby** aspettare un bambino; **to expect the worst** aspettarsi il peggio; **it was to be expected** c'era da aspettarselo.

expectancy [ɪkˈspektənsɪ] *s* aspettativa, attesa.

expectant [ɪkˈspektənt] *agg* in attesa ◊ **an expectant mother** una donna incinta.

expectation [ˌekspekˈteɪʃn] *s* aspettativa, speranza.

expedient [ɪkˈspiːdjənt] *agg* conveniente, opportuno, vantaggioso.

expedient [ɪkˈspiːdjənt] *s* espediente (*m*).

expedition [,ekspɪ'dɪʃn] *s* spedizione (*f*).

expel [ɪk'spel] *v tr* espellere.

expend [ɪk'spend] *v tr* spendere; consumare.

expendable [ɪk'spendəbl] *agg* sacrificabile.

expenditure [ɪk'spendɪtʃə*] *s* spesa, spese (*pl*); consumo.

expense [ɪk'spens] *s* spesa, costo ◊ **at the expense of** a spese di; **expense account** conto spese.

expensive [ɪk'spensɪv] *agg* caro, costoso.

experience [ɪk'spɪərɪəns] *s* esperienza ◊ **from experience** per esperienza.

experience [ɪk'spɪərɪəns] *v tr* provare, sperimentare.

experienced [ɪk'spɪərɪənst] *agg* esperto, pratico.

experiment [ɪk'sperɪmənt] *s* esperimento, prova.

experiment [ɪk'sperɪment] *v intr* sperimentare, fare esperimenti.

experimental [ek,sperɪ'mentl] *agg* sperimentale.

expert ['ekspə:t] *agg*, *s* esperto.

expertise [,ekspə:'ti:z] *s* competenza; perizia, expertise (*f*).

expire [ɪk'spaɪə*] *v intr* scadere.

expiry [ɪk'spaɪərɪ] *s* scadenza.

explain [ɪk'spleɪn] *v tr* spiegare.

explanation [,eksplə'neɪʃn] *s* spiegazione (*f*).

explanatory [ɪk'splænətərɪ] *agg* esplicativo.

explicit [ɪk'splɪsɪt] *agg* esplicito.

explode [ɪk'spləʊd] *v intr* esplodere.

exploit ['eksplɔɪt] *s* impresa.

exploit [ɪk'splɔɪt] *v tr* sfruttare.

exploitation [,eksplɔɪ'teɪʃn] *s* sfruttamento.

exploratory [ek'splɔrətərɪ] *agg* esplorativo.

explore [ɪk'splɔ:*] *v tr* esplorare; esaminare.

explorer [ɪk'splɔ:rə*] *s* esploratore (*m*).

explosion [ɪk'spləʊʒn] *s* esplosione (*f*).

explosive [ɪk'spləʊsɪv] *agg*, *s* esplosivo.

exponent [ek'spəʊnənt] *s* esponente (*m/f*).

export ['ekspɔ:t] *s* esportazione (*f*); articolo di esportazione ◊ **export trade** commercio di esportazione.

export [ek'spɔ:t] *v tr* esportare.

exporter [ek'spɔ:tə*] *s* esportatore (*m*).

expose [ɪk'spəʊz] *v tr* esporre; svelare, smascherare.

exposure [ɪk'spəʊʒə*] *s* esposizione (*f*); (*fot*) posa; (*med*) assideramento.

expound [ɪk'spaʊnd] *v tr* esporre.

express [ɪk'spres] *agg* espresso; preciso, chiaro ◊ **express letter** (lettera) espresso.

express [ɪk'spres] *s* treno espresso.

express [ɪk'spres] *v tr* esprimere.

expression [ɪk'spreʃn] *s* espressione (*f*).

expressive [ɪk'spresɪv] *agg* espressivo, significativo.

expressway [ɪk'spresweɪ] *s* (*AmE*) autostrada.

expulsion [ɪk'spʌlʃn] *s* espulsione (*f*).

exquisite ['ekskwɪzɪt] *agg* squisito, raffinato.

extant [ek'stænt] *agg* ancora esistente.

extend [ɪk'stend] *v tr/intr* estendere, estendersi; prolungare, prolungarsi; (*casa*) ampliare.

extension [ɪk'stenʃn] *s* estensione (*f*), prolungamento; (*comm*) proroga; (*edificio*) annesso; (*filo, tavolo*) prolunga; (*telefono*) interno, apparecchio supplementare.

extensive [ɪk'stensɪv] *agg* esteso, ampio, vasto; (*agr*) estensivo.

extent [ɪk'stent] *s* estensione (*f*), entità ◊ **to some extent** fino a un certo punto; **to a great extent** in larga misura; **to what extent?** fino a che punto?

extenuating [ek'stenjʋeɪtɪŋ] *agg* (*giur*) attenuante.

exterior [ek'stɪərɪə*] *agg* esteriore, esterno.

exterior [ek'stɪərɪə*] *s* esterno; esteriorità, aspetto esteriore.

exterminate [ɪk'stɜːmɪneɪt] *v tr* sterminare.

external [ɪk'stɜːnl] *agg* esterno, esteriore.

extinct [ɪk'stɪŋkt] *agg* estinto ◊ **extinct volcano** vulcano spento.

extinction [ɪk'stɪŋkʃn] *s* estinzione (*f*).

extinguish [ɪk'stɪŋgwɪʃ] *v tr* estinguere, spegnere.

extinguisher [ɪk'stɪŋgwɪʃə*] *s* estintore (*m*).

extort [ɪk'stɔːt] *v tr* estorcere.

extortion [ɪk'stɔːʃn] *s* estorsione (*f*).

extortionate [ɪk'stɔːʃnət] *agg* esorbitante.

extra ['ekstrə] *agg* extra, supplementare ◊ **extra luggage** bagaglio in eccedenza; **extra charge, fare** supplemento.

extra ['ekstrə] *avv* in più; particolarmente.

extra ['ekstrə] *s* extra (*m*), supplemento; (*cine*) comparsa.

extract [ɪk'strækt] *v tr* estrarre; (*fig*) estorcere.

extract ['ekstrækt] *s* estratto; brano, citazione (*f*).

extraction [ɪk'strækʃn] *s* estrazione (*f*); origine (*f*).

extradition [,ekstrə'dɪʃn] *s* estradizione (*f*).

extramarital [,ekstrə'mærɪtl] *agg* extraconiugale.

extramural [,ekstrə'mjʋərəl] *agg* ◊ **extramural studies** studi fuori dell'università; **extramural hospital care** assistenza medica domiciliare.

extraneous [ek'streɪnjəs] *agg* estraneo; fuori luogo.

extraordinary [ɪk'strɔːdɪnrɪ] *agg* straordinario.

extrasensory [,ekstrə'sensərɪ] *agg* extrasensoriale.

extraterrestrial [,ekstrətə'restrɪəl] *agg*, *s* extraterrestre (*m*).

extravagance [ɪk'strævəgəns] *s* sperpero; stravaganza.

extravagant [ɪk'strævəgənt] *agg* prodigo; eccessivo.

extreme [ɪk'striːm] *agg* estremo;

(*dolore, rabbia*) profondo.
extremist [ɪk'striːmɪst] *agg, s* estremista (*m/f*).
extremity [ɪk'streməti] *s* estremità; estremo; estremismo.
extricate ['ekstrɪkeɪt] *v tr* districare.
extrovert ['ekstrəvɜːt] *s* estroverso.
exuberance [ɪg'zjuːbərəns] *s* esuberanza; (*albero*) rigoglio.
exuberant [ɪg'zjuːbərənt] *agg* esuberante; (*natura*) lussureggiante.
exude [ɪg'zjuːd] *v tr/intr* trasudare; emanare.
exult [ɪg'zʌlt] *v intr* esultare.
eye [aɪ] *s* occhio; (*ago*) cruna ◊ **eye specialist** oculista; **eye drops** gocce oculari, collirio; **to keep an eye on** tenere d'occhio; **to have an eye for, to** avere occhio per, sapere cogliere; **to see eye to eye with** andare d'accordo con.
eye [aɪ] *v tr* guardare, osservare.
eyebrow ['aɪbraʊ] *s* sopracciglio.
eyelash ['aɪlæʃ] *s* ciglio.
eyelid ['aɪlɪd] *s* palpebra.
eye-opener ['aɪ,əʊpnə*] *s* rivelazione (*f*).
eye-shadow ['aɪ,ʃædəʊ] *s* ombretto.
eyesight ['aɪsaɪt] *s* vista.
eyesore ['aɪsɔː*] *s* (*fig*) pugno in un occhio.
eyestrain ['aɪstreɪn] *s* affaticamento degli occhi.
eyetooth (*pl* **-teeth**) ['aɪtuːθ, tiːθ] *s* (*dente*) canino.
eyewash ['aɪwɒʃ] *s* collirio.
eyewitness ['aɪ'wɪtnɪs] *s* testimone (*m/f*) oculare.

F

F [ef] *s* (*mus*) fa (*m*).
fable ['feɪbl] *s* favola.
fabric ['fæbrɪk] *s* stoffa.
fabricate ['fæbrɪkeɪt] *v tr* inventare.
fabulous ['fæbjʊləs] *agg* favoloso.
façade [fə'sɑːd] *s* facciata.
face [feɪs] *s* faccia; (*orologio*) quadrante (*m*); (*edificio*) facciata; (*montagna*) parete (*f*) ◊ **face cloth** guanto di spugna; **face to face** faccia a faccia; **to lose face** perdere la faccia; **face down** a faccia in giù.
face [feɪs] *v tr* essere di fronte a; (*problema*) affrontare; (*parete*) rivestire ◊ **let's face it** guardiamo in faccia la realtà.
▶ **face up to** affrontare.
faceless ['feɪsləs] *agg* anonimo.
face lift ['feɪs,lɪft] *s* lifting (*m*); (*edificio*) ripulita, restauro.
facial ['feɪʃl] *s* trattamento di bellezza al viso.
facile ['fæsaɪl] *agg* facile; semplicistico.
facilities [fə'sɪlətɪz] *s pl* attrezzature, strutture; agevolazioni (*f*).
fact [fækt] *s* fatto ◊ **in fact** infatti, di fatto.
fact-finding ['fækt,faɪndɪŋ] *agg* di inchiesta.
faction ['fækʃn] *s* fazione (*f*); faziosità.
factor ['fæktə*] *s* fattore (*m*).
factory ['fæktərɪ] *s* fabbrica, stabilimento.
factual ['fæktʃʊəl] *agg* che si attiene ai fatti.

faculty ['fæklti] s facoltà.

fad [fæd] s capriccio; fisima.

fade [feid] v intr sbiadire; (fiore) appassire; (luce, suono) affievolirsi, svanire.

fag [fæg] s lavoraccio, sfacchinata; (BrE) sigaretta ◊ **fag end** mozzicone.

fail [feil] v intr fallire, non riuscire; mancare ◊ v tr venire a mancare; (scuola) essere bocciato, bocciare ◊ **words fail me** mi mancano le parole.

failing ['feiliŋ] s difetto.

failing ['feiliŋ] prep in mancanza di.

failure ['feiljə*] s fallimento; (tecn) guasto; (med) collasso.

faint [feint] agg debole; (speranza) vago.

faint [feint] s svenimento.

faint [feint] v intr svenire.

faint-hearted [,feint'ha:tid] agg timido.

faintness ['feintnis] s debolezza.

fair [feə*] agg onesto, giusto, leale; considerevole; (capelli) biondo; (pelle) chiaro; (tempo) bello ◊ **fair play** correttezza; **fair copy** bella copia; **the fair sex** il gentil sesso.

fair [feə*] avv lealmente.

fair [feə*] s fiera.

fairly ['feəli] avv onestamente, abbastanza.

fairy ['feəri] s fata ◊ **fairy tale** fiaba.

faith [feiθ] s fede (f); fiducia ◊ **to keep faith** mantenere la parola data; **in good, bad faith** in buona, mala fede.

faithful ['feiθful] agg fedele.

faithfully ['feiθfuli] avv fedelmente ◊ (BrE) **yours faithfully** distinti saluti.

fake [feik] v tr falsificare; fingere.

fake [feik] s impostore (m); (quadro) falso.

fake [feik] agg falso.

falcon ['fɔ:lkən] s falco.

fall [fɔ:l] s caduta; (prezzi) ribasso; (temperatura) abbassamento; (AmE) autunno ◊ pl cascate ◊ **Niagara Falls** cascate del Niagara.

fall (p **fell** pp **fallen**) [fɔ:l, fel, 'fɔ:lən] v intr cadere; (prezzi, temperatura) scendere ◊ **to fall to pieces** cadere a pezzi; **to fall asleep** addormentarsi; **to fall ill, sick** ammalarsi; **to fall in love (with)** innamorarsi (di); **to fall short of** venire meno a, non soddisfare.

▶ **fall through** fallire.

fallen ['fɔ:lən] pp di **fall**.

falling ['fɔ:liŋ] agg cadente.

fallout ['fɔ:laut] s ricaduta radioattiva, fall out (m).

false [fɔ:ls] agg falso ◊ **set of false teeth** dentiera.

falter ['fɔ:ltə*] v intr esitare, vacillare.

fame [feim] s fama.

familiar [fə'miljə*] agg familiare; intimo ◊ **to be familiar with** avere dimestichezza con; **to be on familiar terms with** essere in confidenza con.

familiarity [fə,mili'ærəti] s familiarità.

familiarize [fə'miljəraiz] v tr familiarizzare.

103

family ['fæmɪlɪ] *s* famiglia ◊ **family name** cognome; **she's in the family way** è incinta.

famine ['fæmɪn] *s* carestia.

famished ['fæmɪʃt] *agg* affamato.

famous ['feɪməs] *agg* famoso.

fan [fæn] *s* ventaglio; ventilatore (*m*); tifoso, fan (*m/f*).

fan [fæn] *v tr* far vento a; (*fig*) alimentare.

fanatic [fə'nætɪk] *s* fanatico.

fanciful ['fænsɪful] *agg* fantasioso, immaginario.

fancy ['fænsɪ] *agg* estroso ◊ **fancy dress** costume.

fancy ['fænsɪ] *s* fantasia; capriccio.

fancy ['fænsɪ] *v tr* immaginare; desiderare ◊ **fancy that!** pensa un po'!; **fancy meeting her!** chi avrebbe mai pensato di incontrarla!; **what do you fancy for dinner?** cosa ti andrebbe per cena?

fang [fæŋ] *s* zanna; (*serpente*) dente (*m*).

fantastic [fæn'tæstɪk] *agg* fantastico.

fantasy ['fæntəsɪ] *s* fantasia.

far [fɑ:*] *agg* lontano ◊ **the Far East** l'Estremo Oriente.

far [fɑ:*] *avv* lontano; molto ◊ **far away, far off** lontano; **far from it!** al contrario!; **go as far as the station** vada fino alla stazione; **as far as I know** per quanto ne so; **so far** finora; **by far** di gran lunga; **far worse** molto peggiore.

farce [fɑ:s] *s* farsa.

farcical ['fɑ:sɪkl] *agg* farsesco.

fare [feə*] *s* tariffa, prezzo della corsa.

farewell [ˌfeə'wel] *s, inter* addio.

far-fetched [fɑ:'fetʃt] *agg* inverosimile.

farm [fɑ:m] *s* fattoria; (*polli ecc.*) allevamento ◊ **farm labourer** lavoratore agricolo.

farm [fɑ:m] *v tr/intr* coltivare.

farmer ['fɑ:mə*] *s* agricoltore (*m*).

farming ['fɑ:mɪŋ] *s* agricoltura; (*di animali*) allevamento.

farmyard ['fɑ:mjɑ:d] *s* aia.

far-reaching [ˌfɑ:'ri:tʃɪŋ] *agg* di vasta portata.

far-sighted [ˌfɑ:'saɪtɪd] *agg* lungimirante; (*AmE*) presbite.

farther ['fɑ:ðə*] *avv, agg* più lontano.

farthest ['fɑ:ðɪst] *agg, avv* il più lontano.

fascinate ['fæsɪneɪt] *v tr* affascinare.

fascism ['fæʃɪzəm] *s* fascismo.

fascist ['fæʃɪst] *s* fascista (*m/f*).

fashion ['fæʃn] *s* moda; modo, maniera ◊ **in fashion** alla moda; **out of fashion** fuori moda; **in the latest fashion** all'ultima moda; **fashion show** sfilata di moda; **to set the fashion** lanciare la moda.

fashionable ['fæʃnəbl] *agg* alla moda.

fast [fɑ:st] *agg* veloce; (*orologio*) avanti ◊ **fast lane** corsia di sorpasso.

fast [fɑ:st] *avv* rapidamente; saldamente ◊ **fast asleep** profondamente addormentato.

fast [fɑ:st] *s* digiuno.

fast [fɑ:st] *v intr* digiunare.

fasten ['fɑ:sn] *v tr/intr* chiudere,

chiudersi; fissare, fissarsi; allacciare, allacciarsi.

fastener ['fɑːsnə*] *s* chiusura; fermaglio.

fastidious [fə'stɪdɪəs] *agg* esigente, schizzinoso.

fat [fæt] *agg*, *s* grasso ◊ **fat-free** senza grassi; **to get fat** ingrassare.

fatal ['feɪtl] *agg* fatale, mortale.

fatality [fə'tælətɪ] *s* fatalità; vittima (di incidente).

fate [feɪt] *s* fato, sorte (*f*).

fateful ['feɪtful] *agg* fatidico, decisivo.

father ['fɑːðə*] *s* padre (*m*).

father-in-law ['fɑːðərɪnlɔː] *s* suocero.

fatherland ['fɑːðəlænd] *s* patria.

fatherly ['fɑːðəlɪ] *agg* paterno.

fathom ['fæðəm] *s* (*mar*) fathom (*unità di misura di profondità*).

fathom ['fæðəm] *v tr* sondare, penetrare.

fatigue [fə'tiːg] *s* stanchezza.

fatless ['fætlɪs] *agg* (*cuc*) senza grassi.

fatness ['fætnɪs] *s* pinguedine (*f*).

fatten ['fætn] *v tr/intr* ingrassare.

fatty ['fætɪ] *agg* grasso; oleoso.

faucet ['fɔːsɪt] *s* (*AmE*) rubinetto.

fault [fɔːlt] *s* colpa; difetto; (*tennis*) fallo; (*geologia*) faglia ◊ **it's your fault** è colpa tua.

faultless ['fɔːtlɪs] *agg* impeccabile, perfetto.

faulty ['fɔːltɪ] *agg* difettoso.

favor ['feɪvə*] *s*, *v tr* (*AmE*) v. **favour**.

favour ['feɪvə*] *s* favore (*m*) ◊ **to**

find favour with incontrare il favore di; **in favour of** a favore di.

favour ['feɪvə*] *v tr* favorire; essere a favore di.

favourable ['feɪvərəbl] *agg* favorevole.

favourably ['feɪvərəblɪ] *avv* favorevolmente.

favourite ['feɪvərɪt] *agg*, *s* favorito.

fawn [fɔːn] *agg* fulvo.

fawn [fɔːn] *s* cerbiatto.

fawn on ['fɔːn,ɒn] *v intr* adulare con servilismo.

fax [fæks] *s* fax (*m*) ◊ **fax (machine)** (apparecchio per) fax.

fax [fæks] *v tr* faxare, mandare via fax.

fear [fɪə*] *s* paura, timore (*m*).

fear [fɪə*] *v tr/intr* temere ◊ **I fear so, not** temo di sì, di no.

fearful ['fɪəful] *agg* pauroso; (*rumore ecc.*) spaventoso.

fearless ['fɪəlɪs] *agg* intrepido, coraggioso.

feasible ['fiːzəbl] *agg* fattibile, realizzabile.

feast [fiːst] *s* banchetto; (*relig*) festa.

feat ['fiːt] *s* impresa, prodezza.

feather ['feðə*] *s* penna.

feather-brained ['feðəbreɪnd] *s* sciocco, sventato.

featherweight ['feðəweɪt] *s* (*sport*) peso piuma.

feature ['fiːtʃə*] *s* caratteristica; (*giornale*) servizio speciale ◊ *pl* fisionomia (*sing*) ◊ **feature film** lungometraggio.

feature ['fiːtʃə*] *v tr* avere come protagonista ◊ **a film featuring**

Tom Cruise un film con Tom Cruise come protagonista.

February ['februərɪ] s febbraio.

fed [fed] p, pp di feed.

federation [ˌfedə'reɪʃn] s federazione (f).

fed up [ˌfed'ʌp] agg stufo.

fee [fiː] s onorario, parcella; (scuola) tassa, retta.

feeble ['fiːbl] agg debole.

feed [fiːd] s (animale) mangime (m); (neonato) pasto; (tecn) alimentazione (f).

feed (p, pp fed) [fiːd, fed] v tr nutrire; (neonato) allattare; (tecn) alimentare ◊ v intr mangiare, nutrirsi di.

▶ **feed in** (inform) introdurre, caricare;

▶ **feed up** far ingrassare.

feedback ['fiːdbæk] s feedback (m), retroazione (f).

feeding bottle ['fiːdɪŋˌbɒtl] s biberon (m).

feel [fiːl] s tatto, sensazione (f).

feel (p, pp felt) [fiːl, felt] v tr/intr tastare; sentire, provare; sembrare ◊ **to feel ill, well** sentirsi male, bene; **to feel hungry, cold** avere fame, freddo; **to feel like (doing something)** avere voglia (di fare qualcosa); **it feels like snow** sembra che stia per nevicare; **it feels soft** è morbido (al tatto); **I feel that I am right** penso di avere ragione.

feeling ['fiːlɪŋ] s sensazione (f), sentimento (m).

feet [fiːt] s pl di foot.

feign [feɪn] v tr fingere.

fell [fel] p di fall.

fell [fel] v tr (albero) abbattere.

fellow ['feləʊ] s tipo, persona; compagno; socio; (college ecc.) membro ◊ **fellow citizen** concittadino; **fellow countryman** compatriota.

fellow feeling [ˌfeləʊ'fiːlɪŋ] s intesa, simpatia.

fellowship [feləʊʃɪp] s amicizia; associazione (f); borsa di studio post-universitaria.

felt [felt] p, pp di feel.

felt [felt] s feltro.

felt-tip pen [ˌfeltɪp'pen] s pennarello.

female ['fiːmeɪl] s femmina.

female ['fiːmeɪl] agg femminile.

feminist ['femɪnɪst] s femminista (m/f).

fence [fens] s recinto.

fence [fens] v tr recintare ◊ v intr tirare di scherma.

fencing ['fensɪŋ] s scherma.

fender ['fendə*] s (AmE) (aut) parafango, paraurti (m).

ferment ['fɜːment] s agitazione (f), eccitazione (f).

fern [fɜːn] s felce (f).

ferocious [fə'rəʊʃəs] agg feroce.

ferocity [fə'rɒsətɪ] s ferocia (f).

ferry ['ferɪ] v tr traghettare.

ferry ['ferɪ], **ferryboat** ['ferɪbəʊt] s traghetto, nave (f) traghetto.

fertile ['fɜːtaɪl] agg fertile; (biol) fecondo.

fertility [fə'tɪlətɪ] s fertilità; (biol) fecondità.

fertilize ['fɜːtɪlaɪz] v tr fertilizzare; (biol) fecondare.

fertilizer ['fɜːtɪlaɪzə*] s fertilizzante (m).

fervent ['fɜːvənt] *agg* fervente.

festival ['festəvl] *s* festa; (*mus*) festival (*m*).

festivity [fe'stɪvɪtɪ] *s* festa ◊ *pl* festeggiamenti.

fetch [fetʃ] *v tr* andare a prendere; fruttare.

fetching ['fetʃɪŋ] *agg* attraente, seducente.

fetters ['fetəz] *s pl* catene.

feud ['fjuːd] *s* faida, lotta.

fever ['fiːvəˌ] *s* febbre (*f*).

feverish ['fiːvərɪʃ] *agg* febbricitante; (*fig*) febbrile, frenetico.

few [fjuː] *agg*, *pron* pochi ◊ **a few** alcuni; **very few** pochissimi; **in a few days** fra qualche giorno.

fewer ['fjuːəˌ] *agg*, *pron* meno ◊ **the fewer the better** meno siamo meglio è.

fewest ['fjuːɪst] *agg* il minor numero di.

fiancé [fɪ'ɑːnseɪ] *s* fidanzato.

fiancée [fɪ'ɑːnseɪ] *s* fidanzata.

fib [fɪb] *s* frottola.

fiber ['faɪbəˌ] *s* (*AmE*) fibra.

fibre ['faɪbəˌ] *s* fibra.

fibreglass ['faɪbəɡlɑːs] *s* fibra di vetro.

fickle ['fɪkl] *agg* volubile.

fiction ['fɪkʃən] *s* narrativa, romanzi (*pl*); finzione (*f*).

fictitious [fɪk'tɪʃəs] *agg* fittizio, falso.

fiddle ['fɪdl] *s* imbroglio; (*mus*) violino.

fiddle ['fɪdl] *v tr* falsificare ◊ *v intr* suonare il violino.

fidelity [fɪ'delətɪ] *s* fedeltà; precisione (*f*).

fidget ['fɪdʒɪt] *v intr* dimenarsi, agitarsi.

fidgety ['fɪdʒɪtɪ] *agg* irrequieto, agitato.

field [fiːld] *s* campo.

fiend [fiːnd] *s* demonio.

fiendish ['fiːndɪʃ] *agg* demoniaco.

fierce [fɪəs] *agg* feroce, crudele; (*calore*) intenso; (*resistenza*) accanito.

fiery ['faɪərɪ] *agg* infuocato, ardente.

fifteen [fɪf'tiːn] *agg*, *s* quindici (*m*).

fifth [fɪfθ] *agg*, *s* quinto.

fiftieth ['fɪtɪθ] *agg*, *s* cinquantesimo.

fifty ['fɪftɪ] *agg*, *s* cinquanta (*m*) ◊ **the fifties** gli anni Cinquanta.

fifty-fifty [,fɪftɪ'fɪftɪ] *agg*, *avv* a metà ◊ **a fifty-fifty chance** il 50% di probabilità.

fig [fɪɡ] *s* fico.

fight [faɪt] *s* lotta; (*milit*) combattimento; rissa; (*boxe*) incontro.

fight (*p*, *pp* **fought**) [faɪt, fɔːt] *v tr/intr* combattere, battersi.

fighter ['faɪtəˌ] *s* lottatore (*m*), combattente (*m/f*); (*aereo*) caccia (*m*).

fighting ['faɪtɪŋ] *s* lotta ◊ *agg* combattivo, battagliero.

figure ['fɪɡəˌ] *s* figura; cifra ◊ **to cut a poor figure** fare una brutta figura.

figure ['fɪɡəˌ] *v intr* figurare ◊ *v tr* (*AmE*) immaginare, credere ◊ **it figures** è logico, la cosa quadra.

▶ **figure out** riuscire a capire.

file [faɪl] *s* lima; dossier (*m*), incartamento; schedario; (*inform*) file (*m*), archivio; fila.

file [faɪl] *v tr* limare; (*carte*) schedare, archiviare ◊ *v intr* (*truppe*) sfilare.

filing cabinet ['faɪlɪŋ,kæbɪnɪt] *s* schedario.

Filipino [fɪlɪ'piːnəʊ] *agg*, *s* filippino.

fill [fɪl] *s* sazietà.

fill [fɪl] *v tr* riempire; (*dente*) otturare; (*cuc*) farcire; (*carica*) ricoprire ◊ *v intr* riempirsi (di) ◊ **to fill a vacancy** occupare un posto libero.
▶ **fill in** riempire; (*modulo*) compilare;
▶ **fill up** fare il pieno (di benzina).

fillet ['fɪlɪt] *s* (*cuc*) filetto.

filling ['fɪlɪŋ] *s* (*med*) otturazione (*f*); (*cuc*) ripieno.

filling station ['fɪlɪŋ,steɪʃn] *s* stazione (*f*) di servizio, di rifornimento.

film [fɪlm] *s* strato sottile; (*fot*) pellicola; (*cine*) film (*m*).

film [fɪlm] *v tr* filmare; coprire con una pellicola.

filmy ['fɪlmɪ] *agg* trasparente, sottile.

filter ['fɪltə*] *s* filtro.

filter ['fɪltə*] *v tr* filtrare.

filter-tipped ['fɪltətɪpt] *agg* col filtro.

filth [fɪlθ] *s* sporcizia; (*fig*) oscenità.

filthy ['fɪlθɪ] *agg* sporco.

fin [fɪn] *s* pinna.

final [faɪnl] *agg* finale.

final [faɪnl] *s* (*sport*) finale (*f*) ◊ *pl* (*scuola*) esami finali.

finalist ['faɪnəlɪst] *s* finalista (*m/f*).

finalize ['faɪnəlaɪz] *v tr* ultimare, mettere a punto.

finally ['faɪnəlɪ] *avv* infine; finalmente; definitivamente.

finance [faɪ'næns] *s* finanza ◊ *pl* finanze, entrate.

finance [faɪ'næns] *v tr* finanziare.

financial [faɪ'nænʃl] *agg* finanziario.

financier [faɪ'nænsɪə*] *s* finanziatore (*m*).

finch [fɪntʃ] *s* fringuello.

find [faɪnd] *s* scoperta.

find (*p, pp* **found**) [faɪnd, faʊnd] *v tr* trovare ◊ **to find fault with** trovare da ridire su; **to find guilty** dichiarare colpevole.
▶ **find out** scoprire; cogliere in flagrante.

findings ['faɪndɪŋz] *s pl* risultati, conclusioni (*f*).

fine [faɪn] *s* multa.

fine [faɪn] *agg* bello; eccellente; fine ◊ **fine arts** belle arti.

fine [faɪn] *avv* bene.

fine [faɪn] *v tr* multare.

finery ['faɪnərɪ] *s* abiti (*pl*) eleganti.

finger ['fɪŋgə*] *s* dito.

finger ['fɪŋgə*] *v tr* toccare, tastare.

fingernail ['fɪŋgəneɪl] *s* unghia.

fingerprint ['fɪŋgəprɪnt] *s* impronta digitale.

fingertip ['fɪŋgətɪp] *s* punta del dito.

finicky ['fɪnɪkɪ] *agg* schizzinoso.

finish ['fɪnɪʃ] *s* fine (*f*); finitura.

finish ['fɪnɪʃ] *v tr/intr* finire; (*sport*) classificarsi.
▶ **finish off** finire;

▶ **finish up** finire ◊ **to finish up a meal** mangiare tutto.

finite ['faɪnaɪt] *agg* limitato.

Finn [fɪn] *s* finlandese (*m/f*).

Finnish ['fɪnɪʃ] *agg* finlandese ◊ *s* (*lingua*) finlandese (*m*).

fiord [fjɔːd] *s* fiordo.

fir [fɜ:*] *s* abete (*m*).

fire ['faɪə*] *s* fuoco; incendio; stufa; (*fig*) ardore (*m*), entusiasmo ◊ **fire alarm** allarme antincendio; **fire brigade** vigili del fuoco, pompieri; **fire engine** autopompa; **fire extinguisher** estintore; **fire station** caserma dei pompieri.

fire ['faɪə*] *v tr* sparare; (*dipendente*) licenziare; (*fig*) infiammare ◊ *v intr* sparare.

firearm ['faɪərɑ:m] *s* arma da fuoco.

fireman (*pl* -men) ['faɪəmən] *s* pompiere (*m*).

fireplace ['faɪəpleɪs] *s* focolare (*m*), caminetto.

fireproof ['faɪəpru:f] *agg* resistente al fuoco, ignifugo.

firewood ['faɪəwʊd] *s* legna da ardere.

fireworks ['faɪəwɜ:ks] *s pl* fuochi d'artificio.

firm [fɜ:m] *agg* fermo, saldo.

firm [fɜ:m] *s* ditta, azienda.

first [fɜ:st] *agg* primo ◊ **first thing** per prima cosa; **first name** nome di battesimo; **at first sight** a prima vista.

first [fɜ:st] *avv* per primo; per prima cosa; per la prima volta; inizialmente ◊ **first of all** prima di tutto.

first [fɜ:st] *s* primo; (*aut*) prima; (*scuola*) laurea con lode ◊ **at first** all'inizio.

first-aid [,fɜ:st'eɪd] *s* pronto soccorso ◊ **first-aid kit** cassetta del pronto soccorso.

firstborn ['fɜ:stbɔ:n] *agg*, *s* primogenito.

first-class [,fɜ:st'klɑ:s] *agg* di prima classe, eccellente.

first-hand [,fɜ:st'hænd] *agg*, *avv* di prima mano.

firstly ['fɜ:stli] *agg* in primo luogo.

first night [,fɜ:st'naɪt] *s* (*teatro*) prima.

first-rate [,fɜ:st'reɪt] *agg* di prim'ordine; di prima qualità.

firth [fɜ:θ] *s* estuario.

fiscal ['fɪskl] *agg* fiscale.

fish (*pl inv* o -es) [fɪʃ] *s* pesce (*m*) ◊ **fish farm** vivaio; (*BrE*) **fish fingers**, (*AmE*) **fish sticks** bastoncini di pesce (surgelati).

fish [fɪʃ] *v tr/intr* pescare.

fisherman (*pl* -men) ['fɪʃəmən] *s* pescatore (*m*).

fishing ['fɪʃɪŋ] *s* pesca ◊ **fishing line** lenza; **fishing rod** canna da pesca.

fishmonger ['fɪʃmʌŋgə*] *s* pescivendolo.

fishy ['fɪʃɪ] *agg* equivoco, losco.

fissure ['fɪʃə*] *s* fessura, crepa.

fist [fɪst] *s* pugno.

fit [fɪt] *agg* adatto, appropriato; conveniente; (*sport*) in forma ◊ **to keep fit** mantenersi in forma.

fit [fɪt] *v tr/intr* adattare, adattarsi; andare bene (a); concordare (con); (*scarpe, guanti*) calzare ◊ **to fit like**

a glove calzare come un guanto, stare a pennello; **to fit on a tyre** montare una gomma.

fit [fɪt] *s* (*abiti*) misura; (*med*) attacco ◊ **it's a tight fit** è una misura un po' stretta; **a fit of rage** un accesso, uno scatto d'ira; **by fits and starts** a sbalzi.

fitful ['fɪtful] *agg* irregolare.

fitment ['fɪtmənt] *s* mobile (*m*) a muro.

fitness ['fɪtnɪs] *s* forma fisica.

fitted carpet [ˌfɪtɪd'kɑːpɪt] *s* moquette (*f*).

fitting ['fɪtɪŋ] *agg* appropriato.

fitting ['fɪtɪŋ] *s* (*abiti*) prova; (*scarpe*) numero ◊ *pl* impianti; accessori ◊ **fitting room** camerino.

five [faɪv] *agg, s* cinque (*m*).

fiver ['faɪvə*] *s* (*BrE*) biglietto da cinque sterline; (*AmE*) biglietto da cinque dollari.

fix [fɪks] *s* ◊ **to be in a fix** essere nei guai.

fix [fɪks] *v tr* fissare; riparare; (*pasto ecc.*) preparare; (*capelli*) sistemare.

▶ **fix up** fissare; sistemare.

fixed [fɪkst] *agg* fisso; stabilito ◊ **fixed price** prezzo fisso.

fixture ['fɪkstʃə*] *s* impianto; (*sport*) incontro.

fizzy ['fɪzɪ] *agg* frizzante, gassato.

flabbergasted ['flæbəgɑːstɪd] *agg* sbalordito.

flabby ['flæbɪ] *agg* floscio, flaccido.

flag [flæg] *s* bandiera; pietra per lastricare.

flag [flæg] *v tr* lastricare ◊ *v intr* stancarsi, perdere entusiasmo.

▶ **flag down** far cenno di fermarsi a.

flagon ['flægən] *s* caraffa; bottiglione (*m*).

flagstone ['flægstəun] *s* pietra per lastricare.

flair [fleə*] *s* predisposizione (*f*); fiuto ◊ **he has a flair for languages** è portato per le lingue.

flake [fleɪk] *s* (*neve*) fiocco; (*sapone*) scaglia.

flake [fleɪk] *v intr* sfaldarsi; (*pelle*) squamarsi; (*vernice*) scrostarsi.

flamboyant [flæm'bɔɪənt] *agg* vistoso, sgargiante.

flame [fleɪm] *s* fiamma.

flamingo [flə'mɪŋgəu] *s* fenicottero.

flammable ['flæməbəl] *agg* infiammabile.

flank [flæŋk] *s* fianco.

flannel ['flænl] *s* (*tessuto*) flanella; (*BrE*) guanto di spugna.

flap [flæp] *s* lembo, falda; (*tasca*) patta; (*cappello*) tesa; (*tavolo*) ribalta; (*ala*) battito, colpo ◊ **to be in a flap** essere in agitazione.

flap [flæp] *v tr/intr* (*ali*) battere; (*bandiera, vela*) sbattere, sventolare.

flare [fleə*] *s* razzo; bagliore (*m*); (*gonna*) svasatura.

flare [fleə*] *v intr* avvampare, fiammeggiare.

▶ **flare up** divampare; (*di rabbia*) infiammarsi.

flash [flæʃ] *s* (*radio, TV*) notizia in breve; lampo (*m*); (*fot*) flash (*m*) ◊ **in a flash** in un baleno; **a flash of lightning** un lampo.

flash [flæʃ] *v intr* lampeggiare, brillare; sfrecciare; (*idea*) balenare ◊ *v tr* (*sguardo*) lanciare.

flashbulb ['flæʃbʌlb] *s* (*fot*) cubo flash.

flasher ['flæʃə*] *s* lampeggiatore (*m*).

flashlight ['flæʃlaɪt] *s* torcia elettrica; (*fot*) flash (*m*).

flashy ['flæʃɪ] *agg* vistoso, sgargiante.

flask [flɑːsk] *s* fiaschetta; borraccia.

flat [flæt] *agg* piatto; (*pneumatico*) a terra; (*batteria*) scarico; (*bibita*) svaporato; (*rifiuto*) netto; (*prezzo*) fisso; (*mus*) bemolle.

flat [flæt] *s* appartamento; pianura; (*aut*) gomma a terra; (*mus*) bemolle (*m*).

flatly ['flætlɪ] *avv* categoricamente.

flatten ['flætn] *v tr/intr* appiattire, appiattirsi.

▶ **flatten out** spianare.

flatter ['flætə*] *v tr* adulare, lusingare.

flattery ['flætərɪ] *s* lusinga, adulazione (*f*).

flavor ['fleɪvə*] *s*, *v tr* (*AmE*) v. **flavour**.

flavour ['fleɪvə*] *s* gusto.

flavour ['fleɪvə*] *v tr* aromatizzare ◊ **lemon-flavoured** al gusto di limone.

flaw [flɔː] *s* difetto.

flawless ['flɔːlɪs] *agg* perfetto.

flax [flæks] *s* lino.

flea [fliː] *s* pulce (*f*).

fleck [flek] *s* macchiolina.

fled [fled] *p*, *pp di* **flee**.

flee (*p*, *pp* **fled**) [fliː, fled] *v tr/intr* fuggire (da).

fleet [fliːt] *s* flotta.

fleeting ['fliːtɪŋ] *agg* fugace.

Flemish ['flemɪʃ] *agg*, *s* fiammingo.

flesh [fleʃ] *s* carne (*f*); (*frutta*) polpa.

flew [fluː] *p di* **fly**.

flex [fleks] *v tr* flettere.

flexible ['fleksəbl] *agg* flessibile.

flexitime ['fleksɪ,taɪm] *s* orario flessibile.

flick [flɪk] *s* colpetto.

flicker ['flɪkə*] *v intr* tremolare.

flight [flaɪt] *s* volo; fuga; (*di uccelli*) stormo ◊ **flight of steps, of stairs** rampa di scale, scalinata; **flight recorder** scatola nera.

flighty ['flaɪtɪ] *agg* frivolo.

flimsy ['flɪmzɪ] *agg* leggero; (*scusa*) poco convincente.

flinch [flɪntʃ] *v intr* indietreggiare.

fling (*p*, *pp* **flung**) [flɪŋ, flʌŋ] *v tr* gettare.

flint [flɪnt] *s* selce (*f*); (*accendino*) pietrina.

flip [flɪp] *s* colpetto.

flippant ['flɪpənt] *agg* irriverente.

flipper ['flɪpə*] *s* pinna.

flirt [flɜːt] *v intr* flirtare.

flit [flɪt] *v intr* svolazzare, volteggiare.

float [fləʊt] *s* galleggiante (*m*); (*in processione*) carro.

float [fləʊt] *v intr* galleggiare; (*nell'aria*) fluttuare.

▶ **float about, around** circolare.

flock [flɒk] *s* (*pecore*) gregge (*m*); (*uccelli*) stormo; (*gente*) folla.

flog [flɒg] *v tr* frustare.

111

flood [flʌd] *s* alluvione (*f*); (*parole, lacrime*) fiume (*m*); (*fig*) marea, ondata.

flood [flʌd] *v tr/intr* allagare, allagarsi; (*fiume*) straripare; (*gente*) invadere, riversarsi.

flooding ['flʌdɪŋ] *s* inondazione (*f*); allagamento.

floodlight ['flʌdlaɪt] *s* riflettore (*m*).

floor [flɔː*] *s* pavimento; (*di edificio*) piano; (*di valle ecc.*) fondo ◊ **first floor** primo piano, (*AmE*) pianterreno; **second floor** secondo piano, (*AmE*) primo piano.

floor [flɔː*] *v tr* pavimentare; gettare a terra.

floorshow ['flɔːʃəʊ] *s* spettacolo di varietà.

flop [flɒp] *s* fiasco, insuccesso.

flop [flɒp] *v intr* fallire, far fiasco; lasciarsi cadere.

floppy ['flɒpɪ] *agg* floscio ◊ **floppy (disk)** dischetto, floppy disk.

floral ['flɔːrəl] *agg* floreale.

Florentine ['flɒrəntaɪn] *agg, s* fiorentino.

florid ['flɒrɪd] *agg* florido; (*stile*) fiorito.

florist ['flɒrɪst] *s* fioraio.

floss [flɒs] *s* ◊ **dental floss** filo interdentale.

flounce [flaʊns] *s* scatto; (*di abito*) balza.

flounce [flaʊns] *v intr* muoversi con impazienza.

flounder ['flaʊndə*] *v intr* dibattersi, annaspare.

flour ['flaʊə*] *s* farina.

flourish ['flʌrɪʃ] *v intr* fiorire, prosperare.

flout [flaʊt] *v tr* violare.

flow [fləʊ] *s* corso (d'acqua); (*fig*) flusso.

flow [fləʊ] *v intr* fluire, scorrere; (*marea*) montare.

flower ['flaʊə*] *s* fiore (*m*) ◊ **flower bed** aiuola; **flower pot** vaso da fiori.

flowery ['flaʊərɪ] *agg* fiorito.

flown [fləʊn] *pp di* **fly**.

flu [fluː] *s* influenza.

fluctuate ['flʌktjʊeɪt] *v intr* fluttuare, oscillare.

fluency ['fluːənsɪ] *s* scioltezza.

fluent ['fluːənt] *agg* sciolto ◊ **to speak fluent English** parlare inglese correntemente.

fluently ['fluːntlɪ] *avv* correntemente.

fluff [flʌf] *s* lanugine (*f*).

fluffy ['flʌfɪ] *agg* lanuginoso; soffice.

fluid ['fluːɪd] *agg*, *s* fluido.

flung [flʌŋ] *p*, *pp di* **fling**.

flurry ['flʌrɪ] *s* turbine (*m*); (*fig*) fermento.

flush [flʌʃ] *s* rossore (*m*); (*gabinetto*) sciacquone (*m*).

flush [flʌʃ] *v intr* arrossire ◊ *v tr* ripulire con un getto d'acqua ◊ **to flush the toilet** tirare l'acqua.

flustered ['flʌstərəd] *agg* agitato, sconvolto.

flute [fluːt] *s* flauto.

flutter ['flʌtə*] *v tr/intr* battere le ali; svolazzare; (*cuore*) battere in modo irregolare.

fluvial ['fluːvjəl] *agg* fluviale.

flux [flʌks] *s* flusso ◊ **in a state of flux** fluido, in continuo mutamento.

fly [flaɪ] *s* mosca; (*calzoni*) patta.

fly (*p* **flew** *pp* **flown**) [flaɪ, fluː, fləʊn] *v intr* volare ◊ *v tr* pilotare; trasportare in volo ◊ **to fly from** scappare da; **to fly into a passion** infuriarsi; **to fly off the handle** perdere le staffe.

flying ['flaɪɪŋ] *s* volo.

flying ['flaɪɪŋ] *agg* volante ◊ **flying saucer** disco volante; **flying squad** squadra mobile, volante.

flyover ['flaɪˌəʊvə*] *s* cavalcavia (*m*).

flysheet ['flaɪʃiːt] *s* (*tenda*) soprotetto.

foam [fəʊm] *s* schiuma ◊ **foam rubber** gommapiuma.

foam [fəʊm] *v intr* spumeggiare; schiumare.

focal ['fəʊkl] *agg* focale.

focus ['fəʊkəs] *s* fuoco; (*fig*) centro ◊ **in focus** a fuoco; **out of focus** sfocato.

focus ['fəʊkəs] *v tr/intr* mettere a fuoco, focalizzare, concentrarsi (*su*).

fog [fɒg] *s* nebbia.

foggy ['fɒgɪ] *agg* nebbioso.

foible ['fɔɪbl] *s* mania.

foil [fɔɪl] *s* foglio di alluminio; (*sport*) fioretto.

foil [fɔɪl] *v tr* frustrare, sventare.

fold [fəʊld] *v tr/intr* piegare, piegarsi; avvolgere; (*braccia*) incrociare.

folder ['fəʊldə*] *s* cartella, raccoglitore (*m*).

folding ['fəʊldɪŋ] *agg* pieghevole.

foliage ['fəʊlɪɪdʒ] *s* fogliame (*m*).

folk [fəʊk] *s pl* gente (*f sing*) ◊ **my folks** i miei (familiari).

follow ['fɒləʊ] *v tr/intr* seguire; risultare, derivare; (*mestiere*) esercitare.

follower ['fɒləʊə*] *s* seguace (*m/f*).

following ['fɒləʊɪŋ] *agg* seguente.

follow-up ['fɒləʊʌp] *s* (lettera di) sollecito; (*di articolo*) seguito; (*med*) visita di controllo.

folly ['fɒlɪ] *s* pazzia, follia.

fond [fɒnd] *agg* affettuoso; appassionato ◊ **he's fond of music** gli piace la musica; **I'm fond of him** gli voglio bene.

fondle ['fɒndl] *v tr* accarezzare.

fondness ['fɒndnɪs] *s* affettuosità.

food [fuːd] *s* cibo.

foodstuffs ['fuːdstʌfs] *s pl* generi alimentari.

fool [fuːl] *s* sciocco; (*cuc*) mousse (*f*) alla frutta ◊ **All Fool's Day** il primo d'aprile; **to make a fool of** farsi beffe di; **to make a fool of oneself** rendersi ridicolo; **to play the fool** fare il buffone.

fool [fuːl] *v intr* fare lo stupido ◊ *v tr* ingannare.

foolery ['fuːlərɪ] *s* sciocchezza.

foolish ['fuːlɪʃ] *agg* sciocco; assurdo.

foolproof ['fuːlpruːf] *agg* infallibile; facilissimo.

foot (*pl* **feet**) [fʊt, fiːt] *s* piede (*m*); (*unità di misura di lunghezza*) piede (*m*) ◊ **on foot** a piedi.

football ['fʊtbɔːl] *s* pallone (*m*); (*BrE*) gioco del calcio; (*AmE*) football (*m*) americano.

footballer ['futbɔːlə*] s (*BrE*) calciatore (*m*).

foot-brake ['futbreɪk] s freno a pedale.

footbridge ['futbrɪdʒ] s passerella.

footing ['futɪŋ] s punto d'appoggio; (*fig*) posizione (*f*) ◊ **to lose one's footing** mettere il piede in fallo; **on equal footing** alla pari.

footlights ['futlaɪts] s pl luci (*f*) della ribalta.

footmark ['futmɑːk] s orma.

footnote ['futnəut] s nota a piè di pagina.

footpath ['futpɑːθ] s sentiero; (*in strada*) marciapiede (*m*).

footprint ['futprɪnt] s orma.

footstep ['futstep] s passo; orma.

footwear ['futweə*] s calzature (*pl*).

for [fɔː*] *prep* per; malgrado ◊ **I have been here for two months** sono qui da due mesi; **what's this for?** a che cosa serve?; **for all her efforts, she didn't win** malgrado tutti i suoi sforzi, non ha vinto.

for [fɔː*] *cong* poiché.

forbade [fə'bæd] *p di* forbid.

forbearing [fɔː'beərɪŋ] *agg* paziente, tollerante.

forbid (*p* forbade *pp* forbidden) [fə'bɪd, fə'bæd, fə'bɪdn] *v tr* proibire, vietare.

forbidden [fə'bɪdn] *pp di* forbid.

forbidden [fə'bɪdn] *agg* proibito.

forbidding [fə'bɪdɪŋ] *agg* severo; minaccioso.

force [fɔːs] s forza.

force [fɔːs] *v tr* forzare, costringere.

forcible ['fɔːsəbl] *agg* energico.

ford [fɔːd] s guado.

fore [fɔː*] *avv* (*mar*) a prua.

fore [fɔː*] s ◊ **to come to the fore** venire alla ribalta.

forearm ['fɔːrɑːm] s avambraccio.

forecast (*p, pp* forecast) ['fɔːkɑːst, fɔːkɑːst] *v tr* prevedere.

forecast ['fɔːkɑːst] s previsione (*f*).

forefather ['fɔːˌfɑːðə*] s antenato, avo.

forefinger ['fɔːˌfɪŋgə*] s (*dito*) indice (*m*).

forego (*p* forewent *pp* foregone) [fɔː'gəu, fɔː'went, fɔː'gɒn] *v tr* rinunciare a.

foregone [fɔː'gɒn] *pp di* forego.

foregone [fɔː'gɒn] *agg* previsto, scontato.

foreground ['fɔːgraund] s primo piano.

forehead ['fɒrɪd] s fronte (*f*).

foreign ['fɒrən] *agg* straniero; (*comm*) estero; (*oggetto*) estraneo ◊ **foreign exchange** cambio estero; valuta estera; (*BrE*) **Foreign Office** Ministero degli Esteri; (*BrE*) **Foreign Secretary** Ministro degli Esteri.

foreigner ['fɒrənə*] s straniero.

foreleg ['fɔːleg] s zampa anteriore.

foreman (*pl* -men) ['fɔːmən] s caporeparto, caposquadra (*m/f*).

foremost ['fɔːməust] *agg* primo, principale.

foremost ['fɔːməust] *avv* ◊ **first and foremost** innanzitutto.

forerunner ['fɔːˌrʌnə*] s precursore (*m*).

foresaw [fɔː'sɔː] *p di* foresee.

foresee (*p* foresaw *pp* foreseen)

[fɔː'siː, fɔː'sɔː, fɔː'siːn] v tr prevedere.

foreseeable [fɔː'siːəbl] agg prevedibile.

foreseen [fɔː'siːn] pp di **foresee**.

foreshadow [fɔː'ʃædəu] v tr presagire.

foresight ['fɔːsait] s previdenza.

forest ['fɒrist] s foresta.

foretaste ['fɔːteist] s assaggio, anticipazione (f).

foretell (p, pp **foretold**) [fɔː'tel, fɔː'təuld] v tr predire.

foretold [fɔː'təuld] p, pp di **foretell**.

forever [fə'revə*] avv per sempre.

forewent p di **forego**.

forfeit [fɔːfit] s penalità, multa.

forfeit ['fɔːfit] v tr perdere; essere privato di.

forgave [fə'geiv] p di **forgive**.

forge [fɔːdʒ] v tr contraffare, falsificare.

forger [fɔːdʒə*] s falsario.

forgery ['fɔːdʒəri] s contraffazione (f).

forget (p **forgot** pp **forgotten**) [fə'get, fə'gɒt, fə'gɒtn] v tr/intr dimenticare, dimenticarsi.

forgetful [fə'getful] agg smemorato; dimentico.

forget-me-not [fə'getmint] s (bot) nontiscordardimé (m).

forgivable [fə'givəbl] agg perdonabile.

forgive (p **forgave** pp **forgiven**) [fə'giv, fə'geiv, fə'givn] v tr perdonare.

forgiven [fə'givn] pp di **forgive**.

forgiveness [fə'givnis] s perdono.

forgo v. **forego**.

forgot [fə'gɒt] p di **forget**.

forgotten [fə'gɒtn] pp di **forget**.

fork [fɔːk] s forchetta; (agr) forca; (strada) biforcazione (f).

fork [fɔːk] v intr svoltare; (strada) biforcarsi.

form [fɔːm] s forma; modulo; banco; (scuola) classe (f).

form [fɔːm] v tr formare.

formal [fɔːml] agg formale; (cena ecc.) ufficiale; (abito) da cerimonia.

formality [fɔː'mæliti] s formalità.

format ['fɔːmæt] s formato.

format ['fɔːmæt] v tr (inform) formattare.

formation [fɔː'meiʃn] s formazione (f).

formative ['fɔːmətiv] agg formativo.

former ['fɔːmə*] agg precedente; ex.

former ['fɔːmə*] pron primo ◊ the former... the latter il primo... il secondo.

formerly ['fɔːməli] avv precedentemente, in passato.

formidable [fɔː'midəbl] agg formidabile; arduo.

formula ['fɔːmjulə] s formula; (AmE) cibo per neonati.

formulate ['fɔːmjuleit] v tr formulare.

forsake (p **forsook** pp **forsaken**) [fə'seik, fə'suk, fə'seikən] v tr abbandonare.

forsaken [fə'seikən] pp di **forsake**.

forsook [fə'suk] p di **forsake**.

115

fort [fɔːt] s forte (m).

forth [fɔːθ] avv (in) avanti ◊ **and so forth** e così via.

forthcoming [ˌfɔː·θ'kʌmɪŋ] agg imminente, prossimo; (aiuto) disponibile; (carattere) cordiale.

fortieth ['fɔːtɪɪθ] agg, s quarantesimo.

fortify ['fɔːtɪfaɪ] v tr (milit) fortificare; (fig) rafforzare; (cibo) arricchire.

fortitude ['fɔːtɪtjuːd] s forza d'animo.

fortnight ['fɔːtnaɪt] s quindici giorni (pl); due settimane (pl).

fortnightly ['fɔːtˌnaɪtlɪ] agg quindicinale ◊ avv ogni due settimane.

fortress ['fɔːtrɪs] s fortezza, rocca.

fortunate ['fɔːtʃnət] agg fortunato ◊ **it is fortunate that** è una fortuna che.

fortune ['fɔːtʃuːn] s fortuna.

fortune-teller ['fɔːtʃən,telə*] s indovino.

forty ['fɔːtɪ] agg, s quaranta (m) ◊ **the forties** gli anni Quaranta.

forward ['fɔːwəd] agg in avanti; in anticipo; insolente.

forward ['fɔːwəd] s (sport) attaccante (m/f).

forward ['fɔːwəd] v tr promuovere; (posta) inoltrare.

forward(s) ['fɔːwəd(z)] avv avanti, in avanti.

forwent [fɔː'went] p di forgo.

foster-child ['fɒstət̬ʃaɪld] s bambino in affidamento.

foster-mother ['fɒstəmʌðə*] s madre affidataria.

fought [fɔːt] p, pp di fight.

foul [faʊl] agg cattivo; (linguaggio) osceno ◊ **foul play** crimine; gioco sleale.

foul [faʊl] s (sport) fallo.

foul [faʊl] v tr sporcare; (sport) commettere fallo su.

found [faʊnd] p, pp di find.

found [faʊnd] v tr fondare.

foundation [faʊn'deɪʃn] s fondazione (f); (fig) fondamento ◊ pl fondamenta (f) ◊ **foundation (cream)** fondotinta.

fountain ['faʊntɪn] s fontana; fonte (f).

fountain pen ['faʊntɪnpen] s penna stilografica.

four [fɔː*] agg, s quattro ◊ **to go on all fours** camminare carponi.

fourteen [ˌfɔː'tiːn] agg, s quattordici (m).

fourth [fɔːθ] agg, s quarto.

fowl [faʊl] s pollame (m); volatile (m).

fox [fɒks] s volpe (f).

foxhunt ['fɒkshʌnt] s caccia alla volpe.

foxy ['fɒksɪ] agg (AmE) sexy.

fraction ['frækʃn] s frazione (f).

fracture ['fræktʃə*] s frattura.

fragile ['frædʒaɪl] agg fragile.

fragment ['frægmənt] s frammento.

fragrant ['freɪɡrənt] agg fragrante, profumato.

frail [freɪl] agg debole; fragile.

frailty ['freɪltɪ] s debolezza.

frame [freɪm] s struttura, ossatura; (quadro) cornice (f); (occhiali) montatura; (porta) telaio ◊ **frame of mind** stato d'animo.

frame [freɪm] *v tr* incorniciare; (*piano*) dare forma a.

framework ['freɪmwɜːk] *s* struttura, intelaiatura.

franchise ['fræntʃaɪz] *s* (*polit*) diritto di voto; (*comm*) contratto di esclusiva.

frank [fræŋk] *agg* franco, schietto.

frankfurter ['fræŋkfɜːtə*] *s* (*cuc*) würstel (*m*).

frantic ['fræntɪk] *agg* frenetico, convulso.

fraternal [frə'tɜːnl] *agg* fraterno.

fraternity [frə'tɜːnətɪ] *s* fratellanza; associazione (*f*); (*AmE*) confraternita, club (*m*) di studenti (maschi).

fraud [frɔːd] *s* frode (*f*); (*persona*) impostore (*m*).

fraught [frɔːt] *agg* (*with*) carico (di), pieno (di).

fray [freɪ] *s* rissa.

fray [freɪ] *v tr/intr* logorare, logorarsi.

freak [friːk] *s* mostro; fanatico.

freckle [frekl] *s* lentiggine (*f*).

free [friː] *agg* libero; gratuito ◊ **free kick** (calcio di) punizione; **free trade** libero scambio; **free pass** lasciapassare; **free will** libero arbitrio.

free [friː] *v tr* liberare.

freedom ['friːdəm] *s* libertà.

Freefone ['friːfəʊn] *s* numero verde.

freelance ['friːlɑːns] *s* collaboratore (*m*) esterno; libero professionista (*m*); freelance (*m/f*).

freely ['friːlɪ] *avv* liberamente.

Freepost ['friːpəʊst] *s* affrancatura a carico del destinatario.

freestyle ['friːstaɪl] *s* (*nuoto*) stile (*m*) libero; lotta libera.

freeway ['friːweɪ] *s* (*AmE*) superstrada.

freeze (*p* **froze** *pp* **frozen**) [friːz, frəʊz, 'frəʊzn] *v tr/intr* gelare, congelare ◊ **Police! Freeze!** Fermi tutti! Polizia!

freeze [friːz] *s* gelo.

freeze-dried ['friːzdraɪd] *agg* liofilizzato.

freezer ['friːzə*] *s* congelatore (*m*).

freezing ['friːzɪŋ] *agg* gelido ◊ **freezing point** punto di congelamento, zero.

freight [freɪt] *s* trasporto merci; nolo; carico ◊ (*AmE*) **freight train** treno merci.

freight [freɪt] *v tr* caricare; spedire; (*navi, aerei*) noleggiare.

freighter ['freɪtə*] *s* spedizioniere (*m*); cargo (*m*).

French [frentʃ] *agg* francese ◊ *s* (*lingua*) francese (*m*) ◊ **the French** i francesi; **to take French leave** andarsene senza avvertire; (*AmE*) **French fries** patatine fritte (a bastoncino); **French beans** fagiolini verdi; **French dressing** condimento per insalata, vinaigrette; **French bread** baguette, filone di pane; **French window** portafinestra.

Frenchman (*pl* **-men**) ['frentʃmən] *s* francese (*m*).

Frenchwoman (*pl* **-women**) ['frentʃ,wʊmən, wɪmɪn] *s* francese (*f*).

frenzy ['frenzɪ] *s* frenesia.

frequency ['friːkwənsɪ] *s* frequenza.

frequent ['fri:kwənt] *agg* frequente.

frequent [fri'kwent] *v tr* frequentare.

fresco ['freskəʊ] *s* affresco.

fresh [freʃ] *agg* fresco; nuovo; (*acqua*) dolce; sfacciato ◊ **to make a fresh start** ricominciare da capo.

freshen ['freʃn] *v tr* rinfrescare.

▶ **freshen up** rinfrescarsi.

freshly ['freʃlɪ] *avv* di recente.

freshwater ['freʃwɔ:tə*] *agg* di acqua dolce.

fret [fret] *v intr* agitarsi, preoccuparsi.

friar ['fraɪə*] *s* frate (*m*).

friction ['frɪkʃn] *s* frizione (*f*), attrito.

Friday ['fraɪdɪ] *s* venerdì (*m*).

fridge [frɪdʒ] *s* frigorifero.

fried [fraɪd] *agg* fritto.

friend [frend] *s* amico ◊ **a friend of mine** un mio amico.

friendly ['frendlɪ] *agg* amichevole, cordiale.

friendship ['frendʃɪp] *s* amicizia.

frieze [fri:z] *s* fregio.

fright [fraɪt] *s* paura, spavento.

frighten ['fraɪtn] *v tr* spaventare, far paura a.

frightening ['fraɪtnɪŋ] *agg* spaventoso, pauroso.

frightful ['fraɪtfʊl] *agg* orribile.

frigid ['frɪdʒɪd] *agg* glaciale.

frill [frɪl] *s* balza, trina.

fringe [frɪndʒ] *s* frangia; margine (*m*).

frisk [frɪsk] *v tr* perquisire.

frisky ['frɪskɪ] *agg* vispo.

fritter ['frɪtə*] *s* frittella.

frivolous ['frɪvələs] *agg* frivolo.

frizzy ['frɪzɪ] *agg* crespo.

frock [frɒk] *s* abito.

frog [frɒg] *s* rana.

frogman (*pl* **-men**) ['frɒgmən] *s* uomo rana, sommozzatore (*m*).

frolic ['frɒlɪk] *v intr* saltellare, sgambettare.

from [frɒm] *prep* da ◊ **from abroad** dall'estero; **from now on** d'ora in poi; **from then on** da allora in poi; **where are you from?** di dove sei?

front [frʌnt] *s* facciata, davanti (*m*); (*milit, polit*) fronte (*m*) ◊ (**sea**) **front** lungomare; **in front of** davanti a; **front of the stage** ribalta.

front [frʌnt] *agg* anteriore ◊ **front door** ingresso principale; **front page** prima pagina.

front [frʌnt] *v tr* fronteggiare ◊ *v intr* essere esposto (a), guardare (su).

frontier ['frʌn,tɪə*] *s* frontiera.

frost [frɒst] *s* gelo, brina.

frosted ['frɒstɪd] *agg* brinato; (*cuc*) glassato; (*vetro*) smerigliato.

frosty ['frɒstɪ] *agg* gelato; (*fig*) gelido.

froth [frɒθ] *s* schiuma.

frown [fraʊn] *v intr* accigliarsi.

froze [frəʊz] *p di* freeze.

frozen ['frəʊzn] *pp di* freeze.

frozen ['frəʊzn] *agg* (*cuc*) congelato, surgelato; (*comm*) bloccato.

frugal ['fru:gl] *agg* sobrio; (*pasto*) frugale.

fruit [fru:t] *s inv* frutto, frutta ◊ **fruit juice** succo di frutta; **fruit salad** macedonia.

fruitful ['fru:tful] *agg* fruttuoso; *(pianta)* fruttifero; *(terra)* fertile.

frustrate [frʌ'streɪt] *v tr* frustrare.

frustration [frʌ'streɪʃn] *s* frustrazione.

fry [fraɪ] *v tr/intr* friggere.

frying pan ['fraɪɪŋ,pæn] *s* padella.

fuck [fʌk] *v tr (volgare)* fottere ◊ **fuck you** vaffanculo.

fudge [fʌdʒ] *s* caramella al latte.

fuel [fjuəl] *s* combustibile *(m)*, carburante *(m)* ◊ **fuel oil** nafta; **fuel tank** serbatoio della benzina.

fugitive ['fju:dʒɪtɪv] *s* fuggiasco.

fulfil [ful'fɪl] *v tr* adempiere; *(ordine)* eseguire; *(desiderio)* appagare, soddisfare.

fullfill [ful'fɪl] *v tr (AmE)* v. **fulfil.**

fulfillment [ful'fɪlmənt] *s (AmE)* v. **fulfilment.**

fulfilment [ful'fɪlmənt] *s* adempimento; *(desiderio)* appagamento, realizzazione *(f)*.

full [ful] *agg* pieno; *(vestito)* ampio ◊ **full up** pieno zeppo; sazio; **full fare** tariffa intera; **full board** pensione completa; **full stop** punto.

full [ful] *avv* perfettamente; esattamente.

full-time ['ful'taɪm] *agg* a tempo pieno.

fully ['fulɪ] *avv* completamente; almeno.

fumble ['fʌmbl] *v intr* annaspare.

fume [fju:m] *v intr* fumare di rabbia.

fumes [fju:mz] *s pl* vapori, esalazioni *(f)*.

fun [fʌn] *s* divertimento ◊ **fun** divertirsi; **for fun** per scherzo; **to make fun of** prendersi gioco di.

function ['fʌŋkʃn] *s* funzione *(f)*; cerimonia.

function ['fʌŋkʃn] *v intr* funzionare.

functional ['fʌŋkʃənl] *agg* funzionale.

functioning ['fʌŋkʃənɪŋ] *s* funzionamento.

fund [fʌnd] *s* fondo ◊ *pl* fondi, soldi.

fundamental [,fʌndə'mentl] *agg* fondamentale.

funeral ['fju:nərəl] *s* funerale *(m)* ◊ **funeral parlour** impresa di pompe funebri.

funfair ['fʌnfeə*] *s (BrE)* luna park *(m)*.

funnel ['fʌnl] *s* imbuto; *(nave)* ciminiera.

funny ['fʌnɪ] *agg* buffo; strano, bizzarro ◊ **to feel funny** sentirsi poco bene.

fur [fɜ:*] *s* pelo; pelliccia ◊ **fur (coat)** pelliccia.

furious ['fjuərɪəs] *agg* furioso.

furlong ['fɜ:lɒŋ] *s* furlong *(m)* (= 201,16 m).

furnace ['fɜ:nɪs] *s* fornace *(f)*.

furnish ['fɜ:nɪʃ] *v tr* ammobiliare; rifornire.

furnishings [fɜ:nɪʃɪŋz] *s pl* mobili, mobilia *(sing)*.

furniture ['fɜ:nɪtʃə*] *s* mobili *(pl)*.

furrow ['fʌrəʊ] *s* solco; *(viso)* ruga.

furry ['fɜ:rɪ] *agg* peloso.

further ['fɜ:ðə*] *agg* più lontano; ulteriore.

further ['fɜ:ðə*] *avv* più avanti;

inoltre ◊ **how much further is it?** quanto manca ancora?

further ['fɜ:ðə*] v tr favorire, promuovere.

furthermore [,fɜ:ðə'mɔ:*] avv inoltre.

furthest ['fɜ:ðɪst] agg il più lontano ◊ avv alla più grande distanza.

furtive ['fɜ:tɪv] agg furtivo.

fury ['fjʊərɪ] s furia, furore (m).

fuse [fju:z] s (elettr) fusibile (m).

fuse [fju:z] v tr/intr fondere, fondersi; (valvole ecc.) (far) saltare.

fusion ['fju:ʒn] s fusione (f).

fuss [fʌs] s trambusto ◊ **to make a fuss about** fare una scenata per.

fussy ['fʌsɪ] agg pignolo; esigente; (vestito) pieno di fronzoli.

futile ['fju:taɪl] agg inutile.

future ['fju:tʃə*] agg, s futuro.

fuzzy ['fʌzɪ] agg (capelli) crespo; (foto) indistinto, sfocato.

G

G [dʒi:] s (mus) sol (m).

gab [gæb] s chiacchiera; parlantina.

gabble ['gæbl] v tr/intr borbottare, farfugliare.

Gabonese [,gæbə'ni:z] agg, s gabonese (m/f).

gadget ['gædʒɪt] s aggeggio.

Gaelic ['geɪlɪk] agg gaelico ◊ s (lingua) gaelico.

gag [gæg] s bavaglio; (teatro) battuta, gag (f).

gag [gæg] v tr imbavagliare ◊ v intr strozzarsi.

gaiety ['geɪətɪ] s gaiezza, allegria.

gain [geɪn] s guadagno.

gain [geɪn] v tr/intr guadagnare; (orologio) andare avanti ◊ **to gain friends** farsi degli amici; **to gain weight** aumentare di peso.

gainsaid [geɪn'sed] p, pp di **gainsay**.

gainsay (p, pp **gainsaid**) [,geɪn'seɪ, geɪn'sed] v tr negare.

galaxy ['gæləksɪ] s galassia.

gale [geɪl] s burrasca, vento forte.

gall [gɔ:l] s bile (f) ◊ **gall bladder** cistifellea.

gallant ['gælənt] agg valoroso; galante.

gallery ['gælərɪ] s galleria; (stampa) tribuna; (teatro) loggione (m); (arte) pinacoteca.

gallon ['gælən] s gallone (m) (unità di misura di capacità).

gallop ['gæləp] v intr galoppare.

gallows ['gæləʊz] s forca, patibolo.

gallstone ['gɔ:lstəʊn] s calcolo biliare.

galore [gə'lɔ:*] avv a iosa, a profusione.

galoshes [gə'lɒʃɪz] s pl soprascarpe.

Gambian ['gæmbɪən] agg, s gambiano.

gamble ['gæmbl] v tr/intr giocare d'azzardo, puntare ◊ **to gamble away** perdere al gioco.

gambling ['gæmblɪŋ] s gioco d'azzardo.

gambol ['gæmbl] v intr saltellare, fare capriole.

game [geɪm] s gioco; (sport) partita; (cuc) selvaggina ◊ **game licence** licenza di caccia.

game [geɪm] *agg* coraggioso; pronto.

gamekeeper ['geɪm,ki:pə*] *s* guardacaccia (*m/f*).

gammon ['gæmən] *s* prosciutto affumicato.

gang [gæŋ] *s* banda; squadra; gruppo.

gang [gæŋ] *v intr*
▶ **gang up** (*against, on*) coalizzarsi (contro).

gangrene ['gæŋgri:n] *s* cancrena.

gangway ['gæŋweɪ] *s* corridoio; passaggio; corsia; (*mar*) passerella; (*aereo*) scaletta.

gaol [dʒeɪl] *s, v tr* (*BrE*) v. **jail**.

gap [gæp] *s* buco; (*fig*) divario, gap (*m*).

gape [geɪp] *v intr* restare a bocca aperta; spalancarsi ◊ **to gape at someone** guardare a bocca aperta qualcuno.

garage ['gɑːrɑːdʒ] *s* garage (*m*); autofficina ◊ **garage sale** vendita di oggetti usati.

garbage ['gɑːbɪdʒ] *s* (*AmE*) immondizia, rifiuti (*pl*); (*fig*) sciocchezze (*pl*) ◊ **garbage can** bidone della spazzatura.

garbled ['gɑːbld] *agg* ingarbugliato, confuso.

garden ['gɑːdn] *s* giardino.

garden ['gɑːdn] *v intr* fare del giardinaggio.

gardener ['gɑːdnə*] *s* giardiniere (*m*).

gardening ['gɑːdnɪŋ] *s* giardinaggio.

gargle ['gɑːgl] *v intr* fare gargarismi.

gargoyle ['gɑːgɔɪl] *s* (*arch*) doccione (*m*).

garish ['geərɪʃ] *agg* sgargiante, vistoso.

garland ['gɑːlənd] *s* ghirlanda; corona.

garlic ['gɑːlɪk] *s* aglio.

garment ['gɑːmənt] *s* indumento.

garnish ['gɑːnɪʃ] *v tr* guarnire.

garret ['gærət] *s* soffitta, abbaino.

garrulous ['gærələs] *agg* loquace.

garter ['gɑːtə*] *s* giarrettiera.

gas [gæs] *s* gas (*m*); (*AmE*) benzina ◊ **gas cylinder** bombola del gas; **gas cooker, gas stove** cucina a gas; **gas fire** stufa a gas; **gas ring** fornello a gas; **gas meter** contatore del gas; **gas mask** maschera antigas; (*AmE*) **gas station** distributore di benzina.

gas [gæs] *v intr* asfissiare con il gas.

gasoline ['gæsəuli:n] *s* (*AmE*) benzina.

gasp [gɑːsp] *v intr* ansimare; rimanere senza fiato.

gassy ['gæsɪ] *agg* gassato.

gastritis [gæs'traɪtɪs] *s* gastrite (*f*).

gastronomy [gæ'strɒnəmɪ] *s* gastronomia.

gate [geɪt] *s* cancello.

gateway ['geɪtweɪ] *s* ingresso.

gather ['gæðə*] *v tr/intr* raccogliere, raccogliersi; (*fig*) capire ◊ **to gather speed** acquistare velocità; **to gather strength** riprendere forza.

gathering ['gæðərɪŋ] *s* raduno.

gauche [gəuʃ] *agg* goffo.

gaudy ['gɔːdɪ] *agg* vistoso.

121

gauge [geɪdʒ] *s* misura; (*tecn*) apparecchio misuratore; calibro; (*ferr*) scartamento.

gauge [geɪdʒ] *v tr* misurare; (*fig*) valutare.

gaunt [gɔːnt] *agg* scarno; (*luogo*) desolato.

gauze [gɔːz] *s* garza.

gave [geɪv] *p di* give.

gay [geɪ] *agg* omosessuale, gay; (*colore*) vivace.

gaze [geɪz] *s* sguardo fisso.

gaze [geɪz] *v intr* fissare, guardare fisso.

gazette [gə'zet] *s* gazzetta ufficiale; (*AmE*) giornale (*m*).

GCSE ['dʒiːsiːesˈiː] *s* (*BrE*) esame (*m*) di stato.

gear [gɪə*] *s* attrezzatura, equipaggiamento; (*tecn*) ingranaggio; (*aut*) marcia ◊ **top gear,** (*AmE*) **high gear** quarta, quinta marcia; **out of gear** in folle; **gear lever,** (*AmE*) **gear shift** leva del cambio.

geese [giːs] *s pl di* goose.

gem [dʒem] *s* gemma.

Gemini ['dʒemɪnaɪ] *s* Gemelli (*pl*).

gender ['dʒendə*] *s* genere (*m*).

gene [dʒiːn] *s* gene (*m*).

general ['dʒenərəl] *s* generale (*m*).

general ['dʒenərəl] *agg* generale ◊ **general practitioner** medico generico; (*AmE*) **general delivery** fermo posta.

generalize ['dʒenərəlaɪz] *v tr/intr* generalizzare.

generally ['dʒenərəli] *avv* generalmente ◊ **generally speaking** genericamente parlando.

generate ['dʒenəreɪt] *v tr* generare.

generation [,dʒenə'reɪʃn] *s* generazione (*f*).

generosity [,dʒenə'rɒsəti] *s* generosità.

generous ['dʒenərəs] *agg* generoso; abbondante.

genetic [dʒɪ'netɪk] *agg* genetico.

genetics [dʒɪ'netɪks] *s* genetica.

genial ['dʒiːnjəl] *agg* cordiale, affabile.

geniality [,dʒiːni'æləti] *s* cordialità.

genitals ['dʒenɪtlz] *s pl* genitali.

genius ['dʒiːnjəs] *s* genio.

genre ['ʒɑːnrə] *s* genere (*m*).

gentle ['dʒentl] *agg* dolce; garbato; delicato.

gentleman (*pl* **-men**) ['dʒentlmən] *s* signore (*m*); gentiluomo.

gentry ['dʒentrɪ] *s* piccola nobiltà.

gents [dʒents] *s* gabinetto (per signori).

genuine ['dʒenjuɪn] *agg* autentico; schietto; sincero.

geography [dʒɪ'ɒɡrəfɪ] *s* geografia.

geology [dʒɪ'ɒlədʒɪ] *s* geologia.

geranium [dʒɪ'reɪnjəm] *s* geranio.

geriatric [,dʒerɪ'ætrɪk] *agg* geriatrico.

germ [dʒɜːm] *s* germe (*m*) ◊ **germ warfare** guerra batteriologica.

German ['dʒɜːmən] *agg, s* tedesco ◊ **German measles** rosolia.

germicidal ['dʒɜːmɪsaɪdl] *agg* germicida.

germicide ['dʒɜːmɪsaɪd] *s* germicida (*m*).

gestation [dʒe'steɪʃn] *s* gestazione (*f*).

gesture ['dʒestʃə*] s gesto.

get (p, pp **got**, (AmE) pp **gotten**) [get, gɒt, 'gɒtn] v intr diventare; riuscire; mettersi a, cominciare; andare, arrivare; essere ◊ v tr ottenere; comperare; ricevere; far diventare; portare; irritare ◊ **to get the worst of it** avere la peggio; **to get one's living** guadagnarsi da vivere; **to get a cold** buscarsi un raffreddore; **to get something done** far fare qualcosa; **to get abroad** diffondersi.

▶ **get at** raggiungere; insinuare;

▶ **get away** fuggire;

▶ **get away with** farla franca;

▶ **get back** ritornare;

▶ **get by** cavarsela;

▶ **get off** scendere da; cavarsela;

▶ **get on** salire; procedere;

▶ **get on with** andare d'accordo;

▶ **get over** superare; riaversi da;

▶ **get through** superare; (telefono) prendere la linea;

▶ **get through to** (telefono) parlare a;

▶ **get together** riunirsi, incontrarsi;

▶ **get up** alzarsi.

get-at-able [get'ætəbl] agg accessibile.

getaway ['getəweɪ] s fuga.

geyser ['gaɪzə*] s geyser (m); (BrE) scaldabagno.

Ghanaian [gɑ:neɪən] agg, s ghanese (m/f).

ghastly ['gɑ:stlɪ] agg orrendo; spettrale.

gherkin ['gɜ:kɪn] s cetriolino.

ghetto ['getəʊ] s ghetto ◊ (AmE) **ghetto blaster** maxistereo portatile.

ghost [gəʊst] s fantasma (m).

ghosty ['gəʊstlɪ] agg spettrale.

giant ['dʒaɪənt] s gigante (m).

giant ['dʒaɪənt] agg gigantesco.

gibber ['dʒɪbə*] v intr borbottare, farfugliare.

gibberish ['dʒɪbərɪʃ] s discorso incomprensibile, senza senso.

gibe [dʒaɪb] s v. **jibe**.

giblets ['dʒɪblɪts] s pl frattaglie.

giddiness ['gɪdɪnɪs] s vertigini (f pl), capogiro.

giddy ['gɪdɪ] agg stordito; (altezza) vertiginoso; inebriante ◊ **to be giddy** avere le vertigini.

gift [gɪft] s regalo ◊ **gift token, gift voucher** buono omaggio.

gifted ['gɪftɪd] agg dotato.

gigantic [dʒaɪ'gæntɪk] agg gigantesco.

giggle ['gɪgl] v intr ridere scioccamente, ridacchiare.

gild [gɪld] v tr dorare.

gills [gɪlz] s pl branchie.

gilt [gɪlt] s doratura.

gimmick ['gɪmɪk] s trucco; trovata; aggeggio.

ginger ['dʒɪndʒə*] s zenzero; colore (m) fulvo ◊ **ginger ale, ginger beer** bibita gassata allo zenzero.

gingerbread ['dʒɪndʒəbred] s pan (m) di zenzero.

gingerly ['dʒɪndʒəlɪ] avv cautamente.

gingivitis [ˌdʒɪndʒɪ'vaɪtɪs] s gengivite (f).

gipsy ['dʒɪpsɪ] s zingaro.

giraffe [dʒɪ'rɑ:f] s giraffa.

girdle ['gɜ:dl] s cintura.

girl [gɜ:l] s ragazza; signorina.

girlfriend ['gɜːlfrend] s ragazza, fidanzata; amica.

gist [dʒɪst] s sostanza, succo.

give (p **gave** pp **given**) [gɪv, geɪv, 'gɪvn] v tr dare ◊ v intr cedere ◊ **to give birth to** dare alla luce; **to give voice to** dare voce a, esprimere; **to give alms** fare l'elemosina.

▶ **give back** restituire;

▶ **give in** cedere;

▶ **give out** annunciare; distribuire; venir meno;

▶ **give over** smettere; consegnare;

▶ **give up** rinunciare ◊ **to give oneself up** arrendersi.

giveaway ['gɪvəweɪ] s rivelazione (f); omaggio.

given ['gɪvn] pp di **give**.

glacial ['gleɪsjəl] agg glaciale.

glacier ['glæsjə*] s ghiacciaio.

glad [glæd] agg lieto, felice.

gladden ['glædn] v tr rallegrare.

gladly ['glædlɪ] avv volentieri.

glamorous ['glæmərəs] agg attraente.

glamour ['glæmə*] s fascino.

glance [glɑːns] s sguardo.

glance [glɑːns] v intr dare un'occhiata.

glancing ['glænsɪŋ] agg di striscio.

gland [glænd] s ghiandola.

glare [gleə*] s bagliore (m); riverbero; sguardo truce.

glare [gleə*] v intr rifulgere ◊ **to glare at** guardar male.

glaring ['gleərɪŋ] agg abbagliante; minaccioso; (errore) madornale.

glass [glɑːs] s vetro; bicchiere (m) ◊ pl occhiali.

glasshouse ['glɑːshaʊs] s serra.

glass-paper ['glɑːspeɪpə*] s carta vetrata.

glassware ['glɑːsweə*] s cristalleria; articoli (pl) di vetro.

glassy ['glɑːsɪ] agg cristallino; (sguardo) vitreo.

Glaswegian [glæsˈwiːdʒən] s abitante (m/f) di Glasgow ◊ agg di Glasgow.

glaze [gleɪz] s smalto; (cuc) glassa.

glaze [gleɪz] v tr fornire di vetri; (ceramica) smaltare; (cuc) glassare.

glazier ['gleɪzjə*] s vetraio.

gleam [gliːm] s barlume (m); luccichio.

gleam [gliːm] v intr splendere, luccicare.

glee [gliː] s allegria, gioia.

gleeful ['gliːfʊl] agg allegro.

glen [glen] s valle (f) stretta.

glib [glɪb] agg loquace; (promessa) facile.

glide [glaɪd] v intr scivolare; (aereo) planare.

glider [glaɪdə*] s aliante (m).

gliding [glaɪdɪŋ] s volo a vela.

glimmer ['glɪmə*] v intr luccicare; baluginare.

glimmer ['glɪmə*] s barlume (m).

glimpse [glɪmps] s visione (f) fugace.

glimpse [glɪmps] v tr intravedere.

glint [glɪnt] s scintillio.

glisten ['glɪsn] v intr luccicare, scintillare.

glitter ['glɪtə*] v intr luccicare, scintillare.

global ['gləʊbl] agg globale.

globe [gləʊb] s globo, sfera.

globetrotter ['gləʊb,trɒtə*] *s* giramondo (*m/f*).

gloom [gluːm] *s* oscurità; (*fig*) tristezza.

gloomy ['gluːmɪ] *agg* tetro; malinconico.

glorify ['glɔːrɪfaɪ] *v tr* glorificare, esaltare.

glorious ['glɔːrɪəs] *agg* glorioso; magnifico.

glory ['glɔːrɪ] *s* gloria; splendore (*m*).

glory ['glɔːrɪ] *v intr*
► **glory in** godere (di).

gloss [glɒs] *s* lucentezza ◊ **gloss (paint)** vernice a olio.

gloss [glɒs] *v tr*
► **gloss over** sorvolare su; mascherare.

glossary ['glɒsərɪ] *s* glossario.

glossy ['glɒsɪ] *agg* lucido, lucente; (*carta*) patinato.

glove [glʌv] *s* guanto ◊ **glove compartment** cassetto del cruscotto.

glow [gləʊ] *s* bagliore (*m*); (*viso*) rossore (*m*); (*fig*) ardore (*m*).

glow [gləʊ] *v intr* ardere; risplendere.

glowing ['gləʊɪŋ] *agg* incandescente; acceso; raggiante.

glow-worm ['gləʊwɜːm] *s* lucciola.

glucose ['gluːkəʊs] *s* glucosio.

glue [gluː] *s* colla.

glue [gluː] *v tr* incollare.

glum [glʌm] *agg* triste.

glut [glʌt] *s* eccesso; scorpacciata.

glutton ['glʌtən] *s* ghiottone (*m*), goloso.

gluttony ['glʌtənɪ] *s* ingordigia.

G-man (*pl* **-men**) ['dʒɪːmæn] *s*

(*AmE*) agente (*m*) federale, dell'F.B.I.

gnarled [nɑːld] *agg* nodoso.

gnash [næʃ] *v tr* digrignare.

gnat [næt] *s* moscerino.

gnaw [nɔː] *v tr/intr* rodere.

go [gəʊ] *s* mossa; energia; tentativo ◊ **it's your go** tocca a te; **full of go** dinamico; **to have a go at** provare; **it's all the go** è di gran moda; **no go!** niente da fare!

go (*p* **went** *pp* **gone**) [gəʊ, went, gɒn] *v tr/intr* andare; andarsene; funzionare; essere venduto ◊ **to go for the doctor** andare a cercare il medico; **to go pale** diventare pallido; **it goes without saying** va da sé, è ovvio; **it goes for £ 5** si vende a 5 sterline; **to be going to do** stare per fare.

► **go about** andare in giro; circolare;
► **go ahead** andare avanti;
► **go away** andarsene;
► **go back** ritornare;
► **go back on** rimangiarsi, non mantenere;
► **go by** passare; agire in base a;
► **go in** entrare;
► **go in for** intraprendere; iscriversi;
► **go into** entrare in; indagare;
► **go off** andare via; (*bomba*) esplodere; (*allarme*) scattare; (*cibo*) andare a male;
► **go on** continuare;
► **go out** uscire; (*luce, fuoco*) spegnersi;
► **go round** andare in giro; circolare; andare a trovare;

▶ **go through** attraversare; leggere da cima a fondo;

▶ **go up** salire;

▶ **go without** fare a meno di.

goad [gɛʊd] *s* pungolo.

go-ahead ['gɛʊəhed] *agg* intraprendente.

go-ahead ['gɛʊəhed] *s* via libera (*m*).

goal [gɛʊl] *s* (*sport*) rete (*f*), porta; (*fig*) scopo.

goalkeeper ['gɛʊl,ki:pə*] *s* portiere (*m*).

goat [gɛʊt] *s* capra.

gobble ['gɒbl] *v tr* ingoiare, trangugiare.

go-between ['gɛʊbɪ,twi:n] *s* intermediario.

goblet ['gɒblɪt] *s* calice (*m*).

goblin ['gɒblɪn] *s* folletto; spirito maligno.

god [gɒd] *s* dio.

godchild ['gɒdtʃaɪld] *s* figlioccio.

goddaughter ['gɒd,dɔ:tə*] *s* figlioccia.

goddess ['gɒdɪs] *s* dea.

godfather ['gɒd,fɑ:ðə*] *s* padrino.

god-fearing ['gɒd,fɪərɪŋ] *agg* devoto.

god-forsaken ['gɒdfə,seɪkən] *agg* desolato; sperduto.

godlike ['gɒdlaɪk] *agg* divino.

godmother ['gɒd,mʌðə*] *s* madrina.

godson ['gɒdsʌn] *s* figlioccio.

goggles ['gɒglz] *s pl* occhiali (di protezione).

going ['gɛʊɪŋ] *s* partenza; condizioni (*f pl*) del terreno; andatura ◊

when the going gets tough quando il gioco si fa duro.

going ['gɛʊɪŋ] *agg* corrente, in vigore; efficiente ◊ **a going concern** un'azienda avviata.

gold [gɛʊld] *s* oro.

gold [gɛʊld] *agg* d'oro.

golden ['gɛʊldən] *agg* d'oro; dorato ◊ **golden handshake** buonuscita.

goldfinch ['gɛʊldfɪntʃ] *s* cardellino.

goldfish ['gɛʊldfɪʃ] *s* pesce (*m*) rosso.

goldmine ['gɛʊldmaɪn] *s* miniera d'oro.

gold-plated [,gɛʊld'pleɪtɪd] *agg* placcato oro.

goldsmith ['gɛʊldsmɪθ] *s* orafo.

golf [gɒlf] *s* (*sport*) golf (*m*) ◊ **golf club** circolo del golf; mazza da golf; **golf course** campo da golf.

golfer ['gɒlfə*] *s* giocatore (*m*) di golf.

gone [gɒn] *pp di* go.

good [gʊd] *agg* buono; gentile ◊ **Good Friday** Venerdì Santo; **to be good at French** essere bravo in francese; **it's too good to be true** è troppo bello per essere vero; **good morning** buon giorno; **a good deal (of)** molto; **a good many** molti; **good!** bene!; **to feel good** sentirsi bene; **very good** ottimo; **good looks** bellezza.

good [gʊd] *s* bene (*m*) ◊ **for good** per sempre; **it's no good crying** piangere non serve a niente.

goodbye [gʊd'baɪ] *s, inter* addio; arrivederci (*m*).

good-looking [,gʊd'lʊkɪŋ] *agg* bello.

good-natured [ˌgʊdˈneɪtʃəd] *agg* di buon carattere.

goodness [ˈgʊdnɪs] *s* bontà ◊ **goodness gracious!**, **my goodness!**, **goodness me!**, santo cielo!

goods [gʊdz] *s pl* beni; merci (*f*).

good-tempered [ˌgʊdˈtempəd] *agg* di buon carattere.

goodwill [ˌgʊdˈwɪl] *s* benevolenza.

goose (*pl* **geese**) [guːs, giːs] *s* oca.

gooseberry [ˈguzbərɪ] *s* uva spina ◊ **to play gooseberry** reggere il moccolo.

gooseflesh [ˈguːsfleʃ], **goose pimples** [ˈguːs,pɪmplz] *s* pelle (*f*) d'oca.

gorge [gɔːdʒ] *s* (*geog*) gola.

gorgeous [ˈgɔːdʒəs] *agg* splendido, magnifico.

go-slow [ˌgəʊˈsləʊ] *s* sciopero bianco.

gospel [ˈgɒspl] *s* vangelo.

gossamer [ˈgɒsəmə*] *s* filo di ragnatela.

gossip [ˈgɒsɪp] *s* chiacchiere (*pl*), pettegolezzi (*pl*); (*persona*) pettegolo.

got [gɒt] *p*, *pp di* **get**.

gotten [ˈgɒtn] (*AmE*) *pp di* **get**.

gourmand [ˈguəmənd] *s* ghiottone (*m*).

gourmet [ˈguəmeɪ] *s* buongustaio.

gout [gaʊt] *s* gotta.

govern [ˈgʌvn] *v tr* governare, amministrare.

governess [ˈgʌvnɪs] *s* istitutrice (*f*), governante (*f*).

governing [ˈgʌvnɪŋ] *agg* direttivo.

government [ˈgʌvnmənt] *s* governo.

governor [ˌgʌvənə*] *s* governatore

(*m*); (*scuola*, *ospedale*) amministratore (*m*); (*prigione*) direttore (*m*).

gown [gaʊn] *s* veste (*f*), abito lungo; (*giudice*) toga.

GP [ˌdʒiːˈpiː] *s* medico generico.

grab [græb] *v tr* afferrare; impadronirsi di.

grabber [ˈgræbə*] *s* accaparratore (*m*), arraffone (*m*).

grace [greɪs] *s* grazia; (*comm*) dilazione, proroga.

grace [greɪs] *v tr* adornare; onorare.

graceful [ˈgreɪsfʊl] *agg* aggraziato, leggiadro.

gracious [ˈgreɪʃəs] *agg* benevolo; cortese.

gradation [grəˈdeɪʃn] *s* gradazione (*f*), sfumatura.

grade [greɪd] *s* grado; (*comm*) qualità, categoria; (*AmE*) (*scuola*) classe (*f*); voto ◊ (*AmE*) **grade school** scuola elementare.

grade [greɪd] *v tr* classificare; ordinare; graduare.

grade crossing [ˈgreɪd,krɒsɪŋ] *s* (*AmE*) passaggio a livello.

gradient [ˈgreɪdjənt] *s* pendenza.

gradual [ˈgrædʒʊəl] *agg* graduale.

graduate [ˈgrædʒuət] *s* laureato; (*AmE*) diplomato ◊ (*AmE*) **graduate school** corso di specializzazione post-laurea.

graduate [ˈgrædʒuət] *v intr* laurearsi; (*AmE*) diplomarsi.

graduation [ˌgrædjuˈeɪʃn] *s* laurea; (*AmE*) diploma (*m*).

graft [grɑːft] *s* (*bot*) innesto; (*med*) trapianto; corruzione (*f*), ruberia.

grain [greɪn] *s* cereali (*pl*); frumento; chicco; *(sabbia)* granello; *(legno)* venatura.

gram [græm] *s* grammo.

grammar ['græm*] *s* grammatica ◊ **grammar school** scuola secondaria; *(AmE)* scuola elementare.

gramme [græm] *s* grammo.

granary ['grænərɪ] *s* granaio.

grand [grænd] *agg* grandioso, imponente; magnifico.

grandchild ['græntʃaɪld] *s* nipote *(m/f)* (di nonni).

granddaughter ['græn,dɔːtə*] *s* nipote *(f)*.

grandfather ['grænd,faːðə*] *s* nonno.

grandmother ['grænd,mʌðə*] *s* nonna.

grandparents ['græn,peərənts] *s pl* nonni.

grand piano [,grændpɪ'ænəʊ] *s* pianoforte *(m)* a coda.

grandson ['grænsʌn] *s* nipote *(m)*.

granite ['grænɪt] *s* granito.

granny ['grænɪ] *s* *(colloquiale)* nonna.

grant [graːnt] *s* sovvenzione *(f)*, sussidio; *(scuola)* borsa di studio.

grant [graːnt] *v tr* accordare, concedere; *(richiesta)* accogliere; *(fondi)* stanziare ◊ **to take for granted** dare per scontato.

grape [greɪp] *s* acino ◊ *pl* uva *(sing)*.

grapefruit ['greɪpfruːt] *s* pompelmo.

grapevine ['greɪpvaɪn] *s* vite *(f)*; *(scherzoso)* voci *(f pl)* di corridoio.

graph [græf] *s* grafico, diagramma *(m)*.

graphic ['græfɪk] *agg* grafico; *(fig)* vivido.

grapple ['græpl] *v tr/intr* afferrare, afferrarsi; lottare ◊ **to grapple with** essere alle prese con.

grasp [graːsp] *s* presa, stretta; potere *(m)*; *(fig)* comprensione *(f)*.

grasp [graːsp] *v tr/intr* afferrare, aggrapparsi.

grasping [graːspɪŋ] *agg* avido.

grass [graːs] *s* erba.

grasshopper ['graːs,hɒpə*] *s* cavalletta.

grassy ['graːsɪ] *agg* erboso.

grate [greɪt] *s* griglia.

grate [greɪt] *v intr* cigolare, stridere ◊ *v tr (cuc)* grattugiare.

grateful ['greɪtful] *agg* grato, riconoscente.

grater [greɪtə*] *s* grattugia.

gratify ['grætɪfaɪ] *v tr* appagare, soddisfare.

gratitude ['grætɪtjuːd] *s* gratitudine *(f)*.

gratuity [grə'tjuːətɪ] *s* mancia; gratifica.

grave [greɪv] *s* tomba.

grave [greɪv] *agg* grave, serio.

gravel ['grævl] *s* ghiaia.

graveyard ['greɪvjaːd] *s* cimitero.

gravity ['grævətɪ] *s* *(fis)* gravità; *(fig)* serietà.

gravy ['greɪvɪ] *s* salsa; *(carne)* intingolo.

gray ['greɪ] *agg (AmE)* grigio.

graze [greɪz] *v tr* sfiorare, rasentare; *(erba)* brucare; *(med)* escoriare ◊ *v intr* pascolare.

graze [greɪz] *s* escoriazione *(f)*, graffio; tocco.

grease [gri:s] *s* grasso; lubrificante (*m*); brillantina.

grease [gri:s] *v tr* ingrassare, lubrificare.

greasy ['gri:sɪ] *agg* grasso, untuoso.

great [greɪt] *agg* grande; (*colloquiale*) fantastico ◊ **Great Britain** Gran Bretagna.

great-grandfather [,greɪt'grænd,fɑːðə*] *s* bisnonno.

great-grandmother [,greɪt'grænd,mʌðə*] *s* bisnonna.

greatly [greɪtlɪ] *avv* molto.

greatness [greɪtnɪs] *s* grandezza.

greed [gri:d] *s* cupidigia, avidità; ingordigia.

greedy ['gri:dɪ] *agg* avido; goloso, ingordo.

Greek [gri:k] *agg, s* greco ◊ **it's all Greek to me!** per me è arabo!

green [gri:n] *agg* verde.

green [gri:n] *s* verde (*m*); prato; (*golf*) green (*m*) ◊ *pl* verdura (*sing*); (*polit*) Verdi ◊ **green card** (*BrE*) carta verde; (*AmE*) permesso di soggiorno e di lavoro.

greenery ['gri:nərɪ] *s* vegetazione (*f*), verde (*m*).

greengrocer ['gri:ngrəʊsə*] *s* fruttivendolo.

greenhouse ['gri:nhaʊs] *s* serra ◊ **greenhouse effect** effetto serra.

Greenlander ['gri:nlændə*] *s* groenlandese (*m/f*).

Greenlandic [gri:n'lændɪk] *s* (*lingua*) groenlandese (*m*).

greet [gri:t] *v tr* salutare.

greeting ['gri:tɪŋ] *s* saluto ◊ *pl* auguri ◊ **greeting(s) card** biglietto di auguri.

grew [gru:] *p di* grow.

grey [greɪ] *agg* grigio.

greyhound ['greɪhaʊnd] *s* levriero.

grid [grɪd] *s* grata; (*elettr*) rete (*f*).

gridlock ['grɪdlɒk] *s* ingorgo stradale.

grief [gri:f] *s* dolore (*m*).

grievance ['gri:vns] *s* lagnanza; ingiustizia.

grieve [gri:v] *v tr/intr* affliggere, affliggersi, addolorare, addolorarsi.

grill [grɪl] *s* griglia; (*cuc*) grigliata ◊ **grill (room)** rosticceria.

grill [grɪl] *v tr* cuocere ai ferri.

grille [grɪl] *s* grata; griglia (di protezione).

grim [grɪm] *agg* arcigno; lugubre, tetro.

grimace [grɪ'meɪs] *s* smorfia.

grimace [grɪ'meɪs] *v intr* fare smorfie.

grime [graɪm] *s* sporcizia.

grimy ['graɪmɪ] *agg* sudicio.

grin [grɪn] *s* sorriso smagliante; ghigno.

grin [grɪn] *v intr* fare un gran sorriso.

grind (*p, pp* ground) [graɪnd, graʊnd] *v tr* macinare; (*lama*) arrotare.

grind [graɪnd] *s* sfacchinata.

grinder ['graɪndə*] *s* (*AmE*) tritacarne (*m*).

grip [grɪp] *s* presa; (*fig*) padronanza; borsa da viaggio ◊ **to come to grips with** venire alle prese con.

grip [grɪp] *v tr* afferrare, stringere.

gripes [graɪps] *s pl* crampi allo stomaco; colica (*sing*).

129

gripping ['grɪpɪŋ] *agg* avvincente.

gripsack ['grɪpsæk] *s* (*AmE*) borsa da viaggio.

grisly ['grɪzlɪ] *agg* macabro; orrido.

grit [grɪt] *s* ghiaia; coraggio, fegato.

groan [grəʊn] *s* gemito.

groan [grəʊn] *v intr* gemere.

grocer ['grəʊsə*] *s* droghiere (*m*), negoziante (*m/f*) di generi alimentari.

grocery ['grəʊsərɪ] *s* drogheria, negozio di generi alimentari ◊ *pl* provviste, alimentari.

groggy ['grɒgɪ] *agg* barcollante; intontito.

groin [grɔɪn] *s* inguine (*m*).

groom [gruːm] *s* staffiere (*m*); sposo.

groom [gruːm] *v tr* (*cavalli*) strigliare; (*persone*) curare; preparare.

groove [gruːv] *s* scanalatura; routine (*f*).

grope [grəʊp] *v tr/intr* brancolare, cercare a tastoni.

gross [grəʊs] *agg* volgare, rozzo; grossolano; (*peso*) lordo.

grotesque [grəʊ'tesk] *agg* grottesco.

grotto ['grɒtəʊ] *s* grotta.

ground [graʊnd] *p, pp di* grind.

ground [graʊnd] *s* terra, suolo; terreno; (*sport*) campo ◊ *pl* motivi; giardini; (*caffè*) fondi.

ground cloth ['graʊnd,klɒθ] *s* (*AmE*) v. **groundsheet**.

ground floor [,graʊnd'flɔː*] *s* (*BrE*) pianterreno.

grounding ['graʊndɪŋ] *s* (*fig*) base (*f*).

groundless ['graʊndlɪs] *agg* infondato.

groundsheet [,graʊnd'ʃiːt] *s* (*BrE*) telone (*m*) impermeabile (da stendere in terra).

group [gruːp] *s* gruppo.

group [gruːp] *v tr/intr* raggruppare, raggrupparsi.

grouse [graʊs] *v intr* brontolare.

grovel ['grɒvl] *v intr* strisciare, umiliarsi.

grow (*p* grew *pp* grown) [grəʊ, gruː, grəʊn] *v intr* crescere, svilupparsi; aumentare; diventare ◊ *v tr* coltivare ◊ **to grow old** invecchiare; **to grow thin** dimagrire; **to grow accustomed** abituarsi; **to grow a beard** farsi crescere la barba.

▶ **grow up** crescere, diventare adulto.

grower ['grəʊə*] *s* coltivatore (*m*).

growing ['grəʊɪŋ] *agg* crescente.

growl [graʊl] *s* ringhio.

grown [grəʊn] *pp di* grow.

grown [grəʊn] *agg* adulto.

grown-up [,grəʊn'ʌp] *s* adulto.

growth [grəʊθ] *s* crescita, sviluppo; (*med*) escrescenza; tumore (*m*).

grub [grʌb] *s* bruco, larva; roba da mangiare.

grubby ['grʌbɪ] *agg* sporco.

grudge [grʌdʒ] *s* rancore (*m*) ◊ **to bear somebody a grudge** serbare rancore a qualcuno.

grudge [grʌdʒ] *v tr* dare di malavoglia; invidiare.

gruel [grʊəl] *s* zuppa d'avena.

grueling ['grʊəlɪŋ] *agg* (*AmE*) estenuante.

gruelling ['grʊəlɪŋ] *agg* estenuante.

gruesome ['gru:səm] *agg* raccapricciante, spaventoso.

gruff [grʌf] *agg* burbero; (*voce*) rauco.

grumble ['grʌmbl] *s* brontolio, borbottio; lamentela.

grumble ['grʌmbl] *v tr/intr* brontolare, borbottare.

grumpy ['grʌmpɪ] *agg* scorbutico.

grunt [grʌnt] *s* grugnito.

grunt [grʌnt] *v tr/intr* grugnire.

G-string ['dʒi:strɪŋ] *s* tanga (*m*).

guarantee [ˌgærən'ti:] *s* garanzia.

guarantee [ˌgærən'ti:] *v tr* garantire.

guarantor [ˌgærən'tɔ:*] *s* garante (*m/f*).

guard [gɑ:d] *s* guardia; (*ferr*) capotreno; parafuoco ◊ **the changing of the guard** il cambio della guardia.

guard [gɑ:d] *v tr* difendere; custodire; sorvegliare ◊ *v intr* guardarsi da, stare in guardia contro.

guarded ['gɑ:dɪd] *agg* guardingo.

guardian ['gɑ:djən] *s* guardiano; (*giur*) tutore (*m*) ◊ **guardian angel** angelo custode.

guardrail ['gɑ:dreɪl] *s* barriera di protezione.

Guatemalan [ˌgwɑ:tə'mɑ:lən] *agg, s* guatemalteco.

guerrilla [gə'rɪlə] *s* guerrigliero.

guess [ges] *s* congettura ◊ **at a (rough) guess** a occhio e croce; **take, have a guess** prova a indovinare.

guess [ges] *v tr/intr* indovinare, supporre; (*AmE*) credere, pensare ◊ **I guess so** credo di sì.

guest [gest] *s* ospite (*m/f*); (*albergo*) cliente (*m/f*).

guesthouse ['gesthaʊs] *s* pensione (*f*).

guest-room ['gestrʊm] *s* camera degli ospiti.

guffaw [gʌ'fɔ:] *v intr* ridere fragorosamente.

guidance ['gaɪdəns] *s* guida; controllo.

guide [gaɪd] *s* guida.

guide [gaɪd] *v tr* guidare.

guidebook ['gaɪdbʊk] *s* guida turistica.

guidelines ['gaɪdlaɪnz] *s pl* indicazioni (*f*), direttive.

guild [gɪld] *s* corporazione (*f*).

guildhall [ˌgɪld'hɔl] *s* municipio.

guile [gaɪl] *s* astuzia.

guilt [gɪlt] *s* colpa, colpevolezza.

guilty ['gɪltɪ] *agg* colpevole.

Guinean ['gɪnɪən] *agg, s* guineano.

guinea pig ['gɪnɪpɪg] *s* cavia.

guise [gaɪz] *s* apparenza, maschera.

guitar [gɪ'tɑ:*] *s* chitarra.

guitarist [gɪ'tɑ:rɪst] *s* chitarrista (*m/f*).

gulf [gʌlf] *s* golfo; abisso.

gull [gʌl] *s* gabbiano.

gullet [gʌlɪt] *s* esofago.

gullible ['gʌləbl] *agg* credulone, ingenuo.

gully ['gʌlɪ] *s* gola, canalone (*m*); fognatura.

gulp [gʌlp] *s* boccone (*m*); (*acqua*) sorso.

gulp [gʌlp] *v tr* ingoiare, mandar giù.

gum [gʌm] *s* gomma; colla; caramella gommosa; (*anat*) gengiva.

gum [gʌm] *v tr* incollare, ingommare.

gumboot ['gʌmbu:t] *s* stivale (*m*) di gomma.

gummy ['gʌmɪ] *agg* gommoso.

gumption ['gʌmpʃn] *s* buon senso; spirito d'iniziativa.

gun [gʌn] *s* arma da fuoco; fucile (*m*); pistola; cannone (*m*); (*AmE*) sicario.

gunfire ['gʌn,faɪə*] *s* spari (*pl*); cannoneggiamento.

gunman (*pl* **-men**) ['gʌnmən] *s* bandito armato.

gunpoint ['gʌnpɔɪnt] *s* ◊ **at gunpoint** sotto la minaccia delle armi.

gunpowder ['gʌn,paʊdə*] *s* polvere (*f*) da sparo.

gunshot ['gʌnʃɒt] *s* sparo.

gunsmith ['gʌnsmɪθ] *s* armaiolo.

gurgle ['gɜ:gl] *v intr* gorgogliare.

gush [gʌʃ] *s* fiotto, getto.

gush [gʌʃ] *v intr* sgorgare; zampillare; (*fig*) abbandonarsi a effusioni.

gust [gʌst] *s* (*vento*) raffica; (*fig*) scoppio, impeto.

gusto ['gʌstəʊ] *s* entusiasmo.

gut [gʌt] *s* intestino ◊ *pl* interiora (*f*); (*fig*) coraggio (*sing*), fegato (*sing*) ◊ **gut reaction** reazione istintiva, viscerale.

gutter ['gʌtə*] *s* (*tetto*) grondaia; (*strada*) cunetta, canale (*m*) di scolo.

guttural ['gʌtərəl] *agg* gutturale.

guy [gaɪ] *s* cavo, tirante (*m*); (*colloquiale*) tipo, tizio; fantoccio di Guy Fawkes.

guzzle ['gʌzl] *v tr* tranguggiare ◊ *v intr* gozzovigliare.

gym [dʒɪm] *s* palestra; ginnastica.

gymnasium [dʒɪm'neɪzjəm] *s* palestra.

gymnast ['dʒɪmnæst] *s* ginnasta (*m/f*).

gymnastics [dʒɪm'næstɪks] *s* ginnastica.

gym-shoes ['dʒɪmʃu:z] *s pl* scarpe da ginnastica.

gynaecologist [gaɪnə'kɒlədʒɪst] *s* ginecologo.

gynecologist [gaɪnə'kɒlədʒɪst] *s* (*AmE*) ginecologo.

gypsy ['dʒɪpsɪ] *s* zingaro.

gyrate [dʒaɪə'reɪt] *v intr* girare.

H

haberdashery ['hæbədæʃərɪ] *s* (*BrE*) merceria; (*AmE*) negozio di abbigliamento.

habit ['hæbɪt] *s* abitudine (*f*); (*relig*) tonaca.

habitual [hə'bɪtjʊəl] *agg* abituale; inveterato.

hack [hæk] *v tr* tagliare, fare a pezzi.

hack [hæk] *s* scribacchino.

hackneyed ['hæknɪd] *agg* trito, comune.

had [hæd] *p, pp di* **have**.

haddock ['hædək] *s inv* merluzzo.

hadn't ['hædnt] *contrazione di* **had not**.

haemorrhage ['hemərɪdʒ] *s* emorragia.

haemorrhoids ['hemərɔɪdz] *s pl* emorroidi (*f*).

hag [hæg] *s* strega, megera.

haggard ['hægəd] *agg* smunto.

haggis ['hægɪs] s (scozzese) salsiccia bollita di frattaglie di pecora.

haggle ['hægl] v intr mercanteggiare.

hail [heɪl] s grandine (f); (fig) pioggia.

hail [heɪl] v intr grandinare ◊ v tr salutare; chiamare; (taxi) fermare (con un cenno).

hailstone ['heɪlstəun] s chicco di grandine.

hailstorm ['heɪlstɔːm] s grandinata.

hair [heə*] s capello; capelli (pl); pelo ◊ **to do one's hair** pettinarsi; **hair spray** lacca per capelli; **hair removing cream** crema depilatoria.

hairbreadth ['heə‚bredθ] s ◊ **by a hairbreadth** per un pelo.

hairbrush ['heəbrʌʃ] s spazzola per capelli.

haircut ['heəkʌt] s taglio di capelli.

hairdo ['heəduː] s acconciatura, pettinatura.

hairdresser ['heə‚dresə*] s parrucchiere (m).

hairdryer ['heədraɪə*] s asciugacapelli (m).

hairgrip ['heəgrɪp] s forcina; molletta.

hairpiece ['heəpiːs] s parrucchino.

hairpin ['heəpɪn] s forcina ◊ **hairpin bend**, (AmE) **curve** tornante.

hairstyle ['heəstaɪl] s acconciatura, pettinatura.

hairy ['heərɪ] agg peloso.

Haitian ['heɪʃən] agg, s haitiano.

hake [heɪk] (pl -s o inv) s nasello.

half [hɑːf] s metà, mezzo; (cine, sport) tempo; biglietto ridotto; (bir-

ra) mezza pinta ◊ **by half** di gran lunga; **to do things by halves** fare le cose a metà; **to cut in half** tagliare a metà; **two and a half** due e mezzo; **my better half** la mia dolce metà.

half [hɑːf] agg mezzo, semi- ◊ **half (an) hour** mezz'ora; **half board** mezza pensione; (BrE) **half term** vacanza di metà trimestre; **half a minute!** un attimo!

half [hɑːf] avv a metà; quasi ◊ **it's half past two** sono le due e mezzo.

halfback [‚hɑːf'bæk] s (sport) mediano.

half-breed ['hɑːfbriːd] s, agg meticcio.

half-brother ['hɑːf‚brʌðə*] s fratellastro.

half-caste ['hɑːfkɑːst] s, agg meticcio.

half-hearted [‚hɑːf'hɑːtɪd] agg svogliato; tiepido.

half-hour [‚hɑːf'auə*] s mezz'ora.

half-mast [‚hɑːf'mɑːst] avv ◊ **at half-mast** a mezz'asta.

halfpenny (pl -**pennies**, -**pence**) ['heɪpnɪ, pnɪz, pəns] s (BrE) mezzo penny (m).

half-price [‚hɑːf'praɪs] agg, avv a metà prezzo.

half-sister ['hɑːf‚sɪstə*] s sorellastra.

half-time [‚hɑːf'taɪm] s (sport) intervallo.

halfway [‚hɑːfweɪ] avv a metà strada.

hall [hɔːl] s sala, salone (m); atrio ◊ (BrE) **hall of residence** casa dello studente.

hallmark ['hɔːlmɑːk] *s* marchio di garanzia; (*fig*) caratteristica.

hallo [hə'ləʊ] *inter* v. **hello.**

Hallowe'en [ˌhæləʊ'iːn] *s* vigilia di Ognissanti, 31 ottobre.

hallstand ['hɔːlstænd] *s* attacca-panni (*m*).

hallucination [həˌluːsɪ'neɪʃn] *s* allucinazione (*f*).

hallway ['hɔːlweɪ] *s* atrio; (*AmE*) corridoio.

halo ['heɪləʊ] *s* aureola; (*astr, fis*) alone (*m*).

halt [hɔːlt] *s* fermata.

halt [hɔːlt] *v intr/intr* fermare, fermarsi.

halve [hɑːv] *v tr* dividere a metà.

ham [hæm] *s* prosciutto.

hamburger ['hæmbəːgəˀ] *s* hamburger (*m*).

hamlet ['hæmlɪt] *s* paesino.

hammer ['hæməˀ] *s* martello.

hammer ['hæməˀ] *v tr* martellare; (*fig*) sconfiggere duramente.

hammock ['hæmək] *s* amaca.

hamper ['hæmpəˀ] *s* cesta.

hamper ['hæmpəˀ] *v tr* ostacolare, impedire.

hamster ['hæmstəˀ] *s* criceto.

hand [hænd] *s* mano (*f*); (*orologio*) lancetta; scrittura; operaio ◊ **hand luggage** bagaglio a mano; **at hand** a portata di mano; **in hand** a disposizione; in corso; sotto controllo; **on hand** disponibile; **to hand** sottomano; **on the one hand... on the other hand...** da una parte..., dall'altra..., d'altra parte...; **on the left, right hand** a sinistra, a destra; **hands off!** giù le mani!; **to give so-**

mebody a hand dare una mano a qualcuno.

hand [hænd] *v tr* dare, passare.
► **hand in** consegnare;
► **hand out** distribuire;
► **hand over** consegnare; cedere.

handbag ['hændbæg] *s* borsetta.

handbill ['hændbɪl] *s* volantino, circolare (*f*).

handbook ['hændbʊk] *s* guida, manuale (*m*).

handbrake ['hændbreɪk] *s* freno a mano.

handcuffs ['hændˌkʌfs] *s pl* manette.

handful ['hændfʊl] *s* manciata, pugno; gruppetto.

handicap ['hændɪkæp] *v tr* ostacolare.

handicapped ['hændɪkæpt] *agg* handicappato.

handicraft ['hændɪkrɑːft] *s* lavoro artigianale.

handiwork ['hændɪwɜːk] *s* lavoro fatto a mano; opera.

handkerchief ['hæŋkətʃɪf] *s* fazzoletto.

handle ['hændl] *s* manico; (*porta*) maniglia; (*tecn*) manovella.

handle ['hændl] *v tr* maneggiare; occuparsi di; (*persona, comm*) trattare ◊ **handle with care** fragile, maneggiare con cautela.

handlebars ['hændlbɑːz] *s pl* manubrio (*sing*).

handmade [ˌhænd'meɪd] *agg* fatto a mano.

handout ['hændaʊt] *s* elemosina, donazione (*f*); volantino; prospetto.

handrail ['hændreɪl] *s* corrimano.

handset ['hændset] *s* ricevitore (*m*) del telefono.

handshake ['hændʃeɪk] *s* stretta di mano.

handsome ['hænsəm] *agg* bello; (*somma*) considerevole.

handwriting ['hænd,raɪtɪŋ] *s* scrittura, calligrafia.

handy ['hændɪ] *agg* (*persona*) bravo, capace; (*cosa*) utile, comodo; a portata di mano ◊ **to come in handy** tornare utile, fare comodo.

handyman (*pl* **-men**) ['hændɪmæn, mən] *s* tuttofare (*m*).

hang (*p*, *pp* **hung**) [hæŋ, hʌŋ] *v tr* appendere, sospendere ◊ *v intr* (*quadro*) essere appeso; (*tenda*) cadere; (*capelli*) scendere.

▶ **hang about, hang around** ciondolare;

▶ **hang on** aspettare; tenere duro;

▶ **hang up** riattaccare (il telefono).

hang (*p*, *pp* **hanged**) [hɒŋ, hɒŋd] *v tr/intr* impiccare, morire impiccato.

hangar ['hæŋə*] *s* hangar (*m*), aviorimessa.

hangdog ['hæŋdɒɡ] *agg* abbattuto, avvilito.

hanger ['hæŋə*] *s* gruccia (per abiti).

hanger-on [,hæŋər'ɒn] *s* parassita (*m*), scroccone (*m*).

hang-glider ['hæŋ,ɡlaɪdə*] *s* deltaplano.

hangover ['hæŋ,əʊvə*] *s* postumi (*pl*) di sbornia.

hang-up ['hæŋʌp] *s* inibizione (*f*), blocco.

hank [hæŋk] *s* matassa.

hanker ['hæŋkə*] *v intr*

▶ **hanker after, for** bramare, agognare.

hankie, hanky ['hæŋkɪ] *s* fazzoletto.

haphazard [,hæp'hæzəd] *agg* casuale, a casaccio.

happen ['hæpən] *v intr* accadere ◊ **as it happens** guarda caso; **do you happen to have a pen?** hai per caso una penna?

happening ['hæpənɪŋ] *s* avvenimento; (*teatro*) happening (*m*), improvvisazione (*f*).

happily ['hæpɪlɪ] *avv* felicemente, fortunatamente.

happiness ['hæpɪnɪs] *s* felicità.

happy ['hæpɪ] *agg* felice; (*coincidenza*) fortunato ◊ **to be happy with** essere soddisfatto di; **happy birthday** buon compleanno; **happy hour** orario in cui i bar hanno prezzi ridotti.

happy-go-lucky [,hæpɪɡəʊ'lʌkɪ] *agg* spensierato.

harass ['hærəs] *v tr* molestare.

harassing ['hærəsɪŋ] *agg* fastidioso; stressante.

harassment ['hærəsmənt] *s* vessazione (*f*); tensione (*f*) ◊ **sexual harassment** molestie sessuali.

harbor ['hɑ:bə*] *s*, *v tr* (*AmE*) v. **harbour**.

harbour ['hɑ:bə*] *s* porto; (*fig*) asilo, rifugio.

harbour ['hɑ:bə*] *v tr* ospitare, accogliere; (*fig*) nutrire, covare.

hard [hɑ:d] *agg* duro; difficile; (*bevanda, colore*) forte; (*droga*) pesante ◊ **hard cash** denaro in contanti; **hard disk** disco rigido; **hard**

worker gran lavoratore; **hard labour** lavori forzati; **to have a hard time** passarsela male, vedersela brutta; **to be hard of hearing** essere duro d'orecchi; **no hard feelings** senza rancore.

hard [hɑːd] *avv* duramente ◊ **to work hard** lavorare sodo; **to think hard** riflettere profondamente; **to try hard** provare con tutte le forze; **to look hard at** guardare fisso; **it's raining hard** piove a dirotto; **hard by** vicinissimo.

hardback ['hɑːdbæk] *s* libro rilegato.

hard-boiled [,hɑːd'bɔɪld] *agg* (*uovo*) sodo.

harden ['hɑːdn] *v tr/intr* indurire, indurirsi.

hard-headed [,hɑːd'hedɪd] *agg* caparbio; pratico.

hardly ['hɑːdlɪ] *avv* appena, a stento; quasi ◊ **hardly anyone** quasi nessuno; **hardly ever** quasi mai; **we need hardly remind you that** non dobbiamo certo ricordarti che.

hardness ['hɑːdnɪs] *s* durezza.

hard-pressed [,hɑːd'prest] *agg* in difficoltà, alle strette.

hardship ['hɑːdʃɪp] *s* avversità; difficoltà; privazioni (*f pl*).

hard shoulder [,hɑːd'ʃəʊldə*] *s* corsia d'emergenza.

hard-up [,hɑːd'ʌp] *agg* al verde.

hardware ['hɑːdweə*] *s* ferramenta (*f pl*); (*inform*) hardware (*m*); (*milit*) armamenti (*pl*).

hardwearing [,hɑːd'weərɪŋ] *agg* resistente.

hardy ['hɑːdɪ] *agg* coraggioso; robusto; resistente.

hare [heə*] *s* lepre (*f*).

harm [hɑːm] *s* male (*m*); danno.

harm [hɑːm] *v tr* far male a; danneggiare.

harmful ['hɑːmfʊl] *agg* dannoso, nocivo.

harmless ['hɑːmlɪs] *agg* inoffensivo, innocuo.

harmonica [hɑː'mɒnɪkə] *s* armonica a bocca.

harmonious [hɑː'məʊnjəs] *agg* armonioso.

harmonize ['hɑːmənaɪz] *v tr/intr* armonizzare, armonizzarsi.

harmony ['hɑːmənɪ] *s* armonia, accordo.

harp [hɑːp] *s* arpa.

harpoon [hɑː'puːn] *s* arpione (*m*).

harsh [hɑːʃ] *agg* duro, rigido; (*critica*) severo; (*luce*) violento; (*suono*) stridulo.

harvest ['hɑːvɪst] *s* raccolto; (*uva*) vendemmia.

has [hæz] 3° persona sing indicativo presente di **have**.

hash [hæʃ] *s* (*cuc*) specie di spezzatino; (*fig*) pasticcio.

hasn't ['hæznt] *contrazione di* **has not**.

haste [heɪst] *s* fretta.

hasten ['heɪsn] *v tr/intr* affrettare, affrettarsi.

hastily ['heɪstɪlɪ] *avv* in fretta; precipitosamente.

hasty ['heɪstɪ] *agg* affrettato; precipitoso.

hat [hæt] *s* cappello.

hatchback ['hætʃbæk] *s* auto (*f*) a

tre, cinque porte; portellone (*m*) posteriore.

hatchet ['hætʃɪt] *s* accetta.

hate [heɪt] *s* odio.

hate [heɪt] *v tr* odiare, detestare.

hateful ['heɪtful] *agg* odioso, detestabile.

hatred ['heɪtrɪd] *s* odio.

haughty ['hɔːtɪ] *agg* altero, arrogante.

haul [hɔːl] *s* trazione (*f*), tiro; (*pesci*) retata; (*fig*) bottino.

haul [hɔːl] *v tr/intr* tirare, trainare, trascinare.

haulage [hɔːlɪdʒ] *s* trasporto, autotrasporto.

haunch [hɔːntʃ] *s* anca; fianco.

haunt [hɔːnt] *v tr* ossessionare; (*fantasma*) infestare.

haunt [hɔːnt] *s* covo, tana; ritrovo.

have (*p*, *pp* **had**) [hæv, hæd] (*ausiliare*) avere, essere; far fare ◊ *v tr* avere, possedere; (*tempo*) trascorrere; (*lettera*) ricevere; fare; mangiare; bere ◊ **he's got a car, hasn't he?** ha la macchina, no? vero?; **to have the car repaired** far riparare l'auto; **to have somebody do something** far fare qualcosa a qualcuno; **I have to go** devo andare; **to have lunch, dinner** pranzare, cenare; **to have breakfast** fare colazione; **to have a shower** fare la doccia; **I had better leave** è meglio che vada; **he's been had** l'hanno ingannato.

haven ['heɪvn] *s* porto.

haven't ['hævnt] *contrazione di* **have not.**

havoc ['hævək] *s* disastro, rovina.

hawk [hɔːk] *s* falco.

hay [heɪ] *s* fieno ◊ **hay fever** raffreddore da fieno.

haywire ['heɪwaɪə*] *agg* ◊ **to go haywire** dare numeri, impazzire.

hazard ['hæzəd] *s* azzardo; rischio.

hazardous ['hæzədəs] *agg* rischioso.

haze [heɪz] *s* foschia; (*fig*) confusione mentale.

hazelnut ['heɪzlnʌt] *s* nocciola.

hazy ['heɪzɪ] *agg* fosco; nebbioso; (*fig*) vago, confuso.

he [hiː] *pron* egli, lui.

head [hed] *s* testa; capo ◊ **head waiter** capocameriere; **heads or tails** testa o croce; **head over heels** a gambe all'aria; **head over heels in love** pazzamente innamorato.

head [hed] *v intr* dirigersi ◊ *v tr* capeggiare; (*lettera, articolo*) intestare, intitolare; (*sport*) colpire di testa.

▶ **head for** dirigersi verso;

▶ **head off** deviare; (*pericolo*) scongiurare.

headache ['hedeɪk] *s* mal (*m*) di testa.

headband ['hedbænd] *s* cerchietto, fascia per capelli.

head-first [,hed'fɜːst] *avv* a testa in giù, di testa; (*fig*) a capofitto.

heading ['hedɪŋ] *s* titolo; intestazione (*f*).

headland ['hedlənd] *s* promontorio.

headlight ['hedlaɪt] *s* (*aut*) faro anteriore.

headline ['hedlaɪn] *s* titolo.

137

headlong ['hedlɒŋ] *avv* a capofitto; precipitosamente.

headmaster [,hed'mɑ:stə*] *s* preside (*m*).

headmistress [,hed'mɪstrɪs] *s* preside (*f*).

head-on [,hed'ɒn] *agg* (*scontro*) frontale.

headphones ['hedfəʊnz] *s pl* cuffia (*sing*).

headquarters [,hed'kwɔ:təz] *s pl* sede (*f sing*) centrale, direzione (*f sing*); (*milit*) quartier (*m sing*) generale.

headscarf ['hed,skɑ:f] *s* foulard (*m*).

headstrong ['hedstrɒŋ] *agg* testardo.

headway ['hedweɪ] *s* ◊ **to make headway** fare progressi.

heady ['hedɪ] *agg* inebriante.

heal [hi:l] *v tr/intr* guarire.

health [helθ] *s* salute (*f*) ◊ (*BrE*) **health centre** poliambulatorio; **health care** assistenza sanitaria; **health certificate** certificato medico; **health insurance** assicurazione contro le malattie; **health food** cibo dietetico, macrobiotico.

healthy ['helθɪ] *agg* sano; (*clima*) salubre; salutare.

heap [hi:p] *s* mucchio ◊ **a heap of, heaps of times** un sacco di volte.

heap [hi:p] *v tr* ammucchiare; riempire ◊ **to heap praise on somebody** colmare qualcuno di lodi.

hear (*p, pp* heard) [hɪə*, hɜ:d] *v tr/intr* sentire ◊ sentire parlare di; avere notizie di, sentire parlare di; **to hear from** ricevere notizie da;

I've heard of it ne ho sentito parlare.

▶ **hear out** ascoltare fino alla fine.

heard [hɜ:d] *p, pp* di **hear**.

hearing ['hɪərɪŋ] *s* udito; (*giur*) udienza ◊ **hearing aid** apparecchio acustico.

hearsay ['hɪəseɪ] *s* diceria, voce (*f*), sentito dire.

hearse [hɜ:s] *s* carro funebre.

heart [hɑ:t] *s* cuore (*m*) ◊ *pl* (*carte*) cuori ◊ **heart attack** attacco cardiaco; **heart failure** arresto, collasso cardiaco; **to take heart** farsi coraggio; **by heart** a memoria; **at heart** in fondo.

heartache ['hɑ:teɪk] *s* pena, crepacuore (*m*).

heartbeat ['hɑ:tbi:t] *s* battito cardiaco.

heartbreaking ['hɑ:tbreɪkɪŋ] *agg* straziante.

heartbroken ['hɑ:tbrəʊkən] *agg* disperato, dal cuore infranto.

heartburn ['hɑ:tbɜ:n] *s* bruciore (*m*) di stomaco.

heartfelt ['hɑ:tfelt] *agg* sincero.

hearth [hɑ:θ] *s* focolare (*m*).

heartily ['hɑ:tɪlɪ] *avv* cordialmente.

heartless ['hɑ:tlɪs] *agg* senza cuore.

heartrending ['hɑ:trendɪŋ] *agg* straziante.

heart-to-heart [,hɑ:ttə'hɑ:t] *agg* sincero, a cuore aperto.

hearty ['hɑ:tɪ] *agg* cordiale; robusto, vigoroso; sano; (*pasto*) abbondante.

heat [hi:t] *s* calore (*m*); (*fig*) ardore (*m*), foga ◊ (**qualifying**) **heat** batteria, prova eliminatoria.

heat [hi:t] *v tr/intr* scaldare, scaldarsi.

heater [hi:tə*] *s* stufa; scaldabagno.

heath [hi:θ] *s* landa.

heather ['heðə*] *s* erica.

heating ['hi:tɪŋ] *s* riscaldamento.

heatstroke ['hi:tstrəuk] *s* colpo di calore.

heatwave ['hi:tweɪv] *s* ondata di caldo.

heave [hi:v] *v tr* sollevare, tirare (con forza) ◊ *v intr* sollevarsi; avere conati di vomito ◊ **to heave a sigh** emettere un sospiro.

heaven ['hevn] *s* cielo, paradiso ◊ **(good) heavens!** santo cielo!

heavenly ['hevnlɪ] *agg* celeste, celestiale, divino.

heavily ['hevɪlɪ] *avv* pesantemente; molto.

heavy ['hevɪ] *agg* pesante; (*mare*) grosso; (*pioggia, colpo*) forte; (*tempo*) afoso; (*sospiro*) profondo; (*traffico*) intenso ◊ **heavy drinker** gran bevitore.

heavyweight ['hevɪweɪt] *s* (*sport*) peso massimo.

Hebrew ['hi:bru:] *s* (*lingua*) ebraico ◊ *agg* ebreo, ebraico.

heckle ['hekl] *v tr* interrompere, disturbare (un oratore).

hectic ['hektɪk] *agg* febbrile, movimentato.

hecto- ['hektəu] *prefisso* etto-.

hectogram(me) *s* ['hektəugræm] ettogrammo.

hectoliter ['hektəu,li:tə*] *s* (*AmE*) ettolitro.

hectolitre ['hektəu,li:tə*] *s* ettolitro.

hectometer ['hektəu,mi:tə*] *s* (*AmE*) ettometro.

hectometre ['hektəu,mi:tə*] *s* ettometro.

he'd [hi:d] *contrazione di* **he would**, **he had**.

hedge [hedʒ] *s* siepe (*f*).

hedge [hedʒ] *v tr* cintare con siepi; eludere ◊ *v intr* essere elusivo.

hedgehog ['hedʒhɒg] *s* riccio.

heed [hi:d] *v tr* prestare attenzione a.

heedless ['hi:dlɪs] *agg* sbadato; noncurante.

heel [hi:l] *s* tallone (*m*); (*scarpa*) tacco.

heel [hi:l] *v tr* rifare i tacchi a.

hefty ['heftɪ] *agg* robusto; (*pacco*) pesante; grosso.

height [haɪt] *s* altezza; altitudine (*f*); altura, collina; (*fig*) apice (*m*), culmine (*m*); colmo.

heighten [haɪtn] *v tr/intr* accrescere, intensificare, intensificarsi.

heir [eə*] *s* erede (*m*).

heiress ['eərɪs] *s* erede (*f*).

held [held] *p, pp di* **hold**.

helicopter ['helɪkɒptə*] *s* elicottero.

hell [hel] *s* inferno ◊ *inter* accidenti.

he'll [hi:l] *contrazione di* **he will**, **he shall**.

hello [hə'ləu] *inter* salve, ciao; ehi; (*al telefono*) pronto.

helm [helm] *s* timone (*m*).

helmet ['helmɪt] *s* casco.

helmsman (*pl* **-men**) ['elmzmən] *s* timoniere (*m*).

help [help] *s* aiuto ◊ **(daily) help** persona di servizio.

help

help [help] *v tr* aiutare; (cibo) servire; *(con can't, couldn't)* fare a meno di, evitare ◊ **can I help you?** posso aiutarla?; **help yourself (to tea)** serviti (del tè); **I can't help it** non posso farci niente; **he couldn't help laughing** non poté fare a meno di ridere.

helpful ['helpful] *agg* utile, di grande aiuto.

helping ['helpiŋ] *s (cibo)* porzione *(f)*.

helpless ['helplis] *agg* debole, impotente.

hem [hem] *s* orlo.

hem [hem] *v tr* fare l'orlo a.

hemisphere ['hemi,sfiə*] *s* emisfero.

hemophiliac [,hi:məʊ'filiæk] *agg*, *s* emofiliaco.

hemorrhage ['heməridʒ] *s (AmE)* emorragia.

hemorrhoids ['hemərɔidz] *s pl (AmE)* emorroidi *(f)*.

hemp [hemp] *s* canapa.

hen [hen] *s* gallina.

hepatitis [,hepə'taitis] *s* epatite *(f)*.

her [hɜ:*] *pron* la; le; lei; sé ◊ **I saw her** l'ho vista; **give her a book** dalle un libro; **it's her** è lei.

her [hɜ:*] *agg* (il) suo, (la) sua, (i) suoi, (le) sue; di lei.

herb [hɜ:b] *s* erba medicinale ◊ *pl (cuc)* erbe aromatiche, odori.

herbalist ['hɜ:bəlist] *s* erborista *(m/f)* ◊ **herbalist's shop** erboristeria.

herd [hɜ:d] *s* mandria.

here [hiə*] *avv* qui, qua; ecco ◊ **here he is** eccolo.

hereabouts ['hiərə,baʊts] *avv* qui vicino.

hereafter [,hiər'ɑ:ftə*] *avv* in futuro; in seguito.

hereafter [,hiər'ɑ:ftə*] *s* l'aldilà *(m)*.

hereby [,hiə'bai] *avv* con la presente, col presente documento.

hereditary [hi'reditəri] *agg* ereditario.

heredity [hi'redəti] *s (biol)* ereditarietà.

here's [hiəz] *contrazione di* **here is**.

heresy ['herəsi] *s* eresia.

herewith [,hiə'wið] *avv (comm)* qui accluso.

heritage ['heritidʒ] *s* patrimonio; eredità.

hermit ['hɜ:mit] *s* eremita *(m/f)*.

hernia ['hɜ:njə] *s* ernia.

hero ['hiərəʊ] *s* eroe *(m)*; (teatro) protagonista *(m)*.

heroic [hi'rəʊik] *agg* eroico.

heroin ['herəʊin] *s (chim)* eroina.

heroine ['herəʊin] *s* eroina; protagonista.

heroism ['herəʊizəm] *s* eroismo.

heron ['herən] *s* airone *(m)*.

herpes ['hɜ:pi:z] *s* herpes *(m)*.

herring ['heriŋ] *s* aringa.

hers [hɜ:z] *pron* (il) suo, (la) sua, (i) suoi, (le) sue ◊ **a friend of hers** un suo amico.

herself [hɜ:'self] *pron (riflessivo)* si; *(enfatico)* lei stessa, proprio lei, lei in persona; *(dopo prep)* se stessa, sé ◊ **she enjoys herself** si diverte.

he's [hi:z] *contrazione di* **he is, he has**.

hesitant ['hezɪtənt] *agg* esitante.

hesitate ['hezɪteɪt] *v intr* esitare.

heterosexual [ˌhetərəʊ'seksjʊəl] *agg, s* eterosessuale (*m/f*).

heyday ['heɪdeɪ] *s* epoca d'oro, apogeo.

hi [haɪ] *inter* ciao.

hibernate ['haɪbəneɪt] *v intr* ibernare; (*animali*) andare in letargo; svernare.

hiccough, hiccup ['hɪkʌp] *s* singhiozzo.

hiccough, hiccup ['hɪkʌp] *v intr* avere il singhiozzo.

hid [hɪd] *p di* hide.

hidden ['hɪdn] *pp di* hide.

hide [haɪd] *s* pelle (*f*).

hide (*p* hid *pp* hidden) [haɪd, hɪd, 'hɪdn] *v tr/intr* nascondere, nascondersi.

hide-and-seek [ˌhaɪdən'siːk] *s* (*gioco*) nascondino.

hideaway ['haɪdəweɪ] *s* nascondiglio.

hideous ['hɪdɪəs] *agg* orrendo.

hiding ['haɪdɪŋ] *s* ◊ **to give somebody a good hiding** suonarle a qualcuno; **hiding place** nascondiglio; **to be in hiding** stare nascosto.

hierarchy ['haɪərɑːkɪ] *s* gerarchia.

high [haɪ] *agg* alto, elevato; (*vento*) forte; (*colorito*) acceso; (*voce*) acuto; (*scherzoso*) alticcio, brillo ◊ **high chair** seggiolone; **high society** alta società; **high jump** salto in alto; **high spirits** buonumore; **high technology** alta tecnologia; **higher education** istruzione superiore; **high school** (*BrE*) scuola media inferiore e superiore; (*AmE*) scuola superio-

re; **high street** (*BrE*) strada principale; **high tea** (*BrE*) cena leggera consumata nel tardo pomeriggio.

high [haɪ] *avv* in alto.

high [haɪ] *s* cielo; (*meteorologia*) anticiclone (*m*).

highbrow ['haɪbraʊ] *agg, s* intellettuale (*m/f*).

high-class [ˌhaɪ'klɑːs] *agg* di prim'ordine.

high-flying [ˌhaɪ'flaɪɪŋ] *agg* ambizioso.

high-handed [ˌhaɪ'hændɪd] *agg* prepotente.

highlight ['haɪlaɪt] *s* momento culminante, clou (*m*) ◊ *pl* (*capelli*) colpi di sole.

highlight ['haɪlaɪt] *v tr* mettere in rilievo.

highly ['haɪlɪ] *avv* molto ◊ **to speak highly of** parlare molto bene di.

highly-strung [ˌhaɪlɪ'strʌŋ] *agg* nervosissimo, teso.

Highness ['haɪnɪs] *s* (*titolo*) Altezza.

high-pitched [ˌhaɪ'pɪtʃt] *agg* (*suono*) acuto; (*tetto*) spiovente.

high-rise ['haɪraɪz] *agg* molto alto ◊ **high-rise block** palazzone.

highway ['haɪweɪ] *s* (*BrE*) strada maestra; (*AmE*) autostrada ◊ (*BrE*) **Highway Code** codice della strada.

hijack ['haɪdʒæk] *v tr* dirottare.

hijacker ['haɪdʒækə*] *s* dirottatore (*m*).

hike [haɪk] *v intr* fare un'escursione a piedi.

hiker ['haɪkə*] *s* escursionista (*m/f*).

hilarious [hɪ'leərɪəs] *agg* spassoso).

hill [hɪl] *s* collina, colle (*m*); (*strada*) salita.

hillside [,hɪl'saɪd] *s* pendio, fianco di collina.

hilly ['hɪlɪ] *agg* collinoso; montagnoso.

him [hɪm] *pron* lo; gli; lui; sé ◊ **call him** chiamalo; **give him a book** dagli un libro.

himself [hɪm'self] *pron* (*riflessivo*) si; (*enfatico*) lui stesso, proprio lui, lui in persona; (*dopo prep*) se stesso, sé ◊ **he hurt himself** si è fatto male.

hind [haɪnd] *agg* posteriore.

hinder ['hɪndə*] *v tr* impedire, ostacolare.

hindrance ['hɪndrəns] *s* impaccio, ostacolo.

hinge [hɪndʒ] *s* cardine (*m*).

hint [hɪnt] *s* accenno; allusione (*f*); consiglio.

hint [hɪnt] *v tr/intr* accennare, alludere, lasciare intendere.

hip [hɪp] *s* anca, fianco.

hippopotami [,hɪpə'pɒtəmaɪ] *s pl di* hippopotamus.

hippopotamus (*pl* -muses, -mi) [,hɪpə'pɒtəməs, məsɪz, maɪ] *s* ippopotamo.

hire ['haɪə*] *s* noleggio ◊ **for hire** a nolo; **taxi for hire** taxi libero; **hire purchase** acquisto a rate.

hire ['haɪə*] *v tr* prendere a nolo; (*lavoratore*) assumere.

▶ **hire out** dare a nolo.

his [hɪz] *agg, pron* (il) suo, (la) sua, (i) suoi, (le) sue; di lui.

hiss [hɪs] *v intr* fischiare, sibilare.

historian [hɪ'stɔːrɪən] *s* storico.

historical [hɪ'stɒrɪkl] *agg* storico.

history ['hɪstərɪ] *s* storia.

hit (*p, pp* hit) [hɪt] *v tr* colpire; urtare; (*luogo*) raggiungere ◊ **to hit it off with** andare d'accordo con; **hit-and-run driver** pirata della strada.

▶ **hit on** imbattersi in.

hit [hɪt] *s* colpo, botta; (*canzone*) successo.

hitch [hɪtʃ] *v tr* tirare su; attaccare, legare ◊ **to hitch a lift** fare l'autostop.

hitch [hɪtʃ] *s* strattone (*m*); difficoltà, intoppo.

hitch-hike ['hɪtʃhaɪk] *v intr* fare l'autostop.

hitch-hiking ['hɪtʃhaɪkɪŋ] *s* autostop (*m*).

HIV ['eɪtʃ,aɪ'viː] *s* HIV (*m*), virus (*m*) dell'AIDS ◊ **HIV positive, negative** sieropositivo, sieronegativo.

hive [haɪv] *s* alveare (*m*).

hoard [hɔːd] *s* gruzzolo; (*fig*) scorta.

hoard [hɔːd] *v tr* ammassare.

hoarding ['hɔːdɪŋ] *s* (*BrE*) tabellone (*m*) pubblicitario.

hoarse [hɔːs] *agg* rauco.

hoary ['hɔːrɪ] *agg* canuto.

hoax [həʊks] *s* scherzo; falso allarme (*m*).

hobble ['hɒbl] *v intr* zoppicare.

hobgoblin ['hɒbgɒblɪn] *s* folletto dispettoso.

hobo ['həʊbəʊ] *s* (*AmE*) vagabondo.

hoe [həʊ] *s* zappa.

hog [hɒg] *s* maiale (*m*).

hoist [hɔɪst] *s* paranco.

hoist [hɔɪst] *v tr* issare.

hold [həʊld] *s* presa; punto d'appoggio; (*fig*) ascendente (*m*); (*mar*) stiva.

hold (*p*, *pp* **held**) [həʊld, held] *v tr/intr* tenere, tenersi; mantenere; contenere; trattenere; riservare; resistere; (*offerta*) essere valido; possedere; ritenere ◊ **hold the line** resti in linea; **to hold office** occupare una carica.

► **hold on** aspettare; (*al telefono*) rimanere in linea;

► **hold up** alzare; sostenere; ritardare; rapinare.

holdall ['həʊldɔːl] *s* borsone (*m*), sacca da viaggio.

holder ['həʊldə*] *s* proprietario; titolare (*m*); (*di record*) detentore (*m*); incaricato; contenitore (*m*).

holding ['həʊldɪŋ] *s* podere (*m*); (*fin*) pacchetto azionario; patrimonio.

hold-up ['həʊldʌp] *s* rapina a mano armata; (*traffico*) ingorgo; intoppo.

hole [həʊl] *s* buco, foro; (*golf*) buca; (*animale*) tana.

hole [həʊl] *v tr* bucare; (*golf*) tirare in buca ◊ *v intr* (*golf*) fare una buca.

holiday ['hɒlədɪ] *s* vacanza ◊ **on holiday** in vacanza; (*BrE*) **holiday camp** villaggio turistico; **holiday resort** luogo di villeggiatura.

holidaymaker ['hɒlədɪˌmeɪkə*] *s* villeggiante (*m/f*).

holiness ['həʊlɪnɪs] *s* santità ◊ **His Holiness** Sua Santità (il papa).

hollow ['hɒləʊ] *agg* cavo; vuoto; (*suono*) cupo, sordo; (*sguardo*) vacuo; (*guance*) incavato; (*occhi*) infossato.

hollow ['hɒləʊ] *s* cavità; avvallamento.

hollow ['hɒləʊ] *v tr* (*out*) scavare.

holly ['hɒlɪ] *s* agrifoglio.

holy ['həʊlɪ] *agg* santo; (*luogo*) sacro; (*pane*) benedetto, consacrato.

homage ['hɒmɪdʒ] *s* omaggio ◊ **to pay homage to** rendere omaggio a.

home [həʊm] *s* casa; patria; ricovero ◊ **at home** a casa; in patria; **make yourself at home** mettiti comodo, fai come se fossi a casa tua; (*BrE*) **Home Office** Ministero degli Interni; (*BrE*) **Home Secretary** Ministro degli Interni.

home [həʊm] *agg* domestico; nazionale; interno; (*partita*) giocato in casa; (*squadra*) locale.

home [həʊm] *avv* a casa; in patria; nel segno; fino in fondo.

homecoming ['həʊmˌkʌmɪŋ] *s* ritorno a casa, ritorno in patria.

homeland ['həʊmlænd] *s* patria.

homeless ['həʊmlɪs] *agg* senzatetto (*m/f*).

homely ['həʊmlɪ] *agg* semplice, alla buona; accogliente.

homemade [ˌhəʊm'meɪd] *agg* fatto in casa; (*cucina*) casalingo.

homeopathic [ˌhəʊmɪə'pæθɪk] *agg* (*AmE*) omeopatico.

homesick ['həʊmsɪk] *agg* ◊ **to be homesick** avere nostalgia di casa.

homesickness ['həʊmsɪknɪs] *s* nostalgia di casa.

hometown ['həʊmtaʊn] *s* paese (*m*) natale.

homeward ['həʊmwəd] *agg* verso casa; (*viaggio*) di ritorno.

homewards ['həumwədz] *avv* verso casa.

homework ['həumwə:k] *s* compiti (*pl*) a casa.

homicide ['hɒmɪsaɪd] *s* omicidio.

homoeopathic [ˌhəumɪə'pæθɪk] *agg* omeopatico.

homosexual [ˌhɒmɒu'seksjuəl] *agg, s* omosessuale (*m/f*).

Honduran [hɒn'djuərən] *agg, s* onduregno.

honest ['ɒnɪst] *agg* onesto, sincero ◊ *avv* sul serio, davvero.

honesty ['ɒnɪstɪ] *s* onestà.

honey ['hʌnɪ] *s* miele (*m*).

honeymoon ['hʌnɪmu:n] *s* luna di miele.

honor ['ɒnə*] *s, v tr* (*AmE*) v. honour.

honorary ['ɒnərərɪ] *agg* onorario; (*titolo*) onorifico.

honour ['ɒnə*] *s* onore (*m*).

honour ['ɒnə*] *v tr* onorare.

honourable ['ɒnərəbl] *agg* onorevole, stimato.

hood [hud] *s* cappuccio; (*cucina*) cappa; (*BrE*) (*aut*) capote (*f*); (*AmE*) (*aut*) cofano.

hoof [hu:f] *s* zoccolo.

hook [huk] *s* gancio, uncino; (*pesca*) amo.

hook [huk] *v tr* agganciare; (*pesce*) prendere all'amo.

hooligan ['hu:lɪgən] *s* teppista (*m/f*); giovinastro.

hoop [hu:p] *s* cerchio; (*ruota*) cerchione (*m*).

hoot [hu:t] *v intr* urlare; fischiare; (*aut*) suonare il clacson; (*locomotiva*) fischiare; (*civetta*) stridere.

hooter ['hu:tə*] *s* (*BrE*) (*aut*) clacson (*m*); (*mar*) sirena.

hoover ['hu:və*] *v tr* (*BrE*) passare l'aspirapolvere in, su.

hop [hɒp] *s* saltello; (*bot*) luppolo.

hop [hɒp] *v intr* saltare; saltellare.

hope ['həup] *s* speranza.

hope ['həup] *v tr/intr* sperare ◊ **to hope on** continuare a sperare; **I hope so, not** spero di sì, di no.

hopeful ['həupful] *agg* speranzoso, fiducioso; (*situazione*) promettente.

hopefully ['həupfulɪ] *avv* si spera, se tutto va bene.

hopeless ['həuplɪs] *agg* senza speranza; disperato; inutile.

horizon [hə'raɪzn] *s* orizzonte (*m*).

horizontal [ˌhɒrɪ'zɒntl] *agg* orizzontale.

horn [hɔ:n] *s* (*zool, mus*) corno; (*aut*) clacson (*m*).

hornet ['hɔ:nɪt] *s* calabrone (*m*).

horoscope ['hɒrəskəup] *s* oroscopo.

horrible ['hɒrəbl] *agg* orribile.

horrid ['hɒrɪd] *agg* spaventoso; (*persona*) odioso.

horrify ['hɒrɪfaɪ] *v tr* sconvolgere; scandalizzare.

horror ['hɒrə*] *s* orrore (*m*).

horror-stricken ['hɒrəˌstrɪkən] *agg* atterrito.

hors d'oeuvre [ɔ:'dɜ:vrə] *s* antipasto.

horse [hɔ:s] *s* cavallo ◊ **horse riding** equitazione.

horseback ['hɔ:sbæk] *s* ◊ **on horseback** a cavallo.

horse-fly ['hɔ:sflaɪ] *s* tafano.

horseman (*pl* **-men**) ['hɔ:smən] *s* cavaliere (*m*).

horsepower ['hɔ:spauə*] *s* (*fis*) cavallo vapore.

horse-racing ['hɔ:sreisiŋ] *s* ippica.

horseshoe ['hɔ:sʃu:] *s* ferro di cavallo.

horse-woman (*pl* **-women**) ['hɔ:s-ˌwumən, wimin] *s* amazzone (*f*).

horticulture ['hɔ:tikʌltʃə*] *s* orticoltura.

hose [həuz] *s* tubo flessibile ◊ (**garden**) **hose** canna (per innaffiare).

hosiery ['həuziəri] *s* calze (*pl*) e maglieria intima.

hospitable ['hospitəbl] *agg* ospitale.

hospital ['hospitl] *s* ospedale (*m*).

hospitality [ˌhospi'tæləti] *s* ospitalità.

host [həust] *s* ospite (*m*); padrone (*m*) di casa; gran numero; (*milit*) schiera; (*relig*) ostia.

hostage ['hostidʒ] *s* ostaggio.

hostel ['hostl] *s* ostello.

hostess ['həustis] *s* ospite (*f*), padrona di casa; assistente (*f*) di volo, hostess (*f*).

hostility [ho'stiləti] *s* ostilità.

hot [hot] *agg* caldo; bollente; (*sapore*) piccante; (*fig*) ardente, focoso; violento ◊ **hot line** linea diretta; **hot-water bottle** borsa dell'acqua calda; **hot dog** panino con würstel e senape, hot dog.

hotel [həu'tel] *s* albergo.

hotelier [həu'teliə*] *s* albergatore (*m*).

hotfoot ['hotfut] *avv* in tutta fretta.

hot-headed [ˌhot'hedid] *agg* impetuoso; impulsivo.

hothouse ['hothaus] *s* serra.

hotplate ['hotpleit] *s* fornello a piastra.

hotpot ['hotpət] *s* (*BrE*) spezzatino di carne con patate.

hound [haund] *s* segugio, cane (*m*) da caccia.

hour ['auə*] *s* ora.

hourly ['auəli] *agg* orario; a ogni ora.

house [haus] *s* casa; casato; (*polit*) Camera; (*teatro*) sala; pubblico ◊ (*BrE*) **the Houses of Parliament** il Parlamento; (*BrE*) **House of Commons, of Lords** Camera dei Comuni, dei Lord; (*AmE*) **House of Representatives** Camera dei deputati; **full house** tutto esaurito; **house agent** agente immobiliare.

house [hauz] *v tr* alloggiare, ospitare.

houseboat ['hausbəut] *s* casa galleggiante.

housebreaking ['haus,breikiŋ] *s* furto con scasso; violazione (*f*) di domicilio.

household ['haushəuld] *agg* domestico ◊ **household appliances** elettrodomestici.

housekeeper ['haus,ki:pə*] *s* governante (*f*).

housewife ['hauswaif] *s* casalinga.

housework ['hauswɜ:k] *s* faccende (*pl*) domestiche.

housing ['hauziŋ] *s* alloggio ◊ (*BrE*) **housing development, estate,** (*AmE*) **housing project** quartiere residenziale.

hovel ['hɒvl] *s* tugurio.

hover ['hɒvə*] *v intr* librarsi.

how [hau] *avv* come ◊ **how are you?** come stai?; **how's business?** come vanno gli affari?; **how come?** come mai?; **how do you do** piacere; **how much?** quanto?; **how many?** quanti?; **how old are you?** quanti anni hai?; **how long does it take?** quanto tempo ci vuole?; **how far is it to the station?** quanto dista la stazione?; **how long have you been here?** da quanto tempo siete qui?; **how lovely!** che bello!

however [hau'evə*] *avv* comunque, in qualunque modo; per quanto ◊ *cong* tuttavia ◊ **however did he find you?** ma come ha fatto a trovarti?

howl [haul] *v intr* ululare; (*persona*) urlare.

hub [hʌb] *s* (*ruota*) mozzo; (*fig*) fulcro.

hubbub ['hʌbʌb] *s* chiasso.

huddle ['hʌdl] *v intr* accalcarsi; rannicchiarsi.

hue [hju:] *s* tinta.

huff [hʌf] *s* ◊ **in a huff** stizzito, offeso.

hug [hʌg] *v tr* abbracciare; stringere.

huge [hju:dʒ] *agg* enorme.

hulking ['hʌlkɪŋ] *agg* massiccio, pesante.

hull [hʌl] *s* (*mar*) scafo.

hullo [hə'ləu] *inter* v. **hello**.

hum [hʌm] *s* ronzio; brusio.

hum [hʌm] *v tr/intr* ronzare; canticchiare a bocca chiusa.

human ['hju:mən] *agg* umano.

humane [hju:'meɪn] *agg* umano; umanitario.

humanity [hju:'mænɪtɪ] *s* umanità.

humble ['hʌmbl] *agg* umile; modesto.

humble ['hʌmbl] *v tr* umiliare.

humbug ['hʌmbʌg] *s* falsità; frottole (*pl*); bugiardo.

humdrum ['hʌmdrʌm] *agg* monotono, noioso.

humid ['hju:mɪd] *agg* umido.

humiliate [hju:'mɪlɪeɪt] *v tr* umiliare.

humility [hju:'mɪlɪtɪ] *s* umiltà.

humor ['hju:mə*] *s, v tr* (*AmE*) v. **humour**.

humorous ['hju:mərəs] *agg* umoristico; spiritoso.

humour ['hju:mə*] *s* umore (*m*); umorismo ◊ **sense of humour** senso dell'umorismo.

humour ['hju:mə*] *v tr* accontentare.

hump [hʌmp] *s* gobba.

hunch [hʌntʃ] *s* intuizione (*f*).

hunchback ['hʌntʃbæk] *s* gobbo.

hunched ['hʌntʃt] *agg* incurvato.

hundred ['hʌndrəd] *agg, s* cento ◊ **hundreds of** centinaia di, un sacco di.

hundredth ['hʌndrədθ] *agg, s* centesimo.

hundredweight ['hʌndrədweɪt] *s* hundredweight (*misura di peso*).

hung [hʌŋ] *p, pp di* **hang**.

Hungarian [hʌŋ'geərɪən] *agg, s* ungherese (*m/f*) ◊ *s* (*lingua*) ungherese (*m*).

hunger ['hʌŋgə*] *s* fame (*f*).

Icelander

hunger ['hʌngə*] v intr (for, after) bramare, desiderare ardentemente.
hungry ['hʌngrɪ] agg affamato ◊ **to be hungry** avere fame.
hunt [hʌnt] s caccia.
hunt [hʌnt] v tr/intr (for) cacciare, andare a caccia (di), cercare.
hunting ['hʌntɪŋ] s caccia.
hurdle ['hɜːdl] s ostacolo.
hurl [hɜːl] v tr scagliare.
hurricane ['hʌrɪkən] s uragano.
hurried ['hʌrɪd] agg frettoloso, precipitoso.
hurry ['hʌrɪ] s fretta ◊ **to be in a hurry** avere fretta.
hurry ['hʌrɪ] v tr/intr affrettarsi; (lavoro) fare in fretta; fare fretta a.
▶ **hurry up** affrettare, affrettarsi ◊ **hurry up!** sbrigati!
hurt (p, pp hurt) [hɜːt] v tr/intr fare male (a); ferire ◊ **to hurt oneself** farsi male.
hurtful ['hɜːtful] agg doloroso; offensivo.
hurtle ['hɜːtl] v intr sfrecciare.
husband ['hʌzbənd] s marito.
hush [hʌʃ] s, inter silenzio.
hush [hʌʃ] v tr zittire.
▶ **hush up** mettere a tacere.
husky ['hʌskɪ] agg (voce) rauco, roco.
hustle ['hʌsl] ◊ **hustle and bustle** trambusto.
hustle ['hʌsl] v tr spingere, incalzare.
hut [hʌt] s capanna; capanno.
hutch [hʌtʃ] s gabbia.
hyacinth ['haɪəsɪnθ] s giacinto.
hydraulic [haɪ'drɔːlɪk] agg idraulico.

hydrofoil ['haɪdrəʊfɔɪl] s aliscafo.
hyena [haɪ'iːnə] s iena.
hygiene ['haɪdʒiːn] s igiene (f).
hymn [hɪm] s inno.
hypermarket ['haɪpəmɑːkɪt] s (BrE) ipermercato.
hyphen ['haɪfn] s trattino.
hypnotize ['hɪpnətaɪz] v tr ipnotizzare.
hypocrisy [hɪ'pɒkrəsɪ] s ipocrisia.
hypocrite ['hɪpəkrɪt] s ipocrita (m/f).
hypocritical [,hɪpəʊ'krɪtɪkl] agg ipocrita.
hypothesis (pl -ses) [haɪ'pɒθɪsɪs, siːz] s ipotesi (f).
hypothetical [,haɪpəʊ'θetɪkl] agg ipotetico.
hysterical [hɪ'sterɪkl] agg isterico (anche med).
hysterics [hɪ'sterɪks] s pl attacco (sing) isterico ◊ **to go into hysterics** avere una crisi isterica, un attacco di riso incontrollato.

I

I [aɪ] pron io.
ice [aɪs] s ghiaccio; gelato ◊ **to break the ice** rompere il ghiaccio; **ice-tea** tè freddo.
ice [aɪs] v tr (cuc) glassare.
▶ **ice over, ice up** ghiacciare, gelare.
ice-box ['aɪsbɒks] s (AmE) frigorifero; (BrE) frigo portatile.
ice cream [,aɪs'kriːm] s gelato.
Icelander ['aɪsləndə*] s islandese (m/f).

147

Icelandic [aɪs'lændɪk] *agg* islandese ◊ *s* (*lingua*) islandese (*m*).

ice lolly ['aɪs,lolɪ] *s* ghiacciolo.

ice rink ['aɪsrɪŋk] *s* pista di pattinaggio.

ice-skate ['aɪsskeɪt] *v intr* pattinare sul ghiaccio.

icicle ['aɪsɪkl] *s* ghiacciolo.

icing ['aɪsɪŋ] *s* (*cuc*) glassa ◊ **icing sugar** zucchero a velo.

icon ['aɪkɒn] *s* icona.

icy ['aɪsɪ] *agg* ghiacciato; (*fig*) gelido, glaciale.

I'd [aɪd] *contrazione di* **I had, I would**.

idea [aɪ'dɪə] *s* idea.

ideal [aɪ'dɪəl] *agg*, *s* ideale (*m*).

idealist [aɪ'dɪəlɪst] *s* idealista (*m/f*).

identical [aɪ'dentɪkl] *agg* identico.

identification [aɪ,dentɪfɪ'keɪʃn] *s* identificazione (*f*).

identify [aɪ'dentɪfaɪ] *v tr* identificare.

identity [aɪ'dentətɪ] *s* identità ◊ **identity card** carta d'identità.

ideology [,aɪdɪ'ɒlədʒɪ] *s* ideologia.

idiom ['ɪdɪəm] *s* idioma (*m*); frase (*f*) idiomatica.

idiot ['ɪdɪət] *s* idiota (*m/f*).

idle ['aɪdl] *agg* pigro; inattivo; (*domanda*) ozioso.

idle ['aɪdl] *v intr* (*motore*) girare al minimo.

▶ **idle away** sprecare oziando.

idleness ['aɪdlnɪs] *s* ozio.

idler [aɪdlə*] *s* poltrone (*m*).

idol ['aɪdl] *s* idolo.

idolize ['aɪdəlaɪz] *v tr* idolatrare.

idyllic [ɪ'dɪlɪk] *agg* idillico.

i.e. [,aɪ'iː] *avv* cioè.

if [ɪf] *cong* se ◊ **if I were you** se fossi in te; **if only** se solo; **if anything** se mai; **if so** se è così; **if not** se no; **as if** come se.

ignite [ɪg'naɪt] *v tr/intr* accendere, accendersi.

ignition [ɪg'nɪʃn] *s* (*aut*) accensione (*f*) ◊ **to switch on/off the ignition** accendere, spegnere il motore; **ignition key** chiave dell'accensione.

ignorance ['ɪgnərəns] *s* ignoranza.

ignorant ['ɪgnərənt] *agg* ignorante ◊ **to be ignorant of** ignorare, non sapere.

ignore [ɪg'nɔː*] *v tr* ignorare; trascurare.

I'll [aɪl] *contrazione di* **I will, I shall**.

ill [ɪl] *agg* ammalato; cattivo ◊ **to feel ill** sentirsi male; **ill fortune** sfortuna; **ill feeling** rancore.

ill [ɪl] *avv* male ◊ **ill at ease** a disagio.

ill [ɪl] *s* male (*m*).

ill-advised [,ɪləd'vaɪzd] *agg* mal consigliato; (*decisione*) incauto.

illegal [ɪ'liːgl] *agg* illegale.

illegible [ɪ'ledʒəbl] *agg* illeggibile.

illegitimate [,ɪlɪ'dʒɪtɪmət] *agg* illegittimo; illegale.

ill-fated [,ɪl'feɪtɪd] *agg* nefasto.

illicit [ɪ'lɪsɪt] *agg* illecito.

illiterate [ɪ'lɪtərət] *agg*, *s* analfabeta (*m/f*); ignorante (*m/f*).

ill-mannered [,ɪl'mænəd] *agg* maleducato.

illness ['ɪlnɪs] *s* malattia.

illogical [ɪ'lɒdʒɪkl] *agg* illogico.

ill-starred [ˌɪlˈstɑːd] *agg* sfortunato.

ill-tempered [ˌɪlˈtempəd] *agg* irascibile.

ill-timed [ˌɪlˈtaɪmd] *agg* inopportuno.

ill-treat [ˌɪlˈtriːt] *v tr* maltrattare.

illuminate [ɪˈljuːmɪneɪt] *v tr* illuminare; (*manoscritti*) miniare.

illusion [ɪˈluːʒn] *s* illusione (*f*); inganno.

illusory [ɪˈluːsərɪ] *agg* illusorio.

illustrate [ˈɪləstreɪt] *v tr* illustrare; spiegare.

ill will [ˌɪlˈwɪl] *s* ostilità, rancore (*m*).

I'm [aɪm] *contrazione di* **I am**.

image [ˈɪmɪdʒ] *s* immagine (*f*).

imaginary [ɪˈmædʒɪnərɪ] *agg* immaginario.

imagination [ɪˌmædʒɪˈneɪʃn] *s* immaginazione (*f*); fantasia.

imagine [ɪˈmædʒɪn] *v tr/intr* immaginare, immaginarsi ◊ **just imagine** immagina un po', figurati; **I imagine** so immagino di sì.

imbalance [ɪmˈbæləns] *s* squilibrio.

imbecile [ˈɪmbɪsiːl] *agg, s* imbecille (*m/f*).

imbibe [ɪmˈbaɪb], **imbue** [ɪmˈbjuː] *v tr* imbevere, impregnare, permeare.

imitate [ˈɪmɪteɪt] *v tr* imitare.

imitation [ˌɪmɪˈteɪʃn] *s* imitazione (*f*).

immaculate [ɪˈmækjʊlət] *agg* immacolato; (*abito*) impeccabile.

immaterial [ˌɪməˈtɪərɪəl] *agg* immateriale, incorporeo; (*obiezione*) irrilevante.

immature [ˌɪməˈtjʊə*] *agg* immaturo.

immediate [ɪˈmiːdjət] *agg* immediato.

immediately [ɪˈmiːdjətlɪ] *avv* subito, immediatamente.

immense [ɪˈmens] *agg* immenso.

immerse [ɪˈmɜːs] *v tr* immergere.

immersion [ɪˈmɜːʃn] *s* immersione (*f*).

immigrant [ˈɪmɪɡrənt] *s* immigrante (*m/f*), immigrato.

immigration [ˌɪmɪˈɡreɪʃn] *s* immigrazione (*f*).

imminent [ˈɪmɪnənt] *agg* imminente.

immoral [ɪˈmɒrəl] *agg* immorale.

immorality [ˌɪməˈrælətɪ] *s* immoralità.

immortal [ɪˈmɔːtl] *agg, s* immortale (*m/f*).

immortality [ˌɪmɔːˈtælətɪ] *s* immortalità.

immortalize [ɪˈmɔːtəlaɪz] *v tr* immortalare.

immune [ɪˈmjuːn] *agg* (*to, from*) immune (da); esente (da) ◊ **immune system** sistema immunitario.

immunize [ˈɪmjuːnaɪz] *v tr* immunizzare.

impact [ˈɪmpækt] *s* impatto.

impair [ɪmˈpeə*] *v tr* danneggiare; indebolire.

impartial [ɪmˈpɑːʃl] *agg* imparziale.

impassable [ɪmˈpɑːsəbl] *agg* invalicabile; (*strada*) impraticabile.

impassioned [ɪmˈpæʃnd] *agg* appassionato.

impassive [ɪmˈpæsɪv] *agg* impassibile.

149

impatience [ɪmˈpeɪʃns] *s* impazienza.

impatient [ɪmˈpeɪʃnt] *agg* impaziente ◊ **to get, to grow impatient** perdere la pazienza.

impeach [ɪmˈpiːtʃ] *v tr* incriminare.

impeachment [ɪmˈpiːtʃmənt] *s* incriminazione (*f*), messa in stato di accusa.

impede [ɪmˈpiːd] *v tr* impedire; intralciare.

impediment [ɪmˈpedɪmənt] *s* ostacolo, impedimento ◊ **speech impediment** difetto di pronuncia.

impel [ɪmˈpel] *v tr* costringere; incitare.

impending [ɪmˈpendɪŋ] *agg* imminente; incombente.

impenetrable [ɪmˈpenɪtrəbl] *agg* impenetrabile.

impenitent [ɪmˈpenɪtənt] *agg* incorreggibile.

imperative [ɪmˈperətɪv] *agg* imperativo; urgente, necessario.

imperceptible [ˌɪmpəˈseptəbl] *agg* impercettibile.

imperfect [ɪmˈpɜːfɪkt] *agg* imperfetto; difettoso.

imperfection [ˌɪmpəˈfekʃn] *s* imperfezione (*f*).

imperial [ɪmˈpɪərɪəl] *agg* imperiale.

impersonal [ɪmˈpɜːsnl] *agg* impersonale; distaccato.

impersonate [ɪmˈpɜːsəneɪt] *v tr* impersonare; spacciarsi per; imitare.

impertinent [ɪmˈpɜːtɪnənt] *agg* insolente.

imperturbable [ˌɪmpəˈtɜːbəbl] *agg* imperturbabile.

impervious [ɪmˈpɜːvjəs] *agg* impenetrabile ◊ **impervious to water** impermeabile all'acqua; **impervious to criticism** indifferente, insensibile alle critiche.

impetuous [ɪmˈpetjʊəs] *agg* impetuoso; irruente, precipitoso.

impetus [ˈɪmpɪtəs] *s* impeto.

implement [ˈɪmplɪmənt] *s* attrezzo, utensile (*m*).

implement [ˈɪmplɪmənt] *v tr* attuare, realizzare; (*giur*) rendere effettivo.

implicate [ˈɪmplɪkeɪt] *v tr* implicare, coinvolgere.

implicit [ɪmˈplɪsɪt] *agg* implicito; assoluto.

implied [ɪmˈplaɪd] *agg* implicito; tacito ◊ **implied meaning** sottinteso.

implore [ɪmˈplɔː*] *v tr* implorare.

imply [ɪmˈplaɪ] *v tr* implicare; insinuare, sottintendere.

impolite [ˌɪmpəˈlaɪt] *agg* scortese.

import [ˈɪmpɔːt] *s* importazione (*f*); (*parola*) prestito; significato; importanza.

import [ɪmˈpɔːt] *v tr/intr* importare.

importance [ɪmˈpɔːtns] *s* importanza.

important [ɪmˈpɔːtənt] *agg* importante.

importation [ˌɪmpɔːˈteɪʃn] *s* importazione (*f*); merce (*f*) d'importazione.

importer [ɪmˈpɔːtə*] *s* importatore (*m*).

impose [im'pəuz] *v tr* imporre.

▶ **impose on** approfittare di.

imposing [im'pəuziŋ] *agg* imponente, maestoso.

impossibility [im,pɒsə'biləti] *s* impossibilità.

impossible [im'pɒsəbl] *agg* impossibile.

impotence ['impətəns] *s* impotenza.

impound [im'paund] *v tr* confiscare.

impoverish [im'pɒvəriʃ] *v tr* impoverire.

impracticable [im'præktikəbl] *agg* impraticabile.

impractical [im'præktikl] *agg* poco pratico; non realistico; (*persona*) privo di senso pratico.

impregnable [im'pregnəbl] *agg* inespugnabile; (*fig*) inoppugnabile.

impress ['impres] *s* impronta; sigillo.

impress [im'pres] *v tr* impressionare; imprimere; stampare ◊ **to be impressed** essere (favorevolmente) impressionato; **to impress something on somebody** far capire qualcosa a qualcuno.

impression [im'preʃn] *s* impressione (*f*) ◊ **to be under the impression that** avere l'impressione che.

impressionable [im'preʃnəbl] *agg* impressionabile.

impressive [im'presiv] *agg* impressionante; imponente; notevole.

imprison [im'prizn] *v tr* imprigionare.

imprisonment [im'priznmənt] *s* carcerazione (*f*); prigionia.

improbable [im'prɒbəbl] *agg* improbabile; inverosimile.

impromptu [im'promptju:] *agg* improvvisato.

improper [im'prɒpə*] *agg* inadatto; scorretto; sconveniente.

impropriety [,imprə'praiəti] *s* improprietà, scorrettezza; sconvenienza.

improve [im'pru:v] *v tr/intr* migliorare; perfezionare; fare progressi.

improvement [im'pru:vmənt] *s* miglioramento; progresso.

improvisation [,imprəvai'zeiʃn] *s* improvvisazione (*f*).

improvise ['imprəvaiz] *v tr/intr* improvvisare.

imprudence [im'pru:dəns] *s* imprudenza.

imprudent [im'pru:dənt] *agg* imprudente.

impudent ['impjudənt] *agg* sfacciato.

impulse ['impʌls] *s* impulso; impeto ◊ **to act on impulse** agire d'impulso; **sexual impulse** stimolo sessuale.

impulsive [im'pʌlsiv] *agg* impulsivo.

impunity [im'pju:nəti] *s* impunità.

impure [im'pjuə*] *agg* impuro; contaminato.

impute [im'pju:t] *v tr* imputare, attribuire.

in [in] *prep* (*luogo*) in, a; (*tempo*) in, a; di; durante; fra; (*modo*) di; in; con; a ◊ **in bed** a letto; **in the rain** sotto la pioggia; **in winter** d'inverno; **in the afternoon** al, nel pomeriggio; **in a week** tra una settimana; **in reading it** nel leggerlo, leggendolo; **one in a million** uno su un milione.

in [ɪn] *avv* dentro; a casa; alla moda; (*polit*) in carica.

in [ɪn] *s* ◊ **the ins and outs** i dettagli, i retroscena.

inability [ˌɪnəˈbɪlətɪ] *s* inabilità; incapacità.

inaccessible [ˌɪnækˈsesəbl] *agg* inaccessibile; irraggiungibile.

inaccurate [ɪnˈækjʊrət] *agg* inesatto, impreciso.

inactivity [ˌɪnækˈtɪvətɪ] *s* inattività.

inadequate [ɪnˈædɪkwət] *agg* insufficiente; inadeguato.

inadvertently [ˌɪnədˈvɜːtəntlɪ] *avv* senza volerlo.

inadvisable [ˌɪnədˈvaɪzəbl] *agg* sconsigliabile; sconsiderato.

inane [ɪˈneɪn] *agg* insensato, stupido; vacuo.

inanimate [ɪnˈænɪmət] *agg* inanimato.

inappropriate [ˌɪnəˈprəʊprɪət] *agg* inadatto; (*parola*) improprio; inopportuno.

inapt [ɪnˈæpt] *agg* inadatto; maldestro, incapace.

inarticulate [ˌɪnɑːˈtɪkjʊlɪt] *agg* inarticolato; (*persona*) che si esprime con difficoltà.

inasmuch [ˌɪnəzˈmʌtʃ] *avv* ◊ **inasmuch as** in quanto che; poiché.

inattentive [ˌɪnəˈtentɪv] *agg* disattento; sbadato.

inaudible [ɪnˈɔːdəbl] *agg* impercettibile.

inaugurate [ɪˈnɔːgjʊreɪt] *v tr* inaugurare; (*funzionario ecc.*) insediare.

inauguration [ɪˌnɔːgjʊˈreɪʃn] *s* inaugurazione (*f*); (*funzionario ecc.*) insediamento in carica.

in-between [ˌɪnbɪˈtwiːn] *agg* intermedio; fra i due.

inborn [ˌɪnˈbɔːn] *agg* innato, congenito.

inbred [ˌɪnˈbred] *agg* innato, congenito.

incapable [ɪnˈkeɪpəbl] *agg* incapace.

incapacity [ˌɪnkəˈpæsətɪ] *s* incapacità; inabilità.

incense [ˈɪnsens] *s* incenso.

incense [ɪnˈsens] *v tr* irritare, far infuriare.

incentive [ɪnˈsentɪv] *s* incentivo.

incessant [ɪnˈsesnt] *agg* incessante.

inch [ɪntʃ] *s* pollice (*m*) (*unità di misura di lunghezza*) ◊ **inch by inch** poco alla volta; **every inch a lady** una vera signora; **within an inch of** a un pelo da; **not to give an inch** non cedere di un millimetro.

inch [ɪntʃ] *v tr/intr* muoversi poco alla volta, gradualmente.

incidence [ˈɪnsɪdəns] *s* incidenza.

incident [ˈɪnsɪdənt] *s* incidente (*m*); (*in libro*) episodio; avvenimento.

incidental [ˌɪnsɪˈdentl] *agg* accessorio; incidentale, fortuito.

incidentally [ˌɪnsɪˈdentlɪ] *avv* a proposito, per inciso.

incinerate [ɪnˈsɪnəreɪt] *v tr* incenerire; (*AmE*) cremare.

incision [ɪnˈsɪʒn] *s* incisione (*f*), taglio.

incisive [ɪn'saɪsɪv] *agg* incisivo; acuto.

incite [ɪn'saɪt] *v tr* incitare.

inclination [ˌɪnklɪ'neɪʃn] *s* inclinazione (*f*); (*fig*) tendenza.

incline [ɪn'klaɪn] *s* pendio.

inclined [ɪn'klaɪnd] *agg* inclinato; (*fig*) incline ◊ **to be inclined to do** essere propenso a, tendere a fare.

include [ɪn'klu:d] *v tr* includere ◊ **service included** servizio compreso.

including [ɪn'klu:dɪŋ] *prep* compreso, incluso.

inclusive [ɪn'klu:sɪv] *agg* incluso, compreso ◊ **inclusive of** comprensivo di; **inclusive of tax** al lordo d'imposta.

incoherent [ˌɪnkəʊ'hɪərənt] *agg* incoerente.

income ['ɪnkʌm] *s* reddito; entrata ◊ **income from shares** redditi azionari; **income tax** imposta sul reddito; **income tax return** denuncia dei redditi.

incoming ['ɪnˌkʌmɪŋ] *agg* (*aereo*, *posta*) in arrivo; (*marea*) montante; (*governo*) subentrante.

incomparable [ɪn'kɒmpərəbl] *agg* impareggiabile.

incompatible [ˌɪnkəm'pætəbl] *agg* incompatibile.

incompetent [ɪn'kɒmpɪtənt] *agg, s* incompetente (*m/f*); incapace (*m/f*).

incomplete [ˌɪnkəm'pli:t] *agg* incompleto.

inconclusive [ˌɪnkən'klu:sɪv] *agg* inconcludente; non decisivo.

incongruous [ɪn'kɒŋɡruəs] *agg* incongruo; assurdo; incoerente; poco appropriato.

inconsiderate [ˌɪnkən'sɪdərət] *agg* sconsiderato, avventato.

inconsistent [ˌɪnkən'sɪstənt] *agg* incoerente, contraddittorio; discontinuo, irregolare.

inconvenience [ˌɪnkən'vi:njəns] *s* incomodo, disturbo.

inconvenient [ˌɪnkən'vi:njənt] *agg* scomodo; inopportuno.

incorporate [ɪn'kɔ:pərət] *v tr/intr* incorporare; includere; associarsi ◊ (*AmE*) **incorporated company** società a responsabilità limitata.

incorrect [ˌɪnkə'rekt] *agg* scorretto; inesatto.

increase ['ɪnkri:s] *s* aumento.

increase [ɪn'kri:s] *v tr/intr* aumentare.

increasing [ɪn'kri:sɪŋ] *agg* crescente.

increasingly [ɪn'kri:sɪŋlɪ] *avv* sempre più.

incredible [ɪn'kredəbl] *agg* incredibile.

incredulous [ɪn'kredjʊləs] *agg* incredulo.

increment ['ɪnkrɪmənt] *s* incremento.

incriminate [ɪn'krɪmɪneɪt] *v tr* incriminare.

incubator ['ɪnkjʊbeɪtə*] *s* incubatrice (*f*).

incumbent [ɪn'kʌmbənt] *agg* ◊ **it is incumbent on you** spetta a voi.

incur [ɪn'kɜ:*] *v tr* incorrere in; esporsi a; (*perdita*) subire ◊ **to incur debts** contrarre debiti.

incurable [ɪn'kjʊərəbl] *agg* incurabile; inguaribile.

incursion [ɪn'kɜːʃn] *s* incursione (*f*).

indebted [ɪn'detɪd] *agg* indebitato; (*fig*) in debito.

indecent [ɪn'diːsnt] *agg* indecente.

indecision [ˌɪndɪ'sɪʒn] *s* indecisione (*f*); esitazione (*f*).

indecisive [ˌɪndɪ'saɪsɪv] *agg* indeciso, esitante; (*risposta* ecc.) incerto, non decisivo.

indeed [ɪn'diːd] *avv* veramente, davvero; infatti ◊ **thank you very much indeed** grazie mille; **yes indeed** certamente.

indefinite [ɪn'defɪnɪt] *agg* indefinito; vago; indeterminato; (*gramm*) indeterminativo.

indelible [ɪn'deləbl] *agg* indelebile, incancellabile.

indemnify [ɪn'demnɪfaɪ] *v tr* risarcire.

indemnity [ɪn'demnətɪ] *s* indennizzo; assicurazione (*f*).

independence [ˌɪndɪ'pendəns] *s* indipendenza ◊ (*AmE*) **Independence Day** anniversario della dichiarazione d'indipendenza (4 luglio 1776).

independent [ˌɪndɪ'pendənt] *agg* indipendente.

index (*pl* **-dexes, -dices**) ['ɪndeks, deksɪz, dɪsiːz] *s* indice (*m*); (*libreria*) catalogo ◊ **index card** scheda; **index finger** (dito) indice.

index ['ɪndeks] *v tr* fornire di indice; (*econ*) indicizzare.

index-link ['ɪndeks,lɪŋk] *v tr* (*econ*) indicizzare.

Indian ['ɪndjən] *agg, s* indiano ◊ **American Indian** indiano d'America; **Indian ink** inchiostro di china; **Indian summer** estate di San Martino.

indicate ['ɪndɪkeɪt] *v tr* indicare.

indicator ['ɪndɪkeɪtə*] *s* indicatore (*m*); (*aut*) freccia.

indices ['ɪndɪsiːz] *s pl di* **index**.

indict [ɪn'daɪt] *v tr* accusare.

indictment [ɪn'daɪtmənt] *s* accusa; imputazione (*f*).

indifference [ɪn'dɪfrəns] *s* indifferenza.

indifferent [ɪn'dɪfrənt] *agg* indifferente; mediocre.

indigenous [ɪn'dɪdʒɪnəs] *agg* indigeno.

indigestion [ˌɪndɪ'dʒestʃən] *s* indigestione (*f*).

indignant [ɪn'dɪgnənt] *agg* indignato; sdegnato.

indignity [ɪn'dɪgnətɪ] *s* umiliazione (*f*), oltraggio.

indirect [ˌɪndɪ'rekt] *agg* indiretto.

indiscreet [ˌɪndɪ'skriːt] *agg* indiscreto; imprudente.

indispensable [ˌɪndɪ'spensəbl] *agg* indispensabile.

indisputable [ˌɪndɪ'spjuːtəbl] *agg* incontestabile, indiscutibile.

indistinct [ˌɪndɪ'stɪŋkt] *agg* indistinto.

individual [ˌɪndɪ'vɪdjuəl] *s* individuo.

individual [ˌɪndɪ'vɪdjuəl] *agg* individuale, singolo; personale, originale.

indoctrinate [ɪn'dɒktrɪneɪt] *v tr* indottrinare.

indoor ['ɪndɔː*] *agg* al coperto; (*pianta*) da appartamento.

indoors [ɪn'dɔ:z] *avv* in casa; all'interno.

induce [ɪn'dju:s] *v tr* indurre.

inducement [ɪn'dju:smənt] *s* stimolo.

indulge [ɪn'dʌldʒ] *v tr* soddisfare; (*bambino*) viziare ◊ *v intr* (*in*) concedersi; abbandonarsi a.

indulgence [ɪn'dʌldʒəns] *s* indulgenza; lusso.

indulgent [ɪn'dʌldʒənt] *agg* indulgente.

industrial [ɪn'dʌstrɪəl] *agg* industriale; industrializzato ◊ **industrial injury** infortunio sul lavoro; **industrial estate**, (*AmE*) **park** zona industriale; **industrial action** agitazione sindacale.

industrialist [ɪn'dʌstrɪəlɪst] *s* industriale (*m*).

industrialize [ɪn'dʌstrɪəlaɪz] *v tr* industrializzare.

industrious [ɪn'dʌstrɪəs] *agg* laborioso, attivo.

industry ['ɪndəstrɪ] *s* industria; operosità.

inedible [ɪn'edɪbl] *agg* non commestibile; immangiabile.

ineffective [ˌɪnɪ'fektɪv] *agg* inefficace; inutile; (*persona*) incapace.

ineffectual [ˌɪnɪ'fektjuəl] *agg* inefficace; inutile; (*persona*) incapace.

inefficient [ˌɪnɪ'fɪʃnt] *agg* inefficiente; incompetente; improduttivo.

inept [ɪ'nept] *agg* inetto.

inequality [ˌɪnɪkwɒlətɪ] *s* ineguaglianza.

inert [ɪ'nɜ:t] *agg* inerte.

inescapable [ˌɪnɪ'skeɪpəbl] *agg* inevitabile.

inevitable [ɪn'evɪtəbl] *agg* inevitabile.

inexcusable [ˌɪnɪk'skju:zəbl] *agg* imperdonabile, ingiustificabile.

inexhaustible [ˌɪnɪg'zɔ:stəbl] *agg* inesauribile.

inexpensive [ˌɪnɪk'spensɪv] *agg* poco costoso.

inexperienced [ˌɪnɪk'spɪərɪənst] *agg* inesperto.

inexplicable [ˌɪnɪk'splɪkəbl] *agg* inspiegabile.

infallible [ɪn'fæləbl] *agg* infallibile.

infamy ['ɪnfəmɪ] *s* infamia.

infancy ['ɪnfənsɪ] *s* infanzia.

infant ['ɪnfənt] *s* bambino ◊ (*BrE*) **infant school** prima e seconda elementare.

infantry ['ɪnfəntrɪ] *s* fanteria.

infatuated [ɪn'fætjʊeɪtɪd] *agg* infatuato, invaghito.

infatuation [ɪnˌfætjʊ'eɪʃn] *s* infatuazione (*f*).

infect [ɪn'fekt] *v tr* infettare; contagiare.

infection [ɪn'fekʃn] *s* infezione (*f*); contagio.

infectious [ɪn'fekʃəs] *agg* infettivo; contagioso.

infer [ɪn'fɜ:*] *v tr* dedurre, arguire.

inference ['ɪnfərəns] *s* deduzione (*f*).

inferior [ɪn'fɪərɪə*] *agg* inferiore; (*qualità*) scadente.

inferior [ɪn'fɪərɪə*] *s* inferiore (*m/f*); subalterno.

inferiority [ɪnˌfɪərɪ'ɒrɪtɪ] *s* inferiorità.

infernal [ɪnˈfɜːnl] *agg* infernale.

infertile [ɪnˈfɜːtaɪl] *agg* sterile.

infertility [ˌɪnfɜːˈtɪlɪti] *s* sterilità, infecondità.

infest [ɪnˈfest] *v tr* infestare.

infidelity [ˌɪnfɪˈdelɪti] *s* infedeltà.

infighting [ˈɪnˌfaɪtɪŋ] *s* lotte (*pl*) intestine.

infiltrate [ˈɪnfɪltreɪt] *v tr/intr* infiltrare, infiltrarsi (in), insinuarsi.

infinite [ˈɪnfɪnət] *agg* infinito.

infinity [ɪnˈfɪnəti] *s* infinità; (*fot, mat*) infinito.

infirmary [ɪnˈfɜːməri] *s* ospedale (*m*); (*scuola*) infermeria.

infirmity [ɪnˈfɜːməti] *s* debolezza, acciacco.

inflammable [ɪnˈflæməbl] *agg* infiammabile.

inflammation [ˌɪnfləˈmeɪʃn] *s* (*med*) infiammazione (*f*).

inflatable [ɪnˈfleɪtəbl] *agg* gonfiabile.

inflate [ɪnˈfleɪt] *v tr/intr* gonfiare, gonfiarsi.

inflation [ɪnˈfleɪʃn] *s* (*econ*) inflazione (*f*) ◊ **inflation rate** tasso di inflazione.

inflict [ɪnˈflɪkt] *v tr* infliggere.

influence [ˈɪnfluəns] *s* influenza ◊ **under the influence of** sotto l'effetto di.

influence [ˈɪnfluəns] *v tr* influenzare.

influential [ˌɪnfluˈenʃl] *agg* influente.

influenza [ˌɪnfluˈenzə] *s* (*med*) influenza.

influx [ˈɪnflʌks] *s* affluenza, afflusso.

inform [ɪnˈfɔːm] *v tr* informare ◊ **to inform against, on** denunciare.

informal [ɪnˈfɔːml] *agg* informale; non ufficiale; alla buona.

informant [ɪnˈfɔːmənt] *s* informatore (*m*).

information [ˌɪnfəˈmeɪʃn] *s* informazioni (*f pl*) ◊ **information desk** banco delle informazioni.

informative [ɪnˈfɔːmətɪv] *agg* informativo; istruttivo.

informer [ɪnˈfɔːmə*] *s* informatore (*m*).

infringe [ɪnˈfrɪndʒ] *v tr* infrangere, trasgredire.

infringement [ɪnˈfrɪndʒmənt] *s* infrazione (*f*), trasgressione (*f*).

infuriating [ɪnˈfjʊərieɪtɪŋ] *agg* molto irritante.

ingenious [ɪnˈdʒiːnjəs] *agg* ingegnoso.

ingenuity [ˌɪndʒɪˈnjuːəti] *agg* ingegnosità.

ingenuous [ɪnˈdʒenjuəs] *agg* ingenuo.

ingot [ˈɪŋgət] *s* lingotto.

ingrained [ˌɪnˈgreɪnd] *agg* radicato.

ingratiate [ɪnˈgreɪʃieɪt] *v tr* ◊ **to ingratiate oneself with** ingraziarsi.

ingratitude [ɪnˈgrætɪtjuːd] *s* ingratitudine (*f*).

ingredient [ɪnˈgriːdjənt] *s* ingrediente (*m*); elemento.

ingrowing [ˈɪnˌgrəʊɪŋ] *agg* (*unghia*) incarnito.

inhabit [ɪnˈhæbɪt] *v tr* abitare.

inhabitant [ɪnˈhæbɪtənt] *s* abitante (*m/f*).

inhale [ɪnˈheɪl] *v tr/intr* inalare; aspirare.

inherent [ɪn'hɪərənt] *agg* inerente.

inherit [ɪn'herɪt] *v tr* ereditare.

inheritance [ɪn'herɪtəns] *s* eredità.

inhibit [ɪn'hɪbɪt] *v tr* inibire; impedire.

inhibition [ˌɪnhɪ'bɪʃn] *s* inibizione (*f*).

inhospitable [ɪn'hɒspɪtəbl] *agg* inospitale.

inhuman [ɪn'hjuːmən] *agg* inumano.

initial [ɪ'nɪʃl] *agg, s* iniziale (*f*).

initially [ɪ'nɪʃlɪ] *avv* inizialmente.

initiate [ɪ'nɪʃɪeɪt] *v tr* avviare; iniziare.

initiative [ɪ'nɪʃɪətɪv] *s* iniziativa (*f*) **on my own initiative** di mia iniziativa.

inject [ɪn'dʒekt] *v tr* iniettare; (*fig*) introdurre.

injection [ɪn'dʒekʃn] *s* iniezione (*f*).

injure ['ɪndʒə*] *v tr* ferire; (*fig*) nuocere a.

injured ['ɪndʒəd] *agg* ferito; (*giur*) leso.

injury ['ɪndʒərɪ] *s* ferita; (*giur*) lesione (*f*) ◊ **injury time** minuti di recupero a fine partita.

injustice [ɪn'dʒʌstɪs] *s* ingiustizia.

ink [ɪŋk] *s* inchiostro.

inkling ['ŋklɪŋ] *s* sentore (*m*), sospetto.

inland [ɪn'lænd] *agg* interno ◊ (*BrE*) **the Inland revenue** il fisco.

inland [ɪn'lænd] *avv* all'interno, nell'entroterra.

in-laws ['ɪnlɔːz] *s pl* parenti acquisiti; suoceri.

inlet ['ɪnlet] *s* insenatura.

inmate ['ɪnmeɪt] *s* ricoverato, paziente (*m/f*); carcerato; detenuto.

inmost ['ɪnməʊst] *agg* (più) intimo.

inn [ɪn] *s* locanda.

innate [ˌɪ'neɪt] *agg* innato.

inner ['ɪnə*] *agg* interno, interiore ◊ **inner city** centro città; **inner tube** camera d'aria.

inning ['ɪnɪŋ] *s* (*baseball*) inning (*m*) ◊ *pl* (*cricket*) turno (*sing*) di battuta.

innkeeper ['ɪnˌkiːpə*] *s* locandiere (*m*).

innocence ['ɪnəsəns] *s* innocenza.

innocent ['ɪnəsnt] *agg* innocente.

innocuous [ɪ'nɒkjʊəs] *agg* innocuo.

innovation [ˌɪnəʊveɪʃn] *s* innovazione (*f*).

innuendo [ˌɪnjuː'endəʊ] *s* insinuazione (*f*).

innumerable [ɪ'njuːmərəbl] *agg* innumerevole.

in-patient ['ɪnˌpeɪʃənt] *s* degente (*m/f*), ricoverato.

input ['ɪnpʊt] *s* introduzione (*f*); input (*m*).

input ['ɪnpʊt] *v tr* introdurre, immettere (dati ecc.).

inquest ['ɪnkwest] *s* inchiesta.

inquire [ɪn'kwaɪə*] *v tr/intr* chiedere, informarsi ◊ **to inquire into** indagare su.

inquiring [ɪn'kwaɪərɪŋ] *agg* curioso; indagatore.

inquiry [ɪn'kwaɪərɪ] *s* domanda; (*giur*) indagine (*f*) ◊ (*BrE*) **inquiry office** ufficio informazioni; **on inquiry** su richiesta.

inquisitive [ɪn'kwɪzətɪv] *agg* curioso; indiscreto.

insane [ɪn'seɪn] *agg* pazzo.

insanitary [ɪn'sænɪtərɪ] *agg* antigienico, malsano.

insanity [ɪn'sænətɪ] *s* pazzia.

inscription [ɪn'skrɪpʃn] *s* iscrizione (f); dedica.

insect ['ɪnsekt] *s* insetto.

insecticide [ɪn'sektɪsaɪd] *s* insetticida (m).

insecure [ˌɪnsɪ'kjʊə*] *agg* malsicuro, instabile; (*persona*) insicuro.

insecurity [ˌɪnsɪ'kjʊərətɪ] *s* instabilità; mancanza di sicurezza; insicurezza.

insemination [ɪn,semɪ'neɪʃn] *s* inseminazione (f), fecondazione (f).

insensible [ɪn'sensəbl] *agg* privo di sensi; insensibile.

insensitive [ɪn'sensətɪv] *agg* insensibile.

insert [ɪn'sɜːt] *v tr* inserire, introdurre.

insertion [ɪn'sɜːʃn] *s* inserimento; inserzione (f).

in-service [ˌɪn,sɜː'vɪs] *agg* durante l'orario lavorativo.

inshore [ˌɪn'ʃɔː*] *agg* costiero.

inside ['ɪnsaɪd] *agg* interno; parte interna ◊ *pl* interiora (f); pancia (*sing*) ◊ **to turn something inside out** rovesciare qualcosa; **to know something inside out** conoscere qualcosa a fondo.

inside ['ɪnsaɪd] *agg* interno; interiore ◊ **inside lane** corsia interna, corsia di marcia.

inside [ˌɪn'saɪd] *avv* dentro, all'interno.

inside [ˌɪn'saɪd] *prep* dentro, all'interno di; (*tempo*) entro ◊ **inside a month** entro un mese.

insider [ˌɪn'saɪdə*] *s* membro.

insight ['ɪnsaɪt] *s* perspicacia, intuito.

insignificant [ˌɪnsɪg'nɪfɪkənt] *agg* insignificante.

insincere [ˌɪnsɪn'sɪə*] *agg* falso.

insinuate [ɪn'sɪnjʊeɪt] *v tr* insinuare.

insipid [ɪn'sɪpɪd] *agg* insipido; (*fig*) insulso.

insist [ɪn'sɪst] *v intr* (*on*) insistere (su, per) ◊ *v tr* sostenere, affermare.

insistent [ɪn'sɪstənt] *agg* insistente.

insolent ['ɪnsələnt] *agg* insolente.

insolvent [ɪn'sɒlvənt] *agg* insolvente.

insomnia [ɪn'sɒmnɪə] *s* insonnia.

inspect [ɪn'spekt] *v tr* ispezionare; controllare.

inspection [ɪn'spekʃn] *s* ispezione (f); controllo.

inspector [ɪn'spektə*] *s* ispettore (m); (*bus, treno*) controllore (m).

inspiration [ˌɪnspəreɪʃn] *s* ispirazione (f).

inspire [ɪn'spaɪə*] *v tr* ispirare.

install [ɪn'stɔːl] *v tr* installare; insediare.

installation [ˌɪnstə'leɪʃn] *s* installazione (f); (*in carica*) insediamento.

installment [ɪn'stɔːlmənt] *s* (*AmE*) v. instalment.

instalment [ɪn'stɔːlmənt] *s* rata; (*AmE*) acconto; (*TV*) puntata; (*pubblicazione*) fascicolo, dispensa ◊ **by, in instalments** a rate, rateale.

instance ['ɪnstəns] *s* esempio ◊ **for instance** per esempio.

instant ['ɪnstənt] *s* istante (*m*).

instant ['ɪnstənt] *agg* istantaneo, immediato ◊ **instant coffee** caffè solubile.

instead [ɪn'sted] *avv* invece ◊ **instead of** invece di.

instigation [ˌɪnstɪ'geɪʃn] *s* istigazione (*f*).

instil [ɪn'stɪl] *v tr* instillare, inculcare.

instinct ['ɪnstɪŋkt] *s* istinto.

instinctive [ɪn'stɪŋktɪv] *agg* istintivo.

institute ['ɪnstɪtjuːt] *s* istituto.

institute ['ɪnstɪtjuːt] *v tr* istituire; avviare; (*giur*) intentare.

institution [ˌɪnstɪ'tjuːʃn] *s* istituzione (*f*); istituto ◊ **charitable institution** istituto di beneficenza.

instruct [ɪn'strʌkt] *v tr* istruire; informare; dare ordini a.

instruction [ɪn'strʌkʃn] *s* insegnamento ◊ *pl* istruzioni (*f*); (*milit*) consegne.

instructive [ɪn'strʌktɪv] *agg* istruttivo.

instructor [ɪn'strʌktə*] *s* istruttore (*m*); (*di sci*) maestro.

instrument ['ɪnstrumənt] *s* strumento.

instrumental [ˌɪnstru'mentl] *agg* fondamentale; (*mus*) strumentale.

insubordinate [ˌɪnsə'bɔːdənət] *agg* indisciplinato.

insufferable [ɪn'sʌfərəbl] *agg* insopportabile.

insufficient [ˌɪnsə'fɪʃnt] *agg* insufficiente.

insular ['ɪnsjulə*] *agg* insulare; (*fig*) dalla mentalità ristretta.

insulate ['ɪnsjuleɪt] *v tr* isolare ◊ **insulating tape** nastro isolante.

insulation [ˌɪnsju'leɪʃn] *s* isolamento; (*tecn*) isolante (*m*).

insulin ['ɪnsjulɪn] *s* insulina.

insult ['ɪnsʌlt] *s* insulto, affronto.

insult [ɪn'sʌlt] *v tr* insultare.

insulting [ɪn'sʌltɪŋ] *agg* offensivo.

insuperable [ɪn'sjuːpərəbl] *agg* insuperabile.

insurance [ɪn'ʃuərəns] *s* assicurazione (*f*) ◊ **third party liability insurance** assicurazione di responsabilità civile verso terzi; **insurance policy** polizza d'assicurazione.

insure [ɪn'ʃuə*] *v tr* assicurare.

insurer [ɪn'ʃuərə*] *s* assicuratore (*m*).

insurrection [ˌɪnsə'rekʃn] *s* insurrezione (*f*).

intact [ɪn'tækt] *agg* intatto.

intake ['ɪnteɪk] *s* immissione (*f*); (*motore, pompa*) aspirazione (*f*); (*cibo*) razione (*f*), consumo; nuovo personale (*m*); nuovi allievi (*pl*).

integral ['ɪntɪɡrəl] *agg* integrante; (*mat*) integrale.

integrate ['ɪntɪɡreɪt] *v tr/intr* integrare, integrarsi; unificare.

integrity [ɪn'teɡrətɪ] *s* integrità.

intellect ['ɪntəlekt] *s* intelletto.

intellectual [ˌɪntə'lektjuəl] *agg, s* intellettuale (*m/f*).

intelligence [ɪn'telɪdʒəns] *s* intelligenza; (*milit*) informazioni (*f pl*) ◊ **intelligence quotient** quoziente di intelligenza; **intelligence service** servizio segreto.

intelligent [ɪn'telɪdʒənt] *agg* intelligente.

intend [ɪn'tend] *v tr* intendere; destinare.

intense [ɪn'tens] *agg* intenso; (*dolore*) acuto; (*persona*) appassionato.

intensely [ɪn'tenslɪ] *avv* profondamente.

intensify [ɪn'tensɪfaɪ] *v tr/intr* intensificare, intensificarsi; rafforzare.

intensity [ɪn'tensətɪ] *s* intensità; veemenza.

intensive [ɪn'tensɪv] *agg* intensivo ◊ **intensive care unit** reparto di terapia intensiva.

intent [ɪn'tent] *s* intenzione (*f*) ◊ **to all intents and purposes** a tutti gli effetti.

intent [ɪn'tent] *agg* (*on*) intento (a), assorto (in).

intention [ɪn'tenʃn] *s* intenzione (*f*).

intentional [ɪn'tenʃənl] *agg* intenzionale, deliberato.

intently [ɪn'tentlɪ] *avv* attentamente.

interact ['ɪntərækt] *v intr* interagire.

interactive ['ɪntəræktɪv] *agg* interattivo.

intercede [ˌɪntə'siːd] *v intr* intercedere.

intercept [ˌɪntə'sept] *v tr* intercettare.

interchange [ˌɪntə'tʃeɪndʒ] *s* scambio; (*autostrada*) svincolo.

interchange [ˌɪntə'tʃeɪndʒ] *v tr/intr* scambiare, scambiarsi.

interchangeable [ˌɪntə'tʃeɪndʒəbl] *agg* intercambiabile.

intercom ['ɪntəkɒm] *s* interfono.

interconnect [ˌɪntəkə'nekt] *v tr/intr* collegare, collegarsi.

intercourse ['ɪntəkɔːs] *s* rapporto, rapporti (*pl*) ◊ (**sexual) intercourse** rapporto sessuale.

interdict ['ɪntədɪkt] *s* (*giur*) interdizione (*f*).

interest ['ɪntrəst] *s* interesse (*m*); (*comm*) interessi (*pl*) ◊ **interest paid** interesse passivo; **interest received** interesse attivo; **interest rate** tasso di interesse.

interest ['ɪntrəst] *v tr* interessare.

interested ['ɪntrəstɪd] *agg* interessato ◊ **to be interested in** interessarsi di.

interesting ['ɪntrəstɪŋ] *agg* interessante.

interface [ˌɪntə'feɪs] *v tr/intr* (*inform*) interfacciare, connettere, connettersi.

interfere [ˌɪntə'fɪə*] *v intr* interferire, intromettersi.

interference [ˌɪntə'fɪərəns] *s* interferenza.

interim ['ɪntərɪm] *agg* temporaneo, provvisorio.

interim ['ɪntərɪm] *s* (*polit*) interim (*m*) ◊ **in the interim** nel frattempo.

interior [ɪn'tɪərɪə*] *agg* interno.

interior [ɪn'tɪərɪə*] *s* interno; (*di paese*) entroterra (*m*) ◊ **interior designer** arredatore; (*AmE*) **Department of the Interior** Ministero degli Interni.

interject [ˌɪntə'dʒekt] *v intr* interloquire ◊ *v tr* inserire.

interlock [ˌɪntə'lɒk] v tr/intr collegare, collegarsi, allacciare, allacciarsi; intrecciare, intrecciarsi.

interlude ['ɪntəluːd] s intervallo; (mus) interludio; (teatro) intermezzo.

intermediary [ˌɪntə'miːdjəri] s intermediario.

intermediate [ˌɪntə'miːdjət] agg intermedio.

intermission [ˌɪntə'mɪʃn] s pausa; (teatro) intervallo.

intermittent [ˌɪntə'mɪtənt] agg intermittente.

intern [ɪn'tɜːn] v tr internare.

intern ['ɪntɜːn] s (AmE) medico interno.

internal [ɪn'tɜːnl] agg interno ◊ (AmE) **Internal Revenue Service** Fisco.

internally [ɪn'tɜːnlɪ] avv ◊ **not to be taken internally** per uso esterno.

international [ˌɪntə'næʃənl] agg internazionale.

Internet ['ɪntənet] s ◊ **the Internet** Internet.

interplay [ˌɪntə'pleɪ] s azione (f) reciproca.

interpret [ɪn'tɜːprɪt] v tr interpretare, decifrare ◊ v intr fare da interprete.

interpretation [ɪn'tɜːprɪ'teɪʃn] s interpretazione (f).

interpreter [ɪn'tɜːprɪtə*] s interprete (m/f).

interrelated [ˌɪntərɪ'leɪtəd] agg interrelato, interconnesso.

interrogation [ɪn'terəʊgeɪʃn] s interrogazione (f); (giur) interrogatorio.

interrupt [ˌɪntə'rʌpt] v tr/intr interrompere.

interruption [ˌɪntə'rʌpʃn] s interruzione (f).

intersect [ˌɪntə'sekt] v tr/intr intersecare, intersecarsi.

intersection [ˌɪntə'sekʃn] s intersezione (f); (strade) incrocio.

intersperse [ˌɪntə'spɜːs] v tr (with) costellare (di); cospargere (di).

intertwine [ˌɪntə'twaɪn] v tr/intr intrecciare, intrecciarsi.

interval ['ɪntəvl] s intervallo ◊ **at intervals** a intervalli, qui e là; **bright intervals** schiarite.

intervene [ˌɪntə'viːn] v intr intervenire; accadere; (tempo) trascorrere.

intervention [ˌɪntə'venʃn] s intervento.

interview ['ɪntəvjuː] s intervista; (di lavoro) colloquio.

interview ['ɪntəvjuː] v tr intervistare; avere un colloquio con.

interviewee [ˌɪntəvjuː'iː] s persona intervistata.

interviewer ['ɪntəvjuːə*] s intervistatore (m).

intestine [ɪn'testɪn] s intestino.

intimacy ['ɪntɪməsɪ] s intimità.

intimate ['ɪntɪmət] agg intimo; (conoscenza) profondo.

intimate ['ɪntɪmeɪt] v tr lasciar intendere; suggerire.

intimately ['ɪntɪmətlɪ] avv intimamente, a fondo.

intimation [ˌɪntɪ'meɪʃn] s accenno; indicazione (f).

into ['ɪntu] prep in, dentro ◊ **to study late into the night** studiare fino a tarda notte.

intolerable [ɪnˈtɒlərəbl] *agg* intollerabile.

intolerance [ɪnˈtɒlərəns] *s* intolleranza.

intolerant [ɪnˈtəʊn] *agg* intollerante.

intonation [ˌɪntəʊˈneɪʃn] *s* intonazione (*f*).

intone [ˌɪntəʊn] *v tr* intonare.

intoxicated [ɪnˈtɒksɪkeɪtɪd] *v tr* (*with*) ubriaco (di); (*fig*) ebbro (di).

intoxication [ɪnˌtɒksɪˈkeɪʃn] *s* ubriacatura, ebbrezza.

intractable [ɪnˈtræktəbl] *agg* intrattabile.

intramuscular [ˌɪntrəˈmʌskjʊlə*] *agg* intramuscolare.

intravenous [ˌɪntrəˈviːnəs] *agg* endovenoso.

intrepid [ɪnˈtrepɪd] *agg* intrepido.

intricate [ˈɪntrɪkət] *agg* intricato; complicato.

intrigue [ɪnˈtriːg] *v intr* complottare ◊ *v tr* affascinare.

intriguing [ɪnˈtriːgɪŋ] *agg* affascinante, avvincente.

introduce [ˌɪntrəˈdjuːs] *v tr* introdurre; presentare; far conoscere ◊ **to introduce oneself** presentarsi.

introduction [ˌɪntrəˈdʌkʃn] *s* introduzione (*f*); (*persona*) presentazione (*f*); (*a nuova esperienza*) iniziazione (*f*).

introductory [ˌɪntrəˈdʌktərɪ] *agg* introduttivo; preliminare.

intrude [ɪnˈtruːd] *v intr* intromettersi ◊ *v tr* imporre ◊ **to intrude on somebody's privacy** violare l'intimità di qualcuno.

intruder [ɪnˈtruːdə*] *s* intruso.

intrusion [ɪnˈtruːʒn] *s* intrusione (*f*), ingerenza.

intuition [ˌɪntjuːˈɪʃn] *s* intuizione (*f*); intuito.

intuitive [ɪnˈtjuːɪtɪv] *agg* intuitivo.

inundate [ˈɪnʌndeɪt] *v tr* inondare.

invade [ɪnˈveɪd] *v tr* invadere; assalire; (*diritti*) violare, calpestare.

invader [ɪnˈveɪdə*] *s* invasore (*m*).

invalid [ɪnˈvælɪd] *agg* non valido, nullo.

invalid [ˈɪnvəlɪd] *s*, *agg* invalido; malato.

invalidate [ɪnˈvælɪdeɪt] *v tr* invalidare.

invaluable [ɪnˈvæljʊəbl] *agg* inestimabile; prezioso.

invariable [ɪnˈveərɪəbl] *agg* invariabile.

invasion [ɪnˈveɪʒn] *s* invasione (*f*); (*fig*) intrusione (*f*); (*diritti*) violazione (*f*).

invent [ɪnˈvent] *v tr* inventare.

invention [ɪnˈvenʃn] *s* invenzione (*f*).

inventor [ɪnˈventə*] *s* inventore (*m*).

inventory [ˈɪnvəntrɪ] *s* inventario.

invert [ɪnˈvɜːt] *v tr* invertire; capovolgere.

invest [ɪnˈvest] *v tr/intr* investire (in), fare un investimento.

investigate [ɪnˈvestɪgeɪt] *v tr* investigare, indagare, fare indagini su.

investigation [ɪnˌvestɪˈgeɪʃn] *s* indagine (*f*).

investigator [ɪnˈvestɪgeɪtə*] *s* investigatore (*m*).

investment [ɪnˈvestmənt] *s* investimento.

investor [ɪn'vestə*] s (*econ*) investitore (*m*).

inveterate [ɪn'vetərət] agg inveterato; cronico.

invidious [ɪn'vɪdɪəs] agg spiacevole; odioso.

invigorating [ɪn'vɪgəreɪtɪŋ] agg stimolante, vivificante.

invincible [ɪn'vɪnsəbl] agg invincibile.

inviolate [ɪn'vaɪələt] agg inviolato.

invisible [ɪn'vɪzəbl] agg invisibile.

invitation [ˌɪnvɪ'teɪʃn] s invito.

invite [ɪn'vaɪt] v tr invitare; (*fig*) sollecitare ◊ **to invite in** invitare a entrare.

inviting [ɪn'vaɪtɪŋ] agg invitante.

invoice ['ɪnvɔɪs] s fattura.

invoice ['ɪnvɔɪs] v tr fatturare.

invoke [ɪn'vəʊk] v tr invocare; (*fig*) evocare.

involuntary [ɪn'vɒləntərɪ] agg involontario.

involve [ɪn'vɒlv] v tr coinvolgere; implicare; comportare.

involved [ɪn'vɒlvd] agg coinvolto; (*stile*) complesso, contorto.

involvement [ɪn'vɒlvmənt] s coinvolgimento; implicazione (*f*).

invulnerable [ɪn'vʌlnərəbl] agg invulnerabile.

inward ['ɪnwəd] agg interno; (*fig*) intimo.

inwardly ['ɪnwədlɪ] avv internamente; (*fig*) intimamente, dentro di sé.

inward(s) ['ɪnwəd(z)] avv verso l'interno.

iodine ['aɪədiːn] s iodio; tintura di iodio.

ioniser ['aɪənaɪzə*] s ionizzatore (*m*).

IOU ['aɪ'əʊ,juː] s pagherò (*m*).

Iranian [ɪ'reɪnjən] agg, s iraniano.

Iraqi [ɪ'rɑːkɪ] agg, s iracheno.

irate [aɪ'reɪt] agg irato.

Irish ['aɪərɪʃ] agg irlandese ◊ s (*lingua*) irlandese (*m*) ◊ **the Irish** gli irlandesi.

Irishman (*pl* -**men**) ['aɪərɪʃmən] s irlandese (*m*).

Irishwoman (*pl* -**women**) ['aɪərɪʃ ˌwʊmən, wɪmɪn] s irlandese (*f*).

irk [ɜːk] v tr infastidire; annoiare.

irksome ['ɜːksəm] agg fastidioso, seccante.

iron ['aɪən] s ferro; ferro da stiro ◊ **iron and steel industry** industria siderurgica.

iron ['aɪən] agg di ferro; ferreo ◊ **the Iron Curtain** la cortina di ferro.

iron ['aɪən] v tr stirare.

▶ **iron out** eliminare stirando; (*fig*) appianare.

ironic(al) [aɪ'rɒnɪk(l)] agg ironico.

ironing ['aɪənɪŋ] s stiratura; roba da stirare ◊ **ironing board** asse da stiro; **to do the ironing** stirare.

ironmonger ['aɪən,mʌŋgə*] s commerciante (*m*) in ferramenta ◊ **ironmonger's (shop)** negozio di ferramenta.

irony ['aɪərənɪ] s ironia.

irrational [ɪ'ræʃənl] agg irrazionale.

irredeemable [ˌɪrɪ'diːməbl] agg incorreggibile.

irregular [ɪ'regjʊlə*] agg irregolare.

163

irrelevant [ɪˈreləvənt] *agg* non pertinente.

irreparable [ɪˈrepərəbl] *agg* irreparabile.

irreplaceable [ˌɪrɪˈpleɪsəbl] *agg* insostituibile.

irrepressible [ˌɪrɪˈpresbl] *agg* irrefrenabile.

irresistible [ˌɪrɪˈzɪstəbl] *agg* irresistibile.

irresolute [ɪˈrezəluːt] *agg* indeciso.

irrespective [ˌɪrɪˈspektɪv] *agg* (*of*) incurante (di), senza riguardo (per).

irresponsible [ˌɪrɪˈsponsəbl] *agg* irresponsabile.

irreverent [ɪˈrevərənt] *agg* irriverente.

irrevocable [ɪˈrevəkəbl] *agg* irrevocabile.

irrigate [ˈɪrɪgeɪt] *v tr* irrigare.

irritable [ˈɪrɪtəbl] *agg* irritabile.

irritate [ˈɪrɪteɪt] *v tr* irritare.

irritating [ˈɪrɪteɪtɪŋ] *agg* irritante.

is [ɪz] 3ª *persona sing indicativo presente di* be.

Islam [ˈɪzlɑːm] *s* islamismo; Islam (*m*).

Islamic [ɪzˈlæmɪk] *agg* islamico.

island [ˈaɪlənd] *s* isola.

islander [ˈaɪləndə*] *s* isolano.

isle [aɪl] *s* isola.

isn't [ɪznt] *contrazione di* is not.

isolate [ˈaɪsəleɪt] *v tr* isolare.

isolation [ˌaɪsəˈleɪʃn] *s* isolamento.

Israeli [ɪzˈreɪlɪ] *agg, s* israeliano.

issue [ˈɪʃuː] *s* questione (*f*), problema (*m*); (*banconote ecc.*) emissione (*f*); (*giornali*) numero; (*libri*) pubblicazione (*f*); esito ◊ **at issue** in questione.

issue [ˈɪʃuː] *v tr* pubblicare; (*banconote ecc.*) emettere; (*dichiarazioni, documenti*) rilasciare ◊ *v intr* uscire; provenire.

▶ **issue in** concludersi con, risolversi in.

it [ɪt] *pron* (*soggetto*) esso, essa; (*complemento*) lo, la, ciò; ne ◊ **it is said** si dice; **it's raining** piove; **it's us** siamo noi; **who is it?** chi è?; **I can't see it** non lo vedo; **he's proud of it** ne è fiero.

Italian [ɪˈtæljən] *agg, s* italiano.

italics [ɪˈtælɪks] *s pl* corsivo (*sing*).

itch [ɪtʃ] *s* prurito.

itch [ɪtʃ] *v intr* prudere; (*fig*) morire dalla voglia (di).

itchy [ɪtʃɪ] *agg* che prude.

it'd [ɪtd] *contrazione di* it would, it had.

item [ˈaɪtəm] *s* articolo; argomento; notizia ◊ **item of clothing** capo di abbigliamento.

itemize [ˈaɪtəmaɪz] *v tr* elencare; dettagliare.

itinerant [ɪˈtɪnərənt] *agg* ambulante.

itinerary [aɪˈtɪnərərɪ] *s* itinerario.

it'll [ˈɪtl] *contrazione di* it will, it shall.

its [ɪts] *agg* (il) suo, (la) sua, (i) suoi, (le) sue.

it's [ɪts] *contrazione di* it is, it has.

itself [ɪtˈself] *pron* (*riflessivo*) si; sé, se stesso; (*enfatico*) stesso, in persona ◊ **the lion managed to save itself** il leone riuscì a salvarsi; **he's envy itself** è l'invidia fatta persona; **in itself** di per sé.

IUD [ˌaɪjuːˈdiː] *s* (*med*) spirale (*f*).

I've [aɪv] *contrazione di* **I have**.

ivory ['aɪvərɪ] *s* avorio.

ivy ['aɪvɪ] *s* edera ◊ (*AmE*) **Ivy League** lega delle otto università più antiche e famose del nord-est degli USA.

J

jab ['dʒæb] *s* (*med*) (*colloquiale*) puntura.

jabber ['dʒæbə*] *v tr* farfugliare.

jack [dʒæk] *s* (*aut*) cric (*m*); (*carte*) fante (*m*) ◊ **jack (plug)** jack.

jack [dʒæk] *v tr*
▶ **jack up** sollevare col cric; (*prezzi*) aumentare.

jackal ['dʒækɔːl] *s* sciacallo.

jacket ['dʒækɪt] *s* giacca; (*libro*) soprraccoperta ◊ **jacket potato** patata cotta al forno intera con la buccia.

jack knife ['dʒæknaɪf] *s* coltello a serramanico.

jack-of-all-trades [,dʒækəv,ɔːl'treɪdz] *s* tuttofare (*m*).

jackpot ['dʒækpɒt] *s* primo premio, posta in gioco ◊ **to hit the jackpot** fare un colpo grosso, avere un grosso colpo di fortuna.

Jacuzzi [dʒə'kuːzɪ] *s* idromassaggio.

jade [dʒeɪd] *s* giada.

jaded ['dʒeɪdɪd] *agg* spossato, sfinito.

jagged ['dʒægd] *agg* dentellato, seghettato; (*scogliera ecc.*) frastagliato.

jaguar ['dʒægjʊə*] *s* giaguaro.

jail [dʒeɪl] *s* prigione (*f*).

jail [dʒeɪl] *v tr* mandare in prigione.

jailbird ['dʒeɪlbɜːd] *s* galeotto.

jailbreak ['dʒeɪlbreɪk] *s* evasione (*f*).

jalopy [dʒə'lɒpɪ] *s* (*auto*) macinino, vecchia carcassa.

jam [dʒæm] *s* marmellata; ingorgo (stradale); pasticcio, guaio.

jam [dʒæm] *v tr/intr* premere; bloccare; bloccarsi; incepparsi; affollarsi; (*radio*) disturbare con interferenze.
▶ **to jam on** ◊ **to jam on the brakes** inchiodare, frenare di colpo.

Jamaican [dʒə'meɪkən] *agg, s* giamaicano.

jam-packed ['dʒæm,pækt] *agg* pieno zeppo.

jangle ['dʒæŋgl] *v intr* sferragliare; tintinnare.

janitor ['dʒænɪtə*] *s* (*AmE*) portinaio; (*scuola*) bidello.

January ['dʒænjʊərɪ] *s* gennaio.

Japanese [,dʒæpə'niːz] *agg, s inv* giapponese (*m/f*) ◊ (*lingua*) giapponese (*m*).

jar [dʒɑː*] *s* vasetto.

jar [dʒɑː*] *v intr* stridere; (*colori*) stonare.

jargon ['dʒɑːgən] *s* gergo.

jasmine ['dʒæsmɪn] *s* gelsomino.

jaundice ['dʒɔːndɪs] *s* itterizia.

jaundiced ['dʒɔːndɪst] *agg* pessimistico.

jaunt [dʒɔːnt] *s* gita.

jaunty ['dʒɔːntɪ] *agg* vivace, brioso.

javelin ['dʒævlɪn] *s* giavellotto.

jaw [dʒɔ:] s mascella.

jazz [dʒæz] s jazz (m).

jealous ['dʒeləs] agg geloso.

jealousy ['dʒeləsɪ] s gelosia.

jeer [dʒɪə*] v tr/intr schernire ◊ **to jeer at** prendersi gioco di.

jelly ['dʒelɪ] s gelatina.

jellyfish ['dʒelɪfɪʃ] s medusa.

jeopardize ['dʒepədaɪz] v tr mettere a repentaglio.

jeopardy ['dʒepədɪ] s ◊ **in jeopardy** in pericolo.

jerk [dʒɜ:k] s sobbalzo, sussulto; cretino.

jerk [dʒɜ:k] v tr dare uno strattone a; muovere di scatto ◊ v intr sobbalzare ◊ **to jerk to a stop** fermarsi sobbalzando.

jersey ['dʒɜ:zɪ] s maglia; (tessuto) jersey (m).

jest [dʒest] s scherzo ◊ **in jest** per scherzo.

jest [dʒest] v intr scherzare.

jester ['dʒestə*] s burlone (m).

Jesuit ['dʒezjʊɪt] s gesuita (m).

Jesus ['dʒi:zəs] inter Gesù.

jet [dʒet] s zampillo; getto; jet (m), aviogetto ◊ **jet engine** motore a reazione.

jet [dʒet] v intr zampillare, schizzare; viaggiare in aereo.

jet-black [,dʒet'blæk] agg corvino.

jetlag ['dʒetlæg] s malessere (m) dovuto al cambiamento di fuso orario.

jet-propelled [,dʒetprə'peld] agg a reazione ◊ **jet-propelled plane** aviogetto.

jetsam ['dʒetsəm] s relitti (pl).

jetty ['dʒetɪ] s molo.

Jew [dʒu:] s ebreo.

jewel ['dʒu:əl] s gioiello.

jeweler ['dʒu:ələ*] s (AmE) v. **jeweller**.

jeweller s gioielliere (m) ◊ **jewel(l)er's (shop)** gioielleria.

jewellery ['dʒu:əlrɪ] s gioielli (pl).

jewelry ['dʒu:əlrɪ] s (AmE) gioielli (pl).

Jewess ['dʒu:ɪs] s ebrea.

Jewish ['dʒu:ɪʃ] agg ebreo, ebraico.

jibe [dʒaɪb] s beffa.

jiffy ['dʒɪfɪ] s ◊ **in a jiffy** in un attimo.

jig [dʒɪg] s (mus) giga.

jigsaw (puzzle) ['dʒɪgsɔ(:,pʌzl)] s puzzle (m).

jilt [dʒɪlt] v tr piantare in asso.

jingle ['dʒɪngl] s tintinnio; (pubblicità) jingle (m).

jingle ['dʒɪngl] v tr/intr (far) tintinnare.

jinx [dʒɪnks] s iettatura; (persona) iettatore (m).

jitters ['dʒɪtəz] s pl agitazione (f sing) ◊ **to get the jitters** avere fifa.

job [dʒɒb] s lavoro; faccenda ◊ **job centre** ufficio di collocamento; **it's a good job that** meno male che; **to be out of a job** essere disoccupato.

jobless ['dʒɒbləs] agg disoccupato.

jockey ['dʒɒkɪ] s fantino.

jockey ['dʒɒkɪ] v intr ◊ **to jockey for position** manovrare per una posizione di vantaggio.

jocular ['dʒɒkjʊlə*] agg faceto.

jog [dʒɒg] s colpetto, spintarella; corsetta.

jog [dʒɒg] v tr dare un colpetto ◊ v

intr fare jogging ◊ **to jog somebody's memory** rinfrescare la memoria a qualcuno.

▶ **jog along** trottare; (*fig*) seguire il solito tran tran.

jogger ['dʒɒgə*] *s* chi pratica il jogging.

jogging ['dʒɒgɪŋ] *s* footing (*m*), jogging (*m*).

john [dʒɒn] *s* (*AmE*, *colloquiale*) gabinetto.

John Bull [ˌdʒɒn'bʊl] *s* l'inglese (*m*) tipico.

John Doe [ˌdʒɒn'dəʊ] *s* l'americano tipico.

join [dʒɔɪn] *v tr* unire; raggiungere; iscriversi a ◊ *v intr* (*fiumi, strade*) confluire ◊ **will you join us for lunch?** vieni a pranzo con noi?; **to join the army** arruolarsi.

joiner ['dʒɔɪnə*] *s* (*BrE*) falegname (*m*).

joinery ['dʒɔɪnərɪ] *s* (lavoro di) falegnameria.

joint [dʒɔɪnt] *agg* congiunto, comune.

joint [dʒɔɪnt] *s* giuntura; (*anat*) articolazione (*f*); (*cuc*) arrosto; (*di marijuana*) spinello.

jointly ['dʒɔɪntlɪ] *avv* unitamente, in comune.

joint-stock company [ˌdʒɔɪnt-stɒk,kʌmpənɪ] *s* (*BrE*) società per azioni; (*AmE*) società di capitali a responsabilità illimitata.

joke [dʒəʊk] *s* scherzo; barzelletta ◊ **to take a joke** stare allo scherzo.

joke [dʒəʊk] *v intr* scherzare.

joker ['dʒəʊkə*] *s* burlone (*m*); (*carte*) matta, jolly (*m*).

jolly ['dʒɒlɪ] *agg* allegro.

jolly ['dʒɒlɪ] *avv* (*BrE*) molto ◊ **jolly well** proprio, certo.

jolt [dʒɒlt] *s* scossa, sobbalzo; colpo.

jolt [dʒəʊlt] *v tr/intr* (far) sobbalzare; urtare.

Jordanian [dʒɔː'deɪnjən] *agg, s* giordano.

jostle ['dʒɒsl] *v tr/intr* spingere, dare gomitate (a).

jot [dʒɒt] *s* briciolo ◊ **not one jot** nemmeno un po'.

jot [dʒɒt] *v tr*

▶ **jot down** annotare, buttar giù.

journal ['dʒɜːnl] *s* giornale (*m*); rivista; diario.

journalism ['dʒɜːnəlɪzəm] *s* giornalismo.

journalist ['dʒɜːnəlɪst] *s* giornalista (*m/f*).

journey ['dʒɜːnɪ] *s* viaggio; tragitto ◊ **have a pleasant journey** buon viaggio; **the journey there and back** il viaggio di andata e ritorno; **to go on a journey** fare un viaggio.

journey ['dʒɜːnɪ] *v intr* viaggiare, fare un viaggio.

jowl ['dʒaʊl] *s* guancia; mascella.

joy [dʒɔɪ] *s* gioia.

joyful ['dʒɔɪfʊl] *agg* gioioso, allegro.

JP [ˌdʒeɪ'piː] *s* giudice (*m*) di pace.

jubilation [ˌdʒuːbɪ'leɪʃn] *s* giubilo, esultanza.

jubilee ['dʒuːbɪliː] *s* giubileo.

judge [dʒʌdʒ] *s* giudice (*m/f*).

judge [dʒʌdʒ] *v tr/intr* giudicare.

judgement ['dʒʌdʒmənt] *s* giudi-

zio; (giur) sentenza; buon senso ◊
in my judgement a mio giudizio.

judicial [dʒuːˈdɪʃl] agg giudiziario
◊ **judicial separation** separazione
legale.

judicious [dʒuːˈdɪʃəs] agg giudizioso.

judo [ˈdʒuːdəu] s judo.

jug [dʒʌg] s brocca; bricco.

juggernaut [ˈdʒʌgənɔːt] s (BrE)
TIR (m), autotreno.

juggle [ˈdʒʌgl] v tr/intr fare giochi
di destrezza; (fig) fare acrobazie;
manipolare.

juggler [ˈdʒʌglə*] s giocoliere (m).

juice [dʒuːs] s succo; sugo.

juicy [ˈdʒuːsɪ] agg succoso.

July [dʒuːˈlaɪ] s luglio.

jumble [ˈdʒʌmbl] s miscuglio ◊
jumble sale vendita di beneficenza.

jumble [ˈdʒʌmbl] v tr/intr mescolare, mischiarsi.

jumbo [ˈdʒʌmbəu] agg gigantesco.

jump [dʒʌmp] s salto; balzo ◊
high jump salto in alto; **long
jump** salto in lungo.

jump [dʒʌmp] v tr/intr saltare;
sobbalzare; (prezzi) avere un'impennata ◊ **to jump out of one's
skin** trasalire.

jumper [ˈdʒʌmpə*] s saltatore
(m); (BrE) maglione (m); (AmE)
scamiciato.

jumpy [ˈdʒʌmpɪ] agg nervoso.

junction [ˈdʒʌŋkʃn] s incrocio;
nodo ferroviario.

juncture [ˈdʒʌŋktʃə*] s congiuntura (f); frangente (m).

June [dʒuːn] s giugno.

jungle [ˈdʒʌŋgl] s giungla.

junior [ˈdʒuːnjə*] agg più giovane; inferiore (di grado ecc.) ◊
**he's my junior, he's junior to
me by three years** è minore di
me di tre anni; (BrE) **junior
school** scuola elementare; (AmE)
junior high-school scuola media
inferiore.

junk [dʒʌŋk] s cianfrusaglie (pl) ◊
junk shop rigattiere, chincaglieria;
junk food porcherie; **junk mail**
opuscoli pubblicitari.

junkie [ˈdʒʌŋkɪ] s drogato.

jurisdiction [ˌdʒuərɪsˈdɪkʃn] s
giurisdizione (f).

jurisprudence [ˌdʒuərɪsˈpruːdəns]
s giurisprudenza.

jury [ˈdʒuərɪ*] s giuria; giurati (pl).

just [dʒʌst] agg giusto.

just [dʒʌst] avv esattamente, proprio; appunto; appena; soltanto ◊
just now un momento fa; in questo
momento; **it is just six o'clock** sono le sei precise; **he has just left** è
appena uscito; **just a little** solo un
pochino; **it's just as well that** meno
male che.

justice [ˈdʒʌstɪs] s giustizia; giudice (m) ◊ **Justice of the Peace** giudice di pace.

justification [ˌdʒʌstɪfɪˈkeɪʃn] s
giustificazione (f).

justify [ˈdʒʌstɪfaɪ] v tr giustificare
◊ **to justify oneself** giustificarsi.

justness [ˈdʒʌstnɪs] s esattezza.

jut [dʒʌt] v intr sporgere.

juvenile [ˈdʒuːvənaɪl] agg giovanile ◊ **juvenile court** tribunale dei
minorenni; **juvenile delinquency**

delinquenza minorile; **juvenile books** libri per ragazzi.

juvenile [ˈdʒuːvənaɪl] *s* giovane (*m/f*), minorenne (*m/f*).

juxtapose [ˌdʒʌkstəˈpəʊz] *v tr* giustapporre.

juxtaposition [ˌdʒʌkstəpəˈzɪʃn] *s* giustapposizione (*f*).

K

kangaroo [kæŋgəˈruː] *s* canguro.

kebab [kəˈbæb] *s* spiedino.

keel [kiːl] *s* chiglia.

keen [kiːn] *agg* acuminato; affilato; (*fig*) pungente; (*intelligenza*) acuto; (*udito*) fine; (*vento*) gelido; (*interesse, desiderio*) vivo; (*competizione*) serrato; entusiasta ◊ **a keen sportsman** uno sportivo appassionato; **to be keen on doing, to do something** avere una gran voglia di fare qualcosa; **to be keen on somebody** avere un debole per qualcuno; **to be keen on something** essere appassionato di qualcosa.

keenness [ˈkiːnɪs] *s* acutezza; entusiasmo; (*udito*) finezza.

keep [kiːp] *s* sostentamento; (*arch*) torrione (*m*), maschio.

keep (*p, pp* **kept**) [kiːp, kept] *v tr/intr* tenere, tenersi; mantenere; custodire; (*negozio*) gestire ◊ **to keep one's temper** controllarsi; **to keep in touch** mantenersi in contatto; **keep quiet!** sta' zitto!; **to keep somebody waiting** far aspettare qualcuno; **to keep doing something** continuare a fare qualcosa.

▶ **keep on** continuare (a);

▶ **keep out** tenere fuori ◊ **"keep out"** "vietato l'accesso";

▶ **keep up** with stare al passo con ◊ **to keep up with the Joneses** non sfigurare di fronte ai vicini.

keeper [ˈkiːpə*] *s* custode (*m/f*), guardiano.

keep-fit [ˈkiːpfɪt] *s* ginnastica.

keeping [ˈkiːpɪŋ] *s* custodia, sorveglianza ◊ **in keeping with** in armonia con.

keg [keg] *s* barilotto; birra alla spina.

kennel [ˈkenl] *s* canile (*m*).

Kenyan [ˈkenjən] *agg, s* keniano.

kept [kept] *p, pp di* **keep**.

kerb [kɜːb] *s* (*BrE*) bordo del marciapiede.

kernel [ˈkɜːnl] *s* nocciolo; nucleo.

kerosene [ˈkerəsiːn] *s* cherosene (*m*); (*AmE*) paraffina.

kettle [ˈketl] *s* bollitore (*m*).

key [kiː] *s* chiave (*f*); (*fig*) soluzione (*f*); (*piano, macchina per scrivere*) tasto ◊ **key ring** portachiavi.

key [kiː] *v tr* digitare.

▶ **key in** (*inform*) introdurre dati.

keyboard [ˈkiːbɔːd] *s* tastiera.

keyhole [ˈkiːhəʊl] *s* buco della serratura.

keynote [ˈkiːnəʊt] *s* punto chiave.

kick [kɪk] *s* calcio, (*colloquiale*) piacere (*m*) ◊ **with a kick in it** forte, stimolante.

kick [kɪk] *v tr/intr* tirare calci (a); calciare; (*fig*) liberarsi di.

▶ **kick in** sfondare con un calcio;

▶ **kick off** (*sport*) battere il calcio d'inizio.

kickback ['kɪkbæk] *s* tangente (*f*), mazzetta.

kick-off ['kɪkɒf] *s* calcio d'inizio.

kid [kɪd] *s* capretto; ragazzino, bambino.

kid [kɪd] *v intr* scherzare ◊ **no kidding** sul serio, niente scherzi.

kidnap ['kɪdnæp] *v tr* rapire, sequestrare.

kidnapper ['kɪdnæpə*] *s* rapitore (*m*).

kidnapping ['kɪdnæpɪŋ] *s* rapimento, sequestro di persona.

kidney ['kɪdnɪ] *s* (*anat*) rene (*m*); (*cuc*) rognone (*m*).

kill [kɪl] *v tr/intr* uccidere; (*fig*) affossare, bocciare.

killer ['kɪlə*] *s* assassino; sicario.

killing ['kɪlɪŋ] *s* assassinio; (*fig*) bel colpo, colpo grosso.

killing ['kɪlɪŋ] *agg* massacrante; buffo.

kilo ['kiːləʊ] *s* chilo (*unità di misura di peso*).

kilo-['kɪləʊ] *prefisso* chilo-.

kilogram(me) ['kɪləʊgræm] *s* chilogrammo.

kiloliter ['kɪləʊˌliːtə*] *s* (*AmE*) chilolitro.

kilolitre ['kɪləʊˌliːtə*] *s* chilolitro.

kilometer ['kɪləʊˌmiːtə*] *s* (*AmE*) chilometro.

kilometre ['kɪləʊˌmiːtə*] *s* chilometro.

kilt [kɪlt] *s* gonnellino scozzese, kilt (*m*).

kind [kaɪnd] *agg* gentile ◊ **very kind of you** gentile da parte tua; **kind regards** cordiali saluti.

kind [kaɪnd] *s* genere (*m*), specie

(*f*) ◊ **of all kinds** di tutti i tipi; **a kind of** una specie di; **kind of** piuttosto, in un certo senso; **two of a kind** molto simili; **payment in kind** pagamento in natura.

kindergarten ['kɪndəˌgɑːtn] *s* scuola materna.

kind-hearted [ˌkaɪnd'hɑːtɪd] *agg* di buon cuore.

kindle ['kɪndl] *v tr/intr* accendere, accendersi; (*fig*) infiammare.

kindly ['kaɪndlɪ] *agg* gentile; benevolo.

kindly ['kaɪndlɪ] *avv* gentilmente, per favore ◊ **kindly reply by return of post** favorite rispondere a giro di posta; **he didn't take it kindly** se l'è presa a male.

kindness ['kaɪndnɪs] *s* gentilezza.

kindred ['kɪndrɪd] *s* parenti (*pl*).

king [kɪŋ] *s* re (*m*).

kingdom ['kɪŋdəm] *s* regno.

kingpin ['kɪŋpɪn] *s* perno; fulcro; (*fig*) uomo chiave, capo.

king-size ['kɪŋsaɪz] *agg* formato gigante, superiore al normale.

kinky ['kɪŋkɪ] *agg* attorcigliato; (*capelli*) riccio, crespo; (*colloquiale*) bizzarro.

kiosk ['kiːɒsk] *s* chiosco, edicola; (*BrE*) cabina telefonica.

kipper ['kɪpə*] *s* aringa affumicata.

kiss [kɪs] *s* bacio.

kiss [kɪs] *v tr/intr* baciare, baciarsi ◊ **to kiss somebody goodnight** dare il bacio della buona notte a qualcuno.

kit [kɪt] *s* equipaggiamento, corredo; scatola di montaggio.

kitbag ['kɪtbæg] s zaino.

kitchen ['kɪtʃɪn] s cucina ◊ **kitchen garden** orto; **kitchen salt** sale grosso, da cucina.

kitchenette [,kɪtʃɪ'net] s cucinino.

kite [kaɪt] s aquilone (m).

kith [kɪθ] s ◊ **kith and kin** amici e parenti.

kitten ['kɪtn] s gattino.

kitty ['kɪtɪ] s cassa, fondo comune.

kiwi ['ki:wɪ] s (zool) kiwi (m); (scherzoso) neozelandese (m/f) ◊ **kiwi fruit** kiwi.

kleptomaniac [,kleptəʊ'meɪnɪæk] s cleptomane (m/f).

knack [næk] s abilità; trucco ◊ **to have a knack for** essere tagliato per.

knapsack ['næpsæk] s zaino.

knead [ni:d] v tr impastare.

knee [ni:] s ginocchio.

kneecap ['ni:kæp] s rotula.

kneel (p, pp knelt) [ni:l, nelt] v intr inginocchiarsi.

knell [nel] s rintocco funebre.

knelt [nelt] p, pp di kneel.

knew [nju:] p di know.

knickers ['nɪkəz] s pl mutande (da donna).

knick-knack ['nɪknæk] s ninnolo, gingillo.

knife [naɪf] s coltello.

knight [naɪt] s cavaliere (m); (scacchi) cavallo.

knit [nɪt] v tr/intr lavorare a maglia; (med) saldare, saldarsi ◊ **to knit one's brows** aggrottare le sopracciglia.

knitting ['nɪtɪŋ] s lavoro a maglia.

knitwear ['nɪtweə*] s maglieria.

knob [nɒb] s pomo; manopola; (burro) noce (f).

knock [nɒk] s colpo, botta; (fig) batosta.

knock [nɒk] v tr/intr colpire; battere; bussare; criticare ◊ **to knock at, on the door** bussare alla porta.

▶ **knock down** demolire; abbattere ◊ **he was knocked down by a car** fu investito da una macchina;

▶ **knock out** mettere K.O.

knocker ['nɒkə*] s battente (m).

knot [nɒt] s nodo.

knot [nɒt] v tr/intr annodare, annodarsi, aggrovigliarsi.

knotty ['nɒtɪ] agg nodoso; (fig) spinoso.

know (p knew pp known) [nəʊ, nju:, nəʊn] v tr sapere, conoscere; riconoscere ◊ **how do I know?** come faccio a saperlo?; **you know best** tu te ne intendi (più di me); **you never know** non si sa mai; **to know how to do** sapere fare.

know-all ['nəʊɔːl] s sapientone (m).

know-how ['nəʊhaʊ] s abilità tecnica; conoscenza pratica; know how (m).

knowing ['nəʊɪŋ] agg astuto; (sguardo) d'intesa.

knowledge ['nɒlɪdʒ] s conoscenza; consapevolezza.

knowledgeable ['nɒlɪdʒəbəl] agg bene informato.

known [nəʊn] pp di know.

knuckle ['nʌkl] s nocca.

koran [kə'rɒːn] s corano.

Korean [kə'rɪən] agg, s coreano.

Kurd [kɜːd] s curdo.

171

Kurdish ['kɜːdɪʃ] *agg* curdo ◊ *s* (*lingua*) curdo.

Kyrgyz ['kɜːgɪz] *agg, s* chirghiso.

L

lab [læb] *s* laboratorio.

label ['leɪbl] *s* etichetta.

label ['leɪbl] *v tr* etichettare.

labor ['leɪbə*] *s, v intr* (*AmE*) v. **labour**.

laboratory [lə'bɒrətəri] *s* laboratorio.

laborious [lə'bɔːrɪəs] *agg* faticoso.

labour ['leɪbə*] *s* lavoro; manodopera; (*med*) travaglio ◊ (*BrE*) **Labour Party** partito laburista; **to be in labour** avere le doglie.

labour ['leɪbə*] *v intr* lavorare, faticare.

labourer ['leɪbərə*] *s* manovale (*m*); bracciante (*m/f*).

labyrinth ['læbərɪnθ] *s* labirinto.

lace [leɪs] *s* merletto, pizzo; (*scarpa*) stringa.

lace [leɪs] *v tr* (*scarpe*) allacciare; ornare di pizzi; (*caffè ecc.*) correggere con alcolici.

lack [læk] *s* mancanza.

lack [læk] *v tr* mancare di.

lackadaisical [ˌlækə'deɪzɪkl] *agg* apatico, indolente.

lacking ['lækɪŋ] *agg* mancante ◊ **to be lacking in** mancare di, essere privo di.

lacquer ['lækə*] *s* lacca.

lad [læd] *s* ragazzo.

ladder ['lædə*] *s* scala; (*calze*) smagliatura.

ladder ['lædə*] *v tr/intr* (*calze*) smagliare, smagliarsi.

laden [leɪdn] *agg* (*with*) carico (di); (*fig*) oppresso (da).

ladle ['leɪdl] *s* mestolo.

lady ['leɪdɪ] *s* signora ◊ **young lady** signorina; **lady of the house** padrona di casa; **Our Lady** la Madonna; **the ladies' (room)** la toilette per signore.

ladybird ['leɪdɪbɜːd] *s* coccinella.

lady bug ['leɪdɪbʌg] *s* (*AmE*) coccinella.

lady-killer ['leɪdɪkɪlə*] *s* rubacuori (*m*).

ladylike ['leɪdɪlaɪk] *agg* distinto, signorile.

lag [læg] *s* intervallo.

lag [læg] *v intr* (*behind*) andare a rilento, restare indietro.

lager ['lɑːgə*] *s* birra chiara.

lagoon [lə'guːn] *s* laguna.

laid [leɪd] *p, pp* di **lay**.

laid up [ˌleɪd'ʌp] *agg* costretto a letto.

lain [leɪn] *pp* di **lie**.

lair [leə*] *s* tana, covo.

lake [leɪk] *s* lago.

lamb [læm] *s* agnello.

lame [leɪm] *agg* zoppo; (*scusa*) zoppicante, che non sta in piedi.

lament [lə'ment] *s* lamento.

lament [lə'ment] *v tr/intr* lamentare, lamentarsi, piangere.

laminated ['læmɪneɪtɪd] *agg* laminato.

lamp [læmp] *s* lampada; lume (*m*).

lampoon [læm'puːn] *s* libello.

lamppost ['læmppəʊst] *s* lampione (*m*).

lampshade ['læmpʃeɪd] *s* paralume (*m*).

lance [lɑːns] *s* lancia.

lance [lɑːns] *v tr* incidere col bisturi.

lancet ['lɑːnsɪt] *s* (*med*) bisturi (*m*); (*arch*) arco a sesto acuto.

land [lænd] *s* terra; terreno.

land [lænd] *v tr/intr* sbarcare; (*merci*) scaricare; (*aereo*) atterrare.

► **land up** andare a finire.

landing ['lændɪŋ] *s* sbarco; (*aereo*) atterraggio; (*scala*) pianerottolo ◊ **landing gear** carrello di atterraggio; **landing strip** pista di atterraggio.

landlady ['læn,leɪdɪ] *s* padrona di casa; affittacamere (*f*).

landlocked ['lændlɒkt] *agg* senza sbocco sul mare.

landlord ['lænlɔːd] *s* padrone (*m*) di casa; affittacamere (*m*); (*pub*) padrone (*m*).

landmark ['lændmɑːk] *s* punto di riferimento; (*fig*) pietra miliare.

landowner ['lænd,əʊnə*] *s* proprietario terriero.

landscape ['lændskeɪp] *s* paesaggio.

landslide ['lændslaɪd] *s* frana; (*polit*) valanga di voti.

lane [leɪn] *s* sentiero; vicolo; (*aut*) corsia ◊ **get in lane** immettersi in corsia.

language ['læŋgwɪdʒ] *s* lingua; linguaggio ◊ **bad language** turpiloquio; **language laboratory** laboratorio linguistico.

languid ['læŋgwɪd] *agg* fiacco.

languish ['læŋgwɪʃ] *v intr* languire.

lank [læŋk] *agg* (*capelli*) liscio; debole.

lanky ['læŋkɪ] *agg* allampanato.

lantern ['læntən] *s* lanterna.

Laotian ['laʊʃɪən] *agg*, *s* laotiano.

lap [læp] *s* grembo; (*sport*) giro.

lap [læp] *v tr/intr* leccare; (*sport*) doppiare; (*acqua*) sciabordare; lambire.

► **lap up** leccare; (*fig*) bearsi di.

lapel [lə'pel] *s* risvolto.

Laplander ['læplændə*] *s* lappone (*m/f*).

Lapp [læp] *agg*, *s* lappone (*m/f*).

Lappish ['læpɪʃ] *s* (*lingua*) lappone (*m*).

lapse [læps] *s* errore (*m*), svista; (*tempo*) lasso, intervallo.

lapse [læps] *v intr* scivolare; (*contratto*) scadere; (*giur*) decadere; (*tempo*) trascorrere ◊ **to lapse into bad habits** lasciarsi andare a cattive abitudini.

laptop ['læp,tɒp] *s* computer (*m*) portatile.

larceny ['lɑːsənɪ] *s* furto.

lard [lɑːd] *s* lardo.

larder ['lɑːdə*] *s* dispensa.

large [lɑːdʒ] *agg* grande; (*uomo*) grande e grosso ◊ **to grow large** ingrandirsi; **at large** in libertà; nell'insieme, in generale.

largely ['lɑːdʒlɪ] *avv* in gran parte.

lark [lɑːk] *s* allodola.

laser ['leɪzə*] *s* laser (*m*).

lash [læʃ] *s* frustata; (*occhio*) ciglio.

lash [læʃ] *v tr* frustare, sferzare; legare.

► **lash out** attaccare con violenza.

lass [læs] *s* ragazza.

last [lɑːst] *agg* ultimo; scorso

◊ **last but one** penultimo; **last month** il mese scorso.

last [lɑːst] *s* ultimo; fine (*f*).

last [lɑːst] *avv* (per) l'ultima volta; per ultimo ◊ **he spoke last** parlò per ultimo; **when did you last see her?** quando l'hai vista l'ultima volta?; **at last** finalmente, alla fine.

last [lɑːst] *v intr* durare, resistere.

lasting ['lɑːstɪŋ] *agg* durevole.

lastly ['lɑːstlɪ] *avv* infine.

latch [lætʃ] *s* chiavistello.

late [leɪt] *agg* in ritardo; tardi; defunto; ex ◊ **at a late hour** a notte inoltrata; **in late June** verso la fine di giugno.

late [leɪt] *avv* tardi, in ritardo ◊ **of late** di recente.

late-comer ['leɪt,kʌmə*] *s* ritardatario.

lately ['leɪtlɪ] *avv* recentemente.

later ['leɪtə*] *agg* posteriore, successivo.

later ['leɪtə*] *avv* più tardi, dopo ◊ **later on** più tardi.

lateral ['lætərəl] *agg* laterale.

latest ['leɪtɪst] *agg* ultimo, ultimissimo, il più recente.

latest ['leɪtɪst] *s* ultima (novità); ultima moda ◊ **at the latest** al più tardi.

lathe [leɪð] *s* tornio.

lather ['lɑːðə*] *v tr* insaponare.

Latin ['lætɪn] *agg*, *s* latino ◊ **Latin American** latino-americano.

latitude ['lætɪtjuːd] *s* latitudine (*f*).

latter ['lætə*] *agg* più recente; secondo.

latter ['lætə*] *pron* secondo; ultimo (*di due*); quest'ultimo.

latterly ['lætəlɪ] *avv* ultimamente; recentemente.

lattice ['lætɪs] *s* grata; traliccio.

laugh [lɑːf] *s* riso; risata.

laugh [lɑːf] *v intr* ridere ◊ **to laugh up one's sleeve** ridere sotto i baffi.

▶ **laugh at** ridere di;

▶ **laugh off** buttare in ridere.

laughing ['lɑːfɪŋ] *agg* allegro.

laughing-stock ['lɑːfɪŋstɒk] *s* zimbello.

laughter ['lɑːftə*] *s* riso; risata.

launch [lɔːntʃ] *s* lancia, scialuppa; (*razzo*) lancio; (*nave*) varo.

launch [lɔːntʃ] *v tr/intr* lanciare, lanciarsi; (*nave, piano*) varare.

launch(ing) pad ['lɔːntʃ(ɪŋ,)pæd] *s* rampa di lancio; (*fig*) trampolino.

launder ['lɔːndə*] *v tr* lavare e stirare; (*denaro*) riciclare.

launderette [,lɔːndə'ret] *s* lavanderia automatica.

laundromat ['lɔːndrəʊmæt] *s* (*AmE*) lavanderia automatica.

laundry ['lɔːndrɪ] *s* lavanderia; bucato.

laurel ['lɒrəl] *s* lauro, alloro.

lavatory ['lævətərɪ] *s* gabinetto.

lavender ['lævəndə*] *s* lavanda.

lavish ['lævɪʃ] *agg* generoso ◊ **lavish with** prodigo di.

lavish ['lævɪʃ] *v tr* prodigare.

law [lɔː] *s* legge (*f*) ◊ **law and order** ordine pubblico; **to go to law** ricorrere a vie legali.

law court [lɔːkɔːt] *s* tribunale (*m*).

lawful ['lɔːfʊl] *agg* legale; lecito.

lawless ['lɔːlɪs] *agg* senza legge; illegale.

lawn [lɔːn] *s* prato all'inglese; tappeto erboso ◊ **lawn tennis** tennis su prato.

lawnmower ['lɔ:n,məʊə*] s tosaerba (m/f).

lawsuit ['lɔ:su:t] s causa, processo.

lawyer ['lɔ:jə*] s avvocato.

lax [læks] agg rilassato; negligente.

laxative ['læksətɪv] s lassativo.

laxity ['læksətɪ] s rilassatezza; (fig) trascuratezza.

lay [leɪ] agg laico.

lay [leɪ] p di **lie**.

lay (p, pp **laid**) [leɪ, leɪd] v tr posare; (uova) deporre; (trappola) tendere ◊ **to lay the table** apparecchiare la tavola; **to lay stress on** porre l'accento su; **to lay a wall with paper** rivestire una parete di carta da parati; **to lay a bet** scommettere.

▶ **lay aside, lay by** mettere da parte;

▶ **lay down** mettere giù; (regole) fissare ◊ **to lay down the law** dettar legge;

▶ **lay off** licenziare.

layabout ['leɪə,baʊt] s perdigiorno (m/f).

lay-by ['leɪbaɪ] s (BrE) piazzola di sosta.

layer ['leɪə*] s strato.

lay-off ['leɪɒf] s licenziamento.

layout ['leɪaʊt] s disposizione (f); tracciato; (stampa) impaginazione (f).

laze [leɪz] v intr oziare.

lazy ['leɪzɪ] agg pigro.

lazybones ['leɪzɪbəʊnz] s scansafatiche (m/f).

lead [led] s piombo; (matita) mina.

lead [li:d] s comando, guida; indizio; (cane) guinzaglio; (teatro) parte (f) principale; (elettr) filo ◊ **to take the lead** prendere il comando; passare in testa.

lead (p, pp **led**) [li:d, led] v tr/intr condurre, guidare; (fig) indurre; (sport) essere in testa.

▶ **lead to, lead up to** portare a.

leaded ['ledɪd] agg (benzina) con piombo.

leaden ['ledn] agg di piombo; (fig) plumbeo.

leader ['li:də*] s capo; leader (m/f); (giornale) articolo di fondo; (sport) chi è in testa.

leadership ['li:dəʃɪp] s comando; guida.

lead-free ['ledfri:] agg (benzina) (AmE) senza piombo.

leaf [li:f] s foglia; (carta) foglio; (tavolo) prolunga; ribalta.

leaflet ['li:flɪt] s volantino; depliant (m).

league [li:g] s lega; (calcio) campionato ◊ **to be in league with** essere in combutta con.

leak [li:k] s (gas, notizie) fuga; (mar) falla.

leak [li:k] v intr/tr perdere; (liquido) colare; (fig) far trapelare.

▶ **leak out** uscire; (fig) trapelare.

leaky ['li:kɪ] agg che perde.

lean [li:n] agg magro.

lean (p, pp **leant, leaned**) [li:n, lent, li:nd] v intr pendere; inclinarsi; appoggiarsi ◊ v tr appoggiare ◊ **to lean forward** piegarsi in avanti; **to lean against** appoggiarsi contro; **to lean out of** sporgersi da; **lean on** appoggiarsi a.

leaning [ˈliːnɪŋ] s inclinazione (f).

leaning [ˈliːnɪŋ] agg inclinato, pendente.

leant [lent] p, pp di **lean**.

leap [liːp] s salto, balzo.

leap (p, pp **leapt, leaped**) [liːp, lept, liːpt] v intr/tr saltare.

leapfrog [ˈliːpfrɒg] s gioco della cavallina.

leapt [lept] p, pp di **leap**.

leap-year [ˈliːpjɜː*] s anno bisestile.

learn (p, pp **learnt, learned**) [lɜːn, lɜːnt, lɜːnd] v tr/intr imparare ◊ **to learn about** venire a sapere, apprendere.

learned [ˈlɜːnɪd] agg colto; dotto.

learner [ˈlɜːnə*] s principiante (m/f).

learning [ˈlɜːnɪŋ] s cultura; erudizione (f).

learnt [lɜːnt] p, pp di **learn**.

lease [liːs] s contratto d'affitto.

leash [liːʃ] s guinzaglio.

least [liːst] agg (il) più piccolo; (il) minimo; (il) meno ◊ **last but not least** ultimo ma non meno importante.

least [liːst] s il meno, il minimo.

least [liːst] avv (il) meno ◊ **least of all** meno di tutti, tanto meno; **at least** almeno; **not in the least** per niente, affatto.

leather [ˈleðə*] s cuoio; pelle (f).

leave [liːv] s permesso; congedo; licenza ◊ **leave of absence** aspettativa, congedo; **on leave** in licenza; **leave taking** commiato; **to take one's leave** prendere congedo.

leave (p, pp **left**) [liːv, left] v tr/intr partire; andarsene; lasciare ◊ **to be**

left rimanere; **there's some bread left over** c'è rimasto del pane.

▶ **leave behind** lasciare; dimenticare;

▶ **leave out** escludere; omettere.

leavings [ˈliːvɪŋz] s pl avanzi; resti.

Lebanese [ˌlebəˈniːz] agg, s inv libanese (m/f).

lechery [ˈletʃərɪ] s lascivia, lussuria.

lecture [ˈlektʃə*] s conferenza; (università) lezione (f).

lecture [ˈlektʃə*] v intr tenere una conferenza, una lezione; insegnare all'università ◊ v tr fare la paternale a.

lecturer [ˈlektʃərə*] s (BrE) (università) docente (m/f).

led [led] p, pp di **lead**.

ledge [ledʒ] s sporgenza; (finestra) davanzale (m).

ledger [ˈledʒə*] s registro, libro mastro.

lee [liː] s lato sottovento.

leek [liːk] s porro.

leer [lɪə*] v intr (at) gettare uno sguardo lascivo o malizioso.

leeway [ˈliːweɪ] s deriva; (fig) libertà di azione.

left [left] agg sinistro ◊ **no left turn** divieto di svolta a sinistra.

left [left] avv a sinistra.

left [left] s sinistra ◊ **on, to the left** a sinistra.

left [left] p, pp di **leave**.

left-hand [ˈlefthænd] agg di sinistra ◊ **left-hand drive** guida a sinistra.

left-handed [ˌleftˈhændɪd] agg mancino.

left-hander [ˌleft'hændə*] s mancino.

left-luggage (office) [ˌleft'lʌgɪdʒ, (ɒfɪs)] s (BrE) deposito bagagli.

leftovers [ˈleftəʊvəz] s pl avanzi; resti.

left wing [ˌleft'wɪŋ] agg (polit) di sinistra ◊ s (polit) sinistra; (sport) ala sinistra.

leg [leg] s gamba; (animale) zampa; (cuc) coscia; cosciotto; (mobile) piede (m); (viaggio) tappa; (sport) ripresa; (torneo) turno.

legacy [ˈlegəsɪ] s eredità.

legal [ˈliːgl] agg legale.

legalize [ˈliːgəlaɪz] v tr legalizzare.

legend [ˈledʒənd] s leggenda.

legible [ˈledʒəbl] agg leggibile.

legion [ˈliːdʒən] s legione (f); (fig) moltitudine (f).

legionary [ˈliːdʒənərɪ] agg, s legionario.

legislation [ˌledʒɪsˈleɪʃn] s legislazione (f).

legitimacy [lɪˈdʒɪtɪməsɪ] s legittimità.

legitimate [lɪˈdʒɪtɪmeɪt] agg legittimo.

leisure [ˈleʒə*] s tempo libero ◊ **at leisure** con comodo; **leisure centre** centro ricreativo.

leisurely [ˈleʒəlɪ] avv fatto con comodo, tranquillo.

lemon [ˈlemən] s limone (m) ◊ **lemon curd** crema al limone.

lemonade [ˌleməˈneɪd] s limonata.

lend (p, pp **lent**) [lend, lent] v tr prestare ◊ **lending library** biblioteca circolante.

lending [ˈlendɪŋ] s prestito.

length [leŋθ] s lunghezza; (tempo) periodo, durata; (stoffa) taglio; (corda) pezzo; (nuoto) vasca ◊ **at length** a lungo; alla fine.

lengthen [ˈleŋθən] v tr/intr allungare, allungarsi; prolungare.

lengthways [ˈleŋθweɪz] avv per il lungo.

lengthy [ˈleŋθɪ] agg molto lungo.

leniency [ˈliːnjənsɪ] s indulgenza; clemenza.

lenient [ˈliːnjənt] agg indulgente; mite.

lens [lenz] s lente (f); (fot) obiettivo.

lent [lent] p, pp di **lend**.

Lent [lent] s Quaresima.

Leo [ˈliːəʊ] s Leone (m).

leopard [ˈlepəd] s leopardo.

leotard [ˈliːəʊtɑːd] s calzamaglia; body (m) da ginnastica.

leprosy [ˈleprəsɪ] s lebbra.

lesbian [ˈlezbɪən] s lesbica.

less [les] agg, pron, avv meno ◊ **less and less** sempre meno; **the less you study the less you learn** meno studi, meno impari; **in less than no time** in men che non si dica.

less [les] prep meno ◊ **purchase price less 5%** prezzo d'acquisto con sconto del 5%.

lessen [ˈlesn] v tr/intr diminuire; ridurre.

lesser [ˈlesə*] agg minore, più piccolo.

lesson [ˈlesn] s lezione (f) ◊ **to teach somebody a lesson** dare una lezione a qualcuno.

lest [lest] cong per paura di.

let (p, pp **let**) [let] v tr/intr lasciare;

permettere; affittare ◊ **let her come** lasciala venire; **let me know** fammi sapere; **to let go** mollare; **let us go, let's go** andiamo; **let's say** diciamo; **let alone** figuriamoci poi, tanto meno; **"to let"** affittasi.

▶ **let down** (*abito*) allungare; (*capelli*) sciogliere; (*gomma*) sgonfiare; deludere;

▶ **let in** far entrare;

▶ **let off** lasciare andare; (*colpo di pistola ecc.*) far partire, sparare.

letdown ['letdaʊn] *s* delusione (*f*).

lethal ['li:θl] *agg* letale.

lethargy ['leθədʒɪ] *s* apatia, inerzia.

letter ['letə*] *s* lettera ◊ **letter bomb** lettera esplosiva.

letterbox ['letəbɒks] *s* (*BrE*) buca delle lettere.

lettuce ['letɪs] *s* lattuga.

let-up ['letʌp] *s* interruzione (*f*).

leukaemia [lju:'ki:mɪə] *s* leucemia.

leukemia [lu:'ki:mɪə] *s* (*AmE*) leucemia.

level ['levl] *agg* piatto; orizzontale; a livello; (*voce*) controllato ◊ **level with** alla pari di.

level ['levl] *s* livello ◊ **above sea level** sopra il livello del mare; **on a level with** sullo stesso piano di; (*BrE*) **A level** esame di maturità; (*BrE*) **O level** esame sostenuto a 16 anni; (*fig*) **on the level** onesto.

level ['levl] *v tr* livellare; spianare.

▶ **level off, out** (*prezzi*) stabilizzarsi.

level crossing [,levl'krɒsɪŋ] *s* passaggio a livello.

level-headed [,levl'hedɪd] *agg* equilibrato.

lever ['li:və*] *s* leva.

lever ['li:və*] *v tr* alzare facendo leva; (*fig*) far leva su.

leverage ['li:vərɪdʒ] *s* (*fig*) influenza, ascendente (*m*).

levity ['levətɪ] *s* frivolezza, leggerezza.

levy ['levɪ] *s* imposta, tassa.

levy ['levɪ] *v tr* imporre.

lewd [lju:d] *agg* osceno.

liability [,laɪə'bɪlətɪ] *s* responsabilità; peso ◊ *pl* (*fin*) debiti ◊ **assets and liabilities** attivo e passivo.

liable ['laɪəbl] *agg* soggetto; (*giur*) responsabile ◊ **liable for the damage** responsabile dei danni; **she's liable to lie** tende a mentire.

liaise [lɪ'eɪz] *v intr* fare da collegamento.

liaison [lɪ'eɪzn] *s* relazione (*f*); (*milit*) collegamento.

liar ['laɪə*] *s* bugiardo.

libel ['laɪbl] *s* diffamazione (*f*).

libel ['laɪbl] *v tr* diffamare.

liberal ['lɪbərəl] *agg* liberale; generoso.

liberalize ['lɪbərəlaɪz] *v tr* liberalizzare.

liberation [,lɪbə'reɪʃn] *s* liberazione (*f*).

Liberian [laɪ'bɪərɪən] *agg, s* liberiano.

liberty ['lɪbətɪ] *s* libertà.

Libra ['li:brə] *s* Bilancia.

librarian [laɪ'breərɪən] *s* bibliotecario.

library ['laɪbrərɪ] *s* biblioteca.

Libyan ['lɪbɪən] *agg, s* libico.

lice [laɪs] *s pl di* **louse**.

licence ['laɪsəns] *s* licenza; permesso; (*radio, TV*) canone (*m*), abbonamento ◊ **driving licence**, (*AmE*) **driver's license** patente di guida; (*AmE*) **license plate** targa.

license ['laɪsəns]] *s* (*AmE*) v. **licence**.

license ['laɪsəns] *v tr* autorizzare.

licensed ['laɪsənst] *agg* autorizzato a vendere alcolici.

licentious [laɪ'senʃəs] *agg* licenzioso.

lick [lɪk] *v tr* leccare; (*fiamme, onde*) lambire; (*sport*) stracciare ◊ **to lick one's lips** leccarsi i baffi.

licorice ['lɪkərɪs] *s* (*AmE*) liquirizia.

lid [lɪd] *s* coperchio; (*occhio*) palpebra.

lie [laɪ] *s* bugia ◊ **to tell lies** dire bugie; **lie detector** macchina della verità.

lie (*participio presente* **lying**) [laɪ, 'laɪɪŋ] *v intr* mentire.

lie (*p* **lay** *pp* **lain**) [laɪ, leɪ, leɪn] *v intr* giacere; essere situato, trovarsi ◊ **to be lying ill in bed** essere a letto ammalato.

▶ **lie about, around** poltrire, ciondolare; (*cose*) essere in giro.

lie-down ['laɪdaʊn] *s* (*BrE*) sonnellino.

lie-in ['laɪɪn] *s* (*BrE*) ◊ **to have a lie-in** poltrire a letto fino a tardi.

lieutenant [lef'tenənt, (*AmE*) luː'tenənt] *s* tenente (*m*).

life [laɪf] *s* vita (*f*) ◊ **to come to life** rianimarsi; **life insurance**, (*BrE*) **assurance** assicurazione sulla vita; **life imprisonment** ergastolo.

lifebelt ['laɪfbelt] *s* (*BrE*) salvagente (*m*).

lifeboat ['laɪfbəʊt] *s* scialuppa di salvataggio.

lifeguard ['laɪfgɑːd] *s* bagnino.

life jacket ['laɪf.dʒækɪt] *s* giubbotto di salvataggio.

lifeless ['laɪflɪs] *agg* esanime, senza vita.

lifelike ['laɪflaɪk] *agg* somigliante; verosimile.

life preserver ['laɪfprɪ.zɜːvə*] *s* (*AmE*) salvagente (*m*); giubbotto di salvataggio.

life-size(d) [.laɪf'saɪz(d)] *agg* a grandezza naturale.

lifespan ['laɪfspæn] *s* (durata della) vita.

lifestyle ['laɪfstaɪl] *s* stile (*m*) di vita.

lifetime ['laɪftaɪm] *s* (arco della) vita.

lift [lɪft] *s* (*BrE*) ascensore (*m*); (*in macchina ecc.*) passaggio.

lift [lɪft] *v tr* sollevare; (*bando ecc.*) levare; copiare ◊ *v intr* alzarsi.

lift-off ['lɪftɒf] *s* decollo.

light [laɪt] *agg* chiaro; luminoso; leggero.

light [laɪt] *s* luce (*f*); lampada (*f*) ◊ *pl* semaforo (*sing*) ◊ **have you got a light?** ha da accendere?; **light year** anno luce; **light and shade** chiaroscuro.

light (*p, pp* **lit, lighted**) [laɪt, lɪt, 'laɪtɪd] *v tr/intr* accendere; illuminarsi.

▶ **light up** illuminare, illuminarsi; accendere.

light bulb ['laɪtbʌlb] *s* lampadina.

lighten ['laɪtn] v tr/intr schiarire, schiarirsi; alleggerire; (fig) distendersi.

lighter ['laɪtə*] s accendino; (mar) chiatta.

light-hearted [,laɪt'hɑ:tɪd] agg allegro, gioioso.

lighthouse ['laɪthaʊs] s faro.

lighting ['laɪtɪŋ] s illuminazione (f).

lightly ['laɪtlɪ] avv leggermente ◊ **to get off lightly** cavarsela a buon mercato.

lightness ['laɪtnɪs] s luminosità; leggerezza.

lightning ['laɪtnɪŋ] s fulmine (m), lampo ◊ **lightning conductor**, (AmE) **rod** parafulmine.

lightweight ['laɪtweɪt] s (sport) peso leggero.

lightweight ['laɪtweɪt] agg leggero; (fig) insignificante.

like [laɪk] agg simile; uguale ◊ **they are as like as two peas** si assomigliano come due gocce d'acqua.

like [laɪk] s simile, pari, uguale ◊ **you and the likes of you** tu e quelli come te; **likes and dislikes** gusti, simpatie e antipatie.

like [laɪk] prep come ◊ cong come; come se ◊ **do it like this** fai così; **what is it like?** com'è?; **it's just like Pat** è tipico di Pat.

like [laɪk] v tr/intr piacere; gradire; volere ◊ **I like reading** mi piace leggere; **I would like, I'd like** mi piacerebbe, vorrei; **whether you like it or not** volente o nolente; **to like best** preferire.

likeable ['laɪkəbl] agg simpatico; piacevole.

likelihood ['laɪklɪhʊd] s probabilità.

likely ['laɪklɪ] agg probabile; verosimile; promettente ◊ **as likely as not** con molte probabilità; **he's likely to win** è probabile che vinca.

likely ['laɪklɪ] avv probabilmente ◊ **not likely** neanche per sogno.

liken ['laɪkən] v tr paragonare.

likeness ['laɪknɪs] s somiglianza.

likewise ['laɪkwaɪz] avv nello stesso modo, altrettanto.

liking ['laɪkɪŋ] s gusto; predilezione (f) ◊ **is it to your liking?** è di tuo gusto?

lilac ['laɪlək] s (colore) lilla (m); (bot) lillà (m).

lilt [lɪlt] s cadenza; andatura.

lily ['lɪlɪ] s giglio ◊ **lily of the valley** mughetto.

limb [lɪm] s arto.

limber up [,lɪmbər'ʌp] v intr scaldare i muscoli.

lime [laɪm] s calce (f); (albero) tiglio; limetta, lime (m).

limelight ['laɪmlaɪt] s ◊ **in the limelight** alla ribalta, in vista.

limerick ['lɪmərɪk] s poesiola umoristica.

limit ['lɪmɪt] s limite (m).

limit ['lɪmɪt] v tr limitare.

limited ['lɪmɪtɪd] agg limitato, ristretto ◊ (BrE) **limited (liability) company** società a responsabilità limitata.

limp [lɪmp] agg floscio, flaccido.

limp [lɪmp] v intr zoppicare.

limpet ['lɪmpet] s (zool) patella.

line [laɪn] s linea; (scrittura) riga; corda; (pesca) lenza; (sul viso) ruga; (poesia) verso ◊ **in line with** in linea con, conforme a; **to stand in a line** fare la fila; **line of business** ramo di attività; (al cellulare) **there's no line** non c'è campo.

line [laɪn] v tr segnare; fiancheggiare; (abiti) foderare ◊ **a street lined with trees** una strada fiancheggiata da alberi; **lined with fur** foderato di pelliccia.

▶ **line up** allineare, allinearsi; (festa) preparare.

linear ['lɪnɪə*] agg lineare.

linen ['lɪnɪn] s biancheria; tela di lino.

liner ['laɪnə*] s (mar) transatlantico ◊ (bin) **liner** sacchetto per la spazzatura.

linesman (pl -men) ['laɪnzmən] s guardalinee (m).

line-up ['laɪnʌp] s allineamento; schieramento; (sport) formazione (f) di gioco.

linger ['lɪŋɡə*] v intr indugiare, attardarsi; (odore) persistere; (tradizione) permanere, durare.

lingerie ['længʒəriː] s biancheria intima (da donna).

lining ['laɪnɪŋ] s fodera.

link [lɪŋk] s anello; (catena) maglia; (fig) legame (m); (TV, aereo, ferr) collegamento; (inform) link.

link [lɪŋk] v tr collegare, unire, congiungere.

▶ **link up** collegare, collegarsi; unirsi; associarsi.

links [lɪŋks] s campo da golf.

linkup ['lɪŋkʌp] s collegamento.

lint [lɪnt] s garza.

lion ['laɪən] s leone (m).

lioness ['laɪənɪs] s leonessa.

lip [lɪp] s labbro; (tazza ecc.) bordo; orlo; insolenza.

lipsalve ['lɪpsælv] s burro di cacao.

lip-service ['lɪp,sɜːvɪs] s ◊ **to pay lip service to** appoggiare solo a parole.

lipstick ['lɪpstɪk] s rossetto.

liqueur [lɪ'kjʊə*] s liquore (m).

liquid ['lɪkwɪd] agg, s liquido.

liquidate ['lɪkwɪdeɪt] v tr liquidare.

liquidize ['lɪkwɪdaɪz] v tr frullare.

liquidizer ['lɪkwɪdaɪzə*] s frullatore (m).

liquor ['lɪkə*] s bevanda alcolica, alcol (m).

liquorice ['lɪkərɪs] s (BrE) liquirizia.

lisp [lɪsp] s pronuncia blesa della "s".

list [lɪst] s lista, elenco; catalogo ◊ **list price** prezzo di listino; **price list** listino prezzi.

list [lɪst] v tr elencare; mettere in lista ◊ (BrE) **listed building** edificio sotto la protezione delle Belle Arti.

listen ['lɪsn] v intr ascoltare ◊ **listen to me** ascoltami.

listener ['lɪsnə*] s ascoltatore (m).

listening ['lɪsnɪŋ] s ascolto.

listless ['lɪstlɪs] agg svogliato; apatico.

lit [lɪt] p, pp di **light**.

lite [laɪt] agg (AmE) v. **light**.

liter ['liːtə*] s (AmE) litro.

literacy ['lɪtərəsɪ] s alfabetizzazione (f).

literal

literal ['lɪtərəl] *agg* testuale; prosaico.

literally ['lɪtərəlɪ] *avv* letteralmente.

literary ['lɪtərərɪ] *agg* letterario.

literate ['lɪtərət] *agg* che sa leggere e scrivere; colto.

literature ['lɪtərətʃə*] *s* letteratura.

lithe [laɪð] *agg* agile, snello.

litre ['li:tə*] *s* litro.

litter ['lɪtə*] *s* rifiuti (*pl*); (*animali*) figliata.

litter ['lɪtə*] *v tr* ricoprire; (*animali*) figliare.

litter bin ['lɪtəbɪn] *s* (*BrE*) bidone (*m*) della spazzatura.

little ['lɪtl] *agg* piccolo; poco; insignificante ◊ **a little** un po' (di); **a little bit** un pochino; **little finger** mignolo.

little ['lɪtl] *avv* poco; (non) affatto ◊ **little by little** a poco a poco.

little ['lɪtl] *s* poco.

live [laɪv] *agg* vivo; dal vivo; (*proiettile*) inesploso; (*arma*) carico; (*elettr*) sotto tensione ◊ **live broadcast** trasmissione in diretta.

live [lɪv] *v intr/tr* vivere; abitare ◊ **to live through a crisis** sopravvivere a una crisi; **to live it up** divertirsi un sacco.

▶ **live down** far dimenticare;

▶ **live in** (ospedale, collegio) essere interno;

▶ **live on** (cibo) vivere di;

▶ **live off** vivere a spese di.

livelihood ['laɪvlɪhʊd] *s* mezzi (*pl*) di sostentamento.

liveliness ['laɪvlɪnɪs] *s* vivacità, brio.

lively ['laɪvlɪ] *agg* vivace; (*emozione*) vivo.

liven up ['laɪvn ʌp] *v tr/intr* animare, animarsi; ravvivare.

livestock ['laɪvstɒk] *s* bestiame (*m*).

livid ['lɪvɪd] *agg* livido; furibondo.

living ['lɪvɪŋ] *agg* vivo; vivente ◊ **living conditions** condizioni di vita.

living ['lɪvɪŋ] *s* il vivere (*m*) ◊ **to earn, to make a living** guadagnarsi da vivere; **living standard** tenore di vita.

living room ['lɪvɪŋrʊm] *s* soggiorno.

lizard ['lɪzəd] *s* lucertola.

load [ləʊd] *s* carico; peso ◊ **a load of, loads of** un mucchio di.

load [ləʊd] *v tr/intr* caricare, caricarsi.

loaded ['ləʊdɪd] *agg* carico; (*domanda*) insidioso; ricco.

loaf [ləʊf] *s* pane (*m*), pagnotta.

loaf [ləʊf] *v intr* oziare.

loan [ləʊn] *s* prestito ◊ **on loan** in prestito.

loan [ləʊn] *v tr* prestare.

loathe [ləʊð] *v tr* detestare.

loathing ['ləʊðɪŋ] *s* disgusto, ripugnanza.

lobby ['lɒbɪ] *s* atrio, ingresso; (*teatro*) ridotto; (*polit*) gruppo di pressione, lobby (*f*).

lobby ['lɒbɪ] *v tr/intr* far pressione su.

lobe [ləʊb] *s* lobo.

lobster ['lɒbstə*] *s* aragosta.

local ['ləʊkl] *agg* locale ◊ **local call** telefonata urbana.

local ['ləʊkl] s (*treno*) locale; (*BrE*) bar (*m*) all'angolo ◊ *pl* la gente (*sing*) della zona.

locate [ləʊ'keɪt] v *tr* individuare; collocare, situare.

location [ləʊ'keɪʃn] s posizione (*f*); (*cine*) esterni (*pl*).

loch [lɒk] s (*scozzese*) lago.

lock [lɒk] s serratura; (*canale*) chiusa; (*capelli*) ciocca, ricciolo.

lock [lɒk] v *tr/intr* chiudere a chiave, chiudersi; (*ruota*) bloccarsi, incepparsi.

▶ **lock in** chiudere dentro;

▶ **lock out** chiudere fuori;

▶ **lock up** chiudere a chiave; (*prigioniero*) rinchiudere.

locker ['lɒkə*] s armadietto (con serratura).

locket ['lɒkɪt] s medaglione (*m*).

lockjaw ['lɒkdʒɔ:] s tetano.

locksmith ['lɒksmɪθ] s fabbro.

locomotive [,ləʊkə'məʊtɪv] s locomotiva.

locum ['ləʊkəm] s medico sostituto.

locust ['ləʊkəst] s locusta.

lodestar ['ləʊdstɑː*] s stella polare; (*fig*) guida.

lodge [lɒdʒ] s casetta; portineria; (*caccia*) capanno.

lodge [lɒdʒ] v *tr/intr* alloggiare; (*cose*) conficcarsi; (*giur*) presentare, sporgere ◊ **to lodge a complaint** presentare un reclamo.

lodger ['lɒdʒə*] s pensionante (*m/f*); affittuario.

lodgings ['lɒdʒɪŋz] s *pl* camera (*sing*) ammobiliata in affitto.

loft [lɒft] s solaio; (*AmE*) loft (*m*).

lofty ['lɒftɪ] agg alto; (*fig*) nobile; altezzoso.

log [lɒg] s ceppo; (*nave, aereo*) giornale (*m*) di bordo.

log [lɒg] v *tr* registrare (sul giornale di bordo).

▶ **log in, on** (*inform*) collegarsi;

▶ **log off, out** (*inform*) scollegarsi.

logbook ['lɒgbʊk] s (*nave, aereo*) giornale (*m*) di bordo; (*aut*) libretto di circolazione.

loggerheads ['lɒgəhedz] s *pl* ◊ **at loggerheads with** ai ferri corti con.

logic ['lɒdʒɪk] s logica.

logical ['lɒdʒɪkl] agg logico.

loin [lɔɪn] s (*cuc*) lonza; lombata ◊ *pl* fianchi, lombi.

loiter ['lɔɪtə*] v *intr* attardarsi; andare a zonzo.

lollipop ['lɒlɪpɒp] s lecca-lecca (*m*) ◊ (*BrE*) **lollipop man, lady** persona che aiuta i bambini ad attraversare la strada vicino a scuola.

Londoner ['lʌndənə*] s londinese (*m/f*).

lone [ləʊn] agg solitario.

loneliness ['ləʊlɪnɪs] s solitudine (*f*), isolamento.

lonely ['ləʊnlɪ] agg solitario, solo; isolato.

loner ['ləʊnə*] s solitario.

lonesome ['ləʊnsəm] agg (*AmE*) solo; solitario; abbandonato.

long [lɒŋ] agg lungo ◊ **six feet long** lungo sei piedi; **long jump** salto in lungo; **a long time ago** molto tempo fa; **it's a long time since I last saw him** è molto che non lo vedo; **a long way** è lontano; **at long**

last finalmente; **to get longer** allungarsi.

long [lɒŋ] *avv* a lungo, (per) molto tempo ◊ **all day long** tutto il giorno; **long before** molto tempo prima; **before long** tra non molto; **long after** molto tempo dopo; **long ago** molto tempo fa; **as, so long as** finché, purché; **I no longer live here** non abito più qui; **it won't take long** non ci vorrà molto; **so long** ciao.

long [lɒŋ] *v intr* desiderare, non vedere l'ora di ◊ **to long for home** avere voglia di tornare a casa.

long-distance [,lɒŋ'dɪstəns] *agg* (*telefonata*) interurbano; (*corsa*) di fondo.

long-drawn-out [,lɒŋdrɔːn'aʊt] *agg* prolungato.

longevity [lɒŋ'dʒevətɪ] *s* longevità.

longing [ˈlɒŋɪŋ] *s* brama, desiderio.

longing [ˈlɒŋɪŋ] *agg* desideroso.

longitude [ˈlɒndʒɪtjuːd] *s* longitudine (*f*).

long-life [ˈlɒŋlaɪf] *agg* (*batteria*) di lunga durata; (*latte*) a lunga conservazione.

long-lived [,lɒŋ'lɪvd] *agg* longevo; (*cose*) duraturo.

long-lost [ˈlɒŋ,lɒst] *agg* perduto da molto tempo.

long-range [,lɒŋ'reɪndʒ] *agg* a lungo raggio; a lungo termine.

long-sighted [,lɒŋ'saɪtɪd] *agg* presbite.

long-standing [,lɒŋ'stændɪŋ] *agg* di vecchia data.

long-suffering [,lɒŋ'sʌfərɪŋ] *agg* infinitamente paziente.

long-term [,lɒŋ'tɜːm] *agg* a lungo termine.

long wave [,lɒŋ'weɪv] *s* (*radio*) onde (*pl*) lunghe.

long-winded [,lɒŋ'wɪndɪd] *agg* prolisso.

loo [luː] *s* (*BrE*) gabinetto.

look [lʊk] *s* sguardo; aspetto; espressione (*f*) ◊ *pl* bellezza (*sing*).

look [lʊk] *v tr/intr* guardare; sembrare ◊ **he looks ill** ha una brutta cera; **the house looks on to the lake** la casa dà sul lago; **to look one's best** apparire in piena forma; **to look like** assomigliare a; **it looks like rain** sembra che voglia piovere.

▶ **look after** badare a, occuparsi di;

▶ **look at** guardare;

▶ **look down on** disprezzare, guardare dall'alto in basso;

▶ **look for** cercare;

▶ **look forward to** non vedere l'ora di;

▶ **look into** esaminare a fondo;

▶ **look on** assistere a; considerare;

▶ **look out** guardare fuori; fare attenzione;

▶ **look out for** cercare; stare in guardia;

▶ **look up** guardare in su; migliorare; (*in dizionario ecc.*) cercare; (*persona*) andare a trovare;

▶ **look up to** ammirare; avere rispetto (per).

look-in [ˈlʊkɪn] *s* breve visita, scappata.

look-out [lukaʊt] *s* posto di osservazione; guardia ◊ **to be on the look-out for** stare in guardia per.

loom [lu:m] *s* telaio.

loom [lu:m] *v intr* apparire in lontananza; *(fig)* incombere.

loop [lu:p] *s* cappio.

loophole ['lu:phəʊl] *s (fig)* scappatoia, via d'uscita.

loose [lu:s] *agg* libero; *(vite)* allentato; *(nodo, foglio)* sciolto; *(abito)* largo; *(vita)* dissoluto ◊ **loose change** spiccioli; **to be on the loose** essere in libertà; *(BrE)* **to be at a loose end** non avere niente da fare.

loose [lu:s] *v tr* slegare.

loosen ['lu:sn] *v tr/intr* slegare, slegarsi; *(cintura)* allentare, allentarsi.

loot [lu:t] *s* bottino.

loot [lu:t] *v tr* saccheggiare.

lop-sided [ˌlɒp'saɪdɪd] *agg* asimmetrico; sbilanciato.

lord [lɔ:d] *s* signore *(m)*; *(titolo)* Lord *(m)* ◊ **Our Lord** nostro Signore; *(BrE)* **the (House of) Lords** la Camera dei Lord.

lordly ['lɔ:dlɪ] *agg* altero, superbo.

lore [lɔ:*] *s* tradizioni *(f pl)*.

lorry ['lɒrɪ] *s (BrE)* camion *(m)* ◊ **lorry driver** camionista.

lose (*p, pp* **lost**) [lu:z, lɒst] *v tr/intr* perdere; sprecare; *(orologio)* rimanere indietro ◊ **to lose one's way** perdersi; **to lose sight of** perdere di vista; **to lose touch with** perdere i contatti con; **to lose weight** dimagrire.

loser ['lu:zə*] *s* perdente *(m/f)*.

loss [lɒs] *s* perdita ◊ **to be at a loss** essere perplesso.

lost [lɒst] *p, pp di* **lose**.

lost [lɒst] *agg* perduto ◊ **lost property**, *(AmE)* **lost and found** oggetti smarriti.

lot [lɒt] *s (comm, di terreno)* lotto; sorte *(f)* ◊ **a lot** molto; **a lot of, lots of** una gran quantità di; **the lot** tutto quanto; **a bad lot** un tipo losco; **to cast, to draw lots** tirare a sorte.

lotion ['ləʊʃn] *s* lozione *(f)*.

lottery ['lɒtərɪ] *s* lotteria.

loud [laʊd] *agg (suono)* alto, forte; *(colore)* sgargiante ◊ **in a loud voice** ad alta voce.

loud [laʊd] *avv* forte, a voce alta.

loudhailer ['laʊd'heɪlə*] *s (BrE)* megafono.

loudly ['laʊdlɪ] *avv* ad alta voce.

loudmouth ['laʊdmaʊθ] *s* linguaccia.

loudspeaker [ˌlaʊd'spi:kə*] *s* altoparlante *(m)*.

lounge [laʊndʒ] *s* salotto; *(aeroporto)* sala d'aspetto ◊ *(BrE)* **lounge (bar)** bar con servizio ai tavoli.

lounge [laʊndʒ] *v intr* oziare.

▶ **lounge about, around** stare con le mani in mano.

louse (*pl* **lice**) [laʊz, laɪs] *s* pidocchio.

lousy ['laʊzɪ] *agg* schifoso, orrendo.

lout [laʊt] *s* zoticone *(m)*.

lovable ['lʌvəbl] *agg* amabile; simpatico.

love [lʌv] *s* amore *(m)*; *(tennis)* zero ◊ **with love from** con affetto da; **love all** zero pari; **love affair** relazione sentimentale; **in love with** innamorato di; **to make love (to)** fare l'amore (con).

love [lʌv] *v tr* amare ◊ **I love reading** mi piace leggere.

lovely ['lʌvlɪ] *agg* bello; squisito.

lover [lʌvə*] *s* innamorato, amante (*m/f*).

loving ['lʌvɪŋ] *agg* affettuoso.

low [ləʊ] *agg* basso ◊ **The Low Countries** i Paesi Bassi; **to be low on** avere scarsità di.

low [ləʊ] *avv* in basso ◊ **to feel low** sentirsi giù.

low [ləʊ] *s* livello minimo; (*meteorologia*) depressione.

low [ləʊ] *v intr* muggire.

low-born [,ləʊ'bɔːn] *agg* di umili origini.

lowbrow ['ləʊbraʊ] *agg* di scarso valore culturale; popolare.

low-cut [,ləʊ'kʌt] *agg* (*abito*) scollato, che lascia le spalle scoperte.

low-down ['ləʊdaʊn] *agg* disonesto; vile.

low-down ['ləʊdaʊn] *s* notizie (*pl*).

lower ['ləʊə*] *agg* inferiore.

lower ['ləʊə*] *v tr/intr* abbassare; calare.

lowlands ['ləʊləndz] *s pl* pianura (*sing*).

lowly ['ləʊlɪ] *agg* umile, modesto.

low-lying [,ləʊ'laɪɪŋ] *agg* basso.

loyal ['lɔɪəl] *agg* fedele, leale.

loyalty ['lɔɪəltɪ] *s* fedeltà, lealtà ◊ **loyalty card** carta che offre sconti ai clienti abituali.

lozenge ['lɒzɪndʒ] *s* (*med*) pastiglia.

L-plate ['elpleɪt] *s* (*BrE*) contrassegno per guidatore principiante.

lubricate ['luːbrɪkeɪt] *v tr* lubrificare.

lucid ['luːsɪd] *agg* limpido; lucido.

lucidity [luː'sɪdətɪ] *s* lucidità.

luck [lʌk] *s* fortuna ◊ **bad luck**, **hard luck** sfortuna; **good luck!** buona fortuna!

luckily ['lʌkɪlɪ] *avv* per fortuna.

lucky ['lʌkɪ] *agg* fortunato.

lucrative ['luːkrətɪv] *agg* redditizio.

ludicrous ['luːdɪkrəs] *agg* ridicolo.

lug [lʌg] *v tr* tirare, trascinare.

luggage ['lʌgɪdʒ] *s* bagaglio, bagagli (*pl*) ◊ **luggage reclaim** ritiro bagagli; **luggage rack** reticella portabagagli.

lukewarm ['luːkwɔːm] *agg* tiepido.

lull [lʌl] *s* momento di calma.

lull [lʌl] *v tr* cullare; calmare.

lullaby ['lʌləbaɪ] *s* ninnananna.

lumber ['lʌmbə*] *s* (*AmE*) legname (*m*); (*BrE*) roba vecchia; cianfrusaglie (*pl*) ◊ **lumber-room** ripostiglio.

lumber ['lʌmbə*] *v intr* ingombrare (con cianfrusaglie); (*fig*) addossare, scaricare.

lumberjack ['lʌmbədʒæk] *s* boscaiolo.

luminous ['luːmɪnəs] *agg* luminoso.

lump [lʌmp] *s* pezzo; (*nel sugo*) grumo; (*di zucchero*) zolletta ◊ **lump sum** somma forfettaria.

lump [lʌmp] *v tr* ammassare; raggruppare.

lumpy ['lʌmpɪ] *agg* (*salsa*) grumoso; (*letto*) bitorzoluto.

lunacy ['luːnəsɪ] *s* follia.

lunatic ['luːnətɪk] *agg*, *s* pazzo.

lunch [lʌntʃ] *s* pranzo.

luncheon ['lʌntʃən] s pranzo ◊ **luncheon voucher** buono pasto.

lunchtime ['lʌntʃtaɪm] s ora di pranzo.

lung [lʌŋ] s polmone (m).

lurch [lɜ:tʃ] s sbandamento ◊ **to leave in the lurch** piantare in asso.

lurch [lɜ:tʃ] v intr barcollare, vacillare.

lure [ljʊə*] s richiamo, lusinga.

lure [ljʊə*] v tr adescare.

lurid ['ljʊərɪd] agg (colore) sgargiante; (particolare) impressionante.

lurk [lɜ:k] v intr stare in agguato.

luscious ['lʌʃəs] agg succulento; gustoso; sensuale.

lush [lʌʃ] agg lussureggiante.

lust [lʌst] s lussuria; cupidigia ◊ **lust for power** sete di potere.

luster [lʌstə*] s (AmE) v. **lustre**.

lustful ['lʌstfʊl] agg libidinoso; bramoso.

lustre [lʌstə*] s lucentezza; (fig) lustro.

lusty [lʌstɪ] agg robusto, vigoroso.

luxuriant [lʌg'zjʊərɪənt] agg lussureggiante, rigoglioso; (capelli) folto.

luxurious [lʌg'zjʊərɪəs] agg lussuoso, fastoso.

luxury ['lʌkʃərɪ] s lusso ◊ **luxury tax** imposta sui generi di lusso.

lying ['laɪɪŋ] agg bugiardo.

lying ['laɪɪŋ] s bugie (pl).

lynch [lɪntʃ] v tr linciare.

lynx [lɪŋks] s lince (m).

lyrical ['lɪrɪkl] agg lirico; (fig) entusiasta.

lyrics ['lɪrɪks] s pl (canzone) parole, testo (sing).

M

MA [em'eɪ] s laurea in lettere.

mac [mæk] s (BrE) impermeabile (m).

machine [mə'ʃi:n] s macchina.

machine-gun [mə'ʃi:ngʌn] s mitragliatrice (f).

machinery [mə'ʃi:nərɪ] s macchinario; (fig) macchina; (polit) apparato.

machinist [mə'ʃi:nɪst] s macchinista (m/f); operaio specializzato.

macho ['mætʃəʊ] agg macho, virile.

mackerel ['mækrəl] s (pl -s o inv) sgombro.

mackintosh ['mækɪntɒʃ] s (BrE) impermeabile (m).

macrobiotics [,mækrəʊbaɪ'ɒtɪks] s macrobiotica.

mad [mæd] agg matto; furioso ◊ **to be mad about** andare pazzo per.

madam ['mædəm] s signora.

madden ['mædn] v tr fare infuriare.

made [meɪd] p, pp di **make**.

made [meɪd] agg fatto, confezionato.

made-to-measure [,meɪdtə'meʒə*] agg fatto su misura.

madhouse ['mædhaʊs] s manicomio.

madman (pl -men) ['mædmən] s pazzo.

madness ['mædnɪs] s pazzia.

magazine [,mægə'zi:n] s rivista; (TV) contenitore (m); (arma) caricatore (m); (milit) deposito.

maggot ['mægət] s verme (m).

magic ['mædʒɪk] agg magico.

magic ['mædʒɪk] s magia.

magician [məˈdʒɪʃn] s mago.

magistrate ['mædʒɪstreɪt] s magistrato; giudice (m/f).

magnet ['mægnɪt] s calamita.

magnetism ['mægnɪtɪzəm] s magnetismo.

magnification [ˌmægnɪfɪ'keɪʃn] s ingrandimento.

magnificent [mæg'nɪfɪsənt] agg magnifico.

magnify [ˌmægnɪfaɪ] v tr ingrandire ◊ **magnifying glass** lente d'ingrandimento.

magnitude ['mægnɪtjuːd] s grandezza; importanza.

magnum ['mægnəm] s magnum (m), bottiglione (m).

magpie ['mægpaɪ] s gazza.

mahogany [məˈhogənɪ] s mogano.

maid [meɪd] s domestica; cameriera.

maiden ['meɪdn] agg nubile; (viaggio) inaugurale ◊ **maiden name** nome da ragazza.

mail [meɪl] s posta ◊ **by mail** per posta; **mail order** acquisto, vendita per corrispondenza.

mail [meɪl] v tr (AmE) spedire.

mailbox ['meɪlbɒks] s (AmE) buca, cassetta delle lettere.

mailing ['meɪlɪŋ] s mailing (m), pubblicità per corrispondenza ◊ **mailing list** elenco degli indirizzi.

mailman (pl -men) ['meɪlmən] s (AmE) postino.

maim [meɪm] v tr mutilare.

main [meɪn] agg principale **main road, street** strada principale.

main [meɪn] s conduttura principa-

le ◊ pl (elettr) linea (sing) principale ◊ **in the main** nel complesso.

mainland ['meɪnlənd] s continente (m), terraferma.

mainly ['meɪnlɪ] avv principalmente, soprattutto.

mainstay ['meɪnsteɪ] s fondamento; punto di forza.

mainstream ['meɪnstriːm] s corrente (f) principale.

maintain [meɪn'teɪn] v tr mantenere; sostenere, affermare.

maintenance ['meɪntənəns] s manutenzione (f); mantenimento; (giur) alimenti (pl).

maize [meɪz] s mais (m).

majestic [məˈdʒestɪk] agg maestoso.

majesty ['mædʒəstɪ] s maestà.

major ['meɪdʒə*] agg maggiore (anche mus); principale.

majority [məˈdʒɒrətɪ] s maggioranza.

make [meɪk] s fabbricazione (f); marca.

make (p, pp made) [meɪk, meɪd] v tr fare; fabbricare; rendere; raggiungere ◊ **two and two make four** due più due fa quattro; **to make somebody happy** rendere felice qualcuno; **to make oneself useful** rendersi utile; **to make somebody do something** costringere qualcuno a fare qualcosa; **to make sure** assicurarsi; **to make it** farcela; **to make do with** arrangiarsi con.

▶ **make for** dirigersi verso;

▶ **make off** svignarsela;

▶ **make out** compilare; capire; vedere; cavarsela;

▶ **make up** inventare; costituire; completare; truccare, truccarsi; preparare ◊ **to make up one's mind** decidersi;

▶ **make up for** compensare, rimediare a; (*tempo*) ricuperare.

make-believe ['meɪkbɪˌliːv] *s* finzione (*f*).

maker ['meɪkə*] *s* creatore (*m*); costruttore (*m*).

makeshift ['meɪkʃɪft] *agg* improvvisato, di ripiego.

makeshift ['meɪkʃɪft] *s* espediente (*m*), ripiego.

make-up ['meɪkʌp] *s* trucco.

making ['meɪkɪŋ] *s* fattura; formazione (*f*) ◊ *pl* presupposti; qualità (*f*); occorrente (*sing*) ◊ **in the making** in via di formazione; **he has the makings of an artist** ha la stoffa dell'artista.

maladjusted [ˌmælə'dʒʌstɪd] *agg* disadattato.

malaria [mə'leərɪə] *s* malaria.

male [meɪl] *s* maschio.

male [meɪl] *agg* maschile ◊ **male chauvinism** maschilismo.

malfunction [ˌmæl'fʌŋkʃn] *s* cattivo funzionamento; disfunzione (*f*).

malice ['mælɪs] *s* cattiveria; rancore (*m*).

malicious [mə'lɪʃəs] *agg* malevolo; (*giur*) doloso.

malignant [mə'lɪɡnənt] *agg* (*med*) maligno.

malinger [mə'lɪŋɡə*] *v intr* fingersi malato.

mall [mɔːl] *s* isola pedonale con negozi ◊ **(shopping) mall** centro commerciale.

malleable ['mælɪəbl] *agg* malleabile.

mallet ['mælɪt] *s* mazza.

malnutrition [ˌmælnjuː'trɪʃn] *s* denutrizione (*f*).

malpractice [ˌmæl'præktɪs] *s* negligenza.

malt [mɔːlt] *s* malto.

Maltese [ˌmɔːl'tiːz] *agg, s inv* maltese (*m/f*) ◊ *s* (*lingua*) maltese (*m*).

maltreat [ˌmæl'triːt] *v tr* maltrattare.

mammal ['mæml] *s* mammifero.

man (*pl* **men**) [mæn, men] *s* uomo ◊ **the man in**, (*AmE*) **on the street** l'uomo della strada; **man and wife** marito e moglie.

man [mæn] *v tr* equipaggiare; fornire di personale; (*tecn*) azionare, far funzionare.

manage ['mænɪdʒ] *v tr/intr* gestire; amministrare; riuscire (a), cavarsela.

manageable ['mænɪdʒəbl] *agg* docile; maneggevole; (*compito*) fattibile.

management ['mænɪdʒmənt] *s* amministrazione (*f*); direzione (*f*); gestione (*f*).

manager ['mænɪdʒə*] *s* direttore (*m*); dirigente (*m/f*); gestore (*m*); (*sport, teatro*) manager (*m*).

manageress [ˌmænɪdʒə'res] *s* direttrice (*f*); gerente (*f*).

managing director [ˌmænɪdʒəŋdɪ'rektə*] *s* amministratore (*m*) delegato.

Mancunian [mæŋ'kjuːnɪən] *s* abitante (*m/f*) di Manchester ◊ *agg* di Manchester.

mandarin ['mændərın] *s* mandarino.

mandatory ['mændətərı] *agg* obbligatorio; (*comm*) mandatario.

mane [meın] *s* criniera.

maneuver [mə'nu:və*] *s, v tr/intr* (*AmE*) v. **manoeuvre**.

manful ['mænful] *agg* coraggioso, valoroso.

mangle ['mæŋgl] *v tr* straziare; mutilare.

manhandle ['mæn,hændl] *v tr* spostare; (*fig*) malmenare.

manhood ['mænhud] *s* età virile, virilità; popolazione (*f*) maschile.

maniac ['meınıæk] *s* maniaco.

manifest ['mænıfest] *agg* manifesto, palese.

manifest ['mænıfest] *v tr* manifestare, rivelare.

manifestation [,mænıfe'steıʃn] *s* manifestazione (*f*).

manipulate [mə'nıpjuleıt] *v tr* manipolare, manovrare.

mankind [mæn'kaınd] *s* umanità, genere (*m*) umano.

manly ['mænlı] *agg* virile.

man-made ['mæn,meıd] *agg* sintetico; artificiale.

manner ['mænə*] *s* maniera, modo; modo di fare ◊ *pl* (buone) maniere ◊ **all manner of things** cose di ogni genere.

manoeuvre [mə'nu:və*] *s* manovra.

manoeuvre [mə'nu:və*] *v tr/intra* manovrare; fare manovra; (*milit, mar*) (far) fare le manovre (a).

man-of-war [,mænəv'wɔ:*] *s* nave (*f*) da guerra.

manor ['mænə*] *s* maniero.

manpower ['mæn,pauə*] *s* manodopera.

mansion ['mænʃn] *s* palazzo signorile.

manslaughter ['mæn,slɔ:tə*] *s* omicidio preterintenzionale.

mantelpiece ['mæntlpi:s], **mantelshelf** ['mæntlʃelf] *s* mensola del camino.

mantle ['mæntl] *s* mantello.

manual ['mænjuəl] *agg, s* manuale (*m*).

manufacture [,mænju'fæktʃə*] *s* fabbricazione (*f*), manifattura.

manufacture [,mænjufæktʃə*] *v tr* fabbricare.

manure [mə'njuə*] *s* concime (*m*).

manuscript ['mænjuskrıpt] *s, agg* manoscritto.

Manx [mæŋks] *agg* dell'isola di Man.

many ['menı] *agg, pron* molti ◊ **a great, a good many** moltissimi, un gran numero; **many a time** molte volte.

map [mæp] *s* carta geografica; (*città*) pianta.

maple ['meıpl] *s* acero.

mar [mɑ:*] *v tr* rovinare.

marathon ['mærəθn] *s* maratona.

marauder [mə'rɔ:də*] *s* predone (*m*), saccheggiatore (*m*).

marble ['mɑ:bl] *s* marmo; biglia.

March [mɑ:tʃ] *s* marzo.

march [mɑ:tʃ] *s* marcia; passo di marcia.

march [mɑ:tʃ] *v intr/tr* marciare; far marciare; sfilare.

mare [meə*] *s* giumenta.

margarine [ˌmɑːdʒəˈriːn] *s* margarina.

margin [ˈmɑːdʒɪn] *s* margine (*m*).

marina [məˈriːnə] *s* porto turistico.

marine [məˈriːn] *agg* marino; marittimo.

marital [ˈmærɪtl] *agg* coniugale ◊ **marital status** stato civile.

maritime [ˈmærɪtaɪm] *agg* marittimo, marino.

marjoram [ˈmɑːdʒərəm] *s* maggiorana.

mark [mɑːk] *s* segno; macchia; (*scuola*) voto; (*moneta*) marco ◊ **to hit the mark** fare centro.

mark [mɑːk] *v tr* segnare; macchiare; (*scuola*) correggere e dare un voto a ◊ **to mark time** segnare il passo.

▶ **mark off, out** delimitare; contraddistinguere.

marked [mɑːkt] *agg* marcato, spiccato.

marker [ˈmɑːkə*] *s* segnale (*m*); segnalibro ◊ **marker (pen)** evidenziatore.

market [ˈmɑːkɪt] *s* mercato ◊ **market day** giorno di mercato; **market place** piazza del mercato; **market price** prezzo di mercato; (*BrE*) **market garden** orto industriale.

market [mɑːkɪt] *v tr* mettere in vendita.

marketing [ˈmɑːkɪtɪŋ] *s* commercializzazione (*f*); distribuzione (*f*) (*AmE*) **to do the marketing** fare spese.

marmalade [ˈmɑːməleɪd] *s* marmellata di arance.

maroon [məˈruːn] *v tr* abbandonare in un luogo deserto.

maroon [məˈruːn] *agg, s* bordeaux (*m*).

marquee [mɑːˈkiː] *s* tendone (*m*), padiglione (*m*).

marriage [ˈmærɪdʒ] *s* matrimonio.

married [ˈmærɪd] *agg* sposato ◊ **to get married** sposarsi; **married life** vita coniugale.

marrow [ˈmærəʊ] *s* (*anat*) midollo ◊ (*vegetable*) **marrow** zucca.

marry [ˈmærɪ] *v tr/intr* sposare, sposarsi (con); maritare.

marsh [mɑːʃ] *s* palude (*f*).

marshal [ˈmɑːʃl] *s* (*milit*) maresciallo; (*giur*) ufficiale (*m*) giudiziario; (*AmE*) capitano di polizia, dei pompieri.

marshal [ˈmɑːʃl] *v tr* (*milit*) schierare; (*fig*) ordinare.

marshmallow [ˌmɑːʃˈmæləʊ] *s* caramella gommosa e gelatinosa.

marshy [ˈmɑːʃɪ] *agg* paludoso.

martial [ˈmɑːʃl] *agg* marziale.

Martian [ˈmɑːʃən] *agg, s* marziano.

martyr [ˈmɑːtə*] *v tr* martirizzare.

martyrdom [ˈmɑːtədəm] *s* martirio.

marvel [ˈmɑːvl] *v intr* (*at*) meravigliarsi (di).

marvellous [ˈmɑːvələs] *agg* meraviglioso.

marvelous [ˈmɑːvələs] *agg* (*AmE*) meraviglioso.

marzipan [ˈmɑːzɪpæn] *s* marzapane (*m*).

masculine [ˈmæskjʊlɪn] *agg* virile; maschile; mascolino.

mash [mæʃ] *v tr* schiacciare ◊ **mashed potatoes** purè di patate.

mask [mɑːsk] *s* maschera.

mask [mɑːsk] *v tr* mascherare.

mason ['meɪsn] *s* muratore (*m*); massone (*m*).

masonry ['meɪsnrɪ] *s* muratura.

masquerade [,mæskə'reɪd] *s* finzione (*m*), montatura.

masquerade [,mæskə'reɪd] *v intr* (*as*) fingersi, farsi passare per.

mass [mæs] *s* massa; (*relig*) messa ◊ **masses of** un mucchio di.

mass [mæs] *v tr/intr* ammassare, ammassarsi.

massacre ['mæsəkə*] *s* massacro.

massage ['mæsɑːʒ] *s* massaggio.

masseur [mæ'sɜː*] *s* massaggiatore (*m*).

masseuse [mæ'sɜːz] *s* massaggiatrice (*f*).

massive ['mæsɪv] *agg* massiccio, enorme.

mass media [,mæs'miːdɪə] *s pl* mass media (*m*), mezzi di comunicazione di massa.

mass-produce ['mæs,prə'djuːs] *v tr* produrre in serie.

mast [mɑːst] *s* (*mar*) albero.

master ['mɑːstə*] *s* padrone (*m*); maestro; insegnante (*m*) ◊ **Master of Arts, of Science** laureato in lettere, in scienze.

master ['mɑːstə*] *v tr* dominare; conoscere a fondo.

master key ['mɑːstəkɪ:] *s* passepartout (*m*).

masterly ['mɑːstəlɪ] *agg* magistrale.

mastermind ['mɑːstəmaɪnd] *s* cervello, mente (*f*) direttiva.

masterpiece ['mɑːstəpiːs] *s* capolavoro.

masterstroke ['mɑːstəstrəuk] *s* colpo da maestro.

mastery ['mɑːstərɪ] *s* padronanza; supremazia.

mat [mæt] *s* stuoia; tappetino; sottopiatto ◊ **(door) mat** zerbino.

match [mætʃ] *s* fiammifero; (*sport*) partita, incontro; l'uguale (*m/f*); coppia; combinazione (*f*); matrimonio ◊ **to meet one's match** incontrare un degno avversario; **he's a good match** è un buon partito.

match [mætʃ] *v tr/intr* uguagliare; armonizzare, armonizzarsi; confrontare; combaciare; intonarsi; accoppiare.

matchbox ['mætʃbɒks] *s* scatola di fiammiferi.

matching ['mætʃɪŋ] *agg* coordinato, bene assortito.

matchless ['mætʃlɪs] *agg* impareggiabile.

mate [meɪt] *s* compagno; amico; (*mar*) secondo.

mate [meɪt] *v tr/intr* accoppiare, accoppiarsi.

material [mə'tɪərɪəl] *agg* materiale; sostanziale.

material [mə'tɪərɪəl] *s* materia, materiale (*m*); stoffa ◊ *pl* attrezzatura (*sing*), occorrente (*m sing*); terie.

materialize [mə'tɪərɪəlaɪz] *v intr* realizzarsi.

maternity [mə'tɜːnɪtɪ] *s* maternità ◊ **maternity hospital** clinica ostetrica; **maternity dress** abito prémaman.

math [mæθ] s (AmE) matematica.

mathematics [ˌmæθə'mætɪks] s matematica.

maths [mæθs] s matematica.

matriculation [məˌtrɪkju'leɪʃn] s immatricolazione (f).

matron ['meɪtrən] s (ospedale) capoinfermiera; (scuola) infermiera; direttrice (f).

mat(t) [mæt] agg opaco.

matter ['mætə*] s faccenda; (fis) materia; materiale (m), sostanza; (med) pus (m) ◊ **it's a matter of** è (una) questione di; **what's the matter (with you)?** cosa c'è?, che cos'hai?; **as a matter of fact** in realtà; **a matter of course** cosa, conseguenza naturale; **as a matter of course** com'era prevedibile; **no matter where** non importa dove; **no matter what** qualunque cosa accada.

matter ['mætə*] v intr importare ◊ **it doesn't matter** non importa.

matter-of-fact [ˌmætərəv'fækt] agg pratico, realistico.

matting [ˌmætɪŋ] s stuoia.

mattress ['mætrɪs] s materasso.

mature [mə'tjuə*] agg maturo; (formaggio) stagionato; (vino) invecchiato; (comm) in scadenza.

mature [mə'tjuə*] v intr maturare; stagionare; invecchiare; (comm) scadere.

maturity [mə'tjuərɪtɪ] s maturità; (comm) scadenza.

maul [mɔ:l] v tr fare a pezzi.

maverick ['mævərɪk] s dissidente (m/f).

maxim ['mæksɪm] s massima.

maxima ['mæksɪmə] s pl di **maximum**.

maximum (pl **-ma**, **-s**) ['mæksɪməm, mə] agg, s massimo.

May [meɪ] s maggio ◊ **May Day** il primo maggio.

may (condizionale **might**) [meɪ, maɪt] v modale potere ◊ **may I smoke?** posso fumare?; **it may rain** può darsi che piova; **may you be happy** che tu possa essere felice; **you might like to try** forse le piacerebbe provare; **we may as well** go tanto vale che andiamo.

maybe ['meɪbi:] avv forse, può darsi (che).

mayhem ['meɪhem] s caos (m).

mayn't [meɪnt] contrazione di **may not**.

mayonnaise [ˌmeɪə'neɪz] s maionese (f).

mayor [meə*] s sindaco.

maze [meɪz] s labirinto; dedalo.

me [mi:] pron me, mi ◊ **it's me** sono io.

meadow ['medəu] s prato.

meager ['mi:gə*] agg (AmE) v. **meagre**.

meagre ['mi:gə*] agg magro; scarno.

meal [mi:l] s pasto; farina.

meals-on-wheels [ˌmi:lzɒn'wi:lz] s distribuzione (f) di pasti a domicilio.

mealtime ['mi:ltaɪm] s ora dei pasti.

mean [mi:n] agg meschino; avaro; cattivo; mediocre; medio ◊ **Greenwich mean time** tempo medio di Greenwich.

mean [mi:n] s (mat) media.

mean (*p, pp* **meant**) [mi:n, ment] *v tr/intr* significare, voler dire; intendere ◊ **what do you mean?** che cosa vuoi dire?; **what do you mean to do?** cosa intendi fare?; **I mean it** dico sul serio; **to be meant for** essere destinato a.

meander [mi'ændə*] *v intr* serpeggiare; vagare.

meaning ['mi:nɪŋ] *s* senso, significato ◊ **what's the meaning of...?** che cosa significa...?

meaningful ['mi:nɪŋful] *agg* significativo.

meaningless ['mi:nɪŋlɪs] *agg* senza senso.

means [mi:nz] *s pl* mezzo (*sing*), mezzi; mezzi economici ◊ **by means of** per mezzo di; **by all means** per mezzo di; **by all means** per niente affatto.

meant [ment] *p, pp* di **mean**.

meantime ['mi:ntaɪm], **meanwhile** ['mi:n'waɪl] *avv* frattanto ◊ **(in the) meantime** nel frattempo.

measles ['mi:zlz] *s* morbillo.

measure ['meʒə*] *s* misura ◊ **(tape) measure** metro a nastro.

measure ['meʒə*] *v tr/intr* misurare.

measurement ['meʒəmənt] *s* misura; misurazione (*f*).

meat [mi:t] *s* carne (*f*) ◊ **cold meat** affettato; **meat loaf** polpettone; **meat pie** pasticcio di carne in crosta.

meatball ['mi:tbɔ:l] *s* polpetta di carne.

meaty ['mi:tɪ] *agg* carnoso; polposo.

mechanic [mɪ'kænɪk] *s* meccanico.

mechanics [mɪ'kænɪks] *s* meccanica ◊ *pl* meccanismo (*sing*).

mechanism ['mekənɪzəm] *s* meccanismo.

medal ['medl] *s* medaglia.

medalist ['medəlɪst] *s* (*AmE*) v. **medallist**.

medallion [mɪ'dæljən] *s* medaglione (*m*).

medallist ['medəlɪst] *s* (*sport*) ◊ **to be a gold medallist** essere medaglia d'oro.

meddle ['medl] *v intr* intromettersi.

media ['mi:djə] *s pl* di **medium**.

media ['mi:djə] *s pl* mezzi di comunicazione (di massa), media (*m*).

median ['mi:djən] *s* (*AmE*) ◊ **median (strip)** (banchina) spartitraffico.

mediate ['mi:dɪeɪt] *v intr/tr* mediare, fare da mediatore.

mediator ['mi:dɪeɪtə*] *s* mediatore (*m*).

Medicaid ['medɪkeɪd] *s* (*AmE*) assistenza medica ai poveri.

medical ['medɪkl] *agg* medico.

medical ['medɪkl] *s* visita medica.

Medicare ['medɪkeə*] *s* (*AmE*) assistenza medica agli anziani.

medication [,medɪ'keɪʃn] *s* medicina; cura.

medicinal [me'dɪsɪnl] *agg* medicinale.

medicine ['medsɪn] *s* medicina.

mediocrity [,mi:dɪ'ɒkrətɪ] *s* mediocrità.

meditate ['medɪteɪt] *v tr/intr* meditare (su).

meditation [ˌmedɪˈteɪʃn] *s* meditazione (*f*).

Mediterranean [ˌmedɪtəˈreɪnjən] *agg* mediterraneo.

medium [ˈmiːdjəm] *agg* medio.

medium (*pl* **-dia, -s**) [ˈmiːdjəm, djə] *s* mezzo, strumento.

medium [ˈmiːdjəm] *s* (*spiritismo*) medium (*m/f*).

medley [ˈmedlɪ] *s* miscuglio; (*mus*) selezione (*f*).

meek [miːk] *agg* mite, dolce.

meet (*p*, *pp* **met**) [miːt, met] *v tr/intr* incontrare, incontrarsi; conoscere; riunirsi; (*fig*) soddisfare; affrontare ◊ **I'll meet you at the pub** ci vediamo al pub; **to meet somebody off a train** andare a prendere qualcuno alla stazione.

▶ **meet with** incontrare, trovare.

meeting [ˈmiːtɪŋ] *s* incontro; riunione (*f*); assemblea.

melancholy [ˈmelənkəlɪ] *agg* malinconico.

melancholy [ˈmelənkəlɪ] *s* malinconia.

mellow [ˈmeləʊ] *agg* dolce; (*frutto*) maturo; (*vino*) pastoso, amabile; (*colore*) caldo.

mellow [ˈmeləʊ] *v intr* addolcirsi, ammorbidirsi.

melody [ˈmelədɪ] *s* melodia.

melon [ˈmelən] *s* melone (*m*).

melt [melt] *v tr/intr* sciogliere, sciogliersi; (*metalli*) fondere, fondersi; (*fig*) intenerirsi.

▶ **melt down** fondere.

▶ **melt away** (*neve*) sciogliersi completamente; (*folla*) disperdersi.

melting-pot [ˈmeltɪŋˌpɒt] *s* cr giolo.

member [ˈmembə] *s* membro ◊ (*BrE*) **Member of Parliament** deputato.

membership [ˈmembəʃɪp] *s* appartenenza a un'associazione; i soci (*pl*) ◊ **membership card** tessera di iscrizione.

memo [ˈmeməʊ] *s* appunto; (*comm*) comunicazione (*f*) di servizio.

memoirs [ˈmemwɑːz] *s pl* memorie.

memorable [ˈmemərəbl] *agg* memorabile.

memoranda [ˌmeməˈrændə] *s pl di* **memorandum.**

memorandum (*pl* **-da, -s**) [ˌmeməˈrændəm, də] *s* appunto; (*comm*) comunicazione (*f*) di servizio.

memorial [mɪˈmɔːrɪəl] *agg* commemorativo ◊ (*AmE*) **Memorial Day** giornata della Rimembranza, festa dei caduti.

memorial [mɪˈmɔːrɪəl] *s* monumento commemorativo ◊ **war memorial** monumento ai caduti.

memorize [ˈmeməraɪz] *v tr* memorizzare.

memory [ˈmemərɪ] *s* memoria; ricordo.

men [men] *s pl di* **man.**

menace [ˈmenəs] *v tr* minacciare.

menace [ˈmenəs] *s* minaccia.

menage [meˈnɑːʒ] *s* nucleo familiare.

mend [mend] *v tr* riparare, aggiustare; rammendare.

menial [ˈmiːnjəl] *agg* servile, umile.

meningitis [,menɪn'dʒaɪtɪs] s meningite (f).

menopause ['menəʊpɔːz] s menopausa.

mental ['mentl] agg mentale.

mentality [men'tæləti] s mentalità.

menthol ['menθɒl] s mentolo.

mention ['menʃn] v tr menzionare, citare ◊ **don't mention it** prego, non c'è di che.

menu ['menjuː] s menù (m).

mercantile ['mɜːkəntaɪl] agg mercantile, commerciale.

mercenary ['mɜːsɪnəri] agg, s mercenario.

merchandise ['mɜːtʃəndaɪz] s merce (f).

merchant ['mɜːtʃənt] s mercante (m), commerciante (m/f) ◊ (BrE) **merchant bank** banca d'affari; **merchant navy**, (AmE) **marine** marina mercantile.

merciful ['mɜːsɪful] agg clemente.

merciless ['mɜːsɪlɪs] agg spietato.

mercury ['mɜːkjʊri] s mercurio.

mercy ['mɜːsɪ] s pietà ◊ **at the mercy of** alla mercé di.

mere [mɪə*] agg semplice ◊ **by mere chance** per puro caso.

merely ['mɪəli] avv semplicemente, soltanto.

merge [mɜːdʒə] v tr/intr fondere, fondersi; unire, unirsi.

merger ['mɜːdʒə*] s (comm) fusione (f).

meridian [mə'rɪdɪən] s meridiano; (fig) culmine (m).

merit ['merɪt] s merito; valore (m).

merit ['merɪt] v tr meritare.

mermaid ['mɜːmeɪd] s sirena.

merry ['merɪ] agg allegro; brillo ◊ **Merry Christmas** Buon Natale.

merry-go-round ['merɪɡəʊraʊnd] s giostra.

mesh [meʃ] s maglia; rete (f) ◊ **wire mesh** rete metallica.

mesmerize ['mezməraɪz] v tr ipnotizzare; incantare.

mess [mes] s confusione (f); (fig) pasticcio; sporcizia; (milit) mensa ◊ **in a mess** in disordine; nei guai.

mess [mes] v intr

▶ **mess about, around** fare lo stupido; scherzare; perdere tempo;

▶ **mess up** rovinare, mandare a monte; mettere in disordine.

message ['mesɪdʒ] s messaggio.

messenger ['mesɪndʒə*] s messaggero.

messy ['mesɪ] agg confuso; in disordine; sporco.

met [met] p, pp di **meet**.

metal ['metl] s metallo.

metallurgy [mə'tælədʒɪ] s metallurgia.

meteor ['miːtjə*] s meteora.

meteorology [,miːtjə'rɒlədʒɪ] s meteorologia.

meter ['miːtə*] s contatore (m); parchimetro; (AmE) metro (unità di misura di lunghezza).

method ['meθəd] s metodo.

methodical [mɪ'θɒdɪkl] agg metodico.

Methodist ['meθədɪst] agg, s metodista (m/f).

meths [meθs], **methylated spirits** ['meθɪleɪtɪd'spɪrɪts] s (BrE) alcol (m) denaturato.

metre ['mi:tə*] s metro (*unità di misura di lunghezza*).

metric ['metrɪk] agg metrico ◊ **metric system** sistema metrico decimale.

metropolitan [,metrə'pɒlɪtən] agg metropolitano ◊ (BrE) **the Metropolitan Police** la polizia di Londra.

mettle [metl] s tempra ◊ **it put him on his mettle** lo ha messo alla prova.

mew [mju:] v intr miagolare.

mews [mju:z] s (BrE) ◊ **mews (flat)** appartamento ricavato da antiche scuderie.

Mexican ['meksɪkən] agg, s messicano.

mice [maɪs] s pl di **mouse**.

microbe ['maɪkrəʊb] s microbo.

microphone ['maɪkrəfəʊn] s microfono.

microscope ['maɪkrəskəʊp] s microscopio.

microscopic [,maɪkrə'skɒpɪk] agg microscopico.

microwave ['maɪkrəweɪv] s microonda ◊ **microwave (oven)** forno a microonde.

microwave ['maɪkrəweɪv] v tr cuocere nel forno a microonde.

mid [mɪd] agg medio; in mezzo ◊ **in mid June** a metà giugno; **in mid air** a mezz'aria.

midday ['mɪddeɪ] s mezzogiorno.

middle ['mɪdl] s mezzo, centro; vita, cintola ◊ **in the middle of nowhere** a casa del diavolo.

middle [mɪdl] agg medio, intermedio ◊ **the middle classes** il ceto medio; **the middle course** la via di mezzo; **middle name** secondo nome; **the Middle Ages** il Medioevo; **the Middle East** il Medio Oriente.

middle-aged [,mɪdl'eɪdʒd] agg di mezza età.

middle-class [,mɪdl'klɑ:s] agg borghese.

middleman (pl -men) ['mɪdlmæn, men] s mediatore (*m*).

middle-of-the-road [,mɪdləvðə'rəʊd] agg moderato.

middling ['mɪdlɪŋ] agg medio.

midge [mɪdʒ] s moscerino.

midget ['mɪdʒɪt] s nanerottolo.

midnight ['mɪdnaɪt] s mezzanotte (*f*).

midriff ['mɪdrɪf] s cintola, vita.

midst [mɪdst] s ◊ **in the midst of** in mezzo a.

midsummer ['mɪd,sʌmə*] s solstizio d'estate, piena estate ◊ **Midsummer('s) Day** S. Giovanni, 24 giugno.

midway ['mɪdweɪ] agg, avv a mezza strada (fra).

midwife ['mɪdwaɪf] s ostetrica.

midwinter [,mɪd'wɪntə*] s solstizio d'inverno, pieno inverno.

might [maɪt] s forza; potere (*m*).

might [maɪt] cond condizionale di **may**.

mighty ['maɪtɪ] agg potente, forte.

migraine ['mi:greɪn] s emicrania.

migrant ['maɪgrənt] s emigrante (*m/f*); (*animale*) migratore (*m*).

migrate [maɪ'greɪt] v intr emigrare; (*animale*) migrare.

mike [maɪk] s microfono.

mild [maɪld] agg mite; dolce; (*gusto*) delicato; (*cibo ecc.*) leggero; (*interesse*) blando.

mild [maɪld] *s* birra leggera.

mildew ['mɪldju:] *s* muffa.

mile [maɪl] *s* miglio.

mileage ['maɪlɪdʒ] *s* distanza in miglia.

mileometer [maɪ'lɒmɪtə*] *s* contachilometri (*m*).

milestone ['maɪlstəʊn] *s* pietra miliare.

milieu ['mi:ljə:] *s* ambiente (*m*).

militant ['mɪlɪtənt] *agg, s* militante (*m/f*).

military ['mɪlɪtərɪ] *agg* militare.

milk [mɪlk] *s* latte (*m*) ◊ **milk chocolate** cioccolato al latte.

milk [mɪlk] *v tr* mungere; (*fig*) sfruttare.

milk-float ['mɪlk,fləʊt] *s* furgone (*m*) del latte.

milkman (*pl* **-men**) ['mɪlkmən] *s* lattaio.

milkshake ['mɪlkʃeɪk] *s* frappé (*m*).

milky ['mɪlkɪ] *agg* latteo; lattiginoso ◊ **the Milky Way** la Via Lattea.

mill [mɪl] *s* mulino; (*caffè, pepe*) macinino; fabbrica ◊ **cotton mill** cotonificio.

mill [mɪl] *v tr* macinare; tritare.
► **mill around, about** brulicare; accalcarsi.

miller ['mɪlə*] *s* mugnaio.

milli- ['mɪlɪ] *prefisso* milli-.

milligram(me) ['mɪlɪgræm] *s* milligrammo.

milliliter ['mɪlɪ,li:tə*] *s* (*AmE*) millilitro.

millilitre ['mɪlɪ,li:tə*] *s* millilitro.

millimeter ['mɪlɪ,mi:tə*] *s* (*AmE*) millimetro.

millimetre ['mɪlɪ,mi:tə*] *s* millimetro.

million ['mɪljən] *s* milione (*m*).

millionaire [,mɪljə'neə*] *s* milionario; miliardario.

millionth ['mɪljənθ] *agg, s* milionesimo.

millstone ['mɪlstəʊn] *s* macina.

milometer [maɪ'lɒmɪtə*] *s* contachilometri (*m*).

mime [maɪm] *s* mimo.

mime [maɪm] *v tr* mimare; imitare.

mimic (*p, pp* **mimicked**) ['mɪmɪk, 'mɪmɪkt] *v tr* imitare.

mimic ['mɪmɪk] *s* imitatore (*m*).

mince [mɪns] *s* carne (*f*) trita.

mince [mɪns] *v tr* tritare, macinare.

mincemeat ['mɪnsmi:t] *s* (*cuc*) ripieno di frutta secca tritata; (*AmE*) carne (*f*) trita.

mince-pie [,mɪns'paɪ] *s* tortino ripieno di frutta secca.

mincer ['mɪnsə*] *s* tritacarne (*m*).

mind [maɪnd] *s* mente (*f*) ◊ **to bear, to keep in mind** tenere a mente; **to be out of one's mind** essere fuori di sé; **to be in two minds** essere indeciso; **to my mind** secondo me.

mind [maɪnd] *v tr/intr* badare a; occuparsi di; preoccuparsi di; spiacere ◊ **mind the step** attenzione al gradino; **mind your own business** bada ai fatti tuoi; **I don't mind the noise** il rumore non mi dà fastidio; **do you mind if I smoke?** le spiace se fumo?

mindful ['maɪndful] *agg* attento; memore.

mindless ['maɪndlɪs] *agg* irrazionale; (*violenza*) cieco; (*lavoro*) monotono, noioso.

mine [maɪn] *s* miniera; mina.

mine [maɪn] *pron* (il) mio, (la) mia, (i) miei, (le) mie ◊ **a friend of mine** un mio amico.

mine [maɪn] *v tr* (*miner*) estrarre; (*gallerie*) scavare; (*milit*) minare.

miner [maɪnə*] *s* minatore (*m*).

mineral [mɪnərəl] *agg*, *s* minerale (*m*) ◊ *pl* (*BrE*) bevande gasate ◊ **mineral water** acqua minerale.

mingle [mɪŋgl] *v tr/intr* mescolare, mescolarsi.

minima *s pl* di **minimum**.

minimize [mɪnɪmaɪz] *v tr* minimizzare.

minimum (*pl* **-ma, -s**) [mɪnɪməm, mə] *agg*, *s* minimo.

mining [maɪnɪŋ] *s* industria mineraria.

miniskirt [mɪnɪskə:t] *s* minigonna.

minister [mɪnɪstə*] *s* (*BrE*) ministro; (*relig*) sacerdote (*m*).

minister [mɪnɪstə*] *v intr* dare assistenza; provvedere.

ministry [mɪnɪstrɪ] *s* ministero.

mink [mɪŋk] *s* visone (*m*).

minor [maɪnə*] *agg* minore (*anche mus*); di secondaria importanza.

minor [maɪnə*] *s* minorenne (*m/f*).

minority [maɪnɒrətɪ] *s* minoranza; (*giur*) minore età.

mint [mɪnt] *s* menta; caramella alla menta; zecca ◊ **in mint condition** nuovo di zecca.

mint [mɪnt] *v tr* coniare.

minus [maɪnəs] *prep* meno.

minute [maɪnju:t] *agg* minuscolo; (*dettagli*) minuto.

minute [mɪnɪt] *s* minuto ◊ *pl* verbale (*sing*) ◊ **to the minute** in punto.

minute [mɪnɪt] *v tr* verbalizzare.

miracle [mɪrəkl] *s* miracolo ◊ **to work miracles** fare miracoli.

mirage [mɪrɑ:ʒ] *s* miraggio.

mire [maɪə*] *s* fango.

mirror [mɪrə*] *s* specchio; (*aut*) specchietto.

mirror [mɪrə*] *v tr* rispecchiare.

misadventure [ˌmɪsəd'ventʃə*] *s* disavventura ◊ **death by misadventure** morte accidentale.

misapplication [ˈmɪsˌæplɪ'keɪʃn] *s* uso errato.

misappropriation [ˈmɪsəˌprəʊprɪ'eɪʃn] *s* appropriazione indebita.

misbehave [ˌmɪsbɪ'heɪv] *v intr* comportarsi male.

miscalculate [ˌmɪs'kælkjʊleɪt] *v tr/intr* calcolare male.

miscarriage [ˌmɪs'kærɪdʒ] *s* (*med*) aborto spontaneo ◊ **miscarriage of justice** errore giudiziario.

miscarry [ˌmɪs'kærɪ] *v intr* (*med*) abortire (spontaneamente).

miscellany [mɪ'selənɪ] *s* miscellanea.

mischief [mɪstʃɪf] *s* birichinata; danno; malizia.

mischievous [mɪstʃɪvəs] *agg* birichino; malizioso; malevolo.

misconception [ˌmɪskən'sepʃn] *s* idea sbagliata.

misconduct [ˌmɪs'kɒndʌkt] *s* cattiva condotta.

miscount [ˌmɪs'kaʊnt] *s* conteggio sbagliato.

misdemeanor [ˌmɪsdɪ'mi:nə*] *s* (*AmE*) v. **misdemeanour**.

misdemeanour [,mɪsdɪ'mi:nə*] s misfatto; (giur) infrazione (f), reato minore.

miser ['maɪzə*] s avaro.

miserable ['mɪzərəbl] agg infelice; miserabile, misero; deprimente.

misery ['mɪzərɪ] s sofferenza; infelicità.

misfire [,mɪs'faɪə*] v intr fare cilecca.

misfit ['mɪsfɪt] s spostato, disadattato.

misfortune [mɪs'fɔ:tʃu:n] s sfortuna.

misgiving [mɪs'gɪvɪŋ] s apprensione (f); perplessità.

mishandle [,mɪs'hændl] v tr trattare male.

mishap ['mɪshæp] s disgrazia; contrattempo.

misinterpret [,mɪsɪn'tɜ:prɪt] v tr fraintendere.

misjudge [,mɪs'dʒʌdʒ] v tr giudicare male.

mislaid [,mɪs'leɪd] p, pp di mislay.

mislay (p, pp mislaid) [,mɪs'leɪ, ,mɪs'leɪd] v tr smarrire.

mislead (p, pp misled) [,mɪs'li:d, ,mɪs'led] v tr trarre in inganno.

misleading [,mɪs'li:dɪŋ] agg ingannevole, fuorviante.

misled [,mɪs'led] p, pp di mislead.

mismanage [,mɪs'mænɪdʒ] v tr gestire male.

mismatch [,mɪs'mætʃ] v tr assortire male.

misplace [,mɪs'pleɪs] v tr collocare fuori posto; (fig) riporre male.

misprint ['mɪsprɪnt] s refuso, errore (m) di stampa.

misread (p, pp misread) [,mɪs'ri:d, ,mɪs'red] v tr fraintendere.

misrepresent ['mɪs,reprɪ'zent] v tr travisare.

misrule [,mɪs'ru:l] s malgoverno.

Miss [mɪs] s signorina; miss (f).

miss [mɪs] s colpo mancato.

miss [mɪs] v tr/intr mancare (a); fallire; perdere; sentire la mancanza di ◊ **I miss you** mi manchi; **to miss the bus** perdere l'autobus.

▶ **miss out** tralasciare, omettere;

▶ **miss out on** perdere.

misshapen [,mɪs'ʃeɪpən] agg deforme.

missile ['mɪsaɪl] s missile (m).

missing ['mɪsɪŋ] agg smarrito; scomparso; (milit) disperso ◊ **to be missing** mancare.

mission ['mɪʃn] s missione (f).

missionary ['mɪʃnrɪ] agg, s missionario.

misspend (p, pp misspent) [,mɪs'spend, ,mɪs'spent] v tr sprecare.

misspent [,mɪs'spent] p, pp di misspend.

mist [mɪst] s foschia.

mist [mɪst] v tr/intr (over, up) offuscare, offuscarsi; appannare, appannarsi.

mistake [mɪs'teɪk] s errore (m) ◊ **by mistake** per sbaglio; **to make a mistake** sbagliare.

mistake (p mistook pp mistaken) [mɪs'teɪk, mɪs'tʊk, mɪs'teɪkən] v tr sbagliare, fraintendere, capire male ◊ **to mistake for** prendere per, scambiare.

mistaken [mɪs'teɪkən] pp di mistake.

mistaken [mɪsˈteɪkən] *agg* sbagliato ◊ **if I'm not mistaken** se non erro; **to be mistaken** sbagliarsi.

mister [ˈmɪstə*] *s* signore (*m*).

mistletoe [ˈmɪsltəʊ] *s* vischio.

mistook [mɪsˈtʊk] *p di* **mistake**.

mistress [ˈmɪstrɪs] *s* amante (*f*); (*BrE*) (*scuola*) insegnante (*f*), maestra; signora, padrona.

mistrust [ˌmɪsˈtrʌst] *v tr* diffidare di.

misty [ˈmɪstɪ] *agg* nebbioso; (*fig*) vago.

misunderstand (*p, pp* **misunderstood**) [ˌmɪsʌndəˈstænd, ˌmɪsʌndəˈstʊd] *v tr* fraintendere, capire male.

misunderstanding [ˌmɪsʌndəˈstændɪŋ] *s* malinteso, equivoco.

misunderstood [ˌmɪsʌndəˈstʊd] *p, pp di* **misunderstand**.

misuse [ˌmɪsˈjuːz] *v tr* fare cattivo uso di; abusare di.

mitigate [ˈmɪtɪgeɪt] *v tr* mitigare; lenire.

mix [mɪks] *s* miscuglio; (*cuc*) miscela, preparato.

mix [mɪks] *v tr/intr* mescolare, mescolarsi; unire.

▶ **mix up** mescolare; confondere; coinvolgere.

mixed [mɪkst] *agg* misto.

mixed up [ˌmɪkstˈʌp] *agg* confuso; in disordine; coinvolto.

mixer [ˈmɪksə*] *s* frullatore (*m*) ◊ **to be a good mixer** essere socievole.

mixture [ˈmɪkstʃə*] *s* miscuglio; miscela.

mix-up [ˈmɪksʌp] *s* disguido; confusione (*f*).

moan [məʊn] *s* gemito.

moan [məʊn] *v intr* gemere; lamentarsi.

moat [məʊt] *s* fossato.

mob [mɒb] *s* folla; ressa.

mobile [ˈməʊbaɪl] *agg* mobile ◊ **mobile (phone)** telefonino cellulare; **mobile home** casa mobile, grande roulotte.

mobster [ˈmɒbstə*] *s* criminale (*m*), gangster (*m*).

mock [mɒk] *agg* finto.

mock [mɒk] *v tr/intr* deridere, burlarsi di.

mockery [ˈmɒkərɪ] *s* scherno; farsa.

mod con [ˌməʊdˈkɒn] *s* comodità (*f pl*) moderne.

mode [məʊd] *s* modo, maniera.

model [ˈmɒdl] *s* modello; indossatore (*m*).

model [ˈmɒdl] *v tr* modellare; costruire secondo un modello; (*abito*) presentare, indossare ◊ *v intr* fare l'indossatore, l'indossatrice.

modem [ˈməʊdem] *s* modem (*m*).

moderate [ˈmɒdərət] *agg, s* moderato.

moderate [ˈmɒdəreɪt] *v tr/intr* moderare, moderarsi.

modern [ˈmɒdən] *agg* moderno.

modernize [ˈmɒdənaɪz] *v tr* modernizzare.

modest [ˈmɒdɪst] *agg* modesto.

modesty [ˈmɒdɪstɪ] *s* modestia.

modify [ˈmɒdɪfaɪ] *v tr* modificare.

modish [ˈməʊdɪʃ] *agg* alla moda.

module [ˈmɒdjuːl] *s* modulo.

mogul [ˈməʊgʌl] *s* mogol (*m*); (*fig*) magnate (*m*), pezzo grosso.

moist [mɔɪst] *agg* umido.

moisten

moisten ['mɔɪsn] *v tr/intr* inumidire, inumidirsi.

moisture ['mɔɪstʃə*] *s* umidità.

moisturize ['mɔɪstʃəraɪz] *v tr* idratare.

molar ['məʊlə*] *agg, s* molare (*m*).

mold [məʊld] *s, v tr* (*AmE*) v. **mould**.

mole [məʊl] *s* talpa; neo.

molest [məʊ'lest] *v tr* molestare.

mollify ['mɒlɪfaɪ] *v tr* rabbonire, placare.

mollycoddle ['mɒlɪ,kɒdl] *v tr* coccolare.

molten ['məʊltən] *agg* fuso.

mom ['mɒm] *s* (*AmE*) mamma.

moment ['məʊmənt] *s* momento ◊ **at any moment** da un momento all'altro; **at the moment** al momento.

momentary ['məʊməntərɪ] *agg* momentaneo, passeggero.

momentous [məʊ'mentəs] *agg* importante, decisivo.

momentum [məʊ'mentəm] *s* (*fis*) momento; velocità acquisita; (*fig*) impeto ◊ **to gather momentum** aumentare di velocità.

monarch ['mɒnək] *s* monarca (*m*).

monarchy ['mɒnəkɪ] *s* monarchia.

monastery ['mɒnəstərɪ] *s* monastero.

Monday ['mʌndɪ] *s* lunedì (*m*).

monetary ['mʌnɪtərɪ] *agg* monetario.

money ['mʌnɪ] *s* denaro, soldi (*pl*) ◊ **money order** vaglia.

mongol ['mɒŋɡɒl] *agg, s* mongoloide (*m/f*).

Mongolian [mɒn'ɡəʊljən] *agg, s* mongolo.

mongrel ['mʌŋɡrel] *s* cane (*m*) bastardo.

monitor ['mɒnɪtə*] *s* capoclasse (*m/f*); (*tecn*) monitor (*m*), schermo.

monitor ['mɒnɪtə*] *v tr* controllare.

monk [mʌŋk] *s* monaco.

monkey ['mʌŋkɪ] *s* scimmia ◊ (*BrE*) **monkey nut** nocciolina americana; **monkey wrench** chiave inglese.

monopoly [mə'nɒpəlɪ] *s* monopolio.

monotone ['mɒnətəʊn] *s* tono uniforme, voce monotona.

monotonous [mə'nɒtənəs] *agg* monotono.

monsoon [mɒn'suːn] *s* monsone (*m*).

monster ['mɒnstə*] *s* mostro.

monstrous ['mɒstrəs] *agg* mostruoso.

month [mʌnθ] *s* mese (*m*) ◊ **a month of Sundays** un'eternità.

monthly ['mʌnθlɪ] *agg, s* mensile (*m*).

monthly ['mʌnθlɪ] *avv* mensilmente.

monument ['mɒnjumənt] *s* monumento.

moo [muː] *v intr* muggire.

mood [muːd] *s* umore (*m*) ◊ **in a good, bad mood** di buon, di cattivo umore; **to be in a joking mood** essere in vena di scherzare.

moody ['muːdɪ] *agg* capriccioso; lunatico; imbronciato.

moon [muːn] *s* luna ◊ **to be over the moon** essere al settimo cielo.

moonlight ['muːnlaɪt] *s* chiaro di luna.

moor [mʊə*] *s* brughiera, landa.
moor [mʊə*] *v tr/intr* ormeggiare.
mooring ['mʊərɪŋ] *s* ormeggio.
Moorish ['mʊərɪʃ] *agg* moresco.
moose [mu:s] *s inv* alce (*m*).
moot [mu:t] *agg* dubbio; controverso.
mop [mɒp] *s* spazzolone (*m*) a frange per lavare i pavimenti; *(capelli)* zazzera.
mop [mɒp] *v tr* lavare con lo straccio; *(faccia)* asciugare.
mope [məʊp] *v intr* fare il broncio.
moped ['məʊped] *s* (*BrE*) motorino.
moral ['mɒrəl] *agg* morale; retto, onesto.
moral ['mɒrəl] *s* morale (*f*) ◊ *pl* moralità (*sing*), principi morali.
morality [mə'rælətɪ] *s* moralità.
morass [mə'ræs] *s* palude (*f*); pantano.
morbid ['mɔ:bɪd] *agg* morboso.
more [mɔ:*] *agg, pron* più, di più ◊ **more money** più soldi; **I want more** ne voglio di più; **the more I give him the more he wants** più gli do, più pretende.
more [mɔ:*] *avv* (di) più ◊ **more and more** sempre più; **more or less** più o meno; **more than enough** più che sufficiente; **more difficult than** più difficile di.
moreover [mɔ:'rəʊvə*] *avv* inoltre, per giunta.
morgue [mɔ:g] *s* obitorio.
morning ['mɔ:nɪŋ] *s* mattina, mattino; mattinata ◊ **in the morning** di mattina; **morning-after pill** pillola del giorno dopo.

Moroccan [mə'rɒkən] *agg, s* marocchino.
moron ['mɔ:rɒn] *s* cretino.
morose [mə'rəʊs] *agg* cupo; tetro.
morphine ['mɔ:fi:n] *s* morfina.
morsel ['mɔ:sl] *s* boccone (*m*).
mortal ['mɔ:tl] *agg, s* mortale (*m/f*).
mortar ['mɔ:tə*] *s* mortaio; malta.
mortgage ['mɔ:gɪdʒ] *s* ipoteca.
mortgage ['mɔ:gɪdʒ] *v tr* ipotecare.
mortify ['mɔ:tɪfaɪ] *v tr/intr* mortificare, mortificarsi.
mortuary ['mɔ:tjʊərɪ] *s* obitorio; camera ardente.
mosaic [məʊ'zeɪɪk] *s* mosaico.
Moslem ['mɒzləm] *agg, s* musulmano.
mosque [mɒsk] *s* moschea.
mosquito [mə'ski:təʊ] *s* zanzara.
moss [mɒs] *s* muschio.
mossy ['mɒsɪ] *agg* muscoso.
most [məʊst] *agg* la maggior parte di ◊ **most people** la maggior parte della gente; **for the most part** per lo più.
most [məʊst] *pron, s* la maggior parte ◊ **most of us** quasi tutti noi.
most [məʊst] *avv* (di) più; molto, estremamente ◊ **the most difficult** il più difficile; **most of all** soprattutto; **at (the) most** al massimo, tutt'al più; **it is most kind of you** è molto gentile da parte tua; **to make the most of** trarre il massimo vantaggio da.
mostly ['məʊstlɪ] *avv* per lo più.
motel [məʊ'tel] *s* motel (*m*).
moth [mɒθ] *s* falena; tarma.
mothball ['mɒθbɔ:l] *s* (pallina di) naftalina.

mother ['mʌðə*] *s* madre (*f*); mamma ◊ **mother country** madrepatria; **mother tongue** lingua madre, madrelingua.

motherhood ['mʌðəhud] *s* maternità.

mother-in-law ['mʌðərɪnlɔ:] *s* suocera.

motherly ['mʌðəlɪ] *agg* materno.

mother-of-pearl [,mʌðərəv'pɜ:l] *s* madreperla.

mother-to-be [,mʌðətə'bi:] *s* futura mamma.

mothproof ['mɒθpru:f] *agg* sottoposto a trattamento antitarmico.

motif [məʊ'ti:f] *s* motivo.

motion ['məʊʃn] *s* moto, movimento; mozione (*f*), proposta ◊ **to set in motion** mettere in moto.

motion ['məʊʃn] *v tr/intr* far cenno (a).

motionless ['məʊʃnlɪs] *agg* immobile.

motion picture ['məʊʃn,pɪktʃə*] *s* (*AmE*) film (*m*) ◊ **motion-picture industry** industria cinematografica.

motivate ['məʊtɪveɪt] *v tr* motivare.

motive ['məʊtɪv] *s* motivo.

motley ['mɒtlɪ] *s* eterogeneo; variopinto.

motor ['məʊtə*] *agg* a motore; automobilistico ◊ (*BrE*) **motor racing** corse automobilistiche.

motor ['məʊtə*] *s* motore (*m*).

motorbike ['məʊtəbaɪk] *s* moto (*f*).

motorboat ['məʊtəbəʊt] *s* motoscafo.

motorcycle ['məʊtə'saɪkl] *s* motocicletta.

motoring ['məʊtərɪŋ] *agg* automobilistico.

motorist ['məʊtərɪst] *s* automobilista (*m/f*).

motorway ['məʊtəweɪ] *s* autostrada.

mottled ['mɒtld] *agg* chiazzato.

mould [məʊld] *s* forma; stampo; muffa.

mould [məʊld] *v tr* modellare, plasmare.

mouldy ['məʊldɪ] *agg* ammuffito.

mound [maʊnd] *s* montagnola; mucchio, cumulo.

mount [maʊnt] *s* monte (*m*).

mount [maʊnt] *v tr/intr* montare; salire.

▶ **mount up** aumentare.

mountain ['maʊntɪn] *s* montagna.

mountaineer [,maʊntɪ'nɪə*] *s* alpinista (*m/f*).

mountaineering [,maʊntɪ'nɪərɪŋ] *s* alpinismo.

mountainous ['maʊntɪnəs] *agg* montagnoso.

mourn [mɔ:n] *v tr/intr* piangere; portare il lutto.

mourner [mɔ:nə*] *s* parente (*m/f*), amico del defunto.

mournful ['mɔ:nful] *agg* lugubre.

mourning ['mɔ:nɪŋ] *s* lutto.

mouse (*pl* **mice**) [maʊs, maɪs] *s* topo; (*inform*) mouse (*m*) ◊ **mouse mat, pad** tappetino del mouse.

mousetrap ['maʊstræp] *s* trappola (per topi).

moustache [mə'stɑ:ʃ] *s* baffi (*pl*).

mouth [maʊθ] *s* bocca; (*fiume*) foce (*f*); orifizio ◊ **mouth organ** armonica a bocca.

mouthful ['maʊθfʊl] *s* boccone (*m*); boccata.

mouthpiece ['maʊθpiːs] *s* (*pipa, mus*) bocchino; (*telefono*) ricevitore (*m*); (*fig*) portavoce (*m/f*).

mouthwash ['maʊθwɒʃ] *s* collutorio.

movable ['muːvəbl] *agg* mobile.

move [muːv] *s* movimento; (*scacchi*) mossa; turno; trasloco ◊ **get a move on** sbrigati.

move [muːv] *v tr/intr* muovere, muoversi; traslocare; commuovere; proporre ◊ **to move house** traslocare; **to move to tears** commuovere fino alle lacrime.

▶ **move back** indietreggiare; tornare;

▶ **move on** procedere; spostarsi; far spostare;

▶ **move out** traslocare.

movement ['muːvmənt] *s* movimento; gesto.

movie ['muːvɪ] *s* (*AmE*) film (*m*) ◊ *pl* (*AmE*) cinema (*m sing*).

moving ['muːvɪŋ] *agg* mobile; in moto; commovente.

mow (*p* **mowed** *pp* **mowed, mown**) [məʊ, məʊd, məʊn] *v tr* (*erba*) falciare, tagliare; (*grano*) mietere.

mower ['məʊə*] *s* tosaerba (*m/f*).

mown [məʊn] *pp di* **mow**.

MP [ˌemˈpiː] *s* (*BrE*) deputato.

Mr ['mɪstə*] *s* signore (*m*).

Mrs ['mɪsɪz] *s* signora.

Ms [mɪz] *s* signora.

much [mʌtʃ] *agg, s, pron* molto ◊ **as much** altrettanto; **I have as much money as him** ho tanti soldi quanti ne ha lui; **to make much of** esagerare l'importanza di.

much [mʌtʃ] *avv* molto; più o meno.

muck [mʌk] *s* fango; sporcizia.

muck [mʌk] *v intr*

▶ **muck about, around** fare lo stupido; perdere tempo;

▶ **muck up** rovinare.

mud [mʌd] *s* fango.

muddle ['mʌdl] *s* confusione (*f*), disordine (*m*).

muddle ['mʌdl] *v tr* (*up*) confondere.

▶ **muddle through** cavarsela alla meno peggio.

muddy ['mʌdɪ] *agg* fangoso.

mudguard ['mʌdɡɑːd] *s* parafango.

muffin ['mʌfɪn] *s* focaccina dolce.

muffle ['mʌfl] *v tr* imbacuccare; (*suono*) smorzare.

muffler ['mʌflə*] *s* (*AmE*) (*auto*) marmitta; (*moto*) silenziatore (*m*).

mug [mʌɡ] *s* tazzone (*m*); (*birra*) boccale (*m*).

mug [mʌɡ] *v tr* aggredire.

mugging ['mʌɡɪŋ] *s* aggressione (*f*); rapina.

muggy ['mʌɡɪ] *agg* afoso.

mulberry ['mʌlbərɪ] *s* (*bot*) mora.

mule [mjuːl] *s* mulo.

mull [mʌl] *v tr* (*vino, birra*) scaldare con zucchero e spezie.

multicoloured [ˌmʌltɪˈkʌləd] *agg* variopinto.

multi-level [ˌmʌltɪˈlevl] *agg* (*AmE*) v. **multistorey**.

multimedia [ˌmʌltɪˈmiːdɪə] *agg* multimediale.

multiple ['mʌltɪpl] *agg* multiplo; molteplice.

multiply ['mʌltɪplaɪ] *v tr/intr* moltiplicare, moltiplicarsi.

multistorey [ˌmʌltɪ'stɔːrɪ] *agg* (*BrE*) a più piani ◊ **multistorey car park** autosilo.

mum [mʌm] *s* (*BrE*) mamma.

mum [mʌm] *agg* ◊ **to keep mum** stare zitto.

mumble ['mʌmbl] *v tr/intr* borbottare, mormorare.

mummy ['mʌmɪ] *s* mummia; (*BrE*) mamma.

mumps [mʌmps] *s* parotite (*f*), orecchioni (*pl*).

munch [mʌntʃ] *v tr/intr* sgranocchiare.

mundane [mʌndeɪn] *agg* terra terra.

municipal [mjuːˈnɪsɪpl] *agg* municipale.

murder ['mɜːdə*] *s* omicidio.

murder ['mɜːdə*] *v tr* assassinare.

murderer ['mɜːdərə*] *s* assassino.

murderess ['mɜːdərɪs] *s* assassina.

murderous ['mɜːdərəs] *agg* omicida; feroce.

murk [mɜːk] *s* oscurità.

murky ['mɜːkɪ] *agg* tenebroso; oscuro, losco.

murmur ['mɜːmə*] *s* sussurro; (*med*) soffio al cuore.

murmur ['mɜːmə*] *v tr* mormorare.

muscle ['mʌsl] *s* muscolo; (*fig*) forza.

muscular ['mʌskjʊlə*] *agg* muscolare; (*persona*) muscoloso.

muse [mjuːz] *s* musa.

muse [mjuːz] *v intr* meditare.

museum [mjuːˈzɪəm] *s* museo.

mushroom ['mʌʃrʊm] *s* fungo.

mushy ['mʌʃɪ] *agg* molle; spappolato, scotto.

music ['mjuːzɪk] *s* musica.

musician [mjuːˈzɪʃn] *s* musicista (*m/f*).

musk [mʌsk] *s* muschio.

musket ['mʌskɪt] *s* moschetto.

Muslim ['mʊzlɪm] *agg*, *s* Musulmano.

muslin ['mʌzlɪn] *s* mussola.

mussel ['mʌsl] *s* cozza.

must [mʌst] *s* ◊ **it's a must** è assolutamente da non perdere.

must [mʌst] *v modale* dovere ◊ **I must do it** devo farlo; **he must be twenty** deve avere, avrà vent'anni; **I must have made a mistake** devo essermi sbagliato.

mustache [məˈstɑːʃ] *s* (*AmE*) baffi (*pl*).

mustard ['mʌstəd] *s* senape (*f*); mostarda.

muster ['mʌstə*] *v tr* radunare.

mustn't ['mʌsnt] *contrazione di* must not.

musty ['mʌstɪ] *agg* che sa di muffa o di chiuso.

mute [mjuːt] *agg*, *s* muto.

mutilate ['mjuːtɪleɪt] *v tr* mutilare.

mutiny ['mjuːtɪnɪ] *s* ammutinamento.

mutter ['mʌtə*] *v tr/intr* borbottare.

mutton ['mʌtn] *s* carne (*f*) di montone.

mutual ['mjuːtʃʊəl] *agg* reciproco; comune.

muzzle ['mʌzl] s muso; museruola; (*arma*) bocca.

muzzle ['mʌzl] v tr mettere la museruola a.

my [maɪ] agg (il) mio, (la) mia, (i) miei, (le) mie ◊ **I've cut my finger** mi sono tagliato il dito.

myself [maɪ'self] pron (*riflessivo*) mi; (*enfatico*) io stesso, proprio io; (*dopo prep*) me ◊ **I cut myself** mi sono tagliato; **I myself** io stesso.

mysterious [mɪ'stɪərɪəs] agg misterioso.

mystery ['mɪstərɪ] s mistero.

mystic ['mɪstɪk] s mistico.

mystify ['mɪstɪfaɪ] v tr confondere; sconcertare.

mystique [mɪ'stiːk] s fascino.

myth [mɪθ] s mito.

N

nacre ['neɪkə*] s madreperla.

nag [næg] v tr/intr brontolare in continuazione; tormentare.

nail [neɪl] s unghia; artiglio; chiodo ◊ **nail brush** spazzolino per le unghie; **nail file** lima per unghie; **nail polish**, (*BrE*) **varnish** smalto per unghie; **nail polish remover** acetone; **nail scissors** forbicine per unghie.

nail [neɪl] v tr inchiodare.

▶ **nail down** inchiodare; costringere.

naïve [naː'iːv] agg ingenuo.

naked ['neɪkɪd] agg nudo ◊ **to the naked eye** a occhio nudo.

name [neɪm] s nome (m); reputazione (f) ◊ **by name** di, per nome.

name [neɪm] v tr chiamare; nominare; (*prezzo*) fissare.

nameless ['neɪmlɪs] agg senza nome.

namely ['neɪmlɪ] avv cioè.

namesake ['neɪmseɪk] s omonimo.

Namibian [nə'mɪbɪən] agg, s namibiano.

nanny ['nænɪ] s bambinaia.

nap [næp] s sonnellino; (*tessuto*) peluria ◊ **to take a nap** fare un sonnellino.

nape [neɪp] s nuca.

napkin ['næpkɪn] s tovagliolo.

nappy ['næpɪ] s (*BrE*) pannolino ◊ **nappy rash** arrossamento provocato dal pannolino.

narcotic [naː'kɒtɪk] agg, s narcotico.

narrate [nə'reɪt] v tr narrare.

narrow ['nærəʊ] agg stretto; (*fig*) ristretto, limitato ◊ **to have a narrow escape** farcela per un pelo.

narrow ['nærəʊ] v intr/tr stringersi; restringere; (*fig*) limitare.

narrowly ['nærəʊlɪ] avv a stento; per poco.

narrow-minded [,nærəʊ'maɪndɪd] agg meschino.

nasty ['naːstɪ] agg cattivo; sgradevole; brutto, grave.

natal ['neɪtl] agg natale.

nation ['neɪʃn] s nazione (f).

national ['næʃənl] agg nazionale ◊ (*BrE*) **National Health Service** Servizio Sanitario Nazionale; (*BrE*) **National Insurance** previdenza sociale; (BrE) **National Trust** ente per la tutela di luoghi di interesse storico o ambientale.

national ['næʃənl] s cittadino.

nationalism ['næʃənəlɪzəm] s nazionalismo, patriottismo.

nationality [,næʃənælətɪ] s nazionalità.

nationalize ['næʃənəlaɪz] v tr nazionalizzare.

nationwide [,næʃən'waɪd] agg su scala nazionale.

native ['neɪtɪv] agg indigeno, nativo; (paese) natio; innato ◊ **native language** lingua madre; **native speaker of English** persona di madrelingua inglese; **Native American** indiano d'America.

native ['neɪtɪv] s nativo, abitante (m/f) del luogo.

natural ['nætʃərəl] agg naturale ◊ **natural gas** gas metano.

naturalize ['nætʃərəlaɪz] v tr naturalizzare.

nature ['neɪtʃə*] s natura; indole (f), carattere (m) ◊ **by nature** di natura.

naughty ['nɔːtɪ] agg (bambino) birichino, cattivello; (barzelletta) spinto.

nausea ['nɔːsjə] s nausea.

nautical ['nɔːtɪkl] agg nautico.

naval ['neɪvl] agg navale, marittimo ◊ **naval officer** ufficiale di marina.

nave [neɪv] s navata centrale.

navel ['neɪvl] s ombelico.

navigate ['nævɪgeɪt] v tr/intr navigare; percorrere navigando; (aut) fare da navigatore.

navigator ['nævɪgeɪtə*] s navigatore (m); ufficiale (m) di rotta; (aut) copilota (m/f).

navvy ['nævɪ] s (BrE) manovale (m).

navy ['neɪvɪ] s marina militare ◊ **navy (-blue)** blu scuro.

Nazi ['nɑːtsɪ] agg, s nazista (m/f).

Neapolitan [nɪə'pɒlɪtən] agg, s napoletano.

near [nɪə*] agg vicino; (parente) stretto, prossimo ◊ **that was a near miss** c'è mancato poco.

near [nɪə*] avv vicino ◊ prep vicino a; (tempo) verso.

near [nɪə*] v tr avvicinarsi a.

nearby ['nɪəbaɪ] agg, avv vicino.

nearly ['nɪəlɪ] avv quasi.

nearside ['nɪəsaɪd] s (aut) (Inghilterra) lato sinistro; (USA, Europa ecc.) lato destro.

near-sighted [,nɪə'saɪtɪd] agg miope.

neat [niːt] agg ordinato; pulito; (soluzione) indovinato; (whisky ecc.) liscio.

necessary ['nesəsərɪ] agg necessario.

necessity [nɪ'sesɪtɪ] s necessità.

neck [nek] s collo; (abito) colletto ◊ **neck and neck** testa a testa.

necklace ['neklɪs] s collana.

neckline ['neklaɪn] s scollatura.

necktie ['nektaɪ] s cravatta.

nectarine ['nektərɪn] s pesca noce.

née [neɪ] agg ◊ **Mrs Scott née Bell** la sig.ra Scott, nata Bell.

need [niːd] s bisogno.

need [niːd] v tr avere bisogno di ◊ **I need to go** devo andare; **you don't**

need to eat it non c'è bisogno che lo mangi.

needle ['ni:dl] *s* ago; *(giradischi)* puntina.

needle ['ni:dl] *v tr* punzecchiare.

needless ['ni:dlɪs] *agg* inutile.

needlework ['ni:dlwɜ:k] *s* cucito.

needn't ['ni:dnt] *contrazione di* need not.

needy ['ni:dɪ] *agg* bisognoso.

negative ['negatɪv] *agg* negativo.

negative ['negatɪv] *s* negazione *(f)*; *(fot)* negativo.

neglect [nɪ'glekt] *s* negligenza; abbandono.

neglect [nɪ'glekt] *v tr* trascurare.

negligence ['neglɪdʒəns] *s* negligenza.

negligent ['neglɪdʒənt] *agg* negligente; trascurato.

negligible ['neglɪdʒəbl] *agg* irrilevante; trascurabile.

negotiable [nɪ'gəʊʃjəbl] *agg* trattabile; *(assegno)* trasferibile.

negotiate [nɪ'gəʊʃɪeɪt] *v tr/intr* negoziare; *(ostacolo)* superare.

negotiation [nɪˌgəʊʃɪ'eɪʃn] *s* trattativa.

Negro ['ni:grəʊ] *s (spregiativo)* negro.

neigh [neɪ] *v intr* nitrire.

neighbor ['neɪbə*] *s (AmE)* v. **neighbour**.

neighbour ['neɪbə*] *s* vicino ◊ **next-door neighbours** vicini di casa.

neighbourhood ['neɪbəhʊd] *s* vicinato; quartiere *(m)*; paraggi *(pl)*.

neighbouring ['neɪbərɪŋ] *agg* vicino.

neighbourly ['neɪbəlɪ] *agg* cordiale; da buon vicino.

neither ['naɪðə*] *agg, pron* né l'uno né l'altro ◊ **neither of them knows** nessuno dei due lo sa.

neither ['naɪðə*] *avv* neanche, neppure ◊ **neither do I** nemmeno io.

neither ['naɪðə*] *cong* ◊ **neither good nor bad** né buono né cattivo.

nephew ['nevjuː] *s* nipote *(m)*.

nerve [nɜːv] *s* nervo; *(fig)* coraggio; faccia tosta ◊ **a fit of nerves** una crisi di nervi.

nerve-racking ['nɜːvˌrækɪŋ] *agg* snervante.

nervous ['nɜːvəs] *agg* nervoso; apprensivo; agitato ◊ **nervous breakdown** esaurimento nervoso.

nest [nest] *s* nido.

nestle ['nesl] *v intr* accoccolarsi.

net [net] *agg* netto.

net [net] *s* rete *(f)* ◊ **the Net** Internet.

nettle ['netl] *s* ortica.

network ['netwɜːk] *s* rete *(f)*.

neuralgia [ˌnjʊə'rældʒə] *s* nevralgia.

neurotic [ˌnjʊə'rɒtɪk] *agg, s* nevrotico.

neuter ['njuːtə*] *agg* neutro.

neuter ['njuːtə*] *v tr* castrare.

neutral ['njuːtrəl] *agg* neutrale; neutro.

neutral ['njuːtrəl] *s (aut)* ◊ **in neutral** in folle.

never ['nevə*] *avv (in frasi affermative)* mai, non... mai ◊ **never more** mai più; **you never know** non si sa mai; **never again** mai più; **never mind** non importa.

never-ending ['nevə,endɪŋ] *agg* interminabile.

nevertheless [,nevəðə'les] *avv* ciò nonostante, tuttavia.

new [nju:] *agg* nuovo ◊ **New Year** anno nuovo; **New Year's Eve** vigilia di Capodanno, 31 dicembre; **New Year's Day** Capodanno.

newborn ['nju:bɔ:n] *agg* neonato.

newcomer ['nju:,kʌmə*] *s* nuovo arrivato.

new-fangled ['nju:'fæŋgld] *agg* stramoderno.

new-found ['nju:faʊnd] *agg* nuovo.

newly ['nju:lɪ] *avv* di recente.

news [nju:z] *s* notizie (*pl*); giornale (*m*) radio; (*TV*) telegiornale (*m*) ◊ **on the news** al telegiornale.

news agency ['nju:z,eɪdʒənsɪ] *s* agenzia di stampa.

newsagent ['nju:z,eɪdʒənt] *s* (*BrE*) giornalaio.

newscaster ['nju:z,kɑːstə*] *s* (*radio, TV*) annunciatore (*m*), speaker (*m/f*).

newsflash ['nju:z,flæʃ] *s* (*radio, TV*) notizia flash, flash (*m*) d'agenzia.

newsletter ['nju:z,letə*] *s* bollettino di informazione.

newspaper ['nju:s,peɪpə*] *s* giornale (*m*).

newsreader ['nju:z,ri:də*] *s v.* **newscaster**.

newsstand ['nju:z,stænd] *s* edicola.

New Yorker [,nju:'jɔ:kə*] *s* newyorkese (*m/f*).

New Zealander [,nju:'zi:ləndə*] *s* neozelandese (*m/f*).

next [nekst] *agg* prossimo; vicino, più vicino; seguente ◊ **next time** la prossima volta; **the next day** il giorno dopo; **next please!** (avanti) il prossimo!

next [nekst] *avv* dopo, poi ◊ **next to** accanto a, dopo; **next to nothing** quasi niente.

next door [,nekst'dɔ:*] *agg, avv* vicino, accanto.

next-of-kin [,nekstəv'kɪn] *s* parente (*m/f*) prossimo.

nib [nɪb] *s* pennino.

nibble ['nɪbl] *v tr/intr* rosicchiare, mordicchiare.

Nicaraguan [,nɪkər'ægjʊən] *agg, s* nicaraguense (*m/f*), nicaraguegno.

nice [naɪs] *agg* simpatico, gentile; (*tempo*) bello; piacevole ◊ **nice to meet you** lieto di conoscerla; **have a nice time** divertiti.

nicely ['naɪslɪ] *avv* bene.

niceties ['naɪsətɪz] *s pl* finezze.

nick [nɪk] *s* tacca; taglio ◊ **in the nick of time** appena in tempo.

nickel ['nɪkl] *s* nichel (*m*); (*AmE*) moneta da cinque centesimi di dollaro.

nickname ['nɪkneɪm] *s* soprannome (*m*).

nicotine ['nɪkəti:n] *s* nicotina.

niece [ni:s] *s* nipote (*f*).

Nigerian [naɪ'dʒɪərɪən] *agg, s* nigeriano.

Nigerien [ni:'ʒeərɪən] *agg, s* nigerino.

niggling ['nɪglɪŋ] *agg* assillante.

night [naɪt] *s* notte (*f*); sera ◊ **at, by night** di notte; **night watchman** guardiano notturno; **night school**

scuola serale; **night shift** turno di notte.

nightcap ['naɪtkæp] s bevanda, bicchierino di liquore bevuto prima di andare a letto.

nightclub ['naɪtklʌb] s locale (m) notturno.

nightdress ['naɪtdres] s camicia da notte.

nightfall ['naɪtfɔːl] s crepuscolo.

nightgown ['naɪtgaʊn] s camicia da notte.

nightingale ['naɪtɪŋgeɪl] s usignolo.

nightlife ['naɪtlaɪf] s vita notturna.

nightly ['naɪtlɪ] agg notturno; di ogni notte, sera.

nightly ['naɪtlɪ] avv ogni notte, ogni sera.

nightmare ['naɪtmeə*] s incubo.

nil [nɪl] s niente (m); (BrE) (sport) zero.

nimble ['nɪmbl] agg agile; sveglio.

nine [naɪn] agg, s nove (m).

nineteen [,naɪn'tiːn] agg, s diciannove (m).

ninetieth ['naɪntɪɪθ] agg, s novantesimo.

ninety ['naɪntɪ] agg, s novanta (m) ◊ **the nineties** gli anni Novanta.

ninth [naɪnθ] agg, s nono.

nip [nɪp] s pizzicotto; morso; (liquore) sorso.

nipple ['nɪpl] s capezzolo.

nitrogen ['naɪtrədʒən] s azoto.

no [nəʊ] agg nessuno; niente, non ◊ **no one** nessuno; **I have no money** non ho soldi; **no smoking** vietato fumare; **no way** neanche per idea.

no [nəʊ] avv no; non ◊ **no later than** non più tardi di.

nobility [nəʊ'bɪlətɪ] s nobiltà.

noble ['nəʊbl] agg nobile (m/f).

nobody ['nəʊbədɪ] pron nessuno.

nod [nɒd] v intr/tr accennare col capo; annuire; sonnecchiare ◊ **to be on nodding terms with** conoscere di vista.

▶ **nod off** appisolarsi.

noise [nɔɪz] s rumore (m); chiasso.

noisy ['nɔɪzɪ] agg rumoroso.

nominal ['nɒmɪnl] agg nominale; simbolico.

nominate ['nɒmɪneɪt] v tr nominare; proporre come candidato.

nomination [,nɒmɪneɪʃn] s nomina; candidatura.

nominee [,nɒmɪ'niː] s persona nominata; candidato.

nonchalant ['nɒnʃələnt] agg disinvolto.

non-committal [,nɒnkə'mɪtl] agg evasivo, vago.

nondescript ['nɒndɪskrɪpt] agg qualunque.

none [nʌn] pron nessuno; (cosa) niente (m) ◊ **I have none** non ne ho; **none of us** nessuno di noi; **it's none of your business** non sono affari tuoi; **to be none the worse for** non risentire minimamente di; **to be none the wiser** saperne quanto prima.

nonentity [,nɒ'nentɪtɪ] s persona insignificante.

nonetheless [,nʌnðə'les] avv nondimeno, tuttavia.

nonplussed [nɒn'plʌst] agg sconcertato.

211

nonsense ['nɒnsəns] *s* sciocchezze (*pl*).

non-smoker [,nɒn'sməʊkə*] *s* non fumatore (*m*).

non-stick [,nɒn'stɪk] *agg* antiaderente.

non-stop [,nɒn'stɒp] *agg* ininterrotto; (*volo*) diretto; (*treno*) direttissimo ◊ *avv* senza sosta.

noodles ['nu:dlz] *s pl* tagliolini.

nook [nʊk] *s* angolo.

noon [nu:n] *s* mezzogiorno.

noose [nu:s] *s* cappio, nodo scorsoio.

nor [nɔ:*] *cong* né, neppure ◊ **you can't do it nor can I** I non puoi farlo, e nemmeno io.

norm [nɔ:m] *s* norma.

normal ['nɔ:ml] *agg* normale.

normality [nɔ:'mælɪtɪ] *s* normalità.

north [nɔ:θ] *s* nord (*m*), settentrione (*m*) ◊ *agg* del nord, settentrionale ◊ *avv* a, verso nord.

northeast [,nɔ:θ'i:st] *s* nord-est (*m*) ◊ *agg* nordorientale.

northerly ['nɔ:ðəlɪ] *agg* del nord, settentrionale.

northern ['nɔ:ðən] *agg* del nord, settentrionale ◊ **Northern Ireland** Irlanda del Nord.

northward(s) ['nɔ:θwəd(z)] *avv* verso nord.

northwest [,nɔ:θ'west] *s* nord-ovest (*m*) ◊ *agg* nordoccidentale.

Norwegian [nɔ:'wi:dʒən] *agg*, *s* norvegese (*m/f*) ◊ (*lingua*) norvegese (*m*).

nose [nəʊz] *s* naso; (*animale*) muso.

nosebleed ['nəʊzbli:d] *s* emorragia nasale.

nosedive ['nəʊzdaɪv] *s* picchiata.

nosey ['nəʊzɪ] *agg* curioso.

nostalgic [nɒ'stældʒɪk] *agg* nostalgico.

nostril ['nɒstrəl] *s* narice (*f*).

nosy ['nəʊzɪ] *agg* v. **nosey.**

not [nɒt] *avv* non ◊ **not to say** per non dire; **not even** neanche; **not at all** niente affatto; prego!; s'immagini!

notably ['nəʊtəblɪ] *avv* in particolare; notevolmente.

note [nəʊt] *s* nota; banconota ◊ **to take notes** prendere appunti.

note [nəʊt] *v tr* prendere nota di; notare.

notebook ['nəʊtbʊk] *s* taccuino.

noted ['nəʊtɪd] *agg* celebre.

notepad ['nəʊtpæd] *s* bloc-notes (*m*).

notepaper ['nəʊtpeɪpə*] *s* carta da lettere.

noteworthy ['nəʊt,wɜ:ðɪ] *agg* degno di nota.

nothing ['nʌθɪŋ] *s* niente (*m*); (*mat*) zero ◊ **nothing new** niente di nuovo.

notice ['nəʊtɪs] *s* avviso; preavviso ◊ **at short notice** con breve preavviso; **to take notice of** fare attenzione a; **to hand in one's notice** licenziarsi.

notice ['nəʊtɪs] *v tr* notare, accorgersi di.

noticeboard ['nəʊtɪsbɔ:d] *s* bacheca; tabellone (*m*) per affissioni.

notify ['nəʊtɪfaɪ] *v tr* informare; far sapere.

notion ['nəʊʃn] s nozione (f); idea.

notorious [nəʊ'tɔ:rɪəs] agg famigerato.

nougat ['nu:gɑ:, (AmE) 'nu:gət] s torrone (m).

nought [nɔ:t] s zero.

noun [naʊn] s sostantivo, nome (m).

nourish ['nʌrɪʃ] v tr nutrire.

nourishment ['nʌrɪʃmənt] s nutrimento.

novel ['nɒvl] s romanzo.

novelist ['nɒvəlɪst] s romanziere (m).

novelty ['nɒvltɪ] s novità.

November [nəʊ'vembə*] s novembre (m).

novice ['nɒvɪs] s principiante (m/f); (relig) novizio.

now [naʊ] avv ora, adesso ◊ **by now** ormai; **now and then, now and again** ogni tanto.

nowadays ['naʊədeɪz] avv oggigiorno.

nowhere ['nəʊweə*] avv in nessun luogo, da nessuna parte.

nozzle ['nɒzl] s boccaglio.

nuance ['nju:ɑ:ns] s sfumatura.

nuclear ['nju:klɪə*] agg nucleare.

nude [nju:d] agg, s nudo ◊ **in the nude** nudo.

nudge [nʌdʒ] v tr dare un colpetto di gomito a.

nudist ['nju:dɪst] s nudista (m/f).

nuisance ['nju:sns] s seccatura; (persona) seccatore (m).

null [nʌl] agg ◊ **null and void** nullo.

nullify ['nʌlɪfaɪ] v tr annullare; invalidare.

numb [nʌm] agg intorpidito; (fig) intontito ◊ **numb with cold** intirizzito (dal freddo); **numb with fear** impietrito dalla paura.

number ['nʌmbə*] s numero ◊ (BrE) **number plate** targa (di auto).

number ['nʌmbə*] v tr numerare; contare; annoverare.

numeral ['nju:mərəl] s numero.

numerous ['nju:mərəs] agg numeroso.

nun [nʌn] s suora, monaca.

nurse [nɜ:s] s infermiera; bambinaia.

nurse [nɜ:s] v tr curare, assistere; cullare; allattare.

nursery ['nɜ:sərɪ] s camera dei bambini; asilo; (piante) vivaio ◊ **nursery rhyme** filastrocca; **nursery school** scuola materna; **nursery slope** pista per principianti.

nursing ['nɜ:sɪŋ] s cura ◊ **nursing home** casa di cura; **nursing school** scuola per infermieri.

nut [nʌt] s noce (f); (di metallo) dado.

nutcrackers ['nʌt,krækəz] s pl schiaccianoci (m sing).

nutmeg ['nʌtmeg] s noce (f) moscata.

nutrition [nju:'trɪʃn] s alimentazione (f).

nutritious [nju:'trɪʃəs] agg nutriente.

nuts [nʌts] agg matto.

nutshell ['nʌtʃəl] s ◊ **in a nutshell** in poche parole.

O

oak [əʊk] s quercia.

oar [ɔ:*] s remo.

213

oasis (*pl* **-ses**) [əʊˈeɪsɪs, siːz] *s* oasi (*f*).

oat [əʊt] *s* avena.

oath [əʊθ] *s* giuramento; bestemmia.

oatmeal [ˈəʊtmiːl] *s* farina d'avena.

obedient [əˈbiːdjənt] *agg* ubbidiente.

obelisk [ˈɒbəlɪsk] *s* obelisco.

obesity [əʊˈbiːsəti] *s* obesità.

obey [əˈbeɪ] *v* *tr/intr* ubbidire (a).

obituary [əˈbɪtjʊəri] *s* necrologio.

object [ˈɒbʒɪkt] *s* oggetto; scopo; (*gramm*) complemento oggetto.

object [əbˈʤekt] *v* *tr* obiettare ◊ *v* *intr* opporsi.

objection [əbˈʤekʃn] *s* obiezione (*f*).

objectionable [əbˈʤekʃnəbl] *agg* sgradevole; criticabile.

objective [əbˈʤektɪv] *s* obiettivo.

objector [əbˈʤektə*] *s* obiettore (*m*).

obligation [ˌɒblɪˈgeɪʃn] *s* obbligo; dovere (*m*); impegno.

oblige [əˈblaɪʤ] *v* *tr* obbligare, costringere; fare un favore a ◊ **I am much obliged to you** le sono molto grato.

obliging [əˈblaɪʤɪŋ] *agg* compiacente, servizievole.

obliterate [əˈblɪtəreɪt] *v* *tr* cancellare.

oblivion [əˈblɪvɪən] *s* oblio.

obnoxious [əbˈnɒkʃəs] *agg* odioso; sgradevole.

obscene [əbˈsiːn] *agg* osceno.

obscure [əbˈskjʊə*] *agg* oscuro.

obscure [əbˈskjʊə*] *v* *tr* oscurare; offuscare.

obscurity [əbˈskjʊərəti] *s* oscurità.

observant [əbˈzɜːvnt] *agg* attento.

observation [ˌɒbzəˈveɪʃn] *s* osservazione (*f*); sorveglianza.

observatory [əbˈzɜːvətri] *s* osservatorio.

observe [əbˈzɜːv] *v* *tr/intr* osservare; far notare.

obsess [əbˈses] *v* *tr* ossessionare.

obsessive [əbˈsesɪv] *agg* ossessivo.

obsolete [ˈɒbsəliːt] *agg* obsoleto.

obstacle [ˈɒbstəkl] *s* ostacolo.

obstinate [ˈɒbstənət] *agg* ostinato.

obstruct [əbˈstrʌkt] *v* *tr* ostruire; ostacolare; bloccare.

obtain [əbˈteɪn] *v* *tr* ottenere.

obtainable [əbˈteɪnəbl] *agg* ottenibile.

obvious [ˈɒbvɪəs] *agg* ovvio.

occasion [əˈkeɪʒn] *s* occasione (*f*).

occasional [əˈkeɪʒənl] *agg* occasionale.

occasionally [əˈkeɪʒənəli] *avv* ogni tanto.

occult [ɒˈkʌlt] *agg*, *s* occulto.

occupation [ˌɒkjʊˈpeɪʃn] *s* occupazione (*f*).

occupational [ˌɒkjuːˈpeɪʃənl] *agg* professionale.

occupier [ˈɒkjʊpaɪə*] *s* occupante (*m/f*).

occupy [ˈɒkjʊpaɪ] *v* *tr* occupare.

occur [əˈkɜː*] *v* *intr* accadere, succedere; venire in mente.

occurrence [əˈkʌrəns] *s* avvenimento.

ocean [ˈəʊʃn] *s* oceano.

o'clock [ə'klɒk] *avv* ◊ **it is two o'- clock** sono le due.

October [ɒk'təʊbə*] *s* ottobre (*m*).

octopus (*pl* **-ses** o *inv*) ['ɒktəpəs, sız] *s* polipo; piovra.

oculist ['ɒkjʊlıst] *s* oculista (*m/f*).

odd [ɒd] *agg* strano, bizzarro; (*numero*) dispari; spaiato; (*lavoro*) occasionale ◊ **fifty pounds odd** cinquanta sterline e rotti; **odd jobs** lavori saltuari; **odd-job man** tuttofare; **the odd man out** l'elemento estraneo, l'eccezione.

oddity ['ɒdıtı] *s* stranezza; singolarità; (*persona*) originale (*m/f*).

oddments ['ɒdmənts] *s pl* (*comm*) rimanenze.

odds [ɒdz] *s pl* probabilità (*sing*); pronostico (*sing*); (*in scommesse*) quotazione (*f sing*) ◊ **odds and ends** avanzi, cianfrusaglie; **it makes no odds** non importa; **at odds** in disaccordo.

ode [əʊd] *s* ode (*f*).

odor ['əʊdə*] *s* (*AmE*) odore (*m*).

odour *s* odore (*m*).

of [ɒv] *prep* di; da ◊ **a friend of mine** un mio amico; **a man of fifty** un uomo di cinquant'anni; **of course** naturalmente; (*AmE*) **ten of six** le sei meno dieci.

off [ɒf] *agg* (*apparecchio*) spento, fermo; (*riunione*) rimandato, annullato; (*cibo*) andato a male; (*piatto*) esaurito; esterno ◊ **15% off** sconto del 15%; **the gas is off** manca il gas.

off [ɒf] *avv* via ◊ **a long way off** lontano; **day off** giorno libero, di riposo; **I must be off** devo andare via.

off [ɒf] *prep* via da, da; a poca distanza da ◊ **off stage** fuori scena, dietro le quinte; **off course** fuori rotta; **off duty** fuori servizio.

offal ['ɒfl] *s* frattaglie (*pl*).

offbeat [,ɒf'bi:t] *agg* insolito.

off-colour [ɒf'kʌlə*] *agg* indisposto.

off-day ['ɒf,deı] *s* giornata nera, giornataccia.

offence [ə'fens] *s* offesa; (*giur*) infrazione (*f*); reato ◊ **to take offence at** offendersi per.

offend [ə'fend] *v tr/intr* offendere.

offender [ə'fendə*] *s* delinquente (*m/f*); trasgressore (*m*).

offense [ə'fens] *s* (*AmE*) v. **offence**.

offensive [ə'fensıv] *agg* offensivo; sgradevole.

offer ['ɒfə*] *v tr/intr* offrire, offrirsi.

offer ['ɒfə*] *s* offerta; proposta ◊ **on offer** in offerta speciale.

offering ['ɒfərıŋ] *s* offerta.

offhand [,ɒf'hænd] *agg* improvvisato; (*persona*) disinvolto; sbrigativo.

offhand [,ɒf'hænd] *avv* su due piedi.

office ['ɒfıs] *s* ufficio; carica; (*BrE*) ministero; (*AmE*) studio medico ◊ **to take office** entrare in carica.

officer ['ɒfısə*] *s* (*milit*) ufficiale (*m*); funzionario ◊ (**police**) **officer** agente di polizia.

official [ə'fıʃl] *agg* ufficiale.

official [ə'fıʃl] *s* funzionario, impiegato statale.

officious [ə'fıʃəs] *agg* invadente,

215

off-licence ['ɒf,laɪsns] *s* (*BrE*) rivendita di bevande alcoliche.

off limits [,ɒf'lɪmɪts] *agg* vietato.

off-line [,ɒf'laɪn] *agg* (*inform*) non collegato, non in linea.

off-load [,ɒf'ləʊd] *v tr* scaricare.

off-season [,ɒf'siːzn] *agg, avv* fuori stagione.

offset (*p, pp* offset) ['ɒfset] *v tr* compensare, controbilanciare.

offshore [ɒf'ʃɔː*] *agg* (*vento*) di terra; (*pesca*) costiero ◊ *avv* al largo.

offside [,ɒf'saɪd] *s* (*sport*) fuori gioco; (*aut*) lato più vicino al centro della strada.

offspring ['ɒfsprɪŋ] *s* prole (*f*).

off-the-peg [ɒfðə'peg] *agg* (*moda*) prêt-à-porter.

often ['ɒfn] *avv* spesso ◊ **how often?** quanto spesso?, quante volte?

ogle ['əʊgl] *v tr/intr* occhieggiare.

oil [ɔɪl] *s* olio; petrolio; nafta ◊ **oil filter** filtro dell'olio; **oil rig** derrick, piattaforma di trivellazione; **oil tanker** petroliera; autocisterna per petrolio; **oil well** pozzo petrolifero.

oil [ɔɪl] *v tr* lubrificare.

oilfield ['ɔɪlfiːld] *s* giacimento petrolifero.

oilskin ['ɔɪlskɪn] *s* tela cerata; incerata.

oily ['ɔɪlɪ] *agg* oleoso, unto; (*cibo*) grasso.

ointment ['ɔɪntmənt] *s* unguento; pomata.

okay, O.K. [,əʊ'keɪ] *inter* d'accordo, OK ◊ *agg* non male ◊ **are you OK?** tutto bene?

old [əʊld] *agg* vecchio; antico ◊ **old age** vecchiaia; **how old are you?**

quanti anni hai?; **he is six years old** ha sei anni; **older sister** sorella maggiore.

old-fashioned [,əʊld'fæʃnd] *agg* antiquato.

olive ['ɒlɪv] *s* oliva; (*albero*) olivo.

Olympic [əʊ'lɪmpɪk] *agg* olimpico ◊ **the Olympic Games** le Olimpiadi.

omen ['əʊmən] *s* presagio.

ominous ['ɒmɪnəs] *agg* minaccioso; di cattivo augurio.

omit [ə'mɪt] *v tr* omettere.

omnipotent [ɒm'nɪpətənt] *agg* onnipotente.

on [ən] *avv* avanti; su; acceso, in funzione ◊ **on and on** senza sosta; **what's on at the cinema?** che cosa danno al cinema?

on [ɒn] *prep* su, sopra; al ◊ **on Friday** venerdì; **on the first floor** al primo piano; **he writes on economics** scrive di economia.

once [wʌns] *avv* una volta ◊ **once a day** una volta al giorno; **once more** un'altra volta; **once in a while** una volta ogni tanto; **once for all** una volta per tutte; **once upon a time** c'era una volta; **at once** subito; **all at once** tutto d'un tratto.

once [wʌns] *cong* una volta che, non appena ◊ **once he arrives...** quando arriva...

oncoming ['ɒn,kʌmɪŋ] *agg* (*traffico*) in senso contrario.

one [wʌn] *agg, s* uno ◊ **one hundred** cento.

one [wʌn] *pron* (*dimostrativo*) questo, quello; (*indefinito*) uno, una; (*costruzione impersonale*) uno, si ◊

this one questo; **the old ones** i vecchi; **one never knows** non si sa mai; **one another** l'un l'altro.

oneself [wʌn'self] *pron riflessivo* si; *(dopo prep)* se stesso, sé ◊ **to cut oneself** tagliarsi.

one-way [ˌwʌn'weɪ] *agg* a senso unico.

onion ['ʌnjən] *s* cipolla.

on-line [ɒn'laɪn] *agg, avv (inform)* on line, in linea.

onlooker ['ɒnˌlukə*] *s* spettatore (*m*).

only ['əʊnlɪ] *agg* solo ◊ **only child** figlio unico.

only ['əʊnlɪ] *avv* solo, soltanto.

onset ['ɒnset] *s* inizio.

onshore ['ɒnˌʃɔ:*] *agg, avv* (che va) verso terra; *(vento)* di mare.

onslaught ['ɒnslɔ:t] *s* attacco, assalto.

onto ['ɒntʊ] *prep* su, sopra.

onward(s) ['ɒnwəd(z)] *avv* (in) avanti ◊ **from now onwards** d'ora in poi.

onyx ['ɒnɪks] *s* onice (*f*).

ooze [u:z] *s* fanghiglia.

ooze [u:z] *v intr/tr* stillare, trasudare.

opal ['əʊpl] *s* opale (*m*).

open ['əʊpən] *agg* aperto; *(strada)* libero; *(riunione)* pubblico; *(assegno)* non sbarrato ◊ **in the open (air)** all'aperto.

open ['əʊpen] *v tr/intr* aprire, aprirsi; *(fiore)* sbocciare; iniziare ◊ **to open wide** spalancare.

opening ['əʊpənɪŋ] *s* apertura; inizio; opportunità; sbocco.

opening ['əʊpənɪŋ] *agg (orario)* d'apertura; inaugurale.

openly ['əʊpənlɪ] *avv* apertamente.

open-minded [ˌəʊpn'maɪndɪd] *agg* di larghe vedute.

opera ['ɒpərə] *s (mus)* opera ◊ **opera glasses** binocolo da teatro; **opera house** teatro dell'opera.

operate ['ɒpəreɪt] *v tr/intr* operare; funzionare, far funzionare; amministrare ◊ **she was operated (on) for appendicitis** fu operato di appendicite.

operating ['ɒpəreɪtɪŋ] *agg* ◊ **operating table** tavolo operatorio; **operating theatre** sala operatoria; **operating system** sistema operativo.

operation [ˌɒpə'reɪʃn] *s* operazione (*f*); funzionamento ◊ **to come into operation** entrare in vigore, entrare in funzione.

operational [ˌɒpə'reɪʃənl] *agg* operativo; in funzione; *(comm)* di gestione.

operative ['ɒpərətɪv] *agg* operativo; in funzione; in vigore.

operator ['ɒpəreɪtə*] *s* operatore (*m*); *(telefono)* centralinista (*m/f*).

opinion [ə'pɪnjən] *s* opinione (*f*) ◊ **in my opinion** secondo me, a mio parere; **opinion poll** sondaggio di opinione.

opium ['əʊpjəm] *s* oppio.

opponent [ə'pəʊnənt] *s* avversario.

opportunist ['ɒpətju:nɪst] *s* opportunista (*m/f*).

opportunity [ˌɒpə'tju:nɪtɪ] *s* occasione (*f*); opportunità.

oppose [ə'pəʊz] *v tr/intr* opporsi (a).

opposed [ə'pəʊzd] *agg* ostile; opposto ◊ **as opposed to** invece di, in contrapposizione a.

opposite ['ɒpəzɪt] *s, agg* opposto ◊ **the opposite sex** l'altro sesso.

opposite ['ɒpəzɪt] *avv* di fronte, dirimpetto ◊ *prep* di fronte a.

opposition [,ɒpə'zɪʃn] *s* opposizione (*f*).

oppress [ə'pres] *v tr* opprimere.

oppressive [ə'presɪv] *agg* oppressivo, opprimente.

opt [ɒpt] *v intr* optare, scegliere ◊ **to opt out of** dissociarsi, ritirarsi da.

optic(al) ['ɒptɪk(l)] *agg* ottico ◊ **optic fibres** fibre ottiche.

optician [ɒp'tɪʃn] *s* ottico.

optimism ['ɒptɪmɪzəm] *s* ottimismo.

optimist ['ɒptɪmɪst] *s* ottimista (*m/f*).

option ['ɒpʃn] *s* scelta; (*comm*) opzione (*f*).

optional ['ɒpʃənl] *agg* facoltativo.

opulence ['ɒpjʊləns] *s* opulenza, ricchezza.

or [ɔ:*] *cong* o, oppure ◊ **or else** altrimenti.

oral ['ɔ:rəl] *agg* orale.

orange ['ɒrɪndʒ] *s* arancia; (*albero*) arancio; (*colore*) arancione (*m*).

orangeade [,ɒrɪndʒ'eɪd] *s* (*BrE*) aranciata.

orator ['ɒrətə*] *s* oratore (*m*).

orbit ['ɔ:bɪt] *s* orbita.

orbital (motorway) ['ɔ:bɪtl(məʊtə,weɪ)] *s* tangenziale (*f*).

orchard ['ɔ:tʃəd] *s* frutteto.

orchestra ['ɔ:kɪstrə] *s* orchestra;

(*AmE*) platea ◊ **orchestra pit** buca dell'orchestra.

orchid ['ɔ:kɪd] *s* orchidea.

ordeal [ɔ:'di:l] *s* dura prova.

order ['ɔ:də*] *s* ordine (*m*); (*comm*) ordinazione (*f*) ◊ **in order** in ordine, in regola, funzionante; **in order to** per, allo scopo di; **in order that** affinché.

order ['ɔ:də*] *v tr* ordinare.

orderly ['ɔ:dəlɪ] *agg* ordinato; metodico.

orderly ['ɔ:dəlɪ] *s* (*milit*) attendente (*m*); (*med*) inserviente (*m/f*).

ordinary ['ɔ:dɪnərɪ] *agg* comune, consueto ◊ **ordinary shares** azioni ordinarie; **out of the ordinary** fuori dell'ordinario.

ore [ɔ:*] *s* minerale (*m*) grezzo.

organ ['ɔ:gən] *s* organo.

organic [ɔ:'gænɪk] *agg* organico; (*cibo*) biologico.

organism ['ɔ:gənɪzəm] *s* organismo.

organization [,ɔ:gənaɪ'zeɪʃn] *s* organizzazione (*f*).

organize ['ɔ:gənaɪz] *v tr/intr* organizzare, organizzarsi.

orgy ['ɔ:dʒɪ] *s* orgia.

oriental [,ɔ:rɪ'entl] *agg, s* orientale (*m/f*).

orientate ['ɔ:rɪenteɪt] *v tr* orientare.

origin ['ɒrɪdʒɪn] *s* origine (*f*).

original [ə'rɪdʒənl] *agg* originale; originario.

originally [ə'rɪdʒənlɪ] *avv* all'inizio.

originate [ə'rɪdʒəneɪt] *v intr/tr* avere origine (in), provenire (da).

ornament ['ɔːnəmənt] *s* ornamento.

orphan ['ɔːfn] *s* orfano.

orphanage ['ɔːfənɪdʒ] *s* orfanotrofio.

orthodox ['ɔːθədɒks] *agg* ortodosso.

orthopaedic [ˌɔːθəʊ'piːdɪk] *agg* ortopedico.

orthopedic [ˌɔːθəʊ'piːdɪk] *agg* (*AmE*) ortopedico.

oscillate ['ɒsɪleɪt] *v intr* oscillare.

ostensibly [ɒs'tensɪblɪ] *avv* all'apparenza.

ostentatious [ˌɒsten'teɪʃəs] *s* ostentato; pretenzioso.

ostrich ['ɒstrɪtʃ] *s* struzzo.

other ['ʌðə*] *agg* altro; diverso ◊ *pron* (l')altro.

otherwise ['ʌðəwaɪz] *avv, cong* altrimenti.

otter ['ɒtə*] *s* lontra.

ought [ɔːt] *v modale* (*sempre al condizionale*) dovere ◊ **I ought to go** dovrei andare; **I ought to have told you** avrei dovuto dirtelo.

oughtn't [ɔːtnt] *contrazione di* ought not.

ounce [aʊns] *s* oncia (*unità di misura di peso*); (*fig*) briciolo.

our ['aʊə*] *agg* (il) nostro, (la) nostra, (i) nostri, (le) nostre.

ours ['aʊəz] *pron* (il) nostro, (la) nostra, (i) nostri, (le) nostre.

ourselves [ˌaʊə'selvz] *pron* (*riflessivo*) ci; (*enfatico*) noi stessi, noi in persona; (*dopo prep*) noi.

oust [aʊst] *v tr* espellere.

out [aʊt] *avv, agg* fuori, via; finito; (*libro*) pubblicato; (*luce*) spento; intenzionato ◊ **out there** laggiù;

out of town fuori città; **out of petrol** senza benzina; **out of order** guasto; **out of place** fuori luogo, inopportuno; **out of the question** fuori discussione, impossibile; **out of reach** fuori portata; **out of sight** non (più) in vista; **out of stock** esaurito; **out of habit** per abitudine; **one out of ten** uno su dieci.

outback ['aʊtbæk] *s* (*in Australia*) interno, entroterra (*m*).

outboard motor ['aʊtbɔːd'məʊtə*] *s* fuoribordo.

outbreak ['aʊtbreɪk] *s* scoppio; epidemia.

outbuilding ['aʊtˌbɪldɪŋ] *s* fabbricato annesso.

outburst ['aʊtbɜːst] *s* scoppio.

outcast ['aʊtkɑːst] *s* esule (*m/f*); emarginato.

outcome ['aʊtkʌm] *s* esito.

outcry ['aʊtkraɪ] *s* protesta; clamore (*m*), scalpore (*m*).

outdated [ˌaʊt'deɪtəd] *agg* superato; fuori moda.

outdid [ˌaʊt'dɪd] *p di* outdo.

outdo (*p* outdid *pp* outdone) [ˌaʊt'duː; əʊt'dɪd, əʊt'dʌn] *v tr* superare.

outdone [aʊt'dʌn] *pp di* outdo.

outdoor ['aʊtdɔː] *agg* all'aperto.

outdoors ['aʊt'dɔːz] *avv* all'aperto; fuori.

outer ['aʊtə*] *agg* esterno.

outfit ['aʊtfɪt] *s* equipaggiamento; (*abito*) completo; (*sport*) tenuta.

outgoings ['aʊtˌgəʊɪŋz] *s pl* (*BrE*) spese, uscite.

outgrew [ˌaʊt'gruː] *p di* outgrow.

outgrow (*p* outgrew *pp* outgrown)

[ˌaʊt'grəʊ, ˌaʊt'gruː, ˌaʊt'grəʊn] *v tr* diventare troppo grande per.

outgrown [ˌaʊt'grəʊn] *pp di* **outgrow**.

outing ['aʊtɪŋ] *s* gita.

outlandish [aʊt'lændɪʃ] *agg* strano.

outlaw ['aʊtlɔː] *s* fuorilegge (*m/f*).

outlay [aʊt'leɪ] *s* spese (*pl*).

outlet ['aʊtlet] *s* sbocco; (*AmE*) (*elettr*) presa; (*comm*) punto di vendita.

outline ['aʊtlaɪn] *s* contorno, profilo; (*fig*) abbozzo.

outline ['aʊtlaɪn] *v tr* delineare.

outlive [ˌaʊt'lɪv] *v tr* sopravvivere a.

outlook ['aʊtlʊk] *s* prospettiva.

outlying ['aʊtˌlaɪɪŋ] *agg* periferico.

out-of-the-way [ˌaʊtəvðə'weɪ] *agg* fuori mano.

out-of-work ['aʊtəvˌwɜːk] *agg* disoccupato.

outpatient ['aʊtˌpeɪʃnt] *s* paziente (*m/f*) esterno ◊ **outpatient clinic** ambulatorio (*di ospedale*).

output ['aʊtpʊt] *s* produzione (*f*); (*inform*) output (*m*).

outrage ['aʊtreɪdʒ] *s* oltraggio.

outrage ['aʊtreɪdʒ] *v tr* oltraggiare.

outrageous [aʊt'reɪdʒəs] *agg* oltraggioso, scandaloso.

outright ['aʊtraɪt] *agg* completo; schietto; franco.

outright [ˌaʊt'raɪt] *avv* completamente; apertamente; sul colpo; al primo colpo.

outset ['aʊtset] *s* inizio.

outside [ˌaʊt'saɪd] *agg* esterno, esteriore ◊ **outside lane** corsia di sorpasso.

outside [ˌaʊt'saɪd] *s* esterno ◊ **at the outside** al massimo.

outside [ˌaʊt'saɪd] *avv* fuori, all'esterno ◊ *prep* fuori di, all'esterno di; al di fuori di; all'infuori di, eccetto.

outsider [ˌaʊt'saɪdə*] *s* estraneo; (*polit, sport*) outsider (*m/f*), concorrente (*m/f*) non favorito.

outsize ['aʊtsaɪz] *agg* (*abito*) per taglie forti.

outskirts ['aʊtskɜːts] *s pl* sobborghi.

outspoken [ˌaʊt'spəʊkən] *agg* franco, schietto.

outstanding [ˌaʊt'stændɪŋ] *agg* eccezionale; di rilievo; (*comm*) in sospeso.

outstay [ˌaʊt'steɪ] *v tr* ◊ **to outstay one's welcome** trattenersi troppo a lungo, diventare un ospite sgradito.

outstretched [ˌaʊt'stretʃt] *agg* disteso ◊ **with outstretched arms** a braccia aperte.

outstrip [ˌaʊt'strɪp] *v tr* superare.

outward ['aʊtwəd] *agg* esterno; esteriore; (*viaggio*) di andata ◊ **to all outward appearances** all'apparenza.

outwardly ['aʊtwədlɪ] *avv* esteriormente.

outward(s) ['aʊtwəd(z)] *avv* verso l'esterno.

outweigh [ˌaʊt'weɪ] *v tr* superare (*in peso, importanza*).

oval ['əʊvl] *agg, s* ovale (*m*).

ovary ['əʊvərɪ] *s* (*anat*) ovaia.

oven ['ʌvn] *s* forno.

ovenproof ['ʌvənpruːf] *agg* da forno ◊ **ovenproof dish** pirofila.

over ['əʊvə*] *agg* finito; che avanza; troppo ◊ **it's all over** è tutto finito.

over ['əʊvə*] *avv* sopra, al di sopra; dall'altra parte ◊ **over here** da questa parte; **over there** laggiù; **all over again** di nuovo; **over and over again** ripetutamente; **over and out** passo e chiudo.

over ['əʊvə*] *prep* su, sopra, al di sopra di; al di là di; più di; durante ◊ **over and above** oltre a.

overall ['əʊvərɔːl] *agg* complessivo, totale.

overall [əʊvər'ɔːl] *avv* complessivamente, nell'insieme.

overall ['əʊvərɔːl] *s* (BrE) grembiule (m); (AmE) tuta da lavoro ◊ *pl* tuta (*sing*) da lavoro.

overawe [ˌəʊvər'ɔː] *v tr* intimidire.

overbalance [ˌəʊvə'bæləns] *v intr* perdere l'equilibrio.

overbearing [ˌəʊvə'beərɪŋ] *agg* prepotente; arrogante.

overboard ['əʊvəbɔːd] *avv* fuori bordo, in mare.

overbook [ˌəʊvə'bʊk] *v tr/intr* prenotare, vendere (stanze, posti ecc.) più di quelli disponibili.

overcame [ˌəʊvə'keɪm] *p di* **overcome**.

overcast ['əʊvəkɑːst] *agg* (cielo) coperto.

overcharge [ˌəʊvə'tʃɑːdʒ] *v tr* far pagare troppo caro.

overcoat ['əʊvəkəʊt] *s* soprabito, cappotto.

overcome (*p* **overcame** *pp* **overco-** **me**) [ˌəʊvə'kʌm, ˌəʊvə'keɪm, ˌəʊvə'kʌm] *v tr* sopraffare; vincere.

overconfident [ˌəʊvə'kɒnfɪdənt] *agg* troppo sicuro di sé.

overcrowded [ˌəʊvə'kraʊdɪd] *agg* sovraffollato.

overdid [ˌəʊvə'dɪd] *p di* **overdo**.

overdo (*p* **overdid** *pp* **overdone**) [ˌəʊvə'duː, ˌəʊvə'dɪd, ˌəʊvə'dʌn] *v tr* esagerare; (*cuc*) (far) cuocere troppo.

overdone [ˌəʊvə'dʌn] *pp di* **overdo**.

overdose ['əʊvəˌdəʊz] *s* overdose (*f*), dose (*f*) eccessiva.

overdraft ['əʊvədrɑːft] *s* scoperto (*di conto corrente*).

overdrawn [ˌəʊvə'drɔːn] *agg* (*banca*) scoperto, in rosso.

overdue [ˌəʊvə'djuː] *agg* in ritardo; scaduto ◊ **train ten minutes overdue** treno in ritardo di dieci minuti.

overestimate [ˌəʊvər'estɪmeɪt] *v tr* sopravvalutare.

overflow ['əʊvəfləʊ] *s* (*idraulica*) troppopieno; (*tecn*) liquido traboccato.

overflow [ˌəʊvə'fləʊ] *v tr* inondare ◊ *v intr* traboccare.

overhaul [ˌəʊvə'hɔːl] *v tr* revisionare.

overhead [ˌəʊvə'hed] *agg* alto; aereo ◊ **overhead projector** lavagna luminosa.

overhead ['əʊvəhed] *avv* in alto, di sopra.

overheads ['əʊvəhedz] *s pl* spese generali.

overhear (*p, pp* **overheard**) [ˌəʊvə'hɪə*, ˌəʊvə'hɜːd] *v tr* udire per caso.

overheard [ˌəʊvə'hɜːd] *p, pp di* **overhear**.

overjoyed [ˌəʊvə'dʒɔɪd] *agg* pazzo di gioia.

overkill ['əʊvəkɪl] *s* esagerazione (*f*).

overland ['əʊvəlænd] *agg, avv* via terra.

overlap [ˌəʊvə'læp] *v tr/intr* sovrapporre, sovrapporsi.

overleaf [ˌəʊvə'liːf] *avv* a tergo.

overload ['əʊvələʊd] *v tr* sovraccaricare.

overlook [ˌəʊvə'lʊk] *v tr* (*stanza ecc.*) dare su, dominare; trascurare; passare sopra a, perdonare.

overnight [ˌəʊvə'naɪt] *avv* durante la notte; tutto a un tratto.

overnight [ˌəʊvə'naɪt] *agg* di notte ◊ **overnight bag** borsa con l'occorrente per una notte.

overpass [ˌəʊvə'pɑːs] *s* cavalcavia (*m*).

overpower [ˌəʊvə'paʊə*] *v tr* sopraffare.

overpowering [ˌəʊvə'paʊərɪŋ] *agg* schiacciante; (*calore*) soffocante.

overrate [ˌəʊvə'reɪt] *v tr* sopravvalutare.

over-reaction [ˌəʊvɔri:'ækʃən] *s* reazione (*f*) eccessiva.

overridden [ˌəʊvə'rɪdn] *pp di* **override**.

override (*p* **overrode** *pp* **overridden**) [ˌəʊvə'raɪd, ˌəʊvə'rəʊd, ˌəʊvə'rɪdn] *v tr* calpestare, ignorare.

overriding [ˌəʊvə'raɪdɪŋ] *agg* di primaria importanza.

overrode [ˌəʊvə'rəʊd] *p di* **override**.

overrule [ˌəʊvə'ruːl] *v tr* respingere; (*giur*) annullare.

overseas [ˌəʊvə'siːz] *avv* oltremare ◊ *agg* (*commercio*) d'oltremare; (*turista*) straniero.

overseer [ˌəʊvə'sɪə*] *s* soprintendente (*m/f*), ispettore (*m*).

overshoe ['əʊvəʃuː] *s* soprascarpa.

overshoot (*p, pp* **overshot**) [ˌəʊvə'ʃuːt, ˌəʊvə'ʃɒt] *v tr* oltrepassare.

overshot [ˌəʊvə'ʃɒt] *p, pp di* **overshoot**.

oversight ['əʊvəsaɪt] *s* svista, sbadataggine (*f*).

oversize [ˌəʊvə'saɪz] *agg* troppo grande, fuori misura.

oversleep (*p, pp* **overslept**) [ˌəʊvə'sliːp, ˌəʊvə'slept] *v intr* dormire troppo.

overslept [ˌəʊvə'slept] *p, pp di* **oversleep**.

overstaffed [ˌəʊvə'stɑːft] *agg* con eccedenza di personale.

overstatement [ˌəʊvə'steɪtmənt] *s* esagerazione (*f*).

overstep [ˌəʊvə'step] *v tr* oltrepassare ◊ **to overstep the mark** passare il segno, esagerare.

overt ['əʊvɜːt] *agg* chiaro.

overtake (*p* **overtook** *pp* **overtaken**) [ˌəʊvə'teɪk, ˌəʊvə'tʊk, ˌəʊvə'teɪkən] *v tr* superare ◊ **no overtaking** divieto di sorpasso; **overtaking lane** corsia di sorpasso.

overtaken [ˌəʊvə'teɪkən] *pp di* **overtake**.

overthrew [ˌəʊvə'θruː] *p di* **overthrow**.

overthrow (*p* **overthrew** *pp*

overthrown) [ˌəʊvəˈθrəʊ, ˌəʊvə-ˈθruː, ˌəʊvəˈθrəʊn] v tr rovesciare.

overthrow [ˈəʊvəθrəʊ] s rovesciamento; disfatta.

overthrown [ˌəʊvəˈθrəʊn] pp di **overthrow**.

overtime [ˈəʊvətaɪm] s (lavoro) straordinario; (AmE) tempo supplementare ◊ avv oltre l'ora fissata ◊ **to work overtime** fare lo straordinario.

overtook [ˌəʊvəˈtʊk] p di **overtake**.

overturn [ˌəʊvəˈtɜːn] v tr/intr capovolgere, capovolgersi.

overview [ˈəʊvəvjuː] s visione (f) d'insieme.

overweight [ˈəʊvəweɪt] agg in sovrappeso.

overwhelm [ˌəʊvəˈwelm] v tr sommergere; sopraffare; schiacciare.

overwhelming [ˌəʊvəˈwelmɪŋ] agg (vittoria) schiacciante; travolgente; (caldo) opprimente.

overwork [ˌəʊvəˈwɜːk] v intr lavorare troppo.

overwrought [ˌəʊvəˈrɔːt] agg agitato; teso; nervoso.

owe [əʊ] v tr dovere, essere in debito di ◊ **how much do I owe you?** quanto ti devo?

owing to [ˈəʊɪŋtuː] prep a causa di.

owl [aʊl] s gufo.

own [əʊn] agg, pron proprio ◊ **an idea of my own** un'idea mia personale, proprio mia; **their own** di loro proprietà; **to get one's own back** vendicarsi; **I am on my own** sono da solo.

own [əʊn] v tr possedere.
▶ **own up** confessare.

owner [ˈəʊnə*] s proprietario.

ownership [ˈəʊnəʃɪp] s possesso.

ox (pl **oxen**) [ɒks, ˈɒksn] s bue (m).

oxen [ˈɒksn] s pl di **ox**.

oxtail [ˈɒksteɪl] s ◊ **oxtail soup** minestra di coda di bue.

oxygen [ˈɒksɪdʒən] s ossigeno ◊ **oxygen tent** tenda a ossigeno.

oyster [ˈɔɪstə*] s ostrica.

ozone [ˈəʊzəʊn] s ozono ◊ **ozone hole** buco nell'ozono.

P

pace [peɪs] s passo; andatura; velocità ◊ **to keep pace with** stare al passo con.

pace [peɪs] v intr/tr camminare; andare al passo ◊ **to pace up and down** camminare su e giù.

pacemaker [ˈpeɪsˌmeɪkə*] s (med) stimolatore (m) cardiaco, pacemaker (m); (sport) battistrada (m/f).

pacific [pəˈsɪfɪk] agg pacifico, tranquillo.

pacifier [ˈpæsɪfaɪə*] s (AmE) succhiotto.

pacifist [ˈpæsɪfɪst] s pacifista (m/f).

pacify [ˈpæsɪfaɪ] v tr calmare, placare.

pack [pæk] s pacco; (AmE) pacchetto; zaino; (carte da gioco) mazzo; (cani) muta; (ladri) banda ◊ **a pack of lies** un mucchio di bugie.

pack [pæk] v tr imballare, impacchettare; stipare, pigiare ◊ v intr fare i bagagli; stiparsi ◊ **the train was**

packed il treno era pieno zeppo; **packed lunch** colazione al sacco.
▶ **pack up** fare i bagagli.

package ['pækɪdʒ] s pacco; involto; (*inform*) pacchetto software ◊ **package (deal)** pacchetto (*di provvedimenti ecc.*), forfait; **package tour** viaggio organizzato.

packet ['pækɪt] s pacchetto.

packing ['pækɪŋ] s imballaggio ◊ **to do one's packing** fare i bagagli.

pact [pækt] s patto, accordo.

pad [pæd] s blocco, notes (*m*); cuscinetto imbottito; (*colloquiale*) appartamento.

padded ['pædɪd] agg imbottito.

padding ['pædɪŋ] s imbottitura; (*fig*) riempitivo.

paddle ['pædl] s pagaia; (*AmE*) racchetta da ping-pong.

paddle ['pædl] v intr sguazzare nell'acqua; pagaiare ◊ (*BrE*) **paddling pool** piscina per bambini.

padlock ['pædlɒk] s lucchetto.

paediatrician [,pi:dɪə'trɪʃn] s pediatra (*m/f*).

paediatrics [,pi:dɪ'ætrɪks] s pediatria.

pagan ['peɪgən] agg, s pagano.

page [peɪdʒ] s pagina ◊ **page (boy)** fattorino d'albergo; **on page six** a pagina sei.

page [peɪdʒ] v tr chiamare (*con l'altoparlante, a voce alta*) ◊ **paging device** cercapersone.

pageant ['pædʒənt] s sfilata in costume, corteo storico; spettacolo fastoso.

pageantry ['pædʒəntri] s sfarzo.

pager ['peɪdʒə*] s cercapersone (*m*).

paid [peɪd] *p, pp di* pay.

paid [peɪd] agg pagato.

pail [peɪl] s secchio.

pain [peɪn] s dolore (*m*) ◊ **pain in the neck** rompiscatole; scocciatura; **to be in pain** avere male, soffrire; **to take pains to** mettercela tutta per.

pained [peɪnd] agg addolorato; offeso.

painful ['peɪnful] agg doloroso; penoso; arduo.

painkiller ['peɪn,kɪlə*] s antidolorifico.

painless ['peɪnlɪs] agg indolore.

painstaking ['peɪnz,teɪkɪŋ] agg diligente; scrupoloso.

paint [peɪnt] s vernice (*f*), colore (*m*).

paint [peɪnt] v tr/intr dipingere, verniciare.

paintbrush ['peɪntbrʌʃ] s pennello.

painter ['peɪntə*] s pittore (*m*); imbianchino.

painting ['peɪntɪŋ] s pittura; verniciatura; quadro, dipinto.

pair [peə*] s paio; coppia ◊ **a pair of scissors, trousers** un paio di forbici, di pantaloni.

pajamas [pə'dʒɑ:məz] s pl (*AmE*) pigiama (*m sing*).

Pakistani [,pɑ:kɪ'stɑ:ni] agg, s pachistano.

pal [pæl] s (*colloquiale*) amico, compagno.

palace ['pælɪs] s palazzo.

palatable ['pælətəbl] agg gustoso.

palate ['pælət] s palato.

pale [peɪl] agg pallido ◊ **pale ale** birra chiara.

parachute

pale [peɪl] *s* palo; limite (*m*).
Palestinian [ˌpælə'stɪnɪən] *agg, s* palestinese (*m/f*).
palette ['pælət] *s* tavolozza.
palings ['peɪlɪŋz] *s pl* palizzata (*sing*).
pall [pɔ:l] *s* drappo funebre; (*fig*) coltre (*f*), manto.
palliative ['pælɪətɪv] *agg, s* palliativo.
pallid ['pælɪd] *agg* pallido; smunto.
palm [pɑ:m] *s* (*mano*) palmo; (*albero*) palma ◊ **Palm Sunday** Domenica delle Palme.
palmist ['pɑ:mɪst] *s* chiromante (*m/f*).
palpable ['pælpəbl] *agg* palpabile.
palpitation [ˌpælpɪ'teɪʃn] *s* palpitazione (*f*).
palsy ['pɔ:lzɪ] *s* paralisi (*f*).
paltry ['pɔ:ltrɪ] *agg* meschino; (*somma*) irrisorio, insignificante.
pamper ['pæmpə*] *v tr* viziare, coccolare.
pan [pæn] *s* tegame (*m*); casseruola; padella.
panache [pə'næʃ] *s* stile (*m*), eleganza.
Panamanian [ˌpænə'meɪnɪən] *agg, s* panamense (*m/f*).
pancake ['pænkeɪk] *s* frittella.
pancreas ['pæŋkrɪəs] *s* pancreas (*m*).
panda ['pændə] *s* panda (*m*) ◊ (*BrE*) **panda car** auto della polizia.
pander ['pændə*] *v intr* (*to*) assecondare; lusingare.
pane [peɪn] *s* vetro.
panel ['pænl] *s* (*porta*) pannello; (*radio, TV*) giuria.

pang [pæŋ] *s* fitta; spasimo ◊ **hunger pangs** i morsi della fame.
panic (*p, pp* panicked) ['pænɪk, 'pænɪkt] *v intr* lasciarsi prendere dal panico.
panic ['pænɪk] *s* panico.
panic-stricken ['pænɪkˌstrɪkən] *agg* in preda al panico; terrorizzato.
pansy ['pænzɪ] *s* (*bot*) viola del pensiero; (*offensivo*) femminuccia, uomo effeminato.
pant [pænt] *v intr* ansare, ansimare.
panther ['pænθə*] *s* pantera.
panties ['pæntɪz] *s pl* mutandine.
pantomime ['pæntəmaɪm] *s* pantomima.
pantry ['pæntrɪ] *s* dispensa.
pants [pænts] *s pl* mutande; (*AmE*) pantaloni.
pantyhose ['pæntɪhəʊz] *s* (*AmE*) calzamaglia, collant (*m*).
paper ['peɪpə*] *s* carta; giornale (*m*); (*scuola*) prova scritta ◊ *pl* documenti, carte ◊ **paper bag** sacchetto di carta.
paperback ['peɪpəbæk] *s* libro in edizione economica.
paperclip ['peɪpəklɪp] *s* fermacampione (*m*); graffetta.
paperweight ['peɪpəweɪt] *s* fermacarte (*m*).
paperwork ['peɪpəwɜ:k] *s* lavoro d'ufficio.
par [pɑ:*] *s* parità, pari (*f*); (*golf*) par (*m*), norma ◊ **on a par with** alla pari con.
parabolic [ˌpærə'bɒlɪk] *agg* parabolico.
parachute ['pærəʃu:t] *s* paracadute (*m*).

225

parachutist ['pærəʃuːtɪst] *s* paracadutista (*m/f*).

paradise ['pærədaɪs] *s* paradiso.

paradoxical [ˌpærə'dɒksɪkl] *agg* paradossale.

paragon ['pærəgən] *s* modello di perfezione; ideale (*m*).

paragraph ['pærəgrɑːf] *s* paragrafo.

Paraguayan [ˌpærə'gwaɪən] *agg*, *s* paraguaiano.

parallel ['pærəlel] *agg* parallelo; (*fig*) simile.

parallel ['pærəlel] *s* (*geom*) parallela; (*geog, fig*) parallelo.

paralyse ['pærəlaɪz] *v tr* paralizzare.

paralysis [pə'rælɪsɪs] *s* paralisi (*f*).

paralyze ['pærəlaɪz] *v tr* (*AmE*) paralizzare.

parameter [pə'ræmɪtə*] *s* parametro.

paramount ['pærəmaunt] *agg* supremo, sommo.

paranoid ['pærənɔɪd] *agg* paranoico.

paraphernalia [ˌpærəfə'neɪljə] *s pl* accessori; arnesi, attrezzi; roba (*sing*).

paraplegic [ˌpærə'pliːdʒɪk] *agg, s* paraplegico.

parapsychology [ˌpærəsaɪ'kɒlədʒɪ] *s* parapsicologia.

parasite ['pærəsaɪt] *s* parassita (*m*).

paratrooper ['pærətruːpə*] *s* paracadutista (*m/f*).

parcel ['pɑːsl] *s* pacco, pacchetto.

parcel ['pɑːsl] *v tr* (*up*) impacchettare.

▶ **parcel out** spartire.

parched ['pɑːtʃt] *agg* inaridito; (*persona*) assetato.

pardon ['pɑːdn] *s* perdono; (*giur*) grazia.

pardon ['pɑːdn] *v tr* perdonare; (*giur*) graziare ◊ (*AmE*) **pardon me?** prego?

parent ['peərənt] *s* genitore (*m*).

parish ['pærɪʃ] *s* parrocchia; (*BrE*) municipio.

parity ['pærətɪ] *s* parità.

park [pɑːk] *s* parco.

park [pɑːk] *v tr/intr* parcheggiare.

parking ['pɑːkɪŋ] *s* parcheggio ◊ (*AmE*) **parking lot** parcheggio; **parking meter** parchimetro; (*AmE*) **parking lights** luci di posizione; **parking space** parcheggio (*singolo posto*); **parking ticket** multa per sosta vietata.

parley ['pɑːlɪ] *s* colloquio; discussione (*f*).

parliament ['pɑːləmənt] *s* parlamento.

parliamentary [ˌpɑːlə'mentərɪ] *agg* parlamentare.

parlor ['pɑːlə*] *s* (*AmE*) v. **parlour**.

parlour ['pɑːlə*] *s* saletta; salone (*m*); salotto ◊ **parlour game** gioco di società.

parody ['pærədɪ] *s* parodia.

parole [pæ'rəul] *s* (*giur*) libertà condizionale.

parrot ['pærət] *s* pappagallo.

parry ['pærɪ] *v tr* parare; (*fig*) schivare.

parsley ['pɑːslɪ] *s* prezzemolo.

parson ['pɑːsn] *s* parroco; pastore (*m*) anglicano.

part [pɑːt] *s* parte (*f*); pezzo ◊ **on**

the part of da parte di; **for my part** quanto a me; **for the most part** per lo più, in massima parte; **to take somebody's part** prendere le parti di qualcuno; **to take something in good part** prenderla bene.

part [pɑːt] *v tr/intr* separare, separarsi ◊ **to part with** rinunciare a, separarsi da.

partial ['pɑːʃl] *agg* parziale ◊ **to be partial to** avere un debole per.

participant [pɑː'tɪsɪpənt] *s* partecipante (*m/f*).

participate [pɑː'tɪsɪpeɪt] *v intr* (*in*) partecipare (a).

participle ['pɑːtɪsɪpl] *s* (*gramm*) participio.

particle ['pɑːtɪkl] *s* particella.

particular [pə'tɪkjʊlə*] *agg* particolare; meticoloso ◊ *s pl* particolari, dettagli; informazioni (*f*) ◊ **in particular** in particolare.

parting ['pɑːtɪŋ] *s* separazione (*f*); (*capelli*) scriminatura, riga ◊ **parting of the ways** bivio.

partisan [,pɑːtɪ'zæn] *agg* di parte, partigiano.

partition [pɑː'tɪʃn] *s* divisione (*f*); partizione (*f*); (*muro*) tramezzo, divisorio.

partly ['pɑːtlɪ] *avv* in parte, parzialmente.

partner ['pɑːtnə*] *s* (*comm*) socio; compagno; (*ballo*) cavaliere (*m*), dama.

partnership ['pɑːtnəʃɪp] *s* associazione (*f*); (*comm*) società.

partridge ['pɑːtrɪdʒ] *s* pernice (*f*).

part-time ['pɑːt,taɪm] *agg, avv* a orario ridotto, part time.

party ['pɑːtɪ] *s* (*polit*) partito; gruppo, comitiva; festa; (*giur*) parte (*f*) ◊ **to have a party** fare una festa; **party line** duplex; **party leader** capo di partito.

pass [pɑːs] *s* passaggio; (*geog*) passo, valico; lasciapassare (*m*) ◊ **to get a pass** prendere la sufficienza (*a scuola*).

pass [pɑːs] *v tr* passare; (*esame*) superare; (*candidato*) promuovere ◊ *v intr* passare; (*tempo*) trascorrere.
▶ **pass away** morire;
▶ **pass out** svenire.

passable ['pɑːsəbl] *agg* passabile; (*strada*) transitabile.

passage ['pæsɪdʒ] *s* passaggio; (*mar*) traversata; (*libro*) brano.

passageway ['pæsɪdʒweɪ] *s* corridoio.

passbook ['pɑːsbʊk] *s* libretto di risparmio.

passenger ['pæsɪndʒə*] *s* passeggero.

passer-by [,pɑːsə'baɪ] *s* passante (*m/f*).

passing ['pɑːsɪŋ] *agg* passeggero ◊ **in passing** di sfuggita; **passing place** piazzola di sosta.

passion ['pæʃn] *s* passione (*f*).

passionate ['pæʃənət] *agg* appassionato; passionale.

passive ['pæsɪv] *agg* passivo.

passkey ['pɑːskiː] *s* passe-partout (*m*).

Passover ['pɑːs,əʊvə*] *s* Pasqua ebraica.

passport ['pɑːspɔːt] *s* passaporto ◊ **passport control** controllo passaporti.

password ['pɔːswɜːd] s parola d'ordine; (inform) password (f).

past [pɑːst] agg passato; ex; già ◊ **past chairman** ex presidente; **for the past few days** negli ultimi giorni.

past [pɑːst] avv ◊ **to get past** passare; **to run past** passare di corsa.

past [pɑːst] s passato ◊ **in the past** nel passato.

past [pɑːst] prep oltre; al di là di; dopo ◊ **half past two** le due e mezzo; **he's past fifty** ha più di cinquant'anni.

paste [peɪst] s colla; (cuc) pasta, pâté (m).

paste [peɪst] v tr incollare.

pasteboard ['peɪstbɔːd] s cartone (m).

pastille ['pæstɪl] s pastiglia.

pastime ['pɑːstaɪm] s passatempo.

pastry ['peɪstrɪ] s pasta per dolci; pasticcino.

pasture ['pɑːstʃə*] s pascolo.

pasty ['pæstɪ] s pasticcio di carne.

pasty ['peɪstɪ] agg smorto.

pat [pæt] agg opportuno; pronto ◊ avv a proposito.

pat [pæt] s colpetto, buffetto; (burro) panetto.

pat [pæt] v tr/intr dare un colpetto (a) ◊ **to pat on the back** battere affettuosamente la mano sulla spalla.

patch [pætʃ] s toppa; macchia; pezzo di terra ◊ **to go through a bad patch** attraversare un brutto periodo.

patch [pætʃ] v tr rattoppare.

patchy ['pætʃɪ] agg rappezzato; chiazzato; (fig) irregolare.

patent ['peɪtənt] agg evidente, manifesto ◊ **patent leather** pelle verniciata.

patent ['peɪtənt] s brevetto.

patent ['peɪtənt] v tr brevettare.

paternal [pə'tɜːnl] agg paterno.

path [pɑːθ] s sentiero; (fig) strada; (missile) traiettoria.

pathetic [pə'θetɪk] agg patetico; penoso.

pathological [,pæθə'lɒdʒɪkl] agg patologico.

pathology [pə'θɒlədʒɪ] s patologia.

pathway ['pɑːθweɪ] s sentiero.

patience ['peɪʃns] s pazienza; (BrE) (carte) solitario.

patient ['peɪʃnt] agg paziente; tollerante.

patient ['peɪʃnt] s paziente (m/f); malato.

patio ['pætɪəʊ] s terrazza.

patriotic [,pætrɪ'ɒtɪk] agg patriottico.

patrol [pə'trəʊl] s pattuglia; ronda ◊ **patrol car** autoradio della polizia.

patrol [pə'trəʊl] v tr pattugliare.

patrolman (pl **patrolmen**) [pə'trəʊlmən] s (AmE) poliziotto.

patron ['peɪtrən] s (arti) mecenate (m) (negozio) cliente (m/f) abituale ◊ **patron saint** santo patrono.

patronize ['pætrənaɪz] v tr patrocinare; trattare con condiscendenza; essere cliente di.

patter ['pætə*] v intr picchiettare.

pattern ['pætən] s modello; (stoffa) disegno ◊ **pattern book** campionario di stoffe.

pause [pɔːz] s pausa.

pause [pɔːz] *v intr* fare una pausa, arrestarsi.

pave [peɪv] *v tr* pavimentare ◊ **to pave the way for** preparare il terreno per, a.

pavement ['peɪvmənt] *s* (*BrE*) marciapiede (*m*).

pavilion [pə'vɪljən] *s* padiglione (*m*).

paving [peɪvɪŋ] *s* pavimentazione (*f*) ◊ **paving stone** lastra di pietra.

paw [pɔː] *s* zampa.

pawn [pɔːn] *s* (*schacchi*) pedone (*m*); (*fig*) pedina; pegno, garanzia (*f*) ◊ **pawn shop** banco dei pegni.

pawn [pɔːn] *v tr* dare in pegno.

pay [peɪ] *s* paga; salario ◊ (*BrE*) **pay packet,** (*AmE*) **envelope** busta paga; **pay phone** telefono pubblico; **pay television** televisione a pagamento, pay-TV.

pay (*p, pp* **paid**) [peɪ, peɪd] *v tr/intr* pagare; fruttare ◊ **to pay attention to** fare attenzione a; **to pay a visit to** fare una visita a.
▶ **pay back** rimborsare;
▶ **pay up** saldare.

payable ['peɪəbl] *agg* pagabile ◊ **payable to bearer, at sight** pagabile al portatore, a vista.

payee [peɪ'iː] *s* (*comm*) beneficiario.

paying-in slip [,peɪɪŋ'ɪnslɪp] *s* (*banca*) distinta di versamento.

payment ['peɪmənt] *s* pagamento, versamento ◊ **payment in full** saldo.

payroll ['peɪrəʊl] *s* libro paga.

payslip ['peɪslɪp] *s* foglio paga.

pea [piː] *s* pisello.

peace [piːs] *s* pace (*f*) ◊ **at peace** in pace.

peaceful ['piːsful] *agg* pacifico, quieto.

peace-keeping ['piːs,kiːpɪŋ] *s* tutela della pace ◊ **peacekeeping force** forze di pace.

peach [piːtʃ] *s* pesca.

peacock ['piːkɒk] *s* pavone (*m*).

peak [piːk] *s* cima, vetta; (*cappello*) visiera; (*fig*) massimo, culmine (*m*) ◊ **peak hours** ore di punta.

peaked [piːkt] *agg* appuntito; (*cappello*) con visiera.

peal [piːl] *s* scampanio; (*risate, applausi*) scroscio ◊ **peals of laughter** scoppi di risa.

peanut ['piːnʌt] *s* arachide (*f*) ◊ **peanut butter** burro di arachidi.

pear [peə*] *s* pera.

pearl [pɜːl] *s* perla.

peasant ['peznt] *s* contadino.

peat [piːt] *s* torba.

pebble ['pebl] *s* ciottolo.

peck [pek] *v tr* beccare; dare un bacetto a.

peculiar [pɪ'kjuːljə*] *agg* particolare; tipico; peculiare; strano.

peculiarity [pɪ,kjuːlɪ'ærətɪ] *s* particolarità, stranezza.

pedal ['pedl] *s* pedale (*m*).

pedal ['pedl] *v intr* pedalare.

pedantic [pɪ'dæntɪk] *agg* pedante; (*cosa*) pedantesco.

peddler ['pedlə*] *s* venditore (*m*) ambulante; (*droga*) spacciatore (*m*).

pedestal ['pedɪstl] *s* piedistallo.

pedestrian [pɪ'destrɪən] *s* pedone (*m*).

pedestrian [pɪ'destrɪən] *agg* pedonale; (*fig*) pedestre, sciatto ◊ **pedestrian crossing** passaggio pedonale; (*BrE*) **pedestrian precinct**, (*AmE*) **zone** isola pedonale.

pediatrics [ˌpiːdɪ'ætrɪks] *s* (*AmE*) pediatria.

pedigree ['pedɪgriː] *s* pedigree (*m*); (*fig*) passato ◊ **pedigree dog** cane di razza.

pedlar ['pedlə*] *s* v. **peddler**.

pee [piː] *v intr* fare pipì.

peek [piːk] *v intr* sbirciare.

peel [piːl] *s* buccia; (*agrumi*) scorza.

peel [piːl] *v tr* sbucciare ◊ *v intr* spellarsi, squamarsi; (*vernice*) scrostarsi.

peep [piːp] *v intr* (*BrE*) sbirciare, guardare furtivamente ◊ **Peeping Tom** guardone.

peephole ['piːphəʊl] *s* spioncino.

peer [pɪə*] *v intr* (*at*) scrutare.

peer [pɪə*] *s* pari (*m/f*) ◊ **the Peers of the Realm** i Pari del Regno Unito.

peerage ['pɪərɪdʒ] *s* titolo di pari; aristocrazia.

peevish ['piːvɪʃ] *agg* stizzoso; stizzito.

peg [peg] *s* piolo; attaccapanni (*m*); (*tenda*) picchetto ◊ **(clothes) peg** molletta da bucato.

Pekinese [ˌpiːkɪ'niːz] *s* (*cane*) pechinese (*m*).

pelican ['pelɪkən] *s* pellicano ◊ (*BrE*) **pelican crossing** attraversamento pedonale a richiesta.

pellet ['pelɪt] *s* pallottola, pallina.

pelt [pelt] *v tr* tempestare, colpire ◊ *v intr* fiondarsi ◊ **to pelt with rain, to pelt down** piovere a dirotto.

pelvis ['pelvɪs] *s* (*anat*) pelvi (*f*), bacino.

pen [pen] *s* penna; (*animali*) recinto ◊ **pen name** pseudonimo.

penal ['piːnl] *agg* penale.

penalize ['piːnəlaɪz] *v tr* penalizzare.

penalty ['penltɪ] *s* pena; multa; penalità ◊ **penalty (kick)** calcio di rigore.

pence [pens] (*BrE*) *s pl di* **penny**.

pencil ['pensl] *s* matita ◊ **in pencil** a matita; **(pencil) sharpener** temperamatite.

pendant ['pendənt] *s* ciondolo, pendente (*m*).

pending ['pendɪŋ] *prep* in attesa di, fino a.

pending ['pendɪŋ] *agg* in sospeso.

penetrate ['penɪtreɪt] *v tr/intr* penetrare, infiltrarsi (in).

penfriend ['penfrend] *s* (*BrE*) corrispondente (*m/f*), amico di penna.

penguin ['peŋgwɪn] *s* pinguino.

penicillin [ˌpenɪ'sɪlɪn] *s* penicillina.

peninsula [pə'nɪnsjʊlə] *s* penisola.

penis ['piːnɪs] *s* pene (*m*).

penitence ['penɪtəns] *s* penitenza.

penitentiary [ˌpenɪ'tenʃərɪ] *s* (*AmE*) penitenziario.

penknife ['pennaɪf] *s* temperino.

penniless ['penɪlɪs] *agg* squattrinato.

penny (*pl* **pennies, pence**) ['penɪ, 'penɪz, pens] *s* (*BrE*) penny (*m*); (*AmE*) centesimo; (*fig*) soldo.

penpal ['pen,pæl] *s* v. **penfriend**.

pension ['penʃn] *s* pensione (*f*).

pensioner ['penʃənə*] *s* pensionato.

pensive ['pensɪv] *agg* pensoso.

pentagon ['pentəgən] *s* pentagono ◊ (*AmE*) **the Pentagon** il Pentagono (*Ministero della Difesa*).

penthouse ['penthaʊs] *s* attico di lusso.

pent-up [,pent'ʌp] *agg* represso; in gabbia.

penultimate [pɪ'nʌltɪmət] *agg* penultimo.

people ['piːpl] *s pl* gente (*f sing*); persone; popolo (*sing*) ◊ **people say that** si dice che; **my people** i miei.

people ['piːpl] *v tr* popolare.

pep [pep] *s* energia, vitalità ◊ **full of pep** tutto pepe; **pep talk** discorso di incoraggiamento.

pepper ['pepə*] *s* pepe (*m*); peperone (*m*).

pepper ['pepə*] *v tr* (*with*) (*cuc*) pepare; (*fig*) cospargere (di); (*domande*) tempestare (di).

peppermint ['pepəmɪnt] *s* menta peperita; caramella alla menta.

per [pɜː*] *prep* a; per ◊ **per cent** per cento; **per hour** all'ora; **per head, per capita** a testa, pro capite.

perceive [pə'siːv] *v tr* percepire; accorgersi di.

percentage [pə'sentɪdʒ] *s* percentuale (*f*).

perception [pə'sepʃn] *s* percezione (*f*), intuizione (*f*).

perceptive [pə'septɪv] *agg* percettivo; perspicace.

perch [pɜːtʃ] *v intr* appollaiarsi.

percolator ['pɜːkəleɪtə*] *s* caffettiera a filtro.

percussion [pə'kʌʃn] *s* percussio-

ne (*f*); (*mus*) strumenti (*pl*) a percussione.

perennial [pə'renjəl] *agg* perenne.

perfect ['pɜːfɪkt] *agg* perfetto ◊ *s* (*gramm*) perfetto, passato prossimo ◊ **present perfect** passato prossimo.

perfect [pə'fekt] *v tr* perfezionare.

perfection [pə'fekʃn] *s* perfezione (*f*).

perforate ['pɜːfərɪt] *v tr* perforare.

perform [pə'fɔːm] *v tr/intr* eseguire; (*mus*) suonare; (*teatro*) recitare ◊ **performing arts** arti dello spettacolo.

performance [pə'fɔːməns] *s* esecuzione (*f*); (*teatro*) spettacolo, rappresentazione (*f*); (*attore*) interpretazione (*f*); (*aut*) prestazione (*f*).

performer [pə'fɔːmə*] *s* esecutore (*m*); interprete (*m/f*).

perfume ['pɜːfjuːm] *s* profumo.

perfunctory [pə'fʌŋktərɪ] *agg* superficiale.

perhaps [pə'hæps] *avv* forse.

peril ['perɪl] *s* pericolo.

perimeter [pə'rɪmɪtə*] *s* perimetro.

period ['pɪərɪəd] *s* periodo; età, epoca; (*scuola*) lezione (*f*); punto; (*med*) mestruazioni (*f pl*).

periodical [,pɪərɪ'ɒdɪkl] *agg, s* periodico.

peripheral [pə'rɪfərəl] *agg* periferico ◊ *s* (*inform*) unità periferica.

periphery [pə'rɪfərɪ] *s* periferia; (*geom*) perimetro; superficie (*f*).

perish ['perɪʃ] *v intr* perire; deteriorarsi.

perishable ['perɪʃəbl] *agg* deperibile.

231

perjury ['pɜːdʒəri] *s* (*giur*) falsa testimonianza.

perk [pɜːk] *s* vantaggio.

perk up [,pɜːk'ʌp] *v tr/intr* rianimare, rianimarsi; ravvivare.

perky ['pɜːki] *agg* vivace, vispo.

perm [pɜːm] *s* (*capelli*) permanente (*f*).

permanent ['pɜːmənənt] *agg* permanente.

permeate ['pɜːmieit] *v tr/intr* permeare, penetrare.

permissible [pə'misəbl] *agg* ammissibile.

permission [pə'miʃn] *s* permesso.

permissive [pə'misiv] *agg* permissivo.

permit ['pɜːmit] *s* permesso.

permit [pə'mit] *v tr/intr* permettere.

perpendicular [,pɜːpən'dikjələ*] *agg*, *s* perpendicolare (*f*).

perpetual [pə'petʃuəl] *agg* perpetuo.

perplex [pə'pleks] *v tr* lasciare perplesso.

persecute ['pɜːsikjuːt] *v tr* perseguitare.

persecution [,pɜːsi'kjuːʃn] *s* persecuzione (*f*).

perseverance [,pɜːsi'viərəns] *s* perseveranza.

Persian ['pɜːʃən] *agg*, *s* persiano ◊ **the Persian Gulf** il Golfo Persico.

persist [pə'sist] *v intr* (*in, with*) persistere (in); ostinarsi (a).

persistent [pə'sistənt] *agg* persistente; ostinato.

person ['pɜːsn] *s* persona ◊ **in person** in persona, personalmente.

personal ['pɜːsənl] *agg* personale ◊ **personal column** annunci personali; **personal organizer** agenda elettronica; **personal stereo** walkman.

personality [,pɜːsə'næləti] *s* personalità.

personally ['pɜːsnəli] *avv* personalmente ◊ **to take it personally** prenderla sul piano personale.

personnel [,pɜːsə'nel] *s* personale (*m*).

perspective [pə'spektiv] *s* prospettiva.

perspiration [,pɜːspə'reiʃn] *s* traspirazione (*f*); sudore (*m*).

persuade [pə'sweid] *v tr* persuadere, convincere.

persuasive [pə'sweisiv] *agg* persuasivo.

pert [pɜːt] *agg* sfacciato.

pertinent ['pɜːtinənt] *agg* pertinente.

perturbation [,pɜːtə'beiʃn] *s* turbamento; (*meteorologia*) perturbazione (*f*).

peruse [pə'ruːz] *v tr* leggere attentamente.

Peruvian [pə'ruːvjən] *agg*, *s* peruviano.

pervade [pə'veid] *v tr* pervadere, permeare.

perverse [pə'vɜːs] *agg* perverso; intrattabile; irragionevole.

perversion [pə'vɜːʃn] *s* perversione (*f*).

perversity [pə'vɜːsəti] *s* perversità; ostinazione (*f*).

pervert ['pɜːvɜːt] *s* pervertito.

pervert [pə'vɜːt] *v tr* pervertire; corrompere.

pessimism ['pesɪmɪzəm] s pessimismo.

pessimistic [ˌpesɪ'mɪstɪk] agg pessimistico.

pest [pest] s insetto, animale (m) infestante; (fig) peste (f).

pester ['pestə*] v tr molestare, tormentare.

pet [pet] s animale (m) domestico; beniamino ◊ **pet name** vezzeggiativo.

pet [pet] v tr coccolare, accarezzare.

petal ['petl] s petalo.

petition [pɪ'tɪʃn] s petizione (f).

petrified ['petrɪfaɪd] agg morto di paura.

petrol ['petrəl] s (BrE) benzina ◊ **two-star, four-star petrol** benzina normale, super; **petrol pump** pompa, distributore di benzina; **petrol station** stazione di rifornimento; **petrol tank** serbatoio della benzina.

petroleum [pɪ'trəʊljəm] s petrolio.

petticoat ['petɪkəʊt] s sottoveste (f); sottogonna.

petty ['petɪ] agg insignificante ◊ **petty cash** piccola cassa.

petulant ['petjʊlənt] agg irascibile.

pew [pjuː] s banco (in chiesa).

pewter ['pjuːtə*] s peltro.

phantom ['fæntəm] s fantasma (m).

Pharaoh ['feərəʊ] s faraone (m).

pharmacist ['fɑːməsɪst] s farmacista (m/f).

pharmacy ['fɑːməsɪ] s farmacia.

phase [feɪz] s fase (f); periodo.

pheasant ['feznt] s fagiano.

phenomena [fə'nɒmɪnə] s pl di **phenomenon**.

phenomenon (pl -na) [fə'nɒmɪnən, nə] s fenomeno.

phial ['faɪəl] s fiala.

philately [fɪ'lætəlɪ] s filatelia.

Philippine ['fɪlɪpiːn] agg filippino.

philosopher [fɪ'lɒsəfə*] s filosofo.

philosophy [fɪ'lɒsəfɪ] s filosofia.

phlegmatic [fleg'mætɪk] agg flemmatico.

phobia ['fəʊbjə] s fobia.

phone [fəʊn] s telefono ◊ **phone booth, box** cabina telephonica; **phone book** elenco telefonico; **phone call** telefonata; **to be on the phone** essere al telefono.

phone [fəʊn] v tr/intr telefonare (a) ◊ **to phone back** ritelefonare (a).

▶ **phone up** telefonare (a).

phonecard ['fəʊnkɑːd] s scheda telefonica.

phoney ['fəʊnɪ] agg fasullo.

photo ['fəʊtəʊ] s foto (f).

photocopier ['fəʊtəʊˌkɒpɪə*] s fotocopiatrice (f).

photocopy ['fəʊtəʊˌkɒpɪ] s fotocopia.

photograph ['fəʊtəgrɑːf] s fotografia.

photographer [fə'tɒgrəfə*] s fotografo.

photography [fə'tɒgrəfɪ] s fotografia.

phrase [freɪz] s espressione (f), modo di dire ◊ **phrase book** vocabolarietto, manuale di conversazione.

physical ['fɪzɪkl] agg fisico.

physician [fɪ'zɪʃn] s medico.

physicist ['fɪzɪsɪst] s fisico.

physics ['fızıks] *s* fisica.

physiology [,fızı'ɒlədʒı] *s* fisiologia.

physiotherapist [,fızıəʊ'θerəpıst] *s* fisioterapista (*m/f*).

physique [fı'zi:k] *s* fisico; costituzione (*f*) fisica.

piano [pı'ænəʊ] *s* pianoforte (*m*).

pick [pık] *s* piccone (*m*); il fior fiore (*m*), il meglio.

pick [pık] *v tr* raccogliere; scegliere; togliere ◊ **to pick one's teeth** pulirsi i denti con lo stuzzicadenti; **to pick one's nose** mettersi le dita nel naso; **to pick somebody's pocket** borseggiare qualcuno; **to pick and choose** scegliere con cura; **to pick a quarrel** attaccar briga.
▶ **pick at** mangiucchiare.
▶ **pick up** raccogliere; prendere; passare a prendere; imparare; riprendere, continuare.

pickaxe ['pıkæks] *s* piccone (*m*).

picket ['pıkıt] *s* (*sciopero*) picchetto.

pickle ['pıkl] *s* salamoia; pasticcio, guaio ◊ *pl* sottaceti.

pickpocket ['pık,pɒkıt] *s* borsaiolo.

pick-up ['pıkʌp] *s* camioncino.

picture ['pıktʃə*] *s* quadro; fotografia; illustrazione (*f*); disegno; film (*m*) ◊ *pl* (*BrE*) cinema (*m sing*) ◊ **picture book** libro illustrato.

picture ['pıktʃə*] *v tr* dipingere; immaginare ◊ **to picture to oneself** immaginarsi.

picturesque [,pıktʃə'resk] *agg* pittoresco.

pie [paı] *s* torta; (*carne*) pasticcio.

piece [pi:s] *s* pezzo ◊ **a piece of furniture** un mobile; **a piece of news** una notizia; **a piece of information** un'informazione; **a piece of poetry** una poesia; **to take to pieces** smontare.

piece [pi:s] *v tr*
▶ **to piece together** mettere insieme.

piecemeal ['pi:smi:l] *agg* frammentario ◊ *avv* un pezzo per volta.

piecework ['pi:swз:k] *s* lavoro a cottimo.

pier [pıə*] *s* molo.

pierce [pıəs] *v tr* forare; trafiggere.

piercing ['pıəsıŋ] *agg* (*grido*) acuto, lacerante; (*sguardo*) penetrante; (*vento*) pungente.

piety ['paıətı] *s* devozione (*f*).

pig [pıg] *s* maiale (*m*).

pigeon ['pıdʒın] *s* piccione (*m*).

pigeonhole ['pıdʒınhəʊl] *s* casella.

pigeonhole ['pıdʒınhəʊl] *v tr* classificare.

piggy ['pıgı] *s* porcellino.

piggybank ['pıgıbæŋk] *s* salvadanaio.

pigheaded [,pıg'hedıd] *agg* cocciuto.

pigsty ['pıgstaı] *s* porcile (*m*).

pilchard ['pıltʃəd] *s* sardina.

pile [paıl] *s* pila, mucchio ◊ **funeral pile** pira.

pile [paıl] *v tr/intr* (*up*) ammucchiare, ammucchiarsi.

piles [paılz] *s pl* emorroidi (*f*).

pile-up ['paılʌp] *s* (*aut*) tamponamento a catena.

pilfer ['pılfə*] *v tr/intr* rubacchiare.

pilgrim ['pılgrım] *s* pellegrino.

pilgrimage ['pɪlgrɪmɪdʒ] *s* pellegrinaggio.

pill [pɪl] *s* pillola.

pillage ['pɪlɪdʒ] *v tr* saccheggiare.

pillar ['pɪlə*] *s* colonna ◊ (*BrE*) **pillar box** cassetta postale.

pillow ['pɪləʊ] *s* guanciale (*m*), cuscino.

pillowcase ['pɪləʊkeɪs] *s* federa.

pilot ['paɪlət] *s* pilota (*m/f*) ◊ **pilot light** (lampadina) spia.

pilot ['paɪlət] *v tr* pilotare.

pimp [pɪmp] *s* ruffiano, mezzano.

pimple ['pɪmpl] *s* foruncolo.

pin [pɪn] *s* spillo; (*tecn*) perno ◊ **pins and needles** formicolio.

pinafore ['pɪnəfɔ:*] *s* grembiule ◊ **pinafore (dress)** scamiciato.

pinball ['pɪnbɔ:l] *s* flipper (*m*).

pincers ['pɪnsəz] *s pl* pinzette.

pinch [pɪntʃ] *s* pizzicotto; (*sale ecc.*) pizzico ◊ **at a pinch** in caso di bisogno.

pinch [pɪntʃ] *v tr* pizzicare; grattare, rubare ◊ *v intr* stringere.

pine [paɪn] *s* pino.

pineapple ['paɪn,æpl] *s* ananas (*m*).

ping [pɪŋ] *s* tintinnio.

pink [pɪŋk] *agg*, *s* (*colore*) rosa (*m*) ◊ *s* (*bot*) garofano.

pinnacle ['pɪnəkl] *s* (*arch*) pinnacolo.

pinpoint ['pɪnpɔɪnt] *v tr* localizzare, indicare con precisione.

pint [paɪnt] *s* pinta (*unità di misura di capacità*).

pin-table ['pɪnteɪbl] *s* flipper (*m*).

pioneer [,paɪə'nɪə*] *s* pioniere (*m*).

pious ['paɪəs] *agg* pio.

pip [pɪp] *s* (*frutto*) seme (*m*); (*BrE*) segnale (*m*) orario.

pipe [paɪp] *s* pipa; tubo, conduttura ◊ *pl* cornamusa (*sing*) ◊ **pipe cleaner** scovolino; **pipe dream** vana speranza.

pipe [paɪp] *v tr* convogliare per mezzo di tubazioni.

pipeline ['paɪplaɪn] *s* conduttura; oleodotto; gasdotto.

pique [pi:k] *s* ripicca.

piracy ['paɪərəsɪ] *s* pirateria.

pirate ['paɪərət] *s* pirata (*m*).

Pisces ['paɪsɪ:z] *s* Pesci (*pl*).

piss [pɪs] *v intr* pisciare.

pissed [pɪst] *agg* ubriaco fradicio ◊ **pissed (off)** incazzato.

pistol ['pɪstl] *s* pistola.

piston ['pɪstən] *s* pistone (*m*).

pit [pɪt] *s* fossa; miniera; cava ◊ *pl* (*aut*) box (*m*).

pit [pɪt] *v tr* scavare ◊ **to pit against** opporre a.

pitch [pɪtʃ] *s* pece (*f*); (*sport*) campo; tiro; (*mus*) tono; (*fig*) grado, livello ◊ **to the highest pitch** al massimo grado.

pitch [pɪtʃ] *v tr* lanciare; (*tenda*) piantare ◊ *v intr* cadere.

pitcher ['pɪtʃə*] *s* (*baseball*) lanciatore (*m*); (*AmE*) brocca.

pitfall ['pɪtfɔ:l] *s* trappola.

pithy ['pɪθɪ] *agg* conciso.

pitiful ['pɪtɪfʊl] *agg* pietoso.

pitiless ['pɪtɪlɪs] *agg* spietato.

pity ['pɪtɪ] *s* pietà ◊ **what a pity!** che peccato!

pivot ['pɪvət] *s* perno.

placard ['plækɑ:d] *s* manifesto; cartellone (*m*).

placate [pləˈkeɪt] *v tr* calmare, placare.

place [pleɪs] *s* posto; lavoro; casa ◊ **in the first place** in primo luogo; **to take place** avere luogo.

place [pleɪs] *v tr* mettere; riconoscere; individuare; (*comm*) piazzare (*un ordine*) ◊ **to be placed** piazzarsi, classificarsi.

placid [ˈplæsɪd] *agg* placido.

plague [pleɪg] *s* peste (*f*).

plague [pleɪg] *v tr* affliggere, tormentare.

plaice [pleɪs] *s inv* platessa.

plain [pleɪn] *agg* chiaro; semplice; sincero, franco; bruttino; scondito; (*acqua*) naturale; (*cioccolato*) fondente; tinta unita ◊ **in plain clothes** in borghese.

plain [pleɪn] *s* pianura.

plainly [ˈpleɪnlɪ] *avv* chiaramente; francamente.

plainspoken [ˌpleɪnˈspəʊkən] *agg* franco.

plaintiff [ˈpleɪntɪf] *s* (*giur*) querelante (*m/f*).

plait [plæt] *s* treccia.

plan [plæn] *s* piano, progetto; pianta.

plan [plæn] *v tr* progettare, programmare ◊ *v intr* fare progetti.

plane [pleɪn] *s* aereo; (*mat*) piano; pialla; (*bot*) platano.

plane [pleɪn] *agg* piano.

planet [ˈplænɪt] *s* pianeta (*m*).

plank [plæŋk] *s* asse (*f*).

planner [ˈplænə*] *s* progettista (*m/f*); pianificatore (*m*).

plant [plɑːnt] *s* pianta; impianto; fabbrica.

plant [plɑːnt] *v tr* piantare; mettere.

plantation [plænˈteɪʃn] *s* piantagione (*f*).

plaque [plɑːk] *s* placca, targa.

plaster [ˈplɑːstə*] *s* intonaco; gesso; (*BrE*) cerotto ◊ **in plaster** ingessato.

plaster [ˈplɑːstə*] *v tr* intonacare; ingessare.

plastic [ˈplæstɪk] *s* plastica.

plastic [ˈplæstɪk] *agg* di, in plastica ◊ **plastic surgery** chirurgia plastica.

plate [pleɪt] *s* piatto; (*cuc*) piastra; lamiera; (*libro*) tavola; (*aut*) targa; vasellame (*m*) (*di metallo prezioso*) ◊ **(dental) plate** dentiera.

plateau (*pl* **-aux**) [ˈplætəʊ, əʊz] *s* altopiano.

plateaux [ˈplætəʊz] *s pl di* **plateau**.

plated [ˈpleɪtɪd] *agg* placcato.

platform [ˈplætfɔːm] *s* piattaforma; palco; (*ferr*) marciapiede (*m*) ◊ **platform ticket** biglietto d'ingresso ai binari.

platinum [ˈplætɪnəm] *s* platino.

platitude [ˈplætɪtjuːd] *s* banalità, luogo comune.

platoon [pləˈtuːn] *s* plotone (*m*).

platter [ˈplætə*] *s* piatto da portata, vassoio.

plausible [ˈplɔːzəbl] *agg* plausibile, credibile.

play [pleɪ] *s* gioco; lavoro teatrale ◊ **in play** per scherzo.

play [pleɪ] *v tr/intr* giocare (a); suonare; recitare; interpretare ◊ **to play jokes** fare scherzi; **to play the fool** fare il buffone; **playing field** campo sportivo.

▶ **play down** minimizzare;

▶ **play on** fare appello a, fare leva su.

player ['pleɪə*] s giocatore (m); (teatro) attore (m); (mus) musicista (m/f).

playful ['pleɪfʊl] agg giocoso, scherzoso.

playground ['pleɪgraʊnd] s parco giochi; (scuola) cortile (m).

playmate ['pleɪmeɪt] s compagno di giochi.

play-off ['pleɪɒf] s (sport) spareggio.

playpen ['pleɪpen] s box (m) (per bambini).

plaything ['pleɪθɪŋ] s giocattolo.

playtime ['pleɪtaɪm] s ricreazione (f).

playwright ['pleɪraɪt] s drammaturgo.

plea [pliː] s richiesta, supplica; (giur) difesa.

plead [pliːd] v tr addurre a pretesto; (giur) perorare, patrocinare ◊ v intr appellarsi, supplicare ◊ **to plead guilty** dichiararsi colpevole; **to plead for mercy** implorare pietà.

pleasant ['pleznt] agg piacevole, simpatico.

please [pliːz] inter, avv per favore ◊ **yes, please** sì grazie.

please [pliːz] v intr/tr piacere (a); accontentare ◊ **as you please** come vuoi.

pleased [pliːzd] agg lieto ◊ **pleased to meet you** lieto di conoscerla, piacere; **pleased with** soddisfatto di.

pleasing ['pliːzɪŋ] agg piacevole.

pleasure ['pleʒə*] s piacere (m) ◊ **with pleasure** ben volentieri; **it's a pleasure!** prego!

pleat [pliːt] s piega.

pledge [pledʒ] s pegno; promessa.

pledge [pledʒ] v tr impegnare; promettere.

plentiful ['plentɪfʊl] agg abbondante.

plenty ['plentɪ] s abbondanza ◊ **plenty of** molto, tanto.

pliable ['plaɪəbl], **pliant** ['plaɪənt] agg flessibile; (fig) malleabile.

pliers ['plaɪəz] s pl pinze.

plight [plaɪt] s situazione (f) critica.

plimsolls ['plɪmsəlz] s pl (BrE) scarpe da tennis.

plod [plɒd] v intr arrancare; (fig) tirare avanti con fatica.

plonk [plɒŋk] s (BrE) vino da poco.

plot [plɒt] s lotto di terreno; complotto; (lett) trama.

plot [plɒt] v intr complottare ◊ v tr fare la pianta di; (diagramma) tracciare; macchinare.

plough [plaʊ] s aratro.

plough [plaʊ] v tr/intr arare; farsi strada a fatica ◊ **to plough money into** investire molto denaro in.

plow [plaʊ] s, v tr/intr (AmE) v. **plough.**

ploy ['plɔɪ] s stratagemma (m).

pluck [plʌk] v tr (frutto) cogliere; (uccello) spennare; (peli) strappare; (mus) pizzicare ◊ **to pluck up courage** farsi coraggio.

plucky ['plʌkɪ] agg coraggioso.

plug [plʌg] s tappo; (elettr) spina; sciacquone (m) ◊ **(spark) plug** candela d'accensione.

plug [plʌg] *v tr* tappare; reclamizzare.

▶ **plug in** (*elettr*) inserire la spina.

plum [plʌm] *s* prugna ◊ **plum pudding** budino natalizio.

plumb [plʌm] *agg* a piombo, verticale.

plumb [plʌm] *v tr* ◊ **to plumb the depths** toccare il fondo.

plumber [plʌmə*] *s* idraulico.

plume [plu:m] *s* penna, piuma.

plummet ['plʌmɪt] *v intr* precipitare.

plump [plʌmp] *agg* grassoccio; brusco; (*rifiuto*) netto.

plunder ['plʌndə*] *v tr* saccheggiare.

plunge [plʌndʒ] *s* tuffo; (*econ*) crollo.

plunge [plʌndʒ] *v tr/intr* immergere, immergersi; tuffarsi; precipitare.

plural ['plʊərəl] *agg*, *s* (*gramm*) plurale.

plus [plʌs] *prep* più ◊ *s* più; extra (*m*); vantaggio ◊ **ten plus** più di dieci.

plush [plʌʃ] *agg* lussuoso.

ply [plaɪ] *s* (*lana, corda*) capo.

ply [plaɪ] *v tr* navigare; (*nave*) fare servizio di linea ◊ **to ply a trade** esercitare un mestiere.

plywood ['plaɪwʊd] *s* (*legno*) compensato.

p.m. [,pi:'em] *avv* del pomeriggio, della sera.

PM ['pi:'em] *s* primo ministro.

pneumatic [nju:'mætɪk] *agg* pneumatico.

pneumonia [nju:'məʊnjə] *s* polmonite (*f*).

PO Box [,pi:'əʊ,bɒks] *s* casella postale.

poach [pəʊtʃ] *v tr* (*uova*) affogare; (*pesce*) cuocere in bianco; cacciare, pescare di frodo ◊ **poached eggs** uova in camicia.

poacher ['pəʊtʃə*] *s* bracconiere (*m*); cacciatore (*m*), pescatore (*m*) di frodo.

pocket ['pɒkɪt] *s* tasca ◊ **pocket knife** temperino; **pocket money** soldi per le piccole spese, paghetta.

pocket ['pɒkɪt] *v tr* intascare.

pocketbook ['pɒkɪtbʊk] *s* taccuino; (*AmE*) portafoglio.

pod [pɒd] *s* baccello, guscio.

podiatrist [pə'daɪətrɪst] *s* (*AmE*) v. **chiropodist**.

poem ['pəʊɪm] *s* poesia.

poet ['pəʊɪt] *s* poeta (*m*).

poetry ['pəʊɪtrɪ] *s* poesia.

poignant ['pɔɪnənt] *agg* struggente.

point [pɔɪnt] *s* punto; (*decimale*) virgola; punta; scopo; (*scuola*) voto; (*elettr*) presa di corrente ◊ *pl* (*aut*) puntine; (*ferr*) scambio (*sing*) ◊ **six point two** sei virgola due; **point of view** punto di vista; **to be on the point of** essere sul punto di, stare per; **to come to the point** venire al dunque; **to get, to miss the point** capire, non capire; **there's no point in doing** it è inutile farlo; **what's the point?** a che scopo?, che senso ha?

point [pɔɪnt] *v tr/intr* indicare; puntare ◊ **to point the way** indicare la strada.

▶ **point out** far notare;

▶ **point up** mettere in evidenza.

point-blank [,pɔɪnt'blæŋk] *avv* a bruciapelo; (*fig*) chiaro e tondo; in modo categorico.

pointed ['pɔɪntɪd] *agg* appuntito; (*fig*) arguto; mordace; esplicito.

pointedly ['pɔɪntɪdlɪ] *avv* in modo inequivocabile.

pointer ['pɔɪntə*] *s* bacchetta; lancetta; (*fig*) indicazione (*f*), consiglio.

pointless ['pɔɪntlɪs] *agg* inutile.

poise [pɔɪz] *s* equilibrio; portamento.

poised [pɔɪzd] *agg* pronto. ◊

poison ['pɔɪzn] *s* veleno ◊ **poison pen** chi scrive lettere anonime calunniose.

poison ['pɔɪzn] *v tr* avvelenare.

poisonous ['pɔɪznəs] *agg* velenoso.

poke [pəʊk] *v tr* spingere; conficcare; (*fuoco*) attizzare.

▶ **poke about** frugare.

poker ['pəʊkə*] *s* attizzatoio; (*carte*) poker (*m*).

poky ['pəʊkɪ] *agg* angusto.

polar ['pəʊlə*] *agg* polare ◊ **polar bear** orso bianco.

polarize ['pəʊləraɪz] *v tr* polarizzare.

pole [pəʊl] *s* palo; (*sci*) bastoncino, racchetta; (*elettr, geog*) polo ◊ **pole vault** salto con l'asta; **North, South Pole** polo nord, sud; **Pole Star** stella polare; (*AmE*) **pole bean** fagiolino.

Pole [pəʊl] *s* polacco.

polemic [pə,lemɪk] *s* polemica.

police [pə'li:s] *s* polizia ◊ **police officer, constable** agente di polizia;

police station posto di polizia; **police record** fedina penale.

policeman (*pl* **-men**) [pə'li:smən] *s* poliziotto; vigile (*m*).

policewoman (*pl* **-women**) [pə-'li:s,wʊmən, wɪmɪn] *s* poliziotta.

policy ['pɒləsɪ] *s* politica ◊ (**insurance**) **policy** polizza d'assicurazione.

polio ['pəʊlɪəʊ] *s* (*med*) poliomielite (*f*).

polish ['pɒlɪʃ] *s* (*scarpe*) lucido; (*unghie*) smalto; (*pavimenti*) cera; lucentezza; raffinatezza.

polish ['pɒlɪʃ] *v tr* lucidare; (*fig*) raffinare, ingentilire.

Polish ['pəʊlɪʃ] *agg* polacco ◊ *s* (*lingua*) polacco.

polished ['pɒlɪʃt] *agg* (*fig*) raffinato.

polite [pə'laɪt] *agg* cortese.

politeness [pə'laɪtnɪs] *s* cortesia.

political [pə'lɪtɪkl] *agg* politico.

politically [pə'lɪtɪklɪ] *avv* politicamente.

politician [,pɒlɪ'tɪʃn] *s* politico.

politics ['pɒlɪtɪks] *s* politica ◊ *pl* idee politiche.

polka dot ['pɒlkədɒt] *s* pois (*m*).

poll [pəʊl] *s* voto; scrutinio ◊ (**opinion**) **poll** sondaggio d'opinione; **to go to the poll(s)** andare alle urne.

pollen ['pɒlən] *s* polline (*m*).

polling ['pəʊlɪŋ] *s* (*polit*) votazioni (*f pl*) ◊ **polling booth** cabina elettorale; **polling station** seggio elettorale.

pollute [pə'lu:t] *v tr* inquinare; contaminare.

polluting [pə'lu:tɪŋ] *agg* inquinante.

pollution [pə'lu:ʃn] ◊ s. inquinamento ◊ **noise pollution** inquinamento acustico; **air pollution** inquinamento atmosferico.

polo ['pəuləu] s (sport) polo.

polygamy [pə'lıgəmı] s poligamia.

polystyrene [,pɒlı'staıri:n] s polistirolo.

pomegranate ['pɒmı,grænıt] s melagrana.

pommel ['pɒml] s pomo; pomello.

pomp [pɒmp] s pompa, fasto.

pompous ['pɒmpəs] agg pomposo.

pond [pɒnd] s pozza; stagno.

ponder ['pɒndə*] v tr/intr ponderare, riflettere (su).

ponderous ['pɒndərəs] agg ponderoso; pesante.

pontoon [pɒn'tu:n] s chiatta, pontone (m).

ponytail ['pəunı,teıl] s coda di cavallo.

pony-trekking ['pəunı,trekkıŋ] s (BrE) trekking (m) a cavallo.

poodle ['pu:dl] s (cane) barboncino.

pool [pu:l] s stagno; pozzanghera; (luce) cono; gruppo; (AmE) biliardo ◊ (BrE) **(football) pools** totocalcio; **(swimming) pool** piscina.

pool [pu:l] v tr mettere in comune; mettere insieme.

poor [puə*] agg povero; mediocre; (qualità) scadente ◊ **poor thing** poverino; **to cut a poor figure** fare brutta figura.

poorly ['puəlı] agg malato ◊ **to feel poorly** sentirsi poco bene.

pop [pɒp] s schiocco; bibita gasata; (mus) pop (m); (AmE) papà (m).

pop [pɒp] v tr/intr (far) schioccare; (far) scoppiare; mettere (in fretta); fare una scappata.

▶ **pop off** scappare; morire.

pope [pəup] s papa (m).

poplar ['pɒplə*] s pioppo.

poppy ['pɒpı] s papavero.

popsicle ['pɒpsıkl] s (AmE) ghiacciolo.

popular ['pɒpjulə*] agg popolare; in voga.

popularity [,pɒpjulærətı] s popolarità.

population [,pɒpjuleıʃn] s popolazione (f).

porcelain ['pɔːsəlın] s porcellana.

porch [pɔːtʃ] s veranda.

porcupine ['pɔːkjupaın] s porcospino.

pore [pɔː*] s poro.

pore [pɔː*] v intr

▶ **pore over** essere immerso in.

pork [pɔːk] s carne (f) di maiale.

pornography [pɔː'nɒgrəfı] s pornografia.

porridge ['pɒrıdʒ] s farinata d'avena.

port [pɔːt] s porto; (vino) porto; (mar) babordo; oblò ◊ **port of call** scalo.

portable ['pɔːtəbl] agg portatile.

portal ['pɔːtl] s portale (m).

porter ['pɔːtə*] s portiere (m); (bagagli) facchino.

portfolio [,pɔːt'fəuljəu] s cartella; (fin, polit) portafoglio.

porthole ['pɔːthəul] s oblò.

portion ['pɔːʃn] s porzione (f).

portrait ['pɔ:trɪt] *s* ritratto.

portray [pɔ:'treɪ] *v tr* ritrarre.

Portuguese [,pɔ:tʃʊ'gi:z] *agg, s inv* portoghese (*m/f*) ◊ *s* (*lingua*) portoghese (*m*).

pose [pəʊz] *v tr* porre ◊ *v intr* posare; atteggiarsi a.

posh [pɒʃ] *agg* chic; snob.

position [pə'zɪʃn] *s* posizione (*f*); posto.

position [pə'zɪʃn] *v tr* sistemare, piazzare.

positive ['pɒzətɪv] *agg* positivo; preciso; certo.

posse ['pɒsɪ] *s* (*AmE*) drappello di uomini armati.

possess [pə'zes] *v tr* possedere.

possession [pə'zeʃn] *s* possesso ◊ *pl* beni, proprietà (*f*).

possessive [pə'zesɪv] *agg* possessivo.

possibility [,pɒsə'bɪlətɪ] *s* possibilità.

possible ['pɒsəbl] *agg* possibile.

possibly ['pɒsəblɪ] *avv* può darsi, forse; (*in frasi negative*) assolutamente.

post [pəʊst] *s* palo; (*BrE*) posta; posto, impiego; (*milit*) postazione (*f*) ◊ **by post** per posta.

post [pəʊst] *v tr* (*BrE*) (*lettera*) imbucare; assegnare.

postage ['pəʊstɪdʒ] *s* affrancatura.

postal ['pəʊstəl] *agg* postale ◊ **postal order** vaglia postale.

postcode ['pəʊst,kəʊd] *s* (*BrE*) codice (*m*) (di avviamento) postale.

post-box ['pəʊstbɒks] *s* (*BrE*) buca delle lettere.

postcard ['pəʊstkɑ:d] *s* cartolina.

postdate [,pəʊst'deɪt] *v tr* postdatare.

poster ['pəʊstə*] *s* manifesto.

poste restante [,pəʊst'resta:nt] *s* (*BrE*) fermo posta (*m*).

postgraduate [,pəʊst'grædjʊət] *s* laureato che segue un corso di perfezionamento.

postman (*pl* **-men**) ['pəʊstmən] *s* postino.

postmark ['pəʊstmɑ:k] *s* timbro postale.

post-mortem [,pəʊst'mɔ:təm] *s* autopsia.

post office ['pəʊst,ɒfɪs] *s* ufficio postale ◊ **Post Office Box** casella postale.

postpone [,pəʊst'pəʊn] *v tr* posporre, rinviare.

postscript ['pəʊsskrɪpt] *s* poscritto.

posture ['pɒstʃə*] *s* postura; posa, atteggiamento.

postwar [,pəʊst'wɔ:*] *agg* postbellico, del dopoguerra.

posy ['pəʊzɪ] *s* mazzetto di fiori.

pot [pɒt] *s* vaso; pentola; (*gergo*) marijuana ◊ **pots and pans** batteria da cucina; (**coffee**) **pot** caffettiera; **to go to pot** andare in malora.

potato [pə'teɪtəʊ] *s* patata.

potent ['pəʊtənt] *agg* potente.

potential [pə'tenʃl] *agg, s* potenziale (*m*).

pothole ['pɒthəʊl] *s* (*strada*) buca.

potholer ['pɒthəʊlə*] *s* (*BrE*) speleologo dilettante.

potluck [,pɒt'lʌk] *s* ◊ **potluck lunch** pranzo a cui ognuno contribuisce con qualcosa.

potted [pɒtɪd] *agg* (*cibo*) in conserva; (*pianta*) in vaso; (*versione*) ridotto.

potter ['pɒtə*] s vasaio.

potter ['pɒtə*] v intr (*about, around*) lavoricchiare.

pottery ['pɒtərɪ] s ceramiche (*pl*); terraglie (*pl*); fabbrica di ceramiche.

potty ['pɒtɪ] s vasino.

pouch [paʊtʃ] s borsa; (*zool*) marsupio.

poultry ['pəʊltrɪ] s pollame (*m*).

pounce [paʊns] v intr/tr piombare (su).

pound [paʊnd] s libbra (*unità di misura di peso*); (*moneta*) sterlina; canile (*m*) ◊ **pound sterling** sterlina inglese.

pound [paʊnd] v tr/intr pestare, battere; martellare; polverizzare.

pour [pɔ:*] v tr versare ◊ v intr riversarsi; piovere a dirotto.

pouring [pɔ:rɪŋ] agg (*pioggia*) torrenziale.

pout [paʊt] v intr fare il broncio.

poverty ['pɒvətɪ] s povertà.

powder ['paʊdə*] s polvere (*f*) ◊ **(face) powder** cipria; **powder compact** portacipria; **powder room** toilette per signore.

powder ['paʊdə*] v tr polverizzare; incipriarsi ◊ **powdered milk** latte in polvere.

power ['paʊə*] s potere (*m*); potenza, capacità; (*elettr*) corrente (*f*) ◊ **power failure** mancanza di corrente; (*BrE*) **power cut** interruzione di corrente; (*BrE*) **power point** presa di corrente; **power station** centrale elettrica; **to be in power** essere al potere.

powered ['paʊəd] agg a motore ◊ **powered by** azionato da.

powerful ['paʊəful] agg potente; forte.

powerless ['paʊəlɪs] agg impotente; inefficace.

practicable ['præktɪkəbl] agg praticabile; fattibile.

practical ['præktɪkl] agg pratico; comodo; concreto ◊ **for all practical purposes** a tutti gli effetti; **practical joke** beffa.

practice ['præktɪs] s pratica; esercizio; (*sport*) allenamento; clientela ◊ **out of practice** fuori esercizio.

practice ['præktɪs] v tr/intr (*AmE*) v. **practise**.

practise ['præktɪs] v tr/intr esercitarsi (a); allenarsi (a); (*professione*) esercitare; praticare ◊ **to practise medicine, law** fare il medico, l'avvocato.

practitioner [præk'tɪʃnə*] s professionista (*m/f*).

prairie ['preərɪ] s prateria.

praise [preɪz] s lode (*f*).

praise [preɪz] v tr lodare.

praiseworthy ['preɪz,wɜ:ðɪ] agg lodevole.

pram [præm] s (*BrE*) carrozzina.

prank [præŋk] s burla.

prawn [prɔ:n] s gambero.

pray [preɪ] v tr/intr pregare.

prayer ['preɪə*] s preghiera.

preach [pri:tʃ] v tr/intr predicare.

precarious [prɪ'keərɪəs] agg precario.

precaution [prɪ'kɔ:ʃn] s precauzione (*f*).

precede [ˌpri:'si:d] v tr precedere.

precedent [prɪ'si:dənt] *s* precedente (*m*).

preceding [,pri:'si:dɪŋ] *agg* precedente.

precept ['pri:sept] *s* precetto.

precinct ['pri:sɪŋkt] *s* (*AmE*) circoscrizione (*f*) ◊ *pl* zona recintata (*sing*).

precious ['preʃəs] *agg* prezioso.

precipice ['presɪpɪs] *s* precipizio.

precipitate [prɪ'sɪpɪteɪt] *v tr* affrettare.

precise [prɪ'saɪs] *agg* preciso.

precision [prɪ'sɪʒn] *s* precisione (*f*).

precocious [prɪ'kəʊʃəs] *agg* precoce.

preconceived [,pri:kən'si:vd] *agg* preconcetto.

precursor [,pri:'kɜ:sə*] *s* precursore (*m*).

predate [pri:'deɪt] *v tr* antidatare.

predatory ['predətərɪ] *agg* predatorio; rapace.

predecessor ['pri:dɪsesə*] *s* predecessore (*m*).

predicament [prɪ'dɪkəmənt] *s* situazione (*f*) difficile.

predict [prɪ'dɪkt] *v tr* predire.

predictable [prɪ'dɪktəbl] *agg* prevedibile.

prediction [prɪ'dɪkʃn] *s* predizione (*f*), profezia.

prefab ['pri:fæb] *s* casa prefabbricata.

preface ['prefəs] *s* prefazione (*f*).

prefect ['pri:fekt] *s* prefetto; (*BrE*) (*scuola*) allievo anziano con funzioni disciplinari.

prefer [prɪ'fɜ:*] *v tr* preferire.

preferable ['prefərəbl] *agg* preferibile.

preference ['prefərəns] *s* preferenza (*f*).

preferential [,prefə'renʃl] *agg* preferenziale.

pregnancy ['pregnənsɪ] *s* gravidanza.

pregnant ['pregnənt] *agg* incinta.

prejudice ['predʒʊdɪs] *s* pregiudizio; danno.

prejudiced ['predʒʊdɪst] *agg* (*against*) prevenuto; (*in favour of*) ben disposto.

preliminary [prɪ'lɪmɪnərɪ] *agg* preliminare.

prelude ['prelju:d] *s* preludio.

premature [,premə'tjʊə*] *agg* prematuro.

premeditation [pri:,medɪ'teɪʃn] *s* premeditazione (*f*).

premier ['premjə*] *s* primo ministro.

premise ['premɪs] *s* premessa ◊ *pl* edificio (*sing*); locali ◊ **on, off the premises** sul posto, fuori dallo stabile.

premium ['pri:mjəm] *s* premio; (*benzina*) super (*f*) ◊ **at a premium** ricercatissimo.

premonition [,pri:mə'nɪʃn] *s* premonizione (*f*).

preoccupied [,pri:'ɒkjʊpaɪd] *agg* preoccupato; assorto.

prepaid [pri:'peɪd] *agg* prepagato.

preparation [,prepə'reɪʃn] *s* preparazione (*f*) ◊ *pl* preparativi.

preparatory [prɪ'pærətərɪ] *agg* preparatorio ◊ **preparatory school** (*BrE*) scuola elementare privata;

(*AmE*) scuola che prepara al college.

prepare [prɪ'peə*] *v tr/intr* preparare, prepararsi (a).

preposterous [prɪ'pɒstərəs] *agg* assurdo.

prescribe [prɪ'skraɪb] *v tr* prescrivere.

prescription [prɪ'skrɪpʃn] *s* prescrizione (*f*); (*med*) ricetta ◊ **available only on prescription** solo dietro presentazione di ricetta medica.

presence ['prezns] *s* presenza ◊ **presence of mind** presenza di spirito.

present ['preznt] *agg* presente; attuale ◊ **the present month** il corrente mese.

present ['preznt] *s* presente; regalo ◊ **at present** attualmente.

present [prɪ'zent] *v tr* presentare; offrire.

presentation [,prezən'teɪʃn] *s* presentazione (*f*); consegna ufficiale ◊ **presentation copy** copia omaggio.

presently ['prezntlɪ] *avv* presto, tra poco; attualmente.

preservative [prɪ'zɜːvətɪv] *s* conservante (*m*).

preserve [prɪ'zɜːv] *v tr* preservare, proteggere; conservare; (*cuc*) mettere in conserva.

preserve [prɪ'zɜːv] *s* marmellata; frutta sciroppata.

preside [prɪ'zaɪd] *v intr* (*at, over*) presiedere (a).

presidency ['prezɪdənsɪ] *s* presidenza.

president ['prezɪdənt] *s* presidente (*m/f*).

presidential ['prezɪ'denʃl] *agg* presidenziale.

press [pres] *s* stampa; pressa; (*vino*) torchio; pressione (*f*); tipografia ◊ **in press** in corso di stampa; **press conference** conferenza stampa; **press agency** agenzia stampa; **press agent** agente pubblicitario; **press cutting** ritaglio di giornale; (*BrE*) **press stud** bottone automatico.

press [pres] *v tr/intr* premere; (*mano*) stringere; incalzare; (*vestito*) stirare ◊ **to press for** insistere per avere; **to be pressed for time** avere poco tempo.

▶ **press on** continuare.

pressing ['presɪŋ] *agg* urgente.

pressure ['preʃə*] *s* pressione (*f*) ◊ **pressure cooker** pentola a pressione; **pressure gauge** manometro; **pressure group** gruppo di pressione.

pressurize ['preʃəraɪz] *v tr* (*tecn*) pressurizzare.

prestige [pre'stiːʒ] *s* prestigio.

prestigious [pre'stɪdʒəs] *agg* prestigioso.

presumably [prɪ'zjuːməblɪ] *avv* presumibilmente.

presume [prɪ'zjuːm] *v tr* supporre.

presumption [prɪ'zʌmpʃn] *s* supposizione (*f*); presunzione (*f*).

presuppose [,priːsə'pəʊz] *v tr* presupporre.

pretence [prɪ'tens] *s* pretesa ◊ **under false pretences** con l'inganno; **to make a pretence of** fare finta di.

pretend [prɪ'tend] *v tr/intr* fingere.

pretense [prɪ'tens] s (AmE) v. **pretence**.

pretext ['pri:tekst] s pretesto.

pretty ['prɪtɪ] agg grazioso, carino.

pretty ['prɪtɪ] avv abbastanza, piuttosto.

prevail [prɪ'veɪl] v intr prevalere; convincere.

prevailing [prɪ'veɪlɪŋ] agg dominante.

prevalent ['prevələnt] agg prevalente; comune, corrente.

prevaricate [prɪ'værɪkeɪt] v intr tergiversare.

prevent [prɪ'vent] v tr impedire.

prevention [prɪ'venʃn] s prevenzione (f).

preventive [prɪ'ventɪv] agg preventivo.

preview ['pri:vju:] s anteprima.

previous ['pri:vjəs] agg precedente, anteriore.

previously ['pri:vjəslɪ] avv prima.

prewar [ˌpri:'wɔ:*] agg prebellico, anteguerra.

prey [preɪ] s preda.

prey [preɪ] v intr (on, upon) predare; (fig) tormentare.

price [praɪs] s prezzo ◊ **price list** listino prezzi; **price tag** cartellino del prezzo.

price [praɪs] v tr fissare il prezzo di; valutare.

priceless ['praɪslɪs] agg inestimabile; spassoso.

prick [prɪk] s puntura.

prick [prɪk] v tr/intr pungere ◊ **to prick up one's ears** drizzare gli orecchi.

prickle ['prɪkl] s spina; pizzicore (m).

prickly ['prɪklɪ] agg spinoso ◊ **prickly pear** fico d'India.

pride [praɪd] s orgoglio.

pride [praɪd] v tr ◊ **to pride oneself on** essere orgoglioso di; vantarsi di.

priest [pri:st] s prete (m).

priestess ['pri:stɪs] s sacerdotessa.

priesthood ['pri:sthud] s sacerdozio.

prig [prɪg] s presuntuoso; saccente (m/f).

prim [prɪm] agg compassato; formalista.

primarily ['praɪmərɪlɪ] avv in primo luogo; principalmente.

primary ['praɪmərɪ] agg primo; primario ◊ (BrE) **primary school** scuola elementare; (AmE) **primary elections** elezioni primarie.

prime [praɪm] agg primario, di prima qualità ◊ **Prime Minister** Primo Ministro; **prime time** serata.

prime [praɪm] s ◊ **in the prime of life** nel fiore degli anni.

prime [praɪm] v tr (armi) caricare; innescare; (fig) mettere al corrente; preparare.

primeval [praɪ'mi:vl] agg primordiale.

primitive ['prɪmɪtɪv] agg primitivo.

primrose ['prɪmrəʊz] s primula.

primus ['praɪməs] s (BrE) ◊ **primus (stove)** fornello a petrolio.

prince [prɪns] s principe (m).

princess [prɪn'ses] s principessa.

principal ['prɪnsəpl] *agg* principale.

principal ['prɪnsəpl] *s* (*scuola*) preside (*m/f*).

principality [ˌprɪnsɪ'pælətɪ] *s* principato.

principle ['prɪnsəpl] *s* principio ◊ **on principle** per principio.

print [prɪnt] *s* carattere tipografico; impronta; tessuto stampato; (*arte*) stampa, riproduzione (*f*); (*fot*) copia (*f*) ◊ **in, out of print** in corso di stampa, esaurito.

print [prɪnt] *v tr/intr* stampare; imprimere; scrivere in stampatello ◊ **printed matter** stampe.

printer ['prɪntə*] *s* tipografo; (*inform*) stampante (*f*).

printing ['prɪntɪŋ] *s* stampa.

printout ['prɪntaut] *s* (*inform*) tabulato.

prior ['praɪə*] *agg* precedente ◊ **prior to** prima di.

priority [praɪ'ɒrɪtɪ] *s* priorità; precedenza.

prison ['prɪzn] *s* prigione (*f*).

prisoner ['prɪznə*] *s* prigioniero.

privacy ['prɪvəsɪ, (*AmE*) 'praɪvəsɪ] *s* intimità; riserbo.

private ['praɪvɪt] *agg* privato; personale; (*lettera*) confidenziale, riservato ◊ **in private** in privato; **to keep private** tenere segreto; **private eye** investigatore privato.

private ['praɪvɪt] *s* soldato semplice.

privatize ['praɪvətaɪz] *v tr* privatizzare.

privilege ['prɪvɪlɪdʒ] *s* privilegio.

privy ['prɪvɪ] *agg* ◊ **to be privy to** essere al corrente di.

prize [praɪz] *s* premio ◊ **prize winner** premiato.

prize [praɪz] *v tr* apprezzare.

prize-giving ['praɪzˌgɪvɪŋ] *s* premiazione (*f*).

pro- [prəʊ] *prefisso* filo-, pro-.

pro [prəʊ] *s* pro; (*sport*) professionista (*m/f*) ◊ **the pros and cons** i pro e i contro.

probability [ˌprɒbə'bɪlətɪ] *s* probabilità ◊ **in all probability** con tutta probabilità.

probable ['prɒbəbl] *agg* probabile.

probation [prə'beɪʃn] *s* prova; tirocinio; (*giur*) libertà vigilata.

probe [prəʊb] *v tr/intr* sondare; indagare; esplorare.

problem ['prɒbləm] *s* problema (*m*).

procedure [prə'si:dʒə*] *s* procedimento; procedura.

proceed [prə'si:d] *v intr* procedere, avanzare; continuare; mettersi.

proceedings [prə'si:dɪŋz] *s pl* atti; verbale (*m sing*); riunione (*f sing*); (*giur*) azione (*f sing*) legale, procedimento (*sing*).

proceeds [prə'si:dz] *s pl* incasso (*sing*), profitto (*sing*), ricavato (*sing*).

process ['prəʊses] *s* processo; metodo; sistema (*m*).

process [prə'ses] *v tr* trattare, trasformare; (*inform*) elaborare.

processing ['prəʊsesɪŋ] *s* trattamento; lavorazione (*f*); (*inform*) elaborazione (*f*).

procession [prə'seʃn] *s* processione (*f*), corteo.

pro-choice ['prəʊtʃɔɪs] *agg* favorevole all'aborto.

proclaim [prə'kleɪm] v tr proclamare.

procreation [ˌprəʊkrɪ'eɪʃn] s procreazione (f).

prod [prɒd] s colpetto, spinta.

prod [prɒd] v tr dare un colpetto a, pungolare; (fig) incitare.

prodigal ['prɒdɪgl] agg prodigo.

prodigious [prə'dɪdʒəs] agg prodigioso.

prodigy ['prɒdɪdʒɪ] s prodigio.

produce ['prɒdjuːs] s (agr) prodotto, prodotti (pl).

produce [prə'djuːs] v tr produrre; esibire; causare; (teatro) mettere in scena.

producer [prə'djuːsə*] s produttore (m).

product ['prɒdʌkt] s prodotto.

production [prə'dʌkʃn] s produzione (f); (documenti) presentazione (f).

productive [prə'dʌktɪv] agg produttivo; fertile.

productivity [ˌprɒdʌk'tɪvətɪ] s produttività.

profess [prə'fes] v tr professare; dichiarare.

profession [prə'feʃn] s professione (f).

professional [prə'feʃənl] agg professionale.

professional [prə'feʃənl] s professionista (m/f).

professor [prə'fesə*] s (BrE) professore (m) ordinario; (AmE) docente (m/f) universitario.

proffer ['prɒfə*] v tr offrire.

proficiency [prə'fɪʃnsɪ] s competenza, abilità.

profile ['prəʊfaɪl] s profilo.

profit ['prɒfɪt] s profitto; beneficio.

profit ['prɒfɪt] v intr trarre profitto, vantaggio (da); approfittare (di).

profitable ['prɒfɪtəbl] agg redditizio; vantaggioso; utile.

profiteer [ˌprɒfɪ'tɪə*] v intr speculare.

profound [prə'faʊnd] agg profondo.

profuse [prə'fjuːs] agg copioso.

profusion [prə'fjuːʒn] s profusione (f), abbondanza.

program ['prəʊgræm] s, v tr (AmE) v. **programme**.

programme ['prəʊgræm] s programma (m).

programme ['prəʊgræm] v tr programmare.

programmer ['prəʊgræmə*] s programmatore (m).

progress [prəʊgres] s progresso ◊ **in progress** in corso.

progress [prəʊ'gres] v intr progredire, avanzare; fare progressi.

progressive [prəʊ'gresɪv] agg progressivo; progressista.

progressive [prəʊ'gresɪv] s progressista (m/f).

prohibit [prə'hɪbɪt] v tr proibire; impedire.

prohibition [ˌprəʊɪ'bɪʃn] s proibizione (f), divieto; (AmE) proibizionismo.

prohibitive [prə'hɪbɪtɪv] agg proibitivo.

project ['prɒdʒekt] s progetto; piano; studio.

project [prə'dʒekt] v tr proiettare ◊ v intr sporgere.

247

projectile [prəˈdʒektaɪl] s proiettile (m).

projector [prəˈdʒektə*] s proiettore (m).

pro-life [ˈprəʊˈlaɪf] agg contro l'aborto.

prolific [prəʊˈlɪfɪk] agg prolifico; fecondo.

prolong [prəʊlɒŋ] v tr prolungare.

prom [prɒm] s (BrE) v. **promenade**; (AmE) ballo studentesco.

promenade [ˌprɒməˈnɑːd] s passeggiata, lungomare (m) ◊ **promenade concert** concerto con posti in piedi.

prominence [ˈprɒmɪnəns] s rilievo ◊ **to come into prominence** acquistare importanza; **to bring into prominence** portare l'attenzione su.

prominent [ˈprɒmɪnənt] agg sporgente; (fig) di rilievo.

promise [ˈprɒmɪs] s promessa.

promise [ˈprɒmɪs] v tr/intr promettere; assicurare.

promising [ˈprɒmɪsɪŋ] agg promettente.

promissory note [ˈprɒmɪsərɪnəʊt] s (comm) pagherò cambiario.

promontory [ˈprɒməntrɪ] s promontorio.

promote [prəˈməʊt] v tr promuovere; organizzare.

promotion [prəˈməʊʃn] s promozione (f).

promotional [prəˈməʊʃnl] agg promozionale.

prompt [prɒmpt] agg rapido; sollecito.

prompt [prɒmpt] s suggeritore.

prompt [prɒmpt] v tr incitare; (teatro) suggerire (a).

prompter [ˈprɒmptə*] s (teatro) suggeritore (m).

promptly [ˈprɒmptlɪ] avv prontamente; puntualmente.

prone [prəʊn] agg propenso, incline.

pronoun [ˈprəʊnaʊn] s (gramm) pronome (m).

pronounce [prəˈnaʊns] v tr pronunciare.

pronunciation [prəˌnʌnsɪˈeɪʃn] s pronuncia.

proof [pruːf] agg (against) a prova di.

proof [pruːf] s prova; (libro) bozza di stampa; (fot) provino.

prop [prɒp] s sostegno.

prop [prɒp] v tr puntellare; appoggiare; sostenere.

propaganda [ˌprɒpəˈgændə] s propaganda.

propel [prəˈpel] v tr spingere in avanti; azionare.

propeller [prəˈpelə*] s elica.

propensity [prəˈpensɪtɪ] s propensione (f), tendenza.

proper [ˈprɒpə*] agg appropriato, adatto; proprio; propriamente detto; decoroso ◊ **proper noun** nome proprio.

properly [ˈprɒpəlɪ] avv bene, corettamente; come si deve ◊ **properly speaking** per l'esattezza.

property [ˈprɒpətɪ] s proprietà; beni (pl) ◊ **property owner** proprietario.

prophecy [ˈprɒfɪsɪ] s profezia.

prophesy [ˈprɒfɪsaɪ] v tr predire.

prophet ['prɒfɪt] s profeta (m).

prophetic [prə'fetɪk] agg profetico.

proportion [prə'pɔːʃn] s proporzione (f); parte (f) ◊ **out of proportion** sproporzionato.

proportional [prə'pɔːʃənl] agg proporzionale.

proposal [prə'pəʊzl] s proposta; proposta di matrimonio.

propose [prə'pəʊz] v tr proporre ◊ v intr riproporsi; fare una proposta di matrimonio.

proposition [ˌprɒpə'zɪʃn] s asserzione (f); proposta; (gramm) proposizione (f).

proprietor [prə'praɪətə*] s proprietario.

propriety [prə'praɪətɪ] s decoro ◊ pl regole di buona creanza.

prosecute ['prɒsɪkjuːt] v tr (giur) perseguire, incriminare.

prosecution [ˌprɒsɪ'kjuːʃn] s (giur) accusa; processo ◊ **to start a prosecution against** intentare causa contro.

prosecutor ['prɒsɪkjuːtə*] s (giur) ◊ **(public) prosecutor** pubblico ministero.

prospect ['prɒspekt] s prospettiva; speranza ◊ pl prospettive (di carriera ecc.).

prospective [prə'spektɪv] agg probabile, eventuale; futuro.

prospectus [prə'spektəs] s prospetto, programma (m).

prosperity [prɒ'sperɪtɪ] s prosperità.

prostitute ['prɒstɪtjuːt] s prostituta.

protagonist [prəʊ'tægənɪst] s protagonista (m/f).

protect [prə'tekt] v tr proteggere.

protection [prə'tekʃn] s protezione (f).

protective [prə'tektɪv] agg protettivo.

protégé ['prəʊteʒeɪ] s protetto.

protein ['prəʊtiːn] s proteina.

protest ['prəʊtest] s protesta; (giur) reclamo ◊ **bill under protest** cambiale in protesto.

protest [prə'test] v tr/intr protestare.

Protestant ['prɒtɪstənt] agg, s protestante (m/f).

protocol ['prəʊtəkɒl] s protocollo.

protract [prə'trækt] v tr protrarre.

protrude [prə'truːd] v intr sporgere.

proud [praʊd] agg fiero, orgoglioso; superbo.

prove [pruːv] v tr provare, dimostrare ◊ v intr risultare, dimostrarsi.

proverb ['prɒvɜːb] s proverbio.

provide [prə'vaɪd] v tr fornire, procurare ◊ v intr provvedere.

▶ **provide for** provvedere a; prevedere.

provided [prə'vaɪdɪd], **providing** [prə'vaɪdɪŋ] cong purché, a condizione che.

province ['prɒvɪns] s provincia; (fig) competenza.

provincial [prə'vɪnʃl] agg provinciale.

provision [prə'vɪʒn] s (comm, giur) clausola, condizione (f) ◊ pl provviste; viveri ◊ **to make provision for, against** provvedere a, premunirsi contro.

provisional [prə'vɪʒənl] *agg* provvisorio.

provocative [prə'vɒkətɪv] *agg* provocatorio; provocante.

provoke [prə'vəuk] *v tr* provocare; stimolare.

prow [prau] *s* prua.

prowess ['prauɪs] *s* prodezza.

prowler ['praulə*] *s* malintenzionato.

proximity [prɒk'sɪmətɪ] *s* prossimità.

proxy ['prɒksɪ] *s* procura ◊ **by proxy** per procura.

prude [pru:d] *s* puritano.

prudence ['pru:dns] *s* prudenza.

prudent ['pru:dnt] *agg* prudente.

prudish ['pru:dɪʃ] *agg* puritano.

prune [pru:n] *s* prugna secca.

prune [pru:n] *v tr* potare.

pry [praɪ] *v intr* ficcare il naso, impicciarsi.

psalm [sɑ:m] *s* salmo.

pseudonym ['sju:dənɪm] *s* pseudonimo.

psychiatrist [saɪˈkaɪətrɪst] *s* psichiatra (*m/f*).

psychiatry [saɪˈkaɪətrɪ] *s* psichiatria.

psychic ['saɪkɪk] *agg* psichico; medianico, paranormale.

psychic ['saɪkɪk] *s* medium (*m/f*).

psychoanalyse [ˌsaɪkəu'ænəlaɪz] *v tr* psicanalizzare.

psychoanalysis [ˌsaɪkəuə'næləsɪs] *s* psicanalisi (*f*).

psychoanalyst [ˌsaɪkəu'ænəlɪst] *s* psicanalista (*m/f*).

psychoanalyze [ˌsaɪkəu'ænəlaɪz] *v tr* (*AmE*) psicanalizzare.

psychologist [saɪˈkɒlədʒɪst] *s* psicologo.

psychology [saɪˈkɒlədʒɪ] *s* psicologia.

psychopath ['saɪkəupæθ] *s* psicopatico.

pub [pʌb] *s* pub (*m*) ◊ **pub lunch** pranzo semplice ed economico servito al pub.

puberty ['pju:bətɪ] *s* pubertà.

public ['pʌblɪk] *agg* pubblico ◊ **public holiday** festa nazionale; **public school** (*BrE*) scuola privata; (*AmE*) scuola statale; (*BrE*) **public house** pub.

public ['pʌblɪk] *s* pubblico ◊ **the general public** il grande pubblico.

publican ['pʌblɪkən] *s* proprietario di pub.

publication [ˌpʌblɪˈkeɪʃn] *s* pubblicazione (*f*).

publicity [pʌbˈlɪsətɪ] *s* pubblicità.

publish ['pʌblɪʃ] *v tr* pubblicare.

publisher ['pʌblɪʃə*] *s* editore (*m*).

pucker ['pʌkə*] *v tr* corrugare, raggrinzire.

pudding ['pudɪŋ] *s* budino; (*BrE*) dolce (*m*) ◊ **black**, (*AmE*) **blood pudding** sanguinaccio.

puddle ['pʌdl] *s* pozzanghera.

Puerto Rican ['pwɜ:təu'ri:kən] *agg, s* portoricano.

puff [pʌf] *s* sbuffo; (*cuc*) bignè (*m*) ◊ **puff pastry** pasta sfoglia.

puff [pʌf] *v intr* sbuffare, ansimare; (*pipa ecc.*) tirare boccate.

▶ **puff out** gonfiare;

▶ **puff up** gonfiare, gonfiarsi.

puffed [pʌft] *agg* senza fiato.

pull [pul] *s* tirata, strappo; (*sigaret-*

ta) tiro, boccata; (*bibita*) sorso; (*fig*) attrattiva.

pull [pul] *v tr* tirare; (*muscolo*) stirare; (*grilletto*) premere ◊ *v intr* tirare ◊ **to pull faces** fare le boccacce; **to pull somebody's leg** prendere in giro qualcuno.

▶ **pull down** demolire;

▶ **pull off** portare a compimento; (*vestiti*) togliere;

▶ **pull out** partire;

▶ **pull through** farcela;

▶ **pull up** fermarsi.

pullman ['pulmən] *s* (*ferr*) carrozza di lusso.

pulp [pʌlp] *s* polpa ◊ **pulp magazine** rivista scandalistica.

pulpit ['pulpit] *s* pulpito.

pulsate [pʌl'seit] *v intr* pulsare, battere.

pulse [pʌls] *s* polso.

pumice ['pʌmis] *s* pietra pomice.

pummel ['pʌml] *v tr* prendere a pugni.

pump [pʌmp] *s* pompa ◊ *pl* (*BrE*) scarpe da ginnastica; ballerine.

pump [pʌmp] *v tr/intr* pompare.

▶ **pump up** gonfiare.

pumpkin ['pʌmpkin] *s* zucca.

pun [pʌn] *s* gioco di parole.

punch [pʌntʃ] *s* punzone (*m*); pugno; (*fig*) vigore (*m*); (*bevanda*) ponce (*m*).

punch [pʌntʃ] *v tr* prendere a pugni.

punch [pʌntʃ] *s* burattino ◊ **Punch and Judy show** spettacolo di burattini.

punctual ['pʌŋktjuəl] *agg* puntuale.

punctuation [ˌpʌŋktju'eiʃən] *s* punteggiatura.

puncture ['pʌŋktʃə*] *s* ◊ **to have a puncture** avere una gomma a terra.

puncture ['pʌŋktʃə*] *v tr* pungere, forare.

pungent ['pʌndʒənt] *agg* pungente.

punish ['pʌniʃ] *v tr* punire.

punishment ['pʌniʃmənt] *s* punizione (*f*).

punt [pʌnt] *s* barchino.

puny ['pju:ni] *agg* gracile.

pup [pʌp] *s* cucciolo.

pupil ['pju:pl] *s* allievo; (*anat*) pupilla.

puppet ['pʌpit] *s* burattino.

puppy ['pʌpi] *s* cucciolo.

purchase ['pɜːtʃəs] *s* acquisto.

purchase ['pɜːtʃəs] *v tr* acquistare.

purchaser ['pɜːtʃəsə*] *s* acquirente (*m/f*).

pure [pjuə*] *agg* puro.

puree ['pjuərei] *s* (*cuc*) purè (*m*); (*pomodori*) passato, passata.

purge [pɜːdʒ] *s* purga.

purify ['pjuərifai] *v tr* purificare.

puritan ['pjuəritən] *s* puritano.

purity ['pjuərəti] *s* purezza.

purple ['pɜːpl] *agg* porpora; viola.

purpose ['pɜːpəs] *s* scopo; intenzione (*f*) ◊ **on purpose** apposta; **to no purpose** invano.

purposeful ['pɜːpəsful] *agg* deciso, determinato.

purposeless ['pɜːpəslis] *agg* indeciso; inutile.

purr [pɜː*] *v intr* fare le fusa.

purse [pɜːs] *s* borsellino; (*AmE*) borsetta.

purse [pɜːs] *v tr* (*labbra*) increspare.

purser ['pɜːsə*] *s* (*mar*) commissario di bordo.

pursue [pə'sjuː] *v tr* inseguire; (*fig*) continuare con; (*scopo*) perseguire.

pursuit [pə'sjuːt] *s* inseguimento; (*fig*) ricerca; passatempo.

push [pʊʃ] *s* spinta; (*fig*) sforzo; energia ◊ **at a push** in caso di bisogno.

push [pʊʃ] *v tr/intr* spingere (a); premere; schiacciare; (*droga*) spacciare; (*comm*) propagandare.

▶ **push about** fare il prepotente;

▶ **push ahead, forward, on** avanzare con decisione;

▶ **push off** andare via.

pushchair ['pʊʃtʃeə*] *s* passeggino.

pusher ['pʊʃə*] *s* arrivista (*m/f*); (*droga*) spacciatore (*m*).

pushover ['pʊʃˌəʊvə*] *s* cosa facilissima.

pussy(cat) ['pʊsɪ(kæt)] *s* gattino.

put (*p, pp* put) [pʊt] *v tr* mettere; esprimere; stimare, valutare ◊ **to put a question** fare una domanda.

▶ **put by** mettere da parte;

▶ **put off** rimandare;

▶ **put on** mettere su; (*vestito*) indossare; (*luce*) accendere ◊ **to put on the brakes** frenare; **to put on weight** ingrassare; **to put on airs** darsi delle arie;

▶ **put out** spegnere;

▶ **put through** (*telefono*) passare, mettere in comunicazione;

▶ **put up** aumentare; (*tenda*) montare; ospitare;

▶ **put up with** sopportare.

putt [pʌt] *s* (*golf*) tiro per far entrare la palla in buca.

putting green ['pʌtɪŋˌgriːn] *s* (*golf*) campo per praticare il 'putt'.

putty ['pʌtɪ] *s* stucco.

puzzle ['pʌzl] *s* enigma (*m*), rompicapo; puzzle (*m*) ◊ **crossword puzzle** cruciverba.

puzzle ['pʌzl] *v tr* confondere, lasciare perplesso ◊ *v intr* scervellarsi.

pygmy ['pɪgmɪ] *s* pigmeo.

pyjamas [pə'dʒɑːməz] *s pl* (*BrE*) pigiama (*m sing*).

pyramid ['pɪrəmɪd] *s* piramide (*f*).

python ['paɪθn] *s* pitone (*m*).

Q

quack [kwæk] *s* ciarlatano.

quadrangle ['kwɒˌdræŋgl] *s* cortile (*m*).

quadruped ['kwɒdruped] *s* quadrupede (*m*).

quadruple ['kwɒdrupl] *v tr/intr* quadruplicare, quadruplicarsi.

quagmire ['kwægmaɪə*] *s* pantano, palude (*f*).

quail [kweɪl] *s* quaglia.

quaint [kweɪnt] *agg* bizzarro; pittoresco.

quake [kweɪk] *s* tremito; terremoto.

quake [kweɪk] *v intr* tremare.

Quaker ['kweɪkə*] *s* Quacchero.

qualification [ˌkwɒlɪfɪ'keɪʃn] *s* requisito, titolo; qualificazione (*f*); restrizione (*f*), riserva.

qualified ['kwɒlɪfaɪd] *agg* qualificato; competente; con riserva.

qualify ['kwɒlɪfaɪ] *v tr* abilitare; precisare ◊ *v intr* qualificarsi; specializzarsi ◊ **to qualify for** avere i requisiti necessari per.

quality ['kwɒlɪtɪ] *s* qualità.

qualm [kwɑːm] *s* scrupolo; dubbio.

quandary ['kwɒndərɪ] *s* imbarazzo, perplessità.

quantify ['kwɒntɪfaɪ] *v tr* misurare, quantificare.

quantity ['kwɒntɪtɪ] *s* quantità ◊ **quantity surveyor** geometra (*m/f*).

quarantine ['kwɒrəntiːn] *s* quarantena.

quarrel ['kwɒrəl] *s* lite (*f*), disputa.

quarrel ['kwɒrəl] *v intr* litigare.

quarrelsome ['kwɒrəlsəm] *agg* litigioso.

quarry ['kwɒrɪ] *s* (*miner*) cava; (*caccia*) preda.

quarry ['kwɒrɪ] *v tr* cavare, estrarre.

quart [kwɔːt] *s* quart (*misura di capacità*).

quarter ['kwɔːtə*] *s* quarto; (*AmE*) quarto di dollaro; trimestre (*m*); (*città*) quartiere (*m*) ◊ *pl* alloggi ◊ **a quarter past six** le sei e un quarto.

quarter ['kwɔːtə*] *v tr* dividere in quattro; alloggiare.

quarterfinal [ˌkwɔːtə'faɪnl] *s* quarto di finale.

quarterly ['kwɔːtəlɪ] *agg* trimestrale.

quartet [kwɔː'tet] *s* quartetto.

quartz [kwɔːts] *s* quarzo.

quash [kwɒʃ] *v tr* schiacciare.

quaver ['kweɪvə*] *v intr* tremare; vibrare.

quay [kiː] *s* banchina, molo.

queasy ['kwiːzɪ] *agg* ◊ **to feel queasy** avere la nausea.

queen [kwiːn] *s* regina ◊ **queen mother** regina madre.

queer [kwɪə*] *agg* strambo ◊ **to feel queer** sentirsi poco bene.

quell [kwel] *v tr* domare.

quench [kwentʃ] *v tr* ◊ **to quench one's thirst** dissetarsi.

query ['kwɪərɪ] *s* domanda.

query ['kwɪərɪ] *v tr* indagare su; mettere in dubbio.

question ['kwestʃən] *s* domanda, questione (*f*) ◊ **question mark** punto interrogativo.

question ['kwestʃən] *v tr* interrogare; (*idea*) mettere in dubbio.

questionable ['kwestʃənəbl] *agg* discutibile.

questioning ['kwestʃənɪŋ] *s* interrogatorio.

questionnaire [ˌkwestɪə'neə*] *s* questionario.

queue [kjuː] *s* (*BrE*) coda, fila ◊ **to stand in a queue** fare la fila.

queue [kjuː] *v intr* (*BrE*) (*up*) fare la coda.

quick [kwɪk] *agg* rapido, veloce; sveglio ◊ **be quick!** spicciati!

quick [kwɪk] *avv* presto.

quicken ['kwɪkən] *v tr/intr* accelerare, affrettare; affrettarsi.

quickly ['kwɪklɪ] *avv* velocemente, presto.

quicksand ['kwɪksænd] *s* sabbie (*pl*) mobili.

quid [kwɪd] *s* (*BrE*) (*colloquiale*) sterlina.

quiet ['kwaɪət] *agg* calmo, tranquillo; (*cerimonia*) sobrio ◊ **keep, be quiet!** zitti!, silenzio!; **to grow quiet** calmarsi.

quiet ['kwaɪət] *s* quiete (*f*), tranquillità.

quiet ['kwaɪət] *v tr/intr* (*AmE*) v. **quieten**.

quieten ['kwaɪətn] *v tr/intr* calmare, calmarsi.

quilt [kwɪlt] *s* trapunta; piumino.

quilted ['kwɪltɪd] *agg* imbottito.

quince [kwɪns] *s* mela cotogna.

quintal ['kwɪntl] *s* quintale (*m*).

quip [kwɪp] *s* battuta arguta.

quirk [kwɜːk] *s* capriccio; mania.

quit (*p, pp* **quit, quitted**) [kwɪt, kwɪtɪd] *v tr/intr* abbandonare; darsi per vinto; dimettersi.

quite [kwaɪt] *avv* perfettamente, completamente; abbastanza; (*AmE*) molto ◊ **quite so** proprio così; **quite right** perfetto; **are you quite sure?** sei proprio sicuro?

quits [kwɪts] *agg* pari ◊ **let's call it quits** adesso siamo pari.

quittance ['kwɪtəns] *s* (*giur*) ricevuta, quietanza.

quiver ['kwɪvə*] *v intr* tremare; fremere.

quiz [kwɪz] *s* quiz (*m*), indovinello.

quiz [kwɪz] *v tr* interrogare.

quizmaster ['kwɪz,mɑːstə*] *s* (*radio, TV*) conduttore (*m*) di quiz.

quizzical ['kwɪzɪkl] *agg* enigmatico.

quota ['kwəʊtə] *s* quota.

quotation [kwəʊ'teɪʃn] *s* citazione (*f*); (*fin*) quotazione (*f*); (*spesa*) preventivo ◊ **quotation marks** virgolette.

quote [kwəʊt] *v tr* citare; (*fin*) quotare; (*prezzo*) fare, fissare.

quote [kwəʊt] *s* citazione (*f*) ◊ *pl* virgolette.

quotient ['kwəʊʃnt] *s* quoziente (*m*).

R

rabbi ['ræbaɪ] *s* rabbino.

rabbit ['ræbɪt] *s* coniglio.

rabble ['ræbl] *s* plebaglia.

rabid ['ræbɪd] *agg* (*cane*) idrofobo.

rabies ['reɪbiːz] *s* (*med*) rabbia, idrofobia.

race [reɪs] *s* razza; (*sport*) corsa.

race [reɪs] *v intr* correre; (*motore*) imballarsi.

racecourse ['reɪskɔːs] *s* ippodromo.

racehorse ['reɪshɔːs] *s* cavallo da corsa.

racetrack ['reɪstræk] *s* (*sport*) pista; ippodromo.

racial ['reɪʃl] *agg* razziale.

racialism ['reɪʃəlɪzəm] *s* razzismo.

racing ['reɪsɪŋ] *s* corsa ◊ (*BrE*) **racing car** auto da corsa; (*BrE*) **racing driver** corridore automobilista.

racism ['reɪsɪzəm] *s* razzismo.

rack [ræk] *s* rastrelliera ◊ (**luggage**) **rack** reticella portabagagli; (**roof**) **rack** portapacchi; (**dish**) **rack** scolapiatti.

rack [ræk] *v tr* torturare.

racket ['rækɪt] *s* fracasso; truffa; racket (*m*); (*sport*) racchetta.

racquet ['rækɪt] *s* v. **racket**.

racy ['reɪsɪ] *agg* brioso.

radiant ['reɪdjənt] *agg* raggiante; *(fis)* radiante.

radiate ['reɪdɪeɪt] *v tr/intr* irradiare, irradiarsi.

radiation [ˌreɪdɪ'eɪʃn] *s* irradiamento; radiazione *(f)*.

radiator ['reɪdɪeɪtə*] *s* radiatore *(m)*.

radical ['rædɪkl] *agg* radicale.

radio ['reɪdɪəʊ] *s* radio *(f)* ◊ **radio set** apparecchio radio; **on the radio** alla radio.

radioactive [ˌreɪdɪəʊ'æktɪv] *agg* radioattivo.

radioactivity [ˌreɪdɪəʊæk'tɪvətɪ] *s* radioattività.

radiograph [ˌreɪdɪ'əʊgrɑːf] *s* radiografia.

radiology [ˌreɪdɪ'ɒlədʒɪ] *s* radiologia.

radish ['rædɪʃ] *s* ravanello.

raffle ['ræfl] *s* lotteria.

raft [rɑːft] *s* zattera.

rafter ['rɑːftə*] *s* trave *(f)*.

rag [ræg] *s* straccio ◊ *pl* stracci, abiti a brandelli.

rag [ræg] *v tr* prendere in giro.

rage [reɪdʒ] *s* rabbia, collera.

rage [reɪdʒ] *v intr* infuriarsi; *(temporale)* infuriare.

ragged ['rægɪd] *agg* lacero.

raid [reɪd] *s (milit)* incursione *(f)*; rapina; *(polizia)* retata.

rail [reɪl] *s* ringhiera; parapetto; *(ferr)* rotaia, binario ◊ **by rail** per ferrovia.

railings ['reɪlɪŋz] *s pl* cancellate, inferriate.

railroad ['reɪlrəʊd] *s (AmE)* v. **railway**.

railway ['reɪlweɪ] *s (BrE)* ferrovia.

rain [reɪn] *s* pioggia ◊ **in the rain** sotto la pioggia.

rain [reɪn] *v intr* piovere.

rainbow ['reɪnbəʊ] *s* arcobaleno.

raincoat ['reɪnkəʊt] *s* impermeabile *(m)*.

raindrop ['reɪndrɒp] *s* goccia di pioggia.

rainfall ['reɪnfɔːl] *s* pioggia.

rainproof ['reɪnpruːf] *agg* impermeabile.

rainy ['reɪnɪ] *agg* piovoso.

raise [reɪz] *s* aumento.

raise [reɪz] *v tr* alzare; *(obiezione, dubbio)* sollevare; *(prezzi)* aumentare; *(bestiame, bambini)* allevare; *(agr)* coltivare; *(fondi)* raccogliere; *(prestito)* ottenere ◊ **to raise one's voice** alzare la voce; **to raise in price** rincarare.

raisin ['reɪzn] *s* uva passa.

rake [reɪk] *s* rastrello.

rake-off ['reɪkɒf] *s* provvigione *(f)*; tangente *(f)*, bustarella.

rally ['rælɪ] *s (polit)* raduno; *(tennis)* scambio; *(aut)* rally *(m)*.

rally ['rælɪ] *v tr/intr* radunare, radunarsi; rianimare, riprendersi.

ram [ræm] *s* montone *(m)*, ariete *(m)*.

ram [ræm] *v tr* ficcare; cozzare contro; speronare.

ramble ['ræmbl] *v intr* passeggiare; *(fig)* divagare, vaneggiare.

rambling ['ræmblɪŋ] *agg (discorso)* sconnesso; *(pianta)* rampicante.

ramp [ræmp] *s* rampa ◊ *(AmE)* on,

off ramp raccordo stradale di entrata, uscita.

rampage ['ræm'peɪdʒ] v intr infuriarsi.

rampant ['ræmpənt] agg dilagante; (pianta) lussureggiante.

rampart ['ræmpɑ:t] s bastione (m).

ramshackle ['ræm,ʃækl] agg (auto) sgangherato; (casa) cadente.

ran [ræn] p di **run**.

rancid ['rænsɪd] agg rancido.

rancor ['ræŋkə*] s (AmE) rancore (m).

rancour ['ræŋkə*] s rancore (m).

random ['rændəm] agg casuale ◊ **at random** a casaccio.

rang [ræŋ] p di **ring**.

range [reɪndʒ] s (montagne) catena; (comm) gamma; (missile) gittata; (voce) portata; (fig) campo d'azione ◊ **(kitchen) range** fornello, cucina economica; **(shooting) range** poligono di tiro.

range [reɪndʒ] v tr ordinare; classificare ◊ v intr variare, oscillare; estendersi.

ranger ['reɪndʒə*] s guardia forestale.

rank [ræŋk] s fila; grado, rango ◊ (BrE) **(taxi) rank** posteggio di taxi; **the rank and file** la truppa, la base.

rank [ræŋk] v tr schierare ◊ v intr collocarsi ◊ **I rank fourth in the list** sono quarto nell'elenco; **to rank among** essere tra.

rank [ræŋk] agg (pianta) rigoglioso; (odore) puzzolente; vero e proprio.

rankle ['ræŋkl] v intr (fig) bruciare.

ransack ['rænsæk] v tr rovistare; saccheggiare.

ransom ['rænsəm] s riscatto.

rap [ræp] s colpo; (fig) rimprovero; (mus) rap (m) ◊ **to beat the rap** farla franca.

rapacious [rə'peɪʃəs] agg rapace.

rape [reɪp] s stupro.

rape [reɪp] v tr violentare.

rapid ['ræpɪd] agg rapido ◊ s pl (fiume) rapide.

rapport [ræ'pɔ:*] s rapporto.

rapture ['ræptʃə*] s estasi (f).

rare [reə*] agg raro; (aria) rarefatto; (cuc) al sangue.

rarely ['reəlɪ] avv raramente.

rascal ['rɑ:skəl] s mascalzone (m).

rash [ræʃ] agg imprudente.

rash [ræʃ] s (med) eruzione (f) cutanea; eritema (m).

rasher ['ræʃə*] s (cuc) fetta (di lardo, pancetta).

raspberry ['rɑ:zbərɪ] s (bot) lampone (m); pernacchia.

rasping ['rɑ:spɪŋ] agg stridulo.

rat [ræt] s ratto.

rate [reɪt] s tariffa; (comm) tasso; velocità ◊ pl (BrE) imposte comunali ◊ **at this rate** di questo passo; **rate of exchange** tasso di cambio; **at any rate** comunque, in ogni caso.

rate [reɪt] v tr valutare; (BrE) tassare.

rateable ['reɪtəbl] agg ◊ (BrE) **rateable value** valore imponibile.

ratepayer ['reɪt,peɪə*] s (BrE) contribuente (m/f).

rather ['rɑ:ðə*] avv piuttosto, un po' ◊ **I would, I'd rather go** preferirei andare.

rating ['reɪtɪŋ] s valutazione (f); imponibile (m); marinaio semplice ◊ pl (TV) indici di ascolto.

ratio ['reɪʃɪəʊ] s (mat) rapporto.

ration ['ræʃn] s razione (f) ◊ pl viveri.

rational ['ræʃənl] agg razionale; logico.

rationalize ['ræʃnəlaɪz] v tr razionalizzare.

rattle ['rætl] s tintinnio, (giocattolo) sonaglino ◊ (death) rattle rantolo; **rattle snake** serpente a sonagli.

rattle ['rætl] v intr tintinnare; sferragliare ◊ v tr sbattere; scuotere.

ravage ['rævɪdʒ] v tr devastare.

ravages ['rævɪdʒɪz] s pl danni.

rave [reɪv] v intr delirare; (tempesta) infuriare; esaltarsi.

raven ['reɪvn] s corvo.

ravenous ['rævənəs] agg vorace.

ravine [rə'viːn] s burrone (m).

raving ['reɪvɪŋ] agg ◊ **raving mad** pazzo furioso.

ravishing ['rævɪʃɪŋ] agg incantevole.

raw [rɔː] agg greggio; (carne) crudo; inesperto; (ferita) aperto; (pelle) infiammato; (clima) gelido ◊ **raw materials** materie prime.

ray [reɪ] s raggio.

rayon ['reɪɒn] s raion (m).

raze [reɪz] v tr distruggere.

razor ['reɪzə*] s rasoio ◊ **razor blade** lametta da barba.

reach [riːtʃ] s portata; (fiume) tratto ◊ **within reach of** alla portata di.

reach [riːtʃ] v tr raggiungere, arrivare a ◊ v intr estendersi; arrivare

(a) ◊ **to reach out for** allungare la mano per prendere.

react [rɪ'ækt] v intr reagire.

reaction [rɪ'ækʃn] s reazione (f).

reactionary [rɪ'ækʃnərɪ] agg, s reazionario.

reactor [rɪ'æktə*] s reattore (m).

read (p, pp **read**) [riːd, red] v tr/intr leggere, interpretare; studiare.

▶ **read out** leggere ad alta voce.

▶ **read over, through** leggere da cima a fondo.

reader ['riːdə*] s lettore (m); libro di lettura; (BrE) docente (m) universitario.

readily ['redɪlɪ] avv prontamente; volentieri.

readiness ['redɪnɪs] s prontezza.

reading ['riːdɪŋ] s lettura; interpretazione (f) ◊ pl misurazioni (f).

readjust [ˌriːə'dʒʌst] v tr risistemare ◊ v intr **to readjust (oneself)** riadattarsi.

ready ['redɪ] agg pronto; disponibile ◊ **ready money** denaro contante; **to get ready** prepararsi.

ready-made [ˌredɪ'meɪd] agg bell'e pronto; (abito) confezionato.

ready-to-wear [ˌredɪtə'weə*] agg prêt-à-porter.

real [rɪəl] agg reale; vero ◊ **real estate** beni immobili; **in real terms** in realtà.

realism ['rɪəlɪzəm] s realismo.

realistic [ˌrɪə'lɪstɪk] agg realistico.

reality [rɪ'ælətɪ] s realtà.

realize ['rɪəlaɪz] v tr rendersi conto di.

really ['rɪəlɪ] avv davvero.

realm [relm] s regno.

realtor ['ri:əltə*] *s* (*AmE*) agente (*m/f*) immobiliare.

reap [ri:p] *v tr* mietere; (*fig*) raccogliere.

reappear [,ri:ə'pɪə*] *v intr* ricomparire.

rear [rɪə*] *s* retro.

rear [rɪə*] *agg* posteriore ◊ **rearview mirror** specchietto retrovisore.

rear [rɪə*] *v tr* tirare su; allevare ◊ *v intr* (*up*) (*cavallo*) impennarsi.

rearguard ['rɪəga:d] *s* retroguardia.

rearrange [,ri:ə'reɪndʒ] *v tr* riordinare.

reason ['ri:zn] *s* ragione (*f*) ◊ **it stands to reason that** è evidente che.

reason ['ri:zn] *v intr* ragionare ◊ *v intr* convincere ◊ **to reason with somebody** far ragionare qualcuno.

reasonable ['ri:znəbl] *agg* ragionevole.

reasoned ['ri:znd] *agg* ponderato.

reasoning ['ri:znɪŋ] *s* ragionamento.

reassure [,ri:ə'ʃuə*] *v tr* rassicurare.

rebate ['ri:beɪt] *s* (*comm*) rimborso; sgravio.

rebel ['rebl] *s* ribelle (*m/f*).

rebel [rɪ'bel] *v intr* ribellarsi.

rebellion [rɪ'beljən] *s* ribellione (*f*).

rebellious [rɪ'beljəs] *agg* ribelle.

rebound [ri:'baʊnd] *v intr* rimbalzare.

rebuff [rɪ'bʌf] *s* rifiuto.

rebuke [rɪ'bju:k] *v tr* rimproverare.

rebut [rɪ'bʌt] *v tr* confutare.

recall [rɪ'kɔ:l] *s* richiamo; revoca ◊ **past recall** irrevocabile.

recall [rɪ'kɔ:l] *v tr* richiamare; (*far*) ricordare.

recap ['ri:kæp], **recapitulate** [,ri:kə'pɪtjʊleɪt] *v tr* ricapitolare.

recapture [ri:'kæptʃə*] *v tr* riprendere; (*fig*) ritrovare.

recede [rɪ'si:d] *v intr* ritirarsi; allontanarsi; diminuire.

receding [rɪ'si:dɪŋ] *agg* (*mento*) sfuggente.

receipt [rɪ'si:t] *s* ricevuta ◊ *pl* (*comm*) introiti.

receive [rɪ'si:v] *v tr* ricevere; (*ospite*) accogliere.

receiver [rɪ'si:və*] *s* (*telefono*) ricevitore (*m*); (*radio, TV*) apparecchio ricevente; (*merce rubata*) ricettatore (*m*) ◊ (**official**) **receiver** curatore fallimentare.

recent ['ri:snt] *agg* recente.

recently ['ri:sntlɪ] *avv* recentemente.

reception [rɪ'sepʃn] *s* ricevimento; accoglienza; (*radio, TV*) ricezione (*f*) ◊ **reception** (**desk**) reception, accettazione; (*AmE*) **reception clerk** receptionist, portiere d'albergo.

receptionist [rɪ'sepʃənɪst] *s* addetto alla ricezione, receptionist (*m/f*).

receptive [rɪ'septɪv] *agg* ricettivo.

recess [rɪ'ses] *s* alcova; (*polit*) vacanza.

recharge [,ri:'tʃɑ:dʒ] *v tr* ricaricare.

recipe ['resɪpɪ] *s* ricetta.

recipient [rɪ'sɪpɪənt] *s* beneficiario; (*lettera*) destinatario.

reciprocate [rɪˈsɪprəkeɪt] v tr ricambiare.

recite [rɪˈsaɪt] v tr recitare.

reckless [ˈreklɪs] agg imprudente; (guidatore) spericolato; (spesa) folle.

reckon [ˈrekən] v tr/intr contare; stimare; pensare ◊ **to reckon on** contare su.

reclaim [rɪˈkleɪm] v tr (bagagli) ritirare; (terreni) bonificare; reclamare, chiedere la restituzione di.

reclamation [ˌrekləˈmeɪʃn] s bonifica.

recline [rɪˈklaɪn] v intr distendersi; adagiarsi.

reclining [rɪˈklaɪnɪŋ] agg (sedile) ribaltabile.

recognition [ˌrekəgˈnɪʃn] s riconoscimento.

recognize [ˈrekəgnaɪz] v tr riconoscere.

recoil [rɪˈkɔɪl] v intr indietreggiare inorridito; rifuggire.

recoil [rɪˈkɔɪl] s (armi) rinculo.

recollect [ˌrekəˈlekt] v tr ricordare.

recommend [ˌrekəˈmend] v tr raccomandare; consigliare.

recommendation [ˌrekəmenˈdeɪʃn] s raccomandazione (f); consiglio.

recompense [ˈrekəmpens] s ricompensa.

reconcile [ˈrekənsaɪl] v tr conciliare ◊ **to reconcile oneself to** rassegnarsi a.

reconciliation [ˌrekənsɪlɪˈeɪʃn] s riconciliazione (f), conciliazione (f).

recondition [ˌriːkənˈdɪʃn] v tr (tecn) revisionare.

reconsider [ˌriːkənˈsɪdə*] v tr riconsiderare.

reconstruction [ˌriːkənˈstrʌkʃn] s ricostruzione (f).

record [ˈrekɔːd] s registro; documento; pratica; (riunione) verbale (m); (mus) disco; (sport) primato, record (m) ◊ pl archivi ◊ (criminal) record fedina penale; **on record** noto, registrato; **off the record** ufficioso; **to keep a record of** tenere nota di; **to break, to beat a record** battere un primato; **in record time** a tempo di record; **record player** giradischi; **record holder** primatista; (BrE) **recorded delivery letter** raccomandata con ricevuta di ritorno.

record [rɪˈkɔːd] v tr registrare; prendere nota di.

record-breaker [ˈrekɔːdˌbreɪkə*] s (sport) primatista (m/f).

recording [rɪˈkɔːdɪŋ] s registrazione (f).

recount [rɪˈkaʊnt] v tr narrare.

recoup [rɪˈkuːp] v tr ricuperare.

recourse [rɪˈkɔːs] s ◊ **to have recourse to** fare ricorso a.

recover [rɪˈkʌvə*] v tr ricuperare ◊ v intr riprendersi, guarire.

recovery [rɪˈkʌvərɪ] s ricupero; (med) guarigione (f), (econ) ripresa.

recreate [ˌriːkrɪˈeɪt] v tr ricreare.

recreation [ˌrekrɪˈeɪʃn] s ricreazione (f), svago.

recruit [rɪˈkruːt] s (milit) recluta; nuovo assunto.

recruit [rɪˈkruːt] v tr (milit) reclutare; assumere.

rectangle [ˈrekˌtæŋgl] s rettangolo.

rectify [ˈrektɪfaɪ] v tr rettificare.

rector ['rektə*] *s* (*relig*) parroco (*anglicano*); (*Scozia*) (*università*) rettore (*m*).

rectory ['rektəri] *s* (*relig*) presbiterio.

recuperate [ri'kju:pəreit] *v intr* ristabilirsi, guarire.

recur [ri'kɜː*] *v intr* ricorrere; ripetersi; ripresentarsi.

recurrent [ri'kʌrənt] *agg* ricorrente.

recycle [,ri:'saikl] *v tr* riciclare.

recycling [,ri:'saiklɪŋ] *s* riciclaggio.

red [red] *agg*, *s* rosso ◊ **to be in the red** essere in rosso, avere il conto scoperto; **to go red** arrossire; **Red Cross** Croce Rossa; **red tape** burocrazia; **to go through a red light** passare col rosso; **red-light district** quartiere a luci rosse.

redcurrant [,red'kʌrənt] *s* ribes (*m*).

redden ['redn] *v intr* arrossire ◊ *v tr* arrossare.

redeem [ri'di:m] *v tr* redimere; riscattare; (*debito*) estinguere.

red-handed [,red'hændid] *agg* ◊ **to be caught red-handed** essere colto in flagrante.

red-hot [,red'hot] *agg* rovente.

redistribute [,ri:di'stribju:t] *v tr* ridistribuire.

redouble [ri'dʌbl] *v tr* raddoppiare.

redress [ri'dres] *v tr* riparare.

reduce [ri'dju:s] *v tr* ridurre ◊ **'reduce speed now'** rallentare.

reduction [ri'dʌkʃn] *s* riduzione (*f*); (*prezzo*) ribasso, sconto.

redundant [ri'dʌndənt] *agg* eccedente ◊ **to be made redundant** essere licenziato (perché in soprannumero).

reed [ri:d] *s* (*bot*) canna; (*mus*) ancia.

reef [ri:f] *s* scogliera.

reefer ['ri:fə*] *s* giaccone (*m*); spinello.

reek [ri:k] *s* puzzo, fetore (*m*).

reel [ri:l] *s* bobina, rocchetto; (*pesca*) mulinello; (*mus*) ballo veloce scozzese.

reel [ri:l] *v tr* avvolgere ◊ *v intr* barcollare.

▶ **reel in** tirare su.

refer [ri'fɜː*] *v intr* riferirsi; rivolgersi ◊ *v tr* rinviare; indirizzare.

referee [,refə'ri:] *s* arbitro; garante (*m*).

referee [,refə'ri:] *v tr* arbitrare.

reference ['refrəns] *s* riferimento; allusione (*f*); referenza ◊ **reference book** libro di consultazione.

refill [,ri:'fil] *v tr* riempire di nuovo; (*penna ecc.*) ricaricare.

refine [ri'fain] *v tr* raffinare.

refined [ri'faind] *agg* raffinato.

refinery [ri'fainəri] *s* raffineria.

reflect [ri'flekt] *v tr/intr* riflettere, rifletтersi; (*fig*) rispecchiare.

reflection [ri'flekʃn] *s* riflessione (*f*); riflesso ◊ **on reflection** pensandoci sopra.

reflector [ri'flaktə*] *s* riflettore (*m*); (*aut*) catarifrangente (*m*).

reflex ['ri:fleks] *s* riflesso.

reform [ri'fɔ:m] *s* riforma.

reform [ri'fɔ:m] *v tr/intr* riformare; correggere, correggersi.

reformer [rɪ'fɔ:mə*] s riformatore (m).

refrain [rɪ'freɪn] s ritornello.

refrain [rɪ'freɪn] v intr astenersi, trattenersi.

refresh [rɪ'freʃ] v tr rinfrescare; ristorare, riposare.

refreshment [rɪ'freʃmənt] s ristoro ◊ pl rinfreschi.

refrigerator [rɪ'frɪdʒəreɪtə*] s frigorifero.

refuel [,ri:'fjʊəl] v intr fare rifornimento (di carburante).

refuge ['refju:dʒ] s rifugio; riparo ◊ **to take refuge** rifugiarsi.

refugee [,refjʊ'dʒi:] s rifugiato, profugo.

refund [ri:'fʌnd] v tr rimborsare.

refusal [ri'fju:zl] s rifiuto.

refuse ['refju:s] s rifiuti (pl).

refuse [rɪ'fju:z] v tr/intr rifiutare, rifiutarsi.

regain [rɪ'geɪn] v tr riguadagnare; ricuperare.

regal ['ri:gl] agg regale.

regard [rɪ'gɑ:d] s riguardo, stima ◊ **with regard to** riguardo a; **with kindest regards** cordiali saluti; **to give one's regards to** porgere i propri saluti a; **in this regard** a questo proposito.

regard [rɪ'gɑ:d] v tr considerare ◊ **as regards, regarding** per quanto riguarda.

regardless [rɪ'gɑ:dlɪs] avv lo stesso ◊ **regardless of** nonostante.

regatta [rɪ'gætə] s regata.

regency ['ri:dʒənsɪ] s reggenza.

region ['ri:dʒən] s regione (f) ◊ **in the region of** all'incirca.

register ['redʒɪstə*] s registro ◊ **electoral register** lista elettorale.

register ['redʒɪstə*] v tr registrare; (aut) immatricolare; (lettera) raccomandare; (bagaglio) assicurare ◊ v intr iscriversi; (albergo) firmare il registro; (fig) rimanere impresso.

registered ['redʒɪstəd] agg registrato; immatricolato; (lettera) raccomandato; (bagaglio) assicurato ◊ **registered trademark** marchio depositato.

registrar [,redʒɪ'strɑ:*] s ufficiale (m) di stato civile; segretario.

registration [redʒɪ'streɪʃn] s registrazione (f); iscrizione (f) ◊ **registration number** numero di targa.

registry ['redʒɪstrɪ] s archivio; ufficio del registro ◊ (BrE) **registry (office)** anagrafe; **to get married in a registry office** sposarsi in municipio.

regret [rɪ'gret] s rimpianto, rammarico.

regret [rɪ'gret] v tr rimpiangere; rammaricarsi di.

regretfully [rɪ'gretfʊlɪ] avv con rincrescimento; purtroppo.

regrettable [rɪ'gretəbl] agg deplorevole.

regular ['regjʊlə*] agg regolare; abituale; (BrE) (benzina) normale.

regular ['regjʊlə*] s cliente (m/f) abituale.

regulate ['regjʊleɪt] v tr regolare.

rehabilitate [,ri:ə'bɪlɪteɪt] v tr riabilitare.

rehearsal [rɪ'hɜ:sl] s prova.

rehearse [rɪ'hɜ:s] v tr provare.

reign [reɪn] v intr regnare.

reimburse

reimburse [ˌriːɪmˈbɜːs] v tr rimborsare.

rein [reɪn] s redine (f), briglia.

reindeer [ˈreɪndɪə*] s inv renna.

reinforce [ˌriːɪnˈfɔːs] v tr rinforzare ◊ **reinforced concrete** cemento armato.

reiterate [riːˈɪtəreɪt] v tr reiterare, ripetere.

reject [ˈriːdʒekt] s (comm) scarto.

reject [rɪˈdʒekt] v tr rifiutare, respingere; (comm) scartare.

rejection [rɪˈdʒekʃn] s rifiuto.

rejoice [rɪˈdʒɔɪs] v intr rallegrarsi.

rejoin [ˌriːˈdʒɔɪn] v intr ricongiungersi.

rejuvenate [rɪˈdʒuːvɪneɪt] v tr/intr ringiovanire.

rekindle [ˌriːˈkɪndl] v tr/intr riaccendere, riaccendersi.

relaid [ˌriːˈleɪd] p, pp di **relay**.

relapse [rɪˈlæps] s (med) ricaduta.

relate [rɪˈleɪt] v tr raccontare; mettere in relazione ∕ v intr (to) riferirsi (a); stabilire un rapporto (con).

related [rɪˈleɪtɪd] agg connesso; imparentato.

relation [rɪˈleɪʃn] s relazione (f); rapporto; (persona) parente (m/f) ◊ **with, in relation to** in relazione a.

relationship [rɪˈleɪʃnʃɪp] s relazione (f) ◊ **(family) relationship** rapporti di parentela.

relative [ˈrelətɪv] s parente (m/f).

relative [ˈrelətɪv] agg relativo.

relax [rɪˈlæks] v tr/intr rilassare, rilassarsi.

relaxing [rɪˈlæksɪŋ] agg rilassante.

relay [ˈriːleɪ] s (operai) turno; (sport) staffetta.

relay (p, pp **relaid**) [ˌriːˈleɪ, ˌriːˈleɪd] v tr posare di nuovo.

relay [ˈriːleɪ, rɪˈleɪ] v tr riferire; (radio, TV) trasmettere.

release [rɪˈliːs] s liberazione (f); scarcerazione (f); (tasse) esenzione (f); (giur) cessione (f); (film) distribuzione (f); (fot) scatto.

release [rɪˈliːs] v tr rilasciare; liberare; (giur) cedere; (film) distribuire; (notizie) rendere pubblico; (tecn) far scattare.

relegate [ˈrelɪgeɪt] v tr relegare; (BrE) (sport) retrocedere.

relent [rɪˈlent] v intr placarsi; addolcirsi; cedere.

relentless [rɪˈlentlɪs] agg implacabile; inesorabile.

relevance [ˈreləvəns] s pertinenza; importanza.

relevant [ˈreləvənt] agg attinente, pertinente.

reliability [rɪˌlaɪəˈbɪlətɪ] s affidabilità.

reliable [rɪˈlaɪəbl] agg affidabile.

reliance [rɪˈlaɪəns] s (on) fiducia (in); bisogno (di).

relic [ˈrelɪk] s (relig) reliquia; cimelio.

relief [rɪˈliːf] s sollievo; soccorso; (tasse) sgravio; (geog, arte) rilievo.

relieve [rɪˈliːv] v tr alleviare; soccorrere; dare il cambio a ◊ **to relieve oneself** urinare.

religion [rɪˈlɪdʒən] s religione (f).

religious [rɪˈlɪdʒəs] agg religioso.

relinquish [rɪˈlɪŋkwɪʃ] v tr abbandonare; rinunciare a.

relish [ˈrelɪʃ] s gran piacere (m); (cuc) condimento, salsa piccante.

relish ['relɪʃ] *v tr* pregustare, gradire.

relocate [ˌriːləʊ'keɪt] *v tr/intr* trasferire, trasferirsi.

reluctant [rɪ'lʌktənt] *agg* riluttante; restio.

reluctantly [rɪ'lʌktəntlɪ] *avv* di malavoglia, a malincuore.

rely [rɪ'laɪ] *v intr* contare (su); dipendere (da).

remain [rɪ'meɪn] *v intr* rimanere.

remainder [rɪ'meɪndə*] *s* resto; (*comm*) rimanenza.

remains [rɪ'meɪnz] *s pl* resti.

remark [rɪ'mɑːk] *s* osservazione (*f*).

remark [rɪ'mɑːk] *v tr* osservare; dire.

remarkable [rɪ'mɑːkəbl] *agg* notevole, eccezionale.

remedial [rɪmiˈdjəl] *agg* (*corso*) di recupero; (*med*) correttivo.

remedy ['remɪdɪ] *s* rimedio.

remember [rɪ'membə*] *v tr/intr* ricordare, ricordarsi (di) ◊ **remember me to her** salutamela.

remembrance [rɪ'membrəns] *s* ricordo; memoria ◊ (*BrE*) **Remembrance Day** 11 novembre anniversario dell'armistizio del 1918, giorno dei caduti.

remind [rɪ'maɪnd] *v tr* (far) ricordare (a) ◊ **you remind me of your mother** mi ricordi tua madre.

reminder [rɪ'maɪndə*] *s* promemoria (*m*).

reminescence [ˌremɪ'nɪsns] *s* reminiscenza; ricordo.

reminiscent [ˌremɪ'nɪsnt] *agg* (*of*) che ricorda; somigliante (a).

remiss [rɪ'mɪs] *agg* negligente.

remission [rɪ'mɪʃn] *s* remissione (*f*); (*giur*) condono.

remit [rɪ'mɪt] *v tr* rimettere; (*giur*) condonare; (*denaro*) inviare.

remittance [rɪ'mɪtəns] *s* (*comm*) rimessa.

remnant ['remnənt] *s* avanzo, resto ◊ *pl* (*comm*) scampoli; rimanenze.

remorse [rɪ'mɔːs] *s* rimorso.

remorseful [rɪ'mɔːsfʊl] *agg* pieno di rimorsi.

remorseless [rɪ'mɔːslɪs] *agg* spietato.

remote [rɪ'məʊt] *agg* remoto; lontano; (*persona*) distaccato ◊ **remote control** telecomando.

remould ['riːməʊld] *s* (*BrE*) pneumatico ricostruito.

removable [rɪ'muːvəbl] *agg* staccabile.

removal [rɪ'muːvl] *s* rimozione (*f*); (*BrE*) trasloco.

remove [rɪ'muːv] *v tr* rimuovere; (*impiegato*) destituire; (*macchia*) togliere; (*dubbio*) eliminare; sopprimere.

remover [rɪ'muːvə*] *s* smacchiatore (*m*) ◊ *pl* (*BrE*) impresa (*sing*) di traslochi.

Renaissance [rə'neɪsəns] *s* Rinascimento.

rendering ['rendərɪŋ] *s* esecuzione (*f*); interpretazione (*f*).

rendez-vous ['rɒndɪvuː] *s inv* appuntamento; (punto di) incontro.

renegade ['renɪgeɪd] *s* rinnegato.

renew [rɪ'njuː] *v tr* rinnovare; (*negoziati*) riprendere.

renewal [rɪ'njuːəl] *s* rinnovamento; rinnovo; (*negoziati*) ripresa.

renounce [rɪ'naʊns] *v tr* rinunciare a.

renovate ['rɪnəʊveɪt] *v tr* rinnovare; *(arte)* restaurare.

renown [rɪ'naʊn] *s* fama.

renowned [rɪ'naʊnd] *agg* rinomato, celebre.

rent [rent] *s* squarcio; strappo; *(casa)* affitto ◊ **for rent** affittasi.

rent [rent] *v tr* affittare; *(auto, videocassette)* noleggiare ◊ **to rent (out)** dare in affitto.

rental ['rentl] *s* noleggio.

renunciation [rɪ,nʌnsɪ'eɪʃn] *s* rinuncia.

repaid [riː'peɪd] *p, pp di* repay.

repair [rɪ'peə*] *s* riparazione *(f)* ◊ **in good, bad repair** in buono, cattivo stato.

repartee [,repɑːtiː] *s* risposta arguta.

repatriate [,riː'pætrɪeɪt] *v tr* rimpatriare.

repay *(p, pp* **repaid)** [riː'peɪ, riː'peɪd] *v tr* ripagare; *(visita, favore)* ricambiare; *(sforzo)* ricompensare.

repayment [riː'peɪmənt] *s* rimborso; pagamento.

repeal [rɪ'piːl] *s (giur)* abrogazione *(f)*; revoca.

repeat [rɪ'piːt] *v tr* ripetere; *(promessa, ordinazione)* rinnovare.

repeat [rɪ'piːt] *s (radio, TV)* replica.

repel [rɪ'pel] *v tr* respingere; disgustare.

repellent [rɪ'pelənt] *agg* repellente.

repellent [rɪ'pelənt] *s* ◊ **mosquito repellent** lozione antizanzare.

repent [rɪ'pent] *v tr/intr* pentirsi (di).

repentance [rɪ'pentəns] *s* pentimento.

repentant [rɪ'pentənt] *agg* pentito.

repercussion [,riː:pə'kʌʃn] *s* ripercussione *(f)*.

repertoire ['repətwɑ:*] *s* repertorio.

repertory ['repətəri] *s* repertorio ◊ **repertory (theatre)** teatro di repertorio.

repetition [,repɪ'tɪʃn] *s* ripetizione *(f)*.

repetitive [rɪ'petətɪv] *agg* ripetitivo.

replace [rɪ'pleɪs] *v tr* rimettere a posto; sostituire.

replacement [rɪ'pleɪsmənt] *s* sostituzione *(f)*; *(persona)* sostituto.

replay [,rɪ'pleɪ] *v tr (partita)* rigiocare; *(registrazione)* riascoltare, rivedere.

replenish [rɪ'plenɪʃ] *v tr* riempire; rifornire.

replete [rɪ'pliːt] *agg* sazio.

reply [rɪ'plaɪ] *s* risposta ◊ **he made no reply** non rispose.

reply [rɪ'plaɪ] *v intr/tr* rispondere.

report [rɪ'pɔːt] *s* rapporto; *(giornale)* servizio; sparo ◊ *(BrE)* **(school) report**, *(AmE, Scozia)* **report card** pagella.

report [rɪ'pɔːt] *v tr* riferire; fare la cronaca di; *(persona)* denunciare ◊ *v intr* presentarsi ◊ **to report the proceedings** verbalizzare gli atti; **it is reported that** si dice che.

reportage [,repɔ:'tɑːʒ] *s* reportage *(m)*, servizio giornalistico.

reportedly [rɪ'pɔːtɪdlɪ] *avv* stando a quanto si dice.

reporter [rɪ'pɔːtə*] *s* reporter (*m/f*), cronista (*m/f*).

reprehensible [ˌreprɪ'hensəbl] *agg* riprovevole.

represent [ˌreprɪ'zent] *v tr* rappresentare.

representation [ˌreprɪzen'teɪʃn] *s* rappresentazione (*f*); rappresentanza ◊ *pl* protesta (*sing*).

representative [ˌreprɪ'zentətɪv] *agg* rappresentativo.

representative [ˌreprɪ'zentətɪv] *s* rappresentante (*m/f*); (*AmE*) (*polit*) deputato.

repress [rɪ'pres] *v tr* reprimere.

repression [rɪ'preʃn] *s* repressione (*f*).

reprieve [rɪ'priːv] *s* (*giur*) sospensione (*f*) di pena capitale; (*fig*) dilazione (*f*).

reprimand ['reprɪmɑːnd] *s* rimprovero.

reprint [ˌriː'prɪnt] *s* ristampa.

reprisal [rɪ'praɪzl] *s* rappresaglia.

reproach [rɪ'prəʊtʃ] *s* rimprovero, biasimo.

reproach [rɪ'prəʊtʃ] *v tr* rimproverare, biasimare.

reproachful [rɪ'prəʊtʃʊl] *agg* di rimprovero.

reproduce [ˌriːprə'djuːs] *v tr/intr* riprodurre, riprodursi.

reproduction [ˌriːprə'dʌkʃn] *s* riproduzione (*f*).

reproof [ˌriː'pruːf] *s* biasimo.

reprove [rɪ'pruːv] *v tr* biasimare.

reptile ['reptaɪl] *s* rettile (*m*).

republic [rɪ'pʌblɪk] *s* repubblica (*f*).

republican [rɪ'pʌblɪkən] *agg*, *s* repubblicano.

repudiate [rɪ'pjuːdɪeɪt] *v tr* ripudiare; (*accusa*) respingere.

repulse [rɪ'pʌls] *s* rifiuto; ripulsa.

repulse [rɪ'pʌls] *v tr* respingere.

repulsive [rɪ'pʌlsɪv] *agg* ripugnante.

reputable ['repjutəbl] *agg* rispettabile; di buona reputazione.

reputation [ˌrepjuteɪʃn] *s* reputazione (*f*).

reputed [rɪ'pjuːtɪd] *agg* presunto, che ha fama di.

reputedly [rɪ'pjuːtɪdlɪ] *avv* a detta di tutti.

request [rɪ'kwest] *s* richiesta, domanda ◊ **by request** su, a richiesta; (*BrE*) **request stop** fermata a richiesta, facoltativa.

request [rɪ'kwest] *v tr* richiedere.

require [rɪ'kwaɪə*] *v tr* richiedere; aver bisogno di; esigere.

requirement [rɪ'kwaɪəmənt] *s* requisito; esigenza; bisogno.

requisite ['rekwɪzɪt] *s* requisito.

requisition [ˌrekwɪ'zɪʃn] *s* richiesta; (*milit*) requisizione (*f*).

resat [ˌriː'sæt] *p*, *pp di* **resit**.

rescue ['reskjuː] *s* salvataggio; soccorso.

rescue ['reskjuː] *v tr* salvare.

research [rɪ'sɜːtʃ] *s* ricerca, ricerche (*pl*).

research [rɪ'sɜːtʃ] *v tr* fare ricerche su.

researcher [rɪ'sɜːtʃə*] *s* ricercatore (*m*).

resemblance [rɪ'zembləns] *s* somiglianza.

resemble [rɪ'zembl] *v tr* assomigliare a.

resent [rɪ'zent] *v tr* risentirsi di, offendersi per.

resentful [rɪ'zentfʊl] *agg* risentito; permaloso.

resentment [rɪ'zentmənt] *s* risentimento; rancore (*m*).

reservation [ˌrezə'veɪʃn] *s* riserva; (*albergo*) prenotazione (*f*) ◊ **to make a reservation** fare una prenotazione; (*BrE*) **(central) reservation** spartitraffico.

reserve [rɪ'zɜːv] *s* riserva ◊ **in reserve** di scorta.

reserve [rɪ'zɜːv] *v tr* conservare; (*albergo*) prenotare.

reserved [rɪ'zɜːvd] *agg* riservato.

reservoir [ˈrezəvwɑː*] *s* serbatoio.

reshuffle [ˌriː'ʃʌfl] *s* (*polit*) rimpasto.

reside [rɪ'zaɪd] *v intr* risiedere.

residence [ˈrezɪdəns] *s* residenza ◊ (*BrE*) **residence permit** permesso di soggiorno.

resident [ˈrezɪdənt] *agg* residente; (*medico*) interno.

resident [ˈrezɪdənt] *s* residente (*m/f*); (*albergo*) cliente (*m/f*) fisso.

residential [ˌrezɪ'denʃl] *agg* residenziale.

residue [ˈrezɪdjuː] *s* resto; (*fis, chim*) residuo.

resign [rɪ'zaɪn] *v tr/intr* dimettersi (da) ◊ **to resign oneself to** rassegnarsi a.

resignation [ˌrezɪg'neɪʃn] *s* dimissioni (*f pl*); rassegnazione (*f*).

resigned [rɪ'zaɪnd] *agg* rassegnato.

resilience [rɪ'zɪlɪəns] *s* elasticità; capacità di recupero.

resin [ˈrezɪn] *s* resina.

resist [rɪ'zɪst] *v tr* resistere a.

resistance [rɪ'zɪstəns] *s* resistenza.

resit (*p, pp* **resat**) [ˌriː'sɪt, ˌriː'sæt] *v tr* (*BrE*) (*esame*) ripetere.

resolution [ˌrezə'luːʃn] *s* risoluzione (*f*).

resolve [rɪ'zɒlv] *s* risoluzione (*f*).

resolve [rɪ'zɒlv] *v tr* risolvere ◊ *v intr* risolversi (di), decidere (di).

resolved [rɪ'zɒlvd] *agg* risoluto.

resonance [ˈrezənəns] *s* risonanza; rimbombo.

resort [rɪ'zɔːt] *s* ricorso; località di soggiorno ◊ **holiday resort** luogo di villeggiatura; **in the last resort** come ultima risorsa; **to have resort to** fare ricorso a.

resort [rɪ'zɔːt] *v intr* ricorrere.

resound [rɪ'zaʊnd] *v intr* risuonare.

resounding [rɪ'zaʊndɪŋ] *agg* risonante; (*fig*) clamoroso.

resource [rɪ'zɔːs] *s* risorsa.

resourceful [rɪ'sɔːsfʊl] *agg* pieno di risorse; intraprendente.

respect [rɪ'spekt] *s* rispetto ◊ *pl* ossequi ◊ **with respect to** riguardo a; **in all respects** sotto tutti i punti di vista.

respect [rɪ'spekt] *v tr* rispettare.

respectable [rɪ'spektəbl] *agg* rispettabile; decoroso.

respectful [rɪ'spektfʊl] *agg* rispettoso.

respective [rɪ'spektɪv] *agg* rispettivo.

respite [ˈrespaɪt] *s* respiro, tregua.

respond [rɪ'spɒnd] *v intr* rispondere.

response [rɪ'spɒns] s risposta.

responsibility [rɪ,spɒnsə'bɪlɪtɪ] s responsabilità.

responsible [rɪ'spɒnsəbl] agg (for) responsabile (di); fidato; (lavoro) di responsabilità.

responsive [rɪ'spɒnsɪv] agg sensibile; reattivo.

rest [rest] s riposo; (mus) pausa; sostegno; resto; gli altri (pl) ◊ **rest home** casa di riposo; (AmE) **rest room** toilette; **rest cure** cura del sonno; **to come to rest** fermarsi.

rest [rest] v tr/intr riposare, riposarsi; appoggiare, appoggiarsi; basare, basarsi; restare ◊ **it rests with you** dipende da te, tocca a te.

restaurant ['restərɒnt] s ristorante (m) ◊ (BrE) **restaurant car** vagone ristorante.

restful ['restful] agg riposante.

restitution [,restɪ'tjuːʃn] s risarcimento.

restless ['restlɪs] agg irrequieto, agitato.

restock [,riː'stɒk] v tr rifornire; (vivaio) ripopolare.

restoration [,restə'reɪʃn] s restauro; (polit) restaurazione (f).

restore [rɪ'stɔː*] v tr (edificio) restaurare; (diritto) reintegrare; (ordine) ristabilire; rimettere in salute.

restrain [rɪ'streɪn] v tr trattenere; frenare; reprimere.

restraint [rɪ'streɪnt] s limitazione (f); controllo; misura ◊ **without restraint** liberamente.

restrict [rɪ'strɪkt] v tr limitare.

restriction [rɪ'strɪkʃn] s (on) restrizione (f) (di).

restructure [,riː'strʌktʃə*] v tr ristrutturare.

result [rɪ'zʌlt] s risultato.

result [rɪ'zʌlt] v intr risolversi; risultare.

resume [rɪ'zjuːm] v tr riprendere.

résumé ['rezjuːmeɪ] s riassunto; (AmE) curriculum vitae (m).

resurgence [rɪ'sɜːdʒəns] s rinascita.

resurrection [,rezə'rekʃn] s risurrezione (f).

resuscitate [rɪ'sʌsɪteɪt] v tr rianimare; (fig) rivitalizzare.

resuscitation [rɪ,sʌsɪ'teɪʃn] s rianimazione (f).

retail ['riːteɪl] s (comm) vendita al minuto.

retail ['riːteɪl] agg, avv al minuto, al dettaglio ◊ **retail price** prezzo al minuto.

retail [riː'teɪl] v tr vendere al minuto.

retailer ['riːteɪlə*] s commerciante (m/f) al minuto, dettagliante (m/f); rivenditore (m).

retainer [rɪ'teɪnə*] s anticipo sull'onorario.

retaliation [rɪ,tælɪ'eɪʃn] s rappresaglia; (giur) ritorsione (f).

retarded [rɪ'tɑːdɪd] agg ritardato.

retch [retʃ, riːtʃ] v intr avere conati di vomito.

retire [rɪ'taɪə*] v intr ritirarsi; andare in pensione; andare a letto.

retired [rɪ'taɪəd] agg in pensione.

retirement [rɪ'taɪəmənt] s pensionamento; pensione (f).

retiring [rɪ'taɪərɪŋ] agg riservato; timido ◊ **retiring age** età della pensione.

retort [rɪ'tɔːt] v intr ribattere, rimbeccare.

retrace [rɪ'treɪs] v tr ripercorrere ◊ **to retrace one's steps** tornare sui propri passi.

retract [rɪ'trækt] v tr ritrattare; (artigli ecc.) ritirare, ritrarre.

retread [,riː'tred] s pneumatico rigenerato.

retreat [rɪ'triːt] s rifugio; (milit) ritirata

retreat [rɪ'triːt] v intr battere in ritirata.

retrieval [rɪ'triːvl] s recupero.

retrieve [rɪ'triːv] v tr recuperare; rimediare a; (situazione) salvare.

retrospect ['retrəʊspekt] s ◊ **in retrospect** a posteriori, ripensandoci.

retrospective [,retrəʊ'spektɪv] agg retrospettivo; (giur) retroattivo.

return [rɪ'tɜːn] s ritorno; restituzione (f); (comm) profitto, guadagno ◊ pl risultati; (comm) incassi ◊ (BrE) **return (ticket)** biglietto di andata e ritorno; **return journey, match** viaggio, partita di ritorno; **by return of post** a stretto giro di posta; **many happy returns (of the day)!** cento di questi giorni!; **in return for** in cambio di.

return [rɪ'tɜːn] v intr ritornare ◊ v tr restituire; (comm) fruttare; (sport) rinviare; (polit) eleggere ◊ **to return a verdict** emettere un verdetto.

reunion [,riː'juːnjən] s riunione (f).

reunite [,riːjuː'naɪt] v tr/intr riunire, riunirsi.

rev [rev] s (aut) giro (del motore) ◊ **rev counter** contagiri.

rev [rev] v tr (up) (motore) mandare su di giri; imballare.

revalue [riː'væljuː] v tr rivalutare.

reveal [rɪ'viːl] v tr rivelare.

revel ['revl] v intr fare baldoria; gustare.

revelation [,revə'leɪʃn] s rivelazione (f).

revelry ['revlrɪ] s baldoria.

revenge [rɪ'vendʒ] s vendetta.

revenge [rɪ'vendʒ] v tr vendicare.

revenue ['revənjuː] s reddito.

reverberate [rɪ'vɜːbəreɪt] v intr riecheggiare; (fig) ripercuotersi.

reverent ['revərənt] agg rispettoso.

reverie ['revərɪ] s fantasticheria.

reversal [rɪ'vɜːsl] s capovolgimento.

reverse [rɪ'vɜːs] agg contrario, opposto ◊ (BrE) **reverse-charge call** telefonata a carico del destinatario.

reverse [rɪ'vɜːs] s contrario; opposto; rovescio ◊ **reverse (gear)** retromarcia.

reverse [rɪ'vɜːs] v tr rovesciare, capovolgere; (giur) cassare ◊ v intr (BrE) fare marcia indietro ◊ **to reverse one's car** fare retromarcia; (BrE) **reversing lights** luci per la retromarcia.

reversible [rɪ'vɜːsəbl] agg reversibile; (giur) revocabile; (tessuto) double-face.

revert [rɪ'vɜːt] v intr ritornare.

review [rɪ'vjuː] s rivista; (cine ecc.) recensione (f); analisi (f).

review [rɪ'vjuː] v tr esaminare; recensire.

reviewer [rɪ'vjuːə*] s recensore (m).

revise [rɪ'vaɪz] v tr rivedere, correggere; (lezione) ripassare.

revision [rɪ'vɪʒn] *s* revisione (*f*); ripasso.

revitalize [,ri:'vaɪtəlaɪz] *v tr* ravvivare.

revival [rɪ'vaɪvl] *s* ripresa; rinascita.

revive [rɪ'vaɪv] *v tr/intr* rianimare; riprendere i sensi; ravvivare, ravvivarsi; far rivivere; (*teatro*) rimettere in scena.

revoke [rɪ'vəʊk] *v tr* revocare.

revolt [rɪ'vəʊlt] *s* rivolta.

revolt [rɪ'vəʊlt] *v intr* rivoltarsi ◊ *v tr* disgustare.

revolting [rɪ'vəʊltɪŋ] *agg* disgustoso.

revolution [,revə'lu:ʃn] *s* rivoluzione (*f*); (*motore ecc.*) giro.

revolutionary [,revə'lu:ʃnəri] *agg, s* rivoluzionario.

revolutionize [,revə'lu:ʃnaɪz] *v tr* sconvolgere.

revolve [rɪ'vɒlv] *v intr* girare.

revolver [rɪ'vɒlvə*] *s* rivoltella.

revolving [rɪ'vɒlvɪŋ] *agg* girevole, rotante.

revue [rɪ'vju:] *s* (*teatro*) rivista.

reward [rɪ'wɔːd] *s* ricompensa.

reward [rɪ'wɔːd] *v tr* ricompensare.

rewarding [rɪ'wɔːdɪŋ] *agg* gratificante.

rewind (*p, pp* **rewound**) [ri:'waɪnd, ri:'waʊnd] *v tr* riavvolgere; (*orologio*) ricaricare.

rewound [ri:'waʊnd] *p, pp di* **rewind**.

rheumatic [ru:'mætɪk] *agg* reumatico.

rheumatism ['ru:mətɪzəm] *s* reumatismo.

rhinoceros [raɪ'nɒsərəs] *s* rinoceronte (*m*).

rhododendron [,rəʊdə'dendrən] *s* rododendro.

rhubarb ['ru:bɑːb] *s* rabarbaro.

rhyme [raɪm] *s* rima; poesia.

rhythm ['rɪðəm] *s* ritmo.

rib [rɪb] *s* (*anat*) costola; (*ombrello*) stecca.

ribbon ['rɪbən] *s* nastro ◊ **in ribbons** a brandelli.

rice [raɪs] *s* riso.

rich [rɪtʃ] *agg* ricco; (*abito*) sontuoso; (*cibo*) pesante, nutriente ◊ **rich in** ricco di; **the rich** i ricchi.

riches ['rɪtʃɪz] *s pl* ricchezze.

richness ['rɪtʃnɪs] *s* ricchezza; abbondanza.

rick [rɪk] *s* storta, distorsione (*f*).

rickets ['rɪkɪts] *s* rachitismo.

rickety ['rɪkəti] *agg* malfermo; (*med*) rachitico.

ricochet ['rɪkəʃeɪ] *v intr* rimbalzare.

rid (*p, pp* **rid**) [rɪd] *v tr* liberare, sbarazzare ◊ **to get rid of** sbarazzarsi di.

ridden ['rɪdn] *pp di* **ride**.

riddle ['rɪdl] *s* indovinello.

ride [raɪd] *s* cavalcata; (*macchina ecc.*) giro; (*bus ecc.*) tragitto, corsa.

ride (*p* **rode** *pp* **ridden**) [raɪd, rəʊd, 'rɪdn] *v intr/tr* cavalcare; andare, viaggiare; montare ◊ **to ride a horse, a bicycle** andare a cavallo, in bicicletta.

rider ['raɪdə*] *s* fantino; ciclista (*m/f*); motociclista (*m/f*).

ridge [rɪdʒ] *s* (*monti*) cresta; (*tetto*) colmo.

ridicule ['rɪdɪkjuːl] *v tr* mettere in ridicolo.

ridiculous [rɪ'dɪkjʊləs] *agg* ridicolo.

riding ['raɪdɪŋ] *s* equitazione (*f*).

rife [raɪf] *agg* diffuso.

rifle ['raɪfl] *v tr* rapinare ◊ *v intr* (*through*) frugare.

rifle ['raɪfl] *s* fucile (*m*).

rift [rɪft] *s* fessura; (*fig*) spaccatura.

rig [rɪg] *s* (*miner*) derrick (*m*); (*in mare*) piattaforma di trivellazione.

rig [rɪg] *v tr* attrezzare.

▶ **rig out** vestire.

right [raɪt] *agg* giusto; adatto; destro; (*geom*) retto ◊ **to be right** aver ragione; essere giusto.

right [raɪt] *avv* proprio, esattamente; nel modo giusto; a destra ◊ **right in the middle** nel bel mezzo; **right away, off, now** subito.

right [raɪt] *s* giusto; diritto; destra ◊ **right of way** precedenza; **by rights** a buon diritto; **on, to the right** a destra; **in the right** dalla parte della ragione.

right [raɪt] *v tr* raddrizzare; (*fig*) riparare.

righteous ['raɪtʃəs] *agg* retto; giustificato.

rightful ['raɪtful] *agg* legittimo.

right-hand ['raɪthænd] *agg* destro ◊ **right-hand man** braccio destro; **right-hand side** lato destro.

rightly ['raɪtlɪ] *avv* giustamente; correttamente.

right wing [ˌraɪt'wɪŋ] *agg* (*polit*) di destra ◊ *s* (*polit*) destra; (*sport*) ala destra.

rigid ['rɪdʒɪd] *agg* rigido.

rigor ['rɪgə*] *s* (*AmE*) rigore (*m*).

rigorous ['rɪgərəs] *agg* rigoroso.

rigour ['rɪgə*] *s* rigore (*m*).

rim [rɪm] *s* orlo; (*aut*) cerchione (*m*).

rind [raɪnd] *s* cotenna; (*limone*) scorza, buccia; (*formaggio*) crosta.

ring [rɪŋ] *s* anello; cerchio; pista, arena; (*boxe*) ring (*m*); scampanellata, squillo ◊ **ring finger** anulare; (*BrE*) **give me a ring** dammi un colpo di telefono; (*BrE*) **ring road** circonvallazione.

ring (*p* rang *pp* rung) [rɪŋ, ræŋ, rʌŋ] *v tr/intr* circondare; suonare; telefonare (a); squillare; tintinnare ◊ **to ring the bell** suonare il campanello.

▶ **ring back** ritelefonare;

▶ **ring off** riagganciare il telefono;

▶ **ring out** risuonare;

▶ **ring up** telefonare.

ringing ['rɪŋɪŋ] *agg* (*BrE*) ◊ **ringing tone** segnale di libero (*al telefono*)

ringleader ['rɪŋˌliːdə*] *s* capobanda (*m/f*).

rink [rɪŋk] *s* pista di pattinaggio.

rinse [rɪns] *s* risciacquo; (*capelli*) cachet (*m*).

rinse [rɪns] *v tr* sciacquare.

riot ['raɪət] *s* sommossa; (*colori*) orgia.

riot ['raɪət] *v intr* insorgere.

rip [rɪp] *s* strappo.

rip [rɪp] *v tr/intr* strappare, strapparsi.

ripe [raɪp] *agg* maturo; (*formaggio*) stagionato.

ripen ['raipən] *v tr/intr* maturare, far maturare.

ripple ['rɪpl] *v tr/intr* increspare, incresparsi.

rise [raiz] *s* altura; salita; aumento ◊ **to give rise to** dare origine a.

rise (*p* rose *pp* risen) [raiz, rəuz, 'rɪzn] *v intr* alzarsi; (*sole, vento*) levarsi; (*prezzi*) aumentare; insorgere, sollevarsi ◊ **to rise to the occasion** mostrarsi all'altezza della situazione.

risen ['rɪzn] *pp di* **rise**.

risk [rɪsk] *s* rischio ◊ **to run, to take the risk of** correre il rischio di; **at risk** in pericolo; **on one's own risk** a proprio rischio e pericolo.

risky ['rɪskɪ] *agg* rischioso.

rissole ['rɪsəul] *s* (*cuc*) polpetta, crocchetta.

rite [raɪt] *s* rito.

ritual ['rɪtʃuəl] *agg, s* rituale (*m*).

rival ['raɪvl] *s, agg* rivale (*m/f*).

rival ['raɪvl] *v tr* rivaleggiare con; competere con.

rivalry ['raɪvlrɪ] *s* rivalità; concorrenza.

river ['rɪvə*] *s* fiume (*m*) ◊ **river bank** argine; **up, down river** a monte, a valle.

riverside ['rɪvəsaɪd] *s* lungofiume (*m*); riva.

rivet ['rɪvɪt] *v tr* inchiodare; (*fig*) concentrare.

roach [rəutʃ] *s* scarafaggio.

road [rəud] *s* strada; via ◊ **road hog** pirata della strada; **road sign** cartello stradale.

roadblock ['rəudblɒk] *s* blocco stradale.

roadside ['rəudsaɪd] *s* ciglio della strada.

roadway ['rəudweɪ] *s* carreggiata.

roadworthy ['rəud,wɜːðɪ] *agg* in grado di viaggiare.

roam [rəum] *v intr* vagabondare.

roar [rɔː*] *s* ruggito; (*risa*) scroscio; (*tuono*) rombo.

roar [rɔː*] *v tr/intr* ruggire; (*vento, mare*) mugghiare; urlare; strepitare.

roast [rəust] *s* arrosto.

roast [rəust] *v tr* arrostire; (*caffè*) tostare.

rob [rɒb] *v tr* derubare; (*banca*) svaligiare.

robber ['rɒbə*] *s* ladro; rapinatore (*m*).

robbery ['rɒbərɪ] *s* rapina; furto.

robe ['rɒbɪn] *s* tunica ◊ (**bath**) **robe** accappatoio.

robin ['rɒbɪn] *s* pettirosso.

robotics [rəu'bɒtɪks] *s* robotica.

robust [rəu'bʌst] *agg* robusto; (*economia*) solido.

rock [rɒk] *s* roccia; scoglio; (*AmE*) pietra; (*BrE*) zucchero candito ◊ **to be on the rocks** essere al verde, in crisi; **whisky on the rocks** whisky con ghiaccio.

rock [rɒk] *v tr/intr* dondolare, dondolarsi; cullare; scuotere.

rock-climber ['rɒk,klaɪmə*] *s* alpinista (*m/f*).

rockery ['rɒkərɪ] *s* giardino roccioso.

rocket ['rɒkɪt] *s* razzo.

rocking ['rɒkɪŋ] *agg* ◊ **rocking chair** sedia a dondolo; **rocking horse** cavallo a dondolo.

rocky ['rɒkɪ] *agg* sassoso; roccioso; (*fig*) traballante.

rod [rɒd] *s* bacchetta; (*tecn*) asta ◊ (**fishing**) **rod** canna da pesca.

rode [rəʊd] *p di* **ride**.

rodent ['rəʊdənt] *s* roditore (*m*).

rodeo ['rəʊdɪəʊ] *s* rodeo.

rogue [rəʊg] *s* mascalzone (*m*).

role [rəʊl] *s* ruolo.

roll [rəʊl] *s* rotolo; lista; (*tamburi*) rullo; (*mar*) rollio ◊ (**bread**) **roll** panino; **roll call** appello.

roll [rəʊl] *v tr/intr* rotolare, far rotolare; arrotolare, avvolgere; (*tamburo*) rullare; (*tuono*) rimbombare; (*occhi*) roteare; spianare con un rullo.

▶ **roll up** arrotolare ◊ **roll up one's sleeves** rimboccarsi le maniche.

roller ['rəʊlə*] *s* rullo; rotella; (*capelli*) bigodino ◊ **roller coaster** montagne russe; **roller skates** pattini a rotelle.

rolling ['rəʊlɪŋ] *agg* (*paesaggio*) ondulato ◊ **rolling pin** matterello.

Roman ['rəʊmən] *agg, s* romano.

romance [rəʊ'mæns] *s* romanticismo; storia d'amore.

Romanesque [,rəʊmə'nesk] *agg* (*arte*) romanico.

Romanian [rəʊ'meɪnɪən] *agg, s* rumeno.

romantic [rəʊ'mæntɪk] *agg* romantico.

rompers ['rɒmpəz] *s pl* tutina (*sing*), pagliaccetto (*sing*).

roof [ru:f] *s* tetto; (*tunnel ecc.*) volta ◊ **roof of the mouth** palato; **roof garden** giardino pensile.

roof-rack ['ru:fræk] *s* (*aut*) portapacchi (*m*).

rook [rʊk] *s* corvo nero; (*scacchi*) torre (*f*).

room [ru:m] *s* stanza; camera; posto, spazio ◊ *pl* alloggio (*sing*) ◊ (*AmE*) **room and board** vitto e alloggio; **room service** servizio in camera; **room temperature** temperatura ambiente; **to make room** fare posto; **there is no room for doubt** non c'è possibilità di dubbio.

room [ru:m] *v intr* (*AmE*) alloggiare, abitare.

rooming house ['ru:mɪŋ,haʊs] *s* (*AmE*) residence (*m*) con camere o appartamenti ammobiliati.

roommate ['ru:m,meɪt] *s* compagno di stanza.

roomy ['ru:mɪ] *agg* ampio; spazioso.

roost [ru:st] *v intr* appollaiarsi.

rooster ['ru:stə*] *s* gallo.

root [ru:t] *s* radice (*f*).

root [ru:t] *v intr* attecchire; (*fig*) radicarsi.

▶ **root for** (*AmE*) fare il tifo per.

▶ **root out** estirpare.

rope [rəʊp] *s* corda; (*mar*) cavo.

rosary ['rəʊzərɪ] *s* rosario.

rose [rəʊz] *p di* **rise**.

rose [rəʊz] *s* rosa ◊ **rose** (**bush**) roseto.

rosebud ['rəʊzbʌd] *s* bocciolo di rosa.

rosemary ['rəʊzmərɪ] *s* rosmarino.

roster ['rəʊstə*] *s* ◊ **duty roster** orario dei turni di servizio.

rosy ['rəʊzɪ] *agg* roseo.

rot [rɒt] *s* putrefazione (*f*).

rot [rɒt] *v intr/tr* (far) marcire.

rotary ['rəʊtərɪ] *s* (*AmE*) rondò.

rotate [rəʊ'teɪt] *v intr/tr* ruotare; avvicendarsi.

rotation [rəʊ'teɪʃn] *s* rotazione *(f)*.

rotten ['rɒtn] *agg* marcio; *(fig)* corrotto ◊ **I feel rotten** sto da cani.

rouble ['ru:bl] *s (AmE)* rublo.

rouge [ru:ʒ] *s* fard *(m)*.

rough [rʌf] *agg* ruvido; aspro; *(strada)* accidentato; *(modi)* rozzo, brusco, sgarbato; *(tempo)* brutto; *(mare)* mosso; *(fig)* difficile ◊ **rough copy** brutta copia; **in the rough** abbozzato.

rough [rʌf] *avv* v. **roughly** ◊ *(BrE)* **to sleep rough** dormire all'addiaccio.

rough [rʌf] *s (golf)* erba alta.

roughage ['rʌfɪdʒ] *s* crusca, fibra.

rough-and-ready [ˌrʌfən'redɪ] *agg* alla buona; rudimentale.

roughly ['rʌflɪ] *avv* rudemente, bruscamente; grossolanamente; approssimativamente.

round [raʊnd] *agg* rotondo; *(cifra)* tondo ◊ **round trip** viaggio di andata e ritorno.

round [raʊnd] *s* giro; ronda; *(carte)* mano; ciclo; scroscio; *(boxe)* ripresa, round *(m)*; *(golf)* partita; *(BrE)* fetta ◊ **to make, to do one's rounds** fare il solito giro di visite, di ispezione; **the same old daily round** il solito trantran; **round of sandwiches** panino; **to stand a round of drinks** pagare da bere a tutti.

round [raʊnd] *avv* intorno; in giro ◊ **all (the way) round** tutt'intorno; **all the year round** tutto l'anno; **enough to go round** abbastanza

per tutti; **to go the long way round** fare il giro lungo; **he invited me round** mi ha invitato a casa.

round [raʊnd] *prep* intorno a; circa ◊ **just round the corner** dietro l'angolo; **round the clock** 24 ore su 24; **round midday** verso mezzogiorno; **news from round the world** notizie da tutto il mondo.

round [raʊnd] *v tr* arrotondare; *(angolo)* girare.

▶ **round up** radunare; *(prezzi)* arrotondare per eccesso.

roundabout ['raʊndəbaʊt] *s* giostra; *(BrE) (aut)* rotatoria.

roundabout ['raʊndəbaʊt] *agg* indiretto; tortuoso.

rounders ['raʊndəz] *s pl* gioco simile al baseball.

roundly ['raʊndlɪ] *avv* chiaro e tondo.

rouse [raʊz] *v tr* svegliare; *(fig)* risvegliare; provocare.

rousing ['raʊzɪŋ] *agg* entusiasmante; stimolante.

route [ru:t] *s* itinerario; rotta; *(bus)* percorso, linea ◊ **en route** in cammino, per strada.

rove [rəʊv] *v intr* vagabondare per.

row [rəʊ] *s* fila; *(maglia)* ferro ◊ **in a row** in fila.

row [rəʊ] *v intr* remare; vogare ◊ *v tr* spingere a remi.

row [raʊ] *s* chiasso; lite *(f)*; sgridata.

row [raʊ] *v intr* litigare.

rowboat ['rəʊbəʊt] *s (AmE)* barca a remi.

rowdy ['raʊdɪ] *agg* turbolento; scalmanato.

rowdy ['raʊdɪ] s teppista (m/f); attaccabrighe (m/f).

rowing ['rəʊɪŋ] s canottaggio ◊ (BrE) **rowing boat** barca a remi.

royal ['rɔɪəl] agg reale ◊ **the Royal Household** la casa reale, la corte.

royalist ['rɔɪəlɪst] s, agg monarchico.

royalty ['rɔɪəltɪ] s membro della famiglia reale; i reali (pl) ◊ pl diritti d'autore.

rub [rʌb] s ◊ **to give something a rub** strofinare, massaggiare.

rub [rʌb] v tr/intr strofinare; sfregarsi; frizionare.

▶ **rub out** cancellare.

rubber ['rʌbə*] s gomma ◊ **rubber band** elastico; **rubber dinghy** gommone.

rubbish ['rʌbɪʃ] s immondizie (pl), rifiuti (pl); robaccia; (fig) sciocchezze (pl) ◊ (BrE) **rubbish bin** pattumiera; **to talk rubbish** dire sciocchezze.

rubble ['rʌbl] s macerie (pl); calcinacci (pl).

ruble ['ruːbl] s (AmE) rublo.

ruby ['ruːbɪ] s rubino.

rucksack ['rʌksæk] s zaino.

rudder ['rʌdə*] s timone (m).

ruddy ['rʌdɪ] agg rubicondo.

rude [ruːd] agg scortese, villano; rozzo; volgare, osceno.

rudeness ['ruːdnɪs] s scortesia; grossolanità.

rudiment ['ruːdɪmənt] s rudimento.

rudimentary [ˌruːdɪˈmentərɪ] agg rudimentale.

ruffle ['rʌfl] v tr (acqua) increspare; (capelli) arruffare; (fig) turbare.

rug [rʌg] s tappetino; (BrE) plaid (m), coperta.

rugby ['rʌgbɪ] s rugby (m).

rugged ['rʌgɪd] agg aspro; ruvido; (lineamenti) duro; (carattere) brusco.

ruin ['ruɪn] s rovina ◊ (pl) ruderi, rovine.

ruin ['ruɪn] v tr rovinare.

ruinous ['ruɪnəs] agg rovinoso.

rule [ruːl] s regola; regolamento; governo ◊ **as a rule** di norma; **to work to rule** fare uno sciopero bianco.

rule [ruːl] v tr/intr governare; dominare; regnare; (giur) dichiarare, decidere.

▶ **rule out** escludere, scartare.

ruler ['ruːlə*] s sovrano; governante (m/f); riga, righello.

ruling ['ruːlɪŋ] agg dirigente, dominante.

ruling ['ruːlɪŋ] s (giur) decisione (f).

rum [rʌm] s rum (m).

Rumanian [rəʊˈmeɪnɪən] agg, s rumeno.

rumble ['rʌmbl] v intr rimbombare; (stomaco) brontolare.

ruminate ['ruːmɪneɪt] v tr/intr ruminare.

rummage ['rʌmɪdʒ] v tr/intr frugare, rovistare.

rummage ['rʌmɪdʒ] s (AmE) cianfrusaglie (pl) ◊ **rummage sale** vendita per beneficenza.

rumor ['ruːmə*] s, v tr (AmE) v. **rumour**.

rumour ['ruːmə*] s voce (f), diceria.

rumour ['ruːmə*] *v tr* ◊ **it is rumoured that** corre voce che.

rump [rʌmp] *s* groppa ◊ **rump steak** bistecca di girello, di scamone.

run [rʌn] *s* corsa; (*in macchina*) gita; tragitto; (*sci*) pista; (*cricket, baseball*) meta; periodo; serie (*f*); (*calze*) smagliatura; (*teatro*) periodo di rappresentazione ◊ **at a run** di corsa; **on the run** in fuga; **in the long run** a lungo andare; **in the short run** a breve scadenza.

run (*p ran pp run*) [rʌn, ræn, rʌn] *v tr* correre; (*albergo ecc.*) gestire, dirigere; far funzionare; (*sguardo*) far scorrere ◊ *v intr* correre; scorrere; scappare; (*macchina*) funzionare, andare; (*teatro*) essere in cartellone; (*naso*) colare; (*giur*) essere valido; (*calze*) smagliarsi; (*polit*) candidarsi; viaggiare, circolare ◊ (*AmE*) **to run for President** candidarsi alla presidenza; **to run a temperature** avere la febbre; **to run low, short** esaurirsi; **I'll run her to the station** la porto alla stazione.

▶ **run across** imbattersi in;

▶ **run after** inseguire;

▶ **run away** scappare;

▶ **run away with** consumare;

▶ **run down** (*aut*) investire; (*batteria ecc.*) scaricarsi;

▶ **run in** (*BrE*) (*aut*) fare il rodaggio di;

▶ **run into** imbattersi in;

▶ **run through** scorrere, sfogliare.

runaway ['rʌnəwaɪ] *s* fuggiasco; (*cavallo*) in libertà; fuori controllo.

rung [rʌŋ] *pp* di **ring**.

rung [rʌŋ] *s* (*scala*) piolo.

runner ['rʌnə*] *s* (*sport*) corridore (*m*); (*pattino*) lama; (*tecn*) guida di scorrimento ◊ (*BrE*) **runner bean** fagiolino.

running ['rʌnɪŋ] *s* corsa; (*albergo ecc.*) gestione (*f*) ◊ **to be in, out of the running for** essere, non essere in lizza per.

running ['rʌnɪŋ] *agg* (*acqua*) corrente; consecutivo ◊ **three days running** tre giorni di seguito; **running costs** costi di esercizio; **running commentary** radiocronaca.

runny ['rʌnɪ] *agg* liquefatto; (*naso*) che cola; (*occhio*) che lacrima.

run-of-the-mill [ˌrʌnɒfðə'mɪl] *agg* mediocre, banale.

run-through ['rʌnθruː] *s* prova.

runway ['rʌnweɪ] *s* pista (*di decollo*).

rupture ['rʌptʃə*] *s* rottura; (*med*) ernia.

rural ['ruərəl] *agg* rurale.

ruse [ruːz] *s* astuzia, trucco.

rush [rʌʃ] *s* corsa precipitosa; impeto; fretta; afflusso; grande richiesta; (*bot*) giunco ◊ **rush hour** ora di punta.

rush [rʌʃ] *v intr* precipitarsi ◊ *v tr* inviare, portare in tutta fretta; spingere, fare fretta a; (*milit*) irrompere in.

rusk [rʌsk] *s* crostino; biscotto.

Russian ['rʌʃn] *agg*, *s* russo.

rust [rʌst] *s* ruggine (*f*).

rust [rʌst] *v intr* arrugginirsi.

rustle ['rʌsl] *v intr/tr* frusciare, far frusciare; (*foglie*) stormire.

rustproof ['rʌstpruːf] *agg* inossidabile.

rusty ['rʌstɪ] *agg* arrugginito.

rut [rʌt] *s* solco; (*zool*) fregola ◊ **to get into a rut** cadere nella routine.

ruthless ['ruːθlɪs] *agg* spietato, crudele.

rye [raɪ] *s* segale (*f*) ◊ **rye bread** pane di segale.

S

Sabbath ['sæbəθ] *s* (*ebraico*) sabato; giorno di riposo.

sabotage ['sæbətɑːʒ] *s* sabotaggio.

saccharin(e) ['sækərɪn] *s* saccarina.

sachet ['sæʃeɪ] *s* bustina.

sack [sæk] *s* sacco ◊ **to get the sack** venire licenziato.

sack [sæk] *v tr* licenziare; saccheggiare.

sacking ['sækɪŋ] *s* tela di sacco; licenziamento.

sacrament ['sækrəmənt] *s* sacramento.

sacred ['seɪkrɪd] *agg* sacro.

sacrifice ['sækrɪfaɪs] *s* sacrificio.

sacrifice ['sækrɪfaɪs] *v tr* sacrificare.

sacrilege ['sækrɪlɪdʒ] *s* sacrilegio.

sad [sæd] *agg* triste.

sadden ['sædn] *v tr* rattristare.

saddle ['sædl] *s* sella.

saddle ['sædl] *v tr* sellare; (*fig*) gravare.

sadist ['seɪdɪst] *s* sadico.

sadistic [sə'dɪstɪk] *agg* sadico.

sadness ['sædnɪs] *s* tristezza.

safe [seɪf] *s* cassaforte (*f*).

safe [seɪf] *agg* sicuro; salvo; prudente ◊ **safe and sound** sano e sal-

vo; **just to be on the safe side** tanto per non correre rischi.

safe-conduct [,seɪf'kɒndʌkt] *s* salvacondotto.

safe-deposit box ['seɪfdə,pɒzɪt-,bɒks] *s* cassetta di sicurezza.

safeguard ['seɪfgɑːd] *s* salvaguardia.

safekeeping [,seɪf'kiːpɪŋ] *s* custodia.

safely ['seɪflɪ] *avv* in salvo; prudentemente.

safety ['seɪftɪ] *s* sicurezza ◊ **safety belt** cintura di sicurezza; **safety pin** spilla di sicurezza, da balia.

saffron ['sæfrən] *s* zafferano.

sag [sæg] *v intr* incurvarsi; afflosciarsi.

sage [seɪdʒ] *s* (*bot*) salvia; (*uomo*) saggio.

Sagittarius [,sædʒɪ'teərɪəs] *s* Sagittario.

said [sed] *p, pp di* say.

sail [seɪl] *s* vela; gita in barca a vela ◊ **to set sail** salpare.

sail [seɪl] *v intr* navigare, veleggiare; salpare ◊ *v tr* solcare; (*barca*) governare ◊ **to go sailing** fare vela.
▶ **sail through** superare senza difficoltà.

sailboat ['seɪlbəʊt] *s* (*AmE*) barca a vela.

sailing ['seɪlɪŋ] *s* navigazione (*f*); (*mar*) partenza; (*sport*) vela ◊ **sailing boat** barca a vela.

sailor ['seɪlə*] *s* marinaio.

saint [seɪnt] *s* santo ◊ **my saint's day** il mio onomastico; **All Saints' Day** Ognissanti.

saintly ['seɪntlɪ] *agg* santo.

sake [seɪk] *s* ◊ **for the sake of** per, per amore di.

salad ['sæləd] *s* insalata ◊ (*BrE*) **salad cream** tipo di maionese; **salad dressing** condimento per insalata.

salami [sə'lɑːmɪ] *s* salame (*m*).

salary ['sælərɪ] *s* stipendio.

sale [seɪl] *s* vendita; saldo; asta ◊ **for, on sale** in vendita; **sales assistant**, (*AmE*) **clerk** commesso; **sale price** prezzo di liquidazione.

salesman (*pl* **-men**) ['seɪlzmən] *s* commesso ◊ **(travelling) salesman** commesso viaggiatore, rappresentante.

saleswoman (*pl* **-women**) ['seɪlz,wʊmən, wɪmɪn] *s* commessa; rappresentante (*f*).

sallow ['sæləʊ] *s* salice (*m*).

salmon ['sæmən] *s inv* salmone (*m*).

saloon [sə'luːn] *s* (*AmE*) bar (*m*); (*BrE*) (*aut*) berlina; (*nave*) salone (*m*).

salt [sɔːlt] *s* sale (*m*) ◊ **salt cellar** saliera; **salt water** acqua di mare; **old salt** lupo di mare.

salt [sɔːlt] *v tr* salare.

salty ['sɔːltɪ] *agg* salato.

salute [sə'luːt] *v tr/intr* salutare.

Salvadorian [ˌsælvə'dɔːrɪən] *agg*, *s* salvadoregno.

salvage ['sælvɪdʒ] *s* salvataggio; oggetti (*pl*) recuperati, salvati.

salvage ['sælvɪdʒ] *v tr* salvare, mettere in salvo.

salvation [sæl'veɪʃn] *s* salvezza ◊ **Salvation Army** Esercito della Salvezza.

same [seɪm] *agg* stesso, medesimo ◊ **at the same time** allo stesso tempo.

same [seɪm] *pron* lo stesso, la stessa cosa ◊ **the same to you** altrettanto a te; **all, just the same** tuttavia; **it's all the same to me** per me fa lo stesso.

same [seɪm] *avv* come; allo stesso modo (di).

sample ['sɑːmpl] *s* campione (*m*) ◊ **(set of) samples** campionario; **sample survey** indagine su campione.

sample ['sɑːmpl] *v tr* assaggiare; (*vino*) degustare.

sanction ['sæŋkʃn] *s* sanzione (*f*); (*giur*) ratifica.

sanction ['sæŋkʃn] *v tr* sancire; (*giur*) ratificare.

sanctity ['sæŋktətɪ] *s* santità.

sanctuary ['sæŋktjʊərɪ] *s* santuario; rifugio; riserva naturale.

sand [sænd] *s* sabbia ◊ **sand castle** castello di sabbia.

sand [sænd] *v tr* smerigliare, carteggiare.

sandal ['sændl] *s* sandalo.

sandpaper ['sænd,peɪpə*] *s* carta vetrata.

sandpit ['sænd,pɪt] *s* (*per bambini*) buca di sabbia.

sandstone ['sændstəʊn] *s* arenaria.

sandwich ['sænwɪdʒ] *s* panino ◊ (*BrE*) **sandwich course** corso di formazione professionale.

sandwich ['sænwɪdʒ] *v tr* infilare, incastrare.

sandy ['sændɪ] *agg* sabbioso; (*capelli*) castano chiaro.

sane [seɪn] *agg* sano di mente; sensato.

sang [sæŋ] *p di* **sing**.

sanitary ['sænɪtərɪ] *agg* sanitario; igienico ◊ **sanitary towel**, (*AmE*) **napkin** assorbente (igienico).

sanitation [,sænɪ'teɪʃn] *s* impianti (*pl*) sanitari; fognature (*pl*) ◊ (*AmE*) **sanitation department** nettezza urbana.

sanity ['sænɪtɪ] *s* sanità mentale; buon senso.

sank [sæŋk] *p di* **sink**.

sap [sæp] *s* linfa.

sap [sæp] *v tr* fiaccare.

sapphire ['sæfaɪə*] *s* zaffiro.

sarcasm ['sɑːkæzəm] *s* sarcasmo.

sardine [sɑː'diːn] *s* sardina.

sash [sæʃ] *s* fascia ◊ **sash window** finestra a ghigliottina.

sat [sæt] *p*, *pp di* **sit**.

satanic [sə'tænɪk] *agg* satanico.

satchel ['sætʃəl] *s* cartella.

satellite ['sætəlaɪt] *s* satellite (*m*) ◊ **satellite dish** antenna parabolica; **satellite TV** TV via satellite, satellitare.

satin ['sætɪn] *s* raso.

satire ['sætaɪə*] *s* satira.

satisfaction [,sætɪs'fækʃn] *s* soddisfazione (*f*).

satisfactory [,sætɪs'fæktərɪ] *agg* soddisfacente.

satisfy ['sætɪsfaɪ] *v tr* soddisfare; convincere.

saturate ['sætʃəreɪt] *v tr* saturare; impregnare.

Saturday ['sætədɪ] *s* sabato.

sauce [sɔːs] *s* salsa; sugo.

saucepan ['sɔːspən] *s* pentola.

saucer ['sɔːsə*] *s* piattino.

Saudi ['saʊdɪ,'sɔːdɪ] *agg*, *s* saudita (*m/f*).

sauna ['sɔːnə] *s* sauna.

saunter ['sɔːntə*] *v intr* bighellonare.

sausage ['sɒsɪdʒ] *s* salsiccia ◊ **sausage roll** rotolino di pasta sfoglia ripieno di salsiccia.

sauté ['səʊteɪ] *v tr* (*cuc*) far saltare in padella.

savage ['sævɪdʒ] *agg* selvaggio; feroce; primitivo.

savage ['sævɪdʒ] *s* selvaggio.

savage ['sævɪdʒ] *v tr* attaccare selvaggiamente; (*animale*) mordere.

savagery ['sævɪdʒərɪ] *s* ferocia.

save [seɪv] *v tr* salvare (*anche inform*); (*soldi*, *tempo*) risparmiare; (*cibo*) conservare; (*guai*) evitare ◊ *v intr* (*up*) fare economie; (*sport*) parare.

save [seɪv] *prep* (*for*) salvo, eccetto.

saving ['seɪvɪŋ] *s* risparmio ◊ **savings bank** cassa di risparmio; **savings book** libretto di risparmio.

saving grace ['seɪvɪŋ'greɪs] *s* l'unica cosa buona.

saving ['seɪvɪŋ] *prep* tranne.

savior ['seɪvjə*] *s* (*AmE*) v. **saviour**.

saviour ['seɪvjə*] *s* salvatore (*m*) ◊ **the Saviour** il Redentore.

savor ['seɪvə*] *v tr* (*AmE*) gustare.

savour ['seɪvə*] *v tr* gustare.

savoury ['seɪvərɪ] *agg* salato; saporito.

savoury ['seɪvərɪ] *s* salatino.

saw [sɔː] *p di* **see**.

saw [sɔː] *s* sega.

saw (p **sawed** pp **sawed, sawn**) [sɔː, sɔːd, sɔːn] v tr/intr segare.

sawdust ['sɔːdʌst] s segatura.

sawmill ['sɔːmɪl] s segheria.

sawn [sɔːn] pp di **saw**.

saxophone ['sæksəfəun] s sassofono.

say [seɪ] s ◊ **I'll have my say** dirò la mia; **to have a, some say** avere voce in capitolo.

say (p, pp **said**) [seɪ, sed] v tr/intr dire ◊ **that is to say** cioè; **it's said** si dice; **that goes without saying** va da sé; **could you say that again?** potrebbe ripeterlo?; **you said it** puoi dirlo forte.

saying ['seɪɪŋ] s detto, proverbio.

scab [skæb] s (med) crosta; crumiro.

scaffold ['skæfəld] s patibolo.

scaffolding ['skæfəldɪŋ] s impalcatura.

scald [skɔːld] s scottatura.

scald [skɔːld] v tr scottare.

scale [skeɪl] s scala; (pesce) squama ◊ pl bilancia (sing) ◊ **on a large scale** su vasta scala; **scale of charges** tariffa.

scale [skeɪl] v tr (monte) scalare.
► **scale down** scalare; ridurre.

scallop ['skɒləp] s (zool) pettine (m) di mare; (stoffa) smerlo.

scalp [skælp] s cuoio capelluto; scalpo.

scalp [skælp] v tr scotennare.

scalpel ['skælpəl] s bisturi (m).

scamper ['skæmpə*] v intr sgambettare.

scampi ['skæmpi] s pl (BrE) (cuc) scampi.

scan [skæn] v tr scrutare; dare una scorsa a; (radar) esplorare; (tecn) fare lo scanning di.

scan [skæn] s (med) ecografia.

scandal ['skændl] s scandalo; maldicenze (pl).

scandalize ['skændəlaɪz] v tr scandalizzare.

scandalous ['skændələs] agg scandaloso; calunnioso.

Scandinavian [,skændɪ'neɪvjən] agg, s scandinavo.

scanner ['skænə*] s scanner (m).

scant [skænt] agg scarso.

scanty ['skænti] agg scarso; insufficiente.

scapegoat ['skeɪpgəut] s capro espiatorio.

scar [skɑː*] s cicatrice (f).

scar [skɑː*] v tr sfregiare.

scarce [skeəs] agg scarso; raro.

scarcely ['skeəsli] avv appena, a stento ◊ **scarcely ever** quasi mai.

scarcity ['skeəsəti] s scarsità.

scare [skeə*] s spavento.

scare [skeə*] v tr spaventare ◊ **to scare stiff** spaventare a morte.

scarecrow ['skeəkrəu] s spaventapasseri (m).

scared [skeəd] agg spaventato.

scaremonger ['skeə,mʌŋgə*] s allarmista (m/f).

scarf [skɑːf] s sciarpa; foulard (m).

scarlet ['skɑːlət] agg scarlatto ◊ **scarlet fever** scarlattina.

scathing ['skeɪðɪŋ] agg mordace.

scatter ['skætə*] v tr/intr disperdere, disperdersi; spargere.

scattered ['skætəd] agg sparso.

scene [siːn] s scena; luogo; veduta, panorama (m).

scenery ['si:nəri] s paesaggio; (teatro) scenario.

scenic ['si:nɪk] agg panoramico.

scent [sent] s profumo; odorato; (fig) pista.

scent [sent] v tr fiutare.

scepter ['septə*] s (AmE) scettro.

sceptical ['skeptɪkl] agg scettico.

sceptre ['septə*] s scettro.

schedule ['ʃedju:l, (AmE) 'skedʒul] s (prezzi) lista, tabella; programma (m); (treni) orario ◊ **on schedule** in orario; **ahead of, behind schedule** in anticipo, in ritardo rispetto al previsto.

schedule ['ʃedju:l, (AmE) 'skedʒul] v tr programmare ◊ **scheduled flight** volo di linea.

scheme [ski:m] s programma (m), piano; progetto; complotto.

scheme [ski:m] v tr/intr tramare, complottare.

scheming ['ski:mɪŋ] agg intrigante.

schism ['sɪzəm] s scisma (m).

schizophrenic [ˌskɪtsəʊ'frenɪk] agg schizofrenico.

scholarship ['skɒləʃɪp] s erudizione (f); borsa di studio.

school [sku:l] s scuola; (AmE) università; facoltà universitaria ◊ **school age** età scolare; **school bag** cartella; **school friend** compagno di scuola.

school [sku:l] v tr istruire; (animale) addestrare.

schoolboy ['sku:lbɔɪ] s scolaro.

schoolchild (pl -children) ['sku:lˌtʃaɪld, tʃɪldrən] s scolaro.

schoolgirl ['sku:lgɜ:l] s scolara.

schooling ['sku:lɪŋ] s istruzione (f).

schoolmaster ['sku:lˌmɑːstə*] s maestro; insegnante (m).

schoolmistress ['sku:lˌmɪstrɪs] s maestra; insegnante (f).

schoolteacher ['sku:lˌtiːtʃə*] s insegnante (m/f); maestro.

sciatica [saɪ'ætɪkə] s sciatica.

science ['saɪəns] s scienza ◊ **science fiction** fantascienza.

scientist ['saɪəntɪst] s scienziato.

scissors ['sɪzəz] s pl forbici (f).

sclerosis [sklɪə'rəʊsɪs] s sclerosi (f).

scoff [skɒf] v intr (at) farsi beffe (di).

scold [skəʊld] v tr rimproverare.

scone [skɒn] s focaccina da tè.

scoop [sku:p] s mestolo; notizia in esclusiva, scoop (m).

scoop [sku:p] v tr (up) tirare su, raccogliere (con un mestolo ecc.).
▶ **scoop out** scavare.

scooter ['sku:tə*] s monopattino ◊ **(motor) scooter** motorino.

scope [skəʊp] s opportunità; portata; raggio d'azione.

scorch [skɔ:tʃ] v tr bruciacchiare; scottare; inaridire.

score [skɔ:*] s punti (pl), punteggio; (mus) partitura; venti (m); conto, debito ◊ **on that score** a questo riguardo; **scores of** un gran numero di; **half a score** una decina.

score [skɔ:*] v tr (punti ecc.) segnare; (successo) ottenere; intaccare ◊ v intr fare punti; tenere il punteggio.

scoreboard ['skɔ:bɔ:d] s tabellone (m) segnapunti.

scorn [skɔ:n] s disprezzo.

scorn [skɔ:n] v tr disdegnare.

scornful ['skɔ:nful] *agg* sprezzante.

Scorpio ['skɔ:pɪəu] *s* Scorpione (*m*).

scorpion ['skɔ:pjən] *s* scorpione (*m*).

Scot [skɒt] *s* scozzese (*m/f*).

Scotch [skɒtʃ] *agg* scozzese ◊ *s* scotch (*m*), whisky (*m*) scozzese.

scot-free [,skɒt'fri:] *agg* ◊ **to get off scot-free** farla franca.

Scots [skɒts] *agg* scozzese ◊ *s* (*dialetto*) scozzese (*m*).

Scotsman (*pl* **-men**) ['skɒtsmən] *s* scozzese (*m*).

Scotswoman (*pl* **-women**) ['skɒts- ,wumən, wimin] *s* scozzese (*f*).

Scottish ['skɒtɪʃ] *agg* scozzese ◊ **the Scottish** gli scozzesi.

scour ['skauə*] *v tr* perlustrare; pulire sfregando.

scout [skaut] *s* esploratore (*m*) ◊ **(boy) scout** scout.

scout [skaut] *v intr* perlustrare.

▶ **scout around for** andare in cerca di.

scowl [skaul] *v intr* accigliarsi ◊ **to scowl at** guardare torvo.

scraggy ['skrægɪ] *agg* scarno.

scramble ['skræmbl] *s* arrampicata; zuffa.

scramble ['skræmbl] *v intr* inerpicarsi; (*for*) azzuffarsi ◊ **scrambled eggs** uova strapazzate.

scrap [skræp] *s* pezzetto; zuffa ◊ *pl* scarti; rottami.

scrap [skræp] *v tr* demolire; (*fig*) scartare ◊ *v intr* fare a botte.

scrapbook ['skræpbuk] *s* album (*m*) dei ritagli.

scrape [skreip] *s* (*fig*) guaio.

scrape [skreip] *v tr/intr* raschiare; grattare.

▶ **scrape through** farcela per un pelo;

▶ **scrape together, up** raggranellare.

scrappy ['skræpɪ] *agg* frammentario.

scratch [skrætʃ] *s* graffio ◊ **to start from scratch** partire da zero; **to be, to come up to scratch** essere all'altezza.

scratch [skrætʃ] *v tr/intr* graffiare, graffiarsi; grattare, grattarsi.

scratch [skrætʃ] *agg* improvvisato, raccogliticcio.

scrawl [skrɔ:l] *v tr/intr* scarabocchiare.

scrawny ['skrɔ:nɪ] *agg* scarno, pelle e ossa.

scream [skri:m] *s* strillo, urlo.

scream [skri:m] *v tr/intr* strillare.

screech [skri:tʃ] *s* strillo; stridore (*m*).

screech [skri:tʃ] *v intr* strillare; stridere.

screen [skri:n] *s* schermo; paravento.

screen [skri:n] *v tr* schermare; riparare; selezionare; (*film*) proiettare.

screening ['skri:nɪŋ] *s* screening (*m*).

screenplay ['skri:npleɪ] *s* sceneggiatura.

screw [skru:] *s* vite (*f*).

screw [skru:] *v tr* avvitare; torcere.

screwdriver ['skru:,draɪvə*] *s* cacciavite (*m*).

scribble ['skrɪbl] *s* sgorbio.

scribble

scribble ['skrɪbl] *v tr/intr* scarabocchiare.

script [skrɪpt] *s (cine ecc.)* copione (*m*), sceneggiatura; *(esame)* compito scritto.

scripture ['skrɪptʃə*] *s* Sacre Scritture (*pl*).

scroll [skrəʊl] *s* rotolo di carta.

scrounge [skraʊndʒ] *v tr/intr* scroccare.

scrub [skrʌb] *s* boscaglia; pulita.

scrub [skrʌb] *v tr* strofinare; annullare.

scruffy ['skrʌfɪ] *agg* trasandato.

scrunch [skrʌntʃ] *v intr* scricchiolare.

scruple ['skruːpl] *s* scrupolo.

scrutinize ['skruːtɪnaɪz] *v tr* scrutare; esaminare.

scrutiny ['skruːtɪnɪ] *s* esame (*m*) accurato.

scuba ['skuːbə] *s* autorespiratore (*m*).

scuffle ['skʌfl] *s* zuffa.

sculptor ['skʌlptə*] *s* scultore (*m*).

sculpture ['skʌlptʃə*] *s* scultura.

scum [skʌm] *s* schiuma; *(fig)* feccia.

scurry ['skʌrɪ] *v intr* affrettarsi.

scuttle ['skʌtl] *v tr (nave)* affondare ◊ *v intr (away, off)* scappare.

scythe [saɪð] *s* falce (*f*).

sea [siː] *s* mare (*m*) ◊ **all at sea** confuso; **sea urchin** riccio di mare; **sea level** livello del mare.

seaboard ['siːbɔːd] *s* costa.

seafood ['siːfuːd] *s* frutti (*pl*) di mare.

seafront ['siːfrʌnt] *s* lungomare (*m*).

sea-going ['siːˌgəʊɪŋ] *agg* d'alto mare.

seagull ['siːgʌl] *s* gabbiano.

seahorse ['siːhɔːs] *s* cavalluccio marino.

seal [siːl] *s (zool)* foca; sigillo.

seal [siːl] *v tr* sigillare.

seam [siːm] *s* cucitura; *(miner)* filone (*m*).

seaman (*pl* **-men**) ['siːmən] *s* marinaio.

seamy ['siːmɪ] *agg* sordido.

seance ['seɪɑːns] *s* seduta spiritica.

seaplane ['siːpleɪn] *s* idrovolante (*m*).

seaport ['siːpɔːt] *s* porto di mare.

search [sɜːtʃ] *s* ricerca; perquisizione (*f*) ◊ **search party** squadra di soccorso; **search engine** motore di ricerca.

search [sɜːtʃ] *v tr* perquisire; *(fig)* esplorare ◊ *v intr (for)* andare in cerca (di).

searching ['sɜːtʃɪŋ] *agg* penetrante; minuzioso.

searchlight ['sɜːtʃlaɪt] *s* riflettore (*m*).

seashell ['siːʃel] *s* conchiglia.

seashore ['siːʃɔː*] *s* spiaggia.

seasick ['siːsɪk] *agg* ◊ **to be seasick** avere il mal di mare.

seasickness ['siːsɪknɪs] *s* mal (*m*) di mare.

seaside ['siːsaɪd] *s* spiaggia ◊ **at the seaside** al mare; **seaside resort** stazione balneare.

season ['siːzn] *s* stagione (*f*) ◊ **season ticket** abbonamento.

season ['siːzn] *v tr* stagionare; condire.

282

seasoning ['si:znɪŋ] s condimento.

seat [si:t] s sedile (m); (in treno ecc.) posto; (persona) sedere (m); (pantaloni) fondo; (polit) seggio ◊ **seat belt** cintura di sicurezza; **take a seat** si accomodi.

seat [si:t] v tr far sedere; avere posti a sedere per.

seaweed ['si:wi:d] s alga, alghe (pl).

secluded [sɪ'klu:dɪd] agg appartato; isolato.

seclusion [sɪ'klu:ʒn] s isolamento; solitudine (f).

second ['sekənd] agg secondo ◊ avv al secondo posto ◊ **second thought** ripensamento; **on second thoughts** ripensandoci meglio.

second ['sekənd] s secondo; (comm) scarto ◊ **the second of March** il 2 di marzo; **second hand** lancetta dei secondi.

second ['sekənd] v tr assecondare; appoggiare.

secondary ['sekəndəri] agg secondario.

second-hand [,sekənd'hænd] agg di seconda mano.

secondly ['sekəndli] avv in secondo luogo.

second-rate [,sekənd'reit] agg scadente.

secrecy ['si:krəsi] s segretezza ◊ **bank secrecy** segreto bancario.

secret ['si:krɪt] s, agg segreto.

secretariat [,sekrə'teəriət] s segretariato.

secretary ['sekrətri] s segretario; (polit) ministro ◊ **Secretary of State** (BrE) ministro; (AmE) Segretario di Stato, Ministro degli Esteri.

sect [sekt] s setta.

section ['sekʃn] s sezione (f).

sector ['sektə*] s settore (m).

secure [sɪ'kjuə*] agg sicuro; al sicuro; ben saldo, assicurato.

secure [sɪ'kjuə*] v tr fissare, assicurare; procurarsi, assicurarsi.

security [sɪ'kjuərəti] s sicurezza; garanzia ◊ pl (comm) titoli, obbligazioni (f).

sedan [sɪ'dæn] s (AmE) (aut) berlina.

sedate [sɪ'deɪt] agg posato; calmo.

sedate [sɪ'deɪt] v tr sedare.

sedation [sɪ'deɪʃn] s ◊ **under sedation** sotto sedativo.

sedative ['sedətɪv] s, agg sedativo.

seduce [sɪ'dju:s] v tr sedurre.

seduction [sɪ'dʌkʃn] s seduzione (f).

seductive [sɪ'dʌktɪv] agg seducente.

see (p saw pp seen) [si:, sɔ:, si:n] v tr/intr vedere; capire; accompagnare; fare in modo, assicurarsi ◊ **I'll see you home** ti accompagno a casa; **you see?** capisci?; **let me see** fammi pensare; **I see** capisco; **see you (later)** a più tardi, ci vediamo; **see you soon** a presto.
▶ **see about, to** occuparsi di;
▶ **see off** salutare alla partenza.

see [si:] s diocesi (f), vescovato ◊ **the Holy See** la Santa Sede.

seed [si:d] s seme (m).

seedy ['si:dɪ] agg sciatto; (luogo) squallido.

seeing [si:ɪŋ] cong ◊ **seeing (that)** visto che.

seek (p, pp sought) [si:k, sɔ:t] v tr

283

cercare ◊ **to seek advice** chiedere consiglio.

seem [si:m] *v intr* sembrare ◊ **it seems to me** mi pare; **there seems to be** sembra che ci sia; **as it seems** a quanto pare.

seemingly ['si:mɪŋlɪ] *avv* apparentemente.

seen [si:n] *pp di* see.

seep [si:p] *v intr* filtrare; colare, gocciolare.

seesaw ['si:sɔ:] *s* altalena (a bilico).

seethe [si:ð] *v intr* (with) ribollire (di), fremere (di).

see-through ['si:θru:] *agg* trasparente.

segment ['segmənt] *s* segmento.

segregate ['segrɪgeɪt] *v tr* segregare, isolare.

seize [si:z] *v tr* afferrare; impadronirsi di; (*giur*) confiscare.

▶ **seize up** (*tecn*) grippare.

seldom ['seldəm] *avv* raramente.

select [sɪ'lekt] *agg* scelto.

select [sɪ'lekt] *v tr* selezionare, scegliere.

selective [sɪ'lektɪv] *agg* selettivo.

self- [self] *prefisso* auto-; da, di sé.

self-assured [ˌselfə'ʃʊəd] *agg* sicuro di sé.

self-catering [ˌself'keɪtərɪŋ] *agg* (*BrE*) con uso di cucina.

self-centered [ˌself'sentəd] *agg* (*AmE*) egocentrico.

self-centred [ˌself'sentəd] *agg* egocentrico.

self-confidence [ˌself'kɒnfɪdəns] *s* fiducia in se stessi.

self-confident [ˌself'kɒnfɪdənt] *agg* sicuro di sé.

self-conscious [ˌself'kɒnʃəs] *agg* timido; imbarazzato.

self-contained [ˌselfkən'teɪnd] *agg* (*BrE*) indipendente; autonomo.

self-control [selfkən'trəʊl] *s* autocontrollo.

self-defence [ˌselfdɪ'fens] *s* autodifesa; (*giur*) legittima difesa.

self-defense [ˌselfdɪ'fens] *s* (*AmE*) *v.* **self-defence**.

self-employed [ˌselfɪm'plɔɪd] *agg* che lavora in proprio, autonomo.

self-evident [ˌself'evɪdənt] *agg* evidente, lampante.

selfish ['selfɪʃ] *agg* egoista.

selfless ['selfləs] *agg* altruista.

self-indulgent [ˌselfɪn'dʌldʒənt] *agg* che si tratta bene.

self-made [ˌself'meɪd] *agg* che si è fatto da sé.

self-pity [ˌself'pɪtɪ] *s* autocommiserazione (*f*).

self-portrait [ˌself'pɔ:trɪt] *s* autoritratto.

self-possessed [ˌselfpə'zest] *agg* controllato, padrone di sé.

self-preservation [ˌself,prezə'veɪʃn] *s* istinto di conservazione.

self-respect [ˌselfrɪ'spekt] *s* amor (*m*) proprio.

self-righteous [ˌself'raɪtʃəs] *agg* che si considera nel giusto.

self-sacrifice [ˌself'sækrɪfaɪs] *s* abnegazione (*f*).

self-satisfied [ˌself'sætɪsfaɪd] *agg* compiaciuto.

self-sufficient [ˌselfsə'fɪʃnt] *agg* autosufficiente.

self-supporting [ˌselfsə'pɔ:tɪŋ] *agg* economicamente indipendente.

self-taught [ˌselfˈtɔːt] *agg* autodidatta.

sell (*p, pp* **sold**) [sel, səʊld] *v tr/intr* vendere, essere venduto ◊ **to sell at, for 2 pounds** essere in vendita a 2 sterline.

▶ **sell off** liquidare; svendere;

▶ **sell out** esaurire, esaurirsi.

sell-by date [ˈselbaɪˌdeɪt] *s* data di scadenza.

seller [ˈselə*] *s* venditore (*m*).

selling [ˈselɪŋ] *s* vendita ◊ **selling price** prezzo di vendita.

sellotape [ˈseləʊteɪp] *s* nastro adesivo.

sell-out [ˈselaʊt] *s* (*comm*) esaurimento di scorte.

semen [ˈsiːmen] *s* sperma (*m*).

semi- [ˈsemɪ] *prefisso* semi-.

semicolon [ˌsemɪˈkəʊlən] *s* punto e virgola.

semi-detached [ˌsemɪdɪˈtætʃt] *s* (*BrE*) casa bifamiliare.

senate [ˈsenɪt] *s* senato.

senator [ˈsenətə*] *s* senatore (*m*).

send (*p, pp* **sent**) [send, sent] *v tr* mandare, spedire.

▶ **send for** mandare a chiamare;

▶ **send off** spedire; (*BrE*) (*sport*) espellere.

sender [ˈsendə*] *s* mittente (*m/f*).

senior [ˈsiːnjə*] *agg* più vecchio; (*grado ecc.*) superiore ◊ **senior citizen** pensionato, anziano.

sensation [senˈseɪʃn] *s* sensazione (*f*).

sensational [senˈseɪʃənl] *agg* sensazionale.

sense [sens] *s* senso ◊ **it makes sense** ha senso.

sense [sens] *v tr* intuire, avere la sensazione di; percepire.

senseless [ˈsenslɪs] *agg* insensato; privo di sensi.

sensible [ˈsensəbl] *agg* sensato, ragionevole.

sensitive [ˈsensɪtɪv] *agg* sensibile.

sensual [ˈsensjʊəl] *agg* sensuale.

sensuous [ˈsensjʊəs] *agg* sensuale; dei sensi.

sent [sent] *p, pp di* **send**.

sentence [ˈsentəns] *s* (*giur*) sentenza; condanna; (*gramm*) frase (*f*).

sentence [ˈsentəns] *v tr* (*giur*) condannare.

sentiment [ˈsentɪmənt] *s* sentimento; opinione (*f*).

sentimental [ˌsentɪˈmentl] *agg* sentimentale.

sentry [ˈsentrɪ] *s* sentinella.

separate [ˈseprət] *agg* separato ◊ *s pl* (*abito*) coordinato (*sing*).

separate [ˈsepəreɪt] *v tr/intr* separare, separarsi.

separation [ˌsepəˈreɪʃn] *s* separazione (*f*).

September [sepˈtembə*] *s* settembre (*m*).

septic [ˈseptɪk] *agg* settico; infetto.

sequel [ˈsiːkwəl] *s* seguito, continuazione (*f*); conseguenza.

sequence [ˈsiːkwəns] *s* serie (*f*); ordine (*m*).

Serb [sɜːb], **Serbian** [ˈsɜːbjən] *agg, s* serbo.

serene [sɪˈriːn] *agg* sereno; calmo.

sergeant [ˈsɑːdʒənt] *s* (*milit*) sergente (*m*); (*polizia*) brigadiere (*m*).

serial [ˈsɪərɪəl] *s* romanzo, sceneggiato a puntate.

serialize ['sɪərɪəlaɪz] v tr pubblicare, trasmettere a puntate.

series ['sɪəri:z] s inv serie (f).

serious ['sɪərɪəs] agg serio, grave.

sermon ['sɜːmən] s sermone (m).

serum ['sɪərəm] s (med) siero.

servant ['sɜːvənt] s domestico ◊ **civil servant** impiegato statale.

serve [sɜːv] v tr/intr servire (a); prestare servizio; (tirocinio) fare; (giur) notificare; (pena) scontare; (sport) servire, battere il servizio ◊ **it serves you right!** ben ti sta!
► **serve out, up** servire.

serve [sɜːv] s (sport) servizio.

service ['sɜːvɪs] s servizio; (comm, aut) assistenza ◊ pl forze armate; servizi ◊ (BrE) **service charge** servizio (al ristorante ecc.); **service included, not included** servizio compreso, escluso; **service area** area di servizio; **service station** stazione di servizio.

service ['sɜːvɪs] v tr revisionare.

serviceable ['sɜːvɪsəbl] agg utile; pratico.

serviette [,sɜːvɪ'et] s (BrE) tovagliolo.

session ['seʃn] s seduta; sessione (f); (AmE) anno accademico.

set [set] s serie (f); (posate ecc.) servizio; (persone) gruppo; ambiente (m); (radio, TV) apparecchio; (teatro) scene (pl), scenario; (capelli) messa in piega; (tennis, cinema) set (m); (mat) insieme (m).

set [set] agg prestabilito; deciso; pronto ◊ **set menu** menù a prezzo fisso.

set (p, pp **set**) [set] v tr mettere, collocare; preparare; sistemare; (data, prezzo) fissare, stabilire; (orologio) regolare; (frattura) ridurre ◊ v intr (sole ecc.) tramontare; (cemento) solidificarsi, fare presa; (marmellata) rapprendersi ◊ **to set free** liberare; **to set going** mettere in moto; **to set on fire** dare fuoco; **to set the table** apparecchiare la tavola; **to set one's hair** mettere in piega i capelli; **to set the fashion** fare tendenza.
► **set about** accingersi a, intraprendere;
► **set off** partire; (bomba) far esplodere;
► **set out** partire; preparare; disporre; esporre.
► **set up** fondare, costituire.

set-back ['setbæk] s contrattempo; (med) ricaduta.

settee [se'ti:] s divano.

setting ['setɪŋ] s ambiente (m); scenario; tramonto; (tecn) messa a punto; (gioiello) montatura.

settle ['setl] v tr sistemare; (questione) definire, decidere; (conti) saldare; colonizzare; (med) calmare ◊ v intr (polvere) posarsi; (sedimento) depositarsi; sistemarsi, stabilirsi; calmarsi ◊ **to settle to work** mettersi al lavoro.
► **settle down** calmarsi; sistemarsi, stabilirsi; metter su famiglia; (to) accingersi;
► **settle for** accettare, accontentarsi di;
► **settle up** saldare un conto.

settlement ['setlmənt] s accordo; pagamento, saldo; colonia, insediamento.

settler ['setlə*] *s* colonizzatore (*m*).

set-up ['setʌp] *s* organizzazione (*f*); sistemazione (*f*); situazione (*f*).

seven ['sevn] *agg, s* sette (*m*).

seventeen [,sevn'ti:n] *agg, s* diciassette (*m*).

seventh ['sevnθ] *agg, s* settimo.

seventieth ['sevntɪəθ] *agg, s* settantesimo.

seventy ['sevntɪ] *agg, s* settanta (*m*) ◊ **the seventies** gli anni Settanta.

sever ['sevə*] *v tr* recidere; troncare.

several ['sevrəl] *agg, pron* diversi, alcuni.

severe [sɪ'vɪə*] *agg* severo; serio, grave; (*stile*) sobrio; (*clima*) rigido.

sew (*p* **sewed** *pp* **sewn**) [səʊ, səʊd, səʊn] *v tr/intr* cucire.
▶ **sew up** rammendare.

sewage ['su:ɪdʒ] *s* acque (*pl*) di scolo.

sewer ['sju:ə*] *s* fogna.

sewing ['səʊɪŋ] *s* cucitura; cucito ◊ **sewing machine** macchina da cucire.

sewn [səʊn] *pp di* **sew**.

sex [seks] *s* sesso ◊ **to have sex with** avere rapporti sessuali con.

sexist ['seksɪst] *agg, s* sessista (*m/f*).

sexologist [seks'ɒlɒɡɪst] *s* sessuologo.

sexual ['seksjʊəl] *agg* sessuale.

sexy ['seksɪ] *agg* sexy, attraente.

shabby ['ʃæbɪ] *agg* trasandato; (*fig*) spregevole.

shack [ʃæk] *s* baracca.

shackles ['ʃæklz] *s pl* manette.

shade [ʃeɪd] *s* ombra; (*colore, fig*) sfumatura ◊ **a shade too small** un po' troppo piccolo; **in the shade** all'ombra, nell'ombra.

shade [ʃeɪd] *v tr* ombreggiare; riparare; (*fig*) offuscare.

shadow ['ʃædəʊ] *s* ombra ◊ *pl* tenebre ◊ (*BrE*) **shadow cabinet** governo ombra.

shadow ['ʃædəʊ] *v tr* pedinare.

shadowy ['ʃædəʊɪ] *agg* ombroso; vago.

shady ['ʃeɪdɪ] *agg* ombroso; (*fig*) losco.

shaft [ʃɑ:ft] *s* asta; (*luce*) raggio; (*miniera*) pozzo; (*ascensore*) tromba; (*aut, tecn*) albero.

shaggy ['ʃæɡɪ] *agg* irsuto; (*barba*) incolto.

shake (*p* **shook** *pp* **shaken**) [ʃeɪk, ʃʊk, 'ʃeɪkən] *v tr* scuotere, agitare; turbare ◊ *v intr* tremare ◊ **to shake hands with** stringere, dare la mano a.

shaken ['ʃeɪkən] *pp di* **shake**.

shaky ['ʃeɪkɪ] *agg* tremante; malfermo.

shall [ʃæl] *v modale* ◊ **we shall see** vedremo; **shall we play?** vogliamo giocare?; **shall I open the door?** apro io?

shallow ['ʃæləʊ] *agg* poco profondo; (*fig*) superficiale.

sham [ʃæm] *s* finzione (*f*); imitazione (*f*).

shambles ['ʃæmblz] *s* confusione (*f*), caos (*m*).

shame [ʃeɪm] *s* vergogna ◊ **shame on you!** vergognati!; **what a shame!** che peccato!

shame [ʃeɪm] *v tr* far vergognare.

shameful ['ʃeɪmfʊl] *agg* vergognoso.

shameless ['ʃeɪmlɪs] *agg* svergognato; spudorato.

shampoo [ʃæm'puː] *v tr* fare lo shampoo a.

shamrock ['ʃæmrɒk] *s* trifoglio.

shandy ['ʃændɪ] *s* birra e gassosa.

shan't [ʃɑːnt] *contrazione di* **shall not.**

shanty ['ʃæntɪ] *s* baracca ◊ **shanty town** bidonville.

shape [ʃeɪp] *s* forma ◊ **in good shape** in gran forma; **to take shape** prendere forma.

shape [ʃeɪp] *v tr* formare ◊ *v intr* prendere forma.

shapeless ['ʃeɪplɪs] *agg* informe.

shapely ['ʃeɪplɪ] *agg* ben fatto, armonioso.

share [ʃeə*] *s* parte (*f*); (*comm*) azione (*f*).

share [ʃeə*] *v tr* dividere; condividere.

shareholder ['ʃeə,həʊldə*] *s* azionista (*m/f*).

shark [ʃɑːk] *s* squalo.

sharp [ʃɑːp] *agg* affilato; aguzzo; (*contrasto*) netto, chiaro; (*salita*) ripido; (*voce, dolore*) acuto; intelligente, sveglio; disonesto; (*mus*) diesis.

sharp [ʃɑːp] *avv* ◊ **at two o'clock sharp** alle due in punto.

sharpen [ʃɑːpən] *v tr* affilare; (*fig*) acuire.

sharpener ['ʃɑːpnə*] *s* temperamatite (*m*).

sharp-eyed [,ʃɑːp'aɪd] *agg* dalla vista acuta.

sharp-tongued [,ʃɑːp'tʌŋd] *agg* dalla lingua tagliente.

shatter ['ʃætə*] *v tr/intr* frantumare, frantumarsi; (*fig*) distruggere.

shave [ʃeɪv] *v tr/intr* radere, radersi.

shave [ʃeɪv] *s* ◊ **to have a shave** farsi la barba.

shaven ['ʃeɪvn] *agg* rasato.

shaver ['ʃeɪvə*] *s* rasoio.

shaving [ʃeɪvɪŋ] *s* rasatura ◊ *pl* trucioli ◊ **shaving brush** pennello da barba; **shaving cream, foam** crema da barba.

shawl [ʃɔːl] *s* scialle (*m*).

she [ʃiː] *pron* ella; lei ◊ **a she-wolf** una lupa.

shear (*p, pp* **sheared, shorn**) [ʃɪə*, ʃɪəd, ʃɔːn] *v tr* tosare.

shears [ʃɪəz] *s pl* cesoie.

sheath [ʃiːθ] *s* fodero; guaina; preservativo.

shed [ʃed] *s* capannone (*m*).

shed (*p, pp* **shed**) [ʃed] *v tr* versare, spargere; (*foglie ecc.*) perdere; liberarsi di.

she'd [ʃiːd] *contrazione di* **she had, she would.**

sheen [ʃiːn] *s* lucentezza.

sheep [ʃiːp] *s inv* pecora.

sheepdog ['ʃiːpdɒg] *s* cane (*m*) da pastore.

sheepish ['ʃiːpɪʃ] *agg* imbarazzato; impacciato.

sheer [ʃɪə*] *agg* puro e semplice; a picco; (*tessuto*) sottile, trasparente ◊ *avv* a picco, a strapiombo.

sheet [ʃiːt] *s* lenzuolo; (*carta*) foglio; (*vetro, ghiaccio*) lastra; (*metallo*) lamina.

sheik(h) [ʃeɪk] *s* sceicco.

shelf [ʃelf] *s* scaffale (*m*), mensola.

shell [ʃel] *s* conchiglia; (*noce, uovo*) guscio; (*edificio*) scheletro, struttura; (*milit*) granata.

shell [ʃel] *v tr* sgusciare; (*milit*) bombardare.

she'll [ʃiːl] *contrazione di* **she will, she shall**.

shellfish ['ʃelfiʃ] *s* mollusco; crostaceo; (*cuc*) frutti (*pl*) di mare.

shelter ['ʃeltə*] *s* riparo.

shelter ['ʃeltə*] *v tr/intr* riparare, ripararsi; proteggere; dare rifugio a ◊ (*BrE*) **sheltered housing** alloggi attrezzati per anziani e disabili.

shelve [ʃelv] *v tr* accantonare, rimandare.

shepherd ['ʃepəd] *s* pastore (*m*) ◊ (*BrE*) **sheperd's pie** timballo di carne trita e purè di patate.

sheriff ['ʃerif] *s* sceriffo.

she's [ʃiːz] *contrazione di* **she is, she has**.

shield [ʃiːld] *s* scudo.

shield [ʃiːld] *v tr* proteggere, fare scudo a.

shift [ʃift] *s* cambiamento; turno ◊ **shift work** lavoro a turni.

shift [ʃift] *v intr* spostarsi.

shifty ['ʃifti] *agg* ambiguo.

shilling ['ʃiliŋ] *s* (*BrE*) scellino.

shimmer ['ʃimə*] *v intr* brillare, luccicare.

shin [ʃin] *s* stinco; tibia.

shine [ʃain] *s* splendore (*m*).

shine (*p, pp* **shone**) [ʃain, ʃon] *v intr* splendere, brillare ◊ *v tr* lustrare; puntare la luce su.

shingle ['ʃiŋgl] *s* ciottoli (*pl*) ◊ *pl* (*med*) herpes zoster (*m*).

shiny ['ʃaini] *agg* lucente.

ship [ʃip] *s* nave (*f*) ◊ **ship broker** agente di navigazione.

ship [ʃip] *v tr* imbarcare; spedire (via mare).

shipbuilding ['ʃip,bildiŋ] *s* costruzioni (*f pl*) navali.

shipping ['ʃipiŋ] *s* flotta; spedizione (*f*) ◊ **shipping agent** spediziniere marittimo.

shipwreck ['ʃiprek] *s* naufragio; relitto.

shipyard ['ʃipjɑːd] *s* cantiere (*m*) navale.

shire ['ʃaiə*] *s* (*BrE*) contea.

shirt [ʃɜːt] *s* camicia.

shirtsleeves ['ʃɜːtsliːvz] *s pl* ◊ **in (one's) shirtsleeves** in maniche di camicia.

shit [ʃit] *s, inter* merda.

shiver ['ʃivə*] *s* brivido.

shiver ['ʃivə*] *v intr* rabbrividire.

shock [ʃok] *s* urto, colpo; (*elettr*) scossa; (*med*) shock (*m*) ◊ **shock absorber** ammortizzatore.

shock [ʃok] *v tr* colpire, scioccare.

shocking [ʃokiŋ] *agg* scandaloso; scioccante.

shod [ʃod] *p, pp di* **shoe**.

shoe [ʃuː] *s* scarpa; ferro di cavallo ◊ **shoe polish** lucido da scarpe.

shoe (*p, pp* **shod**) [ʃuː, ʃod] *v tr* (*cavallo*) ferrare.

shoelace ['ʃuːleis] *s* stringa.

shoestring ['ʃuːˌstriŋ] *s* (*AmE*) stringa.

shone [ʃon] *p, pp di* **shine**.

shook [ʃuk] *p di* **shake**.

shoot [ʃuːt] *s* germoglio; partita di caccia.

shoot (*p*, *pp* **shot**) [ʃuːt, ʃɒt] *v tr/intr* sparare (a); lanciare, tirare; (*cine*) girare ◊ **to shoot wide (of the mark)** mancare il bersaglio; **to shoot out** precipitarsi fuori.

shooting [ˈʃuːtɪŋ] *s* sparatoria; (*BrE*) caccia ◊ **shooting star** stella cadente.

shop [ʃɒp] *s* negozio ◊ (*BrE*) **shop assistant** commesso; (*BrE*) **shop steward** rappresentante sindacale; (*BrE*) **shop floor** operai; **shop window** vetrina.

shop [ʃɒp] *v intr/tr* fare compere ◊ **to go shopping** fare la spesa.

shopkeeper [ˈʃɒpˌkiːpəˠ] *s* negoziante (*m/f*).

shoplifter [ˈʃɒpˌlɪftəˠ] *s* taccheggiatore (*m*).

shopping [ˈʃɒpɪŋ] *s* spesa ◊ **shopping centre, mall** centro commerciale; (*BrE*) **shopping precinct** centro commerciale (*chiuso al traffico*).

shore [ʃɔːˠ] *s* spiaggia; riva.

shorn [ʃɔːn] *p*, *pp di* **shear**.

short [ʃɔːt] *agg* corto; breve; (*persona*) basso; scarso; (*risposta*) brusco ◊ **to be, to run short of** essere a corto di; **it is short for** è il diminutivo, l'abbreviazione di; **short story** racconto; (*BrE*) **short (crust) pastry** pasta frolla; **in short** in breve.

short [ʃɔːt] *avv* bruscamente ◊ **short of** eccetto, tranne; **to stop short** fermarsi di colpo; **to stop short of** fermarsi prima di.

short [ʃɔːt] *s* (*cine*) cortometraggio; (*whisky ecc.*) bicchierino ◊ *pl* pantaloncini corti; (*AmE*) mutande da uomo.

shortage [ˈʃɔːtɪdʒ] *s* carenza, mancanza.

shortbread [ˈʃɔːtbred] *s* biscotto di pasta frolla.

short-change [ˌʃɔːtˈtʃeɪndʒ] *v tr* dare il resto sbagliato a.

short-circuit [ˌʃɔːtˈsɜːkɪt] *s* corto circuito.

shortcoming [ˌʃɔːtˈkʌmɪŋ] *s* difetto.

short-cut [ˌʃɔːtˈkʌt] *s* scorciatoia.

shorten [ˈʃɔːtn] *v tr* accorciare.

shortlist [ˈʃɔːtˌlɪst] *s* (*BrE*) rosa (di candidati).

short-lived [ˌʃɔːtˈlɪvd] *agg* di breve durata.

shortly [ˈʃɔːtlɪ] *avv* tra breve.

short-sighted [ˌʃɔːtˈsaɪtɪd] *agg* miope.

short-stay [ˌʃɔːtˈsteɪ] *agg* (*parcheggio*) a tempo limitato.

short-tempered [ˌʃɔːtˈtempəd] *agg* irascibile.

short-term [ˌʃɔːtˈtɜːm] *agg* di, a breve durata; a breve scadenza.

short-wave [ˌʃɔːtˈweɪv] *agg* (*radio*) a onde corte.

shot [ʃɒt] *p*, *pp di* **shoot**.

shot [ʃɒt] *s* sparo, colpo; tentativo; (*calcio*) tiro; foto; puntura; (*cine*) ripresa ◊ **shot put** lancio del peso.

should [ʃʊd] *v modale* ◊ **you should come** dovresti venire; **I should come if I were you** se fossi in te me ne andrei; **I should like to** mi piacerebbe.

shoulder [ˈʃəʊldəˠ] *s* spalla; (*strada*) bordo ◊ **shoulder blade** scapola; **shoulder bag** borsa a tracolla; **shoulder strap** bretella, spallina; tracolla.

shoulder ['ʃəʊldə*] v tr caricare sulle spalle; (fig) addossarsi ◊ **to shoulder one's way** farsi largo a spallate.

shouldn't ['ʃʊdnt] contrazione di **should not**.

shout [ʃaʊt] s grido, urlo.

shout [ʃaʊt] v intr/tr gridare, urlare.

shove [ʃʌv] v tr spingere.

shovel ['ʃʌvl] s pala.

shovel ['ʃʌvl] v tr spalare.

show [ʃəʊ] s dimostrazione (f); mostra; spettacolo; apparenza ◊ **for show** per fare scena; **on show** esposto; **to put up a good show** fare una bella figura.

show (p **showed** pp **shown**) [ʃəʊ, ʃəʊd, ʃəʊn] v tr mostrare; esporre; dimostrare; accompagnare ◊ v intr essere visibile.
▶ **show off** mettere, mettersi in mostra;
▶ **show up** mettere in risalto; farsi vivo.

showdown ['ʃəʊdaʊn] s prova di forza.

shower ['ʃaʊə*] s acquazzone (m); doccia; (fig) pioggia ◊ **to have a shower** fare la doccia.

shower ['ʃaʊə*] v tr inondare, coprire ◊ v intr fare la doccia.

showing ['ʃəʊɪŋ] s (film) proiezione (f).

shown [ʃəʊn] pp di **show**.

show-off ['ʃəʊɒf] s esibizionista (m/f).

showy ['ʃəʊɪ] agg vistoso.

shrank [ʃræŋk] p di **shrink**.

shred [ʃred] s brandello.

shred [ʃred] v tr fare a brandelli; (cuc) sminuzzare.

shrewd [ʃru:d] agg astuto, scaltro.

shriek [ʃri:k] v intr strillare.

shrill [ʃrɪl] agg stridulo.

shrimp [ʃrɪmp] s gamberetto.

shrine [ʃraɪn] s reliquario; altare (m); santuario.

shrink (p **shrank** pp **shrunk**) [ʃrɪŋk, ʃræŋk, ʃrʌŋk] v intr restringersi, indietreggiare.

shrivel ['ʃrɪvl] v intr raggrinzirsi; avvizzire.

shroud [ʃraʊd] s sudario.

Shrove Tuesday [,ʃrəʊv'tju:zdɪ] s martedì (m) grasso.

shrub [ʃrʌb] s arbusto.

shrubbery ['ʃrʌbərɪ] s boschetto.

shrug [ʃrʌg] v tr/intr scrollare le spalle.

shrunk [ʃrʌŋk] pp di **shrink**.

shudder ['ʃʌdə*] s brivido.

shudder ['ʃʌdə*] v intr rabbrividire.

shuffle ['ʃʌfl] v intr strascicare i piedi ◊ v tr (carte) mescolare.

shun [ʃʌn] v tr evitare.

shut (p, pp **shut**) [ʃʌt] v tr/intr chiudere, chiudersi.
▶ **shut down** chiudere definitivamente;
▶ **shut up** (far) tacere.

shutter ['ʃʌtə*] s imposta; (fot) otturatore (m).

shuttle ['ʃʌtl] s navetta ◊ **shuttle** (**service**) servizio navetta.

shy [ʃaɪ] agg timido.

sick [sɪk] agg malato; (fig) stufo ◊

to be sick vomitare; **to feel sick** avere la nausea; **sick bay** infermeria; **sick leave** licenza per malattia; **sick pay** indennità di malattia.

sicken ['sɪkən] v tr nauseare.

sickly ['sɪklɪ] agg malaticcio; nauseante.

sickness ['sɪknɪs] s malattia; vomito.

side [saɪd] s lato; parte (f); (strada) ciglio; (lago) riva; (sport) squadra ◊ **by the side of** a fianco di; sul ciglio di; **side by side** fianco a fianco; **from side to side** da una parte all'altra; **to take sides with** prendere le parti di.

side [saɪd] agg laterale; (med) collaterale; (fig) marginale ◊ **side street** traversa; **side dish, order** contorno.

side [saɪd] v intr (against) schierarsi (contro); (with) parteggiare (per).

sideboard ['saɪdbɔːd] s credenza ◊ pl (BrE) basette.

sideburns ['saɪdbɜːnz] s pl (AmE) basette.

sidelight ['saɪdlaɪt] s (aut) luce (f) di posizione.

sidelong ['saɪdlɒŋ] agg obliquo.

sidewalk ['saɪdwɔːk] s (AmE) marciapiede (m).

sideways ['saɪdweɪz] avv di lato, obliquamente.

siege [siːdʒ] s assedio.

sieve [sɪv] v tr setacciare.

sift [sɪft] v tr passare al setaccio, vagliare.

sigh [saɪ] v intr sospirare.

sight [saɪt] s vista; spettacolo; (arma) mirino ◊ **at first sight** a prima vista; **in, within sight** in vista; probabile; **sight draft** tratta a vista.

sightseeing ['saɪt,siːɪŋ] s giro turistico.

sign [saɪn] s segno; cenno; cartello, insegna.

sign [saɪn] v tr/intr firmare.
▶ **sign on** iscriversi; iscriversi nelle liste di collocamento; (milit) arruolarsi.

signal ['sɪgnl] s segnale (m).

signal ['sɪgnl] v tr segnalare; fare segno a ◊ v intr (aut) mettere la freccia.

signature ['sɪgnətʃə*] s firma ◊ **signature tune** sigla musicale.

signboard ['saɪnbɔːd] s insegna.

significance [sɪg'nɪfɪkəns] s significato; importanza.

significant [sɪg'nɪfɪkənt] agg significativo.

signify ['sɪgnɪfaɪ] v tr significare; indicare.

signpost ['saɪnpəʊst] s segnale (m) stradale.

silence ['saɪləns] s silenzio.

silence ['saɪləns] v tr far tacere.

silencer ['saɪlənsə*] s silenziatore (m); (aut) marmitta.

silent ['saɪlənt] agg silenzioso; (film) muto ◊ **to keep silent** stare zitto.

silk [sɪlk] s seta.

silkworm ['sɪlkwɜːm] s baco da seta.

silky ['sɪlkɪ] agg di seta.

silly ['sɪlɪ] agg sciocco.

silver ['sɪlvə*] s argento; argenteria; moneta d'argento ◊ (BrE) **silver jubilee** cinquantesimo anniversario; (BrE) **silver paper** carta stagnola.

silver-plated [,sɪlvə'pleɪtɪd] agg argentato.

silversmith ['sɪlvəsmɪθ] s argentiere (m).

silverware ['sɪlvəweə*] s argenteria.

similar ['sɪmɪlə*] agg simile.

similarity [,sɪmɪ'lærətɪ] s somiglianza.

simmer ['sɪmə*] v tr cuocere a fuoco lento.

simple ['sɪmpl] agg semplice.

simplify ['sɪmplɪfaɪ] v tr semplificare.

simulate ['sɪmjʊleɪt] v tr simulare.

simultaneous [,sɪml'teɪnjəs] agg simultaneo.

sin [sɪn] s peccato.

sin [sɪn] v intr peccare.

since [sɪns] avv da allora (in poi).

since [sɪns] cong da quando; dal momento che; poiché.

since [sɪns] prep da ◊ **since then** da allora; **since when?** da quando?

sincere [sɪn'sɪə*] agg sincero.

sincerely [sɪn'sɪəlɪ] avv sinceramente ◊ **yours sincerely** cordiali saluti.

sinew ['sɪnjuː] s tendine (m).

sinful ['sɪnfʊl] agg peccaminoso; corrotto.

sing (p **sang** pp **sung**) [sɪŋ, sæŋ, sʌŋ] v tr/intr cantare.

singe [sɪndʒ] v tr bruciacchiare.

singer ['sɪŋə*] s cantante (m/f).

single ['sɪŋgl] agg solo, unico; singolo; celibe (m); nubile (f) ◊ **single bed** letto singolo, a una piazza;

(BrE) **single ticket** biglietto di sola andata; **single parent** ragazza madre, ragazzo padre.

single ['sɪŋgl] s camera singola; (BrE) biglietto di sola andata; (mus) 45 giri; single (m/f) ◊ pl (tennis) singolo (sing) ◊ **in single file** in fila indiana.

single ['sɪŋgl] v tr

▶ **single out** scegliere; selezionare.

single-handed [,sɪŋgl'hændɪd] avv da solo, senza aiuto.

single-minded ['sɪŋgl'maɪndɪd] agg tenace, risoluto.

singular ['sɪŋgjʊlə*] agg singolare.

sink [sɪŋk] s lavandino.

sink (p **sank** pp **sunk**) [sɪŋk, sæŋk, sʌŋk] v tr/intr affondare; sprofondare; cedere; scavare.

sinner ['sɪnə*] s peccatore (m).

sip [sɪp] s sorso.

sip [sɪp] v tr sorseggiare.

siphon ['saɪfn] s sifone (m).

sir [sɜː*] s signore (m) ◊ **dear sir** egregio signore; **dear sirs** spettabile ditta.

sirloin ['sɜːlɔɪn] s (cuc) controfiletto; lombata.

sirocco [sɪ'rɒkəʊ] s scirocco.

sister ['sɪstə*] s sorella; (BrE) infermiera caposala; (relig) suora.

sister-in-law ['sɪstərɪnlɔː] s cognata.

sit (p, pp **sat**) [sɪt, sæt] v intr sedere, sedersi; essere in seduta; (per quadro) posare ◊ v tr (esame) dare, sostenere.

▶ **sit down** sedersi.

site [saɪt] s sito (anche inform) ◊ **building site** cantiere edile.

sitting ['sıtıŋ] s seduta; *(mensa ecc.)* turno.

sitting-room ['sıtıŋrum] s salotto.

situated ['sıtjueıtıd] *agg* situato.

situation [,sıtjʊ'eıʃn] s situazione *(f)* ◊ *(BrE)* **situations vacant** offerte di lavoro.

six [sıks] *agg, s* sei *(m)*.

sixteen [,sıks'ti:n] *agg, s* sedici *(m)*.

sixth [,sıksθ] *agg, s* sesto.

sixtieth ['sıkstıəθ] *agg, s* sessantesimo.

sixty ['sıkstı] *agg, s* sessanta *(m)* ◊ **the sixties** gli anni Sessanta.

size [saız] s dimensione *(f)*; *(abiti)* misura, taglia; *(scarpe)* numero.

size [saız] *v tr*
▶ **size up** giudicare.

sizeable ['saızəbl] *agg* considerevole.

sizzle ['sızl] *v intr* sfrigolare.

skate [skeıt] s pattino; *(pesce)* razza.

skate [skeıt] *v intr* pattinare.

skater ['skeıtə*] s pattinatore *(m)*.

skating ['skeıtıŋ] s pattinaggio ◊ **skating rink** pista di pattinaggio.

skeleton ['skelıtn] s scheletro.

skelp [skelp] *v tr* schiaffeggiare.

skeptical ['skeptıkl] *agg (AmE)* scettico.

sketch [sketʃ] s schizzo; abbozzo; *(teatro)* sketch *(m)*, scenetta.

sketch [sketʃ] *v tr* abbozzare; fare uno schizzo di.

sketchy ['sketʃı] *agg* sommario; vago.

skewer ['skju:ə*] s spiedo.

ski [ski:] s sci *(m)* ◊ **ski boots** scarponi da sci; **ski pole, stick** racchetta da sci; **ski suit** tuta da sci; **ski rack** portasci; **ski jump** trampolino; salto con gli sci; **ski lift, tow** sciovia, ski-lift.

ski [ski:] *v intr* sciare.

skid [skıd] *v intr* slittare.

skier ['ski:ə*] s sciatore *(m)*.

skiing ['ski:ıŋ] s sci *(m)*.

skilful ['skılful] *agg* abile.

skill [skıl] s abilità, capacità.

skilled [skıld] *agg* esperto; *(operaio)* specializzato.

skillful ['skılful] *agg (AmE)* abile.

skim [skım] *v tr* scremare; sfiorare ◊ *v intr (through)* dare una scorsa a; **skimmed milk** latte scremato.

skimp [skımp] *v tr/intr* lesinare, fare economia (di).

skimpy [skımpı] *agg* scarso; *(abito)* striminzito.

skin [skın] s pelle *(f)*; *(frutta)* buccia ◊ **skin diving** nuoto subacqueo *(senza muta né bombole)*.

skin [skın] *v tr* scuoiare; *(frutta)* sbucciare.

skin-deep [,skın'di:p] *agg* superficiale.

skinny ['skını] *agg* magro.

skip [skıp] *v tr/intr* saltare; saltare la corda.

skirmish ['skɜ:mıʃ] s scaramuccia; schermaglia.

skirt [skɜ:t] s gonna, sottana ◊ *pl* sobborghi.

skirt [skɜ:t] *v tr* costeggiare, fiancheggiare.

skit [skıt] s parodia; scenetta comica.

skittle ['skıtl] s birillo ◊ *pl* (gioco dei) birilli.

skulk [skʌlk] *v intr* nascondersi.

skull [skʌl] *s* cranio, teschio.

sky [skaɪ] *s* cielo.

skydiving ['skaɪˌdaɪvɪŋ] *s* paracadutismo acrobatico.

skylight ['skaɪlaɪt] *s* lucernario.

skyscraper ['skaɪˌskreɪpə*] *s* grattacielo.

slab [slæb] *s* lastra; fetta.

slack [slæk] *s* (*econ*) ristagno ◊ *pl* pantaloni.

slack [slæk] *agg* lento, allentato; negligente.

slacken ['slækən] *v tr/intr* allentare, allentarsi; diminuire.

slain [sleɪn] *pp di* **slay**.

slam [slæm] *v tr/intr* sbattere; scagliare; criticare, stroncare.

slander ['slɑːndə*] *v tr* calunniare; (*giur*) diffamare.

slang [slæŋ] *s* gergo, slang (*m*).

slant [slɑːnt] *s* pendenza; pendio; (*fig*) angolazione (*f*), punto di vista.

slanted ['slɑːntɪd] *agg* inclinato; (*occhi*) a mandorla; (*notizia*) tendenzioso.

slap [slæp] *s* pacca; schiaffo.

slap [slæp] *v tr* dare una pacca a; schiaffeggiare.

slapdash ['slæpdæʃ] *agg* frettoloso; raffazzonato.

slap-up ['slæpʌp] *agg* (*BrE*) ◊ **a slap-up meal** un pranzo coi fiocchi.

slash [slæʃ] *v tr* tagliare; sfregiare; (*prezzi*) abbattere.

slate [sleɪt] *s* ardesia; lavagnetta.

slate [sleɪt] *v tr* (*BrE*) criticare duramente, stroncare; (*AmE*) programmare.

slaughter ['slɔːtə*] *s* strage (*f*), massacro; (*animali*) macello.

slaughter ['slɔːtə*] *v tr* massacrare; (*animali*) macellare.

slaughterhouse ['slɔːtəhaʊs] *s* mattatoio.

Slav [slɑːv] *agg, s* slavo.

slave [sleɪv] *s* schiavo.

slave [sleɪv] *v intr* (*away*) lavorare come uno schiavo.

slavery ['sleɪvərɪ] *s* schiavitù (*f*).

slay (*p* **slew** *pp* **slain**) [sleɪ, sluː, sleɪn] *v tr* uccidere.

sledge [sledʒ] *s* slitta.

sleek [sliːk] *agg* (*capelli, pelo*) liscio; lucido; (*auto ecc.*) affusolato, elegante.

sleep [sliːp] *s* sonno.

sleep (*p, pp* **slept**) [sliːp, slept] *v intr* dormire ◊ *v tr* ospitare ◊ **to go to sleep** addormentarsi.

▶ **sleep in** dormire fino a tardi.

sleeper ['sliːpə*] *s* treno di vagoni letto.

sleeping ['sliːpɪŋ] *agg* addormentato ◊ **Sleeping Beauty** la Bella Addormentata; **sleeping bag** sacco a pelo; **sleeping car** vagone letto; **sleeping pill** sonnifero.

sleepless ['sliːplɪs] *agg* insonne; (*notte*) in bianco.

sleeplessness ['sliːplɪsnɪs] *s* insonnia.

sleepwalker ['sliːpˌwɔːkə*] *s* sonnambulo.

sleepy ['sliːpɪ] *agg* assonnato; (*fig*) addormentato.

sleet [sliːt] *s* nevischio.

sleeve [sliːv] *s* manica; (*disco*) copertina.

sleigh [sleɪ] *s* slitta.

sleight [slaɪt] *s* ◊ **sleight of hand** gioco di destrezza.

slender ['slendə*] *agg* snello; sottile; scarso.

slept [slept] *p, pp di* sleep.

slew [slu:] *p di* slay.

slice [slaɪs] *s* fetta.

slice [slaɪs] *v tr* affettare ◊ **sliced bread** pancarré.

slick [slɪk] *agg* scivoloso; (*persona*) furbo.

slid [slɪd] *p, pp di* slide.

slide [slaɪd] *s* scivolone (*m*); scivolo; (*fot*) diapositiva ◊ (*BrE*) (**hair**) **slide** fermaglio per capelli; **slide tray** caricatore per diapositive.

slide (*p, pp* **slid**) [slaɪd, slɪd] *v tr/intr* scivolare, far scivolare.

sliding ['slaɪdɪŋ] *agg* scorrevole ◊ **sliding scale** scala mobile (dei salari).

slight [slaɪt] *agg* esile; delicato; leggero; insignificante ◊ **I haven't the slightest idea** non ne ho la più pallida idea; **not in the slightest** neanche per sogno.

slight [slaɪt] *s* affronto, offesa.

slightly ['slaɪtlɪ] *avv* leggermente, un po'.

slim [slɪm] *agg* snello, magro.

slim [slɪm] *v intr* dimagrire; essere a dieta.

slime [slaɪm] *s* fanghiglia, melma.

sling [slɪŋ] *s* fionda; (*med*) fascia al collo; (*per bambino*) marsupio.

sling (*p, pp* **slung**) [slɪŋ, slʌŋ] *v tr* buttare, gettare.

slip [slɪp] *s* scivolone (*m*); (*fig*) svista; sottoveste (*f*); tagliando, scontrino ◊ **slip of the tongue** lapsus.

slip [slɪp] *v tr/intr* scivolare, far scivolare ◊ **slipped disc** ernia del disco.

▶ **slip off** sfilare, togliere;

▶ **slip on** infilare, mettere;

▶ **slip up** sbagliare.

slipover ['slɪp,əʊvə*] *s* golfino senza maniche.

slipper ['slɪpə*] *s* pantofola.

slippery ['slɪpərɪ] *agg* scivoloso.

slip road ['slɪp,rəʊd] *s* (*BrE*) (*autostrada*) rampa di accesso, di uscita.

slipshod ['slɪpʃɒd] *agg* sciatto.

slit [slɪt] *s* fessura; fenditura.

slit (*p, pp* **slit**) [slɪt] *v tr* fendere; tagliare.

sliver ['slɪvə*] *s* scheggia; fettina.

slog [slɒg] *v intr* sgobbare.

slop [slɒp] *v intr* traboccare, versarsi.

slope [sləʊp] *s* pendenza; pendio ◊ **ski slope** pista da sci.

slope [sləʊp] *v intr* essere in pendenza ◊ **to slope up, down** essere in salita, in discesa.

sloppy ['slɒpɪ] *agg* sciatto; (*lavoro*) tirato via.

slot [slɒt] *s* fessura ◊ **slot machine** slot-machine; (*BrE*) distributore automatico.

slouch [slaʊtʃ] *v intr* camminare stancamente; stravaccarsi.

Slovak ['sləʊvæk], **Slovakian** [sləʊ'vækɪən] *agg, s* slovacco.

Slovene ['sləʊviːn], **Slovenian** [sləʊ'viːnɪən] *agg, s* sloveno.

slovenly ['slʌvnlɪ] *agg* sciatto.

slow [sləʊ] *agg* lento; (*persona*) ottuso; (*orologio*) indietro ◊ **in slow motion** al rallentatore.

smooth

slow [sləʊ] *v tr/intr* rallentare.

▶ **slow down, up** rallentare.

slow [sləʊ], **slowly** ['sləʊlɪ] *avv* lentamente, piano.

sludge [slʌdʒ] *s* melma.

slug [slʌg] *s* lumaca; pallottola.

sluggish ['slʌgɪʃ] *agg* lento; pigro; (*commercio*) stagnante.

sluice [sluːs] *s* chiusa.

slum [slʌm] *s* catapecchia ◊ *pl* quartieri poveri, bassifondi.

slumber ['slʌmbə*] *v* sonno.

slump [slʌmp] *s* crollo; (*econ*) recessione (*f*).

slung [slʌŋ] *p, pp di* **sling**.

slur [slɜː*] *s* calunnia.

slur [slɜː*] *v tr* biascicare.

slush [slʌʃ] *s* neve (*f*) sciolta; fanghiglia.

slut [slʌt] *s* sciattona.

sly [slaɪ] *agg* sornione; furbo ◊ **on the sly** furtivamente.

smack [smæk] *s* schiaffo; traccia, punta.

smack [smæk] *v tr* schiaffeggiare; picchiare; (*bacio*) schioccare; (*labbra*) far schioccare ◊ *v intr* puzzare di, far pensare a.

small [smɔːl] *agg* piccolo ◊ **small change** moneta, spiccioli; **small talk** chiacchiere; (*BrE*) **small ads** piccola pubblicità; **in the small hours** alle ore piccole.

smallpox ['smɔːlpɒks] *s* vaiolo.

smart [smɑːt] *v intr* bruciare.

smart [smɑːt] *agg* elegante; alla moda; intelligente, sveglio ◊ **the smart set** il bel mondo.

smash [smæʃ] *s* scontro; schianto ◊ **smash (hit)** successone.

smash [smæʃ] *v tr/intr* fracassare, frantumare, frantumarsi.

▶ **smash up** distruggere.

smattering ['smætərɪŋ] *s* conoscenza superficiale, infarinatura.

smear [smɪə*] *s* macchia ◊ **smear (test)** pap test; **smear campaign** campagna diffamatoria.

smear [smɪə*] *v tr* ungere; spalmare; macchiare; (*fig*) calunniare.

smell [smel] *s* odore (*m*); olfatto.

smell [smel] *p, pp* **smelt** [smel, smelt] *v tr/intr* sentire odore di; annusare; avere odore di ◊ **to smell nice** avere un buon profumo.

smelt [smelt] *p, pp di* **smell**.

smile [smaɪl] *s* sorriso.

smile [smaɪl] *v intr* sorridere.

smith [smɪθ] *s* fabbro.

smock [smɒk] *s* grembiule (*m*), camice (*m*).

smoke [sməʊk] *s* fumo ◊ **to have a smoke** fumarsi una sigaretta.

smoke [sməʊk] *v tr/intr* fumare; affumicare.

smoked [sməʊkt] *agg* (*cuc*) affumicato.

smoker ['sməʊkə*] *s* fumatore (*m*); (*ferr*) carrozza per fumatori.

smoking ['sməʊkɪŋ] *s* fumo ◊ (*BrE*) **smoking compartment**, (*AmE*) **car(riage)** scompartimento per fumatori.

smoky ['sməʊkɪ] *agg* fumoso.

smolder ['sməʊldə*] *v intr* (*AmE*) covare sotto la cenere.

smooth [smuːð] *agg* liscio; (*mare*) calmo; (*movimento, suono*) armonioso; (*persona*) mellifluo; (*vino*) amabile; (*impasto*) omogeneo.

smooth [smu:ð] *v tr* lisciare, spianare; *(fig)* appianare.

smother ['smʌðə*] *v tr* soffocare.

smoulder ['sməʊldə*] *v intr* covare sotto la cenere.

smudge [smʌdʒ] *v tr/intr* macchiare; sbavare.

smug [smʌg] *agg* tronfio; compiaciuto.

smuggle ['smʌgl] *v tr* contrabbandare.

smuggling ['smʌglɪŋ] *s* contrabbando.

smutty ['smʌtɪ] *agg* sporco; *(fig)* osceno.

snack [snæk] *s* spuntino ◊ *pl* stuzzichini ◊ **snack bar** tavola calda.

snail [sneɪl] *s* lumaca.

snake [sneɪk] *s* serpente (*m*).

snap [snæp] *s* morso; schiocco; *(fot)* istantanea.

snap [snæp] *agg* improvviso; *(serratura)* a scatto.

snap [snæp] *v int/tr* spezzare, spezzarsi di netto; schioccare; dire in tono secco; fotografare.

snapshot ['snæpʃɒt] *s* *(fot)* istantanea.

snare [sneə*] *s* trappola.

snarl [snɑːl] *v intr* ringhiare; aggrovigliarsi.

snatch [snætʃ] *s* frammento.

snatch [snætʃ] *v tr* strappare; *(borsa)* scippare.

sneak [sni:k] *v intr* insinuarsi; introdursi di nascosto.

sneakers ['sni:kəz] *s pl* scarpe da ginnastica.

sneaky ['sni:kɪ] *agg* furtivo.

sneer [snɪə*] *v intr* sogghignare.

sneeze [sni:z] *v intr* starnutire.

sniff [snɪf] *v intr/tr* annusare, fiutare; tirare su col naso.

snigger ['snɪgə*] *v intr* ridacchiare.

snip [snɪp] *s* buon affare (*m*), occasione (*f*).

sniper ['snaɪpə*] *s* franco tiratore (*m*), cecchino.

snobbery ['snɒbərɪ] *s* snobismo.

snobbish ['snɒbɪʃ] *agg* snob, snobistico.

snooker ['snu:kə*] *s* (gioco del) biliardo.

snooze [snu:z] *s* sonnellino.

snore [snɔː*] *v intr* russare.

snorkel ['snɔːkl] *s* respiratore (*m*) subacqueo.

snort [snɔːt] *v intr* sbuffare.

snout [snaʊt] *s* muso.

snow [snəʊ] *s* neve (*f*).

snow [snəʊ] *v intr* nevicare.

snowball ['snəʊbɔːl] *s* palla di neve.

snowbound ['snəʊbaʊnd] *agg* bloccato dalla neve.

snowfall ['snəʊfɔːl] *s* nevicata.

snowflake ['snəʊfleɪk] *s* fiocco di neve.

snowman (*pl* -men) ['snəʊmæn] *s* pupazzo di neve.

snowplough ['snəʊplaʊ] *s* spazzaneve (*m*).

snowplow ['snəʊplaʊ] *s* (*AmE*) spazzaneve (*m*).

snowshoe ['snəʊʃu:] *s* racchetta da neve.

snowstorm ['snəʊstɔːm] *s* tormenta.

snub [snʌb] *s* affronto, offesa.

snub [snʌb] *v tr* snobbare.

snug [snʌg] *agg* accogliente; comodo.

so [səʊ] *avv* così; tanto; anche ◊ **so tired (that)** così stanco (che); **and so on, forth** e così via; **I think so** credo di sì; **so am I, so do I** anch'io; **so many** tanti; **so much** tanto; **so much the worse** tanto peggio; **so far** finora; **so long!** ci vediamo!

so [səʊ] *cong* perciò, così.

soak [səʊk] *v tr* inzuppare; (*vestiti*) mettere a mollo.

so-and-so ['səʊənsəʊ] *s* ◊ **Mr so-and-so** il signor tal dei tali.

soap [səʊp] *s* sapone (*m*) ◊ **soap powder** detersivo in polvere; **soap flakes** sapone in scaglie.

soar [sɔ:*] *v intr* librarsi in volo; (*prezzi*) salire alle stelle; (*edificio*) ergersi, svettare.

sob [sɒb] *v intr* singhiozzare.

sober ['səʊbə*] *agg* sobrio; assennato.

sober up [ˌsəʊbə'rʌp] *v intr* smaltire la sbornia.

so-called [ˌsəʊ'kɔ:ld] *agg* cosiddetto.

soccer ['sɒkə*] *s* calcio.

sociable ['səʊʃəbl] *agg* socievole.

social ['səʊʃl] *agg* sociale ◊ (*BrE*) **social security** previdenza sociale; **social worker** assistente sociale.

socialism ['səʊʃəlizəm] *s* socialismo.

society [sə'saɪətɪ] *s* società; associazione (*f*).

sociology [ˌsəʊsɪ'ɒlədʒɪ] *s* sociologia.

sock [sɒk] *s* calzino.

socket ['sɒkɪt] *s* cavità; (*elettr*) presa ◊ **(eye) socket** orbita.

soda ['səʊdə] *s* soda ◊ **soda water** seltz; (*AmE*) **soda (pop)** gassosa.

sofa ['səʊfə] *s* divano.

soft [sɒft] *agg* morbido; soffice; (*voce*) sommesso; (*luce*) soffuso; (*colore*) tenue, delicato; (*persona*) gentile; (*clima*) mite; (*brezza, droga*) leggero; (*formaggio*) molle ◊ **soft drink** analcolico; **soft-boiled egg** uovo à la coque.

soften ['sɒfn] *v intr/tr* ammorbidire, ammorbidirsi; addolcire, addolcirsi.

softness ['sɒftnɪs] *s* morbidezza; dolcezza.

soggy ['sɒgɪ] *agg* inzuppato.

soil [sɔɪl] *s* terreno.

soil [sɔɪl] *v tr* sporcare.

solar ['səʊlə*] *agg* solare.

sold [səʊld] *p, pp di* **sell**.

sold out ['səʊldaʊt] *agg* esaurito.

solder ['sɒldə*] *v tr* saldare.

soldier ['səʊldʒə*] *s* soldato.

sole [səʊl] *s* (*piede*) pianta; (*scarpa*) suola.

sole [səʊl] *s* (*pl* -**s** o *inv*) (*pesce*) sogliola.

sole [səʊl] *agg* unico, solo; (*comm*) esclusivo.

solemn ['sɒləm] *agg* solenne.

solicitor [sə'lɪsɪtə*] *s* (*BrE*) avvocato; notaio.

solid ['sɒlɪd] *agg* solido; (*oro*) massiccio; (*pasto*) sostanzioso.

solidarity [ˌsɒlɪ'dærɪtɪ] *s* solidarietà.

solitaire [ˌsɒlɪ'teə*] *s* (*gioco, diamante*) solitario.

solitary ['sɒlɪtərɪ] *agg* solitario.

solitude ['sɒlɪtjuːd] *s* solitudine (*f*).

solo ['səʊləʊ] *s* (*mus*) assolo.

soluble ['sɒljʊbl] *agg* solubile.

solution [sə'luːʃn] *s* soluzione (*f*).

solve [sɒlv] *v tr* risolvere.

somber ['sɒmbə*] *agg* (*AmE*) v. **sombre**.

sombre ['sɒmbə*] *agg* scuro; fosco; (*fig*) cupo.

some [sʌm] *agg* alcuni, qualche; un po' di; un certo, qualche ◊ **some books** dei, alcuni libri; **some wine** del, un po' di vino; **some more tea** dell'altro, ancora un po' di tè.

some [sʌm] *pron* alcuni; un po' ◊ **take some** prendetene alcuni, un po'; **some of them** alcuni di loro.

some [sʌm] *avv* circa.

somebody ['sʌmbədɪ] *pron*, *s* qualcuno ◊ **somebody else** qualcun altro.

somehow ['sʌmhaʊ] *avv* in qualche modo; per qualche ragione.

someone ['sʌmwʌn] *pron* v. **somebody**.

someplace ['sʌmpleɪs] *avv* (*AmE*) da qualche parte.

somersault ['sʌməsɔːlt] *s* capriola; salto mortale.

something ['sʌmθɪŋ] *pron* qualcosa, qualche cosa ◊ *avv* pressappoco ◊ **something else** qualcos'altro; **something strange** qualcosa di strano.

sometime ['sʌmtaɪm] *avv* una volta o l'altra; un giorno o l'altro ◊ **sometime last year** durante l'anno scorso.

sometimes ['sʌmtaɪmz] *avv* qualche volta, ogni tanto.

somewhat ['sʌmwɒt] *avv* piuttosto.

somewhere ['sʌmweə*] *avv* da qualche parte.

son [sʌn] *s* figlio.

song [sɒŋ] *s* canzone (*f*).

son-in-law ['sʌnɪnlɔː] *s* genero.

soon [suːn] *avv* presto, tra poco ◊ **as soon as possible** appena possibile; **sooner or later** prima o poi; **the sooner the better** prima è meglio è; **I would sooner do it** preferirei farlo.

soot [sʊt] *s* fuliggine (*f*).

soothe [suːð] *v tr* calmare.

sophomore ['sɒfəmɔː*] *s* (*AmE*) studente del secondo anno.

soppy ['sɒpɪ] *agg* fradicio; sdolcinato.

sorcery ['sɔːsərɪ] *s* stregoneria, magia.

sore [sɔː*] *agg* dolorante ◊ **to have a sore throat** avere mal di gola.

sore [sɔː*] *s* ferita; piaga.

sorrow ['sɒrəʊ] *s* dolore (*m*).

sorry ['sɒrɪ] *agg* spiacente; (*condizione*) pietoso ◊ **(I'm) sorry** scusa, mi dispiace; **to feel sorry for** rincrescersi per.

sort [sɔːt] *s* sorta, specie (*f*).

sort [sɔːt] *v tr* classificare; (*posta*) smistare.

▶ **sort out** fare una cernita di; risolvere.

so-so ['səʊsəʊ] *avv* così così.

sought [sɔːt] *p, pp di* **seek**.

soul [səʊl] *s* anima.

soul-destroying ['səʊldɪˌstrɔɪɪŋ] *agg* alienante.

soulless ['səʊllɪs] *agg* inumano.

sound [saʊnd] *s* suono; rumore (*m*); (*geog*) stretto ◊ **sound effects** effetti sonori.

sound [saʊnd] *v tr/intr* suonare.
▶ **sound out** sondare.

sound [saʊnd] *agg* sano; solido; assennato.

sound [saʊnd] *avv* profondamente.

soundproof ['saʊnd,pru:f] *agg* insonorizzato.

soundtrack ['saʊndtræk] *s* (*cine*) colonna sonora.

soup [su:p] *s* minestra; zuppa ◊ **soup plate** piatto fondo.

sour ['saʊə*] *agg* aspro; (*latte*) acido; (*frutto*) acerbo; (*fig*) acrigno.

source [sɔ:s] *s* sorgente (*f*); fonte (*f*).

south [saʊθ] *s* sud (*m*), meridione (*m*) ◊ *agg* del sud, meridionale ◊ *avv* a, verso sud ◊ **South African** sudafricano; **South American** sudamericano.

southeast [,saʊθ'i:st] *s* sud-est (*m*) ◊ *agg* sudorientale.

southerly ['sʌðəlɪ] *agg* del sud, meridionale.

southern ['sʌðən] *agg* del sud, meridionale.

southward(s) ['saʊθwəd(z)] *avv* verso sud.

southwest [,saʊθ'west] *s* sud-ovest (*m*) ◊ *agg* sudoccidentale.

souvenir [,su:və'nɪə*] *s* ricordo, souvenir (*m*).

sovereign ['sɒvrɪn] *agg, s* sovrano.

Soviet ['səʊvɪət] *agg* sovietico ◊ **the Soviet Union** l'Unione Sovietica.

sow [saʊ] *s* scrofa.

sow (*p* sowed *pp* sown) [səʊ, səʊd, səʊn] *v tr* seminare.

sown [səʊn] *pp di* sow.

soy [sɔɪ] *s* (*AmE*) soia.

soya ['sɔɪə] *s* soia.

spa [spɑ:] *s* stazione (*f*) termale ◊ (*AmE*) (**health**) **spa** centro di cure estetiche.

space [speɪs] *s* spazio; posto.

space [speɪs] *v tr* (*out*) distanziare.

spacecraft ['speɪskrɑ:ft] *s* veicolo spaziale.

spaceman (*pl* -**men**) ['speɪsmən] *s* astronauta (*m*).

spacewoman (*pl* -**women**) ['speɪs,wʊmən, wɪmɪn] *s* astronauta (*f*).

spaceship ['speɪsʃɪp] *s* astronave (*f*).

spacious ['speɪʃəs] *agg* spazioso.

spade [speɪd] *s* vanga; pala; paletta ◊ *pl* (*carte*) picche.

span [spæn] *s* spanna; apertura alare; (*arch*) campata; (*tempo*) periodo.

span [spæn] *v tr* attraversare; (*tempo*) abbracciare.

Spaniard ['spænjəd] *s* spagnolo.

Spanish ['spænɪʃ] *agg* spagnolo ◊ *s* (*lingua*) spagnolo ◊ **the Spanish** gli spagnoli.

spank [spæŋk] *v tr* sculacciare.

spanner ['spænə*] *s* (*BrE*) chiave (*f*) inglese.

spare [speə*] *agg* di riserva, di scorta; in più, d'avanzo ◊ **spare part** pezzo di ricambio; **spare wheel** ruota di scorta; **spare time** tempo libero.

spare [speə*] *v tr* risparmiare; dare, dedicare ◊ **time to spare** tempo libero.

spark [spɑːk] *s* scintilla ◊ **spark-(ing) plug** candela (*di motore*).

sparkling ['spɑːklɪŋ] *agg* sfavillante, scintillante; (*vino*) frizzante.

sparrow ['spærəʊ] *s* passero.

spasm ['spæzəm] *s* spasmo; (*fig*) accesso, attacco.

spasmodic [spæz'mɒdɪk] *agg* spasmodico.

spastic ['spæstɪk] *agg* spastico.

spat [spæt] *p, pp di* **spit**.

spate [speɪt] *s* piena; (*fig*) diluvio.

spatter ['spætə*] *v tr/intr* spruzzare, schizzare.

spawn [spɔːn] *s* uova (*f pl*) (*di pesce ecc.*).

speak (*p* **spoke** *pp* **spoken**) [spiːk, spəʊk, 'spəʊkən] *v intr/tr* parlare; dire ◊ **so to speak** per così dire; **English spoken** (qui) si parla inglese; **to speak one's mind** esprimere il proprio parere.

▶ **speak out** parlare chiaro;

▶ **speak up** parlare più forte.

speaker ['spiːkə*] *s* oratore (*m*); altoparlante (*m*) ◊ **the Speaker** (*BrE*) Presidente della Camera dei Comuni, (*AmE*) della Camera dei Rappresentanti.

spear [spɪə*] *s* lancia.

special ['speʃl] *agg* speciale.

specialist ['speʃlɪst] *s* specialista (*m/f*).

speciality [ˌspeʃɪ'ælətɪ] *s* specialità.

specialize ['speʃəlaɪz] *v intr* specializzarsi.

specialty ['speʃltɪ] *s* (*AmE*) specialità.

species ['spiːʃiːz] *s inv* specie (*f*).

specific [spɪ'sɪfɪk] *agg* specifico; preciso.

specify ['spesɪfaɪ] *v tr* specificare, precisare.

specimen ['spesɪmən] *s* esemplare (*m*), modello; campione (*m*).

speck [spek] *s* macchiolina; granello.

spectacle ['spektəkl] *s* spettacolo ◊ *pl* occhiali.

spectacular [spek'tækjʊlə*] *agg* spettacolare.

spectator [spek'teɪtə*] *s* spettatore (*m*).

speculation [ˌspekjʊ'leɪʃn] *s* congettura; (*econ*) speculazione (*f*).

sped [sped] *p, pp di* **speed**.

speech [spiːtʃ] *s* discorso; parola ◊ **speech therapy** logoterapia.

speechless ['spiːtʃlɪs] *agg* senza parole.

speed [spiːd] *s* velocità; prontezza ◊ **speed limit** limite di velocità; **at full, top speed** a tutta velocità.

speed (*p, pp* **sped, speeded**) [spiːd, sped, 'spiːdɪd] *v intr* correre.

▶ **speed up** accelerare.

speedily ['spiːdɪlɪ] *avv* velocemente; prontamente.

speeding ['spiːdɪŋ] *s* eccesso di velocità.

speedometer [spɪ'dɒmɪtə*] *s* tachimetro.

speedway ['spiːdweɪ] *s* gara motociclistica su pista.

speedy ['spiːdɪ] *agg* veloce.

spell [spel] *s* incantesimo; breve periodo.

spell (*p, pp* **spelt, spelled**) [spel, spelt, speld] *v tr/intr* compitare; scrivere in modo corretto ◊ **how do you spell it?** come si scrive?

spelling ['spelɪŋ] s ortografia.

spelt [spelt] p, pp di **spell**.

spend (p, pp **spent**) [spend, spent] v tr spendere; (tempo) trascorrere, passare ◊ **spending money** denaro per le piccole spese.

spendthrift ['spendθrɪft] s spendaccione (m).

spent [spent] p, pp di **spend**.

sperm [spɜːm] s sperma (m).

sphere [sfɪə*] s sfera.

sphinx [sfɪŋks] s sfinge (f).

spice [spaɪs] s spezie (pl).

spicy ['spaɪsɪ] agg piccante.

spider ['spaɪdə*] s ragno.

spike [spaɪk] s punta.

spill (p, pp **spilt, spilled**) [spɪl, spɪlt, spɪld] v tr/intr versare, versarsi; rovesciare, rovesciarsi.

spilt [spɪlt] p, pp di **spill**.

spin (p, pp **spun**) [spɪn, spʌn] v tr filare; tessere; (ruota) far girare ◊ v intr girare.

spinach ['spɪnɪtʃ] s spinacio, spinaci (pl).

spinal ['spaɪnl] agg spinale ◊ **spinal column** colonna vertebrale; **spinal cord** midollo spinale.

spin-drier, spin-dryer [,spɪn'draɪə*] s centrifuga.

spine [spaɪn] s spina; (anat) spina dorsale.

spinning ['spɪnɪŋ] s filatura ◊ **spinning wheel** filatoio.

spinster ['spɪnstə*] s zitella.

spiral ['spaɪərəl] agg spirale ◊ **spiral staircase** scala a chiocciola.

spire ['spaɪə*] s guglia.

spirit ['spɪrɪt] s spirito ◊ pl alcolici; umore (m sing) ◊ **in good, low spirits** di buon umore, giù di morale.

spiritual ['spɪrɪtjuəl] agg spirituale.

spit [spɪt] s spiedo; sputo; saliva.

spit (p, pp **spat**) [spɪt, spæt] v intr sputare; (fuoco) scoppiettare.

spite [spaɪt] s dispetto ◊ **in spite of** malgrado.

spiteful ['spaɪtfʊl] agg dispettoso.

spittle ['spɪtl] s sputo; saliva.

splash ['splæʃ] s spruzzo, schizzo; tonfo.

spleen [spliːn] s (anat) milza; (fig) malumore (m).

splendid ['splendɪd] agg splendido.

splendor ['splendə*] s (AmE) splendore (m).

splendour ['splendə*] s splendore (m).

splint [splɪnt] s (med) stecca.

splinter ['splɪntə*] s scheggia.

split [splɪt] s spaccatura; (fig) frattura.

split (p, pp **split**) [splɪt] v tr/intr spaccare, spaccarsi; dividere, dividersi.

▶ **split up** separarsi; dividere.

splutter ['splʌtə*] v intr farfugliare; sputacchiare.

spoil (p, pp **spoilt, spoiled**) [spɔɪl, spɔɪlt, spɔɪld] v tr rovinare; (bambino) viziare.

spoilt [spɔɪlt] p, pp di **spoil**.

spoke [spəʊk] p di **speak**.

spoke [spəʊk] s (ruota) raggio.

spoken ['spəʊkən] pp di **speak**.

spokesman (pl -**men**) ['spəʊksmən] s portavoce (m).

spokeswoman (*pl* **-women**) ['spə-ukswumən, wImIn] *s* portavoce (*f*).

sponge [spʌndʒ] *s* spugna ◊ **sponge (cake)** pan di Spagna.

spongebag ['spʌndʒbæg] *s* (*BrE*) bustina da toilette.

sponsor ['spɔnsə*] *s* sponsor (*m*), finanziatore (*m*); (*polit*) promotore (*m*).

sponsorship ['spɔnsəˌʃIp] *s* sponsorizzazione (*f*).

spontaneous [spɒn'teInIəs] *agg* spontaneo.

spool [spu:l] *s* bobina, rocchetto.

spoon [spu:n] *s* cucchiaio.

spoon-fed ['spu:nfed] *p, pp di* **spoon-feed.**

spoon-feed (*p, pp* **spoon-fed**) ['spu:nfi:d, 'spu:nfed] *v tr* imboccare.

spoonful ['spu:nful] *s* cucchiaiata.

sport [spɔ:t] *s* sport (*m*); persona di spirito ◊ **sports car** auto sportiva; **sports jacket** giacca sportiva.

sport [spɔ:t] *v tr* sfoggiare.

sportsman (*pl* **-men**) ['spɔ:tsmən] *s* sportivo.

sportsmanship ['spɔ:tsmənʃIp] *s* sportività.

sportswear ['spɔ:tsweə*] *s* abbigliamento sportivo.

sportswoman (*pl* **-women**) ['spɔ:tswumən, wImIn] *s* sportiva.

sporty ['spɔ:tI] *agg* sportivo.

spot [spɒt] *s* posto; macchia; punto; pallino; foruncolo; un po'; (*radio, TV*) spot (*m*) ◊ **on the spot** sul posto; su due piedi; **spot cash** pronta cassa; **spot check** controllo senza preavviso.

spot [spɒt] *v tr* macchiare; individuare.

spotless ['spɒtlIs] *agg* immacolato.

spotlight ['spɒtlaIt] *s* riflettore (*m*).

spotted ['spɒtId] *agg* a puntini; macchiato.

spotty ['spɒtI] *agg* macchiato; (*viso*) foruncoloso.

spouse [spauz] *s* sposo.

spout [spaut] *s* beccuccio; tubo di scarico.

spout [spaut] *v intr* zampillare.

sprain [spreIn] *s* distorsione (*f*), storta.

sprain [spreIn] *v tr* slogarsi, storcersi.

sprang [spræŋ] *p di* **spring**.

sprawl [sprɔ:l] *v intr* sdraiarsi (in modo scomposto); (*luogo*) estendersi (in modo disordinato).

spray [spreI] *s* spruzzo; nebulizzatore (*m*), spray (*m*); (*fiori*) mazzolino.

spread [spred] *s* diffusione (*f*); estensione (*f*); (*cuc*) crema, pasta (*da spalmare*); pasto abbondante.

spread (*p, pp* **spread**) [spred] *v tr/intr* stendere, stendersi, estendersi; spalmare; diffondere, diffondersi.

spree [spri:] *s* baldoria.

sprig [sprIg] *s* ramoscello.

sprightly ['spraItlI] *agg* vivace.

spring [sprIŋ] *s* primavera; sorgente (*f*); balzo; molla.

spring (*p* **sprang** *pp* **sprung**) [sprIŋ, spræŋ, sprʌŋ] *v intr* balzare, saltare; (*fig*) scaturire.

springboard ['sprIŋbɔ:d] *s* trampolino.

springtime ['sprɪŋtaɪm] *s* primavera.

springy ['sprɪŋɪ] *agg* elastico.

sprinkle ['sprɪŋkl] *v tr* spruzzare; cospargere.

sprout [spraut] *s* germoglio ◊ **(Brussels) sprouts** cavolini di Bruxelles.

spruce [spru:s] *agg* lindo; elegante.

sprung [sprʌŋ] *pp di* spring.

spry [spraɪ] *agg* vispo.

spun [spʌn] *p, pp di* spin.

spur [spɜ:*] *s* sperone (*m*); (*fig*) sprone (*m*).

spur [spɜ:*] *v tr* spronare.

spurn [spɜ:n] *v tr* sdegnare.

spurt [spɜ:t] *v intr* scattare; (*liquido*) schizzare (fuori).

spy [spaɪ] *s* spia.

spy [spaɪ] *v tr/intr* spiare; scrutare.

squabble ['skwɒbl] *s* litigio.

squad [skwɒd] *s* squadra; (*milit*) plotone (*m*).

squalid ['skwɒlɪd] *agg* squallido.

squalor ['skwɒlə*] *s* squallore (*m*).

squander ['skwɒndə*] *v tr* sperperare.

square [skweə*] *s* quadrato; piazza.

square [skweə*] *agg* quadrato; onesto ◊ **square metre** metro quadrato; **a square meal** un pasto sostanzioso; **all square** pari.

square [skweə*] *avv* esattamente; onestamente ◊ **two metres square** due metri per due.

square [skweə*] *v tr* squadrare; (*mat*) elevare al quadrato; adattare.

squash [skwɒʃ] *v tr* schiacciare.

squash [skwɒʃ] *s* (*sport*) squash

(*m*); (*AmE*) (*bot*) zucca ◊ (*BrE*) **orange squash** succo d'arancia.

squat [skwɒt] *agg* tozzo.

squat [skwɒt] *v intr* accovacciarsi; occupare abusivamente una casa.

squatter ['skwɒtə*] *s* occupante (*m/f*) abusivo.

squeak [skwi:k] *v intr* (*animale*) squittire, pigolare; (*cosa*) stridere, cigolare.

squeal [skwi:l] *v intr* strillare.

squeeze [skwi:z] *s* stretta; pressione (*f*); calca.

squeeze [skwi:z] *v tr/intr* premere; spremere; (*mano*) stringere; stringersi.

squelch [skweltʃ] *v intr* fare cic ciac; sguazzare.

squid [skwɪd] *s* calamaro.

squint [skwɪnt] *v intr* essere strabico.

squirm [skwɜ:m] *v intr* contorcersi; (*fig*) essere sulle spine.

squirrel ['skwɪrəl] *s* scoiattolo.

squirt [skwɜ:t] *v tr/intr* spruzzare; schizzare; zampillare.

Sri Lankan [sri:'læŋkən] *agg, s* cingalese (*m/f*).

stab [stæb] *s* pugnalata; (*dolore*) fitta.

stab [stæb] *v tr* pugnalare; conficcare.

stability [stə'bɪlətɪ] *s* stabilità.

stable ['steɪbl] *agg* stabile.

stable ['steɪbl] *s* stalla; scuderia.

stack [stæk] *s* mucchio, pila.

stack [stæk] *v tr* accatastare.

staff [stɑ:f] *s* personale (*m*); bastone (*m*) da passeggio.

staff [stɑ:f] *v tr* fornire di personale.

stag [stæg] *s* cervo ◊ **stag party** festa di addio al celibato.

stage [steɪdʒ] *s* palcoscenico; scena; fase (*f*); (*viaggio*) tappa ◊ **in stages** per gradi.

stage [steɪdʒ] *v tr* allestire, mettere in scena; organizzare.

stagecoach ['steɪdʒ,kəʊtʃ] *s* diligenza.

stagger ['stægə*] *v intr* barcollare ◊ *v tr* sbalordire; (*vacanze*) scaglionare.

stagnant ['stægnənt] *agg* stagnante.

stagnate [stæg'neɪt] *v intr* stagnare.

staid [steɪd] *agg* serio.

stain [steɪn] *s* macchia; tintura ◊ **stain remover** smacchiatore.

stain [steɪn] *v tr* macchiare; tingere ◊ **stained glass window** vetrata istoriata.

stainless ['steɪnlɪs] *agg* (*acciaio*) inossidabile.

stair [steə*] *s* gradino ◊ *pl* scale, scala (*sing*).

staircase ['steəkeɪs], **stairway** ['steəweɪ] *s* scala, scalone (*m*).

stake [steɪk] *s* palo; piolo; scommessa, puntata ◊ **to be at stake** essere in gioco.

stale [steɪl] *agg* vecchio; stantio; (*pane*) raffermo; (*cibo*) stantio; (*aria*) viziato; (*odore*) di chiuso; (*birra*) svaporato.

stalk [stɔ:k] *s* stelo; gambo.

stalk [stɔ:k] *v intr* camminare impettito ◊ *v tr* inseguire.

stall [stɔ:l] *s* bancarella; (*chiesa*) scanno; (*stalla*) box (*m*) ◊ *pl* (*BrE*) (*teatro*) platea (*sing*).

stall [stɔ:l] *v intr/tr* (*motore*) spegnere, spegnersi; (*fig*) temporeggiare.

stallion ['stæljən] *s* stallone (*m*).

stalwart ['stɔ:lwət] *agg* robusto; fidato, leale.

stamina ['stæmɪnə] *s* vigore (*m*), resistenza.

stammer ['stæmə*] *v intr/tr* balbettare.

stamp [stæmp] *s* francobollo; bollo; timbro; (*fig*) impronta, marchio ◊ **postage stamp** affrancatura; **stamp album** album per francobolli; **stamp collecting** filatelia.

stamp [stæmp] *v tr* timbrare; (*lettera*) affrancare; (*piedi*) battere ◊ *v intr* battere i piedi; camminare con passo deciso ◊ **stamped addressed envelope** busta affrancata per la risposta.

stampede [stæm'pi:d] *s* fuggi fuggi (*m*).

stand [stænd] *s* posizione (*f*); (*taxi*) posteggio; sostegno; bancarella, banco, chiosco, stand (*m*).

stand (*p, pp* **stood**) [stænd, stʊd] *v intr* stare in piedi; alzarsi in piedi; trovarsi ◊ *v tr* mettere ritto; porre; resistere; sopportare; offrire ◊ **to stand the test** superare la prova.

► **stand by** tenersi pronto;
► **stand for** rappresentare; tollerare ◊ (*BrE*) **to stand for parliament** presentarsi come candidato (per il parlamento);
► **stand out** risaltare, spiccare;
► **stand up** alzarsi in piedi;
► **stand up for** difendere.

standard ['stændəd] *s* standard (*m*), modello; livello; bandiera ◊ *s* *pl* principi, valori ◊ **standard of living** tenore di vita.

standard ['stændəd] *agg* normale, standard (*m*).

standardize ['stændədaɪz] *v tr* standardizzare.

standby ['stændbaɪ] *s* riserva, scorta ◊ **on standby** in lista d'attesa; in stato di preallarme; **standby ticket** biglietto stand-by, senza garanzia.

stand-in ['stændɪn] *s* sostituto; (*cine*) controfigura.

standing ['stændɪŋ] *agg* in piedi; eretto; permanente ◊ **standing order** ordine permanente (di pagamento); **standing room** posti in piedi.

standing ['stændɪŋ] *s* posizione (*f*), rango; durata.

standpoint ['stændpɔɪnt] *s* punto di vista.

standstill ['stændstɪl] *s* arresto, punto morto.

stank [stæŋk] *p di* **stink**.

staple ['steɪpl] *s* graffetta, punto metallico; (*comm*) prodotto principale; risorsa primaria; (*fig*) argomento principale.

staple ['steɪpl] *agg* di base, principale.

stapler ['steɪplə*] *s* cucitrice (*f*).

star [stɑ:*] *s* stella; (*cine*) divo ◊ **the Stars and Stripes** la bandiera a stelle e strisce degli Stati Uniti d'America.

star [stɑ:*] *v intr/tr* (*cine*) essere il protagonista; avere come interprete principale.

starch [stɑ:tʃ] *s* amido.

stare [steə*] *v intr/tr* fissare.

starfish ['stɑ:fɪʃ] *s* stella di mare.

stark [stɑ:k] *agg* desolato.

stark [stɑ:k] *avv* completamente.

start [stɑ:t] *s* inizio; partenza; sobbalzo.

start [stɑ:t] *v intr/tr* cominciare; (*aut*) mettere in moto; partire; sobbalzare ◊ **starting point** punto di partenza.

▶ **start off** cominciare; partire.

starter ['stɑ:tə*] *s* (*aut*) motorino d'avviamento; (*sport*) starter (*m*); (*BrE*) (*cuc*) antipasto; primo piatto.

startle ['stɑ:tl] *v tr* far trasalire.

starvation [stɑ:'veɪʃn] *s* fame (*f*); inedia.

starve [stɑ:v] *v intr/tr* morire di fame, far morire di fame; soffrire la fame.

state [steɪt] *s* stato; condizione (*f*) ◊ **the States** gli Stati Uniti d'America; **to be in a state** essere agitato.

state [steɪt] *v tr* dichiarare; affermare.

stately ['steɪtlɪ] *agg* maestoso ◊ **stately home** residenza nobiliare.

statement ['steɪtmənt] *s* dichiarazione (*f*); (*giur*) deposizione (*f*).

statesman (*pl* **-men**) ['steɪtsmən] *s* statista (*m*).

static ['stætɪk] *agg* statico.

station ['steɪʃn] *s* stazione (*f*).

station ['steɪʃn] *v tr* collocare.

stationary ['steɪʃnərɪ] *agg* immobile, fermo.

stationer ['steɪʃnə*] *s* cartolaio ◊ **stationer's (shop)** cartoleria.

stationery ['steɪʃnərɪ] *s* articoli (*pl*) di cancelleria.

stationmaster ['steɪʃn,mɑːstə*] s capostazione (m).

station wagon ['steɪʃn,wægən] s (AmE) giardinetta.

statistic [stə'tɪstɪk] s dato statistico.

statistics [stə'tɪstɪks] s statistica.

statue ['stætʃuː] s statua.

stature ['stætʃə*] s statura.

status ['steɪtəs] s posizione (f), condizione (f); prestigio ◊ **status symbol** simbolo di prestigio.

statute ['stætjuːt] s legge (f); statuto.

staunch [stɔːntʃ] agg leale, fedele.

stay [steɪ] s soggiorno, permanenza.

stay [steɪ] v intr stare, rimanere; alloggiare; soggiornare ◊ v tr resistere ◊ **to stay put** non muoversi; **to stay away** rimanere lontano.
► **stay in** stare in casa ◊ **stay-in strike** sciopero bianco.
► **stay out** rimanere fuori;
► **stay up** rimanere alzato (di notte).

steadfast ['stedfəst] agg fermo; risoluto.

steadily ['stedɪlɪ] avv saldamente; con fermezza; costantemente.

steady ['stedɪ] agg fermo; costante; (persona) serio; calmo.

steady ['stedɪ] v tr stabilizzare; calmare.

steak [steɪk] s bistecca; (pesce) trancio.

steal (p stole pp stolen) [stiːl, stəul, 'stəulən] v tr/intr rubare; muoversi furtivamente.

stealthy ['stelθɪ] agg furtivo.

steam [stiːm] s vapore (m) ◊ **steam engine** locomotiva a vapore.

steam [stiːm] v tr cuocere a vapore ◊ v intr fumare.

steamer ['stiːmə*] s battello a vapore; (cuc) cestello per cuocere a vapore.

steamroller ['stiːm,rəulə*] s rullo compressore.

steamship ['stiːmʃɪp] s nave (f) a vapore.

steel [stiːl] s acciaio.

steelworks ['stiːlwɜːks] s acciaieria.

steep [stiːp] agg ripido, scosceso; (prezzo) esagerato.

steep [stiːp] v tr immergere; inzuppare; mettere a mollo.

steeple ['stiːpl] s guglia; campanile (m).

steeplechase ['stiːpltʃeɪs] s corsa a ostacoli.

steer [stɪə*] v tr/intr guidare; dirigere, dirigersi.

steering ['stɪərɪŋ] s guida; (aut) sterzo ◊ **steering wheel** volante.

stem [stem] s (fiore, bicchiere) stelo; (albero) fusto; (frutto) picciolo.

stem [stem] v tr contenere, arginare ◊ v intr derivare.

stench [stentʃ] s fetore (m).

step [step] s passo; scalino; (fig) mossa, azione (f) ◊ pl scaletta (sing).

step [step] v intr fare un passo.
► **step back** fare un passo indietro;
► **step forward** fare un passo avanti;
► **step on** calpestare;
► **step up** aumentare.

stepbrother ['step,brʌðə*] *s* fratellastro.

stepdaughter ['step,dɔːtə*] *s* figliastra.

stepfather ['step,fɑːðə*] *s* patrigno.

stepladder ['step,lædə*] *s* scaletta.

stepmother ['step,mʌðə*] *s* matrigna.

stepsister ['step,sistə*] *s* sorellastra.

stepson ['stepsʌn] *s* figliastro.

stereo ['stɪərɪəʊ] *s*, *agg* stereo.

sterile ['steraɪl] *agg* sterile.

sterilize ['steraɪlaɪz] *v tr* sterilizzare.

sterling ['stɜːlɪŋ] *agg* di buona lega; (*econ*) della sterlina.

sterling ['stɜːlɪŋ] *s* (lira) sterlina ◊ **a pound sterling** una sterlina.

stern [stɜːn] *agg* austero; severo.

stern [stɜːn] *s* (*mar*) poppa.

stew [stjuː] *s* (*cuc*) stufato.

steward ['stjʊəd] *s* assistente (*m*) (di volo), steward (*m*); (*club ecc.*) dispensiere (*m*).

stewardess ['stjʊədɪs] *s* assistente (*f*) di volo, hostess (*f*).

stick [stɪk] *s* bastone (*m*); (*sedano*) gambo.

stick (*p*, *pp* **stuck**) [stɪk, stʌk] *v tr/intr* conficcare, conficcarsi; attaccare, attaccarsi, incollare, incollarsi; incepparsi, bloccarsi.

▶ **stick out** sporgere.

▶ **stick to** attenersi a, seguire ◊ **to stick to the point** non divagare.

sticker ['stɪkə*] *s* autoadesivo.

stickler ['stɪklə*] *s* pignolo.

sticky ['stɪkɪ] *agg* appiccicoso; adesivo; (*situazione*) difficile.

stiff [stɪf] *agg* duro, rigido; (*fig*) difficile, formale, freddo; (*vento*) forte; (*prezzo*) alto ◊ **stiff neck** torcicollo; **stiff with** affollato di.

stiffen ['stɪfn] *v tr/intr* irrigidire, irrigidirsi; (*vento*) aumentare.

stifle ['staɪfl] *v tr* soffocare.

stiletto (heel) [stɪˈletəʊ('hiːl)] *s* tacco a spillo.

still [stɪl] *agg* fermo; silenzioso ◊ **still life** natura morta.

still [stɪl] *avv* ancora, tuttora; tuttavia, ciò nonostante ◊ **still more** ancor più; **still less** ancor meno; **better still** ancora meglio.

stillborn ['stɪlbɔːn] *agg* nato morto.

stilt [stɪlt] *s* trampolo.

stimulate ['stɪmjʊleɪt] *v tr* stimolare.

stimuli ['stɪmjʊlaɪ] *s pl di* **stimulus**.

stimulus (*pl* **-li**) ['stɪmjʊləs, laɪ] *s* stimolo.

sting [stɪŋ] *s* puntura; pungiglione (*m*).

sting (*p*, *pp* **stung**) [stɪŋ, stʌŋ] *v tr/intr* pungere; (*fig*) pungolare; (*occhi*) bruciare.

stingy ['stɪndʒɪ] *agg* tirchio.

stink [stɪŋk] *s* fetore (*m*).

stink (*p* **stank** *pp* **stunk**) [stɪŋk, stæŋk, stʌŋk] *v intr* puzzare.

stint [stɪnt] *s* lavoro, compito; restrizione (*f*).

stint [stɪnt] *v tr* lesinare, limitare.

stir [stɜː*] *s* agitazione (*f*), clamore (*m*).

stir [stɜː*] *v tr/intr* muovere, muoversi; agitare, agitarsi; mescolare.

stirrup ['stɪrəp] *s* staffa.

stitch

stitch [stɪtʃ] *s* punto; maglia; (*dolore*) fitta.

stitch [stɪtʃ] *v tr* cucire; (*med*) suturare.

stoat [stəʊt] *s* ermellino.

stock [stɒk] *s* scorta, provvista; giacenza; stock (*m*); (*cuc*) brodo; stirpe (*f*); (*albero*) tronco ◊ *pl* titoli, azioni (*f*) ◊ (*BrE*) **stock cube** dado da brodo; **stock market** mercato azionario; **stock exchange** Borsa Valori; **in stock** in magazzino.

stock [stɒk] *v tr* rifornire; tenere in magazzino.

stockade [stɒˈkeɪd] *s* palizzata.

stockbroker [ˈstɒk,brəʊkə*] *s* agente (*m*) di cambio.

stocking [ˈstɒkɪŋ] *s* calza.

stockist [ˈstɒkɪst] *s* (*comm*) grossista (*m/f*).

stockpile [ˈstɒkpaɪl] *s* scorta, riserva.

stocktaking [ˈstɒk,teɪkɪŋ] *s* (*comm*) inventario.

stocky [ˈstɒkɪ] *agg* tozzo.

stodgy [ˈstɒdʒɪ] *agg* indigesto.

stoke [stəʊk] *v tr* (*fuoco*) attizzare; (*fig*) alimentare.

stole [stəʊl] *s* stola.

stole [stəʊl] *p di* **steal**.

stolen [ˈstəʊlən] *pp di* **steal**.

stomach [ˈstʌmək] *s* stomaco; pancia ◊ **on an empty stomach** a digiuno; **on a full stomach** a stomaco pieno.

stomach [ˈstʌmək] *v tr* sopportare; digerire.

stomach-ache [ˈstʌməkeɪk] *s* mal (*m*) di stomaco.

stone [stəʊn] *s* pietra; sasso; (*frut-*

to) nocciolo; (*med*) calcolo; (*BrE*) stone (*unità di misura di peso*).

stone [stəʊn] *v tr* lapidare; (*frutto*) togliere il nocciolo a.

stone-cold [,stəʊnˈkəʊld] *agg* gelido.

stone-deaf [,stəʊnˈdef] *agg* sordo come una campana.

stoneware [ˈstəʊnweə*] *s* ceramica, gres (*m*).

stony [ˈstəʊnɪ] *agg* pietroso; (*fig*) di pietra.

stood [stʊd] *p, pp di* **stand**.

stool [stuːl] *s* sgabello.

stoop [stuːp] *v intr* chinarsi, curvarsi; (*fig*) abbassarsi, umiliarsi.

stoop [stuːp] *s* (*AmE*) veranda.

stop [stɒp] *s* arresto; fermata ◊ (**full**) **stop** punto; **stop press** ultimissime notizie; **to put a stop to** porre fine a.

stop [stɒp] *v tr/intr* fermare, fermarsi; interrompere; impedire; smettere; cessare; (*falla*) turare; (*dente*) otturare ◊ **stop it!** finiscila!

stoplight [ˈstɒplaɪt] *s* (*AmE*) semaforo ◊ *pl* (*aut*) stop (*m*).

stopover [ˈstɒpəʊvə*] *s* breve sosta; (*aereo*) scalo.

stoppage [ˈstɒpɪdʒ] *s* fermata; blocco per sciopero; (*comm*) trattenuta.

stopper [ˈstɒpə*] *s* tappo.

stopwatch [ˈstɒp,wɒtʃ] *s* cronometro.

storage [ˈstɔːrɪdʒ] *s* immagazzinamento; (*inform*) memoria.

store [stɔː*] *s* riserva, provvista; deposito; (*AmE*) negozio ◊ *pl* scorte, rifornimenti ◊ (*BrE*) (**depart-ment**) **store** grande magazzino; **in store** di riserva, in serbo.

store [stɔ:*] *v tr* immagazzinare; (*inform*) memorizzare.

storekeeper ['stɔ:,ki:pə*] *s* (*Ame*) negoziante (*m/f*).

storeroom ['stɔ:rʊm] *s* dispensa.

storey ['stɔ:rɪ] *s* piano.

stork [stɔ:k] *s* cicogna.

storm [stɔ:m] *s* tempesta, temporale (*m*); burrasca.

storm [stɔ:m] *v intr* urlare; precipitarsi ◊ *v tr* prendere d'assalto.

stormy ['stɔ:mɪ] *agg* tempestoso, burrascoso.

story ['stɔ:rɪ] *s* storia, racconto; (*Ame*) piano.

stout [staʊt] *agg* forte; robusto; risoluto.

stout [staʊt] *s* birra scura.

stove [staʊv] *s* stufa; fornello.

stow [staʊ] *v tr* mettere via.

stowaway ['staʊəweɪ] *s* passeggero clandestino.

straddle ['strædl] *v tr* stare a cavalcioni di.

straggle ['strægl] *v intr* estendersi disordinatamente; disperdersi.

straggly ['strægli] *agg* sparso; (*capelli*) ribelle.

straight [streɪt] *agg* diritto; onesto, franco; ordinato; semplice; (*capelli, whisky*) liscio.

straight [streɪt] *avv* diritto; direttamente ◊ **keep straight on**, **straight ahead** andate sempre diritto; **straight off**, **away** subito.

straighten ['streɪtn] *v tr/intr* raddrizzare, raddrizzarsi.

straightforward [,streɪt'fɔ:wəd] *agg* franco, schietto; semplice.

strain [streɪn] *s* tensione (*f*); sforzo; (*tecn*) sollecitazione (*f*); (*med*) strappo, distorsione (*f*); tendenza.

strain [streɪn] *v tr/intr* sforzare, sforzarsi; affaticare; (*med*) storcere; colare, filtrare.

strained [streɪnd] *agg* teso; (*riso*) forzato; (*muscolo*) stirato.

strainer ['streɪnə*] *s* colino, filtro.

straits [streɪts] *s pl* stretto (*sing*); difficoltà (*f*) ◊ **the straits of Gibraltar** lo stretto di Gibilterra.

strand [strænd] *s* filo.

stranded ['strændɪd] *agg* arenato; bloccato, appiedato.

strange [streɪndʒ] *agg* strano; sconosciuto ◊ **to feel strange** sentirsi poco bene.

stranger ['streɪndʒə*] *s* sconosciuto; estraneo.

strangle ['stræŋgl] *v tr* strangolare.

stranglehold ['stræŋglhəʊld] *s* stretta mortale.

strap [stræp] *s* cinghia; (*orologio*) cinturino; (*abito*) spallina, bretella.

strap [stræp] *v tr* legare; (*med*) fasciare.

strategy ['strætɪdʒɪ] *s* strategia.

straw [strɔ:] *s* paglia; cannuccia ◊ **the last straw** la goccia che fa traboccare il vaso.

strawberry ['strɔ:bərɪ] *s* fragola.

stray [streɪ] *v intr* smarrirsi; vagare.

stray [streɪ] *agg* randagio; (*pallottola*) vagante; sparso.

streak [stri:k] *s* striscia; (*capelli*) mèche (*f*).

streak [stri:k] *v tr* striare, screziare ◊ *v intr* muoversi velocemente.

stream [stri:m] *s* ruscello; corrente (*f*); (*gente*) fiume (*m*).

stream [stri:m] *v intr* scorrere, fluire a fiotti ◊ *v tr* (*scuola*) dividere secondo il livello di rendimento.

streamer ['stri:mə*] *s* banderuola; stella filante.

street [stri:t] *s* strada, via.

streetcar ['stri:tka:*] *s* (*AmE*) tram (*m*).

strength [streŋθ] *s* forza.

strengthen ['streŋθn] *v tr/intr* rafforzare, rafforzarsi; fortificare; consolidare, consolidarsi.

stress [stres] *s* tensione (*f*), stress (*m*); accento.

stress [stres] *v tr* sottolineare, mettere in rilievo; accentare.

stressful ['stresful] *agg* stressante.

stretch [stretʃ] *s* stiramento; (*fig*) sforzo, tensione (*f*); distesa; periodo.

stretch [stretʃ] *v tr/intr* tendere, tendersi; stendere; allungarsi; stirarsi; protrarsi; (*fig*) forzare ◊ **to stretch one's legs** sgranchirsi le gambe.

stretcher ['stretʃə*] *s* barella, lettiga.

strew (*p* **strewed** *pp* **strewed, strewn**) [stru:, stru:d, stru:n] *v tr* spargere; cospargere.

strewn [stru:n] *pp di* strew.

stricken ['strɪkən] *agg* colpito; provato, affranto.

strict [strɪkt] *agg* stretto; preciso; (*fig*) severo, rigido.

strictly ['strɪktlɪ] *avv* rigorosamente; esattamente.

stridden ['strɪdn] *pp di* stride.

stride (*p* **strode** *pp* **stridden**) [straɪd, strəud, 'strɪdn] *v intr* camminare a grandi passi.

strife [straɪf] *s* conflitto, lotta.

strike [straɪk] *s* sciopero; (*giacimento*) scoperta; attacco ◊ **on strike** in sciopero.

strike (*p, pp* **struck**) [straɪk, strʌk] *v tr/intr* colpire, battere; (*fiammifero*) accendere; (*orologio*) suonare, battere (le ore); scioperare; scoprire.

striking ['straɪkɪŋ] *agg* impressionante, sorprendente.

string [strɪŋ] *s* spago; corda; fila, sequenza ◊ *pl* (*mus*) archi ◊ **string bean** fagiolino.

string (*p, pp* **strung**) [strɪŋ, strʌŋ] *v tr* appendere (a una corda).

stringent ['strɪndʒənt] *agg* rigoroso.

strip [strɪp] *s* striscia ◊ **strip (cartoon)** fumetto; **strip lightning** illuminazione al neon.

strip [strɪp] *v tr/intr* spogliare, spogliarsi; (*tecn*) smontare.

stripe [straɪp] *s* striscia, riga; (*milit*) gallone (*m*).

striped [straɪpt] *agg* a strisce, a righe.

stripper ['strɪpə*] *s* spogliarellista (*m/f*).

striptease ['strɪpti:z] *s* spogliarello.

strive (*p* **strove** *pp* **striven**) [straɪv, strəuv, 'strɪvn] *v intr* sforzarsi; lottare.

striven ['strɪvn] *pp di* strive.

strode [strəud] *p di* stride.

stroke [strəuk] *s* colpo; (*nuoto*) bracciata; (*orologio*) rintocco; (*med*) colpo apoplettico ◊ **at a stroke** in un attimo; **a stroke of luck** un colpo di fortuna.

stroke [strəʊk] v tr accarezzare.

stroll [strəʊl] s giretto.

stroll [strəʊl] v intr andare a spasso.

stroller ['strəʊlə*] s (Ame) passeggino.

strong [strɒŋ] agg forte ◊ **strong room** camera di sicurezza.

stronghold ['strɒŋhəʊld] s roccaforte (f).

strove [strəʊv] p di **strive**.

struck [strʌk] p, pp di **strike**.

structure ['strʌktʃə*] s struttura; costruzione (f).

struggle ['strʌgl] s lotta.

struggle ['strʌgl] v intr lottare.

strung [strʌŋ] p, pp di **string**.

strut [strʌt] v intr camminare impettito.

stub [stʌb] s (sigaretta) mozzicone (m); (assegno ecc.) matrice (f).

stubborn ['stʌbən] agg testardo.

stuck [stʌk] p, pp di **stick**.

stuck [stʌk] agg bloccato.

stud [stʌd] s bottoncino; borchia; (zool) stallone (m) ◊ **stud (farm)** scuderia, allevamento di cavalli.

studded ['stʌdɪd] agg guarnito di borchie; tempestato.

student ['stju:dnt] s studente (m).

studio ['stju:dɪəʊ] s studio ◊ **studio flat**, (AmE) **apartment** monolocale.

studious ['stju:djəs] agg studioso; deliberato.

study ['stʌdɪ] s studio.

study ['stʌdɪ] v tr/intr studiare.

stuff [stʌf] s roba; materiale (m).

stuff [stʌf] v tr imbottire; (cuc) farcire; ficcare ◊ **stuffed turkey** tacchino ripieno.

stuffing ['stʌfɪŋ] s imbottitura; (cuc) ripieno.

stuffy ['stʌfɪ] agg soffocante; (idea) antiquato.

stumble ['stʌmbl] v intr inciampare.

▶ **stumble across, on, upon** imbattersi in.

stump [stʌmp] s ceppo; (arto) moncone (m).

stun [stʌn] v tr stordire; (fig) sbalordire.

stung [stʌŋ] p, pp di **sting**.

stunk [stʌŋk] pp di **stink**.

stunning ['stʌnɪŋ] agg sbalorditivo; sensazionale.

stunt [stʌnt] s bravata; trovata pubblicitaria ◊ **stunt flying** volo acrobatico.

stupefy ['stju:pɪfaɪ] v tr stordire; intontire; (fig) sbalordire.

stupendous [stju:'pendəs] agg stupendo.

stupid ['stju:pɪd] agg stupido.

stupidity [stju:'pɪdətɪ] s stupidità; stupidaggine (f).

stupor ['stju:pə*] s torpore (m).

sturdy ['stɜ:dɪ] agg forte, robusto; solido.

stutter ['stʌtə*] v intr/tr balbettare.

sty [staɪ] s porcile (m).

stye [staɪ] s orzaiolo.

style [staɪl] s stile (m).

stylish ['staɪlɪʃ] agg elegante.

stylist ['staɪlɪst] s stilista (m/f).

suave [swɑ:v] agg affabile.

sub- [sʌb] prefisso sub-, sotto-.

subconscious [ˌsʌb'kɒnʃəs] *agg, s* subcosciente (*m*).

subdivide [ˌsʌbdɪ'vaɪd] *v tr* suddividere.

subdue [səb'djuː] *v tr* sottomettere, soggiogare.

subdued [səb'djuːd] *agg* pacato; (*luce*) soffuso.

subject ['sʌbdʒɪkt] *s* suddito; cittadino; argomento; (*scuola*) materia; (*gramm*) soggetto ◊ **subject matter** argomento.

subject ['sʌbdʒɪkt] *agg* soggetto.

subject [səb'dʒekt] *v tr* sottomettere; sottoporre.

subjective [səb'dʒektɪv] *agg* soggettivo.

sublet [ˌsʌb'let] *v tr* subaffittare.

submachine gun [ˌsʌbmə'ʃiːngʌn] *s* mitra (*m*).

submarine [ˌsʌbmə'riːn] *s* sottomarino.

submerge [səb'mɜːdʒ] *v tr/intr* sommergere, immergere, immergersi.

submission [səb'mɪʃn] *s* sottomissione (*f*); richiesta.

submissive [səb'mɪsɪv] *agg* remissivo.

submit [səb'mɪt] *v tr/intr* sottoporre, sottomettersi.

subordinate [sə'bɔːdɪnət] *agg, s* subordinato.

subpoena [səb'piːnə] *s* (*giur*) citazione (*f*), mandato di comparizione.

subscribe [səb'skraɪb] *v intr* sottoscrivere; contribuire; abbonarsi; approvare.

subscriber [səb'skraɪbə*] *s* abbonato.

subscription [səb'skrɪpʃn] *s* sottoscrizione (*f*); abbonamento.

subsequent ['sʌbsɪkwənt] *agg* successivo.

subside [səb'saɪd] *v intr* cedere, abbassarsi; (*fig*) calmarsi.

subsidiary [səb'sɪdjərɪ] *agg* accessorio, secondario ◊ **subsidiary (company)** sussidiaria.

subsidize ['sʌbsɪdaɪz] *v tr* sovvenzionare.

subsidy ['sʌbsɪdɪ] *s* sussidio.

subsistence [səb'sɪstəns] *s* sussistenza, sostentamento.

substance ['sʌbstəns] *s* sostanza.

substantial [səb'stænʃl] *agg* solido; notevole; (*pasto*) sostanzioso.

substitute ['sʌbstɪtjuːt] *s* sostituto; surrogato.

substitute ['sʌbstɪtjuːt] *v tr/intr* sostituire.

subtle ['sʌtl] *agg* sottile; delicato.

subtlety ['sʌtltɪ] *s* sottigliezza.

subtract [səb'trækt] *v tr* sottrarre.

suburb ['sʌbɜːb] *s* sobborgo ◊ *pl* periferia (*sing*).

suburban [sə'bɜːbən] *agg* suburbano.

suburbia [sə'bɜːbɪə] *s* periferia, sobborghi (*pl*).

subversive [səb'vɜːsɪv] *agg, s* sovversivo.

subway ['sʌbweɪ] *s* (*BrE*) sottopassaggio; (*AmE*) metropolitana.

succeed [sək'siːd] *v intr* riuscire; avere successo ◊ *v tr* succedere a ◊ **to succeed in doing** riuscire a fare.

succeeding [sək'siːdɪŋ] *agg* successivo.

success [sək'ses] *s* successo.

successful [sək'sesful] *agg* di successo; riuscito ◊ **to be successful in doing** riuscire a fare.

succession [sək'seʃn] *s* successione (*f*).

successive [sək'sesɪv] *agg* successivo; consecutivo.

successor [sək'sesə*] *s* successore (*m*).

succumb [sə'kʌm] *v intr* soccombere.

such [sʌtʃ] *agg* tale, simile; così, tanto ◊ **such a man** un tale uomo, un uomo del genere; **in such cases** in casi del genere.

such [sʌtʃ] *pron* tale; questo; quello ◊ **for such as you** per gente come te; **such as per esempio; as such** come tale; **and such** e simili.

suck [sʌk] *v tr* succhiare; poppare.

suckle ['sʌkl] *v tr* allattare.

Sudanese [,suːdə'niːz] *agg, s inv* sudanese (*m/f*).

sudden ['sʌdn] *agg* improvviso ◊ **all of a sudden** all'improvviso.

suddenly ['sʌdnlɪ] *avv* improvvisamente.

suds [sʌdz] *s pl* schiuma (*sing*) di sapone.

sue [suː] *v tr* citare in giudizio.

suede [sweɪd] *s* pelle (*f*) scamosciata.

suffer ['sʌfə*] *v intr/tr* soffrire; sopportare, tollerare.

suffering ['sʌfərɪŋ] *s* sofferenza.

suffice [sə'faɪs] *v intr* bastare, essere sufficiente.

sufficient [sə'fɪʃnt] *agg* sufficiente.

suffocate ['sʌfəkeɪt] *v tr/intr* soffocare.

suffrage ['sʌfrɪdʒ] *s* suffragio.

sugar ['ʃugə*] *s* zucchero ◊ **sugar basin, bowl** zuccheriera; **sugar beet** barbabietola da zucchero; **sugar cane** canna da zucchero.

sugar ['ʃugə*] *v tr* zuccherare.

suggest [sə'dʒest] *v tr* suggerire, proporre.

suggestion [sə'dʒestʃən] *s* suggerimento, proposta.

suggestive [sə'dʒestɪv] *agg* suggestivo; allusivo; sconveniente.

suicide ['sjuːɪsaɪd] *s* suicidio; (*persona*) suicida (*m/f*).

suit [suːt] *s* abito (da uomo); tailleur (*m*); (*giur*) causa; (*carte*) seme (*m*), colore (*m*).

suit [suːt] *v tr* soddisfare; andare bene per; addirsi a; adattare.

suitable ['suːtəbl] *agg* adatto.

suitcase ['suːtkeɪs] *s* valigia.

suite [swiːt] *s* appartamento; (*albergo, mus*) suite (*f*); mobilia (*per una stanza*).

sulfur ['sʌlfə*] *s* (*AmE*) zolfo.

sulk [sʌlk] *v intr* fare il broncio.

sulky ['sʌlkɪ] *agg* imbronciato.

sullen ['sʌlən] *agg* accigliato; scontroso.

sulphur ['sʌlfə*] *s* zolfo.

sultana [sʌl'tɑːnə] *s* uva sultanina.

sultry ['sʌltrɪ] *agg* afoso.

sum [sʌm] *s* somma; (*scuola*) addizione (*f*).

sum [sʌm] *v tr/intr*

▶ **sum up** riassumere.

summarize ['sʌməraɪz] *v tr* riassumere.

summary ['sʌmərɪ] *s* riassunto.

summer ['sʌmə*] *s* estate (*f*) ◊ **summer time** ora legale (estiva).

summertime ['sʌmətaɪm] s estate (f).

summit ['sʌmɪt] s sommità; (polit) vertice (m).

summon ['sʌmən] v tr chiamare, convocare.
► **summon up** raccogliere, fare appello a.

summons ['sʌmənz] s (giur) mandato di comparizione.

summons ['sʌmənz] v tr citare in giudizio.

sump [sʌmp] s (BrE) (aut) coppa dell'olio.

sumptuous ['sʌmptjʊəs] agg sontuoso.

sun [sʌn] s sole (m).

sunbathe ['sʌnbeɪð] v intr prendere il sole.

sunbeam ['sʌnbiːm] s raggio di sole.

sunburn ['sʌnbɜːn] s scottatura; eritema (m) solare.

sunburnt ['sʌnbɜːnt] agg abbronzato; scottato.

sundae ['sʌndeɪ, (AmE) 'sʌndiː] s gelato con sciroppo e frutta.

Sunday ['sʌndɪ] s domenica ◊ **Sunday school** scuola domenicale di catechismo.

sundial ['sʌndaɪəl] s meridiana.

sundown ['sʌndaʊn] s tramonto.

sundress ['sʌndres] s prendisole (m).

sundries ['sʌndrɪz] s pl cose varie.

sundry ['sʌndrɪ] agg parecchi, diversi ◊ **all and sundry** tutti quanti.

sunflower ['sʌnˌflaʊə*] s girasole (m).

sung [sʌŋ] pp di **sing**.

sunglasses ['sʌnˌglɑːsɪz] s pl occhiali da sole.

sunk [sʌŋk] pp di **sink**.

sunny ['sʌnɪ] agg soleggiato; (fig) allegro ◊ (AmE) **eggs sunny sides up** uova al tegamino.

sunrise ['sʌnraɪz] s alba.

sunroof ['sʌnruːf] s (aut) tettuccio apribile.

sunscreen ['sʌnskriːn] s filtro solare; crema solare.

sunset ['sʌnset] s tramonto.

sunshade ['sʌnʃeɪd] s parasole (m).

sunshine ['sʌnʃaɪn] s luce (f) del sole, sole (m).

sunstroke ['sʌnstrəʊk] s colpo di sole, insolazione (f).

suntan ['sʌntæn] s abbronzatura ◊ **suntan oil** olio solare.

superannuation [ˌsuːpəˌrænjuˈeɪʃn] s fondo pensionistico.

superb [sjuːˈpɜːb] agg magnifico.

supercilious [ˌsuːpəˈsɪlɪəs] agg sprezzante.

superficial [ˌsuːpəˈfɪʃl] agg superficiale.

superintendent [ˌsuːpərɪnˈtendənt] s sovrintendente (m/f).

superior [suːˈpɪərɪə*] agg, s superiore (m/f).

superiority [suːˌpɪərɪˈɒrɪt] s superiorità.

superlative [suːˈpɜːlətɪv] agg, s superlativo.

supernatural [ˌsuːpəˈnætʃrəl] agg soprannaturale.

superpower ['suːpəˌpaʊə*] s (polit) superpotenza.

supersede [ˌsuːpəˈsiːd] v tr sostituire, rimpiazzare.

superstitious [ˌsuːpə'stɪʃəs] *agg* superstizioso.

supervise ['suːpəvaɪz] *v tr* sorvegliare; soprintendere a.

supervision [ˌsuːpə'vɪʒn] *s* supervisione (*f*); sorveglianza.

supervisor ['suːpəvaɪzə*] *s* sorvegliante (*m/f*); soprintendente (*m/f*).

supper ['sʌpə*] *s* cena.

supple ['sʌpl] *agg* flessibile; agile.

supplement ['sʌplɪmənt] *s* supplemento.

supplementary [ˌsʌplɪ'mentərɪ] *agg* supplementare.

supplier [sə'plaɪə*] *s* fornitore (*m*).

supply [sə'plaɪ] *s* rifornimento, fornitura; provvista, scorta; (*tecn*) alimentazione (*f*) ◊ (*BrE*) **supply teacher** supplente.

supply [sə'plaɪ] *v tr* fornire; soddisfare.

support [sə'pɔːt] *s* sostegno; (*tecn*) supporto ◊ **in support of** in favore di.

support [sə'pɔːt] *v tr* sostenere; mantenere.

supporter [sə'pɔːtə*] *s* sostenitore (*m*); (*sport*) tifoso.

suppose [sə'pəʊz] *v tr* supporre; pensare ◊ **to be supposed to do** essere tenuto a fare.

supposedly [sə'pəʊzɪdlɪ] *avv* presumibilmente.

supposing [sə'pəʊzɪŋ] *cong* se, ammesso che.

supposition [ˌsʌpə'zɪʃn] *s* supposizione (*f*).

suppository [sə'pɒzɪtərɪ] *s* supposta.

suppress [sə'pres] *v tr* sopprimere; reprimere.

supremacy [sʊ'preməsɪ] *s* supremazia.

supreme [sʊ'priːm] *agg* supremo.

surcharge ['sɜːtʃɑːdʒ] *s* soprattassa; sovrapprezzo.

sure [ʃʊə*] *agg* sicuro, certo ◊ **to make sure** assicurarsi.

sure [ʃʊə*] *avv* di sicuro, certo ◊ **sure enough** infatti; **for sure** certamente.

surely ['ʃʊəlɪ] *avv* certamente.

surety ['ʃʊərətɪ] *s* garanzia; garante (*m/f*).

surf [sɜːf] *s* cavalloni (*pl*); spuma dei marosi.

surface ['sɜːfɪs] *s* superficie (*f*).

surface ['sɜːfɪs] *v intr* venire a galla, affiorare.

surfboard ['sɜːfbɔːd] *s* (tavola da) surf (*m*).

surfeit ['sɜːfɪt] *s* eccesso.

surge [sɜːdʒ] *s* ondata; impeto.

surge [sɜːdʒ] *v intr* gonfiarsi, sollevarsi; riversarsi.

surgeon ['sɜːdʒən] *s* chirurgo.

surgery ['sɜːdʒərɪ] *s* chirurgia; ambulatorio; studio medico ◊ **surgery (hours)** orario delle visite, di consultazione.

surgical ['sɜːdʒɪkl] *agg* chirurgico; (*scarpa*) ortopedico, correttivo ◊ (*BrE*) **surgical spirit** alcol denaturato.

surly ['sɜːlɪ] *agg* arcigno.

surname ['sɜːneɪm] *s* cognome (*m*).

surpass [sə'pɑːs] *v tr* superare.

surprise [sə'praɪz] *s* sorpresa; stupore (*m*).

surprise [sə'praɪz] *v tr* sorprendere.

surprising [sə'praɪzɪŋ] *agg* sorprendente.

surrender [sə'rendə*] *s* resa.

surrender [sə'rendə*] *v intr* arrendersi.

surreptitious [ˌsʌrəp'tɪʃəs] *agg* furtivo; clandestino.

surrogate ['sʌrəgɪt] *s* surrogato ◊ **surrogate mother** madre in affitto.

surround [sə'raʊnd] *v tr* circondare.

surrounding [sə'raʊndɪŋ] *agg* circostante.

surroundings [sə'raʊndɪŋz] *s pl* dintorni; ambiente (*m sing*).

surveillance [sɜː'veɪləns] *s* sorveglianza, controllo.

survey ['sɜːveɪ] *s* esame (*m*), indagine (*f*); perizia, valutazione (*f*); rilievo topografico.

survey [sə'veɪ] *v tr* esaminare; valutare; misurare, rilevare.

surveyor [sə'veɪə*] *s* topografo; geometra (*m/f*); ispettore (*m*).

survival [sə'vaɪvl] *s* sopravvivenza; reliquia, vestigio.

survive [sə'vaɪv] *v tr/intr* sopravvivere.

survivor [sə'vaɪvə*] *s* superstite (*m/f*).

susceptible [sə'septəbl] *agg* impressionabile; sensibile; predisposto.

suspect ['sʌspekt] *s* sospetto; persona sospetta.

suspect [sə'spekt] *v tr* sospettare.

suspend [sə'spend] *v tr* sospendere.

suspender belt [sə'spendə,belt] *s* reggicalze (*m*).

suspenders [sə'spendəz] *s pl* (*BrE*) giarrettiere; (*AmE*) bretelle.

suspension [sə'spenʃn] *s* sospensione (*f*); (*patente*) ritiro temporaneo ◊ **suspension bridge** ponte sospeso.

suspicion [sə'spɪʃn] *s* sospetto.

suspicious [sə'spɪʃəs] *agg* sospettoso; sospetto.

sustain [sə'steɪn] *v tr* sostenere; (*giur*) accogliere.

sustenance ['sʌstɪnəns] *s* sostentamento.

swab [swɒb] *s* (*med*) tampone (*m*).

swagger ['swægə*] *v intr* pavoneggiarsi.

swallow ['swɒləʊ] *s* rondine (*f*).

swallow ['swɒləʊ] *v tr* inghiottire.

swam [swæm] *p di* swim.

swamp [swɒmp] *s* palude (*f*).

swamp [swɒmp] *v tr* sommergere.

swan [swɒn] *s* cigno.

swap [swɒp] *v tr* scambiare, barattare.

swarm [swɔːm] *s* sciame (*m*).

swarm [swɔːm] *v intr* sciamare; brulicare.

swat [swɒt] *v tr* schiacciare.

sway [sweɪ] *v intr* oscillare; (*persona*) barcollare ◊ *v tr* influenzare.

swear (*p* **swore** *pp* **sworn**) [sweə*, swɔː*, swɔːn] *v intr* bestemmiare; imprecare ◊ *v tr* giurare.

swearword ['sweə,wɜːd] *s* bestemmia; parolaccia.

sweat [swet] *s* sudore (*m*).

sweat [swet] *v intr* sudare.

sweater ['swetə*] *s* maglione (*m*).

sweatshirt ['swetʃɜːt] *s* felpa.

sweaty ['swetɪ] *agg* sudato.

Swede [swi:d] *s* svedese (*m/f*).

Swedish ['swi:dɪʃ] *agg* svedese ◊ *s* (*lingua*) svedese (*m*) ◊ **the Swedish** gli svedesi.

sweep [swi:p] *s* spazzata; colpo, movimento rapido; curvatura; distesa.

sweep (*p, pp* **swept**) [swi:p, swept] *v tr/intr* spazzare; muoversi rapidamente; incedere; estendersi.

sweeping ['swi:pɪŋ] *agg* ampio; radicale ◊ **a sweeping statement** un'affermazione generica.

sweet [swi:t] *agg* dolce; piacevole; gentile ◊ **sweet corn** mais dolce.

sweet [swi:t] *s* caramella; dolce (*m*).

sweeten ['swi:tn] *v tr* addolcire; zuccherare.

sweetheart ['swi:thɑːt] *s* innamorato.

sweetness ['swi:tnɪs] *s* dolcezza; sapore (*m*) dolce.

swell [swel] *agg* eccellente.

swell (*p* **swelled** *pp* **swollen, swelled**) [swel, sweld, 'swəʊlən] *v intr/tr* gonfiare, gonfiarsi; aumentare.

swelling ['swelɪŋ] *s* gonfiore (*m*), tumefazione (*f*).

swelter ['sweltə*] *v intr* soffocare dal caldo.

swept [swept] *p, pp di* **sweep**.

swerve [swɜːv] *v intr* deviare bruscamente; sterzare.

swift [swɪft] *agg* rapido, veloce.

swift [swɪft] *s* rondone (*m*).

swim [swɪm] *s* nuotata ◊ **to go for a swim** andare a fare una nuotata.

swim (*p* **swam** *pp* **swum**) [swɪm, swæm, swʌm] *v intr/tr* nuotare ◊

my head is swimming mi gira la testa.

swimmer ['swɪmə*] *s* nuotatore (*m*).

swimming ['swɪmɪŋ] *s* nuoto ◊ **swimming pool** piscina; **swimming-bath(s)** piscina (coperta); (*BrE*) **swimming costume** costume da bagno; **swimming trunks** calzoncini da bagno.

swimsuit ['swɪm,suːt] *s* costume (*m*) da bagno.

swindle ['swɪndl] *v tr* truffare.

swindler ['swɪndlə*] *s* truffatore (*m*).

swine [swaɪn] *s inv* porco.

swing [swɪŋ] *s* oscillazione (*f*); dondolio; ritmo; altalena.

swing (*p, pp* **swung**) [swɪŋ, swʌŋ] *v intr/tr* oscillare, dondolare; (*round*) girare, girarsi.

swingeing ['swɪndʒɪŋ] *agg* violento; forte.

swipe [swaɪp] *v tr* cercare di colpire ◊ *v tr* sgraffignare.

swirl [swɜːl] *s* vortice (*m*), turbine (*m*); turbinio.

swish [swɪʃ] *v tr* frusciare; sibilare.

Swiss [swɪs] *agg, s inv* svizzero.

switch [swɪtʃ] *s* interruttore (*m*); cambiamento.

switch [swɪtʃ] *v tr* cambiare; scambiare.

▶ **switch off** spegnere;

▶ **switch on** accendere; (*aut*) mettere in moto.

switchback ['swɪtʃbæk] *s* montagne russe (*pl*).

switchboard ['swɪtʃbɔːd] *s* centralino.

swollen ['swəʊlən] *pp di* swell.

swollen ['swəʊlən] *agg* gonfio.

swoon [swu:n] *v intr* svenire.

swoop [swu:p] *s* incursione (*f*).

sword [sɔ:d] *s* spada.

swordfish (*pl inv o* -es) ['sɔ:dfɪʃ] *s* pesce (*m*) spada.

swore [swɔ:*] *p di* swear.

sworn [swɔ:n] *pp di* swear.

swum [swʌm] *pp di* swim.

swung [swʌŋ] *p, pp di* swing.

syllable ['sɪləbl] *s* sillaba.

syllabus ['sɪləbəs] *s* programma (*m*).

symbol ['sɪmbl] *s* simbolo.

symmetry ['sɪmɪtrɪ] *s* simmetria.

sympathetic [,sɪmpə'θetɪk] *agg* comprensivo, solidale; ben disposto.

sympathize ['sɪmpəθaɪz] *v intr* (*with*) simpatizzare (per); partecipare al dolore (di).

sympathizer ['sɪmpəθaɪzə*] *s* simpatizzante (*m/f*).

sympathy ['sɪmpəθɪ] *s* comprensione (*f*), solidarietà ◊ *pl* simpatie ◊ **with my deepest sympathy** con le mie più sincere condoglianze.

symphony ['sɪmfənɪ] *s* sinfonia.

symptom ['sɪmptəm] *s* sintomo.

synagogue ['sɪnəgɒg] *s* sinagoga.

synchronize ['sɪŋkrənaɪz] *v tr* sincronizzare.

syndicate ['sɪndɪkɪt] *s* sindacato.

syndrome ['sɪndrəʊm] *s* sindrome (*f*).

synthesis (*pl* -ses) ['sɪnθəsɪs, si:z] *s* sintesi (*f*).

synthetic [sɪn'θetɪk] *agg* sintetico.

syphon ['saɪfn] *s* sifone (*m*).

Syrian ['sɪrɪən] *agg, s* siriano.

syringe ['sɪrɪndʒ] *s* siringa.

syrup ['sɪrəp] *s* sciroppo ◊ **fruit in syrup** frutta sciroppata; **(golden) syrup** melassa.

system ['sɪstəm] *s* sistema (*m*); (*anat*) organismo ◊ **railway system** rete ferroviaria.

systematic [,sɪstɪ'mætɪk] *agg* metodico.

T

tab [tæb] *s* laccetto; etichetta.

table ['teɪbl] *s* tavolo, tavola ◊ **table salt** sale fino, da tavola; **table of contents** indice; **table tennis** tennis da tavolo, ping pong.

tablecloth ['teɪblklɒθ] *s* tovaglia.

table d'hôte [,tɑ:bl'dəʊt] *s* pasto a prezzo fisso.

tablemat ['teɪblmæt] *s* tovaglietta all'americana.

tablespoon ['teɪblspu:n] *s* cucchiaio da tavola.

tablet ['tæblɪt] *s* (*med*) compressa; targa, lapide (*f*).

tableware ['teɪbl,weə*] *s* stoviglie (*pl*) e posate (*pl*) da tavola.

tabloid ['tæblɔɪd] *s* giornale (*m*) formato tabloid; giornale (*m*) popolare.

tacit ['tæsɪt] *agg* tacito.

tack [tæk] *s* chiodino; puntina; (*fig*) approccio.

tack [tæk] *v tr* imbullettare; imbastire ◊ *v intr* (*mar*) bordeggiare.

tackle [tækl] *s* attrezzatura; (*mar*) paranco; (*calcio*) contrasto; (*rugby*) placcaggio.

tackle [tækl] *v tr* affrontare; *(calcio)* contrastare; *(rugby)* placcare.

tacky ['tækɪ] *agg* appiccicoso; scadente.

tact [tækt] *s* tatto.

tactful ['tæktful] *agg* discreto.

tactic(s) ['tæktɪk(s)] *s* tattica.

tactless ['tæktlɪs] *agg* privo di tatto, indiscreto.

tag [tæg] *s* etichetta.

Tahitian [tɑː'hiːʃn] *agg, s* tahitiano.

tail [teɪl] *s* coda; *(giacca)* falda ◊ **tail end** fine; **tail light** fanale di coda, luce posteriore.

tail [teɪl] *v tr* pedinare.

tailback ['teɪlbæk] *s (BrE) (aut)* coda, ingorgo.

tailcoat ['teɪlkəʊt] *s* frac *(m)*.

tailgate ['teɪlgeɪt] *s (aut)* portellone *(m)* posteriore.

tailor ['teɪlə*] *v* sarto ◊ **tailor's shop** sartoria.

tailor-made ['teɪləmeɪd] *agg* su misura.

tainted ['teɪntɪd] *agg (aria, acqua)* infetto; *(cibo)* guasto; *(fig)* corrotto.

Taiwanese [ˌtaɪwəniːz] *agg, s inv* taiwanese *(m/f)*.

take (*p* **took** *pp* **taken**) [teɪk, tuk, 'teɪkən] *v tr* prendere; portare, accompagnare; occorrere; *(esame)* sostenere; sopportare, reggere; contenere; supporre ◊ **to take a photo** fare una foto; **it takes courage** ci vuole coraggio.

▶ **take after** assomigliare a;

▶ **take apart** smontare;

▶ **take in** ospitare; capire;

▶ **take off** decollare; togliere;

▶ **take on** intraprendere; assumere;

▶ **take out** sottoscrivere; portare fuori; tirare fuori;

▶ **take over** assumere il controllo di; subentrare;

▶ **take to** prendere gusto a; prendere in simpatia;

▶ **take up** *(abito)* accorciare; *(tempo, spazio)* occupare; mettersi a.

takeaway ['teɪkəweɪ] *s (BrE)* rosticceria; cibo da asporto.

taken ['teɪkən] *pp di* **take**.

takeoff ['teɪkɒf] *s* decollo.

takeout ['teɪkaʊt] *s (Ame)* v. **takeaway**.

takeover ['teɪkˌəʊvə*] *s* presa di potere; *(comm)* assorbimento.

takings ['teɪkɪŋz] *s pl (comm)* incassi.

talcum powder ['tælkəmˌpaʊdə*] *s* borotalco.

tale [teɪl] *s* racconto, storia.

talent ['tælənt] *s* talento.

talk [tɔːk] *s* conversazione; discorso; chiacchiere *(pl)* ◊ *pl* negoziati.

talk [tɔːk] *v tr/intr* parlare; chiacchierare ◊ **to talk business, shop** parlare di affari, di lavoro.

▶ **talk back** rispondere in malo modo;

▶ **talk over** discutere a fondo.

talkative ['tɔːkətɪv] *agg* loquace.

tall [tɔːl] *agg* alto ◊ **5 feet tall** alto 5 piedi; **tall story** fandonia.

tallboy ['tɔːlbɔɪ] *s* cassettone *(m)*.

tally ['tælɪ] *s* conto; conteggio.

tally ['tælɪ] *v intr (with)* corrispondere (a).

tame [teɪm] *agg* addomesticato; docile; banale, insipido.

321

tame [teɪm] *v tr* domare; addomesticare.

tamer [teɪmə*] *s* domatore (*m*).

tamper ['tæmpə*] *v intr*
▶ **tamper with** manomettere; corrompere.

tampon ['tæmpɒn] *s* tampone (*m*).

tan [tæn] *s* abbronzatura.

tang [tæŋ] *s* sapore (*m*) piccante; odore (*m*) penetrante.

tangerine [,tændʒə'ri:n] *s* mandarino.

tangle ['tæŋgl] *s* groviglio; (*fig*) pasticcio.

tank [tæŋk] *s* serbatoio; (*pesci*) vasca; (*milit*) carro armato.

tankard ['tæŋkəd] *s* boccale (*m*).

tanker ['tæŋkə*] *s* nave (*f*) cisterna; autocisterna.

tanned [tænd] *agg* abbronzato.

tantalizing ['tæntəlaɪzɪŋ] *agg* allettante.

tantamount ['tæntəmaunt] *agg* equivalente.

tantrum ['tæntrəm] *s* accesso di collera.

Tanzanian [,tænzə'ni:ən] *agg*, *s* tanzaniano.

tap [tæp] *s* rubinetto; colpetto ◊ **tap dancing** tip tap.

tap [tæp] *v tr* dare un colpetto a; (*risorse*) sfruttare.

tape [teɪp] *s* nastro ◊ **tape deck** piastra (di registrazione); **tape recorder** registratore (a nastro); **tape measure** metro a nastro.

tape [teɪp] *v tr* registrare su nastro; sigillare con nastro adesivo.

tapestry ['tæpɪstrɪ] *s* arazzo; tappezzeria.

tar [tɑ:*] *s* catrame (*m*).

target ['tɑ:gɪt] *s* bersaglio; (*fig*) obiettivo.

tariff ['tærɪf] *s* tariffa.

tarmac ['tɑ:mæk] *s* (*BrE*) macadam (*m*) al catrame; pista di decollo.

tarnish ['tɑ:nɪʃ] *v tr* (*metallo*) ossidare; (*fig*) macchiare.

tarpaulin [tɑ:'pɔ:lɪn] *s* telone (*m*) impermeabile.

tart [tɑ:t] *agg* agro, aspro.

tart [tɑ:t] *s* crostata.

tartar ['tɑ:tə*] *s* (*med*) tartaro.

task [tɑ:sk] *s* compito ◊ **to take to task** rimproverare.

taste [teɪst] *s* gusto; sapore (*m*); assaggio.

taste [teɪst] *v tr* gustare; assaggiare ◊ *v intr* sapere (di) ◊ **to taste good** avere un buon sapore.

tasteful ['teɪstful] *agg* di buon gusto.

tasteless ['teɪstlɪs] *agg* (*cuc*) insipido; di cattivo gusto.

tasty ['teɪstɪ] *agg* (*cuc*) saporito.

tatters ['tætəz] *s* ◊ **in tatters** a brandelli.

tattoo [tə'tu:] *s* tatuaggio; parata militare.

tatty ['tætɪ] *agg* malridotto.

taught [tɔ:t] *p*, *pp di* teach.

taunt [tɔ:nt] *v tr* schernire.

Taurus ['tɔ:rəs] *s* Toro.

taut [tɔ:t] *agg* teso.

tawny ['tɔ:nɪ] *agg* fulvo; ambrato.

tax [tæks] *s* tassa, imposta ◊ (*BrE*) **tax disc** bollo di circolazione; **tax evasion** evasione fiscale; **tax return** dichiarazione dei redditi.

tax [tæks] *v tr* tassare; *(fig)* mettere alla prova.

taxable ['tæksəbl] *agg* tassabile, imponibile.

taxation [tæk'seɪʃn] *s* tassazione *(f)*; tasse *(pl)*.

tax-free [,tæks'friː] *agg* esente da tasse.

taxi ['tæksɪ] *s* taxi *(m)* ◊ **taxi driver** tassista; *(BrE)* **taxi rank**, *(AmE)* **stand** posteggio dei taxi.

taximeter [,tæksɪ'miːtə*] *s* tassametro.

taxpayer ['tæks,peɪə*] *s* contribuente *(m/f)*.

T-bone (steak) ['tiːbəʊn(,steɪk)] *s (cuc)* fiorentina.

tea [tiː] *s* tè *(m)*; *(BrE)* merenda ◊ **tea bag** bustina di tè; *(BrE)* **tea break** intervallo (per il tè); **tea cosy** copriteiera; **tea set** servizio da tè; **tea strainer** colino per il tè; *(BrE)* **tea towel** strofinaccio.

teach *(p, pp* **taught)** [tiːtʃ, tɔːt] *v tr/intr* insegnare.

teacher ['tiːtʃə*] *s* insegnante *(m/f)*; maestro; professore *(m)*.

teaching ['tiːtʃɪŋ] *s* insegnamento.

teacup ['tiːkʌp] *s* tazza da tè.

team [tiːm] *s* squadra; *(animali)* tiro.

teamwork ['tiːmwɜːk] *s* lavoro di squadra.

teapot ['tiːpɒt] *s* teiera.

tear [tɪə*] *s* lacrima ◊ **tear gas** gas lacrimogeno.

tear [teə*] *s* strappo.

tear *(p* **tore** *pp* **torn)** [teə *, *tɔː*, tɔːn] *v tr/intr* strappare, strapparsi.

tearful ['tɪəful] *agg* lacrimoso.

tearoom ['tiːrum] *s* sala da tè.

tease [tiːz] *v tr* prendere in giro; fare dispetti a.

teaspoon ['tiːspuːn] *s* cucchiaino da tè.

teat [tiːt] *s* capezzolo; *(biberon)* tettarella.

teatime ['tiːtaɪm] *s* ora del tè.

technical ['teknɪkl] *agg* tecnico.

technicality [,teknɪ'kælɪtɪ] *s* tecnicismo; *(giur)* dettaglio, cavillo.

technician [tek'nɪʃn] *s* tecnico.

technique [tek'niːk] *s* tecnica.

technology [tek'nɒlədʒɪ] *s* tecnologia.

teddy bear ['tedɪbeə*] *s* orsacchiotto.

tedious ['tiːdjəs] *agg* tedioso.

teem ['tiːm] *v intr* diluviare; brulicare.

teenage ['tiːneɪdʒ] *agg* per giovani.

teenager ['tiːneɪdʒə*] *s* adolescente *(m/f)*.

teens [tiːnz] *s pl* ◊ **to be in one's teens** essere adolescente.

teeter ['tiːtə*] *v intr* traballare, vacillare.

teeth [tiːθ] *s pl di* **tooth**.

teething [tiːðɪŋ] *s* dentizione *(f)*.

teetotal [tiː'təʊtl] *agg* astemio.

teetotaller [tiː'təʊtlə*] *s* astemio.

telecommunications ['telɪkə,mjuːnɪ'keɪʃnz] *s pl* telecomunicazioni *(f)*.

telegram ['telɪgræm] *s* telegramma *(m)*.

telegraph ['telɪgrɑːf] *s* telegrafo.

telematics [,telɪ'mætɪks] *s* telematica.

telepathy [tɪ'lepəθɪ] *s* telepatia.

telephone ['telɪfəʊn] *s* telefono ◊

323

to be on the telephone essere al telefono; **telephone booth**, (*BrE*) **box**, cabina telefonica; **telephone book, directory** elenco telefonico.

telephone ['telɪfəʊn] *v tr/intr* telefonare (a).

telephonist [tɪ'lefənɪst] *s* telefonista (*m/f*).

telephoto lens ['telɪfəʊtəʊ'lenz] *s* (*fot*) teleobiettivo.

teleprinter ['telɪˌprɪntə*] *s* telescrivente (*f*).

telesales ['telɪsəɪlz] *s pl* televendita (*sing*).

telescope ['telɪskəʊp] *s* telescopio.

teletext ['telɪtekst] *s* televideo.

teletype ['telɪtaɪp] *s* telescrivente (*f*).

television ['telɪˌvɪʒn] *s* televisione (*f*) ◊ **on television** alla televisione; **television set** televisore.

teleworking ['telɪwɜːkɪŋ] *s* telelavoro.

telex ['teleks] *v tr* trasmettere via telex.

tell (*p, pp* **told**) [tel, təʊld] *v tr* dire; raccontare; distinguere ◊ *v intr* incidere, pesare ◊ **to tell right from wrong** distinguere il bene dal male.
▶ **tell off** sgridare.

teller ['telə*] *s* (*banca*) cassiere (*m*).

telling ['telɪŋ] *agg* rivelatore.

telltale ['telteɪl] *agg* rivelatore ◊ *s* chiacchierone (*m*).

telly ['telɪ] *s* (*BrE*) tele (*f*).

temper ['tempə*] *s* carattere (*m*); umore (*m*); collera ◊ **in a bad, good temper** di cattivo, di buon umore; **to lose one's temper** andare in collera.

temper ['tempə*] *v tr* temperare, mitigare.

temperament ['tempərəmənt] *s* temperamento.

temperamental [ˌtempərə'mentl] *agg* capriccioso.

temperate ['tempərət] *agg* (*clima*) temperato.

temperature ['temprətʃə*] *s* temperatura ◊ **to have, to run a temperature** avere la febbre.

tempest ['tempɪst] *s* tempesta.

temple ['templ] *s* tempio; (*anat*) tempia.

temporal ['tempərəl] *agg* temporale.

temporary ['tempərərɪ] *agg* temporaneo; provvisorio.

tempt [tempt] *v tr* tentare.

temptation [temp'teɪʃn] *s* tentazione (*f*).

tempting ['temptɪŋ] *agg* allettante.

ten [ten] *agg, s* dieci (*m*).

tenacious [tɪ'neɪʃəs] *agg* tenace.

tenancy ['tenənsɪ] *s* affitto.

tenant ['tenənt] *s* inquilino.

tend [tend] *v tr* prendersi cura di ◊ *v intr* tendere.

tendency ['tendənsɪ] *s* tendenza.

tender ['tendə*] *agg* tenero; (*ferita*) dolorante.

tender ['tendə*] *s* offerta ◊ **legal tender** moneta in corso legale.

tender ['tendə*] *v tr* offrire, presentare.

tendon ['tendən] *s* tendine (*m*).

tenement ['tenɪmənt] *s* casamento; casa popolare.

tennis ['tenɪs] *s* tennis (*m*) ◊ **tennis**

court campo da tennis; **tennis player** tennista.

tenor ['tenə*] s tenore (m); (comm) scadenza.

tenpin ['tenpɪn] s birillo ◊ **tenpin bowling**, (AmE) **tenpins** bowling (con dieci birilli).

tense [tens] agg teso.

tense [tens] s (gramm) tempo.

tension ['tenʃn] s tensione (f).

tent [tent] s tenda ◊ **tent peg** picchetto da tenda; **tent pole** palo da tenda, montante.

tentacle ['tentəkl] s tentacolo.

tentative ['tentətɪv] agg sperimentale; provvisorio; esitante.

tenterhooks ['tentəhʊks] s pl ◊ **on tenterhooks** sulle spine.

tenth [tenθ] agg, s decimo.

tenuous ['tenjʊəs] agg tenue.

tenure ['tenjʊə*] s (carica) durata, titolarità; (giur) possesso, godimento.

tepid ['tepɪd] agg tiepido.

term [tɜ:m] s termine (m); (school) trimestre (m); (giur) sessione (f) ◊ pl condizioni (f), termini; (comm) prezzi; rapporti ◊ **in the short, long term** a breve, lunga scadenza; **to be on good terms with** essere in buoni rapporti con; **to come to terms with** accettare, venire a patti con.

terminal ['tɜ:mɪnl] agg terminale.

terminal ['tɜ:mɪnl] s (inform) terminale (m); (elettr) morsetto ◊ (BrE) (coach) **terminal** capolinea; **air terminal** terminal.

terminate ['tɜ:mɪneɪt] v tr mettere fine a.

termini ['tɜ:mɪnaɪ] s pl di **terminus**.

terminus (pl -ni, -ses) ['tɜ:mɪnəs, naɪ, sɪz] s (bus) capolinea (m); (ferr) stazione (f) di testa.

termite ['tɜ:maɪt] s termite (f).

terrace ['terəs] s terrazza; (BrE) fila di case a schiera ◊ pl (BrE) (stadio) gradinate.

terraced ['terəst] agg (giardino) a terrazze ◊ (BrE) **terraced house** villetta a schiera.

terrestrial [tɪ'restrɪəl] agg terrestre.

terrible ['terəbl] agg terribile.

terrific [tə'rɪfɪk] agg tremendo; fantastico; immenso.

terrify ['terɪfaɪ] v tr atterrire.

territory ['terɪtərɪ] s territorio.

terror ['terə*] s terrore (m).

terrorism ['terərɪzəm] s terrorismo.

terrorist ['terərɪst] s terrorista (m/f).

terrorize ['terəraɪz] v tr terrorizzare.

terse [tɜ:s] agg brusco; conciso.

terylene ['terəli:n] s terital (m).

test [test] s prova; (med, guida) esame (m); (chim) analisi (f); test (m) ◊ **test driver** collaudatore (di auto); **test pilot** pilota collaudatore (di aerei); **test match** partita internazionale (di cricket, rugby); **test tube** provetta.

test [test] v tr provare; mettere alla prova; esaminare; verificare; collaudare; sperimentare.

testament ['testəmənt] s testamento.

testicle ['testɪkl] s testicolo.

testify ['testɪfaɪ] v tr/intr (giur) testimoniare, deporre; dimostrare, comprovare.

testimony ['testɪmənɪ] s (giur) testimonianza, deposizione (f).

tetanus ['tetənəs] s tetano.

tether ['teðə*] s ◊ **at the end of one's tether** allo stremo delle forze, al limite.

tether ['teðə*] v tr legare.

Texan ['teksən] agg, s texano.

text [tekst] s testo.

textbook ['tekstbʊk] s libro di testo.

textile ['tekstaɪl] agg tessile ◊ s tessuto.

texture ['tekstʃə*] s consistenza; struttura.

Thai [taɪ] agg, s tailandese (m/f) ◊ s (lingua) tailandese (m).

than [ðæn, ðən] cong (nei paragoni) che, di, di quello che; (dopo hardly, scarcely, no sooner) quando ◊ **nothing else than** nient'altro che.

thank [θæŋk] v tr ringraziare ◊ **thank you (very much)** grazie (mille).

thankful ['θæŋkfʊl] agg riconoscente, grato.

thankless ['θæŋklɪs] agg ingrato.

thanks [θæŋks] s pl ringraziamenti ◊ inter grazie ◊ **thanks to** grazie a.

Thanksgiving (Day) ['θæŋks,gɪv-ɪŋ(deɪ)] s (AmE) giorno del Ringraziamento.

that (pl **those**) [ðæt, ðəʊz] agg quello, quella ◊ pron quello, quella; ciò; questo, questa ◊ **that one** quello là; **who's that?** chi è?; **what's that?** cos'è?; **is that you?** sei tu?;

what do you mean by that? cosa intendi dire con ciò?; **that is why** ecco perché; **that's enough** basta così; **that is (to say)** cioè.

that [ðæt] pron relativo che; il quale, la quale; i quali, le quali; (tempo) in cui, nel quale ◊ **the car (that) I bought** l'auto che ho comprato; **the day (that) she arrived** il giorno in cui arrivò.

that [ðæt] cong che ◊ **I think that** penso che.

that [ðæt] avv così, tanto ◊ **it's not that bad** non è poi così male.

thatched [θætʃt] agg (tetto) di paglia.

thaw [θɔː] v tr/intr sgelare, sgelarsi; scioglersi.

the [ðiː, ðə] art determinativo il, lo, la; i, gli, le.

theater ['θɪətə*] s (AmE) v. **theatre**.

theatre ['θɪətə*] s teatro ◊ (operating) **theatre** sala operatoria.

theft [θeft] s furto.

their [ðeə*] agg (il) loro, (la) loro; (i) loro, (le) loro.

theirs [ðeəz] pron (il) loro, (la) loro; (i) loro, (le) loro.

them [ðem] pron li, le, loro; sé ◊ **I met them** li ho incontrati; **if anyone comes tell them...** se viene qualcuno digli...

theme [θiːm] s tema (m) ◊ **theme park** parco di divertimenti tematico.

themselves [ðəm'selvz] pron (riflessivo) si; (enfatico) essi stessi, proprio loro; (dopo prep) se stessi.

then [ðen] avv allora, a quel tempo; dopo, poi; inoltre ◊ *agg* di allora.

then [ðen] *cong* dunque, quindi, allora.

theology [θɪˈɒlədʒɪ] *s* teologia.

theory [ˈθɪərɪ] *s* teoria.

therapy [ˈθerəpɪ] *s* terapia.

there [ðeə*] *avv* là, lì; su questo (argomento); (*con to be*) ci, vi ◊ **there is** c'è; **there are** ci sono; **there she is!** eccola!; **there is no gainsaying** non si può negare; **there is no knowing** impossibile saperlo.

thereabouts [ˈðeərəbauts] *avv* circa, pressappoco; (*luogo*) da quelle parti.

thereafter [ˌðeərˈaːftə*] *avv* dopo (di che); quindi.

thereby [ˌðeəˈbaɪ] *avv* con ciò; in tal modo.

there'd [ðeəd] *contrazione di* there had, there would.

therefore [ˈðeəfɔː*] *avv* perciò, quindi.

there'll [ðeəl] *contrazione di* there will.

there's [ðeəz] *contrazione di* there is, there has.

thermal [ˈθɜːml] *agg* termico; termale ◊ **thermal baths** terme.

thermometer [θəˈmɒmɪtə*] *s* termometro.

thermostat [ˈθɜːməustæt] *s* termostato.

thesaurus [θɪˈsɔːrəs] *s* dizionario dei sinonimi.

these [ðiːz] *agg, pron pl di* this.

thesis (*pl* -**ses**) [ˈθiːsɪs, siːz] *s* tesi (*f*).

they [ðeɪ] *pron* essi, esse; loro; (*impersonale*) si ◊ **they all** tutti loro.

they'd [ðeɪd] *contrazione di* they had, they would.

they'll [ðeɪl] *contrazione di* they will, they shall.

they're [ðeə*] *contrazione di* they are.

they've [ðeɪv] *contrazione di* they have.

thick [θɪk] *agg* spesso; fitto, folto; denso; ottuso ◊ s fitto, folto.

thicken [ˈθɪkən] *v tr/intr* ispessire, ispessirsi; addensare; infittirsi.

thickness [ˈθɪknɪs] *s* spessore (*m*); densità.

thief [θiːf] *s* ladro.

thigh [θaɪ] *s* coscia.

thigh-bone [ˈθaɪbəun] *s* femore (*m*).

thimble [ˈθɪmbl] *s* ditale (*m*).

thin [θɪn] *agg* sottile; esile; (*salsa*) fluido.

thin [θɪn] *v tr/intr* (*out*) diradare, diradarsi; (*salsa ecc.*) (*down*) diluire.

thing [θɪŋ] *s* cosa ◊ **how are things?** come va?

think (*p, pp* thought) [θɪŋk, θɔːt] *v tr/intr* pensare ◊ **I think so** penso di sì; **I don't think so** penso di no; **I'll think about it** ci penserò; **to think to oneself** pensare tra sé e sé.

▶ **think up** escogitare; inventare.

third [θɜːd] *agg, s* terzo ◊ (*BrE*) **third party insurance** assicurazione contro terzi; **third degree** (interrogatorio di) terzo grado; **Third World** Terzo Mondo.

thirdly [ˈθɜːdlɪ] *avv* in terzo luogo.

third-rate [ˌθɜːdˈreɪt] *agg* scadente.

thirst [θɜːst] *s* sete (*f*).

thirsty [ˈθɜːstɪ] *agg* assetato ◊ **to be thirsty** avere sete.

thirteen [ˌθɜːˈtiːn] *agg, s* tredici (*m*).

thirtieth [ˈθɜːtɪəθ] *agg, s* trentesimo.

thirty [ˈθɜːtɪ] *agg, s* trenta (*m*) ◊ **the thirties** gli anni Trenta.

this (*pl* **these**) [ðɪs, ðiːz] *agg* questo, questa ◊ *pron* questo, questa; ciò ◊ **these days** al giorno d'oggi; **this is Ann speaking** (*al telefono*) sono Ann.

this [ðɪs] *avv* così ◊ **this high** alto così.

thistle [ˈθɪsl] *s* cardo.

thong [θɒŋ] *s* cinghia.

thorn [θɔːn] *s* spina.

thorny [ˈθɔːnɪ] *agg* spinoso.

thorough [ˈθʌrə] *agg* accurato, approfondito; (*persona*) meticoloso.

thoroughbred [ˈθʌrəbred] *s* (*cavallo*) purosangue (*m/f*).

thoroughfare [ˈθʌrəfeə*] *s* arteria di grande traffico ◊ **no thoroughfare** divieto di transito.

thoroughly [ˈθʌrəlɪ] *avv* completamente; accuratamente.

those [ðəʊz] *agg, pron pl di* **that**.

though [ðəʊ] *cong* benché, sebbene ◊ *avv* però, tuttavia.

thought [θɔːt] *p, pp di* **think**.

thought [θɔːt] *s* pensiero; opinione (*f*).

thoughtful [ˈθɔːtfʊl] *agg* pensieroso; premuroso.

thoughtless [ˈθɔːtlɪs] *agg* sconsiderato; imprudente.

thousand [ˈθaʊznd] *agg, s* mille (*m*) ◊ **thousands of** migliaia di.

thousandth [ˈθaʊzntθ] *agg, s* millesimo.

thrash [θræʃ] *v tr* battere; picchiare ◊ *v intr* (*about*) dibattersi.

thread [θred] *s* filo; (*vite*) filetto.

thread [θred] *v tr* infilare.

threadbare [ˈθredbeə*] *agg* logoro, consumato.

threat [θret] *s* minaccia.

threaten [ˈθretn] *v tr/intr* minacciare.

three [θriː] *agg, s* tre (*m*).

three-dimensional [ˌθriːdɪˈmenʃənl] *agg* tridimensionale.

three-lane [ˈθriːˌleɪn] *agg* a tre corsie.

threepence [ˈθrɪpəns] *s* moneta da tre penny.

three-ply [ˈθriːplaɪ] *agg* (*lana*) a tre fili, capi; (*legno*) a tre strati.

threshold [ˈθreʃhəʊld] *s* soglia.

threw [θruː] *p di* **throw**.

thrifty [ˈθrɪftɪ] *agg* parsimonioso.

thrill [θrɪl] *s* brivido.

thrill [θrɪl] *v intr/tr* fremere; elettrizzare.

thrilling [ˈθrɪlɪŋ] *agg* elettrizzante.

thrive (*p* **thrived, throve** *pp* **thrived**) [θraɪv, θraɪvd, θrəʊv] *v intr* prosperare; crescere bene.

thriving [ˈθraɪvɪŋ] *agg* fiorente.

throat [θrəʊt] *s* gola.

throb [θrɒb] *s* battito; (*fig*) palpito.

throb [θrɒb] *v intr* battere, pulsare; (*fig*) palpitare; (*motore*) vibrare.

throes [θrəʊz] *s pl* spasimi; doglie ◊ **death throes** agonia; **in the throes of** alle prese con; in preda a.

thrombosis (*pl* **-ses**) [θrɒmˈbəʊsɪs, siːz] *s* trombosi (*f*).

throne [θrəʊn] *s* trono.

throng [θrɒŋ] *v tr* affollare.

throttle ['θrɒtl] s *(aut)* valvola a farfalla.

throttle ['θrɒtl] v *tr* strangolare.

through [θru:] *avv* attraverso; da cima a fondo; *(trasporti)* direttamente ◊ **to book through to Milan** prendere un biglietto diretto per Milano.

through [θru:] *prep* attraverso; *(tempo)* durante, per; per mezzo di; a causa di.

through [θru:] *agg (treno)* diretto; *(strada)* transitabile; *(stazione)* di transito ◊ *(BrE)* **no through road** strada senza uscita.

throughout [θru:'aʊt] *avv* da un capo all'altro; completamente ◊ *prep* in ogni parte di; da un capo all'altro di; per tutta la durata di.

throve [θrəʊv] *p di* thrive.

throw [θrəʊ] s tiro, lancio.

throw (*p* threw *pp* thrown) [θrəʊ, θru:, θrəʊn] v *tr* lanciare, tirare; atterrare; *(cavallo)* disarcionare; *(fig)* confondere ◊ **to throw a party** dare una festa.

▶ **throw up** vomitare; abbandonare.

throwaway ['θrəʊəweɪ] *agg* usa e getta.

throw-in ['θrəʊˌɪn] s *(calcio)* rimessa laterale.

thrown [θrəʊn] *pp di* throw.

thru [θru:] *avv, prep, agg (Ame)* v. **through**.

thrush [θrʌʃ] s tordo.

thrust [θrʌst] v *tr* spingere con forza; ficcare.

thud [θʌd] s tonfo.

thug [θʌg] s delinquente (*m/f*).

thumb [θʌm] s pollice (*m*).

thumb [θʌm] v *tr (through)* sfogliare ◊ **to thumb a lift** fare l'autostop.

thumbtack ['θʌmtæk] s *(AmE)* puntina da disegno.

thump [θʌmp] s colpo; tonfo.

thump [θʌmp] v *tr/intr* battere (forte); picchiare; *(cuore)* martellare.

thunder ['θʌndə*] s tuono.

thunder [θʌndə*] v *intr* tuonare; rombare.

thunderbolt ['θʌndəbəʊlt] s fulmine (*m*).

thunderclap ['θʌndəklæp] s (rombo di) tuono.

thunderstorm ['θʌndəstɔ:m] s temporale (*m*).

Thursday ['θз:zdɪ] s giovedì (*m*).

thus [ðʌs] *avv* così.

thyme [taɪm] s timo.

thyroid ['θaɪrɔɪd] s tiroide (*f*) ◊ **thyroid (gland)** (ghiandola) tiroide.

tick [tɪk] s tic tac (*m*); segno, spunta; *(zool)* zecca; *(BrE)* attimo.

tick [tɪk] v *intr* fare tic tac ◊ v *tr* spuntare.

▶ **tick off** spuntare; sgridare;

▶ **tick over** *(motore)* andare al minimo.

ticket ['tɪkɪt] s biglietto; *(prezzo)* etichetta ◊ *(parking)* **ticket** multa per divieto di sosta; **ticket collector** bigliettaio; **ticket inspector** controllore; **ticket office** biglietteria; *(ticket)* **tout** bagarino.

tickle ['tɪkl] v *tr/intr* fare il solletico (a); *(fig)* solleticare.

tidbit ['tɪdbɪt] s *(AmE)* v. titbit.

tide

tide [taɪd] *s* marea.

tidy ['taɪdɪ] *agg* ordinato; pulito.

tidy ['taɪdɪ] *v tr* mettere in ordine.

tie [taɪ] *s* laccio; stringa; cravatta; *(fig)* legame *(m)*; *(sport)* pareggio.

tie [taɪ] *v tr* legare, allacciare ◊ *v intr (sport)* pareggiare.

▶ **tie up** legare ◊ **to be tied up** essere impegnato.

tier ['taɪə*] *s* fila; *(torta)* strato.

tiger ['taɪgə*] *s* tigre *(f)*.

tight [taɪt] *agg* stretto; *(abito)* attillato; *(fune)* teso, tirato.

tight [taɪt] *avv (stringere)* forte; *(tenere)* stretto; *(chiudere)* bene.

tighten ['taɪtn] *v tr/intr (vite ecc.)* stringere, stringersi; *(fune)* tendere, tendersi; irrigidirsi.

tight-fisted [,taɪt'fɪstɪd] *agg* avaro.

tights [taɪts] *s pl (BrE)* collant *(m)*.

tile [taɪl] *s (tetto)* tegola; *(pavimento)* piastrella; mattonella.

till [tɪl] *cong, prep* v. **until**.

till [tɪl] *s* registratore *(m)* di cassa.

till [tɪl] *v tr* coltivare.

tilt [tɪlt] *v tr/intr* inclinare, inclinarsi; pendere.

timber ['tɪmbə*] *s* legname *(m)*.

time [taɪm] *s* tempo; ora; volta ◊ **for the time being** per il momento; **at times** a volte; **three at a time** tre alla volta; **from time to time** ogni tanto; **in time** in tempo, col tempo, a tempo; **in a week's time** fra una settimana; **on time** puntuale; **what time is it?** che ora è?; **time off** tempo libero; **time zone** fuso orario; **to have a good time** divertirsi.

time [taɪm] *v tr* fissare l'orario di;

cronometrare; scegliere il momento giusto per.

timekeeper ['taɪm,kiːpə*] *s* cronometrista *(m/f)*.

timely ['taɪmlɪ] *agg* tempestivo, opportuno.

timer ['taɪmə*] *s* temporizzatore *(m)*; contaminuti *(m)*.

time-share ['taɪmʃeə*] *agg* in multiproprietà.

timetable ['taɪm,teɪbl] *s* orario.

timid ['tɪmɪd] *agg* timido; pauroso.

tin [tɪn] *s* stagno; scatola (di latta); *(BrE)* lattina ◊ *(BrE)* **tin opener** a-priscatole.

tinfoil [,tɪn'fɔɪl] *s* stagnola.

tinge [tɪndʒ] *s* sfumatura.

tingle ['tɪŋgl] *s* formicolio; pizzicore *(m)*.

tinker ['tɪŋkə*] *v intr* armeggiare.

tinned [tɪnd] *agg (BrE)* in scatola.

tinsel ['tɪnsl] *s* fili *(pl)* argentati per decorazioni natalizie.

tint [tɪnt] *s* tinta.

tint [tɪnt] *v tr* tingere, colorare.

tiny ['taɪnɪ] *agg* minuscolo.

tip [tɪp] *s* punta; mancia; *(BrE) (rifiuti)* discarica; suggerimento.

tip [tɪp] *v tr* dare la mancia a; inclinare; capovolgere; scaricare.

tipped [tɪpt] *agg (BrE) (sigaretta)* col filtro.

tipsy ['tɪpsɪ] *agg* brillo.

tiptoe ['tɪptəu] *s* ◊ **on tiptoe** in punta di piedi.

tiptop ['tɪptɒp] *agg* ottimo.

tip-up ['tɪpʌp] *agg* ribaltabile.

tire ['taɪə*] *s (AmE)* v. **tyre**.

tire ['taɪə*] *v tr/intr* stancare, stancarsi.

tired ['taɪəd] *agg* stanco.

tireless ['taɪəlɪs] *agg* instancabile.

tiresome ['taɪəsəm] *agg* noioso.

tiring ['taɪərɪŋ] *agg* faticoso.

tissue ['tɪʃuː] *s* tessuto; fazzoletto di carta ◊ **tissue paper** carta velina.

titbit ['tɪtbɪt] *s* (*BrE*) leccornia; (*fig*) notizia ghiotta.

title ['taɪtl] *s* titolo ◊ **title role** parte principale.

to [tuː] *prep* a, verso; in; da; per; con ◊ **to go to school, France, the dentist** andare a scuola, in Francia, dal dentista; **give it to me** dammelo; **it's five to six** sono le sei meno cinque; **from Monday to Friday** da lunedì a venerdì; **I'm ready to go** sono pronto per andare.

to [tuː] *avv* socchiuso ◊ **to and fro** avanti e indietro.

toad [təʊd] *s* rospo.

toast [təʊst] *s* pane (*m*) tostato; brindisi (*m*) ◊ **to drink a toast to** brindare a.

toast [təʊst] *v tr* abbrustolire, tostare; brindare a ◊ **toasted sandwich** toast.

toaster ['təʊstə*] *s* tostapane (*m*).

tobacco [tə'bækəʊ] *s* tabacco.

tobacconist [tə'bækənɪst] *s* tabaccaio ◊ **tobacconist's** tabaccheria.

today [tə'deɪ] *avv*, *s* oggi (*m*) ◊ **today week** oggi a otto.

toddle ['tɒdl] *v intr* trotterellare.

toddler ['tɒdlə*] *s* bambino ai primi passi.

toe [təʊ] *s* dito del piede; (*scarpa*) punta.

toenail ['təʊneɪl] *s* unghia del piede.

toffee ['tɒfɪ] *s* caramella ◊ **toffee apple** mela caramellata.

together [tə'geðə*] *avv* insieme; allo stesso tempo; di seguito ◊ **together with** insieme a; **to get together** riunirsi, incontrarsi.

toil [tɔɪl] *s* fatica.

toil [tɔɪl] *v intr* sgobbare.

toilet ['tɔɪlɪt] *s* (*BrE*) gabinetto ◊ **toilet paper** carta igienica; **toilet roll** rotolo di carta igienica; **toilet water** acqua di colonia.

toiletries ['tɔɪlɪtrɪz] *s pl* articoli da toletta.

token ['təʊkən] *s* segno, pegno; gettone (*m*); (*fig*) buono acquisto ◊ **book token** buono libro.

told [təʊld] *p*, *pp di* **tell**.

tolerable ['tɒlərəbl] *agg* tollerabile; (*fig*) passabile.

tolerant ['tɒlərənt] *agg* (*of*) tollerante (*verso*).

tolerate ['tɒləreɪt] *v tr* tollerare.

toll [təʊl] *s* pedaggio; (*fig*) tributo.

toll-free ['təʊl'friː] *agg* gratuito; (*AmE*) (*telefonata*) a carico del destinatario.

tomato [tə'mɑːtəʊ] *s* pomodoro.

tomb [tuːm] *s* tomba.

tombstone ['tuːmstəʊn] *s* pietra tombale.

tomorrow [tə'mɒrəʊ] *avv*, *s* domani (*m*).

ton [tʌn] *s* tonnellata.

tone [təʊn] *s* tono.

tone [təʊn] *v intr* armonizzarsi, intonarsi.

tongs [tɒŋz] *s pl* pinze, tenaglie; (*carbone*) molle.

tongue [tʌŋ] *s* lingua.

tongue-twister ['tʌŋ,twɪstə*] *s* scioglilingua (*m*).

tonic ['tɒnɪk] *agg, s* tonico ◊ **tonic water** acqua tonica.

tonight [tə'naɪt] *avv* stanotte (*f*), stasera.

tonsil ['tɒnsl] *s* tonsilla.

tonsillitis [,tɒnsɪ'laɪtɪs] *s* tonsillite (*f*).

too [tu:] *avv* anche; troppo ◊ **too soon** troppo presto; **too many things** troppe cose; **it costs too much** costa troppo.

took [tʊk] *p di* take.

tool [tu:l] *s* attrezzo, utensile (*m*) ◊ **tool box** cassetta degli attrezzi.

toot [tu:t] *v intr* suonare il clacson.

tooth (*pl* teeth) [tu:θ, ti:θ] *s* dente (*m*).

toothache ['tu:θeɪk] *s* mal (*m*) di denti.

toothbrush ['tu:θbrʌʃ] *s* spazzolino da denti.

toothpaste ['tu:θpeɪst] *s* dentifricio.

toothpick ['tu:θpɪk] *s* stuzzicadenti (*m*).

top [tɒp] *s* cima; parte (*f*) superiore; coperchio; (*bottiglia*) tappo; (*aut*) capote (*f*); camicetta, top (*m*); trottola ◊ **on top of** in cima a; oltre a; **from top to bottom** da cima a fondo; **from top to toe** dalla testa ai piedi.

top [tɒp] *agg* massimo; il più alto ◊ **top floor** ultimo piano; **top hat** cappello a cilindro.

top [tɒp] *v tr* coprire; superare; essere in testa a.

topic ['tɒpɪk] *s* argomento.

topical ['tɒpɪkl] *agg* d'attualità.

topmost ['tɒpməʊst] *agg* il più alto.

topple ['tɒpl] *v tr/intr* rovesciare; cadere; traballare.

topsy-turvy [,tɒpsɪ'tɜ:vɪ] *agg, avv* sottosopra.

torch [tɔ:tʃ] *s* torcia, fiaccola ◊ (*BrE*) **(electric) torch** lampadina tascabile.

tore [tɔ:*] *p di* tear.

torment [tɔ:'ment] *v tr* tormentare.

torn [tɔ:n] *pp di* tear.

torpedo [tɔ:'pi:dəʊ] *s* siluro.

torrent ['tɒrənt] *s* torrente (*m*).

torrid ['tɒrɪd] *agg* torrido.

tortoise ['tɔ:təs] *s* tartaruga.

tortuous ['tɔ:tjʊəs] *agg* tortuoso.

torture ['tɔ:tʃə*] *s* tortura.

Tory ['tɔ:rɪ] *agg, s* (*BrE*) conservatore (*m*).

toss [tɒs] *v tr* lanciare; (*testa*) scuotere ◊ *v intr* tirare a sorte; agitarsi ◊ **to toss a coin** fare a testa o croce.
▶ **toss up** tirare a sorte.

total ['təʊtl] *agg, s* totale (*m*).

total ['təʊtl] *v tr* sommare; ammontare a.

totter ['tɒtə*] *v intr* barcollare.

touch [tʌtʃ] *s* tocco; tatto; contatto ◊ **to be, to get in touch with** essere, mettersi in contatto con; **a touch of humour** un pizzico di umorismo.

touch [tʌtʃ] *v tr/intr* toccare, toccarsi; commuovere ◊ **to touch to the quick** toccare sul vivo.
▶ **touch** (*argomento*) sfiorare.

touch-and-go ['tʌtʃən'gəʊ] *agg* incerto.

touchdown ['tʌtʃdaʊn] *s* atterraggio; (*sport*) meta.

touching ['tʌtʃɪŋ] *agg* commovente.

touchy ['tʌtʃi] *agg* suscettibile.

tough [tʌf] *agg* duro; resistente ◊ **tough luck!** che scalogna!

toughen ['tʌfn] *v tr* indurire, rinforzare.

tour [tuə*] *s* viaggio; giro; visita; (*teatro*) tournée (*f*) ◊ **tour operator** operatore turistico.

tour [tuə*] *v intr/tr* viaggiare; visitare; girare.

tourist ['tuərɪst] *s* turista (*m/f*) ◊ **tourist class** classe turistica; **tourist office** ufficio turistico.

tourist ['tuərɪst] *avv* (*viaggiare*) in classe turistica.

tournament ['tuənəmənt] *s* torneo.

tousled ['tauzld] *agg* scompigliato, arruffato.

tout [taut] *s* bagarino.

tout [taut] *v intr* procacciare clienti.

tow [təu] *v tr* rimorchiare.

tow [təu] *s* rimorchio ◊ (*AmE*) **tow truck** carro attrezzi.

toward(s) [tə'wɔːd(z)] *prep* verso; (*scopo*) per.

towel ['tauəl] *s* asciugamano; strofinaccio.

tower ['tauə*] *s* torre (*f*) ◊ (*BrE*) **tower block** palazzone.

towering ['tauərɪŋ] *agg* torreggiante; imponente.

town [taun] *s* città ◊ **town council** consiglio comunale; **town hall** municipio; **town planning** urbanistica; **to go to town** andare in città; mettercela tutta.

toxic ['tɒksɪk] *agg* tossico.

toy [tɔɪ] *s* giocattolo.

toy [tɔɪ] *v intr*

▶ **toy with** giocare con; (*idea*) accarezzare, trastullarsi con.

trace [treɪs] *s* traccia.

trace [treɪs] *v tr* seguire le tracce di; rintracciare; (*linea*) tracciare.

track [træk] *s* traccia; pista; (*ferr*) binario.

track [træk] *v tr* seguire le tracce di; inseguire.

tracksuit ['træksuːt] *s* tuta sportiva.

tract [trækt] *s* zona; opuscolo.

tractor ['træktə*] *s* trattore (*m*).

trade [treɪd] *s* commercio; mestiere (*m*) ◊ **trade fair** fiera campionaria; **trade name** ragione sociale; **trade price** prezzo al rivenditore; **trade union** sindacato; **trade unionist** sindacalista.

trade [treɪd] *v tr/intr* commerciare.

trademark ['treɪdmɑːk] *s* marchio di fabbrica.

trader ['treɪdə*] *s* commerciante (*m/f*).

tradesman (*pl* -**men**) ['treɪdzmən] *s* commerciante (*m*); negoziante (*m*).

tradition [trə'dɪʃn] *s* tradizione (*f*).

traditional [trə'dɪʃənl] *agg* tradizionale.

traffic ['træfɪk] *s* traffico ◊ (*AmE*) **traffic circle** rondò; **traffic jam** ingorgo stradale; **traffic lights** semaforo; **traffic warden** addetto al controllo del parcheggio e del traffico.

traffic ['træfɪk] *v intr* trafficare.

tragedy ['trædʒɪdɪ] *s* tragedia.

tragic ['trædʒɪk] *agg* tragico.

trail

trail [treɪl] s traccia; pista; scia; sentiero.

trail [treɪl] v tr trascinare; seguire ◊ v intr strisciare; (pianta) arrampicarsi; essere in svantaggio.

trailer ['treɪlə*] s (aut) rimorchio; (AmE) roulotte (f); (cine) trailer (m).

train [treɪn] s treno; (abito) strascico; corteo.

train [treɪn] v tr/intr formare, formarsi; addestrare; (sport) allenare, allenarsi; (memoria) esercitare; (animale) addestrare; (arma) puntare.

trainee [treɪ'niː] s apprendista (m/f).

trainer ['treɪnə*] s istruttore (m); allenatore (m); scarpa da ginnastica.

training ['treɪnɪŋ] s formazione (f); tirocinio; (sport) allenamento.

trait [treɪt] s tratto.

traitor ['treɪtə*] s traditore (m).

tramp [træmp] s vagabondo.

trample ['træmpl] v tr/intr calpestare.

tranquil ['træŋkwɪl] agg tranquillo.

tranquillizer ['træŋkwɪlaɪzə*] s tranquillante (m).

transaction [træn'zækʃn] s transazione (f).

transatlantic [ˌtrænzət'læntɪk] agg transatlantico ◊ **transatlantic liner** transatlantico.

transfer ['trænsfɜː*] s trasferimento; (giur) cessione (f); decalcomania.

transfer [træns'fɜː*] v tr/intr trasferire, trasferirsi ◊ (BrE) **to transfer the charges** fare una telefonata a carico del destinatario.

transform [træns'fɔːm] v tr trasformare.

transfusion [træns'fjuːʒn] s trasfusione (f).

transient ['trænzɪənt] agg transitorio; di passaggio.

transitional [træn'zɪʃənl] agg transitorio.

translate [træns'leɪt] v tr tradurre.

translation [træns'leɪʃn] s traduzione (f).

translator [træns'leɪtə*] s traduttore (m).

transmission [trænz'mɪʃn] s trasmissione (f).

transmit [trænz'mɪt] v tr trasmettere.

transmitter [trænz'mɪtə*] s trasmettitore (m).

transparency [træns'pærənsɪ] s trasparenza; (BrE) (fot) diapositiva.

transparent [træns'pærənt] agg trasparente.

transplant ['trænsplɑːnt] s trapianto ◊ **heart transplant** trapianto di cuore.

transplant [træns'plɑːnt] v tr trapiantare.

transport ['trænspɔːt] s trasporto.

transport [træn'spɔːt] v tr trasportare.

transvestite [trænz'vestaɪt] s travestito.

trap [træp] s trappola.

trap [træp] v tr intrappolare.

trapdoor [ˌtræp'dɔː*] s botola.

trash [træʃ] s porcheria; sciocchezze (pl); (AmE) immondizie (pl).

trashcan ['træʃˌkæn] s (AmE) pattumiera.

traumatic [trɔ:'mætɪk] *agg* traumatico.

travel ['trævl] *s* viaggio, viaggi (*pl*) ◊ **travel sickness** mal di mare, d'auto, d'aria.

travel ['trævl] *v intr/tr* viaggiare; percorrere, girare ◊ **to travel by train** viaggiare in treno; **travelling salesman** commesso viaggiatore.

traveler ['trævlə*] *s* (*AmE*) v. **traveller**.

traveller ['trævlə*] *s* viaggiatore (*m*) ◊ **commercial traveller** commesso viaggiatore; **traveller's cheque**, (*AmE*) **traveler's check** assegno turistico, traveller's cheque.

travesty ['trævɪstɪ] *s* parodia.

tray [treɪ] *s* vassoio; vaschetta.

treacherous ['tretʃərəs] *agg* infido; traditore.

treachery ['tretʃərɪ] *s* tradimento.

treacle ['tri:kl] *s* melassa.

tread [tred] *s* passo, andatura; (*gradino*) pedata; (*pneumatico*) battistrada (*m*).

tread (*p* **trod** *pp* **trodden**) [tred, trod, 'trodn] *v tr/intr* camminare, calpestare.

treadle ['tredl] *s* pedale (*m*).

treason ['tri:zn] *s* tradimento.

treasure ['treʒə*] *s* tesoro.

treasure ['treʒə*] *v tr* accumulare; (*fig*) tenere in gran conto; custodire gelosamente.

treasurer ['treʒərə*] *s* tesoriere (*m*).

treasury ['treʒərɪ] *s* tesoreria, erario ◊ (*BrE*) **the Treasury**, (*AmE*) **the Treasury Department** il Ministero del Tesoro.

treat [tri:t] *s* festa; regalo.

treat [tri:t] *v tr* trattare; (*med*) curare ◊ **I'll treat you to a dinner** ti offro una cena.

treatise ['tri:tɪz] *s* trattato.

treatment ['tri:tmənt] *s* trattamento; (*med*) cura.

treaty ['tri:tɪ] *s* trattato.

tree [tri:] *s* albero.

trek [trek] *s* escursione (*f*); camminata sfiancante.

tremble ['trembl] *v intr* tremare.

tremendous [trɪ'mendəs] *agg* enorme; formidabile.

tremor ['tremə*] *s* tremore (*m*) ◊ (**earth**) **tremor** scossa sismica.

trench [trentʃ] *s* trincea ◊ **trench coat** impermeabile.

trend [trend] *s* tendenza; moda.

trendy ['trendɪ] *agg* alla moda.

trespass ['trespəs] *v intr* violare; entrare abusivamente in ◊ **no trespassing** vietato l'accesso.

trestle ['tresl] *s* cavalletto.

trial ['traɪəl] *s* (*giur*) processo; prova; collaudo ◊ **on trial** sotto processo; in prova.

triangle ['traɪæŋgl] *s* triangolo.

tribe [traɪb] *s* tribù (*f*).

tribunal [traɪ'bju:nl] *s* tribunale (*m*).

tribute ['trɪbju:t] *s* tributo ◊ **to pay tribute** to rendere omaggio a.

trick [trɪk] *s* trucco; inganno; scherzo ◊ **to play a trick on** giocare un (brutto) tiro a.

trick [trɪk] *v tr* ingannare.

trickery ['trɪkərɪ] *s* inganno.

trickle ['trɪkl] *s* rivolo; gocciolio.

trickle ['trɪkl] *v intr* gocciolare.

tricky ['trɪkɪ] *agg* infido; (*problema*) delicato.

trifle ['traɪfl] *s* inezia, sciocchezza; (*BrE*) (*cuc*) sorta di zuppa inglese.

trifling ['traɪflɪŋ] *agg* insignificante.

trigger ['trɪgə*] *s* grilletto.

trim [trɪm] *agg* ordinato; ben tenuto.

trim [trɪm] *s* (*capelli, erba*) spuntata; finiture (*pl*); (*aut*) guarnizioni (*f pl*).

trim [trɪm] *v tr* spuntare; decorare; (*vele*) orientare.

trimmings ['trɪmɪŋz] *s pl* decorazioni (*f*); (*cuc*) contorno (*sing*).

trinket ['trɪŋkɪt] *s* gingillo; ciondolo.

trip [trɪp] *s* viaggio; gita; passo falso.

trip [trɪp] *v intr* inciampare; camminare con passo leggero ◊ *v tr* fare lo sgambetto a.

tripe [traɪp] *s* (*cuc*) trippa; sciocchezze (*pl*).

triple ['trɪpl] *agg* triplo.

tripod ['traɪpɒd] *s* treppiedi (*m*).

trite [traɪt] *agg* banale, trito.

triumph ['traɪəmf] *s* trionfo.

triumph ['traɪəmf] *v intr* trionfare.

trivia ['trɪvɪə] *s pl* banalità.

trivial ['trɪvɪəl] *agg* insignificante; banale.

trod [trɒd] *p di* tread.

trodden [trɒdn] *pp di* tread.

trolley ['trɒlɪ] *s* carrello ◊ **trolley bus** filobus; (*AmE*) **trolley car** tram.

troop [tru:p] *s* gruppo; (*milit*) squadrone (*m*) ◊ *pl* (*milit*) truppe.

troop [tru:p] *v intr* muoversi in gruppo ◊ **to troop out** uscire a frotte; **to troop the colour** far sfilare la bandiera davanti alle truppe.

trophy ['trəʊfɪ] *s* trofeo.

tropic ['trɒpɪk] *s* tropico.

tropical ['trɒpɪkl] *agg* tropicale.

trot [trɒt] *v intr* trottare.

trouble ['trʌbl] *s* guaio, guai (*pl*); problema, difficoltà; (*med*) disturbo; (*polit*) disordini (*pl*), conflitti (*pl*) ◊ **it's no trouble** nessun disturbo; **what's the trouble?** che cosa c'e che non va?; **engine trouble** guasto al motore.

trouble ['trʌbl] *v tr/intr* preoccupare, preoccuparsi; disturbare, disturbarsi.

troublemaker ['trʌbl,meɪkə*] *s* agitatore (*m*); sobillatore (*m*).

troubleshooter ['trʌbl,ʃu:tə*] *s* mediatore (*m*), conciliatore (*m*).

troublesome ['trʌblsəm] *agg* fastidioso; seccante.

trough [trɒf] *s* mangiatoia; abbeveratoio; canale (*m*); (*onda*) cavo; (*econ*) depressione (*f*).

trousers ['traʊzəz] *s pl* pantaloni.

trout [traʊt] (*pl* -s o *inv*) *s* trota.

trowel ['traʊəl] *s* cazzuola; paletta da giardiniere.

truant ['tru:ənt] *s* (*BrE*) ◊ **to play truant** marinare la scuola.

truce [tru:s] *s* tregua.

truck [trʌk] *s* (*ferr*) carro merci; carrello portabagagli; (*AmE*) camion (*m*), autocarro ◊ **truck driver** camionista.

truculent ['trʌkjʊlənt] *agg* prepotente.

trudge [trʌdʒ] *v intr* arrancare.

true [tru:] *agg* vero; reale; accurato; fedele, leale ◊ **true copy** copia conforme.

true-blue ['truː,bluː] *agg* fedele; convinto.

truffle ['trʌfl] *s* tartufo.

truly ['truːlɪ] *avv* veramente ◊ **yours truly** cordiali saluti.

trumpet ['trʌmpɪt] *s* tromba.

truncheon ['trʌntʃən] *s* manganello.

trundle ['trʌndl] *v tr/intr* rotolare, far rotolare.

trunk [trʌŋk] *s* (*bot, anat*) tronco; (*elefante*) proboscide (*f*); baule (*m*); (*AmE*) (*aut*) bagagliaio ◊ *pl* calzoncini (*da bagno, tennis ecc.*) ◊ **trunk call** telefonata interurbana.

trust [trʌst] *s* fiducia; (*giur*) amministrazione (*f*) fiduciaria; (*comm*) cartello, trust (*m*); ente (*m*), fondazione (*f*).

trust [trʌst] *v tr/intr* fidarsi (di); contare (su); affidare; confidare (in) ◊ **trust him** abbi fiducia in lui.

trusted ['trʌstɪd] *agg* fidato.

trustee [,trʌs'tiː] *s* (*giur*) amministratore (*m*) fiduciario.

trustful ['trʌstfʊl] *agg* fiducioso.

trustworthy ['trʌst,wɜːðɪ] *agg* fidato.

truth [truːθ] *s* verità.

truthful ['truːθfʊl] *agg* sincero; veritiero.

try [traɪ] *s* tentativo, prova; (*rugby*) meta ◊ **to have a try** fare un tentativo.

try [traɪ] *v tr/intr* provare; sforzarsi; mettere alla prova; (*cibo*) assaggiare; (*giur*) processare.

▶ **try on** provare (*vestiti*).

▶ **try out** collaudare; sperimentare.

trying ['traɪɪŋ] *agg* difficile; logorante.

tsar [zɑː*] *s* zar (*m*).

T-shirt ['tiːʃɜːt] *s* maglietta, T-shirt (*f*).

tub [tʌb] *s* tinozza; mastello; bagno.

tube [tjuːb] *s* tubo; tubetto; (*chim*) provetta; (*anat*) canale (*m*); (*BrE*) metropolitana; (*pneumatico*) camera d'aria.

tubing ['tjuːbɪŋ] *s* tubatura.

tuck [tʌk] *s* piega; (*BrE*) merendine (*pl*) ◊ **tuck shop** negozio di pasticceria (*vicino o dentro una scuola*).

tuck [tʌk] *v tr* mettere; riporre; infilare.

▶ **tuck in** rimboccare le coperte a; infilare; abbuffarsi;

▶ **tuck up** rimboccare le coperte a.

Tuesday ['tjuːzdɪ] *s* martedì (*m*).

tuft [tʌft] *s* ciuffo.

tug [tʌg] *s* strattone (*m*); (*mar*) rimorchiatore (*m*).

tug [tʌg] *v tr/intr* tirare con forza; (*at*) dare strattoni (a).

tug-of-war [,tʌgəv'wɔː*] *s* tiro alla fune.

tuition [tjuː'ɪʃn] *s* lezioni (*f pl*); tasse (*pl*) scolastiche.

tulip ['tjuːlɪp] *s* tulipano.

tumble ['tʌmbl] *v intr* ruzzolare; precipitarsi.

tumbledryer [,tʌmbl'draɪə*] *s* asciugabiancheria.

tumbler ['tʌmblə*] *s* acrobata (*m/f*); bicchiere (*m*) (*senza stelo*).

tumor ['tuːmə*] *s* (*AmE*) tumore (*m*).

tumour ['tju:mə*] *s* tumore (*m*).

tuna (fish) ['tju:nə(ˌfɪʃ)] *s inv* tonno.

tune [tju:n] *s* (*mus*) motivo, melodia, aria ◊ **in tune** intonato; accordato; **out of tune** stonato; scordato.
▶ **tune in (to)** (*radio*, *TV*) sintonizzarsi (su);
▶ **tune up** (*mus*) accordare gli strumenti.

tune [tju:n] *v tr* (*mus*) accordare; (*radio*, *TV*) sintonizzare; (*tecn*) regolare, mettere a punto.

tuneful ['tju:nful] *agg* armonioso, melodioso.

tuner ['tju:nə*] *s* accordatore (*m*); (*radio*, *TV*) sintonizzatore (*m*).

tuning fork ['tju:nɪŋfɔ:k] *s* (*mus*) diapason (*m*).

Tunisian [tju:'nɪzɪən] *agg*, *s* tunisino.

tunnel ['tʌnl] *s* galleria.

tunny ['tʌnɪ] *s* tonno.

turban ['tɜ:bən] *s* turbante (*m*).

turbulence ['tɜ:bjʊləns] *s* turbolenza.

tureen [tə'ri:n] *s* zuppiera.

turf [tɜ:f] *s* tappeto erboso; zolla ◊ **the turf** l'ippica, le corse; **turf accountant** allibratore.

Turk [tɜ:k] *s* turco.

turkey ['tɜ:kɪ] *s* tacchino ◊ (*AmE*) **to talk turkey** parlare chiaro.

Turkish ['tɜ:kɪʃ] *agg* turco ◊ *s* (*lingua*) turco.

turmoil ['tɜ:mɔɪl] *s* scompiglio; tumulto.

turn [tɜ:n] *s* giro; curva, svolta; turno; (*fig*) piega, andamento; malore (*m*), crisi (*f*); spavento ◊ **no left**

turn divieto di svolta a sinistra; **to take a turn to the left** svoltare a sinistra; **to take turns** fare a turno; **to take a turn for the worse** volgere al peggio; **whose turn is it?** a chi tocca?; **it's your turn** tocca a te; **in turn** a turno; a mia, tua ecc. volta; **done to a turn** cotto a puntino; **it gave me quite a turn** mi ha fatto venire un colpo.

turn [tɜ:n] *v tr/intr* girare, girarsi; voltare, voltarsi; rivolgere, rivolgersi; trasformare, trasformarsi; diventare; (*caviglia*) storcere; (*latte*) andare a male ◊ **to turn right** svoltare a destra; **to turn red** arrossire; **to turn sour** inacidire; **to turn into ice** trasformarsi in ghiaccio; **to turn upside down** capovolgere.
▶ **turn in** andare a letto;
▶ **turn off** (*luce*, *gas ecc.*) spegnere; (*rubinetto*) chiudere; svoltare;
▶ **turn on** (*luce*, *gas ecc.*) accendere; (*rubinetto*) aprire;
▶ **turn out** (*luce*, *gas ecc.*) spegnere; (*rubinetto*) chiudere ◊ **to turn out to be** risultare, rivelarsi;
▶ **turn round** girare, girarsi;
▶ **turn up** arrivare, presentarsi; saltar fuori; (*volume*, *colletto*) alzare.

turning ['tɜ:nɪŋ] *s* svolta ◊ **turning point** svolta decisiva.

turnip ['tɜ:nɪp] *s* rapa.

turnout ['tɜ:naʊt] *s* affluenza, partecipazione (*f*).

turnover ['tɜ:nˌəʊvə*] *s* (*personale*) ricambio; rotazione (*f*); (*comm*) giro d'affari; (*cuc*) fagottino (*ripieno di frutta*).

turnpike ['tɜːnpaɪk] s (AmE) autostrada a pedaggio.

turn-up ['tɜːnʌp] s (BrE) risvolto dei pantaloni.

turpentine ['tɜːpəntaɪn] s acqua ragia.

turquoise ['tɜːkwɔɪz] s turchese (m).

turret ['tʌrɪt] s torretta.

turtle ['tɜːtl] s tartaruga (di mare).

turtleneck ['tɜːtlnek] s maglione (m) a collo alto.

tusk [tʌsk] s zanna.

tussle ['tʌsl] v intr azzuffarsi.

tutor ['tjuːtə*] s insegnante (m/f) privato; (università) tutor (m/f); professore (m) responsabile di un gruppo limitato di studenti.

tutorial [tjuː'tɔːrɪəl] s (università) seminario; esercitazione (f).

tuxedo [tʌk'siːdəʊ] s (AmE) smoking (m).

twang [twæŋ] s stridore (m); suono vibrante; voce nasale.

tweak [twiːk] s pizzicotto.

tweet [twiːt] s cinguettio.

tweezers ['twiːzəz] s pl pinzette.

twelfth [twelfθ] agg, s dodicesimo.

twelve [twelv] agg, s dodici (m) ◊ **twelve o'clock** mezzogiorno; mezzanotte.

twentieth ['twentɪəθ] agg, s ventesimo.

twenty ['twentɪ] agg, s venti (m) ◊ **the twenties** gli anni Venti.

twenty-first ['twentɪfɜːst] agg, s ventunesimo.

twice [twaɪs] avv due volte ◊ **twice a day** due volte al giorno; **twice as big** due volte più grande.

twig [twɪg] s ramoscello.

twilight ['twaɪlaɪt] s crepuscolo.

twin [twɪn] agg, s gemello.

twin-bedded [,twɪn'bedɪd] agg a due letti.

twine [twaɪn] v tr/intr attorcigliare, attorcigliarsi.

twine [twaɪn] s spago, corda.

twinge [twɪndʒ] s fitta.

twinkle ['twɪŋkl] v intr scintillare; brillare.

twinkling ['twɪŋklɪŋ] s ◊ **in the twinkling of an eye** in un batter d'occhio.

twirl [twɜːl] v tr/intr roteare.

twist [twɪst] s filo ritorto; treccia; curva; (fig) svolta; (med) storta.

twist [twɪst] v tr/intr intrecciare; attorcigliare, attorcigliarsi; torcere; contorcersi; (strada) serpeggiare.

twitch [twɪtʃ] s spasmo; tic (m); tiratina.

twitch [twɪtʃ] v tr contrarsi.

two [tuː] agg, s due (m).

twofold ['tuːfəʊld] agg doppio.

two-piece ['tuːpiːs] s (abito, costume) due pezzi (m).

twosome ['tuːsəm] s coppia.

two-way ['tuːweɪ] agg a doppio senso ◊ **two-way radio** ricetrasmittente.

tycoon [taɪ'kuːn] s magnate (m).

type [taɪp] s tipo; genere (m).

type [taɪp] v tr battere a macchina; digitare.

typewriter ['taɪpraɪtə*] s macchina da scrivere.

typhoid ['taɪfɔɪd] agg tifoideo.

typhoon [taɪ'fuːn] s tifone (m).

typical ['tɪpɪkl] *agg* tipico.

typify ['tɪpɪfaɪ] *v tr* simboleggiare; essere il tipico esempio di.

typist ['taɪpɪst] *s* dattilografo.

typography [taɪ'pɒgrəfɪ] *s* tipografia.

tyranny ['tɪrənɪ] *s* tirannia.

tyrant ['taɪərənt] *s* tiranno.

tyre ['taɪə*] *s* pneumatico ◊ **tyre pressure** pressione delle gomme.

tzar [zɑ:*] *s* zar (*m*).

U

Ugandan [ju:'gændən] *agg, s* ugandese (*m/f*).

ugly ['ʌglɪ] *agg* brutto.

ulcer ['ʌlsə*] *s* ulcera.

ulterior [ʌl'tɪərɪə*] *agg* segreto, recondito ◊ **without ulterior motive** senza secondi fini.

ultimate ['ʌltɪmət] *agg* ultimo; definitivo; (*autorità*) massimo, supremo.

ultimately ['ʌltɪmətlɪ] *avv* alla fine; in definitiva.

ultrasound ['ʌltrəsaʊnd] *s* ultrasuono.

umbilical [ʌm'bɪlɪkl] *agg* ◊ **umbilical cord** cordone ombelicale.

umbrella [ʌm'brelə] *s* ombrello ◊ **umbrella stand** portaombrelli.

umpire ['ʌmpaɪə*] *s* arbitro.

umpteen [,ʌmp'ti:n] *agg* mille, non so quanti.

umpteenth [ʌmp'ti:nθ] *agg* ennesimo.

unabashed [,ʌnəbæʃt] *agg* impassibile.

unabated [,ʌnə'beɪtɪd] *agg* che non diminuisce.

unable [ʌn'eɪbl] *agg* incapace ◊ **to be unable to** non potere, non essere in grado di.

unacceptable [,ʌnək'septəbl] *agg* inaccettabile.

unaccompanied [,ʌnə'kʌmpənɪd] *agg* non accompagnato, solo.

unaccountable [,ʌnə'kauntəbl] *agg* inspiegabile.

unaccustomed [,ʌnə'kʌstəmd] *agg* insolito; non abituato.

unacquainted [,ʌnə'kweɪntɪd] *agg* ignaro.

unanimity [,ju:nə'nɪmətɪ] *s* unanimità.

unanimous [ju:'nænɪməs] *agg* unanime.

unargueable [,ʌn'ɑ:gjʊəbl] *agg* indiscutibile.

unarmed [,ʌn'ɑ:md] *agg* disarmato.

unashamed [,ʌnə'ʃeɪmd] *agg* spudorato.

unattached [,ʌnə'tætʃt] *agg* libero; senza legami.

unattainable [,ʌnə'teɪnəbl] *agg* irraggiungibile.

unattended [,ʌnə'tendɪd] *agg* incustodito.

unauthorized [,ʌn'ɔ:θəraɪzd] *agg* non autorizzato.

unavailable [,ʌnə'veɪləbl] *agg* non disponibile; impegnato.

unavoidable [,ʌnə'vɔɪdəbl] *agg* inevitabile.

unaware [,ʌnə'weə*] *agg* ignaro; inconsapevole.

unawares [,ʌnə'weəz] *avv* di sorpresa; inconsapevolmente.

unbalanced [ˌʌn'bælənst] *agg* squilibrato.

unbearable [ˌʌn'beərəbl] *agg* insopportabile.

unbeatable [ˌʌn'bi:təbl] *agg* invincibile.

unbecoming [ˌʌnbɪ'kʌmɪŋ] *agg* sconveniente; inadatto.

unbelievable [ˌʌnbɪ'li:vəbl] *agg* incredibile.

unbend (*p*, *pp* unbent) [ˌʌn'bend, ˌʌn'bent] *v intr* rilassarsi.

unbent [ˌʌn'bent] *p*, *pp di* unbend.

unbias(s)ed [ˌʌn'baɪəst] *agg* imparziale, obiettivo.

unbind (*p*, *pp* unbound) [ˌʌn'baɪnd, ˌʌn'baʊnd] *v tr* slegare, sciogliere.

unborn [ˌʌn'bɔ:n] *agg* non ancora nato.

unbound [ˌʌn'baʊnd] *p*, *pp di* unbind.

unbreakable [ˌʌn'breɪkəbl] *agg* infrangibile.

unbroken [ˌʌn'brəʊkən] *agg* intatto; ininterrotto; (*record*) imbattuto.

unburden [ˌʌn'bɜ:dn] *v tr* scaricare ◊ **to unburden oneself** sfogarsi.

unbutton [ˌʌn'bʌtn] *v tr* sbottonare.

uncalled for [ˌʌn'kɔ:ldfɔ:*] *agg* non richiesto, ingiustificato.

uncanny [ˌʌn'kænɪ] *agg* strano, misterioso.

unceasing [ˌʌn'si:sɪŋ] *agg* incessante.

unceremonious [ˌʌnˌserɪ'məʊnjəs] *agg* senza tante cerimonie; semplice.

uncertain [ˌʌn'sɜ:tn] *agg* incerto; dubbio.

unchanged [ˌʌn'tʃeɪndʒd] *agg* invariato.

uncivil [ˌʌn'sɪvl] *agg* scortese.

uncivilized [ˌʌn'sɪvɪlaɪzd] *agg* selvaggio; (*fig*) incivile, barbaro.

uncle [ˈʌŋkl] *s* zio.

unclean [ˌʌn'kli:n] *agg* sporco.

uncomfortable [ˌʌn'kʌmfətəbl] *agg* scomodo; a disagio; sgradevole.

uncommon [ˌʌn'kɒmən] *agg* insolito; raro.

uncompromising [ˌʌn'kɒmprəmaɪzɪŋ] *agg* intransigente; inflessibile.

unconcealed [ˌʌnkən'si:ld] *agg* manifesto.

unconcerned [ˌʌnkən'sɜ:nd] *agg* indifferente; noncurante.

unconditional [ˌʌnkən'dɪʃənl] *agg* incondizionato, assoluto.

unconscious [ˌʌn'kɒnʃəs] *agg* inconscio, inconsapevole; privo di sensi ◊ *s* inconscio.

uncontrollable [ˌʌnkən'trəʊləbl] *agg* incontrollabile; indisciplinato.

unconventional [ˌʌnkən'venʃənl] *agg* poco convenzionale.

uncountable [ˌʌn'kaʊntəbl] *agg* (*gramm*) non numerabile.

uncouth [ʌn'ku:θ] *agg* rozzo.

uncover [ˌʌn'kʌvə*] *v tr* scoprire.

undecided [ˌʌndɪ'saɪdɪd] *agg* indeciso.

undelivered [ˌʌndɪ'lɪvəd] *agg* non consegnato, non recapitato.

undeniable [ˌʌndɪ'naɪəbl] *agg* innegabile.

under [ˈʌndə*] *avv* sotto; al di sotto.

under [ˈʌndə*] *prep* sotto; al di sotto di; in, in via di ◊ **under the coun-**

ter sottobanco; **under age** minorenne; **under repair** in riparazione; **under way** in corso.

undercarriage [ˈʌndəˌkærɪdʒ] *s* carrello d'atterraggio.

underclothes [ˈʌndəkləʊðz] *s pl* biancheria (*sing*) intima.

undercover [ˈʌndəˌkʌvə*] *agg* segreto; infiltrato.

undercut (*p, pp* **undercut**) [ˌʌndəˈkʌt] *v tr* vendere a prezzo minore di.

underdeveloped [ˌʌndədɪˈveləpt] *agg* sottosviluppato.

underdog [ˈʌndədɒg] *s* oppresso; perdente (*m/f*).

underdone [ˌʌndəˈdʌn] *agg* poco cotto; al sangue.

underestimate [ˌʌndərˈestɪmeɪt] *v tr* sottovalutare.

underfed [ˌʌndəˈfed] *agg* denutrito.

undergo (*p* **underwent** *pp* **undergone**) [ˌʌndəˈgəʊ, ˌʌndəˈwent, ˌʌndəˈgɒn] *v tr* subire; sopportare.

undergone [ˌʌndəˈgɒn] *pp di* **undergo**.

undergraduate [ˌʌndəˈgrædjʊət] *s* studente universitario.

underground [ˈʌndəgraʊnd] *agg* sotterraneo; (*fig*) clandestino ◊ *s* metropolitana; (*polit*) movimento clandestino ◊ *avv* sottoterra; (*fig*) clandestinamente.

undergrowth [ˈʌndəgrəʊθ] *s* sottobosco.

underhand [ˈʌndəhænd] *agg* losco, poco pulito.

underlain [ˌʌndəˈleɪn] *pp di* **underlie**.

underlay [ˌʌndəˈleɪ] *p di* **underlie**.

underlie (*p* **underlay** *pp* **underlain**) [ˌʌndəˈlaɪ, ˌʌndəˈleɪ, ˌʌndəˈleɪn] *v tr* essere alla base di.

underline [ˌʌndəˈlaɪn] *v tr* sottolineare.

undermine [ˌʌndəˈmaɪn] *v tr* minare.

underneath [ˌʌndəˈniːθ] *prep* sotto, al di sotto di ◊ *avv* sotto, al di sotto.

underpants [ˈʌndəpænts] *s pl* mutande.

underpass [ˈʌndəpɑːs] *s* sottopassaggio.

underprivileged [ˌʌndəˈprɪvɪlɪdʒd] *agg* svantaggiato; diseredato.

underrate [ˌʌndəˈreɪt] *v tr* sottovalutare.

undershirt [ˈʌndəʃɜːt] *s* (*AmE*) maglietta, canottiera.

underside [ˈʌndəsaɪd] *s* parte (*f*) inferiore, disotto.

underskirt [ˈʌndəskɜːt] *s* sottogonna.

understaffed [ˌʌndəˈstɑːft] *agg* con personale insufficiente, sotto organico.

understand (*p, pp* **understood**) [ˌʌndəˈstænd, ˌʌndəˈstʊd] *v tr/intr* capire; sentir dire.

understandable [ˌʌndəˈstændəbl] *agg* comprensibile.

understanding [ˌʌndəˈstændɪŋ] *agg* comprensivo ◊ *s* comprensione (*f*); accordo.

understatement [ˈʌndəˈsteɪtmənt] *s* ◊ **that's an understatement** questo è dir poco.

understood [ˌʌndəˈstʊd] *p, pp di* **understand**.

understood [ˌʌndəˈstʊd] *agg* sottinteso.

understudy [ˈʌndəˌstʌdɪ] *s (attore)* sostituto.

undertake (*p* **undertook** *pp* **undertaken**) [ˌʌndəˈteɪk, ˌʌndəˈtʊk, ˌʌndəˈteɪkən] *v tr* intraprendere; impegnarsi a.

undertaken[ˌʌndəˈteɪkən] *pp di* **undertake**.

undertaker [ˌʌndəˈteɪkə*] *s* impresario di pompe funebri.

undertaking [ˌʌndəˈteɪkɪŋ] *s* impresa; impegno ◊ **it is quite an undertaking!** è una bella impresa!

undertook [ˌʌndəˈtʊk] *p di* **undertake**.

undervalue [ˌʌndəˈvælju:] *v tr* sottovalutare.

underwater [ˌʌndəˈwɔːtə*] *agg* subacqueo ◊ *avv* sott'acqua.

underwear [ˈʌndəweə*] *s* biancheria intima.

underwent [ˌʌndəˈwent] *p di* **undergo**.

underworld [ˈʌndəwɜːld] *s* malavita.

underwrite (*p* **underwrote** *pp* **underwritten**) [ˈʌndəraɪt, ˈʌndərəʊt, ˈʌndəˌrɪtn] *v tr* sottoscrivere; *(comm)* assicurare.

underwritten [ˈʌndəˌrɪtn] *pp di* **underwrite**.

underwrote [ˈʌndərəʊt] *p di* **underwrite**.

undeserved [ˌʌndɪˈzɜːvd] *agg* immeritato.

undesirable [ˌʌndɪˈzaɪərəbl] *agg* indesiderabile.

undid [ʌnˈdɪd] *p di* **undo**.

undiscovered [ˌʌndɪˈskʌvəd] *agg* sconosciuto, inesplorato.

undisputed [ˌʌndɪˈspjuːtɪd] *agg* indiscusso.

undo (*p* **undid** *pp* **undone**) [ʌnˈduː, ʌnˈdɪd, ʌnˈdʌn] *v tr* disfare, sciogliere; distruggere.

undoing [ʌnˈduːɪŋ] *s* rovina.

undone[ʌnˈdʌn] *pp di* **undo**.

undoubted [ʌnˈdaʊtɪd] *agg* indubbio; certo.

undress [ʌnˈdres] *v tr/intr* svestire, svestirsi.

undue [ˌʌnˈdjuː] *agg* eccessivo.

undulate [ˈʌndjuleɪt] *v intr* ondeggiare; essere ondulato.

unduly [ˌʌnˈdjuːlɪ] *avv* eccessivamente.

unearth [ʌnˈɜːθ] *v tr* dissotterrare; *(fig)* scoprire.

unearthly [ʌnˈɜːθlɪ] *agg* ultraterreno; *(ora)* impossibile.

uneasy [ˌʌnˈiːzɪ] *agg* a disagio; inquieto; precario.

uneconomical [ˌʌniːkəˈnɒmɪkl] *agg* antieconomico, dispendioso.

uneducated [ˌʌnˈedjʊkeɪtɪd] *agg* ignorante.

unemployed [ˌʌnɪmˈplɔɪd] *agg* disoccupato.

unemployment [ˌʌnɪmˈplɔɪmənt] *s* disoccupazione (*f*).

unending [ʌnˈendɪŋ] *agg* senza fine.

unequalled [ʌnˈiːkwəld] *agg* ineguagliato, senza pari.

unerring [ˌʌnˈɜːrɪŋ] *agg* infallibile.

uneven [ˌʌnˈiːvn] *agg* ineguale; irregolare.

343

unexpected [ˌʌnɪk'spektɪd] *agg* inatteso, imprevisto.

unfailing [ˌʌn'feɪlɪŋ] *agg* infallibile; inesauribile.

unfair [ˌʌn'feə*] *agg* ingiusto; sleale.

unfaithful [ˌʌn'feɪθfʊl] *agg* infedele.

unfamiliar [ˌʌnfə'mɪljə*] *agg* sconosciuto ◊ **to be unfamiliar with** non conoscere, non essere pratico di.

unfashionable [ˌʌn'fæʃnəbl] *agg* fuori moda; non alla moda.

unfasten [ˌʌn'fɑːsn] *v tr* slacciare; sciogliere.

unfeeling [ˌʌn'fiːlɪŋ] *agg* insensibile.

unfinished [ˌʌn'fɪnɪʃt] *agg* incompleto.

unfit [ˌʌn'fɪt] *agg* inadatto; non idoneo; (*milit*) inabile; in cattiva salute.

unfold [ˌʌn'fəʊld] *v tr/intr* aprire, aprirsi; spiegare; (*fig*) svelare, svelarsi.

unforeseen [ˌʌnfɔː'siːn] *agg* imprevisto.

unforgettable [ˌʌnfə'getəbl] *agg* indimenticabile.

unforgivable [ˌʌnfə'gɪvəbl] *agg* imperdonabile.

unfortunate [ˌʌn'fɔːtʃunət] *agg* sfortunato; inopportuno, infelice.

unfortunately [ˌʌn'fɔːtʃunətli] *avv* sfortunatamente, purtroppo.

unfounded [ˌʌn'faʊndɪd] *agg* infondato.

unfriendly [ˌʌn'frendlɪ] *agg* poco socievole; ostile.

unfulfilled [ˌʌnfʊl'fɪld] *agg* mancato; inappagato; (*ordine*) inevaso.

ungainly [ˌʌn'geɪnlɪ] *agg* goffo.

ungrateful [ˌʌn'greɪtfʊl] *agg* ingrato.

unguarded [ˌʌn'gɑːdɪd] *agg* incustodito; imprudente.

unhappy [ˌʌn'hæpɪ] *agg* infelice; insoddisfatto.

unharmed [ˌʌn'hɑːmd] *agg* incolume, illeso.

unhealthy [ˌʌn'helθɪ] *agg* malsano; malaticcio.

unheard-of [ˌʌn'hɜːdɒv] *agg* inaudito; senza precedenti.

unhook [ˌʌn'hʊk] *v tr* sganciare.

unhurt [ˌʌn'hɜːt] *agg* illeso.

uniform ['juːnɪfɔːm] *agg, s* uniforme (*f*).

unintentional [ˌʌnɪn'tenʃənl] *agg* involontario.

union ['juːnjən] *s* unione (*f*); sindacato ◊ **Union Jack** bandiera nazionale britannica.

unique [juː'niːk] *agg* unico.

unit ['juːnɪt] *s* unità (*f*); (*mobili*) elemento, modulo; (*milit*) reparto.

unite [juː'naɪt] *v tr/intr* unire, unirsi.

united [juː'naɪtɪd] *agg* unito; (*sforzo*) congiunto ◊ **United Kingdom** Regno Unito; **United States (of America)** Stati Uniti (d'America).

unity ['juːnətɪ] *s* unità.

universal [juːnɪ'vɜːsl] *agg* universale.

universe ['juːnɪvɜːs] *s* universo.

university [ˌjuːnɪ'vɜːsətɪ] *s* università (*f*).

unjust [ˌʌn'dʒʌst] *agg* ingiusto.

unkempt [ˌʌn'kempt] *agg* sciatto; spettinato.

unkind [ʌn'kaɪnd] *agg* sgarbato; cattivo.

unknown [ˌʌn'nəʊn] *agg* sconosciuto.

unlawful [ˌʌn'lɔːful] *agg* illegale; illecito.

unleaded [ˌʌn'ledɪd] *agg* (*benzina*) senza piombo, verde.

unleash [ʌn'liːʃ] *v tr* sguinzagliare; (*fig*) scatenare.

unless [ʌn'les] *cong* a meno che (non), se non.

unlike [ˌʌn'laɪk] *agg* diverso.

unlike [ˌʌn'laɪk] *prep* contrariamente a, a differenza di.

unlikely [ʌn'laɪklɪ] *agg* improbabile, inverosimile.

unlisted [ˌʌn'lɪstɪd] *agg* (*AmE*) ◊ **to be unlisted** non essere sull'elenco del telefono.

unload [ˌʌn'ləʊd] *v tr* scaricare.

unlock [ˌʌn'lɒk] *v tr* aprire.

unloose [ˌʌn'luːs] *v tr* sciogliere, slacciare.

unlucky [ʌn'lʌkɪ] *agg* sfortunato ◊ **unlucky star** cattiva stella.

unmarried [ˌʌn'mærɪd] *agg* non sposato; (*uomo*) scapolo, celibe; (*donna*) nubile.

unmask [ˌʌn'mɑːsk] *v tr* smascherare.

unmistak(e)able [ˌʌnmɪ'steɪkəbl] *agg* inconfondibile; inequivocabile.

unmitigated [ˌʌn'mɪtɪgeɪtɪd] *agg* assoluto, totale.

unmoved [ˌʌn'muːvd] *agg* impassibile.

unnatural [ʌn'nætʃrəl] *agg* innaturale; contro natura.

unnecessary [ʌn'nesəsərɪ] *agg* inutile, superfluo.

unnoticed [ˌʌn'nəʊtɪst] *agg* inosservato.

unobtrusive [ˌʌnəb'truːsɪv] *agg* discreto; riservato.

unofficial [ˌʌnə'fɪʃl] *agg* ufficioso, non ufficiale.

unpack [ˌʌn'pæk] *v tr/intr* disfare (i bagagli); disimballare.

unpaid [ˌʌn'peɪd] *agg* non pagato; non saldato.

unparalleled [ʌn'pærəleld] *agg* impareggiabile.

unpleasant [ʌn'pleznt] *agg* spiacevole.

unplug [ˌʌn'plʌg] *v tr* staccare la spina di.

unpopular [ˌʌn'pɒpjʊlə*] *agg* impopolare.

unprecedented [ʌn'presɪdəntɪd] *agg* senza precedenti.

unpredictable [ˌʌnprɪ'dɪktəbl] *agg* imprevedibile.

unprofitable [ˌʌn'prɒfɪtəbl] *agg* non remunerativo; poco vantaggioso; inutile.

unqualified [ʌn'kwɒlɪfaɪd] *agg* non qualificato; non abilitato, senza i requisiti necessari; (*successo ecc.*) assoluto, senza riserve.

unquestionable [ʌn'kwestʃənəbl] *agg* indiscutibile.

unravel [ʌn'rævl] *v tr/intr* districare, dipanare, districarsi.

unreal [ˌʌn'rɪəl] *agg* irreale.

unreasonable [ʌn'riːznəbl] *agg* irragionevole.

unrelenting [ˌʌnrɪˈlentɪŋ] *agg* inesorabile; inflessibile.

unreliable [ˌʌnrɪˈlaɪəbl] *agg* inaffidabile; inattendibile.

unremitting [ˌʌnrɪˈmɪtɪŋ] *agg* incessante.

unrequited [ˌʌnrɪˈkwaɪtɪd] *agg* non corrisposto.

unrest [ˌʌnˈrest] *s* agitazione (*f*).

unrestrained [ˌʌnrɪˈstreɪnd] *agg* incontrollato, sfrenato.

unrewarded [ˌʌnrɪˈwɔːdɪd] *agg* non ricompensato.

unripe [ˌʌnˈraɪp] *agg* acerbo.

unroll [ˌʌnˈrəʊl] *v tr* srotolare.

unruly [ʌnˈruːlɪ] *agg* indisciplinato; ribelle.

unsafe [ˌʌnˈseɪf] *agg* pericoloso.

unsaid [ˌʌnˈsed] *agg* ◊ **to leave unsaid** passare sotto silenzio.

unsatisfied [ˌʌnˈsætɪsfaɪd] *agg* insoddisfatto.

unsavory [ˌʌnˈseɪvərɪ] *agg* (*AmE*) losco.

unsavoury [ˌʌnˈseɪvərɪ] *agg* losco.

unscathed [ˌʌnˈskeɪðd] *agg* illeso.

unscrew [ˌʌnˈskruː] *v tr* svitare.

unscrupulous [ˌʌnˈskruːpjʊləs] *agg* senza scrupoli.

unseen [ˌʌnˈsiːn] *agg* inosservato; invisibile.

unselfish [ˌʌnˈselfɪʃ] *agg* altruista.

unsettled [ˌʌnˈsetld] *agg* turbato; (*problema*) irrisolto; (*tempo*) instabile; (*comm*) non saldato.

unshaven [ˌʌnˈʃeɪvn] *agg* non rasato.

unskilled [ˌʌnˈskɪld] *agg* non specializzato.

unspeakable [ʌnˈspiːkəbl] *agg* indicibile.

unsteady [ˌʌnˈstedɪ] *agg* instabile, malfermo.

unsuccessful [ˌʌnsəkˈsesfʊl] *agg* che non ha successo; mal riuscito, fallito.

unsuitable [ˌʌnˈsuːtəbl] *agg* inadatto; sconveniente.

unsure [ˌʌnˈʃʊə*] *agg* incerto.

unsuspecting [ˌʌnsəˈspektɪŋ] *agg* ignaro.

unswerving [ʌnˈswɜːvɪŋ] *agg* fermo, costante.

untangle [ʌnˈtæŋgl] *v tr* districare.

unthinkable [ʌnˈθɪŋkəbl] *agg* impensabile.

untidy [ʌnˈtaɪdɪ] *agg* disordinato; sciatto.

untie [ˌʌnˈtaɪ] *v tr* sciogliere; slegare.

until [ənˈtɪl] *prep* fino a ◊ **until now** finora; **until then** fino ad allora; **not until** non prima di, che.

until [ənˈtɪl] *cong* finché (non), fino a quando (non).

untimely [ʌnˈtaɪmlɪ] *agg* intempestivo, inopportuno; prematuro.

untroubled [ʌnˈtrʌbld] *agg* calmo, sereno.

untrue [ˌʌnˈtruː] *agg* falso; erroneo; sleale; infedele.

unusual [ʌnˈjuːʒʊəl] *agg* insolito, raro.

unwanted [ˌʌnˈwɒntɪd] *agg* indesiderato.

unwavering [ʌnˈweɪvərɪŋ] *agg* incrollabile.

unwelcome [ʌnˈwelkəm] *agg* non gradito.

unwell [ˌʌn'wel] *agg* indisposto.

unwilling [ˌʌn'wɪlɪŋ] *agg* restio.

unwillingly [ˌʌn'wɪlɪŋlɪ] *avv* malvolentieri.

unwind (*p, pp* **unwound**) [ˌʌn'waɪnd, ˌʌn'waʊnd] *v tr/intr* svolgere, srotolare; dipanarsi; (*fig*) rilassarsi.

unwise [ˌʌn'waɪz] *agg* poco saggio; incauto.

unwitting [ˌʌn'wɪtɪŋ] *agg* involontario.

unworthy [ʌn'wɜːðɪ] *agg* indegno.

unwound [ˌʌn'waʊnd] *p, pp di* **unwind**.

unwrap [ˌʌn'ræp] *v tr* disfare, aprire.

up [ʌp] *avv* su, di sopra, in alto ◊ **up here, there** quassù, lassù; **up to now** finora; **it's up to you** dipende da te; **she's not up to the job** non è all'altezza del lavoro.

up [ʌp] *prep* su, su per, in cima a; verso il fondo di.

up [ʌp] *agg* alzato; in piedi; (*tempo*) terminato, scaduto.

up [ʌp] *s* ◊ **the ups and downs** gli alti e bassi.

upbringing ['ʌpˌbrɪŋɪŋ] *s* educazione (*f*).

update [ʌp'deɪt] *v tr* aggiornare.

upheaval [ʌp'hiːvl] *s* sconvolgimento.

upheld [ʌp'held] *p, pp di* **uphold**.

uphill [ˌʌp'hɪl] *agg, avv* in salita.

uphold (*p, pp* **upheld**) [ʌp'həʊld, ʌp'held] *v tr* sostenere; confermare.

upholster [ʌp'həʊlstə*] *v tr* tappezzare; imbottire.

upkeep ['ʌpkiːp] *s* manutenzione (*f*).

upon [ə'pɒn] *prep* su, sopra.

upper ['ʌpə*] *agg* superiore ◊ **upper class** classi elevate, ceti alti; **to have the upper hand** avere il coltello dalla parte del manico.

upper ['ʌpə*] *s* (*scarpa*) tomaia.

uppermost [ˌʌpə'məʊst] *agg* il più alto; predominante.

upright [ˌʌp'raɪt] *agg* verticale, diritto; (*fig*) onesto.

uprising [ˌʌpˌraɪzɪŋ] *s* insurrezione (*f*), rivolta.

uproar ['ʌprɔː*] *s* tumulto; clamore (*m*).

upset [ʌp'set] *agg* sconvolto, turbato; (*stomaco*) scombussolato.

upset (*p, pp* **upset**) [ʌp'set] *v tr* rovesciare; (*fig*) sconvolgere, turbare; (*stomaco, piano*) scombussolare.

upset ['ʌpset] *s* contrattempo ◊ **stomach upset** disturbo di stomaco.

upshot ['ʌpʃɒt] *s* esito, risultato.

upside down [ˌʌpsaɪd'daʊn] *avv* sottosopra.

upstairs [ˌʌp'steəz] *avv* di sopra, al piano superiore.

upstream [ˌʌp'striːm] *avv* controcorrente; a monte.

uptake [ˌʌpteɪk] *s* ◊ **to be slow on the uptake** essere duro di comprendonio.

up-to-date [ˌʌptə'deɪt] *agg* aggiornato.

uptown [ˌʌp'taʊn] *avv* (*AmE*) nei quartieri residenziali; in periferia.

upturn [ʌp'tɜːn] *s* svolta favorevole; ripresa.

upward ['ʌpwəd] *agg* ascendente; verso l'alto.

upward(s) ['ʌpwəd(z)] *avv* in su, verso l'alto.

urban ['ɜːbən] *agg* urbano ◊ **urban clearway** strada di scorrimento a sosta vietata.

urbane [ɜː'beɪn] *agg* civile, educato.

urbanity [ɜː'bænɪtɪ] *s* cortesia.

urchin ['ɜːtʃɪn] *s* monello.

urge [ɜːdʒ] *s* stimolo; impulso; forte desiderio.

urge [ɜːdʒ] *v tr* spingere; esortare; raccomandare.

urgency ['ɜːdʒənsɪ] *s* urgenza; insistenza.

urgent ['ɜːdʒənt] *agg* urgente; insistente.

urinate ['juərɪneɪt] *v intr* orinare.

Uruguayan [ˌjuəru'gwaɪən] *agg, s* uruguaiano.

us [ʌs] *pron* ci; noi.

usage ['juːzɪdʒ] *s* uso.

use [juːs] *s* uso; utilità ◊ **in use** in uso; **out of use** in disuso; **to be of use** servire; **it's no use crying** è inutile, non serve piangere; **what's the use of it?** a cosa serve?

use [juːz] *v tr* usare, servirsi di ◊ *v modale* [juːs] *(al passato più infinito)* solere, avere l'abitudine di ◊ **he used to drink a lot** una volta beveva molto.

▶ **use up** consumare; esaurire.

used [juːzt] *agg* usato; di seconda mano; abituato ◊ **to be used to** avere l'abitudine di; **to get used to** abituarsi a.

useful ['juːsful] *agg* utile.

useless ['juːslɪs] *agg* inutile; incapace, inetto.

user ['juːzə*] *s* utente *(m/f)*.

user-friendly [ˌjuːzə'frendlɪ] *agg* facile da usare.

usher ['ʌʃə*] *s* usciere *(m)*; *(cine, teatro)* maschera.

usherette [ˌʌʃə'ret] *s (cine, teatro)* maschera *(donna)*.

usual ['juːʒʊəl] *agg* solito ◊ **as usual** come al solito.

usually ['juːʒʊəlɪ] *avv* di solito.

utensil [juː'tensl] *s* utensile *(m)*.

utility [juː'tɪlətɪ] *s* utilità ◊ *pl* servizi pubblici *(gas, luce, trasporti ecc.)* ◊ **utility room** locale di servizio *(per stirare ecc.)*.

utmost ['ʌtməust] *agg* estremo; sommo, massimo.

utmost ['ʌtməust] *s* il massimo, il possibile; il limite estremo.

utter ['ʌtə*] *agg* completo, totale.

utter ['ʌtə*] *v tr* emettere; pronunciare.

utterly ['ʌtəlɪ] *avv* completamente, totalmente.

U-turn ['juːtɜːn] *s* inversione *(f)* a U.

V

vacancy ['veɪkənsɪ] *s (albergo)* camera libera; *(BrE) (lavoro)* posto libero ◊ **no vacancies** completo.

vacant ['veɪkənt] *agg* libero; *(sguardo)* assente.

vacate [və'keɪt] *v tr* lasciare libero.

vacation [və'keɪʃn] *s (AmE)* vacanze *(pl)*.

vaccination [ˌvæksɪ'neɪʃn] *s* vaccinazione *(f)*.

vacuum ['vækjuəm] s vuoto ◊ **vacuum cleaner** aspirapolvere; (*BrE*) **vacuum flask** thermos.

vacuum-packed ['vækjumpækt] *agg* sottovuoto.

vagina [və'dʒaɪnə] s vagina.

vagrant ['veɪgrənt] s vagabondo.

vague [veɪg] *agg* vago; (*fot*) sfocato.

vain [veɪn] *agg* vano, inutile; vanitoso ◊ **in vain** invano.

valentine ['væləntaɪn] s biglietto di San Valentino; innamorato.

valet ['vælɪt] s valletto; cameriere (*m*) personale.

valid ['vælɪd] *agg* valido.

validity [və'lɪdətɪ] s validità.

valley ['vælɪ] s valle (*f*).

valor ['vælə*] s (*AmE*) valore (*m*).

valour ['vælə*] s valore (*m*).

valuable ['væljuəbl] *agg* prezioso; di valore; costoso.

valuables ['væljuəblz] s pl oggetti di valore.

valuation [,vælju'eɪʃn] s valutazione (*f*), stima.

value ['vælju:] s valore (*m*) ◊ (*BrE*) **value added tax** (**VAT**) imposta sul valore aggiunto (IVA).

value ['vælju:] v tr valutare; stimare; tenere a.

valued ['vælju:d] *agg* valutato; stimato, apprezzato.

valve [vælv] s valvola.

van [væn] s (*aut*) furgone (*m*); (*BrE*) (*ferr*) carro merci ◊ **police van** cellulare.

vandal ['vændl] s vandalo.

vanilla [və'nɪlə] s vaniglia.

vanish ['vænɪʃ] v intr svanire.

vanity ['vænɪtɪ] s vanità.

vantage point ['vɑ:ntɪdʒ,pɔɪnt] s punto di osservazione favorevole; (*fig*) prospettiva privilegiata.

vapor ['veɪpə*] s (*AmE*) vapore (*m*).

vapour ['veɪpə*] s vapore (*m*).

variable ['veərɪəbl] *agg* variabile; incostante.

variance ['veərɪəns] s disaccordo ◊ **at variance** in disaccordo.

variation [,veərɪ'eɪʃn] s variazione (*f*).

varicose [,værɪkəʊs] *agg* varicoso.

varied ['veərɪd] *agg* vario, diverso.

variety [və'raɪətɪ] s varietà (*f*); molteplicità (*f*) ◊ **variety show** spettacolo di varietà.

various ['veərɪəs] *agg* vario, diverso; parecchi, svariati.

varnish ['vɑ:nɪʃ] s vernice (*f*) ◊ **nail varnish** smalto per unghie.

vary ['veərɪ] v tr/intr variare, mutare; differire.

vase [vɑ:z] s vaso.

vast [vɑ:st] *agg* vasto; enorme.

vat [væt] s tino.

VAT [,vi:eɪ'ti:, væt] s IVA.

vault [vɔ:lt] s (*arch*) volta; cripta; tomba di famiglia; (*banca*) camera blindata; (*sport*) volteggio, salto.

vaunted [vɔ:ntɪd] *agg* ◊ **much vaunted** tanto vantato, celebrato.

VCR ['vi:,si:'ɑ:*] s videoregistratore (*m*).

veal [vi:l] s vitello.

veer [vɪə*] v intr virare; cambiare direzione.

vegan ['vi:gən] s vegetariano.

vegeburger ['vedʒɪbɜ:gə*] s hamburger (*m*) vegetariano.

349

vegetable ['vedʒtəbl] *s* verdura; ortaggio ◊ *agg* vegetale ◊ **(vegetable) marrow** zucca.

vegetarian [ˌvedʒɪ'teərɪən] *agg*, *s* vegetariano.

vegetation [ˌvedʒɪ'teɪʃn] *s* vegetazione (*f*).

vehement ['vi:ɪmənt] *agg* veemente; impetuoso.

vehicle ['vi:ɪkl] *s* veicolo.

veil [veɪl] *s* velo.

veil [veɪl] *v tr* velare.

vein [veɪn] *s* vena; (*foglia*) nervatura; (*fig*) vena, umore (*m*).

velocity [vɪ'lɒsətɪ] *s* velocità.

velvet ['velvɪt] *s* velluto.

vending machine ['vendɪməˌʃi:n] *s* distributore (*m*) automatico.

vendor ['vendɔ:*] *s* venditore (*m*).

venereal [və'nɪərɪəl] *agg* ◊ **venereal disease** malattia venerea.

Venetian [və'ni:ʃn] *agg* veneziano ◊ **Venetian blind** (tenda alla) veneziana; **Venetian glass** vetri di Murano.

Venezuelan [ˌvenɪ'zweɪlən] *agg*, *s* venezuelano.

vengeance ['vendʒəns] *s* vendetta ◊ **with a vengeance** furiosamente.

venison ['venɪsn] *s* carne (*f*) di cervo.

venom ['venəm] *s* veleno.

vent [vent] *s* foro; sfiatatoio; (*fig*) sfogo; (*giacca*) spacco.

ventilate ['ventɪleɪt] *v tr* arieggiare.

ventilator ['ventɪleɪtə*] *s* ventilatore (*m*).

venture ['ventʃə*] *s* impresa rischiosa ◊ **business venture** iniziativa commerciale.

venture ['ventʃə*] *v tr/intr* azzardare; arrischiarsi; avventurarsi.

venue ['venju:] *s* luogo di ritrovo.

verb [vɜ:b] *s* (*gramm*) verbo.

verbal ['vɜ:bl] *agg* verbale; orale.

verdict ['vɜ:dɪkt] *s* verdetto.

verge [vɜ:dʒ] *s* bordo ◊ **on the verge of** sul punto di.

verge [vɜ:dʒ] *v intr*
► **verge on, upon** rasentare.

veritable ['verɪtəbl] *agg* vero.

vermin ['vɜ:mɪn] *s* parassiti (*pl*); animali (*pl*) nocivi.

versatile ['vɜ:sətaɪl] *agg* versatile; (*arnese*) multiuso.

verse [vɜ:s] *s* verso, versi (*pl*); strofa; (*Bibbia*) versetto.

versed [vɜ:st] *agg* versato, portato.

version ['vɜ:ʃn] *s* versione (*f*).

versus ['vɜ:səs] *prep* contro.

vertical ['vɜ:tɪkl] *agg*, *s* verticale.

vertigo ['vɜ:tɪgəʊ] *s* vertigine (*f*).

very ['verɪ] *avv* molto ◊ *agg* proprio; stesso ◊ **very much** moltissimo; **the very last** proprio l'ultimo; **at that very moment** in quel preciso momento; **this very day** oggi stesso.

vest [vest] *s* (*BrE*) maglia; canottiera; (*AmE*) gilè (*m*).

vested interests [ˌvestɪd'ɪntrests] *s pl* (*comm*) diritti acquisiti.

vestige ['vestɪdʒ] *s* vestigio, traccia.

vet [vet] *s* veterinario.

vet [vet] *v tr* esaminare con cura.

veteran ['vetərən] *s* veterano; reduce (*m*).

veterinarian [ˌvetərɪ'neərɪən] *s* (*AmE*) veterinario.

veterinary ['vetərɪnərɪ] *agg* veterinario ◊ **veterinary surgeon** medico veterinario.

veto ['vi:təʊ] v tr mettere il veto a.

vex [veks] v tr irritare.

vexed [vekst] agg irritato; (questione) dibattuto, controverso.

via ['vaɪə] prep via; tramite.

viable ['vaɪəbl] agg vitale; attuabile.

viaduct ['vaɪədʌkt] s viadotto.

vial ['vaɪəl] s fiala.

vibrate [vaɪ'breɪt] v intr vibrare.

vicar ['vɪkə*] s parroco (anglicano); vicario (cattolico).

vicarage ['vɪkərɪdʒ] s canonica.

vice [vaɪs] s vizio; (tecn) morsa ◊ **vice squad** buon costume.

vice- [vaɪs] prefisso vice-.

vice versa [ˌvaɪsɪ'vɜːsə] avv viceversa.

vicinity [vɪ'sɪnətɪ] s vicinanze (pl).

vicious ['vɪʃəs] agg cattivo; brutale ◊ **vicious circle** circolo vizioso.

vicissitudes [vɪ'sɪsɪtjuːdz] s pl vicissitudini (f).

victim ['vɪktɪm] s vittima.

victor ['vɪktə*] s vincitore (m).

Victorian [vɪk'tɔːrɪən] agg, s vittoriano.

victorious [vɪk'tɔːrɪəs] agg vittorioso.

victory ['vɪktərɪ] s vittoria.

video ['vɪdɪəʊ] s video; videoregistratore (m); videocassetta ◊ **video (cassette) recorder** videoregistratore.

vie [vaɪ] v intr rivaleggiare.

Vietnamese [ˌvjetnə'miːz] agg, s inv vietnamita (m/f) ◊ s (lingua) vietnamita (m).

view [vjuː] s vista; veduta; opinione (f) ◊ **in my view** secondo me; **in view of** considerato (che); **on view** in mostra, esposto.

view [vjuː] v tr visionare; (fig) considerare.

viewer ['vjuːə*] s spettatore (m); (fot) visore (m).

viewfinder ['vjuːˌfaɪndə*] s (fot) mirino.

viewpoint ['vjuːpɔɪnt] s punto di vista; punto di osservazione.

vigil ['vɪdʒɪl] s veglia.

vigorous ['vɪgərəs] agg vigoroso.

vile [vaɪl] agg spregevole; (tempo, umore) pessimo; (odore) disgustoso.

village ['vɪlɪdʒ] s villaggio.

villain ['vɪlən] s canaglia; (lett) cattivo.

vindicate ['vɪndɪkeɪt] v tr giustificare; dare ragione a.

vindictive [vɪn'dɪktɪv] agg vendicativo.

vine [vaɪn] s vite (f); rampicante (m).

vinegar ['vɪnɪgə*] s aceto.

vineyard ['vɪnjəd] s vigneto.

vintage ['vɪntɪdʒ] s annata ◊ **vintage car** auto d'epoca; **vintage wine** vino d'annata.

violate ['vaɪəleɪt] v tr violare.

violence ['vaɪələns] s violenza.

violent ['vaɪələnt] agg violento.

violet ['vaɪələt] s violetta; (colore) viola (m).

violin [ˌvaɪə'lɪn] s violino.

viper ['vaɪpə*] s vipera.

viral ['vaɪrəl] agg virale.

virgin ['vɜːdʒɪn] agg, s vergine (f).

Virgo ['vɜːgəʊ] s Vergine (f).

virile ['vɪraɪl] *agg* virile.

virtual ['vɜːtʃʊəl] *agg* virtuale; effettivo.

virtually ['vɜːtʃʊəlɪ] *avv* praticamente.

virtue ['vɜːtjuː] *s* virtù (*f*).

virtuous ['vɜːtʃʊəs] *agg* virtuoso.

virus ['vaɪərəs] *s* (*med, inform*) virus (*m*).

visa ['viːzə] *s* visto.

visibility [ˌvɪzɪ'bɪlətɪ] *s* visibilità.

visible ['vɪzəbl] *agg* visibile.

vision ['vɪʒn] *s* vista; visione (*f*).

visit ['vɪzɪt] *s* visita.

visit ['vɪzɪt] *v tr* visitare; andare a trovare; ispezionare.

visiting ['vɪzɪtɪŋ] *s* visita ◊ **visiting hours** orario di visita.

visitor ['vɪzɪtə*] *s* visitatore (*m*); ospite (*m/f*) ◊ **visitor centre** centro informazioni per visitatori.

visor ['vaɪzə*] *s* visiera ◊ **(sun) visor** aletta parasole (*di auto*).

visual ['vɪzjʊəl*] *agg* visivo; visuale.

visualize ['vɪzjʊəlaɪz] *v tr* immaginare, figurarsi.

vital ['vaɪtl] *agg* vitale.

vitally ['vaɪtəlɪ] *avv* estremamente.

vitamin ['vɪtəmɪn] *s* vitamina.

vivacious [vɪ'veɪʃəs] *agg* vivace.

vivid ['vɪvɪd] *agg* vivido.

vivify ['vɪvɪfaɪ] *v tr* animare, vivacizzare.

vivisection [ˌvɪvɪ'sekʃn] *s* vivisezione (*f*).

vocabulary [vəʊ'kæbjʊlərɪ] *s* vocabolario.

vocal ['vəʊkl] *agg* vocale; verbale.

vocation [vəʊ'keɪʃn] *s* vocazione (*f*).

vocational [vəʊ'keɪʃənl] *agg* professionale.

vogue [vəʊg] *s* voga, moda.

voice [vɔɪs] *s* voce (*f*) ◊ **voice mail** servizio di segreteria telefonica.

voice [vɔɪs] *v tr* esprimere.

void [vɔɪd] *s* vuoto ◊ *agg* vuoto; (*giur*) nullo ◊ **void of** privo di.

volatile ['vɒlətaɪl] *agg* (*chim*) volatile; (*fig*) volubile.

volcano [vɒl'keɪnəʊ] *s* vulcano.

volley ['vɒlɪ] *s* raffica; salva; (*tennis*) volée (*f*); tiro al volo.

volleyball ['vɒlɪbɔːl] *s* pallavolo (*f*).

voluble ['vɒljubl] *agg* loquace.

volume ['vɒljuːm] *s* volume (*m*).

voluntary ['vɒləntərɪ] *agg* volontario; spontaneo; gratuito.

volunteer [ˌvɒlən'tɪə*] *s* volontario.

volunteer [ˌvɒlən'tɪə*] *v tr/intr* offrire, offrirsi spontaneamente; (*milit*) arruolarsi come volontario.

vomit ['vɒmɪt] *s* vomito.

vomit ['vɒmɪt] *v tr/intr* vomitare.

vote [vəʊt] *s* voto; diritto di voto ◊ **vote by roll call** votazione per appello nominale.

vote [vəʊt] *v tr/intr* votare ◊ **he was voted chairman** è stato eletto presidente.

voter ['vəʊtə*] *s* elettore (*m*).

voting ['vəʊtɪŋ] *s* scrutinio ◊ **voting paper** scheda elettorale.

vouch [vaʊtʃ] *v intr*
▶ **vouch for** garantire per.

voucher ['vaʊtʃə*] *s* buono, tagliando.

vow [vaʊ] *s* promessa solenne ◊ *pl (relig)* voti.

vow [vaʊ] *v tr* giurare.

vowel ['vaʊəl] *s* vocale (f).

voyage ['vɔɪɪdʒ] *s* viaggio (*per mare, nello spazio*), traversata.

V-sign ['viː;saɪn] *s* segno di vittoria; (*BrE*) gesto volgare, di disprezzo.

vulgar ['vʌlgə*] *agg* volgare.

vulnerable ['vʌlnərəbl] *agg* vulnerabile.

vulture ['vʌltʃə*] *s* avvoltoio.

vying ['vaɪɪŋ] *s* rivalità.

W

wad [wɒd] *s* tampone (m); (*banconote*) rotolo.

wadding ['wɒdɪŋ] *s* imbottitura.

waddle ['wɒdl] *v intr* camminare ancheggiando.

wade [weɪd] *v tr/intr* guadare; procedere a stento.

wafer ['weɪfə*] *s* (*cuc*) cialda; (*relig*) ostia.

waffle ['wɒfl] *s* (*cuc*) focaccina dolce.

wag [wæg] *v tr/intr* agitare, agitarsi; dimenare.

wage [weɪdʒ] *s* salario, paga ◊ **wage packet** busta paga.

wage [weɪdʒ] *v tr* intraprendere ◊ **to wage war on** muovere guerra a.

wager ['weɪdʒə*] *s* scommessa.

waggle ['wægl] *v tr* scuotere, dondolare.

wa(g)gon ['wægən] *s* carro; (*BrE*)

(*ferr*), carro, vagone (m); (*AmE*) (furgone) cellulare (m).

wail [weɪl] *s* gemito.

waist [weɪst] *s* vita, cintola.

waistcoat ['weɪstkəʊt] *s* panciotto.

wait [weɪt] *s* attesa.

wait [weɪt] *v tr/intr* aspettare ◊ **wait for me** aspettami; **wait at,** (*AmE*) **on table** servire a tavola.

▶ **wait on** servire;

▶ **wait up** rimanere alzato (ad aspettare).

waiter [weɪtə*] *s* cameriere (m).

waiting [weɪtɪŋ] *s* attesa ◊ (*BrE*) **no waiting** divieto di sosta; **waiting list** lista d'attesa; **waiting room** sala d'aspetto.

waitress ['weɪtrɪs] *s* cameriera.

waive [weɪv] *v tr* rinunciare a.

wake [weɪk] *s* veglia funebre; scia.

wake (*p* **woke, waked** *pp* **woken, waked**) [weɪk, wəʊk, weɪkt, 'wəʊkən] *v tr/intr* svegliare, svegliarsi.

▶ **wake up** svegliare, svegliarsi.

wakeful ['weɪkful] *agg* sveglio; vigile.

waken ['weɪkən] *v tr/intr* svegliare, svegliarsi.

walk [wɔːk] *s* passeggiata; cammino; andatura; sentiero; (*fig*) rango, ceto sociale ◊ **to go for, to take a walk** fare un giro.

walk [wɔːk] *v tr/intr* camminare; passeggiare; accompagnare a piedi.

walkie cup ['wɔːkɪ'kʌp] *s* bicchiere (m) di cartone (con coperchio e cannuccia).

walking ['wɔːkɪŋ] *s* il camminare (m) ◊ **walking stick** bastone da passeggio.

walkout ['wɔːkaʊt] s sciopero.

walkover ['wɔːkˌəʊvə*] s vittoria facile, passeggiata.

walkway ['wɔːkweɪ] s passaggio pedonale.

wall [wɔːl] s muro; parete (f).

walled ['wɔːld] agg cintato; (città) fortificato.

wallet ['wɒlɪt] s portafoglio.

wallow ['wɒləʊ] v intr sguazzare.

wallpaper ['wɔːlˌpeɪpə*] s carta da parati.

walnut ['wɔːlnʌt] s (albero) noce (m); (frutto) noce (f).

walrus (pl inv o -es) ['wɔːlrəs] s tricheco.

waltz [wɔːls] s valzer (m).

wand [wɒnd] s ◊ **magic wand** bacchetta magica.

wander ['wɒndə*] v tr/intr girovagare; vagare; (fig) divagare.

wanderer ['wɒndərə*] s vagabondo.

wane [weɪn] v intr calare.

want [wɒnt] s bisogno; mancanza.

want [wɒnt] v tr volere; avere bisogno di ◊ **I want you to come** voglio che tu venga.

wanted ['wɒntɪd] agg (giur) ricercato; (annunci economici) cercasi.

war [wɔː*] s guerra.

ward [wɔːd] s reparto; (ospedale) corsia; (polit) circoscrizione (f) ◊ **ward (of court)** persona sotto tutela.

ward [wɔːd] v tr (off) parare; schivare.

warden ['wɔːdn] s custode (m); guardiano; (BrE) direttore (m) ◊ (BrE) **(traffic) warden** addetto al controllo del traffico e del parcheggio.

warder ['wɔːdə*] s (BrE) guardia carceraria.

wardrobe ['wɔːdrəʊb] s guardaroba (m); armadio; (teatro) costumi (pl).

warehouse ['weəhaʊs] s magazzino.

wares [weəz] s pl merci (f).

warfare ['wɔːfeə*] s guerra.

warhead ['wɔːhed] s (milit) testata.

warily ['weərɪlɪ] avv cautamente.

wariness ['weərɪnɪs] s cautela.

warm [wɔːm] agg caldo; (fig) cordiale, caloroso ◊ **I'm warm** ho caldo; **it's warm** fa caldo; **to get warm** riscaldarsi.

warm [wɔːm] v tr/intr (ri)scaldare, (ri)scaldarsi; (to) animarsi, appassionarsi.

▶ **warm up** (ri)scaldare, (ri)scaldarsi.

warm-hearted [,wɔːhɑːtɪd] agg affettuoso; cordiale.

warmth [wɔːmθ] s calore (m).

warn [wɔːn] v tr avvertire; ammonire.

warning ['wɔːnɪŋ] s avvertimento; avviso ◊ **warning light** spia luminosa; **warning triangle** triangolo (di auto).

warp [wɔːp] v tr/intr deformare, deformarsi; (fig) corrompere.

warrant ['wɒrənt] s (giur) mandato; (comm) buono; ordine (m).

warrant ['wɒrənt] v tr garantire; (giur) autorizzare.

warranty ['wɒrəntɪ] s garanzia.

warrior ['wɒrɪə*] s guerriero.

warship ['wɔːʃɪp] s nave (f) da guerra.

wart [wɔːt] s verruca.

wary ['weərɪ] agg cauto.

was [wɒz] p di be.

wash [wɒʃ] s lavaggio; (nave) scia ◊ **to give something a wash** dare una lavata a qualcosa; **to have a wash** darsi una lavata.

wash [wɒʃ] v tr/intr lavare, lavarsi; (onda) infrangersi.

▶ **wash up** lavare i piatti; (AmE) lavarsi.

washbasin ['wɒʃ,beɪsn] s lavandino.

washbowl ['wɒʃ,bəʊl] s (AmE) lavandino

washcloth ['wɒʃklɒθ] s (Ame) pezzuola, guanto di spugna.

washing ['wɒʃɪŋ] s lavaggio; bucato ◊ **washing machine** lavatrice; (BrE) **washing powder** detersivo in polvere.

washing-up [,wɒʃɪŋˈʌp] s ◊ **to do the washing-up** lavare i piatti; **washing-up liquid** detersivo liquido per stoviglie.

washroom ['wɒʃrʊm] s gabinetto.

wasn't ['wɒznt] contrazione di was not.

wasp [wɒsp] s vespa.

waste [weɪst] s spreco; scarto, rifiuti (pl) ◊ pl distesa (sing) desolata.

waste [weɪst] agg di scarto; (terreno) incolto.

waste [weɪst] v tr sprecare.

▶ **waste away** logorarsi, deperire.

wastebasket [,weɪstˈbɑːskɪt] s (AmE) cestino per la carta straccia.

wasteland ['weɪst,lænd] s terreno incolto.

wastepaper basket [,weɪst-'peɪpə,bɑːskɪt] s cestino per la carta straccia.

wastepipe ['weɪstpaɪp] s tubo di scarico.

watch [wɒtʃ] s orologio; sorveglianza; guardia; (mar) turno di guardia, quarto.

watch [wɒtʃ] v tr/intr osservare; guardare; fare attenzione (a).

▶ **watch out** stare attento.

watchdog ['wɒtʃdɒg] s cane (m) da guardia.

watcher ['wɒtʃə*] s osservatore (m).

watchful ['wɒtʃfʊl] agg vigile, attento.

watchmaker ['wɒtʃ,meɪkə*] s orologiaio.

watchstrap ['wɒtʃstræp] s cinturino di orologio.

water ['wɔːtə*] s acqua ◊ pl acque territoriali ◊ **water cannon** idrante; **water heater** scaldabagno; **water main** conduttura dell'acqua; **water skiing** sci nautico.

water ['wɔːtə*] v tr annaffiare, bagnare ◊ v intr lacrimare ◊ **to make somebody's mouth water** far venire l'acquolina in bocca a qualcuno.

▶ **water down** diluire; (fig) mitigare.

watercolour ['wɔːtə,kʌlə*] s acquerello.

waterfall ['wɔːtəfɔːl] s cascata.

watering can ['wɔːtərɪŋ,kæn] s annaffiatoio.

355

waterlily ['wɔ:təˌlɪlɪ] *s* ninfea.

watermelon ['wɔ:təˌmelən] *s* anguria.

water-polo ['wɔ:təpəʊləʊ] *s* pallanuoto (*f*).

waterproof ['wɔ:təpruːf] *agg* impermeabile.

water-repellent ['wɔ:tərɪˌpelənt] *agg* idrorepellente.

watershed ['wɔ:təʃed] *s* spartiacque (*m*).

waterside ['wɔ:təsaɪd] *s* riva, sponda.

watertight ['wɔ:tətaɪt] *agg* stagno, a tenuta d'acqua.

waterworks ['wɔ:təwɜːks] *s inv* impianto idrico; acquedotto.

watery ['wɔ:tərɪ] *agg* acquoso; (*colore*) slavato; (*occhi*) umido.

watt [wɒt] *s* watt (*m*).

wave [weɪv] *s* onda; cenno; (*capelli*) ondulazione (*f*); (*fig*) ondata.

wave [weɪv] *v tr/intr* ondeggiare; (*bandiera ecc.*) sventolare; (*bastone*) brandire; fare cenno (con la mano); (*capelli*) essere ondulato.

wave-length ['weɪvleŋθ] *s* lunghezza d'onda.

waver ['weɪvə*] *v intr* oscillare; (*voce*) tremolare; (*fig*) esitare.

wavy ['weɪvɪ] *agg* ondulato; ondeggiante.

wax [wæks] *s* cera; ceretta depilatoria.

wax [wæks] *v tr* dare la cera a; fare la ceretta (depilatoria) a.

waxworks ['wækswɜːks] *s pl* museo (*sing*) delle cere.

way [weɪ] *s* via, strada; passaggio; distanza; direzione (*f*), parte (*f*);

modo ◊ (*BrE*) **way in, out** entrata, uscita; **a long way off** molto distante; **way of life** modo di vivere; **on the way home** tornando a casa; **in a way** in un certo senso; (*BrE*) **to give way** dare la precedenza; **to be in the way** bloccare il passaggio, essere d'impiccio.

wayward ['weɪwəd] *agg* capriccioso; ostinato.

we [wiː] *pron* noi.

weak [wiːk] *agg* debole; fragile; (*tè*) leggero.

weaken ['wiːkən] *v tr/intr* indebolire, indebolirsi.

weakness ['wiːknɪs] *s* debolezza ◊ **to have a weakness for** avere un debole per.

wealth [welθ] *s* ricchezza, ricchezze (*pl*); abbondanza.

wealthy ['welθɪ] *agg* ricco.

wean [wiːn] *v tr* svezzare.

weapon ['wepən] *s* arma.

wear [weə*] *s* uso; logorio; abbigliamento ◊ **wear and tear** usura.

wear (*p wore pp worn*) [weə*, wɔː*, wɔːn] *v tr/intr* portare; indossare; logorare, logorarsi; durare, resistere.

▶ **wear out** logorare, logorarsi.

weary ['wɪərɪ] *agg* stanco.

weather ['weðə*] *v tr* superare.

weather ['weðə*] *s* tempo ◊ **weather forecast** previsioni del tempo; **weather report** bollettino meteorologico.

weather-beaten ['weðəˌbiːtn] *agg* segnato dalle intemperie.

weathercock ['weðəˌkɒk] *s* banderuola.

weave (*p* **wove** *pp* **woven**) [wi:v, wəʊv, 'wəʊvən] *v tr* tessere; intrecciare.

weaving ['wi:vɪŋ] *s* tessitura.

web [web] *s* ragnatela; (*fig*) trama ◊ **(World Wide) Web** Internet.

wed [wed] *v tr/intr* sposare, sposarsi.

we'd [wi:d] *contrazione di* **we had, we would**.

wedding ['wedɪŋ] *s* matrimonio ◊ **golden, silver wedding** nozze d'oro, d'argento; **wedding card** partecipazione di nozze; **wedding day** giorno delle nozze; **wedding dress** abito da sposa; **wedding ring** fede.

wedge [wedʒ] *s* cuneo; zeppa; (*torta*) fetta.

Wednesday ['wenzdɪ] *s* mercoledì (*m*).

weed [wi:d] *s* erbaccia.

weed [wi:d] *v intr* diserbare.

week [wi:k] *s* settimana.

weekday ['wi:kdeɪ] *s* giorno feriale.

weekend ['wi:kend] *s* fine settimana (*m*), weekend (*m*).

weekly ['wi:klɪ] *agg*, *s* settimanale ◊ *avv* settimanalmente.

weep (*p*, *pp* **wept**) [wi:p, wept] *v intr* piangere ◊ **weeping willow** salice piangente.

weigh [weɪ] *v tr/intr* pesare; (*fig*) soppesare.

▶ **to weigh out** pesare, dosare.

weight [weɪt] *s* peso ◊ **to sell by weight** vendere a peso; **to lose, to put on weight** dimagrire, ingrassare; **weight lifter** pesista.

weighty ['weɪtɪ] *agg* pesante; (*fig*) importante.

weird [wɪəd] *agg* strano, bizzarro.

welcome ['welkəm] *agg*, *s* benvenuto ◊ **you're welcome** prego.

welcome ['welkəm] *v tr* dare il benvenuto a.

weld [weld] *s* saldatura.

weld [weld] *v tr/intr* saldare, saldarsi.

welfare ['welfeə*] *s* benessere (*m*) ◊ **welfare worker** assistente sociale; **welfare state** stato assistenziale.

well [wel] *avv* bene ◊ **well done!** ben fatto, bravo!

well [wel] *agg* bene, in buona salute ◊ **to be well** stare bene; **to get well** guarire, ristabilirsi.

well [wel] *s* pozzo.

we'll [wi:l] *contrazione di* **we will, we shall**.

well-behaved [,welbɪ'heɪvd] *agg* educato.

well-being [,wel'bi:ɪŋ] *s* benessere (*m*).

well-built [,wel'bɪlt] *agg* (*uomo*) ben piantato.

well-done [,wel'dʌn] *agg* (*cuc*) ben cotto.

wellingtons ['welɪŋtənz] *s pl* stivali di gomma.

well-known [,wel'nəʊn] *agg* noto.

well-meaning [,wel'mi:nɪŋ] *agg* ben intenzionato.

well-off [,wel'ɒf] *agg* benestante.

well-read [,wel'red] *agg* colto.

well-to-do [,weltə'du:] *agg* agiato, abbiente.

well-worn [,wel'wɔ:n] *agg* logoro; (*fig*) trito.

Welsh [welʃ] *agg* gallese (*m/f*) ◊ *s* (*lingua*) gallese (*m*) ◊ **the Welsh** i gallesi; **Welsh rarebit** crostino al formaggio.

Welshman (*pl* -**men**) ['welʃmən] *s* gallese (*m*).

Welshwoman (*pl* -**women**) ['welʃ-,wumən, wimin] *s* gallese (*f*).

went [went] *p di* **go**.

wept [wept] *p, pp di* **weep**.

were [wɜ:*] *p di* **be**.

we're [wɪə*] *contrazione di* **we are**.

weren't [wɜ:nt] *contrazione di* **were not**.

west [west] *s* ovest (*m*), occidente (*m*) ◊ *agg* dell'ovest, occidentale ◊ *avv* a, verso ovest ◊ **the West Country** il sud-ovest dell'Inghilterra.

westerly ['westəlɪ] *agg* dell'ovest, occidentale.

western ['westən] *agg* dell'ovest, occidentale.

western ['westən] *s* (*cine*) western (*m*).

westward(s) ['westwəd(z)] *avv* verso ovest.

wet [wet] *agg* bagnato; umido; (*vernice*) fresco; (*clima*) piovoso ◊ **to get wet** bagnarsi; **wet suit** muta da sub.

wet [wet] *s* umidità; (*BrE*) moderato.

wet [wet] *v tr/intr* bagnare, bagnarsi.

we've [wi:v] *contrazione di* **we have**.

whack [wæk] *v tr* picchiare.

whale [weɪl] *s* balena.

wharf [wɔ:f] *s* molo, banchina.

what [wɒt] *agg* (*interrogativo*) che?; quale?, quali?; (*esclamativo*) che!; (*relativo*) quello che ◊ **what's**

your name? come ti chiami?; **what a pity!** che peccato!

what [wɒt] *pron* (*interrogativo*) che?, che cosa?, quale?; (*esclamativo*) quanto!, come!; (*relativo*) ciò che; la cosa che ◊ **what else?** che altro?; **what's up?** che succede?; **what's more** per di più.

what [wɒt] *inter* come!, cosa!

whatever [wɒt'evə*] *pron* qualunque cosa ◊ *agg* qualunque, qualsiasi ◊ *avv* (*enfatico*) ◊ **no doubt whatever** nessun dubbio al mondo.

whatnot ['wɒtnɒt] *s* ◊ **and whatnot** e così via.

whatsoever [,wɒtsəʊ'evə*] *agg, avv* v. **whatever**.

wheat [wi:t] *s* frumento.

wheatmeal ['wi:tmi:l] *s* farina integrale di frumento.

wheedle ['wi:dl] *v tr* convincere, ottenere con lusinghe.

wheel [wi:l] *s* ruota; (*nave*) timone (*m*) ◊ **(steering) wheel** volante; **wheel clamp** ceppo che blocca le ruote di auto in sosta vietata.

wheel [wi:l] *v tr* spingere ◊ *v intr* (*round*) girarsi; (*uccelli*) volteggiare.

wheelchair ['wi:ltʃeə*] *s* sedia a rotelle.

wheeze [wi:z] *v intr* ansimare.

when [wen] *avv* quando ◊ *cong* quando; mentre; sebbene; qualora, se ◊ **the day when** il giorno in cui.

whenever [wen'evə*] *cong* ogni volta che; quando, in qualsiasi momento ◊ *avv* quando mai.

where [weə*] *avv, cong* dove ◊ *pron* dove, nel luogo in cui ◊ **where**

are you from, where do you come from? di dove sei?; **that is where he is mistaken** è qui che si sbaglia.

whereabouts ['weərəbauts] *avv* dove ◊ *s* posizione (*f*), ubicazione (*f*).

whereas [weər'æz] *cong* mentre.

whereby [weə'baɪ] *pron* per cui.

wherever [weər'evə*] *cong* dovunque ◊ *avv* dove mai.

wherewithal [ˌweəwɪ'ðɔ:l] *s* mezzi (*pl*).

whet [wet] *v tr* stimolare.

whether ['weðə*] *cong* se ◊ **whether you're right or not** che tu abbia ragione o no.

which [wɪtʃ] *agg* (*interrogativo*) quale; (*relativo*) il quale.

which [wɪtʃ] *pron* (*interrogativo*) chi; quale, quali; (*relativo*) che, il quale; il che, la qual cosa ◊ **which of you?** chi di voi?; **to tell which is which** distinguere l'uno dall'altro; **the house (which) I live in** la casa in cui abito; **after which** dopo di che.

whichever [wɪtʃ'evə*] *agg* qualunque, qualsiasi ◊ *pron* chiunque; qualunque cosa.

whiff [wɪf] *s* soffio; sbuffo; odore (*m*).

Whig [wɪg] *agg, s* (*BrE*) liberale (*m/f*).

while [waɪl] *cong* mentre; sebbene; anche.

while [waɪl] *s* momento ◊ **for a while** per un po'; **in a (little) while** tra poco.

whim [wɪm] *s* capriccio.

whimper ['wɪmpə*] *v intr* piagnucolare.

whimsical ['wɪmzɪkl] *agg* bizzarro; stravagante; capriccioso.

whine [waɪn] *v intr* piagnucolare; (*cane*) uggiolare; (*pallottola*) sibilare.

whip [wɪp] *s* frusta; (*cuc*) mousse (*f*) alla frutta.

whip [wɪp] *v tr* frustare; (*cuc*) frullare ◊ **to whip eggs** sbattere le uova; **whipped cream** panna montata.

whip-round ['wɪpraund] *s* (*BrE*) colletta.

whirl [wɜ:l] *v intr/tr* (far) turbinare; volteggiare; (far) girare rapidamente.

whirlpool ['wɜ:lpu:l] *s* vortice (*m*), mulinello.

whirlwind ['wɜ:lwɪnd] *s* tromba d'aria; turbine (*m*).

whirr [wɜ:*] *v intr* ronzare; (*ali*) frullare; (*motore*) rombare.

whisk [wɪsk] *s* (*cuc*) frusta, frullino.

whisk [wɪsk] *v tr* (*cuc*) sbattere, frullare.

whiskers ['wɪskəz] *s pl* basette; favoriti; (*animale*) baffi.

whiskey ['wɪskɪ] *s* whisky (*m*) (*americano o irlandese*).

whisky ['wɪskɪ] *s* whisky (*m*) (*scozzese*).

whisper ['wɪspə*] *s* sussurro; diceria.

whisper ['wɪspə*] *v intr/tr* sussurrare.

whistle ['wɪsl] *s* fischio; fischietto.

whistle ['wɪsl] *v intr/tr* fischiare.

white [waɪt] *agg* bianco; pallido ◊ (*BrE*) **white coffee** caffelatte; **white lie** bugia pietosa; **white**

elephant oggetto costoso ma inutile; **white-collar worker** impiegato, colletto bianco.

white [wait] s bianco; albume (*m*).

whiten ['waitn] v tr/intr imbiancare; sbiancare, sbiancarsi.

whiteness ['waitnis] s candore (*m*); pallore (*m*).

whitewash ['waitwɒʃ] s bianco di calce.

whitewash ['waitwɒʃ] v tr imbiancare; (*fig*) coprire.

Whitsun ['witsn] s Pentecoste (*f*).

whizz [wiz] v intr sfrecciare.

whizz kid s ['wiz,kid] s genio.

who [hu:] pron (*interrogativo*) chi; (*relativo*) che, il quale ◊ **who is there?** chi è?; **who knows?** chissà?; **he who** colui che.

whoever [hu:'evə*] pron (*relativo indefinito*) chiunque, chi; (*interrogativo*) chi mai.

whole [həul] agg tutto; intero; completo; intatto ◊ **the whole of** tutto; **whole milk** latte intero.

whole [həul] s il tutto, l'insieme (*m*) ◊ **as a whole** nel complesso; **on the whole** tutto considerato.

wholefood ['həulfu:d] s cibo integrale.

whole-hearted [,həul'hɑ:tid] agg sincero.

wholemeal ['həulmi:l] agg integrale.

wholesale ['həulseil] s vendita all'ingrosso.

wholesale ['həulseil] agg, avv all'ingrosso; su vasta scala.

wholesome ['həulsəm] agg sano; salubre.

wholewheat ['həulwi:t] agg (*AmE*) v. **wholemeal**.

wholly ['həuli] avv completamente.

whom [hu:m] pron (*interrogativo*) chi; (*relativo*) che, il quale ◊ **the girl whom you saw** la ragazza che hai visto.

whooping cough ['hu:piŋkɒf] s pertosse (*f*).

whore [hɔ:*] s puttana.

whortleberry ['wɜ:tl,beri] s mirtillo.

whose [hu:z] agg, pron (*interrogativo*) di chi; (*relativo*) di cui, del quale; il cui ◊ **whose car is this?** di chi è questa auto?

why [wai] avv perché ◊ **why not?** perché no?; **the reason why** il motivo per cui.

wicked ['wikid] agg malvagio.

wicker ['wikə*] s vimine (*m*).

wicket ['wikit] s (*cricket*) porta.

wide [waid] agg largo; ampio; vasto; spalancato ◊ **wide open** spalancato; **wide-angle lens** grandangolare.

wide-awake [,waidə'weik] agg completamente sveglio.

widely ['waidli] avv largamente, molto.

widen ['waidn] v tr/intr allargare, allargarsi; ampliare, ampliarsi.

widespread ['waidspred] agg diffuso.

widow ['widəu] s vedova.

widower ['widəuə*] s vedovo.

width [widθ] s larghezza.

wield [wi:ld] v tr maneggiare; (*potere*) esercitare.

wife [waif] s moglie (*f*).

wig [wɪg] *s* parrucca.

wiggle ['wɪgl] *v tr/intr* dimenare, dimenarsi.

wild [waɪld] *agg* selvatico; selvaggio; (*tempo*) tempestoso; (*idea*) folle.

wilderness ['wɪldənɪs] *s* deserto, landa.

wildlife ['waɪldlaɪf] *s* natura.

wilful ['wɪlfol] *agg* ostinato; (*giur*) intenzionale.

will [wɪl] *s* volontà, volere (*m*); (*giur*) testamento.

will [wɪl] *v tr* volere; costringere; lasciare per testamento.

will [wɪl] *v modale ausiliare per il futuro;* volere ◊ **I will see you soon** ti vedrò presto; **do as you will** fa' come vuoi.

willing ['wɪlɪŋ] *agg* volonteroso ◊ **willing to do** disposto a fare; **willing or not** volente o nolente.

willingly ['wɪlɪŋlɪ] *avv* volentieri.

willow ['wɪləʊ] *s* salice (*m*).

willpower ['wɪlpaʊə*] *s* forza di volontà.

wilt [wɪlt] *v intr* appassire.

wily ['waɪlɪ] *agg* astuto.

win [wɪn] *s* vittoria.

win (*p, pp* **won**) [wɪn, wʌn] *v tr/intr* vincere; conquistare; guadagnarsi.

wince [wɪns] *v intr* trasalire.

wind [wɪnd] *s* vento; fiato ◊ **wind instrument** strumento a fiato.

wind (*p, pp* **wound**) [waɪnd, waʊnd] *v tr* avvolgere; (*orologio*) caricare ◊ *v intr* (*strada, fiume*) serpeggiare.

wind-cheater ['wɪnd,tʃiːtə*] *s* giacca a vento.

windmill ['wɪndmɪl] *s* mulino a vento.

window ['wɪndəʊ] *s* finestra; (*auto, treno*) finestrino; (*negozio*) vetrina ◊ **window pane** vetro.

window-shopping ['wɪndəʊ,ʃɒpɪŋ] *s* ◊ **to go window-shopping** guardare le vetrine.

window-sill ['wɪndəʊsɪl] *s* davanzale (*m*).

windpipe ['wɪndpaɪp] *s* trachea.

windscreen ['wɪndskriːn] *s* (*aut*) parabrezza (*m*) ◊ **windscreen wiper** tergicristallo.

windshield ['wɪnd,ʃiːld] *s* (*Ame*) v. **windscreen**.

windsurfer ['wɪnd,sɜːfə*] *s* surfista (*m/f*); tavola da windsurf.

windy ['wɪndɪ] *agg* ventoso.

wine [waɪn] *s* vino ◊ **wine bar** enoteca (*per degustazione*); **wine waiter** sommelier.

wing [wɪŋ] *s* ala ◊ *pl* (*teatro*) quinte.

winger ['wɪŋə*] *s* (*sport*) ala.

wink [wɪŋk] *v intr* ammiccare, fare l'occhiolino; (*luce*) baluginare.

winner ['wɪnə*] *s* vincitore (*m*).

winning ['wɪnɪŋ] *agg* vincente; (*sorriso*) accattivante ◊ *s pl* vincite ◊ **winning post** traguardo.

winter ['wɪntə*] *s* inverno.

wipe [waɪp] *v tr* asciugare; pulire (strofinando); (*nastro*) cancellare.

wire ['waɪə*] *s* filo (metallico); (*AmE*) telegramma (*m*).

wireless ['waɪəlɪs] *s* (*BrE*) radio (*f*).

wiring ['waɪərɪŋ] *s* impianto elettrico.

wisdom ['wɪzdəm] s saggezza ◊
wisdom tooth dente del giudizio.

wise [waɪz] agg saggio; prudente.

wish [wɪʃ] s desiderio; augurio ◊
best wishes tanti auguri, i migliori
auguri; **with best wishes** cordiali
saluti.

wish [wɪʃ] v tr/intr desiderare, volere; augurare, augurarsi ◊ **I wish
you well** ti auguro di riuscire.

wishful thinking [,wɪʃful'θɪŋkɪŋ]
s illusione (f), pio desiderio.

wit [wɪt] s arguzia, spirito; intelligenza.

witch [wɪtʃ] s strega.

with [wɪð] prep con; a causa di,
per.

withdraw (p **withdrew** pp **withdrawn**) [wɪð'drɔ:, wɪð'dru:, wɪð'-
drɔ:n] v tr/intr ritirare, ritirarsi; (soldi) prelevare.

withdrawal [wɪð'drɔ:əl] s ritiro;
(soldi) prelievo ◊ **withdrawal
symptoms** crisi di astinenza.

withdrawn [wɪð'drɔ:n] pp di **withdraw**.

withdrew [wɪð'dru:] p di **withdraw**.

wither ['wɪðə*] v intr appassire.

withheld [wɪð'held] p, pp di **withhold**.

withhold (p, pp **withheld**) [wɪð'-
'həuld, wɪð'held] v tr trattenere; rifiutare; nascondere.

within [wɪ'ðɪn] prep all'interno;
entro ◊ avv all'interno, dentro.

without [wɪ'ðaut] prep senza ◊ **to
go without** fare a meno di.

witness ['wɪtnɪs] s testimone (m/f).

witty ['wɪtɪ] agg spiritoso.

wizard ['wɪzəd] s mago.

wobbly ['wɒblɪ] agg vacillante.

woeful ['wəuful] agg triste; doloroso.

woke [wəuk] p di **wake**.

woken ['wəukən] pp di **wake**.

wolf [wulf] s lupo.

woman (pl **women**) [wumən, 'wɪ-
mɪn] s donna.

womb [wu:m] s utero.

women ['wɪmɪn] s pl di **woman**.

won [wʌn] p, pp di **win**.

wonder ['wʌndə*] s meraviglia.

wonder ['wʌndə*] v intr/tr do-
mandarsi; meravigliarsi (di).

wonderful ['wʌndəful] agg meraviglioso.

won't [wəunt] contrazione di **will
not**.

wood [wud] s legno; legname (m);
bosco.

woodcutter ['wud,kʌtə*] s boscaiolo.

wooden ['wudn] agg di legno.

woodwork ['wudwɜ:k] s falegnameria.

wool [wul] s lana.

woolen ['wulən] agg (AmE) di lana.

woollen ['wulən] agg di lana.

woolly ['wulɪ] agg di lana; (fig)
confuso.

wooly ['wulɪ] agg (AmE) v. **woolly**.

word [wɜ:d] s parola; notizia ◊
word processing videoscrittura,
trattamento testi.

word [wɜ:d] v tr esprimere, formulare.

wore [wɔ:*] p di **wear**.

work [wɜ:k] s lavoro; opera ◊
work of art opera d'arte.

work [wɜːk] *v intr/tr* lavorare; (*macchina ecc.*) funzionare, far funzionare; produrre, causare; (*miracoli*) fare.

workaholic [ˌwɜːkəˈhɒlɪk] *s* maniaco del lavoro.

worker [ˈwɜːkə*] *s* lavoratore (*m*).

working [ˈwɜːkɪŋ] *agg* (*abiti*) da lavoro; (*orario*) d'ufficio, di lavoro; (*settimana*) lavorativo ◊ **working class** classe operaia; **in working order** funzionante.

works [wɜːks] *s* (*BrE*) fabbrica.

workshop [ˈwɜːkʃɒp] *s* laboratorio; officina; seminario; gruppo di lavoro.

workstation [wɜːkˈsteɪʃn] *s* (*inform*) stazione di lavoro.

work-to-rule [ˌwɜːktəˈruːl] *s* (*BrE*) sciopero bianco.

world [wɜːld] *s* mondo.

wordly [ˈwɜːldlɪ] *agg* terreno; mondano.

worldwide [ˌwɜːldˈwaɪd] *agg* mondiale; universale.

worm [wɜːm] *s* verme (*m*).

worn [wɔːn] *pp di* **wear**.

worn [wɔːn] *agg* consumato; sciupato.

worried [ˈwʌrɪd] *agg* preoccupato.

worry [ˈwʌrɪ] *s* preoccupazione (*f*).

worry [ˈwʌrɪ] *v tr/intr* preoccupare, preoccuparsi.

worse [wɜːs] *agg* peggiore ◊ *avv, s* peggio.

worsen [ˈwɜːsn] *v tr/intr* peggiorare.

worship [ˈwɜːʃɪp] *s* culto; (*titolo*) eminenza; signoria.

worship [ˈwɜːʃɪp] *v tr* adorare, venerare.

worst [wɜːst] *agg* il peggiore ◊ *avv, s* peggio ◊ **at worst** alla peggio.

worth [wɜːθ] *agg* che vale; meritevole ◊ **to be worth** valere; **it is worth it** ne vale la pena; **it is worth trying** vale la pena tentare.

worth [wɜːθ] *s* valore (*m*).

worthless [ˈwɜːθlɪs] *agg* senza valore; indegno.

worthwhile [ˌwɜːθˈwaɪl] *agg* utile; che vale la pena.

worthy [ˈwɜːðɪ] *agg* degno; lodevole.

would [wʊd] *v modale, ausiliare per il condizionale*; volere; solere ◊ **he would come if she could** verrebbe, se potesse; **I would like** mi piacerebbe; **would you like a biscuit?** vuole un biscotto?; **she would come every day** veniva tutti i giorni.

would-be [ˈwʊdbiː] *agg* aspirante.

wouldn't [ˈwʊdnt] *contrazione di* **would not**.

would've [ˈwʊdv] *contrazione di* **would have**.

wound [waʊnd] *p, pp di* **wind**.

wound [wuːnd] *s* ferita.

wounded [ˈwuːndɪd] *agg* ferito.

wove [wəʊv] *p di* **weave**.

woven [ˈwəʊvən] *pp di* **weave**.

wrangle [ˈræŋgl] *v intr* litigare.

wrap [ræp] *v tr* avvolgere; incartare.

wrapper [ˈræpə*] *s* involucro; (*BrE*) (*libro*) copertina.

wrapping paper [ˈræpɪŋˌpeɪpə*] *s* carta da pacchi, da regalo.

wreath [riːθ] *s* corona.

wreck [rek] *s* naufragio; relitto.

wreck [rek] *v tr* far naufragare; demolire; (*fig*) rovinare.

wreckage ['rekɪdʒ] *s* relitti (*pl*); rottami (*pl*).

wrench [rentʃ] *v tr* strappare; storcere.

wrestle [resl] *v intr* lottare, combattere.

wrestler ['reslə*] *s* lottatore (*m*).

wrestling ['reslɪŋ] *s* lotta libera.

wretched ['retʃɪd] *agg* miserabile; disgraziato; (*tempo*) orrendo.

wriggle ['rɪgl] *v intr* contorcersi; dimenarsi.

wring (*p*, *pp* **wrung**) [rɪŋ, rʌŋ] *v tr* torcere; (*bucato*) strizzare; estorcere.

wrinkle ['rɪŋkl] *s* (*pelle*) ruga; (*tessuto*) grinza.

wrinkle ['rɪŋkl] *v tr/intr* (*fronte*) corrugare, corrugarsi; (*naso*) arricciare; (*pelle*) raggrinzirsi.

wrist [rɪst] *s* polso.

wristwatch ['rɪstwɒtʃ] *s* orologio da polso.

write (*p* **wrote** *pp* **written**) [raɪt, raʊt, 'rɪtn] *v tr/intr* scrivere.

► **write down** annotare; mettere per iscritto;

► **write off** (*debito*) cancellare; (*auto*) distruggere;

► **write out** (*assegno*) compilare, riempire;

► **write up** recensire.

writer ['raɪtə*] *s* scrittore (*m*).

writhe [raɪð] *v intr* contorcersi.

writing ['raɪtɪŋ] *s* scrittura; scritto ◊ **in writing** per iscritto.

written ['rɪtn] *pp di* write.

wrong [rɒŋ] *agg* sbagliato ◊ **to be**

wrong avere torto, essere sbagliato; **what's wrong with you?** cosa c'è che non va?; **you've got the wrong number** ha sbagliato numero (*di telefono*).

wrong [rɒŋ] *avv* male, in modo sbagliato ◊ **to go wrong** sbagliarsi; guastarsi; fallire.

wrong [rɒŋ] *s* male (*m*); torto; ingiustizia.

wrong [rɒŋ] *v tr* fare torto a.

wrongdoer [,rɒŋ'duə*] *s* trasgressore (*m*).

wrongful ['rɒŋfʊl] *agg* ingiusto; (*giur*) illegale; illecito.

wrote [raʊt] *p di* write.

wrought [rɔːt] *agg* lavorato; (*ferro*) battuto.

wrung [rʌŋ] *p*, *pp di* wring.

X

xerox ['zɪərɒks] *s* fotocopiatrice (*f*); fotocopia.

Xmas ['krɪsməs] *s* Natale (*m*).

X-rated [,eks'reɪtɪd] *agg* vietato ai minori.

X-ray [,eks'reɪ] *v tr* radiografare.

X-ray [,eks'reɪ] *s* radiografia.

Y

Yankee ['jæŋkɪ] *s* americano (*degli Stati Uniti*); (*AmE*) nordista (*durante la guerra di Secessione*).

yard [jɑːd] *s* cortile (*m*); (*unità di misura di lunghezza*) iarda.

yarn [jɑːn] *s* filato.

yawn [jɔːn] *v intr* sbadigliare.

year [jɜ:*] *s* anno; *(agr)* annata.

yearly [jɜ:lɪ] *agg* annuale ◊ *avv* annualmente.

yearn [jɜːn] *v intr (for)* struggersi dal desiderio, bramare.

yell [jel] *v intr/tr* urlare.

yellow ['jeləʊ] *agg* giallo ◊ **yellow press** stampa scandalistica.

yelp [jelp] *v intr* guaire.

yes [jes] *avv*, *s* sì *(m)*.

yesterday ['jestədeɪ] *avv*, *s* ieri *(m)*.

yet [jet] *avv* ancora; già ◊ *cong* ma, tuttavia ◊ **not yet** non ancora; **as yet** finora.

yield [ji:ld] *v tr/intr* produrre, fruttare; rendere; cedere; *(AmE)* *(aut)* dare la precedenza.

yog(h)ourt, yog(h)urt ['jəʊgət] *s* yogurt *(m)*.

yoke [jəʊk] *s* giogo.

yolk [jəʊk] *s* tuorlo.

you [juː] *pron* tu, te, ti; voi, ve, vi; *(dando del Lei)* Lei, Ella, Loro; *(impersonale)* si ◊ **one of you** uno di voi; **you never know** non si sa mai; *(AmE)* **you guys, you all** voialtri.

you'd [ju:d, jud, jəd] *contrazione di* **you had, you would**.

you'll [ju:l, jəl, jʊl] *contrazione di* **you will, you shall**.

young [jʌŋ] *agg* giovane ◊ **young lady** signorina.

your [jɔ:*] *agg* (il) tuo, (la) tua, (i) tuoi, (le) tue; (il) vostro, (la) vostra, (i) vostri, (le) vostre; *(dando del Lei)* (il) Suo, (la) Sua, (i) Suoi, (le) Sue.

you're [jʊə*] *contrazione di* **you are**.

yours [jɔːz] *pron* (il) tuo, (la) tua,

(i) tuoi, (le) tue; (il) vostro, (la) vostra, (i) vostri, (le) vostre; *(dando del Lei)* (il) Suo, (la) Sua, (i) Suoi, (le) Sue.

yourself *(pl* **-selves)** [jɔ:'self, 'selvz] *pron (riflessivo)* ti; *(enfatico)* tu stesso, proprio tu; *(dopo prep)* te; sé; *(dando del Lei)* si; Lei stesso.

yourselves [jɔ:'selvz] *pron (riflessivo)* vi; *(enfatico)* voi stessi, proprio voi; *(dopo prep)* voi; *(dando del Lei)* si; Loro stessi.

youth [ju:θ] *s* gioventù *(f)*; giovane *(m/f)* ◊ **youth hostel** ostello della gioventù.

youthful ['ju:θfʊl] *agg* giovanile; giovane.

you've [ju:v, jəv] *contrazione di* **you have**.

Yugoslav(ian) [ˌjuːgəʊ'slɑːv(ɪən)] *agg*, *s* iugoslavo.

Z

Zairean [zaɪ'rɪən] *agg*, *s* zairese *(m/f)*.

Zambian ['zæmbɪən] *agg*, *s* zambiano.

zeal [zi:l] *s* zelo.

zebra ['zi:brə] *s* zebra ◊ *(BrE)* **zebra crossing** strisce pedonali.

zero ['zɪərəʊl] *s* zero.

zest [zest] *s* gusto; *(limone)* scorza.

zip [zɪp] *s* ◊ **zip (fastener)** cerniera lampo.

zip [zɪp] *v tr* chiudere con una cerniera lampo.

zip code ['zɪpˌkəʊd] *s (AmE)* codice *(m)* di avviamento postale.

zipper ['zɪpə*] *s* (*AmE*) cerniera lampo.

zither ['zɪðə*] *s* (*mus*) cetra.

zodiac ['zəʊdɪæk] *s* zodiaco.

zone [zəʊn] *s* zona.

zoo [zu:] *s* zoo.

zoom [zu:m] *s* (*fot, cine*) zumata ◊ **zoom (lens)** zoom.

zoom [zu:m] *v intr* sfrecciare rombando.

zucchini [zu:'ki:nɪ] *s inv* (*AmE*) zucchina, zucchine (*pl*).

ITALIANO - INGLESE
ITALIAN - ENGLISH

A

a *prep* (*complemento di termine, moto a luogo*) to; (*stato in luogo, tempo, età*) at; (*mese, stato in luogo con città*) in; (*mezzo, modo*) by; (*frequenza*) a, an ◊ **dallo a me** give it to me; **vado a Cambridge** I go to Cambridge; **vengono alle 5** they come at 5; **a Pasqua** at Easter; **a vent'anni** at twenty; **abito a Londra** I live in London; **a mano** by hand; **al giorno** a day; **a pagina due** on page two; **a piedi** on foot; **alla TV** on TV; **dalle 2 alle 4** from 2 to 4; **a uno a uno** one by one.

abate *sm* abbot.

abbagliante *agg* dazzling ◊ *sm pl* (*AmE*) high beams, (*BrE*) headlights.

abbaiare *v intr* to bark.

abbandonare *v tr* to abandon; (*rinunciare*) to drop, to give up ◊ *v rifl* (*a passioni ecc.*) to give oneself up (to).

abbandono *sm* abandoning; (*fig*) abandonment; (*stato*) neglect.

abbassare *v tr* to lower; (*volume*) to turn down; (*fari*) to dip down ◊

v rifl (*chinarsi*) to bend down; (*temperatura*) to fall; (*fig*) to demean oneself.

abbasso *inter* down ◊ **abbasso la violenza!** down with violence!

abbastanza *avv* (*a sufficienza*) enough; (*un po'*) rather; (*discretamente*) fairly.

abbàttere *v tr* to pull down, to demolish; (*aerei*) to shoot down; (*alberi*) to fell; (*animali*) to put down; (*regime*) to topple; (*fig, demoralizzare*) to dishearten ◊ *v rifl* (*cadere*) to fall; (*fig*) to lose heart.

abbazia *sf* abbey.

abbigliamento *sm* clothes (*pl*); (*industria*) clothing industry ◊ **abbigliamento sportivo** sportswear.

abboccare *v intr* to bite; (*fig*) to swallow the bite.

abbonamento *sm* (*a giornale*) subscription; (*ferroviario*) season ticket, (*AmE*) commutation ticket; (*TV*) TV licence.

abbonarsi *v rifl* to subscribe.

abbonato *sm* subscriber; (*ferroviario*) season-ticket holder.

abbondante *agg* abundant; (*ve-*

stito) roomy; (*piogge*) heavy; (*quantità*) large.

abbondanza *sf* abundance.

abbottonare *v tr* to button (up) ◊ *v rifl* to button one's clothes (up).

abbracciare *v tr* to hug; (*fede, causa*) to embrace; (*carriera*) to take up ◊ *v rifl* to hug.

abbràccio *sm* hug.

abbreviare *v tr* to shorten; (*parola*) to abbreviate.

abbreviazione *sf* abbreviation.

abbronzante *sm* suntan lotion, suntan cream.

abbronzarsi *v rifl* to tan.

abete *sm* fir.

àbile *agg* able, skilful, (*AmE*) skillful; (*astuto*) clever ◊ **abile al servizio militare** fit for military service.

abilità *sf inv* ability, skill; (*astuzia*) cleverness.

abissale *agg* abysmal.

abisso *sm* abyss ◊ **gli abissi marini** the depths of the sea.

abitante *sm/f* inhabitant.

abitare *v intr* (*permanentemente*) to live; (*temporaneamente*) to stay ◊ *v tr* to live in.

abitato *agg* inhabited; (*popolato*) populated ◊ *sm* built-up area.

abitazione *sf* (*casa*) house.

àbito *sm* (*uomo*) suit; (*donna*) dress.

abituarsi *v rifl* to get used (to something).

abitùdine *sf* habit; (*usanza*) custom, use ◊ **per abitudine** out of habit; **prendere brutte abitudini** to pick up bad habits.

abolire *v tr* to abolish; (*legge*) to repeal.

aborto *sm* miscarriage; (*volontario*) abortion.

abrogare *v tr* to repeal.

àbside *sf* apse.

abusivo *agg* (*non autorizzato*) unauthorized; (*illecito*) illegal.

abuso *sm* (*di autorità, di potere, sessuale*) abuse; (*di sostanze*) over-indulgence.

accadèmia *sf* academy.

accadere *v intr* to happen.

accampamento *sm* camp.

accamparsi *v rifl* to camp.

accanto *avv* nearby ◊ *prep* next to, by ◊ *agg inv* next ◊ **lì accanto c'è un pub** nearby there is a pub; **accanto alla finestra** by the window; **abitano nella casa accanto** they live next door.

accappatóio *sm* bathrobe.

accarezzare *v tr* to caress, to stroke; (*animale*) to stroke.

accavallare *v tr* (*gambe, maglia*) to cross ◊ *v rifl* (*accumularsi*) to pile up; (*pensieri, ricordi*) to overlap.

accecare *v tr* to blind.

accelerare *v tr* to accelerate ◊ **accelerare il passo** to quicken one's pace.

acceleratore *sm* accelerator.

accèndere *v tr* (*fuoco, sigaretta*) to light; (*luce, radio*) to switch on, to turn on; (*motore*) to start up; (*desiderio, speranza*) to arouse ◊ *v rifl* to catch fire; (*illuminarsi*) to light up.

accendino *sm* lighter.

accennare *v tr* (*indicare*) to indicate; (*menzionare*) to mention ◊ *v intr* (*alludere a*) to hint (at) ◊ **gli accennò di entrare** he beckoned him to enter; **accennò di sì col capo** he nodded; **accenna a nevicare** it looks like snow.

accenno *sm* hint.

accensione *sf* lighting; (*tecn*) ignition.

accento *sm* accent; (*tonico*) stress.

accertamento *sm* check; (*fin*) assessment; (*giur*) investigation ◊ **accertamento di cassa** cash inventory.

acceso *agg* lighted; lit (up, on); (*luce, TV*) on; (*motore*) running; (*colore*) bright.

accessibile *agg* accessible; (*persona*) approachable; (*prezzi*) reasonable.

accesso *sm* access; (*med*) fit ◊ **divieto d'accesso** no entry.

accessòrio *agg* accessory; (*secondario*) of secondary importance ◊ *sm* accessory ◊ **gli accessòri della macchina** the car's fittings.

accettare *v tr* to accept; (*aderire a*) to agree to.

accettazione *sf* acceptance; (*luogo*) reception.

acciàio *sm* steel ◊ **acciaio inossidabile** stainless steel.

accidentato *agg* uneven.

accidente *sm* accident; (*med*) fit ◊ **non capisce un accidente** she doesn't understand a damn thing.

accidenti *inter* (*meraviglia*) my goodness; (*rabbia*) damn.

acciuga (*pl* -**ghe**) *sf* anchovy ◊ **stretti come acciughe** packed like sardines.

acclùdere *v tr* to enclose ◊ **accludiamo...** please find enclosed ...

accogliente *agg* welcoming; (*confortevole*) cosy.

accoglienza *sf* welcome.

accògliere *v tr* to receive; (*con piacere*) to welcome; (*contenere*) to hold; (*alloggiare*) to accommodate.

accoltellare *v tr* to knife, to stab.

accomodante *agg* accommodating.

accomodarsi *v rifl* (*sedersi*) to take a seat; (*entrare*) to come in.

accompagnamento *sm* accompaniment ◊ **lettera di accompagnamento** covering letter.

accompagnare *v tr* to accompany ◊ *v rifl* (*con persone*) to join up with ◊ **accompagnare i bambini a scuola** to take the children to school; **accompagnare qualcuno alla porta, alla partenza** to see somebody off; **accompagnare qualcuno a casa** to see somebody home.

accompagnatore (-**trice**) *sm* companion; (*turistico*) guide; (*cavaliere, dama*) escort; (*mus*) accompanist.

accontentare *v tr* to satisfy ◊ *v rifl* to be content (with).

acconto *sm* deposit ◊ **un acconto sullo stipendio** an advance on one's salary.

accoppiarsi *v rifl* to pair off; (*animali*) to mate.

5

accorciare v tr to shorten ◊ v rifl to get shorter.

accordare v tr (strumento) to tune; (colori) to match; (concedere) to grant ◊ v rifl (concordare) to agree; (armonizzare) to match.

accordo sm agreement; (mus) chord; (armonia) harmony ◊ **andare d'accordo** to get on well; **essere d'accordo** to agree; **d'accordo!** agreed!; **ha preso degli accordi** he made arrangements.

accòrgersi v rifl (rendersi conto di) to notice; (notare) to notice.

accorgimento sm device.

accòrrere v intr to rush.

accostarsi v rifl (a una persona) to approach (somebody).

accreditare v tr (notizia) to confirm; (una somma) to credit.

accrédito sm crediting ◊ **accredito bancario** bank credit; **nota di accredito** credit note.

accumulare v tr, rifl to accumulate.

accumulatore sm (elettr) accumulator; (auto) battery.

accurato agg careful.

accusa sf accusation; (giur) charge.

accusare v tr to accuse; (giur) to charge; (dolore) to complain of ◊ **accusare ricevuta di una lettera** to acknowledge receipt of a letter.

acerbo agg (frutta) unripe, green; (aspro) sour.

àcero sm maple.

aceto sm vinegar.

acetone sm (med) acetone; (solvente per unghie) nail varnish remover.

acidità sf inv acidity; (stomaco) heartburn.

àcido agg acid; sour (anche fig) ◊ sm acid.

àcino sm (chicco) berry; (d'uva) grape.

acqua sf water ◊ **acqua potabile** drinking water; **acqua corrente** running water; **acqua dolce** fresh water; **acqua salata** salt water.

acquaforte (pl acqueforti) sf etching.

acquamarina sf aquamarine.

acquàrio sm aquarium ◊ **(il segno dell') Acquario** Aquarius.

acquàtico (f -a pl -ci -che) agg aquatic.

acquazzone sm downpour.

acquedotto sm water main.

acquerello sm watercolour; (AmE) watercolor.

acquistare v tr to purchase; (esperienza, terreno) to aquire, to gain.

acquisto sm purchase ◊ **uscire per acquisti** to go shopping.

acrìlico (f -a pl -ci -che) agg acrylic.

acròbata (pl -i -e) sm/f acrobat.

acròpoli sf inv acropolis.

acùstica (pl -che) sf acoustics (scienza, sing; di ambiente, pl).

acùstico (f -a pl -ci -che) agg acoustic.

acuto agg sharp; (suono) shrill; (gramm, mat, med) acute; (vista, senso dell'umorismo) keen; (odore) sharp ◊ sm high note.

adàgio avv (lentamente) slowly; (con cautela) carefully ◊ sm (mus) adagio.

adattamento *sm* adaptation.

adattare *v tr* to adapt; (*aggiustare*) to fit ◊ *v rifl* to adapt oneself; (*essere adatto*) to suit.

adattatore *sm* (*elettr*) adaptor.

adatto *agg* suitable; (*giusto*) right ◊ **adatto a tutti** suitable for everybody.

addebitare *v tr* to debit.

addébito *sm* charge, debit ◊ **nota di addebito** debit note.

addestrare *v tr* to train.

addetto *agg* (*adibito*) assigned ◊ *sm* employed ◊ **addetto alle vendite** salesperson; **non addetto ai lavori** unauthorized person.

addio *sm, inter* good-bye ◊ **addio al celibato** stag party.

addirittura *avv* (*assolutamente*) absolutely; (*perfino*) even.

additivo *sm* additive.

addizione *sf* addition, sum.

addolcire *v tr* to sweeten; (*fig*) to soften ◊ *v rifl* to mellow ◊ **addolcire la pillola** to sugar the pill.

addolorare *v tr* to grieve ◊ *v rifl* to be upset.

addome *sm* abdomen.

addomesticare *v tr* to tame.

addormentarsi *v rifl* to go to sleep.

addormentato *agg* asleep, sleeping; (*fig*) dopey.

addosso *avv* (*indosso*) on ◊ *prep* (*su*) on; (*vicino*) close to; (*contro*) into ◊ **ho una gran paura addosso** I'm really scared; **il cane mi è saltato addosso** the dog jumped on me; **biciclette una addosso all'altra** bikes on top of each other.

adeguare *v tr* to adjust ◊ *v rifl* to conform oneself ◊ **adeguarsi ai tempi** to go with the times.

adeguato *agg* adequate.

aderente *agg* (*abito*) close-fitting ◊ *sm/f* follower.

aderire *v intr* (*stare attaccato*) to adhere, to stick; (*opinione*) to support; (*proposta*) to agree; (*partito*) to join.

adesivo *agg* adhesive ◊ *sm* sticker.

adesso *avv* now, at present; (*poco fa*) just now; (*fra poco*) any moment now ◊ **per adesso** for the moment; **da adesso in poi** from now on.

adolescente *sm/f* adolescent, teenager.

adoperare *v tr* to use ◊ *v rifl* to work.

adorare *v tr* to adore; (*relig*) to worship.

adottare *v tr* to adopt.

adottivo *agg* (*genitore*) adoptive; (*figlio, patria*) adopted.

adozione *sf* adoption.

adriàtico (*f -a pl -ci -che*) *agg* Adriatic ◊ *sm* the Adriatic.

adulterato *agg* adulterated.

adulto *agg* adult; (*fig*) mature ◊ *sm* adult, grown-up.

aèreo *agg* aerial; (*del volo*) air ◊ *sm* plane ◊ **fotografia aerea** aerial photograph; **posta aerea** air mail; **incidente aereo** plane crash; **andare in aereo** to fly.

aerodinàmico (*f -a pl -ci -che*) *agg* aerodynamic; (*affusolato*) streamlined.

aeronàutica (*pl -che*) *sf* aeronautics; (*milit*) Air Force ◊ **l'aero-nautica militare britannica** the Royal Air Force.

aeroplano *sm* (*BrE*) aeroplane, (*AmE*) airplane.

aeroporto *sm* airport.

aerosol *sm inv* aerosol.

afa *sf* sultriness ◊ **c'è un'afa ...** it's sultry.

affacciarsi *v rifl* (*apparire*) to appear (at); (*fig*) to occur; (*dare su, guardare*) to face, to overlook.

affamato *agg* hungry, starving.

affannarsi *v rifl* (*preoccuparsi*) to worry; (*darsi da fare*) to be at pains (to).

affare *sm* (*faccenda*) matter, business ◊ *pl* business (*sing*) ◊ **questo è un affare** this is a bargain; **un grosso giro d'affari** big business; **parlare d'affari** to talk shop; **gli affari sono affari** business is business; **mettersi in affari** to go into business; **affare fatto** settled, agreed.

affascinante *agg* (*storia, lettura, città*) fascinating; (*persona*) charming; (*seducente*) glamorous.

affaticarsi *v rifl* to tire oneself out ◊ **affaticarsi gli occhi** to strain one's eyes.

affatto *avv* completely, entirely ◊ **niente affatto** not at all; **non mi meraviglia affatto** I'm not at all surprised.

affermare *v tr* (*asserire*) to maintain, to claim; (*la propria innocenza*) to affirm; (*diritti, autorità*) to assert ◊ *v rifl* to establish oneself.

affermazione *sf* (*dichiarazione*) statement; (*successo*) success, achievement.

afferrare *v tr* (*oggetto*) to seize, to catch; (*capire*) to grasp.

affettare *v tr* (*fare a fette*) to slice; (*ostentare*) to affect.

affettato *sm* (*carne*) sliced meat, cold meat ◊ *agg* (*sorriso, modi*) affected.

affetto *sm* affection ◊ *agg* (*med*) suffering (from) ◊ **Con affetto, Anna** (With) love, Anna.

affettuoso *agg* affectionate ◊ **Un saluto affettuoso, Anna** Love, Anna.

affezionato *agg* affectionate, attached, devoted.

affidàbile *agg* reliable, dependable.

affidamento *sm* (*di minori*) fostering ◊ **faccio affidamento su di te** I rely on you; **affidamento in prova al servizio sociale** probation.

affidare *v tr* to entrust ◊ *v rifl* to trust (in, on) ◊ **lui le ha affidato l'incarico** he entrusted her with the task; **ha affidato i bambini alla nonna** she entrusted the children to their granny.

affilare *v tr* to sharpen.

affinché *cong* so that, in order that.

affine *agg* similar.

affinità *sf inv* affinity.

affissione *sf* billposting ◊ **vietata l'affissione** stick no bills.

affittacàmere *sm/f inv* landlord (*m*), landlady (*f*).

affittare *v tr* (*dare in affitto*) to let; (*prendere in affitto*) to rent; (*macchinari*) to lease; (*noleggiare*) to hire ◊ **affittasi** (*BrE*) to let, (*AmE*) for rent.

affitto *sm* rent ◊ **dare in affitto** to let; **prendere in affitto** to rent.

afflitto *agg* (*depresso*) distressed ◊ **afflitto da** suffering from; **avere un'aria afflitta** to have a miserable face.

affluenza *sf* (*di gente*) turnout.

affluire *v intr* (*di gente*) to pour in.

affogare *v tr/intr* to drown.

affollamento *sm* (over-)crowding.

affollare *v tr, rifl* to crowd.

affollato *agg* crowded.

affondare *v tr/intr, rifl* to sink.

affrancare *v tr* (*lettera*) to stamp; (*schiavo*) to free.

affrancatura *sf* (*francobolli*) postage; (*operazione*) stamping.

affresco (*pl* **-chi**) *sm* fresco.

affrettarsi *v rifl* to hurry.

affrettato *agg* hurried.

affrontare *v tr* to face; (*problema*) to tackle; (*spesa*) to meet ◊ *v rifl* (*scontrarsi*) to clash (with).

affumicato *agg* smoked.

afoso *agg* sultry.

africano *agg*, *sm* African.

afrodisiaco (*f* **-a** *pl* **-ci -che**) *agg*, *sm* aphrodisiac.

agenda *sf* diary.

agente *sm/f* agent; (*polizia*) policeman (*m*), policewoman (*f*) ◊ *sm* (*med*, *chim*) agent.

agenzia *sf* agency; (*succursale*)

branch office; (*bancaria*) branch ◊ **agenzia di viaggi** travel agency.

agevolazione *sf* facilitation.

aggettivo *sm* adjective.

aggiornamento *sm* update ◊ **corso di aggiornamento** refresher course.

aggiornare *v tr* (*rinviare*) to postpone; (*mettere al corrente*) to update; (*rendere attuale*) to bring up to date ◊ *v rifl* to keep up to date.

aggirare *v tr* to surround; (*ostacolo*) to get round ◊ *v rifl* to hang about; (*cifra*) to be about.

aggiudicare *v tr* to award; (*vendita all'asta*) to knock down.

aggiùngere *v tr* to add.

aggiunta *sf* addition.

aggravarsi *v rifl* to worsen.

aggredire *v tr* to attack.

aggressione *sf* aggression; (*attacco*) attack.

aggressivo *agg* aggressive.

aggrovigliare *v tr* to tangle ◊ *v rifl* to get entangled; (*fig*) to get complicated.

agguato *sm* ambush; (*tranello*) trap ◊ **stare in agguato** to lie in wait.

agiato *agg* (*persona*) well off; (*vita*) comfortable.

agibile *agg* (*fattibile*) feasible; (*edificio*) fit for use; (*strada*) passable.

àgile *agg* agile.

agilità *sf inv* agility.

àgio *sm* ease ◊ **sentirsi a proprio agio** to be at one's ease.

agire *v tr* to act; (*comportarsi*) to behave; (*funzionare*) to work.

agitare v tr (scuotere) to shake; (sventolare) to wave; (turbare) to upset ◊ v rifl (muoversi con irrequietezza) to toss about; (emozionarsi) to get excited; (preoccuparsi) to fret; (bambino) to fidget; (mare) to get rough.

agitazione sf agitation ◊ **mi hai messo in agitazione** you got me worried.

agli prep articolata v. a + gli.

àglio sm garlic.

agnello sm lamb; (pelle) lambskin.

ago (pl -ghi) sm needle; (bilancia ecc.) pointer, index.

agonìa sf agony.

agonìstico (f -a pl -ci -che) agg competitive.

agopuntura sf acupuncture.

agosto sm inv August.

agrìcolo agg agricultural ◊ **azienda agrìcola** farm; **prodotti agrìcoli** agricultural produce.

agricoltore sm farmer.

agricoltura sf agriculture.

agrifòglio sm holly.

agriturismo sm farm holiday.

agrodolce agg bitter-sweet; (cucina) sweet-and-sour.

agrume sm citrus fruit; (albero) citrus tree.

ahi inter ouch.

ai prep articolata v. a + i.

àia sf threshing-floor.

Aids sm (med) AIDS.

airone sm heron.

aiuola sf flower-bed; (spartitraffico) central reservation, (AmE) median strip.

aiutante sm/f assistant.

aiutare v tr to help.

aiuto sm help, aid; (assistente) assistant.

al prep articolata v. a + il.

ala (pl -i) sf wing (anche sport).

alano sm (zool) Great Dane.

alba sf dawn.

albanese agg, sm/f Albanian.

albergo (pl -ghi) sm hotel.

àlbero sm tree; (mar) mast; (meccanica) shaft.

albicocca (pl -che) sf apricot.

àlbum sm inv album; (disegno) sketch-book.

albume sm albumen.

alce sm elk.

àlcol sm inv alcohol; (liquore) spirit, alcohol ◊ **darsi all'àlcol** to take to drink; **sotto l'influsso dell'àlcol** under the influence of alcohol.

alcòlico (f -a pl -ci -che) agg alcoholic ◊ sm alcoholic drink.

alcolismo sm alcoholism.

alcolizzato sm alcoholic.

alcuno agg, pron (in frasi affermative) some, a few (pl); (in frasi negative, dubitative) (not) any, no ◊ **ci sono alcuni indizi** there are some clues; **ne hanno prese alcune** they took a few; **alcuni miei amici** some of my friends; **non c'è alcun dubbio** there is no doubt; **non ha alcun diritto** he has no right, he hasn't any right; **secondo alcuni** according to some people.

alfabeto sm alphabet.

alga (pl -ghe) sf seaweed.

algerino agg, sm Algerian.

aliante *sm* glider.

àlibi *sm inv* alibi.

alice *sf* anchovy.

alieno *sm* alien.

alimentare *v tr* (*nutrire*) to feed; (*speranze*) to nurse; (*dubbi*) to fuel ◊ *v rifl* to feed on ◊ *agg* food ◊ (**negozio di**) **alimentari** grocer's; **industria alimentare** food industry; **generi alimentari** foodstuffs; **abitudini alimentari** dietary habits.

alimentazione *sf* (*nutrizione*) nutrition; (*regime alimentare*) diet; (*elettr*) supply; (*tecn*) feeding ◊ **un'alimentazione sana** a healthy diet.

alimento *sm* food ◊ *pl* (*cibi*) foodstuffs; (*giur*) alimony (*sing*).

aliscafo *sm* hydrofoil.

alisèi *sm pl* (*venti*) trade-winds.

àlito *sm* breath.

alla *prep articolata* v. **a + la**.

allacciamento *sm* (*gas, telefono ecc.*) connection, link.

allagamento *sm* (*atto*) flood; (*effetto*) flooding.

allagare *v tr* to flood ◊ *v rifl* to become flooded.

allargare *v tr, rifl* to widen; (*braccia, gambe*) to open; (*vestito*) to let out; (*attività, confini*) to extend.

allarmare *v tr* to alarm ◊ *v rifl* to panic.

allarme *sm* alarm ◊ **dare l'allarme** to raise the alarm; **falso allarme** false alarm.

allattare *v tr* (*bambino*) to feed; (*animale*) to suckle; (*al seno*) to

breast-feed (*artificialmente*) to bottle-feed.

alle *prep articolata* v. **a + le**.

alleanza *sf* alliance.

allegare *v tr* (*accludere*) to enclose; (*e-mail*) to attach.

allegato *agg* (*accluso*) enclosed; (*e-mail*) attached.

alleggerire *v tr* (*togliere peso*) to lighten; (*coscienza*) to ease ◊ *v rifl* (*vestire più leggero*) to wear lighter clothes ◊ **mi hanno alleggerito del portafoglio** I have been relieved of my wallet.

allegria *sf* cheerfulness ◊ **dare allegria, mettere (in) allegria** to cheer up.

allegro *agg* cheerful; (*brillo*) merry; (*colore*) bright ◊ *sm* (*mus*) allegro.

allenamento *sm* training.

allenare *v tr, rifl* to train.

allenatore (**-trice**) *sm* trainer, coach.

allergìa *sf* allergy.

allèrgico (*f* -*a pl* -*ci* -*che*) *agg* allergic (to).

allestire *v tr* to prepare; (*spettacolo*) to stage; (*vetrina*) to dress; (*mostra*) to organize.

allevamento *sm* breeding; (*luogo*) farm; (*cavalli da corsa*) stud (-farm).

allevare *v tr* (*bambini*) to bring up; (*animali*) to breed.

allievo *sm* pupil; (*milit*) cadet.

alligatore *sm* (*zool*) alligator.

allineare *v tr* to line up, to align.

allo *prep articolata* v. **a + lo**.

allòdola *sf* skylark.

alloggiare *v tr* to accommodate ◊ *v intr* to stay.

allòggio *sm* accommodation; (*casa*) house; (*appartamento*) flat.

allontanare *v tr* to move away; (*licenziare*) to dismiss; (*alienare*) to alienate ◊ *v rifl* to go away.

allora *avv* then; (*in quel periodo*) at that time; (*in tal caso*) in that case ◊ **da allora in poi** from then on; **fino ad allora** until then.

alloro *sm* laurel; (*cuc*) bay.

àlluce *sm* (*anat*) big toe.

allucinante *agg* (*impressionante*) shocking; (*incredibile*) unbelievable.

allucinazione *sf* hallucination.

allumìnio *sm* aluminium, (*AmE*) aluminum.

allungare *v tr* to lengthen; (*gamba*) to stretch (out); (*estendere*) to extend; (*vita*) to prolong; (*passare*) to pass; (*diluire*) to dilute ◊ *v rifl* to grow longer; (*crescere*) to grow taller; (*sdraiarsi*) to stretch out.

alluvione *sf* flood.

almeno *avv* at least ◊ **se almeno mi scrivesse!** if only he would write to me!

alògeno *agg* halogen.

alpinismo *sm* mountaineering.

alpino *agg* alpine.

alt *inter, sm* stop.

altalena *sf* swing; (*con tavola a bilico*) see-saw.

altare *sm* altar.

alterare *v tr* to alter; (*falsificare*) to falsify; (*cibo*) to adulterate ◊ *v rifl* to change; (*cibo*) to go bad;

(*arrabbiarsi*) to get angry; (*merci*) to deteriorate.

alterazione *sf* alteration, change; (*deterioramento*) deterioration; (*falsificazione*) falsification.

alternativa *sf* alternative.

alterno *agg* alternate ◊ **a giorni alterni** every other day.

altezza *sf* height; (*profondità*) depth; (*altitudine*) altitude; (*di stoffa*) width; (*titolo*) Highness ◊ **essere all'altezza di** to be up to.

altitùdine *sf* altitude.

alto *agg* high; (*profondo*) deep; (*statura*) tall ◊ *sm* top ◊ **ad alta voce** in a loud voice, aloud; **alto dirigente** top manager; **dall'alto della collina** from the top of the hill; **alta Italia** Northern Italy; **guardare in alto** to look up; **mani in alto!** hands up!

altoparlante *sm* loudspeaker.

altopiano (*pl* **altipiani**) *sm* upland, tableland.

altrettanto *agg, pron* as much, as many (*pl*) ◊ *avv* likewise ◊ **grazie, altrettanto!** thanks, the same to you!

altrimenti *avv* otherwise.

altro *agg, pron* other; (*in più*) more ◊ *pl* (*altre persone*) other people ◊ *sm* something else ◊ **un altro, un'altra** another; **d'altra parte** on the other hand; **prendine un altro** take another one; **ne vorrei dell'altro** I'd like some more; **l'altro ieri** the day before yesterday; **l'uno e l'altro** both; **l'un l'altro** one another; **c'è qualcun altro?** is there anybody else?;

nessun altro nobody else; **tra l'altro** among other things; **non faccio altro che studiare** I do nothing but study.

altrove *avv* somewhere else.

alunno *sm* pupil.

alveare *sm* hive.

alzare *v tr* to raise ◊ *v rifl* to rise; *(in piedi)* to stand up; *(dal letto)* to get up.

amàbile *agg* lovable; *(vino)* sweet.

amaca *(pl -che) sf* hammock.

amante *sm/f* lover ◊ *agg* fond (of) ◊ **amante della natura** nature lover.

amare *v tr* to love, to be fond of ◊ *v rifl (a vicenda)* to love each other, to love one another.

amarena *sf (bot)* sour black cherry.

amaretto *sm (biscotto)* macaroon.

amarezza *sf* bitterness.

amaro *agg* bitter ◊ *sm* bitterness; *(liquore)* bitters *(pl)*.

ambasciata *sf* embassy; *(messaggio)* message.

ambasciatore (-trice) *sm* ambassador.

ambientale *agg* environmental.

ambientalista *(pl -i -e) agg, sm/f* environmentalist.

ambientare *v tr* to acclimatize; *(film)* to set ◊ *v rifl* to settle in.

ambiente *sm* environment; *(stanza)* room; *(sociale, di lavoro)* milieu.

ambìguo *agg* ambiguous; *(persona)* shady.

ambizione *sf* ambition.

ambizioso *agg* ambitious.

ambra *sf* amber.

ambulante *agg* travelling ◊ *sm/f* pedlar ◊ **biblioteca ambulante** mobile library.

ambulanza *sf* ambulance.

ambulatòrio *sm* surgery; *(ospedale)* out-patients' (department).

americano *agg, sm* American.

ametista *sf* amethyst.

amianto *sm (miner)* asbestos.

amichévole *agg* friendly.

amicizia *sf* friendship.

amico *(f -a pl -ci -che) sm* friend; *(amante)* lover ◊ *agg* friendly.

àmido *sm* starch.

ammaccatura *sf (frutta, pelle)* bruise; *(metallo)* dent.

ammalarsi *v rifl* to fall ill.

ammalato *agg* ill ◊ *sm* sick person; *(paziente)* patient.

ammazzare *v tr* to kill ◊ *v rifl (suicidarsi)* to kill oneself; *(restare ucciso)* to be killed ◊ **si ammazza di lavoro** he works himself to death.

ammèttere *v tr* to admit ◊ **ammesso che** supposing that.

ammezzato *sm* mezzanine.

amministrare *v tr* to administer; *(gestire)* to run.

amministrativo *agg* administrative.

amministratore (-trice) *sm* administrator; *(di azienda)* manager; *(di società)* director ◊ **amministratore delegato** managing director.

amministrazione *sf* administration.

ammiràglio *sm* admiral.

ammirare *v tr* to admire.

ammiratore (-trice) *sm* admirer; *(di divo)* fan.

ammirazione *sf* admiration.

ammissione *sf* admission ◊ **esame d'ammissione** entrance examination.

ammobiliato *agg* furnished.

ammoníaca *(pl -che)* *sf* ammonia.

ammonizione *sf* reprimand; *(sport)* warning.

ammortizzare *v tr (econ, debito)* to amortize; *(meccanica)* to damp.

ammortizzatore *sm* shock-absorber.

ammucchiare *v tr, rifl* to pile up.

ammuffire *v intr, rifl* to go mouldy.

ammuffito *agg* mouldy.

amnistía *sf* amnesty.

amo *sm* hook; *(fig)* bait.

amore *sm* love ◊ **fare l'amore (con)** to make love (to); **amor proprio** self-respect.

ampio *agg* wide; *(spazioso)* spacious; *(vestito)* loose ◊ **di ampio respiro** far-reaching.

amplificare *v tr* to amplify.

amplificatore *sm* amplifier.

amputare *v tr* to amputate.

amputazione *sf* amputation.

amuleto *sm* amulet.

anabbagliante *agg* dipped ◊ **fari anabbaglianti** dipped headlights.

anàgrafe *sf (ufficio)* registry office.

analcòlico *(f -a pl -ci -che)* *agg* non-alcoholic ◊ *sm* non-alcoholic drink.

analfabeta *(pl -i -e)* *agg, sm/f* illiterate.

analgèsico *(f -a pl -ci -che)* *agg, sm* painkiller.

anàlisi *sf inv* analysis; *(med)* test.

analizzare *v tr* to analyse; *(AmE)* to analyze; *(med)* to test.

analògico *(f -a pl -ci -che)* *agg (informatica)* analog, analogue.

ànanas *sm inv* pineapple.

anarchía *sf* anarchy.

anàrchico *(f -a pl -ci -che)* *agg* anarchic ◊ *sm* anarchist.

anatomía *sf* anatomy.

ànatra *sf* duck.

anca *(pl -che)* *sf* hip.

anche *cong* also, too; *(perfino)* even ◊ **anch'io** me too; **non solo... ma anche...** not only... but also; **anche se** even if.

àncora *sf* anchor ◊ **gettare l'àncora** to cast anchor.

ancóra *avv* still, yet; *(di nuovo)* again; *(di più)* some more ◊ *cong* even, still ◊ **sei ancora qui?** are you still here?; **ne vorrei ancora** I'd like some more; **non ancora** not yet; **fermati ancora un po'** stay a little longer; **è ancora più stanco di me** he's even more tired than me.

andare *v intr* to go; *(funzionare)* to work ◊ *sm inv* going ◊ **andar via** to leave; **andare a piedi** to walk; **andare a male** to go off; **andare d'accordo con** to get on well with; **andarsene** to go away;

come va? how are things?; **ti va di uscire?** do you feel like going out?; **va da sé che** it goes without saying that; **a lungo andare** eventually.

andata sf outward journey ◊ **biglietto di andata, di andata e ritorno,** single, return ticket.

anello sm ring; (di catena) link.

anestesìa sf (med) anaesthesia, (AmE) anesthesia ◊ **anestesìa locale** local anaesthesia.

anfìbio agg amphibious ◊ sm amphibian; (calzatura) heavy-duty boot.

anfiteatro sm amphitheatre, (AmE) amphitheater.

ànfora sf amphora.

àngelo sm angel ◊ **angelo custode** guardian angel.

anglicano agg, sm Anglican.

anglòfono agg English-speaking ◊ sm English-speaker.

àngolo sm corner; (mat) angle.

angòscia (pl -sce) sf anguish.

anguilla sf eel.

angùria sf watermelon.

ànice sm (bot) anise; (cuc) aniseed.

ànima sf soul ◊ **non c'era anima viva** there wasn't a soul about; **anima gemella** soul mate.

animale agg, sm animal.

animalista (pl -i -e) agg, sm/f animalist.

animare v tr to enliven ◊ v rifl to come to life.

animato agg animated, lively; busy ◊ **cartoni animati** (animated) cartoons.

animatore (-trice) sm animator; (di una festa) leading spirit.

ànimo sm mind; (coraggio) courage ◊ **stato d'animo** state of mind; **fatti animo** take heart; **perdersi d'animo** to lose heart.

annacquare v tr to water, to dilute.

annaffiare v tr to water.

annaffiatóio sm watering can.

annata sf year ◊ **vino d'annata** vintage wine.

annegare v tr/intr, rifl to drown.

anniversàrio sm anniversary.

anno sm year ◊ **quanti anni hai?** how old are you?; **gli anni 20** the 20s; **un bambino di 10 anni** a 10-year-old child; **buon anno !** Happy New Year!

annodare v tr to knot.

annoiare v tr to bore ◊ v rifl to get bored; (condizione) to be bored.

annotare v tr to note down.

annuale agg annual, yearly.

annullare v tr to cancel; (gol) to disallow.

annunciare v tr to announce.

annùncio sm announcement; (pubblicitario) advertisement.

annusare v tr to smell (anche fig); (cane) to sniff.

ano sm (anat) anus.

anònimo agg anonymous ◊ sm unknown person.

ànsia sf anxiety.

ansimare v intr to pant, to gasp.

ansioso agg anxious.

antàrtico (f -a pl -ci -che) agg Antarctic.

antenato sm ancestor.

15

antenna sf (radio, TV) aerial ◊ **antenna parabolica** satellite dish.

anteprima sf (cinema) preview.

anteriore agg front; (nel tempo) previous.

antibiòtico (f -a pl -ci -che) agg, sm antibiotic.

anticàmera sf ante-room ◊ **fare anticamera** to be kept waiting.

antichità sf inv antiquity; (oggetto) antique.

anticipare v tr to advance; (pagamenti) to pay in advance.

antìcipo sm advance; (caparra) deposit ◊ **arrivare in anticipo** to arrive early.

antico (f -a pl -chi -che) agg ancient; (mobile) antique.

anticoncezionale agg, sm contraceptive.

anticorpo sm antibody.

antidolorìfico (f -a pl -ci -che) agg analgesic ◊ sm painkiller.

antìdoto sm antidote.

antifórfora agg inv anti-dandruff.

antifurto agg inv anti theft ◊ sm anti-theft device; (allarme) alarm.

antigelo agg, sm inv antifreeze.

antìlope sf antelope.

antincèndio agg inv fire.

antipasto sm hors d'oeuvre, starter.

antipatìa sf antipathy.

antipàtico (f -a pl -ci -che) agg unpleasant.

antìpodi sm pl antipodes.

antiproièttile agg bullet-proof ◊ **giubbotto antiproiettile** bulletproof jacket.

antiquariato sm antiques (pl), antique trade.

antiquàrio sm antique dealer.

antisèttico (f -a pl -ci -che) agg antiseptic.

antistamìnico (f -a pl -ci -che) agg, antihistaminic ◊ sm antihistamine.

antitetànica (pl -che) sf (med) tetanus injection.

antologìa sf anthology.

anulare sm ring finger.

anzi cong in fact; (al contrario) on the contrary; (o meglio) or rather.

anziano agg elderly.

anziché cong rather than.

anzitutto avv first of all.

ape sf bee; (maschio) drone.

aperitivo sm aperitif.

aperto agg open; (gas) on ◊ **all'aperto** outdoor.

apertura sf opening; (inizio) beginning; (ampiezza) spread ◊ **apertura mentale** openness.

apòstolo sm apostle.

appalto sm contract.

appannarsi v rifl (vetro) to mist; (vista) to blur.

apparato sm apparatus; machinery.

apparecchiare v tr to prepare ◊ v intr to lay the table.

apparécchio sm apparatus; (congegno) device; (denti) (BrE) brace, (AmE) braces (pl); (TV) set ◊ **apparecchio acustico** hearing aid.

apparente agg apparent.

apparenza sf appearance.

apparire *v intr* to appear; (*sembrare*) to look.

apparizione *sf* apparition.

appartamento *sm* flat, (*AmE*) apartment.

appartarsi *v rifl* to withdraw.

appartenere *v intr* to belong.

appassionato *agg* passionate ◊ **appassionato di** fond of.

appello *sm* appeal; (*chiamata per nome*) rollcall; (*università*) exam session ◊ **fare l'appello** to call the roll.

appena *avv* (*a stento*) hardly; (*da poco*) just ◊ **non appena** as soon as.

appéndere *v tr* to hang (up).

appendicite *sf* (*med*) appendicitis.

appetito *sm* appetite ◊ **buon appetito!** enjoy your meal!

appiccicoso *agg* sticky; (*persona*) clinging.

appìglio *sm* handhold; (*fig*) pretext.

applaudire *v tr* to applaud.

applàuso *sm* applause.

applicare *v tr* to apply ◊ *v rifl* to apply oneself.

applicazione *sf* application; (*uso*) use.

appoggiare *v tr* to lean; (*mettere*) to put; (*sostenere*) to back ◊ *v rifl* to lean against; (*fig*) to rely on.

appòggio *sm* support.

appòsito *agg* special; provided.

apposta *avv* on purpose.

apprendista (*pl* **-i -e**) *smf* apprentice.

apprezzare *v tr* to appreciate.

appròccio *sm* approach.

approfittare *v intr, rifl* to take advantage of, to profit by.

approfondire *v tr* to deepen.

approssimativo *agg* approximate, rough.

approvare *v tr* to approve of; (*legge*) to approve.

appuntamento *sm* appointment, date.

appunto *sm* note ◊ *avv* exactly.

apribottiglie *sm inv* bottle-opener.

aprile *sm inv* April ◊ **pesce d'aprile** April fool.

aprire *v tr, rifl* to open; (*con chiave*) to unlock; (*gas*) to turn on; (*ferita*) to open up; (*spaccarsi*) to split.

apriscàtole *sm inv* tin-opener.

àquila *sf* eagle.

aquilone *sm* kite.

àrabo *agg* Arab; (*lingua*) Arabic ◊ *sm* Arab; (*lingua*) Arabic.

aràchide *sf* (*bot*) peanut, groundnut.

aragosta *sf* lobster.

arància (*pl* **-ce**) *sf* orange.

aranciata *sf* orangeade.

aràncio *sm* orange tree; (*colore*) orange.

arancione *agg, sm* orange.

aratro *sm* (*BrE*) plough, (*AmE*) plow.

arazzo *sm* tapestry.

àrbitro *sm* (*sport*) referee; (*cricket, tennis, baseball*) umpire.

archeologìa *sf* arch(a)eology.

architettura *sf* architecture.

archìvio *sm* archives (*pl*); (*inform*) file.

arco (pl -chi) sm arch; (mat) arc; (arma, mus) bow; (lasso di tempo) space.

arcobaleno sm rainbow.

ardèsia sf slate.

àrea sf area ◊ **area di rigore** penalty area.

arena sf (corride) bull-ring; (sabbia) sand.

argento sm silver.

argilla sf clay.

àrgine sm embankment; (diga) dyke.

argomento sm (ragionamento) argument; (soggetto) subject.

ària sf air; (aspetto) appearance; (mus) tune ◊ **corrente d'aria** draught, (AmE) draft; **andare all'aria** to come to nothing; **ha l'aria contenta** he looks happy; **darsi delle arie** to put on airs.

àrido agg arid.

ariete sm ram ◊ **(il segno dell') Ariete** Aries.

aringa (pl -ghe) sf herring.

aristocràtico (f -a pl -ci -che) agg aristocratic ◊ sm aristocrat.

aritmètica sf arithmetic.

arma (pl -i) sf weapon ◊ pl arms; (corpo) (armed) forces ◊ **arma da fuoco** firearm.

armàdio sm cupboard; (guardaroba) wardrobe.

armare v tr to arm; (mar) to fit out; (edilizia) to reinforce ◊ v rifl to arm oneself (with).

armatore (-trice) sm shipowner.

armeno agg, sm Armenian.

armistìzio sm armistice.

armonìa sf harmony.

armònica (pl -che) sf ◊ **armonica a bocca** mouth organ.

arnese sm (utensile) tool; (congegno) gadget; (cosa) thing.

aroma (pl -i) sm aroma ◊ pl (erbe) herbs.

aromàtico (f -a pl -ci -che) agg aromatic.

arrabbiarsi v rifl to get angry.

arrabbiato agg angry.

arredamento sm furnishing.

arrèndersi v rifl to surrender.

arrestare v tr (giur) to arrest; (fermare) to stop ◊ v rifl to halt.

arresto sm stop; (med, giur) arrest.

arretrato agg (paese, persona) backward ◊ sm (stipendio) back pay ◊ **del lavoro arretrato** a backlog of work.

arricchire v tr to enrich ◊ v rifl to get rich.

arrivare v intr to arrive; (raggiungere) to reach; (ridursi a) to be reduced to.

arrivederci inter goodbye ◊ **arrivederci a lunedì** see you on Monday.

arrivo sm arrival; (sport) finish.

arrogante agg arrogant.

arrossire v intr to blush.

arrosto agg, sm roast.

arrotondare v tr (cifra) to round off.

arrugginire v tr to rust ◊ v rifl to go rusty.

arruolare v tr, rifl to enlist.

arsenale sm arsenal; (cantiere) dockyard.

arsura sf scorching heat; (sete) thirst.

arte *sf* art; (*abilità*) craftmanship. ◊ **belle arti** fine arts; **nome d'arte** (*attore*) stage name, (*scrittore*) pen name.

artèria *sf* (*med, strada*) artery.

àrtico (*f* **-a** *pl* **-ci -che**) *agg* Arctic.

articolazione *sf* (*anat*) articulation.

artìcolo *sm* article; (*comm*) article, item.

artificiale *agg* artificial.

artigianale *agg* craftmade.

artigianato *sm* craftmanship.

artigiano *sm* craftsman.

artìglio *sm* claw; (*fig*) clutch.

artista (*pl* **-i -e**) *sm/f* artist.

arto *sm* limb.

ascella *sf* armpit.

ascensore *sm* (*BrE*) lift, (*AmE*) elevator.

ascesso *sm* (*med*) abscess.

àscia (*pl* **asce**) *sf* axe.

asciugacapelli *sm inv* hair dryer.

asciugamano *sm* towel.

asciugare *v tr* to dry ◊ *v rifl* to dry oneself; (*diventare asciutto*) to dry up.

asciutto *agg* dry; (*risposta*) curt.

ascoltare *v tr* to listen (to).

ascolto *sm* listening, hearing ◊ **dare ascolto** to listen.

asfalto *sm* asphalt.

asfissìa *sf* suffocation; asphyxiation.

asiàtico (*f* **-a** *pl* **-ci -che**) *agg, sm* Asian.

asilo *sm* nursery (school); (*politico*) asylum ◊ **asilo nido** nursery school.

àsino *sm* donkey, ass; (*fig*) fool.

asma *sf* asthma.

àsola *sf* buttonhole.

aspàrago (*pl* **-gi**) *sm* asparagus.

aspettare *v tr* to wait for ◊ *v rifl* to expect ◊ **aspetto che arrivi** I'm waiting for him to come; **farsi aspettare (da qualcuno)** to keep somebody waiting; **aspettare un bambino** to be expecting (a baby).

aspettativa *sf* expectation; (*congedo*) leave (of absence).

aspetto *sm* appearance; (*questione*) aspect ◊ **sala d'aspetto** waiting room.

aspirapòlvere *sm inv* vacuum cleaner.

aspirare *v tr* to inhale ◊ *v intr* to aspire (to).

aspirina *sf* aspirin.

asportare *v tr* to remove.

asporto *sm* removal ◊ **pizza da asporto** takeaway pizza.

aspro *agg* (*sapore*) sour; (*parole*) harsh; (*lotta*) bitter.

assaggiare *v tr* to taste.

assàggio *sm* tasting.

assalire *v tr* to attack.

assalto *sm* attack; (*banca*) hold up.

assassinare *v tr* to murder.

assassino *sm* murderer.

asse *sf* board ◊ *sm* (*mat*) axis ◊ **asse da stiro** ironing board.

assecondare *v tr* to support.

assèdio *sm* siege.

assegno *sm* (*bancario*) (*BrE*) cheque; (*AmE*) check ◊ **assegno a vuoto, scoperto** uncovered cheque; **assegno circolare** bank draft, banck cheque; **assegno**

non trasferibile non-negotiable cheque; **assegno al portatore** cheque payable to bearer.

assemblèa *sf* assembly; (*riunione*) meeting.

assente *agg* absent; (*distratto*) absent-minded ◊ *sm/f* absentee.

assenteismo *sm* absenteeism.

assessore *sm* councillor.

assetato *agg* thirsty.

assicurare *v tr* to assure; (*casa, vita*) to insure, (*AmE*) to assure ◊ *v rifl* to make sure.

assicuratore (-trice) *sm* insurer.

assicurazione *sf* assurance; (*contratto*) insurance.

assideramento *sm* exposure.

assìduo *agg* assiduous; (*cliente*) regular.

assistente *sm/f* assistant; (*esame*) invigilator ◊ **assistente sociale** social worker; **assistente di volo** (*maschio*) steward; (*femmina*) stewardess, (air) hostess.

assìstere *v tr* to be present; (*aiutare*) to assist.

asso *sm* ace ◊ **piantare in asso** to leave in the lurch.

associarsi *v rifl* to join.

associazione *sf* association.

assolutamente *avv* absolutely.

assoluto *agg* absolute.

assoluzione *sf* (*giur*) acquittal, discharge; (*relig*) absolution.

assòlvere *v tr* (*giur*) to acquit, to discharge; (*relig*) to absolve.

assomigliare *v intr* to be like ◊ *v rifl* to resemble each other.

assorbente *agg* absorbent ◊ *sm* (*igienico*) sanitary towel.

assorbire *v tr* to absorb.

assordante *agg* deafening.

assortimento *sm* assortment.

assuefazione *sf* inurement, tolerance; (*droga*) addiction.

assùmere *v tr* to assume; (*impiegato*) to employ.

assurdità *sf inv* absurdity.

assurdo *agg* absurd.

asta *sf* pole; (*vendita*) auction.

astèmio *sm* teetotaller.

astenersi *v rifl* to abstain.

àstice *sm* lobster.

astigmàtico (*f* -a *pl* -ci -che) *agg* astigmatic.

astro *sm* star.

astrologìa *sf* astrology.

astròlogo (*pl* -gi) *sm* astrologer ◊ **astrologa** astrologer.

astronàuta (*pl* -i -e) *sm/f* astronaut.

astronave *sf* spaceship.

astronomìa *sf* astronomy.

àteo *agg*, *sm* atheist.

atlante *sm* atlas.

atlàntico (*f* -a *pl* -ci -che) *agg*, *sm* Atlantic.

atleta (*pl* -i -e) *sm/f* athlete.

atlètica (*pl* -che) *sf* athletics.

atmosfera *sf* atmosphere.

atòmico (*f* -a *pl* -ci -che) *agg* atomic ◊ **bomba atomica** atom bomb.

àtomo *sm* atom.

àtrio *sm* entrance hall.

atroce *agg* atrocious, dreadful.

attaccapanni *sm inv* (coat) hanger.

attaccare *v tr* to attach; (*cucire*) to sew on; (*cominciare*) to begin; (*assalire*) to attack; (*contagiare*) to pass on ◊ *v rifl* to stick; (*fig*) to become attached.

attacco (*pl* **-chi**) *sm* (*assalto*) attack; (*attaccatura*) joint; (*malattia*) fit.

atteggiamento *sm* attitude.

attèndere *v tr* (*aspettare*) to wait for; (*dedicarsi*) to attend to.

attendìbile *agg* reliable.

attentato *sm* attempt; (*attacco*) attack.

attento *agg* attentive; (*accurato*) careful.

attenuare *v tr* (*colpa*) to attenuate; (*dolore*) to ease; (*colpo*) to soften ◊ *v rifl* to diminish.

attenzione *sf* attention ◊ **fare attenzione** to pay attention.

atterràggio *sm* landing.

atterrare *v intr* to land.

attesa *sm* waiting ◊ **in attesa di** waiting for; **sala d'attesa** waiting room.

àttimo *sm* moment ◊ **in un attimo** in a moment.

attirare *v tr* to attract.

attività *sf inv* activity.

attivo *agg* active ◊ *sm* (*econ*) assets (*pl*).

atto *sm* act; (*azione*) action; (*comm, giur*) deed ◊ **prendere atto di** to take note of.

attore (**-trice**) *sm actor* ◊ **attrice** actress.

attorno *avv, prep* around.

attraente *agg* attractive.

attrarre *v tr* to attract.

attraversamento *sm* ◊ **attraversamento pedonale** pedestrian crossing.

attraversare *v tr* to cross, to go through.

attraverso *prep* through; (*trasversalmente*) across; (*tempo*) over.

attrazione *sf* attraction.

attrezzare *v tr* to equip ◊ *v rifl* to equip oneself.

attrezzatura *sf* equipment; (*sport*) sports facilities (*pl*).

attrezzo *sm* tool; (*sport*) appliances (*pl*) ◊ **carro attrezzi** (*BrE*) breakdown van, (*AmE*) wrecker.

attribuire *v tr* to attribute ◊ **attribuire importanza** to attach importance.

attuale *agg* present; (*di attualità*) topical; (*effettivo*) actual.

attualità *sf inv* topicality; (*avvenimenti*) news.

attualmente *avv* at present.

attutire *v tr* to deaden; (*colpo*) to soften.

audace *agg* daring, bold.

audiovisivo *agg* audiovisual ◊ *sm pl* audiovisual media, audiovisual aids.

auditòrio *sm*, **auditòrium** *sm inv* auditorium.

augurare *v tr* to wish.

augùrio *sm* wish; (*presagio*) omen ◊ **auguri!** (*per guarigione*) get well soon!, (*per esame*) good luck!; **tanti auguri** all the best.

àula *sf* classroom; (*università*) lecture hall ◊ **aula magna** great hall.

aumentare *v tr/intr* to increase.

aumento *sm* increase; (*stipendio*) (pay) rise.

aurora *sf* dawn.

australe *agg* southern.

australiano *agg*, *sm* Australian.

austrìaco *agg*, *sm* Austrian.

autèntico (*f* -a *pl* -ci -che) *agg* authentic; (*vero*) true.

autista (*pl* -i -e) *sm/f* driver.

autoambulanza *sf* ambulance.

àutobus *sm inv* bus.

autocarro *sm* (*BrE*) lorry, (*AmE*) truck.

autògrafo *sm* autograph.

autogrìll *sm inv* motorway café.

automàtico (*f* -a *pl* -ci -che) *agg* automatic.

automezzo *sm* motor vehicle.

automòbile *sf* (motor) car, (*AmE*) automobile.

automobilismo *sm* (*sport*) motor racing.

autonológgio *sm* car rental, car hire.

autonomìa *sf* autonomy; (*apparecchi a pile*) battery life.

autònomo *agg* autonomous.

autore (-trice) *sm* author; (*pittore*) painter.

autorévole *agg* authoritative.

autorità *sf inv* authority.

autorizzare *v tr* to authorize.

autorizzazione *sf* authorization.

autoscatto *sm* (*fot*) self-timer.

autostòp *sm inv* hitchhiking ◊ **fare l'autostop** to hitchhike.

autostrada *sf* motorway, (*AmE*) expressway.

autunno *sm* autumn, (*AmE*) fall.

avanti *avv* forward; (*davanti*) in front ◊ *inter* come in! ◊ **va' avan-**

ti! go ahead; **d'ora in avanti** from now on; **avanti e indietro** backwards and forwards.

avanzare *v intr* to advance; (*progredire*) to progress; (*restare*) to be left over.

avanzo *sm* leftovers (*pl*).

avarìa *sf* damage.

avaro *agg* stingy ◊ *sm* miser.

avena *sf* oats (*pl*).

avere *v tr* to have ◊ **ha dieci anni** he is ten years old; **aver fame** to be hungry; **aver freddo** to be cold; **avere a che fare con** to have something to do with.

aviatore (-trice) *sm* flyer, aviator.

aviazione *sf* aviation; (*milit*) Air Force.

avidità *sf inv* avidity (for).

avido *sm* ivory.

avocado *sm inv* (*frutto*) avocado (pear).

avòrio *sm* ivory.

avvantaggiare *v tr* to benefit ◊ *v rifl* to take advantage.

avvelenamento *sm* poisoning.

avvelenare *v tr* to poison.

avvenimento *sm* event.

avvenire *v intr* to happen; (*aver luogo*) to take place.

avventura *sf* adventure.

avventuriero *sm* adventurer.

avvèrbio *sm* adverb.

avversàrio *sm* opponent.

avvertenza *sf* warning; (*nota*) notice; (*cura*) care ◊ *pl* instructions.

avvertire *v tr* to warn; (*informare*) to inform; (*sentire*) to feel.

avviamento *sm* start; (*meccani-*

ca) starting device, starter; (*comm*) goodwill; (*econ*) setting up.

avviare *v tr* to start up, to set; (*persone*) to direct, to initiate ◊ *v rifl* to set out.

avvicinare *v tr* to bring near; (*persona*) to approach ◊ *v rifl* to come nearer (to), to approach.

avvilire *v tr* to dishearten; (*degradare*) to degrade ◊ *v rifl* to lose heart.

avvisare *v tr* to inform; (*mettere in guardia*) to warn.

avviso *sm* notice; (*annuncio*) announcement; (*avvertimento*) warning; (*pubblicitario*) advertisement ◊ **a mio avviso** in my opinion.

avvitare *v tr* to screw in.

avvocato (**-a, -essa**) *sm* lawyer.

avvolgere *v tr* to wrap up ◊ *v rifl* to wrap oneself up.

avvolgibile *agg* roll-up.

avvoltóio *sm* vulture.

azienda *sf* business, firm ◊ **azienda agricola** farm.

azione *sf* action; (*fin*) share.

azzardare *v tr* to risk ◊ *v rifl* to dare.

azzardo *sm* hazard ◊ **gioco d'azzardo** game of chance; **giocare d'azzardo** to gamble.

azzurro *agg, sm* blue ◊ **il principe azzurro** Prince Charming.

B

babbo *sm* dad, daddy, (*AmE*) pa ◊ **Babbo Natale** Father Christmas.

babbuino *sm* (*zool*) baboon.

bacato *agg* wormeaten.

bacca (*pl* **-che**) *sf* (*bot*) berry.

baccalà *sm inv* dried salted cod.

baccano *sm* din.

bacchetta *sf* rod; (*direttore d'orchestra*) baton; (*tamburo*) drumstick ◊ **bacchetta magica** magic wand.

bacheca (*pl* **-che**) *sf* noticeboard.

baciare *v tr, rifl* to kiss.

bacinella *sf* basin.

bacino *sm* (*anat*) pelvis; (*geog*) basin; (*mar*) dock.

bàcio *sm* kiss.

baco (*pl* **-chi**) *sm* worm ◊ **baco da seta** silkworm.

badare *v intr* to take care ◊ **bada agli affari tuoi** mind your own business.

badile *sm* shovel.

baffi *sm pl* moustache (*sing*), (*AmE*) mustache (*sing*); (*animali*) whiskers ◊ **ridere sotto i baffi** to laugh up one's sleeve.

bagagliàio *sm* (*auto*) boot, (*AmE*) trunk; (*treno*) luggage van; (*aereo*) hold.

bagàglio *sm* luggage, (*AmE*) baggage ◊ **deposito bagagli** left luggage office; **fare, disfare i bagagli** to pack, to unpack; **bagaglio a mano** hand luggage.

bagnante *smf* bather.

bagnare *v tr* to wet; (*inzuppare*) to soak; (*inumidire*) to moisten; (*innaffiare*) to water; (*fiume*) to flow through; (*mare*) to wash ◊ *v rifl* to get wet.

bagnino *sm* life guard.

bagno *sm* bath; (*stanza*) bathroom; (*in piscina*) swim; (*al mare*) swim, bathe ◊ **fare il bagno** (*in vasca*) to have a bath; (*al mare ecc.*) to have a swim; **mettere a bagno** to soak; **costume da bagno** bathing costume.

bagnomaria *sm inv* ◊ **a bagnomaria** in a bain-marie.

bagnoschiuma *sm inv* bubble bath.

bàia *sf* bay.

bàita *sf* mountain chalet.

balbettare *v tr* to stammer; (*bambino*) to babble.

balcànico (*f* -a *pl* -ci -che) *agg* Balkan.

balconata *sf* balcony.

balcone *sm* balcony.

balena *sf* whale; (*fig*) barrel of lard.

baleno *sm* ◊ **in un baleno** in a flash.

balìa *sf* ◊ **in balia di** at the mercy of.

balla *sf* (*frottola*) tall story.

ballare *v intr/tr* to dance ◊ **ballare il tango** to dance a tango.

ballerino *sm* dancer; (*classico*) ballet dancer.

balletto *sm* (*teatro*) ballet.

ballo *sm* dance; (*il ballare*) dancing ◊ **ballo in maschera** fancy-dress ball; **essere in ballo** to be involved.

ballottàggio *sm* second ballot.

balneare *agg* bathing ◊ **stabilimento balneare** beach-front concession.

bàlsamo *sm* balsam; (*per capelli*) conditioner.

bàltico *agg* Baltic.

balzare *v intr* to jump, to leap.

bambino *sm* child; (*neonato*) baby.

bàmbola *sf* doll.

bambù *sm inv* bamboo.

banale *agg* banal; (*scusa*) trite; (*incidente*) minor.

banana *sf* banana.

banca (*pl* -che) *sf* bank ◊ **conto in banca** bank account.

bancarella *sf* stall.

bancàrio *agg* bank ◊ *sm* bank employee.

bancarotta *sf* bankruptcy ◊ **fare bancarotta** to go bankrupt.

banchina *sf* (*porto*) quay; (*stazione*) platform; (*strada*) edge.

banco (*pl* -chi) *sm* (*scuola*) desk; (*negozio*) counter; (*officina*) bench; (*chiesa*) pew ◊ **banco di nebbia** fog bank.

bàncomat *sm* (*distributore*) cash-point; (*tessera*) cash card.

banconota *sf* banknote, (*AmE*) bill.

banda *sf* (*gruppo*) gang; (*mus, tecn*) band ◊ **banda armata** armed band.

bandiera *sf* flag.

bandito *sm* bandit.

bando *sm* (*annuncio*) announcement; (*divieto*) ban ◊ **bando di concorso** announcement of competition; **messa al bando** banishment.

bar *sm inv* bar.

bara *sf* coffin.

baracca (*pl* -che) *sf* hut ◊ **mandare avanti la baracca** to keep the ship afloat.

barare *v intr* to cheat.

barattare *v tr* to barter.

baràttolo *sm* jar; (*latta*) tin.

barba *sf* beard ◊ **farsi la barba** to shave; **che barba!** what a bore!

barbabiètola *sf* (*bot*) beetroot ◊ **barbabietola da zucchero** sugar beet.

barbiere *sm* barber.

barbone *sm* (*vagabondo*) tramp; (*cane*) poodle.

barca (*pl* -**che**) *sf* boat ◊ **barca a vela** sailing boat, (*AmE*) sailboat; **barca a remi** rowing boat, (*AmE*) rowboat; **barca a motore** motor boat; **barca da pesca** fishing boat; **costa una barca di soldi** it costs a bomb.

barcollare *v intr* to stagger.

barella *sf* stretcher.

baricentro *sm* barycentre.

barile *sm* barrel.

barista *sm/f* barman (*m*), barmaid (*f*); (*AmE*) bartender.

barocco (*f* -**a** *pl* -**chi** -**che**) *agg*, *sm* baroque.

baròmetro *sm* barometer.

barone (-**essa**) *sm* baron ◊ **baronessa** baroness.

barra *sf* bar; (*timone*) helm; (*tipografia*) slash ◊ **codice a barre** bar code; **barra degli strumenti** toolbar.

barriera *sf* barrier; (*stradale*) crash barrier; (*corallina*) reef ◊ **barriera architettonica** architectural obstacle.

barzelletta *sf* joke.

basare *v tr* to base ◊ *v rifl* to be based on; (*persona*) to base oneself on.

basco (*f* -**a** *pl* -**chi** -**che**) *agg* Basque ◊ *sm* Basque; (*cappello*) beret.

base *sf* base; (*fig*) basis ◊ **a base di** containing; **sulla base di, in base a** on the basis of.

basetta *sf* sideburn.

basilica *sf* basilica.

basilico *sm* (*bot*) basil.

basso *agg* low; (*statura*) short; (*acqua*) shallow ◊ *avv* low ◊ *sm* lower part, bottom; (*mus*) bass ◊ **dal basso** from the bottom.

bassorilievo (*pl* **bassorilievi**) *sm* bas-relief.

bassotto *sm* dachshund.

bastardo *sm* (*animale*) crossbreed; (*cane*) mongrel; (*spregiativo*) bastard.

bastare *v intr* to be enough; (*durare*) to last ◊ **basta rivolgersi a lui** you only have to contact him; **basta!** that's enough!

bastonare *v tr* to beat.

bastone *sm* stick; (*da golf*) club; (*da cricket*) bat; (*pane*) baguette.

battàglia *sf* battle; (*lotta*) fight.

battello *sm* boat ◊ (*a vapore*) steamboat.

bàttere *v tr* to beat; (*chiodo*) to hit; (*mani*) to clap; (*piedi*) to stamp; (*ore*) to strike; (*a macchina*) to type ◊ *v intr* (*bussare*) to knock; (*cuore*) to beat ◊ *v rifl* to fight ◊ **in un batter d'occhio** in a trice; **batteva i denti** his teeth chattered.

batteria *sf* (*elettr*) battery; (*mus*) drums (*pl*).

battésimo *sm* baptism, christening ◊ **nome di battesimo** Christian name, first name.

battezzare v tr to baptize, to christen.

batticuore sm inv palpitations (pl).

battistero sm (arch) baptistery.

bàttito sm (cardiaco) (heart)beat.

battuta sf beat; (caccia) hunt; (mus) bar; (teatro) line; (dattilografia) character; (tennis) service ◊ **una battuta spiritosa** a wisecrack.

baule sm trunk; (aut) boot, (AmE) trunk.

bavaglino sm bib.

beato agg blissful; (relig) blessed ◊ **beato te!** lucky you!

beccare v tr to peck; (fig) to catch.

becco (pl -chi) sm (uccello) beak; (teiera) spout; (gas) burner; (capra) billy-goat ◊ **tenere chiuso il becco** to keep one's mouth shut; **non ho il becco di un quattrino** I'm broke.

befana sf (Epifania) Epiphany; (spregiativo) old hag.

beffa sf (burla) hoax.

begli v. **bello**.

bei v. **bello**.

bel v. **bello**.

belare v intr to bleat.

belga agg, smlf Belgian.

bellezza sf beauty ◊ **che bellezza!** how lovely!; **finire in bellezza** to end on a high note.

bèllico (f -a pl -ci -che) agg war.

bello, bel (pl **begli, bei**) agg nice; (aspetto) beautiful; (uomo) handsome; (moralmente) good ◊ sm

(bellezza) beauty; (fidanzato) sweetheart ◊ **belle arti** fine arts; **bel tempo** fine weather, nice weather; **sul più bello** at the crucial moment.

belva sf wild beast.

benda sf bandage; (per occhi) blindfold.

bene avv well ◊ sm good ◊ pl property (sing) ◊ **andare bene** to go well; **stare bene** to be well; **va bene** all right, O.K.; **di bene in meglio** better and better; **ti farà bene** it will do you good; **voler bene a qualcuno** to be fond of somebody.

benedetto agg blessed ◊ **acqua benedetta** holy water.

benedire v tr to bless.

benedizione sf blessing.

benefattore (-trice) sm benefactor ◊ **benefattrice** benefactress.

beneficenza sf charity.

beneficio sm benefit, (commercio) profit.

benèssere sm wellbeing.

benestante agg well-off.

bensì cong but rather.

benvenuto agg, sm welcome ◊ **dare il benvenuto a qualcuno** to welcome somebody.

benzina sf (BrE) petrol, (AmE) gas, gasoline ◊ **fare benzina** to get petrol; **benzina super** premium petrol; **benzina verde** unleaded petrol.

benzinàio sm petrol station attendant.

bere v tr to drink; (fig) to swallow ◊ sm drink ◊ **pagare da bere** to stand a drink.

berlinese *agg* Berlinese ◊ *sm/f* Berliner.

berretto *sm* cap; (*basco, milit*) beret.

bersàglio *sm* target.

besciamella *sf* (*cuc*) bechamel.

bestemmiare *v intr* to swear.

bèstia *sf* animal; (*brutale*) beast; (*ignorante*) blockhead ◊ **andare in bestia** to blow one's top.

bestiame *sm* livestock.

béttola *sf* tavern.

bevanda *sf* drink.

bevitore (**-trice**) *sm* drinker.

biancherìa *sf* linen ◊ **biancheria intima** underwear.

bianco (*f* **-a** *pl* **-chi -che**) *agg* white; (*pagina*) blank, ◊ *sm* white ◊ **di punto in bianco** all of a sudden; **bianco d'uovo** white of an egg; **mangiare in bianco** to follow a light diet; **in bianco e nero** black and white; **notte in bianco** sleepless night.

bìbbia *sf* bible.

bìbita *sf* (soft) drink.

biblioteca (*pl* **-che**) *sf* library; (*mobile*) bookcase.

bicarbonato *sm* bicarbonate.

bicchiere *sm* glass; (*calice*) goblet.

bicicletta *sf* bicycle, bike ◊ **andare in bicicletta** to ride a bicycle, to cycle.

bidè *sm inv* bidet.

bidone *sm* bin; (*imbroglio*) swindle; (*appuntamento mancato*) stand up ◊ **bidone della spazzatura** dustbin.

biennale *agg* biennial.

biètola *sf* (Swiss) chard.

bigiotterìa *sf* costume jewellery.

bigliettàio *sm* ticket clerk; (*treni*) ticket collector; (*bus*) conductor ◊ **bigliettaia** ticket clerk, ticket collector, conductress.

biglietterìa *sf* ticket office; (*teatro*) box-office.

biglietto *sm* ticket; (*messaggio*) note; (*cartoncino*) card; (*banconota*) banknote, (*AmE*) bill ◊ **biglietto da visita** (visiting) card; **fare il biglietto** to buy the ticket; **prezzo del biglietto** fare; **biglietto cumulativo** group ticket.

bilància (*pl* **-ce**) *sf* scales (*pl*) ◊ (**il segno della**) **Bilancia** Libra.

bilàncio *sm* budget; (*comm*) balance sheet ◊ **chiudere il bilancio** to balance the books.

biliardo *sm* billiards.

bilico (*pl* **-ci**) *sm* ◊ **stare in bilico** to be balanced.

bilingue *agg, sm/f* bilingual.

binàrio *agg* binary ◊ *sm* track; (*marciapiede in stazione*) platform.

binòcolo *sm* binoculars (*pl*).

biodegradàbile *agg* biodegradable.

biografìa *sf* biography.

biologìa *sf* biology.

biològico *agg* biological ◊ **prodotto da agricoltura biologica** organic.

biondo *agg* (*capelli*) blond, fair ◊ *sm* fair-haired man ◊ **bionda** blonde.

biotecnologìa *sf* biotechnology.

biro *sf inv* biro.

birra *sf* beer; (*chiara*) lager; (*scura*) brown ale; (*alla spina*) draught beer.

birreria *sf* beer-house; (*fabbrica*) brewery.

bis *sm inv, inter* encore ◊ **fare il bis** to give an encore.

bisbigliare *v intr/tr* to whisper.

biscia (*pl -sce*) *sf* snake.

biscotto *sm* (*BrE*) biscuit, (*AmE*) cookie.

bisestile *agg* ◊ **anno bisestile** leap year.

bisnonno *sm* great grandfather ◊ **bisnonna** great grandmother.

bisognare *v intr* ◊ **bisogna andare** we must go; **non bisogna rassegnarsi** you mustn't give up; **bisogna pulirlo** it needs cleaning.

bisogno *sm* need ◊ **aver bisogno di qualcosa** to need something; **c'è bisogno di te** you are needed; **in caso di bisogno** in case of need.

bisognoso *agg* needy, poor.

bisonte *sm* bison, (*AmE*) buffalo.

bistecca (*pl -che*) *sf* steak.

bisturi *sm inv* (*med*) scalpel.

bivaccare *v intr* to bivouac, to camp out.

bivio *sm* crossroads (*anche fig*); (*biforcazione*) fork.

bizantino *agg* Byzantine.

bizzarro *agg* bizarre, weird.

blindato *agg* armoured ◊ **porta blindata** security door.

bloccare *v tr* to block; (*isolare*) to cut off; (*fermare*) to stop; (*prezzi*) to freeze; (*meccanica*) to jam ◊ *v rifl* (*meccanica*) to jam.

bloccasterzo *sm* steering lock.

blocco (*pl -chi*) *sm* block; (*milit*) blockade; (*salari*) freeze; (*cardiaco*) cardiac arrest; (*per scrivere*) notebook ◊ **in blocco** en bloc, as a whole; **posto di blocco** roadblock.

blu *agg inv, sm inv* blue.

boa *sm* (*zool*) boa ◊ *sf* (*mar*) buoy.

bobina *sf* (*di spool*); (*di film*) reel.

bocca (*pl -che*) *sf* mouth ◊ **restare a bocca aperta** to be dumbfounded; **per bocca** orally; **non aprì bocca** he didn't say a word; **ho l'acquolina in bocca** my mouth's watering.

boccale *sm* jug; (*da birra*) tankard.

boccheggiare *v intr* to gasp.

bocchino *sm* cigarette holder; (*mus, pipa*) mouthpiece.

bòccia (*pl -ce*) *sf* bowl ◊ *pl* (*gioco*) bowls, bowling (*sing*).

bocciare *v tr* to reject; (*esami*) to fail; (*bocce*) to hit.

bocciolo *sm* bud.

boccone *sm* mouthful; (*pasto*) snack.

bòia *sm inv* executioner.

boicottare *v tr* to boycott.

boliviano *agg, sm* Bolivian.

bolla *sf* bubble; (*med*) blister; (*comm*) bill ◊ **fare bolle di sapone** to blow bubbles; **bolla di accompagnamento** packing list.

bollente *agg* boiling (hot).

bolletta *sf* bill ◊ **essere in bolletta** to be broke.

bollettino *sm* bulletin; (*prezzi*) list; (*meteorologico*) weather forecast; (*modulo*) form.

bollire *v tr/intr* to boil.

bollito *agg* boiled ◊ *sm* boiled meat.

bollitore *sm* boiler; (*per acqua*) kettle.

bollo *sm* stamp ◊ **marca da bollo** revenue stamp; **carta da bollo** stamped paper; **bollo di circolazione** road tax.

bolognese *agg*, *sm/f* Bolognese.

bomba *sf* bomb; (*notizia*) bombshell ◊ **bomba a mano** (hand) grenade; **a prova di bomba** bomb-proof, (*fig*) rock steady.

bombardamento *sm* shelling; (*con aerei*) bombing; (*fig*) bombardment ◊ **bombardamento aereo** air raid.

bombardare *v tr* to shell; (*con aerei*) to bomb; (*fig*) to bombard.

bombetta *sf* bowler (hat).

bòmbola *sf* cylinder; (*ossigeno*) bottle.

bomboniera *sf* wedding keepsake.

bonifico *sm* (*comm*) discount ◊ **bonifico bancario** (credit) transfer.

bontà *sf inv* goodness; (*gentilezza*) kindness ◊ **è una bontà** it's delicious!

bordo *sm* border; (*estremità*) edge; (*di marciapiede*) curb ◊ **a bordo** on board.

boreale *agg* northern ◊ **aurora boreale** aurora borealis, northern lights.

borghese *agg* bourgeois; (*abito*) civilian ◊ **in borghese** in civilian dress, (*poliziotto*) in plain clothes.

borghesìa *sf* middle classes (*pl*).

borotalco *sm* talcum powder.

borràccia *sf* flask.

borsa *sf* bag; (*borsetta*) handbag; (*per documenti*) briefcase; (*fin*) Stock Exchange ◊ **borsa di studio** scholarship; **borsa dell'acqua calda** hot-water bottle; **borsa del ghiaccio** ice pack; **agente di borsa** stockbroker; **borsa nera** black market.

borsellino *sm* purse.

bosco (*pl* -**chi**) *sm* wood.

bosniaco *agg*, *sm* Bosnian.

bostoniano *agg*, *sm* Bostonian.

botànica *sf* botany.

botta *sf* blow; (*livido*) bruise ◊ **fare a botte** to come to blows; **botta e risposta** thrust and parry; **a botta calda** on the spur of the moment.

botte *sf* barrel, cask.

bottega (*pl* -**ghe**) *sf* shop; (*laboratorio*) workshop.

botteghino *sm* (*biglietteria*) ticket office; (*teatro*) box-office; (*del lotto*) lottery office.

bottiglia *sf* bottle ◊ **in bottiglia** bottled.

bottone *sm* button.

bovino *agg* bovine ◊ *sm pl* cattle (*sing*).

box *sm inv* lock-up garage; (*bambini*) playpen; (*autodromo*) pitstop; (*cavalli*) loosebox.

boxe *sf* boxing.

bracciale *sm* bracelet.

bracciante *sm/f* day labourer, (*AmE*) day laborer.

bràccio (*pl* -**cia** *f*) *sm* arm ◊ **braccio di ferro** arm wrestling; **braccio della morte** death row; **pren-**

29

dere in braccio qualcuno to pick somebody up; **a braccia aperte** with open arms; **essere il braccio destro di qualcuno** to be somebody's right-hand man.

brace *sf* embers (*pl*) ◊ **alla brace** char-grilled.

braciola *sf* chop.

branco (*pl* -**chi**) *sm* (*pecore*) flock; (*cani*) pack; (*persone*) gang.

branda *sf* camp bed, (*AmE*) cot; (*mar*) hammock.

brandello *sm* scrap ◊ **a brandelli** in tatters.

brano *sm* (*mus*) piece; (*libro*) passage.

brasiliano *agg*, *sm* Brazilian.

bravo *agg* good; (*abile*) clever; (*buono*) nice; (*coraggioso*) brave ◊ **bravo!** well done!

bravura *sf* skill.

bretelle *sf pl* braces, (*AmE*) suspenders.

breve *agg* short, brief ◊ **in breve** briefly; **tra breve** shortly.

brevetto *sm* patent; (*diploma*) licence.

brezza *sf* breeze.

bricco (*pl* -**chi**) *sm* jug.

briciola *sf* crumb.

briga (*pl* -**ghe**) *sf* trouble; (*lite*) quarrel ◊ **prendersi la briga di** to take the trouble of; **attaccare briga** to pick a quarrel.

brigadiere *sm* (*carabinieri*) sergeant.

brigante *sm* bandit.

briglia *sf* rein ◊ **a briglia sciolta** at full tilt.

brillante *agg* brilliant; (*scintillante*) sparkling ◊ *sm* diamond.

brillare *v intr* to shine; (*scintillare*) to sparkle; (*metallo*) to glitter.

brillo *agg* tipsy.

brina *sf* (*hoar-*)frost.

brindare *v intr* to toast.

brindisi *sm inv* toast.

britannico *agg* British.

brivido *sm* shiver; (*di spavento*) shudder; (*di piacere*) thrill.

brizzolato *agg* greying.

brocca (*pl* -**che**) *sf* jug.

brodo *sm* broth, stock.

broglio *sm* intrigue ◊ **broglio elettorale** gerrymandering.

bronchite *sf* bronchitis.

bronco (*pl* -**chi**) *sm* bronchus.

brontolare *v intr* to grumble; (*tuono, intestino*) to rumble.

bronzo *sm* bronze.

bruciapelo *avv* ◊ **a bruciapelo** point-blank.

bruciare *v tr/intr* to burn; (*liquido, vapore*) to scald ◊ *v rifl* to burn oneself.

bruciatura *sf* burn.

bruco (*pl* -**chi**) *sm* caterpillar.

brùfolo *sm* spot.

brughiera *sf* heath.

brullo *agg* bare.

bruno *agg* brown; (*occhi, capelli*) dark.

brusco (*f* -**a** *pl* -**chi** -**che**) *agg* sharp; (*persona*) abrupt; (*improvviso*) sudden.

brusìo *sm* buzzing.

brutale *agg* brutal.

brutto *agg* ugly; (*ferita, tempo, situazione, affare*) nasty; (*cattivo*) bad

◊ **brutta copia** rough copy; **brutto tempo** foul weather; **fare una brutta figura** to cut a poor figure.

buca (pl **-che**) sf hole; (biliardo) pocket; (lettere) post box.

bucare v tr to make a hole in; (pungere) to prick ◊ v rifl (pneumatico) to puncture; (drogarsi) to shoot up ◊ **ho bucato (una gomma)** I've a puncture.

bucato sm washing.

bùccia (pl **-ce**) sf peel, skin; (formaggio) rind.

buco (pl **-chi**) sm hole.

buddismo sm Buddhism.

buddista agg, sm/f Buddhist.

budello (pl **-i o -a**) sm bowel; (vicolo) alley.

budino sm pudding.

bue (pl **buoi**) sm ox ◊ **carne di bue** beef.

bufalo sm buffalo.

bufera sf storm; (neve) blizzard.

buffo agg funny.

buffone sm buffoon.

bugia (pl **-gie**) sf lie.

bugiardo agg lying ◊ sm liar.

bùio agg dark; (tetro) gloomy ◊ sm darkness ◊ **al buio** in the dark.

bulbo sm (bot) bulb; (occhio) eyeball.

bùlgaro agg, sm Bulgarian.

bullone sm bolt.

buon v. buono.

buonanotte sf goodnight ◊ **dare la buonanotte** to say goodnight.

buonasera sf good evening.

buongiorno sm good morning.

buongustàio sm gourmet.

buongusto sm good taste.

buono, buon agg good ◊ sm good; (tagliando) voucher ◊ **il momento buono** the right time; **un tipo alla buona** an easygoing sort; **i buoni e i cattivi** the goodies and the baddies; **buon divertimento!** have a good time!; **buon riposo!** sleep well!; **buon anno!** Happy New Year!; **a buon mercato** cheap.

buonsenso sm common sense, good sense.

burattino sm puppet.

bùrbero agg surly; (modi) gruff.

burlone sm prankster.

burocràtico (f **-a** pl **-ci -che**) agg bureaucratic.

burocrazìa sf bureaucracy.

burrasca (pl **-che**) sf storm.

burro sm butter ◊ **burro di cacao** cocoa butter.

burrone sm ravine.

bussare v intr to knock.

bùssola sf compass.

busta sf envelope ◊ **busta paga** pay packet.

bustarella sf bribe.

busto sm bust; (indumento) corset.

buttare v tr to throw ◊ v rifl to throw oneself; (saltare) to jump ◊ **buttare giù** to knock down; **buttar via** to throw away.

C

cabaret sm inv cabaret.

cabina sf (mar, aerei) cabin; (per spogliarsi) changing room; (balneare) beach hut ◊ **cabina telefonica** (tele)phone box.

cacào sm inv cocoa ◊ **burro di cacao** cocoa butter.

cacca (pl **-che**) sf pooh.

càccia (pl **-ce**) sf hunt; (con fucile) shooting ◊ **a caccia di** in search of; **divieto di caccia** hunting forbidden; **caccia al tesoro** treasure-hunt; **riserva di caccia** game preserve.

cacciagione sf game.

cacciare v tr to hunt; (mandare via) to throw out ◊ v intr to go hunting ◊ v rifl (nascondersi) to hide; (andare a finire) to get to ◊ **cacciare un urlo** to let out a scream; **cacciarsi nei guai** to get into trouble.

cacciatore (**-trice**) sm hunter.

cacciavite sm screwdriver.

cachet sm inv (med) capsule; (compenso) fee.

cachi sm inv (bot) persimmon.

cadàvere sm corpse.

cadente agg decrepit.

cadere v intr to fall ◊ **è caduta la linea** the line has gone dead; **cadere dalle nuvole** to be astounded; **far cadere qualcosa** to drop something.

caduta sf fall.

caffè sm inv coffee; (bar) café ◊ **caffè espresso** espresso coffee; **caffè macchiato** coffee with a dash of milk; **caffè corretto** coffee with a dash of liqueur; **caffè decaffeinato** decaffeinated coffee.

caffellatte sm inv white coffee.

caffettiera sf coffee-maker.

cafone sm boor ◊ agg boorish.

calabrone sm (zool) hornet.

calamaro sm (zool) squid.

calamita sf magnet.

calamità sf inv calamity.

calare v tr to lower (anche mar) ◊ v intr (diminuire) to fall; (vento) to drop ◊ v rifl to lower oneself.

calcagno (pl **-gni** o **-gna** f) sm heel ◊ **stare alle calcagna di qualcuno** to be at somebody's heels.

calcare sm limestone.

calce sf lime ◊ **in calce** at the foot of the page.

calcetto sm table-football.

calciare v tr/intr to kick (anche sport).

calciatore (**-trice**) sm footballer.

calcinàccio sm flake of plaster ◊ pl rubble (sing).

càlcio sm (persone, animali) kick; (sport) football; (chim) calcium; (di arma) butt ◊ **calcio d'angolo** corner (kick); **calcio di punizione** free kick; **calcio di rigore** penalty kick; **campionato di calcio** football (league) championship.

calcolare v tr to calculate; (considerare) to consider.

calcolatrice sf (macchina) calculator.

càlcolo sm calculation; (med) stone.

caldàia sf boiler.

caldarrosta sf roast chestnut.

caldo agg warm (anche fig); (intenso) hot ◊ sm heat ◊ **avere caldo** to be warm, hot; **non mi fa né caldo né freddo** I couldn't care less; **tavola calda** snackbar, café.

calendàrio sm calendar.

càlibro *sm* caliber.

càlice *sm* goblet; (*relig*) chalice.

californiano *agg*, *sm* Californian.

calligrafìa *sf* handwriting.

callista (*pl* **-i -e**) *smlf* chiropodist, (*AmE*) podiatrist.

callo *sm* corn ◊ **fare il callo a** to get hardened to.

calma *sf* calm; (*bonaccia*) dead calm ◊ **mantenere, perdere la calma** to keep, to loose one's cool.

calmante *sm* (*med*) sedative.

calmare *v tr* to calm down; (*dolore*) to soothe ◊ *v rifl* to calm down; (*vento*) to drop; (*dolore*) to die down.

calmo *agg* calm.

calo *sm* fall; (*prezzi*) drop ◊ **calo di peso** loss of weight.

calore *sm* heat; (*moderato*) warmth ◊ **in calore** on heat.

calorìa *sf* calorie.

calorìfero *sm* radiator.

calotta *sf* (*indumento*) cap.

calpestare *v tr* to trample down; (*fig*) to trample on ◊ **è vietato calpestare le aiuole** keep off the grass.

calùnnia *sf* slander.

calvo *agg* bald.

calza *sf* (*uomo*) sock; (*donna*) stocking.

calzamàglia (*pl* **calzemaglie**) *sf* tights (*pl*).

calzare *v tr* (*portare addosso*) to wear; (*mettersi*) to put on ◊ *v intr* to fit ◊ **calzare a pennello** to fit perfectly.

calzatura *sf* footwear ◊ **negozio di calzature** shoe shop.

calzolàio *sm* shoemaker.

calzone *sm* (*pizza*) calzone ◊ *pl* (*indumento*) trousers, (*AmE*) pants.

camaleonte *sm* chameleon.

cambiale *sf* (*comm*) bill of exchange.

cambiamento *sm* change.

cambiare *v tr/intr*, *rifl* to change; (*denaro*) to exchange ◊ **cambiare casa** to move; **non ho da cambiare** I haven't got any small change.

càmbio *sm* change; (*scambio*) exchange; (*meccanico*) gear ◊ **ufficio cambi** bureau of exchange.

càmera *sf* room ◊ **camera a due letti, singola, matrimoniale** twin, single, double bedroom; **Camera dei deputati** Chamber of Deputies, (*in Gran Bretagna*) House of Commons, (*negli USA*) House of Representatives; **camera d'aria** inner tube; **prenotare una camera** to book a room.

camerata *sf* (*collegio*) dormitory; (*caserma*) barrack room.

cameriere *sm* waiter ◊ **cameriera** waitress.

camerino *sm* (*teatro*) dressing room.

càmice *sm* overall.

camicetta *sf* blouse.

camìcia (*pl* **-cie**) *sf* shirt ◊ **camicia da notte** nightdress.

camino *sm* fireplace; (*comignolo*) chimney.

càmion *sm* (*BrE*) lorry, (*AmE*) truck.

camionista (*pl* **-i -e**) *smlf* (*BrE*) lorry driver, (*AmE*) truck driver.

cammello *sm* camel.

camminare *v intr* to walk; (*funzionare*) to work.

cammino *sm* walk.

camomilla *sf* (*bot*) camomile; (*infuso*) camomile-tea.

camòscio *sm* (*zool*) chamois; (*carne*) venison; (*pelle*) chamois-leather; (*scarpe*) suede.

campagna *sf* country; (*paesaggio*) countryside; (*milit, comm*) campaign ◊ **campagna elettorale** election campaign; **campagna acquisti** transfer season.

campana *sf* bell; (*stradale per rifiuti*) bottle bank.

campanello *sm* bell ◊ **campanello d'allarme** alarm bell.

campanile *sm* belfry.

campare *v intr* to live ◊ **tirare a campare** to get by.

campeggiare *v intr* to camp.

campeggiatore **(-trice)** *sm* camper.

campéggio *sm* (*attività*) camping; (*luogo*) campsite.

camper *sm* camper (van).

campionàrio *agg* sample ◊ *sm* (set of) samples ◊ **fiera campionaria** trade fair.

campionato *sm* championship.

campione **(-essa)** *sm* (*sport*) champion; (*commercio*) sample.

campo *sm* field; (*accampamento*) camp ◊ **campo da tennis** tennis court; **campo da calcio** football pitch; **campo da golf** golf course.

camuffare *v tr* to camouflage ◊ *v rifl* to disguise oneself.

canadese *agg, sm/f* Canadian.

canàglia *sf* scoundrel.

canale *sm* (*acqua*) canal; (*radio, TV*) channel ◊ **cambiare canale** to switch channel; **Canale della Manica** the (English) Channel.

cànapa *sf* hemp.

canarino *sm* canary.

cancellare *v tr* (*scritto*) to cross out; (*inform*) to delete; (*fig*) to wipe out; (*annullare*) to cancel.

cancellata *sf* railing, railings (*pl*).

cancellerìa *sf* (*per scrivere*) stationery.

cancelliere *sm* chancellor; (*di tribunale*) clerk.

cancello *sm* gate.

cancerògeno *agg* cancerogenic.

cancrena *sf* gangrene.

cancro *sm* (*med*) cancer ◊ (**il segno del**) **Cancro** Cancer.

candeggina *sf* bleach.

candela *sf* candle; (*meccanica*) sparkplug.

candidare *v tr* to propose (as candidate) ◊ *v rifl* to stand (as a candidate).

candidato *sm* candidate.

càndido *agg* immaculate; (*sincero*) candid; (*ingenuo*) naïve ◊ **bianco candido** snow-white.

candito *agg* candied ◊ *sm* candied fruit.

cane **(-gna)** *sm* dog ◊ **lavorare come un cane** to work like crazy; **fa un freddo cane** it's bitterly cold; **non c'è un cane** there isn't a soul to be seen.

canestro *sm* basket (*anche sport*).

cànfora *sf* camphor.

canguro *sm* (*zool*) kangaroo.

canile *sm* kennel.

canino *agg, sm* canine.

canna *sf* (*bot*) reed; (*tubo*) pipe; (*fucile*) barrel ◊ **povero in canna** very poor; **canna da pesca** fishing rod; **canna fumaria** chimney flue; **canna da zucchero** sugar-cane.

cannella *sf* cinnamon.

cannìbale *sm* cannibal.

cannocchiale *sm* telescope.

cannone *sm* cannon; (*fig*) ace.

cannùccia (*pl* **-ce**) *sf* straw.

canòa *sf* canoe.

cànone *sm* canon; (*affitto*) rent.

canottàggio *sm* (*voga*) rowing ◊ **gara di canottaggio** boat race.

canottiera *sf* vest.

canotto *sm* dinghy.

cantare *v tr/intr* to sing ◊ **cantare a orecchio** to sing by ear.

cantautore (**-trice**) *sm* singer song-writer.

cantiere *sm* yard; (*edile*) construction site ◊ **cantiere navale** shipyard.

cantina *sf* cellar; (*negozio*) wine shop.

canto *sm* singing; (*canzone*) song; (*liturgico*) chant ◊ **d'altro canto** on the other hand.

canzone *sf* song.

canzonetta *sf* pop song.

caos *sm inv* chaos.

caòtico (*f* **-a** *pl* **-ci -che**) *agg* chaotic.

capace *agg* able; (*esperto*) skilled; (*ampio*) big.

capacità *sf inv* ability; (*ampiezza*) capacity.

capanna *sf* hut.

capannone *sm* shed ◊ **capannone industriale** warehouse.

caparra *sf* deposit.

capello *sm* hair ◊ *pl* (*capigliatura*) hair (*sing*) ◊ **averne fin sopra i capelli di** to be sick and tired of.

capézzolo *sm* nipple.

capienza *sf* capacity.

capigliatura *sf* hair.

capillare *agg* (*dettagliato*) detailed; (*esteso*) vast ◊ *sm* (*vaso*) capillary.

capire *v tr* to understand ◊ *v rifl* to understand each other ◊ **si capisce** it's clear; **ho capito male** I misunderstood; **capisco** I see.

capitale *agg, sm* capital ◊ *sf* (*città*) capital (city).

capitalismo *sm* capitalism.

capitaneria *sf* ◊ **capitaneria di porto** port authorities.

capitano *sm* captain.

capitare *v intr* (*succedere*) to happen; (*arrivare casualmente*) to end up ◊ **sono capitato male** I wasn't very lucky.

capitello *sm* capital.

capo *sm* (*testa*) head; (*chi comanda*) boss; (*geog*) cape; (*d'abbigliamento*) item ◊ **da capo a piedi** from top to toe; **ricominciare da capo** to start it all over again; **andare in capo al mondo** to go to the ends of the world.

Capodanno *sm* New Year's Day.

capofitto *avv* ◊ **a capofitto** head-first.

capogiro *sm* giddiness ◊ **cifra da capogiro** mind-boggling amount.

capogruppo (*pl m* **capigruppo** *f inv*) *sm/f* group leader.

capolavoro *sm* masterpiece.

capolinea *sm inv* terminus.

capolista (*pl m* **capilista** *f inv*) *sm/f* leader.

capoluogo (*pl* **-ghi**) *sm* main town.

caporale *sm* lance-corporal.

capostazione (*pl m* **capistazione** *f inv*) *sm/f* stationmaster.

capotàvola *sm/f inv* head of the table.

capotreno (*pl m* **capitreno** *f inv*) *sm/f* guard.

capoufficio (*pl m* **capiufficio** *f inv*) *sm/f* head clerk.

capovòlgere *v tr* to overturn; (*fig*) to reverse ◊ *v rifl* to overturn; (*fig*) to be reversed; (*barca*) to capsize.

capovolgimento *sm* (*fig*) reversal.

cappa *sf* (*di camino*) cowl; (*di cucina*) hood.

cappella *sf* chapel.

cappello *sm* hat.

càppero *sm* (*bot*) caper.

cappone *sm* capon.

cappotto *sm* (over)coat.

cappuccino *sm* (*frate*) Capuchin; (*caffè con latte*) cappuccino.

cappùccio *sm* hood; (*della penna*) cap; (*caffè con latte*) cappuccino.

capra *sf* (*zool*) goat.

capretto *sm* kid.

capriccio *sm* whim ◊ **fare i capricci** to have tantrums.

capriccioso *agg* capricious; (*bambino*) naughty.

capricorno *sm* ◊ (**il segno del**) **Capricorno** Capricorn.

capriola *sf* somersault.

capriolo *sm* roe-deer.

càpsula *sf* (*medicinale*) capsule; (*dente*) crown.

carabiniere *sm* carabiniere.

caraffa *sf* carafe.

caramella *sf* sweet, (*AmE*) candy.

carato *sm* carat.

caràttere *sm* (*personalità, segno grafico*) character; (*caratteristica*) characteristic.

caratterìstico (*f* **-a** *pl* **-ci -che**) *agg* characteristic.

caratterizzare *v tr* to characterize.

carboidrato *sm* carbohydrate.

carbone *sm* coal.

carbònio *sm* (*chim*) carbon.

carburante *sm* fuel.

carburatore *sm* carburettor, (*AmE*) carburetor.

carcassa *sf* (*animale*) carcass; (*fig, veicolo*) old wreck.

carcerato *sm* prisoner.

càrcere (*pl carceri f*) *sm* prison.

carciofo *sm* arthichoke.

cardellino *sm* goldfinch.

cardìaco (*f* **-a** *pl* **-ci -che**) *agg* (*med*) cardiac ◊ **arresto cardiaco** cardiac arrest.

cardinale *agg, sm* cardinal ◊ **punti cardinali** cardinal points.

càrdine *sm* hinge.

cardiologìa *sf* cardiology.

cardiòlogo (*f* **-a** *pl* **-gi -ghe**) *sm* cardiologist, heart specialist.

cardo *sm* (*bot*) thistle.

carenza *sf* lack.

carestìa *sf* famine.

carezza *sf* caress.

càrica (*pl* -**che**) *sf* (*incarico*) office; (*orologio, meccanismo*) winding; (*fig*) drive.

caricare *v tr* (*peso*) to load; (*meccanismo*) to wind up ◊ *v rifl* to burden oneself with; (*fig*) to wind oneself up.

càrico (*f* -**a** *pl* -**chi** -**che**) *agg* (*peso*) loaded (with); (*meccanismo, fig*) wound up ◊ *sm* load ◊ **essere a carico di qualcuno** to be dependent on somebody.

càrie *sf inv* tooth decay.

carino *agg* pretty; (*gentile*) nice.

carità *sf inv* charity ◊ **per carità!** (*non è un disturbo*) not at all; (*neanche per sogno*) you must be joking.

carnagione *sf* complexion.

carnale *agg* carnal.

carne *sf* flesh; (*alimento*) meat ◊ **in carne e ossa** in the flesh; **essere in carne** to be plump.

carneficina *sf* slaughter.

carnevale *sm* carnival.

caro *agg, avv* dear ◊ **costare caro** to be expensive.

carogna *sf* carcass; (*fig*) bastard.

carota *sf* carrot.

caròtide *sf* carotid.

carovana *sf* caravan.

carpa *sf* carp.

carponi *avv* on all fours.

carràio *agg* ◊ **passo carraio** driveway.

carreggiata *sf* roadway ◊ **doppia carreggiata** (*BrE*) dual carriageway, (*AmE*) divided highway.

carrello *sm* (*bagagli*) (*BrE*) luggage trolley, (*AmE*) baggage cart; (*spesa*) (*BrE*) supermarket trolley, (*AmE*) shopping cart; (*aereo*) undercarriage.

carretto *sm* cart.

carriera *sf* career.

carriola *sf* wheelbarrow.

carro *sm* cart ◊ **carro attrezzi** (*BrE*) breakdown van, (*AmE*) wrecker; **carro armato** tank.

carrozza *sf* carriage; (*treno*) car, coach ◊ **carrozza ristorante** restaurant car; **carrozza letto** sleeping car.

carrozzerìa *sf* bodywork; (*officina*) body shop.

carrozzina *sf* (*bambini*) (*BrE*) pram, (*AmE*) baby carriage; (*invalidi*) wheelchair.

carta *sf* paper; (*geog*) map; (*da gioco*) card ◊ **carta bollata** stamped paper; **carta d'identità** identity card; **carta di credito** credit card; **carta verde** green card; **carta da cucina** kitchen paper; **carta magnetica** magnetic card; **carta igienica** toilet paper.

cartapesta *sf* papier-maché.

cartella *sf* briefcase; (*di scolaro*) school bag.

cartellino *sm* label; (*del prezzo*) price-tag ◊ **timbrare il cartellino** (*in entrata*) to clock in, (*in uscita*) to clock out.

cartello *sm* sign; (*stradale*) road sign.

cartellone *sm* (*pubblicità*) poster; (*spettacoli*) bill.

cartilàgine *sf* cartilage.

cartòccio *sm* ◊ **al cartoccio** baked in foil.

cartolerìa *sf* stationer's (shop).

cartolina *sf* postcard.

cartone *sm* cardboard; (*del latte*) carton ◊ **cartoni animati** cartoons.

cartùccia (*pl* **-ce**) *sf* cartridge.

casa *sf* (*edificio*, *casa altrui*) house; (*ambiente familiare*, *casa propria*) home; (*ditta*) firm ◊ **casa di cura** nursing home; **casa da gioco** gambling house; **fatto in casa** homemade.

casalingo (*f* **-a** *pl* **-ghi -ghe**) *agg* domestic, home; (*fatto in casa*) homemade ◊ *sf* housewife ◊ *sm pl* (*articoli*) household goods.

cascare *v intr* to fall (down) ◊ **cascare dal sonno** to be falling asleep on one's feet; **cascare dalle nuvole** to be astounded.

cascata *sf* waterfall.

cascina *sf* farm building.

casco (*pl* **-chi**) *sm* crash-helmet; (*da parrucchiere*) (hair-)dryer.

caseificio *sm* dairy.

casella *sf* (*su foglio*) square; (*di casellario*) pigeon hole ◊ **casella postale** post office box.

casello *sm* (*autostrada*) (motorway) toll booth.

caserma *sf* barracks (*pl*).

casino *sm* (*rumore*) din; (*confusione*) mess; (*di caccia*) hunting lodge.

casinò *sm inv* casino.

caso *sm* (*destino*) chance; (*fatto*) case ◊ **a caso** at random; **per caso** by chance; **in ogni caso** in any case.

cassa *sf* (*contenitore*) case; (*luogo dove si paga*) cash desk; (*in supermercato*) checkout; (*comm*, *denaro*) cash ◊ **cassa toracica** ribcage; **cassa integrazione** income support.

cassaforte (*pl* **casseforti**) *sf* safe.

cassapanca (*pl* **-che**) *sf* chest.

casseruola *sf* saucepan.

cassetta *sf* case; (*musica*) cassette ◊ **cassetta di sicurezza** safe-deposit box; **cassetta delle lettere** postbox, letterbox.

cassetto *sm* drawer.

cassiere *sm* cashier ◊ **cassiera** cashier.

castagna *sf* chestnut.

castano *agg* chestnut (brown); (*occhi*) brown.

castello *sm* castle ◊ **letto a castello** bunkbed.

castigare *v tr* to punish.

castigo (*pl* **-ghi**) *sm* punishment.

castoro *sm* (*zool*) beaver; (*pelliccia*) beaver (fur).

castrare *v tr* to castrate.

casuale *agg* chance.

cataclisma (*pl* **-i**) *sm* (*catastrofe*) catastrophe; (*fig*) upheaval.

catacomba *sf* catacomb.

catalizzare *v tr* (*fig*) to heighten.

catalizzato *agg* (*auto*) fitted with a catalytic converter.

catàlogo (*pl* **-ghi**) *sm* catalogue, (*AmE*) catalog.

catarro *sm* catarrh.

catasta *sf* pile.

catàstrofe *sf* catastrophe.

categorìa *sf* category.

catena *sf* chain; *(di montagne)* range ◊ **catene da neve** snow chains; **catena di montaggio** assembly line.

catenàccio *sm* bolt.

catino *sm* basin.

catrame *sm* tar.

càttedra *sf* desk; *(incarico)* teaching post; *(universitaria)* chair.

cattedrale *sf* cathedral.

cattivèria *sf* wickedness.

cattivo *agg* bad; *(bambino)* naughty ◊ *sm (persona)* bad person, wicked person ◊ **essere di cattivo umore** to be in a bad mood.

cattòlico *(f -a pl -ci -che) agg, sm* (Roman) Catholic.

cattura *sf* capture.

catturare *v tr* to capture.

càusa *sf* cause; *(giur)* lawsuit ◊ **fare causa a qualcuno** to sue somebody.

causale *sf* ◊ **causale di versamento** description of payment.

causare *v tr* to cause.

cautela *sf* caution.

cautelare *v tr* to protect ◊ *v rifl* to take precautions.

càuto *agg* cautious.

cauzione *sf* security; *(per libertà provvisoria)* bail.

cava *sf* quarry.

cavalcare *v intr/tr* to ride.

cavaliere *sm* rider; *(accompagnatore)* escort; *(ballo)* partner.

cavalletta *sf (zool)* grasshopper.

cavalletto *sm* trestle; *(fot)* tripod; *(pittore)* easel.

cavallo *sm* horse; *(scacchi)* knight ◊ **siamo a cavallo** we are home and dry.

cavare *v tr* to take out; *(dente)* to pull out ◊ *v rifl (di dosso)* to take off ◊ **cavarsela** to get away with it.

cavatappi *sm inv* corkscrew.

caverna *sf* cave.

càvia *sf* guinea-pig.

caviale *sm* caviar.

caviglia *sf* ankle.

cavità *sf inv* cavity.

cavo *agg* hollow ◊ *sm* cable; *(mar)* rope.

cavolfiore *sm* cauliflower.

càvolo *sm* cabbage ◊ **col cavolo!** you must be joking!

CD *sm inv* CD ◊ **CdRom** CD-Rom.

ce v. **ci.**

cece *sm* chick-pea.

ceco *agg, sm* Czech.

cèdere *v intr (arrendersi)* to surrender; *(alla tentazione)* to yield; *(suolo)* to subside ◊ *v tr* to give up; *(vendere)* to sell.

cedro *sm (bot, legno)* cedar; *(frutto)* citron.

cèfalo *sm (BrE)* grey mullet, *(AmE)* mullet.

celebrare *v tr* to celebrate.

cèlebre *agg* famous.

celeste *agg (del cielo)* celestial; *(azzurro)* light blue ◊ *sm (colore)* sky blue.

cèlibe *agg* single ◊ *sm* bachelor.

cella *sf* cell.

cèllula *sf* cell.

cellulare *agg* cellular ◊ *sm (telefono)* mobile phone.

cemento *sm* cement ◊ **cemento armato** reinforced concrete.

cena *sf* dinner; (*leggera*) supper.

cenare *v intr* to have dinner.

cénere *sf* ash; (*di carbone, di legna*) cinders (*pl*).

cenno *sm* sign; (*con il capo*) nod; (*con la mano*) wave; (*con gli occhi*) wink; (*allusione*) hint.

censimento *sm* census.

censura *sf* censorship.

centenàrio *agg* (one) hundred-year-old; (*che ricorre ogni cento anni*) centennial ◊ *sm* (*persona*) centenarian; (*anniversario*) centenary, (*AmE*) centennial.

centennale *agg* centennial.

centèsimo *agg* hundredth ◊ *sm* (*di dollaro, di euro*) cent.

centìgrado *agg* centigrade.

centigrammo *sm* centigram(me).

centìlitro *sm* centilitre, (*AmE*) centiliter.

centìmetro *sm* centimetre, (*AmE*) centimeter; (*nastro*) measuring tape.

centinàio (*pl* **-a** *f*) *sm* hundred.

cento *agg*, *sm inv* a hundred, one hundred ◊ **cento per cento** a hundred per cent.

centomila *agg*, *sm inv* hundred thousand, one hundred thousand.

centomillèsimo *agg*, *sm* one hundred thousandth.

centrale *agg* central ◊ *sf* (*ufficio*) head office.

centralino *sm* switchboard.

centrare *v tr* (*mettere al centro*) to centre; (*colpire*) to hit something in the centre.

centro *sm* centre, (*AmE*) center ◊ **centro storico** historic centre; **centro commerciale** shopping centre, (*AmE*) shopping mall.

centunèsimo *agg*, *sm* hundred and first.

cera *sf* wax; (*per pavimenti*) floor polish; (*aspetto*) look.

ceràmica (*pl* **-che**) *sf* (*arte*) ceramics; (*materiale*) pottery.

cerbiatto *sm* fawn.

cercare *v tr* to look for ◊ **cercare di fare** to try to do.

cérchio *sm* circle.

cerchione *sm* (*wheel*)rim.

cereale *sm* cereal.

cerebrale *agg* cerebral.

cerimònia *sf* ceremony.

cèrnia *sf* (*zool*) grouper.

cerniera *sf* (*di porte*) hinge; (*lampo*) (*BrE*) zip (fastener), (*AmE*) zipper.

cerotto *sm* (*sticking*) plaster.

certezza *sf* certainty.

certificato *sm* certificate ◊ **certificato medico** medical certificate; **certificato di nascita** birth certificate.

certo *agg* certain ◊ *pl* (*alcuni*) some ◊ *avv* certainly ◊ **di certo** for sure.

certosa *sf* Carthusian monastery.

cerume *sm* earwax.

cervello *sm* brain ◊ **gli ha dato di volta il cervello** he's gone out of his mind.

cervo *sm* (*zool*) deer; (*venison*) ◊ **cervo volante** stag-beetle.

cesello *sm* chisel.

cespùglio *sm* bush.

cessare *v tr/intr* to stop ◊ **cessate il fuoco** ceasefire.

cestino *sm* (*per la carta*) wastepaper basket.

cesto *sm* basket.

cetàceo *sm* cetacean.

ceto *sm* (social) class.

cetriolo *sm* cucumber.

charter *sm inv* charter ◊ **volo charter** charter flight.

che *pron relativo* (*persona*) (*soggetto*) who; (*oggetto*) that, who, whom; (*cosa, animale*) which, that ◊ *pron interrogativo* what ◊ *agg interrogativo* what; (*numero limitato*) which ◊ *cong* (*talvolta omessa*) (*temporale, finale*) that; (*comparativa*) than ◊ **a meno che** unless.

check in *sm inv* check-in.

chi *pron relativo* whoever, anyone who ◊ *pron interrogativo* (*persona*) (*soggetto*) who, (*oggetto*) who, whom.

chiàcchiera *sf* chat ◊ **fare due chiacchiere** to have a chat.

chiacchierare *v intr* to chat.

chiamare *v tr* to call; (*al telefono*) to call, to phone ◊ *v rifl* (*aver nome*) to be called.

chiamata *sf* call; (*telefonica*) (tele)phone call ◊ **chiamata a carico del destinatario** reverse-charge call.

chiarezza *sf* clarity.

chiarire *v tr* to make clear.

chiaro *agg* clear; (*colore*) light; (*luminoso*) bright ◊ **parlare chiaro** to speak frankly; **vederci chiaro** to have a clear idea about it.

chiasso *sm* din.

chiave *sf* key ◊ **chiave inglese** monkey-wrench; **chiudere a chiave** to lock.

chiazza *sf* stain.

chicco (*pl* **-chi**) *sm* (*cereali*) grain; (*caffè*) bean; (*uva*) grape; (*grandine*) hail-stone.

chièdere *v tr* (*per sapere*) to ask; (*per avere*) to ask for ◊ *v rifl* to wonder ◊ **chiedere di qualcuno** to ask about somebody.

chiesa *sf* church.

chìglia *sf* keel.

chilogrammo *sm* kilogram(me).

chilòmetro *sm* kilometre, (*AmE*) kilometer.

chìmica (*pl* **-che**) *sf* chemistry.

chìmico (*f* **-a** *pl* **-ci -che**) *agg* chemical ◊ *sm* chemist.

china *sf* (*discesa*) slope; (*inchiostro*) Indian ink ◊ **una brutta china** a slippery slope.

chinarsi *v rifl* to stoop.

chinino *sm* quinine.

chiòccia (*pl* **-ce**) *sf* sitting hen.

chiòcciola *sf* snail; (*inform*) at.

chiodo *sm* nail ◊ **avere un chiodo fisso** to have a fixation.

chioma *sf* (*capelli*) head of hair; (*alberi*) foliage.

chiosco (*pl* **-chi**) *sm* kiosk; (*giornalaio*) news-stand.

chiostro *sm* cloister.

chirurgia *sf* surgery.

chirurgo (*f* **-a** *pl* **-ghi -ghe**) *sm* surgeon.

chissà *avv* who knows.

chitarra *sf* guitar.

chiùdere *v tr* to close, to shut; (*a chiave*), to lock; (*rubinetto ecc.*) to turn off; (*per sempre*) to close down ◊ *v intr* to shut, to close ◊ *v rifl* to lock oneself (in); (*fig*) to shut oneself (up) ◊ **non chiudere occhio** not to sleep a wink.

chiùnque *pron* anyone, anybody ◊ *pron relativo* whoever.

chiusa *sf* (*conclusione*) close; (*idraulica*) lock.

chiuso *agg* closed; (*persona*) reserved.

chiusura *sf* closing; (*definitiva*) closing down.

ci *pron personale* us ◊ *avv* there ◊ **ci seguono** they are following us; **ci vediamo tutti i giorni** we see each other every day; **ci abito** I live there; **ci mandano un'e-mail** they'll send us an e-mail; **ci pensi tu** you'll see to it; **ci credo** I believe it.

ciabatta *sf* slipper.

ciambella *sf* (*piccolo dolce*) doughnut; (*salvagente*) lifebelt.

cianfrusàglia *sf* knick-knack.

cianuro *sm* cyanide.

ciao *inter* (*incontrando qualcuno*) hello, hi; (*lasciando qualcuno*) bye-bye, cheerio.

ciascuno *agg* each ◊ *pron* everyone ◊ **uno per ciascuno** one each.

cibo *sm* food.

cicala *sf* cicada.

cicatrice *sf* scar (*anche fig*).

cicatrizzarsi *v rifl* to heal.

cicca (*pl* -che) *sf* (*gomma da masticare*) (chewing) gum; (*di sigaretta*) cigarette end.

ciccia (*pl* -ce) *sf* (*familiare*) fat.

ciccione *sm* fatty.

ciclista (*pl* -i -e) *sm/f* cyclist.

ciclo *sm* cycle; (*di cure, lezioni*) course.

ciclomotore *sm* moped.

ciclone *sm* cyclone.

cicogna *sf* stork.

cicòria *sf* chicory.

cieco (*f* -a *pl* -chi -che) *agg* blind ◊ *sm* blind man ◊ **vicolo cieco** blind alley; **alla cieca** blindly.

cielo *sm* sky; (*paradiso*) heaven.

cifra *sf* (*numero*) figure; (*somma*) amount.

ciglio (*pl* ciglia *f*, degli occhi) *sm* (*strada, burrone*) edge; (*occhi*) eyelash.

cigno *sm* swan.

cileno *agg, sm* Chilean.

ciliègia (*pl* -gie) *sf* cherry.

cilindrata *sf* cubic capacity.

cilindro *sm* (*motore*) cylinder; (*cappello*) top hat.

cima *sf* top; (*corda*) rope.

cìmice *sf* bug.

ciminiera *sf* chimney.

cimitero *sm* cemetery.

cincìn *inter* cheers.

cìnema *sm* cinema, (*AmE*) movie theater.

cinematogràfico (*f* -a *pl* -ci -che) *agg* film, (*AmE*) movie.

cinepresa *sf* cine camera.

cinese *agg, sm/f* Chinese.

cinghia *sf* strap; (*cintura*) belt ◊ **tirare la cinghia** to tighten one's belt.

cinghiale *sm* (*zool*) wild boar; (*pelle*) pigskin.

cinquanta *agg, sm inv* fifty.

cinquantenàrio *agg* fifty-year-old ◊ *sm* fiftieth anniversary.

cinquantennale *agg* fifty-year (long).

cinquantenne *agg* fifty (years old); fifty-year-old ◊ *sm/f* fifty-year-old man (*m*), fifty-year-old woman (*f*).

cinquantènnio *sm* fifty years (*pl*).

cinquantèsimo *agg, sm* fiftieth.

cinquantina *sf* ◊ **una cinquantina** about fifty.

cinque *agg, sm inv* five.

cinquecentesco (*pl* **-chi**) *agg* sixteenth-century.

cinquecentèsimo *agg, sm* five hundredth.

cinquecento *agg, sm inv* five hundred; (*secolo*) the sixteenth century.

cinta *sf* waist; (*cintura*) belt ◊ **muro di cinta** (boundary) wall.

cintura *sf* belt ◊ **cintura di sicurezza** seat belt.

ciò *pron* this, that, it ◊ **e con ciò? so what?**

ciocca (*pl* **-che**) *sf* lock.

cioccolata *sf* chocolate ◊ **cioccolata al latte** milk chocolate; **cioccolata fondente** dark chocolate.

cioccolatino *sm* chocolate.

cioccolato *sm* chocolate.

cioè *avv* that is.

ciondolare *v intr* to dangle.

ciòtola *sf* bowl.

ciòttolo *sm* pebble.

cipolla *sf* onion.

cipresso *sm* cypress.

cìpria *sf* (face) powder.

cipriota (*pl* **-i -e**) *agg, sm/f* Cypriot.

circa *avv, prep* about.

circo (*pl* **-chi**) *sm* circus.

circolare *v intr* to circulate ◊ *agg* circular ◊ *sf* (*mezzo pubblico*) circle line ◊ **assegno circolare** (bank) draft.

circolazione *sf* circulation; (*traffico*) traffic.

cìrcolo *sm* circle; (*club*) club.

circondare *v tr* to surround ◊ *v rifl* to surround oneself (with).

circonferenza *sf* circumference.

circonvallazione *sf* ring road.

circoscrivere *v tr* (*contenere*) to contain; (*limitare*) to limit.

circostanza *sf* circumstance; (*occasione*) occasion.

circùito *sm* circuit ◊ **a circuito chiuso** closed-circuit.

cisterna *sf* cistern, tank.

cisti *sf inv* cyst.

citare *v tr* to quote; (*portare come esempio*) to mention; (*giur*) to summon.

citòfono *sm* (*di casa*) entry phone.

citronella *sf* (*bot*) citronella.

città *sf inv* town; (*grande*) city.

cittadina *sf* town.

cittadinanza *sf* (*giur*) citizenship; (*popolazione*) citizens (*pl*).

cittadino *agg* town, city ◊ *sm* citizen; (*abitante di città*) city dweller.

ciuffo *sm* tuft.

civetta *sf* (*zool*) owl; (*donna*) flirt.

civetterìa *sf* coquetry.

43

cìvico (*f* -**a** *pl* -**ci** -**che**) *agg* civic.

civile *agg* civil; (*non militare*) civilian; (*non barbaro*) civilized ◊ *smlf* civilian ◊ **stato civile** marital status; **guerra civile** civil war; **matrimonio civile** civil marriage.

civilizzare *v tr* to civilize ◊ *v rifl* to become civilized.

civiltà *sf inv* civilization.

clacson *sm inv* horn.

clandestino *agg* clandestine ◊ *sm* stowaway ◊ **immigrato clandestino** illegal immigrant.

clarinetto *sm* (*mus*) clarinet.

classe *sf* class.

clàssico (*f* -**a** *pl* -**ci** -**che**) *agg* classical; (*tipico*) classic ◊ *sm* classic.

classìfica (*pl* -**che**) *sf* classification; (*sport, esami*) results (*pl*).

classificare *v tr* to classify.

clàusola *sf* clause.

claustrofobìa *sf* claustrophobia.

clavìcola *sf* collarbone.

clero *sm* clergy.

cliente *smlf* client; (*di negozio*) customer; (*di albergo*) guest.

clima (*pl* -**i**) *sm* climate.

climatizzato *agg* air-conditioned.

clìnica (*pl* -**che**) *sf* clinic.

clistere *sm* enema.

cloro *sm* chlorine.

club *sm* club.

coabitare *v intr* to live together.

coagulazione *sf* coagulation.

coalizione *sf* coalition.

cobra *sm inv* (*zool*) cobra.

còccige *sm* coccyx.

coccinella *sf* (*zool*) lady bird, (*AmE*) lady bug.

còccio *sm* (*frammento*) fragment; (*terracotta*) earthenware.

cocciuto *agg* stubborn.

cocco (*pl* -**chi**) *sm* (*bot*) coconut palm; (*frutto*) coconut; (*preferito*) darling.

coccodrillo *sm* crocodile.

coccolare *v tr* to cuddle.

cocente *agg* burning ◊ **sole cocente** scorching sun.

cocòmero *sm* watermelon.

coda *sf* (*zool, fig*) tail; (*fila*) (*BrE*) queue, (*AmE*) line; (*di capelli*) ponytail ◊ **fare la coda** to queue; **in coda a** (*in fondo a*) at the rear of; **non ha né capo né coda** it does'nt make any sense.

còdice *sm* code ◊ **codice d'avviamento postale** (*BrE*) postcode, (*AmE*) zip code; **codice a barre** bar code; **codice fiscale** tax code; **codice civile** civil code; **codice penale** penal code.

codificare *v tr* to codify.

coerente *agg* consistent.

coerenza *sf* consistency.

coetàneo *agg, sm* contemporary.

còfano *sm* (*auto*) (*BrE*) bonnet, (*AmE*) hood.

cogli *prep articolata* v. **con** + **gli**.

cògliere *v tr* (*raccogliere*) to pick; (*sorprendere*) to catch ◊ **cogliere la palla al balzo** to seize the chance.

cognac *sm inv* cognac.

cognata *sf* sister-in-law.

cognato *sm* brother-in-law.

cognome *sm* surname, (*AmE*) last name.

coi *prep articolata* v. **con + i**.

coincidenza *sf* coincidence; (*mezzi di trasporto*) connection.

coincidere *v intr* to coincide.

coinvolgere *v tr* to involve.

col *prep articolata* v. **con + il**.

colapasta *sm inv* colander.

colare *v tr* (*filtrare*) to strain; (*gocciolare*) to drip; (*perdere*) to leak ◊ **colare a picco** to founder.

colata *sf* (*metallo*) casting; (*lava*) flow.

colazione *sf* (*prima mattina*) breakfast; (*pranzo*) lunch ◊ **fare colazione** to have breakfast.

colei *pron f* the one.

colera *sf* (*med*) cholera.

colesterolo *sm* cholesterol.

colibrì *sm inv* (*zool*) humming bird.

colica (*pl* -**che**) *sf* (*med*) colic.

colino *sm* strainer.

colite *sf* (*med*) colitis.

colla *sf* glue; (*di farina*) paste.

collaborare *v intr* to collaborate.

collaboratore (-**trice**) *sm* collaborator.

collaborazione *sf* collaboration.

collana *sf* necklace; (*di libri*) series.

collant *sm inv* tights (*pl*), (*AmE*) pantyhose.

collante *sm* glue.

collasso *sm* collapse.

collaudare *v tr* to test.

colle *sm* hill.

collega (*pl* -**ghi** -**ghe**) *sm/f* colleague.

collegamento *sm* connection.

collegare *v tr* to connect ◊ *v rifl* to join; (*TV, radio*) to link up.

collegio *sm* boarding school.

collera *sf* anger.

colletta *sf* collection.

collettività *sf inv* community.

collettivo *agg* collective; (*pubblico*) communal.

colletto *sm* collar.

collezione *sf* collection.

collina *sf* hill.

collirio *sm* eyewash.

collisione *sf* collision.

collo *sm* neck; (*pacco*) package; (*bagaglio*) piece of luggage ◊ **collo alto** polo-neck; **collo a V** V-neck; **rompersi l'osso del collo** to break one's neck.

collocare *v tr* to place ◊ *v rifl* (*essere classificato*) to rank.

colloquio *sm* conversation; (*di lavoro*) interview; (*esame*) exam.

collutorio *sm* mouthwash.

colmare *v tr* to fill (up); (*dare in quantità*) to load (with).

colmo *agg* full ◊ *sm* top; (*fig*) height ◊ **è il colmo** this is the limit.

colomba *sf* dove.

colombiano *agg, sm* Colombian.

colombo *sm* pigeon.

colonia *sf* colony; (*per bambini*) holiday camp ◊ (**acqua di**) **colonia** (eau de) Cologne.

colonizzare *v tr* to colonize.

colonna *sf* column ◊ **colonna sonora** soundtrack.

colonnello *sm* colonel.

colorare *v tr* to colour, (*AmE*) to color.

colore sm colour, (AmE) color ◊ **farne di tutti i colori** to get up to all sorts of mischief; **a colori** in colour.

coloro pron pl m/f the ones.

colossale agg colossal.

colpa sf (errore) fault; (peccato) sin ◊ **dare la colpa a** to blame; **per colpa tua** because of you; **senso di colpa** sense of guilt.

colpévole agg guilty ◊ sm/f culprit.

colpire v tr to hit, to strike (anche fig); (favorevolmente) to impress.

colpo sm (aggressivo) blow; (urto) knock; (arma da fuoco) shot; (med, sport) stroke; (furto) raid; (emozione) shock ◊ **fare colpo** to make a strong impression; **colpo di sole** sun-stroke; **colpo di freddo** chill; **colpo d'occhio** glance; **colpo di telefono** ring; **colpo di stato** coup.

coltellata sf stab.

coltello sm knife.

coltivare v tr to cultivate (anche fig).

coltivatore (-trice) sm farmer.

coltivazione sf farming, cultivation.

colto agg cultured.

coltura sf cultivation.

colùi pron m the one.

coma (pl -i) sm coma.

comandante sm/f commander; (nave, aereo) captain.

comandare v tr to command; (meccanica) to control ◊ v intr to be in charge.

comando sm (milit) command;

(meccanica) control ◊ **essere al comando di** to lead.

combaciare v intr to fit together.

combattente sm/f fighter.

combàttere v tr/intr to fight ◊ v rifl to fight (each other).

combattimento sm fight; (milit) battle.

combinare v tr (mescolare) to combine; (concordare) to arrange.

combinazione sf (caso) coincidence; (accostamento) combination ◊ **per combinazione** by chance.

come avv (di modo) like; (in qualità di) as; (interrogativo, esclamativo, di quantità) how ◊ **sei come lui** you are like him; **come mai?** how come?; **come non detto** to let's forget it.

cometa sf comet.

còmico (f -a pl -ci -che) agg comic(al) ◊ sm (attore) comedian.

comìgnolo sm chimney.

cominciare v tr/intr to begin, to start.

comitato sm committee.

comitiva sf party, group.

comìzio sm meeting.

commèdia sf comedy; (teatro, opera) play.

commemorazione sf commemoration.

commentare v tr to comment on.

commento sm comment.

commerciale agg commercial; (relazioni, fiera, bilancio) trade; (attività, corrispondenza) business.

commerciante *sm/f* trader; *(negoziante)* shopkeeper.

commercio *sm* commerce; *(internazionale)* trade; *(affari)* business ◊ **fuori commercio** not for sale; **commercio all'ingrosso, al dettaglio** wholesale trade, retail trade.

commesso *sm* shop assistant.

commestibile *agg* edible.

commettere *v tr* to commit.

commiserazione *sf* commiseration.

commissariato *sm* police station.

commissàrio *sm* *(di pubblica sicurezza)* (police) superintendent; *(d'esami)* examiner; *(di gara)* steward.

commissione *sf* *(incarico)* errand; *(compenso)* commission.

commosso *agg* moved.

commovente *agg* moving.

commozione *sf* emotion ◊ **commozione cerebrale** concussion.

commuòvere *v tr* to move, to touch ◊ *v rifl* to be touched.

comodino *sm* bedside table.

comodità *sf inv* comfort; *(opportunità)* convenience.

còmodo *agg (confortevole)* comfortable; *(opportuno)* convenient; *(pratico)* handy ◊ *sm* comfort; *(comodità)* convenience ◊ **fai con comodo** *(senza fretta)* take it easy; **se ti fa comodo** if it suits you.

compact disc v. **CD**.

compagnìa *sf* company; *(gruppo)* party.

compagno *sm* *(lavoro)* mate;

(comm, sport, convivente non sposato) partner; *(polit)* comrade; *(scuola)* school mate.

comparazione *sf* comparison.

comparire *v intr* to appear.

comparsa *sf* *(cinema)* extra, *(teatro)* walk-on.

compassione *sf* compassion.

compasso *sm* (pair of) compasses *(pl)*.

compatibile *agg* compatible.

compatire *v tr* to feel sorry for.

compatriota *(pl -i -e)* *sm/f* compatriot.

compatto *agg* compact; *(fig)* united.

compensare *v tr* to make up for.

compensato *sm* plywood.

compenso *sm* *(retribuzione)* remuneration; *(onorario)* fee; *(ricompensa)* reward.

còmpera *sf* purchase ◊ **far compere** to go shopping.

competente *agg* competent.

competenza *sf* competence.

compètere *v intr* *(gareggiare)* to compete (with); *(riguardare)* to be somebody's responsibility.

competizione *sf* competition.

compiacenza *sf* *(cortesia)* courtesy.

compiacersi *v rifl* *(rallegrarsi)* to be delighted; *(congratularsi)* to congratulate.

compiàngere *v tr* to pity.

compianto *agg* lamented ◊ *sm* mourning.

còmpiere *v tr* *(portare a compimento)* to complete; *(commettere)*

47

to commit ◊ *v rifl* (*avverarsi*) to come true ◊ **compiere gli anni** to have one's birthday.

compilare *v tr* to fill in.

compimento *sm* completion.

cómpito *sm* task; (*scolastico*) homework.

compleanno *sm* birthday.

complementare *agg* complementary.

complemento *sm* complement.

complessità *sf inv* complexity.

complessivamente *avv* on the whole.

complesso *agg* complex ◊ *sm* (*insieme*) combinator; (*mus*) group; (*psichico*) complex ◊ **in, nel complesso** on the whole; **complesso di colpa** guilt complex.

completare *v tr* to complete.

completo *agg* complete; (*pieno*) full ◊ *sm* (*abito*) suit; (*set*) set ◊ **essere al completo** to be full up.

complicare *v tr* to complicate ◊ *v rifl* to become complicated.

complicato *agg* complicated.

complicazione *sf* complication.

còmplice *agg* (*d'intesa*) knowing ◊ *sm/f* accomplice.

complicità *sf inv* complicity.

complimentarsi *v rifl* to congratulate.

complimento *sm* compliment ◊ **complimenti!** congratulations!; **non fare complimenti!** help yourself.

complotto *sm* plot.

componente *sm/f* (*membro*) member; (*elemento*) component.

comporre *v tr* (*creare*) to compose ◊ **comporre un numero telefonico** to dial a number.

comportamento *sm* behaviour, (*AmE*) behavior.

comportarsi *v rifl* to behave.

compositore (**-trice**) *sm* (*mus*) composer.

composizione *sf* composition.

composto *agg* composed ◊ *sm* (*chim*) compound.

comprare *v tr* to buy ◊ **comprare all'asta** to buy at an auction; **comprare di seconda mano** to buy second-hand.

compratore (**-trice**) *sm* buyer.

comprèndere *v tr* (*contenere*) to include; (*capire*) to understand.

comprensìbile *agg* understandable.

comprensione *sf* understanding.

comprensivo *agg* understanding; (*che include*) inclusive.

compressa *sf* tablet.

compresso *agg* compressed ◊ **fucile ad aria compressa** air rifle.

comprìmere *v tr* to press; (*fig*) to repress.

compromesso *sm* compromise; (*di vendita*) agreement.

comprométtere *v tr* to compromise ◊ *v rifl* to compromise oneself; (*impegnarsi*) to commit oneself.

computer *sm inv* computer.

computerizzato *agg* computerized.

comunale *agg* municipal.

comune *agg* common; (*ordinario*) ordinary ◊ *sm* (*municipio, sede*) town hall; (*autorità*) town council ◊ **in comune** in common; **di comune accordo** by common consent; **la Camera dei Comuni** the House of Commons.

comunicare *v tr* to communicate; *(relig)* to administer Holy Communion to ◊ *v rifl (trasmettersi)* to spread; *(relig)* to receive Holy Communion.

comunicativo *agg* communicative.

comunicato *sm* communiqué ◊ **comunicato stampa** press release.

comunicazione *sf* communication ◊ **mezzi di comunicazione** communications; **vie di comunicazione** lines of communication.

comunione *sf* communion; *(relig)* Holy Communion.

comunismo *sm* communism.

comunista *(pl -i -e)* *agg*, *sm/f* communist ◊ **partito comunista** Communist party.

comunità *sf inv* community.

comunque *avv* anyhow ◊ *cong* however.

con *prep* with; *(per mezzo di)* by.

conato *sm* ◊ **conato di vomito** retching.

conca *(pl -che)* *sf* basin.

còncavo *agg* concave.

concèdere *v tr* to grant; *(permettere)* to allow; *(ammettere)* to admit ◊ *v rifl* to allow oneself ◊ **concedersi un lusso** to treat oneself to.

concentramento *sm* concentration ◊ **campo di concentramento** concentration camp.

concentrare *v tr*, *rifl* to concentrate.

concentrato *agg* concentrated ◊ *sm* concentrate ◊ **concentrato di pomodoro** tomato purée.

concepimento *sm* conception.

concepire *v tr (figlio, idea)* to conceive; *(capire)* to understand; *(ideare)* to devise; *(immaginare)* to imagine.

concertista *(pl -i -e)* *sm/f* concert performer.

concerto *sm* concert; *(solista)* recital; *(composizione)* concerto.

concessionàrio *sm* agent.

concessione *sf* concession.

concetto *sm* concept; *(opinione)* opinion.

concezione *sf* conception; *(idea)* concept.

conchiglia *sf* shell.

conciare *v tr (pelli)* to tan; *(maltrattare)* to illtreat; *(sporcare)* to dirty ◊ *v rifl (vestirsi male)* to dress badly; *(sporcarsi)* to get dirty.

conciliare *v tr* to reconcile; *(multa)* to settle ◊ *v rifl* to agree.

concimare *v tr* to manure.

concime *sm* manure.

concisione *sf* conciseness.

conciso *agg* concise.

concittadino *sm* fellow citizen.

conclùdere *v tr* to conclude ◊ *v rifl* to come to an end.

conclusione *sf* conclusion.

concordare *v tr/intr* to agree.

concordato *sm* agreement; *(giur, comm)* arrangement.

concorde *agg* *(unanime)* unanimous.

concorrente *sm/f* competitor; *(candidato)* candidate.

concorrenza sf competition.

concórrere v intr (*competere*) to compete; (*contribuire*) to contribute.

concorso sm competition.

concreto agg concrete.

concussione sf (*giur*) extortion.

condanna sf sentence.

condannare v tr (*disapprovare*) to condemn; (*giur*) to sentence.

condensare v tr, rifl to condense.

condensato agg condensed ◊ **latte condensato** condensed milk.

condimento sm seasoning; (*di insalata*) dressing.

condire v tr to season; (*insalata*) to dress.

condivìdere v tr to share.

condizionale agg conditional.

condizionare v tr to condition.

condizionato agg conditional; (*tecn, psicologia*) conditioned ◊ **aria condizionata** air-conditioning.

condizionatore sm air-conditioner.

condizione sf condition ◊ **a condizione che** on condition that.

condoglianze sf pl condolences ◊ **fare le condoglianze** to offer one's condolences.

condomìnio sm (*edificio*) block of flats, (*AmE*) condominium.

condòmino sm joint owner.

condonare v tr to condone.

condono sm remission.

condotta sf conduct; (*tubatura*) piping; (*gestione*) management.

condotto agg ◊ **medico condotto** district doctor.

conducente sm/f driver.

condurre v tr (*guidare, portare*) to lead; (*gestire*) to run.

conduttore (-**trice**) sm (*guidatore*) driver; (*TV*) TV presenter; (*fis*) conductor.

conduttura sf pipe.

confederazione sf confederation.

conferenza sf (*discorso*) lecture; (*congresso*) conference ◊ **conferenza stampa** press conference.

conferimento sm awarding.

conferma sf confirmation.

confermare v tr to confirm.

confessare v tr, rifl to confess.

confessione sf confession.

confessore sm confessor.

confetto sm sugar-coated almond.

confezionare v tr (*imballare*) to package; (*incartare*) to wrap; (*abiti*) to sew; (*industrialmente*) to manufacture.

confezione sf (*involucro*) packaging; (*prodotto confezionato*) pack ◊ **confezioni da uomo, da donna** menswear, ladieswear.

conficcare v tr to thrust.

confidare v tr to confide ◊ v intr to trust ◊ **confidarsi con qualcuno** to confide in somebody.

confidenza sf confidence; (*familiarità*) familiarity ◊ **prendere confidenza** to gain confidence; **dare confidenza a qualcuno** to treat somebody with familiarity.

confidenziale agg confidential.

confinare *v tr* (*relegare*) to confine ◊ *v intr* to border (on) (*anche fig*).

confine *sm* border; (*di proprietà*) boundary.

confiscare *v tr* to confiscate.

conflitto *sm* conflict.

confluenza *sf* confluence; (*di strade*) junction.

confluire *v intr* to meet (*anche fig*).

confóndere *v tr* to confuse ◊ *v rifl* (*sbagliarsi*) to be mistaken; (*turbarsi*) to become confused; (*mescolarsi*) to mingle.

confortante *agg* comforting.

confortare *v tr* to comfort ◊ *v rifl* to take comfort.

confortévole *agg* comfortable.

conforto *sm* comfort.

confrontare *v tr* to compare.

confronto *sm* comparison ◊ **nei confronti di qualcuno** towards somebody; **a confronto di** compared with.

confusione *sf* confusion.

confuso *agg* confused; (*turbato*) embarrassed; (*non nitido*) hazy.

congedare *v tr* to dismiss; (*milit*) to discharge ◊ *v rifl* to take one's leave.

congedo *sm* leave.

congegno *sm* device.

congelamento *sm* freezing; (*med*) frostbite.

congelare *v tr, rifl* to freeze.

congelatore *sm* freezer.

congestione *sf* congestion.

congiùngere *v tr, rifl* to join.

congiuntivite *sf* conjunctivitis.

congiura *sf* conspiracy.

congratularsi *v rifl* to congratulate (somebody on doing something).

congratulazioni *sf pl* congratulations.

congresso *sm* congress.

còngruo *agg* (*sufficiente*) adequate; (*giusto*) fair.

conguàglio *sm* balance.

coniare *v tr* to coin.

conìfera *sf* conifer.

conìglio *sm* rabbit; (*pelliccia*) coney; (*fig*) chicken.

coniugare *v tr* (*gramm*) conjugate ◊ *v rifl* to get married.

coniugato *agg* married.

cònigue *sm/f* spouse.

connazionale *agg* of the same country ◊ *sm/f* compatriot.

connèttere *v tr* to connect ◊ *v intr* to think straight.

cono *sm* cone ◊ **cono gelato** ice-cream cone.

conoscente *sm/f* acquaintance.

conoscenza *sf* knowledge; (*persona*) acquaintance ◊ **essere a conoscenza di qualcosa** to know something; **perdere conoscenza** to lose consciousness.

conóscere *v tr* to know; (*incontrare*) to meet ◊ *v rifl* (*sé stessi*) to know oneself; (*l'un l'altro*) to know each other, to meet each other.

conosciuto *agg* well-known.

conquista *sf* conquest.

conquistare *v tr* to conquer; (*fig*) to win.

consacrare *v tr* (*relig*) to consecrate; (*sacerdote*) to ordain; (*fig*) to dedicate.

consapévole *agg* conscious.

consapevolezza *sf* consciousness.

cònscio (*pl f -sce*) *agg* conscious.

consegna *sf* delivery; (*milit, punizione*) confinement; (*milit, ordine*) orders (*pl*).

consegnare *v tr* to deliver; (*a mano*) to hand (in); (*milit*) to confine to barracks.

conseguenza *sf* consequence, outcome ◊ **di conseguenza** consequently.

conseguimento *sm* achievement.

conseguire *v tr* to achieve ◊ *v intr* (*derivare*) to follow.

consenso *sm* consent.

consentire *v tr* to allow ◊ *v intr* to consent.

consentito *agg* allowed.

conserva *sf* preserve.

conservare *v tr* to keep; (*cibi*) to preserve ◊ *v rifl* (*rimanere*) to remain; (*mantenersi*) to keep.

conservatore (*-trice*) *agg, sm* conservative.

conservatòrio *sm* conservatory.

conservazione *sf* preservation ◊ **a lunga conservazione** long-life.

considerare *v tr* to consider; (*stimare*) to regard.

considerazione *sf* consideration; (*stima*) esteem; (*osservazione*) remark.

considerévole *agg* considerable.

consigliare *v tr* to advise ◊ *v rifl* to ask somebody's advice.

consigliere *sm* adviser ◊ **consigliere comunale** councillor.

consiglio *sm* (*parere*) advice; (*comitato*) board, council.

consistente *agg* substantial; (*denso*) thick.

consistenza *sf* consistency; (*spessore*) thickness.

consistere *v intr* to consist (of).

consolare *v tr* to console ◊ *v rifl* to console oneself ◊ *agg* (*di consolato*) consular.

consolato *sm* consulate.

consolazione *sf* consolation; (*gioia*) joy.

consolidamento *sm* consolidation.

consolidare *v tr, rifl* to consolidate.

consonante *sf* consonant.

consorte *sm/f* spouse.

consòrzio *sm* consortium.

constatare *v tr* (*notare*) to notice; (*verificare*) to ascertain; (*valutare*) to establish.

constatazione *sf* (*osservazione*) observation.

consueto *agg* usual.

consuetùdine *sf* habit; (*tradizione*) custom.

consulente *sm/f, agg* consultant.

consulenza *sf* consultancy.

consultare *v tr* to consult ◊ *v rifl* to consult with.

consultòrio *sm* clinic.

consumare *v tr* (*usare*) to consume; (*abiti*) to wear out; (*matrimonio*) to consummate ◊ *v rifl* (*abiti*) to wear out; (*candela*) to burn down; (*persona*) to pine.

consumatore (**-trice**) *sm* consumer; (*avventore*) customer ◊ **difesa del consumatore** consumer protection.

consumazione *sf* (*bibita*) drink; (*spuntino*) snack.

consumismo *sm* consumerism.

consumo *sm* consumption ◊ **beni di consumo** consumer goods; **società dei consumi** consumer society.

contàbile *agg, sm/f* book-keeper.

contabilità *sf inv* book-keeping.

contachilòmetri *sm inv* mileometer, (*AmE*) odometer.

contadino *sm* farmer.

contagiare *v tr* to infect (*anche fig*).

contàgio *sm* infection.

contagioso *agg* infectious.

contagocce *sm inv* dropper.

contaminare *v tr* to contaminate.

contaminazione *sf* contamination.

contante *sm* cash ◊ **pagare in contanti** to pay cash.

contare *v tr/intr* to count; (*prevedere*) to intend.

contatore *sm* meter.

contattare *v tr* to contact.

contatto *sm* contact.

conte (**contessa**) *sm* count ◊ **contessa** countess.

contegno *sm* (*condotta*) behaviour, (*AmE*) behavior; (*atteggiamento*) attitude ◊ **darsi un contegno** to affect composure.

contemplare *v tr* to contemplate.

contemporàneo *agg, sm* contemporary.

contendente *sm/f* competitor.

contèndere *v tr* to contend ◊ *v intr* to compete.

contenere *v tr* to contain; (*trattenere*) to repress ◊ *v rifl* to control oneself.

contenitore *sm* container.

contentare *v tr* to satisfy ◊ *v rifl* to be content with.

contentezza *sf* joy.

contento *agg* happy; (*soddisfatto*) content; (*compiaciuto*) pleased.

contenuto *sm* (*materiale*) contents (*pl*); (*fig*) content.

contesa *sf* (*giur*) dispute; (*sport*) contest.

contestare *v tr* to contest; (*notificare*) to notify.

contestatore (**-trice**) *sm* protester.

contestazione *sf* (*protesta*) protest; (*disputa*) dispute; (*notifica*) notification.

contesto *sm* context.

contìguo *agg* adjacent.

continentale *agg* continental.

continente *sm* continent.

continuare *v tr/intr* to continue; (*riprendere*) to resume.

continuazione *sf* continuation.

continuità *sf inv* continuity.

contìnuo *agg* (*ininterrotto*) continuous; (*frequente*) continual.

conto *sm* (*calcolo*) calculation; (*da pagare*) bill; (*in banca*) account; (*fig*) consideration ◊ **conto corrente** current account; **fare i conti** to do the sums; **in fin dei conti** after all; **rendersi conto** to realize; **fare conto su** to rely on.

contorno *sm* contour; *(cuc)* vegetables *(pl)*.

contorto *agg* twisted; *(fig)* convoluted.

contrabbandiere *sm* smuggler.

contrabbando *sm* smuggling.

contrabbasso *sm* double bass.

contraccambiare *v tr* to return.

contraccettivo *agg, sm* contraceptive.

contraddire *v tr* to contradict ◊ *v rifl* to contradict oneself.

contraddistìnguere *v tr (merce)* to mark; *(fig)* to distinguish.

contraddittòrio *agg* contradictory.

contraddizione *sf* contradiction.

contraffatto *agg* forged.

contralto *sm* contralto.

contrapporre *v tr (opporre)* to counter; *(paragonare)* to compare ◊ *v rifl* to contrast.

contrapposto *agg (idee)* contrasting; *(posizioni)* opposing.

contrariare *v tr* to oppose; *(irritare)* to annoy.

contràrio *agg, sm* contrary, opposite ◊ **al contrario** on the contrary; **in caso contrario** otherwise.

contrarre *v tr, rifl* to contract; *(muscoli)* to tense ◊ **contrarre un debito** to contract a debt.

contrastare *v tr* to oppose ◊ *v intr* to clash.

contrasto *sm* contrast; *(disputa)* dispute.

contrattare *v intr* to negotiate; *(mercanteggiare)* to bargain.

contrattazione *sf (salari)* bargaining; *(Borsa)* trading.

contrattempo *sm* hitch.

contratto *sm* contract.

contravvenzione *sf* contravention; *(multa)* fine.

contrazione *sf (med)* contraction.

contribuente *sm/f (fisco)* taxpayer.

contribuire *v intr* to contribute.

contributo *sm* contribution ◊ **contibuti previdenziali** national insurance contributions.

contro *prep* against; *(sport)* versus ◊ *avv* against ◊ **i pro e i contro** the pros and cons; **contro voglia** unwillingly; **contro vento** against the wind; **contro corrente** against the tide.

controbàttere *v tr* to counter.

controfigura *sf* stand-in.

controindicazione *sf* contra-indication.

controllare *v tr* to control; *(verificare)* to check ◊ *v rifl* to control oneself.

controllo *sm* control; *(verifica)* check; *(dogana, biglietti)* inspection; *(med)* check-up; *(sorveglianza)* supervision.

controllore *sm (trasporti pubblici)* (ticket) inspector, *(AmE)* conductor ◊ **controllore di volo** air-traffic controller.

contromano *avv* in the wrong direction.

controparte *sf* counterpart.

controsenso *sm* contradiction in terms.

controvèrsia sf controversy; (giur) dispute.

controvòglia avv unwillingly.

contusione sf bruise.

convalescente agg, sm/f convalescent.

convalescenza sf convalescence.

convàlida sf validation.

convalidare v tr to validate.

convegno sm meeting; (congresso) conference.

conveniente agg (adatto) suitable; (a buon mercato) cheap.

convenienza sf convenience ◊ **convenienza di prezzo** (good) value for money

convenire v intr (essere d'accordo) to agree; (essere utile) to be worthwhile ◊ **ti conviene farlo** you'd better do it.

convento sm (di suore) convent; (di frati) monastery.

convenzionale agg conventional.

convergenza sf convergence; (concordanza) consensus ◊ **convergenza ruote** wheel alignment.

convèrgere v intr to converge

conversare v intr to converse.

conversazione sf conversation.

conversione sf conversion.

convertire v tr to convert ◊ v rifl (relig) to be converted.

convesso agg convex.

convìncere v tr to convince ◊ v rifl to convince oneself.

convinzione sf conviction.

convivenza sf cohabitation.

convìvere v intr to cohabit.

convocare v tr to convene; (persona) to summon.

convocazione sf convening.

convòglio sm convoy; (treno) train.

convulsione sf convulsion.

cooperante sm/f aid-worker.

cooperare v intr to co-operate.

cooperativa sf co-operative.

cooperazione sf co-operation.

coordinamento sm co-ordination.

coordinare v tr to co-ordinate.

copèrchio sm lid.

coperta sf blanket; (mar) deck.

copertina sf cover; (di libro) dust jacket.

coperto agg covered; (piscina ecc.) indoor ◊ sm (ristorante, posto) place; (prezzo) cover charge ◊ **stare al coperto** to stay indoors; **cielo coperto** overcast (sky).

copertone sm (ruota) tyre,(AmE) tire.

copertura sf covering; (fin) cover.

còpia sf copy.

copiare v tr to copy.

copione sm script.

coppa sf (spumante) goblet; (sport) cup ◊ **coppa dell'olio** sump.

còppia sf couple.

coprifuoco (pl -chi) sm curfew.

copriletto sm bedspread.

coprire v tr to cover (anche fig) ◊ v rifl (indumenti) to wrap oneself up.

coràggio sm courage.

coraggioso agg courageous.

corallo sm coral.

corazza *sf* armour, (*AmE*) armor; (*fig, di animali*) shell.

corda *sf* cord; (*mus, spago, racchetta*) string; (*fune*) rope ◊ **dare corda a qualcuno** to encourage somebody; **tagliare la corda** to cut and run.

cordiale *agg* warm ◊ **cordiali saluti** best regards.

cordòglio *sm* grief.

cordone *sm* cord; (*di polizia*) cordon ◊ **cordone ombelicale** umbilical cord.

coreano *agg, sm* Korean.

coreografia *sf* choreography.

coriàndolo *sm* (*bot*) coriander ◊ *pl* confetti (*sing*).

coricarsi *v rifl* (*sdraiarsi*) to lay down; (*andare a letto*) to go to bed.

cornacchia *sf* crow.

cornamusa *sf* bagpipes (*pl*).

còrnea *sf* (*anat*) cornea.

cornetta *sf* (*mus*) cornet; (*telefono*) receiver.

cornetto *sm* (*brioche*) croissant.

cornice *sf* frame; (*fig*) background.

corno (*pl córna f*) *sm* horn ◊ **facciamo le corna!** touch wood!

coro *sm* chorus; (*cantori*) choir.

corona *sf* crown; (*fiori*) wreath.

corpetto *sm* (*da donna*) bodice.

corpo *sm* body ◊ **corpo diplomatico** diplomatic corps; **corpo di polizia** police force; **corpo di ballo** corps de ballet; **anima e corpo** body and soul.

corporatura *sf* build.

corporazione *sf* corporation.

corredare *v tr* to equip.

corredo *sm* (*da sposa*) trousseau.

corrèggere *v tr* to correct.

corrente *agg* (*anno, mese*) current ◊ *sf* (*acqua*) current; (*aria*) draught, (*AmE*) draft; (*tendenza*) trend ◊ **conto corrente** current account; **essere al corrente** to know about; **tenersi al corrente** to keep up to date.

córrere *v intr* to run; (*sport*) to race ◊ **correre ai ripari** to take remedial action; **correre un rischio** to run a risk.

correttezza *sf* correctness.

corretto *agg* correct.

correzione *sf* correction.

corridóio *sm* corridor; (*tra posti a sedere*) aisle.

corriera *sf* coach.

corriere *sm* courier; (*spedizioniere*) carrier.

corrispondente *sm/f* correspondent.

corrispondenza *sf* correspondence.

corrispóndere *v tr* (*paga*) to pay ◊ *v intr* (*equivalere*) to correspond (to); (*per lettera*) to correspond with.

corródere *v tr* to corrode.

corrómpere *v tr* to corrupt; (*con denaro*) to bribe.

corrosione *sf* corrosion.

corroso *agg* corroded.

corruzione *sf* corruption; (*con denaro*) bribery.

corsa *sf* (*andatura*) running; (*gara*) race; (*di treni, bus*) journey ◊ **di corsa** in a hurry.

corsìa *sf* passage; (*auto*) lane;

(*d' ospedale*) ward ◊ **corsia d'e-mergenza** hard shoulder.

corso *sm* course; (*d' acqua*) stream; (*strada*) main street ◊ **lavori in corso** work in progress; **fuori corso** out of circulation.

corte *sf* (*giur*) court; (*cortile*) (court)yard ◊ **corte di cassazione** court of cassation; **corte d'appello** court of appeal.

cortéccia (*pl* -**ce**) *sf* bark.

corteggiare *v tr* to court.

cortèo *sm* procession.

cortese *agg* courteous.

cortesìa *sf* courtesy ◊ **per cortesia** please.

cortile *sm* (court)yard.

corto *agg* short ◊ **ai ferri corti** at daggers drawn.

corvo *sm* rook ◊ **corvo imperiale** raven.

cosa *sm* (*oggetto*) thing; (*faccenda, concetto*) matter ◊ **cose da fare** things to do; **per prima cosa** first of all.

cóscia (*pl* -**sce**) *sf* (*anat*) thigh; (*cuc*) leg.

cosciente *agg* conscious.

coscienza *sf* conscience ◊ **perdere coscienza** to lose consciousness; **avere la coscienza sporca** to have a bad conscience.

cosciotto *sm* (*cuc*) leg.

così *avv* so; (*in questo modo*) like this; (*perciò*) therefore ◊ *cong* (*allora*) so ◊ *agg* such ◊ **così così** so so; **così ... come** ... as ...as; **basta così!** that's enough!

cosmètico (*f* -**a** *pl* -**ci** -**che**) *agg, sm* cosmetic.

còsmico (*f* -**a** *pl* -**ci** -**che**) *agg* cosmic.

cosmo *sm* cosmos.

cosmopolita (*pl* -**i** -**e**) *agg, sm/f* cosmopolitan.

cospàrgere *v tr* to sprinkle.

cospirazione *sf* conspiracy.

costa *sf* coast; (*pendio*) slope ◊ **velluto a coste** corduroy.

costante *agg* constant.

costanza *sf* constancy.

costare *v intr* to cost ◊ **costare un patrimonio** to cost a fortune.

costaricano *agg, sm* Costarican.

costata *sf* chop.

costato *sm* ribs (*pl*).

costeggiare *v tr* (*strada*) to run alongside.

costei *pron* (*soggetto*) she; (*oggetto*) her.

costellazione *sf* constellation.

costernazione *sf* consternation.

costiera *sf* stretch of coast.

costiero *agg* coastal.

costituire *v tr* to constitute; (*formare*) to form ◊ *v rifl* (*giur, alla polizia*) to give oneself up.

costituzione *sf* constitution.

costo *sm* cost; (*prezzo*) price ◊ **a ogni costo** at all costs; **a costo di** at the cost of, even if.

còstola *sf* (*anat*) rib; (*di libro*) spine.

costoro *pron* (*soggetto*) they; (*oggetto*) them.

costoso *agg* costly.

costretto *agg* forced.

costrìngere *v tr* to force.

costruire *v tr* to build.

costruttore (**-trice**) *sm* constructor.

costruzione *sf* construction.

costùi *pron* (*soggetto*) he; (*oggetto*) him.

costume *sm* (*indumento*) costume; (*abitudine*) habit ◊ **costume da bagno** swimsuit, (*da uomo*) swimming trunks.

cotenna *sf* (*della pancetta*) rind.

cotone *sm* cotton ◊ **cotone idrofilo** cotton wool.

cotto *agg* done; (*innamorato*) besotted ◊ *sm* (*terracotta*) terracotta ◊ **farne di cotte e di crude** to get up to all sorts of mischief.

cottura *sf* cooking; (*al forno*) baking.

covare *v tr* to sit on (eggs); (*fig, odio, rancore*) to harbour, (*AmE*) to harbor; (*malattia*) to be sickening for ◊ *v intr* (*fuoco, odio*) to smoulder, (*AmE*) to smolder.

covo *sm* den.

cozza *sf* mussel.

crampo *sm* (*med*) cramp.

crànio *sm* skull.

cratere *sm* crater.

cravatta *sf* tie.

creare *v tr* to create; (*causare*) to cause.

creativo *agg* creative.

creatura *sf* creature.

creazione *sf* creation.

credente *sm/f* believer.

credenza *sf* belief; (*mobile*) sideboard.

crédere *v tr* to believe; (*pensare*) to think ◊ *v intr* to believe in ◊ **non**

credo ai miei occhi I don't believe my own eyes.

crédito *sm* credit; (*stima*) esteem ◊ **carta di credito** credit card; **istituto di credito** credit institution.

crema *sf* cream; (*di zucchero e uova*) custard ◊ **crema da barba** shaving cream.

cremare *v tr* to cremate, (*AmE*) to incinerate.

cremeria *sf* dairy.

crepa *sf* crack.

crepàccio *sm* cleft; (*di ghiacciaio*) crevasse.

crepare *v intr* (*familiare*) to snuff it ◊ *v rifl* to crack ◊ **crepare dall'invidia** to be green with envy.

crepitare *v intr* to crackle.

crepìtio *sm* crackling, rustling.

crepùscolo *sm* twilight.

créscere *v intr* to grow; (*aumentare*) to increase.

créscita *sf* growth; (*aumento*) increase.

crèsima *sf* confirmation.

crespo *agg* (*capelli*) frizzy ◊ *sm* (*tessuto*) crêpe.

cresta *sf* crest; (*montagna*) ridge ◊ **sulla cresta dell'onda** on the crest of the wave; **alzare la cresta** to become cocky.

creta *sf* (*argilla*) clay.

cretino *agg* stupid ◊ *sm* idiot.

cric *sm* jack.

criceto *sm* hamster.

criminale *agg, sm/f* criminal.

crìmine *sm* crime.

criniera *sf* mane.

crisantemo *sm* chrysanthemum.

crisi *sf inv* crisis; (*med*) fit ◊ **crisi**

d'astinenza withdrawal symptoms.

cristallo *sm* crystal.

cristianésimo *sm* Christianity.

cristiano *agg, sm* Christian.

critèrio *sm* criterion; (*buon senso*) (common) sense.

crìtica (*pl* **-che**) *sf* criticism; (*i critici*) critics (*pl*).

criticare *v tr* to criticize.

crìtico (*f* **-a** *pl* **-ci -che**) *agg* critical ◊ *sm* critic.

croato *agg, sm* Croatian.

croce *sf* cross ◊ **Croce Rossa** Red Cross; **a occhio e croce** approximately.

crocevìa *sf inv* crossroads.

crociera *sf* cruise.

crocifìggere *v tr* to crucify.

crocifisso *sm* crucifix.

crollare *v intr* to collapse; (*fig, persona*) to crumble.

crollo *sm* collapse; (*fig*) breakdown; (*econ*) slump.

cromosoma (*pl* **-i**) *sm* chromosome.

crònaca (*pl* **-che**) *sf* (*storia*) chronicle; (*giornalistica*) news ◊ **cronaca nera** crime news.

crònico (*f* **-a** *pl* **-ci -che**) *agg* chronic.

cronista (*pl* **-i -e**) *sm/f* reporter.

cronòmetro *sm* chronometer.

crosta *sf* crust; (*formaggio*) rind; (*ferita*) scab.

crostàceo *sm* shellfish.

crostata *sf* tart.

crostino *sm* crouton.

cruciverba *sm inv* crossword (puzzle).

crudele *agg* cruel.

crudeltà *sf inv* cruelty.

crudo *agg* raw; (*fig, duro*) harsh.

cruento *agg* bloody.

crusca (*pl* **-che**) *sf* bran.

cruscotto *sm* (*auto*) dashboard.

cubano *agg, sm* Cuban.

cubo *sm* cube; (*discoteca*) podium ◊ **metro cubo** cubic metre.

cuccagna *sf* abundance ◊ **albero della cuccagna** tree of plenty.

cuccetta *sf* (*treno*) couchette; (*nave*) berth.

cucchiaino *sm* teaspoon.

cucchiàio *sm* spoon; (*cucchiaiata*) spoonful.

cùccia (*pl* **-ce**) *sf* dog's bed.

cùcciolo *sm* cub; (*di cane*) puppy.

cucina *sf* (*stanza*) kitchen; (*fornelli*) cooker; (*il cucinare*) cooking.

cucinare *v tr* to cook.

cucire *v tr* to sew; (*med*) to stitch.

cucitura *sf* seam; (*med*) stitching.

cùffia *sf* bonnet; (*per nuotare*) bathing cap; (*acustica*) headphones (*pl*).

cugino *sm* cousin ◊ **cugina** cousin.

cui *pron inv* (*cosa, animale, con prep*) which; (*persona, con prep*) who ◊ **il motivo per cui lo fa** the reason why he's doing it; **il negozio a cui è stato consegnato** the shop to which it's been delivered; **l'avvocato a cui è stata affidata la difesa** the lawyer to whom the case has been assigned; **il signore a cui abbiamo spedito l'invito** the ladies we sent the invitation to; **c'e-**

rano tre bambini, di cui due maschi e una femmina there were three children, two boys and a girl.

culla *sf* cradle.

cullare *v tr, rifl* to rock; *(fig)* to cherish.

cùlmine *sm* peak.

culto *sm* cult; *(religione)* religion; *(adorazione)* worship.

cultura *sf* culture ◊ **cultura generale** general knowledge.

culturale *agg* cultural.

cùmulo *sm* heap.

cuòcere *v tr/intr, rifl* to cook; *(al forno)* to bake.

cuoco (*f* -**a** *pl* -**chi** -**che**) *sm* cook ◊ **cuoca** cook.

cuòio *sm* leather ◊ **cuoio capelluto** scalp.

cuore *sm* heart ◊ *pl (carte)* hearts ◊ **stare a cuore** to matter; **malato di cuore** heart disease sufferer; **nel cuore della notte** in the middle of the night.

cupo *agg* gloomy; *(suono)* deep.

cùpola *sf* dome.

cura *sf* care; *(med)* treatment ◊ **a cura di** edited by; **essere in cura presso un medico** to be given treatment by a physician; **cura dimagrante** slimming diet.

curare *v tr (badare)* to take care of; *(med)* to treat; *(infermiera)* to nurse; *(libro)* to edit ◊ *v rifl (occuparsi)* to take care of; *(med)* to follow a treatment.

curatore (-**trice**) *sm (giur)* curator.

curdo *sm* Kurdish.

cùria *sf* curia.

curiosità *sf inv* curiosity.

curioso *agg* curious; *(strano)* odd ◊ *sm (ficcanaso)* nosy parker.

curva *sf* curve; *(di strada)* bend.

curvare *v tr/intr* to curve; *(strada)* to bend ◊ *v rifl* to bend.

curvo *agg* curved; *(piegato)* bent.

cuscinetto *sm (meccanica)* bearing.

cuscino *sm* cushion; *(guanciale)* pillow ◊ **veicolo a cuscino d'aria** hovercraft.

custode *sm/f* caretaker.

custodire *v tr* to keep.

cute *sf* skin.

cyclette *sf inv* exercise bike.

D

da *prep (moto da luogo)* from; *(moto a luogo)* to; *(moto attraverso luogo, mezzo)* by; *(tempo, durata)* for; *(a partire da, nel passato)* since ◊ **vengo da Londra** I come from London; **lavoro da un anno** I've been working for a year; **(a partire)** da lunedì since Monday; **da solo** on my own; **abito da sera** evening dress; **da vicino** close up; **da lontano** from a distance.

dado *sm (meccanica)* nut; *(gioco)* dice; *(cucina)* stock cube.

dagli *prep articolata* v. **da** + **gli**.

dai *prep articolata* v. **da** + **il** ◊ *inter* come on!

dàino *sm* deer; *(pelle)* buckskin.

dal *prep articolata* v. **da** + **il**.

dalla *prep articolata* v. **da** + **la**.

dalle *prep articolata* v. **da** + **le**.

dallo *prep articolata* v. **da** + **lo**.

dama *sf* (*signora*) lady; (*gioco*) draughts (*pl*), (*AmE*) checkers (*pl*).

danese *agg* Danish ◊ *sm* (*lingua*) Danish ◊ *sm/f* Dane.

dannare *v tr* (*relig*) to damn ◊ *v rifl* (*affannarsi*) to work oneself to death ◊ **far dannare qualcuno** to drive somebody mad.

dannato *agg* damned.

danneggiare *v tr* to damage; (*persona*) to harm.

danno *sm* damage; (*a persona*) harm.

dannoso *agg* harmful.

danza *sf* dance; (*il danzare*) dancing.

danzare *v intr/tr* to dance.

dappertutto *avv* everywhere.

dapprima *avv* at first.

dare *v tr* to give; (*fruttare*) to yield ◊ *v intr* (*guardare*) to overlook ◊ *v rifl* (*cominciare*) to take up ◊ **dare alla testa** to go to one's head; **dare sui nervi** to get on somebody's nerves; **dare dello stupido** to call somebody a stupid; **dare un esame** to sit (for) an exam; **dare fastidio** to bother.

dàrsena *sf* dock.

data *sf* date.

dato *agg* given ◊ *sm* datum.

dàttero *sm* (*frutto*) date; (*di mare*) date mussel.

davanti *avv* in front; (*dirimpetto*) opposite; (*all'inizio, di gruppo, stanza*) at the front ◊ *agg, sm* front ◊ **davanti a** in front of; (*dirimpetto a*) opposite; (*distanza*) ahead of.

davanzale *sm* windowsill.

davvero *avv* really.

dàzio *sm* duty; (*luogo*) customs (*pl*).

dea *sf* goddess.

débito *sm* debt.

debitore (**-trice**) *sm* debtor.

débole *agg* weak; (*luce*) dim; (*suono*) faint ◊ **punto debole** weak point.

debolezza *sf* weakness.

debuttare *v intr* to make one's debut.

decadere *v intr* to decline; (*scadere*) to lapse.

decaffeinato *agg* decaffeinated.

deceduto *agg* deceased.

decennale *agg* (*che dura 10 anni*) ten-year; (*che ricorre ogni 10 anni*) ten-yearly ◊ *sm* tenth anniversary.

decenne *agg* ten (years old); ten-year-old ◊ *sm/f* ten-year-old boy (*m*), ten-year-old girl (*f*).

decènnio *sm* decade.

decente *agg* decent, satisfactory.

decìdere *v tr/intr* to decide ◊ *v rifl* to make up one's mind.

decifrare *vtr* to decipher; (*documenti in codice*) to decode.

decigrammo *sm* decigram(me).

decilitro *sm* decilitre, (*AmE*) deciliter.

decimale *agg* decimal.

decimetro *sm* decimetre, (*AmE*) decimeter.

dècimo *agg, sm* tenth.

decina *sf* (*mat*) ten ◊ **una decina di** about ten.

decisione *sf* decision.

decisivo *agg* decisive.

deciso *agg* (*persona*) determined; (*tono*) resolute; (*sapore*) strong.

declinazione *sf* (*gramm*) declension.

declino *sm* decline.

decollare *v intr* to take off.

decollo *sm* take-off.

decomposizione *sf* decomposition.

decorare *v tr* to decorate.

decorazione *sf* decoration; (*al valore*) medal.

decoroso *agg* dignified.

decorrenza *sf* ◊ **con decorrenza da** starting from.

decorso *sm* (*med*) course.

decrèpito *agg* decrepit.

decreto *sm* decree.

dèdica (*pl* **-che**) *sf* dedication.

dedicare *v tr* to dedicate ◊ *v rifl* to dedicate oneself.

dedurre *v tr* (*concludere*) to deduce; (*detrarre*) to deduct.

deduzione *sf* deduction.

defezione *sf* defection.

deficiente *agg* (*spregiativo*) half-witted; (*mancante*) deficient ◊ *sm/f* (*stupido*) idiot; (*med*) mentally defective.

dèficit *sm inv* deficit.

definire *v tr* to define.

definitivo *agg* definitive ◊ **in definitiva** in the end.

definizione *sf* definition.

deflagrazione *sf* explosion.

deflettore *sm* quarterlight.

deformare *v tr* (*corpo*) to deform; (*fig*) to distort; (*legno*) to warp ◊ *v rifl* to lose its shape.

deformazione *sf* (*med*) deformity; (*congenita*) malformation; (*di fatti*) distortion; (*legno*) warping.

defunto *agg*, *sm* deceased.

degenerare *v intr* to degenerate.

degenza *sf* (*in ospedale*) hospitalization.

degli *prep articolata* v. **di + gli**.

degnare *v tr*, *rifl* to deign.

degno *agg* worthy.

degradare *v tr* to degrade ◊ *v rifl* to degrade oneself; (*zona*) to fall into disrepair.

degustazione *sf* tasting.

dei *prep articolata* v. **di + i**.

del *prep articolata* v. **di + il**.

dèlega (*pl* **-ghe**) *sf* proxy.

delegare *v tr* to delegate.

delegazione *sf* delegation.

deletèrio *agg* harmful.

delfino *sm* dolphin ◊ **nuoto a delfino** butterfly stroke.

deliberare *v tr/intr* to deliberate.

delicatezza *sf* delicacy; (*tatto*) tact.

delicato *agg* delicate; (*salute*) frail; (*colore*) soft.

delimitare *v tr* to delimit.

delineare *v tr* to outline ◊ *v rifl* (*fig*) to emerge; (*minacciosamente*) to loom.

delinquente *sm/f* delinquent.

delinquenza *sf* delinquency ◊ **delinquenza organizzata** organized crime.

delirare *v intr* to be delirious.

delirio *sm* (*med*) delirium; (*fig*) frenzy.

delitto *sm* crime.

delizia *sf* delight.

delizioso *agg* delightful; (*sapore*) delicious.

della *prep articolata* v. **di + la**.

deputato

delle *prep articolata* v. **di** + **le**.
dello *prep articolata* v. **di** + **lo**.
delta *sm inv* delta.
deltaplano *sm* hang-glider.
delùdere *v tr* to disappoint.
delusione *sf* disappointment.
demente *agg, sm/f* demented.
demenziale *agg* (*med*) demented; (*fig*) crazy.
democràtico (*f* **-a** *pl* **-ci -che**) *agg* democratic ◊ *sm* democrat ◊ **partito democratico** Democratic Party.
democrazìa *sf* democracy.
demogràfico (*f* **-a** *pl* **-ci -che**) *agg* demographic.
demolire *v tr* to demolish.
demoralizzare *v tr* to demoralize ◊ *v rifl* to become demoralized.
denaro *sm* money ◊ **denaro contante** cash.
denominazione *sf* denomination.
densità *sf inv* density.
denso *agg* thick, thick.
dente *sm* tooth; (*forchetta*) prong ◊ **dente del giudizio** wisdom tooth.
dèntice *sm* (*zool*) sea bream.
dentiera *sf* dentures (*pl*), false teeth (*pl*).
dentifricio *sm* toothpaste.
dentista (*pl* **-i -e**) *sm/f* dentist.
dentro *avv, prep* in, inside; (*al coperto*) indoors; *sm inv* inside ◊ **in dentro** inward; **dentro a** in.
denudare *v tr* to bare ◊ *v rifl* to strip.
denùncia (*pl* **-ce**) *sf* denunciation; (*alla polizia*) reporting ◊ **denuncia dei redditi** (*income*) tax return.

denunciare *v tr* to denounce; (*alla polizia*) to report.
denutrito *agg* underfed.
denutrizione *sf* malnutrition.
deodorante *agg* deodorizing ◊ *sm* deodorant.
depenalizzare *v tr* to decriminalize.
deperìbile *agg* perishable.
deperire *v intr* (*persone*) to waste away; (*cose*) to deteriorate.
deperito *agg* run-down.
depilare *v tr* to depilate ◊ *v rifl* (*gambe*) to shave; (*sopracciglia*) to pluck.
depilatòrio *agg* hair-removing ◊ **crema depilatoria** hair-remover.
depistare *v tr* (*fig*) to mislead.
dépliant *sm inv* brochure.
deplorévole *agg* deplorable.
deporre *v tr* (*da una carica*) to depose; (*testimoniare*) to testify.
deportare *v tr* to deport.
deportazione *sf* deportation.
depositare *v tr* (*banca*) to deposit; (*bagaglio*) to leave.
depòsito *sm* deposit ◊ **deposito bagagli** left-luggage office, (*AmE*) baggage room.
deposizione *sf* (*testimonianza*) evidence, testimony.
depressione *sf* depression.
depresso *agg* depressed.
deprìmere *v tr* to depress ◊ *v rifl* to become depressed.
depuratore *sm* purifier.
deputato *sm* (*Italia*) deputy; (*in Gran Bretagna*) Member of Parliament; (*negli USA*) Congressman; (*delegato*) delegate.

63

deragliare *v intr* to go off the line ◊ **far deragliare un treno** to derail a train.

derby *sm inv* local derby.

derelitto *agg* derelict.

deridere *v tr* to deride.

deriva *sf* drift ◊ **andare alla deriva** to drift.

derivare *v intr* to derive (from) ◊ *v tr* (*acqua, energia*) to divert.

dèroga (*pl* -**ghe**) *sf* dispensation.

derubare *v tr* to rob.

descrivere *v tr* to describe.

descrizione *sf* description.

deserto *sm* desert ◊ *agg* deserted; (*disabitato*) uninhabited.

desiderare *v tr* to wish; (*volere*) to want ◊ **desidera?** (*al bar*) what would you like?; (*in negozio*) can I help you?

desidèrio *sm* wish; (*forte*) desire.

desideroso *agg* desirous; (*bramoso*) longing.

design *sm inv* design.

designare *v tr* (*persona*) designate; (*fissare*) to fix.

desinenza *sf* ending.

desistere *v intr* to desist (from).

desolante *agg* distressing.

desolato *agg* (*persona*) sorry; (*luogo*) desolate.

desolazione *sf* desolation.

dessert *sm inv* dessert.

destare *v tr* (*fig*) to arouse.

destinare *v tr* (*assegnare*) to assign; (*indirizzare*) to address ◊ **da destinarsi** to be decided; **era destinato a** he was destined to.

destinatàrio *sm* (*posta*) addressee.

destinazione *sf* destination.

destino *sm* destiny; (*comm*) destination.

destituire *v tr* to dismiss.

destra *sf* (*lato, politica*) right; (*mano*) right hand ◊ **girare a destra** to turn right; **alla mia destra** to my right; **tenere la destra** to keep to the right.

destro *agg* right; (*abile*) clever ◊ *sm* (*pugno*) right ◊ **cogliere il destro** to take the opportunity.

detenere *v tr* to hold; (*prigioniero*) to detain.

detenuto *sm* prisoner.

detenzione *sf* detention.

detergente *agg* (*cose*) cleaning; (*persona*) cleansing ◊ *sm* detergent; (*persona*) cleanser.

deterioramento *sm* deterioration.

deteriorare *v tr* to cause to deteriorate ◊ *v rifl* to deteriorate.

determinare *v tr* to determine.

determinato *agg* (*certo*) certain; (*particolare*) specific; (*persona*) determined.

detersivo *sm* detergent ◊ **detersivo per bucato** (*in polvere*) washing powder; (*liquido*) washing liquid; **detersivo per piatti** washing-up liquid.

detestare *v tr* to detest, to hate.

detonazione *sf* detonation.

detrarre *v tr* to deduct.

detrazione *sf* deduction.

detrito *sm* debris.

dettagliante *sm/f* retailer.

dettàglio *sm* detail ◊ **vendita al dettaglio** retailing.

dettare *v tr* to dictate ◊ **dettar legge** to lay down the law.

dettato *sm* dictation.

detto *sm* (*motto*) saying ◊ **Luigi, detto Gino** Luigi, called Gino.

deturpare *v tr* to disfigure.

devastare *v tr* to devastate.

deviare *v intr* to deviate ◊ *v tr* to divert.

deviazione *sf* deviation; (*stradale*) diversion.

devoto *agg* (*relig*) devout; (*affezionato*) devoted ◊ *sm* devotee.

devozione *sf* devotion.

di *prep* of; (*a opera di*) by; (*provenienza*) from; (*argomento*) about; (*comparativo*) than; (*causa, mezzo*) with ◊ **la casa di John** John's house; **alcuni di loro** some of them; **c'è del vino?** is there any wine?; **sono di Londra** I am from London; **d'estate** in (the) summer; **viaggio di due ore** two-hours journey; **dire di sì, di no** to say yes, no; **gli ho detto di venire** I told him to come.

diabete *sm* diabetes.

diabètico (*f* -**a** *pl* -**ci** -**che**) *agg, sm* diabetic.

diabòlico (*f* -**a** *pl* -**ci** -**che**) *agg* diabolical.

diaframma (*pl* -**i**) *sm* diaphragm; (*schermo*) screen.

diàgnosi *sf inv* diagnosis.

diagonale *sf, agg* diagonal.

diagramma *sm* diagram.

dialetto *sm* dialect.

dràlisi *sf inv* dialysis.

diàlogo (*pl* -**ghi**) *sm* dialogue, (*AmE*) dialog.

diamante *sm* diamond.

diàmetro *sm* diameter.

diapositiva *sf* slide.

diària *sf* daily allowance.

diàrio *sm* diary.

diarrèa *sf* diarrhoea, (*AmE*) diarrhea.

diàvolo *sm* devil ◊ **va' al diavolo!** go to hell!; **un povero diavolo** a poor wretch; **a casa del diavolo** in the middle of nowhere.

dibàttere *v tr* to debate ◊ *v rifl* to struggle.

dibàttito *sm* debate; (*discussione*) discussion.

diboscamento *sm* deforestation.

dicembre *sm inv* December.

dichiarare *v tr* to state; (*formalmente*) to declare ◊ *v rifl* to declare oneself ◊ **dichiarare guerra a** to declare war on **dichiararsi vinto** to aknowledge defeat.

dichiarazione *sf* statement ◊ **dichiarazione dei redditi** tax return; **dichiarazione di guerra** declaration of war; **dichiarazione d'amore** declaration of love.

diciannove *agg, sm inv* nineteen.

diciannovenne *agg* nineteen (years old); nineteen-year-old ◊ *sm/f* nineteen-year-old boy (*m*), nineteen-year-old girl (*f*).

diciassette *agg, sm inv* seventeen.

diciassettenne *agg* seventeen (years old); seventeen-year-old ◊ *sm/f* seventeen-year-old boy (*m*), seventeen-year-old girl (*f*).

diciottenne *agg* eithteen (years old); eighteen-year-old ◊ *sm/f* eighteen-year-old boy (*m*), eighteen-year-old girl (*f*).

diciotto *agg, sm inv* eighteen.

didascalìa *sf* (*di illustrazione*) caption; (*di film*) subtitle.

didàttica (*pl* **-che**) *sf* didactics.

didàttico (*f* **-ca** *pl* **-ci -che**) *agg* didactic, educational.

dieci *agg, sm inv* ten.

diecimila *agg, sm inv* ten thousand.

diecimillèsimo *agg, sm* ten thousandth.

dieta *sf* diet ◊ **essere a dieta** to be on a diet.

dietro *avv* behind ◊ *agg* back ◊ *prep* behind; (*dopo*) after ◊ **dietro di me** behind me; **sul dietro alla casa** at the back of the house; **i sedili di dietro** the rear seats.

difèndere *v tr* to defend ◊ *v rifl* to defend oneself.

difensore *sm* defender ◊ **avvocato difensore** defence counsel.

difesa *sf* defence ◊ **legittima difesa** self-defence; **ministero della Difesa** Ministry of Defence.

difetto *sm* (*fisico, di fabbricazione*) defect; (*morale*) fault; (*mancanza*) lack.

diffamazione *sf* (*a parole*) slander; (*scritto*) libel.

differente *agg* different.

differenza *sf* difference ◊ **non fa differenza** it doesn't make any difference; **a differenza di** unlike.

differenziare *v tr* to differentiate ◊ *v rifl* to differ (from).

difficile *agg* difficult; (*arduo*) hard; (*improbabile*) unlikely; (*difficile da accontentare*) fussy.

difficoltà *sf inv* difficulty ◊ **tro-**

varsi in difficoltà to be in difficulty, to be in difficulties.

diffidare *v tr* to warn ◊ **diffidare di** to distrust.

diffidenza *sf* mistrust.

diffóndere *v tr* (*notizie, malattie*) to spread; (*per radio*) to broadcast; (*luce, calore*) to diffuse ◊ *v rifl* to spread.

diffusione *sf* diffusion; (*giornale*) circulation.

diffuso *agg* (*comune*) common; (*esteso*) widespread; (*noto*) well-known.

diga (*pl* **-ghe**) *sf* dam ◊ **diga di sbarramento** barrage.

digerìbile *agg* digestible.

digerire *v tr* to digest.

digestione *sf* digestion.

digestivo *agg* digestive ◊ *sm* digestive; (*liquore*) liqueur.

digitale *agg* digital ◊ *sf* (*bot*) foxglove ◊ **impronte digitali** fingerprints.

digiunare *v intr* to fast.

digiuno *sm* fast ◊ **essere a digiuno** to have an empty stomach; **essere digiuno di scienza** to be ignorant of science.

dignità *sf inv* dignity.

dignitoso *agg* dignified.

dilagare *v intr* to flood; (*fig*) to spread.

dilaniare *v tr* to tear to pieces.

dilatare *v tr, rifl* to dilate; (*stomaco, vene*) to swell; (*fig*) to extend.

dilazionare *v tr* to delay ◊ **dilazionare un pagamento** to extend a payment.

dileguarsi v rifl (persona, dubbio) to vanish; (nebbia) to disperse.

dilettante agg, smf amateur.

diligente agg diligent; (lavoro) careful.

diluire v tr to dilute.

dilungarsi v rifl to dwell (on).

diluviare v intr to pour.

dilùvio sm downpour; (fig) flood.

dimagrire v intr to slim.

dimensione sf dimension; (misura) size.

dimenticanza sf forgetfulness; (errore) oversight.

dimenticare v tr, rifl to forget ◊ **dimenticarsi di qualcosa** to forget something.

dimestichezza sf familiarity.

diméttere v tr (ospedale) to discharge; (incarico) to dismiss ◊ v rifl to resign.

dimezzare v tr to halve.

diminuire v tr/intr to diminish; (prezzi) to reduce.

diminutivo sm diminutive.

diminuzione sf decrease.

dimissioni sf pl resignation (sing) ◊ **dare le dimissioni** to resign.

dimostrare v tr to demonstrate; (provare) to prove; (sentimenti) to show; (età) to look ◊ v tr to prove (to be) ◊ **dimostrarsi capace** to prove to be able.

dimostrazione sf demonstration.

dinàmica sf dynamics.

dinàmico (f -a pl -ci -che) agg dynamic.

dinamite sf dynamite.

dìnamo sf inv dynamo.

dinanzi prep in front of.

dinastìa sf dynasty.

dinosàuro sm dinosaur.

dintorni sm pl outskirts ◊ **nei dintorni** nearby.

dio (f **dea** pl **dei dee**) sm god.

diòcesi sf inv diocese.

dipartimento sm department.

dipendente agg dependent ◊ smf employee ◊ **lavoro dipendente** subordinate employment.

dipendenza sf dependence; (edificio) annexe.

dipèndere v intr to depend (on); (derivare) to derive (from) ◊ **dipende dai casi** it depends.

dipìngere v tr to paint; (fig) to describe.

dipinto agg painted ◊ sm painting.

diploma (pl -i) sm diploma, (AmE) graduation.

diplomàtico (f -a pl -ci -che) agg diplomatic ◊ sm diplomat.

diplomazìa sf diplomacy.

diradare v tr to thin out; ◊ v rifl to thin out; (nebbia) to clear ◊ **diradare le visite** to call less frequently.

diramazione sf (strada) fork; (notizie) circulation.

dire v tr to say; (raccontare, indicare, riferire) to tell ◊ **non c'è che dire** there is no doubt about it; **che ne dici?** what do you think?; **cosa vuol dire?** what does it mean?

diretto agg direct; (indirizzato a) intended for ◊ sm (treno) through train; (pugno) straight punch.

direttore (-trice) sm manager; (didattico) headmaster; (di giornale) editor ◊ **direttrice** manageress; headmistress; editor; **direttore d'orchestra** conductor; **direttore tecnico** (*sport*) trainer.

direzione *sf* direction; (*chi dirige*) management; (*ufficio*) office; (*di partito*) leadership.

dirigente *agg* ruling ◊ *sm/f* executive; (*polit*) leader.

dirigere *v tr* (*azienda*) to run; (*traffico*) to direct; (*orchestra*) to conduct; (*giornale*) to edit ◊ *v rifl* to head (for).

dirimpetto *avv*, *prep* opposite ◊ **dirimpetto a lei** opposite her.

diritto *agg*, *avv* straight ◊ *sm* (*contrario di dovere*) right; (*legge*) law; (*contrario di rovescio*) right side; (*tennis*) forehand; (*maglia*) plain (stitch) ◊ **tirare diritto** to go one's own way.

dirottare *v tr* (*traffico*) to divert; (*con minacce*) to hijack.

disàbile *agg* disabled ◊ *sm/f* disabled person.

disabitato *agg* uninhabited.

disabituare *v tr* to wean ◊ *v rifl* to get out of the habit of.

disaccordo *sm* disagreement.

disadattato *sm* misfit.

disagiato *agg* poor; (*vita*) hard.

disàgio *sm* (*scomodità*) discomfort; (*imbarazzo*) embarassment; (*privazioni*) hardship ◊ **sentirsi a disagio** to feel uncomfortable; **disagio sociale** malaise in society.

disapprovare *v tr* to disapprove (of).

disapprovazione *sf* disapproval.

disappunto *sm* disappointment.

disarmare *v tr* to disarm.

disarmo *sm* disarmament.

disastro *sm* disaster.

disattento *agg* inattentive.

disattenzione *sf* inattention; (*svista*) oversight.

disavanzo *sm* (*econ*) deficit.

disavventura *sf* misadventure.

discàpito *sm* ◊ **a discapito di** to the detriment of.

discàrica (*pl* -**che**) *sf* (*di rifiuti*) rubbish dump.

discendente *agg* descending ◊ *sm/f* descendant.

discéndere *v intr* to descend; (*auto*) to get out of; (*treno*, *bus*) to get off; (*nave*, *aereo*) to land; (*derivare*) to be descended.

discesa *sf* descent; (*pendio*) slope ◊ **in discesa** downhill.

dischetto *sm* (*inform*) diskette.

disciplina *sf* discipline.

disciplinato *agg* disciplined.

disc-jockey *sm/f inv* disc jockey.

disco (*pl* -**chi**) *sm* disc; (*mus*) record; (*sport*) discus ◊ **disco fisso, rigido** hard disk.

discontìnuo *agg* (*linea*) discontinuous; (*rendimento*) irregular.

discordante *agg* discordant.

discòrdia *sf* discord; (*dissenso*) dissention.

discorsivo *agg* colloquial.

discorso *sm* speech; (*dialogo*) talk.

discoteca (*pl* -**che**) *sf* disco.

discreto *agg* (*accettabile*) fairly good; (*riservato*) discreet.

discrezione *sf* discretion.

discriminazione *sf* discrimination.

discussione *sf* discussion; (*lite*) argument ◊ **fuori discussione** (*certo*) unquestionable; **mettere in discussione** to question.

discùtere *v tr* to discuss; (*formale*) to debate; (*contestare*) to question; (*litigare*) to argue.

disdire *v tr* to cancel.

disegnare *v tr* to draw; (*progettare*) to design.

disegnatore (-trice) *sm* draughtsman; (*progettista*) designer.

disegno *sm* drawing; (*progetto*) design; (*su tessuti*) pattern.

diseredare *v tr* to disinherit.

disertare *v tr/intr* (*milit*) to desert.

disfacimento *sm* decay.

disfare *v tr* to undo; (*nodo*) to untie ◊ *v rifl* (*nodo*) to come undone ◊ **disfare le valigie** to unpack; **disfarsi di** to get rid of.

disfatto *agg* undone; (*nodo*) untied; (*valigia*) unpacked; (*fig*) worn out.

disfunzione *sf* failing; (*med*) disorder.

disgelo *sm* thaw (*anche fig*).

disgràzia *sf* (*sventura*) misfortune; (*incidente*) accident.

disgraziato *agg* unfortunate ◊ *sm* wretch.

disguido *sm* (*contrattempo*) hitch ◊ **disguido postale** error in delivery.

disgustare *v tr* to disgust ◊ *v rifl* to be disgusted.

disgustoso *agg* disgusting.

disidratare *v tr, rifl* to dehydrate.

disillùdere *v tr* to disillusion ◊ *v rifl* to come off.

disinfettante *agg, sm* disinfectant.

disinfettare *v tr* to disinfect.

disinfezione *sf* disinfection.

disintegrare *v tr, rifl* to disintegrate.

disinteressarsi *v rifl* to take no interest (in).

disinteressato *agg* (*noncurante*) uninterested; (*spassionato*) disinterested.

disinteresse *sm* (*noncuranza*) disinterest; (*obiettività*) impartiality.

disintossicare *v tr* to detoxify ◊ *v rifl* to come off.

disintossicazione *sf* detoxification.

disinvolto *agg* uninhibited; (*sicuro*) self-confident; (*sfacciato*) impudent.

disinvoltura *sf* confidence; (*sfacciataggine*) impudence.

dislessia *sf* dyslexia.

dismisura *sf* ◊ **a dismisura** excessively.

disoccupato *agg* unemployed ◊ *sm* unemployed person.

disoccupazione *sf* unemployment.

disonesto *agg* dishonest.

disonorare *v tr* to dishonour, (*AmE*) to dishonor.

disonore *sm* dishonour, (*AmE*) dishonor.

disordinato *agg* untidy; (*vita*) disorderly.

disordine *sm* disorder ◊ **in disordine** in a mess.

disorganizzato *agg* disorganized.

disorientare *v tr* to disorientate ◊ *v rifl* to lose one's bearings.

dìspari *agg inv* odd, uneven.

disparità *sf inv* disparity.

disparte *avv* ◊ **stare in disparte** to stand aside.

dispèndio *sm* waste.

dispensa *sf (esonero)* exemption; *(relig)* dispensation; *(locale)* pantry; *(mobile)* cupboard.

dispensare *v tr (esonerare)* to exempt; *(relig)* to dispense.

disperare *v intr, rifl* to despair.

disperato *agg* desperate ◊ *sm* wretch.

disperazione *sf* despair.

dispèrdere *v tr, rifl* to disperse.

disperso *agg (sparpagliato)* scattered; *(perso)* missing ◊ *sm* missing person.

dispetto *sm* spite ◊ **a dispetto di** in spite of.

dispettoso *agg* spiteful.

dispiacere *sm (dolore)* sorrow; *(rammarico)* regret ◊ *v intr* to upset ◊ **mi dispiace** I'm sorry; **se non le dispiace** if you don't mind.

disponìbile *agg* available; *(gentile)* helpful.

disponibilità *sf inv* availability; *(gentilezza)* helpfulness.

disporre *v tr (comandare)* to order; *(collocare)* to arrange ◊ *v intr (decidere)* to decide ◊ *v rifl (posizione)* to put oneself; *(prepararsi)* to prepare ◊ **disporre di** to have; **disporsi in fila** to line up.

disposizione *sf (di oggetti)* arrangement; *(attitudine)* disposition; *(ordine)* order ◊ **avere a disposizione** to dispose of; **essere a disposizione di qualcuno** to be at somebody's disposal.

disposto *agg (collocato)* placed; *(incline)* disposed; *(pronto)* ready.

disprezzare *v tr* to despise.

disprezzo *sm* contempt.

disputare *v tr* to dispute; *(gara)* to compete; *(partita)* to play ◊ *v rifl* to contend for.

dissanguare *v tr* to bleed; *(fig)* to bleed dry, white ◊ *v rifl* to lose blood; *(fig)* to bankrupt oneself.

disseminare *v tr* to disseminate; *(notizie)* to spread.

dissenso *sm* dissent; *(disaccordo)* disagreement.

dissenterìa *sf* dysentery.

dissestato *agg (strada)* uneven; *(econ)* shaky ◊ **strada dissestata** uneven road surface.

dissesto *sm (econ)* ruin.

dissetante *agg* thirst-quenching.

dissetare *v tr* to quench somebody's thirst ◊ *v rifl* to quench one's thirst.

dissidente *agg, sm/f* dissident.

dissìdio *sm* disagreement.

dissimulare *v tr (nascondere)* to conceal; *(fingere)* to feign.

dissociarsi *v rifl* to dissociate.

dissòlvere *v tr* to dissolve; *(dubbi)* to dispel ◊ *v rifl* to dissolve; *(dubbi)* to be dispelled.

dissuadere *v tr* to dissuade.

distaccare *v tr* to detach; *(cosa)* to remove; *(sport)* to leave behind ◊ *v rifl* to be detached.

distacco *(pl -chi) sm* detachment; *(fig)* parting; *(sport)* lead.

distante *agg* far away; *(fig)* distant ◊ *avv* far away.

distanza *sf* distance ◊ **prendere le distanze da** to dissociate oneself from.

distèndere *v tr (rilassare)* to relax; *(estendere)* to spread; *(mettere a giacere)* to lay ◊ *v rifl (sdraiarsi)* to lie down; *(rilassarsi)* to relax.

distesa *sf* expanse ◊ **suonare a distesa** to peal out.

disteso *agg (rilassato)* relaxed; *(esteso)* spread out; *(sdraiato)* lying.

distillare *v tr* to distil.

distilleria *sf* distillery.

distinguere *v tr* to distinguish ◊ *v rifl* to distinguish oneself.

distintivo *agg* distinctive ◊ *sm* badge.

distinto *agg (definito, differente)* distinct; *(raffinato)* distinguished ◊ **distinti saluti** Yours faithfully.

distinzione *sf* distinction.

distorsione *sf (med)* sprain; *(fig)* distortion.

distrarre *v tr* to distract; *(divertire)* to amuse ◊ *v rifl* to get distracted; *(svagarsi)* to have a break.

distratto *agg* absent-minded.

distrazione *sf* absent-mindedness; *(errore)* oversight.

distretto *sm* district; *(milit)* recruiting office.

distribuire *v tr* to distribute; *(assegnare)* to allocate; *(posta)* to deliver; *(carte)* to deal.

distributore (-trice) *sm (comm, auto)* distributor; *(macchina di-*

stributrice) dispenser; *(di benzina)* *(BrE)* petrol pump, *(AmE)* gas pump ◊ **distributore automatico** vending machine.

distribuzione *sf* distribution.

distrùggere *v tr* to destroy; *(avversario)* to demolish ◊ *v rifl* to destroy oneself.

distruzione *sf* destruction.

disturbare *v tr* to disturb ◊ *v rifl* to trouble oneself.

disturbo *sm* bother, trouble; *(med)* problem ◊ **azione di disturbo** harassment.

disubbidienza *sf* disobedience.

disubbidire *v int* to disobey.

disuguaglianza *sf* inequality.

disumano *agg* inhuman; *(grido)* terrible.

disuso *sm* disuse ◊ **cadere in disuso** to fall into disuse.

dito *(pl dita f)* *sm* finger; *(del piede)* toe; *(di vino)* just a drop ◊ **legarsela al dito** to bear a grudge; **non muovere un dito** not to lift a finger.

ditta *sf* firm.

dittatore (-trice) *sm* dictator.

dittatura *sf* dictatorship.

diurno *agg* day, daytime.

divampare *v intr (scoppiare)* to break out; *(infuriare)* to rage; *(passione)* to blaze.

divano *sm* settee, sofa.

divaricare *v tr* to open (wide).

divàrio *sm* gap; *(di opinioni)* difference ◊ **divario incolmabile** chasm.

divenire *v intr* v. **diventare**.

diventare *v intr* to become; *(per*

gradi) to grow; (*mutare*) to turn ◊ **far diventare matto** to drive somebody mad.

divergenza *sf* divergence ◊ **divergenza di opinioni** difference of opinion.

diversificare *v tr* to diversify ◊ *v rifl* to differ; to be different; (*comm*) to diversify.

diversità *sf inv* difference; (*varietà*) variety.

diverso *agg* different ◊ *pron pl* (*parecchi*) several (people).

divertente *agg* amusing.

divertimento *sm* amusement ◊ **buon divertimento!** enjoy yourself!; **parco dei divertimenti** amusement park, fun fair.

divertire *v tr* to amuse ◊ *v rifl* to enjoy oneself.

dividendo *sm* (*fin*) dividend.

dividere *v tr* to divide; (*condividere*) to share; (*separare*) to separate ◊ *v rifl* to divide (into); (*separarsi*) to separate.

divieto *sm* prohibition ◊ **divieto di sosta** no parking.

divinità *sf inv* divinity.

divino *agg* divine.

divisa *sf* uniform.

divisione *sf* division.

diviso *agg* devided; (*condiviso*) shared; (*separato*) separated ◊ **vivono divisi ma non sono separati** they live apart, but are not separated.

divo *sm* star.

divorare *v tr* to devour.

divorziare *v intr* to divorce ◊ **divorziare dalla moglie** to divorce one's wife.

divòrzio *sm* divorce.

dizionàrio *sm* dictionary ◊ **dizionario monolingue** monolingual dictionary; **dizionario bilingue** bilingual dictionary.

do *sm inv* (*mus*) C.

dóccia (*pl* **-ce**) *sf* shower ◊ **fare la doccia** to have a shower.

docente *sm/f* teacher; (*università*) lecturer.

dòcile *agg* docile.

documentàrio *sm* documentary.

documento *sm* document ◊ **documento di identità** identification (paper).

dodicenne *agg* twelve (years old); twelve-year-old ◊ *sm/f* twelve-year-old boy (*m*), twelve-year-old girl (*f*).

dodicèsimo *agg, sm* twelfth.

dòdici *agg, sm inv* twelve.

dogana *sf* customs (*pl*); (*tassa*) (customs) duty ◊ **passare la dogana** to go through customs.

doganale *agg* customs.

doganiere *sm* customs officer.

dòglie *sf pl* labour pains.

dolce *agg* sweet; (*formaggio*) mild; (*acqua*) fresh; (*pendìo*) gentle; (*affettuoso*) tender ◊ *sm* (*portata*) dessert; (*torta*) cake ◊ **le piacciono molto i dolci** she has a sweet tooth.

dolcezza *sf* (*sapore*) sweetness; (*mitezza*) mildness; (*tenerezza*) tenderness; (*di modi*) gentleness.

dolcificante *sm* sweetener.

dolciume *sm* sweet.

dòllaro *sm* dollar.

dolore *sm* pain; (*morale*) sorrow

◊ **dolori reumatici** rheumatic pains.

doloroso *agg* painful.

doloso *agg* (*giur*) malicious ◊ **incendio doloso** arson.

domanda *sf* question; (*richiesta*) request; (*econ*) demand ◊ **domanda di assunzione** employment application; **presentare domanda di** to apply for.

domandare *v tr* (*per sapere*) to ask; (*per avere*) to ask for ◊ *v rifl* to wonder ◊ **domandare di qualcuno** (*per parlargli*) to ask for somebody, (*per avere notizie*) to ask after somebody.

domani *avv* tomorrow ◊ *sm inv* future ◊ **dall'oggi al domani** overnight.

domare *v tr* to tame; (*cavallo*) to break in; (*rivolta*) to quash ◊ **domare un incendio** to bring a fire under control.

domatore (**-trice**) *sm* tamer.

domattina *avv* tomorrow morning.

doménica (*pl* **-che**) *sf* Sunday.

domèstico (*f* **-a** *pl* **-ci -che**) *agg* domestic ◊ *sm* servant ◊ **lavori domestici** housework; **animale domestico** pet.

domicilio *sm* (*giur*) domicile ◊ **visita a domicilio** (*med*) house call; **consegna, recapito a domicilio** home delivery; **domicilio fiscale** residence for tax purposes.

dominare *v tr* to dominate; (*controllare*) to control ◊ *v rifl* to control oneself.

domìnio *sm* control; (*Internet*) domain; (*potere*) rule; (*colonia*) dominion ◊ **di dominio pubblico** common knowledge.

don *sm inv* (*relig*) Father; (*laico*) Don.

donare *v tr* to give; (*sangue, organi*) to donate.

donatore (**-trice**) *sm* giver; (*med*) donor ◊ **donatore di sangue** blood donor; **donatore di organi** organs donor.

dondolare *v tr* (*braccia, gambe*) to swing; (*bimbo, culla, sedia*) to rock ◊ *v intr* (*penzoloni*) to dangle ◊ *v rifl* (*su amaca, altalena*) to swing; (*su sedia*) to rock.

dóndolo *sm* ◊ **cavallo a dondolo** rocking horse; **sedia a dondolo** rocking chair; **dondolo da giardino** garden hammock.

donna *sf* woman; (*carte da gioco*) queen.

dònnola *sf* weasel.

dono *sm* gift.

dopo *avv* (*spazio*) after; (*tempo*) afterwards; (*più tardi*) later; (*in seguito*) later on ◊ *prep* (*spazio*) after; (*tempo*) since ◊ **poco dopo** shortly afterwards; **dopo di che** after which; **il giorno dopo** the day after; **prima mangio, dopo esco** first I'll eat, then I'll go out; **cosa c'è dopo?** what's next?

dopobarba *sm inv* aftershave.

dopodomani *avv* the day after tomorrow.

dopoguerra *sm inv* post-war period.

dopopranzo *avv* after lunch ◊ *sm inv* afternoon.

doposcì *agg inv, sm inv* après-ski.

doposole *agg inv* aftersun ◊ *sm inv* aftersun cream, aftersun lotion

dopotutto *avv* after all.

doppiàggio *sm* dubbing.

doppiare *v tr* (*cine*) to dub; (*mar*) to double; (*sport*) to lap.

doppio *agg* double; (*mentitore*) two-faced ◊ *sm* double; (+ *sing*) twice as much; (+ *pl*) twice as many; (*tennis*) doubles (*pl*) ◊ **doppio senso** double entendre; **strada a doppio senso** two-way street; **doppio gioco** double-cross; **vederci doppio** to see double.

doppione *sm* duplicate.

doppiopetto *agg inv* double-breasted.

dorato *agg* gilt; (*color oro*) golden.

dòrico (*f* -**ca** *pl* -**ci** -**che**) *agg* doric.

dormire *v intr* to sleep; (*essere addormentato, fig*) to be asleep ◊ **dormire sugli allori** to rest on one's laurels.

dormita *sf* good sleep.

dormitòrio *sm* dormitory.

dormivéglia *sm inv* ◊ **essere nel dormiveglia** to be half-asleep.

dorsale *agg* dorsal ◊ *sf* (*geog*) ridge.

dorso *sm* back; (*libro*) spine; (*monte*) crest; (*nuoto*) backstroke ◊ **dorso della mano** back of one's hand.

dosare *v tr* (*med*) to dose; (*misu-*

rare) to measure out; (*parole*) to weigh; (*forze, risorse*) to ration.

dose *sf* dose ◊ **una certa dose di** a good deal of; **una dose eccessiva** an overdose.

dotare *v tr* (*fornire*) to provide; (*di accessori*) to equip; (*persone, enti*) to endow.

dotato *agg* (*persona*) gifted; (*attrezzato*) equipped.

dote *sf* (*qualità*) gift; (*di sposa*) dowry.

dottore (-**essa**) *sm* doctor; (*laureato*) graduate ◊ **dottoressa** (woman) doctor; graduate.

dottrina *sf* doctrine.

dove *avv* where ◊ **da dove vieni?** where are you coming from?; **dove vuoi tu** wherever you like; **fin dove sei arrivata?** how far did you go?

dovere *v tr* (*obbligo*) to have to, must; (*probabilità*) must; (*soldi, riconoscenza, piacere*) to owe ◊ *sm duty* ◊ **non devi andare** (*non è necessario*) you needn't go; (*è proibito*) you mustn't go; **dovevi dirmelo** you should have told me; **fare il proprio dovere** to do one's duty; **come si deve** properly.

dovunque *avv* (*dappertutto*) everywhere; (*in qualunque luogo*) wherever.

dozzina *sf* dozen.

drago (*pl* -**ghi**) *sm* dragon.

dramma (*pl* -**i**) *sm* (*teatro*) drama.

drammàtico (*f* -**ca** *pl* -**ci** -**che**) *agg* dramatic.

drappello *sm* (*milit*) squad.

dritto *agg* straight; (*in posizione eretta*) upright; (*scaltro*) crafty ◊ *avv* straight ◊ *sm* (*contrario di rovescio*) right side; (*scaltro*) crafty old fox; (*tennis*) forehand.

droga (*pl* **-ghe**) *sf* drug; (*spezia*) spice ◊ **droghe leggere** soft drugs; **droghe pesanti** hard drugs.

drogare *v tr* to drug ◊ *v rifl* to take drugs.

drogato *sm* drug addict.

drogheria *sf* grocery.

dùbbio *agg* (*incerto*) doubtful; (*ambiguo*) dubious ◊ *sm* doubt; (*sospetto*) suspicion ◊ **senza dubbio** no doubt; **mettere in dubbio** to doubt.

dubitare *v intr* to doubt; (*diffidare*) to mistrust.

dublinese *agg*, *sm/f* Dubliner.

duca (*f* **-chessa** *pl* **-chi -chesse**) *sm* duke ◊ **duchessa** duchess.

due *agg*, *sm inv* two ◊ **a due a due** two by two; **ogni due giorni** every other day; **due volte** twice; **fare due passi** to go for a stroll; **a due passi da** within walking distance from.

duecentesco (*pl* **-chi**) *agg* thirteenth-century.

duecentèsimo *agg*, *sm* two-hundredth.

duecento *agg*, *sm inv* two hundred; (*secolo*) the thirteenth century.

duello *sm* duel.

duemila *agg*, *sm inv* two thousand ◊ **nel duemila** in the year two thousand.

duemillèsimo *agg*, *sm* two-thousandth.

duepezzi *sm inv* (*da bagno*) bikini; (*abito*) two-piece (suit).

duna *sf* dune.

dunque *cong* (*perciò*) therefore; (*allora*) well (then) ◊ **venire al dunque** to come to the point.

duo *sm inv* duo; (*mus*) duet.

duomo *sm* cathedral.

duplicato *sm* duplicate.

durante *prep* during ◊ **durante tutto l'anno** throughout the year.

durare *v intr/tr* to last; (*conservarsi*) to keep.

durata *sf* duration.

durezza *sf* hardness; (*di carne*) toughness; (*di modi*) harshness.

duro *agg* hard; (*persona, carne*) tough; (*voce*) harsh; (*pane*) stale ◊ *sm* tough person ◊ *avv* hard ◊ **fare il duro con qualcuno** to bully somebody; **tener duro** to hold out.

dùttile *agg* ductile; (*carattere*) malleable.

E

e *cong* and ◊ **tutti e due** both.

èbano *sm* ebony.

ebbene *cong* well (then).

èbete *agg*, *sm/f* stupid.

ebollizione *sf* boiling.

ebràico (*f* **-a** *pl* **-ci -che**) *agg* (*profeti, parole*) Hebrew; (*lingua, popolo*) Hebraic ◊ *sm* (*lingua*) Hebrew.

ebreo *agg* Jewish ◊ *sm* Jew.

ecatombe *sf* (*fig*) slaughter.

eccedenza *agg* excess; (*comm*) surplus.

eccèdere *v tr* to exceed ◊ *v intr* to go too far ◊ **eccedere nel mangiare** to overeat; **eccedere nel bere** to drink to excess.

eccellente *agg* excellent.

eccellenza *sf* excellence ◊ **per eccellenza** par excellence; **Eccellenza** Excellency.

eccelso *agg* greatest.

eccèntrico (*f* -a *pl* -ci -che) *agg*, *sm* eccentric.

eccessivo *agg* excessive.

eccesso *sm* excess; (*eccedenza*) surplus ◊ **eccesso di velocità** speeding; **lasciarsi andare a degli eccessi** to go to extremes.

eccètera *avv* et cetera.

eccetto *prep* except ◊ **tutti eccetto uno** all but one.

eccezionale *agg* exceptional ◊ **in via eccezionale** as an exception.

eccezione *sf* exception ◊ **a eccezione di** with the exception of; **fare eccezione** to be an exception.

eccìdio *sm* massacre.

eccitante *agg* exciting ◊ *sm* stimulant ◊ **sostanza eccitante** stimulant.

eccitare *v tr* to excite ◊ *v rifl* to get excited.

ecclesiàstico (*f* -a *pl* -ci -che) *agg* ecclesiastical ◊ *sm* priest.

ecco *avv* (*qua*) here; (*là*) there ◊ **eccomi** here I am; **ecco fatto** there we are; **ecco tutto** that's all; **ecco perché** that's why.

eccome *avv*, *inter* and how!

eclissarsi *v rifl* (*fig*) to disappear.

eclissi *sf inv* eclipse.

eco (*pl* -chi *m*) *sf* echo.

ecografia *sf* (*esame*) ultrasound scan.

ecologìa *sf* ecology.

ecològico (*f* -a *pl* -ci -che) *agg* ecological; (*prodotto*) environmentally friendly.

ecologista (*pl* -i -e) *agg* (*movimento*) ecology; (*gruppo*) environmental ◊ *sm/f* ecologist; (*ambientalista*) environmentalist.

economìa *sf* economy; (*scienza*) economics ◊ **fare economia di** to economize on.

econòmico (*f* -a *pl* -ci -che) *agg* economic; (*a buon prezzo*) cheap.

ecosistema (*pl* -i) *sm* ecosystem.

ecuadoriano, **ecuadoregno** *agg*, *sm* Ecuadorian.

eczema (*pl* -i) *sm* eczema.

édera *sf* ivy.

edìcola *sf* newspaper kiosk.

edificare *v tr* to build; (*fig*) to edify.

edifìcio *sm* building.

edile *agg* building ◊ *sm/f* (*lavoratore*) construction worker ◊ **ingegnere edile** construction engineer.

edilìzia *sf* building trade.

editore (-trice) *sm* publisher; (*curatore di un'edizione*) editor ◊ **casa editrice** publishing house.

edizione *sf* edition; (*di spettacolo*) performance.

edredone *sm* (*zool*) eider (duck).

educare v tr to educate; (allevare) to bring up.

educato agg polite.

educazione sf (istruzione) education; (dei figli) upbringing; (buone maniere) (good) manners (pl) ◊ **educazione fisica** physical education.

effervescente agg effervescent (anche fig); (frizzante) fizzy; (solubile) soluble.

effettivo agg (reale) actual; (di personale) permanent; (milit) regular.

effetto sm effect; (impressione) impression ◊ **effetti personali** personal belongings; **in effetti** in fact; **effetti speciali** special effects; **effetto serra** greenhouse effect; **effetti collaterali** side effects.

effettuare v tr to effect; (fermata) to make; (controllo, sondaggio) to carry out ◊ v rifl to take place.

efficace agg effective.

efficiente agg efficient.

efficienza sf efficiency.

effimero agg ephemeral.

egemonìa sf hegemony.

egiziano agg Egyptian.

egli pron he ◊ **egli stesso** he himself.

egocèntrico (f -a pl -ci -che) agg egocentric ◊ sm egocentric person.

egoismo sm selfishness.

egoista agg selfish ◊ sm/f selfish person

egrègio (pl f -gie) agg distinguished ◊ **Egregio Signore** Dear Sir.

eh inter (sorpresa, dubbio, invito all'assenso) eh; (rincrescimento, rassegnazione) well.

ehi inter hey.

elaboratore sm (elettronico) computer.

elaborazione sf elaboration; (di dati) processing.

elasticità sf inv elasticity.

elàstico (f -a pl -ci -che) agg elastic; (tessuto) stretch; (orario, mente) flexible ◊ sm rubber band.

elefante (-essa) sm elephant.

elegante agg elegant.

eleganza sf elegance.

elèggere v tr to elect.

elementare agg elementary ◊ **scuola elementare** primary school, (AmE) grammar school.

elemento sm element ◊ pl (dati) data; (rudimenti) elements.

elemòsina sf charity ◊ **chiedere l'elemosina** to beg.

elencare v tr to list.

elenco (pl -chi) sm list.

elettorale agg (di elezioni) electoral; (di una elezione) election; (scheda, urna) ballot; (seggio, cabina) polling ◊ **campagna elettorale** election campaign.

elettore (-trice) sm voter.

elettràuto sm/f inv (persona) electrical engineer; (officina) garage for electrical repairs.

elettricista (pl -i -e) sm/f electrician.

elettricità sf inv electricity.

elèttrico (f -a pl -ci -che) agg electric ◊ **centrale elettrica**

power station; **energia elettrica** electrical energy, electricity.

elettrocardiogramma (*pl* **-i**) *sm* electrocardiogram, ECG.

elettrodomèstico (*pl* **-ci -che**) *sm* (electric) household appliance.

elettroencefalogramma (*pl* **-i**) *sm* electroencephalogram, EEG.

elettrònica (*pl* **-che**) *sf* electronics.

elettrònico (*f* **-a** *pl* **-ci -che**) *agg* electronic ◊ **posta elettronica** electronic mail, e-mail.

elettrotècnico (*f* **-a** *pl* **-ci -che**) *agg* electrotechnic(al) ◊ *sm* electrical engineer.

elevare *v tr* to raise; (*promuovere*) to promote; (*erigere*) to erect; (*migliorare*) to better ◊ *v rifl* to rise; (*edificio*) to stand; (*migliorarsi*) to better oneself ◊ **elevare al quadrato** to square; **elevare al cubo** to cube.

elevato *agg* high.

elezione *sf* election ◊ **elezioni politiche** general election.

èlica (*pl* **-che**) *sf* (*mat, biol*) helix; (*mar*) propeller, screw; (*aereo*) propeller; (*elicottero*) rotor blades (*pl*); (*ventilatore*) blades (*pl*).

elicòttero *sm* helicopter.

eliminare *v tr* to eliminate.

eliminazione *sf* elimination.

ella *pron* she.

ellènico (*f* **-a** *pl* **-ci -che**) *agg* Hellenic.

ellisse *sf* ellipsis.

elmetto *sm* helmet.

elogiare *v tr* to praise.

elògio *sm* praise; (*ufficiale*) eulogy.

eloquente *agg* eloquent; (*rivelatore*) tell-tale ◊ **le cifre sono eloquenti** the figures speak for themselves.

elùdere *v tr* to elude; (*sorveglianza, controllo*) to evade.

elvètico (*f* **-a** *pl* **-ci -che**) *agg, sm* Swiss.

e-mail *sf* e-mail.

emanare *v tr* to give off; (*leggi*) to pass.

emancipare *v tr* to emancipate ◊ *v rifl* to become emancipated.

emancipato *agg* emancipated.

emarginare *v tr* to marginalize.

emarginato *sm* marginalized person.

ematoma (*pl* **-i**) *sm* (*med*) (*BrE*) haematoma, (*AmE*) hematoma.

embargo (*pl* **-ghi**) *sm* embargo.

emblema (*pl* **-i**) *sm* emblem.

embolìa *sf* embolism.

embrione *sm* embryo.

emergente *agg* emergent.

emergenza *sf* emergency ◊ **stato d'emergenza** state of emergency; **uscita d'emergenza** emergency exit.

emèrgere *v intr* to emerge; (*sottomarino*) to surface; (*distinguersi*) to stand out.

eméttere *v tr* (*lava, odore, grido*) to emit; (*luce, suono*) to give out; (*vapore*) to give off; (*mettere in circolazione*) to issue; (*sentenza, legge*) to pass ◊ **emettere un assegno** to issue a cheque.

emicrània *sf* migraine.

emigrante *agg, sm/f* emigrant.

emigrare *v intr* to emigrate; (*animali*) to migrate.

emigrazione *sf* emigration.

emisfero *sm* hemisphere.

emissàrio *sm* (*inviato*) emissary; (*di fiume*) distributary.

emissione *sf* emission; (*di denaro, francobolli*) issue; (*radio, TV*) broadcasting.

emittente *sf* broadcasting station ◊ **emittente privata** commercial channel.

emolliente *agg* emollient.

emorragìa *sf* (*BrE*) haemorrhage, (*AmE*) hemorrage ◊ **emorragia cerebrale** cerebral haemorrhage, brain haemorrhage; **emorragia interna** internal haemorrhage, internal bleeding.

emorròidi *sf pl* piles; (*med*) (*BrE*) haemorrhoids, (*AmE*) hemorroids.

emostàtico (*f* -a *pl* -ci -che) *agg* (*BrE*) haemostatic, (*AmE*) hemostatic ◊ **laccio emostatico** tourniquet.

emotivo *agg* emotional.

emozionarsi *v rifl* to become excited; (*commuoversi*) to be moved.

emozione *sf* emotion; (*eccitazione*) excitement.

empòrio *sm* (*negozio*) emporium; (*centro commerciale*) shopping centre; (*grande magazzino*) department store.

emulare *v tr* to emulate.

emulsione *sf* emulsion.

enciclopedìa *sf* encyclop(a)edia.

endovena *sf* intravenous injection.

endovenoso *agg* intravenous ◊ **per via endovenosa** intravenously.

energètico (*f* -a *pl* -ci -che) *agg* (*risorse, crisi*) energy; (*alimento*) energy-giving.

energìa *sf* energy ◊ **energia elettrica** electrical energy, electricity; **energia solare** solar energy.

enèrgico (*f* -a *pl* -ci -che) *agg* energetic; (*efficace*) strong.

energùmeno *sm* (*indemoniato*) energumen; (*fig*) madman.

ènfasi *sf inv* emphasis.

enigma (*pl* -i) *sm* enigma.

ennèsimo *agg* (*mat*) nth; (*familiare*) umpteenth.

enorme *agg* enormous.

enormità *sf inv* enormity; (*assurdità*) absurdity.

enoteca (*pl* -che) *sf* wine-tasting shop.

ente *sm* board; (*governativo*) agency; (*filosofia*) being ◊ **ente per il turismo** tourist board; **ente locale** local authority, (*AmE*) local government.

entrambi *agg, pron pl* both.

entrare *v intr* to go in, to come in, to enter; (*stare, trovar posto*) to fit into; (*arruolarsi in, iscriversi a*) to join ◊ **entrare in possesso di** to come into possession of; **non c'entra** it's beside the point; **entri!** come in!; **entrare in vigore** to come into effect; **entrare in guerra** to go to war.

entrata *sf* entry, entrance; (*reddito*) income ◊ **divieto d'entrata**

no entry; **entrata libera** admission free.

entro *prep* within ◊ **entro un mese** within a month; **entro la fine del mese** by the end of the month.

entusiasmare *v tr* to arouse enthusiasm in ◊ *v rifl* to be enthusiastic.

entusiasmo *sm* enthusiasm.

entusiasta (*pl* **-i -e**) *agg* enthusiastic ◊ *sm/f* enthusiast.

epatite *sf* hepatitis ◊ **epatite virale** viral hepatitis.

epicentro *sm* epicentre, (*AmE*) epicenter (*anche fig*).

epidemia *sf* epidemic.

epidèrmide *sf* epidermis.

epifania *sf* Epiphany.

epilessìa *sf* epilepsy.

epìlogo (*pl* **-ghi**) *sm* epilogue, (*AmE*) epilog.

episòdio *sm* episode.

època (*pl* **-che**) *sf* age; (*periodo*) period ◊ **a quell'epoca** in those days; **auto d'epoca** vintage car.

eppure *cong* (and) yet.

equalizzatore *sm* equalizer.

equatore *sm* equator.

equatoriale *agg* equatorial.

equazione *sf* equation.

equestre *agg* equestrian ◊ **circo equestre** circus; **monumento equestre** equestrian statue.

equidistante *agg* equidistant.

equilàtero *agg* equilateral.

equilibrare *v tr, rifl* to balance.

equilibrato *agg* well-balanced.

equilibrio *sm* balance; (*buon senso*) common sense; (*di bilancia*) equilibrium.

equilibrista (*pl* **-i -e**) *sm/f* tightrope walker (*anche fig*).

equino *agg* horse ◊ *sm* equid.

equinòzio *sm* equinox.

equipàggio *sm* crew.

équipe *sf inv* team.

equità *sf inv* equity.

equitazione *sf* riding.

equivalente *agg, sm/f* equivalent.

equivalere *v intr* to be equivalent (to) ◊ *v rifl* to amount to the same thing; (*persone*) to be the equal of ◊ **equivale a dire** it amounts to saying.

equìvoco (*f* **-a** *pl* **-ci -che**) *agg* equivocal; (*sospetto*) suspicious ◊ *sm* misunderstanding ◊ **un tipo equivoco** a shady character.

equo *agg* fair; just.

era *sf* era ◊ **era spaziale** space age.

eràrio *sm* Treasury.

erba *sf* grass; (*aromatica, medicinale*) herb ◊ **erba cipollina** chives.

erboristerìa *sf* herbalist's shop.

erede *sm/f* heir.

eredità *sf inv* inheritance; (*biol*) heredity; (*fig*) heritage.

ereditare *v tr* to inherit ◊ *v intr* to come into an inheritance.

ereditarietà *sf* heredity.

ereditario *agg* hereditary ◊ **principe ereditario** crown prince.

eresìa *sf* heresy.

erezione *sf* (*costruzione*) building; (*med*) erection.

ergastolano *sm* convict serving a life sentence.

ergàstolo *sm* life sentence.

èrica (*pl* -che) *sf* heather.

erìgere *v tr* to erect.

eritema *sm* erythema ◊ **eritema solare** sunrash.

ermellino *sm* (*zool*) ermine.

ermètico (*f* -a *pl* -ci -che) *agg* hermetic; (*a tenuta d'aria*) airtight.

èrnia *sf* hernia ◊ **ernia del disco** slipped disc.

eròdere *v tr* to erode.

eròe *sm* hero.

eroìna *sf* (*donna*) heroine; (*droga*) heroin.

erosione *sf* erosion.

eròtico (*f* -a *pl* -ci -che) *agg* erotic.

errore *sm* mistake, error; (*grossolano*) blunder ◊ **errore di stampa** misprint; **errore di battitura** typing error, typo.

eruzione *sf* eruption; (*med*) rash.

esagerare *v tr* to exaggerate ◊ *v intr* to exaggerate; (*nel comportamento*) to go over the top ◊ **esagerare nel mangiare** to eat too much.

esagerazione *sf* exaggeration ◊ **costare un'esagerazione** to cost the earth.

esàgono *sm* hexagon.

esalare *v tr/intr* to exhale.

esaltare *v tr* to exalt; (*entusiasmare*) to excite ◊ *v rifl* to get excited.

esame *sm* examination; (*scuola*) exam(ination); (*prova*) test; (*verifica*) check ◊ **prendere in esame** to examine; **esame del sangue** blood test; **esame di guida** driving test.

esaminare *v tr* to examine.

esasperare *v tr* to exasperate ◊ *v rifl* to get exasperated.

esasperato *agg* exasperated.

esattezza *sf* exactness; (*precisione*) precision; (*di risposta, calcolo*) accuracy.

esatto *agg* exact; (*risposta, calcolo*) correct ◊ **esatto!** exactly!

esattoria *sf* ◊ **esattoria delle tasse** tax office; **esattoria comunale** council tax office, (*AmE*) assessor's office.

esaudire *v tr* to grant; (*speranze*) (*BrE*) to fulfil, (*AmE*) to fulfill.

esaurimento *sm* exhaustion; (*nervoso*) breakdown ◊ **fino a esaurimento delle scorte** while stocks last.

esaurire *v tr* to exhaust ◊ *v rifl* to exhaust oneself; (*provviste*) to run out.

esaurito *agg* exhausted; (*merce, posti*) sold out; (*libro*) out of print ◊ **tutto esaurito** no vacancies.

esàusto *agg* exhausted ◊ **pile esauste** flat batteries.

esca (*pl* -che) *sf* bait (*anche fig*).

escandescenza *sf* outburst ◊ **dare in escandescenze** to lose one's temper.

esclamare *v tr* to exclaim.

esclamazione *sf* exclamation.

esclùdere *v tr* to exclude; (*possibilità, ipotesi*) to rule out.

esclusione *sf* exclusion ◊ **per esclusione** by elimination.

esclusiva *sf* exclusive right, sole right; (*TV, stampa*) exclusive; (*di vendita*) franchise.

esclusivo *agg* exclusive.

escluso *agg* excluded ◊ **non è escluso che** it's not out of the question that.

escogitare *v tr* to contrive.

escoriazione *sf* graze.

escremento *sm* excrement.

escursione *sf* excursion, trip ◊ **escursione termica** temperature range.

esecutivo *agg*, *sm* executive.

esecutore **(-trice)** *sm* (*mus*) performer; (*giur*) executor.

esecuzione *sf* execution; (*mus*) performance.

eseguire *v tr* to carry out; (*mus*) to perform; (*giur*) to execute.

esempio *sm* example ◊ **per esempio** for example; **dare l'esempio a qualcuno** to set somebody an example.

esemplare *agg* exemplary; (*persona*) model ◊ *sm* specimen; (*libro*) copy; (*comm*) sample.

esentare *v tr* to exempt.

esente *agg* exempt ◊ **esente da IVA** VAT exempt; **esente da imposta** duty-free.

esenzione *sf* exemption.

esercente *sm/f* shopkeeper.

esercitare *v tr* to exercise; (*addestrare*) to train; (*pressioni, influenza*) to exert; (*attività*) to practise ◊ *v rifl* to practise.

esercitazione *sf* exercise; (*milit*) drill.

esèrcito *sm* army.

esercìzio *sm* exercise; (*pratica*) practice; (*negozio*) shop; (*attività commerciale*) business ◊

fare esercizio to take some exercise.

esibire *v tr* (*mostrare*) to exhibit; (*ostentare*) to show off; (*documenti*) to produce ◊ *v rifl* (*teatro*) to perform; (*fig*) to show off.

esibizione *sf* exhibition; (*ostentazione*) ostentation; (*spettacoli*) performance; (*di documenti*) production.

esigente *agg* exacting, demanding.

esigenza *sf* demand; (*bisogno*) need.

esigere *v tr* (*richiedere*) to demand.

esìguo *agg* meagre, (*AmE*) meager.

esilarante *agg* exhilarating.

èsile *agg* slender; (*voce*) thin.

esiliare *v tr* to exile.

esìlio *sm* exile.

esistenza *sf* existence.

esìstere *v intr* to exist.

esitare *v intr* to hesitate.

esitazione *sf* hesitation.

èsito *sm* result ◊ **avere buon esito** to be a success.

èsodo *sm* exodus; (*di capitali*) flight.

esòfago *sm* oesophagus; (*AmE*) esophagus.

esonerare *v tr* to exempt.

esònero *sm* exemption.

esorbitante *agg* exorbitant.

esòrdio *sm* (*di libro, discorso, film*) opening; (*di attore*) debut.

esordire *v intr* to begin; (*debuttare*) to make one's debut ◊ **esordì dicendo** he began by saying.

esortare v tr (pregare) to beg; (incitare) to urge.

esoso agg (avido) greedy; (avaro) stingy; (prezzo) exorbitant.

esòtico (f -a pl -ci -che) agg exotic.

espàndere v tr to expand ◊ v rifl to expand; (diffondersi) to extend.

espansione sf expansion.

espansionismo sm expansionism.

espatriare v intr to emigrate.

espàtrio sm expatriation.

espediente sm expedient.

espèllere v tr to expel; (sport) to send off; (gas) to discharge.

esperienza sf experience.

esperimento sm experiment ◊ **esperimenti nucleari** nuclear tests.

esperto agg, sm expert.

espirare v tr to breathe out.

esplìcito agg explicit.

esplòdere v intr to explode; (un colpo d'arma da fuoco) to fire.

esplorare v tr to explore.

esplosione sf explosion; (fig) outburst.

esplosivo agg, sm explosive.

esponente sm/f exponent.

esporre v tr to expose; (compromettere) to compromise; (spiegare) to expound; (merci, avvisi) to display; (quadri ecc.) to exhibit ◊ v rifl (al sole) to expose oneself; (a critiche) to lay oneself open.

esportare v tr to export.

esportazione sf export.

esposizione sf (mostra) exhibition; (in vetrina) display; (spiegazione) exposition; (fot, al sole) exposure.

espressione sf expression.

espresso agg express ◊ **caffè espresso** espresso; **treno espresso** express train; **francobollo espresso** express stamp; **per espresso** by express (post).

esprìmere v tr to express ◊ v rifl to express oneself.

espulsione sf expulsion.

essa pron (cose, animali) it; (donna) she; (complemento) her.

esse pron they; (complemento) them.

essenza sf essence.

essenziale agg essential ◊ sm important thing.

èssere v intr to be ◊ sm being ◊ **essere (fatto) di** to be made of; **cosa c'è?** what's the matter?; **ci sei?** are you there?; **essere sul punto di** to be about to; **non è nulla** it's nothing; **sono di Leeds** I'm from Leeds; **chi è? – sono io** who is it? – it's me; **essere umano** human being.

essi pron they; (complemento) them.

essiccare v tr to dry; (cibi) to desiccate ◊ v rifl to dry up.

esso pron (cosa, animale) it; (uomo) he; (complemento) him.

est sm inv east ◊ **l'est** the East; **in direzione** eastward; **i paesi dell'est** the Eastern countries.

èstasi sf inv ecstasy.

estate sf summer ◊ **d'estate** in the summer.

estèndere v tr to extend ◊ v rifl to spread; (allungarsi) to stretch.

estensione sf extension; (ampiezza) expanse.

estenuante *agg* exhausting.

esteriore *agg* exterior.

esterno *agg* external ◊ *sm* (*allievo*) day-boy; (*di edificio*) exterior ◊ **per uso esterno** for external use only; **girare in esterni** to film on location.

èstero *agg* foreign (*pl*) foreign countries ◊ **all'estero** abroad; **ministero degli Affari Esteri** Ministry for Foreign Affairs; (*in Gran Bretagna*) Foreign Office; (*in USA*) State Department.

esteso *agg* extensive; (*diffuso*) widespread ◊ **per esteso** in full.

estètico (*f* -**a** *pl* -**ci** -**che**) *agg* aesthetic ◊ **chirurgia estetica** plastic surgery.

estinguere *v tr* to extinguish; (*sete*) to quench ◊ *v rifl* (*fuoco*) to die out; (*specie*) to become extinct.

estintore *sm* (fire) extinguisher.

estirpare *v tr* to uproot; (*dente*) to extract; (*fig*) to eradicate.

estivo *agg* summer.

estòrcere *v tr* to extort.

estorsione *sf* extortion.

estradare *v tr* to extradite.

estradizione *sf* extradition.

estraibile *agg* extractable, extractible, pull-out.

estràneo *agg* extraneous; (*straniero*) foreign ◊ *sm* stranger.

estrarre *v tr* to extract; (*a sorte*) to draw.

estratto *sm* extract; (*brano*) excerpt; (*documento*) abstract ◊ **estratto conto** statement (of account), bank statement.

estrazione *sf* extraction; (*a sorte*) draw.

estremismo *sm* extremism.

estremità *sf inv* (*parte estrema*) end.

estremo *agg* extreme; (*ultimo*) last; (*il più lontano*) the furthermost ◊ *sm* (*limite*) extreme ◊ *pl* (*dati essenziali*) particulars ◊ **l'Estremo Oriente** the Far East.

estrométtere *sm* (*espellere*) to expel; (*escludere*) to exclude.

estroverso *agg* extroverted ◊ *sm* extrovert.

estuàrio *sm* estuary.

esuberante *agg* exuberant.

èsule *sm/f* exile.

esultare *v intr* to rejoice.

esumare *v tr* to exhume.

età *sf inv* age ◊ **raggiungere la maggiore età** to come of age; **la terza età** the third age; **mezza età** middle age; **senza età** ageless.

ètere *sm* ether.

eternità *sf inv* eternity.

eterno *agg* eternal.

eterosessuale *agg, sm/f* heterosexual.

etichetta *sf* label; (*con il prezzo*) price-tag; (*cerimoniale*) etiquette.

ètico (*f* -**a** *pl* -**ci** -**che**) *agg* ethical.

etíope *agg, sm/f* Ethiopian.

etiòpico (*f* -**a** *pl* -**ci** -**che**) *agg* Ethiopian.

etnia *sf* ethnic group.

ètnico (*f* -**a** *pl* -**ci** -**che**) *agg* ethnic.

etrusco (*f* -**a** *pl* -**chi** -**che**) *agg, sm* Etruscan.

èttaro *sm* hectare.

etto, ettogrammo *sm* hectogram(me).

ettòlitro *sm* hectolitre.

ettòmetro *sm* hectometre, (*AmE*) hectometer.

eucalipto *sm* eucalyptus.

euforia *sf* euphoria.

euro *sm inv* Euro.

europèo *agg, sm* European.

eutanasia *sf* euthanasia.

evacuare *v tr/intr* to evacuate.

evàdere *v tr* to evade; (*sbrigare*) to deal with ◊ **evadere da** to escape from; **evadere le imposte** to evade tax.

evangelista (*pl* **-i -e**) *sm/f* evangelist.

evaporare *v intr* to evaporate.

evasione *sf* escape; (*fig*) escapism ◊ **evasione fiscale** tax evasion.

evaso *sm* fugitive.

evento *sm* event.

eventuale *agg* possible.

eventualità *sf* eventuality ◊ **nell'eventualità che** in the event that.

eventualmente *avv* in case.

evidente *agg* evident ◊ **è evidente che** it's obvious that.

evidenza *sf* evidence ◊ **mettere in evidenza** to emphasize.

evidenziatore *sm* (*penna*) highlighter.

evitare *v tr* to avoid; (*colpo*) to dodge; (*fastidio*) to spare.

evoluto *agg* evolved; (*progredito*) progressive; (*persona*) independent; (*civiltà, nazione*) advanced.

evoluzione *sf* evolution.

evòlversi *v rifl* to evolve.

evviva *inter* hurray.

ex *prefisso* ex, former.

extra *agg* first-class ◊ *sm* extra.

extracomunitàrio *agg* non-EU ◊ *sm* non-EU national.

extravérgine *agg* extravirgin.

F

fa *sm* (*mus*) F ◊ *avv* ago ◊ **due mesi fa** two months ago.

fabbisogno *sm* requirements (*pl*), needs (*pl*).

fàbbrica (*pl* **-che**) *sf* factory.

fabbricare *v tr* (*edilizia*) to build; (*produrre*) to manufacture.

fabbricazione *sf* manufacturing.

fabbro *sm* blacksmith.

faccenda *sf* matter ◊ **le faccende domestiche** housework.

faccendiere *sm* wheeler-dealer.

facchino *sm* porter.

fàccia (*pl* **-ce**) *sf* face; (*lato*) side ◊ **di faccia** opposite; **faccia tosta** cheek; **faccia a faccia** face to face.

facciata *sf* façade; (*di foglio*) side.

fàcile *agg* (*semplice*) easy; (*probabile*) likely.

facilità *sf inv* ease; (*attitudine*) aptitude.

facilitare *v tr* to facilitate.

facilitazione *sf* facility ◊ *sf pl* special terms.

facoltà *sf inv* faculty; (*potere*) power.

facoltativo *agg* optional ◊ **fermata facoltativa** request stop.

fàggio *sm* beech.

fagiano *sm* pheasant.

fagiolino

fagiolino *sm* French bean, *(AmE)* string bean.

fagiolo *sm* bean.

fagotto *sm* bundle; *(mus)* bassoon ◊ **far fagotto** to pack up and leave.

fai da te *sm inv* do-it-yourself, DIY.

faina *sf* beech-marten.

falange *sf* phalanx.

falce *sf* scythe.

falciare *v tr* to cut; *(fig)* to mow down.

falco *(pl -chi) sm* falcon, hawk ◊ **falco pellegrino** peregrine falcon; **falco pescatore** osprey.

falda *sf (geologia)* nappe; *(di cappello)* brim; *(di cappotto)* skirt ◊ **falda acquifera** aquifer.

falegname *sm* carpenter.

falena *sf* moth.

fallimento *sm (econ)* bankruptcy; *(fig)* failure.

fallire *v tr (colpo)* to miss ◊ *v intr (econ)* to go bankrupt.

fallito *agg* unsuccessful; *(econ)* bankrupt ◊ *sm* failure; *(econ)* bankrupt.

fallo *sm (calcio)* foul; *(tennis)* fault ◊ **mettere un piede in fallo** to lose one's footing.

falò *sm inv* bonfire.

falsificare *v tr (documenti)* to forge; *(conti)* to falsify.

falsità *sm inv* falseness; *(bugia)* lie.

falso *agg* false; *(opera d'arte, imitazione)* fake; *(firma)* forged; *(banconota)* counterfeit ◊ *sm* falsehood ◊ **fare un passo falso** to make a false move; **falso allarme** false alarm.

fama *sf* fame; *(reputazione)* reputation.

fame *sf* hunger; *(fig)* craving ◊ **avere fame** to be hungry.

famelico *(f -a pl -ci -che) agg* ravenous.

famiglia *sf* family ◊ **farsi una famiglia** to start a family.

familiare *agg* family; *(conosciuto)* familiar; *(informale)* informal ◊ *sm* relative, relation ◊ *sf (automobile)* station-wagon.

familiarità *sf inv* familiarity; *(informalità)* informality ◊ **avere familiarità con qualcosa, con qualcuno** to be familiar with something, with somebody.

famoso *agg* famous.

fanale *sm* lamp, light.

fanatico *agg* fanatical ◊ *sm* fanatic.

fango *(pl -ghi) sm* mud ◊ *pl (med)* mud-baths.

fangoso *agg* muddy.

fannullone *sm* idler.

fantascienza *sf* science fiction.

fantasia *sf (contrario di realtà, mus)* fantasy; *(immaginazione)* imagination; *(capriccio)* fancy.

fantasioso *agg* imaginative.

fantasma *(pl -i) sm* ghost.

fantasticare *v tr/intr* to daydream about.

fantastico *agg* fantastic; *(immaginario)* fantasy.

fante *sm (milit)* infantryman; *(carte)* jack.

fanteria *sf* infantry.

fantino *sm* jockey.

fantoccio *(pl -ci) sm* puppet.

faraona *sf* guinea-fowl.

farcire *v tr* to stuff; (*dolce*) to fill; (*fig*) to cram.

farcito *agg* stuffed; (*dolce*) filled; (*fig*) crammed.

fard *sm inv* blusher.

fare *v tr* (*agire*) to do; (*produrre, creare*) to make; (*trascorrere*) to spend; (*comportarsi da*) to play; (*far fare*) to make ◊ *v rifl* (*diventare*) to become; (*drogarsi*) to shoot up ◊ **avere da fare** to be busy; **fare strada** to lead the way; **fare a meno di qualcosa, qualcuno** to do without something, somebody; **fare colazione** to have breakfast; **farcela, non farcela** to make it, not to make it; **far paura** to frighten; **far schifo** to make one sick; **far lezione** to teach; **far l'amore** to make love; **far finta** to pretend; **far freddo, far caldo** to be cold, to be hot; **far aspettare qualcuno** to make somebody wait; **fare assegnamento su** to count on; **far fuori** to do in; **fare il medico** to be a doctor; **fa lo stesso** it doesn't matter; **farsi in quattro** to go to a lot of trouble; **farsi la macchina** to get a car; **farla finita con qualcosa** to have something over with.

faretto *sm* spotlight.

farfalla *sf* butterfly ◊ **cravatta a farfalla** bow-tie; **nuoto a farfalla** butterfly (stroke).

farina *sf* flour.

faringe *sf* pharynx.

faringite *sf* pharyngitis.

farmacìa *sf* pharmacy; (*negozio*) chemist's (shop), (*AmE*) drug-store.

farmacista (*pl* **-i -e**) *sm/f* chemist; (*AmE*) druggist.

fàrmaco (*pl* **-ci**) *sm* drug.

faro *sm* (*edificio*) lighthouse; (*auto*) headlight ◊ **fari antinebbia** fog-lamps, fog-lights; **fari abbaglianti** headlights; **fari anabbaglianti** dipped headlights.

farsa *sf* farce (*anche fig*).

fàscia (*pl* **-sce**) *sf* band; (*benda*) bandage; (*zona*) area.

fasciare *v tr* (*bendare*) to bandage; (*avvolgere*) to wrap up; (*aderire*) to cling to ◊ *v rifl* (*bendarsi*) to bandage oneself; (*avvolgersi*) to wrap (oneself) up.

fascìcolo *sm* (*di documenti*) file; (*numero di rivista*) issue; (*opuscolo*) booklet.

fascina *sf* faggot.

fàscino *sm* fascination, charm.

fàscio *sm* bundle; (*fiori*) bunch.

fascismo *sm* fascism.

fascista (*pl* **-i -e**) *agg, sm/f* fascist.

fase *sf* phase.

fast food *sm inv* fast food.

fastìdio *sm* bother; (*disturbo*) trouble ◊ *pl* (*preoccupazioni*) worries.

fastidioso *agg* (*persona*) tiresome; (*dolore*) nagging; (*irritabile*) irritable.

fasullo *agg* bogus.

fata *sf* fairy.

fatale *agg* fatal; (*inevitabile*) inevitabile ◊ **era fatale che succedesse** it was bound to happen.

fatalità *sf inv* (*fato*) fate; (*disgrazia*) fatality; (*sfortuna*) misfortune.

fatica (*pl* **-che**) *sf* effort; (*lavoro faticoso*) hard work; (*stanchezza*) fatigue ◊ **a fatica** with difficulty; **fatica sprecata** waste of time.

faticare *v intr* to toil; (*stentare a*) to find it difficult to.

faticoso *agg* tiring; (*difficile*) difficult.

fatto *agg* (*compiuto*) done; (*prodotto*) made ◊ *sm* fact; (*azione*) action; (*evento*) event ◊ **fatto a mano** handmade; **ecco fatto** there we are; **in fatto di** as regards; **fatti miei** my own business; **badare ai fatti propri** to mind one's own business; **cogliere qualcuno sul fatto** to catch somebody red-handed.

fattore (**-essa**) *sm* farm manager; (*mat, causa*) factor.

fattorìa *sf* farm; (*casa*) farmhouse; (*AmE*) ranch.

fattorino *sm* messenger (boy); (*di albergo*) bellboy.

fattura *sf* (*documento fiscale*) invoice; (*lavorazione*) workmanship; (*magia*) spell.

fàuna *sf* fauna.

fava *sf* broad bean ◊ **prendere due piccioni con una fava** to kill two birds with one stone.

favilla *sf* spark.

fàvola *sf* (*fiaba*) fairy tale; (*d'intento morale*) fable ◊ **da favola** fabulous; **morale della favola** the long and the short of it.

favoloso *agg* fabulous.

favore *sm* favour, (*AmE*) favor ◊ **per favore** please; **prezzo di favore** preferential price.

favorévole *agg* favourable, (*AmE*) favorable.

favorire *v tr* to favour, (*AmE*) to favor; (*facilitare*) to facilitate ◊ **vuol favorire?** will you have some?; **favorisca alla cassa** please pay at the cash.

fax *sm inv* fax.

faxare *v tr* to fax.

fazzoletto *sm* handkerchief ◊ **fazzoletto di carta** (paper) tissue.

febbràio *sm inv* February.

febbre *sf* fever (*anche fig*); (*temperatura*) temperature; (*del labbro*) cold sore ◊ **febbre dell'oro** gold rush; **febbre del sabato sera** Saturday night fever.

féccia (*pl* **-ce**) *sf* dregs (*pl*) (*anche fig*).

feci *sf pl* faeces.

fecondare *v tr* to fertilize.

fecondazione *sf* fertilization ◊ **fecondazione artificiale** artificial insemination.

fede *sf* faith; (*fiducia*) trust; (*anello*) wedding ring ◊ **essere in mala fede** to be in bad faith.

fedele *agg* faithful; (*copia*) true ◊ *sm/f* believer; (*seguace*) follower ◊ **i fedeli** the faithful.

fedeltà *sf inv* faithfulness ◊ **alta fedeltà** high fidelity, hi-fi.

fèdera *sf* pillowcase.

federalismo *sm* federalism.

federalista (*pl* **-i -e**) *agg*, *sm/f* federalist.

federazione *sf* federation.

fégato *sm* liver ◊ **avere del fegato** to have guts.

felce *sf* fern.

felice *agg* happy; (*fortunato*) lucky; (*scelta*) fortunate.

felicità *sf inv* happiness.

felicitarsi *v rifl* ◊ **felicitarsi con qualcuno** to congratulate somebody.

felino *agg, sm* feline.

felpa *sf* (*tessuto*) plush; (*indumento*) sweatshirt.

feltro *sm* felt.

fémmina *sf* female ◊ (**figlia**)

femmina girl.

femminile *agg* (*gramm*) feminine; (*abbigliamento, rivista*) woman's; (*sesso*) female.

femminismo *sm* feminism.

fèmore *sm* femur.

fèndere *v tr* to split.

fendinebbia *sm inv* fog-lamp, fog-light.

fenicòttero *sm* flamingo.

fenòmeno *sm* phenomenon.

fèretro *sm* coffin.

feriale *agg* weekday.

fèrie *sf pl* holidays, (*AmE*) vacation (*sing*) ◊ **ferie annuali** annual leave.

ferire *v tr* to wound; (*in incidente*) to injure; (*fig*) to hurt ◊ *v rifl* to hurt oneself.

ferita *sf* wound.

ferito *sm* casualty, victim.

feritóia *sf* slit.

fermàglio *sm* clasp; (*per carte*) clip.

fermare *v tr* to stop; (*fissare*) to

fix; (*giur*) to detain ◊ *v intr, rifl* to stop.

fermata *sf* stop ◊ **fermata dell'autobus** bus-stop.

fermentare *v intr* to ferment.

fermentazione *sf* fermentation.

fermento *sm* (*agitazione*) ferment; (*lievito*) yeast ◊ **fermenti lattici** milk enzymes.

fermezza *sf* firmness.

fermo *agg* still; (*veicolo*) stationary; (*che non funziona*) not working; (*risoluto*) firm; (*tenace, stabile*) steady ◊ *sm* (*giur*) detention; (*meccanica*) catch ◊ **fermo restando che** it being understood that.

feroce *agg* ferocious; (*animale*) wild; (*freddo, male*) unbearable.

ferragosto *sm* 15 August; (*periodo*) August holidays.

ferramenta *sf pl* ironmongery (*sing*) ◊ **negozio di ferramenta** ironmonger's.

ferro *sm* iron; (*utensile*) tool; (*di chirurgo*) instrument ◊ **ferro da calza** knitting needle; **ferro da stiro** iron; **ferro di cavallo** horseshoe; **cotto ai ferri** grilled; **toccare ferro** to touch wood.

ferrovìa *sf* (*BrE*) railway, (*AmE*) railroad.

ferroviàrio *agg* railway ◊ **orario ferroviario** train timetable.

ferroviere *sm* railwayman.

fèrtile *agg* fertile.

fertilizzante *agg* fertilizing ◊ *sm* fertilizer

fesso *sm* fool ◊ *agg* (*stupido*) foolish; (*spaccato*) cracked.

89

fessura sf (*porta, finestra*) crack; (*per moneta*) slot.

festa sf (*religiosa*) feast; (*giorno festivo*) holiday; (*sagra*) fair; (*compleanno*) birthday ◊ **dare una festa** to throw a party.

festeggiare v tr to celebrate; (*accogliere con festa*) to give a hearty welcome to.

festival sm inv festival.

festivo agg holiday ◊ **biglietto festivo** weekend ticket; (**giorni**) **festivi** public holidays.

festoso agg merry; (*accoglienza*) warm, hearty.

feticcio sm fetish.

fetido agg stinking.

feto sm foetus.

fetta sf slice (*anche fig*).

feudo sm feud.

fiaba sf fairy tale.

fiacca sf weariness; (*pigrizia*) laziness ◊ **battere la fiacca** to be sluggish.

fiaccola sf torch.

fiala sf phial.

fiamma sf flame (*anche fig*) ◊ **fiamma ossidrica** blowtorch.

fiammifero sm match.

fianco (*pl* -**chi**) sm (*anat*) hip; (*lato*) side ◊ **di fianco a qualcuno, qualcosa** beside somebody, something; **essere al fianco di qualcuno** to be at somebody's side.

fiasco (*pl* -**chi**) sm flask; (*fig*) fiasco ◊ **fare fiasco** to be a fiasco.

fiatare v intr to breathe a word.

fiato sm breath ◊ **riprendere fiato** to get one's breath back; (**tutto**) **d'un fiato** all in one go; **strumen-**ti a fiato wind instruments; **sprecare il fiato** to waste one's breath.

fibbia sf buckle.

fibra sf fibre, (*AmE*) fiber.

ficcanaso sm/f inv nosey parker.

ficcare v tr (*infilare*) to thrust; (*chiodo*) to drive; (*colloquiale, mettere*) to shove ◊ v rifl to thrust oneself into; (*nascondersi*) to hide ◊ **ficcare il naso** to interfere.

fico (*pl* -**chi**) sm (*pianta*) fig-tree; (*frutto*) fig ◊ **fico d'India** prickly pear.

fidanzamento sm engagement.

fidanzarsi v rifl to become engaged.

fidanzato agg engaged ◊ sm boyfriend; (*promesso sposo*) fiancé.

fidarsi v rifl ◊ **fidarsi di** to trust; **fidarsi a** to dare.

fiducia (*pl* -**cie**) sf confidence ◊ **avere fiducia** to trust; **persona di fiducia** reliable person.

fieno sm hay ◊ **raffreddore, febbre da fieno** hay fever.

fiera sf fair ◊ **fiera campionaria** trade fair.

fiero agg proud.

fifa sf jitters (*pl*).

figlio sm son ◊ **figlia** daughter; **figlio unico, figlia unica** only child.

figura sf figure; (*aspetto esteriore*) shape; (*illustrazione*) illustration; (*personaggio*) character ◊ **fare bella, brutta figura** to make a good, bad impression.

figurare v intr (*trovarsi*) to appear, to figure; (*far figura*) to cut a

fine figure ◊ *v rifl (immaginare)* to imagine ◊ **si figuri!** not at all.

fila *sf* line; *(di oggetti)* row; *(coda) (BrE)* queue, *(AmE)* line ◊ **di fila** in a row; **stare in fila** *(BrE)* to queue (up), *(AmE)* to stand in line.

filare *v tr (lana)* to spin ◊ *v intr (andarsene)* to run away; *(amoreggiare)* to go out with; *(ragionamento)* to make sense ◊ **fila!** scram!; **filarsela** to make off.

filarmònica *(pl -che) sf (orchestra)* orchestra.

filastrocca *(pl -che) sf* rigmarole; *(per bambini)* nursery rhyme.

filato *agg (di seguito)* running; *(ininterrotto)* uninterrupted; *(difilato)* straight; *(ragionamento)* logical ◊ *sm* yarn.

file *sm inv (inform)* file.

filetto *sm (carne)* fillet.

filiale *agg* filial ◊ *sf (commercio)* branch.

filigrana *sf* filigree; *(su carta)* watermark.

filippino *agg, sm* Filipino.

film *sm inv* film, *(AmE)* movie ◊ **film giallo** thriller.

filmare *v tr* to film.

filo *sm* thread; *(tessile)* yarn; *(metallico, elettrico)* wire; *(di lama)* edge; *(di speranza, di luce)* glimmer ◊ **un filo d'aria** a breath of air; **filo spinato** barbed wire; **filo d'erba** blade of grass; **perdere il filo** to lose the thread; **tirar le fila** to call the shots.

filobus *sm* trolleybus.

filone *sm (miner)* vein; *(fig)* trend; *(genere)* genre ◊ **filone di pane** long loaf.

filosofia *sf* philosophy.

filòsofo *sm* philosopher.

filtrare *v tr/intr* to filter.

filtro *sm* filter.

finale *agg* final ◊ *sf (sport)* final ◊ *sm* end.

finalità *sf inv* finality; *(scopo)* aim.

finalmente *avv* at last; *(da ultimo)* finally.

finanza *sf* finance ◊ **guardia di finanza** *(finanziere)* customs officer; **Ministero delle Finanze** Ministry of Finance, Exchequer *(in Gran Bretagna)*, Treasury *(in USA)*.

finanziamento *sm* funding.

finanziare *v tr* to finance, to fund.

finanziàrio *agg* financial.

finché *cong* until; *(per tutto il tempo che)* as long as.

fine *agg* fine; *(sottile)* thin; *(raffinato)* refined; *(acuto)* keen ◊ *sf* end ◊ *sm (scopo)* aim ◊ **in fin dei conti** after all; **secondo fine** ulterior motive; **fine settimana** weekend.

finestra *sf* window.

finestrino *sm* window.

fingere *v tr/intr* to pretend ◊ *v rifl* to pretend to be.

finire *v tr* to finish, to end ◊ *v intr (smettere)* to stop; *(andare a finire)* to end up; *(concludersi)* to end; *(prodotti)* to run out ◊ **dove sei finito?** where did you go?; **finire per** to end up by; **a non finire** endlessly.

finito *agg* finished; (*provetto*) accomplished.

finlandese *agg* Finnish ◊ *sm/f* Finn ◊ *sm* (*lingua*) Finnish.

fino *prep* (*tempo*) till, until; (*spazio*) as far as ◊ **fin da** (*tempo*) since; (*spazio*) from; **fin troppo** too much; **fin d'ora** from now on; **fin da quando sei arrivato** since you arrived.

finòcchio *sm* (*bot*) fennel; (*volgare, omosessuale*) poof.

finora *avv* so far, up till now.

finta *sf* pretence, sham; (*sport*) feint ◊ **far finta** to pretend.

finto *agg* false; (*artificiale*) artificial.

finzione *sf* pretence.

fiocco (*pl* -**chi**) *sm* (*nastro*) bow; (*di granoturco*) flake ◊ **fiocco di neve** snowflake; **coi fiocchi** excellent.

fionda *sf* catapult.

fioràio *sm* florist.

fiordaliso *sm* cornflower.

fiordo *sm* fiord; (*in Scozia*) loch.

fiore *sm* flower; (*di albero*) blossom; (*parte scelta*) cream ◊ *pl* (*carte*) clubs ◊ **vaso di fiori** (*con acqua*) vase; (*con terra*) flowerpot; **abito a fiori** flowered dress.

fiorente *agg* flourishing.

fiorentino *agg*, *sm* Florentine.

fioretto *sm* (*scherma*) foil.

fiorire *v intr* to flower; (*albero*) to blossom; (*fig*) to flourish.

fioritura *sf* flowering, blooming (*anche fig*); (*di albero*) blossoming; (*insieme di fiori*) flowers (*pl*).

fiotto *sm* gush.

firma *sf* signature.

firmare *v tr* to sign.

fisarmònica *sf* accordion.

fiscale *agg* (*del fisco*) fiscal, tax; (*rigoroso*) strict.

fischiare *v tr/intr* to whistle ◊ **fischiare un attore** to boo an actor.

fischietto *sm* whistle.

fischio *sm* whistle.

fisica (*pl* -**che**) *sf* physics.

fisico (*f* -**a** *pl* -**ci** -**che**) *agg* physical ◊ *sm* (*corpo*) physique; (*scienziato*) physicist.

fisioterapia *sf* physiotherapy.

fissare *v tr* to fix, to fasten; (*guardare fisso*) to stare at; (*appuntamento*) to arrange; (*prenotare*) to book ◊ *v rifl* (*ostinarsi*) to set one's mind on; (*in modo ossessivo*) to become obsessed with.

fissazione *sf* fixation; (*ossessione*) obsession.

fisso *agg* fixed; (*stipendio, lavoro*) regular ◊ **a tasso fisso** fixed rate.

fitta *sf* sharp pain.

fitto *agg* thick ◊ **a capo fitto** headlong.

fiumana *sf* (*fig*) stream.

fiume *sm* river; (*fig*) stream.

fiutare *v tr* to smell; (*guaio, pericolo*) to smell; (*affare*) to sniff, to snort.

fiuto *sm* (*sense of*) smell; (*fig*) nose.

flanella *sf* flannel.

flash *sm inv* flash.

flàuto *sm* flute ◊ **flauto diritto, flauto dolce** recorder.

flèbile *agg* feeble.

flebo, fleboclisi *sf inv* drip-feed.

flemma *sf* calm; (*med*) phlegm.

flessìbile *agg* flexible ◊ **orario flessibile** flexitime.

flessione *sf* (*diminuzione*) drop.

flèttere *v tr, rifl* to bend.

flora *sf* flora.

floreale *agg* floral ◊ **stile floreale** art nouveau.

flotta *sf* fleet.

fluente *agg* fluent.

flùido *sm* fluid.

fluorescente *agg* fluorescent.

fluoro *sm* fluorine.

flusso *sm* flow; (*fis, med*) flux ◊ **flusso e riflusso** ebb and flow.

fluviale *agg* river.

foca (*pl* **-che**) *sf* seal.

focàccia (*pl* **-ce**) focaccia, flat bread.

foce *sf* mouth.

focolàio *sm* (*med*) focus; (*fig*) centre, (*AmE*) center.

focolare *sm* hearth; (*camino*) fireplace; (*fig*) home.

fòdera *sf* lining; (*di poltrona*) loose cover; (*di libro*) dust-jacket .

foderare *v tr* to line; (*libro*) to cover.

foga (*pl* **-ghe**) *sf* (*veemenza*) ardour, (*AmE*) ardor.

fòglia *sf* leaf.

fòglio *sm* sheet; (*pagina*) leaf ◊ **foglio elettronico** spreadsheet.

fogna *sf* sewer.

fognatura *sf* sewerage.

folata *sf* gust.

folclore *sm inv* folklore.

folcloristico (*f* **-a** *pl* **-ci -che**) *agg* folk.

folla *sf* crowd.

folle *agg* mad ◊ *sm/f* madman (*m*), madwoman (*f*) ◊ **in folle** in neutral.

follia *sf* madness ◊ **alla follia** to distraction; **fare follie per** to be crazy about.

folto *agg, sm* thick.

fondamenta *sf pl* foundations.

fondamentale *agg* fundamental.

fondamentalismo *sm* fundamentalism.

fondamentalista (*pl* **-i -e**) *agg, sm/f* fundamentalist.

fondamento *sm* foundation.

fondare *v tr* (*edilizia*) to found, (*costituire*) to establish; (*basare*) to base ◊ *v rifl* to be based on.

fondazione *sf* (*edilizia*) foundation; (*fig, ente*) establishment.

fondente *agg* (*cioccolato*) dark.

fóndere *v tr/intr* to melt; (*colori*) to blend; (*enti*) to merge.

fonderia *sf* foundry.

fondo *agg* deep ◊ *sm* bottom; (*fine*) end; (*di denaro*) fund; (*sfondo*) background; (*terreno*) land ◊ **da cima a fondo** from top to bottom; **piatto fondo** soup plate; **in fondo in fondo** after all; **gara di fondo** long-distance race.

fontana *sf* fountain.

fonte *sf* (*sorgente*) spring; (*fig*) source ◊ *sm* (*battesimale*) font.

foràggio *sm* forage.

forare *v tr* to pierce; (*biglietto*) to punch ◊ **forare una gomma** to have a puncture.

fòrbici *sf pl* scissors.

forca (*pl* **-che**) *sf* fork; (*patibolo*) gallows (*pl*).

forchetta *sf* fork ◊ **una buona forchetta** a big eater.

forcina *sf* hairpin.

foresta *sf* forest.

forestale *agg* forest ◊ **guardia forestale** (forest) ranger.

forestiero *agg* foreign ◊ *sm* foreigner.

fórfora *sf* dandruff.

forma *sf* form; (*sagoma*) shape; (*stampo*) mould; (*apparenza*) appearance ◊ **a forma di V** V-shaped; **in forma** in good form; **fuori forma** out of shape; **peso forma** ideal weight.

formaggino *sm* processed cheese.

formàggio *sm* cheese.

formale *agg* formal.

formalità *sf* formality.

formare *v tr* to form; (*numero telefonico*) to dial ◊ *v rifl* to form; (*svilupparsi*) to develop.

formato *sm* size; (*di libro*) format ◊ **foto formato tessera** passport-size photo.

formattare *v tr* to format.

formattazione *sf* formatting.

formazione *sf* formation; (*sport*) line-up ◊ **formazione professionale** vocational training.

formica (*pl* -**che**) *sf* ant.

formicàio *sm* (*sotterraneo*) ants' nest; (*esterno*) anthill.

formicolìo *sm* (*di insetti*) swarming; (*di gente*) teeming; (*sensazione*) pins and needles (*pl*), tingling (sensation).

formidàbile *agg* (*spaventoso*) formidable; (*straordinario*) tremendous.

fòrmula *sf* formula.

fornàio *sm* baker; (*negozio*) bakery.

fornello *sm* (*apparecchio*) stove; (*singolo bruciatore*) ring.

fornire *v tr* to supply (with); (*servizi*) to provide (with) ◊ *v rifl* to provide oneself (with), to supply oneself (with); (*comprare*) to buy (from).

fornitore (-**trice**) *sm* supplier.

forno *sm* oven; (*fornaio*) bakery ◊ **forno a microonde** microwave oven; **al forno** roasted; **cottura al forno** baking.

foro *sm* (*buco*) hole; (*tribunale*) lawcourt; (*romano*) forum.

forse *avv* perhaps, maybe ◊ **mettere in forse** to doubt.

forte *agg* strong; (*resistente*) tough; (*grosso*) big; (*bravo*) good; (*suono*) loud; (*dolore*) severe; (*pioggia*) heavy ◊ *avv* (*con forza*) strongly; (*con violenza*) hard; (*velocemente*) fast; (*di suoni, voce*) loud; (*di pioggia*) heavily ◊ *sm* (*specialità*) strong point ◊ **taglie forti** outsize; **piatto forte** main dish; **farsi forte** to bear up.

fortezza *sf* fortress; (*fig*) fortitude.

fortificato *agg* fortified.

fortùito *agg* fortuitous ◊ **incontro fortuito** chance encounter.

fortuna *sf* fortune; (*successo*) success; (*buona sorte*) luck ◊ **per fortuna** luckily; **di fortuna** makeshift; **fare fortuna** to make one's fortune.

fortunatamente *avv* fortunately.

fortunato *agg* lucky, fortunate;

(*impresa*) successful ◊ **fortunato lui!** lucky him!

forùncolo *sm* pimple, spot; (*grosso*) boil.

forza *sf* strength; (*fis*) force; (*potere*) power ◊ *inter* come on! ◊ **per forza** (*naturalmente*) of course; (*costrizione*) against one's will; **forze dell'ordine** police (force); **forza di volontà** will-power; **forza maggiore** circumstances beyond one's control.

forzare *v tr* (*obbligare*) to force; (*aprire con la forza*) to break open; (*sottoporre a sforzo*) to strain.

forzato *agg* forced; (*sorriso*) strained ◊ *sm* convict ◊ **lavori forzati** hard labour.

foschìa *sf* haze.

fosforescente *agg* phosphorescent.

fossa *sf* pit; (*tomba*) grave ◊ **fossa biologica** cesspool.

fossato *sm* ditch; (*di castello*) moat.

fòssile *agg, sm* fossil.

fosso *sm* ditch.

foto *sf inv* photo.

fotocòpia *sf* photocopy.

fotocopiatrice *sf* photocopier.

fotografare *v tr* to photograph.

fotografia *sf* (*arte*) photography; (*immagine*) photograph ◊ **fare fotografie** to take photographs.

fotògrafo *sm* photographer.

fotomodello *sm* model.

fotomontàggio *sm* photomontage.

fototèssera *sf* passport photo.

foulard *sm inv* scarf.

fra *v. tra*.

fracassare *v tr, rifl* to smash.

fràdicio (*f pl -cie*) *agg* soaked ◊ **bagnato fradicio** soaking wet; **ubriaco fradicio** blind drunk.

fràgile *agg* fragile; (*debole, gracile*) frail.

fràgola *sf* strawberry.

fragrante *agg* fragrant.

fraintèndere *v tr* to misunderstand.

frammento *sm* fragment.

frana *sf* landslide ◊ **essere una frana** to be a walking disaster area.

franare *v intr* to slide down; (*massi*) to fall.

francese *agg* French ◊ *sm* (*lingua*) French ◊ *sm/f* Frenchman (*m*), Frenchwoman (*f*) ◊ **i francesi** the French.

franchezza *sf* frankness.

franco (*pl -chi -che*) *agg* frank; (*commercio*) free ◊ *sm* (*moneta*) franc ◊ **porto franco** free port; **farla franca** to get away with it.

francobollo *sm* stamp.

frangia (*pl -ge*) *sf* fringe.

frantòio *sm* olive-press.

frantumare *v tr, rifl* to shatter.

frantumi *sm pl* splinters.

frappé *sm inv* milkshake.

frase *sf* sentence; (*espressione*) phrase ◊ **frase fatta** cliché.

fràssino *sm* ash (tree).

frastuono *sm* racket.

frate *sm* friar; (*monaco*) monk.

fratellastro *sm* (*consanguineo*) half brother; (*non consanguineo*) stepbrother.

fratello sm brother ◊ pl (fratello e sorella) brother and sister.

frattàglie sf pl offals; (di pollame) giblets.

frattanto avv in the meantime.

frattempo avv ◊ **nel frattempo** meanwhile, in the meantime.

frattura sf fracture.

frazione sf fraction; (paese) hamlet.

fréccia (pl -ce) sf arrow; (auto) (BrE) indicator, (AmE) turnlight; (cartello stradale) signpost.

frecciata sf cutting remark.

freddezza sf coldness; (autocontrollo) coolness.

freddo agg, sm cold ◊ **avere freddo** to be cold; **tavola fredda** buffet.

freddoloso agg sensitive to cold.

freezer sm inv freezer.

fregare v tr to rub; (familiare, rubare) to pinch; (familiare, ingannare) to rip-off ◊ **fregarsene** not to give a damn.

fregatura sf (truffa) rip-off; (delusione) let-down.

frégio sm (arch) frieze; (ornamento) decoration.

frenare v tr to brake; (contenere) to check; (trattenere, reprimere) to hold back ◊ v rifl to control oneself.

frenètico (f -a pl -ci -che) agg frenzied.

freno sm brake; (fig) check ◊ **freno a mano** handbrake.

frequentare v tr (persona) to see; (persone) to mix with; (luogo) to frequent; (scuola) to attend.

frequente agg frequent ◊ **di frequente** frequently.

frequenza sf frequency; (scolastica) attendance.

freschezza sf freshness.

fresco (f -a pl -chi -che) agg fresh; (temperatura) cool ◊ sm coolness ◊ **vernice fresca** wet paint; **tenere in fresco** to keep in a cool place.

fretta sf hurry, haste ◊ **aver fretta** to be in a hurry; **in fretta** (presto) quickly; (affrettatamente) hurriedly.

friggere v tr to fry ◊ v intr to sizzle ◊ **friggere di rabbia** to seethe with rage; **friggere di impazienza** to fume with impatience.

frìgido agg frigid.

frigorìfero sm refrigerator, (AmE) ice-box.

fringuello sm chaffinch.

frittata sf omelette.

frittella sf fritter.

fritto agg fried ◊ sm fried food ◊ **siamo fritti** we're done for.

frizione sf (fis, fig) friction; (auto) clutch; (sulla pelle) rub; (lozione) lotion.

frizzante agg fizzy; (vino) sparkling; (aria) bracing; (persona) witty.

frode sf fraud ◊ **frode fiscale** tax-evasion.

fronte sf forehead; (di edificio) front ◊ sm (milit) front ◊ **di fronte** opposite; **far fronte agli impegni** to meet one's obligations; **trovarsi di fronte a** to be faced with.

fronteggiare *v tr* to face.

frontiera *sf* frontier, border.

fròttola *sf* fib.

frugare *v tr* to search ◊ *v intr* to rummage.

frullare *v tr* to whisk ◊ *v intr* (*ali*) to flutter ◊ **che ti frulla per la testa?** what's on your mind?

frullato *sm* (*di latte*) milkshake.

frullatore *sm* blender, liquidizer.

frumento *sm* wheat.

fruscìo *sm* rustle; (*del vento*) whisper.

frusta *sf* whip; (*utensile di cucina*) whisk.

frustrare *v tr* to frustrate.

frustrazione *sf* frustration.

frutta *sf* fruit; (*portata*) dessert ◊ **frutta di stagione** fruit in season; **frutta secca** dried fruit, nuts; **frutta sciroppata** fruit in syrup.

fruttare *v tr* to bear fruit ◊ *v intr* to yield.

frutteto *sm* orchard.

fruttivéndolo *sm* greengrocer; (*negozio*) greengrocer's.

frutto *sm* fruit; (*econ*) yield ◊ **frutti di mare** seafood.

fucilare *v tr* to shoot.

fucile *sm* rifle.

fùcsia *sf* fuchsia.

fuga (*pl* **-ghe**) *sf* escape; (*mus*) fugue ◊ **fuga di gas** gas leak; **mettere in fuga** to drive back.

fuggire *v intr* to run away, to flee; (*prigioniero*) to escape ◊ *v tr* to avoid.

fulminare *v tr* (*fulmine*) to strike by lightning; (*con scarica elettrica*) to electrocute; (*con lo sguar-*

do) to look daggers at ◊ *v rifl* (*di lampadina*) to burn out.

fùlmine *sm* lightning ◊ **colpo di fulmine** love at first sight.

fumare *v tr/intr* to smoke ◊ **vietato fumare** no smoking.

fumatore (**-trice**) *sm* smoker ◊ **area fumatori** smoking area.

fumetto *sm* comic-strip; (*nuvoletta*) bubble.

fumo *sm* smoke; (*il fumare*) smoking; (*gergale, marijuana*) dope ◊ *pl* (*vapori*) fumes ◊ **mandare in fumo** to shatter, to dash.

fune *sf* rope; (*cavo*) cable.

fùnebre *agg* funereal; (*corteo, cerimonia*) funeral.

funerale *sm* funeral.

fungo (*pl* **-ghi**) *sm* mushroom; (*parassita*) fungus.

funicolare *sf* funicular (railway).

funivia *sf* cableway.

funzionamento *sm* functioning.

funzionare *v intr* to work, to function ◊ **funzionare da** to act as.

funzionàrio *sm* official.

funzione *sf* function; (*carica*) office; (*mansione*) duty; (*relig*) service ◊ **in funzione** in operation; **mettere in funzione** to activate; **in funzione di** acting as.

fuoco (*pl* **-chi**) *sm* fire; (*ottica*) focus ◊ **mettere a fuoco** to focus; **vigili del fuoco** fire brigade; **fuochi artificiali** fireworks; **arma da fuoco** firearm.

fuorché *cong, prep* except.

fuori *avv* out; (*all'esterno*) outside; (*all'aperto*) outdoors ◊

prep out of, outside ◊ **fuori mano** out-of-the-way; **fuori pericolo** out of danger; **fuori uso** out of use; **fuori pasto** between meals; **giocare fuori casa** to play away.

fuoribordo *sm inv* speedboat (with outboard motor).

fuoricorso *agg inv* (*moneta*) no longer in circulation.

fuoristrada *sm inv* (*auto*) off-road vehicle.

furbìzia *sf* cunning.

furbo *agg* cunning; (*intelligente*) clever.

furetto *sm* ferret.

furfante *sm/f* scoundrel.

furgone *sm* van.

fùria *sf* fury; (*fretta*) haste ◊ **a furia di** by dint of; **in fretta e furia** in a great hurry.

furibondo *agg* furious.

furioso *agg* furious; (*vento*) raging.

furto *sm* theft ◊ **furto con scasso** burglary.

fusa *sf pl* ◊ **fare le fusa** to purr.

fusìbile *sm* fuse.

fusione *sf* fusion; (*di società*) merger.

fuso *agg* melted; (*società*) merged ◊ *sm* (*tessitura*) spindle ◊ **fuso orario** time zone.

fustagno *sm* fustian, moleskin.

fusto *sm* stem; (*tronco*) trunk; (*di colonna*) shaft; (*recipiente di metallo*) drum; (*di legno*) barrel; (*giovane atletico*) hunk ◊ **alberi d'alto fusto** long-stemmed plants.

fùtile *agg* futile.

futuro *agg, sm* future.

G

gàbbia *sf* cage; (*per conigli ecc.*) hutch; (*degli imputati*) dock ◊ **mettere in gabbia** to nick.

gabbiano *sm* (sea-)gull.

gabinetto *sm* (*WC*) lavatory, (*AmE*) restroom; (*pol*) cabinet; (*di un medico*) surgery.

gaffe *sf* gaffe ◊ **fare una gaffe** to make a gaffe.

gala *sf* (*festa*) gala ◊ **serata di gala** gala night.

galante *agg, sm/f* gallant.

galantuomo (**-uòmini**) *sm* gentleman.

galàssia *sf* galaxy.

galeotto *sm* (*carcerato*) convict.

galera *sf* jail.

galla *sf* ◊ **a galla** afloat; **venire a galla** to surface.

galleggiante *agg* floating ◊ *sm* (*natante*) craft; (*pesca, idraulica, aeronautica*) float; (*boa*) buoy.

galleggiare *v intr* to float.

galleria *sf* (*traforo*) tunnel; (*pedonale*) arcade; (*per esposizioni*) gallery; (*teatro*) circle ◊ **galleria d'arte** art gallery; **galleria del vento** wind tunnel.

gallese *agg* Welsh ◊ *sm* (*lingua*) Welsh ◊ *sm/f* Welshman (*m*), Welshwoman (*f*).

gallina *sf* (*viva*) hen; (*carne*)

chicken ◊ **cervello da gallina** bird brain.

gallo *sm* cock, (*AmE*) rooster ◊ **gallo cedrone** capercaillie; **fare il gallo** to be cocky; **peso gallo** bantamweight.

gallone *sm* (*misura di capacità*) gallon.

galoppare *v intr* to gallop.

galoppo *sm* gallop ◊ **al galoppo** at a gallop.

galvanizzare *v tr* to galvanize.

gamba *sf* leg ◊ **darsela a gambe** to leg it; **essere in gamba** to be smart; **a gambe levate** hotfoot.

gamberetto *sm* shrimp.

gàmbero *sm* prawn; (*di fiume*) crayfish ◊ **rosso come un gambero** (*per la vergogna*) as red as a beetroot; (*per il sole*) as red as a lobster.

gambo *sm* stem; (*di frutto*) stalk.

gamma *sf* range; (*mat, ling, fot*) gamma.

ganàscia (*pl* -**sce**) *sf* jaw ◊ **ganasce del freno** brake shoes.

gàncio *sm* hook.

gangster *sm inv* gangster.

gara *sf* competition; (*di velocità*) race ◊ **gara d'appalto** call for tenders.

garage *sm inv* garage.

garantire *v tr* to guarantee; (*rendersi garante*) to vouch for; (*dare per certo*) to assure ◊ *v rifl* (*assicurarsi*) to insure (oneself); (*sincerarsi*) to make sure.

garanzìa *sf* guarantee ◊ **certificato di garanzia** (certificate of)

guarantee; **in garanzia** under guarantee.

garbato *agg* (*persona*) polite, courteous; (*osservazione*) genial.

garbo *sm* courtesy; (*grazia*) grace.

garbùglio *sm* tangle; (*fig*) muddle.

gareggiare *v intr* to compete.

gargarìsmo *sm* gargle.

garòfano *sm* carnation ◊ **chiodi di garofano** cloves.

garza *sf* gauze.

garzone *sm* boy.

gas *sm inv* gas ◊ **gas di scarico** exhaust fumes; **fuga di gas** gas leak; **gas lacrimogeno** tear gas.

gasato v. **gassato**.

gasòlio *sm* (*per auto*) diesel (oil); (*per riscaldamento*) (fuel) oil.

gassato *agg* (*bibita*) fizzy ◊ **acqua gassata** carbonated water.

gassosa *sf* lemonade.

gàstrico (*f* -**a** *pl* -**ci** -**che**) *agg* gastric.

gastrite *sf* gastritis.

gastronomìa *sf* gastronomy.

gattabùia *sf* clink.

gatto *sm* cat ◊ **gatto maschio** tom, tomcat; **c'erano quattro gatti** there was hardly anybody.

gattoni *avv* on all fours.

gavetta *sf* mess tin ◊ **venire dalla gavetta** to be a self-made man, woman.

gazza *sf* magpie.

gazzella *sf* gazelle; (*dei Carabinieri*) police car.

gazzetta *sf* gazette.

gazzosa v. **gassosa**.

gel

gel *sm inv* gel.

gelare *v tr/intr, rifl* to freeze.

gelata *sf* frost.

gelateria *sf* ice-cream parlour.

gelatina *sf* gelatine; (*dolce*) jelly ◊ **gelatina di frutta** fruit jelly.

gelato *agg* frozen ◊ *sm* ice-cream ◊ **cono gelato** ice-cream cone.

gèlido *agg* freezing; (*fig*) icy.

gelo *sm* (*freddo intenso*) freezing cold; (*brina*) frost; (*fig*) chill.

gelone *sm* chilblain.

gelosìa *sf* jealousy.

geloso *agg* jealous.

gelso *sm* mulberry(-tree).

gelsomino *sm* jasmine.

gemello *agg* twin ◊ *sm* twin; (*di polsino*) cuff-link ◊ (**il segno dei**) **Gemelli** Gemini.

gèmito *sm* groan.

gemma *sf* gem; (*bot*) bud.

gendarme *sm* policeman.

gene *sm* gene.

genealogìa *sf* genealogy.

generale *agg, sm* general ◊ **in generale** generally; **direttore generale** general manager.

generalità *sf pl* particulars.

generalizzare *v tr/intr* to generalize.

generare *v tr* to give birth to; (*causare*) to breed; (*tecn*) to generate.

generatore *sm* generator.

generazione *sf* generation.

gènere *sm* kind; (*biol*) genus; (*gramm*) gender; (*letterario, artistico*) genre; (*prodotto*) product ◊ **generi di prima necessità** commodities; **generi alimentari** provisions; **il genere umano** mankind; **in genere** generally.

genèrico (*f -a pl -ci -che*) *agg* generic ◊ **medico generico** general practitioner.

gènero *sm* son-in-law.

generosità *sf inv* generosity.

generoso *agg* generous.

genètica *sf* genetics.

genètico *agg* genetic.

gengiva *sf* gum.

geniale *agg* ingenious.

gènio *sm* genius ◊ **genio civile** civil engineering.

genitali *sm pl* genitals.

genitore (**-trice**) *sm* parent ◊ **i miei genitori** my parents.

gennàio *sm inv* January.

genocìdio *sm* genocide.

genovese *agg, sm/f* Genoese.

gente *sf* people (*pl*).

gentile *agg* kind; (*nelle lettere*) dear ◊ **è molto gentile da parte tua** it's very kind of you.

gentilezza *sf* kindness ◊ **per gentilezza** please.

gentiluomo (**-uomini**) *sm* gentleman.

genuino *agg* genuine; (*prodotto, cibo*) natural.

genziana *sf* gentian.

geografìa *sf* geography.

geogràfico (*f -a pl -ci -che*) *agg* geographic(al) ◊ **carta geografica** map.

geologìa *sf* geology.

geòmetra *sm/f* surveyor.

geomètrico *agg* geometrical.

georgiano *agg, sm* Georgian.

gerànio *sm* geranium.

gerarchìa *sf* hierarchy.

gergo (*pl* **-ghi**) *sm* slang ◊ **gergo giornalistico** journalese.

geriatra (*pl* **-i -e**) *sm/f* geriatrician.

geriatrìa *sf* geriatrics.

germànico (*f* **-a** *pl* **-ci -che**) *agg* Germanic.

germe *sm* germ; (*fig*) seed.

germogliare *v intr* to sprout; (*fig*) to germinate.

germòglio *sm* sprout.

geroglifico (*pl* **-ci**) *sm* hieroglyph.

gesso *sm* (*per lavagna*) chalk; (*scultura, med*) plaster; (*miner*) gypsum.

gestazione *sf* gestation ◊ **in gestazione** in gestation.

gesticolare *v intr* to gesticulate.

gestione *sf* management.

gestire *v tr* (*fare gesti*) to gesture; (*condurre, dirigere*) to manage.

gesto *sm* gesture.

gestore (**-trice**) *sm* manager.

gettare *v tr* to throw; (*per aria*) to toss ◊ *v rifl* to throw oneself; (*sfociare*) to flow into ◊ **gettare l'ancora** to drop anchor; **gettare le basi** to lay the foundations; **gettare via** to throw away; **gettare la spugna** to throw in the sponge.

getto *sm* (*di liquidi, vapori*) jet; (*bot*) shoot ◊ **di getto** in one go; **a getto continuo** non-stop; **getto del peso** shot put.

gettone *sm* token; (*per giochi*) counter ◊ **gettone di presenza** attendance fee.

ghepardo *sm* cheetah.

ghetto *sm* ghetto; (*quartiere povero*) slum.

ghiacciàio *sm* glacier.

ghiacciare *v tr/intr, rifl* to freeze.

ghiàccio *sm* ice ◊ **rompere il ghiaccio** to break the ice.

ghiacciolo *sm* icicle; (*gelato*) ice lolly, (*AmE*) popsicle.

ghiàia *sf* gravel.

ghianda *sf* acorn.

ghiandàia *sf* jay.

ghiàndola *sf* gland.

ghiotto *agg* (*persona*) gluttonous; (*cibo*) appetizing, tasty.

ghiottoneria *sf* gluttony; (*cibo*) tasty morsel.

ghirigoro *sm* (*scarabocchio*) doodle.

ghirlanda *sf* (*corona*) wreath; (*di fiori*) garland.

ghiro *sm* dormouse ◊ **dormire come un ghiro** to sleep like a log.

ghisa *sf* cast iron.

già *avv* already; (*ex, in precedenza*) formerly; (*naturalmente*) of course ◊ **già che ci sei...** while you are at it...

giacca (*pl* **-che**) *sf* jacket ◊ **giacca a vento** wind cheater.

giacché *cong* since.

giacere *v intr* to lie.

giacimento *sm* (*minerario*) ore deposit ◊ **giacimento di petrolio** oilfield.

giacinto *sm* hyacinth.

giaggiolo *sm* iris.

giaguaro *sm* jaguar.

giallo *agg* yellow; (*carnagione*)

sallow ◊ *sm* yellow; (*d'uovo*) yolk; (*film, libro*) thriller.

giamaicano *agg*, *sm* Jamaican.

giapponese *agg*, *sm/f* Japanese.

giardinàggio *sm* gardening.

giardino *sm* garden ◊ **giardino pubblico** park; **giardino zoologico** zoo.

giarrettiera *sf* garter.

giavellotto *sm* javelin ◊ **lancio del giavellotto** javelin.

gigante (**-essa**) *sm* giant ◊ *agg* gigantic.

gigantesco (*f* **-a** *pl* **-chi -che**) *agg* gigantic.

giglio *sm* lily.

gilet *sm inv* waistcoat.

gin *sm inv* gin.

ginecologìa *sf* gynaecology.

ginecòlogo (*f* **-a** *pl* **-gi -ghe**) *sm* gynaecologist, (*AmE*) gynecologist.

ginepràio *sm* juniper thicket ◊ **cacciarsi in un ginepraio** to get oneself into a fix.

ginepro *sm* juniper.

ginestra *sf* broom.

ginnàstica (*pl* **-che**) *sf* gymnastics; (*esercizi*) exercises (*pl*) ◊ **fare ginnastica** to exercise.

ginòcchio (*pl* **-chi** o **-chia** *f*) *sm* knee ◊ **in ginocchio** on one's knees.

giocare *v tr/intr* to play ◊ **giocare a tennis** to play tennis; **giocare in Borsa** to play the market; **giocare d'azzardo** to gamble; **giocare d'astuzia** to be crafty; **giocarsi la carriera** to put one's career at risk; **giocarsi la vita** to put one's life on the line; **questo gioca a tuo vantaggio** this works in your favour.

giocatore (**-trice**) *sm* player; (*d'azzardo*) gambler.

giocàttolo *sm* toy.

gioco (*pl* **-chi**) *sm* game; (*modo di giocare, tecn*) play; (*d'azzardo*) gambling; (*insieme*) set ◊ **prendersi gioco di** to poke fun at; **gioco di parole** play on words, pun; **mettere in gioco** to stake; **stare al gioco** to play along (with); **fuori gioco** offside.

giocoliere *sm* juggler.

giogo (*pl* **-ghi**) *sm* yoke.

gioia *sf* joy.

gioiellerìa *sf* jeweller's (shop), (*AmE*) jeweler's (shop).

gioiello *sm* jewel, piece of jewellery.

giordano *agg*, *sm* Jordanian.

giornalàio *sm* newsagent, newsdealer; (*negozio*) newsagent's.

giornale *sm* (*quotidiano*) (news) paper; (*periodico*) magazine ◊ *pl* (*la stampa*) (the) press ◊ **giornale radio** radio news.

giornaliero *agg* daily ◊ *sm* day labourer, (*AmE*) day laborer ◊ **abbonamento giornaliero** day pass, day ticket.

giornalismo *sm* journalism.

giornalista (*pl* **-i -e**) *sm/f* journalist.

giornata *sf* day; (*lavoro di un giorno*) day's work; (*paga di una giornata*) day's wages (*pl*) ◊ **in giornata** today; **tutta la giornata** all day long; **giornata lavorativa**

workday; **vivere alla giornata** to live from day to day.

giorno *sm* day ◊ **giorno feriale** weekday; **giorno festivo** holiday; **al giorno** a day; **di giorno** by day; **al giorno d'oggi** nowadays.

giostra *sf* merry-go-round.

gióvane *agg* young; (*giovanile*) youthful ◊ *sm* youth, young man ◊ *sf* girl, young woman ◊ **i giovani** young people, the young; **giovane di spirito** young at heart; **io, da giovane** when I was young.

giovanile *agg* youthful; (*opere*) early; (*delinquenza*) juvenile.

giovanotto *sm* young man.

giovare *v intr* to be useful; (*far bene*) to be good for ◊ **giovarsi di** to avail oneself of.

Giove *sm inv* (*mitologia*) Jove, Jupiter; (*astr*) Jupiter.

giovedì *sm inv* Thursday.

gioventù *sf inv* youth; (*i giovani*) young people (*pl*).

gioviale *agg* jovial.

giovinezza *sf* youth.

giraffa *sf* (*zool*) giraffe; (*TV*) boom.

giramento *sm* turning ◊ **giramento di testa** dizzy spell.

giràndola *sf* windmill, (*AmE*) pinwheel; (*fuochi d'artificio*) catherine wheel.

girare *v tr* to turn; (*voltare, andare intorno, visitare*) to go round ◊ *v intr* to turn; (*notizie*) to circulate; (*vagare*) to wander ◊ *v rifl* to turn (round) ◊ **girare un assegno** to endorse a cheque; **girare un film** to shoot a film; **mi gira la testa** I feel dizzy.

girarrosto *sm* spit.

girasole *sm* sunflower.

girello *sm* (*per bambini*) baby walker, (*AmE*) go-cart; (*per malati*) walker, (*AmE*) zimmer frame; (*cuc*) topside, (*AmE*) top round.

girévole *agg* revolving.

girino *sm* tadpole.

giro *sm* turn; (*cerchio*) circle; (*viaggio*) tour; (*passeggiata*) walk; (*in macchina*) drive; (*in bicicletta, a cavallo*) ride; (*di visite, consegne*) round; (*di circuito*) lap ◊ **in giro** around; **giro d'affari** turnover; **giro di parole** circumlocution; **giro di amici** circle of friends; **nel giro di qualche giorno** within a few days; **prendere in giro qualcuno** to pull somebody's leg; **su di giri** hyped up; **essere fuori dal giro** to be out of the swim.

girocollo *agg inv* (*indumento*) crewneck ◊ *sm* (*gioiello*) choker.

girone *sm* (*sport*) round.

girotondo *sm* (*BrE*) ring-a-ring-o'-roses; (*AmE*) ring-around-the-rosey.

giròvago (*pl* **-ghi**) *sm* wanderer.

gita *sf* trip.

gitano *agg, sm* gypsy.

giù *avv* down; (*piano di sotto, pianterreno*) downstairs; (*parte sottostante*) below ◊ **a testa in giù** headlong; **su per giù** more or less; **mandare giù** to swallow; **giù di morale** down.

giubbotto *sm* jacket ◊ **giubbotto**

di salvataggio lifejacket; **giubbotto antiproiettile** bullet-proof vest.

giubilèo *sm* jubilee.

giudicare *v tr* to judge; (*ritenere*) to consider.

giùdice *sm/f* judge ◊ **giudice di gara** umpire.

giudìzio *sm* judgement, opinion; (*verdetto*) sentence ◊ **denti del giudizio** wisdom teeth.

giugno *sm inv* June.

giunco (*pl* **-chi**) *sm* rush.

giùngere *v intr* to arrive, to reach ◊ **giungere all'orecchio di qualcuno** to reach somebody's ears; **questa mi giunge nuova** this comes as news to me.

giungla *sf* jungle.

giunta *sf* (*aggiunta*) addition; (*punto di giunzione*) joint; (*municipale, regionale*) council; (*di partito, club*) executive committee ◊ **per giunta** on top of that; **giunta militare** junta.

giuntura *sf* (*anat*) joint; (*cucitura*) seam.

giuramento *sm* oath ◊ **sotto giuramento** under oath.

giurare *v tr/intr* to swear ◊ **giurare il falso** to perjure oneself.

giurato *agg* sworn ◊ *sm* juror.

giurìa *sf* jury.

giurisdizione *sf* jurisdiction.

giurisprudenza *sf* jurisprudence.

giustificare *v tr* to justify; (*spiegare*) to explain ◊ *v rifl* to excuse oneself for something.

giustificazione *sf* justification, explanation; (*scolastica*) excuse note.

giustìzia *sf* justice.

giustiziare *v tr* to execute.

giusto *agg* (*equo, legittimo*) just, fair; (*vero, appropriato*) right ◊ *sm* (*uomo retto*) just man; (*cosa giusta*) right; (*cosa dovuta*) due ◊ *avv* (*proprio*) just ◊ **arrivare giusto in tempo** to arrive just in time; **al momento giusto** at the right time; **due ore giuste** exactly two hours.

glaciale *agg* glacial.

gladìolo *sm* gladiolus.

glassa *sf* icing.

gli *art pl* the ◊ *pron sing* (*a lui, maschio*) to him; (*a esso, cosa*) to it ◊ *pron pl* (*a loro, a essi*) to them ◊ **gli ho fatto un regalo** I gave him a present; **digli (a loro) di venire** tell them to come; **non posso badargli (al gatto)** I cannot attend to it now; **daglielo (a loro)** give it to them; **gliene (a lui) ho parlato** I spoke to him about it.

glicerina *sf* glycerine.

glìcine *sm* wisteria.

gliela v. **gli**.

gliele v. **gli**.

glieli v. **gli**.

glielo v. **gli**.

gliene v. **gli**.

globale *agg* global ◊ **villaggio globale** global village.

globo *sm* globe.

glòbulo *sm* globule; (*del sangue*) cell, corpuscle.

glòria *sf* glory.

glorioso *agg* glorious.

glucòsio *sm* glucose.

glùteo *sm* buttock.

gnocchi *sm pl* (*cuc*) gnocchi, dumplings.

gnomo *sm* gnome.

gnu *sm inv* wildebeest, gnu.

gobba *sf* hump; (*prominenza*) bump.

gobbo *agg* hunchbacked; (*ricurvo*) round-shouldered ◊ *sm* hunchback.

góccia (*pl* **-ce**) *sf* drop ◊ **fino all'ultima goccia** to the last drop.

gocciolare *v intr* to drip.

godere *v tr* to enjoy ◊ *v intr* to enjoy; (*rallegrarsi*) to rejoice ◊ **godere le ferie** to use up one's holidays; **godersi le ferie** to enjoy one's holidays; **godersi il sole** to soak up the sun; **godersela** to have a good time.

godimento *sm* enjoyment.

goffo *agg* awkward.

gol *sm inv* goal.

gola *sf* throat; (*golosità*) gluttony; (*geog*) gorge ◊ **fare gola** to be tempting; **avere il mal di gola** to have a sore throat.

golf *sm inv* (*sport*) golf; (*indumento*) jersey; (*aperto davanti*) cardigan.

golfo *sm* gulf.

goloso *agg* (*persona*) greedy ◊ **essere goloso di dolci** to have a sweet tooth.

gomitata *sf* nudge ◊ **farsi avanti a gomitate** to elbow one's way through.

gómito *sm* elbow; (*di tubo*) bend ◊ **alzare il gomito** to booze; **ha alzato troppo il gomito** he has had one too many; (*fatto*) **a gomito** L-shaped.

gomitolo *sm* ball.

gomma *sf* rubber; (*per cancellare*) eraser; (*pneumatico*) tyre, (*AmE*) tire ◊ **forare una gomma** to get a puncture.

gommapiuma *sf* foam-rubber.

gommista (*pl* **-i -e**) *sm/f* tyre specialist.

gommone *sm* (rubber) dinghy.

gonfiare *v tr* to blow up; (*pneumatico*) to pump up; (*fig, notizia*) to exaggerate ◊ *v rifl* to swell; (*di fiumi*) to rise.

gónfio *agg* swollen; (*pneumatico*) inflated; (*stomaco*) bloated; (*tasche, portafoglio*) bulging ◊ **a gonfie vele** splendidly.

gonfiore *sm* swelling.

gonna *sf* skirt.

gorgo (*pl* **-ghi**) *sm* whirlpool.

gorilla *sm inv* gorilla; (*guardia del corpo*) bodyguard.

gòtico (*f* **-a** *pl* **-ci -che**) *agg*, *sm* Gothic.

governante *sm/f* (*chi governa*) ruler; (*chi regge la casa*) housekeeper; (*chi bada ai bambini*) childminder.

governare *v tr* (*paese*) to govern; (*attività*) to manage.

governo *sm* government.

gràcile *agg* delicate.

gradazione *sf* gradation ◊ **gradazione alcolica** alcohol(ic) content.

gradévole *agg* agreeable.

gradimento *sm* liking ◊ **indice di gradimento** popularity rating.

gradinata *sf* flight of steps; (*di stadio*) stand.

gradino *sm* step.

gradire *v tr* to like; (*desiderare*) to wish.

gradito *agg* pleasant; (**ben accetto**) welcome.

grado *sm* degree; (*sociale, milit*) rank ◊ **essere in grado di** to be able to, to be in a position to; **per gradi** step by step.

graduatòria *sf* list.

graffa *sf* (*parentesi*) brace; (*fermaglio*) clip.

graffetta *sf* paper clip; (*punto metallico*) staple.

graffiare *v tr* to scratch.

graffio *sm* scratch.

graffito *sm* graffiti (*pl*).

gràfica *sf* graphic arts (*pl*).

gràfico (*f* -a *pl* -ci -che) *agg* graphic ◊ *sm* (*diagramma*) graph; (*disegnatore*) graphic designer.

grammàtica (*pl* -che) *sf* grammar.

grammo *sm* gram(me).

gran v. **grande**.

grana *sf* (*gergo, denaro*) dough; (*fam, seccatura*) trouble ◊ *sm inv* (*formaggio*) parmesan.

granàio *sm* barn.

granché *avv, agg, sm* ◊ **non è un granché** it's nothing special; **non ho (un) granché da fare** I have nothing much to do; **non vale granché** it's not worth a lot.

grànchio *sm* crab ◊ **prendere un granchio** to make a blunder.

grandàngolo *sm* wide-angle lens.

grande, gran *agg* (*ampio*) large; (*grosso*) big; (*alto*) tall; (*largo*) wide; (*in senso morale, persona e cosa*) great; (*grandioso*) grand ◊ *sm/f* (*adulto*) grown up; (*persona eminente*) great man ◊ **avere una gran fame** to be very hungry; **alla grande** in a big way.

grandezza *sf* (*dimensione*) size; (*ampiezza*) largeness; (*larghezza*) width, breadth; (*morale*) greatness; (*fastosità*) grandeur; (*prodigalità*) lavishness ◊ **mania di grandezza** megalomania.

grandinare *v intr* to hail.

gràndine *sf* hail.

grandioso *agg* grandiose.

granita *sf* slush.

granito *sm* granite.

grano *sm* (*bot*) wheat; (*pezzetto*) grain; (*di collana*) bead ◊ **grano di pepe** peppercorn; **pepe in grani** peppercorns.

granturco (*pl* -chi) *sm* maize, (*AmE*) Indian corn.

grappa *sf* grappa.

gràppolo *sm* bunch.

grasso *agg* fat; (*cibo*) fatty; (*unto*) greasy ◊ *sm* fat; (*unto*) grease ◊ **a basso contenuto di grassi** light; **pianta grassa** succulent.

grata *sf* grating.

gratìfica *sf* bonus.

gratificare *v tr* to reward.

gratis *avv* free.

gratitùdine *sf* gratitude.

grato *agg* grateful; (*gradito*) pleasant ◊ **essere grato** to be grateful.

grattacielo *sm* skyscraper.

grattare *v tr* to scratch; (*raschiare*) to scrape; (*fam, rubare*) to pinch ◊ *v intr* to grate ◊ *v rifl* to scratch oneself.

grattùgia (*pl -gie*) *sf* grater.

grattugiare *v tr* to grate.

gratùito *agg* free (of charge); (*ingiustificato*) gratuitous.

grave *agg* (*difficile*) hard; (*critico, serio*) serious; (*pesante*) heavy; (*voce, suono*) low ◊ **un malato grave** a seriously-ill patient; **malattia grave** serious illness.

gravidanza *sf* pregnancy.

gravità *sf* seriousness ◊ **forza di gravità** force of gravity.

gràzia *sf* grace; (*favore*) favour, (*AmE*) favor; (*giur*) pardon.

graziare *v tr* to pardon.

grazie *inter* thank you, thanks ◊ *sm* (word of) thanks ◊ **grazie mille** thank you very much; **grazie tante, molte grazie** many thanks; **grazie altrettanto** thank you, the same to you.

grazioso *agg* charming; (*carino*) pretty.

greco *agg, sm* Greek.

gregge (*pl -gi f*) *sm* flock.

gréggio (*pl f -ge*) *agg* raw; (*pietra preziosa*) rough; (*cuoio*) untreated ◊ (*petrolio*) greggio crude (oil).

grembiule *sm* apron; (*con pettorina*) pinafore; (*con maniche*) (*BrE*) overall, (*AmE*) smock.

grembo *sm* lap; (*ventre materno*) womb ◊ **in grembo** on one's lap.

gretto *agg* narrow-minded; (*avaro*) stingy.

grezzo v. **greggio**.

gridare *v tr* to shout ◊ *v intr* to shout; (*di dolore*) to scream.

grido (*pl -a f*) *sm* shout; (*di animale*) cry ◊ **di grido** famous.

grìgio (*pl -gi -gie*) *agg, sm* grey, (*AmE*) gray.

grìglia *sf* (*per grigliare*) grill; (*elettr, sport*) grid; (*grata*) grating.

grilletto *sm* trigger.

grillo *sm* cricket; (*capriccio*) whim ◊ **ha dei grilli per la testa** her head is full of nonsense.

grinta *sf* (*faccia*) grim expression; (*carattere*) grit.

grinza *sf* wrinkle; (*di stoffa*) crease.

grissino *sm* bread-stick.

groenlandese *agg* Greenland ◊ *sm/f* Greenlander.

gronda *sf* eaves *pl*.

grondàia *sf* gutter.

groppa *sf* back ◊ **salire in groppa a un cavallo** to mount a horse.

grossista (*pl -i -e*) *sm/f* wholesaler.

grosso *agg* big, large; (*spesso*) thick; (*grezzo*) coarse; (*pesante*) heavy; (*grave*) serious ◊ *sm* bulk, main part ◊ **mare grosso** rough sea; **fiato grosso** breathlessness; **sbagliare di grosso** to be completely wrong; **grosso modo** roughly; **sale grosso** kitchen salt.

grossolano *agg* coarse; (*errore*) gross.

grotta *sf* cave.

grottesco (*f -a pl -chi -che*) *agg* grotesque.

grovìglio *sm* tangle; (*fig*) muddle.

gru *sf inv* (*zool, tecn*) crane.

gruccia (*pl* -ce) *sf* (*stampella*) crutch; (*per abiti*) hanger.

grugnire *v intr* to grunt.

grumo *sm* lump; (*di sangue*) clot.

gruppo *sm* group; (*comitiva*) party ◊ **gruppo sanguigno** blood group.

grùzzolo *sm* nest-egg.

guadagnare *v tr* to earn; (*tempo, terreno*) to gain.

guadagno *sm* gain; (*profitto*) profit; (*entrate*) earnings (*pl*); (*vincita*) winnings (*pl*).

guadare *v tr* to ford; (*a piedi*) to wade.

guado *sm* ford ◊ **passare a guado** to ford; (*a piedi*) to wade (across, through).

guàio *sm* trouble ◊ **mettersi nei guai** to get into trouble; **guai a te** woe betide you.

guància (*pl* -ce) *sf* cheek.

guanciale *sm* pillow.

guanto *sm* glove.

guardacàccia *sm inv* gamekeeper.

guardacoste *sm inv* coastguard.

guardalinee *sm inv* linesman.

guardare *v tr* to look at; (*osservare*) to watch; (*custodire*) to look after ◊ *v intr* (*stare attento*) to mind; (*essere orientato verso*) to look out on ◊ *v rifl* (*osservarsi*) to look at oneself; (*reciprocamente*) to look at each other; (*astenersi*) to avoid; (*stare attenti*) to watch out for ◊ **guardar male qualcuno** to give somebody a dirty look; **stare a guardare** to watch, to sit and watch.

guardaroba *sm inv* (*in una casa*) wardrobe; (*in locale pubblico*) cloakroom.

guàrdia *sf* (*vigilanza*) watch; (*persona*) guard; (*poliziotto*) policeman ◊ **guardia del corpo** bodyguard; **cane da guardia** watchdog; **fare la guardia a** to keep guard over; **medico di guardia** duty doctor.

guardiano *sm* (*di scuola, di villa ecc.*) caretaker; (*AmE*) janitor ◊ **guardiano notturno** night watchman.

guardrail *sm inv* guardrail.

guarire *v tr* to cure ◊ *v intr* to recover; (*ferita*) to heal (up).

guarnire *v tr* to trim; (*cuc*) to garnish.

guarnizione *sf* trimming; (*tecn*) gasket.

guastare *v tr* to spoil; (*rovinare*) to ruin; (*meccanismo*) to break ◊ *v rifl* (*rompersi*) to break down; (*andare a male*) to go bad; (*tempo*) to change for the worse ◊ **i loro rapporti si sono guastati** they have fallen out.

guasto *agg* (*rotto*) broken; (*ascensore, telefono*) out of order; (*veicolo*) broken down; (*cibo, dente*) bad ◊ *sm* breakdown ◊ **guasto al motore, ai freni** engine, brake failure.

guatemalteco *agg, sm* Guatemalan.

guerra *sf* war; (*tecnica bellica*) warfare.

guerriero *agg* warlike ◊ *sm* warrior.

guerrìglia *sf* guerrilla warfare.

guerrigliero *sm* guerrilla.

gufo *sm* (long-eared) owl.

gùglia *sf* spire; (*geog*) needle.

guida *sf* (*persona, manuale*) guide; (*il guidare*) driving; (*elenco*) directory; (*comando*) leadership **patente di guida** (*BrE*) driving licence, (*AmE*) driver's license; **posto di guida** driver's seat; **scuola guida** driving school.

guidare *v tr* (*veicolo*) to drive; (*fare da guida*) to lead.

guinzàglio *sm* leash.

guizzo *sm* dart; (*di luce*) flicker.

gùscio *sm* shell; (*di legumi*) pod ◊ **guscio di noce** nutshell; **guscio d'uovo** eggshell; **chiudersi nel (proprio) guscio** to go into one's shell.

gustare *v tr* to taste; (*fig*) to enjoy.

gusto *sm* taste; (*piacere*) liking; (*entusiasmo*) gusto ◊ **mangiare di gusto** to eat heartily; **provarci gusto** to enjoy it; **prenderci gusto** to develop a taste for it.

gustoso *agg* (*saporito*) tasty; (*fig*) amusing.

H

habitat *sm inv* habitat.

hamburger *sm inv* hamburger.

handicap *sm inv* disability.

handicappato *agg* (*disabile*) disabled ◊ *sm* disabled person.

hawaiano *agg, sm* Hawaiian.

herpes *sm inv* herpes; (*del lab-* *bro*) cold sore ◊ **herpes zoster** shingles.

hi-fi *agg, sm inv* hi-fi.

hinterland *sm inv* hinterland.

hobby *sm inv* hobby.

hockey *sm inv* hockey.

hollywoodiano *agg* Hollywood.

horror *sm inv* horror.

hostess *sf inv* stewardess, (*BrE*) (air-)hostess.

hotel *sm inv* hotel.

I

i *art* the ◊ **i passeggeri** the passengers; **i bagagli** the luggage; **i nostri bagagli** our luggage.

ìbrido *agg, sm* hybrid.

iceberg *sm inv* iceberg.

idea *sf* idea; (*opinione*) opinion, view; (*ideale*) ideal ◊ **cambiare idea** to change one's mind; **non ne ho la più pallida idea** I haven't the slightest idea; **neanche per idea!** no way!

ideale *agg, sm* ideal.

idealista (*pl -i -e*) *sm/f* idealist.

idealizzare *v tr* to idealize.

ideare *v tr* to think up, to conceive; (*progettare*) to plan.

idèntico (*f -a pl -ci -che*) *agg* identical.

identificare *v tr, rifl* to identify.

identità *sf inv* identity.

ideologìa *sf* ideology.

idìllio *sm* idyll; (*fig*) idyllic life; (*romantico*) romance.

idioma (*pl -i*) *sm* idiom, language.

idiomàtico (*f -a pl -ci -che*) *agg*

idiomatic ◊ **frase idiomatica** idiom.

idiota (*pl* **-i** **-e**) *agg* idiotic ◊ *sm/f* idiot.

idolatrare *v tr* to worship.

ìdolo *sm* idol.

idoneità *sf inv* suitability ◊ **esame di idoneità** qualifying exam.

idòneo *agg* suitable (for); (*milit*) fit (for); (*qualificato*) qualified (for).

idrante *sm* hydrant.

idratante *agg* moisturizing.

idratare *v tr* (*pelle*) to moisturize; (*chim*) to hydrate.

idràulico (*f* **-a** *pl* **-ci** **-che**) *agg* hydraulic ◊ *sm* plumber.

idroelèttrico (*f* **-a** *pl* **-ci** **-che**) *agg* hydroelectric.

idròfilo *agg* ◊ **cotone idrofilo** cotton wool.

idròfobo *agg* rabid.

idrògeno *sm* hydrogen.

idromassaggio *sm* Jacuzzi.

idrovolante *sm* seaplane.

iella *sf* bad luck.

iena *sf* hyena.

ieri *avv*, *sm* yesterday ◊ **ieri sera** yesterday evening, last night; **l'altro ieri** the day before yesterday.

igiene *sf* hygiene ◊ **ufficio d'igiene** public health office.

igiènico (*f* **-a** *pl* **-ci** **-che**) *agg* hygienic ◊ **carta igienica** toilet paper.

ignaro *agg* unaware (of), ignorant (of).

ignòbile *agg* despicable, vile.

ignorante *agg* ignorant ◊ *sm/f* ignorant person, ignoramus.

ignoranza *sf* ignorance.

ignorare *v tr* not to know, to be ignorant of; (*fingere di non vedere*) to ignore.

ignoto *agg*, *sm* unknown ◊ **milite ignoto** unknown soldier.

il *art* the ◊ **il baule** the trunk; **il mio baule** my trunk.

illécito *agg* illicit.

illegale *agg* illegal, unlawful.

illegalità *sf inv* illegality, unlawfulness; (*atto illegale*) illegal act, unlawful act.

illegìttimo *agg* illegitimate.

illeso *agg* unhurt, unharmed.

illimitato *agg* unlimited; (*fiducia*) boundless.

illògico (*f* **-a** *pl* **-ci** **-che**) *agg* illogical.

illùdere *v tr* to deceive, to delude ◊ *v rifl* to deceive oneself, to delude oneself.

illuminare *v tr* to light up, to illuminate; (*fig*) to enlighten ◊ *v rifl* to light up, to brighten ◊ **illuminare a giorno** to floodlight.

illuminazione *sf* lightning; illumination; (*fig*) flash of inspiration.

illusione *sf* illusion ◊ **farsi delle illusioni** to delude oneself.

illusionista (*pl* **-i** **-e**) *sm/f* conjurer.

illustrare *v tr* to illustrate.

illustrazione *sf* illustration.

illustre *agg* renowned, illustrious.

imbaccucare *v tr* to wrap up.

imballàggio *sm* packing.

imballare *v tr* to pack ◊ *v rifl* (*aut*) to race.

imbalsamare *v tr* to embalm.

imbambolato *agg* (*sguardo*) vacant, blank; (*assonnato*) sleepy; (*stordito*) stunned.

imbarazzante *agg* embarrassing.

imbarazzare *v tr* to embarrass ◊ *v rifl* to be embarrassed.

imbarazzo *sm* embarrassment; (*di stomaco*) indigestion ◊ **sentirsi in imbarazzo** to feel embarrassed.

imbarcare *v tr* to embark; (*merci*) to load; (*acqua*) to ship (water) ◊ *v rifl* to board; to embark (on) (*anche fig*); (*partire*) to sail ◊ **s'imbarcò come cuoco** he signed on as a cook.

imbarcazione *sf* boat.

imbarco (*pl* -**chi**) *sm* embarkation; (*merci*) loading; (*aereo*) boarding; (*banchina*) landing stage.

imbastire *v tr* to tack; (*fig*) to outline; (*discorso*) to draft.

imbàttersi *v rifl* to run (into).

imbattibile *agg* unbeatable.

imbavagliare *v tr* to gag.

imbecille *agg* idiotic ◊ *sm/f* idiot.

imbestialirsi *v rifl* to fly into a rage.

imbevuto *agg* soaked (in).

imbiancare *v tr* to whiten; (*a calce*) to whitewash; (*con pittura*) to paint.

imbianchino *sm* (house) painter.

imbizzarrirsi *v rifl* to become frisky.

imboccare *v tr* (*strada*) to enter, to turn into; (*bambino*) to feed.

imbocco (*pl* -**chi**) *sm* entrance ◊ **imbocco dell'autostrada** motorway entrance.

imboscata *sf* ambush.

imbottigliamento *sm* (*aut*) traffic jam; (*vino*) bottling.

imbottigliare *v tr* (*vino ecc.*) to bottle ◊ *v rifl* to get caught in a traffic jam.

imbottigliato *agg* bottled; (*fig*) caught, stuck.

imbottire *v tr* to stuff; (*giacca*) to pad; (*panino*) to fill ◊ *v rifl* (*coprirsi*) to cover up; (*fig*) to stuff oneself.

imbranato *agg* clumsy.

imbrattare *v tr* to dirty; to smear, to daub.

imbrigliare *v tr* to bridle; (*fig*) to curb.

imbrogliare *v tr* (*ingarbugliare*) to tangle up (*anche fig*); (*ingannare*) to cheat, to take in ◊ *v rifl* to get tangled; (*fig*) to get confused.

imbròglio *sm* tangle; (*situazione confusa*) mess; (*inganno*) cheat, swindle.

imbroglione *sm* swindler, cheat.

imbronciato *agg* sulky.

imbrunire *sm* dusk, nightfall.

imbucare *v tr* to post, (*AmE*) to mail.

imburrare *v tr* to butter.

imbuto *sm* funnel.

imitare *v tr* to imitate; (*gesti*) to mimic; (*assomigliare a*) to look like.

imitatore (-**trice**) *sm* (*attore*) impersonator.

imitazione *sf* imitation.

immagazzinare *v tr* to store (*anche fig*).

immaginare *v tr* to imagine ◊ **c'era da immaginarselo** it was only to be expected; **s'immagini!** don't mention it!, not at all!

immaginàrio *agg* imaginary ◊ *sm* imagery, images (*pl*).

immaginazione *sf* imagination.

immàgine *sf* image; picture.

immancàbile *agg* unfailing; (*certo*) certain.

immangiàbile *agg* inedible.

immatricolare *v tr* (*aut*) to register ◊ *v rifl* (*università*) to enrol, (*AmE*) to enroll.

immatricolazione *sf* (*aut*) registration; (*persona*) enrolment, (*AmE*) enrollment.

immaturo *agg* (*persona*) immature; (*frutto*) unripe.

immedesimarsi *v rifl* to identify oneself (with).

immediatamente *avv* immediately.

immediato *agg* immediate.

immenso *agg* immense, huge.

immèrgere *v tr* to immerse; (*con forza*) to plunge; (*con delicatezza*) to dip ◊ *v rifl* to plunge; (*sottomarino*) to dive; (*fig*) to immerse oneself (in).

immersione *sf* immersion (*anche fig*); (*sottomarino*) submersion; (*sub*) dive.

immèttere *v tr* to introduce (into); (*inform*) to enter (on) ◊ *v rifl* to go into; (*sull'autostrada*) to go onto.

immigrare *v intr* to immigrate.

immigrato *sm* immigrant.

immigrazione *sf* immigration.

imminente *agg* imminent.

immischiarsi *v rifl* to interfere (in, with).

immòbile *agg* motionless, still ◊ *sm* (*edificio*) building ◊ (**beni**) **immobili** real estate.

immobiliare *agg* real-estate; property ◊ **agenzia immobiliare** estate agency.

immobilità *sf inv* stillness; immobility.

immodesto *agg* immodest.

immolare *v tr* to sacrifice.

immondìzia *sf* (*spazzatura*) rubbish, (*AmE*) garbage.

immorale *agg* immoral.

immortalare *v tr* to immortalize.

immortale *agg* immortal.

immortalità *sf inv* immortality.

immune *agg* (*med, giur*) immune; (*esente*) exempt; (*libero*) free.

immunità *sf inv* immunity.

immunizzare *v intr* to immunize (against).

immunodeficienza *sf* immunodeficiency.

immutàbile *agg* immutable; unchanging, unchangeable.

immutato *agg* unchanged.

impacchettare *v tr* to pack up; (*confezionare*) to wrap up.

impacciato *agg* clumsy, awkward; (*imbarazzato*) embarrassed.

impàccio *sm* obstacle, hindrance; (*imbarazzo*) embarrassment.

impacco (*pl* -**chi**) *sm* compress.

impadronirsi *v rifl* to take possession (of), to seize; (*fig*) to master.

impagàbile *agg* invaluable.

impalcatura *sf* scaffolding; (*fig*) frame.

impallidire *v intr* to turn pale.

impalpàbile *agg* impalpable.

impanare *v tr* (*cuc*) to dip in breadcrumbs.

impantanarsi *v rifl* to sink in the mud; (*fig*) to get bogged down.

imparare *v tr* to learn ◊ **imparare a memoria** to learn by heart.

impareggiàbile *agg* incomparable.

imparentarsi *v rifl* to become related (to), to marry into (a family).

ìmpari *agg inv* unequal.

impartire *v tr* to give.

imparziale *agg* impartial, unbiased.

impassìbile *agg* impassive.

impastare *v tr* (*farina*) to knead.

impasto *sm* mixture; (*del pane*) dough.

impatto *sm* impact (*anche fig*).

impaurire *v tr* to frighten ◊ *v rifl* to get frightened.

impaziente *agg* impatient.

impazienza *sf* impatience.

impazzire *v intr* to go mad; (*fig*) to be crazy (about) ◊ **fare impazzire qualcuno** to drive somebody crazy.

impeccàbile *agg* impeccable.

impedimento *sm* impediment (*anche giur*); hindrance, obstacle.

impedire *v tr* to prevent (somebody from doing something); (*ostruire*) to obstruct.

impegnare *v tr* (*dare in pegno*) to pawn, to pledge (*anche fig*);

(*vincolare*) to bind; (*tenere occupato*) to keep busy ◊ *v rifl* to commit oneself ◊ **impegnarsi a fare qualcosa** to undertake (to do) something; **impegnarsi in qualcosa** to devote oneself to something.

impegnativo *agg* exacting, demanding; (*promessa*) binding.

impegno *sm* engagement; (*obbligo*) commitment; (*promessa*) promise, pledge; (*zelo*) diligence, dedication ◊ **impegno politico** political commitment; **studiare con impegno** to study hard, with a will, diligently.

impellente *agg* pressing, urgent.

impenetràbile *agg* impenetrable (*anche fig*).

impensàbile *agg* unthinkable.

impensato *agg* unexpected.

imperativo *agg, sm* imperative.

imperatore (**-trice**) *sm* emperor ◊ **imperatrice** empress.

impercettìbile *agg* imperceptible.

imperdonàbile *agg* unforgivable, unpardonable.

imperfetto *agg* imperfect.

imperfezione *sf* imperfection.

imperiale *agg* imperial.

imperioso *agg* imperious; (*esigenza*) pressing, urgent.

impermeàbile *agg* waterproof ◊ *sm* raincoat.

impero *sm* empire.

impersonale *agg* impersonal.

impersonare *v tr* to personify; (*recitare*) to play (the part of).

impertèrrito *agg* unperturbed, undaunted; impassive.

113

impertinente *agg* impertinent.

imperturbàbile *agg* imperturbable.

imperversare *v intr* to rage.

impeto *sm* force, impetus; (*slancio*) transport ◊ **un impeto d'ira** an outburst, a fit of rage; **agire d'impeto** to act on impulse.

impetuoso *agg* impetuous; (*vento*) raging.

impiantare *v tr* (*azienda*) to establish, to set up.

impianto *sm* installation; (*industriale*) plant; (*sportivo*) sports complex ◊ **impianto di riscaldamento** heating system; **impianto elettrico** wiring.

impiastro *sm* (*med*) poultice; (*fig*) nuisance.

impiccare *v tr* to hang ◊ *v rifl* to hang oneself.

impicciarsi *v rifl* to meddle, to interfere.

impiccio *sm* obstacle, hindrance; (*seccatura*) bother, trouble; (*pasticcio*) mess ◊ **essere d'impiccio** to be in the way.

impiccione *sm* busybody.

impiegare *v tr* (*usare*) to use, to employ; (*tempo, denaro*) to spend; (*assumere*) to employ; (*investire*) to invest ◊ *v rifl* to get a job.

impiegato *sm* employee.

impiego (*pl -ghi*) *sm* (*posto di lavoro*) job, post; (*uso*) use; (*occupazione*) employment; (*econ*) investment.

impietosire *v tr* to move to pity ◊ *v rifl* to be moved to pity.

impigliarsi *v rifl* to get entangled.

impigrirsi *v rifl* to grow lazy.

implacàbile *agg* implacable.

implicare *v tr* to imply; (*coinvolgere*) to involve.

implicazione *sf* implication.

implìcito *agg* implicit.

implorare *v tr* to implore; (*pietà ecc.*) to beg for.

impolverato *agg* dusty; covered with dust.

imponente *agg* imposing, impressive.

imponìbile *agg* taxable ◊ *sm* taxable income.

impopolare *agg* unpopular.

imporre *v tr* to impose; (*costringere*) to force ◊ *v rifl* to assert oneself, to make oneself respected; (*rendersi necessario*) to become necessary; (*fissarsi un compito*) to set oneself (a task); (*avere successo*) to become popular.

importante *agg* important.

importanza *sf* importance ◊ **dare importanza a qualcosa** to attach importance to something; **non ha importanza** it doesn't matter.

importare *v tr* (*merci*) to import ◊ *v intr* to matter, to be important ◊ **non importa** it doesn't matter; **non me ne importa** I don't care.

importazione *sf* importation; (*merci importate*) imports (*pl*).

importo *sm* amount.

importunare *v tr* to bother.

importuno *agg* annoying, bothersome.

imposizione *sf* imposition; order; (*tassa*) tax.

impossessarsi *v rifl* to take possession of, to seize.

impossibile *agg* impossible ◊ **fare l'impossibile** to do one's utmost, one's best, to do all one can.

impossibilità *sf inv* impossibility ◊ **essere nell'impossibilità di** to be unable to.

imposta *sf* (*finestra*) shutter; (*tassa*) tax; (*doganale*) duty ◊ **imposta sul valore aggiunto** (*BrE*) value added tax, (*AmE*) sales tax.

impostare *v tr* (*lettera*) to post, (*AmE*) to mail; (*lavoro*) to plan; (*avviare*) to start off, to begin; (*tipografia, una pagina*) to lay out; (*voce*) to pitch

impostore *sm* impostor.

impotente *agg* impotent (*anche med*); powerless ◊ **sentirsi impotente** to feel helpless.

impotenza *sf* impotence (*anche med*).

impoverire *v tr* to impoverish ◊ *v rifl* to become poor.

impraticàbile *agg* (*strada*) impassable; (*campo sportivo*) unfit for play, unplayable; (*riforma*) unworkable.

impratichirsi *v rifl* (*BrE*) to practise, (*AmE*) to practice.

imprecare *v intr* to curse.

impreciso *agg* inaccurate; vague.

impregnare *v tr* to soak (with), to impregnate (with); (*fig*) to fill (with) ◊ *v rifl* to become soaked (with), to become impregnated (with) (*anche fig*).

imprenditore (**-trice**) *sm* entrepreneur ◊ **imprenditore edile** building contractor; **piccolo imprenditore** small businessman.

impresa *sf* enterprise, undertaking; (*ditta*) firm; (*azione*) exploit.

impresàrio *sm* (*teatro*) manager, impresario; (*pompe funebri*) undertaker.

impressionàbile *agg* impressionable.

impressionante *agg* impressive; (*spaventoso*) upsetting.

impressionare *v tr* to strike, to impress; (*turbare*) to upset; (*fot*) to expose ◊ *v rifl* to get upset; (*spaventarsi*) to be frightened.

impressione *sf* impression ◊ **fare buona, cattiva impressione a** to make a good, bad impression on; **ho l'impressione che** I have a feeling that.

imprestare *v tr* to lend.

imprevedìbile *agg* unforeseeable; (*persona*) unpredictable.

imprevisto *agg* unexpected, unforeseen ◊ *sm* unforeseen event; (*contrattempo*) setback ◊ **salvo imprevisti** if all goes well.

imprigionare *v tr* to imprison.

imprìmere *v tr* to impress, to stamp; (*comunicare*) to give ◊ *v rifl* to remain impressed; (*ricordo*) to stamp itself.

improbàbile *agg* improbable, unlikely.

improduttivo *agg* unproductive.

impronta *sf* impression; (*mano,*

115

piede) print; (*fig*) mark ◊ **impronta digitale** fingerprint.

impròprio *agg* improper ◊ **arma impropria** offensive weapon.

improrogàbile *agg* that cannot be put off; final ◊ **scadenza improrogabile** deadline.

improvvisare *v tr* to improvise ◊ *v rifl* to play, to act as ◊ **non ci si improvvisa architetti** one can't become an architect overnight.

improvviso *agg* sudden, unexpected.

imprudente *agg* imprudent; (*avventato*) rash; (*poco saggio*) unwise.

imprudenza *sf* imprudence; (*avventatezza*) rashness; (*cosa imprudente*) something rash.

impudente *agg* impudent.

impugnare *v tr* to grip; (*giur*) to contest.

impugnatura *sf* handle; (*spada*) hilt.

impulsivo *agg* impulsive.

impulso *sm* impulse ◊ **agire d'impulso** to act on impulse.

impuntarsi *v rifl* to stop dead; (*fig*) to be obstinate.

impuro *agg* impure; (*atti*) immoral.

imputato *sm* defendant, accused.

imputazione *sf* charge.

imputridire *v intr* to rot.

in *prep* (*stato in luogo*) in, at; (*dentro*) inside; (*moto a luogo*) to; (*penetrazione in luogo chiuso*) into; (*moto per luogo*) through; (*sopra*) on, upon; (*tempo*) in; (*mezzo*) by; (*materia*) made of;

(*modo*) in ◊ **abitare in campagna** to live in the country; **andare in Francia** to go to France; **in tutt'Italia** all over Italy, throughout Italy; **è bravo in inglese** he's good at English; **debole in matematica** weak in maths; **se fossi in te** if I were you; **siamo in otto** there are eight of us; **in treno, aereo, macchina, autobus** by train, by plane, by car, by bus; **in guerra** at war; **in dono** as a gift; **spende tutto in dischi** he spends everything on records; **nel 2002** in 2002; **in maggio** in May; **in fretta** in a hurry; **pagare in contanti** to pay cash.

inàbile *agg* unfit (for); (*invalido*) disabled ◊ **inabile al lavoro** unable to work; **inabile al servizio militare** unfit for military service.

inaccessìbile *agg* inaccessible; (*persona*) unapproachable.

inaccettàbile *agg* unacceptable.

inacidire *v tr* to sour (*anche fig*) ◊ *v rifl* to turn sour (*anche fig*).

inadatto *agg* unsuitable (for), unfit (for).

inadeguato *agg* inadequate (for).

inaffidàbile *agg* unreliable.

inagibile *agg* unfit for use.

inalare *v tr* inhale.

inalazione *sf* inhalation.

inalteràbile *agg* unchangeable; (*colore*) permanent; (*amicizia*) steadfast; (*affetto*) unchanging.

inamidare *v tr* to starch.

inammissìbile *agg* inadmissible.

inanimato *agg* inanimate; (*senza vita*) lifeless.

inappagàbile *agg* insatiable.

inappetente *agg* lacking appetite.

inappetenza *sf* lack of appetite.

inarcare *v tr, rifl* to arch ◊ **inarcare le sopracciglia** to raise one's eyebrows.

inaridire *v tr, rifl* to dry up (*anche fig*); (*piante*) to wither.

inaspettato *agg* unexpected.

inasprire *v tr* to embitter; (*disciplina*) to tighten up ◊ *v rifl* to become harsher; to become bitter.

inattaccàbile *agg* unassailable (*anche fig*); (*alibi*) cast-iron.

inattendìbile *agg* unreliable.

inatteso *agg* unexpected.

inattività *sf inv* inactivity.

inattuàbile *agg* impracticable.

inaudito *agg* unheard-of.

inaugurare *v tr* to inaugurate, to open; (*monumento*) to unveil.

inaugurazione *sf* inauguration; (*apertura*) opening; (*monumento*) unveiling.

inavvertitamente *avv* unintentionally.

incagliarsi *v rifl* to strand; (*fig*) to get stuck.

incalcolàbile *agg* incalculable.

incallito *agg* (*fig*) hardened, inveterate.

incalzare *v tr* to pursue closely; (*fig*) to press ◊ *v intr* to be pressing; to be imminent.

incamminarsi *v rifl* to set off.

incanalare *v tr* to canalize; (*fig*) to direct, to channel ◊ *v rifl* to flow (*anche fig*).

incandescente *agg* incandescent, white-hot.

incantare *v tr* to enchant ◊ *v rifl* to be spellbound; (*meccanismo*) to jam ◊ **non mi incanti con i tuoi discorsi** you won't fool me with your fine words.

incantésimo *sm* spell, charm.

incantévole *agg* enchanting.

incanto *sm* spell, charm; (*asta*) auction ◊ **come per incanto** as if by magic; **vendere all'incanto** to sell by auction.

incapace *agg* incapable (of doing something), unable (to do something).

incapacità *sf inv* inability; (*giur*) incapacity.

incarcerare *v tr* to imprison.

incaricare *v tr* to ask (somebody to do something) ◊ *v rifl* to take (it) upon oneself (to do something) ◊ **me ne incarico io** I'll see to it, I'll take care of it.

incaricato *agg* responsible (for), in charge (of) ◊ *sm* person in charge, appointee; (*professore*) teacher with a temporary appointment.

incàrico (*pl* -**chi**) *sm* task, job ◊ **per incarico di** on behalf of; **affidare un incarico a qualcuno** to entrust somebody with a task; **assumersi l'incarico di fare qualcosa** to undertake to do something.

incarnare *v tr* to embody.

incarnito *agg* ingrowing.

incartare *v tr* to wrap up.

incassare *v tr* (*econ*) to collect; (*assegno*) to cash; (*incastonare*) to set; (*mobile*) to build in; (*col-*

pi) to take; (*merce*) to pack (in cases).

incasso *sm* cashing; (*introito*) takings (*pl*)

incastonare *v tr* to set.

incastrare *v tr* to fit in; (*fig*) to frame ◊ *v rifl* to get stuck; (*unirsi a incastro*) to fit.

incastro *sm* joint.

incatenare *v tr* to chain; (*ai piedi*) to fetter.

incàuto *agg* imprudent, rash.

ìncavo *sm* hollow; (*scanalatura*) groove.

incendiare *v tr* to set fire to; (*fig*) to inflame ◊ *v rifl* to catch fire.

incèndio *sm* fire; (*doloso*) arson.

inceneritore *sm* incinerator.

incenso *sm* incense.

incensurato *agg* ◊ **essere incensurato** to have a clean record.

incentivare *v tr* to stimulate; (*incoraggiare*) to encourage.

incentivo *sm* incentive.

incepparsi *v rifl* to jam.

incerata *sf* (*tela*) oilcloth, tarpaulin; (*indumento*) oilskins (*pl*).

incertezza *sf* uncertainty.

incerto *agg* uncertain; (*irresoluto*) undecided.

incessante *agg* unceasing.

incesto *sm* incest.

inchiesta *sf* investigation, inquiry; (*giornalistica*) report.

inchinarsi *v rifl* to bend down; (*per riverenza*) to bow; (*donna*) to curts(e)y.

inchino *sm* bow; (*di donna*) curts(e)y.

inchiodare *v tr* to nail (*anche fig*); (*aut*) to jam on the brakes.

inchiostro *sm* ink.

inciampare *v intr* to trip, to stumble ◊ **inciampò in una radice** he tripped over a root.

incidentalmente *avv* incidentally.

incidente *sm* accident.

incidere *v tr* to cut into; (*scolpire*) to engrave; (*ad acquaforte*) to etch; (*canzone*) to record; (*disco*) to make; (*med*) to lance ◊ *v intr* (*influire*) to affect.

incinta *agg* pregnant ◊ **rimanere incinta** to get pregnant.

incipriarsi *v rifl* to powder.

incisione *sf* cut; (*arte*) engraving, etching; (*registrazione*) recording; (*med*) incision.

incisivo *agg* incisive ◊ *sm* (*dente*) incisor.

incitamento *sm* incitement.

incitare *v tr* to incite.

incivile *agg* uncivilized; (*maleducato*) rude, impolite.

inclinare *v tr* to incline (*anche fig*); to bend ◊ *v intr* to lean; (*fig*) to incline, to be inclined ◊ *v rifl* to incline, to tilt; (*piegarsi*) to bend; (*barca*) to list; (*aereo*) to tip.

inclinazione *sf* slope; (*fig*) inclination, tendency.

incline *agg* inclined.

inclùdere *v tr* to include; (*allegare*) to enclose.

incluso *agg* included; (*accluso*) enclosed ◊ **le spese di trasporto sono incluse nel prezzo** the price is inclusive of freight.

incriminare

incoerente *agg* incoherent; (*contraddittorio*) inconsistent.

incògnita *sf* (*mat*) unknown quantity; (*fig*) uncertainty.

incògnito *sm* ◊ **in incognito** incognito.

incollare *v tr* to stick; to glue (*anche fig*); (*inform*) to paste ◊ *v rifl* to stick.

incolore *agg* (*BrE*) colourless, (*AmE*) colorless.

incolpare *v tr* to charge (with something).

incòlume *agg* unhurt.

incombente *agg* impending.

incombenza *sf* task.

incominciare *v tr/intr* to begin, to start.

incompatìbile *agg* incompatible.

incompetente *agg, s/f* incompetent.

incompiuto *agg* unfinished.

incompleto *agg* incomplete.

incomprensìbile *agg* incomprehensible.

incompreso *agg* misunderstood.

inconcepìbile *agg* inconceivable.

inconcludente *agg* inconclusive; (*persona*) ineffectual.

inconfondìbile *agg* unmistak(e)able.

inconfutàbile *agg* irrefutable.

incongruente *agg* inconsistent.

inconsapévole *agg* unaware, ignorant.

incònscio (*pl f* -sce) *agg, sm* unconscious.

inconsistente *agg* insubstan-

tial; (*accusa*) groundless; (*patrimonio*) small; (*ragionamento*) flimsy.

inconsueto *agg* unusual.

inconsulto *agg* rash.

incontaminato *agg* uncontaminated.

incontinenza *sf* incontinence.

incontrare *v tr* to meet; (*difficoltà*) to meet with ◊ *v rifl* to meet.

incontro *sm* meeting; (*sport*) match ◊ *avv* towards ◊ **incontro di calcio** football match; **venire incontro a qualcuno** to meet somebody halfway.

inconveniente *sm* drawback.

incoraggiamento *sm* encouragement.

incoraggiare *v tr* to encourage.

incorniciare *v tr* to frame.

incoronare *v tr* to crown.

incoronazione *sf* coronation.

incorporare *v tr* to incorporate; (*fig*) to annex.

incorreggìbile *agg* incorrigible.

incorruttìbile *agg* incorruptible.

incosciente *agg* unconscious; (*irresponsabile*) reckless.

incredìbile *agg* incredile, unbelievable.

incrementare *v tr* to increase; (*vendite*) to promote.

incremento *sm* increase, growth; (*sviluppo*) development.

increscioso *agg* unpleasant; (*incidente*) regrettable.

incresparsi *v rifl* (*acqua*) to ripple; (*capelli*) to go frizzy; (*stoffa*) to gather.

incriminare *v tr* to indict (for

119

something), to charge (with something).

incriminazione *sf* indictment, charge.

incrinare *v tr* to crack; (*fig*) to spoil, to damage ◊ *v rifl* to crack; (*fig*) to deteriorate.

incrociare *v tr* to cross (*anche bot, zool*); (*incontrare*) to meet ◊ *v rifl* to cross; (*veicoli*) to pass each other; (*incontrarsi*) to meet ◊ **incrociare le braccia** to fold one's arms; **incrocia le dita** cross your fingers.

incrociatore *sm* cruiser.

incrócio *sm* crossing; (*stradale*) crossroads.

incrostazione *sf* encrustation; (*tubature*) scale, fur.

incubatrice *sf* incubator.

incubazione *sf* incubation.

incubo *sm* nightmare.

incùdine *sf* anvil.

incuràbile *agg* incurable.

incurante *agg* heedless, careless.

incùria *sf* negligence.

incuriosire *v tr* to make (somebody) curious ◊ *v rifl* to become curious.

incursione *sf* raid; (*aerea*) air raid.

incustodito *agg* unguarded, unattended.

incùtere *v tr* to inspire; (*rispetto*) to command ◊ **incutere terrore a qualcuno** to strike terror into somebody; **incutere rispetto** to command respect.

indaffarato *agg* busy.

indagare *v tr* to investigate.

indàgine *sf* investigation, inquiry; (*ricerca*) research.

indebitarsi *v rifl* to run into debt.

indébito *agg* underserved; (*illecito*) unlawful ◊ **appropriazione indebita** embezzlement.

indebolire *v tr, rifl* to weaken.

indecente *agg* indecent.

indecenza *sf* indecency.

indecifràbile *agg* indecipherable.

indecisione *sf* indecision.

indeciso *agg* undecided.

indefinibile *agg* indefinable.

indefinito *agg* indefinite; (*impreciso*) undefined.

indegno *agg* unworthy; (*atto*) base.

indelèbile *agg* indelible; (*colore*) fast.

indemoniato *agg* possessed (by the devil).

indenne *agg* unhurt.

indennità *sf inv* allowance; (*risarcimento*) indemnity.

indennizzare *v tr* to indemnify, to compensate.

indennizzo *sm* indemnity, compensation.

indescrivìbile *agg* indescribable.

indeterminato *agg* indeterminate; (*numero*) unspecified ◊ **contratto a tempo indeterminato** open-ended contract.

indiano *agg* Indian ◊ *sm* Indian; (*d'America*) Native American; (*American*) Indian ◊ **fare l'indiano** to feign ignorance.

indiavolato *agg* (*frenetico*) frantic, crazy; (*fretta*) tearing.

indicare *v tr* to show, to indicate; (*col dito*) to point to; (*consigliare*) to recommend, to suggest.

indicativo *agg, sm* indicative.

indicazione *sf* indication; (*informazione*) piece of information.

ìndice *sm* (*dito*) forefinger, index finger; (*libro*) (table of) contents, contents (*pl*); (*analitico*) index; (*segno*) sign ◊ **indice di gradimento** popularity rating.

indietreggiare *v intr* to draw back.

indietro *avv* back; behind; (*moto*) backwards ◊ **tornare indietro** to go back; **rimanere indietro** to be left behind; **essere indietro** (*col lavoro*) to be behind; (*orologio*) to be slow; **fare marcia indietro** to reverse; **tirarsi indietro** to draw back; (*fig*) to back off.

indifeso *agg* defenceless; (*città ecc.*) undefended.

indifferente *agg* indifferent ◊ **la cosa mi è indifferente** it's all the same to me.

indigeno *agg, sm* native.

indigente *agg* destitute.

indigestione *sf* indigestion ◊ **fare indigestione** to have indigestion.

indigesto *agg* indigestible.

indignato *agg* indignant (at).

indignazione *sf* indignation.

indimenticàbile *agg* unforgettable.

indipendente *agg* independent (of).

indipendenza *sf* independence.

indire *v tr* to announce; (*elezioni, assemblea*) to call.

indiretto *agg* indirect.

indirizzare *v tr* (*lettera*) to address; (*mandare*) to send; (*dirigere*) to direct.

indirizzo *sm* address; (*tendenza*) trend; (*direzione*) direction.

indisciplinato *agg* undisciplined, unruly.

indiscreto *agg* indiscreet.

indiscutìbile *agg* unquestionable, indisputable.

indispensàbile *agg* indispensable.

indisposizione *sf* indisposition.

indisposto *agg* indisposed, unwell.

indistruttìbile *agg* indestructible; (*fig*) undying.

individuale *agg* individual.

individuare *v tr* (*riconoscere*) to single out; (*identificare*) to identify; (*localizzare*) to locate.

individuo *sm* individual.

indivisìbile *agg* indivisible; (*inseparabile*) inseparable.

indìzio *sm* sign, indication; (*traccia*) clue; (*giur*) (piece of) evidence.

ìndole *sf* nature.

indolente *agg* indolent, lazy.

indolenzimento *sm* soreness; stiffness.

indolenzito *agg* stiff, aching.

indolore *agg* painless.

indomani *avv* ◊ **l'indomani** the next day, the following day; **all'indomani del mio arrivo** the day after my arrival.

indossare *v tr* to wear; (*mettersi*) to put on.

indossatore (-*trice*) *sm* model ◊ **indossatrice** model.

indovinare *v tr* to guess; *(azzeccare)* to get it; to choose right ◊ **una festa indovinata** a successful party.

indovinello *sm* riddle.

indovino *sm* fortune teller ◊ **indovina** fortune teller.

indù *agg, sm/f inv* Hindu.

indubbiamente *avv* undoubtedly.

indugiare *v intr* to take one's time; *(trattenersi)* to linger (over).

indùgio *sm* delay ◊ **senza indugio** without delay.

induismo *sm* Hinduism.

indulgente *agg* indulgent; *(giudice)* lenient.

indulgenza *sf* indulgence.

indùlgere *v intr* to indulge (in).

indumento *sm* garment ◊ *pl* clothes.

indurire *v tr/intr, rifl* to harden.

indurre *v tr* to induce, to persuade ◊ **indurre in errore** to mislead.

indùstria *sf* industry ◊ **industria leggera, pesante**, light, heavy industry.

industriale *agg* industrial ◊ *sm/f* industrialist.

inebriante *agg* intoxicating.

ineccepìbile *agg* exemplary, irreprehensible.

inèdito *agg* unpublished.

inefficace *agg* ineffective.

inefficiente *agg* inefficient.

ineguale *agg* unequal; *(non uniforme)* uneven.

ineluttàbile *agg* ineluctable.

inerente *agg* ◊ **inerente a** concerning, related to.

inerme *agg* defenceless; unarmed.

inerte *agg* inert; *(immobile)* still; *(inattivo)* indolent.

inèrzia *sf* inertia; *(fig)* inactivity, indolence.

inesatto *agg* inaccurate; incorrect.

inesaurìbile *agg* inexhaustible.

inesistente *agg* non-existent; *(immaginario)* unreal.

inesperto *agg* inexperienced.

inespressivo *agg* inexpressive.

inestimàbile *agg* inestimable ◊ **di valore inestimabile** priceless.

inetto *agg* inept, incompetent.

inevitàbile *agg* inevitable.

inèzia *sf* trifle.

infallìbile *agg* infallible.

infamante *agg* defamatory.

infame *agg* infamous; *(cosa)* awful.

infangare *v tr* to spatter with mud; *(fig)* to sully ◊ *v rifl* to get muddy.

infantile *agg* children's; *(malattia)* infantile; *(da bambino)* childlike; *(puerile)* childish ◊ **asilo infantile** nursery (school).

infànzia *sf* childhood ◊ **prima infanzia** infancy.

infarinare *v tr* to dip in flour.

infarinatura *sf (fig)* smattering.

infarto *sm* heart attack.

infastidire *v tr* to annoy ◊ *v rifl* to get annoyed.

infaticàbile *agg* tireless.

infatti *cong* in fact, as a matter of fact, actually.

infatuazione *sf* infatuation.

infedele *agg* unfaithful.

infelice *agg* unhappy; (*inopportuno*) ill-timed; (*commento*) unfortunate.

infelicità *sf inv* unhappiness.

inferiore *agg* lower; (*per qualità*) inferior.

inferiorità *sf inv* inferiority.

infermerìa *sf* infirmary; (*di scuola, nave*) sick bay.

infermiere *sm* male nurse ◊ **infermiera** nurse.

infermità *sf inv* infirmity; (*malattia*) illness; (*di mente*) insanity.

infermo *agg* ill, invalid ◊ *sm* invalid.

infernale *agg* infernal; (*diabolico*) diabolical; (*terribile*) terrible.

inferno *sm* hell (*anche fig*) ◊ **va' all'inferno!** go to hell!

inferocirsi *v rifl* to go wild; (*arrabbiarsi*) to get furious.

infervorarsi *v rifl* to get excited.

infestare *v tr* to infest.

infettare *v tr* to infect; (*acqua*) to pollute ◊ *v rifl* to become infected.

infettivo *agg* infectious.

infetto *agg* infected; (*acqua*) polluted.

infezione *sf* infection.

infiammàbile *agg* inflammable.

infiammare *v tr* to set on fire; (*fig*) to inflame ◊ *v rifl* to catch fire; (*eccitarsi*) to become inflamed (with); (*med*) to get inflamed.

infilare *v tr* (*ago*) to thread; (*strada*) to turn into; (*moneta,*

chiave) to insert; (*vestito, anello*) tu slip on ◊ *v rifl* to slip; (*indossare*) to slip on; (*calze*) to pull on.

infiltrarsi *v rifl* (*acqua*) to seep (through); (*milit*) to infiltrate.

infiltrazione *sf* infiltration; (*acqua ecc.*) seepage.

infimo *agg* very low; (*albergo*) third-rate.

infine *avv* finally; at last.

infinito *agg* infinite; (*senza fine*) endless ◊ *sm* (*mat, fot*) infinity; (*gramm*) infinitive ◊ **all'infinito** endlessly.

infischiarsi *v rifl* not to care (about).

infisso *sm* (*di finestra*) frame.

inflazione *sf* inflation.

inflessìbile *agg* inflexible, rigid.

infliggere *v tr* to inflict (on).

influente *agg* influential.

influenza *sf* influence; (*med*) influenza, flu.

influenzare *v tr* to influence, to affect ◊ **farsi influenzare da** to allow oneself to be influenced by.

influire *v intr* to influence, to affect.

influsso *sm* influence.

infondato *agg* unfounded, groundless.

infóndere *v tr* to infuse.

informale *agg* informal; (*moda*) casual.

informare *v tr* to inform, to tell ◊ *v rifl* to inquire (about).

informàtica (*pl* **-che**) *sf* computer science.

informàtico (*f* **-a** *pl* **-ci -che**) *agg* computer.

informato *agg* informed.

informatore (-trice) *sm* informer.

informazione *sf* piece of information; (*milit*) intelligence.

infornare *v tr* to put into the oven.

infortunato *agg* injured.

infortùnio *sm* accident ◊ **infortunio sul lavoro** accident at work, industrial accident; **assicurazione contro gli infortuni** accident insurance.

infradito *sm o f inv* flip-flop.

infràngere *v tr, rifl* to break (*anche fig*).

infrangìbile *agg* unbreakable.

infranto *agg* broken, shattered ◊ **cuore infranto** broken heart.

infrarosso *agg* infrared.

infrastruttura *sf* infrastructure; (*servizi*) facilities (*pl*).

infrazione *sf* breaking (of); violation (of) ◊ **infrazione al codice della strada** traffic offence.

infruttuoso *agg* fruitless.

infuori *avv* out ◊ **all'infuori** outwards; **all'infuori di** except.

infuriare *v intr* to rage ◊ *v rifl* to fly into a rage.

infuso *sm* infusion; herb tea.

ingaggiare *v tr* to hire; (*sport*) to sign on.

ingannare *v tr* to deceive; (*il tempo*) to while away ◊ *v rifl* to be wrong.

ingannévole *agg* deceptive; (*fuorviante*) misleading.

inganno *sm* deceit, deception; (*azione*) trick ◊ **trarre in inganno** to deceive.

ingegnere *sm* engineer.

ingegneria *sf* engineering.

ingegno *sm* (*intelligenza*) intelligence, brains (*pl*); (*talento*) talent; (*ingegnosità*) ingenuity.

ingegnoso *agg* ingenious.

ingelosìre *v tr* to make jealous ◊ *v rifl* to become jealous.

ingente *agg* huge, enormous.

ingenuità *sf inv* ingenuousness, naivety.

ingènuo *agg* ingenuous, naïve.

ingerire *v tr* to ingest.

ingessare *v tr* (*med*) to put in plaster.

ingessatura *sf* plaster.

inghiottire *v tr* to swallow.

ingigantire *v tr* to magnify.

inginocchiarsi *v rifl* to kneel (down).

ingiunzione *sf* injunction.

ingiustificato *agg* unjustified.

ingiustizia *sf* injustice.

ingiusto *agg* unjust, unfair.

inglese *agg* English ◊ *sm* Englishman; (*lingua*) English ◊ *sf* Englishwoman ◊ **gli inglesi** the English.

ingoiare *v tr* to gulp (down); (*fig*) to swallow (up).

ingombrare *v tr* (*stanza*) to clutter up; (*strada, passaggio*) to block.

ingordo *agg* greedy (for).

ingorgare *v tr* to block (up), to obstruct ◊ *v rifl* to become blocked (up), to become obstructed.

ingorgo (*pl* **-ghi**) *sm* blockage; (*stradale*) traffic jam.

ingozzare *v tr* (*animali*) to fatten; (*persona*) to stuff ◊ *v rifl* to stuff oneself (with).

ingranàggio *sm* gear; (*d'orologio*) mechanism.

ingranare *v intr* to mesh, to engage; (*fig*) to get on; (*cose*) to get going ◊ *v tr* to engage ◊ **ingranare la marcia** to put into gear.

ingrandimento *sm* enlargement ◊ **lente d'ingrandimento** magnifying glass.

ingrandire *v tr* to enlarge (*anche fot*); (*espandere*) to expand ◊ *v rifl* to expand; to grow.

ingrassare *v tr* (*animali*) to fatten; (*far apparire più grasso*) to make somebody look fatter; (*lubrificare*) to oil, to grease ◊ *v intr* to get fat, to put on weight.

ingrato *agg* ungrateful (to); (*lavoro*) unrewarding.

ingrediente *sm* ingredient.

ingresso *sm* entrance; (*atrio*) hall; (*accesso*) admission, admittance; (*l'entrare*) entry ◊ **biglietto d'ingresso** admittance ticket, entrance ticket; (*in stazione*) platform ticket.

ingrosso *avv* ◊ **all'ingrosso** wholesale ◊ **comprare, vendere all'ingrosso** to buy, to sell wholesale.

inguaríbile *agg* incurable.

ínguine *sm* groin.

inìbito *agg* inhibited.

iniettare *v tr* to inject.

iniezione *sf* injection.

inimicarsi *v rifl* to fall out with.

inimitàbile *agg* inimitable.

inìquo *agg* iniquitous, unfair.

iniziale *agg, sf* initial.

iniziare *v tr/intr* to begin, to start.

iniziativa *sf* initiative.

inìzio *sm* beginning.

innaffiare *v tr* to water.

innalzare *v tr* to raise ◊ *v rifl* to rise.

innamorarsi *v rifl* to fall in love (with).

innamorato *agg* in love (with).

innanzi *avv* (*stato in luogo*) ahead, in front; (*moto a luogo*) forward, on; (*prima*) before ◊ *prep* (*prima*) before ◊ **d'ora innanzi** from now on; **innanzi a** in front of.

innanzitutto *avv* first of all.

innervosire *v tr* to get on somebody's nerves ◊ *v rifl* to become nervous.

inno *sm* hymn ◊ **inno nazionale** national anthem.

innocente *agg, sm/f* innocent.

innocenza *sf* innocence.

innòcuo *agg* innocuous, harmless.

innovazione *sf* innovation.

innumerévole *agg* innumerable.

inoffensivo *agg* harmless, inoffensive.

inoltrare *v tr* to forward, to send (on) ◊ *v rifl* to advance, to go forward ◊ **inoltrare un reclamo** to forward a complaint; **inoltrare domanda di** to apply for.

inoltre *avv* besides, moreover.

inondare *v tr* to flood (*anche fig*).

125

inondazione *sf* flood.

inopportuno *agg* untimely; (*momento*) inopportune.

inorgànico (*f* -a *pl* -ci -che) *agg* inorganic.

inorridire *v intr* to be horrified.

inossidàbile *agg* stainless.

inquadrare *v tr* (*fot, cine*) to frame; (*milit*) to organize; (*bur*) to classify; (*fig*) to situate, to place.

inquadratura *sf* (*fot, cine*) shot.

inquietante *agg* disturbing, worrying.

inquietare *v tr, rifl* to worry.

inquieto *agg* restless; (*preoccupato*) worried.

inquilino *sm* tenant.

inquinamento *sm* pollution ◊ **inquinamento atmosferico** air pollution.

inquinare *v tr* to pollute.

inquisire *v tr* to investigate ◊ *v intr* to inquire (about, after).

insaccati *sm pl* sausages.

insalata *sf* salad ◊ **patate in insalata** potato salad; **insalata russa** Russian salad; **insalata di riso** rice salad.

insalatiera *sf* salad bowl.

insanguinato *agg* bloodstained.

insaporire *v tr* (*BrE*) to flavour, (*AmE*) to flavor; to season ◊ *v rifl* to gain flavour, (*AmE*) to gain flavor.

insaputa *sf* ◊ **all'insaputa di** unbeknown to; **all'insaputa di tutti** without anyone knowing.

insediarsi *v rifl* (*carica*) to take up office; (*colonia*) to settle.

insegna *sf* (*di negozio ecc.*) sign; (*emblema*) emblem; (*bandiera*) flag ◊ **all'insegna di** characterized by, under the banner of.

insegnamento *sm* teaching.

insegnante *sm/f* teacher ◊ *agg* teaching.

insegnare *v tr* to teach.

inseguimento *sm* pursuit, chase.

inseguire *v tr* to chase; (*fig*) to pursue.

inseminazione *sf* insemination.

insenatura *sf* cove, inlet.

insensato *agg* senseless.

insensibile *agg* insensitive (to); indifferent.

inseparàbile *agg* inseparable.

inserire *v tr* to insert; (*allegare*) to enclose; (*spina*) to plug in ◊ *v rifl* to become part of; (*integrarsi*) to integrate oneself; (*scuola*) to settle in.

inserto *sm* insert; (*di giornale*) supplement.

inserviente *sm/f* attendant.

inserzione *sf* insertion; (*annuncio*) advertisement.

insetticida (*pl* -i) *sm* insecticide.

insetto *sm* insect.

insicurezza *sf* insecurity.

insicuro *agg* insecure; uncertain.

insidiare *v tr* to threaten, to make an attempt (on).

insidioso *agg* insidious.

insieme *avv* together; (*contemporaneamente*) at the same time ◊ *sm* whole ◊ **insieme a, con** together with; **nell'insieme** on the whole.

insignificante *agg* insignificant.

insinuare *v tr* to slip into; (*fig*) to insinuate, to imply ◊ *v rifl* to work one's way into; (*dubbio*) to creep (into).

insìpido *agg* lacking in salt; (*senza sapore*) tasteless, insipid.

insistente *agg* insistent; (*domande*) persistent.

insìstere *v intr* to insist (on); (*perseverare*) to persist (in).

insoddisfatto *agg* unsatisfied (with); (*scontento*) dissatisfied; (*desiderio*) unfulfilled.

insofferente *agg* intolerant; impatient.

insolazione *sf* sunstroke.

insolente *agg* insolent.

insòlito *agg* unusual.

insomma *avv* (*in breve*) in short; (*allora*) well.

insònnia *sf* sleeplessness, insomnia.

insopportàbile *agg* unbearable.

insòrgere *v intr* (*ribellarsi*) to rise up, to rebel; (*manifestarsi*) to arise.

insorto *sm* rebel, insurgent.

insospettàbile *agg* above suspicion; (*impensato*) unsuspected.

insospettire *v tr* to make suspicious ◊ *v rifl* to become suspicious.

insostenìbile *agg* (*insopportabile*) unbearable; (*indifendibile*) untenable.

insperato *agg* unhoped-for; (*inaspettato*) unexpected.

inspirare *v tr* to inhale, to breathe in.

inspirazione *sf* inhalation.

instàbile *agg* unstable; (*tempo*) unsettled; (*equilibrio*) unsteady.

installare *v tr* to install.

installazione *sf* installation; (*impianto*) plant.

instaurare *v tr* to establish; to institute.

insuccesso *sm* failure.

insufficiente *agg* insufficient; inadequate.

insufficienza *sf* insufficiency (*anche med*); (*scuola*) low mark.

insulso *agg* inane; dull, insipid.

insultare *v tr* to insult.

insulto *sm* insult.

insuperàbile *agg* insuperable; (*imbattibile*) unsurpassable.

insurrezione *sf* insurrection, revolt.

intaccare *v tr* to notch; (*corrodere*) to corrode; (*fig*) to damage; (*risparmi*) to draw on.

intagliare *v tr* to carve.

intàglio *sm* carving.

intanto *avv* in the meantime, meanwhile; (*per ora*) for the moment; (*anzitutto*) first of all ◊ **intanto che** while.

intàrsio *sm* inlay ◊ **lavoro d'intarsio** marquetry.

intasamento *sm* (*aut*) traffic jam.

intasare *v tr* to block ◊ *v rifl* to become blocked.

intascare *v tr* to pocket.

intatto *agg* intact; (*puro*) unsullied.

integrale *agg* complete; (*pane*) (*BrE*) wholemeal, (*AmE*) wholewheat; (*edizione*) unabridged; (*abbronzatura*) all-over.

integralismo *sm* fundamentalism.

integralista (*pl* **-i -e**) *agg, sm/f* fundamentalist.

integrare *v tr, rifl* to integrate.
integrazione *sf* integration; *(aggiunta)* supplement ◊ **cassa integrazione** redundancy fund; **mettere in cassa integrazione** to lay off; **integrazione razziale** racial integration.
intelletto *sm* intellect.
intellettuale *agg, sm/f* intellectual.
intelligente *agg* intelligent.
intelligenza *sf* intelligence.
intempèrie *sf pl* bad weather *(sing)*.
intèndere *v tr (capire)* to understand; *(udire)* to hear; *(avere intenzione di)* to intend, to mean ◊ *v rifl (accordarsi)* to come to an agreement; *(essere un esperto)* to know a lot about.
intenditore (**-trice**) *sm* connoisseur, expert.
intensità *sf inv* intensity.
intensivo *agg* intensive ◊ **corso intensivo** intensive course; **reparto di terapia intensiva** intensive care unit.
intenso *agg* intense; *(giornata)* busy; *(luce)* brilliant; *(colore)* deep.
intenzione *sf* intention ◊ **avere l'intenzione di fare** to intend to do, to have the intention of doing.
interattivo *agg* interactive.
intercèdere *v intr* to intercede (with somebody).
intercettare *v tr* to intercept.
intercontinentale *agg* intercontinental.
interdentale *agg* ◊ **filo interdentale** dental floss.

interdetto *agg (vietato)* forbidden; *(sconcertato)* dumbfounded.
interessante *agg* interesting ◊ **essere in stato interessante** to be pregnant.
interessare *v tr* to interest; *(riguardare)* to concern, to be of interest to; *(med)* to affect; *(far intervenire)* to draw somebody's attention to ◊ *v intr (importare)* to matter, to be important ◊ *v rifl* to be interested in; *(occuparsi)* to care (for, about).
interesse *sm* interest *(anche comm)*; *(tornaconto)* self-interest ◊ **non è nel suo interesse** he has nothing to gain; **agire nell'interesse comune** to act for the common good.
interferenza *sf* interference.
interferire *v intr* to interfere.
interiora *sf pl* entrails.
interiore *agg* interior, internal; inner *(anche fig)*.
interlocutore (**-trice**) *sm* interlocutor.
intermediàrio *agg* intermediary ◊ *sm* intermediary; *(comm)* broker.
intermèdio *agg* intermediate.
interminàbile *agg* interminable, endless.
intermittente *agg* intermittent.
internazionale *agg* international.
internista *(pl -i -e)* *sm/f* internist.
interno *agg* internal; *(gioia)* inner; *(mare)* inland; *(nazionale)* domestic ◊ *sm* inside, interior; *(telefono)* extension; *(medico)* intern; *(fodera)* lining; *(cine, TV)* in-

terior shot ◊ **alunno interno** boarder; **ministero degli Interni** (*in Gran Bretagna*) Home Office, (*negli USA*) Department of the Interior; **gli interni sono stati girati a Roma** the interiors were filmed in Rome.

intero *agg* whole, entire; (*biglietto*) full; (*latte*) full-cream ◊ **per intero** in full.

interpellare *v tr* to consult.

interpretare *v tr* to interpret.

interpretazione *sf* interpretation.

intèrprete *sm/f* interpreter; (*teatro*) actor (*m*), actress (*f*); (*mus*) performer ◊ **interprete simultaneo** simultaneous interpreter.

interrogare *v tr* to question; (*scuola*) to test.

interrogativo *agg* questioning; (*gramm*) interrogative ◊ *sm* question; (*fig*) mystery ◊ **punto interrogativo** question mark.

interrogatòrio *sm* questioning; (*giur*) examination.

interrogazione *sf* question, query; (*scuola*) oral test ◊ **interrogazione parlamentare** question in Parliament.

interrómpere *v tr* to interrupt, to break off; (*gravidanza*) to terminate ◊ *v rifl* to break off, to stop.

interrotto *agg* interrupted; (*strada*) blocked.

interruttore *sm* switch.

interruzione *sf* interruption, break.

interurbana *sf* (*telefonata*) trunk call, long-distance call ◊ **fare un'interurbana** to make a long-distance call.

interurbano *agg* inter-city; (*telefonata*) trunk, long-distance.

intervallo *sm* interval; (*scuola, lavoro*) break; (*spazio*) gap.

intervenire *v intr* to intervene; (*parlare*) to speak; (*assistere*) to be present (at); (*med*) to operate.

intervento *sm* intervention; (*discorso*) speech; (*partecipazione*) presence; (*med*) operation.

intervista *sf* interview.

intervistare *v tr* to interview.

intesa *sf* understanding; (*accordo*) agreement.

intestare *v tr* to address; (*comm, giur*) to register (in somebody's name) ◊ **intestare un assegno a** a to make out a cheque to.

intestino *sm* intestine.

intimidire *v tr* to intimidate.

intimità *sf inv* privacy; (*di rapporto*) intimacy.

intimo *agg* intimate; (*amico*) close; (*vita, cerimonia*) private; (*profondo*) inmost ◊ **biancheria intima** underwear; **parti intime** private parts; **avere rapporti intimi con** to have a sexual relationship with.

intirizzito *agg* numb (with cold).

intitolare *v tr* to entitle; (*dedicare*) to dedicate ◊ *v rifl* to be called ◊ **come s'intitola il libro?** what's the title of the book?

intolleràbile *agg* intolerable.

intollerante *agg* intolerant.

intolleranza *sf* intolerance.

intònaco (*pl* –**ci**) *sm* plaster.

intonare

intonare *v tr* to start to sing; *(armonizzare)* to match.

intonato *agg* in tune (with); *(colori ecc.)* matching.

intontire *v tr* to stun, to daze.

intontito *agg* dazed; *(stordito)* stunned.

intorno *avv* around ◊ **intorno alla città** around the town; **un libro intorno all'arte** a book about art; **qui intorno** round there; **tutt'intorno** all around.

intossicare *v tr* to poison; *(med)* to intoxicate ◊ *v rifl* to be poisoned; *(med)* to be intoxicated.

intossicato *agg* poisoned; *(med)* intoxicated.

intossicazione *sf* poisoning; *(med)* intoxication.

intralciare *v tr* to hamper, to hold up.

intramuscolare *agg* intramuscular ◊ *sf* intramuscular injection.

intransigente *agg* uncompromising, intransigence.

intransigenza *sf* intransigence.

intrappolare *v tr* to trap.

intraprendente *agg* enterprising; *(con donne)* bold, forward.

intraprendenza *sf* enterprise, initiative.

intraprèndere *v tr* to undertake; *(carriera)* to embark on; *(professione)* to enter; *(studi)* to begin.

intrattàbile *agg* intractable.

intrattenere *v tr* to entertain; *(conversando)* to engage in conversation ◊ *v rifl (indugiare)* to linger (over); *(argomento)* to dwell (on).

intrattenimento *sm* entertainment.

intravvedere *v tr* to catch a glimpse of; *(fig)* to foresee.

intrecciare *v tr* to weave *(anche fig)*; *(capelli)* to plait, to braid.

intrigo *(pl -ghi) sm* intrigue, plot.

introdurre *v tr* to introduce; *(inserire)* to insert; *(ospiti)* to show in ◊ *v rifl* to get in; *(furtivamente)* to slip in; *(fig)* to penetrate.

introduzione *sf* introduction.

intromèttersi *v rifl* to interfere (in, with).

introverso *agg* introverted ◊ *sm* introvert.

intruso *sm* intruder; *(a un ricevimento)* gatecrasher.

intuire *v tr* to sense, to guess; *(rendersi conto)* to realize.

intùito *sm* intuition; *(perspicacia)* perspicacity.

intuizione *sf* intuition.

inumano *agg* inhuman.

inumidire *v tr (labbra)* to moisten; *(biancheria)* to dampen ◊ *v rifl* to become damp, to become wet.

inùtile *agg* useless, (of) no use; *(superfluo)* unnecessary ◊ **è inutile insistere** it's no use insisting.

inutilità *sf* uselessness.

inutilizzàbile *agg* useless.

invadente *agg* intrusive, interfering.

invàdere *v tr* to invade; *(acqua)* to flood.

invalicàbile *agg* impassable; *(fig)* insuperable.

invalidità *sf inv* disability; *(giur)* invalidity.

invàlido *agg, sm* invalid.

invano *avv* in vain.

invasione *sf* invasion.

invasore (invaditrice) *agg* invading ◊ *sm* invader.

invecchiamento *sm* ag(e)ing.

invecchiare *v intr* to grow old; (*vino*) to age ◊ *v tr* to age; (*far apparire più vecchio*) to make look older.

invecchiato *agg* aged; (*antiquato*) obsolete; (*raffermo*) stale ◊ **sembrava invecchiata** she looked older.

invece *avv* instead; (*al contrario*) on the contrary ◊ **invece di parlare** instead of speaking.

inveire *v intr* to rail (against).

inventare *v tr* to invent; (*frottole*) to make up.

inventàrio *sm* inventory; (*comm*) stocktaking.

inventore (-trice) *sm* inventor.

invenzione *sf* invention; (*bugia*) lie.

invernale *agg* (*sport*) winter; (*cielo, tempo*) wintry.

inverno *sm* winter.

inverosìmile *agg* unlikely.

inversione *sf* inversion; reversal ◊ **inversione di marcia, a U** U-turn; **inversione di tendenza** about-turn.

inverso *agg* opposite; (*mat*) inverse ◊ *sm* opposite, contrary.

invertire *v tr* to invert, to reverse (*anche fig*) ◊ **invertire la marcia** to do a U-turn.

investigare *v tr/intr* to investigate.

investigatore (-trice) *sm* detective, investigator.

investimento *sm* (*econ*) investment; (*aut*) collision, crash.

investire *v tr* (*econ*) to invest; (*aut*) to knock down; (*altro veicolo*) to crash into; (*assalire*) to assail.

invettiva *sf* invective.

inviare *v tr* to send; (*per nave*) to ship; (*denaro*) to remit ◊ **inviare per posta** to (send by) post; **inviare per fax** to (send by) fax; **inviare per e-mail** to e-mail.

inviato *sm* envoy; (*stampa*) correspondent.

invìdia *sf* envy.

invidiare *v tr* to envy ◊ **non avere nulla da invidiare a** to be just as good as.

invidioso *agg* envious.

invincìbile *agg* invincible.

invìo *sm* sending; (*per posta*) mailing; (*di merci*) dispatch; (*per nave*) shipment; (*di denaro*) remittance.

invisìbile *agg* invisible.

invitante *agg* tempting, attractive; (*cibo*) appetizing.

invitare *v tr* to invite; (*chiedere*) to ask.

invitato *sm* guest.

invito *sm* invitation.

invocare *v tr* to invoke; (*aiuto*) to cry out for; (*fare appello a*) to appeal to.

invogliare *v tr* to tempt ◊ **il sole invoglia a uscire** the sun makes one want to go out.

involontàrio *agg* (*errore*) unintentional; (*gesto*) involuntary.

involtino *sm* (*cuc*) roulade, roll.

involucro *sm* cover.

inzuppare *v tr* to soak ◊ *v rifl* to get soaked.

io *pron* I ◊ **sono io** it's me, it's I.

iòdio *sm* iodine ◊ **tintura di iodio** tincture of iodine.

iògurt *sm inv* yog(h)urt.

iònico (*f* -a *pl* -ci -che) *agg* Ionic.

ipermercato *sm* hypermarket.

ipertensione *sf* high blood pressure, hypertension.

iperteso *agg* hypertensive.

ipnosi *sf inv* hypnosis.

ipnotizzare *v tr* to hypnotize.

ipocalòrico (*f* -a *pl* -ci -che) *agg* low-calory.

ipocondrìaco (*f* -a *pl* -ci -che) *agg* hypochondriac.

ipocrisìa *sf* hypocrisy.

ipòcrita (*pl* -i -e) *agg* hypocritical ◊ *sm/f* hypocrite.

ipoteca (*pl* -che) *sf* mortgage.

ipotecare *v tr* to mortgage.

ipòtesi *sf inv* hypothesis; (*supposizione*) assumption ◊ **se, per ipotesi**, suppose, supposing.

ipotètico (*f* -a *pl* -ci -che) *agg* hypothetical.

ippica (*pl* -che) *sf* horseracing.

ippocastano *sm* horse-chestnut.

ippòdromo *sm* racecourse.

ippopòtamo *sm* hippopotamus.

ira *sf* anger, wrath.

iracheno *agg*, *sm* Iraqi.

iraniano *agg*, *sm* Iranian.

irascìbile *agg* hot-tempered, irascible.

ìride *sf* (*anat*) iris; (*arcobaleno*) rainbow.

irlandese *agg* Irish ◊ *sm* Irishman; (*lingua*) Irish ◊ *sf* Irishwoman ◊ **gli irlandesi** the Irish.

ironìa *sf* irony ◊ **per ironia della sorte** by a twist of fate.

irònico (*f* -a *pl* -ci -che) *agg* ironic(al).

irraggiungìbile *agg* unreachable; (*fig*) unattainable.

irragionévole *agg* unreasonable; (*irrazionale*) irrational; (*assurdo*) absurd.

irrazionale *agg* irrational.

irreale *agg* unreal.

irrealizzàbile *agg* impracticable ◊ **sogni irrealizzabili** dreams that cannot come true.

irrecuperàbile *agg* irretrievable; (*persona*) irredeemable.

irregolare *agg* irregular; (*terreno*) uneven.

irremovìbile *agg* unshakeable, unyielding.

irreparàbile *agg* irreparable.

irreperìbile *agg* nowhere to be found ◊ **rendersi irreperibile** to make oneself scarce.

irrequieto *agg* restless.

irresistìbile *agg* irresistible.

irresoluto *agg* irresolute, undecided.

irrespiràbile *agg* unbreathable; (*opprimente*) stifling, suffocating.

irresponsàbile *agg* irresponsible.

irriconoscìbile *agg* unrecognizable.

irrigare *v tr* to irrigate (*anche med*); (*fiume ecc.*) to flow through.

irrigazione *sf* irrigation (*anche med*).

irrigidire *v tr* to stiffen; *(fig)* to harden ◊ *v rifl* to stiffen.

irrilevante *agg* insignificant; *(opinione)* unimportant.

irrisòrio *agg* derisory.

irritante *agg* irritating.

irritare *v tr* to irritate *(anche med)* ◊ *v rifl* to become irritated *(anche med)*.

irritazione *sf* irritation *(anche med)*.

irruzione *sf* raid ◊ **fare irruzione in** to raid, to burst into.

iscritto *sm* member; *(allievo)* pupil; *(studente)* student ◊ **per iscritto** in writing.

iscrìvere *v tr* to enrol (in), *(AmE)* to enroll (in), to enter (for); *(all'anagrafe)* to register (in) ◊ *v rifl* *(partito, club)* to join; *(gara)* to enter; *(scuola, università, concorso)* to enrol (in, at, for), *(AmE)* to enroll (in, at, for).

iscrizione *sf* enrolment, *(AmE)* enrollment, registration; *(a gara)* entry; *(epigrafe)* inscription.

islam *sm inv* Islam.

islàmico *(f -a pl -ci -che)* *agg* Islamic ◊ *sm* Moslem.

islamismo *sm* Islam.

islandese *agg* Icelandic ◊ *sm/f* Icelander ◊ *sm* *(lingua)* Icelandic.

ìsola *sf* island ◊ **isola pedonale** pedestrian precinct.

isolamento *sm* isolation; *(tecn)* insulation.

isolano *sm* islander.

isolante *sm* *(elettr)* insulator ◊ *agg* insulating ◊ **nastro isolante** insulating tape.

isolare *v tr* to isolate; *(tecn)* to insulate; *(acusticamente)* to soundproof ◊ *v rifl* to isolate oneself.

isolato *agg* isolated; *(tecn)* insulated ◊ *sm* block.

ispettore (-trice) *sm* inspector ◊ **ispettrice** (lady) inspector.

ispezionare *v tr* to inspect.

ispezione *sf* inspection.

ìspido *agg* bristly, shaggy.

ispirare *v tr* to inspire ◊ **ispirare fiducia a qualcuno** to inspire somebody with confidence ◊ *v rifl* to be inspired (by), to draw one's inspiration (from).

ispirazione *sf* inspiration.

israeliano *agg*, *sm* Israeli.

issare *v tr* to hoist.

istantànea *sf* snapshot.

istantàneo *agg* instantaneous, instant.

istante *sm* instant, moment ◊ **all'istante** instantly.

istèrico *(f -a pl -ci -che)* *agg* hysterical ◊ *sm* hysteric.

isterismo *sm* hysteria ◊ *pl* hysterics.

istigare *v tr* to incite.

istigazione *sf* incitement.

istintivo *agg* instinctive.

istinto *sm* instinct ◊ **d'istinto** on instinct.

istituìre *v tr* to institute, to found; *(confronto)* to make, to establish.

istituto *sm* institute; *(università)* department; *(giur)* institution ◊ **istituto di bellezza** beauty parlour; **istituto di credito** bank; **istituto di pena** prison.

istituzione

istituzione *sf* institution; *(giur)* appointment.
istmo *sm* isthmus.
istrice *sf* porcupine.
istruire *v tr* to teach; *(dare istruzioni a)* to instruct; *(educare)* to educate; *(giur)* to institute ◊ **istruire un processo** to institute proceedings.
istruito *agg* educated; *(colto)* learned.
istruttore (-trice) *sm* instructor ◊ *agg* ◊ **giudice istruttore** *(BrE)* examining magistrate, *(AmE)* committing magistrate.
istruzione *sf* education; *(direttiva)* instruction; *(addestramento)* training ◊ **ministero della Pubblica Istruzione** Ministry of Education.
italiano *agg, sm* Italian.
iter *sm inv* procedure.
itineràrio *sm* itinerary, route.
itterìzia *sf* jaundice.
ìttico *(f -a pl -ci -che)* *agg* fish; fishing.
iugoslavo *agg, sm* Yugoslav, Yugoslavian.
iuta *sf* jute.
IVA *sf* VAT.

J

jack *sm inv* *(elettr, carte)* jack.
jazz *sm inv, agg inv* jazz.
jeans *sm inv* *(tessuto)* jean ◊ *pl* *(pantaloni)* jeans.
jeep *sf inv* jeep.
jersey *sm inv* *(tessuto)* jersey.

134

jet *sm inv* jet.
jogging *sm inv* jogging.
jolly *sm inv* *(carte)* joker.
joystick *sm inv* joystick.
jugoslavo *agg, sm v.* **iugoslavo.**
juke-box *sm inv* jukebox.
junior *(pl* **juniores)** *agg* junior ◊ **categoria juniores** junior group.

K

kamikaze *sm/f inv, agg inv* kamikaze.
karaoke *sm inv* karaoke.
karate *sm inv* karate.
kayak *sm inv* kayak.
keniano *agg, sm,* **keniota** *agg, sm/f* Kenyan.
kermesse *sf inv* *(fiera)* festival, festivity.
ketchup *sm inv* ketchup.
killer *sm/f inv* killer, hired gun.
kit *sm inv* kit.
kitsch *agg inv, sm inv* kitsch.
kiwi *sm inv* *(zool)* kiwi; *(bot)* kiwi (fruit).
koala *sm inv* koala.
krapfen *sm inv* *(cuc)* doughnut.

L

la *art* the ◊ **la giornalista** the journalist; **la valigia** the suitcase; **la mia valigia** my suitcase; **l'estate** the summer.
la *pron* *(compl oggetto, persona)* her; *(compl oggetto, cosa)* it; *(dando del Lei)* you ◊ **la vidi**

ieri sera I saw her last night; **la compro** I'm going to buy it; **l'ho conosciuta** I met her; **lieto di conoscerla** pleased to meet you.

la *sm* (*mus*) A ◊ **dare il la** to give an A.

là *avv* there ◊ **per di là** that way; **là fuori** out there; **essere in là con gli anni** to be well on; **di là da venire** yet to come.

labbro (*pl* **labbra** *f*) *sm* lip.

labirinto *sm* labyrinth (*anche fig*); (*in un giardino, gioco, fig*) maze.

laboratòrio *sm* (*scientifico*) laboratory; (*artigiano*) workshop.

laborioso *agg* (*volonteroso*) industrious; (*faticoso*) laborious.

laburista *agg* Labour ◊ *sm/f* member of the Labour party.

lacca (*pl* -**che**) *sf* (*vernice*) lacquer; (*per capelli*) hair spray.

làccio *sm* (*per scarpe*) shoelace; (*prevalentemente AmE*) shoestring ◊ **laccio emostatico** tourniquet.

lacerare *v tr, rifl* to tear; (*pelle, carne*) to lacerate.

làcrima *sf* tear; (*goccia*) drop.

lacrimare *v intr* (*occhi*) to water.

lacuna *sf* gap.

ladro *sm* thief ◊ **al ladro!** stop thief!

lager *sm inv* concentration camp.

laggiù *avv* down there; (*lontano*) over there.

lagnarsi *v rifl* (*lamentarsi*) to moan; (*protestare*) to complain.

lago (*pl* -**ghi**) *sm* lake ◊ **lago artificiale** reservoir.

laguna *sf* lagoon.

làico (*f* -**a** *pl* -**ci** -**che**) *agg* lay; (*vita*) secular ◊ *sm* layman ◊ **una laica** a laywoman.

lama *sm inv* (*zool*) llama; (*monaco tibetano*) lama ◊ *sf* blade.

lambire *v tr* (*acqua*) to lap; (*fiamme*) to lick.

lamentarsi *v rifl* (*gemere, essere lamentosi*) to moan ◊ **lamentarsi di** to complain about.

lamentela *sf* (*lamento*) lament; (*reclamo, lagnanza*) complaint.

lamento *sm* moan.

lametta *sf* (*da barba*) razorblade.

lamiera *sf* sheet metal ◊ **lamiera ondulata** corrugated iron.

làmina *sf* foil ◊ **lamina d'oro** gold leaf.

làmpada *sf* lamp ◊ **lampada al quarzo** quartz lamp; **lampada alogena** halogen lamp; **lampada abbronzante** sun-lamp.

lampadàrio *sm* chandelier.

lampadina *sf* light bulb.

lampeggiare *v intr* to flash; (*azionare il lampeggiatore*) to indicate.

lampeggiatore *sm* (*direzionale auto*) (*BrE*) indicator, (*AmE*) turn light; (*polizia, ambulanza*) flashing light.

lampione *sm* street-lamp.

lampo *sm* (*meteorologia*) flash of lightning; (*bagliore*) flash ◊ *agg inv* (*veloce, avventura, viaggio*) whirlwind; (*visita*) flying; (*guerra*) blitzkrieg ◊ *pl* lightening (*sing*) ◊ **lampo di genio**

stroke of genius; **cerniera lampo** (*BrE*) zip (fastener), (*AmE*) zipper.

lampone *sm* raspberry.

lana *sf* wool ◊ **maglione di lana** woolly jumper, (*AmE*) wooly jumper; **lana di vetro** glass wool; **lana d'acciaio** steel wool.

lancetta *sf* (*di orologio*) hand.

lància (*pl* **-ce**) *sf* (*mar*) launch; (*arma*) spear, lance ◊ **lancia di salvataggio** lifeboat.

lanciare *v tr* to throw; (*prodotto, missile*) to launch; (*sguardo*) to glance at ◊ *v rifl* to fling oneself, to throw oneself; (*intraprendere*) to launch out.

làncio *sm* throw, throwing; (*di prodotto, missile*) launch, launching ◊ **lancio col paracadute** parachute jump; **lancio del disco** discus (throwing); **lancio del giavellotto** javelin (throwing).

lànguido *sm* languid.

lanificio *sm* woollen mill.

lanterna *sf* lantern; (*faro*) lighthouse.

làpide *sf* tombstone; (*commemorativa*) memorial tablet.

lapillo *sm* lapillus.

lardo *sm* lard.

larghezza *sf* width; (*ampiezza*) breadth; (*generosità*) liberality ◊ **di due metri di larghezza** two metres wide; **larghezza di idee** broad-mindedness.

largo (*f* **-a** *pl* **-ghi -ghe**) *agg* wide; (*esteso in larghezza*) broad; (*ampio, vasto*) large; (*abiti*) loose; (*generoso*) liberal; (*abbondante*)

generous ◊ *sm* (*piazza*) square; (*larghezza*) width, breadth ◊ **andare al largo** (*nuotando*) to go far out; (*di natante*) to sail on the open sea; **stare alla larga da** to steer clear of; **essere di manica larga** to be easy-going.

làrice *sm* larch.

laringe *sf* larynx.

laringite *sf* laryngitis.

larva *sf* larva; (*fantasma*) shadow.

lasagna *sf* lasagne (*pl*), lasagna ◊ **lasagne al forno** lasagne.

lasciare *v tr* to leave; (*permettere*) to let; (*smettere di tenere*) to let go (of); (*rimetterci*) to lose ◊ *v rifl* (*separarsi*) to part; (*rompere un'unione*) to split up ◊ **lasciarsi andare** to let oneself go.

laser *sm inv, agg inv* laser ◊ **raggio laser** laser (beam); **stampante laser** laser printer.

lassativo *agg, sm* laxative.

lassù *avv* up there.

lastra *sf* (*di pietra*) slab; (*di ghiaccio*) sheet; (*di metallo, fot*) plate; (*di vetro per finestre*) pane; (*radiografia*) X-ray.

laterale *agg* side ◊ **fallo laterale** throw-in; **strada laterale** side road.

latifondo *sm* large estate.

latino *agg, sm* Latin.

latitante *agg* at large; in hiding; (*fig*) lacking ◊ *sm/f* fugitive (from justice).

latitùdine *sf* latitude.

lato *sm* side; (*fig*) aspect ◊ **di lato a, a lato di** beside.

latta *sf* tin.

lattàio *sm* milkman.

lattante *sm/f* suckling.

latte *sm* milk ◊ **denti di latte** (*BrE*) milk teeth, (*AmE*) baby teeth; **latte intero** full-cream milk; **latte scremato** skimmed milk; **latte parzialmente scremato** semi-skimmed milk; **latte a lunga conservazione** long-life milk, UHT milk; **maialino di latte** sucking pig; **latte detergente** cleansing milk; **latte solare** sun lotion.

latterìa *sf* dairy.

latticino *sm* dairy product.

lattina *sf* tin, (*AmE*) can.

lattuga (*pl* **-ghe**) *sf* lettuce.

làurea *sf* degree.

laurearsi *v rifl* to graduate.

laureato *agg*, *sm* graduate.

lava *sf* lava.

lavàbile *agg* washable.

lavàggio *sm* washing ◊ **lavaggio a mano** handwashing; **lavaggio a secco** dry-cleaning.

lavagna *sf* (*miner*) slate; (*a scuola*) blackboard ◊ **lavagna luminosa** overhead projector.

lavanda *sf* (*lavaggio*) wash; (*bot*) lavender ◊ **fare una lavanda gastrica** to have one's stomach pumped.

lavanderìa *sf* laundry ◊ **lavanderia automatica** launderette, (*AmE*) laundromat.

lavandino *sm* sink, (*AmE*) washbowl.

lavare *v tr* to wash; (*stoviglie*) to wash up; (*fig*) to cleanse ◊ *v rifl* to wash, to have a wash ◊ **lavare a mano** to handwash; **la-**

vare i piatti to wash-up; **lavarsi i denti** to brush one's teeth; **lavarsi le mani** to wash one's hands; **lavarsene le mani** to wash one's hands of it.

lavasecco *sm inv* dry-cleaner's.

lavastovìglie *sf inv* dishwasher.

lavatóio *sm* wash-house.

lavatrice *sf* washing machine.

lavorare *v intr* to work ◊ *v tr* (*metalli*) to work; (*pasta*) to knead; (*terra*) to till ◊ **lavorare in proprio** to be self-employed.

lavorativo *agg* working ◊ **giornata lavorativa** working day.

lavoratore (-trice) *agg* working ◊ *sm* worker ◊ **lavoratore dipendente** employee; **lavoratore autonomo** self-employed (person); **lavoratore domestico** (*BrE*) home help.

lavorazione *sf* manufacture; (*produzione*) production; (*coltivazione*) cultivation; (*esecuzione*) workmanship ◊ **lavorazione di un film** film production; **lavorazione di cibi** food processing.

lavoro *sm* work; (*impiego, compito specifico*) job; (*manuale, faticoso*) (*BrE*) labour, (*AmE*) labor ◊ **lavoro teatrale** play; **lavori pubblici** public works; **datore di lavoro** employer; **forza lavoro** labour force; **lavori in corso** work in progress; **andare al lavoro** to go to work.

le *art* the ◊ **le opinioni** the opinions; **le ragazze** the girls; **le nostre opinioni** our opinions.

le *pron* ◊ *f sing* (*a lei, persona*) to

137

her; (*a essa, cosa*) to it; (*di cortesia*) to you ◊ *f pl* (*compl oggetto, cose, persone*) them ◊ **le parlai ieri** I talked to her yesterday; **le farò sapere, signore, signora** I'll let you know, Sir, Madam; **le ho incontrate ieri** I met them yesterday.

leader *sm/f inv* leader.

leale *agg* loyal.

lealtà *sf inv* (*fedeltà*) loyalty; (*onestà*) fairness.

lebbra *sf* leprosy.

lecca-lecca *sm inv* lollipop, (*AmE, anche*) sucker.

leccare *v tr, rifl* to lick; (*fig*) to suck up to ◊ **da leccarsi le dita** mouth-watering.

leccornìa *sf* delicacy, titbit.

lécito *agg* (*giur*) lawful; (*ammissibile*) permissible.

lega (*pl* **-ghe**) *sf* (*associazione, sport*) league; (*metallica*) alloy.

legale *agg* legal ◊ *sm* lawyer ◊ **medicina legale** forensic medicine.

legalità *sf inv* legality.

legalizzare *v tr* (*autenticare*) authenticate; (*rendere legale*) to legalize.

legame *sm* tie; (*sentimentale*) liaison; (*nesso*) link; (*chimica*) bond.

legamento *sm* (*anatomia*) ligament.

legare *v tr* to tie; (*persona*) to tie up; (*salsa*) to bind ◊ *v intr* (*persone*) to get on well ◊ **pazzo da legare** as mad as a hatter.

legge *sf* law; (*parlamentare*) act ◊ **a norma di legge** by law.

leggenda *sf* legend.

leggendàrio *agg* legendary.

lèggere *v tr* to read.

leggerezza *sf* lightness; (*frivolezza*) frivolity; (*avventatezza*) thoughtlessness.

leggero *agg* light; (*lieve*) slight; (*avventato*) thoughtless; (*incostante*) fickle; (*droga*) soft; (*caffè*) weak ◊ **prendere qualcosa alla leggera** to take something lightly; **cibo leggero** light food; **musica leggera** easy listening.

leggìbile *agg* (*scrittura*) legible.

legislativo *agg* legislative.

legislatura *sf* legislature.

legislazione *sf* legislation.

legittimare *v tr* to legitimize.

legìttimo *agg* (*figlio*) legitimate; (*orgoglio, posizione*) justifiable; (*desiderio*) reasonable ◊ **legittima difesa** (*BrE*) self-defence, (*AmE*) self-defense.

legna *sf* firewood ◊ **stufa a legna** wood stove.

legname *sm* timber, (*AmE*) lumber.

legno *sm* wood ◊ **di legno** wooden; **testa di legno** blockhead.

legume *sm* (*bot*) legume ◊ *pl* (*fagioli, ceci ecc.*) pulses.

lei *pron* (*soggetto*) she; (*complemento*) her; (*dando del Lei*) you ◊ **lei non sa nulla** she doesn't know a thing; **ho visto lei, non lui** I saw her, not him; **andrò con lei** I'll go with her; **mi dica lei, dottore** you tell me, doctor.

lembo *sm* (*margine*) edge; (*di terra*) strip.

lenire *v tr* to soothe.

lente *sf* lens ◊ **lente d'ingrandimento** magnifying glass; **lente a contatto** contact lense.

lentezza *sf* slowness.

lenticchia *sf* lentil.

lentiggine *sf* freckle.

lento *agg* slow; (*allentato*) slack ◊ *sm* (*ballo*) slow dance.

lenza *sf* fishing-line.

lenzuolo (*pl* **lenzuola** *f*) *sm* sheet.

leone (**leonessa**) *sm* lion ◊ **leonessa** lioness; (**il segno del**) **Leone** Leo.

leopardo *sm* leopard.

lepre *sf* hare.

lesione *sf* lesion.

leso *agg* injured ◊ **parte lesa** injured party.

lessare *v tr* to boil.

lèssico (*pl* **-ci**) *sm* vocabulary.

lesso *agg* boiled ◊ *sm* boiled meat.

letale *agg* lethal.

letamàio *sm* dunghill; (*fig*) pigsty.

letame *sm* dung, manure.

letargo (*pl* **-ghi**) *sm* (*di animale*) hibernation; (*di persona*) lethargy.

léttera *sf* letter ◊ **prendere qualcosa alla lettera** to take something literally; **lettera raccomandata** registered letter; **laurea in lettere** arts degree.

letterale *agg* literal.

letteràrio *agg* literary.

letterato *sm* well-read person.

letteratura *sf* literature.

lettiga (*pl* **-ghe**) *sf* (*barella*) stretcher; (*autoambulanza*) ambulance.

lettino *sm* small bed; (*per bambini, con sponde*) (*BrE*) cot, (*AmE*) crib; (*di studio medico*) couch ◊ **lettino solare** sunbed.

letto *sm* bed ◊ **letto singolo** single bed; **letto matrimoniale** double bed; **letto a castello** bunk bed; **andare a letto** to go to bed.

lettore (**-trice**) *sm* reader; (*università*) language assistant ◊ **lettore ottico** optical character reader; **lettore di CD** CD player.

lettura *sf* reading.

leucemìa *sf* leukaemia, (*AmE*) leukemia.

leva *sf* lever (*anche fig*); (*milit*) (*BrE*) call-up, (*AmE*) draft ◊ **far leva** to lever; **militare di leva** conscript; **leva del cambio** gear lever.

levante *sm* East.

levare *v tr* (*togliere*) to take away; (*estrarre*) to pull out; (*alzare*) to raise; (*eliminare*) to remove ◊ *v rifl* to rise; (*dal letto*) to get up ◊ **levare qualcosa di mezzo, di torno, dai piedi** to get something out of the way; **levare le tende** to pack up and go; **levare l'ancora** to weigh anchor.

levriere *sm* greyhound.

lezione *sf* lesson; (*università*) lecture ◊ **dare una lezione a qualcuno** to teach somebody a lesson.

li *pron* them.

lì *avv* there ◊ **giù di lì** thereabouts; **fin lì** as far as there; **lì per lì** there and then; **essere lì lì per** to be about to.

libanese *agg, sm/f* Lebanese.
libbra *sf* (*peso*) pound.
libéccio *sm* south-west wind.
libèllula *sf* dragonfly.
liberale *agg, sm/f* liberal.
liberalizzare *v tr* to liberalize.
liberare *v tr* to free; (*detenuto*) to release; (*alloggio*) to vacate; (*da ingombri*) to clear ◊ *v rifl* to free oneself; (*alloggio*) to become vacant ◊ **liberarsi di** to get rid of; **liberarsi da** to get out of.
liberazione *sf* liberation.
liberiano *agg, sm* Liberian.
liberismo *sm* (*econ*) laissez-faire.
lìbero *agg* free; (*sgombro*) clear ◊ **ingresso libero** admission free; **libero professionista** self-employed person, freelance; **libero mercato** free market; **tempo libero** free time; **posto libero** vacant seat.
libertà *sf inv* freedom; (*di detenuto*) release ◊ **libertà di stampa** freedom of the press; **libertà condizionale** conditional discharge; **libertà vigilata** probation.
liberty *agg, sm inv* art nouveau.
lìbico (*f* -a *pl* -ci -che) *agg, sm* Lybian.
libràio *sm* bookseller.
librerìa *sf* bookshop; (*mobile*) bookcase.
libretto *sm* booklet; (*mus*) libretto ◊ **libretto degli assegni** chequebook, (*AmE*) checkbook; **libretto di circolazione** (*BrE*)

vehicle registration document, logbook, (*AmE*) registration.
libro *sm* book ◊ **libro paga** payroll.
liceale *sm/f* (*BrE*) secondary-school student, (*AmE*) high-school student ◊ *agg* (*BrE*) secondary-school, (*AmE*) high-school.
licenza *sf* (*permesso*) permission; (*milit*) leave; (*comm*) licence, (*AmE*) license; (*scuola*) school-leaving certificate ◊ **licenza di caccia** hunting licence permit; **licenza di pesca** fishing licence permit.
licenziamento *sm* dismissal.
licenziare *v tr* (*lavoro*) to dismiss, to sack; (*scuola*) to award a school-leaving certificate ◊ *v rifl* to resign.
licèo *sm* (*BrE*) secondary school, (*AmE*) high school.
lichene *sm* lichen.
lido *sm* beach.
lieto *agg* glad ◊ **lieto di conoscerla** pleased to meet you; **lieto evento** happy event; **lieto fine** happy ending.
lieve *agg* (*non grave*) slight; (*leggero*) light; (*suono*) faint.
lievitare *v intr* (*pane*) to rise.
lièvito *sm* yeast; (*in polvere*) baking powder.
lilla *agg, sm inv* lilac.
lillà *sm inv* lilac.
lima *sf* file.
limare *v tr* to file; (*fig*) to polish.
limitare *v tr* to limit; (*ridurre*) to reduce ◊ **limitarsi a fare qualcosa** to restrict oneself to

doing something; **limitarsi in qualcosa** to cut down on something.

limitazione *sf* limitation.

lìmite *sm* limit ◊ **limite di velocità** speed limit; **al limite** (*al massimo*) at most; (*caso mai*) in any case.

limonata *sf* (*bibita*) (*BrE*) lemonade, (*AmE*) lemon soda; (*succo*) lemon juice.

limone *sm* (*albero*) lemon tree; (*frutto*) lemon ◊ **succo di limone** lemon juice.

lìmpido *agg* clear.

lince *sf* lynx.

linciàggio *sm* lynching.

linciare *v tr* to lynch.

lìnea *sf* line; (*contorno*) outline; (*fisico*) figure ◊ **è caduta la linea** the line has gone dead; **resti in linea** please hold the line; **in linea di massima** as a rule; **mantenere la linea** to keep one's figure; **volo di linea** scheduled flight; **nave di linea** liner.

lineamenti *sm pl* features.

linfa *sf* (*bot*) sap; (*anat*) lymph.

lìngua *sf* (*anat*) tongue; (*idioma*) language ◊ **lingua madre** mother tongue; **paesi di lingua inglese** English-speaking countries; **non avere peli sulla lingua** not to mince one's words; **avere qualcosa sulla punta della lingua** to have something on the tip of one's tongue.

linguàggio *sm* language.

linguetta *sf* (*di scarpa*) tongue; (*di lattina*) tab; (*di strumento musicale*) reed; (*di busta*) flap.

lino *sm* (*bot*) flax; (*tessuto*) linen.

linòleum *sm inv* linoleum.

liofilizzato *agg* freeze-dried.

lìpide *sm* lipid.

liquidare *v tr* to liquidate; (*debiti*) to settle; (*conto*) to pay off; (*merce*) to clear; (*far fuori*) to get rid of.

liquidazione *sf* (*di società*) liquidation; (*vendita*) clearance sale; (*di fine lavoro, per licenziamento o esubero*) severance pay; (*per pensionamento*) retirement money.

lìquido *agg* liquid ◊ **denaro liquido** cash.

liquirìzia *sf* liquorice, (*AmE*) licorice.

liquore *sm* liqueur ◊ *pl* (*alcolici*) spirits.

lira *sf* (*moneta*) lira.

lìrica (*pl* **-che**) *sf* (*poesia*) lyric; (*mus*) opera.

lìrico (*f* **-a** *pl* **-ci -che**) *agg* lyrical; (*cantante, musica*) opera ◊ **teatro lirico** opera house; **opera lirica** opera.

lisca (*pl* **-che**) *sf* fish-bone.

lisciare *v tr* to smooth; (*accarezzare*) to stroke.

liscio (*pl f* **-sce**) *agg* smooth; (*capelli*) straight; (*liquore*) neat; (*acqua minerale*) still ◊ **passarla liscia** to get away with it; **filare liscio** to go smoothly; **ballo liscio** ballroom dance.

lista *sf* (*elenco*) list; (*striscia*) strip; (*menù*) menu ◊ **lista d'attesa** waiting list; **lista elettorale** electoral register.

listino *sm* list ◊ **listino (dei) prezzi** price list.

lite *sf* quarrel; (*giur*) lawsuit.

litigare *v intr* to quarrel.

litigio *sm* quarrel.

litorale *sm* coast.

litro *sm* (*BrE*) litre, (*AmE*) liter.

liturgia *sf* liturgy.

liuto *sm* lute.

livello *sm* level; (*standard*) standard ◊ **incontri ad alto livello** high-level talks; **il livello di vita** the standard of living; **passaggio a livello** (*BrE*) level crossing, (*AmE*) grade crossing.

livido *agg* livid; (*contuso*) bruised; (*per il freddo*) blue; (*per l'invidia*) green ◊ *sm* bruise ◊ **essere pieno di lividi** to be all black and blue.

lo *art* the ◊ **lo studente** the student; **lo sport** the sport; **l'uomo** the man.

lo *pron* (*complemento oggetto, persona*) him; (*complemento oggetto, cosa*) it ◊ **lo vedo domani** I see him tomorrow; **l'ho conosciuto** I met him; **lo mangio dopo** I'll eat it later; **l'abbiamo comprato** we bought it; **non lo so** I don't know.

lobo *sm* lobe.

locale *agg* local ◊ *sm* (*stanza*) room; (*esercizio pubblico*) establishment, place ◊ *pl* (*di negozi, uffici*) premises; (*persone*) locals ◊ **con anestesia locale** with a local anaesthetic.

località *sf inv* locality.

locanda *sf* inn.

locandina *sf* bill, poster.

locomotiva *sf* locomotive.

locomotore (**-trice**) *agg* (*ferr*)

locomotive; (*anat*) locomotor ◊ *sm* (*ferr*) locomotive, engine ◊ **apparato locomotore** locomotor system.

lòculo *sm* burial niche.

locusta *sf* locust.

locuzione *sf* expression, phrase.

lodare *v tr* to praise.

lode *sf* praise ◊ **laurea con lode** first-class degree.

logaritmo *sm* logarithm.

lòggia (*pl* **-ge**) *sf* (*architettura*) loggia; (*massonica*) lodge.

loggione *sm* (*teatro*) gallery, the gods (*pl*).

lògica (*pl* **-che**) *sf* logic.

lògico (*f* **-a** *pl* **-ci -che**) *agg* logical; (*normale*) natural.

logìstica (*pl* **-che**) *sf* logistics (*pl*).

logorare *v tr* to wear out ◊ *v rifl* to wear out; (*persona*) to wear oneself out.

lombàggine *sf* lumbago.

lombardo *agg, sm* Lombard.

lombrico (*pl* **-chi**) *sm* earthworm.

londinese *agg* London ◊ *sm/f* Londoner.

longevo *agg* long-lived.

longilìneo *agg* long-limbed.

longitùdine *sf* longitude.

lontananza *sf* distance; (*separazione*) separation ◊ **in lontananza** in the distance.

lontano *agg* far; (*distante*) distant ◊ *avv* far away ◊ **un lontano parente** a distant relative; **più lontano** further; **quant'è lontano?** how far is it?

lontra *sf* otter.

loquace *agg* talkative.

lordo *agg* (*commercio*) gross.

loro *pron personale* (*soggetto*) they; (*complemento*) them; (*di cortesia*) you ◊ *agg possessivo* their; (*di cortesia*) your ◊ *pron possessivo* theirs; (*forma di cortesia*) yours ◊ **loro vanno al cinema** they go to the cinema; **io vado con loro** I am going with them; **le tazzine e i loro piattini** the cups and their saucers; **hanno preso la mia valigia e hanno lasciato la loro** they took my suitcase and left theirs; **un loro parente** a relative of theirs; **loro stessi** they themselves; **loro due** the two of them.

lotta *sf* fight, struggle; (*contrasto*) conflict; (*sport*) wrestling.

lottare *v intr* to fight, to struggle; (*sport, fig*) to wrestle.

lotteria *sf* lottery.

lotto *sm* (*gioco*) (national) lottery; (*comm*) lot; (*di terreno*) plot.

lozione *sf* lotion.

lubrificante *agg* lubricating ◊ *sm* lubricant.

lucchetto *sm* padlock.

luccicare *v intr* to sparkle.

lùccio *sm* pike.

lùcciola *sf* firefly.

luce *sf* light ◊ **venire alla luce** (*nascere*) to come into the world, (*emergere*) to come to light; **luci di posizione** sidelights; **luci d'arresto** brake lights.

lucente *agg* shining.

lucentezza *sf* shine.

lucernàrio *sm* skylight.

lucèrtola *sf* lizard.

lucidare *v tr* to polish.

lùcido *agg* shining; (*lucidato*) polished; (*occhi*) watery; (*carta*) glossy ◊ *sm* (*da scarpe*) shoe polish.

lùglio *sm inv* July.

lùgubre *agg* gloomy.

lui *pron* (*soggetto*) he; (*complemento*) him ◊ **lui non sa nulla** he doesn't know a thing; **ho visto lui, non lei** I saw him, not her; **è lui** it's him; **l'ho dato a lui** I gave it to him; **questo l'ha fatto lui** he made it himself.

lumaca (*pl* -**che**) *sf* snail; (*fig*) slow-coach.

lume *sm* lamp; (*luce*) light ◊ **a lume di candela** by candlelight.

luminoso *agg* bright.

luna *sf* moon ◊ **luna di miele** honeymoon; **avere la luna** to be in a bad mood.

luna-park *sm inv* funfair, amusement park.

lunare *agg* lunar.

lunedì *sm inv* Monday.

lunghezza *sf* length ◊ **lunghezza d'onda** wavelength.

lungo (*f* -**a** *pl* -**ghi** -**ghe**) *agg* long; (*diluito*) weak; (*lento*) slow ◊ *prep* (*tempo*) throughout; (*spazio*) along ◊ **alla lunga** in the long run; **a lungo** for a long time; **per il lungo** lengthways, lengthwise; **in lungo e in largo** far and wide; **saperla lunga** to know a thing or two; **avere la barba lunga** to be unshaven.

lungofiume *sm* riverside.

lungolago (*pl* **-ghi**) *sm* lakeside.
lungomare *sm* seafront
luogo (*pl* **-ghi**) *sm* place; (*punto preciso*) spot ◊ **fuori luogo** out of place; **aver luogo** to take place; **luogo comune** platitude.
lupo *sm* wolf.
lùppolo *sm* hop.
lusinghiero *agg* flattering, tempting.
lussare *v tr* to dislocate.
lussazione *sf* dislocation.
lusso *sm* luxury ◊ **di lusso** luxury.
lutto *sm* mourning.

M

ma *cong* but; (*tuttavia, eppure*) yet ◊ **ma va!** come on...!; **ma sì!** (*e perché no?*) why not?; (*certo che sì*) of course!; (*va be'*) all right!; **ma davvero?** really?
màcabro *agg*, *sm* macabre.
macché *inter* of course not!
maccheroni *sm pl* macaroni (*sing*).
màcchia *sf* (*difficile da togliere, fig*) stain; (*piccola, tonda, di colore diverso*) spot; (*sulla pelle*) blotch; (*boscaglia*) scrub ◊ **espandersi a macchia d'olio** to spread rapidly.
macchiare *v tr, rifl* to stain ◊ **l'argento si macchia presto** silver tarnishes easily.
màcchina *sf* machine; (*automobile*) car; (*motore*) engine ◊ **macchina fotografica** camera; **mac-**china da presa (*BrE*) cine camera, (*AmE*) motion-picture camera; **macchina per cucire** sewing machine; **macchina per scrivere** typewriter.
macchinàrio *sm* machinery.
macchinista (*pl* **-i -e**) *smf* (*ferr*) engine-driver; (*teatro*) stagehand; (*mar*) engineer.
macèdone *agg*, *sm/f* Macedonian.
macedònia *sf* fruit salad.
macellàio *sm* butcher (*anche fig*).
macellare *v tr* to slaughter.
macellerìa *sf* butcher's (shop).
macello *sm* slaughter-house; (*fig, disordine*) shambles; (*disastro*) disaster ◊ **animali da macello** animals for slaughter.
macerare *v tr* to macerate; (*cuc*) to marinade.
macerazione *sf* maceration; (*cuc*) marinade.
macèrie *sf pl* rubble (*sing*); (*rottami*) debris (*sing*).
màcero *sm* (*operazione*) pulping; (*stabilimento*) pulping mill ◊ **carta da macero** paper for pulping.
macigno *sm* boulder.
màcina *sf* millstone.
macinacaffè *sm inv* coffee mill, coffee grinder.
macinapepe *sm inv* pepper mill.
macinare *v tr* to mill, to grind; (*carne*) (*BrE*) to mince, (*AmE*) to grind.
macinato *agg* ground ◊ **carne macinata** (*BrE*) mince.
macinino *sm* mill.

macrobiòtica (*pl* -che) *sf* macrobiotics.

macrobiòtico (*f* -a *pl* -ci -che) *agg* macrobiotic.

madonna *sf* Our Lady.

madornale *agg* gross.

madre *sf* mother ◊ **ragazza madre** unmarried mother; **casa madre** parent company; **scheda madre** motherboard.

madrelingua *sm/f inv* native speaker ◊ **madrelingua inglese** English native speaker.

madreperla *sf* mother-of-pearl.

madrina *sf* godmother.

maestà *sf inv* majesty.

maestoso *agg* majestic.

maestrale *sm* north-west wind.

maestranze *sf pl* workers.

maestro *sm* master (*anche fig*); (*di scuola*) (*BrE*) primary school teacher; (*AmE*) grade school teacher; (*istruttore*) instructor; (*mus*) maestro; (*esperto*) expert ◊ **da maestro** masterly; **albero maestro** mainmast; **via maestra** highroad, main road.

màfia *sf* (*italiana*) Mafia; (*organizzazione criminale*) mafia ◊ **la mafia cinese** the Chinese Mafia, the Triad.

mafioso *agg* of the Mafia ◊ *sm* member of the Mafia.

magari *avv* (*forse*) maybe ◊ *inter* I wish! ◊ **magari fosse vero!** I wish it was so!

magazziniere *sm* warehouseman ◊ **magazziniera** warehousewoman.

magazzino *sm* storehouse, ware-

house ◊ **grande magazzino** department store.

màggio *sm inv* May.

maggiorana *sf* marjoram.

maggioranza *sf* majority ◊ **la maggioranza degli uomini** most men, the majority of men; **partito di maggioranza** majority party.

maggiordomo *sm* butler.

maggiore *agg* (*dimensioni, numero*) bigger, larger, (*superlativo*) biggest, largest; (*età*) older, (*superlativo*) oldest; (*tra due fratelli*) elder, (*superlativo*) eldest; (*importanza*) major, (*superlativo*) greatest; (*distanza, tempo*) longer, (*superlativo*) longest; (*altezza, prezzo*) higher, (*superlativo*) highest; (*mus*) major ◊ *pron* (*dimensioni, numero*) the bigger, the larger, (*superlativo*) the biggest, the largest; (*età*) the older, (*superlativo*) the oldest; (*tra due fratelli*) the elder, (*tra più di due*) the eldest ◊ *sm/f* (*milit*) major; (*aeronautica*) squadron leader ◊ **andare per la maggiore** to be very popular; **la maggior parte** the majority; **la maggiore età** the age of majority.

maggiorenne *agg* of age ◊ *sm/f* adult.

maggioritàrio *agg* (*sistema*) first-past-the post.

magìa *sf* magic.

màgico (*f* -a *pl* -ci -che) *agg* magic; (*fig*) magical ◊ **bacchetta magica** magician's wand.

màgio *sm* Magus ◊ **i re Magi** the Magi, the Three Wise Men.

magistrato *sm* magistrate.

magistratura *sf* magistrature.

màglia *sf* (*lavoro ai ferri*) knitting; (*punto*) stitch; (*tessuto, sport, golf*) jersey; (*indumento intimo*) vest; (*maglietta*) T-shirt; (*di rete*) mesh; (*di catena*) link.

maglierìa *sf* knitware.

maglietta *sf* T-shirt.

maglificio *sm* knitwear factory.

maglione *sm* sweater.

magnèsia *sf* magnesia.

magnèsio *sm* magnesium.

magnético (*f* -a *pl* -ci -che) *agg* magnetic ◊ **scheda magnetica** magnetic card; **nastro magnetico** magnetic tape.

magnetismo *sm* magnetism.

magnìfico (*f* -a *pl* -ci -che) *agg* magnificent.

magnòlia *sf* magnolia.

mago (*f* -a *pl* -ghi -ghe) *sm* magician ◊ **maga** sorceress.

magro *agg* (*persona*) thin; (*snello*) slim; (*carne*) lean; (*alimento*) low-fat; (*fig, scarso*) (*BrE*) meagre, (*AmE*) meager ◊ **una magra figura** a poor impression; **una magra consolazione** a scant consolation.

mah *inter* well; (*chissà*) who knows!, goodness knows!

mai *avv* (*nessuna volta*) never, not... ever; (*talvolta*) ever ◊ **non ci sono mai stato** I have never been there; **sei mai stato a Londra?** have you ever been to London?; **quasi mai** hardly ever; **più che mai** more than ever; **come mai?** why?; **caso mai** if anything; **caso mai piovesse** in case it rains,

should it rain; **mai più** never again.

maiale *sm* (*vivo, fig*) pig; (*carne*) pork.

maiòlica (*pl* -che) *sf* majolica.

maionese *sf* mayonnaise.

màis *sm inv* maize, (*AmE*) corn.

maiùscolo *agg* capital.

malafede (*pl* malefedi) *sf* bad faith.

malandato *agg* in bad shape; (*di salute*) in poor shape.

malanno *sm* misfortune; (*malattia*) illness.

malapena *sf* ◊ **a malapena** hardly.

malària *sf* malaria.

malato *agg* sick, ill; (*pianta*) diseased ◊ *sm* sick person; (*paziente*) patient.

malattìa *sf* illness, disease ◊ **essere in malattia** to be on sick leave.

malaugùrio *sm* ill omen ◊ **uccello del malaugurio** bird of ill omen.

malavita *sf* underworld.

malavitoso *sm* gangster.

malcontento *sm* discontent.

malcostume *sm* immorality.

maldestro *agg* awkward.

male *avv* badly ◊ *sm* evil; (*dolore*) pain; (*malattia*) disease; (*danno*) harm ◊ **di male in peggio** from bad to worse; **ci sono rimasto male** I was hurt; **mal di mare** seasickness; **mal di testa** headache; **mal di gola** sore throat; **meno male!** just as well!; **star male** to feel sick; **finir male** to end badly; **andare a male** to go off; **mi fa male il braccio** my arm aches.

maledetto *agg* cursed; (*fig, colloquiale*) blasted.

maledire *v tr* to curse.

maledizione *sf* curse ◊ *inter* damn (it)!

maleducato *agg* rude, ill-mannered.

maleducazione *sf* rudeness.

malèfico (*f* -**a** *pl* -**ci** -**che**) *agg* (*influsso, azione*) evil; (*aria, germi*) harmful.

malèssere *sm* indisposition; (*fig, disagio*) uneasiness.

malfamato *agg* of ill repute.

malfattore (-**trice**) *sm* wrongdoer.

malfermo *agg* unsteady; (*salute*) poor.

malformazione *sf* malformation.

malgrado *prep* in spite of ◊ *cong* although ◊ **mio malgrado** against my will.

malignità *sf inv* malice.

maligno *agg* malicious; (*perfido*) evil; (*med*) malignant.

malinconìa *sf* melancholy.

malincònico (*f* -**a** *pl* -**ci** -**che**) *agg* melancholy.

malincuore *sm* ◊ **a malincuore** reluctantly.

malinteso *sm* misunderstanding.

malìzia *sf* (*malignità*) malice; (*furbizia*) cunning; (*espediente*) trick.

malizioso *agg* malicious; (*birichino*) mischievous.

malleàbile *agg* malleable.

mallèolo *sm* malleolus.

malloppo *sm* (*bottino*) loot.

malnutrito *agg* undernourished.

malo *agg* ◊ **in malo modo** badly; **a mala pena** hardly.

malòcchio *sm* evil eye.

malora *sf* ◊ **andare in malora** to go to ruin; **va in malora!** go to heck!

malore *sm* illness ◊ **essere colto da malore** to be suddenly taken ill.

malsano *agg* unhealthy.

maltempo *sm* bad weather.

malto *sm* malt.

maltrattare *v tr* to ill-treat.

malumore *sm* bad mood ◊ **di malumore** in a bad mood.

malva *sf* (*bot*) mallow.

malvàgio (*pl f* -**gie**) *agg* wicked.

malvagità *sf inv* wickedness.

malvivente *sm/f* criminal.

malvolentieri *avv* unwillingly.

mamma *sf* (*BrE*) mum(my), (*AmE*) mom ◊ **mamma mia!** good heavens!

mammella *sf* breast; (*di animale*) udder.

mammifero *agg* mammalian ◊ *sm* mammal.

mammografia *sf* (*med*) mammography.

manager *sm/f inv* manager.

mancanza *sf* lack; (*assenza*) absence; (*insufficienza*) shortage; (*sbaglio*) fault; (*imperfezione*) defect ◊ **in mancanza di meglio, userò questo** since there is nothing better, I'll use this one;

sentire la mancanza di qualcuno to miss somebody.

mancare *v intr* to be lacking; (*essere assente*) to be missing; (*venire meno*) to fail; (*morire*) to pass away ◊ *v tr* to miss ◊ **mi manchi** I miss you; **sentirsi mancare** to feel faint; **mancare il bersaglio** to miss the mark; **manca un chilometro** there's one kilometre to go; **quanto manca alla partenza?** how long before we go?; **mancano cinque minuti alle due** it's five minutes to two.

mància (*pl* -ce) *sf* tip.

manciata *sf* handful.

mancino *agg* left-handed ◊ *sm* left-hander ◊ **un tiro mancino** a dirty trick.

mandante *sm/f* (*giur*) principal; (*di delitto*) instigator.

mandaràncio *sm* clementine.

mandare *v tr* to send; (*emettere*) to give off; (*suono*) to utter ◊ **mandare qualcuno all'inferno** to tell somebody to go to hell; **mandar via** to send away; **mandare a chiamare** to send for; **mandar giù** to swallow; **mandare a monte** to call off; **mandare in onda** to broadcast.

mandarino *sm* mandarin (orange).

mandato *sm* (*incarico*) mandate; (*durata dell'incarico*) term of office; (*giur*) warrant ◊ **mandato di perquisizione** search warrant; **mandato di pagamento** money order.

mandìbola *sf* jaw, mandible.

mandolino *sm* mandolin.

màndorla *sf* almond.

màndria *sf* herd.

maneggiare *v tr* to handle ◊ **maneggiare con cura** handle with care.

manèggio *sm* (*equitazione*) riding-school; (*pista*) ring; (*intrigo*) plot.

manètta *sf* (*manopola*) hand lever ◊ *pl* (*ai polsi*) handcuffs ◊ **a tutta manetta** at full throttle.

manganello *sm* truncheon.

manganese *sm* manganese.

mangiàbile *agg* edible.

mangiare *v tr* to eat; (*consumare*) to eat up; (*corrodere*) to eat away; (*nei giochi*) to take ◊ *sm* eating; (*cibo*) food ◊ **fare da mangiare** to do the cooking; **mangiare la foglia** to smell a rat.

mangiata *sf* big meal ◊ **farsi una bella mangiata** to feast on.

mangime *sm* fodder; (*becchime*) birdseed.

mango (*pl* -ghi) *sm* mango.

manìa *sf* mania; (*abitudine*) habit; (*passione*) craze ◊ **manie di grandezza** delusions of grandeur.

manìaco (*f* -a *pl* -ci -che) *agg* maniacal ◊ *sm* maniac.

mànica (*pl* -che) *sf* sleeve ◊ (**il canale del**)**la Manica** the (English) Channel; **a maniche lunghe** long-sleeved; **manica a vento** wind sock; **rimboccarsi le maniche** to roll up one's sleeves; **è un altro paio di maniche** that's another kettle of fish; **essere di**

manica larga to be free with one's money.

manichino *sm* dummy.

mànico (*pl* -ci) *sm* handle; (*mus*) neck ◊ **tenere il coltello dalla parte del manico** to have the whip hand.

manicòmio *sm* mental home; (*fig*) madhouse ◊ **è roba da manicòmio!** it's complete lunacy.

maniera *sf* manner, way ◊ *pl* (*comportamento*) manners ◊ **in nessuna maniera** not at all; **in maniera che** so that; **in maniera da** so as to.

manifattura *sf* manufacture; (*fabbrica*) factory.

manifestare *v tr* (*mostrare*) to show; (*esprimere*) to express ◊ *v intr* to demonstrate ◊ *v rifl* to show.

manifestazione *sf* show; (*espressione*) expression; (*pubblica*) demonstration; (*sintomo*) manifestation.

manifesto *sm* (*programma*) manifesto; (*murale*) poster.

maniglia *sf* handle; (*bus*) strap.

manipolare *v tr* (*maneggiare*) to handle; (*massaggiare*) to massage; (*alterare*) to adulterate; (*impastare*) to knead; (*genetica*) to engineer; (*fig*) to manipulate.

manna *sf* manna.

mano *sf* hand; (*strato*) coat; (*del traffico*) side ◊ **a mano a mano** little by little; **man mano che** as; **fuori mano** out of the way; **a portata di mano** within easy reach; **sotto mano** to hand; **con-**

tro mano on the wrong side of the road; **stretta di mano** handshake; **dare una mano** to give a hand; **di seconda mano** secondhand; **persona alla mano** easy-going person.

manodòpera *sf* (*BrE*) labour, (*AmE*) labor.

manométtere *v tr* to tamper with; (*serratura*) force; (*cassaforte*) to break open.

manòpola *sf* (*di apparecchio*) knob; (*bus*) handle; (*guanto*) mitten; (*di spugna*) wash mitt.

manoscritto *sm* manuscript.

manovale *sm/f* labourer, (*AmE*) laborer.

manovella *sf* handle; (*meccanica*) crank.

manovra *sf* (*BrE*) manoeuvre, (*AmE*) maneuver; (*polit, econ*) measures (*pl*); (*ferr*) shunting.

manovrare *v tr* (*veicolo*) (*BrE*) to manoeuvre, (*AmE*) to maneuver; (*macchinario*) to operate; (*fig, persona*) to manipulate.

manovratore (**-trice**) *sm* (*tram*) driver; (*treno*) shunter.

mansarda *sf* attic.

mansione *sf* task; (*dovere*) duty ◊ **non rientra nelle mie mansioni** it's not part of my job.

mansueto *agg* meek; (*animale*) docile.

manta *sf* (*zool*) manta (ray).

mantello *sm* cloak; (*di animale*) coat; (*di neve, geologia*) mantle.

mantenere *v tr* (*conservare*) to keep; (*in buon ordine, sostenere*) to maintain ◊ *v rifl* (*conservarsi*) to keep; (*sostenersi*) to support oneself ◊ **mantenere contatti** to keep in touch.

mantenimento *sm* maintenance.

manto *sm* cloak ◊ **manto di neve** mantle of snow; **manto stradale** road surface.

manuale *agg, sm* manual ◊ **da manuale** textbook.

manùbrio *sm* handle; (*di bicicletta*) handlebars (*pl*); (*sport*) dumb-bell.

manutenzione *sf* maintenance; (*di edifici*) upkeep.

manzo *sm* (*vivo*) steer; (*carne*) beef ◊ **bistecca di manzo** beefsteak.

mappa *sf* map.

mappamondo *sm* globe.

marabù *sm inv* marabou.

maratona *sf* marathon.

marca (*pl* -**che**) *sf* (*comm*) brand; (*di indumenti*) make; (*marchio di fabbrica*) trademark; (*scontrino*) ticket ◊ **prodotto di (buona) marca** good-quality product; **marca da bollo** revenue stamp.

marcare *v tr* to mark; (*sport, segnare*) to score ◊ **marcar visita** to report sick.

marchese *sm* marquis, marquess ◊ **marchesa** marchioness.

marchiàre *v tr* to brand.

màrchio *sm* brand; (*caratteristica*) mark ◊ **marchio di fabbrica** trademark; **marchio registrato** registered trademark.

màrcia (*pl* -**ce**) *sf* march (*anche mus*); (*auto*) gear; (*sport*) walk ◊ **mettere in marcia** to put into

gear; **treno in marcia** moving train; **cambio di marcia** gear change; **fare marcia indietro** to reverse (gear); (*fig*) to back-pedal.

marciapiede *sm* pavement, (*AmE*) sidewalk; (*ferr*) platform.

marciare *v intr* to march; (*funzionare*) to work; (*sport*) to walk.

màrcio (*pl f* -**ce**) *agg* rotten ◊ *sm* rotten part; (*fig*) corruption.

marcire *v intr* to rot, to go bad; (*fig*) to rot.

marco (*pl* -**chi**) *sm* (*moneta*) mark.

mare *sm* sea; (*luogo di mare*) seaside; (*fig, gran quantità*) a lot ◊ **essere in alto mare** to be on the high seas; (*fig*) to have a long way to go; **frutti di mare** seafood.

marèa *sf* tide ◊ **alta marea** high tide; **bassa marea** low tide.

mareggiata *sf* (sea-)storm.

maremoto *sm* tsunami, tidal wave.

maresciallo *sm* (*ufficiale*) marshal; (*sottufficiale*) warrant-officer.

margarina *sf* margarine.

margherita *sf* daisy.

màrgine *sm* margin; (*strada, bosco*) edge ◊ **ai margini della società** on the fringes of society.

marijuana *sf* marijuana, marihuana.

marina *sf* (*milit*) navy; (*costa*) seashore ◊ **marina militare** navy; **marina militare britannica** Royal Navy; **marina militare statunitense** United States Navy;

marina mercantile merchant navy; **ufficiale di marina** naval officer.

marinàio *sm* sailor.

marino *agg (flora, fauna)* marine; *(aria, fondali)* sea; *(balneare)* seaside ◊ **blu marino** navy blue; **leone marino** sea lion; **cavalluccio marino** sea horse.

marionetta *sf* puppet.

marito *sm* husband.

marittimo *agg* maritime; *(città, trasporto)* sea ◊ *sm* seaman.

marketing *sm inv* marketing.

marmellata *sf* jam; *(agrumi)* marmalade.

marmitta *sf (auto)* silencer,*(AmE)* muffler ◊ **marmitta catalitica** catalytic converter.

marmo *sm* marble ◊ **di marmo** marble.

marmotta *sf* marmot.

marocchino *agg, sm* Moroccan.

marrone *agg* brown ◊ *sm (colore)* brown; *(castagna)* chestnut ◊ **marroni canditi** marrons glacés.

marsùpio *sm (zool)* pouch; *(per neonati)* sling; *(porta oggetti) (BrE)* bum bag.

Marte *sm (astr)* Mars.

martedì *sm inv* Tuesday.

martellare *v tr* to hammer ◊ *v intr (tempie)* to throb; *(cuore)* to pound ◊ **martellare di domande** to fire questions at somebody.

martello *sm* hammer ◊ **martello pneumatico** pneumatic drill; **pesce martello** hammerhead, hammer-fish, hammer-headed shark.

martìn pescatore *sm* kingfisher.

màrtire *sm/f* martyr *(anche fig)*.

màrtora *sf* marten.

marxismo *sm* Marxism.

marxista *(pl* **-i** **-e)** *agg, sm/f* Marxist.

marzapane *sm* marzipan.

marziale *agg* martial ◊ **arti marziali** martial arts; **legge marziale** martial law.

marzo *sm inv* March.

mascalzone *sm* villain, rat; *(scherzoso, a bambini)* rascal.

mascara *sm inv* mascara.

mascella *sf* jaw.

màschera *sf* mask; *(costume)* fancy dress; *(cinema, teatro)* usher; *(commedia dell'arte)* stock character ◊ **maschera di bellezza** face pack.

mascherare *v tr* to mask; *(fig)* to conceal; *(milit, mimetizzare)* to camouflage ◊ *v rifl* to put on a mask; *(travestirsi)* to dress up.

maschile *agg* masculine; *(sesso)* male; *(abbigliamento)* men's ◊ *sm (gramm, genere)* masculine.

maschilista *(pl* **-i** **-e)** *agg, sm/f* sexist.

màschio *agg* male; *(virile)* manly ◊ *sm* male; *(uomo)* man; *(ragazzo)* boy ◊ *(figlio)* **maschio** son; **gatto maschio** tom(-cat); **elefante maschio** bull elephant.

masochismo *sm* masochism.

masochista *(pl* **-i** **-e)** *agg, sm/f* masochist.

massa *sf* mass; *(elettr) (BrE)* earth, *(AmE)* ground ◊ **comunicazioni di massa** mass media.

massacrare *v tr* to massacre.

massacro *sm* massacre; (*fig*) mess.

massaggiare *v tr* to massage.

massaggiatore (**-trice**) *sm* masseur ◊ **massaggiatrice** masseuse.

massàggio *sm* massage.

massàia *sf* housewife.

massiccio (*pl f* **-ce**) *agg* massive; (*oro, argento ecc.*) solid; (*corporatura*) heavy ◊ *sm* (*geog*) massif.

màssima *sf* (*detto, principio*) maxim; (*temperatura*) maximum (temperature) ◊ **in linea di massima** generally speaking.

màssimo *agg* greatest; (*quantità*) maximum, greatest; (*importanza*) utmost ◊ *sm* maximum; (*colmo*) limit ◊ **al massimo** at (the) most; **pesi massimi** heavyweights.

mass-mèdia *sm pl* (mass) media.

masso *sm* rock.

massonerìa *sf* Freemasonry.

masticare *v tr* to chew.

màstice *sm* (*resina*) mastic; (*per camere d'aria*) rubber cement; (*per vetri*) putty.

mastino *sm* (*cane*) mastiff.

matassa *sf* skein; (*di spago*) hank; (*fig*) tangle.

matemàtica (*pl* **-che**) *sf* mathematics, maths (*pl*), (*AmE*) math.

matemàtico (*f a pl* **-ci -che**) *agg* mathematical ◊ *sm* mathematician.

materassino *sm* (*sport*) mat ◊ **materassino gonfiabile** air bed.

materasso *sm* mattress.

matèria *sf* matter; (*materiale*) material; (*di studio*) subject ◊ **materie prime** raw materials.

materiale *agg* material; (*grossolano*) coarse ◊ *sm* material.

maternità *sf inv* motherhood; (*clinica*) maternity hospital ◊ **in congedo di maternità** on maternity leave.

materno *agg* maternal ◊ **scuola materna** nursery school; **lingua materna** mother tongue.

matita *sf* pencil ◊ **matita per gli occhi** eyeliner.

matrìcola *sf* (*registro*) register; (*numero di registro*) registration number; (*universitario*) fresher; (*nuovo in un'organizzazione*) new entrant.

matrigna *sf* stepmother.

matrimoniale *agg* matrimonial.

matrimònio *sm* (*unione*) marriage; (*cerimonia*) wedding.

mattatóio *sm* slaughterhouse.

matterello *sm* rolling-pin.

mattina *sf* morning ◊ **domani mattina** tomorrow morning; **di mattina** in the morning; **di prima mattina** early in the morning.

mattiniero *agg* early-rising.

mattino *sm* morning ◊ **di buon mattino** early in the morning.

matto *agg* mad, crazy; (*med*) insane ◊ **scacco matto** checkmate; **andare matto per qualcosa** to be crazy about something.

mattone *sm* brick; (*fig, peso*) weigh; (*noioso*) bore.

mattonella *sf* tile.

maturare *v tr/intr* to mature; (*frutta*) to ripen; (*interessi*) to accrue; (*proposito, decisione*) to come to.

maturazione *sf* (*frutta*) ripening, (*formaggio*) maturing; (*fin, scadenza*) maturity; (*fin, accumulo*) accrual; (*med*) maturation.

maturità *sf inv* maturity ◊ **esame di maturità** school-leaving examination.

maturo *agg* (*frutta*) ripe; (*fig*) mature.

mausolèo *sm* mausoleum.

mazza *sf* club; (*baseball, cricket*) bat; (*martello*) sledge-hammer ◊ **mazza da golf** golf club.

mazzo *sm* (*chiavi, fiori*) bunch; (*carte*) pack.

me *pron* (*oggetto*) me; (*soggetto*) I; (*me stesso*) myself; (*a me*) me, to me ◊ **è alto come me** he's as tall as me; **secondo me** in my opinion; **lo faccio da me** I do it by myself; **lo ha detto a me, me lo ha detto** he told me; **a me sembra** it seems to me; **dammelo** give it to me; **dimmelo** tell me; **fai come me** do as I do.

meccànica (*pl* -che) *sf* mechanics.

meccànico (*f* -a *pl* -ci -che) *agg* mechanical ◊ *sm* mechanic ◊ **officina meccanica** garage.

meccanismo *sm* mechanism.

medàglia *sf* medal ◊ **il rovescio della medaglia** the other side of the coin.

medésimo *agg* (*lo stesso*) same; (*proprio lo stesso*) the very same ◊ *pron* the same one ◊ **io medesimo** I myself.

mèdia *sf* average; (*mat*) mean; (*scuola, dei voti*) average mark.

mediante *prep* by.

mediatore (-**trice**) *sm* mediator; (*sensale*) middleman ◊ **mediatore di borsa** stockbroker.

mediazione *sf* mediation; (*compenso di mediatore*) brokerage.

medicare *v tr* to treat; (*ferita*) to dress.

medicazione *sf* medication; (*di ferita*) dressing.

medicina *sf* medicine ◊ **studente in medicina** medical student.

medicinale *agg* medicinal ◊ *sm* medicine, drug.

mèdico (*f* -a *pl* -ci -che) *agg* medical ◊ *sm* doctor ◊ **ricetta medica** prescription; **medico generico** general practitioner, GP; **medico legale** forensic scientist; **visita medica** medical examination.

medievale *agg* medieval.

mèdio *agg* average; (*peso, ceto, punto*) middle; (*statura*) medium ◊ *sm* (*dito*) middle finger.

mediocre *agg* mediocre, second-rate.

medioevo *sm* Middle Ages (*pl*).

meditare *v tr* to meditate; (*progettare*) to plan; (*fermarsi a considerare*) to think over ◊ *v intr* to meditate.

meditazione *sf* meditation.

mediterràneo *agg* Mediterranean.

medusa *sf* jellyfish.

meeting *sm inv* meeting.

megàfono *sm* megaphone.

megalòmane *smf* megalomaniac.

mèglio *avv* better ◊ *sm inv* best ◊

fare qualcosa alla bell'e meglio to do something as best as one can; **meglio così!** so much the better!; **fare del proprio meglio** to do one's best; **andare per il meglio** to work out for the best.

mela *sf* apple ◊ **mela cotogna** quince; **mela selvatica** crab apple; **torta di mele** apple tart.

melagrana *sf* pomegranate.

melanzana *sf* (*BrE*) aubergine, (*AmE*) eggplant.

melma *sf* slime.

melo *sm* apple tree.

melodìa *sf* melody.

melograno *sm* pomegranate tree.

melone *sm* melon.

membrana *sf* membrane.

membro (*pl f* **membra**, *del corpo*) *sm* limb; (*persona*) member.

memòria *sf* memory ◊ *pl* (*biografiche*) memoirs ◊ **imparare a memoria** to learn by heart; **in memoria di** in (loving) memory of.

memoriale *sm* memorial.

memorizzare *v tr* to memorize; (*inform*) to store.

mendicante *sm/f* beggar.

mendicare *v tr/intr* to beg (somebody for something) (*anche fig*).

menefreghista (*pl* **-i -e**) *sm/f* devil-may-care.

meno *avv* less; (*mat, temperatura*) minus; (*superlativo*) least ◊ *agg inv* (*singolare*) less; (*plurale*) fewer ◊ *prep* except (for), but ◊ *sm inv* the least; (*mat*) minus sign ◊ **ho meno denaro, meno amici di lui** I have less money,

fewer friends than he (has); **mangiar meno** to eat less; **costa non meno di** it costs no less than; **l'una meno un quarto** a quarter to one; **per lo meno, quanto meno** at least; **fare a meno** to do without; **a meno che** unless; **più o meno** more or less; **meno male!** thank goodness!; **sempre meno** less and less; **tutti meno uno** all but one.

menopàusa *sf* menopause.

mensa *sf* (*di azienda*) canteen, cafeteria; (*milit*) mess; (*refettorio*) refectory.

mensile *agg* monthly ◊ *sm* (*stipendio*) (monthly) salary; (*rivista*) monthly.

mènsola *sf* bracket; (*ripiano*) shelf.

menta *sf* mint ◊ **di menta, alla menta** mint; **menta comune** spearmint; **menta piperita** peppermint.

mentale *agg* mental.

mentalità *sf inv* mentality.

mente *sf* mind ◊ **venire in mente** to occur; **uscire di mente** to slip one's mind; **fare mente locale** to concentrate.

mentire *v intr* to lie.

mento *sm* chin.

mentre *cong* (*temporale*) while; (*invece*) whereas ◊ **in quel mentre** at that very moment.

menù *sm inv* menu (*anche inform*) ◊ **menù (a prezzo) fisso** fixed-price menu.

menzionare *v tr* to mention.

menzione *sf* mention ◊ **far men-**

zione di qualcosa to mention something.

menzogna *sf* lie.

meravìglia *sf* wonder.

meravigliare *v tr* to surprise ◊ *v rifl* to be surprised at.

meravìglioso *agg* (*BrE*) marvellous, (*AmE*) marvelous.

mercante *sm/f* merchant ◊ **mercante d'arte** art dealer.

mercato *sm* market ◊ **mercato all'ingrosso** wholesale market; **ricerca di mercato** market research; **economìa di mercato** free market; **prezzo di mercato** market price; **a buon mercato** cheap.

merce *sf* goods (*pl*).

mercenàrio *agg*, *sm* mercenary.

mercerìa *sf* haberdashery; (*negozio*) haberdasher's.

mercoledì *sm inv* Wednesday.

Mercùrio *sm* (*chim*) mercury; (*astr*) Mercury.

merda *sf* shit.

merenda *sf* afternoon snack.

meridiana *sf* sundial.

meridiano *sm* meridian.

meridionale *agg* southern ◊ *sm* southerner.

meridione *sm* south.

meringa (*pl* **-ghe**) *sf* meringue.

meritare *v tr* to deserve.

mèrito *sm* merit; (*valore*) worth ◊ **per merito tuo** thanks to you; **in merito a** as to.

merlo *sm* blackbird; (*arch*) battlement; (*fig*) dupe, mug.

merluzzo *sm* cod.

meschino *agg* wretched; (*gretto*) mean ◊ *sm* wretch.

mescolanza *sf* mixture.

mescolare *v tr* to mix; (*con il cucchiaio*) to stir; (*carte*) to shuffle ◊ *v rifl* to mix; (*fig*) to meddle.

mese *sm* month ◊ **un mese di vacanza** a month's holiday.

messa *sf* (*relig*) Mass ◊ **messa in moto** starting; **messa a punto** adjustment; (*auto*) tuning; **messa in piega** set; **messa a fuoco** focusing; **messa in scena** production.

messaggero *sm* messenger.

messàggio *sm* message.

messe *sf* harvest.

messicano *agg*, *sm* Mexican.

mestiere *sm* trade; (*lavoro*) job ◊ **i ferri del mestiere** the tools of the trade.

mèstolo *sm* ladle.

mestruazione *sf* menstruation ◊ *pl* period (*sing*) ◊ **avere le mestruazioni** to have one's period.

meta *sf* destination; (*fig*) aim.

metà *sf inv* half; (*punto di mezzo*) middle ◊ **fare a metà** to go halves; **dire le cose a metà** to leave some things unsaid.

metàfora *sf* metaphor.

metàllico (*f* **-a** *pl* **-ci -che**) *agg* (*di metallo*) metal; (*simile al metallo*) metallic.

metallo *sm* metal.

metalmeccànico (*f* **-a** *pl* **-ci -che**) *agg* engineering ◊ *sm* engineering worker.

metano *sm* methane.

metèora *sf* meteor.

meteorologìa *sf* meteorology.

meteorològico (f -a pl -ci -che) agg meteorological; (previsioni, bollettino) weather.

metìccio (pl f -ce) agg half-caste.

meticoloso agg meticulous.

metòdico (f -a pl -ci -che) agg methodical.

metodismo sm Methodism.

mètodo sm method.

mètrico (f -a pl -ci -che) agg metric; (in poesia) metrical.

metro sm metre, (AmE) meter; (oggetto, a nastro) tape measure; (oggetto, in legno) (metre) rule; (fig) yardstick ◊ **metro quadrato** square metre; **metro cubo** cubic metre.

metròpoli sf inv metropolis.

metropolitana sf (BrE) underground, (AmE) subway.

méttere v tr to put; (indossare) to put on; (installare) to put in; (impiegare) to take ◊ v rifl to put oneself; (indossare) to put on; (cominciare) to start ◊ **mettere in ordine** to put in order, (stanza) to tidy up; **mettere al corrente** to update; **mettercela tutta** to do one's utmost; **mettere a fuoco** to focus; **mettere in moto** to start; **mettersi in cammino** to set out; **ci ho messo tre ore** it took me three hours; **mettersi la giacca** to put on one's jacket.

mezzaluna (pl mezzelune) sf half moon, (simbolo islamico) crescent; (coltello) two-handled chopping knife.

mezzanotte (pl mezzenotti o mezzanotti) sf midnight ◊ **a mezzanotte** at midnight.

mezzo agg half ◊ sm (metà) half; (luogo centrale) middle; (espediente) means ◊ pl (denaro) means ◊ **un chilo e mezzo** one and a half kilo; **togliersi di mezzo** to get out of the way; **mettersi in mezzo** to interfere; **mezzi di trasporto** means of transport; **i mezzi pubblici** public transport; **andarci di mezzo** to suffer from it.

mezzogiorno (pl mezzogiorni) sm midday; (sud) south.

mi pron me; (riflessivo) myself; (mus, chiave, nota) E ◊ **seguimi** follow me; **mi ha mandato dei fiori** he sent me some flowers; **eccomi qua** here I am; **mi sembra bello** I think it's nice; **mi sono divertito** I enjoyed myself; **mi lavo la faccia** I wash my face.

miagolare v intr to miaow.

micidiale agg deadly.

mìcio sm pussy-cat.

mìcrobo sm microbe.

micròfono sm microphone.

microscòpio sm microscope.

midollo (pl -a f) sm marrow; (bot) pith; (fig) pith ◊ **midollo osseo** bone marrow; **midollo spinale** spinal cord; **essere bagnato fino alle midolla** to be soaking wet.

miele sm honey ◊ **luna di miele** honeymoon.

mètere v tr to reap.

migliàio (pl -a f) sm thousand ◊ **un migliaio di** about a thousand; **a migliaia** in thousands.

mìglio (pl -a f) sm (misura) mile;

(*bot*) millet ◊ **miglio marino** nautical mile.

migliorare *v tr* to improve ◊ *v intr* to improve oneself.

migliore *agg* better; (*superlativo*) best ◊ **il migliore, la migliore** the best; **il migliore dei due** the better of the two; **il migliore della classe** the best in the class; **molto migliore** much better; **i migliori auguri** best wishes.

mignolo *sm* little finger; (*del piede*) little toe.

migrare *v tr* to migrate.

migrazione *sf* migration.

milanese *agg, sm/f* Milanese.

miliardàrio *agg, sm* billionaire.

miliardèsimo *agg, sm* (*BrE*) thousand millionth, billionth, (*AmE*) billionth.

miliardo *sm* (*BrE*) thousand million, billion, (*AmE*) billion.

milione *sm* million.

milionèsimo *agg, sm* millionth.

militante *agg, sm/f* militant.

militare *agg* military ◊ *sm/f* soldier ◊ *v intr* (*partito, squadra*) to be a member of ◊ **militare di carriera** regular (soldier).

milizia *sf* militia.

mille (*pl* **mila** *f*) *agg, sm inv* a thousand, one thousand ◊ **mille grazie!** thanks a lot!

millenàrio *agg* millennial; (*fig, antico*) ancient ◊ *sm* (*anniversario*) millennium.

millènnio *sm* millennium.

millepiedi *sm inv* centipede, millepede, millipede.

millèsimo *agg, sm* thousandth.

milligrammo *sm* milligram(me).

millilitro *sm* (*BrE*) millilitre, (*AmE*) milliliter.

millìmetro *sm* (*BrE*) millimetre, (*AmE*) millimeter.

milza *sf* spleen.

mimetizzare *v tr* to camouflage ◊ *v rifl* to camouflage oneself.

mimo *sm* mime.

mimosa *sf* mimosa.

mina *sf* mine; (*di matita*) lead.

minàccia (*pl* **-ce**) *sf* threat.

minacciare *v tr* to threaten.

minaccioso *agg* threatening.

minare *v tr/intr* to mine; (*fig*) to undermine.

minareto *sm* minaret.

minatore *sm* miner.

minerale *agg, sm* mineral ◊ **acqua minerale** mineral water.

minestra *sf* soup.

minestrone *sm* minestrone; (*fig*) hotchpotch.

miniatura *sf* miniature.

miniera *sf* mine (*anche fig*).

minigonna *sf* miniskirt.

mìnimo *agg* least, slightest; (*il più basso*) lowest; (*salario, quantità*) minimum ◊ *sm* minimum ◊ *sf* (*temperatura*) minimum (temperature) ◊ **come minimo** at least; **la minima idea** the slightest idea; **girare al minimo** (*motore*) to idle.

ministero *sm* ministry; (*governo*) government ◊ **pubblico ministero** State Prosecutor.

ministro *sm* minister ◊ **primo ministro** Prime Minister; **consiglio dei ministri** Cabinet.

minoranza sf minority ◊ **essere in minoranza** to be in the minority.

minore agg (dimensioni, numero) smaller, (superlativo) smallest; (età) younger, (superlativo) youngest; (importanza) minor, (superlativo) least important; (distanza, tempo) shorter, (superlativo) shortest; (altezza, prezzi) lower, (superlativo) lowest; (mus) minor ◊ pron (dimensioni) the smaller, (superlativo) the smallest; (età) the younger, (superlativo) the youngest; (altezza, prezzi) the lower, (superlativo) the lowest ◊ sm/f minor ◊ **i minori di 14 anni** children under the age of 14; **il minore dei mali** (tra due) the lesser of two evils; **frati minori** Minorites.

minorenne agg under age ◊ sm/f minor.

minùscolo agg tiny; (lettere) small.

minuto agg minute; (corporatura) delicate; (descrizione) detailed ◊ sm minute ◊ **al minuto** (comm) retail.

mio (f **mia** pl **miei mie**) agg my ◊ pron mine ◊ **il mio passaporto** my passport; **ho preso il suo ombrello al posto del mio** I took her umbrella instead of mine; **un mio amico** a friend of mine; **la casa dei miei** my parents' house.

mìope agg short-sighted (anche fig) ◊ sm/f short-sighted person.

mira sf aim; (bersaglio) target ◊ **prender la mira** to take aim; **avere una buona mira** to be a good shot; **prender di mira qualcuno** to pick on somebody.

miràcolo sm miracle (anche fig).

miracoloso agg miraculous.

miràggio sm mirage (anche fig).

mirare v intr to aim.

mirino sm sight; (fot) view-finder.

mirra sf of myrrh.

mirtillo sm (BrE) bilberry, (AmE) whortleberry.

mirto sm myrtle.

miscela sf mixture; (caffè) blend.

mischia sf scuffle; (rugby) scrum.

mischiare v tr, rifl to mix; (carte) to shuffle.

miscùglio sm mixture; (fig) medley.

miseràbile agg wretched.

misèria sf (povertà) poverty; (misero compenso) pittance ◊ **porca miseria!** hell!; (erba) **miseria** wandering Jew.

misericòrdia sf mercy ◊ **aver misericordia di qualcuno** to have mercy on somebody.

misericordioso agg merciful.

misero agg (povero) poor; (miserabile, persona) wretched; (scarso) paltry.

missile sm missile.

missionàrio agg, sm missionary.

missione sf mission.

misterioso agg mysterious.

mistero sm mystery.

mìstico (f -**a** pl -**ci** -**che**) agg, sm mystic.

misto agg mixed ◊ sm mixture ◊ **misto lino, cotone** linen, cotton mix.

misura sf measure; (dimensione) measurement; (taglia) size; (fig, *limite*) limit ◊ **su misura** made to measure; **senza misura** to excess; **di (stretta) misura** by a small margin; **a misura d'uomo** on a human scale.

misurare *v tr* to measure; (*limitare*) to limit; (*indumenti*) to try on; (*terreno*) to survey; (*vista, udito*) to test ◊ *v intr* to measure ◊ *v rifl* (*gareggiare*) to compete (with) ◊ **misurare le parole** to weigh one's words; **misurare la temperatura a qualcuno** to take somebody's temperature.

misurazione *sf* measuring, measurement; (*di terreno*) survey.

mite *agg* mild; (*animale*) meek; (*prezzo*) moderate; (*condanna*) lenient.

mitico (*f* **-a** *pl* **-ci -che**) *agg* mythical.

mito *sm* myth.

mitologìa *sf* mythology.

mitra *sm inv* (*milit*) sub-machine-gun.

mitragliatore *agg* ◊ **fucile mitragliatore** light machine-gun.

mitragliatrice *sf* machine-gun.

mitteleuropèo *agg*, *sm* Mittel-European, Mitteleuropean.

mittente *sm/f* sender ◊ **restituire al mittente** to return to sender.

mòbile *agg* mobile; (*che si muove*) moving; (*che si può muovere*) movable ◊ *sm* piece of furniture ◊ **i mobili** furniture; **beni mobili** personal estate; **sabbie mobili** quicksand(s); **squadra mobile** flying squad.

mobìlia *sf* furniture.

mocassino *sm* moccasin.

moda *sf* fashion ◊ **essere di moda** to be in fashion; **passare di moda** to go out of fashion; **alla moda** fashionable.

modalità *sf inv* formality; (*modo*) way; (*mus*) mode ◊ **modalità di pagamento** method(s) of payment.

modella *sf* model.

modellare *v tr* to model.

modello *sm* model; (*cartamodello*) pattern; (*campione*) specimen ◊ **allievo modello** model pupil.

modem *sm inv* modem.

moderare *v tr* to moderate; (*ridurre*) to reduce ◊ *v rifl* to control oneself.

moderato *agg* moderate.

moderatore (**-trice**) *sm* moderator.

moderno *agg* modern.

modèstia *sf* modesty.

modesto *agg* modest.

mòdico (*f* **-a** *pl* **-ci -che**) *agg* reasonable.

modìfica (*pl* **-che**) *sf* modification.

modificare *v tr*, *rifl* to modify.

modo *sm* way; (*garbo*) manners (*pl*); (*occasione*) chance; (*gramm*) mood ◊ **di modo che** so that; **a ogni modo** anyhow; **in che modo?** how?; **in qualche modo** somehow; **fare in modo di** to try to; **modo di dire** idiom.

mòdulo *sm* form; (*lunare*) module.

mògano *sm* mahogany.

mòglie *sf* wife.

moina *sf* (*carezza*) caress; (*lusin-*

ga) flattery; (*smanceria*) affectation.

mola *sf* (*di mulino*) millstone; (*meccanica*) grindstone.

molare *agg, sm* (*dente*) molar ◊ *v tr* to grind.

mole *sf* mass; (*dimensione*) size.

molècola *sf* molecule.

molestare *v tr* to bother.

molèstia *sf* nuisance ◊ **molestia sessuale** sexual harassment.

molesto *agg* bothersome, annoying.

molla *sf* spring; (*fig*) motivating force ◊ *pl* (*attrezzo*) tongs ◊ **giocattolo a molla** clockwork toy.

mollare *v tr* to let go; (*far cadere*) to drop; (*piantare*) to ditch; (*mar*) to cast off ◊ *v intr* to give up ◊ **mollare un ceffone** to give a slap; **mollare un pugno** to throw a punch.

molle *agg* soft; (*debole*) weak; (*bagnato*) wet.

molletta *sf* (*capelli*) (*BrE*) (hair)grip, (*AmE*) bobby pin; (*bucato*) (*BrE*) clothes-peg, (*AmE*) clothes-pin ◊ *pl* (*utensile*) tongs.

mollica (*pl* **-che**) *sf* crumb.

mollusco (*pl* **-chi**) *sm* mollusc.

molo *sm* (*foraneo*) mole; (*banchina*) quay ◊ **molo di carico** dock.

moltéplice *agg* manifold ◊ *pl* (*numerosi*) numerous; (*svariati*) various.

moltiplicare *v tr/intr, rifl* to multiply.

moltiplicazione *sf* multiplication.

moltitùdine *sf* multitude.

molto *agg* a lot of; (*con negazione e nelle domande*) much, a lot of; (*plurale*) many, a lot of ◊ *pron* a lot; (*molto tempo*) a lot of time; (*con negazione e nelle domande*) much, a lot; (*plurale*) many ◊ *avv* (*con aggettivi*) very; (*con verbi*) a lot ◊ **molto denaro** a lot of money; **non ho molto tempo** I haven't got much time; **molto bello** very nice; **fra non molto** before long; **ci vuole molto (tempo)?** will it take long?

momentàneo *agg* momentary.

momento *sm* moment ◊ **per il momento** for the time being; **a momenti** (*fra poco*) in a moment; (*a volte*) sometimes; **dal momento che** since; **all'ultimo momento** at the very last moment.

mònaco (*f* **-a** *pl* **-ci -che**) *sm* monk ◊ **monaca** nun.

monarca (*pl* **-chi**) *sm* monarch.

monarchìa *sf* monarchy.

monàrchico (*f* **-a** *pl* **-ci -che**) *agg* monarchic ◊ *sm* monarchist.

monastero *sm* (*di monaci*) monastery; (*di monache*) convent.

mondano *agg* worldly; (*obblighi, vita*) social.

mondiale *agg* world ◊ **campionato mondiale** world championship.

mondo *sm* world ◊ **venire al mondo** to come into the world; **per niente al mondo** not for all the world; **andare all'altro mondo** to pass away.

monegasco *agg, sm* Monegasque.

monello *sm* urchin.

moneta *sf* coin; (*denaro*) money; (*spiccioli*) (small) change ◊ **moneta unica** single currency.

monile *sm* jewel.

mònitor *sm inv* monitor.

monolocale *sm* (*BrE*) studio flat, (*AmE*) studio apartment.

monopòlio *sm* monopoly.

monopolizzare *v tr* to monopolize.

monotonìa *sf* monotony.

monòtono *agg* monotonous.

monouso *agg inv* disposable.

monsone *sm* monsoon.

montacàrichi *sm inv* hoist.

montàggio *sm* (*assemblaggio*) assembly; (*cinema*) editing ◊ **catena di montaggio** assembly line; **scatola di montaggio** assembly kit.

montagna *sf* mountain (*anche fig*) ◊ **montagne russe** roller-coaster, (*AmE*) big dipper.

montano *agg* mountain.

montare *v intr* to mount; (*su veicolo*) to get on; (*aumentare*) to rise; (*arrampicarsi*) to climb ◊ *v tr* (*cavalcare*) to ride; (*incorniciare, incastonare*) to mount; (*assemblare*) to assemble; (*film*) to edit; (*albumi*) to whisk; (*fig, esagerare*) to blow up ◊ **montare in servizio** to go on duty; **montare la panna** to whip the cream; **montarsi la testa** to get big-headed.

montatura *sf* (*montaggio*) assembling; (*occhiali*) frame; (*gioiello*) mounting; (*fig*) exaggeration.

monte *sm* mountain; (*davanti a nome proprio*) mount ◊ **monte di pietà** pawnshop; **monte premi** jackpot; **andare a monte** to fall through.

montenegrino *agg, sm* Montenegrin.

montgomery *sm inv* duffel coat.

montone *sm* (*zool*) ram; (*carne*) mutton; (*pelle*) sheepskin.

montuoso *agg* mountainous.

monumentale *agg* monumental.

monumento *sm* monument.

moquette *sf inv* fitted carpet.

mora *sf* (*gelso*) mulberry; (*rovo*) blackberry; (*ritardo*) delay; (*somma*) arrears (*pl*).

morale *agg* moral ◊ *sf* morals (*pl*); (*di una storia*) moral ◊ *sm* morale ◊ **essere giù di morale** to be feeling down.

mòrbido *agg* soft.

morbillo *sm* measles.

morbo *sm* disease.

morboso *agg* morbid.

mordace *agg* (*fig, satira*) biting; (*persona, parole*) cutting.

mordente *sm* (*chim*) mordant; (*colorante*) stain; (*fig*) bite.

mòrdere *v tr* to bite; (*intaccare*) to bite into.

moresco (*f* -**a** *pl* -**chi** -**che**) *agg* Moorish.

morfina *sf* morphine.

moribondo *sm* dying person.

morire *v intr* to die ◊ **morire di fame** to starve to death; **morire dalla voglia di fare qualcosa** to be dying to do something; **morire di noia** to be bored to death; **mo-**

mormorare

rire dal sonno to be exhausted; **è da morire dal ridere** it's hilariously funny.

mormorare *v tr/intr* to murmur; (*brontolare*) to mutter; (*sparlare*) to talk, to gossip.

mormorìo *sm* murmuring; (*borbottìo*) grumbling.

moro *agg* dark ◊ *sm* (*storia*) Moor.

moroso *agg* (*debitore*) in arrears.

morsa *sf* vice; (*fig*) grip.

morsetto *sm* clamp.

morsicare *v tr* to bite.

morso *sm* bite; (*boccone, della briglia*) bit; (*di insetto*) sting ◊ **i morsi della fame** hunger pangs.

mortàio *sm* mortar.

mortale *agg, sm/f* mortal; (*pallore, silenzio, veleno, armi*) deadly ◊ **incidente mortale** fatal accident; **di una noia mortale** deadly.

morte *sf* death ◊ **pena di morte** death penalty.

mortificare *v tr* to mortify ◊ *v rifl* to be mortified.

mortificazione *sf* mortification.

morto *agg* dead ◊ *sm* dead man ◊ *sf* dead woman ◊ **i morti** the dead; **binario morto** siding; **essere a un punto morto** to be in a deadlock; **stagione morta** slack season; **lingua morta** dead language; **essere stanco morto** to be dead tired.

mosàico (*pl* -ci) *sm* mosaic.

mosca (*pl* -che) *sf* fly.

moscerino *sm* midge, gnat.

moschèa *sf* mosque.

moschicida (*pl* -i) *agg* fly ◊ *sm* insecticide.

moscone *sm* (*zool*) bluebottle, blowfly; (*mar, a pedali*) pedalo.

mossa *sf* movement; (*passo, giochi*) move ◊ **una mossa strategica** a strategic move.

mosso *agg* (*mare*) rough; (*capelli*) wavy; (*fotografia*) blurred.

mostarda *sf* (*senape*) mustard.

mostra *sf* show; (*d'arte*) exhibition ◊ **mostra campionaria** trade fair; **mettere in mostra** to display; **mettersi in mostra** to draw attention to oneself.

mostrare *v tr* to show; (*indicare*) to point out; (*spiegare*) to explain ◊ *v rifl* to show oneself; (*apparire*) to appear ◊ **mostrarsi sorpreso** to look surprised.

mostro *sm* monster ◊ **un mostro (di bravura)!** a genius!

mostruoso *agg* monstrous; (*smisurato*) enormous.

motel *sm inv* motel.

motivazione *sf* motivation; (*giustificazione*) justification.

motivo *sm* reason; (*movente*) motive; (*disegno*) motif; (*di canzone*) tune ◊ **senza motivo** for no reason.

moto *sm* motion; (*esercizio fisico*) exercise; (*gesto*) movement ◊ *sf* (*BrE*) motorbike ◊ **mettere in moto** to set in motion; (*auto*) to start; **in moto** in motion.

motocicletta *sf* motorcycle.

motociclismo *sm* motorcycling.

motociclista (*pl* -i -e) *sm/f* motorcyclist.

motore (-trice) *agg* motor ◊ *sm*

motor, engine ◊ **ruote motrici** driving wheels.

motorino *sm* (*ciclomotore*) moped.

motoscafo *sm* motorboat.

motto *sm* motto; (*massima*) saying; (*di spirito*) witticism.

mountain-bike *sf inv* mountain bike.

mouse *sm inv* mouse.

movente *sm* motive.

movimento *sm* movement; (*animazione*) hustle and bustle; (*esercizio fisico*) exercise.

mozzare *v tr* to cut off; (*coda*) to dock ◊ **mozzare il fiato** to take somebody's breath away.

mozzarella *sf* mozzarella.

mozzicone *sm* (*di sigaretta*) stub.

mucca (*pl* **-che**) *sf* cow.

mùcchio *sm* heap, pile ◊ **un mucchio di** lots of.

muco (*pl* **-chi**) *sm* mucus.

muffa *sf* (*BrE*) mould, (*AmE*) mold ◊ **fare la muffa** to go mouldy.

muggire *v intr* (*mucca*) to moo, to low; (*toro*) to bellow.

mughetto *sm* (*bot*) lily of the valley.

mugnàio *sm* miller.

mulattiera *sf* mule track.

mulatto *agg, sm* mulatto.

mulino *sm* mill ◊ **mulino a vento** windmill.

mulo *sm* mule.

multa *sf* fine ◊ **prendere una multa** to be fined; **dare una multa a qualcuno** to fine somebody.

multicolore *agg* multicoloured, (*AmE*) multicolored.

multiculturale *agg* multicultural.

multiètnico (*f* **-a** *pl* **-ci -che**) *agg* multiethnic.

multifunzionale *agg* multifunctional.

multimediale *agg* multimedia.

multinazionale *sf* multinational.

mùltiplo *agg, sm* multiple.

multiproprietà *sf inv* time-share.

multirazziale *agg* multiracial.

mùmmia *sf* mummy; (*fig*) old fog(e)y.

mùngere *v tr* to milk.

municipale *agg* municipal.

municipio *sm* town council; (*palazzo*) town hall.

munire *v tr* ◊ **munire di** to equip with, to supply with; **munirsi di** to equip oneself with.

munizioni *sf pl* ammunition (*sing*).

muòvere *v tr* to move; (*suscitare*) to arouse ◊ *v rifl* to move; (*sbrigarsi*) to hurry up.

muràglia *sf* wall.

murare *v tr* to wall up.

muràrio *agg* building.

muratore *sm* (*con mattoni*) bricklayer; (*con pietre*) mason; (*operaio edile*) builder.

muratura *sf* (*in pietra*) masonry, stonework; (*in mattoni*) brickwork.

murena *sf* moray eel.

muro (*pl* **muri** o **mura** *f*) *sm* wall ◊ **muro di cinta** boundary wall; **le mura della città** the town walls;

armadio a muro built-in cupboard.

mùschio sm moss.

mùscolo sm (anat) muscle; (zool) mussel.

musèo sm museum.

museruola sf muzzle.

mùsica (pl -che) sf music.

musicale agg musical.

musicista (pl -i -e) sm/f musician.

muso sm (di animale) muzzle; (fig, di persona) face; (peggiorativo) mug; (di aereo) nose ◊ **mettere il muso** to pull a long face; **tenere il muso** to sulk.

musulmano agg, sm Muslim, Moslem.

muta sf (cambio) change; (di uccelli, cani, gatti) (BrE) moult, (AmE) molt; (di serpenti) shedding of skin; (gruppo di cani) pack; (subacquea) wetsuit.

mutamento sm change.

mutande sf pl (da donna) knickers; (da uomo) (under)pants.

mutare v tr to change.

mutazione sf mutation ◊ **mutazione genetica** genetic mutation.

mutévole agg changeable.

mutilare v tr to mutilate.

mutilato agg mutilated ◊ sm disabled person ◊ **mutilato di guerra** disabled ex-serviceman.

muto agg dumb; (silenzioso) silent; (linguistica) mute.

mùtua sf national health insurance.

mùtuo agg mutual ◊ sm loan; (per la casa) mortgage ◊ **mutuo**

soccorso mutual aid; **chiedere un mutuo** to apply for a loan.

N

nàcchere sf pl castanets.

nafta sf (chim) naphtha; (per motori) diesel oil.

nanna sf (linguaggio infantile) bye-bye(s) ◊ **ninna nanna** lullabye; **fare la nanna** to sleep.

nano agg, sm dwarf.

napoletano agg, sm Neapolitan.

narciso sm narcissus.

narcòtico (f -a pl -ci -che) agg, sm narcotic.

narice sf nostril.

narrare v tr to tell ◊ v intr to tell about.

narrativa sf fiction.

narrazione sf narration; (racconto) story.

nasale agg nasal.

nàscere v intr (venire al mondo) to be born; (germogliare) to sprout; (sorgere) to rise ◊ **nascere da** to arise from.

nàscita sf birth.

nascituro sm unborn child.

nascóndere v tr to hide ◊ v rifl to hide.

nascondìglio sm hiding place.

nascosto agg hidden ◊ **di nascosto** secretly.

nasello sm (zool) hake.

naso sm nose ◊ **non vedere più in là del proprio naso** not to see beyond the end of one's nose; **avere (buon) naso per** to have a good nose for; **ficcare il naso negli affari altrui** to poke one's nose into other people's business; **a naso** at a guess.

nastro *sm* tape; (*di stoffa*) ribbon ◊ **nastro adesivo** adhesive tape; **nastro isolante** insulating tape.

natale *sm* Christmas ◊ **Buon Natale! Merry Christmas! Babbo Natale** Father Christmas.

natalizio *agg* (*del Natale*) Christmas.

natante *agg* floating ◊ *sm* craft.

natica *sf* buttock.

nativo *agg, sm* native.

natura *sf* nature.

naturale *agg* natural; (*acqua minerale*) still ◊ (**è**) **naturale!** of course!; **medicina naturale** alternative medicine.

naturalezza *sf* naturalness.

naturalmente *avv* naturally; (*certamente*) of course.

naufragare *v intr* (*nave, fig*) to be wrecked; (*persona*) to be shipwrecked.

naufragio *sm* shipwreck; (*fig*) wreck.

naufrago (*f* **-a** *pl* **-ghi -ghe**) *sm* shipwrecked person.

nausea *sf* nausea ◊ **avere la nausea** to feel sick; **mi dà la nausea** it makes me sick.

nauseante *agg* nauseating.

nauseare *v tr* to nauseate.

nautica *sf* navigation ◊ **salone della nautica** boat show.

navale *agg* naval ◊ **cantiere navale** shipyard; **museo navale** maritime museum.

navata *sf* ◊ **navata centrale** nave; **navata laterale** aisle.

nave *sf* ship ◊ **nave traghetto** ferry (boat); **nave passeggeri** passenger ship; **nave mercantile** merchant ship; **nave cisterna** (oil) tanker; **nave da crociera** cruise liner.

navetta *sf* shuttle ◊ **bus navetta** shuttle bus; **treno navetta** shuttle train; **aereo navetta** shuttle plane; **navetta spaziale** space shuttle.

navigabile *agg* navigable.

navigare *v tr/intr* to sail ◊ **navigare in Internet** to surf the Net.

navigato *agg* navigated; (*fig, esperto*) seasoned, experienced.

navigazione *sf* navigation ◊ **navigazione costiera** coastal navigation.

nazionale *agg* national ◊ *sf* (*sport*) national team.

nazionalismo *sm* nationalism.

nazionalista *sm/f* nationalist.

nazionalità *sf inv* nationality.

nazionalizzare *v tr* to nationalize.

nazione *sf* nation.

nazismo *sm* Nazism.

nazista *sm/f* Nazi.

ne *pron* (*di lui*) about him, of him; (*di lei*) about her, of her; (*di loro*) about them, of them; (*di questa cosa*) about it, of it; (*da lui*) from him; (*da lei*) from her; (*da loro*) from them; (*da questa cosa*) from it ◊ *avv* (*da lì*) from there; (*da qui*) from here ◊ **non ne ho mangiati** I didn't eat any of them; **sì, ne ho**

né

yes, I've got some; **non ne ho più** I don't have any left; **me ne vado** I'm off.

né *cong* ◊ **né... né** neither... nor; **né... né... né...** neither... nor... nor; **né l'uno né l'altro** (di nei, voi, loro) neither (of us, you, them); **non parla né con me né con lui** she doesn't speak to me or to him; **né più né meno** neither more nor less.

neanche *avv* not even ◊ *cong* (*e neppure*) neither... nor ◊ **senza neanche dirmelo** without even telling me; **neanche per sogno** certainly not.

nébbia *sf* (*densa*) fog; (*foschia*) mist.

nebbioso *agg* foggy, misty.

nebulosa *sf* nebula.

necessàrio *agg*, *sm* necessary.

necessità *sf inv* necessity; (*bisogno*) need ◊ **in caso di necessità** in case of need, if need be.

necrològio *sm* obituary.

necròpoli *sf inv* necropolis.

negare *v tr* to deny; (*rifiutare*) to refuse.

negativa *sf* (*fot*) negative.

negativo *agg*, *sm* negative.

negazione *sf* negation; (*rifiuto*) denial.

negli *prep articolata* v. **in** + **gli**.

negligente *agg* negligent.

negligenza *sf* negligence.

negoziante *sm* (*piccolo esercente*) (*BrE*) shopkeeper, (*AmE*) storekeeper; (*commerciante*) dealer.

negoziare *v tr* to negotiate.

negoziato *sm* negotiations (*pl*).

negòzio *sm* (*BrE*) shop, (*AmE*) store.

negro *agg*, *sm* Negro, black ◊ **lavorare come un negro** to work like a slave.

nei *prep articolata* v. **in** + **i**.

nel *prep articolata* v. **in** + **il**.

nella *prep articolata* v. **in** + **la**.

nelle *prep articolata* v. **in** + **le**.

nello *prep articolata* v. **in** + **lo**.

nemico (*f* -**a** *pl* -**ci** -**che**) *agg* hostile ◊ *sm* enemy.

nemmeno *avv* not even ◊ *cong* (*e nemmeno*) neither... nor ◊ **nemmeno per idea** certainly not.

neo *sm* mole; (*sul viso, finto*) beauty spot; (*fig, imperfezione*) flaw; (*del carattere*) failing.

neologismo *sm* neologism.

neon *sm inv* neon.

neonato *agg* newborn ◊ *sm* newborn baby.

neozelandese *agg* New Zealand ◊ *sm/f* New Zealander.

nepalese *agg*, *sm/f* Nepalese.

neppure *avv* not even ◊ *cong* (*e neppure*) neither... nor.

nero *agg* black; (*capelli, occhi, previsioni*) dark ◊ *sm* (*colore*) black; (*persona*) black person ◊ **Africa nera** black Africa; **lavoro nero** black economy; **borsa nera** black market; **cronaca nera** crime news; **bianco e nero** black and white.

nervo *sm* nerve ◊ **avere i nervi saldi** to be unflappable; **avere i nervi** to be in a mood.

nervoso *agg* nervous; (*irritabile*)

irritabile ◊ **esaurimento nervoso** nervous breakdown.

nèspola *sf* medlar.

nesso *sm* link.

nessuno *agg* no, not any; *(qualche)* any ◊ *pron* nobody, no one, not ... anybody, not ... anyone; *(qualcuno)* anybody, anyone ◊ **non ho nessuna difficoltà** I have no problems; **nessun'altra cosa** nothing else; **nessun altro** nobody else, no one else; **c'è nessuno?** is there anybody?; **nessuno di noi/voi/loro due** neither of us/you/them; **in nessun posto** anywhere.

nèttare *sm* nectar.

nettezza *sf* *(pulizia)* cleanliness ◊ **nettezza urbana** *(BrE)* cleansing department, *(AmE)* department of sanitation.

netto *agg* *(pulito)* clean; *(chiaro, deciso)* clear; *(detratto)* net ◊ **peso netto** net weight.

Nettuno *sm* *(astr)* Neptune.

netturbino *sm* *(BrE)* dustman, *(AmE)* garbage collector, trash man.

neuròlogo *(f -a pl -gi -ghe) sm* neurologist.

neutrale *agg* neutral.

nèutro *agg* neutral.

neve *sf* snow.

nevicare *v intr* to snow ◊ **nevica** it is snowing.

nevicata *sf* snowfall.

nevìschio *sm* sleet.

nevoso *agg* *(tempo)* snowy; *(coperto di neve)* snow-covered.

nevralgìa *sf* neuralgia.

nevrosi *sf inv* neurosis.

nìbbio *sm* kite.

nicaraguense *agg, sm/f* Nicaraguan.

nìcchia *sf* niche.

nicotina *sf* nicotine.

nidiata *sf* brood.

nido *sm* nest ◊ **asilo nido** crèche.

niente *pron* nothing, not... anything; *(qualcosa)* anything ◊ **per niente** not at all; **da niente** not a major, worthless; **niente paura** no fear; **non fa niente** it doesn't matter.

nigeriano *agg, sm* Nigerian.

ninfa *sf* nymph.

ninfea *sf* waterlily.

ninnananna *sf* lullaby.

nipote *sm/f* *(maschio, di nonni)* grandson, grandchild; *(femmina, di nonni)* granddaughter, grandchild; *(maschio, di zii)* nephew; *(femmina, di zii)* niece.

nìtido *agg* neat; *(chiaro)* clear.

nitrato *sm* nitrate.

nitrire *v intr* to neigh.

nitrito *sm* *(di cavallo)* neigh.

no *avv* no; *(con avv, cong)* not ◊ *sm* no; *(rifiuto)* refusal ◊ **dire di no** to say no; **perché no?** why not?; **credo di no** I don't think so; **se no** otherwise.

nòbile *agg* noble ◊ *sm/f* noble, nobleman *(m)*, noblewoman *(f)*.

nobiltà *sf inv* nobility.

nocca *(pl -che) sf* knuckle.

nocciola *sf* hazelnut.

nocciolina ◊ **nocciolina (americana)** peanut, groundnut.

nocciolo *sm* hazel.

167

nòcciolo *sm* stone, (*AmE anche*) pit; (*fig*) heart, kernel ◊ **il nocciolo della questione** the heart of the matter; **il nocciolo del reattore nucleare** the core of the nuclear reactor; **veniamo al nocciolo!** let's come to the point!

noce *sm* (*albero*) walnut tree ◊ *sf* (*frutto*) walnut ◊ **noce moscata** nutmeg.

nocivo *agg* harmful.

nodo *sm* knot; (*stradale, ferr*) junction; (*fig, legame*) bond, tie ◊ **un nodo alla gola** a lump in the throat.

nodoso *agg* knotty; (*tronco, mani*) gnarled.

nòdulo *sm* (*med*) nodule.

noi *pron* (*soggetto*) we; (*oggetto, con preposizione*) us ◊ **noi stessi** ourselves; **nessuno di noi** none of us; **tutti noi** all of us; **da noi** (*paese*) in our country; (*casa*) at our place.

nòia *sf* boredom; (*fastidio*) bother; (*persona*) bore ◊ **dar noia a** to annoy.

noioso *agg* boring; (*fastidioso*) tiresome ◊ *sm* bore.

noleggiare *v tr* to rent, (*BrE*) to hire; (*dare a noleggio*) to rent out; (*BrE*) to hire out; (*aereo*) to charter.

noleggio *sm* rental, (*BrE*) hire; (*aerei*) charter ◊ **prendere a noleggio** to rent, (*BrE*) to hire; **noleggio auto** car hire, car rental; **noleggio imbarcazioni** boat charter, boat hire.

nòmade *agg* nomadic ◊ *sm/f* nomad.

nome *sm* name; (*di persona, primo*) first name; (*di persona, cognome*) surname, family name; (*gramm*) noun ◊ **farsi un** (**buon**) **nome** to make a name for oneself.

nomenclatura *sf* nomenclature.

nòmina *sf* appointment.

nominare *v tr* (*dire il nome*) to name; (*citare*) to mention; (*incaricare*) to appoint.

non *avv* not ◊ **volo non stop** nonstop flight; **non vedente** visually impaired person; **non udente** hearing impaired person.

nonno *sm* (*maschio*) grandfather; (*più familiare*) grandpa; (*BrE*) grandad; (*femmina*) grandmother; (*più familiare*) grannie, granny; grandma ◊ **i nonni** grandparents; **nonni materni** grandparents on one's mother side, maternal grandparents; **nonni paterni** grandparents on one's father side, paternal grandparents.

nono *agg, sm* ninth.

nonostante *prep* in spite of, despite ◊ *cong* although.

nord *sm inv* north ◊ **le regioni del nord** the northern regions; **il Polo Nord** the North Pole; **la carreggiata nord** the northbound lane.

nordafricano *agg, sm* North-African.

nordamericano *agg, sm* North-American.

nordeuropèo *agg, sm* North-European.

nòrdico (*f* -a *pl* -ci -che) *agg, sm* Nordic.

norma *sf* (*regola*) rule; (*normalità, media*) norm ◊ **norme per l'uso** instructions for use.

normale *agg* normal.

normalità *sf inv* normality.

normanno *agg* Norman.

norvegese *agg, sm/f* Norwegian.

nostalgia *sf* (*di casa, patria*) homesickness; (*del passato*) nostalgia ◊ **avere nostalgia di qualcuno, di qualcosa** to miss something, somebody.

nostrano *agg* local, home-produced; (*frutta, verdura*) home-grown.

nostro *agg* our ◊ *pron* ours ◊ **la nostra camera** our room; **il nostro bambino** our child; **i nostri amici** our friends; **un nostro amico** a friend of ours; **arrivano i nostri** here comes the cavalry; **vincono i nostri** our side is winning.

nota *sf* note; (*elenco*) list; (*fattura*) bill ◊ **nota spese** expense account; **prender nota** to take note; **degno di nota** noteworthy.

notàio *sm* notary.

notare *v tr* (*osservare*) to notice; (*annotare*) to note down; (*segnare, evidenziare*) to mark ◊ *v rifl* (*apparire*) to show ◊ **farsi notare** to get oneself noticed.

notévole *agg* remarkable.

notìzia *sf* piece of news, some news; (*informazione*) piece of information ◊ *pl* news (*sing*); (*informazioni*) information (*sing*)

◊ **avere notizie di qualcuno** to hear from somebody.

notiziàrio *sm* news.

noto *agg* (well-)known ◊ **rendere noto** to make known.

notorietà *sf inv* fame; (*spregiativo*) notoriety.

nottata *sf* night.

notte *sf* night ◊ **questa notte** (*passata*) last night, (*che viene*) tonight; **buona notte** good night; **notte in bianco** sleepless night; **camicia da notte** nightdress; **vaso da notte** chamber pot.

notturno *agg* night; (*animale*) nocturnal ◊ **volo notturno** overnight flight; **locale notturno** night-club.

novanta *agg, sm inv* ninety.

novantenne *agg* ninety (years old); ninety-year-old ◊ *sm/f* ninety-year-old man (*m*), ninety-year-old woman (*f*).

novantèsimo *agg, sm* ninetieth.

nove *agg, sm inv* nine.

novecentesco (*f* -a *pl* -chi -che) *agg* twentieth century.

novecentèsimo *agg, sm* nine hundredth.

novecento *agg, sm inv* nine hundred; (*secolo*) the twentieth century.

novella *sf* short story.

novello *agg* new ◊ **patate novelle** new potatoes; **vino novello** new wine.

novembre *sm inv* November.

novità *sf inv* novelty; (*notizie*) news.

nozione *sf* notion ◊ *pl* (*primi elementi*) rudiments.

nozze sf pl marriage (sing); (cerimonia) wedding (sing) ◊ **viaggio di nozze** honeymoon; **nozze d'oro** golden (wedding) anniversary.

nube sf cloud.

nubifràgio sm cloudburst.

nùbile agg unmarried.

nuca (pl **-che**) sf nape.

nucleare agg nuclear ◊ sm nuclear power ◊ **energia nucleare** nuclear energy; **centrale nucleare** nuclear power station; **reattore nucleare** nuclear reactor.

nudista (pl **-i -e**) agg, sm/f nudist.

nudo agg naked; (fig, specifiche parti del corpo) bare ◊ sm (arte) nude ◊ **a piedi nudi** barefoot; **a mani nude** with one's bare hands.

nulla pron nothing, not... anything; (qualcosa) anything ◊ sm inv nothing; (luogo inesistente) nowhere ◊ **per nulla** not at all; **svanire nel nulla** to vanish into thin air.

nullaosta sm inv authorization.

nullo agg (giur) nul and void.

numerare v tr to number.

numerazione sf numbering.

nùmero sm number; (misura, taglia) size ◊ **numero decimale** decimal; **dare i numeri** to be off one's head; **numero verde** (BrE) Freephone number, (AmE) tollfree number; **avere dei numeri** to have what it takes.

numeroso agg numerous.

numismàtica (pl **-che**) sf numismatics.

nuòcere v intr to harm.

nuora sf daughter-in-law.

nuotare v intr to swim; (fig) to wallow ◊ **nuotare nell'oro** to be rolling in money.

nuoto sm swimming.

nuovo agg new ◊ **di nuovo** again; **niente di nuovo** nothing new.

nutriente agg nourishing.

nutrire v tr to feed, to nourish; (essere nutriente) to be nourishing ◊ v rifl to feed (on).

nutrizione sf nutrition.

nùvola sf cloud ◊ **cadere dalle nuvole** to be astounded; **avere la testa fra le nuvole** to have one's head in the clouds.

nuvoloso agg cloudy.

nuziale agg wedding, nuptial.

nylon sm inv nylon.

O

o cong or ◊ **o...** to either... or; **l'uno o l'altro** either.

òasi sf inv oasis.

obbligare v tr to force, to oblige ◊ **obbligarsi a** to undertake to.

obbligatòrio agg compulsory.

obbligazione sf obligation; (fin) bond.

òbbligo (pl **-ghi**) sm obligation; (dovere) duty ◊ **essere d'obbligo** to be obligatory; **essere in obbligo** to be under an obligation; **scuola dell'obbligo** compulsory education.

obelisco (pl **-chi**) sm obelisk.

obeso agg obese.

obiettare v tr/intr to object.

obiettivo *agg* objective ◊ *sm* objective; (*fot*) lens.

obiettore (-trice) *sm* objector ◊ **obiettore di coscienza** conscientious objector.

obiezione *sf* objection.

obitòrio *sm* mortuary.

oblìquo *agg* oblique; (*fig*) underhand.

obliterare *v tr* (*biglietto, con timbro*) to stamp; (*con foratura*) to punch.

oblò *sm inv* porthole.

òboe *sm* oboe.

oca (*pl -che*) *sf* goose ◊ **oca maschio** gander; **avere la pelle d'oca** to have goose flesh, to have goose pimples; (*AmE*) to have goose bumps.

occasione *sf* occasion; (*affare*) bargain; (*opportunità*) chance ◊ **in occasione di** on the occasion of; **d'occasione** (*di seconda mano*) second-hand; (*a buon prezzo*) bargain; **alla prima occasione** at the first opportunity.

occhiàia *sf* eye socket ◊ **avere le occhiaie** to have shadows under one's eyes.

occhiali *sm pl* glasses ◊ **occhiali da sole** sunglasses; **occhiali da vista** spectacles.

occhiata *sf* look ◊ **dare un'occhiata a** to have a look at.

occhiello *sm* buttonhole; (*rinforzato con metallo, pelle ecc.*) eyelet.

òcchio *sm* eye ◊ **in un batter d'occhio** in a flash; **a occhio e croce** roughly; **non chiudere occhio** not to sleep a wink; **a vista**

d'occhio visibly; **con la coda dell'occhio** out of the corner of one's eye; **costare un occhio della testa** to cost an arm and a leg; **tenere d'occhio** to keep an eye on; **dare nell'occhio** to attract attention.

occidentale *agg* western, west ◊ *sm/f* westerner.

occidente *sm* west.

occlusione *sf* blockage; (*med*) occlusion.

occorrente *agg, sm* necessary.

occorrenza *sf* need ◊ **all'occorrenza** if need be.

occórrere *v intr* to be necessary.

occupare *v tr* to occupy; (*tempo*) spend; (*dare occupazione*) to employ; (*casa, illegalmente*) to squat in ◊ *v rifl* (*trovare lavoro*) to find a job; (*interessarsi*) to be interested in; (*badare*) to look after.

occupato *agg* (*posto*) taken; (*telefono*) engaged; (*lavoratore*) employed; (*persona, impegnata*) busy; (*fabbrica, scuola, militarmente*) occupied; (*casa, illegalmente*) taken over by squatters.

occupazione *sf* occupation; (*casa, illegale*) squatting.

oceànico (*f -a pl -ci -che*) *agg* oceanic, ocean; (*fig*) huge.

oceano *sm* ocean.

ocra *sf, agg* ochre.

oculare *agg* ocular, eye.

oculista (*pl -i -e*) *sm/f* eye specialist, ophtalmologist.

odiare *v tr* to hate.

odierno *agg* (*di oggi*) of today; (*attuale*) present.

òdio *sm* hatred.

171

odioso *agg* hateful.

odontoiatra (*pl* **-i -e**) *sm/f* dental surgeon.

odorare *v intr* to smell of ◊ *v tr* to smell ◊ **odorare di spezie** to smell of spices.

odore *sm* smell; (*profumo*) scent; (*fig*) (*BrE*) odour, (*AmE*) odor; **cattivo odore** bad smell; **c'è odore di cipolla** there is a smell of onion; **sentire odore di** to smell.

offendere *v tr* to offend ◊ *v rifl* to take offence (at).

offensivo *agg* offensive.

offerente *sm/f* offerer, (*asta*) bidder.

offerta *sf* offer; (*donazione*) donation; (*asta*) bid; (*per appalto*) tender ◊ **offerta speciale** special offer; **la domanda e l'offerta** supply and demand.

offesa *sf* offence, (*AmE*) offense.

offeso *agg* offended ◊ **sentirsi offeso** to feel slighted.

officina *sf* workshop ◊ **officina (meccanica)** garage.

offrire *v tr* to offer ◊ *v rifl* (*persona*) to offer oneself; (*occasione*) to present itself ◊ **offrire aiuto** to offer to help; **offrire un caffè** to offer a coffee; **ti offro da bere** I'll buy you a drink.

oggettivo *agg* objective.

oggetto *sm* object; (*materia, argomento*) subject; (*in lettere commerciali*) re ◊ **oggetti personali** personal belongings.

oggi *avv, sm* today ◊ **dall'oggi al domani** overnight; **da oggi in poi** from now on.

ogni *agg* every; (*qualsiasi*) any ◊ **ogni tanto** now and then; **in ogni modo** anyway.

ognuno *pron* everyone, everybody ◊ **ognuno di noi** each of us.

oh *inter* oh.

ohi *inter* (*di dolore*) ow, ouch; (*per richiamare l'attenzione*) hey.

olandese *agg* Dutch ◊ *sm* (*lingua*) Dutch ◊ *sm/f* Dutchman (*m*), Dutchwoman (*f*) ◊ **gli olandesi** the Dutch.

oleandro *sm* oleander.

oleato *agg* oiled ◊ **carta oleata** (*BrE*) greaseproof paper, (*AmE*) wax paper.

oleificio *sm* oil-mill.

oleodotto *sm* oil pipeline.

olfatto *sm* sense of smell.

oliare *v tr* to oil.

oliera *sf* cruet.

olimpiade *sf* Olympic games (*pl*), Olympics (*pl*).

olimpico (*f* **-a** *pl* **-ci -che**) *agg* Olympic.

olimpionico (*f* **-a** *pl* **-ci -che**) *agg* Olympic.

olio *sm* oil ◊ **olio d'oliva** olive oil; **olio di semi** vegetable oil; **sott'olio** in oil; **olio solare** sun-tan oil; **colori a olio** oils.

oliva *sf* olive.

olivo *sm* olive tree.

olmo *sm* elm.

olocausto *sm* (*sterminio nazista di ebrei*) holocaust.

oltraggio *sm* insult.

oltre *avv* (*luogo*) further; (*tempo*) longer ◊ *prep* (*luogo*) over; (*tempo*) later than; (*più di*) more than;

(*in aggiunta*) besides; (*all' infuori di*) except, apart from.

oltrepassare *v tr* to go beyond; (*eccedere*) to exceed; (*varcare*) to cross.

oltretutto *sm inv* on top of (all) that; (*inoltre*) besides.

omàggio *sm* homage; (*dono*) gift ◊ *agg inv* free; (*copia, biglietto*) complimentary ◊ **in omaggio** free gift; **buono omaggio** gift voucher.

ombelicale *agg* umbilical ◊ **cordone ombelicale** umbilical cord.

ombelico (*pl* -**chi**) *sm* navel.

ombra *sf* shade; (*sagoma*) shadow ◊ *agg* shadow ◊ **governo ombra** shadow cabinet; **senza ombra di dubbio** without a shadow of (a) doubt.

ombrello *sm* umbrella.

ombrellone *sm* beach umbrella.

ombretto *sm* eye-shadow.

ombroso *agg* (*luogo*) shady; (*persona*) touchy; (*cavallo*) skittish.

omeopatia *sf* homeopathy.

omeopàtico (*f* -**a** *pl* -**ci** -**che**) *agg* homeopathic.

òmero *sm* (*anat*) humerus.

omertà *sf inv* conspiracy of silence.

ométtere *v tr* to omit.

omicida (*pl* -**i** -**e**) *agg* homicidal ◊ *sm/f* murderer (*m*), murderess (*f*).

omicìdio *sm* murder, homicide ◊ **omicidio colposo** manslaughter.

omissione *sf* omission ◊ **omissione di soccorso** failure to stop and give assistance.

omogeneizzato *sm* baby food.

omogèneo *agg* homogeneous.

omologato *agg* approved, authorized.

omònimo *agg* with the same name.

omosessuale *agg*, *sm/f* homosexual.

óncia (*pl* -**ce**) *sf* ounce.

onda *sf* wave ◊ **onde medie, corte** medium, short wave; **mandare in onda** to broadcast.

ondata *sf* wave (*anche fig*) ◊ **ondata di caldo** heatwave.

ondeggiare *v intr* (*rami, bandiera, messi*) to wave; (*fig, folla, edificio*) to sway; (*barca*) to roll; (*barcollare, esitare*) to waver.

ondulato *agg* (*capelli*) wavy; (*terreno*) undulating, rolling ◊ **cartone ondulato** corrugated paper.

onduregno *agg*, *sm* Honduran.

onestà *sf inv* honesty.

onesto *agg* honest; (*giusto*) just.

ònice *sf* onyx.

onnipotente *agg* omnipotent.

onnivoro *agg* omnivorous.

onomàstico (*pl* -**ci**) *sm* name-day.

onorare *v tr* to honour, (*AmE*) honor; (*far onore a*) to be a credit to ◊ *v rifl* to feel honoured (by something, to do something), (*AmE*) to feel honored.

onoràrio *agg* honorary ◊ *sm* fee.

onore *sm* honour, (*AmE*) honor; (*onorificenze*) honours (*pl*); (*merito*) credit ◊ **farsi onore** to distinguish oneself.

onorévole *agg* honourable, (*AmE*) honorable ◊ *sm/f* (*parlamentare*) Member of Parliament, MP.

ontano *sm* alder.

ONU *sf* UN.

opaco *agg* opaque; (*contrario di lucido, vernice, foto*) matt; (*colore, fig*) dull.

opale *sm* opal.

òpera *sf* (*lavoro*) work; (*azione*) deed; (*mus*) opera ◊ **opera d'arte** work of art; **mano d'opera** labour; **teatro dell'opera** opera house.

operàio *agg* working ◊ *sm* worker.

operare *v tr* (*med*) to operate on ◊ *v intr* to operate; (*agire*) to work ◊ **farsi operare** to have an operation.

operatore (-trice) *sm* operator; (*TV*) cameraman ◊ **operatore sanitario** health worker; **operatore turistico** tour operator; **operatore di borsa** dealer on the stock exchange.

operatòrio *agg* operating ◊ **sala operatoria** (*BrE*) operating theatre, (*AmE*) operating room.

operazione *sf* operation; (*comm*) transaction.

opinàbile *agg* arguable, debatable.

opinione *sf* opinion ◊ **cambiare opinione** to change one's mind; **l'opinione pubblica** public opinion.

òppio *sm* opium.

opporre *v tr* to oppose; (*obiettare*) to object ◊ *v rifl* to oppose.

opportunità *sf inv* (*occasione, possibilità*) opportunity; (*l'essere opportuno*) timeliness.

opportuno *agg* opportune; (*appropriato*) appropriate; (*tempestivo*) timely.

opposizione *sf* opposition.

opposto *agg* opposite; (*opinioni*) opposing ◊ *sm* the opposite.

oppressione *sf* oppression.

oppresso *agg* oppressed.

opprìmere *v tr* to oppress; (*gravare*) to weigh down.

oppure *cong* or; (*altrimenti*) otherwise, or else.

optare *v intr* ◊ **optare per** to opt for.

òptional *sm inv* optional extra, option.

opzione *sf* option.

ora *sf* time; (*unità*) hour ◊ *avv* now; (*poco fa*) just now; (*fra poco*) in a moment, presently ◊ *cong* (*dunque*) now (then) ◊ **mezz'ora** half an hour; **che ora è?** what time is it?; **d'ora in poi** from now on; **per ora** for the time being; **ora legale** (*BrE*) summer time, (*AmE*) daylight saving time; **ora di punta** rush hour.

òrafo *sm* goldsmith.

orale *agg, sm* oral ◊ **per via orale** by mouth.

oràrio *agg* (*tariffa, media*) hourly; (*segnale, fuso*) time; (*velocità*) per hour ◊ *sm* time; (*tabella*) timetable, (*AmE*) schedule ◊ **in senso orario** clockwise; **disco orario** parking disc; **orario di**

apertura opening time; **orario di chiusura** closing time; **orario d'ufficio** business hours; **essere in orario** to be on time.

orata *sf* gilt-head bream.

oratore (**-trice**) *sm* speaker.

orazione *sf* (*preghiera*) prayer.

òrbita *sf* (*anat*) (eye-)socket; (*fis*) orbit.

orca (*pl* **-che**) *sf* killer whale.

orchestra *sf* orchestra; (*da ballo*) band.

orchidèa *sf* orchid.

ordigno *sm* ◊ **ordigno esplosivo** explosive device.

ordinamento *sm* order; (*norme*) rules (*pl*); (*sistema*) system.

ordinare *v tr* to order; (*disporre*) to arrange; (*prescrivere*) to prescribe; (*relig*) to ordain.

ordinàrio *agg* ordinary; (*di poco valore*) common ◊ **fuori dell'ordinario** out of the ordinary.

ordinazione *sf* order ◊ **fare un'ordinazione** to place an order.

órdine *sm* order ◊ **mettere in ordine** to put in order; (*stanza ecc.*) to tidy up; **ordine del giorno** agenda; **ordine pubblico** law and order, public order; **parola d'ordine** password; **di prim'ordine** first-class; **ordine di pagamento** (*ordine di bonifico*) draft; (*mandato di pagamento*) order of payment.

orecchino *sm* earring.

orécchio (*pl* **-chi** o **-chie** *f*) *sm* ear ◊ **mi fischiano le orecchie** my ears are singing; (*fig*) my ears are burning; **a orecchio** by ear; **mettere una pulce nell'orecchio a qualcuno** to arouse somebody's suspicion; **avere orecchio** to have a good ear.

orecchioni *sm pl* mumps.

oréfice *sm/f* (*negoziante*) (*BrE*) jeweller, (*AmE*) jeweler; (*artigiano*) goldsmith.

oreficerìa *sf* (*negozio*) (*BrE*) jeweller's (shop), (*AmE*) jeweler's store; (*arte*) goldsmith's art.

òrfano *agg*, *sm* orphan.

orfanotròfio *sm* orphanage.

orgànico *agg* organic ◊ *sm* (*bur*) personnel.

organismo *sm* organism; (*corpo umano*) body; (*organizzazione*) organization.

organizzare *v tr* to organize ◊ *v rifl* to get organized.

organizzazione *sf* organization.

òrgano *sm* organ ◊ **gli organi di stampa** the press.

orgasmo *sm* orgasm.

òrgia (*pl* **-ge**) *sf* orgy.

orgóglio *sm* pride.

orgoglioso *agg* proud.

orientale *agg*, *sm/f* eastern; (*dell'Estremo Oriente*) oriental.

orientamento *sm* orientation; (*tendenza*) tendency, trend; (*politico*) stance ◊ **senso di orientamento** sense of direction; **orientamento professionale** careers guidance.

orientare *v tr* (*carta, bussola*) to orientate; (*antenna*) to position; (*getto, fiamma, fig*) to direct ◊ *v rifl* (*orizzontarsi*) to find one's bearing's; (*fig*) to find one's way;

175

(*propendere*) to tend towards; (*indirizzarsi*) to go in for.

oriente *sm* east ◊ **l'Oriente** the East, the Orient; **a oriente** in the east.

orìgano *sm* oregano.

originale *agg, sm* original; (*bizzarro*) odd.

originare *v tr* to originate; (*causare*) to give rise to ◊ *v intr* to originate, to arise (from).

originàrio *agg* original; (*nativo*) native.

orìgine *sf* origin ◊ **in origine, all'origine** originally; **luogo, paese d'origine** place, country of origin.

oriundo *agg, sm* native.

orizzontale *agg* horizontal.

orizzonte *sm* horizon.

orlo *sm* edge; (*tessuti, pellami*) hem ◊ **pieno fino all'orlo** full to the brim; **essere sull'orlo del precipizio** to be on the brink of a precipice.

orma *sf* track; (*di piede*) footprint; (*impronta*) mark ◊ **seguire le orme di qualcuno** to follow in somebody's footsteps.

ormai *avv* (*nel presente*) by now; (*nel passato*) by then; (*quasi*) almost.

ormeggiare *v tr, rifl* to moor.

orméggio *sm* (*manovra*) mooring; (*pilone*) moorings (*pl*) ◊ **cavi di ormeggio** moorings.

ormone *sm* hormone.

ornamento *sm* ornament.

ornare *v tr* to decorate ◊ *v rifl* to deck oneself.

ornitòlogo (*f* -**a** *pl* -**gi** -**ghe**) *sm* ornithologist.

oro *sm* gold ◊ **in oro, d'oro** gold; **sogni d'oro** sweet dreams.

orologerìa *sf* (*industria*) watchmaking ◊ **a orologeria** clockwork; **bomba a orologeria** time bomb.

orologiàio *sm* clockmaker, watchmaker.

orològio *sm* clock; (*da polso, tasca*) watch ◊ **orologio da polso** wristwatch.

oròscopo *sm* horoscope.

orrendo *agg* awful, dreadful.

orrìbile *agg* horrible.

orrore *sm* horror.

orsa *sf* (*zool*) she-bear ◊ **Orsa maggiore** Ursa Major, the Great Bear; **Orsa minore** Ursa Minor, the Little Bear.

orsacchiotto *sm* (*zool*) bear cub; (*giocattolo*) teddy bear.

orso *sm* bear; (*fig*) unsociable person.

ortàggio *sm* vegetable.

ortènsia *f* hydrangea.

ortica (*pl* -**che**) *sf* nettle.

orticària *sf* nettle-rash.

orto *sm* vegetable garden ◊ **orto botanico** botanic(al) gardens.

ortografìa *sf* spelling.

ortolano *sm* (*negoziante*) (*BrE*) greengrocer.

ortopèdico (*f* -**a** *pl* -**ci** -**che**) *agg* (*BrE*) orthopaedic, (*AmE*) othopedic ◊ *sm* (*BrE*) orthopaedist, (*AmE*) orthopedist.

orzaiolo *sm* (*med*) sty.

orzata *sf* barley-water.

orzo *sm* barley.

osare *v tr/intr* to dare.

oscèno *agg* obscene.

oscillare *v tr* to swing; (*prezzi, temperature*) to fluctuate; (*fig, persona*) to waver; (*fis*) to oscillate.

oscurare *v tr* to darken; (*fig*) to obscure ◊ *v rifl* to get dark; (*vista*) to dim.

oscurità *sf inv* darkness.

oscuro *agg* dark; (*significato*) obscure; (*circostanze*) mysterious ◊ *sm* dark ◊ **essere all'oscuro** to be in the dark.

ospedale *sm* hospital.

ospedalizzare *v tr* to hospitalize.

ospitale *agg* hospitable.

ospitalità *sf inv* hospitality.

ospitare *v tr* to give hospitality to; (*contenere*) to contain.

òspite *sm/f* (*chi ospita*) host (*m*), hostess (*f*); (*chi è ospitato*) guest.

ospìzio *sm* home.

ossèquio *sm* homage ◊ *pl* respects.

osservare *v tr* to observe; (*notare*) to notice; (*rispettare*) to keep.

osservatòrio *sm* (*astr, scienze*) observatory; (*milit*) observation post; (*econ, fig*) watch.

osservazione *sf* observation; (*rimprovero*) reproach.

ossessione *sf* obsession.

ossìa *cong* (*cioè*) that is; (*o meglio*) or rather.

ossidare *v intr, rifl* to oxidize.

òssido *sm* oxide ◊ **ossido di carbonio** carbon monoxide.

ossigenare *v tr* to oxygenate ◊ *v rifl* (*capelli*) to bleach one's hair.

ossìgeno *sm* oxygen.

osso (*pl* **-i** o **-a** *f*) *sm* bone ◊ **osso sacro** sacrum; **in carne e ossa** in the flesh; **farsi le ossa** to cut one's teeth on something.

ostacolare *v tr* to hinder, to obstruct.

ostàcolo *sm* obstacle; (*sport*) hurdle.

ostàggio *sm* hostage.

oste (**-essa**) *sm* innkeeper; (*di pub*) publican.

ostello *sm* ◊ **ostello della gioventù** youth hostel.

osterìa *sf* inn; (*pub*) pub.

ostètrica (*pl* **-che**) *sf* midwife.

ostètrico (*f* **-a** *pl* **-ci -che**) *agg* obstetric ◊ *sm* obstetrician ◊ **clinica ostetrica** maternity hospital.

òstia *sf* (*cialda*) wafer ◊ **ostia consacrata** Host.

ostile *agg* hostile.

ostilità *sf inv* hostility.

ostinarsi *v rifl* ◊ **ostinarsi (a)** to persist (in).

ostinato *agg* obstinate; (*tosse*) persistent.

òstrica (*pl* **-che**) *sf* oyster.

ostruire *v tr* to obstruct ◊ *v rifl* to become obstructed, to clog (up).

otite *sf* ear infection.

otorinolaringoiatra (*pl* **-i -e**) *sm/f* ear, nose and throat specialist.

ottàgono *sm* octagon.

ottanta *agg, sm inv* eighty.

ottantènne *agg* eighty (years old); eighty-year-old ◊ *sm/f* eighty-year-old man (*m*), eighty-year-old woman (*f*).

ottantèsimo *agg*, *sm* eightieth.

ottavo *agg*, *sm* eighth ◊ **superare gli ottavi di finale** to reach the quarter-finals.

ottenebrare *v tr* to cloud ◊ *v rifl* to cloud (over).

ottenere *v tr* to obtain, to get; (*conseguire*) to achieve.

òttica (*pl* **-che**) *sf* (*scienza*) optics; (*punto di vista*) point of view.

òttico (*f* **-a** *pl* **-ci -che**) *agg* (*dell'occhio*) optic; (*di lenti*) optical ◊ *sm* optician ◊ **fibre ottiche** optical fibres.

ottimista (*pl* **-i -e**) *agg* optimistic ◊ *sm/f* optimist.

òttimo *agg* very good.

otto *agg*, *sm inv* eight.

ottobre *sm inv* October.

ottocentesco (*pl* **-chi -che**) *agg* nineteenth-century.

ottocentèsimo *agg*, *sm* eight hundredth.

ottocento *agg*, *sm inv* eight hundred; (*secolo*) the nineteenth century.

ottone *sm* brass ◊ *pl* (*mus*) the brass.

ottovolante *sm* roller-coaster, (*AmE*) big dipper.

ottuagenàrio *agg*, *sm* octogenarian.

otturare *v tr* to block; (*dente*) to fill ◊ *v rifl* to clog.

otturazione *sf* stopping; (*dente*) filling.

ottuso *agg* obtuse.

ovàia *sf* ovary.

ovale *agg*, *sm* oval.

ovatta *sf* cotton wool.

overdose *sf* overdose.

ovest *sm inv* west ◊ **i paesi dell'ovest** the western countries.

ovile *sm* sheep-fold ◊ **tornare all'ovile** to come back to the fold.

ovino *agg* sheep.

ovulazione *sf* ovulation.

òvulo *sm* (*anat*) ovum.

ovvero *cong* (*oppure*) or; (*cioè*) that is.

òvvio *agg* obvious.

oziare *v intr* to laze around.

òzio *sm* idleness.

ozono *sm* ozone ◊ **buco nell'ozono** hole in the ozone layer.

P

pacchetto *sm* (*sigarette*) packet; (*fig*, *inform*) package.

pacco (*pl* **-chi**) *sm* parcel; (*collo*) package ◊ **spedire per pacco postale** to send by parcel post.

pace *sf* peace ◊ **trattato di pace** peace treaty; **fare la pace con** to make it up with.

pachistano *agg*, *sm* Pakistani.

pacìfico (*f* **-a** *pl* **-ci -che**) *agg* peaceable; (*vita*) peaceful; (*geog*) pacific.

pacifista (*pl* **-i -e**) *agg*, *sm/f* Pacifist.

padano *agg* Po.

padella *sf* frying pan; (*per malati*) bedpan.

padiglione *sm* pavilion; (*anat*) outer ear.

padre *sm* father ◊ **il Padre Eterno** God the Father.

padrino *sm* (*battesimo, mafia*) godfather; (*duello*) second.

padrona *sf* mistress; (*di casa*) lady of the house; (*quando riceve*) hostess; (*di casa d'affitto*) landlady; (*proprietaria*) owner.

padrone *sm* master; (*di casa*) master of the house; (*quando riceve*) host; (*di casa d'affitto*) landlord; (*proprietario*) owner; (*datore di lavoro*) employer.

padroneggiare *v tr* to master; (*istinti*) to control.

paesàggio *sm* landscape.

paesano *agg* country ◊ *sm* villager; countryman.

paese *sm* country; (*villaggio*) village.

paffuto *agg* chubby, plump.

paga (*pl* **-ghe**) *sf* pay; (*stipendio*) salary; (*salario*) wages (*pl*).

pagàbile *agg* payable.

pagàia *sf* paddle.

pagamento *sm* payment ◊ **ricevuta di pagamento** receipt of payment; **pagamento alla consegna** cash on delivery.

pagare *v tr* to pay ◊ **te la farò pagare!** you'll pay for it!

pagella *sf* (school) report.

pàgina *sf* page ◊ **prima pagina** front page; **voltare pagina** to turn over the page; (*fig*) to turn over a new leaf; **pagine gialle** yellow pages.

pàglia *sf* straw.

pagliàccio *sm* clown.

pagliàio *sm* straw stack; (*edificio*) barn.

pagnotta *sf* round loaf.

pàio (*pl* **paia** *f*) *sm* pair; (*due o tre*) couple ◊ **un paio di forbici** a pair of scissors; **un paio di giorni** a couple of days.

pala *sf* shovel; (*di remo, elica*) blade; (*d'altare*) altar-piece.

palasport *sm inv* (indoor) stadium.

palato *sm* palate; (*gusto*) taste.

palazzo *sm* (*reggia*) palace; (*edificio*) building; (*di appartamenti*) block of flats ◊ **palazzo di giustizia** law courts.

palco (*pl* **-chi**) *sm* (*tribuna*) platform, stand; (*teatro*) box.

palcoscènico (*pl* **-ci**) *sm* stage.

palese *agg* clear, evident.

palestra *sf* gymnasium, gym; (*ginnastica*) gymnastics; (*fig*) training.

paletta *sf* (*per bambini*) spade; (*per spazzatura*) dustpan; (*per dolci*) cake slice; (*di capostazione*) signal stick; (*di vigile*) stick; (*per focolare*) shovel.

pàlio *sm* ◊ **mettere in palio** to offer as a prize; **il Palio di Siena** horse race run at Siena.

palissandro *sm* rosewood.

palizzata *sf* fence; (*milit*) palisade.

palla *sf* ball ◊ **prendere la palla al balzo** to seize an opportunity.

pallacanestro *sf inv* basketball.

pallamano *sf inv* handball.

pallanuoto *sf inv* water polo.

pallavolo *sf inv* volleyball.

palleggiare *v intr* (*calcio*) to dribble; (*tennis*) to knock up.

palliativo *sm* palliative.

pàllido *agg* pale; (*sorriso*) wan; (*vago*) faint, slight.

pallino *sm* (*a bocce*) jack; (*al biliardo*) spot; (*caccia*) shot, pellet; (*fig*) craze, mania; (*su stoffa*) dot.

palloncino *sm* balloon ◊ **prova del palloncino** breathalyzer.

pallone *sm* ball; (*calcio*) football; (*aerostato*) balloon ◊ **è un pallone gonfiato** he's a swollen head.

pallòttola *sf* pellet; (*proiettile*) bullet.

palma *sf* (*bot, anat*) palm.

palmo *sm* (*anat*) palm ◊ **restare con un palmo di naso** to be badly disappointed.

palo *sm* pole, post; (*paletto*) stake; (*calcio*) goalpost ◊ **palo della luce** lamppost.

palombaro *sm* diver.

palombo *sm* (*zool*) dogfish.

palpàbile *agg* palpable (*anche fig*).

palpare *v tr* to feel, to touch; (*med*) to palpate.

pàlpebra *sf* eyelid.

palpitare *v intr* to beat; (*più forte*) to pound; (*tempie*) to throb.

palpitazione *sf* palpitation.

palude *sf* marsh, swamp.

paludoso *agg* marshy, swampy.

pàmpino *sm* vine leaf.

panamense *agg, sm/f* Panamanian.

panca (*pl* **-che**) *sf* bench; (*di chiesa*) pew.

pancarrè *sm inv* loaf; (*a fette*) sliced loaf.

pancetta *sf* paunch; (*cuc*) bacon.

panchina *sf* garden seat, park bench; (*sport*) bench ◊ **stare in panchina** to be a reserve.

pància (*pl* **-ce**) *sf* stomach, belly.

panciera *sf* corset; (*solo da donna*) girdle.

panciotto *sm* (*BrE*) waistcoat, (*AmE*) vest.

pàncreas *sm inv* pancreas.

panda *sm inv* (*zool*) panda.

pandemònio *sm* pandemonium ◊ **fare un pandemonio** to raise hell.

pane *sm* bread ◊ **pan di Spagna** sponge cake; **pane grattugiato** breadcrumbs.

panetterìa *sf* (*forno*) bakery; (*negozio*) baker's (shop).

panettiere *sm* baker.

paniere *sm* basket.

panificio *sm* (*forno*) bakery; (*negozio*) baker's (shop).

panino *sm* roll; (*imbottito*) sandwich, filled roll.

paninoteca (*pl* **-che**) *sf* sandwich bar.

panna *sf* (*cuc*) cream ◊ **panna montata** whipped cream.

panne *sf* breakdown ◊ **l'auto è in panne** the car has broken down.

pannello *sm* panel ◊ **pannello solare** solar panel.

panno *sm* cloth ◊ *pl* (*abiti*) clothes ◊ **mettiti nei miei panni** put yourself in my shoes.

pannòcchia *sf* (*di mais*) (corn) cob.

pannolino *sm* (*per bambini*) (*BrE*) nappy, (*AmE*) diaper; (*assorbente*) sanitary towel.

panorama (*pl* **-i**) *sm* panorama,

view; (*marino*) seascape; (*fig*) outline.

pantaloni *sm pl* (*BrE*) trousers, (*AmE*) pants; (*corti*) shorts.

pantano *sm* bog.

pantera *sf* panther.

pantòfola *sf* slipper.

paonazzo *agg* purple.

papa (*pl -i*) *sm* pope.

papà *sm inv* daddy, dad.

papàia *sf* papaya, pawpaw.

papàvero *sm* poppy.

pàpero *sm* gosling, young goose.

pappa *sf* (*per bambini*) baby food; (*poltiglia*) mush ◊ **pappa reale** royal jelly.

pappagallo *sm* parrot.

pàprica (*pl -che*) *sf* paprika.

para *sf* para rubber ◊ **suole di para** crêpe soles.

paràbola *sf* parable; (*mat*) parabola; (*antenna*) dish aerial, satellite dish.

parabrezza *sm inv* (*BrE*) windscreen, (*AmE*) windshield.

paracadute *sm inv* parachute.

paracadutista (*pl -i -e*) *sm/f* parachutist; (*milit*) paratrooper.

paracarro *sm* roadside post.

paradiso *sm* paradise, heaven (*anche fig*) ◊ **paradiso artificiale** drug-induced bliss.

paradosso *sm* paradox.

parafango (*pl -ghi*) *sm* (*BrE*) mudguard, (*AmE*) fender.

parafùlmine *sm* (*BrE*) lightning conductor, (*AmE*) lightning rod.

paraggi *sm pl* ◊ **nei paraggi** around (here).

paragonare *v tr* to compare.

paragone *sm* comparison; (*esempio*) example ◊ **non ha paragone** it's beyond compare.

paraguaiano *agg, sm* Paraguayan.

paràlisi *sf inv* paralysis.

paralìtico (*f -a pl -ci -che*) *agg, sm* paralytic.

paralizzare *v tr* (*BrE*) to paralyse, (*AmE*) to paralyze (*anche fig*).

paralizzato *agg* paralytic; (*fig*) (*BrE*) paralysed, (*AmE*) paralyzed.

parallelo *agg, sm* parallel.

paralume *sm* lampshade.

paràmetro *sm* parameter; (*econ*) indicator; (*fig*) parameter, criteria (*pl*).

paranòia *sf* paranoia.

paraocchi *sm pl* blinkers ◊ **avere i paraocchi** to wear blinkers.

parapendìo *sm* (*sport*) parapenting.

parapetto *sm* parapet, balustrade; (*di nave*) bulwark.

parare *v tr* (*ornare*) to deck, to adorn; (*sport*) to save; (*schivare*) to parry ◊ **parare un goal** to make a save.

parassita (*pl -i*) *sm* parasite.

parata *sf* (*milit*) review, parade; (*sport*) save.

paraùrti *sm inv* (*aut*) bumper.

paravento *sm* folding screen.

parcella *sf* fee.

parcheggiare *v tr* to park.

parchéggio *sm* (*manovra*) parking; (*luogo*) (*BrE*) car park, (*AmE*) parking lot; (*posto auto*) parking place, parking space; (*di* *taxi* (*BrE*) rank, (*AmE*) stand ◊ **parcheggio a pagamento** pay car park.

parchìmetro *sm* parking meter.

parco (*pl* **-chi**) *sm* park; (*di divertimenti*) fun fair ◊ **parco giochi** amusement park.

parécchio *agg*, *pron* quite a lot (of) ◊ *pl* several ◊ *avv* (*con aggettivo*) quite, rather; (*con verbo*) quite a lot ◊ **parecchio tempo** quite a long time.

pareggiare *v tr* to make equal; (*erba*) to trim; (*terreno*) to level; (*conti*) to balance ◊ *v intr* (*sport*) to draw.

paréggio *sm* (*econ*) balance; (*sport*) draw.

parente *sm/f* relative, relation.

parèntesi *sf inv* parenthesis; (*segno grafico*) bracket; (*inciso*) digression; (*fig*) interlude.

parere *sm* opinion ◊ *v intr* to seem, to appear; (*somigliare*) to look like; (*impersonale*) to seem; (*pensare*) to think ◊ **a mio parere** in my opinion; **non sono del (tuo) parere** I don't agree (with you); **non sono del parere di andare** I don't like the idea of going; **pare che** it seems that; **così pare** so it seems; **che te ne pare?** what do you think of it?; **fai come ti pare** do as you like; **ma ti pare!** don't mention it!

parete *sf* wall; (*montagna*) face.

pari *agg inv* equal; (*stesso*) same; (*senza dislivelli*) level; (*mat*) even ◊ *sm/f* equal ◊ *sm* (*titolo inglese*) peer ◊ **ora siamo pari** now we are quits; **ragazza alla pari** au pair (girl); **copiare pari pari** to copy word for word; **andare di pari passo con** to keep pace with; **senza pari** unequalled; **mettersi in pari con** to catch up with.

parigino *agg*, *sm* Parisian.

parità *sf inv* parity, equality; (*sport*) draw.

parlamentare *agg* parliamentary, (*negli USA*) congressional ◊ *sm/f* (*in Gran Bretagna*) Member of Parliament, (*negli USA*) Congressman (*m*), Congresswoman (*f*) ◊ *v intr* to parley.

parlamento *sm* Parliament, (*negli USA*) Congress.

parlare *v intr* to speak, to talk ◊ *v tr* to speak ◊ **parlar male di** to speak ill of; **questo si chiama parlar chiaro** this is straight talking; **non se ne parla neanche** no way; **non si parlano più** they aren't on speaking terms anymore.

parlatòrio *sm* (*convento*) (*BrE*) parlour, (*AmE*) parlor; (*carcere*) visiting room.

parmigiano *sm* (*cuc*) Parmesan (cheese).

parodìa *sf* parody.

parola *sf* word; (*facoltà di parlare*) speech ◊ **prendere la parola** to take the floor; **essere di parola** to keep one's word; **libertà di parola** freedom of speech; **parola d'ordine** password.

parolàccia (*pl* **-ce**) *sf* bad word, swearword.

parròcchia *sf* parish; (*chiesa*) parish church.

pàrroco (*pl* **-ci**) *sm* parish priest; (*protestante*) parson.

parrucca (*pl* **-che**) *sf* wig.

parrucchiere *sm* hairdresser; (*per uomo*) barber ◊ **parrucchiera** hairdresser.

parte *sf* part; (*quota*) share; (*lato*) side; (*direzione*) direction; (*teatro*) role; (*polit*, *giur*) party ◊ **d'altra parte** on the other hand; **da che parte?** which way?; **da questa parte** this way; **da queste parti** round here; **la maggior parte** most.

partecipare *v intr* to take part (in), to participate (in); (*utili*, *successo*, *dolore*) to share (in); (*spese*) to contribute (to); (*essere presente*) to attend, to be present (at).

partecipazione *sf* participation; sharing; (*presenza*) presence ◊ **partecipazione agli utili** profit sharing; **partecipazione di nozze** wedding announcement card.

parteggiare *v intr* to side (with).

partenza *sf* departure; (*sport*) start ◊ *pl* departures ◊ **essere in partenza** to be leaving.

particolare *agg*, *sm* particular ◊ **in particolare** in particular.

particolarità *sf inv* particularity; (*particolare*) detail.

partigiano *agg*, *sm* partisan.

partire *v intr* to leave; (*mettersi in cammino*) to set out; (*colpo, petardo*) to go off; (*motore, fig, sport*) to start ◊ **a partire da** from.

partita *sf* (*carte, scacchi*) game; (*sport*) match; (*comm*) lot; (*conta-*

bilità) entry ◊ **partita di caccia** hunting party; **partita IVA** VAT registration number.

partito *sm* (*polit*) party.

partitura *sf* (*mus*) score.

parto *sm* (*child*)birth, delivery; (*fig*) product ◊ **sala parto** delivery room.

partorire *v tr* to give birth to; (*animali*) to bring forth.

part-time *sm inv* part-time job; (*lavoratore*) part-time employee.

parziale *agg* partial; (*non obiettivo*) biased, partial.

pascolare *v tr/intr* to graze.

pàscolo *sm* pasture.

Pàsqua *sf* Easter; (*ebraica*) Passover ◊ **buona Pasqua!** happy Easter!; **uovo di Pasqua** Easter egg.

pasquale *agg* Easter; (*della Pasqua ebraica*) Paschal.

pasquetta *sf* Easter Monday.

passàbile *agg* passable, fairly good.

passàggio *sm* passing; passage (*anche lett, mus*); (*aut*) ride, (*BrE*) lift; (*sport*) pass ◊ **essere di passaggio** to be passing (through); **chiedere un passaggio** to ask for a lift; **mi puoi dare un passaggio?** can you give me a lift?; **passaggio pedonale** pedestrian crossing; **passaggio di proprietà** transfer of property.

passamontagna *sm inv* balaclava.

passante *sm/f* passer-by ◊ *sm* (*cintura*) loop ◊ **passante ferroviario** railway link.

passaporto *sm* passport.

passare *v intr* to pass; (*trascorrere*) to pass, to elapse, to go by; (*cessare, essere approvato, a carte*) to pass; (*fare una breve visita*) to call; (*essere promosso*) to be promoted ◊ *v tr* to pass; (*attraversare*) to cross, to go through (*anche fig*); (*trascorrere*) to spend; (*porgere*) to pass, to give; (*cuc, triturare*) to strain; (*verdura*) to purée; (*nel burro*) to sauté ◊ **passare (a) un esame** to pass an exam; **passare a prendere qualcuno** to call for somebody; **passare da (casa di) qualcuno** to call on somebody; **passarsela bene, male** to be well off, badly off; **le passo il signor X** I'll put you through to Mr X, here is Mr X.

passatempo *sm* pastime, hobby.

passato *agg* past; (*scorso*) last ◊ *sm* past; (*cuc*) soup ◊ **passato di moda** out of fashion; **passato di verdura** vegetable purée.

passaverdura *sm inv* vegetable mill.

passeggero *agg* passing ◊ *sm* passenger.

passeggiare *v intr* to walk.

passeggiata *sf* walk, stroll; (*in bici, in auto, a cavallo*) ride; (*lungomare*) promenade ◊ **fare una passeggiata** to go for a walk.

passeggino *sm* (*BrE*) pushchair, (*AmE*) stroller.

passéggio *sm* walk, stroll ◊ **andare a passeggio** to go for a walk.

passerella *sf* footbridge; (*nave*) gangway; (*pedana*) catwalk.

pàssero *sm* sparrow.

passione *sf* passion.

passivo *agg* passive ◊ *sm* (*comm*) debit; liabilities (*pl*); (*gramm*) passive.

passo *sm* step; (*rumore*) (foot)step; (*orma*) footprint; (*andatura*) pace; (*geog*) pass; (*brano*) passage ◊ **fare quattro passi** to go for a stroll; **era a un passo dalla vittoria** he was one step from victory; **passo carrabile** drive(way); (*scritta*) vehicle entrance-keep clear.

pasta *sf* paste; (*cuc*) pasta; (*impasto*) dough; (*per dolci*) pastry; (*pasticcino*) pastry; (*indole*) nature ◊ **pasta frolla** short pastry; **pasta sfoglia** puff pastry.

pastasciutta *sf* pasta.

pastello *sm* pastel.

pasticcerìa *sf* (*negozio*) confectioner's (shop), cake shop; (*arte*) confectionery; (*pasticcini*) pastries (*pl*), cakes (*pl*).

pasticciare *v tr* to mess up, to make a mess of; (*fare sgorbi*) to scribble on.

pasticciere *sm* confectioner.

pasticcino *sm* pastry, cake, (*AmE*) cookie.

pasticcio *sm* (*cuc*) pie; (*imbroglio*) mess ◊ **mettersi nei pasticci** to get into trouble.

pastificio *sm* pasta factory.

pastìglia *sf* lozenge, pastille; (*aut*) pad.

pastina *sf* small pasta (used in soup) ◊ **pastina in brodo** noodle soup.

pasto *sm* meal ◊ **vino da pasto** table wine; **fuori pasto, lontano dai pasti** between meals.

pastore *sm* shepherd; (*prete protestante*) minister, pastor; (*anglicano*) parson, clergyman ◊ **cane pastore** sheepdog; **pastore tedesco** Alsatian, German sheperd.

pastorizia *sf* sheep farming.

patata *sf* potato ◊ **patate fritte** (*BrE*) chips, (*AmE*) French fries.

patatine *sf pl* (*BrE*) (potato) crisps, (*AmE*) (potato) chips ◊ **patatine fritte** (*BrE*) chips, (*AmE*) French fries.

paté *sm inv* (*cuc*) pâté.

patente *sf* (*BrE*) licence, (*AmE*) license ◊ **patente di guida** (*BrE*) driving licence, (*AmE*) driver's license.

paternità *sf inv* paternity (*anche fig*).

paterno *agg* paternal, father's; (*benevolo*) fatherly; (*da parte di padre*) on one's father's side.

patètico (*f -a pl -ci -che*) *agg* pathetic; (*commovente*) moving.

patìbolo *sm* scaffold, gallows.

pàtina *sf* (*metalli*) patina; (*lingua*) coating.

patire *v tr* to suffer (from); (*ingiustizie*) to endure ◊ **patire il freddo** to suffer from the cold; **patire la fame** to starve.

patito *sm* fan, enthusiast.

patologìa *sf* pathology.

patològico (*f -a pl -ci -che*) *agg* pathological.

pàtria *sf* country; (*luogo di nascita*) birthplace; (*fig*) homeland.

patriarca (*pl -chi*) *sm* patriarch.

patrigno *sm* stepfather.

patrimònio *sm* estate, property; (*fig*) heritage ◊ **costare un patrimonio** to cost the earth.

patriota (*pl -i -e*) *sm/f* patriot.

patriòttico (*f -a pl -ci -che*) *agg* patriotic.

patrocinare *v tr* (*giur*) to defend; (*sostenere*) to sponsor, to support; (*da parte di ente pubblico*) to patronize.

patrocìnio *sm* defence; support, sponsorship; (*pubblico*) patronage ◊ **gratuito patrocinio** legal aid.

patrono *sm* (*santo*) patron saint; (*giur*) counsel; (*sponsorizzatore*) sponsor; (*pubblico*) patron.

patteggiare *v tr/intr* to negotiate; (*giur*) to plea-bargain.

pattinàggio *sm* skating; (*a rotelle*) roller-skating; (*su ghiaccio*) ice-skating.

pattinare *v intr* to skate.

pàttino *sm* skate; (*ghiaccio*) ice-skate; (*rotelle*) roller-skate; (*slitta*) runner.

patto *sm* pact, agreement; (*condizione*) term, condition ◊ **a patto che** on condition that.

pattùglia *sf* patrol.

pattuito *agg* agreed (on).

pattumiera *sf* (*BrE*) (dust)bin, (*AmE*) garbage can.

paùra *sf* fear ◊ **aver paura di** to be afraid of; **far paura a** to frighten.

pauroso *agg* (*che ha paura*) fearful, timorous; (*che fa paura*) frightening.

pàusa *sf* break; *(mus) (BrE)* pause, *(AmE)* hold.

pavimentare *v tr (strada)* to pave; *(stanza)* to floor.

pavimentazione *sf (strada)* paving; *(stanza)* flooring.

pavimento *sm* floor.

pavone *sm* peacock.

pavoneggiarsi *v rifl* to strut about, to show off.

paziente *agg, sm/f* patient.

pazienza *sf* patience ◊ **pazienza!** never mind!; **perdere la pazienza** to lose one's temper.

pazzesco *(f -a pl -chi -che) agg* crazy; absurd; incredible.

pazzìa *sf* madness, insanity; *(idea, cosa)* folly.

pazzo *agg (med)* mad, insane; crazy ◊ *sm* madman, lunatic ◊ **andare pazzo per** to be crazy about.

peccare *v intr* to sin.

peccato *sm* sin ◊ **che peccato!** what a pity!

pece *sf* pitch.

pècora *sf* sheep; *(femmina)* ewe.

pecorino *sm* sheep's milk cheese.

peculiare *agg* peculiar (to).

pedàggio *sm* toll ◊ **autostrada a pedaggio** *(BrE)* toll motorway, *(AmE)* turnpike.

pedalare *v intr* to pedal; *(andare in bici)* to cycle.

pedale *sm* pedal.

pedalò *sm inv* pedalo.

pedana *sf* footboard; *(scherma)* piste; *(salto)* springboard; *(lancio)* circle.

pedante *agg* pedantic ◊ *sm/f* pedant.

pedata *sf* kick; *(impronta)* footprint.

pediatra *(pl -i -e) sm/f* p(a)ediatrician.

pediatrìa *sf* p(a)ediatrics.

pedicure *sm/f inv* chiropodist.

pedina *sf (dama) (BrE)* draughtsman, *(AmE)* draftsman; *(scacchi, fig)* pawn.

pedinare *v tr* to shadow; *(seguire)* to tail.

pedòfilo *sm (BrE)* paedophile, *(AmE)* pedophile.

pedonale *agg* pedestrian.

pedone *sm* pedestrian; *(scacchi)* pawn.

pèggio *agg, avv (comparativo)* worse; *(superlativo)* the worst ◊ *sm/f* the worst (thing) ◊ **molto peggio** much worse; **di male in peggio** from bad to worse; **peggio per lui** so much the worse for him; **peggio che mai** worse than ever.

peggioramento *sm* worsening.

peggiorare *v tr/intr* to worsen.

peggiore *agg (comparativo)* worse; *(superlativo)* the worst; *(tra due)* the worse ◊ *sm/f* the worst (one).

pegno *sm* pawn; *(oggetto)* pledge; *(segno)* token; *(penitenza)* forfeit.

pelare *v tr (sbucciare)* to peel; *(spellare)* to skin; *(spennare)* to pluck.

pellame *sm* skin, hide, leather.

pelle *sf* skin; *(carnagione)* complexion; *(animali)* hide; *(cuoio)* leather; *(buccia)* peel ◊ **guanti di**

pelle leather gloves; **non stare più nella pelle dalla gioia** to be beside oneself with joy.

pellegrinàggio *sm* pilgrimage.

pellegrino *sm* pilgrim.

pellerossa *sm/f inv* redskin.

pelletteria *sf* leather goods (*pl*); (*negozio*) leather goods shop.

pellicano *sm* pelican.

pelliccia (*pl* -ce) *sf* fur, coat; (*indumento*) fur (coat).

pellìcola *sf* film.

pelo *sm* hair; (*pelliccia*) fur; (*di tessuto*) pile; (*acqua*) surface ◊ **per un pelo non ha perso il treno** he very nearly missed the train; **cercare il pelo nell'uovo** to split hairs; **avere il pelo sullo stomaco** to be ruthless.

peloso *agg* hairy.

peltro *sm* pewter.

pelùria *sf* down.

pena *sf* punishment; (*dolore*) sorrow; (*disturbo*) trouble; (*fatica*) effort ◊ **pena capitale** capital punishment; **vale la pena di tentare** it's worth trying; **non ne vale la pena** it isn't worth the trouble.

penale *agg* penal, criminal ◊ *sf* penalty; (*contratto*) forfeit; (*clausola*) penalty (clause) ◊ **diritto penale** criminal law; **tribunale penale** criminal court.

penare *v intr* to suffer; (*faticare*) to struggle.

pendente *agg* hanging; leaning.

pendenza *sf* slope; (*grado d'inclinazione*) gradient; (*econ*) outstanding account; (*giur*) suit pending.

pèndere *v intr* to hang (down); (*inclinare*) to lean; (*pavimento*) to slope; (*fig*) to hang (over); (*giur*) to be pending.

pendio *sm* slope.

pèndola *sf* pendulum clock.

pendolare *sm/f* commuter ◊ **fare il pendolare** to commute.

pene *sm* penis.

penetrare *v tr/intr* to penetrate (into); (*entrare*) to go (into), to enter; (*furtivamente*) to steal (into).

penicillina *sf* penicillin.

penìsola *sf* peninsula.

penitenza *sf* penance (*anche relig*); (*pentimento*) penitence; (*giochi*) forfeit ◊ **fare penitenza** to do penance.

penitenziàrio *sm* (*BrE*) prison, (*AmE*) penitentiary.

penna *sf* pen; (*d'uccello*) feather; (*ornamento*) plume ◊ **penna a sfera** ballpoint pen; **penna stilografica** fountain pen.

pennarello *sm* felt(-tip) pen.

pennellata *sf* brushstroke.

pennello *sm* brush; (*da pittore*) paintbrush ◊ **pennello da barba** shaving brush.

pennino *sm* nib.

pennone *sm* (*per bandiere*) flagpole; (*mar*) yard.

penombra *sf* half-light.

penoso *agg* painful; (*figura*) sorry.

pensare *v tr* to think; (*decidere*) to decide; (*tenere a mente*) to bear in mind ◊ *v intr* to think (of); (*badare*) to take care (of) ◊

pensiero

penso di scrivergli I think I'll write to him; **ci penserò su** I'll think it over; **ci penso io** I'll see to it; **ti penso sempre** I always think of you.

pensiero *sm* thought; (*preoccupazione*) worry, trouble; (*opinione*) opinion ◊ **stare in pensiero per** to worry about; **essere sopra pensiero** to be lost in thought, to be absentminded.

pènsile *agg* hanging ◊ *sm* wall unit, wall cupboard ◊ **giardino pensile** roof garden.

pensilina *sf* (*bus*) bus shelter; (*stazione*) platform roof.

pensionato *sm* pensioner; (*statale*) retired civil servant; (*per studenti*) student's hostel; (*per anziani*) old people's home.

pensione *sf* pension; (*albergo*) boarding house; (*vitto e alloggio*) board and lodging ◊ **pensione completa** full board; **mezza pensione** half board; **andare in pensione** to retire.

Pentecoste *sf* Pentecost; (*BrE*) Whit Sunday.

pentimento *sm* repentance.

pentirsi *v rifl* to repent (of); (*rimpiangere*) to regret, to be sorry for.

péntola *v sf* pot ◊ **pentola a pressione** pressure cooker.

penùltimo *agg, sm* next to last, penultimate; (*BrE*) last but one.

pepare *v tr* to pepper.

pepe *sm* pepper.

peperoncino *sm* (*BrE*) chilli, (*AmE*) chili.

peperone *sm* pepper; (*piccante*) (*BrE*) chilli, (*AmE*) chili.

per *prep* (*moto per luogo*) through; (*in ogni parte di*) (all) over; (*moto a luogo, destinazione*) for; (*stato in luogo*) in; (*durata, misura*) for; (*entro*) by; (*per un intero periodo*) throughout; (*mezzo*) by; (*causa*) for, owing to, because of, due to; (*vantaggio, fine, colpa*) for; (*in qualità di*) as; (*in cambio di*) in exchange for; (*prezzo*) for ◊ *cong* (*finale*) in order to; (*causale*) for (+ *gerundio*) ◊ **partire per Londra** to leave for London; **per tutta l'estate** throughout the summer, all summer long; **per caso** by chance; **per ora, per il momento** for the moment; **per poco non cadevo** I nearly fell; **per sempre** for ever; **per di più** moreover; **sta per piovere** it's going to rain, it's about to rain; **per cento** per cent; **andò da lei per avere un consiglio** he went to her for advice, in order to get some advice; **fu rimproverato per essere arrivato in ritardo** he was told off for being late.

pera *sf* pear.

percentuale *sf* percentage; (*provvigione*) commission.

percepire *v tr* to perceive; (*ricevere*) to receive.

perché *avv interrogativo* why; (*a quale scopo*) what... for ◊ *cong* because; (*poiché*) since, as; (*affinché*) so that ◊ *sm inv* why; (*ragione*) reason; (*domanda*) question ◊ **perché l'hai compra-**

to? why did you buy it?; **perché no?** why not?; **non l'ho vista perché non c'era** I didn't see her because she wasn't there; **chiuse la porta perché il gatto non uscisse** he closed the door so that the cat couldn't get out; **non so il perché** I don't know why; **il perché di** the reason for.

perciò *cong* therefore, so.

percórrere *v tr* to go through; (*distanza*) to cover.

percorso *sm* route; (*tragitto*) way, journey; (*strada*) road; (*distanza*) distance.

percossa *sf* blow, stroke.

percuòtere *v tr* to beat, to hit.

pèrdere *v tr* to lose; (*lasciarsi sfuggire*) to miss; (*sprecare*) to waste ◊ *v intr* to lose; (*serbatoio ecc.*) to leak ◊ *v rifl* to get lost; (*svanire*) to disappear, to vanish ◊ **perdere la vita** to lose one's life; **lascia perdere** forget it; **lasciali perdere** let them go; **perdere la faccia** to lose face; **perdere il vizio** to break a habit; **non avere nulla da perdere** to have nothing to lose; **perdere il treno** to miss the train; **perdere un'occasione** to miss an opportunity; **una tradizione che si sta perdendo** a custom that is disappearing.

pèrdita *sf* loss; (*spreco*) waste; (*di rubinetto*) leak ◊ **perdita di tempo** waste of time; **a perdita d'occhio** as far as the eye can see; **l'azienda è in perdita** the firm is in deficit; **lavorare in perdita** to work at a loss.

perdonare *v tr/intr* to forgive; (*scusare*) to excuse; (*risparmiare*) to spare ◊ **un male che non perdona** an incurable disease.

perdono *sm* forgiveness, pardon.

perenne *agg* (*bot*) perennial; (*nevi*) perpetual; (*fama*) everlasting.

perentòrio *agg* peremptory; (*termine*) final.

perfetto *agg* perfect; (*silenzio*) complete.

perfezionare *v tr* to perfect; (*migliorare*) to improve ◊ *v rifl* to improve; (*specializzarsi*) to specialize ◊ **perfezionare un contratto** to sign a contract.

perfezione *sf* perfection ◊ **fare qualcosa alla perfezione** to do something to perfection.

pèrfido *agg* perfidious, treacherous.

perfino *avv* even.

perforare *v tr* to perforate; (*trapassare*) to pierce; (*trivellare*) to drill; (*scheda*) to punch.

pèrgola *sf* pergola.

pergolato *sm* pergola, bower.

pericolante *agg* unsafe; shaky (*anche fig*).

pericolo *sm* danger ◊ **non c'è pericolo** there's no danger; **fuori pericolo** out of danger; **è in pericolo di vita** his life is in danger.

pericoloso *agg* dangerous.

periferia *sf* outskirts (*pl*); (*sobborghi*) suburbs (*pl*).

perimetro *sm* perimeter.

periòdico (*f* -**a** *pl* -**ci** -**che**) *agg*, *sm* periodical.

perìodo *sm* period.

peripezìe *sf pl* ups and downs, vicissitudes.

perire *v intr* to perish, to die.

perito *sm* expert ◊ **perito industriale** engineer; **perito chimico** qualified chemist.

perizia *sf* skill, ability; *(giur)* (expert's) report; *(valutazione)* assessment.

perla *sf* pearl ◊ **perle coltivate** cultured pearls.

perlustrare *v tr* to patrol.

perlustrazione *sf (polizia)* search; *(milit)* reconnaissance.

permaloso *agg* touchy.

permanente *agg* permanent; *(esercito)* standing ◊ *sf* permanent wave, perm.

permanenza *sf (soggiorno)* stay.

permanere *v intr* to remain.

permeare *v tr* to permeate.

permesso *sm* permission; *(soldato, impiegato)* leave ◊ *agg* permitted, allowed ◊ **(è) permesso (entrare)?** may I come in?; **permesso!** excuse me (please)!; **permesso di soggiorno** residence permit.

permèttere *v tr* to allow, to permit, to let ◊ *v rifl* to allow oneself; *(spese)* to afford.

pèrmuta *sf* exchange.

pernàcchia *sf (BrE)* raspberry, *(AmE)* Bronx cheer.

pernice *sf* partridge.

perno *sm* pivot; *(cardine)* hinge.

pernottamento *sm* overnight stay.

pernottare *v intr* to spend the night, to stay overnight.

pero *sm* pear tree.

però *cong* but; *(tuttavia)* however.

perone *sm (anat)* fibula.

perpendicolare *agg, sf* perpendicular.

perpetuare *v tr* to perpetuate.

perpètuo *agg* perpetual; *(ricordo)* everlasting.

perplesso *agg* perplexed.

perquisire *v tr* to search.

perquisizione *sf* search.

persecuzione *sf* persecution.

perseguire *v tr (scopo)* to pursue; *(giur)* to prosecute.

perseguitare *v tr* to persecute.

perseveranza *sf* perseverance.

perseverare *v intr* to persevere.

persiana *sf* shutter; *(avvolgibile)* roller shutter.

persiano *agg, sm* Persian.

persino *avv* even.

persistente *agg* persistent.

persistere *v intr* to persist (in).

perso *agg* lost ◊ **a tempo perso** in one's spare time.

persona *sf* person ◊ *pl* people ◊ **in persona** in person.

personàggio *sm (celebrità)* personality; *(lett, tipo)* character.

personale *agg* personal ◊ *sm* staff, personnel; *(corporatura)* build, figure ◊ *sf (mostra)* one-man exhibition, one-woman exhibition.

personificazione *sf* personification.

perspicace *agg* perspicacious, discerning.

perspicàcia *sf* perspicacity, sagacity.

persuadere *v tr* to persuade ◊ *v rifl* to persuade oneself.

pertanto *cong* so, therefore.

pèrtica *(pl* **-che)** *sf* perch, pole.

pertinente *agg* relevant, pertinent.

pertosse *sf* whooping cough.

perturbazione *sf (atmosferica)* (atmospheric) disturbance.

peruviano *agg, sm* Peruvian.

perversione *sf* perversion.

perverso *agg* perverse; depraved.

pesante *agg* heavy; *(cibo)* heavy, rich; *(aria)* sultry; *(persona)* boring; *(faticoso)* tiring ◊ **ho il sonno pesante** I'm a heavy sleeper; **droghe pesanti** heavy drugs.

pesantezza *sf* heaviness ◊ **avere pesantezza di stomaco** to feel bloated.

pesare *v tr* to weigh *(anche fig)* ◊ *v intr* to weigh *(anche fig)*; *(essere pesante)* to be heavy; *(influenzare)* to influence ◊ *v rifl* to weigh oneself.

pesca *(pl* **-che)** *sf (frutto)* peach; *(sport)* fishing; *(con la lenza)* angling; *(il pescato)* catch ◊ **pesca subacquea** underwater fishing; **pesca di beneficenza** lucky dip; **canna da pesca** fishing rod; **pesca noce** nectarine.

pescare *v tr* to fish for; *(con la lenza)* to angle; *(prendere, cogliere sul fatto)* to catch; *(qualcosa nell'acqua)* to fish out; *(trovare)* to find; *(carte)* to draw ◊ **andare a pescare** to go fishing.

pescatore (-trice) *sm* fisherman; *(con la lenza)* angler.

pesce *sm* fish ◊ **molti pesci** a lot of fish; **pesce d'aprile!** April Fool!; **sano come un pesce** as sound as a bell; **lo prese a pesci in faccia** he treated him like dirt; *(il* segno dei) **Pesci** Pisces.

pescecane *sm* shark.

pescheréccio *sm* fishing boat.

pescherìa *sf (BrE)* fishmonger's (shop), *(AmE)* fish store.

pescivéndolo *sm (BrE)* fishmonger, *(AmE)* fish merchant ◊ **pescivendola** fishwife.

pesco *(pl* **-chi)** *sm* peach tree.

peso *sm* weight ◊ **peso lordo, netto** gross, net weight; **vendere qualcosa a peso d'oro** to sell something for its weight in gold; **getto del peso** shot put; **sollevamento pesi** weight lifting; **essere di peso** to be a burden.

pessimismo *sm* pessimism.

pessimista *(pl* **-i -e)** *agg* pessimistic ◊ *sm/f* pessimist.

pèssimo *agg* very bad, awful.

pestare *v tr (calpestare)* to tread on; *(picchiare)* to beat up.

peste *sf* plague; *(persona)* pest.

pesticida *(pl* **-i)** *sm* pesticide.

pètalo *sm* petal.

petardo *sm* (fire)cracker, *(BrE)* banger.

petizione *sf* petition.

petroliera *sf* (oil) tanker.

petrolìfero *agg* oil ◊ **giacimento petrolifero** oilfield.

petròlio *sm* oil, petroleum; *(per lampada)* paraffin (oil) ◊ **petrolio greggio** crude oil.

pettegolezzo *sm* gossip.

pettégolo *agg* gossipy ◊ *sm* gossip.

pettinare *v tr* to comb (somebody's hair); (*tessuto*) to comb ◊ *v rifl* to comb one's hair.

pettinatura *sf* hairstyle.

pèttine *sm* comb; (*zool*) scallop.

pettirosso *sm* robin.

petto *sm* chest; (*seno*) breast ◊ **giacca a doppio petto** double-breasted jacket; **petto di pollo** chicken breast.

pezza *sf* (*taglio di stoffa*) piece of cloth; (*toppa*) patch; (*comm*) voucher.

pezzente *sm/f* beggar.

pezzo *sm* piece; (*di tempo*) quite a long time; (*articolo*) article ◊ **fare a pezzi** to pull to pieces; **andare in pezzi** to break into pieces; (*costume a*) **due pezzi** two-piece (bathing suit); **pezzo di ricambio** spare part; **pezzo grosso** bigwig.

piacere *v intr* to like; (*essere appassionato*) to be fond of ◊ *sm* pleasure; (*favore*) favour, (*AmE*) favor ◊ **mi piace il caffè** I like coffee; **piacere (di conoscerla)!** pleased to meet you; **per piacere** please; **se ti fa piacere** if you like; **a piacere** at will.

piacévole *agg* pleasant, agreeable.

piaga (*pl* -**ghe**) *sf* sore; (*ferita*) wound; (*calamità*) evil, scourge; (*persona*) nuisance ◊ **mettere il dito sulla piaga** to touch a sore point.

pialla *sf* plane.

piallare *v tr* to plane.

piana *sf* (*pianura*) plain.

pianeggiante *agg* flat, level.

pianeròttolo *sm* landing.

pianeta (*pl* -**i**) *sm* (*astr*) planet.

piàngere *v intr/tr* to cry, to weep ◊ **piangere a dirotto** to cry one's heart out.

pianificare *v tr* to plan.

pianificazione *sf* planning.

pianista (*pl* -**i** -**e**) *sm/f* pianist.

piano *agg* flat, level ◊ *avv* (*a bassa voce*) softly, quietly; (*lentamente*) slowly ◊ *sm* (*geog*) plain; (*mus*) piano; (*di edificio*) floor, storey, (*AmE*) story; (*bus*) deck; (*progetto*) plan; (*geom*) plane ◊ **100 metri piani** 100 metres flat race; **parlare piano** to speak in a low voice; **vacci piano** be careful; **piano d'azione** action plan; **in primo piano** in the foreground; **fare un primo piano** to take a close-up.

pianoforte *sm* piano, pianoforte.

pianoterra *sm inv* (*BrE*) ground floor, (*AmE*) first floor.

pianta *sf* plant; (*albero*) tree; (*edificio*) plan; (*topografica*) map; (*piede*) sole ◊ **inventare una storia di sana pianta** to make up a story.

piantagione *sf* plantation.

piantare *v tr/rifl* to plant; (*chiodo*) to hammer; (*tenda*) to put up; (*lasciare*) to leave ◊ *v rifl* (*piazzarsi*) to plant oneself; (*lasciarsi*) to leave each other; (*conficcarsi*) to stick ◊ **piantare in asso** to leave in the lurch; **piantare grane** to make trouble; **piantala!** stop it!

pianterreno *sm* (*BrE*) ground floor, (*AmE*) first floor.

pianto *sm* weeping, crying; (*lacrime*) tears (*pl*).

pianura *sf* plain.

piastra *sf* plate; (*di pietra*) slab; (*cuc*) hotplate; (*griglia*) grill ◊ **panino alla piastra** toasted sandwich.

piastrella *sf* tile.

piastrina *sf* (*targhetta*) tag; (*milit*) identity disc; (*med*) platelet.

piattaforma *sf* platform ◊ **piattaforma sindacale** union platform.

piatto *agg* flat; (*scialbo*) dull ◊ *sm* dish; (*portata*) course; (*bilancia*) scale pan; (*giradischi*) turntable; (*carte*) jackpot ◊ *pl* (*mus*) cymbals ◊ **piatto fondo** soup dish; **piatto piano** plate; **piatto forte** main course; **piatto caldo, freddo** hot, cold dish; **piatto del giorno** dish of the day; **piatto unico** one course meal; **primo, secondo piatto** first, second course.

piazza *sf* square; (*comm*) market; (*calvizie*) bald patch ◊ **fare piazza pulita** to make a clean sweep; **mettere in piazza** to make public; **letto a una piazza, a due piazze** single, double bed; **scendere in piazza** to take to the streets.

piazzare *v tr* to place ◊ *v rifl* to settle; (*sport*) to be placed.

piazzato *agg* (*sport*) placed.

piccante *agg* spicy, hot; (*formaggio*) strong.

picche *sf pl* (*carte*) spades.

picchetto *sm* (*scioperanti, milit*) picket; (*tenda*) peg.

picchiare *v tr* to hit, to strike; (*prendere a botte*) to beat up; (*battere*) to beat; (*sbattere*) to bang ◊ *v intr* (*battere*) to beat (against, on); (*bussare*) to knock (at); (*urtare*) to hit; (*sole*) to beat down ◊ *v rifl* to come to blows, to fight.

picchio *sm* woodpecker.

piccino *agg* tiny, very small.

piccione *sm* pigeon ◊ **prendere due piccioni con una fava** to kill two birds with one stone.

picco (*pl* -**chi**) *sm* peak ◊ **colare a picco** to sink.

piccolo *agg* small; little; (*minuscolo*) tiny; (*giovane*) young; (*meschino*) mean, petty; (*basso, breve*) short ◊ *sm* child, little one ◊ *pl* (*di animali*) the young ◊ **in piccolo** in miniature.

piccone *sm* pick(axe).

piccozza *sf* ice axe.

picnic *sm inv* picnic.

pidocchio *sm* louse; (*fig*) miser.

piede *sm* foot; (*di mobile*) leg ◊ **a piedi** on foot; **andare a piedi** to walk, to go on foot; **su due piedi** at once; **da capo a piedi** from head to foot; **in piedi** standing; **stare in piedi** to stand.

piega (*pl* -**ghe**) *sf* fold; (*di gonna*) pleat; (*di pantaloni, grinza*) crease; (*andamento*) turn; (*messa in piega*) hair set ◊ **non fece una piega** she did not turn a hair.

piegare *v tr* to fold (up); (*gambe, braccia, testa*) to bend ◊ *v rifl* to bend; (*cedere*) to yield, to give in.

pieghévole *agg* pliant, pliable; (*ripiegabile*) folding ◊ *sm* leaflet, brochure.

piena *sf* flood; (*ressa*) crowd.

pieno *agg* full ◊ **pieno di gente** packed; **pieno di gioia** full of joy, filled with joy; **in pieno giorno** in broad daylight; **pieno di sé** full of oneself, self-conceited; **luna piena** full moon; **fare il pieno (di benzina)** to fill up; **il pieno, per favore!** fill it up, please!

pietà *sf inv* pity; (*relig*) piety.

pietoso *agg* (*che ha pietà*) compassionate; (*che fa pietà*) pitiful.

pietra *sf* stone ◊ **pietra preziosa** precious stone.

piffero *sm* (*mus*) pipe.

pigiama (*pl -i*) *sm* (*BrE*) pyjamas (*pl*), (*AmE*) pajamas (*pl*).

pigiare *v tr* to press; (*stipare*) to cram; (*uva*) to tread ◊ **pigiati come sardine** squashed in like sardines.

pigliare *v tr* to take; (*afferrare*) to catch.

pigna *sf* pine cone.

pignolo *agg* fussy, particular.

pigrizia *sf* laziness.

pigro *agg* lazy; (*intestino*) sluggish.

pila *sf* (*mucchio*) pile; (*elettr*) battery; (*torcia*) (*BrE*) torch, (*AmE*) flashlight.

pilastro *sm* pillar.

pillola *sf* pill.

pilota (*pl -i -e*) *sm/f* pilot; (*aut*) driver.

pinacoteca (*pl -che*) *sf* art gallery.

pineta *sf* pinewood.

ping-pong *sm inv* table-tennis.

pinguino *sm* penguin.

pinna *sf* (*di pesce*) fin; (*di pinguino, cetaceo, per nuotare*) flipper.

pino *sm* pine (tree); (*legno*) pine (wood).

pinolo *sm* pine kernel.

pinta *sf* pint.

pinza *sf* (*pl*) pliers (*pl*); (*tenaglia*) pincers (*pl*); (*molle*) tongs (*pl*); (*med*) forceps; (*chela*) pincer.

pinzette *sf pl* tweezers (*pl*).

pio *agg* pious, devout; (*benefico*) charitable.

pioggia (*pl -ge*) *sf* rain; (*fig*) shower.

piolo *sm* peg; (*di scala*) rung ◊ **scala a pioli** ladder.

piombare *v intr* (*precipitare*) to fall heavily; (*avventarsi*) to pounce (on); (*fig*) to arrive unexpectedly, to turn up.

piombo *sm* lead ◊ **senza piombo** unleaded, (*AmE*) lead-free.

pioniere *sm* pioneer.

pioppo *sm* poplar (tree).

piovere *v intr* to rain; (*fig*) to pour in ◊ **piove a dirotto** it's pouring.

piovigginare *v intr* to drizzle.

piovoso *agg* rainy.

piovra *sf* octopus.

pipa *sf* pipe.

pipì *sf inv* ◊ **fare pipì** to have a wee.

pipistrello *sm* bat.

piràmide *sf* pyramid.

pirata (*pl -i*) *agg, sm* pirate ◊ **pirata della strada** hit-and-run driver.

piròfila *sf* heat-resistant dish.

piròmane *sm/f* pyromaniac.

piròscafo *sm* steamship, steamer.

piscina *sf* swimming pool.

pisello *sm (bot)* pea.

pista *sf* track; *(di decollo)* runway; *(di atterraggio)* landing strip; *(circo)* ring; *(sci)* run; *(pattinaggio)* rink; *(automobilistica)* racing circuit; *(da ballo)* dance floor ◊ **pista!** make way!; **pista ciclabile** cycle lane.

pistàcchio *sm* pistachio.

pistola *sf* pistol, gun; *(a tamburo)* revolver.

pistone *sm* piston.

pitone *sm* python.

pittore (-trice) *sm* painter ◊ **pittrice** woman painter.

pittoresco (*f* -a *pl* -chi -che) *agg* picturesque.

pittura *sf* painting; *(vernice)* paint.

più *avv (in maggior quantità)* more; *(comparativo)* more, ... -er; *(superlativo)* (the) most, (the) ...-est; *(mat)* plus ◊ *prep (oltre a)* plus ◊ *sm inv* more; *(la maggior parte)* (the) most; *(mat)* plus (sign) ◊ *agg inv* more; *(parecchi)* several ◊ **dovrei dormire di più** I should sleep more; **ne voglio di più** I want some more; **più alto di me** taller than me; **più intelligente di loro** more intelligent than them; **il più alto** the tallest; **il più interessante** the most interesting; **mai più** never again; **non più** no more, no longer; **non lavora più** he's no longer working, he doe-

sn't work any longer; **né più né meno** neither more nor less; **tutt'al più** posso prendere il treno if the worst comes to the worst I can take a train; **più o meno** more or less; **5000 euro più le spese** 5000 euros plus expenses; **più volte** several times; **i più** the majority; **il più è fatto** most of it is done.

piuma *sf* feather ◊ **peso piuma** featherweight.

piumino *sm (letto)* eiderdown, duvet; *(giaccone)* quilted jacket; *(cipria)* powder puff; *(per spolverare)* feather duster.

piuttosto *avv* rather ◊ **piuttosto alto** rather tall; **piuttosto che, di** rather than.

pizza *sf (cuc)* pizza; *(persona, cosa noiosa)* bore.

pizzerìa *sf* pizzeria, pizza-restaurant.

pizzicare *v tr* to pinch; *(insetti)* to bite, to sting; *(mus)* to pluck ◊ *v intr (prudere)* to itch, to be itchy; *(cibo)* to be spicy, to be hot.

pizzico (*pl* -chi) *sm* pinch; *(fig)* touch.

pizzo *sm* lace; *(barba)* pointed beard.

placare *v tr* to placate; *(dolore)* to soothe ◊ *v rifl* to calm down.

placca (*pl* -che) *sf* plate; *(con iscrizione)* plaque ◊ **placca dentaria** dental plaque.

placcato *agg* plated.

placenta *sf* placenta.

plàcido *agg* placid, calm.

plagiare *v tr* to plagiarize.

plàgio *sm* plagiarism; *(giur)* moral subjugation.

plaid *sm inv* rug, blanket.

planare *v intr* to glide.

planetàrio *agg* planetary ◊ *sm* planetarium.

plasma *(pl -i)* *sm* plasma.

plàstica *(pl -che)* *sf* plastic; *(med)* plastic surgery.

plàstico *(f -a pl -ci -che)* *agg* plastic ◊ *sm* plastic model; relief map; *(esplosivo)* plastic explosive ◊ **bomba al plastico** plastic bomb.

plàtano *sm* plane tree.

platèa *sf* stalls *(pl)*; *(pubblico)* audience.

plàtino *sm* platinum.

plebiscito *sm* plebiscite.

plenilùnio *sm* full moon.

pleurìte *sf* pleurisy.

plotone *sm* platoon ◊ **plotone d'esecuzione** firing squad.

plùmbeo *agg* leaden; *(atmosfera)* oppressive.

plurale *agg, sm* plural.

Plutone *sm (astr)* Pluto.

plutònio *sm* plutonium.

pluviale *agg* rain.

pneumàtico *(f -a pl -ci -che)* *agg* pneumatic ◊ *sm (BrE)* tyre, *(AmE)* tire.

po' v. **poco**.

poco *(f -a pl -chi -che)* *avv* little, not much; *(con agg, avv)* (a) little, not very ◊ *sm* little ◊ *agg, pron* little, not much ◊ *pl* few, not many; *(persone)* few people ◊ **poco fa** not long ago; **poco prima** shortly before; **dura poco** it doe-

sn't last very long; **a poco a poco** little by little; **per poco non è caduto** he nearly fell; **poco latte** little milk; **pochi soldi** little money; **poca gente** few people; **erano in pochi** there were (very) few of them; **tra pochi minuti** in a few minutes; **da poco, poco fa** a few minutes ago; **arriverà tra poco** he'll arrive shortly, in a little while; **un po' di zucchero** a little sugar; **un bel po' di soldi** quite a lot of money.

podere *sm* farm.

pòdio *sm* platform; *(sport, mus)* podium.

poesìa *sf* poetry; *(singolo componimento)* poem.

poeta *(pl -i f -essa)* *sm* poet ◊ **poetessa** poetess.

poètico *(f -a pl -ci -che)* *agg* poetic(al).

poggiatesta *sm inv* headrest.

poi *avv* then; *(più tardi)* later (on); *(inoltre)* besides, and then ◊ **da allora in poi** from then on; **d'ora in poi** from now on.

poiché *cong* since, as.

polacco *(f -a pl -chi -che)* *agg* Polish ◊ *sm* Pole; *(lingua)* Polish.

polare *agg* polar ◊ **circolo polare** polar circle; **fa un freddo polare** it's freezing cold.

polèmica *(pl -che)* *sf* controversy.

poliambulatòrio *sm* health centre; *(in ospedale)* outpatient clinic.

policlìnico *(pl -ci)* *sm* general hospital.

poligamìa *sf* polygamy.

polìgamo *agg* polygamous ◊ *sm* polygamist.

poliglotta (*pl* **-i -e**) *sm/f* polyglot.

polìgono *sm* (*geom*) polygon ◊ **polìgono di tiro** rifle range.

poliomielite (*f* poliomyelitis, polio.

pòlipo *sm* (*polpo*) octopus; (*med, zool*) polyp.

polistirolo *sm* polystyrene ◊ **polistirolo espanso** foam polystyrene.

politècnico (*f* **-a** *pl* **-ci -che**) *agg* polytechnic ◊ *sm* university institution for mathematical, physical and chemical studies and applied sciences, especially architecture and engineering.

polìtica (*pl* **-che**) *sf* politics; (*linea di condotta*) policy; (*donna*) politician.

polìtico (*f* **-a** *pl* **-ci -che**) *agg* political ◊ *sm* politician.

polizìa *sf* police ◊ **polizia stradale** traffic police.

poliziesco (*f* **-a** *pl*-chi **-che**) *agg* police ◊ **romanzo poliziesco** detective story.

poliziotto *sm* policeman ◊ **poliziotta** policewoman.

pòlizza *sf* (*d'assicurazione*) (insurance) policy; (*ricevuta*) bill.

pollàio *sm* henhouse.

pollame *sm* poultry.

pòllice *sm* thumb; (*unità di misura*) inch.

pòlline *sm* pollen.

pollivéndolo *sm* poulterer.

pollo *sm* chicken.

polmone *sm* lung.

polmonite *sf* pneumonia.

polo *sm* (*geog, elettr*) pole; (*sport*) polo.

polpa *sf* pulp, flesh; (*carne*) lean meat.

polpàccio *sm* calf.

polpastrello *sm* fingertip.

polpetta *sf* meatball; (*fritta*) rissole.

polpo *sm* octopus.

polsino *sm* cuff.

polso *sm* wrist; (*med*) pulse; (*polsino*) cuff.

poltrona *sf* armchair; (*teatro*) (*BrE*) seat in the stalls, (*AmE*) orchestra stall.

pólvere *sf* dust; (*artificiale*) powder ◊ **latte in polvere** powdered milk, dried milk.

polveroso *agg* dusty.

pomata *sf* ointment.

pomeriggio *sm* afternoon.

pòmice *sf* pumice (stone).

pomodoro *sm* tomato.

pompa *sf* (*bicicletta*) pump; (*benzina*) petrol pump (station); (*fasto*) pomp ◊ **pompa antincendio** fire pump; **pompe funebri** (*BrE*) funeral parlour, (*AmE*) undertaker's.

pompelmo *sm* grapefruit.

pompiere *sm* fireman ◊ *pl* fire brigade.

ponderare *v tr/intr* to ponder (over).

ponente *sm* west; (*vento*) west wind.

ponte *sm* bridge (*anche elettr, med*); (*mar*) deck; (*impalcatura*) scaffold ◊ **ponte aereo** air lift;

197

ponte levatoio drawbridge; **tagliare i ponti con** to break it off with.

pontéfice *sm* pontiff.

pontificio (*pl f* -**cie**) *agg* papal.

pontile *sm* wharf.

pony *sm inv* pony ◊ **pony express** (motorbike, bike) courier.

popcorn *sm inv* popcorn.

popolare *agg* popular; (*quartiere*) working-class; (*canzone*) folk ◊ *v tr* to populate ◊ *v rifl* to become populated ◊ **casa popolare** council house.

popolarità *sf inv* popularity.

popolazione *sf* population; (*popolo*) people.

pòpolo *sm* people.

popoloso *agg* densely populated.

poppa *sf* (*mar*) stern.

porcellana *sf* porcelain, china.

porcheria *sf* filth; (*azione disonesta*) dirty trick; (*cibo, cosa malfatta*) rubbish.

porcile *sm* (*BrE*) pigsty, (*AmE*) pigpen.

porcino *sm* (*fungo*) boletus.

porco (*pl* -**ci**) *sm* pig; (*carne*) pork; (*fig*) swine.

porcospino *sm* porcupine.

pòrgere *v tr* to hand, to give.

pornografia *sf* pornography.

pornogràfico (*f* -**a** *pl* -**ci** -**che**) *agg* pornographic.

poro *sm* pore.

poroso *agg* porous.

pórpora *sf* purple.

porre *v tr* to put; (*collocare*) to place; (*supporre*) to suppose ◊ **porre fine a** to put an end to; **por-**

re una domanda a to put a question to.

porro *sm* (*bot*) leek; (*med*) wart.

porta *sf* door; (*di città*) gate; (*calcio*) goal ◊ **mettere alla porta qualcuno** to turn somebody out.

portabagagli *sm inv* (*aut*) (*BrE*) boot, (*AmE*) trunk; (*sul tetto*) roof rack; (*treno, bus*) luggage rack; (*facchino*) porter.

portacénere *sm inv* ashtray.

portachiavi *sm inv* keyring.

portaèrei *sf inv* aircraft carrier.

portafòglio *sm* (*BrE*) wallet, (*AmE*) billfold, pocketbook; (*polit, fin*) portfolio.

portafortuna *sm inv* lucky charm; (*mascotte*) mascot.

portale *sm* (*arch, Internet*) portal.

portamento *sm* bearing; (*andatura*) gait.

portamonete *sm inv* purse.

portaocchiali *sm inv* glasses case.

portaombrelli *sm inv* umbrella stand.

portapacchi *sm inv* (*bici*) carrier; (*aut*) luggage rack.

portare *v tr* (*verso chi parla*) to bring; (*lontano da chi parla*) to take; (*andare a prendere*) to fetch; (*con fatica*) to carry; (*condurre*) to lead; (*indumento, occhiali*) to wear; (*capelli*) to have ◊ **portare fortuna, sfortuna** to bring good luck, bad luck; **porti bene i tuoi anni** you don't look your age; **portar via** to take away; (*tempo*) to take; **portare pazienza** to be patient.

portasci *sm inv* ski rack.

portata *sf* (*cuc*) course; (*arma*) range; (*fiume*) flow; (*nave*) tonnage; (*aut, ponte*) capacity; (*importanza*) importance ◊ **a portata di mano** within reach; **un prezzo alla portata di tutti** a price within everybody's means.

portàtile *agg* portable.

portatore (-**trice**) *sm* (*comm*) bearer; (*med*) carrier.

portavoce *sm/f inv* spokesman (*m*), spokeswoman (*f*).

pòrtico (*pl* -**ci**) *sm* (*ingresso*) porch; (*loggia*) portico; (*con negozi*) arcade.

portiera *sf* (*aut*) door; (*portinaia*) caretaker.

portiere *sm* (*portinaio*) caretaker, (*AmE*) janitor; (*albergo*) porter, (*AmE*) doorman; (*sport*) goalkeeper.

portinàio *sm* caretaker, (*AmE*) janitor ◊ **portinaia** caretaker.

portineria *sf* caretaker's lodge.

porto *sm* (*BrE*) harbour, (*AmE*) harbor; port; (*rifugio*) haven; (*trasporto*) carriage; (*licenza*) (*BrE*) licence, (*AmE*) license; (*vino*) port ◊ **porto franco** free port; **franco di porto** carriage free; **porto d'armi** licence to carry weapons; (*documento*) gun licence; **il progetto è andato in porto** the project has been carried out.

portoghese *agg, sm/f* Portuguese; (*fig*) gatecrasher ◊ *sm* (*lingua*) Portuguese.

portone *sm* main door.

portoricano *agg, sm* Puerto Rican.

porzione *sf* portion; (*cibo*) helping.

posa *sf* pose; (*per ritratto*) sitting; (*per foto*) pose; (*fot, tempo di posa*) exposure.

posacénere *sm inv* ashtray.

posare *v tr* to put (down); (*fondamenta*) to lay ◊ *v intr* (*poggiare*) to rest; (*per foto*) to be based; (*per ritratto*) to sit; (*per foto, atteggiarsi*) to pose ◊ *v rifl* (*aereo*) to land; (*uccello*) to alight; (*appollaiarsi*) to perch; (*sguardo, polvere*) to settle.

posate *sf pl* (*BrE*) cutlery (*sing*), (*AmE*) silverware (*sing*); (*da insalata*) salad servers.

positivo *agg* positive; (*persona*) practical, matter-of-fact.

posizione *sf* position ◊ **posizione sociale** social status.

possedere *v tr* to possess (*anche fig*), to own.

possedimento *sm* possession; (*proprietà immobiliare*) estate.

possessivo *agg* possessive.

possesso *sm* possession ◊ **entrare in possesso di** to come into possession of.

possessore (-**ditrice**) *sm* possessor; (*proprietario*) owner.

possibile *agg, sm* possible ◊ **fare** (**tutto**) **il possibile** to do everything possible.

possibilità *sf inv* possibility; (*occasione*) chance, opportunity ◊ *pl* (*mezzi economici*) means.

posta *sf* post, mail; (*ufficio posta-*

postale

le) post office; (*al gioco*) stake ◊ **posta elettronica** e-mail; **fermo posta** poste restante.

postale *agg* post, mail ◊ **codice di avviamento postale** (*BrE*) post code, (*AmE*) zip code; **pacco postale** parcel.

posteggiare *v tr* to park.

postéggio v. **parcheggio**.

posteriore *agg* (*dietro*) back; (*zampe*) hind; (*dopo*) later, following ◊ **luci posteriori** rear lights.

posticipare *v tr* to postpone, to defer.

postino *sm* (*BrE*) postman, (*AmE*) mailman.

posto *sm* (*luogo*) place; (*spazio*) room, space; (*impiego*) job, post, position; (*teatro, aereo ecc.*) seat ◊ **prenotare un posto** to book a seat; **posti in piedi** standing room; **posto auto** parking place, parking space; **posto di blocco** roadblock; **al posto di** (*invece di*) instead of.

pòstumo *agg* posthumous; (*tardivo*) belated ◊ *sm pl* consequences, aftereffects; (*di sbornia*) hangover (*sing*).

potàbile *agg* drinkable.

potare *v tr* to prune; (*siepe*) to trim.

potatura *sf* pruning; (*siepe*) trimming.

potente *agg* powerful; (*farmaco*) potent, strong.

potenza *sf* power; (*forza*) strength.

potenziale *agg, sm* potential.

potenziare *v tr* to potentiate.

potere *v* ausiliare (*essere in gra-*

do di) can, to be able to; (*avere il permesso*) can, may, to be allowed to; (*eventualità*) could, may, might ◊ *v tr* can, to be able to ◊ *sm* power; (*influsso*) influence ◊ **non è potuta venire** she wasn't able to come, she couldn't come; **posso entrare?** can/may I come in?; **può aver avuto un incidente** he may/might/could have had an accident; **non ne posso più** I can't take it any more; (*per stanchezza*) I'm exhausted; **può darsi** perhaps; **al potere** in power; **potere d'acquisto** purchasing power.

pòvero *agg* poor; (*disadorno*) plain, bare ◊ *sm* poor man ◊ **i poveri** the poor; **povero di fantasia** lacking in imagination; **povero me!** poor me!

povertà *sf inv* poverty.

pozza *sf* pool.

pozzànghera *sf* puddle.

pozzo *sm* well; (*cava*) pit; (*ascensore, miniera*) shaft ◊ **pozzo petrolifero** oil well.

pranzare *v intr* to have dinner, to dine; (*a mezzogiorno*) to lunch, to have lunch.

pranzo *sm* dinner; (*a mezzogiorno*) lunch.

pratería *sf* grassland, (*AmE*) prairie.

pràtica (*pl* -**che**) *sf* practice; (*esperienza*) experience; (*conoscenza*) knowledge; (*tirocinio*) training; (*incartamento*) file, dossier; (*documento*) paper ◊ **mettere in pratica** to put into practice; **far**

pratica (*BrE*) to practise, (*AmE*) to practice.

praticàbile *agg* practicable; (*fattibile*) feasible.

praticare *v tr* (*BrE*) to practise, (*AmE*) to practice; (*tennis*) to play; (*nuoto, scherma*) to go in for; (*foro*) to make; (*sconto*) to give.

pràtico (*f* -**a** *pl* -**ci** -**che**) *agg* practical; (*funzionale*) handy; (*esperto*) experienced.

prato *sm* meadow; (*rasato*) lawn.

preavviso *sm* notice ◊ **senza preavviso** without notice.

precàrio *agg* precarious; (*salute*) poor ◊ *sm* temporary employee; (*insegnante*) temporary teacher.

precauzione *sf* precaution; (*cautela*) caution.

precedente *agg* previous, preceding ◊ *sm* precedent ◊ **senza precedenti** unprecedented; **precedenti penali** criminal record.

precedenza *sf* precedence; (*priorità*) priority; (*aut*) right of way ◊ **dare la precedenza** to give way; **avere la precedenza** to have right of way.

precèdere *v tr* to precede.

precipitare *v intr* to fall (headlong); (*aereo*) to crash; (*eventi*) to come to a head ◊ *v tr* to hurl, to fling; (*affrettare*) to rush ◊ *v rifl* (*gettarsi*) to hurl oneself; (*affrettarsi*) to rush.

precipìzio *sm* precipice.

precisare *v tr* to specify, to state; (*spiegare*) to explain.

precisione *sf* precision; accuracy.

preciso *agg* precise, exact; accurate; (*definito*) definite; (*identico*) identical ◊ **alle 2 precise** at two sharp.

precoce *agg* early; (*bambino*) precocious; (*prematuro*) premature.

precotto *agg* precooked.

preda *sf* prey.

predatore (-**trice**) *sm* (*animale*) predator ◊ **uccelli predatori** birds of prey.

predica (*pl* -**che**) *sf* sermon; (*fig*) lecture.

predicare *v tr/intr* to preach.

predire *v tr* to predict, to foretell.

predisporre *v tr* to predispose; (*preparare*) to prepare ◊ *v rifl* to prepare oneself.

predisposizione *sf* (*attitudine*) bent; (*med*) predisposition.

predomìnio *sm* predominance; supremacy.

prefabbricato *agg* prefabricated ◊ *sm* prefab.

prefazione *sf* preface, foreword.

preferenza *sf* preference ◊ (**voto di**) **preferenza** preferential vote; **dare la preferenza a qualcosa, qualcuno** to give something, somebody preference.

preferire *v tr* to prefer; to like better (*fra due*); to like best (*fra molti*) ◊ **preferirei non andare** I'd rather not go; **preferisco il tè al caffè** I prefer tea to coffee, I like tea better than coffee.

prefetto *sm* prefect.

prefettura *sf* prefecture.

prefisso *sm* (*telefono*) (*BrE*) dialling code, (*AmE*) dial code.

pregare *v tr* to pray; (*supplicare*) to beg; (*chiedere*) to ask; (*richiedere*) to request.

preghiera *sf* prayer.

pregiato *agg* valuable; (*vino*) vintage.

prègio *sm* (*qualità*) quality, merit; (*valore*) value.

pregiudìzio *sm* prejudice; (*danno*) detriment.

prego *inter* (*a chi ringrazia*) don't mention it, not at all, (*AmE*) you're welcome; (*cedendo il passo*) after you ◊ **prego, si accomodi!** please, sit down!; **prego? (può ripetere?)** sorry?, I beg your pardon?

preistòria *sf* prehistory.

preistòrico (*f* **-a** *pl* **-ci -che**) *agg* prehistoric.

prelibato *agg* delicious.

prelievo *sm* (*denaro*) withdrawal; (*med*) sample.

preliminare *agg* preliminary ◊ *sm pl* preliminaries.

prémaman *sm* maternity dress.

prematuro *agg* premature; (*morte*) untimely ◊ **parto prematuro** premature birth.

prèmere *v tr* to press ◊ *v intr* to press; (*insistere*) to urge, to press.

premessa *sf* introduction.

preméttere *v tr* to start by saying, to state first; (*mettere prima*) to put before.

premiare *v tr* to award a prize to; (*onestà ecc.*) to reward.

premiazione *sf* prizegiving.

prèmio *sm* prize; (*ricompensa*) reward; (*assicurativo*) (insurance) premium.

premuroso *agg* thoughtful, considerate.

prèndere *v tr* (*treno, aereo ecc.*, *farmaco*) to take; (*andare a prendere*) to fetch, to get; (*passeggero*) to pick up; (*ladro, pesce, malattia*) to catch; (*guadagnare*) to get, to earn; (*comprare*) to buy; (*mangiare, bere*) to have ◊ **prendere parte a** to take part in; **prendo un tè** I'll have a tea; **vengo a prenderti alle 3** I'll call for you at 3; **prendersela** to get angry; **prendere l'abitudine di** to get into the habit of; **prendere a schiaffi qualcuno** to slap somebody's face; **prendere in giro qualcuno** to pull somebody's leg; **prendere freddo** to get cold.

prendisole *sm inv* sundress.

prenotare *v tr* to book, to reserve.

prenotazione *sf* booking, reservation.

preoccupare *v tr*, *rifl* to worry (about).

preoccupazione *sf* worry.

preparare *v tr* to prepare; (*studente, atleta*) to coach ◊ *v rifl* to prepare oneself, to get ready; (*studiare*) to study; (*atleta*) to train.

preparativi *sm pl* preparations.

preparazione *sf* preparation; (*sport*) training.

prepotente *agg* (*carattere*) overbearing; arrogant; (*desiderio*) overwhelming; (*bisogno*) pressing ◊ *sm/f* bully.

prepotenza *sf* arrogance.

presa *sf* hold, grasp; (*d'aria, acqua*) intake; (*pizzico*) pinch ◊ **presa di corrente** socket; **essere alle prese con** to be struggling with; **presa in giro** leg-pull.

prèsbite *agg* long-sighted, (*AmE*) far-sighted ◊ *sm/f* long-sighted person, (*AmE*) far-sighted person.

prescrivere *v tr* to prescribe.

prescrizione *sf* (*med, giur*) prescription.

presentare *v tr* to present; (*esibire*) to show; (*persona*) to introduce ◊ *v rifl* to introduce oneself; (*farsi vedere, recarsi*) to present oneself; (*occasione*) to arise ◊ **presentarsi come candidato** to stand as a candidate.

presentazione *sf* presentation; (*scritto, di persona*) introduction.

presente *agg* present; (*questo*) this ◊ *sm* present; (*dono*) present, gift ◊ *pl* those present ◊ **tenere presente qualcosa** to bear something in mind.

presentimento *sm* presentiment, premonition.

presenza *sf* presence; (*a scuola*) attendance ◊ **presenza di spirito** presence of mind.

presenziare *v tr/intr* to be present at, to attend.

presèpio *sm* (*BrE*) crib, (*AmE*) crèche.

preservare *v tr* to preserve; (*proteggere*) to protect.

preservativo *sm* condom.

prèside *sm/f* (*BrE*) headmaster

(*m*), headmistress (*f*), (*AmE*) principal; (*università*) dean.

presidente *sm/f* president; (*di assemblea*) chairman (*m*), chairwoman (*f*).

presidenza *sf* presidency; (*di governo*) premiership; (*di assemblea*) chairmanship; (*di società*) management; (*consiglio di amministrazione*) board of directors; (*di scuola*) headmastership; (*ufficio*) headmaster's study.

presidio *sm* garrison; (*milit*) fortress; (*fig*) defence.

presièdere *v tr/intr* to preside over, to chair; (*giuria*) to act as chairman of.

pressa *sf* press.

pressap(p)òco *avv* about, roughly.

pressing *sm inv* (*sport*) pressure.

pressione *sf* pressure ◊ **far pressione su qualcuno** to put pressure on somebody; **pressione arteriosa** blood pressure.

presso *avv* nearby, close at hand ◊ *prep* (*vicino*) near; (*accanto a*) beside, next to; (*a casa di*) at; (*indirizzi*) care of, c/o ◊ **nei pressi di** near, in the vicinity of.

prestabilito *agg* (*giorno*) prearranged; (*somma*) fixed (in advance).

prestare *v tr* to lend ◊ *v rifl* to lend oneself; (*offrirsi*) to offer; (*essere adatto*) to be suitable (for) ◊ **prestare attenzione a** to pay attention to.

prestazione *sf* service; (*tecn, sport*) performance.

203

prestigiatore (-trice) *sm* conjurer.

prestigio *sm* prestige ◊ **gioco di prestigio** conjuring trick.

prèstito *sm* loan ◊ **prendere in prestito** to borrow.

presto *avv* soon; (*in fretta*) quickly; (*di buon'ora*) early ◊ **presto o tardi** sooner or later; **a presto!** see you soon!

presùmere *v intr* to presume.

presuntuoso *agg* presumptuous, conceited.

presunzione *sf* presumption, conceit.

prete *sm* priest; (*protestante*) minister; (*anglicano*) clergyman.

pretèndere *v tr* to demand; (*sostenere*) to claim; (*ritenere*) to think.

pretesa *sf* (*esigenza*) claim; (*presunzione*) pretension.

pretesto *sm* pretext, excuse; (*occasione*) opportunity.

pretore *sm* magistrate.

pretura *sf* magistrate's court.

prevalente *agg* prevailing.

prevalenza *sf* predominance ◊ **in prevalenza** prevalently, mainly.

prevalere *v intr* to prevail (against, over).

prevedere *v tr* to foresee; (*aspettarsi*) to expect; (*legge ecc.*) to provide (for).

prevedìbile *agg* foreseeable; predictable.

prevenire *v tr* to anticipate; (*evitare*) to avoid, to prevent.

preventivo *agg* preventive ◊ *sm* estimate.

prevenzione *sf* prevention; (*preconcetto*) prejudice.

previdente *agg* provident; (*lungimirante*) farsighted.

previdenza *sf* providence; (*lungimiranza*) foresight ◊ **previdenza sociale** social security.

previsione *sf* forecast; (*aspettativa*) expectation ◊ **previsioni del tempo** weather forecast.

prezioso *agg* precious; (*consiglio*) invaluable.

prezzémolo *sm* parsley.

prezzo *sm* price ◊ **prezzo fisso** fixed price.

prigione *sf* prison ◊ **tre anni di prigione** three years' imprisonment.

prigioniero *agg* captive, imprisoned ◊ *sm* prisoner.

prima *avv* before; (*una volta*) once, formerly; (*per prima cosa*) first; (*in un primo tempo*) at first; (*in anticipo*) beforehand, in advance; (*più presto*) sooner, earlier ◊ *cong* before ◊ **prima o poi** sooner or later; **prima di partire** before leaving; **prima che sia tardi** before it's too late; **quanto prima, prima possibile** as soon as possible.

prima *sf* (*aut*) first (gear); (*ferr*) first class; (*teatro*) first night; (*cine*) première.

primàrio *agg* primary ◊ *sm* (*med*) head physician.

primato *sm* supremacy; (*sport*) record.

primavera *sf* spring.

primaverile *agg* spring.

primitivo *agg* primitive; original.
primizia *sf* early fruit; early vegetable; (*notizia*) fresh news.
primo *agg* (the) first; (*tra due*) former; (*iniziale*) early ◊ *sm* (*minuto*) minute; (*piatto*) first course ◊ *avv* first ◊ **il primo dell'anno** New Year's Day; **ai primi di giugno** at the beginning of June; **primo ministro** prime minister; **per primo** first; **in primo luogo** in the first place.
primogènito *sm* firstborn.
prìmula *sf* primrose.
principale *agg* main, principal, chief; (*sede*) head office ◊ *sm* employer; boss.
principe *sm* prince.
principessa *sf* princess.
principiante *sm/f* beginner.
principio *sm* beginning, start; (*regola*) principle; (*origine*) origin, cause ◊ **in, al principio** at the beginning, at first; **per principio** on principle; **questione di principio** matter of principle.
priorità *sf inv* priority (over).
privare *v tr* to deprive ◊ *v rifl* to deprive oneself; (*negarsi*) to deny oneself.
privatizzare *v tr* to privatize.
privato *agg* private.
privilegiare *v tr* to favour, (*AmE*) to favor.
privilègio *sm* privilege.
privo *agg* ◊ **privo di** devoid of; (*mancante*) lacking in; (*senza*) without; **privo di mezzi** destitute of means.
pro *prep* for ◊ *sm inv* advantage,

benefit ◊ **i pro e i contro** pros and cons; **buon pro ti faccia** much good may it do to you.
probàbile *agg* probable, likely.
probabilità *sf inv* probability, likelihood; (*possibilità*) chance ◊ **c'è una probabilità su cento** there's a chance in a hundred.
problema (*pl* -i) *sm* problem.
problemàtico (*f* -a *pl* -ci -che) *agg* problematic(al); (*difficile*) difficult, complicated.
probòscide *sf* trunk.
procèdere *v intr* (*avanzare*) to go on, to proceed (*anche giur*); (*iniziare*) to start.
procedimento *sm* (*metodo*) procedure; (*tecn*) process; (*giur*) proceedings (*pl*).
procedura *sf* (*giur*) procedure ◊ **codice di procedura civile, penale** code of civil, criminal procedure.
processare *v tr* to try.
processione *sf* procession.
processo *sm* process; (*giur*) trial; (*civile*) lawsuit, civil proceedings (*pl*).
proclamare *v tr* to proclaim; (*dichiarare*) to declare.
procura *sf* power of attorney, proxy ◊ **per procura** by proxy; **Procura di stato** (*in Gran Bretagna*) Public Prosecutor's office, (*negli USA*) District Attorney's office.
procurare *v tr* to get; (*causare*) to cause.
procuratore (-trice) *sm* proxy; attorney; (*legale*) attorney, (*in*

prodìgio

Gran Bretagna) solicitor ◊ **procuratore generale** (*in corte d'appello*) Public Prosecutor; (*in corte di cassazione*) Attorney General; **Procuratore della repubblica** Public Prosecutor.

prodìgio *sm* wonder, marvel; (*persona*) prodigy ◊ **bambino prodigio** infant prodigy.

prodigioso *agg* prodigious.

prodotto *sm* product ◊ **prodotti agricoli** farm produce; **prodotto interno lordo** gross domestic product.

produrre *v tr* to produce; (*causare*) to cause.

produttivo *agg* productive; (*di produzione*) production; (*investimento*) profit-bearing ◊ **processo produttivo** production process

produttore (**-trice**) *sm* producer; (*fabbricante*) manufacturer ◊ *agg* producing; (*che fabbrica*) manufacturing ◊ **paese produttore di petrolio** oil-producing country.

produzione *sf* production; (*fabbricazione*) manufacture; (*rendimento*) output ◊ **produzione propria** home production.

profanare *v tr* to desecrate.

profano *agg* profane; (*non sacro*) secular; (*inesperto*) ignorant (of).

professionale *agg* professional; (*scuola*) vocational.

professione *sf* profession.

professionista (*pl* -i -e) *agg, sm/f* professional ◊ **libero professionista** self-employed person, freelance.

professore (**-essa**) *sm* teacher;

(*università*) lecturer; (*titolare di cattedra*) professor.

profeta (*f* -essa *pl* -i -esse) *sm* prophet ◊ **profetessa** prophetess.

proficuo *agg* profitable, useful.

profilàttico (*f* -a *pl* -ci -che) *agg* (*med*) prophylactic ◊ *sm* condom.

profilo *sm* outline; (*volto*) profile ◊ **di profilo** in profile.

profitto *sm* profit.

profondità *sf inv* depth.

profondo *agg* deep; (*fig*) profound ◊ *sm* depth, depths (*pl*) ◊ **nel profondo del mio cuore** at the bottom of my heart.

pròfugo (*f* -a *pl* ghi -ghe) *sm* refugee.

profumare *v tr* to perfume ◊ *v intr* to smell, to be fragrant ◊ *v rifl* to put on scent, to use perfume ◊ **profuma di rose** it's fragrant of roses.

profumerìa *sf* perfumery; (*negozio*) perfumer's shop.

profumiere *sm* perfumer.

profumo *sm* perfume, scent; (*fragranza*) fragrance ◊ **avere un buon profumo** to smell nice.

progettare *v tr* to plan.

progetto *sm* plan ◊ **progetto di legge** bill.

prognosi *sf inv* prognosis ◊ **essere in prognosi riservata** to be on the danger list.

programma (*pl* -i) *sm* (*BrE*) programme, (*AmE, inform*) program; (*progetto*) plan; (*scolastico*) syllabus.

programmare *v tr* to plan; (*inform*) to program.

programmatore (**-trice**) *sm* (computer) programmer.

progredire *v intr* to advance; (*fare progressi*) to progress.

progressista (*pl* **-i** **-e**) *agg* progressive ◊ *sm/f* progressive, progressist.

progressivo *agg* progressive.

progresso *sm* progress ◊ **fare progressi** to make progress.

proibire *v tr* to forbid; (*per legge*) to prohibit ◊ **mi proibirono di entrare** I was forbidden to go in.

proibito *agg* forbidden, prohibited; (*sogno*) impossible.

proiettare *v tr* to project, to cast; (*cine*) to show, to screen ◊ *v rifl* to throw oneself.

proiettile *sm* projectile; (*pallottola*) bullet.

prole *sf* children (*pl*), offspring.

proletariato *sm* proletariat(e).

proletàrio *agg, sm* proletarian.

prolunga (*pl* **-ghe**) *sf* extension.

prolungamento *sm* extension.

prolungare *v tr* to prolong; (*termine*) to extend ◊ *v rifl* to go on, to continue.

promessa *sf* promise ◊ **promessa di matrimonio** promise of marriage.

prométtere *v tr* to promise ◊ **promettere bene** to be promising; **ti prometto di venire** I promise you that I'll come.

promìscuo *agg* (*merci*) mixed; (*sessualmente*) promiscuous.

promontòrio *sm* promontory, headland.

promosso *agg* successful; (*sostenuto*) promoted.

promotore (**-trice**) *sm* promoter, organizer.

promozionale *agg* promotional ◊ **vendita promozionale** promotional sale.

promozione *sf* promotion.

promuòvere *v tr* to promote; (*a scuola*) to pass.

pronome *sm* pronoun.

pronòstico (*pl* **-ci**) *sm* forecast, prediction.

prontezza *sf* readiness; promptness, quickness.

pronto *agg* ready; (*rapido*) quick, prompt ◊ *inter* (*al telefono*) hello! ◊ **pronto soccorso** first aid; (*di ospedale*) emergency (ward); **pronto intervento** (*carabinieri*) flying squad; **pronto a tutto** ready for anything; **tenersi pronto** to be ready.

pronùncia (*pl* **-ce**) *sf* pronunciation.

pronunciare *v tr* to pronounce; (*proferire*) to utter; (*discorso*) to deliver ◊ *v rifl* to give one's opinion.

propaganda *sf* propaganda; (*comm*) advertising.

propagandare *v tr* to publicize; (*comm*) to advertise.

propagare *v tr, rifl* to spread.

propìzio *agg* favourable, (*AmE*) favorable; (*giusto*) right.

pròpoli *sm* o *f inv* propolis, beeglue.

proporre *v tr* to propose; (*suggerire*) to suggest; (*candidato*) to put forward ◊ *v rifl* to intend; (*obietti-*

vo) to set oneself ◊ **proporsi di fare** to intend to do.

proporzionale *agg* proportional ◊ **sistema elettorale proporzionale** proportional representation.

proporzione *sf* proportion ◊ **in proporzione a** in proportion to.

propòsito *sm* purpose; (*intenzione*) intention; (*argomento*) subject ◊ **a proposito** by the way; **di proposito** on purpose.

proposta *sf* proposal; (*suggerimento*) suggestion ◊ **proposta di legge** bill.

proprietà *sf inv* property; (*correttezza*) correctness ◊ **proprietà privata** private property.

proprietàrio *sm* owner; (*per l'inquilino*) landlord ◊ **proprietaria** owner; (*per l'inquilino*) landlady.

pròprio *agg* (*possessivo*) own; (*impersonale*) one's (own); (*tipico*) typical (of), peculiar (to); (*esatto*) exact; (*significato*) literal; (*gramm*) proper ◊ *pron* one's own ◊ *sm* one's (own) ◊ *avv* just, exactly; (*veramente*) really; (*in frasi negative*) at all ◊ **amare i propri figli** to love one's children; **lavora in proprio** she works on her own account.

propulsione *sf* propulsion.

prora *sf* (*mar*) prow, bow.

pròroga (*pl* **-ghe**) *sf* respite; (*di pagamento*) extension.

prosa *sf* prose.

prosciugare *v tr* to dry up; (*artificialmente*) to drain; (*palude*) to reclaim ◊ *v rifl* to dry up.

prosciutto *sm* ham ◊ **prosciutto cotto** cooked ham; **prosciutto crudo** Parma ham.

proseguire *v tr/intr* to continue, to go on (with); (*riprendere*) to resume.

prosperare *v intr* to flourish, to thrive.

prospettiva *sf* (*geom*) perspective; (*possibilità*) prospect; (*visione*) view.

prospetto *sm* (*veduta*) view, prospect; (*facciata*) front; (*tabella*) prospectus; (*sommario*) summary.

prossimità *sf inv* closeness, proximity.

pròssimo *agg* near; (*seguente*) next; (*parente*) close ◊ *sm* neighbour, (*AmE*) neighbor, fellow man.

pròstata *sf* prostate (gland).

prostituire *v tr* to prostitute ◊ *v rifl* to be a prostitute; (*fig*) to prostitute oneself.

prostituta *sf* prostitute.

prostituzione *sf* prostitution.

protagonista (*pl* **-i -e**) *sm/f* protagonist.

protèggere *v tr* to protect; (*riparare*) to shelter; (*arti*) to patronize ◊ *v rifl* to protect oneself.

proteina *sf* protein.

pròtesi *sf inv* prosthesis; (*acustica*) hearing aid.

protesta *sf* protest ◊ **manifestazione di protesta** protest demonstration.

protestante *agg*, *sm/f* Protestant.

protestare *v intr* to protest.

protettivo *agg* protective.

protetto *agg* protected; (*luogo*) sheltered.

protettore (-**trice**) *sm* protector; (*delle arti*) patron; (*di prostituta*) pimp; (*santo patrono*) patron saint.

protezione *sf* protection; (*mecenatismo*) patronage ◊ **protezione dell'ambiente** environmental protection.

protocollo *sm* protocol; (*registro*) register.

protrarre *v tr* to protract, to prolong ◊ *v rifl* to continue; (*durare*) to last.

prova *sf* test, trial; (*giur*) evidence; (*tentativo*) attempt, try; (*teatro*) rehearsal; (*bozza*) proof; (*di abito*) fitting ◊ **giro di prova** trial run; **mettere alla prova** to put to the test.

provare *v tr* (*tentare*) to try; (*assaggiare*) to try, to taste; (*sentire*) to feel; (*fare esperienza di*) to experience; (*indumenti*) to try on; (*mettere alla prova*) to test, to try; (*macchine*) to try out, to test; (*teatro*) to rehearse; (*dimostrare*) to prove.

provenienza *sf* origin; (*fonte*) source ◊ **luogo di provenienza** place of origin.

provenire *v intr* to come.

provèrbio *sm* proverb.

provetta *sf* test tube.

provìncia (*pl* -**ce**) *sf* province.

provinciale *agg* provincial ◊ **strada provinciale** (*BrE*) main road, (*AmE*) highway.

provino *sm* (*cine*) screen test; (*campione*) specimen.

provocante *agg* provocative.

provocare *v tr* to provoke; (*causare*) to cause; (*malcontento*) to give rise to.

provocazione *sf* provocation.

provvedere *v intr* (*famiglia*) to provide for; (*occuparsi*) to see to; (*prendere un provvedimento*) to take steps ◊ *v tr* to provide; (*fornire*) to supply.

provvedimento *sm* measure; (*disciplinare*) action.

provvidenza *sf* providence.

provvigione *sf* commission.

provvisòrio *agg* temporary; (*governo*) provisional.

provvista *sf* provision, supply; (*di merce*) stock ◊ **fare provviste** to take in provisions.

prua *sf* (*mar*) bow, prow.

prudente *agg* prudent, cautious.

prudenza *sf* caution, prudence ◊ **per prudenza** as a precaution.

prùdere *v intr* to itch, to be itchy.

prugna *sf* plum ◊ **prugne secche** prunes.

prurito *sm* itch.

pseudònimo *sm* pseudonym.

psicanàlisi *sf inv* psychoanalysis.

psicanalista (*pl* -**i** -**e**) *sm/f* psychoanalist.

psichiatra (*pl* -**i** -**e**) *sm/f* psychiatrist.

psichiatrìa *sf* psychiatry.

psìchico (*f* -**a** *pl* -**ci** -**che**) *agg* psychic, psychological.

psicologìa *sf* psychology.

psicològico (*f* -**a** *pl* -**ci** -**che**) *agg* psychological.

psicòlogo (*f* **-a** *pl* **-gi -ghe**) *sm* psychologist.

pubblicare *v tr* to publish.

pubblicazione *sf* publication ◊ **fare le pubblicazioni** (**matrimoniali**) to publish the banns.

pubblicità *sf inv* publicity; (*comm*) advertising; (*annuncio su giornali*) advertisement.

pubblicitàrio *agg* advertising; (*trovata*) publicity ◊ *sm* advertising agent.

pùbblico (*f* **-a** *pl* **-ci -che**) *agg* public; (*statale*) state ◊ *sm* public; (*spettatori*) audience ◊ **giardini pubblici** public gardens; **scuola pubblica** state school.

pube *sm* pubis.

pubertà *sf inv* puberty.

pudore *sm* modesty, decency.

puerile *agg* childish.

pugilato *sm* boxing.

pùgile *sm/f* boxer.

pugnale *sm* dagger.

pugno *sm* fist; (*colpo*) punch; (*manciata*) fistful, handful.

pulce *sf* flea ◊ **mercato delle pulci** flea market; **mettere la pulce nell'orecchio a qualcuno** to sow doubts' in somebody's mind.

puledro *sm* colt ◊ **puledra** filly.

pulire *v tr*, *rifl* to clean; (*lavare*) to wash; (*bocca*) to wipe; (*naso*) to blow.

pulito *agg* clean (*anche fig*); (*ordinato*) tidy, neat.

pulizìa *sf* cleaning; (*l' essere pulito*) cleanliness ◊ **pulizia etnica** ethnic cleansing.

pullman *sm inv* coach.

pùlpito *sm* pulpit.

pulsante *sm* (push-)button.

pulsazione *sf* beat.

puma *sm inv* puma.

pùngere *v tr* to prick; (*insetto*, *ortica*) to sting ◊ *v rifl* to prick oneself.

pungiglione *sm* sting.

punire *v tr* to punish.

punizione *sf* punishment; (*sport*) penalty.

punta *sf* point; (*estremità*) tip, end; (*cima*) top; (*di monte*) peak; (*fig*) touch, trace ◊ **ore di punta** peak hours, rush hours; **la punta dell'iceberg** the tip of the iceberg.

puntare *v tr* (*gomiti*) to plant; (*dirigere*) to point, to direct; (*armi*) to point (at), to aim (at); (*scommettere*) to bet ◊ *v intr* (*dirigersi*) to head; (*di mano*) to aim at; (*contare su*) to count on.

puntata *sf* (*stampa*) instalment, (*AmE*) installment; (*TV*) episode; (*al gioco*) bet.

puntéggio *sm* (*sport*) score.

puntìglio *sm* obstinacy.

punto *sm* point; (*cucito*, *med*) stitch; (*grado*) degree; (*Internet*) dot; (*segno d'interpunzione*) full stop, (*AmE*) period ◊ **le cose sono a buon punto** things are going well; **punto di partenza** starting point; **mettere a punto** to get ready, to adjust; (*motore*) to tune.

puntuale *agg* punctual, on time; (*accurato*) accurate.

puntualità *sf inv* punctuality.

puntura *sf* (*insetto*) sting, bite; (*spillo*) prick; (*med*) injection; (*fitta*) sharp pain.

pupazzo *sm* puppet; (*di neve*) snowman.

pupilla *sf* (*anat*) pupil.

purché *cong* provided (that), on condition that.

pure *avv* (*anche*) also; too, as well; (*persino*) even ◊ **entra pure** please come in.

pure *cong* (*anche se*) even if; (*sebbene*) even though; (*tuttavia*) but, yet ◊ **sia pure** (*per quanto*) however; **pur di** (*al fine di*) (just) to.

purè *sm inv* (*cuc*) purée; (*di patate*) mashed potatoes.

purezza *sf* purity.

purga (*pl* -ghe) *sf* (*med*) laxative, purgative; (*polit*) purge.

purgante *agg, sm* laxative, purgative.

purgatòrio *sm* purgatory.

purificare *v tr* to purify, to purge (*anche fig*) ◊ *v rifl* to purify oneself.

puro *agg* pure; (*vino*) undiluted, neat; (*semplice*) mere, sheer ◊ **aria pura** pure air.

purosàngue *sm/f inv* thoroughbred.

purtroppo *avv* unfortunately.

pus *sm inv* (*med*) pus.

pùstola *sf* pustule; (*brufolo*) pimple.

putifèrio *sm* row, rumpus.

putrefatto *agg* putrefied, rotten.

puttana *sf* whore.

puzza *sf* stink, foul smell.

puzzare *v intr* to stink ◊ **puzzare di sudore** to reek of sweat.

puzzo *sm* stink, foul smell.

pùzzola *sf* polecat.

puzzolente *agg* stinking.

pyrex *sm inv* pyrex.

Q

qua *avv* here ◊ **eccolo qua** here he is; **passiamo (per) di qua** let's go this way; **al di qua di** on this side of.

quaderno *sm* copybook, exercise book.

quadrante *sm* (*orologio*) face.

quadrare *v intr* (*conti, bilancio*) to balance; (*descrizione*) to correspond.

quadrato *agg* square; (*fig*) sensible, level-headed ◊ *sm* square; (*pugilato*) ring ◊ **7 al quadrato** 7 squared.

quadrifòglio *sm* four-leaf clover.

quadrimestre *sm* period of four months.

quadro *sm* (*dipinto*) picture, painting; (*quadrato*) square; (*tabella*) table; (*tecn*) panel, board; (*descrizione*) outline; (*scena, spettacolo*) sight ◊ *pl* (*carte*) diamonds ◊ *agg* square ◊ **metro quadro** square metre.

quadrùpede *sm* quadruped.

quàdruplo *agg* quadruple, four times as large ◊ *sm* quadruple, four times as much.

quaggiù *avv* down here.

quàglia *sf* quail.

qualche *agg* some, (*alcuni*) a few; (*interrogativo*) any ◊ **qualche volta** sometimes; **in qualche modo** somehow; **qualche giorno fa** a few days ago.

qualcosa *pron* something; (*domande, frasi dubitative*) anything ◊ **vuoi mangiare qualcosa?** would you like something to eat?; **qualcos'altro** something else.

qualcuno *pron* someone, somebody; (*domande, frasi dubitative*) anybody, anyone; (*alcuni*) some ◊ **c'è qualcuno?** is anybody there?; **ho letto qualcuno dei suoi libri** I've read some of her books; **si crede qualcuno** he thinks he's somebody.

quale *agg* (*interrogativo*) which; (*riferito a un numero illimitato*) what; (*relativo*) (*come*) as; (*indefinito*) whatever ◊ *pron* (*interrogativo*) which; (*riferito a un numero illimitato*) what; (*relativo*) (*persona*) who; (*possessivo*) whose; (*cosa*) which ◊ **quale camera preferisci?** which room do you prefer?; **la qual cosa** which; **è tale quale il mio** it's exactly the same as mine; **quale dei due scegli?** which of the two do you want?; **tutti coloro i quali** all those who; **il signore del quale ammiriamo la gentilezza** the man whose kindness we admire.

qualifica (*pl* **-che**) *sf* (*professionale*) qualification.

qualificare *v tr* to qualify; (*defi-*

nire) to call ◊ *v rifl* to qualify (*anche sport*).

qualificazione *sf* qualification ◊ **corso di qualificazione professionale** training course; **partita di qualificazione** qualifying match.

qualità *sf inv* quality; (*proprietà*) property; (*specie*) sort, kind ◊ **di prima qualità** choice, first-rate.

qualsiasi v. **qualunque**.

qualunque *agg* any; (*quale che sia*) whatever; (*mediocre*) ordinary ◊ **qualunque cosa** anything; **qualunque cosa accada** whatever happens; **qualunque persona** anyone, anybody.

quando *avv* when ◊ *cong* when; (*ogni volta che*) whenever ◊ **da quando** since; **da quando?** since when?; (*da quanto tempo*) how long?; **di quando in quando** from time to time; **fino a quando** till, until; **fino a quando?** till when?, how long?; **quand'anche** even if.

quantità *sf inv* quantity, amount; (*gran numero*) a lot of ◊ **in (gran) quantità** in large quantities.

quantitativo *sm* quantity, amount.

quanto *agg* (*interrogativo, esclamativo*) how much; (*tempo*) how long; (*relativo*) as much as ◊ *pl* (*interrogativo, esclamativo*) how many; (*relativo*) as many as ◊ *pron* (*interrogativo, esclamativo*) how much; (*relativo*) (*quello che*) what; (*tutto quello che*) all (that) ◊ *pl* (*interrogativo, esclamativo*) how many; (*relativo*) (*tutti quelli che*) all those (who), whoever (sing); (in correlazione con tanto) as ◊ avv (con agg, avv) how; (con verbo) how much; (correlativo di tanto) as ◊ **quanto pane hai preso?** how much bread did you buy?; **quanti ospiti ci sono?** how many guests are there?; **quanti ospiti ci sono!** how many guests there are!; **(da) quanto tempo?** how long?; **quanti di loro?** how many of them?; **quanti ne abbiamo oggi?** what's the date today?; **ho speso (tanto) quanto ho guadagnato** I spent as much as I earned; **ho guadagnato meno di quanto pensassi** I earned less than I expected; **per quanto mi riguarda** as far as I am concerned; **quanto costa?** how much does it cost?; **quanto prima** as soon as possible; **in quanto** (in qualità di) as; (poiché) as, since.

quaranta agg, sm inv forty.

quarantena sf quarantine.

quarantenne agg forty (years old); forty-year-old ◊ sm/f forty-year-old man (m), forty-year-old woman (f).

quarantèsimo agg, sm fortieth.

quarésima sf Lent.

quarta sf (aut) fourth gear ◊ **partire in quarta** to dash off.

quartetto sm (mus) quartet.

quartiere sm district, area ◊ **quartiere residenziale** residential area; **quartier generale** headquarters.

quarto agg fourth ◊ sm fourth;

(quarta parte) quarter ◊ **quarti di finale** quarterfinals; **quarto d'ora** quarter of an hour.

quarzo sm quartz.

quasi avv almost, nearly; (negativo) hardly ◊ **quasi cadevo** I nearly fell; **quasi niente** hardly anything; **quasi mai** hardly ever; **quasi quasi te lo dico** I'm almost tempted to tell you.

quassù avv up here.

quattordicenne agg fourteen (years old); fourteen-year-old ◊ sm/f fourteen-year-old boy (m), fourteen-year-old girl (f).

quattòrdici agg, sm inv fourteen.

quattrino sm penny ◊ pl (denaro) money ◊ **senza il becco di un quattrino** broke, penniless.

quattro agg, sm inv four ◊ **farsi in quattro** to bend over backwards; **in quattro e quattr'otto** in less than no time; **gliene ho dette quattro** I gave him a piece of my mind; **c'erano quattro gatti** there was hardly anybody; **fare quattro chiacchiere** to have a chat; **a quattr'occhi** in private, in confidence.

quattrocentesco agg fifteenth-century.

quattrocentèsimo agg, sm four hundredth.

quattrocento agg, sm inv four hundred; (secolo) the fifteenth century.

quei v. quello.

quegli v. quello.

quello agg that ◊ pl those ◊ pron that (one); (colui) the one; (ciò) what ◊ pl those (ones); (co-

213

loro) the ones, the people ◊ **a quel tempo** at that time, then; **in quei paesi** in those countries; **aspettiamo quel signore** we are waiting for that man; **non conosco quella signora** I don't know that woman; **quello che è successo** what happened; **digli tutto quello che sai** tell him everything you know.

quèrcia (*pl* **-ce**) *sf* oak (tree); (*legno*) oak.

querela *sf* (legal) action, lawsuit.

querelare *v tr* to bring an action against.

quesito *sm* question.

questionàrio *sm* questionnaire.

questione *sf* question, matter; (*controversia*) issue; (*litigio*) quarrel.

questo *agg* this ◊ *pl* these ◊ *pron* this (one); (*egli*) he; (*ciò*) this, that ◊ *pl* these (ones); (*essi*) they ◊ **uno di questi giorni** one of these days; **questa signora è mia sorella** this woman is my sister; **questo treno** this train; **comprerò questo** I'll buy this one.

questore *sm* (*BrE*) chief constable, (*AmE*) police commisioner.

questura *sf* police headquarters (*pl*).

qui *avv* here; (*tempo*) now ◊ **da qui in avanti** from now on; **fin qui** up to this point; (*tempo*) up to now, so far; **è gente di qui** they are locals; **non è di qui** he's a stranger here.

quiete *sf* (*silenzio*) quiet; (*calma*) calm; (*pace*) peace.

quieto *agg* quiet; (*notte*) calm, still.

quindi *cong* (*perciò*) so, therefore ◊ *avv* (*poi*) then, afterwards.

quindicenne *agg* fifteen (years old); fifteen-year-old ◊ *sm/f* fifteen-year-old boy (*m*), fifteen-year-old girl (*f*).

quìndici *agg, sm inv* fifteen ◊ **quindici giorni** two weeks, (*BrE*) a fortnight.

quinquennale *agg* five-year.

quinquènnio *sm* five years (*pl*), five-year period.

quinta *sf* (*teatro*) wing; (*aut*) fifth gear.

quintale *sm* quintal.

quintetto *sm* (*mus*) quintet.

quinto *agg, sm* fifth.

quiz *sm inv* quiz; (*domanda*) question.

quorum *sm inv* quorum ◊ **raggiungere il quorum** to reach a quorum.

quota *sf* (*parte*) quota, share; (*altitudine*) altitude, height; (*d'iscrizione*) fee; (*ippica*) odds (*pl*) ◊ **prendere quota** to gain height; **perdere quota** to lose height.

quotazione *sf* (*Borsa*) quotation; (*valore*) value; (*scommesse*) odds (*pl*).

quotidiano *agg* daily; (*normale*) everyday ◊ *sm* daily (newspaper).

quoziente *sm* quotient ◊ **quoziente d'intelligenza** intelligence quotient, IQ.

R

rabàrbaro *sm* rhubarb.

ràbbia *sf* anger, rage; *(furia)* fury; *(med)* rabies ◊ **mi fa rabbia** it makes me angry.

rabbino *sm* Rabbi.

rabbioso *agg* angry, furious; *(med)* rabid.

rabbrividire *v intr* to shiver, to shudder.

rabbuiarsi *v intr* to grow dark; *(fig) (viso)* to darken; *(persona)* to become sullen.

raccapezzarsi *v rifl* to make out.

raccapricciante *agg* horrifying, horrific.

raccattapalle *sm inv* ballboy.

raccattare *v tr* to pick up.

racchetta *sf* (tennis) racket; *(ping-pong)* bat ◊ **racchette da sci** ski sticks; **racchette da neve** snowshoes.

racchiùdere *v tr* to contain, to hold.

raccògliere *v tr (da terra)* to pick up; *(fiori, frutta)* to pick; *(collezionare)* to collect; *(capelli)* to put up; *(radunare)* to gather, to collect; *(ricevere)* to receive, to get ◊ *v rifl* to gather; *(concentrarsi)* to collect one's thoughts.

raccolta *sf* collection; *(adunata)* gathering; *(il raccogliere)* picking; *(agr)* harvesting; *(raccolto)* crop, harvest ◊ **raccolta differenziata di rifiuti** differentiated waste disposal.

raccolto *sm (agr)* crop, harvest.

raccomandare *v tr (consigliare)* to recommend; *(esortare)* to urge ◊ *v rifl* to appeal to ◊ **gli ho raccomandato di non andare** I told him not to go; **mi raccomando!** don't forget!

raccomandata *sf* registered letter ◊ **raccomandata con avviso di ricevimento, con ricevuta di ritorno** recorded-delivery letter.

raccomandazione *sf* recommendation; *(consiglio)* advice.

raccontare *v tr* to tell.

racconto *sm* story, tale; *(lett)* short story; *(resoconto)* account.

raccordo *sm (tecn)* connection, joint; *(di strade)* link (road); *(di autostrada)* (BrE) slip road, (AmE) entrance ramp, exit ramp ◊ **raccordo anulare** (BrE) ring road, (AmE) beltway.

rachitico *(f -a pl -ci -che)* agg *(med)* rickety, suffering from rickets; *(fig) (pianta)* stunted; *(persona)* scraggy.

racket *sm inv* racket.

rada *sf (geog)* roadstead; *(baia)* bay, cove.

radar *sm inv* radar.

raddoppiare *v tr/intr* to double; *(fig)* to redouble.

raddrizzare *v tr* to straighten; *(fig)* to put straight, to correct ◊ *v rifl* to straighten oneself (up).

radente *agg* grazing, skimming.

ràdere *v tr* to shave; *(barba)* to shave off; *(sfiorare)* to graze ◊ *v rifl* to shave (oneself) ◊ **radere al suolo** to raze to the ground.

radiatore *sm* radiator.

radiazione *sf* (*nucleare*) radiation; (*espulsione*) expulsion; (*cancellazione*) striking off.

ràdica (*pl* -**che**) *sf* briar (wood).

radicale *agg* radical.

radicchio *sm* chicory.

radice *sf* root (*anche fig*) ◊ **mettere radici** to take root; (*persona*) to put down roots.

ràdio *sm* (*chim*) radium; (*anat*) radius ◊ *sf inv* radio ◊ **giornale radio** radio news; **stazione radio** radio station.

radioamatore (-**trice**) *sm* radio amateur.

radioattività *sf inv* radioactivity.

radioattivo *agg* radioactive.

radiocrònaca (*pl* -**che**) *sf* radio commentary.

radiofònico (*f* -**a** *pl* -**ci** -**che**) *agg* radio.

radiografia *sf* X-ray; (*procedimento*) radiography ◊ **fare una radiografia** to take an X-ray.

radiologìa *sf* radiology; (*reparto*) radiology department; (*radioterapia*) X-ray treatment.

radiòlogo (*pl* -**gi**) *sm* radiologist.

radiosvéglia *sf* radio alarm.

radiotaxi *sm inv* radiotaxi.

radioterapìa *sf* radiotherapy, X-ray treatment.

rado *agg* sparse, thin; (*visite*) infrequent ◊ **di rado** rarely.

radunare *v tr*, *rifl* to gather, to assemble.

raduno *sm* meeting, gathering; (*polit*) rally.

radura *sf* clearing.

raffazzonato *agg* patched up.

raffermo *agg* stale.

ràffica (*pl* -**che**) *sf* (*vento*) gust; (*arma da fuoco*) burst; (*fig*) volley, hail.

raffigurare *v tr* to depict, to portray; (*simboleggiare*) to represent, to symbolize.

raffinare *v tr* to refine (*anche fig*).

raffinatezza *sf* refinement.

raffinato *agg* refined (*anche fig*).

raffinerìa *sf* refinery.

rafforzare *v tr* to reinforce, to strengthen (*anche fig*) ◊ *v rifl* to become stronger.

raffreddamento *sm* cooling; (*fig*) coolness.

raffreddare *v tr* to cool (down) (*anche fig*) ◊ *v rifl* to cool down; (*prendere un raffreddore*) to catch a cold; (*fig*) to cool (off).

raffreddore *sm* cold.

raffronto *sm* comparison.

ragazzo *sm* boy; (*fidanzato*) boyfriend ◊ **ragazza** girl; (*fidanzata*) girlfriend.

raggiante *agg* radiant (with) (*anche fig*); (*fig*) beaming.

ràggio *sm* ray, beam (*anche fig*); (*ruota*) spoke; (*mat, distanza*) radius ◊ **raggio d'azione** range (of action); **raggi X** X-rays.

raggiro *sm* trick.

raggiùngere *v tr* to reach; (*persona*) to catch up (with); (*obiettivo*) to achieve; (*bersaglio*) to hit.

raggiungìbile *agg* accessible; (*fig*) achievable.

raggomitolare *v tr* to wind up (into a ball) ◊ *v rifl* to curl up.

raggrinzire *v tr, rifl* to wrinkle; (*tessuti*) to crumple.

raggruppamento *sm* grouping; (*gruppo*) group.

raggruppare *v tr* to group (together) ◊ *v rifl* to gather, to group (together).

ragguardévole *agg* (*somma*) considerable; (*importante*) distinguished, notable.

ragionamento *sm* reasoning, argument.

ragionare *v intr* to reason; (*discutere*) to talk (about).

ragione *sf* reason; (*diritto*) right; (*tasso*) rate ◊ **avere ragione** to be right; **il tempo gli darà ragione** time will prove him right; **farsi una ragione di** to resign oneself to, to accept; **perdere l'uso della ragione** to become insane; **perdere il lume della ragione** to take leave of one's senses; **non sente ragioni** he won't listen to reason; **in ragione del 5%** at the rate of 5%; **ragione sociale** corporate name.

ragionerìa *sf* accountancy; (*contabilità*) bookkeeping.

ragionévole *agg* reasonable; sensible.

ragioniere *sm* accountant.

ragliare *v intr* to bray.

ragnatela *sf* (spider's) web, cobweb.

ragno *sm* spider.

ragù *sm inv* (*cuc*) meat sauce.

raid *sm inv* raid.

rallegramenti *sm pl* congratulations.

rallegrare *v tr, rifl* to cheer up.

rallentare *v tr/intr* to slow down; (*fig*) to slacken.

rallentatore *sm* ◊ **al rallentatore** in slow-motion.

ramarro *sm* green lizard.

rame *sm* copper.

ramificazione *sf* ramification.

ramino *sm* (*carte*) rummy.

rammàrico (*pl* **-chi**) *sm* regret.

rammendare *v tr* to mend; (*calza*) to darn.

rammentare *v tr, rifl* to remember, to recall.

rammollire *v tr intr, rifl* to soften; (*fig*) to go soft.

ramo *sm* branch (*anche fig*).

ramoscello *sm* twig.

rampa *sf* (*scale*) flight (of stairs) ◊ **rampa di lancio** launching pad.

rampicante *agg* climbing, creeping ◊ *sm* creeper.

rampone *sm* (*pesca*) harpoon; (*alpinismo*) crampon.

rana *sf* frog ◊ **nuotare a rana** to swim breaststroke.

ràncido *agg* rancid.

ràncio *sm* (*milit*) ration.

rancore *sm* (*BrE*) rancour, (*AmE*) rancor.

randàgio (*pl f* **-gie**) *agg* stray.

randello *sm* cudgel, club.

rango (*pl* **-ghi**) *sm* rank ◊ **rientrare nei ranghi** to fall in; (*fig*) to fall into line.

rannicchiarsi *v rifl* to crouch.

rannuvolarsi *v rifl* (*cielo*) to cloud over; (*fig*) to darken.

ràntolo *sm* wheeze; (*di agonia*) death rattle.

rapa *sf* turnip ◊ **testa di rapa** blockhead; **cime di rapa** broccoli.

rapace *agg* predatory; (*fig*) rapacious ◊ *sm* bird of prey ◊ **uccello rapace** bird of prey.

rapare *v tr* to crop ◊ *v rifl* to shave one's head.

rapidità *sf inv* speed.

ràpido *agg* quick ◊ *sm* (*ferr*) express (train).

rapimento *sm* kidnapping; (*fig*) rapture.

rapina *sf* robbery ◊ **rapina a mano armata** armed robbery.

rapinare *v tr* to rob.

rapinatore (**-trice**) *sm* robber.

rapire *v tr* to kidnap; (*fig*) to enrapture.

rapitore (**-trice**) *sm* kidnapper.

rappacificarsi *v rifl* to make peace (with).

rapporto *sm* (*resoconto*) report; (*tra persone*) relationship; (*tra cose*) connection; (*sessuale*) sexual intercourse; (*tecn, mat*) ratio ◊ **rapporti di affari** business relations; **chiamare a rapporto** to summon; (*milit*) to tell to report.

rappresàglia *sf* retaliation, reprisal.

rappresentante *sm/f* representative; (*comm*) agent.

rappresentanza *sf* (*delegazione*) delegation; (*comm*) agency ◊ **rappresentanza diplomatica** diplomatic delegation.

rappresentare *v tr* to represent; (*comm*) to be the agent for; (*teatro*) to perform.

rappresentativo *agg* representative.

rappresentazione *sf* representation; (*teatro*) performance; (*descrizione*) description.

raptus *sm inv* fit.

rarità *sf inv* rarity.

raro *agg* rare; (*non comune*) uncommon.

rasare *v tr* (*erba*) to mow, to trim; (*barba*) to shave (off) ◊ *v rifl* to shave (oneself).

raschiare *v tr* to scrape (off); (*med*) to curette ◊ **raschiarsi la gola** to clear one's throat.

rasentare *v tr* to skim; (*muro*) to hug; (*fig*) to border on.

rasente *prep* (very) close (to) ◊ **camminare rasente al muro** to hug the wall.

raso *sm* satin ◊ **raso terra** close to the ground; **fare tabula rasa** to make a clean sweep.

rasóio *sm* razor ◊ **rasoio a mano libera** cut-throat, open razor; **rasoio di sicurezza** safety razor; **rasoio elettrico** electric shaver; **rasoio usa e getta** disposable razor.

rassegna *sf* review; (*ispezione*) inspection; (*mostra*) show, exhibition; (*cine*) festival ◊ **rassegna stampa** press survey; **passare in rassegna** to inspect.

rassegnarsi *v rifl* to resign oneself ◊ **rassegnare le dimissioni** to resign, to hand in one's resignation.

rassegnazione *sf* resignation.

rasserenare v tr, rifl to clear up, to brighten up; (fig) to cheer up.

rassicurare v tr to reassure ◊ v rifl to be reassured.

rassodare v tr to harden; (pelle) to tone up.

rassomigliare v tr to resemble, to look like.

rastrellare v tr to rake; (perlustrare) to comb; (persone) to round up.

rastrello sm rake.

rata sf instalment, (AmE) installment ◊ **comprare a rate** (BrE) to buy on hire purchase, (AmE) to buy on installment plan; **pagare a rate** to pay by instalments, (BrE) to pay on hire purchase.

rateale agg by instalments, instalment.

rateazione sf division into instalments.

ratto sm (topo) rat.

rattoppare v tr to patch (up) (anche fig).

rattristare v tr to sadden ◊ v rifl to become sad.

raucèdine sf hoarseness.

ràuco (f -a pl -chi -che) agg hoarse.

ravanello sm radish.

ravioli sm pl ravioli.

ravvisare v tr to recognize.

ravvivare v tr, rifl to revive (anche fig); (animare) to brighten up.

razionale agg rational.

razza sf race; (di animali) breed; (tipo) kind; (pesce) ray, skate.

razzia sf raid, foray.

razziale agg racial.

razzismo sm racism.

razzista (pl -i -e) agg, sm/f racist.

razzo sm rocket ◊ **come un razzo** like a shot.

razzolare v intr to scratch (about).

re sm inv king; (mus) D; (solfeggiando) re.

reagire v intr to react.

reale agg real; (del re) royal.

realismo sm realism.

realista (pl -i -e) agg realistic ◊ sm/f realist; (polit) royalist.

realizzare v tr (progetto) to carry out; (capire) to realize; (sogno) to realize, (BrE) to fulfil, (AmE) to fulfill; (scopo) to achieve; (sport) to score; (guadagnare) to realize ◊ v rifl to be realized; (sogno) to come true; (persona) to fulfil oneself.

realizzazione sf carrying out; (di ambizione, sogno) realization, (BrE) fulfilment, (AmE) fulfillment; (di scopo) achievement.

realtà sf inv reality ◊ **in realtà** in fact, actually.

reame sm kingdom.

reato sm crime, offence ◊ **corpo di reato** material evidence.

reattore sm (fis) reactor; (aereo) jet (plane).

reazionàrio agg, sm reactionary.

reazione sf (med, fis, chim) reaction ◊ **motore a reazione** jet engine.

rebus sm inv rebus; (enigma) enigma, mystery.

recapitare v tr to deliver.

recàpito sm (indirizzo) address; (consegna) delivery.

recare *v tr* (*portare*) to bring; to bear (*anche fig*); (*causare*) to cause ◊ *v rifl* to go ◊ **recar danno** to cause damage; (*a persone*) to do harm.

recensione *sf* review.

recente *agg* recent ◊ **di recente** recently.

reception *sf inv* reception.

recessione *sf* (*econ*) recession.

recìdere *v tr* to cut off, to chop off.

recidivo *agg* (*giur, med*) recidivous.

recinto *sm* enclosure; (*cavalli*) paddock; (*animali da cortile*) pen; (*recinzione*) fence.

recipiente *sm* container.

recìproco (*f* -a *pl* -ci -che) *agg* reciprocal.

rècita *sf* performance; (*poesie*) recital.

recitare *v tr* (*ruolo*) to play; (*dramma*) to perform; (*poesia*) to recite.

recitazione *sf* recitation; (*teatro*) acting.

reclamare *v intr* to complain ◊ *v tr* to demand.

reclamo *sm* complaint ◊ **presentare (un) reclamo** to make a complaint.

reclinàbile *agg* reclining; tiltable ◊ **sedile reclinabile** reclining seat.

reclusione *sf* (*giur*) imprisonment.

rècluta *sf* recruit (*anche fig*).

reclutare *v tr* to recruit (*anche fig*).

recòndito *agg* secluded; (*fig*) hidden, secret.

record *sm inv* record ◊ **incasso record** record takings.

recriminare *v intr* to complain.

recuperare *v tr* to recover; (*soldi*) to get back; (*tempo perduto*) to make up for; (*naufraghi*) to rescue; (*criminale*) to rehabilitate.

recùpero *sm* recovery; (*salvataggio*) rescue; (*riabilitazione*) rehabilitation; (*ritardo*) making up (for) ◊ **minuti di recupero** extra time.

redattore (-trice) *sm* (*giornale*) sub-editor; (*di articolo*) writer; (*dizionario*) compiler; (*di casa editrice*) member of the editorial staff; (*cronista*) reporter.

redazione *sf* writing; (*giornale*) editing; (*personale*) editorial staff; (*ufficio*) editorial office.

redditìzio *agg* profitable.

rèddito *sm* income; (*statale*) revenue.

redìgere *v tr* to write; (*contratto*) to draw up.

redimere *v tr* to redeem.

rèdini *sf pl* reins.

rèduce *sm/f* survivor; (*di guerra*) veteran.

referendum *sm inv* referendum.

referenze *sf pl* references.

referto *sm* medical report.

refettòrio *sm* refectory.

refrigèrio *sm* refreshment; (*sollievo*) relief.

regalare *v tr* to give (as a present), to make a present of.

regale *agg* regal.

regalo *sm* gift, present.

regata *sf* regatta.

règgere *v tr* (*tenere*) to hold; (*sostenere*) to support, to bear; (*sopportare*) to bear; (*resistere*) to withstand; (*governare*) to rule (over); (*dirigere*) to run ◊ *v intr* (*resistere*) to hold; (*durare*) to last; (*teoria*) to hold together ◊ *v rifl* to stand; (*attaccarsi*) to hold on; (*ipotesi*) to be based on ◊ **non reggo bene il vino** I can't take much wine; **non reggersi in piedi** to stand; **il tuo ragionamento non regge** your argument doesn't hold water.

règgia (*pl* **ge**) *sf* royal palace.

reggimento *sm* regiment.

reggiseno *sm* bra.

regìa *sf* (*cine, teatro ecc.*) direction; (*fig*) organization.

regime *sm* (*polit*) regime; (*dieta*) diet.

regina *sf* queen.

regionale *agg* regional ◊ **treno regionale** local train.

regione *sf* region; area ◊ **regione autonoma** district with special autonomy.

regista (*pl* **-i** **-e**) *smf* (*teatro, cine ecc.*) director; (*fig*) organizer; (*sport*) playmaker.

registrare *v tr* to register; (*suoni, immagini*) to record; (*su nastro*) to tape; (*notare*) to note; (*comm*) to enter; (*freni ecc.*) to adjust; (*bagagli*) to check in.

registratore *sm* (*suoni*) (tape) recorder ◊ **registratore di cassa** cash register.

registrazione *sf* registration; (*comm*) entry; (*suoni, immagini*) recording; (*messa a punto*) adjusting; (*bagagli*) check-in.

registro *sm* register; (*di bordo*) logbook; (*giur*) registry.

regnare *v intr* to reign, to rule.

regno *sm* kingdom; (*periodo*) reign; (*fig*) realm ◊ **regno minerale, animale, vegetale** mineral, animal, plant kingdom.

règola *sf* rule (*anche relig*) ◊ **in regola** in order; **a regola d'arte** perfectly; **di regola** as a rule.

regolàbile *agg* adjustable.

regolamento *sm* regulations (*pl*); (*di debito*) settlement.

regolare *agg* regular; (*passo*) steady; (*domanda*) in order ◊ **clero regolare** regular clergy.

regolare *v tr* to regulate; (*debito, questione, conto*) to settle; (*volume*) to adjust; (*orologio*) to set; (*capelli*) to trim ◊ *v rifl* (*comportarsi*) to act; (*fare*) to do; (*controllarsi*) to control oneself.

regresso *sm* regression (*anche med*) ◊ **in regresso** declining.

relativo *agg* relative; (*attinente*) relevant; (*proporzionale*) proportional.

relazione *sf* relation, relationship; (*nesso, conoscenza*) connection; (*resoconto*) report; (*amorosa*) (love) affair ◊ **pubbliche relazioni** public relations; **relazione d'affari** business relationship; **relazioni diplomatiche** diplomatic relations.

relegare *v tr* to relegate; (*bandire*) to banish.

religione *sf* religion.

religioso *agg* religious ◊ **matrimonio religioso** church marriage.

reliquia *sf* relic.

relitto *sm* (*mar*) wreck.

remare *v intr* to row; (*con pagaia*) to paddle.

remissivo *agg* submissive, compliant.

remo *sm* oar.

remoto *agg* remote.

rèndere *v tr* (*restituire*) to give back, to return; (*far diventare*) to make; (*esprimere*) to express; (*fruttare*) to yield ◊ *v rifl* to make oneself ◊ **rendersi conto di** to realize; **rendersi utile** to make oneself useful.

rendimento *sm* (*produzione, resa*) yield; (*atleta*) performance; (*tecn*) efficiency; (*scolastico*) results (*pl*).

rèndita *sf* (*unearned*) income; (*comm*) revenue; (*giur*) annuity ◊ **vivere di rendita** to have a private income.

rene *sm* kidney ◊ **le reni** (lower) back.

renitente *agg* reluctant ◊ **essere renitente alla leva** to fail to report for military service.

renna *sf* reindeer.

reo *sm* offender.

reparto *sm* (*azienda*) department; (*ospedale*) ward; (*milit*) unit, detachment.

repellente *agg* repulsive.

repentàglio *sm* ◊ **mettere a repentaglio** to jeopardize, to put at risk.

repentino *agg* sudden, unexpected.

reperire *v tr* to find, to trace.

reperto *sm* find; (*giur*) exhibit; (*med*) report.

repertòrio *sm* inventory, list; (*teatro*) repertory; (*mus*) repertoire (*anche fig*) ◊ **immagini di repertorio** archive footage.

rèplica (*pl* -**che**) *sf* (*risposta*) reply, answer; (*obiezione*) objection; (*spettacolo*) repeat performance; (*copia*) replica; (*ripetizione*) repetition.

replicare *v tr* (*rispondere*) to answer; (*con forza*) to retort; (*obiettare*) to object; (*spettacolo*) to repeat.

reportage *sm inv* report, reportage.

reporter *sm/f inv* reporter.

repressione *sf* repression.

reprìmere *v tr* (*sentimenti*) to repress; (*sommossa*) to suppress ◊ *v rifl* to restrain oneself.

repùbblica (*pl* -**che**) *sf* republic ◊ **repubblica parlamentare** parliamentary republic; **repubblica presidenziale** presidential republic.

repubblicano *agg*, *sm* republican.

repulsione *sf* repulsion.

reputazione *sf* reputation.

requisire *v tr* to requisition.

requisito *sm* requirement.

resa *sf* (*milit*) surrender; (*restituzione*) return; (*rendimento*) yield.

residente *agg*, *sm/f* resident.

residenza *sf* residence.

residenziale *agg* residential.

resìduo *agg* remaining, residual ◊ *sm* remainder, remnant; (*chim*) residue.

rèsina *sf* resin.

resistenza *sf* (*elettr, fig*) resistance; (*fisica, mentale*) endurance; (*antinazista*) Resistenza.

resistere *v intr* to resist; (*dolore*) to withstand; (*sopportare*) to bear, to stand; (*non subire danno*) to be resistant (to); (*durare*) to last.

resoconto *sm* account, report.

respingere *v tr* to drive back; (*attacco*) to repel; (*rifiutare*) to reject, to refuse; (*bocciare*) to fail.

respirare *v intr/tr* to breathe; (*fig*) to get one's breath back; to breathe again.

respirazione *sf* breathing.

respiro *sm* breathing; (*singolo*) breath; (*riposo*) respite, rest ◊ **non ha avuto un attimo di respiro** he hasn't had a moment's rest.

responsàbile *agg* responsible (for); (*per danni*) liable (for) ◊ *sm/f* person in charge.

responsabilità *sf inv* responsibility; (*giur*) liability.

responso *sm* answer; (*giur*) verdict.

ressa *sf* crowd, throng.

restare *v intr* to remain, to stay; (*avanzare*) to be left, to remain.

restaurare *v tr* to restore.

restàuro *sm* restoration.

restìo *agg* reluctant.

restituire *v tr* to return, to give back; (*contraccambiare*) to return; (*forze, energie*) to restore.

resto *sm* rest; (*soldi*) change; (*mat*) remainder ◊ *pl* (*di cibo*) leftovers; (*di città, umani*) remains ◊ **non ho il resto** I've no change; **del resto** moreover, besides.

restringere *v tr* (*vestito*) to take in; (*fig*) to limit ◊ *v rifl* (*stoffa*) to shrink; (*strada*) to narrow.

retata *sf* catch; (*polizia*) roundup.

rete *sf* net; (*inganno*) trap; (*ferr, aut*) network, system; (*TV*) network; (*recinzione*) wire netting; (*del letto*) (*sprung*) bed base ◊ **segnare una rete** to score a goal; **rete elettrica** electric system.

rètina *sf* (*anat*) retina.

retòrica *sf* rhetoric.

retòrico (*f* -a *pl* -ci -che) *agg* rhetorical.

retribuzione *sf* payment.

retro *sm* back ◊ **vedi retro** please turn over.

retrobottega *sm inv* back (of a shop).

retrocèdere *v intr* to withdraw ◊ *v tr* (*sport*) to relegate.

retrocessione *sf* (*sport*) relegation.

retrògrado *agg* reactionary.

retroguàrdia *sf* rearguard.

retromàrcia (*pl* -ce) *sf* reverse gear ◊ **fare retromarcia** to back up; **innestare la retromarcia** to go into reverse.

retroscena *sm inv* backstage ◊ *pl* (*fig*) behind-the-scenes activities.

retrospettiva *sf* (*mostra*) retrospective exhibition.

retroterra *sm inv* hinterland; (*fig*) background.

retrovisore *sm* rear-view mirror.

retta *sf* (*geom*) straight line; (*somma*) (boarding) fee, charge ◊ **dare retta a** to listen to, to pay attention to.

rettangolare *agg* rectangular.

rettàngolo *sm* rectangle.

rettìfica (*pl* **-che**) *sf* (*correzione*) rectification, correction; (*tecn*) grinding.

rettificare *v tr* (*correggere*) to rectify, to correct; (*tecn*) to grind.

rèttile *sm* reptile.

rettilìneo *agg* rectilinear.

retto *agg* straight; (*onesto*) honest, upright; (*giusto, corretto*) right, correct; (*angolo*) right ◊ *sm* (*anat*) rectum.

rettore *sm* (*università*) (*BrE*) chancellor, (*AmE*) president; (*relig*) rector.

reumàtico (*f* **-a** *pl* **-ci -che**) *agg* rheumatic ◊ **dolori reumatici** rheumatic pains, rheumatics.

reumatismo *sm* rheumatism.

reverendo *agg* reverend.

reversìbile *agg* reversible; (*pensione, beni*) reversionary.

revisione *sf* revision, review (*anche giur*); (*testo*) editing; (*macchina*) overhaul, servicing; (*alla motorizzazione*) MOT test ◊ **revisione dei conti** audit, auditing of accounts.

riabilitazione *sf* rehabilitation (*anche med*).

riacquistare *v tr* to buy back; (*ricuperare*) to recover, to regain.

rialzare *v tr* to lift, to raise (*anche fig*) ◊ *v rifl* to rise (*anche fig*).

rialzo *sm* (*sporgenza*) rise; (*prezzo*) rise, increase.

rianimazione *sf* resuscitation; (*reparto ospedale*) intensive care unit.

riaprire *v tr/intr, rifl* to reopen.

riassùmere *v tr* (*carica*) to reassume; (*impiegato*) to re-employ; (*testo*) to summarize.

riassunto *sm* summary.

riavere *v tr* to have again; (*avere indietro*) to get back; (*ricuperare*) to recover ◊ *v rifl* to recover; (*rinvenire*) to come round.

ribadire *v tr* to reaffirm, to confirm.

ribalta *sf* (*teatro*) front of the stage; (*fig*) limelight.

ribaltare *v tr* to overturn; (*barca*) to capsize; (*situazione*) to reverse ◊ *v rifl* to turn over; (*barca*) to capsize; (*situazione*) to be reversed.

ribassare *v tr* to lower; (*tariffe*) to cut ◊ *v intr* to fall, to go down.

ribasso *sm* (*prezzi*) fall, drop; (*sconto*) discount.

ribàttere *v tr* (*fig*) to reply, to retort; (*confutare*) to refute.

ribellarsi *v rifl* to rebel (against).

ribelle *agg* (*soldato*) rebel; (*carattere*) rebellious ◊ *sm/f* rebel.

ribellione *sf* rebellion.

ribes *sm inv* currant.

ribrezzo *sm* disgust ◊ **fare ribrezzo a** to disgust.

ricadere *v intr* (*in errore*) to fall back; (*responsabilità, colpa*) to fall.

ricaduta *sf* (*med*) relapse.

ricalcare v tr (disegno) to trace; (fig) to follow faithfully.

ricamare v tr to embroider.

ricambiare v tr (favore) to return.

ricàmbio sm (d'aria) change; (scambio) exchange; (avvicendamento) turnover.

ricamo sm embroidery.

ricapitolare v tr to sum up.

ricàrica (pl f -che) sf (arma, macchina fotografica) reloading; (batteria, cellulare) recharging.

ricaricàbile agg rechargeable.

ricattare v tr to blackmail.

ricatto sm blackmail.

ricavare v tr (estrarre) to extract, to draw out; (ottenere) to obtain, to make; (denaro) to make, to earn.

ricchezza sf wealth; (fig) richness ◊ pl wealth (sing), riches.

rìccio (pl f -ce) agg curly ◊ sm (ricciolo) curl; (zool) hedgehog; (castagna) husk ◊ **capelli ricci** curly hair; **riccio di mare** sea urchin.

ricciolo sm curl.

ricco (f -a pl -chi -che) agg rich, wealthy; (abbondante) rich (in); (pieno) full ◊ sm rich man ◊ **i ricchi** the rich.

ricerca (pl -che) sf search (for); (scientifica) research; (indagine) investigation, inquiry.

ricercare v tr (cause) to look for; (successo) to pursue; (gloria, onore) to seek.

ricercato agg (raffinato) refined ◊ sm (dalla polizia) wanted man ◊ **ricercata** wanted woman.

ricercatore (-trice) sm (scientifico) researcher.

ricetrasmittente sf two-way radio, transmitter-receiver.

ricetta sf (med) prescription; (cuc) recipe.

ricettatore (-trice) sm receiver (of stolen goods); (familiare) fence.

ricévere v tr to receive; (lettera, telefonata, stipendio) to get, to receive; (ospite) to welcome; (cliente) to see.

ricevimento sm (festa) reception; (comm) receipt.

ricevitore sm (telefono) receiver; (di imposte) tax collector; (del lotto) collector of the State lottery; (del totocalcio) football pools collector.

ricevitorìa sf lottery office, pools office.

ricevuta sf receipt ◊ **ricevuta di ritorno** return receipt.

richiamare v tr (far ritornare, ritelefonare) to call back; (truppe, ambasciatore) to recall; (attrarre) to draw; (rimproverare) to reprimand; (alla memoria) to remind.

richiamo sm (appello, all'ordine) call; (alle armi) recall; (rimprovero) reprimand; (attrazione) attraction; (med) booster ◊ **uccello da richiamo** call-bird.

richièdere v tr (esigere) to require, to call for; (passaporto) to apply for; (certificato) to request.

richiesta sf request, demand; (scritta) application ◊ **fermata a richiesta** request stop.

richiùdere v tr, rifl to close again;

225

(*ferita*) to heal up; (*fig*) to retreat, to close oneself up.

riciclàggio *sm* recycling ◊ **riciclaggio di denaro sporco** money laundering.

riciclare *v tr* to recycle.

rìcino *sm* ◊ **olio di ricino** castor oil.

ricominciare *v tr/intr* to start again, to begin again.

ricompensa *sf* reward.

ricompensare *v tr* to reward, to repay.

riconciliare *v tr* to reconcile ◊ *v rifl* to be reconciled (with), to make it up (with).

riconoscente *agg* grateful, thankful (for).

riconoscenza *sf* gratitude.

riconóscere *v tr* to recognize; (*ammettere*) to admit; (*debito, figlio*) to acknowledge.

riconoscimento *sm* recognition; (*identificazione*) identification; (*di figlio*) acknowledgement ◊ **tessera di riconoscimento** identification card.

riconquistare *v tr* to reconquer; (*fig*) to regain, to win back.

riconsegnare *v tr* to redeliver; (*restituire*) to return, to give back.

ricoprire *v tr* (*coprire*) to cover; (*carica*) to hold ◊ *v rifl* to cover oneself (with).

ricordare *v tr* to remember; (*commemorare*) to commemorate ◊ *v rifl* to remember ◊ **ricordare qualcosa a qualcuno** to remind somebody of something, to do something.

ricordo *sm* memory; (*di viaggio*) souvenir; (*di persona lontana*) keepsake; (*di persona defunta*) memento ◊ **tienilo per ricordo** keep it as a keepsake; **per ricordo di** in memory of.

ricorrenza *sf* (*anniversario*) anniversary.

ricórrere *v intr* (*rivolgersi*) to turn; (*giur*) to appeal; (*servirsi*) to have recourse.

ricorso *sm* (*giur*) petition; (*in appello*) appeal ◊ **presentare ricorso** to file a petition.

ricostituente *agg, sm* tonic.

ricostruire *v tr* to rebuild; (*fig*) to reconstruct.

ricostruzione *sf* rebuilding; (*fig*) reconstruction.

ricotta *sf* ricotta cheese.

ricoverare *v tr* to give shelter to; (*in ospedale*) to admit (to hospital).

ricòvero *sm* (*ospedale*) admission (to hospital); (*rifugio*) shelter; (*per anziani*) old people's home; (*per poveri*) poor people's home.

ricrédersi *v rifl* to change one's mind.

ricucire *v tr* to sew (up) again; (*rammendare*) to mend; (*rapporti*) to re-establish.

ridare *v tr* to return, to give back.

ridere *v intr* to laugh (at).

ridicolo *agg* ridiculous; absurd.

ridire *v tr* to say again, to repeat; (*criticare*) to object to ◊ **avere da ridire su tutto** to find fault with everything.

ridotto *agg* (*prezzo*) reduced; (*tariffa, biglietto*) cheap ◊ *sm* (*teatro*) (*BrE*) foyer, (*AmE*) lobby ◊ **essere ridotto male** to be in a bad state.

ridurre *v tr* to reduce ◊ *v rifl* to be reduced to).

riduttore *sm* (*elettr*) adapter, adaptor.

riduzione *sf* reduction; (*sconto*) discount.

riempire *v tr* to fill (up) (with); (*cuc*) to stuff (with); (*modulo*) to fill in; (*assegno*) to make out ◊ *v rifl* to fill up (with); (*rimpinzarsi*) to stuff oneself (with).

rientrare *v intr* (*entrare di nuovo*) to go back in; (*tornare*) to return, to be back; (*essere compreso*) to form part (of); (*avere una rientranza*) to go in ◊ **non rientra nei tuoi doveri** this isn't part of your duties.

rientro *sm* (*ritorno*) return.

riepilogo (*pl* -ghi) *sm* recapitulation, summary.

rifare *v tr* to redo, to remake; (*imitare*) to imitate; (*ricostruire*) to rebuild; (*restaurare*) to do up ◊ *v rifl* (*recuperare*) to make up (for); (*rivalersi*) to get one's own back (on somebody) ◊ **rifare il letto** to make the bed.

riferimento *sm* reference ◊ **in riferimento a** with reference to; **punto di riferimento** landmark; (*fig*) point of reference.

riferire *v tr* to report.

rifinire *v tr* to finish off.

rifinitura *sf* finishing touch ◊ *pl* (*auto, mobile*) finish (*sing*).

rifiutare *v tr, rifl* to refuse.

rifiuto *sm* refusal ◊ *pl* (*spazzatura*) rubbish (*sing*), waste (*sing*).

riflessione *sf* reflection; (*osservazione*) remark.

riflessivo *agg* (*persona*) thoughtful; (*gramm*) reflexive.

riflesso *agg* reflex; (*luce*) reflected ◊ *sm* reflection; (*ripercussione*) consequence, effect; (*med*) reflex ◊ **avere i riflessi pronti** to have quick reflexes.

riflettere *v tr* to reflect (*anche fig*) ◊ *v intr* to think over, to reflect ◊ *v rifl* to be reflected (*anche fig*); (*ripercuotersi*) to have repercussions (on).

riflettore *sm* searchlight; (*cine, teatro*) floodlight.

riforma *sf* reform; (*relig*) Reformation.

riformare *v tr* (*formare di nuovo*) to re-form; (*polit, relig*) to reform; (*milit*) to declare unfit for military service.

riformato *agg* reformed ◊ **chiesa riformata** reformed church.

riformatòrio *sm* (*BrE*) detention centre, (*AmE*) detention home, reformatory.

rifornimento *sm* supplying; (*aereo, auto*) refuelling ◊ *pl* (*provviste*) supplies ◊ **fare rifornimento di benzina** to fill up with petrol.

rifornire *v tr* to supply (with), to provide (with) ◊ *v rifl* to supply oneself (with).

rifugiarsi *v rifl* to take refuge.

rifugiato *sm* refugee ◊ **rifugiato politico** political refugee.

rifugio *sm* shelter; (*in montagna*) hut ◊ **rifugio antiatomico** fallout shelter.

riga (*pl* **-ghe**) *sf* line; (*di cose, persone*) line, row; (*capelli*) parting; (*striscia*) stripe; (*righello*) ruler ◊ **scrivimi due righe** drop me a line; **stare in riga** to toe the line; **a righe** (*foglio*) lined; (*stoffa*) striped.

rigattiere *sm* junk dealer.

rigenerare *v tr, rifl* to regenerate.

rigetto *sm* rejection (*anche med*) ◊ **crisi di rigetto** rejection crisis.

rigido *agg* rigid, stiff; (*clima*) harsh, severe; (*fig*) strict.

rigirare *v tr* to turn ◊ *v rifl* to turn round.

rigoglioso *agg* luxuriant; (*fig*) thriving.

rigore *sm* (*freddo*) rigours (*pl*), (*AmE*) rigors (*pl*); (*severità*) strictness; (*scientifico*) rigour, (*AmE*) rigor; (*calcio*) penality ◊ **calcio di rigore** penalty (kick); **area di rigore** penalty area.

rigoroso *agg* rigorous, strict.

riguardare *v tr* (*concernere*) to concern, to regard ◊ *v rifl* to take care of oneself ◊ **non ti riguarda** this doesn't concern me.

riguardo *sm* (*cura*) care; (*rispetto*) respect, regard ◊ **mancare di riguardo a** to be disrespectful to; **nei riguardi di** with regard to.

rilasciare *v tr* (*liberare*) to release; (*documento*) to issue; (*intervista*) to give ◊ **rilasciare una dichiarazione** to issue a statement.

rilàscio *sm* release; (*documento*) issue, issuing.

rilassare *v tr, rifl* to relax.

rilegare *v tr* (*libro*) to bind.

rilèggere *v tr* to read again, to re-read.

rilevante *agg* remarkable, considerable; (*importante*) important.

rilevare *v tr* (*notare*) to notice; (*evidenziare*) to point out; (*dati*) to collect, to gather; (*topografia*) to survey; (*temperatura*) to take; (*sentinella*) to relieve; (*ditta*) to take over.

rilievo *sm* (*geog, arte*) relief; (*importanza*) importance; (*osservazione*) remark ◊ **di rilievo** prominent.

riluttante *agg* reluctant.

rima *sf* rhyme.

rimandare *v tr* (*posticipare*) to put off (till), to postpone; (*scuola*) to make somebody repeat one's exams.

rimanente *agg* remaining ◊ *sm* remainder, rest.

rimanere *v intr* to remain, to stay; (*avanzare*) to be left, to remain.

rimarginarsi *v rifl* to heal.

rimasuglio *sm* remainder ◊ *pl* (*di cibo*) leftovers.

rimbalzare *v intr* to bounce, to rebound; (*proiettile*) to ricochet; (*fig*) to spread.

rimbalzo *sm* rebound; ricochet; (*fig*) **di rimbalzo** on the rebound; (*fig*) indirectly.

rimboccare *v tr* to turn up; (*coperta*) to tuck in ◊ **rimboccarsi**

le maniche to roll up one's sleeves.

rimbombare *v intr* to resound; (*voce*) to echo.

rimborsare *v tr* to repay, to refund.

rimborso *sm* refund, reimbursement ◊ **rimborso spese** refund of expenses.

rimboschimento *sm* reafforestation.

rimboschire *v tr* to reafforest.

rimediare *v intr* (*errore*) to remedy; (*distrazione*) to make up for ◊ *v tr* (*racimolare*) to scrape together.

rimèdio *sm* remedy; (*med*) cure.

rimessa *sf* (*auto*) garage; (*tram, bus*) depot; (*aereo*) hangar; (*tennis*) return; (*calcio*) throw-in.

riméttere *v tr* to put back; (*peccati*) to forgive; (*vomitare*) to bring up ◊ *v rifl* (*guarire*) to recover ◊ **il tempo si è rimesso al bello** it cleared up; **rimetterci** to lose.

rimmel *sm inv* mascara.

rimonta *sf* comeback, recovery.

rimontare *v tr* (*tenda*) to put up again; (*tecn*) to reassemble ◊ *v intr* (*salire di nuovo*) to remount; (*auto, treno*) to get back into; (*sport*) to make a comeback, to close the gap.

rimorchiare *v tr* to tow; (*fig*) to pick up.

rimorchiatore *sm* tow(boat), tug.

rimòrchio *sm* towing, tow; (*veicolo*) trailer.

rimorso *sm* remorse.

rimozione *sf* removal; (*da impiego*) dismissal; (*psicologia*) repression ◊ **zona a rimozione forzata** towaway zone.

rimpatriare *v tr* to repatriate ◊ *v intr* to return home.

rimpiàngere *v tr* to regret; (*persona*) to miss.

rimpianto *sm* regret.

rimpiazzare *v tr* to replace.

rimpicciolire *v tr* to make smaller ◊ *v rifl* to become smaller.

rimpinzare *v tr* to stuff (with) ◊ *v rifl* to stuff oneself (with).

rimproverare *v tr* to tell off; (*ufficialmente*) to reprimand.

rimpròvero *sm* reproach; (*ufficiale*) reprimand.

rimuginare *v tr* to brood over.

rimuòvere *v tr* to remove; (*destituire*) to dismiss; (*psicologia*) to repress.

rinàscere *v intr* to be born again; (*pianta*) to spring up again; (*fig*) to revive, to feel a new person.

Rinascimento *sm* Renaissance.

rinàscita *sf* rebirth, revival.

rincarare *v tr* to raise (the price of) ◊ *v intr* to become more expensive, to go up (in price).

rincaro *sm* rise in prices, price rise.

rincasare *v intr* to go (back) home.

rinchiùdere *v tr* to shut up ◊ *v rifl* to shut oneself up; (*in se stessi*) to withdraw into oneself.

rincórrere *v tr* to run after; (*inseguire*) to chase ◊ *v rifl* to run after

229

each other; (*inseguirsi*) to chase each other.

rincorsa *sf* run-up, (short) run.

rincréscere *v intr* to regret, to be sorry (for, about) ◊ **mi rincresce** I am sorry.

rincrescimento *sm* regret.

rinfacciare *v tr* to throw something in somebody's face.

rinforzare *v tr* to strengthen; (*muro*) to reinforce; (*fig*) to support, to back ◊ *v rifl* to become stronger; (*vento*) to grow stronger.

rinforzo *sm* reinforcement (*anche milit*).

rinfrescare *v tr* to cool; (*vestito, pareti*) to freshen up; (*memoria*) to refresh ◊ *v rifl* (*con bevanda*) to refresh oneself; (*lavarsi*) to freshen up.

rinfresco (*pl* -chi) *sm* (*festa*) reception, party; (*cibi e bevande*) refreshments (*pl*).

rinfusa *sf* ◊ **alla rinfusa** higgledy-piggledy.

ringhiare *v intr* to growl, to snarl.

ringhiera *sf* railing; (*di scale*) banister.

ringhio *sm* growl, snarl.

ringiovanire *v tr* to rejuvenate; (*far sembrare più giovane*) to make (somebody) look younger ◊ *v intr* to become younger; (*sembrare più giovane*) to look younger.

ringraziamento *sm* thanks (*pl*); (*relig*) thanksgiving.

ringraziare *v tr* to thank.

rinnegare *v tr* to repudiate, to renounce; (*persona*) to disown.

rinnovamento *sm* renewal; (*econ*) revival.

rinnovare *v tr* to renew; (*appartamento*) to redecorate ◊ *v rifl* (*ripetersi*) to recur, to be repeated.

rinnovo *sm* renewal; (*passaporto*) extension.

rinoceronte *sm* rhinoceros.

rinomato *agg* renowned.

rinsecchito *agg* dried up; (*persona*) very thin.

rintanato *agg* holed up (*anche fig*).

rintocco (*pl* -chi) *sm* (*campana*) tolling; (*funebre*) (death) knell; (*orologio*) stroke.

rintracciare *v tr* to track down, to trace; (*trovare*) to find.

rinùncia (*pl* -ce) *sf* renunciation.

rinunciare *v intr* to give up, to renounce ◊ **ci rinuncio** I give up.

rinvenire *v tr* to discover, to find ◊ *v intr* to come round; (*fiori*) to revive.

rinviare *v tr* (*posticipare*) to put off (till); (*pagamento*) to delay; (*sport*) to return.

rinvìo *sm* postponement; (*seduta*) adjournment ◊ **calcio di rinvio** goal-kick.

rione *sm* district, quarter.

riordinare *v tr* (*stanza*) to tidy (up).

ripagare *v tr* (*ricompensare*) to repay.

riparare *v tr* (*aggiustare*) to repair, to fix; (*proteggere*) to protect ◊ *v intr* to make up for; (*er-*

rore) to put right ◊ *v rifl* to take shelter.

riparazione *sf* repairing; repair; (*fig*) reparation; (*indennizzo*) compensation ◊ **esame di riparazione** resit.

riparlare *v intr* to speak again; (*discutere*) to talk again.

riparo *sm* shelter ◊ **correre ai ripari** to find remedy; **mettere al riparo** to shelter.

ripartire *v tr* (*dividere*) to divide up; (*distribuire*) to share out.

ripassare *v tr* (*lezione*) to revise, to go over (again) ◊ *v intr* to pass again; to come again.

ripensamento *sm* second thoughts (*pl*).

ripensare *v intr* to think (of); (*ricordare*) to recall; (*cambiare idea*) to change one's mind.

ripercórrere *v tr* to go along (something) again; (*fig*) to think back (over).

ripercuòtersi *v rifl* to have repercussions (on), to affect.

ripercussione *sf* repercussion.

ripescare *v tr* (*tirar fuori dall'acqua*) to fish out; (*ritrovare*) to dig out, to find (again); (*progetto*) to revive.

ripètere *v tr* to repeat ◊ *v rifl* to repeat oneself; (*accadere di nuovo*) to be repeated, to recur.

ripetitore *sm* (*radio*) repeater.

ripetizione *sf* repetition; (*lezione privata*) private lesson, private tutoring.

ripiano *sm* shelf.

ripicca (*pl* **-che**) *sf* spite ◊ **per ripicca** out of spite.

rìpido *agg* steep.

ripiegare *v tr* to refold; (*piegare più volte*) to fold (up) ◊ *v intr* (*milit*) to retreat; (*accontentarsi*) to make do (with).

ripiego (*pl* **-ghi**) *sm* expedient.

ripieno *sm* (*cuc*) stuffing.

riporre *v tr* (*mettere via*) to put away; (*speranze, fiducia*) to place.

riportare *v tr* (*riferire*) to report; (*citare*) to quote; (*successo*) to have; (*danno*) to suffer; (*vittoria*) to carry off.

riposante *agg* relaxing, restful.

riposare *v tr/intr, rifl* to rest.

riposo *sm* rest ◊ **giorno di riposo** day off.

riprèndere *v tr* (*ricominciare*) to resume, to start again; (*cine*) to shoot; (*rimproverare*) to tell off ◊ *v rifl* to recover; (*correggersi*) to correct oneself ◊ **riprendere fiato** to get one's breath back.

ripresa *sf* (*da malattia, econ*) recovery; (*aut*) acceleration; (*cine, TV*) shot, shooting; (*pugilato*) round; (*calcio*) second half.

ripristinare *v tr* to restore.

riprodurre *v tr, rifl* to reproduce.

riproduzione *sf* reproduction.

riproporre *v tr* to repropose.

riprova *sf* confirmation ◊ **a riprova di** in confirmation of.

ripudiare *v tr* to repudiate, to disown.

ripugnante *agg* disgusting.

risàia *sf* rice field, paddy field.

risalire *v tr* to go up (again) ◊ *v*

231

risalita

intr to go back up; (*con la mente*) to go back to; (*datare*) to date from, to date back to.

risalita *sf* ◊ **impianti di risalita** ski lifts.

risaltare *v intr* to stand out.

risalto *sm* prominence ◊ **mettere in risalto** to bring out.

risanare *v tr* (*guarire*) to cure, to heal; (*palude*) to reclaim; (*econ*) to improve; (*bilancio*) to balance.

risaputo *agg* well-known.

risarcimento *sm* compensation (for).

risarcire *v tr* to compensate.

risata *sf* laugh.

riscaldamento *sm* heating; (*sport*) warming-up ◊ **riscaldamento autonomo, centralizzato** independent, central heating.

riscaldare *v tr* to heat; (*mani, persona*) to warm; (*cuc*) to reheat; (*fig*) to warm up ◊ *v rifl* to warm up (*anche sport*).

riscattare *v tr* to ransom; (*fig, giur*) to redeem ◊ *v rifl* to redeem oneself.

riscatto *sm* ransom; (*fig*) redemption.

rischiarare *v tr* to light up ◊ *v rifl* (*tempo*) to clear up; (*fig*) to brighten up.

rischiare *v tr/intr* to risk.

rischio (*pl* -schi) *sm* risk ◊ **correre il rischio di** to run the risk of.

rischioso *agg* risky, dangerous.

risciacquare *v tr* to rinse.

riscontro *sm* (*conferma*) confirmation; (*risposta*) reply ◊ **trovare**

riscontro in to be confirmed by; **mandare un cenno di riscontro** to acknowledge receipt.

riscossione *sf* collection.

riscuòtere *v tr* to draw, to collect; (*assegno*) to cash; (*fig*) to win, to earn.

risentimento *sm* resentment.

risentire *v tr* to hear again; (*provare*) to feel ◊ *v intr* to show the effects of; (*persona*) to feel the effects of ◊ **a risentirci!** good bye!

risentito *agg* resentful.

riserva *sf* reserve (*anche naturale, sport*); (*di caccia, pesca*) preserve; (*indiana, restrizione*) reservation ◊ **essere in riserva** to be out of petrol; **senza riserve** without reservations.

riservare *v tr* (*prenotare*) to reserve, to book.

riservatezza *sf* reserve; (*discrezione*) discretion; (*segretezza*) secrecy.

riservato *agg* (*prenotato*) reserved, booked; (*confidenziale*) confidential; (*persona*) reserved.

risièdere *v intr* to reside (in).

risma *sf* (*carta*) ream; (*genere*) kind, sort.

riso (*pl* risa *f*, le risate) *sm* (*bot*) rice; (*risata*) laughter, laugh.

risoluzione *sf* solution; (*decisione, di immagine*) resolution.

risòlvere *v tr* to solve; (*difficoltà, vertenza*) to resolve; (*decidere*) to resolve, to decide.

risonanza *sf* resonance; (*fig*) interest ◊ **risonanza magnetica nucleare (RMN)** nuclear magnetic

232

resonance (NMR).

risórgere v intr to rise again; (fig) to revive.

risorgimento sm revival ◊ **il Risorgimento** the Risorgimento.

risorsa sf resource ◊ **uomo pieno di risorse** resourceful man.

risparmiare v tr to save; (vita, dettagli) to spare.

rispàrmio sm saving; (denaro) savings (pl) ◊ **cassa di risparmio** (BrE) savings bank, (AmE) thrift institution; **risparmio energetico** energy saving.

rispecchiare v tr to reflect (anche fig).

rispettàbile agg respectable.

rispettare v tr to respect ◊ **farsi rispettare** to command respect.

rispetto sm respect ◊ **rispetto a** as regards, as for; (in paragone a) compared to, with.

rispettoso agg respectful.

risplèndere v intr to shine.

rispóndere v tr to answer ◊ v intr to answer; (rimbeccare) to answer back; (rendere conto) to answer (for), to be responsible (for); (soddisfare) to meet.

risposta sf answer, reply.

rissa sf brawl, fight.

ristabilire v tr to re-establish, to restore ◊ v rifl (in salute) to recover.

ristagnare v intr to become stagnant; (fig) to be at a standstill; (econ) to stagnate..

ristagno sm (acqua, econ) stagnation; (sangue) stasis.

ristampa sf reprint; reprinting.

ristorante sm restaurant.

ristoratore (-trice) sm restaurateur.

ristrutturare v tr to reorganize; (edificio) to renovate; (area) to redevelop.

risultare v intr to ensue, to emerge; (rivelarsi) to prove, to turn out (to be) ◊ **non mi risulta** not as far as I know; **mi risulta che** I understand that.

risultato sm result.

risuonare v intr to resound.

risurrezione sf resurrection.

risuscitare v tr to resuscitate; (fig) to revive.

risvegliare v tr to wake up; (fig) to awaken; (appetito) to arouse ◊ v rifl to wake up; (fig) to be revived, to reawaken.

risvéglio sm awakening, waking up; (fig) revival.

risvolto sm (pantaloni) turn-up; (giacca) lapel; (manica) cuff; (libro) flap; (fig) implication.

ritagliare v tr to cut out; (fig) to carve out.

ritardare v tr to delay; (rallentare) to slow down ◊ v intr to be late; (orologio) to be slow.

ritardatàrio sm latecomer.

ritardo sm delay; (mentale) retardation ◊ **in ritardo** late.

ritegno sm restraint; (riserbo) reserve ◊ **non avere ritegno** to have no shame.

ritenere v tr to think, to consider, to believe ◊ v rifl to consider oneself.

ritenuta sf deduction ◊ **ritenuta d'acconto** advance tax deduction.

ritirare *v tr* (*tirare indietro*) to withdraw; (*parole*) to take back; (*farsi consegnare*) to collect, to pick up; (*soldi*) to draw ◊ *v rifl* to withdraw; (*da attività*) to retire; (*da gara*) to drop out (of); (*tessuto*) to shrink; (*marea*) to recede.

ritirata *sf* retreat; (*in caserma*) tattoo; (*WC*) lavatory ◊ **battere in ritirata** to beat a retreat.

ritiro *sm* withdrawal; (*patente*) confiscation; (*merce*) collection; (*luogo tranquillo*) retreat; (*sport*) training camp.

ritmo *sm* rhythm; (*fig*) rate.

rito *sm* (*relig*) rite; (*rituale*) ritual; (*giur*) procedure ◊ **di rito** usual, customary.

ritoccare *v tr* (*fot*) to retouch.

ritornare *v intr* to return; to go back, to come back; (*ridiventare*) to become again; (*evento*) to recur.

ritornello *sm* refrain.

ritorno *sm* return ◊ **essere di ritorno** to be back; **avere un ritorno di fiamma** to backfire; (*fig*) to be back in love again.

ritorsione *sf* retaliation.

ritrarre *v tr* (*ritirare*) to withdraw; (*zool*) to retract; (*raffigurare*) to portray.

ritrattare *v tr* (*ritirare*) to retract.

ritratto *sm* portrait; (*fig*) image.

ritrovare *v tr* to find (again); (*fig*) to recover ◊ *v rifl* to find oneself, to end up; (*incontrarsi*) to meet; (*raccapezzarsi*) to find one's way.

ritrovo *sm* meeting place.

riunione *sf* meeting; (*di famiglia*) reunion; (*mondana*) gathering.

riunire *v tr* to join (together); (*radunare*) to gather, to collect; (*riconciliare*) to bring together again ◊ *v rifl* to be reunited; (*radunarsi*) to gather, to meet.

riuscire *v intr* (*essere capace*) to be able, to manage; (*avere buon esito*) to succeed in (doing something), to be successful; (*negli studi*) to do well.

riuscita *sf* result, outcome; (*successo*) success.

riva *sf* (*fiume*) bank; (*mare, lago*) shore.

rivale *agg, sm/f* rival.

rivalità *sf inv* rivalry.

rivedere *v tr* (*controllare*) to check ◊ *v rifl* to meet again.

rivelare *v tr* to reveal ◊ *v rifl* (*dimostrarsi*) to prove (to be).

rivelazione *sf* revelation.

rivéndere *v tr* to sell again.

rivendicare *v tr* to claim.

rivéndita *sf* (*negozio*) (retailer's) shop.

rivenditore (*-trice*) *sm* shopkeeper; (*al dettaglio*) retailer.

riversare *v tr* to pour; (*affetto*) to lavish ◊ *v rifl* to flow; (*fig*) to pour (out).

rivestimento *sm* covering, coating.

rivestire *v tr* (*coprire*) to cover (with); (*foderare*) to line (with); (*carica*) to hold ◊ *v rifl* to get dressed; (*fig*) to cover oneself (in).

riviera *sf* coast ◊ **la riviera ligure** the Italian Riviera.

rivincita sf (sport) return match; (carte) return game; (fig) revenge.

rivista sf (giornale) magazine; (teatro) variety show.

rivòlgere v tr (parole) to address; (attenzione, sguardo) to turn ◊ v rifl to turn; (indirizzarsi) to address; (parlare) to speak; (ufficio) to apply, to inquire (at) ◊ **rivolgersi a un medico** to go and see a doctor.

rivolta sf revolt, rebellion.

rivoltare v tr to turn over; to turn inside out; (stomaco) to turn ◊ v rifl to turn (over); (ribellarsi) to rebel.

rivoltella sf revolver.

rivoluzionàrio agg, sm revolutionary.

rivoluzione sf revolution.

roba sf stuff; things (pl) ◊ **roba da matti!** it's crazy!; **bella roba!** wonderful!

robot sm inv robot.

robusto agg robust, sturdy, strong; (fig) vigorous, powerful.

rocca (pl -che) sf fortress.

roccaforte sf stronghold (anche fig).

ròccia (pl -ce) sf rock.

roccioso agg rocky.

rodàggio sm (BrE) running in, (AmE) breaking in; (fig) trial stage, setting in ◊ **l'auto è in rodaggio** the car is being run in.

ródere v tr to gnaw (at); (fig) to gnaw away at, to consume ◊ v rifl to be consumed (with).

roditore sm rodent.

rododendro sm rhododendron.

rogna sf (med) scabies; (di animale) mange; (fig) trouble.

rognone sm kidney.

rogo (pl -ghi) sm (pira) (funeral) pyre; (incendio) fire; (supplizio) stake.

romànico (f -a pl -ci -che) agg (arch) Romanesque.

romano agg, sm Roman ◊ **pagare alla romana** to go Dutch.

romanticismo sm (lett) Romanticism; (fig) sentimentalism.

romàntico (f -a pl -ci -che) agg romantic.

romanziere sm novelist.

romanzo sm novel ◊ **romanzo sceneggiato** novel adapted for television; **romanzo giallo** thriller.

rombo sm roar; (tuono) rumble; (pesce) turbot.

rómpere v tr/intr, rifl to break; (fidanzamento) to break off; (aut) to break down ◊ **mi hai rotto (le scatole), mi sono rotto di te** I'm fed up with you; **rompere il ghiaccio** to break the ice.

rompiscàtole sm/f inv pain in the neck.

róndine sf swallow.

ronzare v intr to buzz, to hum; (fig) to hang round.

ronzìo sm buzzing.

rosa agg pink; (romantico) romantic, love ◊ sf (bot) rose; (lista) list; (gruppo) group ◊ sm pink ◊ **rosa dei venti** compass card.

rosàrio sm rosary.

rosato agg rosy; (vino) rosé.

ròseo agg rosy (anche fig).

rosmarino sm rosemary.

rosolare *v tr* to brown.

rosolìa *sf (med)* German measles, rubella.

rospo *sm* toad ◊ **ingoiare il rospo** to swallow a bitter pill; **sputa il rospo!** spit it out!

rossetto *sm* lipstick.

rosso *agg, sm* red ◊ **rosso d'uovo** egg yolk; **diventare rosso** to flush; **vino rosso** red wine; **essere in rosso** to be in the red; **conto in rosso** overdrawn account; **cinema a luci rosse** porno cinema.

rossore *sm (med)* redness; *(guance)* flush; *(per vergogna)* blush.

rosticceria *sf* rotisserie, take-away.

rotàia *sf (ferr)* rail.

rotazione *sf* rotation; *(fig)* turnover ◊ **a rotazione** in turn.

rotella *sf* small wheel; *(mobile)* castor ◊ **gli manca qualche rotella** he has a screw loose.

rotolare *v tr/intr* to roll ◊ *v rifl* to roll (about), to wallow.

ròtolo *sm* roll ◊ **andare a rotoli** to go to rack and ruin.

rotondo *agg* round.

rotta *sf (nave, aereo)* course.

rottame *sm* wrack, scrap ◊ *pl* wreckage *(sing)*, scrap *(sing)*.

rotto *agg* broken; *(aut)* broken down.

rottura *sf* breaking; *(med)* break; *(contratto)* breach ◊ **rottura di scatole** nuisance.

ròtula *sf (anat)* kneecap, rotula.

roulette *sf inv* roulette.

roulotte *sf inv (BrE)* caravan, *(AmE)* trailer.

routine *sf inv* routine.

rovente *agg* red-hot.

róvere *sm* oak.

rovesciare *v tr (versare)* to pour; *(accidentalmente)* to spill; *(capovolgere)* to turn upside down; *(governo)* to overthrow ◊ *v rifl* to overturn; *(barca)* to capsize; *(liquido)* to spill; *(fig)* to be reversed.

rovèscio *sm* reverse (side), other side; *(tennis)* backhand ◊ **a rovescio, alla rovescia** upside down; *(con l'interno all'esterno)* inside out; *(col davanti dietro)* back to front.

rovina *sf* ruin *(anche fig)* ◊ **andare in rovina** to fall into ruin.

rovinare *v tr* to ruin *(anche fig)* ◊ *v rifl* to ruin oneself; *(sciuparsi)* to get spoilt.

rovo *sm* bramble bush.

rozzo *agg* rough, coarse.

ruba *sf* ◊ **andare a ruba** to sell like hot cakes.

rubare *v tr* to steal (something from somebody).

rubinetto *sm (BrE)* tap, *(AmE)* faucet.

rubino *sm* ruby.

rubrìca *(pl -che) sf (libretto)* telephone book; address book; *(giornale)* column.

rude *agg* tough, rough.

rùdere *sm* ruins *(pl)*.

rudimentale *agg* basic, rudimentary.

ruga *(pl -ghe) sf* wrinkle.

rùggine *sf* rust; *(fig)* bad blood.

ruggire *v intr* to roar.

rugiada *sf* dew.

rugoso *agg* wrinkled.

rullino *sm (fot)* (roll of) film

rum *sm inv* rum

rumeno *agg, sm* Romanian, Rumanian.

ruminante *sm* ruminant.

rumore *sm* noise; *(di motore)* sound.

rumoroso *agg* noisy.

ruolo *sm* role ◊ **personale di ruolo** permanent staff; **docente di ruolo** regular teacher.

ruota *sf* wheel ◊ **parlare a ruota libera** to talk freely; **ruota di scorta** spare wheel; **mettere i bastoni fra le ruote a qualcuno** to put a spoke in somebody's wheel.

ruotare *v intr* to rotate.

rurale *agg* rural, country.

ruscello *sm* stream, brook.

ruspa *sf* excavator.

ruspante *agg* free-range, farmyard.

russare *v intr* to snore.

russo *agg, sm* Russian.

rùstico *(f* -a *pl* -ci -che*) agg* country; rustic *(anche fig)* ◊ *sm* cottage.

ruttare *v intr* to belch.

rutto *sm* belch.

rùvido *agg* rough, coarse *(anche fig)*.

ruzzolare *v intr* to tumble down.

S

sàbato *sm* Saturday.

sàbbia *sf* sand ◊ **sabbie mobili** quicksand(s).

sabbiatura *sf* sand bath.

sabbioso *agg* sandy.

sabotàggio *sm* sabotage.

sacca *(pl* -che*) sf* bag ◊ **sacca da viaggio** travelling bag.

saccarina *sf* saccharin(e).

sacchéggio *sm* sack, pillage; *(fig)* looting.

sacchetto *sm* (small) bag ◊ **sacchetto di plastica** plastic bag.

sacco *(pl* -chi*) sm* bag; *(carbone ecc.)* sack; *(tela)* sacking ◊ **colazione al sacco** packed lunch; **sacco a pelo** sleeping bag; **un sacco di** a lot of, lots of, heaps of; **un sacco di soldi** pots of money.

sacerdote *sm* priest; *(protestante)* minister; *(anglicano)* clergyman.

sacramento *sm* sacrament.

sacrificare *v tr* to sacrifice ◊ *v rifl* to sacrifice oneself.

sacrificato *agg* sacrificed *(anche fig)*.

sacrificio *sm* sacrifice *(anche fig)*.

sacro *agg* sacred ◊ **osso sacro** sacrum.

sàdico *(f* -a *pl* -ci -che*) agg* sadistic ◊ *sm* sadist.

saetta *sf (fulmine)* thunderbolt; *(lampo)* flash (of lightning); *(fig)* lightning.

safari *sm inv* safari.

saggezza *sf* wisdom.

sàggio *(pl f* -ge*) agg* wise ◊ *sm* wise man, sage; *(scritto)* essay;

(*campione*) sample (copy); (*prova*) test; (*mus*) school concert.

Sagittàrio *sm* Sagittarius.

sàgoma *sf* shape; (*profilo*) outline.

sagra *sf* feast, festival.

sagrato *sm* consecrated place at the front of a church.

sagrestano *sm* sacristan, sexton.

sagrestia *sf* sacristy, vestry.

sàio *sm* habit.

sala *sf* room; (*grande*) hall; (*salotto*) living room ◊ **sala d'aspetto** waiting room; **sala da ballo** ballroom; **sala da pranzo** dining room; **sala giochi** amusement arcade; **sala operatoria** (*BrE*) operating theatre, (*AmE*) operating room; **sala stampa** pressroom.

salame *sm* salami (sausage).

salamòia *sf* brine.

salare *v tr* to salt.

salàrio *sm* pay, wages (*pl*).

salasso *sm* bleeding ◊ **è stato un salasso** it bled my dry.

salatino *sm* savoury.

salato *agg* (*sapore*) salty; (*prezzo*) steep.

saldare *v tr* (*unire*) to join; (*metalli*) to solder, to weld; (*conto*) to settle.

saldatrice *sf* welder.

saldatura *sf* welding; soldering; (*punto saldato*) weld; soldered joint.

saldo *agg* steady, firm (*anche fig*) ◊ *sm* (*pagamento*) settlement; (*di conto bancario*) balance; (*svendita*) sale ◊ **saldi di fine stagione** end-of-season sales.

sale *sm* salt ◊ **sale fino, sale grosso** table salt, kitchen salt; **sali da bagno** bath salts.

salice *sm* willow ◊ **salice piangente** weeping willow.

saliera *sf* salt cellar.

salino *agg* saline.

salire *v intr* (*andare su*) to go up; (*venire su*) to come up; (*su treno, aereo, bus ecc.*) to get on; (*in auto*) to get into; (*alzarsi, crescere*) to rise (*anche fig*) ◊ *v tr* to go up; (*venire su*) to come up.

salita *sf* slope; (*il salire*) climb ◊ **in salita** uphill; (*prezzi ecc.*) rising.

saliva *sf* saliva.

salma *sf* corpse.

salmastro *agg* brackish.

salmone *sm* salmon.

salone *sm* (*salotto*) sitting room, living room; (*albergo, nave*) lounge; (*mostra*) show, exhibition; (*sala di esposizione*) showroom ◊ **salone dell'automobile** motor show; **salone di bellezza** beauty salon.

salotto *sm* sitting room, living room.

salpare *v intr* to (set) sail ◊ **salpare le ancore** to weigh anchor

salsa *sf* sauce ◊ **salsa di pomodoro** tomato sauce; **salsa verde** parsley sauce; **salsa tartara** tartare sauce.

salsèdine *sf* saltness; (*deposito salino*) salt.

salsiccia (*pl* **-ce**) *sf* sausage.

saltare *v intr* to jump; to leap; (*esplodere*) to blow up, to explode; (*valvola*) to blow; (*venir via*) to pop off; (*venire annullato*) to be cancelled ◊ *v tr* to jump (over); (*pasto, pagina, corda*) to skip; (*cuc*) to sauté ◊ **salta agli occhi** it's clear as crystal; **cosa ti salta in mente?** what's got into you?; **saltar fuori** to turn up; **saltare addosso a qualcuno** to jump on somebody.

salto *sm* jump; (*in avanti*) leap; (*sport*) jumping; (*dislivello*) fall ◊ **fare un salto** to jump, to leap; **fare un salto da un amico** to drop in on a friend; **farò un salto a Roma** I shall pop over to Rome; **salto di qualità** improvement, step up the ladder.

saltuàrio *agg* irregular, occasional.

salubre *agg* healthy; (*aria*) wholesome.

salumerìa *sf* delicatessen.

salumi *sm pl* cold cuts.

salutare *v tr* (*incontrandosi*) to greet, to say hello to; (*lasciandosi*) to say goodbye to; (*milit*) to salute ◊ *v rifl* to greet each other; (*lasciandosi*) to say goodbye to each other ◊ *agg* healthy; (*fig*) salutary ◊ **salutami tua madre** give my regards to your mother.

salute *sf* health; (*a chi starnutisce*) bless you!; (*brindisi*) cheers! ◊ **bere alla salute di qualcuno** to drink (to) somebody's health.

saluto *sm* greeting; (*lasciandosi*) farewell; (*con la mano*) wave; (*milit*) salute ◊ *pl* greetings ◊ distinti saluti yours faithfully, yours truly; **cordiali saluti** yours sincerely; **cari saluti** best regards; **saluti affettuosi da** love from.

salvadanàio *sm* moneybox.

salvadoregno *agg, sm* Salvadorian.

salvagente *sm inv* (*mar*) life-buoy; (*ciambella*) life belt; (*giubbotto*) life jacket; (*stradale*) traffic island.

salvare *v tr* to save (*anche fig, inform*); (*trarre in salvo*) to rescue ◊ *v rifl* to save oneself; to escape ◊ **salvare la vita a qualcuno** to save somebody's life; **salvare le apparenze** to save appearances.

salvataggio *sm* rescue; (*inform*) saving.

salvatore (-trice) *agg* saving, rescuing ◊ *sm* saver, rescuer; (*relig*) Saviour.

salve *inter* hello.

salvezza *sf* salvation; (*sicurezza*) safety.

sàlvia *sf* sage.

salvo *agg* safe ◊ *prep* except, save ◊ **essere in salvo** to be safe; **mettere in salvo qualcosa** to put something in a safe place; **mettere in salvo qualcuno** to bring somebody to safety.

sambuco (*pl* -chi) *sm* elder (tree).

sanare *v tr* to heal, to cure; (*fig*) to put right.

sanatòria *sf* indemnity; (*perdono*) amnesty.

sancìre *v tr* to sanction.

239

sàndalo *sm* sandal; (*bot*) sandalwood.

sàngue *sm* blood ◊ **al sangue** underdone, rare; **bistecca al sangue** rare steak; **a sangue freddo** in cold blood; **picchiare a sangue qualcuno** to beat somebody up.

sanguigno *agg* (*anat*) blood; (*carattere*) full-blooded.

sanguinare *v intr* to bleed.

sanguinàrio *agg* bloody; (*crudele*) bloodthirsty.

sanguinoso *agg* (*cruento*) bloody; (*insulto*) deadly.

sanguisuga (*pl* -ghe) *sf* leech (*anche fig*).

sanità *sf inv* health ◊ **sanità mentale** sanity; **ministero della Sanità** Ministry, Department of Health.

sanitàrio *agg* health; (*condizioni*) sanitary ◊ **impianti sanitari** sanitary fittings.

sano *agg* healthy; (*fig*) sound ◊ **sano di mente** sane; **sano e salvo** safe and sound; **sano come un pesce** as sound as a bell.

santificare *v tr* to sanctify; (*feste*) to observe.

santo *agg* holy; (*seguito da nome*) saint; (*fig*) saintly ◊ *sm* saint.

santuàrio *sm* sanctuary.

sanzione *sf* sanction.

sapere *v tr* to know; (*essere capace di*) can, to be able to; to know how to ◊ *v intr* to know; (*venire a sapere*) to hear; (*aver sapore*) to taste; (*avere odore*) to smell ◊ **sa due lingue** he can speak, he knows two foreign languages; **sa nuotare** he can swim; **fammi sapere** let me know; **sapere a memoria** to know by heart.

sapiente *agg* masterly; (*dotto*) learned.

sapienza *sf* wisdom; (*conoscenza*) knowledge.

sapone *sm* soap ◊ **sapone da bucato** washing soap; **sapone in scaglie** soap flakes; **sapone in polvere** soap powder; **sapone liquido** liquid soap.

saponetta *sf* bar of soap, cake of soap.

sapore *sm* taste; (*BrE*) flavour, (*AmE*) flavor; (*fig*) spice.

saporito *agg* tasty; (*salato*) salty.

saracinesca (*pl* -che) *sf* (*serranda*) (rolling) shutter.

sarcasmo *sm* sarcasm; sarcastic remark.

sarcàstico (*f* -a *pl* -ci -che) *agg* sarcastic.

sardina *sf* sardine.

sarto *sm* tailor; (*da donna*) dressmaker ◊ **sarta** dressmaker.

sartorìa *sf* (*da uomo*) tailor's; (*da donna*) dressmaker's; (*casa di moda*) fashion house; (*arte*) (*da uomo*) tailoring; (*da donna*) couture.

sasso *sm* stone; (*ciottolo*) pebble ◊ **rimanere di sasso** to be dumbfounded.

sassòfono *sm* saxophone.

Sàtana *sm* Satan.

satèllite *sm, agg* satellite ◊ **via satellite** by satellite; **collegamento via satellite** satellite link.

sàtira *sf* satire.

240

Saturno *sm* (*astr*) Saturn.

sàturo *agg* saturated; (*fig*) full.

saudita *agg, sm/f* Saudi (Arabian).

sàuna *sf* sauna.

savana *sf* savanna(h).

savoiardo *sm* (*biscotto*) sponge finger.

saziare *v tr* to satisfy (*anche fig*) ◊ *v rifl* to eat one's fill; (*fig*) to grow tired.

sàzio *agg* full up; sated (with); (*stufo*) fed up (with).

sbadato *agg* careless; (*distratto*) absent-minded.

sbadigliare *v tr* to yawn.

sbadiglio *sm* yawn.

sbagliare *v tr* to get wrong ◊ *v intr, rifl* to make a mistake, to be mistaken, to be wrong ◊ **sbagliare strada, treno** to take the wrong way, the wrong train; **sbagliare numero (di telefono)** to get the wrong number.

sbàglio *sm* mistake; error ◊ **per sbaglio** by mistake.

sbalordire *v tr* to stun, to amaze ◊ *v rifl* to be astonished (at).

sbandare *v intr* (*aut*) to skid.

sbandata *sf* (*aut*) skid ◊ **prendersi una sbandata per** to get a crush on.

sbaragliare *v tr* to rout; (*fig*) to defeat, to thrash.

sbarazzare *v tr* to clear (up) ◊ *v rifl* to get rid, to rid oneself.

sbarcare *v tr* (*passeggeri*) to disembark; (*merci*) to unload; (*milit*) to land ◊ *v intr* to disembark; (*milit*) to land.

sbarco (*pl* **-chi**) *sm* (*passeggeri*) disembarkation; (*merci*) unloading (*milit*) landing.

sbarra *sf* bar; (*passaggio a livello*) barrier.

sbarramento *sm* (*stradale*) barrier; (*milit*) barrage.

sbarrare *v tr* to bar; (*ostruire*) to block; (*porta*) to bolt; (*occhi*) to open wide; (*assegno*) to cross ◊ **sbarrare il passo** to bar the way; **assegno sbarrato** crossed cheque.

sbàttere *v tr* (*ali, tappeto, uova*) to beat; (*panna*) to whip; (*porta*) to slam; (*urtare*) to knock; (*buttare*) to throw ◊ *v intr* (*porta*) to bang; (*ali, vele*) to flap ◊ **sbattere fuori** to throw out; **sbattere via** to throw away.

sbavare *v intr* to dribble; (*colore*) to smear; (*rossetto, penna*) to smudge ◊ *v tr* to dribble over.

sberla *sf* slap.

sbiadire *v intr* to fade (*anche fig*).

sbiancare *v intr* (*impallidire*) to grow pale.

sbigottire *v tr* to dismay, to stun ◊ *v intr, rifl* to be dismayed.

sbilanciare *v tr* to unbalance, to throw off balance ◊ *v rifl* to lose one's balance; (*fig*) to compromise oneself.

sbirciare *v tr* to glance at; (*di nascosto*) to peep at.

sbizzarrirsi *v rifl* to indulge one's whims.

sbloccare *v tr* to unblock, to clear; (*freno*) to release; (*prezzi*) to

decontrol ◊ *v rifl* to clear; (*persona*) to open up.

sboccare *v intr* (*condurre*) to lead (into); (*fiume*) to flow (into); (*persona, strada*) to come out (into); (*concludersi*) to end up (in).

sbocciare *v intr* to open (out), to bloom, to blossom (*anche fig*).

sbocco (*pl* -**chi**) *sm* (*comm*) outlet; (*strada*) end; (*fiume*) mouth; (*uscita, fig*) way out.

sbòrnia *sf* v. **sbronza**.

sborsare *v tr* to spend, to fork out.

sbottonare *v tr* to unbutton.

sbracciarsi *v rifl* (*gesticolare*) to wave one's arms around.

sbracciato *agg* bare-armed; (*vestito*) sleeveless.

sbranare *v tr* to tear to pieces.

sbriciolare *v tr, rifl* to crumble.

sbrigare *v tr* to deal with ◊ *v rifl* to hurry (up) ◊ **dovrà sbrigarsela da solo** he'll have to get out of it by himself; **sbrigatela tu** you see to it.

sbrogliare *v tr* to untangle; (*fig*) to sort out.

sbronza *sf* ◊ **prendersi una sbronza** to get plastered.

sbruffone *sm* boaster.

sbucare *v intr* to come out; (*all'improvviso*) to pop out; (*fig*) to spring.

sbucciare *v tr* to peel; (*piselli*) to shell.

sbuffare *v intr* to puff; (*per noia, rabbia*) to snort.

scacchi *sm pl* chess ◊ **scacco matto** checkmate.

scacchiera *sf* (*scacchi*) chessboard; (*dama*) draughtboard.

scacciare *v tr* to drive away, to chase away.

scadente *agg* poor, shoddy; (*merce*) poor-quality.

scadenza *sf* deadline; (*cibo*) due time; (*passaporto, contratto*) expiry date; (*cambiale*) maturity ◊ **data di scadenza** expiry date; **programma a lunga, media, breve scadenza** long-term, medium-term, short-term programme.

scadere *v intr* to expire; (*cambiale*) to fall due; (*fig*) to go down ◊ **quando scade il latte?** when is the due date of this milk?

scaffale *sm* shelf.

scafo *sm* hull.

scagionare *v tr* to free from blame.

scagliare *v tr* to fling, to hurl.

scala *sf* staircase, stairs (*pl*); (*portatile*) ladder; (*mus, econ, graduata, fig*) scale ◊ **scala a chiocciola** spiral staircase; **scala a libretto** stepladder; **scala a pioli** ladder; **scala mobile** escalator; **disegno in scala** scale drawing.

scalare *v tr* to climb; (*detrarre*) to scale down, to deduct; (*capelli*) to layer ◊ *agg* graduated, scaled ◊ **interessi scalari** scaled interests.

scalata *sf* climb (*anche fig*); (*lo scalare*) climbing.

scalatore (-**trice**) *sm* climber.

scalciare *v intr* to kick (out).

scalcinato *agg* shabby.

scaldabagno *sm* water heater.

scaldare *v tr* to heat; to warm ◊ *v rifl* to warm (up), to heat (up); (*al sole, al fuoco*) to warm oneself; (*agitarsi*) to get worked up, to get excited.

scalinata *sf* flight of steps; (*interna*) staircase.

scalino *sm* step; (*piolo*) rung.

scalo *sm* stop ◊ **fare scalo a** (*aereo*) to make a stopover at; (*nave*) to call at; **porto di scalo** port of call; **scalo merci** (*BrE*) goods yard, (*AmE*) freight yard.

scaloppina *sf* (*cuc*) escalope.

scalpello *sm* chisel.

scalpitare *v intr* to paw (the ground); (*fig*) to champ at the bit.

scalpore *sm* stir, sensation.

scaltro *agg* shrewd, cunning.

scambiare *v tr* to exchange; (*confondere*) to mistake (for) ◊ **scambiare due chiacchiere** to have a chat.

scàmbio *sm* exchange; (*comm*) trade.

scampagnata *sf* outing, trip to the country.

scampare *v tr/intr* to escape ◊ **scamparla bella** to have a narrow escape.

scampo *sm* escape; (*zool*) prawn ◊ **non c'è (via di) scampo** there is no way out.

scàmpolo *sm* remnant.

scanalatura *sf* groove.

scandalizzare *v tr* to scandalize, to shock ◊ *v rifl* to be shocked (at).

scàndalo *sm* scandal ◊ **dare scandalo** to scandalize.

scandinàvo *agg, sm* Scandinavian.

scandire *v tr* (*parole*) to articulate; (*tempo*) to beat; (*inform*) to scan.

scansare *v tr* (*spostare*) to move (aside); (*evitare*) to avoid; (*colpo*) to dodge ◊ *v rifl* to move aside, to get out of the way.

scantinato *sm* basement.

scantonare *v intr* (*svignarsela*) to sneak off.

scàpito *sm* ◊ **a scapito di** to the detriment of.

scàpolo *sm* bachelor ◊ *agg* unmarried, single.

scappamento *sm* (*aut*) exhaust ◊ **tubo di scappamento** exhaust (pipe).

scappare *v intr* to escape, to run away; (*andare di fretta*) to rush (off) ◊ **lasciarsi scappare** to let slip, to miss; **scappare di mano** to slip from one's fingers; **mi è scappato di mente** it slipped my mind; **mi è scappato da ridere** I couldn't help laughing.

scappatóia *sf* way out.

scarabèo *sm* beetle; (*gioco*) scrabble.

scarabòcchio *sm* scribble.

scarafàggio *sm* cockroach.

scaraventare *v tr* to fling, to hurl ◊ *v rifl* to hurl oneself (at).

scarcerare *v tr* to release (from prison).

scardinare *v tr* to unhinge.

243

scàrica (*pl* **-che**) *sf* volley, hail; (*elettr*) discharge.

scaricare *v tr* (*veicolo, arma*) to unload; (*sparare, tubi*) to discharge; (*passeggeri*) to set down; (*batteria*) to run down; (*coscienza*) to unburden ◊ *v rifl* (*orologio*) to run down; (*batteria*) to go flat; (*mentalmente*) to unwind; (*di responsabilità*) to free oneself ◊ **scaricare la colpa addosso a** to put the blame on; **scaricare le proprie responsabilità su** to offload one's responsibilities onto.

scàrico (*f* **-ca** *pl* **-chi -che**) *agg* unloaded; (*batteria*) flat; (*orologio*) run down ◊ *sm* (*lo scaricare*) unloading; (*rifiuti*) dumping, (*BrE*) tipping; (*discarica*) dump ◊ **tubo di scarico** (*di acqua*) drainpipe; (*aut*) exhaust pipe; **gas di scarico** exhaust (gas).

scarlattina *sf* scarlet fever.

scarlatto *agg, sm* scarlet.

scarno *agg* lean, bony; (*scarso*) (*BrE*) meagre, (*AmE*) meager; (*stile*) bare.

scarpa *sf* shoe.

scarpata *sf* escarpment.

scarpone *sm* boot ◊ **scarponi da sci** ski boots.

scarseggiare *v intr* to be scarce ◊ **scarseggiare di** to be short of, to lack.

scarso *agg* scarce, scanty; (*raccolto, voto*) poor ◊ **2 chili scarsi** barely 2 kilos; **scarso di** lacking in.

scartare *v tr* (*pacco*) to unwrap; (*proposta*) to reject; (*eliminare,*

carte) to discard; (*milit*) to declare unfit for military service; (*sport*) to dodge (past).

scarto *sm* reject; (*carte*) discard; (*differenza*) gap, difference; (*deviazione*) swerve; (*di cavallo*) shy.

scassinare *v tr* to break, to force open.

scatenare *v tr* to stir up; (*rivolta*) to spark off, to set off ◊ *v rifl* (*rivolta*) to break out; (*temporale*) to break; (*passioni*) to run wild; (*infuriarsi*) to rage (at); (*divertirsi*) to go wild.

scàtola *sf* box; (*di latta*) can, (*BrE*) tin ◊ **cibi in scatola**, canned food, (*BrE*) tinned food; **scatola nera** black box.

scattare *v tr* (*foto*) to take ◊ *v intr* (*congegno*) to go off; (*balzare*) to spring (up); (*sport*) to sprint; (*adirarsi*) to fly into a rage ◊ **scattare in piedi** to spring to one's feet.

scatto *sm* (*meccanismo*) click; (*sport*) sprint; (*di stipendio*) increase; (*impeto*) fit, outburst ◊ **di scatto** suddenly; **scatto d'ira** outburst of rage.

scaturire *v intr* to spring (*anche fig*).

scavalcare *v tr* (*ostacolo*) to step over; (*muro*) to climb over; (*sorpassare*) to overtake, to get ahead of.

scavare *v tr* to dig (*anche fig*); (*in miniera*) to mine; (*tunnel*) to bore; (*pozzo*) to sink; (*archeologia*) to excavate.

scavo *sm* excavation; (*lo scavare*) digging out, excavating; (*in mi-*

niera) mining.

scégliere *v tr* to choose.

sceicco (*pl* -**chi**) *sm* sheikh.

scelta *sf* choice; (*selezione*) selection ◊ **di prima scelta** first-quality, choice.

scemo *agg* stupid ◊ *sm* idiot ◊ **fare lo scemo** to play the fool.

scémpio *sm* ruin, destruction ◊ **fare scempio di** to ruin.

scena *sf* scene; (*palcoscenico*) stage; (*finzione*) fuss, show ◊ **andare in scena** to be performed, to be put on; **colpo di scena** coup de théâtre; (*fig*) unexpected turn of events; **uscire di scena** to leave the stage; **scena madre** main scene; **lo fa per scena** she's putting it on.

scenàrio *sm* scenery (*anche fig*); (*sfondo, ambiente*) background; (*cine, polit*) scenario.

scenata *sf* scene ◊ **fare una scenata** to make a scene.

scéndere *v intr* (*andare giù*) to go down; (*venire giù*) to come down; (*da auto*) to get out of; (*da bus, treno, cavallo*) to get off; (*prezzi, temperatura, notte*) to fall ◊ *v tr* to go down, to come down ◊ **scendere a patti con** to come to terms with; **scendere in campo** to enter the field.

sceneggiatura *sf* script; (*cine*) screenplay.

scenografia *sf* (*disciplina*) stage design; (*allestimento*) scenery; (*cine*) sets (*pl*).

scervellarsi *v rifl* to rack one's brains (over).

scèttico (*f* -**a** *pl* -**ci** -**che**) *agg* (*BrE*) sceptical, (*AmE*) skeptical ◊ *sm* (*BrE*) sceptic, (*AmE*) skeptic.

scheda *sf* card; (*elettorale*) ballot paper ◊ **scheda telefonica** (tele)phone card.

schéggia (*pl* -**ge**) *sf* splinter, sliver.

schèletro *sm* skeleton.

schema *sm* (*abbozzo*) outline, plan; (*tecn*) diagram.

scherma *sf* fencing.

schermàglia *sf* skirmish.

schermo *sm* screen; (*protezione*) shield.

scherzare *v intr* to joke ◊ **vuoi scherzare?!** (*BrE*) you're joking!, (*AmE*) you're kidding!

scherzo *sm* joke; (*tiro*) trick ◊ **per scherzo** for a joke, in jest.

schiaccianoci *sm inv* nutcracker.

schiacciare *v tr* to crush (*anche fig*); (*noci*) to crack ◊ **schiacciarsi un dito** to crush one's finger.

schiaffeggiare *v tr* to slap.

schiaffo *sm* slap ◊ **schiaffo morale** slap in the face, affront.

schiantare *v tr* to break ◊ *v rifl* to break; (*abbattersi, spiaccicarsi*) to crash.

schiarire *v tr* to lighten; (*capelli*) to bleach ◊ *v rifl* to clear (up); (*capelli*) to grow fairer ◊ **schiarirsi la gola** to clear one's throat.

schiavitù *sf inv* slavery (*anche fig*).

schiavo *sm* slave (*anche fig*).

schiena *sf* back ◊ **mal di schiena** backache.

schienale *sm* back.

schiera *sf* group, crowd; (*milit*)

rank ◊ **case a schiera** terraced houses.

schieramento *sm* (*milit, sport*) formation; (*fig*) alliance.

schierare *v tr, rifl* (*milit*) to draw up; to line up (*anche sport*); (*fig*) to side.

schietto *agg* (*genuino*) pure; (*franco*) straightforward, frank.

schifo *sm* disgust ◊ **mi fa schifo** it's disgusting, it makes me sick.

schifoso *agg* disgusting; (*fig*) awful; lousy, rotten.

schiuma *sf* foam; (*birra, latte*) froth; (*sapone*) lather ◊ **schiuma da barba** shaving soap; **bagno schiuma** bubble bath.

schivare *v tr* to avoid; (*colpo*) to dodge.

schivo *agg* reserved; (*timido*) shy.

schizofrènico (*f* -**a** *pl* -**ci** -**che**) *agg* schizophrenic.

schizzare *v tr* (*spruzzare*) to squirt; (*sporcare*) to spatter, to splash; (*disegno*) to sketch ◊ *v intr* to squirt, to squirt; (*saltar fuori*) to dart up, to dash out ◊ *v rifl* to splash oneself; (*l'un l'altro*) to splash each other.

schizzinoso *agg* fussy, finicky.

schizzo *sm* splash; spurt; (*disegno*) sketch.

sci *sm inv* ski; (*attività*) skiing ◊ **sci nautico** water skiing; **sci alpinismo** ski mountaineering; **sci di fondo** cross-country skiing; **sci alpino** downhill skiing.

scia *sf* wake (*anche fig*); (*profumo*) trail.

sciacallo *sm* jackal; (*fig*) looter.

sciacquare *v tr* to rinse.

sciagura *sf* misfortune; (*disastro*) disaster.

sciagurato *agg* unfortunate; (*malvagio*) wicked ◊ *sm* wretch; (*malvagio*) rogue.

scialacquare *v tr* to squander.

scialbo *agg* pale; (*luce*) dim; (*fig*) dull.

scialle *sm* shawl.

scialuppa *sf* dinghy; (*di salvataggio*) lifeboat.

sciame *sm* swarm.

sciare *v intr* to ski.

sciarpa *sf* scarf.

sciatore (-**trice**) *sm* skier.

sciatto *agg* slovenly.

scientifico (*f* -**a** *pl* -**ci** -**che**) *agg* scientific.

scienza *sf* science ◊ **scienze naturali** natural science.

scienziato *sm* scientist.

scimmia *sf* monkey.

scimpanzé *sm inv* chimpanzee.

scindere *v tr* to divide, to separate; (*fis*) to split; (*chim*) to resolve.

scintilla *sf* spark.

scintillare *v intr* to spark; (*fig*) to sparkle.

sciocchezza *sf* (*azione*) foolish thing; (*frase*) nonsense; (*cosa da niente*) trifle ◊ **fare una sciocchezza** to do something silly.

sciocco (*f* -**a** *pl* -**chi** -**che**) *agg* foolish, silly ◊ *sm* fool.

sciògliere *v tr* (*neve, burro*) to melt; (*zucchero*) to dissolve; (*nodo*) to untie; (*capelli*) to loosen, to let down; (*contratto*) to cancel; (*società*) to wind up;

(*liberare*) to release; (*assemblea*) to bring to an end; (*muscoli*) to limber up ◊ *v rifl* (*liquefarsi*) to melt; (*ghiaccio*) to thaw; (*slegarsi*) to come untied; (*allentarsi*) to loosen; (*riunione*) to break up; (*società*) to be wound up; (*liberarsi*) to free oneself.

scioglimento *sm* (*contratto*) dissolution; (*società*) winding-up.

scioperare *v intr* to strike, to go on strike.

sciòpero *sm* strike.

scippo *sm* bag-snatching.

scirocco (*pl* **-chi**) *sm* sirocco.

sciroppo *sm* syrup.

scissione *sf* split (*anche fig*); (*fis*) fission.

sciupare *v tr* to ruin, to spoil; (*sprecare*) to waste; (*pelle*) to wear out ◊ *v rifl* to get ruined, to get spoilt; (*di salute*) to get run down.

scivolare *v intr* to slide; (*involontariamente*) to slip.

scivolo *sm* (*gioco*) slide.

scivoloso *agg* slippery.

scoccare *v tr* to shoot ◊ *v intr* (*ore*) to strike.

scocciare *v tr* to annoy ◊ *v rifl* to be fed up (with).

scocciatore (**-trice**) *sm* pain in the neck.

scodella *sf* bowl.

scogliera *sf* cliff; (*a fior d'acqua*) reef.

scòglio *sm* rock; (*a fior d'acqua*) reef; (*fig*) difficulty, stumbling block.

scoiàttolo *sm* squirrel.

scolare *v tr/intr* to drain; (*sgocciolare*) to drip.

scolaro *sm* pupil, schoolboy ◊ **scolara** *sf* pupil, schoolgirl.

scolàstico (*f* **-a** *pl* **-ci -che**) *agg* school.

scoliosi *sf inv* scoliosis.

scollatura *sf* neckline.

scolorire *v tr, rifl* to fade.

scolpire *v tr* to sculpt, to sculpture; (*legno*) to carve; (*metallo*) to engrave.

scombussolare *v tr* to upset.

scommessa *sf* bet.

scomméttere *v tr* to bet.

scòmodo *agg* uncomfortable; (*orario*) inconvenient.

scomparire *v intr* to disappear; (*morire*) to die.

scomparsa *sf* disappearance; (*morte*) death.

scompartimento *sm* (*ferr*) compartment.

scompìglio *sm* confusion, mess.

scomporre *v tr* to break up; (*turbare*) to upset ◊ *v rifl* (*turbarsi*) to get upset, to lose one's composure.

scomposto *agg* untidy; (*capelli*) dishevelled; (*gesto*) unseemly.

scomunicare *v tr* to excommunicate.

sconcertare *v tr* to bewilder.

sconcertato *agg* bewildered.

scóncio (*pl f* **-ce**) *agg* indecent, obscene; (*sboccato*) dirty ◊ *sm* disgrace.

sconclusionato *agg* incoherent, rambling; irrational.

247

scondito *agg* plain, unseasoned; (*insalata*) without dressing.

sconfiggere *v tr* to defeat (*anche fig*).

sconfinare *v intr* to cross the border; (*proprietà privata*) to trespass; (*fig*) to stray, to digress.

sconfitta *sf* defeat (*anche fig*).

sconforto *sm* dejection.

scongelare *v tr* to thaw out, to defrost.

scongiurare *v tr* to implore, to entreat; (*evitare*) to avert, to ward off.

sconnesso *agg* uneven, rough; (*fig*) incoherent.

sconosciuto *agg* unknown ◊ *sm* stranger.

sconsigliare *v tr* to advise against.

sconsolato *agg* disconsolate.

scontare *v tr* (*fare uno sconto*) to make a discount (of); (*detrarre*) to deduct; (*cambiale*) to discount; (*colpa*) to pay for; (*pena*) to serve.

scontato *agg* (*prezzo*) discounted; (*prevedibile*) foreseen, taken for granted ◊ **dare per scontato che** to take it for granted that.

scontento *agg* dissatisfied (with) ◊ *sm* discontent.

sconto *sm* discount ◊ **fare uno sconto** to give a discount.

scontrarsi *v rifl* to crash (into), to collide (with); (*fig, milit*) to clash (with).

scontrino *sm* (*BrE*) ticket, (*AmE*) check; (*di cassa*) receipt.

scontro *sm* collision, crash; (*fig, milit*) clash.

scontroso *agg* surly, sullen.

sconvolgere *v tr* to upset (*anche fig*).

sconvolto *agg* devastated (with), distraught (with).

scopa *sf* broom.

scopare *v tr* to sweep.

scoperta *sf* discovery.

scoperto *agg* uncovered; (*aut*) open; (*conto*) overdrawn.

scopo *sm* aim, purpose.

scoppiare *v intr* to burst (*anche fig*), to explode; (*fig, guerra*) to break out ◊ **scoppiare dal caldo** to be boiling; **scoppiare a ridere** to burst out laughing; **scoppiare in lacrime** to burst into tears; **scoppia di salute** he's bursting with health.

scòppio *sm* explosion; (*guerra*) outbreak; (*risa, pianto*) (out)burst; (*rumore*) bang, crash.

scoprire *v tr* to discover; (*togliere la copertura*) to uncover; (*monumento*) to unveil ◊ *v rifl* to uncover oneself.

scoraggiare *v tr* to discourage ◊ *v rifl* to lose heart.

scorciatóia *sf* short cut (*anche fig*).

scordare *v tr*, *rifl* to forget.

scòrfano *sm* (*zool*) scorpion-fish, rock fish.

scòrgere *v tr* to see, to make out.

scòria *sf* (*metallica*) slag ◊ **scorie radioattive** radioactive waste.

scorpacciata *sf* blow-out ◊ **fare una scorpacciata di** to stuff oneself with.

scorpione *sm* scorpion ◊ (**il segno dello**) **Scorpione** Scorpio.

scórrere *v intr* (*fiume*) to flow, to

run; (*tempo*) to pass (by) ◊ *v tr* to skim through.

scorretto *agg* incorrect; (*sleale*) unfair; (*gioco*) foul.

scorrévole *agg* (*porta*) sliding; (*traffico*) smooth flowing; (*stile*) fluent, flowing.

scorso *agg* last ◊ **l'anno scorso** last year.

scorta *sf* escort; (*provvista*) supply ◊ **ruota di scorta** spare wheel.

scortese *agg* rude, impolite.

scorza *sf* (*agrumi*) peel, skin; (*albero*) bark ◊ **scorza di limone** lemon rind.

scosceso *agg* steep.

scossa *sf* (*elettr, fig*) shock; (*sobbalzo*) jerk, jolt; (*di terremoto*) (earth) tremor ◊ **prendere la scossa** to get a shock.

scostare *v tr* to shift, to remove ◊ *v rifl* to stand aside, to move away; (*fig*) to stray.

scottare *v tr* to burn; (*con liquido*) to scald; (*fig*) to sting ◊ *v intr* (*caffè*) to be too hot; (*sole, argomento*) to be burning ◊ *v rifl* to burn oneself; (*con liquido*) to scald oneself; (*fig*) to get one's fingers burnt ◊ **merce che scotta** hot goods.

scottatura *sf* burn; (*da liquido*) scald.

scotto *agg* overcooked.

scovare *v tr* to flush (out); (*trovare*) to find.

scozzese *agg* Scottish; (*whisky*) Scotch ◊ *sm* Scotsman, Scot; (*lingua*) Scots ◊ *sf* Scotswoman ◊ **gli scozzesi** the Scottish, the Scots; **stoffa scozzese** tartan.

screditare *v tr* to discredit.

screpolato *agg* (*pelle*) chapped.

scricchiolare *v intr* to creak.

scrigno *sm* casket; jewel case.

scritta *sf* inscription; (*su muri*) graffiti (*pl*).

scritto *sm* writing; (*lettera*) letter.

scrittóio *sm* writing desk.

scrittore (-trice) *sm* writer ◊ **scrittrice** woman writer.

scrittura *sf* writing; (*a mano*) handwriting; (*giur*) deed; (*contratto, teatro, cine*) contract ◊ **le Sacre Scritture** the Scriptures; **scrittura privata** private deed.

scritturare *v tr* (*artista*) to engage, to sign up.

scrivanìa *sf* (writing) desk.

scrivere *v tr* to write; (*a macchina*) to type.

scrofa *sf* sow.

scrollare *v tr* to shake; (*spalle*) to shrug ◊ **scrollarsi di dosso le preoccupazioni** to shake off one's worries.

scròscio *sm* roar; (*pioggia*) shower ◊ **scroscio di applausi** thunder of applause.

scrostare *v tr* (*intonaco*) to scrape (off); (*tappezzeria*) to strip off ◊ *v rifl* to peel off.

scrùpolo *sm* scruple; (*meticolosità*) great care.

scrutare *v tr* to scrutinize; to scan.

scrutatore (-trice) *sm* (*elettorale*) scrutineer.

scrutìnio *sm* poll; (*votazione*) ballot; (*scuola*) end-of-term assessment.

249

scucire v tr to unstitch, to unpick.

scuderìa sf stable; (aut) team.

scudetto sm (sport) (championship) shield; (distintivo) badge, shield.

scudo sm shield (anche fig).

scultore (-trice) sm sculptor ◊ **scultrice** sculptress.

scultura sf sculpture.

scuola sf school ◊ **scuola materna** nursery school; **scuola elementare** (BrE) primary school, (AmE) grade school; **scuola media** (BrE) middle school, (AmE) (junior) high school; **scuola media superiore** (BrE) secondary school, (AmE) (senior) high school; **scuola professionale** vocational school; **scuola di ballo** dancing school.

scuòtere v tr to shake (anche fig) ◊ v rifl (sobbalzare) to jump; (smuoversi) to stir oneself, to rouse oneself.

scure sf axe; (ascia) hatchet.

scurire v tr to darken ◊ v rifl to get dark(er).

scuro agg dark ◊ sm dark; (imposta) shutter.

scusa sf apology; (pretesto) excuse ◊ **chiedere scusa** to apologize; **chiedo scusa!** excuse me!, sorry!; **presentare le proprie scuse** to give one's apologies.

scusare v tr to excuse; (perdonare) to forgive ◊ v rifl to apologize (to somebody for doing something) ◊ **(mi) scusi** (I'm) sorry; (per richiamare l'attenzione) excuse me.

sdebitarsi v rifl to pay off one's debt(s); (fig) to repay a kindness.

sdoganare v tr to clear (through customs).

sdraiarsi v rifl to lie down, to stretch out.

sdràio sm ◊ **sedia a sdraio** deckchair.

sdrammatizzare v tr to play down.

se cong if; (dubitativo, in domande indirette) whether, if ◊ pron (in inglese non si traduce) ◊ **se fossi in te** if I were you; **se non altro** at least; **come se** as if; **anche se** even if; **se no** or (else), otherwise; **non so se andare o no** I don't know whether I should go or not; **se (solo) l'avessi saputo!** if only I had known!; **se ne andò** he went away; **può immaginarselo** she can imagine; **se lo sono mangiato** they ate it.

sé pron sing (impersonale) oneself; (maschio) himself; (femmina) herself; (neutro) itself ◊ pl themselves ◊ **lui pensa solo a sé (stesso)** he is only concerned about himself; **Lia era fuori di sé** Lia was beside herself; **fra sé** (e sé) to oneself; **sicuro di sé** self-confident.

sebbene cong although, though.

seccante agg annoying, tiresome.

seccare v tr to dry (up); (irritare) to annoy; (importunare) to bother ◊ v intr to dry (up) ◊ v rifl to dry; (irritarsi) to get annoyed.

seccatura *sf* bother, nuisance.

secchiello *sm* bucket; (*borsa*) bucket bag.

sécchio *sm* bucket, pail.

secco (*f* **-a** *pl* **-chi -che**) *agg* dry; (*fichi, pesce*) dried; (*ramo, foglia*) withered; (*magro*) skinny, thin; (*risposta*) curt, sharp; (*colpo*) clean, sharp ◊ *sm* dryness ◊ **lavare a secco** to dry-clean; **fare secco qualcuno** to do somebody in; **restare a secco di qualcosa** to run out of something.

secolare *agg* age-old, centuries-old; (*laico*) secular, lay.

sècolo *sm* century.

seconda *sf* (*aut*) second (gear); (*ferr*) second class; (*scuola*) second class ◊ **a seconda di** according to.

secondàrio *agg* secondary.

secondino *sm* warder.

secondo *agg* second ◊ *sm* (*minuto, pugilato*) second; (*piatto*) main course; (*ufficiale*) second-in-command ◊ *prep* according to; (*nel modo prescritto*) in accordance with ◊ **secondo me** in my opinion.

sèdano *sm* celery.

sedativo *sm* sedative.

sede *sf* seat; (*ufficio centrale*) head office; (*organizzazione*) headquarters (*pl*); (*relig*) see.

sedere *v intr* to sit (down); (*essere seduto*) to be sitting, to be seated ◊ *v rifl* to sit down ◊ *sm* bottom, behind ◊ **mettersi a sedere** to sit down, to take a seat.

sèdia *sf* chair ◊ **sedia elettrica** electric chair.

sedicenne *agg* sixteen (years old); sixteen-year-old ◊ *sm/f* sixteen-year-old boy (*m*), sixteen-year-old girl (*f*).

sédici *agg, sm inv* sixteen.

sedile *sm* seat.

sedurre *v tr* to seduce.

seduta *sf* session, sitting; (*riunione*) meeting.

seduttore (**-trice**) *sm* seducer ◊ **seduttrice** seductress.

sega (*pl* **-ghe**) *sf* saw.

ségale *sf* rye.

segare *v tr* to saw; (*via*) to saw off.

segatura *sf* sawdust.

sèggio *sm* seat; (*elettorale*) polling station.

sèggiola *sf* chair.

seggiolone *sm* high chair.

seggiovìa *sf* chairlift.

segherìa *sf* sawmill.

segnalare *v tr* to indicate; (*con segnali*) to signal; (*rendere noto*) to report; (*evidenziare*) to point out.

segnalazione *sf* (*il segnalare*) signalling; (*segnale*) signal; (*avviso*) report; (*raccomandazione*) recommendation.

segnale *sm* signal; (*stradale*) road sign ◊ **segnale di allarme** alarm; (*ferr*) communication cord.

segnalética (*pl* **-che**) *sf* signals (*pl*) ◊ **segnaletica stradale** road signs.

segnare *v tr* to mark; (*prendere nota di*) to write down; (*indicare*)

251

to indicate; (*contatore*) to read; (*termometro*) to register; (*sport*) to score ◊ **l'orologio segna le due** the clock says two o'clock.

segno *sm* sign; (*traccia*) mark ◊ **gli feci segno di fermarsi** I motioned him to stop; **colpire nel segno** to hit the mark; **per filo e per segno** in detail; **segno zodiacale** sign of the Zodiac.

segregazione *sf* segregation.

segretàrio *sm* secretary ◊ **segretario particolare** personal secretary.

segreterìa *sf* secretary's office; (*carica*) secretariat; (*telefonica*) answering machine, answering service ◊ **Segreteria di Stato** (*negli USA*) Secretariat of State.

segreto *agg* secret ◊ *sm* secret; (*segretezza*) secrecy.

seguace *sm/f* follower.

seguente *agg* following; (*prossimo*) next.

seguire *v tr* to follow (*anche fig*); (*frequentare*) to attend ◊ *v intr* to follow; (*continuare*) to continue.

séguito *sm* (*di persone*) retinue, suite; (*discepoli*) followers (*pl*); (*continuazione*) continuation, sequel; (*conseguenza*) consequence ◊ **in seguito** later on; **in seguito a** following; (*a causa di*) owing to; **per tre ore di seguito** for three hours on end.

sei *agg*, *sm inv* six.

seicentesco *agg* seventeenth-century.

seicentèsimo *agg*, *sm* six hundredth.

seicento *agg*, *sm inv* six hundred; (*secolo*) the seventeenth century.

selciato *sm* paving.

selezionare *v tr* to select.

selezione *sf* selection.

self-service *sm inv* self-service (restaurant).

sella *sf* saddle.

sellare *v tr* to saddle.

selvaggina *sf* game.

selvàggio (*pl f* **-ge**) *agg* wild; (*tribù, crimine*) savage; (*sciopero*) wildcat ◊ *sm* savage.

selvàtico (*f* **-a** *pl* **-ci** **-che**) *agg* wild.

semàforo *sm* traffic lights (*pl*), (*AmE*) stoplight.

sembrare *v intr* to seem; (*somigliare*) to look like ◊ *v impersonale* to seem; (*pensare*) to think ◊ **sembri triste** you look sad; **mi sembra che** it seems to me that, I think that.

seme *sm* seed (*anche fig*); (*mela, pera*) pip; (*sperma*) semen, sperm; (*carte*) suit.

semestrale *agg* (*ogni sei mesi*) six-monthly; (*di sei mesi*) six month.

semestre *sm* six months (*pl*), six-months period.

semifinale *sf* semifinal.

semifreddo *sm* ice-cream cake.

sémina *sf* sowing.

seminare *v tr* to sow (*anche fig*); (*sparpagliare*) to scatter; (*distanziare*) to shake off; (*sport*) to outdistance.

seminàrio *sm* seminar; (*relig*) seminary.

semmài *avv* if (ever); *(nel caso che)* in case.

sémola *sf (crusca)* bran ◊ **semola di grano duro** durum wheat.

semolino *sm* semolina.

sémplice *agg* simple; *(soldato)* private.

semplicità *sf inv* simplicity.

semplificare *v tr* to simplify.

sempre *avv* always; *(ancora)* still ◊ **per sempre** forever; **sempre che** provided (that), as long as; **sempre più** more and more; **sempre meno** less and less.

sempreverde *agg, sm* evergreen.

sènape *sf* mustard.

senato *sm* senate.

senatore (-trice) *sm* senator.

senno *sm* common sense.

seno *sm* breast; *(fig)* bosom.

sensato *agg* sensible.

sensazionale *agg* sensational.

sensazione *sf* feeling, sensation ◊ **ho la sensazione che** I have a feeling that; **fare sensazione** to cause a sensation.

sensìbile *agg* sensitive; *(percepibile)* perceptible; *(rilevante)* sensible, noticeable.

sensibilità *sf inv* sensitivity.

senso *sm* sense; *(sensazione)* sensation, feeling; *(direzione)* direction; *(significato)* meaning, sense ◊ **perdere i sensi** to lose consciousness; **non ha senso** it doesn't make sense; **fare senso** to disgust, to give the creeps; **senso di orientamento** sense of direction; **senso vietato** no entry; **doppio senso** double meaning.

sensuale *agg* sensual; *(voce)* sensuous.

sensualità *sf inv* sensuality; sensuousness.

sentenza *sf (giur)* sentence; *(massima)* saying.

sentiero *sm* path.

sentimentale *agg* sentimental; *(vita)* love.

sentimento *sm* sentiment; *(sensazione)* feeling.

sentinella *sf* sentry.

sentire *v tr (udire)* to hear; *(ascoltare)* to listen to; *(tatto, provare)* to feel; *(gusto)* to taste; *(olfatto)* to smell ◊ *v rifl* to feel ◊ **sentire freddo** to feel cold; **sentirsi stanco** to feel tired; **sentirsela di fare qualcosa** to feel like doing something.

senza *prep, cong* without ◊ **senza che glielo dicessi** without my telling him; **senz'altro** of course, certainly; **senza casa** homeless.

separare *v tr* to separate; to divide, to part; *(distinguere)* to distinguish ◊ *v rifl (coniugi)* to part, to separate; *(socio)* to part company with; *(oggetto)* to part with.

separazione *sf* separation.

sepolcro *sm* sepulchre.

seppellire *v tr* to bury *(anche fig)*.

séppia *sf* cuttlefish ◊ **nero di seppia** sepia.

sequenza *sf* sequence.

sequestrare *v tr (giur)* to seize, to impound; *(rapire)* to kidnap.

sequestro *sm (giur)* seizure, confiscation; (*di persona*) kidnapping.

sera *sf* evening; (*tarda*) night ◊ **di sera** in the evening; **buona sera** good evening; **ieri sera** yesterday evening, last night; **abito da sera** evening dress.

serale *agg* evening; night ◊ **scuola serale** evening classes.

serata *sf* evening; (*festa*) party.

serbare *v tr* to keep; (*mettere da parte*) to put aside ◊ **serbare rancore a qualcuno** to bear somebody a grudge.

serbatóio *sm* tank; (*acqua*) reservoir.

serbo *agg sm* Serb, Serbian.

serenità *sf inv* serenity.

sereno *agg* (*cielo*) clear; (*fig*) serene, calm ◊ **torna il sereno** it is clearing up again.

sergente *sm* sergeant.

sèrie *sf inv* series; (*collezione*) set; (*sport*) division; league ◊ **produzione in serie** mass production; **modello di serie** standard model; **modello fuori serie** custom-built model.

serietà *sf inv* seriousness; (*affidabilità*) reliability.

sèrio *agg* serious; (*affidabile*) reliable ◊ **faccio sul serio** I mean it.

serpe *sf* snake.

serpeggiare *v intr* to wind; (*fig*) to spread.

serpente *sm* snake.

serra *sf* greenhouse ◊ **effetto serra** greenhouse effect.

serratura *sf* lock.

servire *v tr* to serve; (*cameriere*) to wait on; (*carte*) to deal ◊ *v intr* to serve; (*essere utile*) to be useful; (*utensile*) to be used for; (*occorrere*) to need ◊ *v rifl* (*usare*) to use; (*a tavola*) to help oneself (to something); (*in un negozio*) to be a regular customer (at), to buy (in) ◊ **mi serve un coltello** I need a knife.

servitù *sf inv* (*personale di servizio*) servants (*pl*), domestic staff.

servìzio *sm* service; (*da tè, caffè ecc.*) set, service; (*giornalistico*) report; (*favore*) (*BrE*) favour, (*AmE*) favor ◊ *pl* (*bagno*) bathroom; (*econ*) services, tertiary industry ◊ **servizio pubblico** public utility; **servizi di assistenza sociale** welfare service; **personale di servizio** service staff; **in servizio** on duty; **fuori servizio** off duty; (*guasto*) out of order.

sessanta *agg, sm inv* sixty.

sessantenne *agg* sixty (years old); sixty-year-old ◊ *sm/f* sixty-year-old man (*m*), sixty-year-old woman (*f*).

sessantèsimo *agg, sm* sixtieth.

sessione *sf* session.

sesso *sm* sex ◊ **fare sesso** to have sex.

sessuale *agg* sexual; sex ◊ **organi sessuali** sex organs.

sesto *agg, sm* sixth.

seta *sf* silk.

setacciare *v tr* to sieve, to sift; (*fig*) to search, to comb.

setàccio *sm* sieve.

sete *sf* thirst ◊ **avere sete** to be thirsty.

setta *sf* sect.

settanta *agg, sm inv* seventy.

settantenne *agg* seventy (years old); seventy-year-old ◊ *sm/f* seventy-year-old man (*m*), seventy-year-old woman (*f*).

settantèsimo *agg, sm* seventieth.

sette *agg, sm inv* seven.

settecentesco *agg* eighteenth-century.

settecentèsimo *agg, sm* seven hundredth.

settecento *agg, sm inv* seven hundred; (*secolo*) the eighteenth century.

settembre *sm* September.

settentrionale *agg* northern; north.

settentrione *sm* north.

settimana *sf* week ◊ **settimana bianca** winter-sports holiday.

settimanale *agg, sm* weekly.

sèttimo *agg, sm* seventh.

settore *sm* sector.

severo *agg* severe; (*rigoroso*) strict.

seviziare *v tr* to torture.

sezione *sf* section; (*elettorale*) division; (*scuola*) class.

sfacciato *agg* impudent, cheeky.

sfacelo *sm* ruin, breakup.

sfamare *v tr* to feed; (*cibo*) to fill ◊ *v rifl* to satisfy one's hunger.

sfarzo *sm* pomp, magnificence.

sfasciare *v tr* (*rompere*) to smash ◊ *v rifl* to fall to pieces; (*fig*) to fall apart.

sfavorévole *agg* (*BrE*) unfavourable, (*AmE*) unfavorable.

sfera *sf* sphere (*anche fig*).

sferrare *v tr* (*colpo*) to deal; (*attacco*) to launch.

sfiancare *v tr* to wear out, to exhaust.

sfida *sf* challenge.

sfidare *v tr* to challenge; (*affrontare, pericolo*) to defy, to brave.

sfidùcia (*pl* -**ce**) *sf* mistrust, distrust ◊ **voto di sfiducia** vote of no confidence.

sfigurare *v tr* to disfigure; (*quadro ecc.*) to deface ◊ *v intr* to cut a poor figure, to make a bad impression.

sfilare *v tr* (*ago*) to unthread; (*perle*) to unstring; (*indumento*) to slip off, to take off ◊ *v intr* to parade; (*milit*) to march past ◊ *v rifl* to come unthreaded; (*perle*) to come unstrung; (*orlo*) to fray; (*calza*) to ladder.

sfilata *sf* march past; parade; (*di moda*) fashion show.

sfinire *v tr* to exhaust, to wear out.

sfiorare *v tr* to skim (over); to brush (against); (*vittoria*) to come close to; (*argomento*) to touch on; (*dubbio, sospetto*) to cross one's mind, to occur to.

sfiorire *v intr* to wither, to fade.

sfociare *v intr* to flow (into); (*fig*) to lead (to), to result (in).

sfogare *v tr* to vent, to pour out ◊ *v rifl* to give vent to one's feelings; (*prendersela*) to take it out on; (*levarsi la voglia*) to take as much as one wants.

sfoggiare *v tr* to show off.

255

sfòglia *sf* sheet of pastry; (*dolce*) puff.

sfogliare *v tr* (*foglie*) to strip the leaves off; (*pagine*) to leaf through.

sfogo (*pl* **-ghi**) *sm* outlet, vent; (*rabbia*) outburst; (*med*) rash.

sfollamento *sm* clearing; (*per sicurezza*) evacuation.

sfollare *v intr* to disperse ◊ *v tr* to clear; (*per sicurezza*) to evacuate.

sfondare *v tr* (*porta*) to knock down; (*sedia, scatola*) to knock the bottom out (of); (*scarpe*) to wear out the sole of ◊ *v intr* (*affermarsi*) to make a name for oneself ◊ *v rifl* (*scarpe*) to wear out.

sfondo *sm* background; (*ambientazione*) setting.

sfornare *v tr* to take out of the oven; (*fig*) to churn out.

sfortuna *sf* bad luck; (*fatto sfortunato*) misfortune.

sfortunato *agg* unlucky.

sforzare *v tr* to force; (*occhi, voce*) to strain ◊ *v rifl* to make an effort, to try hard.

sforzo *sm* effort; (*tecn*) stress, strain.

sfrattare *v tr* to evict.

sfratto *sm* eviction.

sfregare *v tr* to rub; (*per pulire*) to scrub; (*fiammifero*) to strike.

sfregiare *v tr* to gash; (*persona*) to disfigure; (*quadro*) to deface.

sfrégio *sm* gash; (*cicatrice*) scar; (*fig*) affront.

sfrenato *agg* unbridled.

sfrontato *agg* cheeky, shameless.

sfruttamento *sm* exploitation.

sfruttare *v tr* to exploit; (*occasione*) to take advantage of.

sfuggire *v intr* to escape (from); (*di mano*) to slip out of one's hand(s).

sfumare *v tr* to soften ◊ *v intr* to shade (off); (*svanire*) to vanish; (*affare*) to come to nothing.

sfumatura *sf* shade, tone; (*fig*) touch; shade of meaning; (*capelli*) trimming.

sfuso *agg* loose.

sgabello *sm* stool.

sgambetto *sm* trip ◊ **fare lo sgambetto a qualcuno** to trip somebody up.

sganciare *v tr* to unhook; (*ferr*) to uncouple; (*bombe*) to drop; (*soldi*) to fork out ◊ *v rifl* to come unhooked; (*ferr*) to come uncoupled; (*fig, liberarsi*) to get away.

sgangherato *agg* ramshackle; (*risata*) boisterous.

sgarbato *agg* rude (to).

sgarbo *sm* rudeness.

sgargiante *agg* showy; (*colori*) gaudy.

sgasato *agg* flat.

sgelare *v tr* to thaw out, to defrost.

sgocciolare *v intr* to drip; (*recipiente*) to drain.

sgómbero *sm* clearing (out); (*persone*) evacuation.

sgombro *sm* (*zool*) mackerel.

sgomentare *v tr* to dismay ◊ *v rifl* to be dismayed.

sgomento *agg* dismayed ◊ *sm* dismay.

sgonfiare *v tr* to deflate ◊ *v rifl* to

deflate (anche fig); (med) to go down.

sgorgare v intr to gush (out) ◊ v tr (sturare) to unblock.

sgozzare v tr to cut the throat of.

sgradévole agg unpleasant, disagreeable.

sgrassare v tr to take the grease off; (liquidi) to skim.

sgraziato agg clumsy.

sgridare v tr to scold.

sgridata sf scolding.

sguaiato agg coarse.

sgualcire v tr, rifl to crease.

sguardo sm look; (occhiata) look, glance.

sguazzare v intr to splash about; (nella melma) to wallow.

sgusciare v tr to shell ◊ v intr to slip out; (persona) to slip away.

shampoo sm inv shampoo.

shock sm inv shock.

si pron (con i v riflessivi) (impersonale) oneself; (maschio) himself; (femmina) herself; (neutro) itself; (reciproco) one another; (tra due) each other; (impersonale) one, you, they, we ◊ pl (con i v riflessivi) themselves ◊ sm (mus) B, si; (nel solfeggio) ti ◊ **farsi male** to hurt oneself; **Luca si sta lavando le mani** Luca is washing his hands; **si amano** they love each other; **si dice** people say that, they say that; **tra poco si parte** we are leaving soon; **qui si parla inglese** English is spoken here.

sì avv, sm yes ◊ **dire di sì** to say

yes; **spero di sì** I hope so; **sì, grazie** yes, please; **un giorno sì e uno no** every other day.

sia cong ◊ **sia... sia, sia... che** both... and; **sia che... sia che** whether... or.

sicàrio sm hired killer.

sicché cong so.

siccità sf inv drought.

siccome cong since, as.

sicura sf safety catch; (aut) safety lock.

sicurezza sf safety; security; (certezza) certainty; (fiducia) confidence ◊ **pubblica sicurezza** police; **servizi di sicurezza** security services.

sicuro agg safe; (protetto) secure; (certo) certain, sure; (fiducioso) (self-)confident; confident; (amico, notizia) reliable; (saldo) firm, steady; (esperto) expert, skilled ◊ **essere al sicuro** to be in safety, to be safe; **di sicuro** certainly.

sidro sm cider.

siepe sf hedge.

sieropositivo agg (per AIDS) HIV-positive.

sifilide sf syphilis.

sigaretta sf cigarette.

sìgaro sm cigar.

sigillare v tr to seal.

sigillo sm seal.

sigla sf (iniziali) initials (pl); (abbreviazione) abbreviation; (musicale) signature tune.

siglare v tr to initial.

significare v tr to mean.

significativo agg significant.

significato sm meaning.

signora

signora *sf* lady; (*moglie*) wife ◊ **la signora Rossi** Mrs Rossi; **gentile signora** Dear Madam; **chi è quella signora?** who is that woman?

signore *sm* gentleman; man; (*padrone*) master; (*relig*) Lord ◊ **il signor Rossi** Mr Rossi; **gentile signore** Dear Sir; **i signori Rossi** Mr and Mrs Rossi; **chi è quel signore?** who is that man?

signorile *agg* (*da signore*) gentlemanlike; (*da signora*) ladylike; (*elegante*) elegant; (*di lusso*) luxury.

signorina *sf* young lady; (*ragazza*) girl ◊ **la signorina Rossi** Miss Rossi; **gentile signorina** Dear Madam.

silènzio *sm* silence ◊ **silenzio stampa** news blackout.

silenzioso *agg* quiet, silent.

silurare *v tr* to torpedo (*anche fig*); (*licenziare*) to oust; (*carriera*) to ruin.

siluro *sm* torpedo.

simbiosi (*f inv* symbiosis (*anche fig*).

simbòlico (*f -a pl -ci -che*) *agg* symbolic; (*prezzo*) nominal.

simbolo *sm* symbol.

simile *agg* similar; (*di questo tipo*) such ◊ *sm* fellow creature ◊ **una cosa simile** such a thing; **amare i propri simili** to love one's fellow men.

simmètrico (*f -a pl -ci -che*) *agg* symmetric(al).

simpatìa *sf* liking.

simpàtico (*f -a pl -ci -che*) *agg* nice, pleasant.

simpatizzante *sm/f* sympathizer.

simulare *v tr* to feign, to sham; (*tecn*) to simulate.

simulazione *sf* simulation ◊ **simulazione di reato** simulation of a crime.

simultàneo *agg* simultaneous.

sinagoga (*pl -ghe*) *sf* synagogue.

sincerità *sf inv* sincerity.

sincero *agg* sincere; genuine.

sìncope *sf* (*med*) syncope, blackout; (*mus*) syncopation.

sincronizzato *agg* synchronized ◊ **cambio sincronizzato** synchromesh, synchronized shifting; **nuoto sincronizzato** synchronized swimming.

sindacale *agg* (trade-)union, (*AmE*) labor (union).

sindacalista (*pl -i -e*) *sm/f* trade unionist.

sindacato *sm* (*di lavoratori*) (trade) union, (*AmE*) (labor) union; (*di azionisti*) pool, trust, syndicate.

sìndaco (*f -a pl -ci -che*) *sm* mayor.

sìndrome *sf* syndrome.

sinfonìa *sf* symphony.

singhiozzare *v intr* (*piangere*) to sob.

singhiozzo *sm* sob; (*med*) hiccup.

singolare *agg* singular.

sìngolo *agg* single ◊ *sm* (*individuo*) individual; (*tennis*) singles ◊ **camera singola** single room.

sinistra *sf* (*mano*) left hand; (*lato*) left; (*polit*) left (wing) ◊ **volta a sinistra** turn (to the) left.

sinistro *agg* left; left-hand; (*fig*)

sinister ◊ *sm* (*incidente*) accident; (*pugno*) left.

sinònimo *sm* synonym.

sìntesi *sf inv* synthesis; (*riassunto*) summary.

sintètico (*f* -**a** *pl* -**ci** -**che**) *agg* concise; (*fibre*) synthetic.

sìntomo *sm* symptom (*anche fig*).

sintonizzare *v tr* to syntonize, to tune in ◊ *v rifl* to be tuned in.

sipàrio *sm* (*teatro*) curtain ◊ **cala il sipario** the curtain falls.

sirena *sf* mermaid; (*di ambulanza, fig*) siren; (*di fabbrica*) hooter.

siriano *agg, sm* Syrian.

siringa (*pl* -**ghe**) *sf* syringe ◊ **siringa usa e getta** disposable syringe.

sìsmico (*f* -**a** *pl* -**ci** -**che**) *agg* seismic.

sistema (*pl* -**i**) *sm* system (*anche inform, giochi*); (*metodo*) method; (*modo*) way ◊ **sistema nervoso** nervous system.

sistemare *v tr* (*mettere in ordine*) to arrange; (*questione*) to settle; (*collocare*) to place, to find a place for; (*trovare alloggio a*) to put up; (*trovare lavoro a*) to find somebody a job ◊ *v rifl* to settle down; (*trovare alloggio*) to find accommodation; (*trovare lavoro*) to find a job.

sistemazione *sf* arrangement; (*alloggio*) accommodation; (*lavoro*) job.

sito *sm* (*Internet*) (web)site.

situare *v tr* to place, to site ◊ *v rifl* to place oneself, to be situated.

situazione *sf* situation.

ski-lift *sm inv* ski tow.

slacciare *v tr* to undo; (*sbottonare*) to unbutton; (*scarpe*) to unlace ◊ *v rifl* to come undone; (*sbottonarsi*) to come unbuttoned.

slalom *sm inv* (*sci*) slalom.

slanciato *agg* slender.

slàncio *sm* leap; (*fig*) surge, fit.

slavina *sf* snowslide.

sleale *agg* disloyal; (*concorrenza*) unfair; (*gioco*) foul.

slegare *v tr* to untie.

slip *sm inv* (*mutandine*) briefs (*pl*).

slitta *sf* (*BrE*) sledge, (*AmE*) sled; (*trainata*) sleigh; (*tecn*) slide.

slittare *v intr* (*scivolare*) to slide, to slip; (*aut*) to skip; (*subire rinvio*) to be put off.

slogare *v tr, rifl* to dislocate.

sloggiare *v tr* (*inquilino*) to turn out of ◊ *v intr* to move out (of).

slovacco *agg, sm* Slovak(ian).

sloveno *agg, sm* Slovene, Slovenian.

smacchiare *v tr* to remove stains from.

smacchiatore *sm* stain-remover; (*a secco*) dry cleaner.

smagliante *agg* dazzling; (*sorriso*) radiant.

smagliare *v tr, rifl* to ladder.

smagliatura *sf* (*calza*) ladder; (*pelle*) stretch mark.

smaltare *v tr* to enamel; (*ceramica*) to glaze; (*unghie*) to varnish.

smaltire *v tr* (*digerire*) to digest; (*peso*) to lose; (*rifiuti*) to dispose of; (*merce*) to sell off; (*rabbia, sbornia*) to get over.

smalto

smalto *sm* enamel; (*per ceramica*) glaze; (*per unghie*) nail varnish.

smània *sf* agitation, restlessness ◊ **smania di** thirst for, craving for.

smantellare *v tr* to dismantle (*anche fig*).

smarrire *v tr* to lose; (*temporaneamente*) to mislay ◊ *v rifl* to get lost, to lose one's way; (*fig*) to be bewildered.

smascherare *v tr* to unmask (*anche fig*).

smemorato *agg* forgetful.

smentire *v tr* to belie; (*negare*) to deny; (*testimonianza*) to refute; (*persona*) to prove wrong ◊ *v rifl* to contradict oneself.

smentita *sf* denial; (*di testimonianza*) refutation.

smeraldo *sm* emerald.

sméttere *v tr/intr* to stop ◊ **smettetela!** stop it!

sminuzzare *v tr* to crumble.

smisurato *agg* boundless; (*enorme*) enormous; (*orgoglio*) inordinate.

smog *sm inv* smog.

smoking *sm inv* (*BrE*) dinner jacket, (*AmE*) tuxedo.

smontàbile *agg* that can be dismantled.

smontare *v tr* to dismantle, to take to pieces; (*scoraggiare*) to discourage; (*tesi*) to demolish ◊ *v intr* (*da cavallo*) to dismount; (*da treno, bus*) to get off; (*da auto*) to get out (of); (*da lavoro*) to stop (work).

260

smòrfia *sf* grimace ◊ **fare smorfie** to make faces.

smorto *agg* (*pallido*) pale, wan; (*colore*) dull.

smorzare *v tr* (*suoni*) to deaden, to muffle; (*colori*) to tone down; (*luce*) to dim; (*sete*) to quench; (*entusiasmo*) to dampen ◊ *v rifl* to fade; (*entusiasmo*) to dampen.

smottamento *sm* landslide.

smunto *agg* haggard; (*emaciato*) pinched; (*pallido*) pale.

smuòvere *v tr* to shift, to move; (*dall'inerzia*) to stir.

smussare *v tr* to smooth (down), to round off; (*lama*) to blunt; (*fig*) to soften.

snello *agg* slim, slender; (*fig*) simple.

snervante *agg* enervating; (*estenuante*) exhausting.

snidare *v tr* to flush (out); (*fig*) to drive out.

snob *sm/f* snob ◊ *agg* snobbish.

snodare *v tr* (*rendere mobile*) to loosen, to make asjustable ◊ *v rifl* (*fiume, strada*) to wind; (*articolarsi*) to bend.

sobbalzo *sm* jolt; (*sussulto*) jump, start.

sobborgo (*pl* -**ghi**) *sm* suburb.

sòbrio *agg* sober; (*semplice*) simple.

soccórrere *v tr* to help, to assist.

soccorso *sm* help, assistance; (*salvataggio*) rescue; (*med*) aid ◊ *pl* (*soccorritori*) rescuers ◊ **soccorso stradale** breakdown service.

socialdemocràtico (*f* **-a** *pl* **-ci -che**) *agg* Social Democratic.

sociale *agg* social; (*comm*) company.

socialismo *sm* socialism.

socialista (*pl* **-i -e**) *agg*, *sm/f* socialist.

socializzare *v intr* to socialize.

società *sf inv* society; (*comm*) company, (*AmE*) corporation; (*sport*) club.

sociévole *agg* sociable.

sòcio *sm* member; (*comm*) partner, associate.

sociologìa *sf* sociology.

soda *sf* (*chim*) soda; (*bevanda*) soda (water).

soddisfacente *agg* satisfactory.

soddisfare *v tr* to satisfy; (*esigenza*) to meet; (*richiesta*) to comply with; (*impegno*) (*BrE*) to fulfil, (*AmE*) to fulfill.

soddisfatto *agg* satisfied (with), happy (with).

soddisfazione *sf* satisfaction.

sodo *agg* (*corpo*) firm; (*uovo*) hard-boiled ◊ *avv* hard; (*dormire*) soundly ◊ **venire al sodo** to come to the point.

sofferenza *sf* suffering.

soffermarsi *v rifl* to linger (*anche fig*); (*su argomento*) to dwell (on).

soffiare *v tr* to blow; (*rubare*) to steal, to pinch ◊ *v intr* to blow; (*ansimare*) to puff ◊ **soffiarsi il naso** to blow one's nose.

sòffice *agg* soft.

sóffio *sm* breath.

soffitta *sf* attic.

soffitto *sm* ceiling.

soffocare *v tr/intr* to choke, to suffocate; (*fig*) to stifle; (*di baci*) to smother (with) ◊ **qui si soffoca** it is stifling here.

soffrìggere *v tr* to fry lightly; (*rosolare*) to brown, to sauté.

soffrire *v tr* to suffer; (*sopportare*) to bear, to stand ◊ *v intr* to suffer ◊ **soffre di reumatismi** he suffers from rheumatism; **soffrire il caldo** to suffer from the heat.

soggettivo *agg* subjective.

soggetto *sm* subject.

soggezione *sf* (*inferiorità*) subjection; (*timore*) awe.

soggiorno *sm* stay; (*salotto*) living room ◊ **azienda di soggiorno** local tourist office.

soggiùngere *v tr* to add.

sòglia *sf* threshold (*anche fig*).

sògliola *sf* sole.

sognare *v tr/intr* to dream ◊ **sognare a occhi aperti** to daydream.

sogno *sm* dream (*anche fig*).

sòia *sf* soya, soy ◊ **germogli di soia** bean sprouts; **salsa di soia** soy sauce; **latte di soia** soya milk.

sol *sm inv* (*mus*) G; (*nel solfeggio*) soh, so, sol.

solàio *sm* (*soffitta*) attic.

solare *agg* solar; sun ◊ **crema solare** suntan lotion; **ora solare** solar time.

solcare *v tr* to plough (*anche fig*).

solco (*pl* **-chi**) *sm* furrow (*anche fig*); (*ruota*) rut; (*disco*) groove.

soldato *sm* soldier; *(semplice)* private.

soldo *sm (BrE)* penny, *(AmE)* cent ◊ *pl* money *(sing)* ◊ **non vale un soldo** it's not worth a penny; **essere al soldo di qualcuno** to be in somebody's pay.

sole *sm* sun; *(luce)* sun(light); *(tempo)* sun(shine) ◊ **prendere il sole** to sunbathe.

solenne *agg* solemn.

solféggio *sm* sol-fa.

solidale *agg* ◊ **essere solidale con** to be in agreement with; **commercio equo e solidale** fair trade.

solidarietà *sf inv* solidarity.

sòlido *agg* solid; *(governo)* stable; *(ditta)* sound, solid; *(affidabile)* reliable ◊ *sm* solid ◊ **in solido** jointly and severally.

solista *(pl -i -e)* *smf* soloist ◊ *agg* solo.

solitàrio *agg* solitary, lonely; *(AmE)* lonesome ◊ *sm* loner; *(carte)* patience, solitaire; *(brillante)* solitaire.

sòlito *agg* usual ◊ **di solito** usually; **come al solito** as usual; **essere solito fare qualcosa** to be in the habit of doing something.

solitùdine *sf* solitude; *(l'essere solo)* loneliness.

sollecitare *v tr* to press for; *(tecn)* to stress.

sollético *(pl -chi)* *sm* tickling ◊ **soffrire il solletico** to be ticklish.

sollevare *v tr* to lift, to raise; *(dare sollievo a)* to relieve; *(da impegno ecc.)* to release; *(questione,*

dubbio) to raise; *(far insorgere)* to stir (up) ◊ *v rifl* to rise *(anche fig)*.

sollievo *sm* relief; *(conforto)* comfort.

solo *agg* alone; *(solitario)* lonely, *(AmE)* lonesome ◊ *avv* only ◊ **il solo superstite** the only survivor; **mi sento solo** I feel lonely; **non c'è una sola parola di vero** there isn't a (single) word of truth; **vivo da solo** I live on my own, I live alone; **l'ho fatto da solo** I did it by myself; **parla da sola** she talks to herself; **non solo... ma anche** not only... but also.

solstizio *sm* solstice.

soltanto *avv* only.

solùbile *agg* soluble; *(caffè)* instant.

soluzione *sf* solution ◊ **senza soluzione di continuità** without a break.

solvente *sm* solvent.

somaro *sm* donkey, ass *(anche fig)*.

somiglianza *sf* resemblance.

somigliare *v intr* to be like, to resemble; *(esteriormente)* to look like ◊ *v rifl* to be alike; to look alike ◊ **somiglia a suo fratello** he looks like his brother.

somma *sf (denaro)* sum (of money); *(mat)* sum; *(addizione)* addition.

sommare *v tr* to add; *(totalizzare)* to add up.

sommàrio *agg (conciso)* brief; *(approssimativo)* perfunctory; *(giur)* summary ◊ *sm* summary

giustizia sommaria summary justice.

sommèrgere *v tr* to submerge (*anche fig*); (*inondare*) to flood; (*colmare*) to overwhelm (with).

sommergìbile *sm* submarine.

somministrare *v tr* to administer, to give.

sommità *sf inv* summit; top.

sommozzatore (*-trice*) *sm* scuba diver; (*senza autorespiratore*) skin diver; (*uomo rana*) frogman.

sondàggio *sm* (*indagine*) survey, poll; (*trivellazione*) drilling; (*med*) probing ◊ **sondaggio d'opinione** opinion poll.

sonnàmbulo *sm* sleepwalker.

sonnifero *sm* (*pillola*) sleeping pill.

sonno *sm* sleep ◊ **avere sonno** to be sleepy.

sonnolenza *sf* drowsiness.

sonoro *agg* sonorous, resonant; (*cine*, *onde*) sound.

sontuoso *agg* sumptuous.

soppesare *v tr* to weigh in one's hand(s); (*fig*) to weigh up.

sopportare *v tr* (*tollerare*) to bear, to stand; (*dolore*) to bear, to endure; (*carico*) to support ◊ **non lo sopporto** I can't stand him.

sopportazione *sf* endurance; (*pazienza*) patience; (*tolleranza*) tolerance.

sopprìmere *v tr* (*rivolta*, *pubblicazione*) to suppress; (*abolire*) to abolish; (*ammazzare*) to kill; (*animale*) to put down.

sopra *prep* (*a contatto*) on, upon; (*senza contatto*, *superiorità*, *oltre*) over; (*al di sopra di*) above; (*a nord di*) north (of); (*argomento*) on, about ◊ **sopra i sei anni** over six; **sopra (lo) zero** above zero.

sopra *avv* on; (*in precedenza*) above; (*al piano di sopra*) upstairs ◊ **abito di sopra** I live upstairs.

sopràbito *sm* overcoat.

sopraccìglio (*pl* -**ia** *f*) *sm* eyebrow.

sopraffare *v tr* to overwhelm, to overcome.

sopraggiùngere *v intr* to arrive unexpectedly; (*accadere*) to arise, to crop up.

soprammòbile *sm* ornament; knick-knack.

soprannaturale *agg* supernatural.

soprannome *sm* nickname.

soprano *sm o f* soprano.

soprappensiero *avv* lost in thoughts; (*distrattamente*) absentmindedly.

soprassalto *sm* ◊ **di soprassalto** with a start; (*all'improvviso*) suddenly.

soprattutto *avv* above all; (*specialmente*) especially.

sopravvalutare *v tr* to overestimate.

sopravvissuto *sm* survivor.

sopravvivenza *sf* survival.

sopravvìvere *v intr* to survive; (*vivere più a lungo di*) to outlive.

sopruso *sm* abuse of power.

soqquadro *sm* ◊ **mettere a soqquadro** to turn upside down, to make a shambles of.

sorbetto *sm* sorbet, (*AmE*) sherbet.

sorbire *v tr* to sip; (*fig*) to put up with.

sordità *sf inv* deafness.

sordo *agg* deaf (*anche fig*); (*rumore*) muffled; (*dolore*) dull ◊ *sm* deaf person.

sordomuto *agg* deaf-and-dumb ◊ *sm* deaf-mute.

sorella *sf* sister.

sorellastra *sf* stepsister.

sorgente *sf* spring; (*di fiume, di luce, fig*) source.

sórgere *v intr* to rise; (*fig, difficoltà*) to arise.

sorpassare *v tr* (*veicolo*) to overtake; (*andare oltre*) to go beyond, to exceed; (*fig*) to surpass.

sorpasso *sm* (*aut*) overtaking ◊ **divieto di sorpasso** no overtaking.

sorprendente *agg* surprising.

sorprèndere *v tr* (*in flagrante*) to catch; (*meravigliare*) to surprise ◊ *v rifl* to be surprised (at).

sorpresa *sf* surprise ◊ **di sorpresa** by surprise.

sorrèggere *v tr* to support; (*fig*) to sustain.

sorridere *v intr* to smile (at).

sorriso *sm* smile.

sorso *sm* sip.

sorte *sf* fate, destiny ◊ **tirare a sorte** to draw lots; **tentare la sorte** to tempt fate.

sorteggiare *v tr* to draw (lots) for.

sortéggio *sm* draw.

sorveglianza *sf* supervision; (*polizia*) surveillance; (*vigilanza*) watch.

sorvegliare *v tr* to watch; (*lavori*) to supervise.

sorvolare *v tr/intr* to fly over; (*fig*) to pass over.

sòsia *sm/f inv* double.

sospèndere *v tr* (*appendere*) to hang (up); (*interrompere*) to interrupt; (*rinviare*) to adjourn; (*funzionario*) to suspend.

sospensione *sf* suspension (*anche aut*); interruption; (*della patente*) confiscation.

sospeso *agg* hanging (from); (*treno, bus*) cancelled; (*trepidante*) in suspense; (*indeciso*) undecided ◊ **ponte sospeso** suspension bridge.

sospettare *v tr/intr* to suspect.

sospetto *agg* suspicious; (*discutibile*) suspect ◊ *sm* suspicion; (*persona*) suspect.

sospettoso *agg* suspicious.

sospirare *v intr* to sigh ◊ *v tr* to long for.

sosta *sf* stop, halt; (*pausa*) pause, break ◊ **divieto di sosta** no parking; **senza sosta** nonstop, without a break.

sostantivo *sm* noun.

sostanza *sf* substance ◊ *pl* (*ricchezze*) riches, possessions.

sostanzioso *agg* substantial, nourishing.

sostare *v intr* to stop; (*fare una pausa*) to take a break.

sostegno *sm* support (*anche fig*).

sostenere *v tr* to support (*anche fig*); (*resistere a*) to resist; (*spese*) to bear; (*affermare*) to maintain ◊ *v rifl* to hold oneself up; (*appoggiandosi*) to lean (on).

sostenitore (**-trice**) *sm* supporter.

sostituire *v tr* to replace.

sostituto *sm* substitute.

sostituzione *sf* substitution.

sottaceto *agg* pickled ◊ *sm pl* pickles.

sotterfugio *sm* subterfuge.

sotterràneo *agg* underground ◊ *sm* cellar; (*castello*) dungeon.

sotterrare *v tr* to bury.

sottile *agg* thin; (*filo, capelli*) fine; (*fig*) subtle.

sottinteso *agg* understood ◊ *sm* innuendo ◊ **è sottinteso che** it goes without saying that; **parlare senza sottintesi** to speak plainly.

sotto *prep* under (*anche fig*); (*più in basso di, al di sotto*) below ◊ *avv* down; under; below; (*al piano di sotto*) downstairs ◊ **sotto** (**lo**) **zero** below zero; **sotto i dieci anni** under ten; **sotto Natale** near Christmas; **sotto sotto** underneath.

sottobosco (*pl* **-chi**) *sm* undergrowth; (*fig*) underworld.

sottocosto *avv* below cost.

sottogamba *avv* ◊ **prendere sottogamba** to underestimate.

sottolineare *v tr* to underline; (*fig*) to stress.

sottomano *avv* at hand, handy.

sottomarino *agg* underwater; (*flora*) submarine ◊ *sm* submarine.

sottométtere *v tr* to subject; (*popolo*) to subdue, to subjugate;

(*sottoporre*) to submit ◊ *v rifl* to submit.

sottopassàggio *sm* subway; (*aut*) underpass.

sottopasso *sm* v. sottopassàggio.

sottoporre *v tr* to subject; (*presentare*) to submit ◊ *v rifl* (*subire, operazione*) to undergo.

sottoscritto *sm* undersigned.

sottoscrìvere *v tr* (*firmare*) to sign; (*abbonamento ecc.*) to subscribe (to).

sottoscrizione *sf* (*firma*) signing; (*colletta*) subscription.

sottosopra *avv* upside down; (*persona*) upset.

sottostante *agg* below.

sottostare *v intr* (*nel lavoro*) to be subordinate; (*sottomettersi*) to submit.

sottosuolo *sm* subsoil.

sottosviluppato *agg* underdeveloped.

sottoterra *avv* underground.

sottovalutare *v tr* to underestimate.

sottoveste *sf* petticoat, slip.

sottovoce *avv* in a low voice.

sottovuoto *avv* vacuum-packed.

sottrarre *v tr* (*mat*) to subtract; (*portare via*) to take away, to steal; (*rubare*) to steal; (*salvare*) to rescue (from) ◊ *v rifl* to escape (from); (*al proprio dovere*) to shirk.

sottrazione *sf* (*mat*) subtraction; (*il portare via*) removal; (*furto*) theft.

sovraccàrico (*f* **-a** *pl* **-chi -che**) *agg* overloaded (with).

sovrano agg, sm sovereign.

sovrapporre v tr to place on top of; (immagini) to superimpose ◊ v rifl to be superimposed; (fig) to overlap; (aggiungersi) to arise in addition to).

sovrastare v tr to dominate; (fig, incombere) to hang over; (fig, essere superiore) to surpass.

sovrumano agg superhuman.

sovvenzione sf subsidy, grant.

sovversivo agg, sm subversive.

sovvertire v tr to subvert; to overturn.

spaccare v tr, rifl to break, to split; (legna) to chop; (faccia) to smash in.

spaccatura sf split (anche fig).

spacciare v tr (vendere) to sell (off); (droga) to peddle, to push; (far credere che sia) to pass off ◊ v rifl to pass oneself off as, to pretend to be.

spacciatore (-trice) sm pusher.

spàccio sm sale; (illegale) trafficking; (negozio) shop.

spacco (pl -chi) sm (vestito) slit; (strappo) tear.

spada sf sword.

spaesato agg lost.

spaghetti sm pl spaghetti.

spagnolo agg Spanish ◊ sm Spaniard; (lingua) Spanish ◊ gli spagnoli the Spanish.

spago (pl -ghi) sm string, twine.

spalancare v tr, rifl to open wide.

spalare v tr to shovel.

spalla sf shoulder; (teatro) stooge ◊ vivere alle spalle di qualcuno to live off somebody; **fare da spalla a qualcuno** to act as somebody's stooge.

spalleggiare v tr to support, to back up.

spalliera sf back; (testata del letto) head(board); (ai piedi del letto) foot(board); (fiori) espalier.

spallina sf strap; (imbottita) shoulder pad; (milit) epaulet(te).

spalmare v tr to spread.

spalti sm pl (stadio) (BrE) terraces, (AmE) bleachers.

spàndere v tr, rifl to spread (anche fig); (versare) to pour (out) ◊ v rifl to spread.

sparare v tr/intr to shoot, to fire.

sparatòria sf gunfight, shoot-out.

sparecchiare v tr (tavola) to clear.

sparéggio sm (sport) play-off.

spàrgere sm to scatter; (sangue) to shed; (diffondere) to spread ◊ v rifl (notizia) to spread (anche fig).

sparire v intr to disappear, to vanish.

sparo sm shot.

spartire v tr to share out, to divide ◊ **non ho niente da spartire con loro** I have nothing to do with them.

spartito sm (mus) score.

spartitràffico sm inv traffic island; (autostrada) (BrE) central reservation, (AmE) median (strip).

sparviero sm sparrowhawk.

spasso sm amusement, fun ◊ è **uno spasso** it's really good fun; (persona) he's a real laugh; **andare a spasso** to go for a walk.

spàtola *sf* spatula; (*muratore*) trowel.

spavaldo *agg* arrogant, bold.

spaventapàsseri *sm inv* scarecrow.

spaventare *v tr* to frighten, to scare ◊ *v rifl* to get frightened, to get scared.

spavento *sm* fright, fear.

spaventoso *agg* dreadful, frightening, terrible.

spaziale *agg* space.

spàzio *sm* space; (*posto*) room.

spazioso *agg* spacious.

spazzaneve *sm inv* (*BrE*) snowplough, (*AmE*) snowplow.

spazzare *v tr* to sweep ◊ **spazzare via** to sweep away.

spazzatura *sf* (*immondizia*) rubbish, (*AmE*) garbage.

spazzino *sm* road sweeper, street sweeper.

spàzzola *sf* brush ◊ **capelli a spazzola** crew cut.

spazzolare *v tr* to brush.

spazzolino *sm* (*da denti*) toothbrush.

specchiarsi *v rifl* to look at oneself in a mirror; (*riflettersi*) to be reflected.

specchietto *sm* (*retrovisore*) rear-view mirror.

spècchio (*pl* **-chi**) *sm* mirror.

speciale *agg* special; (*di prima qualità*) choice ◊ *sm* (*TV*) special.

specialista (*pl* **-i -e**) *sm/f* specialist.

specialità *sf inv* (*BrE*) speciality, (*AmE*) specialty ◊ **la specialità**

della casa the speciality of the house.

specializzarsi *v rifl* to specialize.

spècie *sf inv* (*zool, bot, biol*) species; (*tipo*) sort, kind.

specifico (*f* **-a** *pl* **-ci -che**) *agg* specific.

speculare *v intr* to speculate; (*approfittare*) to take advantage of.

speculazione *sf* speculation ◊ **speculazione edilizia** property speculation.

spedire *v tr* to send, (*AmE*) to mail.

spedizione *sf* sending; (*merci*) consignment; (*milit ecc.*) expedition.

spedizioniere *sm* forwarding agent; (*aereo, marittimo*) shipping agent.

spègnere *v tr* (*fuoco*) to put out, to extinguish; (*luce*) to turn off, to switch off; (*gas*) to turn off; (*motore*) to switch off; (*fig, passioni, suoni*) to stifle; (*sete*) to quench; (*ipoteca*) to redeem ◊ *v rifl* (*fuoco, luce*) to go out; (*motore*) to cut out; (*passioni*) to die down, to fade away; (*morire*) to pass away.

spèndere *v tr* to spend ◊ **spendere una parola** to put in a good word.

spennare *v tr* to pluck; (*fig*) to skin.

spensierato *agg* carefree.

spento *agg* out; (*elettr, motori*) off; (*colore*) dull; (*vulcano*) extinct.

speranza *sf* hope.

sperare *v intr* to hope (for

267

something) ◊ *v tr* to hope (for something, to do something); (*aspettarsi*) to expect ◊ **spero di sì, di no** I hope so, I hope not.

sperduto *agg* (*luogo*) out-of-the-way; (*persona*) lost; (*a disagio*) uncomfortable.

spericolato *agg* reckless.

sperimentale *agg* experimental.

sperimentare *v tr* to experiment with, to test.

spermatozòo *sm* spermatozoon.

sperone *sm* spur.

spesa *sf* expense, expenditure; (*costo*) cost; (*acquisto*) buy; (*compere*) shopping ◊ **fare la spesa** to do the shopping; **andare a fare spese** to go shopping; **a proprie spese** at one's own expense; **spesa pubblica** public expenditure.

spesso *agg* thick ◊ *avv* often.

spessore *sm* thickness; (*fig*) importance, weight.

spettàbile *agg* ◊ **spettabile ditta X** Messrs X & Co.

spettàcolo *sm* show, performance; (*scena, vista*) sight.

spettare *v intr* (*decisione*) to be up (to); (*stipendio*) to be due (to).

spettatore (**-trice**) *sm* spectator; (*cine ecc.*) member of the audience; (*testimone*) onlooker ◊ *pl* audience (*sing*).

spettinare *v tr* to ruffle somebody's hair ◊ *v rifl* to get one's hair in a mess.

spettinato *agg* uncombed.

spettro *sm* ghost, spectre, (*AmE*) specter; (*fis*) spectrum.

spèzie *sf pl* spices.

spezzare *v tr, rifl* to break (*anche fig*).

spezzatino *sm* stew.

spia *sf* spy; (*della polizia*) informer; (*indicatore*) (warning) light; (*fig*) sign.

spiacere *v intr* (*essere spiacente*) to be sorry ◊ **mi spiace** I'm sorry; **ti spiace aprire la finestra?** do you mind open the window?

spiacévole *agg* unpleasant.

spiàggia (*pl* **-ge**) *sf* beach.

spianare *v tr* to level; (*pasta*) to roll out; (*radere al suolo*) to raze to the ground; (*fig*) to smooth.

spiare *v tr* to spy on.

spiazzo *sm* open space; (*radura*) clearing.

spiccare *v tr* (*assegno, mandato di cattura*) to issue ◊ *v intr* to stand out ◊ **spiccare il volo** to fly off; (*fig*) to take (to) flight.

spicchio *sm* (*aglio*) clove; (*agrumi*) segment; (*fetta*) slice.

spicciarsi *v rifl* to hurry up.

spicciolo *agg* small; (*semplice*) simple; (*superficiale*) superficial ◊ *sm pl* (small) change (*sing*) ◊ **moneta spicciola** small change.

spicco *sm* ◊ **di spicco** prominent; (*tema*) main.

spiedino *sm* skewer; (*cibo*) kebab.

spiedo *sm* spit ◊ **pollo allo spiedo** chicken on the spit.

spiegare v tr (chiarire) to explain; (ali) to spread; (tovaglia) to unfold; (vele) to unfurl ◊ v rifl to explain oneself; (farsi capire) to make oneself understood; (distendersi) to unfold, to spread out ◊ **spiegati meglio** make yourself clearer.

spiegazione sf explanation.

spiffero sm (BrE) draught, (AmE) draft.

spiga (pl **-ghe**) sf ear; spike.

spigliato agg self-confident, self-possessed; (modi) free and easy.

spìgola sf bass.

spìgolo sm edge; (angolo) corner.

spilla sf brooch; (da cravatta, cappello) pin ◊ **spilla di sicurezza, da balia** safety pin.

spillo sm pin.

spina sf (bot) thorn; (di pesce) bone; (aculeo) prickle; (elettr) plug ◊ **birra alla spina** draught beer; **spina dorsale** backbone; **stare sulle spine** to be on tenterhooks.

spinaci sm pl spinach (sing).

spinello sm joint.

spìngere v tr to push; (ficcare, condurre) to drive (anche fig); (stimolare) to urge; (incitare) to incite ◊ v rifl (arrivare) to carry on, to go (anche fig).

spinoso agg thorny (anche fig).

spinta sf push (anche fig); (fis) thrust; (stimolo) boost.

spinterògeno sm distributor.

spionàggio sm espionage, spying.

spiràglio sm chink, narrow opening; (di luce, fig) glimmer, gleam.

spirale sf spiral (anche fig); (an-

traccettivo) coil, IUD (intrauterine device).

spìrito sm spirit (arguzia) wit; (umorismo) (BrE) humour, (AmE) humor; (alcol) alcohol, spirit ◊ **fare dello spirito** to be witty; **spirito di osservazione** spirit of observation.

spiritoso agg witty.

spirituale agg spiritual.

splèndere v intr to shine.

splèndido agg splendid.

splendore sm (BrE) splendour, (AmE) splendor (anche fig); (luce) brightness, brilliance.

spogliare v tr (svestire) to undress; (privare) to strip, to deprive ◊ v rifl (svestirsi) to undress, to strip; (privarsi) to strip oneself, to give up; (pregiudizi) to rid oneself ◊ **spogliarsi di tutto** to strip oneself of all one's possessions.

spogliarello sm striptease.

spogliatóio sm (sport) changing room; (teatro, camerino) dressing room; (scuola) cloakroom.

spolverare v tr to dust.

sponda sf (fiume) bank; (lago, mare) shore; (letto) edge.

sponsorizzare v tr to sponsor.

spontàneo agg spontaneous; (persona) natural.

spopolare v tr to depopulate ◊ v rifl to become depopulated.

sporàdico (f **-a** pl **-ci -che**) agg sporadic, occasional.

sporcare v tr to dirty, to make dirty; (fig) to sully, to soil ◊ v rifl to get dirty; (fig) to sully, to soil.

sporcìzia *sf* filth, dirt; (*l'essere sporco*) dirtiness.

sporco (*f* -a *pl* -chi -che) *agg* dirty (with) (*anche fig*); (*disonesto*) dishonest; (*coscienza*) guilty ◊ *sm* dirt, filth.

sporgenza *sf* projection.

spórgere *v intr* to jut out, to stick out ◊ *v tr* to put out; (*allungare*) to stretch (out) ◊ *v rifl* to lean out ◊ **sporgere querela contro** to take legal action against.

sport *sm inv* sport.

sportello *sm* door, (*banca ecc.*) window, counter ◊ **sportello automatico** cash dispenser, automated telling machine.

sportivo *agg* sports; (*spirito*) sporting; (*abito*) casual; (*persona*) sporty ◊ *sm* sportsman ◊ **società sportiva** sports club.

sposa *sf* bride; (*moglie*) wife ◊ **abito da sposa** wedding dress.

sposare *v tr* to marry; (*fig, abbracciare*) to embrace ◊ *v rifl* to get married (to), to marry.

sposo *sm* bridegroom; (*marito*) husband ◊ **gli sposi** the newlyweds.

spostamento *sm* shift (in), shifting (of); (*trasferimento*) transfer; (*cambiamento*) change.

spostare *v tr* to move, (*cambiare*) to change ◊ *v rifl* to move.

spot *sm inv* (*TV, radio*) commercial.

spranga (*pl* -ghe) *sf* bar.

spray *sm inv* spray ◊ **bomboletta spray** spray can.

sprecare *v tr* to waste.

spreco (*pl* -chi) *sm* waste.

spregiativo *agg* derogatory.

sprèmere *v tr* to squeeze.

spremuta *sf* fresh juice ◊ **spremuta d'arancia** fresh orange juice.

sprezzante *agg* scornful, contemptuous.

sprigionare *v tr* to give off, to emit ◊ *v rifl* to emanate; (*con forza*) to burst out, to burst forth (*anche fig*).

sproporzionato *agg* disproportionate; (*prezzo*) exorbitant.

sprovvisto *agg* devoid, lacking (in) ◊ **alla sprovvista** unawares.

spruzzare *v tr* to sprinkle; (*nebulizzare*) to spray; (*sporcare*) to splash.

spruzzo *sm* spray; splash.

spugna *sf* sponge; (*tessuto*) towelling ◊ **bere come una spugna** to drink like a fish.

spumante *sm* sparkling wine.

spuntare *v tr* (*coltello*) to blunt, to break the point of; (*capelli*) to trim; (*sigaro*) to cut; (*ottenere*) to obtain ◊ *v intr* (*fiori ecc.*) to sprout; (*sole ecc.*) to rise, to come up; (*giorno*) to break; (*capelli*) to begin to grow; (*apparire*) to appear (suddenly) ◊ *v rifl* to become blunt, to lose its point ◊ **gli è spuntato un dente** he has cut a tooth.

spuntino *sm* snack.

spunto *sm* (*teatro*) cue; (*fig*) starting point ◊ **prendere spunto da qualcosa** to take something as a starting point, to be inspired by something.

sputare v tr/intr to spit.

sputo sm spit, spittle.

squadra sf (strumento) (set) square; (sport, impiegati) team; (polizia) squad; (operai) gang.

squalifica (pl -che) sf disqualification.

squalificare v tr to disqualify; (fig) to discredit ◊ v rifl to discredit oneself.

squalificato agg disqualified; (fig) discredited.

squàllido agg dreary; (abietto) squalid, sordid.

squallore sm bleakness; (morale) squalor.

squalo sm shark.

squàrcio sm gash; (stoffa) rip, tear.

squartare v tr to quarter; to cut up; (massacrare) to butcher.

squilibrato agg unbalanced ◊ sm lunatic.

squillare v intr to ring (out); (tromba) to blare.

squillo sm ring; ringing; (tromba) blare.

squisito agg exquisite; (cibo) delicious.

sradicare v tr to uproot; (erbacce) to root out; (fig) to eradicate.

sregolato agg disorderly; (dissoluto) dissolute.

stàbile agg stable, steady; (tempo) settled; (compagnia teatrale) resident; (lavoro, teatro) permanent ◊ sm (edificio) building.

stabilimento sm factory, plant, works.

stabilire v tr to establish; (data, prezzo) to fix; (decidere) to decide ◊ v rifl to settle.

stabilità sf inv stability (anche fig).

staccare v tr to take off, to remove; (assegno) to issue; (sganciare) to unhook; (telefono, TV) to disconnect; (corrente) to turn off; (separare) to separate; (occhi) to take off; (distanziare) to leave behind ◊ v rifl to come off; (rompendosi) to break off; (separarsi) to leave; (allontanarsi) to detach oneself; (essere diverso) to be different.

stàdio sm (sport) stadium; (fase) stage.

staffa sf (equitazione, tecn) stirrup ◊ **perdere le staffe** to fly off the handle.

staffetta sf (sport) relay race.

stagionato agg (formaggio) matured; (legname) seasoned.

stagione sf season ◊ **alta, bassa stagione** high, low season; **fuori stagione** out of season.

stagno agg watertight; (a tenuta d'aria) airtight ◊ sm (metallo) tin; (acquitrino) pond, pool ◊ **compartimento stagno** watertight compartment.

stalla sf (cavalli) stable; (bovini) cowshed.

stallone sm stallion.

stamani avv this morning.

stamattina avv this morning.

stambecco (pl -chi) sm ibex.

stampa sf print; (tecnica) printing; (giornali e giornalisti) press

◊ *pl* printed matter (*sing*) ◊ **ufficio stampa** press office.

stampante *sf* printer.

stampare *v tr* to print; (*pubblicare*) to publish; (*imprimere, fig*) to impress.

stampatello *sm* block letters (*pl*).

stampella *sf* crutch.

stampo *sm* mould; (*matrice*) die; (*fig*) type, kind ◊ **associazione criminale di stampo mafioso** mafia-style criminal organization.

stanare *v tr* to drive out, to flush out (*anche fig*).

stancare *v tr* to tire; (*annoiare*) to bore ◊ *v rifl* to get tired, to tire oneself out ◊ **stancarsi di** to grow weary of.

stanchezza *sf* tiredness.

stanco (*f* -**a** *pl* -**chi** -**che**) *agg* tired.

standard *sm inv, agg inv* standard.

stanga (*pl* -**ghe**) *sf* bar; (*di carro*) shaft.

stanotte *avv* tonight; (*notte passata*) last night.

stantìo *agg* stale.

stanza *sf* room.

stappare *v tr* to uncork, to uncap.

stare *v intr* (*essere, di salute*) to be; (*in piedi*) to stand; (*fermarsi*) to stay, to remain; (*abitare*) to stay, to live; (*andare*) to go; (*essere situato*) to be (situated); (*dipendere*) to depend (on) ◊ **stai zitto!** keep quiet!; **sto bene** (**di salute**) I'm very well; **sto male** (**di salute**) I'm not very well; **sto studiando** I'm studying; **stare per fare qualcosa** to be about to do something; **come stai?** how are you?; **nella valigia non ci sta più niente** there's no more room in the suitcase; **questa gonna mi sta stretta** this skirt is tight for me; **il verde ti sta bene** green suits you.

starnutire *v intr* to sneeze.

stasera *avv* this evening, tonight.

statale *agg* state, government ◊ *sm/f* state employee; (*nell'amministrazione*) civil servant.

statistica (*pl* -**che**) *sf* statistics.

statistico (*f* -**a** *pl* -**ci** -**che**) *agg* statistical.

stato *sm* (*condizione*) state, condition; (*polit, fis*) state; (*giur*) status ◊ **stato solido, liquido** solid, liquid state; **capo di stato** head of state.

stàtua *sf* statue.

statunitense *agg* United States, American ◊ *sm/f* American, United States citizen.

statura *sf* height; (*fig*) stature.

stato *sm* statute.

stavolta *avv* this time.

stazione *sf* station; (*balneare, invernale*) resort ◊ **stazione balneare** seaside resort; **stazione di servizio** service station; **stazione di rifornimento** filling station, (*BrE*) petrol station, (*AmE*) gas station; **stazione di polizia** police station.

stecca (*pl* -**che**) *sf* (*biliardo*) cue; (*ombrello*) rib; (*sigarette*) carton ◊ **prendere una stecca** (*cantando*) to sing a wrong note; (*suonando*) to play a wrong note.

steccato *sm* fence.

stella *sf* star ◊ **stella alpina** edelweiss; **stella filante** streamer; **stella cadente** shooting star, (*AmE*) falling star; **stella marina** starfish.

stelo *sm* stem ◊ **lampada a stelo** (*BrE*) standard lamp, (*AmE*) floor lamp.

stèndere *v tr* (*gambe, braccia*) to stretch (out); (*tovaglia*) to spread (out); (*bucato*) to hang out; (*mettere disteso*) to lay (down); (*spalmare*) to spread; (*scrivere*) to draw up ◊ *v rifl* (*sdraiarsi*) to lie down; (*allungarsi*) to stretch out; (*estendersi*) to stretch.

stentare *v intr* to find it hard (to).

stento *sm* difficulty ◊ *pl* hardship (*sing*) ◊ **a stento** hardly, barely.

stèreo *sm* stereo.

stereòtipo *sm* stereotype.

stèrile *agg* (*persona, med*) sterile; (*terra*) barren; (*fig*) fruitless; (*sterilizzato*) sterilized.

sterilizzare *v tr* to sterilize.

sterlina *sf* pound (sterling).

sterminare *v tr* to exterminate, to wipe out.

sterno *sm* breastbone.

sterzo *sm* steering; (*volante*) steering wheel.

stesso *agg, pron* same ◊ **nello stesso tempo** at the same time; **anche lei dirà lo stesso** she'll say the same as well; **fa lo stesso** it doesn't matter; **per me è lo stesso** it's all the same to me; **io stesso, tu stesso** I myself, you yourself; **me stesso, te stesso** myself, yourself.

stile *sm* style ◊ **è nel suo stile** it's just like him.

stilista (*pl* **-i -e**) *sm/f* designer.

stilogràfica (*pl* **-che**) *sf* fountain pen.

stima *sf* esteem; respect; (*valutazione*) estimate, assessment.

stimare *v tr* (*persona*) to respect, to hold in high esteem; (*terreno ecc.*) to value, to estimate; (*danni*) to assess.

stimolare *v tr* to stimulate; (*incitare*) to spur; (*appetito*) to whet.

stìmolo *sm* stimulus, spur.

stinco (*pl* **-chi**) *sm* shin.

stìngere *v tr, rifl* to fade.

stipèndio *sm* salary ◊ **arrotondare lo stipendio** to supplement one's income.

stìpite *sm* (*porta*) jamb.

stiramento *sm* (*med*) strain.

stirare *v tr* to iron; (*braccia, gambe*) to stretch; (*muscolo*) to strain ◊ *v rifl* to stretch (oneself).

stirpe *sf* birth, stock; descendants (*pl*).

stitichezza *sf* constipation.

stìtico (*f* **-a** *pl* **-ci -che**) *agg* constipated.

stiva *sf* (*di nave*) hold.

stivale *sm* boot.

stoccafisso *sm* stockfish, dried cod.

stoffa *sf* material, fabric ◊ **ha la stoffa dello scrittore** he has the makings of a writer.

stòmaco (*pl* **-ci**) *sm* stomach ◊ **mal di stomaco** stomachache; **il pranzo mi è rimasto sullo sto-**

maco I haven't digested my lunch.

stonare *v intr* to sing out of tune; (*essere inopportuno*) to be out of place; (*colori*) to clash.

stonato *agg* out of tune; (*fig*) discordant; (*inopportuno*) out of place.

stop *sm inv* stop; (*cartello*) stop sign; (*fanalino*) brake light.

stòrcere *v tr, rifl* to twist ◊ **storcere il naso** to turn up one's nose.

stordire *v tr* to stun, to daze; (*assordare*) to deafen.

stòria *sf* history; (*racconto, bugia*) story; (*pretesto*) excuse ◊ *pl* (*obiezioni, smancerie*) fuss (*sing*).

stòrico (*f* -**a** *pl* -**ci** -**che**) *agg* historical; (*memorabile*) historic.

storione *sm* sturgeon.

stormo *sm* (*uccelli*) flock ◊ **uno stormo di aerei** a flight formation.

storpiare *v tr* to cripple; (*parole*) to mangle.

storta *sf* sprain ◊ **prendere una storta alla caviglia** to sprain one's ankle.

storto *agg* crooked, twisted ◊ *avv* bent ◊ **gli vanno tutte storte** everything is going wrong for him; **lo guardò storto** she gave him a sidelong glance.

stoviglie *sf pl* dishes, crockery (*sing*).

stràbico (*f* -**a** *pl* -**ci** -**che**) *agg* squint-eyed; (*occhi*) squint ◊ **essere strabico** to have a squint.

stracciare *v tr* to tear.

stràccio *sm* rag; (*strofinaccio*)

cloth; (*per la polvere*) duster ◊ **ridursi uno straccio** to be worn out.

straccione *sm* ragamuffin.

strada *sf* road; (*città*) street; (*cammino, fig*) way ◊ **strada facendo** on the way; **attraversare la strada** to cross the road.

stradale *agg* road ◊ **carta stradale** road map.

strage *sf* massacre, slaughter.

strambo *agg* queer, odd.

stranezza *sf* strangeness; (*azione*) strange thing.

strangolare *v tr* to strangle; (*soffocare*) to choke.

straniero *agg* foreign ◊ *sm* foreigner.

strano *agg* strange, odd.

straordinàrio *agg* extraordinary; (*treno*) special ◊ *sm* (*lavoro*) overtime.

strapazzare *v tr* to ill-treat; (*uova*) to scramble ◊ *v rifl* to tire oneself out, to overwork.

strapiombo *sm* cliff; (*precipizio*) precipice.

strappare *v tr, rifl* to tear; (*pagina*) to tear off; (*sradicare*) to pull out; (*di mano*) to snatch; (*promessa ecc.*) to wring, to extort ◊ *v rifl* to tear.

strappo *sm* tear; (*tirata*) pull, tug; (*muscolare*) sprain; (*passaggio*) lift ◊ **fare uno strappo alla regola** to make an exception to the rule.

straripare *v intr* to overflow.

stràscico (*pl* -**chi**) *sm* (*vestito*) train; (*fig*) aftermath.

stratagemma (*pl* -**i**) *sm* stratagem, trick.

strategìa *sf* strategy.

strato *sm* layer; (*vernice*) coat.

stravagante *agg* eccentric, odd.

stravòlgere *v tr* (*verità*) to twist, to distort; (*turbare*) to distress.

straziare *v tr* to torture, to torment; (*dilaniare*) to tear (apart).

stràzio *sm* torment.

strega (*pl* **-ghe**) *sf* witch.

stregone *sm* (*in tribù*) witch doctor; (*mago*) wizard.

stremato *agg* exhausted.

strepitare *v intr* to make an uproar.

strèpito *sm* uproar; clamour, (*AmE*) clamor.

stressante *agg* stressful.

stretta *sf* hold, grip; (*fin*) squeeze; (*dolore*) pang ◊ **stretta di mano** handshake; **stretta al cuore** pang in one's heart.

stretto *agg* narrow; (*scarpe, gonna, nodo, curva*) tight; (*parente, sorveglianza*) close; (*rigoroso*) strict; (*preciso*) exact, precise ◊ *sm* (*mare*) strait(s).

strìdere *v intr* to squeak; (*cigolare*) to creak; (*animale*) to screech; (*fig*) to clash.

strillare *v intr* to scream.

striminzito *agg* skimpy (*anche fig*); (*magro*) skinny.

stringa (*pl* **-ghe**) *sf* lace; (*inform*) string.

stringere *v tr* (*tenere stretto*) to hold tight, to clasp; (*avvicinare*) to squeeze (together), to press (together); (*pugno*) to clench; (*labbra*) to press; (*vestiti*) to take in; (*stipulare*) to conclude ◊

v intr (*essere stretto*) to be tight ◊ *v rifl* to press close (to); (*per fare spazio*) to squeeze ◊ **queste scarpe mi stringono** these shoes are tight for me; **stringere amicizia con** to make friends with; **stringere la mano a** to shake hands with.

strìscia (*pl* **-sce**) *sf* strip; (*riga*) stripe ◊ **strisce pedonali** zebra crossing.

strisciare *v intr* to crawl, to creep; (*serpenti*) to slither; (*fig*) to grovel ◊ *v tr* to scrape, to graze; (*piedi*) to shuffle.

stritolare *v tr* to crush.

strofa *sf* strophe.

strofinàccio *sm* duster, cloth; (*piatti*) dishcloth; (*pavimenti*) floorcloth.

strofinare *v tr* to rub.

stroncare *v tr* to break off; (*rivolta*) to put down; (*criticare*) to slate.

strozzare *v tr* to strangle; (*soffocare*) to choke; (*fig*) to kill.

strumento *sm* tool; (*mus, tecn*) instrument; (*notarile*) deed.

strutto *sm* lard.

struttura *sf* structure.

struzzo *sm* ostrich.

stucco (*pl* **-chi**) *sm* plaster; (*vetri*) putty; (*ornamentale*) stucco ◊ **rimanere di stucco** to be dumbfounded.

studente (**-essa**) *sm* student ◊ **studentessa** student.

studiare *v tr* to study.

stùdio *sm* studying; (*scritto, ricerca, stanza*) study; (*ufficio*) office; (*cine, TV, di artista*) studio ◊

studio medico (*BrE*) surgery, (*AmE*) doctor's office.

studioso *agg* studious, hard-working ◊ *sm* scholar.

stufa *sf* stove ◊ **stufa elettrica** heater.

stufare *v tr* (*cuc*) to stew; (*stancare*) to bore ◊ *v rifl* to get fed up (with) ◊ **mi avete stufato** I'm fed up with you.

stufato *sm* (*cuc*) stew.

stufo *agg* fed up (with), sick and tired (of).

stuòia *sf* mat.

stupefacente *agg* astounding, amazing ◊ *sm* drug, narcotic.

stupendo *agg* marvellous, wonderful.

stupidàggine *sf* (*azione*) stupid thing to do; (*cosa, parola*) piece of nonsense; (*cosa da niente*) nothing ◊ **non dire stupidaggini** don't talk nonsense.

stùpido *agg* stupid ◊ *sm* idiot, fool.

stupire *v tr* to amaze, to stun ◊ *v rifl* to be amazed (at), to be stunned (by).

stupore *sm* amazement.

stuprare *v tr* to rape.

sturare *v tr* (*bottiglia*) to uncork; (*lavandino*) to clear.

stuzzicadenti *sm inv* toothpick.

stuzzicare *v tr* (*ferita ecc.*) to poke (at), to prod (at); (*molestare*) to tease; (*appetito*) to whet; (*curiosità*) to stimulate.

su *prep* on; (*senza contatto, fig*) over; (*al di sopra di*) above; (*circa*) about; (*argomento*) on, about; (*moto a luogo*) on to; (*verso*) towards ◊ *avv* up; (*al piano superiore*) upstairs; (*addosso*) on; (*in poi*) onwards; (*esortativo*) come on! ◊ **un paese sul mare** a village by the sea; **sparare sulla folla** to shoot at the crowd; **su richiesta** on request, on demand; **sei casi su dieci** six cases out of ten; **guarda su** look up; **vieni su** come on up; **dai dieci anni in su** from the age of ten onwards; **metti su la giacca** put on your jacket.

subàcqueo *sm* skin diver; (*con autorespiratore*) scuba diver ◊ *agg* underwater ◊ **fucile subacqueo** harpoon gun.

sùbdolo *agg* underhand.

subire *v tr* to suffer; (*cambiamento, operazione*) to undergo; (*sopportare*) to put up with.

sùbito *avv* at once, immediately.

succèdere *v intr* (*sostituire*) to succeed; (*seguire*) to follow; (*accadere*) to happen.

successione *sf* succession.

successivo *agg* successive.

successo *sm* success ◊ **di successo** successful.

succhiare *v tr* to suck.

succhiotto *sm* (*per bambini*) (*BrE*) dummy, (*AmE*) pacifier.

succo (*pl* **-chi**) *sm* juice; (*fig*) essence ◊ **succo di frutta** fruit juice.

sùccube *agg* (entirely) dominated (by) ◊ *sm* slave.

succursale *sf* branch (office).

sud *sm inv* south ◊ **il Polo Sud** the South Pole; **il lato sud** the south side.

sudafricano *agg, sm* South African.

sudamericano *agg, sm* South American.

sudare *v intr* to sweat, to perspire; *(fig)* to work hard, to sweat.

suddividere *v tr* to subdivide.

sudore *sm* sweat, perspiration.

sufficiente *agg* enough, sufficient.

suggerimento *sm* suggestion.

suggerire *v tr* to suggest; *(consigliare)* to advise; *(teatro, scuola)* to prompt.

suggestivo *agg* evocative; *(atmosfera)* fascinating; *(teoria)* attractive.

sùghero *sm* cork.

sugli *prep articolata* v. **su + gli**.

sugo *(pl* -**ghi**) *sm (carne)* gravy; *(per pastasciutta)* sauce; *(succo)* juice.

sui *prep articolata* v. **su + i**.

suicidarsi *v rifl* to commit suicide.

suicidio *sm* suicide.

suino *sm* pig ◊ **carne suina** pork.

sul *prep articolata* v. **su + il**.

sulla *prep articolata* v. **su + la**.

sulle *prep articolata* v. **su + le**.

sullo *prep articolata* v. **su + lo**.

sultano *sm* sultan.

suo *(f* **sua** *pl* **suoi sue**) *agg (di lui)* his; *(di lei)* her; *(di cosa o animale)* its; *(dando del Lei)* your ◊ *pron (di lui)* his; *(di lei)* hers; *(di cosa o animale)* its; *(dando del Lei)* yours ◊ *pl (genitori)* his, her family ◊ **signora, ecco il suo passaporto** here is your passport,

madam; **Gigi ha preso la mia valigia e ha lasciato la sua** Gigi took my suitcase and forgot his.

suòcera *sf* mother-in-law.

suòcero *sm* father-in-law.

suola *sf (scarpa)* sole.

suolo *sm* ground; *(terra)* soil.

suonare *v tr/intr* to play; *(campanello, campana, telefono)* to ring; *(clacson, allarme, parole)* to sound; *(ore)* to strike.

suoneria *sf (sveglia, allarme)* alarm.

suono *sm* sound; *(musica)* music.

suora *sf* nun; *(titolo)* sister.

super *agg* super, wonderful ◊ *sf (benzina) (BrE)* four-star (petrol), *(AmE)* premium (petrol).

superare *v tr* to exceed; *(con veicolo)* to overtake; *(esame)* to get through; *(ostacolo)* to overcome; *(attraversare)* to cross; *(rivale)* to surpass, to outdo; *(malattia)* to get over.

superbo *agg* haughty; *(magnifico)* superb, magnificent.

superficiale *agg* superficial.

superficie *(pl* -**i**) *sf* surface.

supèrfluo *agg* superfluous; *(inutile)* unnecessary.

superiore *agg* superior; *(prezzo, temperatura, velocità)* higher; *(piano, labbro, classi)* upper; *(al di sopra di)* above; *(scuola)* high; *(studi)* advanced ◊ *sm* superior.

superlativo *agg, sm* superlative.

supermercato *sm* supermarket.

supèrstite *sm/f* survivor ◊ *agg* surviving.

superstizione *sf* superstition.

superstrada *sf* (*BrE*) toll-free motorway, (*AmE*) highway.

supino *agg* supine, (lying) on one's back.

supplemento *sm* supplement; (*sovrapprezzo*) extra charge, supplement; (*ferr*) excess fare ◊ **supplemento rapido** express train supplement.

supplente *agg* temporary, substitute; (*insegnante*) supply ◊ *sm/f* substitute; (*insegnante*) supply teacher.

supplica (*pl* -**che**) *sf* plea; (*domanda scritta*) petition.

supplicare *v tr* to implore, to beg.

supporre *v tr* to suppose.

supporto *sm* support (*anche fig*).

supposizione *sf* assumption.

supposta *sf* (*med*) suppository.

supremazia *sf* supremacy.

supremo *agg* (*autorità, corte*) supreme; (*massimo*) greatest.

surf *sm inv* (*sport*) surfing; (*tavola*) surfboard.

surgelare *v tr* to deep-freeze.

surgelato *agg* deep-frozen ◊ *sm* frozen food.

surrogato *sm* substitute, surrogate.

suscettibile *agg* (*permaloso*) touchy; (*di cambiamento*) open (to), susceptible (to).

suscitare *v tr* to provoke, to arouse.

susina *sf* plum.

susseguirsi *v rifl* to follow one another; (*giorni*) to pass one after the other.

sussidio *sm* subsidy; (*didattico*) aid ◊ **sussidio di disoccupazione** unemployment benefit.

sussistenza *sf* (*sostentamento*) subsistence.

sussurrare *v tr* to whisper.

sutura *sf* suture.

svago (*pl* -**ghi**) *sm* relaxation; (*divertimento*) amusement; (*passatempo*) pastime.

svaligiare *v tr* to rob; (*casa*) (*BrE*) to burgle, (*AmE*) to burglarize.

svalutare *v tr* (*moneta*) to devalue; (*fig*) to underrate, to belittle ◊ *v rifl* (*moneta*) to be devalued.

svalutazione *sf* devaluation.

svanire *v intr* to vanish, to disappear.

svantàggio *sm* disadvantage; (*inconveniente*) drawback.

svedese *agg* Swedish ◊ *sm/f* Swede ◊ *sm* (*lingua*) Swedish ◊ **gli svedesi** the Swedish.

svéglia *sf* waking up; (*orologio*) alarm clock; (*telefonica*) alarm call.

svegliare *v tr, rifl* to wake up; (*appetito*) to arouse ◊ *v rifl* to wake up (*anche fig*); (*natura*) to reawaken.

svéglio *agg* awake; (*fig*) quick-witted, smart.

svelare *v tr* to reveal.

svelto *agg* quick; (*passo*) brisk; (*fig*) quick-witted, smart.

svéndere *v tr* to sell off.

svéndita *sf* (clearance) sale.

svenimento *sm* faint, fainting fit.

svenire *v intr* to faint.

sventolare *v tr/intr* to wave, to flutter.

sventura *sf* misfortune.

svestire *v tr* to undress ◊ *v rifl* to get undressed.

svezzare *v tr* to wean.

sviare *v tr* to divert; (*fig*) to lead astray.

sviluppare *v tr, rifl* to develop.

sviluppo *sm* development (*anche fot*); (*espansione*) growth, expansion.

svìncolo *sm* (*stradale*) interchange, intersection.

svista *sf* oversight.

svitare *v tr* to unscrew.

svizzero *agg, sm* Swiss ◊ **gli svizzeri** the Swiss.

svogliato *agg* listless; (*pigro*) lazy.

svòlgere *v tr* (*trattare*) to develop ◊ *v rifl* (*avere luogo*) to take place; (*procedere*) to go (on).

svolgimento *sm* (*trattazione*) development.

svolta *sf* turn; (*fig*) turning point; (*polit*) shift ◊ **divieto di svolta a destra** no right turn.

svuotare *v tr* to empty (*anche fig*).

T

tabaccàio *sm* tobacconist.

tabaccherìa *sf* tobacconist's.

tabacco (*pl* -**chi**) *sm* tobacco ◊ **rivendita tabacchi** tobacconist's.

tabella *sf* table; (*elenco*) list; (*cartellone*) board ◊ **tabella di marcia** schedule.

tabellone *sm* board.

tabernàcolo *sm* tabernacle.

tabù *sm inv* taboo ◊ **questa parola è tabù** this is a taboo word.

tabulato *sm* (*inform*) (data) printout.

tacca (*pl* -**che**) *sf* notch, cut ◊ **di mezza tacca** (*mediocre*) second-rate; (*di statura*) of medium height.

tacchino *sm* turkey.

tacco (*pl* -**chi**) *sm* heel ◊ **tacchi a spillo** (*BrE*) stiletto heels, stilettoes; (*AmE*) spike heels.

tacere *v intr* (*stare zitti*) to be silent; (*smettere di parlare*) to fall silent ◊ **mettere a tacere qualcosa** to hush something up.

tachicardìa *sf* tachycardia.

tachìmetro *sm* speedometer.

taciturno *agg* taciturn.

tafano *sm* horsefly.

tafferùglio *sm* scuffle.

taglia *sf* (*misura*) size; (*riscatto*) ransom; (*ricompensa*) reward ◊ **taglia unica** one size; **taglia forte** outsize.

tagliando *sm* coupon.

tagliare *v tr* to cut; (*abbreviare*) to shorten; (*interrompere*) to cut off; (*omettere*) to cut out; (*attraversare*) to cut across; (*legna*) to chop; (*siepi*) to trim; (*prati, erba*) to mow; (*traguardo*) to cross; (*arrosto*) to carve ◊ *v intr* (*essere tagliente*) to be sharp ◊ *v rifl* to cut oneself ◊ **tagliarsi un dito** to cut one's finger; **tagliarsi i capelli** to have a haircut; **tagliare la corda** to cut and run; **tagliare la strada**

a qualcuno to cut in on somebody.

tagliente *agg* sharp.

tagliere *sm* chopping board.

tàglio *sm* cut; (*il tagliare*) cutting; (*parte tagliente*) edge; (*di stoffa*) length; (*di banconote*) denomination ◊ **arma a doppio taglio** double-edged weapon; **pizza al taglio** pizza by the slice; **taglio cesareo** Caesarean section.

tailandese *agg, sm/f, sm* Thai.

tailleur *sm inv* (lady's) suit.

takeaway *sm inv* (*BrE*) takeaway, (*AmE*) take-out.

talco (*pl* **-chi**) *sm* talcum powder.

tale *agg* such a; (*con nomi plurali*) such; (*nelle similitudini*) like... like; (*persona, cosa imprecisata*) such-and-such ◊ *pron* that person ◊ **tale (e) quale** just like; **un tale, una tale** someone.

talento *sm* talent.

talloncino *sm* stub; (*su confezioni di medicinali*) tear-off tag.

tallone *sm* heel.

talmente *avv* so.

talora *avv* sometimes.

talpa *sf* mole (*anche fig.*).

talvolta *avv* sometimes.

tamarindo *sm* tamarind.

tamburello *sm* (*mus*) tambourine.

tamburo *sm* drum.

tamponamento *sm* (*auto*) collision; (*di ferita*) dressing; (*di falla*) plugging ◊ **tamponamento a catena** pile-up.

tamponare *v tr* (*auto*) to crush into; (*falla*) to plug; (*ferita*) to dress.

tampone *sm* (*med*) plug; (*assorbente*) tampon.

tana *sf* den.

tanfo *sm* stench.

tangente *sf* (*mat*) tangent; (*pizzo*) protection money; (*bustarella*) kickback.

tangenziale *sf* (*strada*) (*BrE*) orbital road, (*AmE*) beltway.

tangibile *agg* tangible.

tango *sm* tango.

tànica (*pl* **-che**) *sf* jerry can.

tanto *agg* (so) much; (*con nomi plurali*) (so) many, (such) a lot of ◊ *pron* much; (*con nomi plurali*) many; (*tanto,tempo*) a long time ◊ *avv* (*così*) so; (*con verbi*) so much ◊ *cong* (*comunque*) anyway ◊ **tanto ... quanto** as much ... as; **tanto per cambiare** for a change; **tanto che ...** so ... (that).

tanzaniano *agg, sm* Tanzanian.

tapiro *sm* tapir.

tappa *sf* stop; (*parte del percorso*) stage.

tappare *v tr* to plug; (*bottiglia*) to cork ◊ **tapparsi il naso** to hold one's nose; **tapparsi in casa** to shut oneself up at home.

tapparella *sf* roller blind.

tappeto *sm* carpet; (*piccolo*) rug ◊ **mandare al tappeto** to knock down.

tappezzare *v tr* (*pareti*) to paper; (*fig*) to cover.

tappezzeria *sf* (*carta da parati*) wallpaper; (*arte, di poltrone, auto*) upholstery.

tappo *sm* (*di sughero*) cork; (*bottiglia, non di sughero*) stopper; (*vasca, lavandino*) plug; (*barattolo, radiatore, serbatoio*) cap ◊ **tappo a vite** screw top; **tappo a corona** bottle top.

tara *sf* (*peso*) tare; (*med*) hereditary defect; (*difetto*) flaw.

tardare *v tr* to delay ◊ *v intr* to be late.

tardi *avv* late ◊ **a più tardi** see you later; **presto o tardi** sooner or later; **al più tardi** at the latest; **sul tardi** late in the day.

tardivo *agg* (*frutto, stagione*) late; (*fig, ragazzo*) retarded; (*che giunge troppo tardi*) belated.

tardo *agg* slow; (*tempo*) late.

targa (*pl* **-ghe**) *sf* plate; (*di via*) street sign; (*su porta*) nameplate; (*di auto*) (*BrE*) number plate, (*AmE*) license plate; (*commemorativa*) plaque; (*sport, premio*) trophy ◊ **numero di targa** registration number, (*AmE*) license plate number.

tariffa *sf* rate, tariff; (*di trasporti*) fare.

tarlo *sm* woodworm.

tarma *sf* moth.

tarocco (*pl* **-chi**) *sm* (*carta*) tarot card ◊ *pl* tarot (*sing*).

tartagliare *v intr* to stutter.

tàrtaro *sm* Tartar; (*med*) tartar.

tartaruga (*pl* **-ghe**) *sf* tortoise; (*di mare*) turtle; (*il materiale*) tortoiseshell.

tartina *sf* canapé.

tartufo *sm* truffle.

tasca (*pl* **-che**) *sf* pocket; (*di una borsa*) compartment.

tascàbile *agg* pocket ◊ *sm* paperback.

tassa *sf* tax; (*doganale*) duty; (*di iscrizione*) fee ◊ **tassa di circolazione** road tax.

tassàmetro *sm* taximeter.

tassare *v tr* to tax.

tassativo *agg* peremptory.

tassello *sm* plug; (*di stoffa*) gusset; (*di cocomero, formaggio*) wedge.

tasso *sm* (*animale*) badger; (*pianta*) yew; (*econ*) rate ◊ **tasso di natalità** birth rate.

tastare *v tr* to feel ◊ **tastare il terreno** to test the ground, to feel one's way.

tastiera *sf* keyboard.

tasto *sm* (*mus, computer*) key ◊ **un tasto delicato** a touchy subject.

tàttica *sf* tactics (*pl*).

tàttico (*f* **-a** *pl* **-ci -che**) *agg* tactical.

tatto *sm* touch; (*fig*) tact ◊ **avere tatto** to be tactful.

tatuàggio *sm* tattoo.

tatuare *v tr* to tattoo ◊ **farsi tatuare** to have oneself tattooed.

taverna *sf* (*osteria*) tavern.

tàvola *sf* (*asse*) plank; (*per mangiare*) table; (*illustrazione*) plate ◊ **tavola calda** snack bar; **tavola fredda** cold buffet; **apparecchiare la tavola** to lay the table; **sparecchiare la tavola** to clear the table; **da tavola** table; **tavola a vela** windsurfer; **olio su tavola** oil on wood.

tavoletta *sf* (*alimentare*) bar; (*medicinale*) tablet.

tavolino *sm* small table; (*scrittoio, banco*) desk; (*in locale pubblico*) table ◊ **a tavolino** theoretically.

tàvolo *sm* (*da lavoro*) desk; (*per mangiare*) table ◊ **tavolo da disegno** drawing board.

tavolozza *sf* palette.

taxi *sm inv* taxi.

taxista (*pl* **-i -e**) *sm/f* taxi driver.

tazza *sf* cup; (*WC*) bowl.

te *pron* you ◊ **è alto come te** he is as tall as you are; **cercano te** they are looking for you; **secondo te** according to you; **lo ha detto a te, te lo ha detto** she told you.

tè *sm inv* tea ◊ **sala da tè** tearoom.

teatrale *agg* theatrical ◊ **opera teatrale** play.

teatro *sm* theatre, (*AmE*) theater ◊ **teatro stabile** repertory theatre.

tècnica (*pl* **-che**) *sf* (*scienza*) technology; (*modo*) technique.

tècnico (*f* **-a** *pl* **-ci -che**) *agg* technical ◊ *sm* technician.

tecnologìa *sf* technology.

tecnològico (*f* **-a** *pl* **-ci -che**) *agg* technological.

tedesco (*f* **-a** *pl* **-chi -che**) *agg, sm* German.

tegame *sm* saucepan.

téglia *sf* baking tin.

tégola *sf* (*roof*) tile; (*fig*) blow.

teiera *sf* teapot.

tela *sf* cloth; (*robusta, per dipinti, scarpe, borse*) canvas ◊ **olio su tela** oil on canvas.

telàio *sm* (*per tessitura*) loom; (*bicicletta, finestra*) frame; (*auto*) chassis.

telecàmera *sf* television camera.

telecomando *sm* remote control.

telecrònaca (*pl* **-che**) *sf* (*television*) report; (*il commento*) (television) commentary ◊ **telecronaca diretta** (live) television coverage ◊ **telecronaca sportiva** running commentary on a game, (*AmE*) sportscast.

telefilm *sm* telefilm.

telefonare *v tr/intr* to (tele)phone; to ring ◊ **telefonare a qualcuno** to phone, to ring, to call someone (up).

telefonata *sf* call ◊ **telefonata a carico del destinatario** (*BrE*) reverse charge call, (*AmE*) collect call; **telefonata urbana** local call.

telefònico (*f* **-a** *pl* **-ci -che**) *agg* (tele)phone ◊ **elenco telefonico** telephone directory, phone book.

telefonino *sm* mobile (phone), (*AmE*) cell phone.

telèfono *sm* (tele)phone ◊ **essere al telefono** to be on the phone; **telefono a gettoni** pay phone, coin box; **telefono a scheda magnetica** cardphone; **telefono cellulare** mobile phone, (*AmE*) cell phone; **dare un colpo di telefono a qualcuno** to give somebody a ring, to ring somebody up.

telegiornale *sm* television news.

telegràfico (*f* **-a** *pl* **-ci -che**) *agg* telegraphic.

telegramma (*pl* **-i**) *sm* telegram.

telelavoro *sm* teleworking.

telemàtica (*pl* **-che**) *sf* telematics.

telemàtico *agg* (*f* **-a** *pl* **-ci** **-che**) telematic.

teleobiettivo *sm* telephoto lens.

telepatìa *sf* telepathy.

teleromanzo *sm* television serial.

telescòpio *sm* telescope.

telespettatore (**-trice**) *sm* viewer.

televìdeo *sm* teletext.

televisione *sf* television ◊ **televisione via cavo** cable television.

televisivo *agg* television.

televisore *sm* television set.

tellùrico (*pl* **-ci** **-che**) *agg* (*geologia, chim*) telluric.

teło *sm* cloth ◊ **a tre teli** with three lengths of cloth.

telone *sm* tarpaulin.

tema (*pl* **-i**) *sm* theme; (*scuola*) essay.

temeràrio *agg* reckless.

temere *v tr* to be afraid of, to fear ◊ *v intr* to be afraid, to fear.

tèmpera *sf* (*tecnica, sostanza*) tempera; (*dipinto*) painting in tempera.

temperamatite *sm* pencil sharpener.

temperamento *sm* temperament.

temperare *v tr* (*mitigare*) to temper; (*appuntire*) to sharpen.

temperato *agg* temperate ◊ **clima temperato** temperate climate.

temperatura *sf* temperature ◊ **misurarsi la temperatura** to take one's temperature; **a temperatura ambiente** at room temperature.

temperino *sm* (*coltellino*) penknife; (*temperamatite*) pencil sharpener.

tempesta *sf* storm (*anche fig*).

tempestare *v tr* (*ornare*) to stud ◊ **tempestare di colpi** (*persona*) to rain blows on; (*porta*) to hammer at; **tempestare qualcuno di domande** to bombard somebody with questions.

tèmpia *sf* temple.

tèmpio (*pl* **-li**) *sm* temple; (*chiesa protestante*) church, temple.

tempo *sm* time; (*meteorologico*) weather; (*di partita*) half; (*di film*) part; (*mus*) tempo; (*gramm*) tense ◊ **a suo tempo** in due course; **ai miei tempi** in my day; **appena in tempo** just in time; **lavoro a tempo pieno** full-time job; **tempo libero** free time; **previsioni del tempo** weather forecast; **tempo supplementare** extra time, (*AmE*) overtime.

temporale *agg* temporal ◊ *sm* (thunder)storm.

temporàneo *agg* temporary.

temporeggiare *v intr* to play for time.

temprare *v tr* to temper; (*fig*) to strengthen, to toughen.

tenace *agg* (*colla*) strong; (*fig*) tenacious.

tenàglia *sf* pincers (*pl*); (*med*) forceps.

tenda *sf* (*da interno*) curtain; (*da esterno, tendone*) awning; (*da campo*) tent; (*tendone del circo*) big top ◊ **tenda a ossigeno** oxygen tent; **piantare le tende** to pitch one's tent; (*fig*) to settle down; **levare le tende** to decamp.

tendàggio *sm* (*BrE*) curtains (*pl*), (*AmE*) drapes (*pl*).

tendenza *sf* tendency; (*moda, andamento, econ*) trend.

tèndere *v tr* (*allargare*) to stretch (out); (*mettere in tensione*) to tighten; (*irrigidire*) to tense; (*porgere*) to hold out; (*fig, trappola*) to lay ◊ *v intr* (*aspirare*) to aim at; (*propendere, essere portato a*) to tend to ◊ **un giallo che tende al rosso** a reddish yellow.

tèndine *sm* tendon.

tènebre *sf pl* darkness (*sing*).

tenebroso *agg* gloomy; (*misterioso*) mysterious.

tenente *sm/f* lieutenant.

tenere *v tr* to hold; (*mantenere*) to keep; (*prendere*) to take; (*seguire*) to follow ◊ *v intr* to hold; (*parteggiare*) to support; (*dare importanza*) to care about ◊ *v rifl* (*aggrapparsi*) to hold oneself; (*mantenersi*) to keep oneself; (*attenersi*) to stick to ◊ **tenere a, tenerci a** to be keen on; **tenere qualcuno per mano** to hold somebody by the hand; **tener presente** to keep in mind; **tenere la destra** to keep to the right; **tenere una lezione** to give a lesson; **tener conto di qualcosa** to keep something into account; **se proprio ci tieni** if you really want it.

tenerezza *sf* tenderness.

tènero *agg* tender.

tennis *sm inv* tennis ◊ **tennis da**

tavolo table tennis; **scarpe da tennis** tennis shoes.

tennista (*pl* **-i -e**) *sm/f* tennis player.

tenore *sm* (*standard, livello*) standard; (*tono*) tone; (*contenuto*) content; (*mus*) tenor ◊ **tenore di vita** standard of living.

tensione *sf* tension; (*elettrica*) voltage.

tentàcolo *sm* tentacle.

tentare *v tr* (*provare*) to attempt; (*sperimentare*) to try (out); (*indurre in tentazione*) to tempt ◊ *v intr* to try.

tentativo *sm* attempt.

tentazione *sf* temptation.

tentennare *v intr* to wobble; (*fig*) to waver.

tentoni *avv* ◊ **andare a tentoni** to grope one's way.

tènue *agg* (*colore*) pale; (*voce, luce, profumo*) faint; (*speranza*) slender; (*scusa*) flimsy ◊ **intestino tenue** small intestine.

tenuta *sf* (*capacità*) capacity; (*possedimento*) estate; (*abbigliamento*) clothes (*pl*); (*divisa*) uniform ◊ **tenuta di strada** road holding.

teorema (*pl* **-i**) *sm* theorem.

teorìa *sf* theory.

teorizzare *v tr* to theorize.

tepore *sm* warmth.

teppismo *sm* hooliganism.

teppista (*pl* **-i -e**) *sm/f* hooligan.

terapìa *sf* therapy.

tergicristallo *sm* (*BrE*) windscreen wiper, (*AmE*) windshield wiper.

termale *agg* thermal ◊ **sorgenti termali** thermal springs; **stabilimento, stazione termale** spa; **acque termali** spa waters.

terme *sf pl* spa (*sing*), thermal baths.

tèrmico (*f* **-a** *pl* **-ci -che**) *agg* thermal ◊ **borsa termica** (*BrE*) cool bag, cool box, (*AmE*) cooler; **impianto termico** heating system.

tèrminal *sm inv* terminal.

terminale *agg, sm* terminal ◊ **malato terminale** terminally ill person.

terminare *v tr/intr* to finish, to end.

tèrmine *sm* (*fine*) end; (*limite*) limit; (*scadenza*) deadline; (*mat, gramm, condizione*) term ◊ **termini di pagamento** terms of payment; **a breve termine** short-term; **a lungo termine** long-term.

termòmetro *sm* thermometer.

termosifone *sm* radiator.

termòstato *sm* thermostat.

terno *sm* ◊ **vincere un terno al lotto** (*fig*) to hit the jackpot.

terra *sf* earth; (*terreno*) ground; (*territorio, terraferma, regione*) land; (*suolo*) soil; (*elettricità*) earth ◊ **la Terra** the Earth; **avere una gomma a terra** to have a flat tyre; **essere a terra** to be in low spirits; **sedersi per terra** to sit on the ground; **cadere per terra** to fall to the ground.

terracotta (*pl* **terrecotte**) *sf* terracotta ◊ **vasellame di terracotta** earthenware.

terrazza *sf* terrace.

terrazzo *sm* terrace.

terremoto *sm* earthquake; (*fig*) upheaval.

terreno *agg* earthly ◊ *sm* ground; (*suolo*) soil; (*proprietà terriera*) land ◊ **guadagnare terreno** to gain ground; **terreno di gioco** field.

terrestre *agg* terrestrial ◊ *sm/f* terrestrial, earthling ◊ **globo terrestre** globe.

terribile *agg* terrible.

terrificante *agg* terrifying.

territòrio *sm* territory; (*regione, zona*) region.

terrore *sm* terror.

terrorismo *sm* terrorism.

terrorista (*pl* **-i -e**) *sm/f* terrorist.

terrorizzare *v tr* to terrorize.

terso *agg* clear.

terziàrio *sm* tertiary.

terzino *sm* fullback, back.

terzo *agg, sm* third ◊ *pl* (*giur*) third party (*sing*) ◊ **la terza età** the third age; **di terz'ordine** third-rate; **il terzo grado** the third degree.

tèschio *sm* skull.

tesi *sf inv* thesis ◊ **tesi di laurea** dissertation.

teso *agg* taut; (*braccia, mano*) outstretched; (*fig*) tense ◊ **stare con le orecchie tese** to be all ears; **avere i nervi tesi** to have one's nerves on edge.

tesoro *sm* treasure; (*tesoreria*) treasury ◊ **ministero del Tesoro** the Treasury; **caccia al tesoro** treasure hunt.

tèssera *sf* card; (*di associazione*)

membership card; (*abbonamento*) season ticket; (*mosaico*) tessera ◊ **tessera di riconoscimento** identity card; **tessera magnetica** magnetic card.

tesseramento *sm* (*iscrizione a un partito*) issuing of membership cards; (*razionamento*) rationing.

tèssere *v tr* to weave; (*fig, complotto*) to hatch ◊ **tessere le lodi di qualcuno** to sing somebody's praises.

tèssile *agg* textile.

tessuto *sf* fabric ◊ *pl* textiles ◊ **tessuto muscolare** muscular tissue; **tessuto urbano** urban fabric.

test *sm inv* test.

testa *sf* head ◊ **avere mal di testa** to have a headache; **testa o croce** head or tails; **fare un colpo di testa** to do a rash act; **essere fuori di testa** to be off one's head.

testamento *sm* will.

testardo *agg* stubborn.

testata *sf* (*parte iniziale*) head; (*colpo*) butt; (*giornale*) newspaper; (*titolo*) headline; (*milit*) warhead; (*motore*) (cylinder) head.

teste *sm/f* witness.

testicolo *sm* testicle.

testimone *sm/f* witness ◊ *sm* (*sport*) baton ◊ **testimone oculare** eye witness; **fare da testimone alle nozze di qualcuno** to be a witness at somebody's wedding; **testimone dello sposo** best man.

testimonianza *sf* testimony; (*dichiarazione*) statement; (*fig, prova*) proof ◊ **falsa testimonianza** perjury.

testimoniare *v tr* to testify; (*dimostrare*) to prove ◊ *intr* to give evidence, to testify ◊ **testimoniare il falso** to perjure oneself.

testo *sm* text; (*di canzoni*) words (*pl*); (*libro*) book.

tètano *sm* tetanus.

tetro *agg* gloomy.

tetto *sm* roof ◊ **senza tetto** homeless.

tettóia *sf* roofing.

tettùccio *sm* ◊ **tettuccio apribile** sunroof.

texano *agg, sm* Texan.

thermos *sm inv* vacuum flask, Thermos.

ti *pron* you; (*riflessivo*) yourself ◊ **ti seguo** I'm following you; **ti ha mandato dei fiori** he sent some flowers; **divertiti** enjoy yourself; **sbrigati** hurry up.

tìbia *sf* (*anat*) tibia, shin-bone.

tic *sm inv* tic.

ticchettio *sm* ticking.

tic tac *sm inv* tick-tock.

tièpido *agg* lukewarm (*anche fig*).

tifo *sm* (*med*) typhus ◊ **fare il tifo per** to be a fan of.

tifone *sm* typhoon.

tifoso *agg, sm* (*sport*) fan.

tìglio *sm* lime (tree), linden.

tigre *sf* tiger.

timbro *sm* stamp; (*di suono, voce*) tone ◊ **timbro postale** postmark.

timidezza *sf* shyness, timidity.

tìmido *agg* shy, timid.

timo *sm* (*bot*) thyme.

timone *sm* rudder; (*barra, ruota del timone, fig*) helm.

timoniere *sm* helmsman; *(canottaggio)* cox.

timore *sm* fear; *(soggezione)* awe.

timpano *(anat)* eardrum; *(mus)* kettledrum.

tinca *(pl -che) sf* tench.

tinello *sm* dining room.

tìngere *v tr, rifl* to dye.

tino *sm (per vino, birra)* tun; *(grande vasca)* tub.

tinozza *sf* tub.

tinta *sf (colorante)* dye; *(colore)* *(BrE)* colour, *(AmE)* color.

tintorìa *sf (negozio)* cleaner's, cleaners.

tintura *sf (colorante)* dye; *(operazione)* dyeing ◊ **tintura di iodio** tincture of iodine.

tìpico *(f -a pl -ci -che) agg* typical.

tipo *sm* type; *(tizio)* chap, guy; *(persona originale)* character.

tipografia *sf (arte)* typography; *(stabilimento)* printing works.

tipògrafo *sm* printer, typographer.

tip tap *sm inv* tap dancing.

tirànnico *(f -a pl -ci -che) agg* tyrannical.

tiranno *sm* tyrant.

tirapiedi *sm/f inv* hanger-on.

tirare *v tr (a sé)* to pull; *(lanciare)* to throw; *(trascinare)* to drag; *(tracciare)* to draw; *(sparare)* to fire; *(palla)* to kick ◊ *v intr* to pull; *(vento)* to blow; *(sparare)* to fire ◊ **tirare le somme** to do the adding up; *(fig)* to draw a conclusion; **tirarsi indietro** to back out, to pull

out; **tirare qualcosa per le lunghe** to drag something out; **tirare diritto** to keep right on going; **tirare a indovinare** to take a guess; **tirare avanti** to get by.

tiratura *sf (di libri)* printing; *(di giornali)* circulation.

tirchio *agg* mean.

tiro *sm (lancio)* throw; *(il tirare con armi, calciare)* shooting; *(sparo, calcio)* shot; *(scherzo, raggiro)* trick; *(traino) (BrE)* draught, *(AmE)* draft ◊ **tiro a segno** *(esercitazione)* target shooting; *(luogo)* shooting gallery; **tiro con l'arco** archery; **tiro alla fune** tug-of-war; **a tiro** *(milit)* within range; *(fig)* within reach.

tirocinio *sm (mestiere)* apprenticeship; *(professione)* training.

tiròide *sf* thyroid.

tirolese *agg, sm/f* Tyrolean, Tyrolese.

tirrenico *(f -a pl -ci -che) agg* Tyrrhenian.

tisana *sf* herb tea.

tisi *sf inv* consumption; *(med)* phthisis.

tisico *(f -a pl -ci -che) agg* consumptive.

titolare *sm/f (intestatario)* holder; *(proprietario)* owner; *(di un'impresa)* principal; *(sport)* regular player.

titolo *sm* title; *(finanza)* security ◊ **titolo di studio** qualification.

titubante *agg* hesitant.

tìzio *sm* bloke, chap.

tizzone *sm* brand.

to' *inter (tieni)* here, take it; *(sorpresa)* well, well.

toccare *v tr* to touch; (*argomento*) to touch on; (*tastare*) to feel; (*riguardare*) to concern ◊ *v intr* (*capitare*) to happen; (*dovere*) to have to; (*spettare*) to be up to; (*spettare di diritto*) to be entitled to; (*essere il turno*) to be the turn of ◊ *v rifl* (*incontrarsi*) to touch, to meet ◊ **toccare con mano** to see with one's own eyes.

tócco (*pl* **-chi**) *sm* touch; (*orologio, pennello*) stroke.

tòcco (*pl* **-chi**) *sm* (*pezzo*) chunk; (*cappello usato con la toga*) mortarboard.

toga (*pl* **-ghe**) *sf* (*accademica, di magistrato*) gown.

tògliere *v tr* (*di dosso*) to take off; (*far sparire, portar via*) to take away; (*estrarre*) to take out; (*rimuovere*) to remove ◊ *v rifl* (*di dosso*) to take off ◊ **togliersi di mezzo** to get out of the way; **togliersi la vita** to take one's (own) life; **togliere la sete** to quench one's thirst; **ciò non toglie che** nevertheless; **mi sono tolto il pensiero** I can forget it now.

toilette *sf inv* (*gabinetto*) (*BrE*) toilet, (*AmE*) rest room; (*abbigliamento*) dress ◊ **prodotti da toilette** toiletries.

tolleranza *sf* tolerance.

tollerare *v tr* to tolerate.

tomba *sf* grave, tomb.

tombino *sm* manhole cover.

tómbola *sf* (*gioco*) bingo; (*caduta*) tumble.

tònaca (*pl* **-che**) *sf* habit.

tonalità *sf* (*mus*) tonality; (*di colore*) shade.

tondo *agg* round ◊ **cifra tonda** round figure; **chiaro e tondo** bluntly.

tonfo *sm* thud; (*in acqua*) splash.

tònico (*f* **-a** *pl* **-ci -che**) *agg*, *sm* tonic ◊ **acqua tonica** tonic water.

tonnellata *sf* ton.

tonno *sm* tuna (fish).

tono *sm* tone ◊ **darsi un tono** to act in a more refined way; **rispondere a tono** to answer to the point; (*per le rime*) to answer back.

tonsilla *sf* tonsil.

topàzio *sm* topaz.

topo *sm* mouse.

topografia *sf* topography.

topogràfico (*f* **-a** *pl* **-ci -che**) *agg* topographic(al) ◊ **carta topografica** map.

toppa *sf* (*stoffa*) patch; (*serratura*) keyhole.

torace *sm* chest; (*med*) thorax.

toràcico (*f* **-a** *pl* **-ci -che**) *agg* thoracic, chest ◊ **gabbia toracica** rib cage.

torba *sf* peat.

tórbido *agg* cloudy; (*fig*) troubled ◊ **c'è del torbido** there's something fishy.

tòrcere *v tr* to twist; (*stoffa bagnata*) to wring (out) ◊ *v rifl* to twist.

torchiare *v tr* to press; (*fig*) to grill.

tòrchio *sm* press ◊ **essere sotto torchio** to be under pressure.

tòrcia (*pl* **-ce**) *sf* torch ◊ **torcia**

elettrica (*BrE*) torch, (*AmE*) flashlight.

torcicollo *sm* stiff neck.

tordo *sm* thrush.

tormenta *sf* snowstorm.

tormentare *v tr* to torment; (*assillare*) to pester ◊ *v rifl* to worry, to torture oneself.

tormento *sm* torment.

tornado *sm* tornado.

tornante *sm* hairpin bend, (*AmE*) hairpin curve.

tornare *v intr* to return, to go - back, to come back; (*essere di ritorno, ricomparire*) to be back; (*ridiventare*) to become again; (*quadrare, anche fig*) to add up ◊ **tornare in sé** to come round; (*fig*) to come to one's senses; **i conti tornano** the accounts balance.

tornèo *sm* tournament.

tórnio *sm* lathe.

tornitore *sm* (lathe) turner.

toro *sm* bull ◊ **tagliare la testa al toro** to settle the question once and for all; **(il segno del) Toro** Taurus.

torpèdine *sf* torpedo.

torpore *sm* torpor.

torre *sf* tower; (*scacchi*) rook, castle ◊ **torre di controllo** control tower.

torrefazione *sf* (*tostatura*) (coffee) roasting; (*negozio*) coffee bar (with roasting facilities).

torrente *sm* torrent, mountain stream.

tòrrido *agg* torrid.

torrone *sm* nougat.

torsione *sf* twist; (*fis, med, mat*) torsion.

torso *sm* torso ◊ **a torso nudo** bare-chested.

tórsolo *sm* core.

torta *sf* cake; (*crostata*) tart ◊ **torta salata** quiche.

tortiera *sf* (*BrE*) baking tin, (*AmE*) cake pan.

torto *agg* twisted ◊ *sm* wrong; (*colpa*) fault ◊ **avere torto** to be wrong; **a torto** wrongly; **fare un torto a qualcuno** to wrong somebody; **non avere tutti i torti** to have a point.

tórtora *sf* turtle-dove.

tortuoso *agg* winding; (*fig*) tortuous.

tortura *sf* torture.

torturare *v tr* to torture.

tosaerba *sm inv* lawnmower.

tosare *v tr* to shear.

toscano *agg, sm* Tuscan.

tosse *sf* cough.

tòssico (*f -a pl -ci -che*) *agg* toxic.

tossicodipendente *sm/f* drug addict.

tossina *sf* toxin.

tossire *v intr* to cough.

tostapane *sm inv* toaster.

tostare *v tr* to toast; (*caffè*) to roast.

totale *agg, sm* total.

totalitàrio *agg* totalitarian.

totalitarismo *sm* totalitarianism.

totalizzare *v tr* to total; (*punti*) to score.

totocàlcio *sm inv* (football) pools (*pl*).

tournée *sf* tour.

tovàglia *sf* tablecloth.

289

tovagliolo sm napkin.

tozzo agg squat ◊ **un tozzo di pane** a piece of bread.

tra prep (fra due) between; (fra più) among; (tempo, distanza) in; (attraverso) through ◊ **tra poco** soon; **tra l'altro** what's more, beside which.

traballare v intr to stagger; (mobile) to wobble; (veicolo) to jolt; (fig) to be shaky.

traboccare v intr to overflow.

trabocchetto sm trap.

tràccia (pl -ce) sf track; (orma) footprint; (striscia) trail; (residuo) trace; (schema) outline; (fig) sign.

tracciare v tr to trace (out); (schema) to sketch out; (linea) to draw; (confini) to map out.

tracciato sm (grafico) graph; (schema) outline; (percorso) route; (elettrocardiogramma) electrocardiogram.

trachèa sf windpipe, trachea.

tracolla sf shoulder-strap ◊ **borsa a tracolla** shoulder bag.

tracollo sm collapse ◊ **tracollo finanziario** crash.

tradimento sm betrayal; (polit) treason.

tradire v tr to betray; (essere infedele) to be unfaithful to ◊ v rifl to give oneself away.

traditore (-trice) sm traitor.

tradizionale agg traditional

tradizione sf tradition.

tradurre v tr to translate.

traduttore (-trice) sm translator.

traduzione sf translation.

trafelato agg breathless.

trafficante sm/f dealer ◊ **trafficante di droga** (drug) pusher.

trafficare v intr (commerciare) to deal; (essere affaccendato) to busy oneself.

tràffico (pl -ci) sm traffic; (commercio) trade; (illecito) trafficking.

trafiggere v tr to stab; (fig) to pierce.

traforo sm (galleria) tunnel.

trafugare v tr to steal.

tragèdia sf tragedy.

traghetto sm ferry.

tràgico (f -a pl -ci -che) agg tragic.

tragitto sm (viaggio) journey; (percorso) way.

traguardo sm finish, finishing post; (linea) finishing line; (fig) goal ◊ **tagliare il traguardo** to cross the line.

traiettòria sf trajectory.

trainare v tr to draw, to pull; (rimorchiare) to tow.

tralasciare v tr (omettere) to leave out, to omit; (trascurare) to neglect.

tram sm inv (BrE) tram, (AmE) streetcar.

trama sf weft; (fig) plot.

tramare v tr to plot.

trambusto sm turmoil; hurly-burly.

tramezzino sm sandwich.

tràmite sm means (pl) ◊ prep through ◊ **fare da tramite** to act as a go-between; **inviare tramite fax** to send by fax.

tramontana sf north wind.

tramontare v intr to set; (fig) to decline.

tramonto sm sunset; (fig) decline.

tramortire v tr to stun.

tramortito agg stunned.

trampolino sm springboard; (sci) ski-jump.

tràmpolo sm stilt.

tràncio sm slice ◊ **pizza al trancio** pizza (sold) in slices.

tranello sm trap.

trangugiare v tr to gulp down.

tranne prep except.

tranquillante sm tranquillizer.

tranquillità sf tranquillity, (AmE) tranquility; (calma) calm; (sicurezza) safety.

tranquillizzare v tr to reassure ◊ v rifl to calm down.

tranquillo agg (calmo) calm; (sicuro) sure; (silenzioso) quiet; (in pace) peaceful ◊ **stai tranquillo** don't worry.

transalpino agg transalpine.

transatlàntico (f -a pl -ci -che) agg transatlantic ◊ sm ocean liner.

transenna sf (barriera) barrier.

transessuale sm/f transsexual.

transìgere v tr (giur) to settle out of court ◊ v intr (venire a patti) to compromise; (cedere) to yield.

transitàbile agg passable.

transitare v intr to pass.

trànsito sm transit ◊ **divieto di transito** no thoroughfare.

tranviàrio agg (BrE) tram, (AmE) streetcar.

trapanare v tr to drill.

tràpano sm drill.

trapasso sm (transizione) transition; (morte) death; (giur) transfer ◊ **trapasso di proprietà** (beni immobili) conveyancing.

trapèzio sm (mat) (BrE) trapezium, (AmE) trapezoid; (ginnastica, circo) trapeze; (anat, muscolo) trapezius.

trapiantare v tr to transplant.

trapianto sm (bot) transplanting; (med) transplant.

tràppola sf trap.

trapunta sf quilt.

trarre v tr to draw; (ricavare) to obtain ◊ **trarre una conclusione** to draw a conclusion; **trarre in inganno** to deceive.

trasandato agg shabby.

trasbordare v tr/intr (navi) tran(s)ship; (mezzi di terra) transfer.

trascinare v tr to drag; (fig) to carry; (travolgere, affascinare) to carry away ◊ v rifl to drag oneself; (fig) to drag on.

trascórrere v tr to spend ◊ v intr to pass.

trascuràbile agg negligible.

trascurare v tr to neglect; (tralasciare) to omit; (non tener conto di) to disregard ◊ v rifl to neglect oneself.

trascurato agg (ignorato, curato male) neglected; (trasandato) slovenly; (negligente) negligent.

trasferimento sm transfer; (trasloco) move; (giur, proprietà) conveyance.

trasferire v tr to transfer; (giur,

proprietà) to convey ◊ *v rifl* to move.

trasferta *sf* transfer; (*indennità*) subsistence allowance; (*sport*) away match ◊ **giocare in trasferta** to play away.

trasformare *v tr* to transform; (*modificare, sport*) to convert ◊ *v rifl* to be transformed, to be converted.

trasformatore *sm* (*elettricità*) transformer.

trasformazione *sf* transformation; (*modifica, sport*) conversion.

trasfusione *sf* transfusion.

trasgredire *v tr/intr* to disobey; (*norme*) to break; (*giur*) to infringe; (*sfidare le convenzioni*) to be wild.

trasgressione *sf* infringement; transgression.

traslocare *v tr/intr* to move ◊ **traslocare l'ufficio** to relocate.

trasloco (*pl* -**chi**) *sm* removal ◊ **fare il trasloco** to move.

trasméttere *v tr* (*messaggi*) to pass on; (*malattie*) to transmit; (*programmi radio-TV*) to broadcast.

trasmissione *sf* (*messaggi, malattie*) transmission; (*programmi radio-TV*) broadcast, (*BrE*) programme, (*AmE*) program ◊ **trasmissione dati** data communication.

trasmittente *sf* broadcasting station.

trasparente *agg* transparent.

trasparenza *sf* transparency (*anche fig*) ◊ **in trasparenza** against the light.

traspirare *v intr* to perspire; (*fig*) to transpire.

traspirazione *sf* perspiration.

trasportare *v tr* to carry; (*con veicolo*) to transport.

trasportatore (-**trice**) *sm* (*vettore*) carrier; (*stradale*) (*BrE*) haulier, (*AmE*) hauler; (*meccanica*) conveyor.

trasporto *sm* transport ◊ **trasporti pubblici** public transport.

trastullarsi *v rifl* (*divertirsi*) to amuse oneself; (*gingillarsi*) to fiddle about, to fiddle around.

trasversale *agg* transverse; (*fig, polit*) cross-party ◊ **è una trasversale di Oxford Street** it's off Oxford Street.

trattamento *sm* treatment; (*lavorazione*) processing.

trattare *v tr* to treat; (*discutere*) to discuss; (*avere come argomento*) to deal with; (*lavorare*) to process; (*commerciare*) to deal in; (*negoziare*) to negotiate ◊ *v rifl* to look after oneself ◊ **di che si tratta?** what is it about?

trattativa *sf* negotiation.

trattato *sm* treaty; (*opera*) treatise ◊ **trattato di pace** peace treaty.

trattenere *v tr* (*persone*) to keep; (*in questura, il respiro*) to hold; (*lacrime, riso, sentimenti*) to hold back; (*costringere a ritardare*) to delay ◊ *v rifl* (*fermarsi*) to stay; (*dal fare*) to restrain oneself.

trattino *sm* dash; (*in parole composte*) hyphen.

tratto *sm* (*linea*) line; (*di penna*) stroke; (*pezzo*) stretch ◊ *pl* (*linea-*

menti) features ◊ **tutt'a un tratto** all of a sudden.

trattore *sm* (*macchina*) tractor.

trattorìa *sf* restaurant.

trattrice *sf* (*macchina*) tractor.

tràuma (*pl* **-i**) *sm* trauma.

travasare *v tr* to pour; (*vino*) to decant.

trave *sf* beam.

traversa *sf* (*calcio, rugby*) crossbar; (*lenzuolo*) draw-sheet ◊ **è una traversa di via Roma** it's off via Roma.

traversata *sf* crossing.

traverso *agg* crosswise ◊ **di traverso** crossways; **andare di traverso** (*cibo*) to go down the wrong way; **guardare di traverso qualcuno** to give somebody a nasty look; **flauto traverso** (transverse) flute.

travestimento *sm* disguise; (*costume*) costume; (*fig*) travesty.

travestire *v tr* to disguise; (*carnevale, teatro*) to dress up ◊ *v rifl* to disguise oneself; (*in costume*) to dress up.

traviare *v tr* to lead astray.

travisare *v tr* to distort.

travòlgere *v tr* to sweep away; (*con veicolo*) to run over; (*fig*) to overwhelm.

trazione *sf* traction ◊ **trazione anteriore** front-wheel drive.

tre *agg, sm inv* three.

tréccia (*pl* **-ce**) *sf* (*BrE*) plait, (*AmE*) braid.

trecentesco (*f* **-a** *pl* **-chi -che**) *agg* fourteenth-century.

trecentèsimo *agg, sm* three hundredth.

trecento *agg, sm inv* three hundred; (*secolo*) the fourteenth century.

tredicenne *agg* thirteen (years old), thirteen-year-old ◊ *sm/f* thirteen-year-old boy (*m*), thirteen-year-old girl (*f*).

tredicèsima *sf* Christmas bonus of a month's pay.

tredici *agg, sm inv* thirteen ◊ **fare tredici** (**al totocalcio**) (*BrE*) to win the pools.

trègua *sf* truce; (*fig*) respite.

trekking *sm inv* trekking.

tremare *v intr* to tremble; (*di freddo*) to shiver.

tremendo *agg* terrible.

treno *sm* train ◊ **treno rapido** express (train).

trenta *agg, sm inv* thirty.

trentennale *agg* (*che dura 30 anni*) thirty-year; (*che ricorre ogni 30 anni*) thirty-yearly ◊ *sm* thirtieth anniversary.

trentenne *agg* thirty (years old); thirty-year-old ◊ *sm/f* thirty-year-old man (*m*), thirty-year-old woman (*f*)

trentènnio *sm* thirty years (*pl*).

trentèsimo *agg, sm* thirtieth.

treppiede *sm* tripod.

tréspolo *sm* trestle; (*uccelli*) perch.

triàngolo *sm* triangle.

tribù *sf inv* tribe.

tribuna *sf* (*palco*) platform; (*stadio*) stand; (*ippodromo*) grandstand.

tribunale *sm* court ◊ **tribunale**

internazionale international tribunal.

tributo *sm* tribute; *(tassa)* tax.

tricheco *(pl -chi)* *sm* walrus.

triciclo *sm* tricycle.

tricolore *agg* three-coloured, *(AmE)* three-colored ◊ *sm (bandiera)* tricolor.

tridimensionale *agg* three-dimensional.

triennale *agg (che dura tre anni)* three-year; *(che ricorre ogni tre anni)* three-yearly.

trifoglio *sm* clover.

triglia *sf* mullet.

trillo *sm (mus)* trill; *(di campanello)* ring.

trimestre *sm* quarter; *(scolastico)* term.

trincea *sf* trench.

trincerarsi *v rifl* to entrench oneself; *(fig)* to take refuge (behind).

trinità *sf inv (relig)* Trinity.

trio *sm* trio.

trionfale *agg* triumphal.

trionfare *v intr* to triumph ◊ **trionfare su** to triumph over.

trionfo *sm* triumph.

triplo *agg* treble ◊ **il triplo di** three times as much as, three times as many as.

trippa *sf (cucina)* tripe; *(pancia)* belly.

triste *agg* sad; *(luogo)* gloomy.

tristezza *sf* sadness.

tritare *v tr (carne) (BrE)* to mince, *(AmE)* to grind; *(verdure)* to chop; *(ghiaccio)* to crush.

trito *agg* minced, ground ◊ **car-** ne trita mincemeat; **trito e ritrito** to trite.

trittico *(pl -ci)* *sm* triptych.

triviale *agg* vulgar.

trofeo *sm* trophy.

tromba *sf* trumpet ◊ **tromba marina** waterspout; **tromba delle scale** stairwell; **tromba di Eustachio** Eustachian tube.

trombone *sm* trombone.

troncare *v tr* to sever; *(discorso)* to cut short.

tronco *(pl -chi)* *sm (albero, anat)* trunk; *(tratto)* section.

trono *sm* throne.

tropicale *agg* tropical.

tropico *(pl -ci)* *sm* tropic.

troppo *agg* too much; *(con nomi plurali)* too many ◊ *pron* too much; *(con nomi plurali)* too many; *(troppo tempo)* too long; *(troppa gente)* too many people ◊ *avv* too much; *(davanti a verbo)* too much; *(durare)* too long ◊ **fa troppo freddo** it's too cold; **c'erano troppe persone** there were too many people; **questo tavolo è troppo grande** this table is too big; **questo tavolo è di troppo** this table is not needed; **il pane è sufficiente? sì, anzi ce n'è troppo** is there enough bread? yes, in fact there is far too much.

trota *sf* trout ◊ **trota salmonata** salmon trout

trottare *v intr* to trot.

trotto *sm* trot ◊ **corse al trotto** trotting races.

tròttola *sf (spinning)* top ◊ **girare come una trottola** to spin like a top.

trovare *v tr* to find; (*scoprire*) to find out; (*incontrare*) to meet; (*pensare*) to think ◊ *v rifl* to find oneself; (*in un luogo*) to be; (*sentirsi*) to feel ◊ **andare a trovare qualcuno** to go and see somebody; **ti trovo bene** you look well.

trovata *sf* bright idea.

truccare *v tr* to make up; (*falsificare*) to fix; (*dadi*) to load; (*carte*) to mark ◊ *v rifl* to make oneself up.

trucco (*pl* -**chi**) *sm* make-up; (*inganno*) trick ◊ **i trucchi del mestiere** the tricks of the trade.

truce *agg* fierce; (*delitto*) appalling.

truffa *sf* (*giur*) fraud; (*imbroglio*) swindle.

truffare *v tr* to swindle.

truffatore *sm* (*giur*) fraudster; (*imbroglione*) swindler.

truppa *sf* troops (*pl*); (*gruppo*) group.

tu *pron* you ◊ **pensi tu a prenotare?** will you do the booking?; **dare del tu a qualcuno** to use the familiar "tu"; **a tu per tu** in private.

tuba *sf* (*mus*) tuba; (*anat*) tube.

tubercolosi *sf inv* tuberculosis.

tùbero *sm* tuber.

tubetto *sm* tube.

tubo *sm* tube; (*per condutture*) pipe; (*anat*) canal ◊ **non capisco un tubo** I understand zilch.

tuffarsi *v rifl* to dive.

tuffo *sm* dive.

tugùrio *sm* hovel.

tulipano *sm* tulip.

tumefatto *agg* swollen.

tumore *sm* (*BrE*) tumour, (*AmE*) tumor ◊ **tumore benigno** benign tumour; **tumore maligno** malignant tumour.

tumulto *sm* turmoil; (*sommossa*) riot.

tumultuoso *agg* (*applausi, folla*) tumultuous; (*acque*) turbulent; (*fig*) tempestuous.

tùnica (*pl* -**che**) *sf* tunic.

tunisino *agg*, *sm* Tunisian.

tunnel *sm inv* tunnel.

tuo (*f* **tua** *pl* **tuoi tue**) *agg* your ◊ *pron* yours ◊ **il tuo passaporto** your passport; **ho preso la mia valigia, non la tua** I took my suitcase, not yours; **come stanno i tuoi?** how are your folks, your parents?

tuonare *v intr* to thunder.

tuono *sm* thunder.

tuorlo *sm* yolk.

turàcciolo *sm* stopper; (*di sughero*) cork.

turare *v tr* (*falla*) to stop; (*bottiglia*) to cork; (*buco*) to plug ◊ *v rifl* to become blocked ◊ **turarsi il naso** to hold one's nose.

turbare *v tr* to upset ◊ *v rifl* to get upset.

turbine *sm* whirl ◊ **turbine di vento** whirlwind.

turbodiesel *agg inv* turbo-diesel.

turbolento *agg* turbulent.

turchese *agg*, *sm* turquoise.

turco *agg* Turkish ◊ *sm* (*persona*) Turk; (*lingua*) Turkish.

turismo *sm* tourism.

turista (*pl* -**i** -**e**) *sm/f* tourist.

turìstico (*f* -**a** *pl* -**ci** -**che**) *agg*

tourist ◊ **agenzia turistica** travel agency; **classe turistica** tourist class; **operatore turistico** tour operator.

turno *sm* turn; (*di lavoro*) shift ◊ **fare a turno** to take turns; **essere di turno** to be on duty; **elenco delle farmacie di turno** (*BrE*) chemists' rota.

tuta *sf* overalls (*pl*); (*sport*) tracksuit.

tutelare *v tr* to protect ◊ *v rifl* to protect oneself.

tutore (-trice) *sm* guardian.

tuttavìa *cong* nevertheless, still.

tutto *agg* all; (*intero*) whole; (*ogni*) every ◊ *pron* all; (*tutta la gente*) everybody; (*qualunque persona*) anybody; (*tutte le cose*) everything; (*qualunque cosa*) anything ◊ *avv* completely ◊ **tutti e due, tutte e due** both; **tutti e tre** the three of them; **è tutto suo padre** he's just like his father; **in tutto e per tutto** completely; **prima di tutto** first of all; **quant'è in tutto?** how much is it altogether?; **tutto il giorno** all day long; **tutto compreso** inclusive.

tuttora *avv* still.

TV v. **televisione**.

U

ubbidiente *agg* obedient.

ubbidienza *sf* obedience.

ubbidire *v intr* to obey ◊ **ubbidi-**

re a qualcuno, qualcosa to obey somebody, something.

ubicazione *sf* location.

ubriacarsi *v rifl* to get drunk.

ubriaco (*f* -a *pl* -chi -che) *agg, sm* drunk.

uccello *sm* bird.

uccidere *v tr* to kill ◊ *v rifl* (*suicidarsi*) to kill oneself; (*perdere la vita*) to be killed.

uccisione *sf* killing.

udienza *sf* audience; (*giur*) hearing.

udire *v tr* to hear.

udito *sm* hearing.

uditòrio *sm* audience.

uffa *inter* (*con impazienza*) come on!; (*in tono seccato*) for God's sake! ◊ **uffa, che caldo!** phew, what a scorching heat!

ufficiale *agg* official ◊ *sm* officer ◊ **pubblico ufficiale** public official; **ufficiale giudiziario** clerk of the court; **ufficiale di marina** naval officer.

ufficio *sm* office; (*reparto*) department; (*filiale*) branch (office) ◊ **ufficio postale** post office; **ufficio informazioni** inquiries, information bureau; **ufficio del turismo** tourist office; **ufficio oggetti smarriti, rinvenuti** lost and found office.

ufficioso *agg* unofficial.

ugandese *agg, sm/f* Ugandan.

uggioso *agg* dreary.

ùgola *sm* (*anat*) uvula.

uguaglianza *sf* equality.

uguagliare *v tr* (*rendere uguale*) to make equal; (*essere uguale*) to be equal; (*livellare*) to level ◊ **uguagliare un record** to equal a record.

uguale *agg* equal; (*lo stesso*) the same; (*simile*) like ◊ *avv* the same ◊ **per me è uguale** it's all the same to me.

uh *inter* (*sorpresa*) ho!; (*dolore*) ouch!; (*disgusto*) yech!, yuck!, ugh!

ùlcera *sf* ulcer.

ulteriore *agg* further ◊ **per ulteriori informazioni** for further details.

ultimare *v tr* to complete.

ultimatum *sm inv* ultimatum.

ùltimo *agg* last; (*finale*) final; (*più recente*) latest; (*più lontano*) farthest; (*più alto*) top; (*più basso*) bottom; (*fig, supremo*) ultimate ◊ *sm* last ◊ **all'ultima moda** in the latest fashion; **fino all'ultimo** to the last; **in ultimo** finally, lastly; **gli ultimi arrivati** the last ones to arrive.

ultrasuono *sm* ultrasound.

ultravioletto *agg* ultraviolet ◊ **raggi ultravioletti** ultraviolet rays.

ululare *v intr* to howl.

umanità *sf inv* humanity, mankind; (*sentimento*) humanity.

umanitàrio *agg, sm* humanitarian ◊ **aiuti umanitari** humanitarian aid; **corridoio umanitario** humanitarian corridor.

umano *agg* human; (*solidale*) humane ◊ **un essere umano** a human being.

umbro *agg, sm* Umbrian.

umidità *sf inv* dampness; (*di clima*) humidity.

ùmido *agg* damp; (*clima*) humid; (*mani, occhi*) moist ◊ *sm* dampness; (*cuc*) stew ◊ **in umido** stewed.

ùmile *agg* humble.

umiliare *v tr* to humiliate ◊ *v rifl* to humble oneself, to humiliate oneself.

umiliazione *sf* humiliation.

umiltà *sf inv* humility ◊ **con umiltà** humbly.

umore *sm* (*liquido fisiologico*) humour, (*AmE*) humor; (*stato d'animo*) mood ◊ **essere di buon umore** to be in a good mood; **essere di cattivo umore** to be in a bad mood.

umorismo *sm* humour, (*AmE*) humor.

umorista (*pl* **-i -e**) *sm/f* humorist.

umorìstico (*f* **-a** *pl* **-ci -che**) *agg* humorous.

un v. **uno**.

una v. **uno**.

unànime *agg* unanimous.

unanimità *sf inv* unanimity ◊ **all'unanimità** unanimously.

uncinetto *sm* crochet hook ◊ **lavorare all'uncinetto** to crochet.

uncino *sm* hook.

undicenne *agg* eleven (years old); eleven-year-old ◊ *sm/f* eleven-year-old boy (*m*), eleven-year-old girl (*f*).

undicèsimo *agg, sm* eleventh.

ùndici *agg, sm inv* eleven.

ùngere *v tr* to grease; (*oliare*) to

oil; (*imburrare*) to butter; (*sporcare*) to get greasy ◊ *v rifl* (*con olio solare*) to oil oneself; (*con crema*) to put cream on; (*sporcarsi*) to get greasy.

ungherese *agg, sm* Hungarian.

ùnghia *sf* nail; (*di animale*) claw ◊ **unghie delle mani** fingernails; **unghie dei piedi** toenails; **smalto per unghie** nail varnish, nail polish.

unghiata *sf* scratch ◊ **dare unghiate** to scratch.

unguento *sm* ointment.

ùnico (*f* -**a** *pl* -**ci** -**che**) *agg* only; (*singolo*) single; (*eccezionale*) unique ◊ *sm* the only one ◊ *sf* the only thing ◊ **è figlio unico** he is an only child; **atto unico** one-act play; **senso unico** one way; **occasione unica** chance of a lifetime.

unificare *v tr* to unify; (*standardizzare*) to standardize.

uniformare *v tr* to level ◊ *v rifl* to conform.

uniforme *agg, sf* uniform.

unione *sf* union; (*armonia*) unity; (*di colori, sapori, elementi*) combination ◊ **unione monetaria** monetary union.

unire *v tr* to unite; (*collegare*) to join; (*colori, sapori, elementi*) to combine ◊ *v rifl* to unite; (*collegarsi, aggregarsi*) to join ◊ **unire gli sforzi** to join forces; **unire in matrimonio** to join in marriage.

unìsono *sm* ◊ **all'unisono** in unison.

unità *sf inv* unity; (*elemento singolo, mat, milit, inform*) unit ◊ **unità di misura** unit; **unità sani-**

taria locale local health authority; **unità disco** disk drive; **unità periferica** peripheral (unit).

unitàrio *agg* unitary; (*organico*) organic; (*di singola unità*) unit.

unito *agg* united; (*affiatato*) close; (*famiglia*) close-knit ◊ **in tinta unita** plain.

universale *agg* universal ◊ **donatore (di sangue) universale** universal donor.

università *sf inv* university.

universitàrio *agg* university.

universo *sm* universe.

unìvoco (*f* -**a** *pl* -**ci** -**che**) *sm* univocal,

uno *art, agg* a; (*davanti a vocale*) an ◊ *pron, sm* (*numero*) one; (*un tale*) someone ◊ **uno studente** a student; **un tavolo** a table; **una spesa** an expense; **un'isola** an island; **l'uno e l'altro** both (of them); **né l'uno né l'altro** neither (of them); **gli uni ... gli altri** some ... others; **è l'una** it's one o'clock; **se uno vuole** if one wants, if you want; **due sterline l'uno** two pounds each.

unto *agg* greasy; (*oliato*) oily; (*imburrato*) buttered ◊ *sm* grease.

uomo (*pl* **uòmini**) *sm* man ◊ **da uomo** manly; **andare a passo d'uomo** to go at walking pace; **da uomo a uomo** man-to-man.

uovo (*pl* **uova** *f*) *sm* egg ◊ **uovo sodo** hard-boiled egg; **uovo alla coque** (soft-)boiled egg; **uovo in camicia** poached egg; **uova strapazzate** scrambled eggs; **taglia-**

telle all'uovo egg noodles.

uragano sm hurricane.

urànio sm uranium.

Urano sm (astr) Uranus.

urbanìstica sf town planning.

urbanìstico (f -a pl -ci -che) agg urban.

urbano agg urban; (cortese) urbane ◊ **nettezza urbana** (BrE) cleansing department, (AmE) department of sanitation; **polizia urbana** town police, (di Londra) Metropolitan Police; **telefonata urbana** local call; **centro urbano** city, town.

urgente agg urgent.

urgenza sf urgency; (emergenza) emergency ◊ **d'urgenza** emergency.

urina sf urine.

urlare v intr (persona) to shout, to scream, to yell; (animale) to howl ◊ **urlare a squarciagola** to scream at the top of one's voice.

urlo (pl -i o -a f) sm (persona) shout, scream; (animale) howl.

urna sf (elezioni) ballot box; (funeraria) urn.

urtare v tr to knock against, to bump into; (fig) to irritate ◊ v rifl (reciproco) to collide; (fig) to clash.

urto sm knock; (scontro) crash; (contrasto) clash.

uruguaiano agg, sm Uruguayan.

usanza sf custom.

usare v tr (adoperare) to use; (esercitare) to exercise ◊ v intr (avere l'abitudine) to be in the habit of; (essere di moda) to be fashionable; (far parte delle abitu-

dini) to be customary ◊ **usa e getta** disposable.

usato agg used; (di seconda mano) second-hand ◊ **mercato dell'usato** second-hand market.

usciere sm usher.

ùscio sm door.

uscire v intr (venir fuori) to come out; (andar fuori) to go out; (sfuggire) to get out; (disco) to be released; (lotteria) to come up ◊ **uscire di strada** to leave the road; **uscire di mente** to slip one's mind; **mi esce dagli occhi** I can't stand it any longer.

uscita sf exit, way out; (autostrada) junction; (spesa) outlay; (battuta) witty remark ◊ **entrate e uscite** income and expenditure; **uscita di sicurezza** emergency exit; **via d'uscita** way out, escape; **strada senza uscita** dead end, cul-de-sac.

usignolo sm nightingale.

uso sm use; (usanza) custom; (modo d'uso) usage; (pratica) practice ◊ **istruzioni per l'uso** instructions; **fuori uso** out of use; **fare uso di** to use; **a doppio uso** dual-purpose.

ustione sf burn ◊ **ustione di secondo grado** second-degree burn.

usuale agg usual.

usufruire v intr ◊ **usufruire di** to take advantage of.

usura sf usury; (logoramento) wear (and tear).

usuràio sm usurer.

usurato agg worn out.

usurpare v tr to usurp.

utènsile *sm* tool; (*cucina*) utensil.

utente *sm/f* user; (*gas*) consumer; (*telefono*) subscriber.

ùtero *sm* womb; (*med*) uterus.

ùtile *agg* useful ◊ *sm* (*guadagno*) profit ◊ **rendersi utile** to make oneself useful.

utilità *sf inv* usefulness, utility.

utilizzare *v tr* to utilize.

utopìa *sf* utopia.

uva *sf* grapes (*pl*) ◊ **chicco d'uva** grape; **uva passa** raisins; **uva sultanina** sultanas; **uva spina** gooseberry.

V

vacanza *sf* holiday, (*AmE*) vacation ◊ **andare in vacanza** to go on holiday, to go on vacation.

vacca (*pl* **-che**) *sf* cow.

vaccinare *v tr* to vaccinate.

vaccinazione *sf* vaccination.

vaccino *sm* vaccine.

vacillare *v intr* (*persona*) to totter; (*oggetto*) to wobble; (*fig*) to waver.

vagabondo *agg* wandering; (*animale*) stray ◊ *sm* vagrant.

vagare *v intr* to wander.

vagina *sf* vagina.

vaginale *agg* vaginal.

vagito *sm* cry.

vàglia *sm inv* (*postale*) money order.

vagliare *v tr* (*setacciare*) sift; (*fig*) to weigh.

vago (*f* **-a** *pl* **-ghi -ghe**) *agg* vague ◊ **nervo vago** vagus nerve.

vagone *sm* (*merci*) (*BrE*) wagon, (*AmE*) freight car; (*passeggeri*) (*BrE*) carriage, coach, (*AmE*) car ◊ **vagone letto** sleeping car; **vagone ristorante** dining car; (*BrE*) restaurant car.

vaiolo *sm* smallpox.

valanga (*pl* **-ghe**) *sf* avalanche; (*fig*) flood.

valdese *agg*, *sm/f* (*relig*) Waldensian ◊ **i valdesi** Waldenses, Valdenses.

valente *agg* skilful; (*artista*) talented.

valere *v intr* (*avere valore*) to be worth; (*avere capacità*) to be good; (*contare*) to count; (*avere validità*) to be valid; (*norma*) to apply ◊ *v tr* (*avere prezzo*) to be worth ◊ *v rifl* to avail oneself (of) ◊ **l'uno vale l'altro** the one is as good as the other; **farsi valere** to assert oneself; **non vale!** that's not fair! **tanto vale dirglielo ora** we might as well tell him now; **vale a dire** that is to say; **vale la pena di provare** it's worth trying; **questo vale anche per te** this applies to you too; **non valgono niente** they are worthless; **vale un occhio della testa** it costs an arm and a leg.

valeriana *sf* valerian.

valévole *agg* valid.

valicare *v tr* to cross.

vàlico (*pl* **-chi**) *sm* pass.

validità *sf inv* validity.

vàlido *agg* valid; (*efficiente*) efficient; (*contributo*) valuable.

valigerìa *sf* leather goods shop.

valìgia (*pl* -**gie**) *sf* suitcase.

vallata *sf* valley.

valle *sf* valley ◊ **scendere a valle** to go downhill; **a valle** downstream.

valore *sm* value, worth; (*merito*) merit; (*coraggio*) valour, (*AmE*) valor ◊ *pl* (*titoli*) securities; (*oggetti preziosi*) valuables; (*principi morali*) values ◊ **senza valore** worthless; **valori bollati** stamps.

valorizzare *v tr* (*far aumentare di valore*) to increase the value of; (*sfruttare al meglio*) to use to advantage; (*far risaltare le qualità*) to enhance.

valoroso *agg* courageous.

valuta *sf* currency ◊ **valuta estera** foreign currency.

valutare *v tr* to value; (*danni, costi*) to assess; (*situazione*) to weigh up.

valutazione *sf* valuation, assessment.

vàlvola *sf* valve; (*fusibile*) fuse ◊ **valvola di sicurezza** safety valve; **valvola cardiaca** cardiac valve.

valzer *sm inv* waltz.

vampata *sf* blaze; (*di calore*) blast; (*al viso*) flush.

vampiro *sm* vampire; (*fig*) bloodsucker.

vandalismo *sm* vandalism.

vàndalo *sm* vandal.

vanga (*pl* -**ghe**) *sf* spade.

vangare *v tr* to dig.

vangelo *sm* Gospel; (*fig, verità*) gospel (truth).

vaniglia *sf* vanilla.

vanità *sf inv* vanity.

vanitoso *agg* vain.

vano *agg* vain ◊ *sm* (*stanza*) room; (*spazio vuoto*) hollow ◊ **vano della porta** doorway; **vano portaoggetti** glove compartment.

vantàggio *sm* advantage; (*sport*) lead; (*tennis*) advantage ◊ **trarre vantaggio** to benefit.

vantaggioso *agg* advantageous.

vantare *v tr* (*meriti, prodotti*) to praise; (*possedere*) to boast ◊ *v rifl* to boast.

vanto *sm* (*atto di vantarsi*) boast; (*merito*) credit; (*ragione di orgoglio*) pride; (*fiore all'occhiello*) flagship.

vapore *sm* steam; (*benzina*) (*BrE*) vapour, (*AmE*) vapor ◊ *pl* fumes ◊ **a vapore** steam; **cuocere a vapore** to steam.

vaporetto *sm* water bus.

varare *v tr* to launch ◊ **varare una legge** to pass a law.

varcare *v tr* to cross.

varco (*pl* -**chi**) *sm* passage ◊ **aspettare qualcuno al varco** to lie in wait for somebody.

variàbile *agg* changeable, variable ◊ *sf* variable.

variare *v intr* to vary ◊ **i prezzi variano da... a** the prices range from... to.

varicella *sf* chickenpox.

variegato *agg* variegated.

varietà *sf inv* variety ◊ *sm inv* variety show.

vàrio *agg* varied ◊ *pl* (*parecchi*) various ◊ **varie ed eventuali** any other business.

variopinto

variopinto *agg* multicoloured, (*AmE*) multicolored.

varo *sm* launch.

vasca (*pl* -che) *sf* tub; (*pesci*) tank; (*piscina*) swimming pool; (*da bagno*) bath, bath-tub ◊ **fare una vasca** to swim a length.

vaselina *sf* of Vaseline.

vasellame *sm* (*stoviglie*) crockery; (*di porcellana*) china; (*di metalli preziosi*) plate.

vaso *sm* (*fiori*) vase; (*piante*) pot; (*conserve*) jar; (*med*) vessel ◊ **vaso capillare** blood vessel.

vassoio *sm* tray.

vasto *agg* vast, huge, immense.

vaticano *agg*, *sm* Vatican.

ve *pron*, *avv* v. **vi** ◊ **ve lo lasciò cadere sopra** he let it drop on it; **ve ne sono alcuni** there are a few (of them).

vecchiàia *sf* old age.

vècchio *agg* old; (*vino*) mature; (*pane*) stale ◊ *sm* old man ◊ **una vecchia** an old woman; **i vecchi** old people, the elderly; **un amico di vecchia data** an old friend; **è più vecchio di me** he's older than me.

vedere *v tr/intr* to see ◊ *v rifl* to see oneself; (*incontrarsi*) to see each other; (*essere visibile*) to show ◊ **non vedo l'ora di** I can't wait to; **fammi vedere** let me see, show me; **farsi vedere** to show one's face; (*dal medico*) to be examined.

vedetta *sf* lookout; (*mar*) patrol vessel.

védovo *sm* widower ◊ **vedova** widow; **rimanere vedovo** to be widowed; **vedova nera** black widow.

veduta *sf* view ◊ *pl* (*fig*) views, opinions ◊ **di larghe vedute** broad-minded.

vegetale *agg*, *sm* vegetable.

vegetaliano *agg*, *sm* vegan.

vegetariano *agg*, *sm* vegetarian.

vegetazione *sf* vegetation.

véglia *sf* watch ◊ **veglia funebre** vigil, (*in Irlanda*) wake; **essere tra la veglia e il sonno** to be half awake, to be half asleep.

vegliare *v tr* to keep watch, to keep a vigil.

veglione *sm* night-long party ◊ **veglione di capodanno** New Year's Eve celebrations.

veìcolo *sm* (*mezzo di trasporto*) vehicle; (*di malattie*) carrier.

vela *sf* sail; (*sport*) sailing ◊ **barca a vela** sailing boat; **volo a vela** gliding; **a gonfie vele** perfectly.

velato *agg* veiled (*anche fig*); (*occhi*) misty; (*calze*) sheer.

veleno *sm* poison; (*di serpente*) venom.

velenoso *agg* poisonous; (*persona*, *risposta*) venomous.

veliero *sm* sailing ship.

velìvolo *sm* aircraft.

velleità *sf inv* mere inclination.

velluto *sm* velvet ◊ **velluto a coste** corduroy.

velo *sm* veil; (*di cipria, di zucchero*) dusting; (*tessuto*) voile.

veloce *agg* fast.

velocità *sf inv* speed; (*marcia*) (*BrE*) gear, (*AmE*) speed.

velòdromo *sm* cycle-track.

vena *sf* vein; (*legno*) grain; (*d'acqua*) spring ◊ **vene varicose** varicose veins; **essere in vena** to be in the mood.

venale *agg* (*persona*) mercenary, venal ◊ **valore venale** selling value; **cose venali** material things.

venatòrio *agg* hunting.

venatura *sf* (*foglia, marmo*) vein; (*legno*) grain; (*sfumatura*) tinge.

vendémmia *sf* grape harvest.

vendemmiare *v tr/intr* to harvest (the grapes).

véndere *v tr* to sell ◊ *v rifl* to sell oneself; (*essere in vendita*) to be for sale ◊ **vendesi** for sale.

vendetta *sf* revenge.

vendicare *v tr* to avenge ◊ *v rifl* to take one's revenge.

véndita *sf* sale; (*negozio*) (*BrE*) shop, (*AmE*) store ◊ **vendita al dettaglio** retailing; **vendita all'ingrosso** wholesaling; **vendita per corrispondenza** mail order.

venditore (**-trice**) *sm* seller ◊ **venditore ambulante** hawker, pedlar.

venerare *v tr* to revere; (*santi*) to worship.

venerdì *sm inv* Friday ◊ **venerdì santo** Good Friday.

Vènere *sf* Venus.

venèreo *agg* venereal.

veneziana *sf* (*tenda*) venetian blind.

veneziano *agg, sm* Venetian.

venezuelano *agg, sm* Venezuelan.

venire *v intr* to come; (*riuscire*) to turn out; (*costare*) to cost; (*nei passivi*) to be ◊ **venire dopo** to follow; **venire al mondo** to come into the world; **venire incontro a qualcuno** to meet somebody halfway; **venir meno** (*svenire*) to faint; (*a promessa*) to break; (*a impegno*) not to fulfil; **venire in mente** to come to mind; **mi viene da ridere** I feel like laughing.

ventàglio *sm* fan.

ventata *sf* gust (of wind); (*fig*) breath.

ventennale *agg* (*che dura 20 anni*) twenty-year; (*che ricorre ogni 20 anni*) twenty-yearly ◊ *sm* twentieth anniversary.

ventenne *agg* twenty (years old); twenty-year-old ◊ *sm/f* twenty-year-old man (*m*), twenty-year-old woman (*f*).

ventènnio *sm* twenty years (*pl*) ◊ **il ventennio** (**fascista**) the Fascist period.

ventèsimo *agg, sm* twentieth.

venti *agg, sm inv* twenty.

ventilare *v tr* to air (*anche fig*).

ventilatore *sm* fan.

ventisette *sm* twenty-seven ◊ **il ventisette** (monthly) pay day.

vento *sm* wind ◊ **gettare al vento** to throw to the wind; **parlare al vento** to waste one's breath; **galleria del vento** wind tunnel.

ventosa *sf* (*zool*) sucker; (*artificiale*) suction cup.

ventoso *agg* windy.

ventre *sm* stomach.

ventricolo *sm* ventricle.

ventunèsimo *agg, sm* twenty-first.

venturo *agg* next ◊ **l'anno venturo** next year.

venuta *sf* coming.

veranda *sf* veranda.

verbale *agg* verbal ◊ *sm* (*di riunione*) minutes (*pl*); (*giur*) record.

verbo *sm* verb.

verde *agg* green ◊ *sm* green; (*vegetazione*) greenery; (*semaforo*) green light ◊ **numero verde** (*BrE*) Freephone number, (*AmE*) toll-free number; **essere al verde** to be skint.

verdetto *sm* verdict.

verdura *sf* vegetables (*pl*).

vérgine *sf* virgin ◊ **olio extra vergine** extra-virgin olive oil; **la Vergine con gli angeli** the Virgin with angels; (**il segno della**) **Vergine** Virgo; **pura lana vergine** pure new wool.

vergogna *sf* shame; (*timidezza*) shyness; (*imbarazzo*) embarrassment ◊ **è una vergogna** it's a shame.

vergognarsi *v rifl* to feel ashamed; (*per timidezza*) to feel shy.

vergognoso *agg* ashamed; (*timido*) shy; (*disonorevole*) shameful.

verifica (*pl* **-che**) *sf* check; (*scolastica*) test.

verificare *v tr* to check; (*funzionamento*) to test; (*fin, conti*) to audit ◊ *v rifl* (*accadere*) to occur, to happen; (*dimostrarsi vero*) to come true.

verità *sf inv* truth.

verme *sm* worm ◊ **verme solitario** tapeworm.

vermut *sm* vermouth.

vernice *sf* paint; (*trasparente*) varnish; (*pelle*) patent leather; (*inaugurazione*) preview; (*fig*) veneer.

verniciare *v tr* to paint; (*con vernice trasparente*) to varnish.

vero *agg* true; (*autentico*) real ◊ *sm* (*verità*) truth; (*realtà*) life ◊ **sei contento, vero?** you are happy, aren't you?; **non hai dormito, vero?** you didn't sleep, did you?; **tant'è vero che ...** and in fact; **non mi pare vero!** it doesn't seem possible!, I can't wait!

verosìmile *agg* probable.

verruca (*pl* **-che**) *sf* wart; (*specialmente del piede*) verruca.

versamento *sm* (*denaro*) payment; (*in banca*) deposit; (*med*) effusion.

versante *sm* (*geog*) slope; (*fig*) front.

versare *v tr* to pour; (*rovesciare*) to spill; (*denaro*) to pay; (*lacrime*) to shed ◊ *v rifl* to spill; (*sfociare*) to flow.

versàtile *agg* versatile.

versione *sf* version; (*traduzione*) translation.

verso *sm* (*di poesia*) line, verse; (*di animali*) cry; (*richiamo*) call; (*di stoffa, legno*) grain ◊ *pl* (*poesia*) verse (*sing*) ◊ *prep* towards; (*nei pressi di, intorno a*) around ◊ **verso il basso** downwards; **verso l'alto** upwards; **non c'è verso di** there is no way of; **andare verso**

nord to go north(wards); **verso che ora?** around what time?

vèrtebra *sf* vertebra.

vertebrale *agg* ◊ **colonna vertebrale** spinal column.

verticale *agg* vertical; (*cruciverba*) down ◊ *sf* (*ginnastica, con appoggio sulle mani*) handstand; (*sulla testa*) headstand.

vèrtice *sm* summit; (*mat*) vertex; (*fig*) peak, top ◊ **incontro al vertice** summit (meeting).

vertìgine *sf* dizziness; (*med*) vertigo ◊ **soffrire di vertigini** to be afraid of heights; (*med*) to suffer from vertigo.

verza *sf* Savoy cabbage.

vescìca (*pl* -**che**) *sf* (*anat*) bladder; (*sulla pelle*) blister.

véscovo *sm* bishop.

vespa *sf* wasp.

vespàio *sm* wasps' nest; (*fig*) hornets' nest.

vestàglia *sf* dressing gown.

veste *sf* dress; (*funzione*) capacity; (*tipografica*) layout ◊ **veste religiosa** habit; **in veste di amico** as a friend.

vestiàrio *sm* clothing; (*guardaroba*) wardrobe ◊ **capo di vestiario** garment, item of clothing.

vestire *v tr* to dress; (*indossare*) to wear ◊ *v rifl* to get dressed ◊ **vestire a lutto** to wear mourning.

vestito *sm* (*da donna*) dress; (*da uomo*) suit ◊ *pl* clothes.

veterano *agg, sm* veteran.

veterinàrio *sm* veterinary surgeon, (*AmE*) veterinarian.

veto *sm* veto ◊ **mettere il veto** to veto.

vetràio *sm* (*chi installa vetri*) glazier; (*chi soffia il vetro*) glassblower.

vetrata *sf* glass window; (*porta*) glass door; (*multicolore, di chiese*) stained glass window.

vetrina *sf* (*shop-*)window; (*mobile*) display cabinet; (*fig*) showcase.

vetrinista (*pl* -**i** -**e**) *sm/f* window dresser.

vetro *sm* glass; (*di finestra, porta*) pane ◊ **vetro smerigliato** frosted glass; **articoli di vetro** glassware; **doppi vetri** double-glazing.

vetrorésina *sf* (*BrE*) fibreglass, (*AmE*) fiberglass.

vetta *sf* top.

vettore *sm* (*mat*) vector; (*trasportatore*) carrier.

vettovàglie *sf pl* provisions.

vettura *sf* (*treno*) (*BrE*) coach, carriage, (*AmE*) car; (*automobile*) (*BrE*) car, (*AmE*) automobile.

vezzo *sm* habit; (*gesto affettuoso*) loving gesture.

vi *pron* (*oggetto*) you; (*a voi*) (to) you; (*riflessivo*) yourselves; (*reciproco*) each other; (*tra più persone*) one another ◊ *avv luogo* here, there ◊ **vi dico che** I'm telling you that; **ve l'ho detto** I told you; **vi conoscete?** (*due persone*) do you know each other?, (*più persone*) do you know one another?; **divertitevi** enjoy yourselves; **eccovi qua**

here you are; **vi crescono le ortiche** nettles grow there.

via *sf* street, road; *(fig)* way; *(anat)* tract ◊ *avv* away; *(fuori)* out ◊ *inter* go away!; *(su, dai)* come on!; *(sport)* go! ◊ *sm* *(sport)* starting signal ◊ **per via orale** by mouth; **via mare** by sea; **via d'uscita** way out; **dare il via** to start; **buttare via** to throw away; **andare via** to go away; **e così via** and so on.

viabilità *sf inv (condizioni della strada)* road conditions *(pl)*; *(rete stradale)* road network; *(norme)* road and traffic laws *(pl)*.

viacàrd *sf inv* motorway toll pass.

viadotto *sm* viaduct.

viaggiàre *v intr* to travel.

viaggiatore (**-trice**) *sm (BrE)* traveller, *(AmE)* traveler ◊ **commesso viaggiatore** travel(l)ing salesman.

viaggio *sm* journey; *(breve)* trip; *(aereo)* flight; *(via mare)* voyage ◊ *pl* travels ◊ **mettersi in viaggio** to set out, to set off.

viale *sm* avenue; *(in un parco)* path; *(privato)* drive.

viavài *sm inv* coming and going.

vibrare *v tr (pugno)* to punch; *(pugnalata, coltellata)* to stab ◊ *v intr* to vibrate.

vibrazione *sf* vibration.

vice *sm/f inv* deputy.

vicedirettore *sm* assistant manager ◊ **vicedirettrice** assistant manageress.

vicenda *sf* event ◊ **a vicenda** *(fra due)* each other; *(a turno)* in turn(s).

viceversa *avv (nel modo contrario)* vice versa; *(invece)* but ◊ **da Milano a Pavia e viceversa** from Milano to Pavia and back.

vichingo *(pl* **-ghi -ghe)** *agg, sm* Viking.

vicinanza *sf* nearness ◊ **nelle vicinanze di** in the vicinity of; **nelle vicinanze** nearby.

vicinato *sm (BrE)* neighbourhood, *(AmE)* neighborhood; *(vicini) (BrE)* neighbours *(pl)* *(AmE)* neighbors *(pl)*.

vicino *agg* near; *(immediatamente accanto)* next ◊ *avv* near (to), close ◊ *sm (BrE)* neighbour, *(AmE)* neighbor ◊ **da vicino** closely, at close range; **la banca più vicina** the nearest bank; **seduto vicino a lui** sitting next to him; **i miei vicini di casa** my nextdoor neighbours.

vìcolo *sm* alley ◊ **vicolo cieco** blind alley.

video *sm* video; *(schermo TV)* screen; *(nastro)* videocassette.

videocàmera *sf* video camera; *(portatile)* camcorder.

videocassetta *sf* video cassette.

videogioco *(pl* **-chi)** *sm* video game.

videonoléggio *sm* video rental.

videoregistratore *sm* video cassette recorder.

vidimare *v tr* to authenticate.

vietare *v tr* to forbid.

vietato *agg* forbidden; *(da leggi)*

prohibited ◊ **sosta vietata** no parking; **vietato fumare** no smoking.

vigente *agg* current ◊ **secondo le leggi vigenti** under the current law.

vigilanza *sf* vigilance; (*della polizia*) surveillance; (*supervisione*) supervision.

vigilare *v tr* to watch (over); (*pattugliare*) to patrol; (*sovrintendere*) to supervise ◊ *v intr* (*essere vigili*) to stay vigilant; (*assicurarsi*) to insure.

vìgile *agg* watchful ◊ *sm* (*urbano*) policeman; (*del fuoco*) fireman ◊ **vigilessa** policewoman; **vigilessa del fuoco** fire woman.

vigilia *sf* eve ◊ **vigilia di Natale** Christmas Eve.

vigliaccherìa *sf* cowardice.

vigliacco (*f* -a *pl* -chi -che) *agg* cowardly ◊ *sm* coward.

vigna *sf* vineyard.

vignetta *sf* cartoon.

vigogna *sf* vicuña.

vigore *sm* vigour, (*AmE*) vigor ◊ **entrare in vigore** to come into force; **legge in vigore** current law.

vigoroso *agg* vigorous.

vile *agg* cowardly; (*ignobile*) vile.

villa *sf* villa.

villàggio *sm* village ◊ **villaggio turistico** holiday village.

villano *agg* rude ◊ *sm* (*maleducato*) boor.

villeggiante *sm/f* holiday-maker.

villeggiatura *sf* (*BrE*) holiday, holidays (*pl*), (*AmE*) vacation ◊

località di villeggiatura holiday resort.

viltà *sf inv* cowardice.

vimine *sm* (*bot*) osier; (*per manufatti*) wicker ◊ **cestino di vimini** wicker basket.

vincere *v tr/intr* to win; (*sconfiggere*) to defeat; (*avversario*) to beat; (*superare, difficoltà*) to overcome ◊ *v intr* to win ◊ *v rifl* to control oneself ◊ **che squadra ha vinto?** which team won?; **vincere il primo premio** to win the first prize.

vincita *sf* win; (*somma vinta*) winnings (*pl*).

vincitore (-trice) *sm* winner.

vincolo *sm* bond.

vino *sm* wine ◊ **vin brulé** mulled wine; **vino da tavola** table wine; **vino novello** new wine; **vino invecchiato** old vintage; **vino bianco** white wine; **vino rosso** red wine; **vino rosato** rosé; **vino frizzante** bubbly wine; **vino secco** dry wine.

viola *sf* (*bot*) violet; (*mus*) viola ◊ *agg, sm* (*colore*) purple, violet ◊ **viola del pensiero** pansy.

violare *v tr* to violate; (*legge*) to break, to infringe; (*domicilio*) to break into.

violazione *sf* violation ◊ **violazione di domicilio con effrazione** breaking and entering.

violentare *v tr* to rape; (*costringere con la violenza*) to force (against one's will).

violento *agg, sm* violent ◊ **morte violenta** violent death.

violenza *sf* violence ◊ **violenza sessuale** sexual assault.

violinista (*pl* **-i -e**) *sm/f* violinist.

violino *sm* violin ◊ **chiave di violino** treble clef; **primo violino** (*BrE*) first violin, leader, (*AmE*) concert-master.

violoncellista (*pl* **-i -e**) *sm/f* cellist, violoncellist.

violoncello *sm* cello, violoncello.

viòttolo *sm* path.

vipera *sf* (*zool, vipera comune*) viper, adder; (*fig*) evil person.

virale *agg* viral.

virare *v intr* to veer ◊ **virare di bordo** to veer.

virgola *sf* comma; (*mat*) point.

virgolette *sf pl* inverted commas.

virile *agg* virile; (*da uomo*) manly.

virtù *sf inv* virtue ◊ **in virtù di** under.

virtuale *agg* virtual ◊ **realtà virtuale** virtual reality.

virtuosismo *sm* virtuosity.

virtuoso *agg* virtuous ◊ *sm* (*del violino*) virtuoso.

virus *sm inv* virus.

viscere *sm* internal organ ◊ **i visceri** guts, entrails; **nelle viscere della terra** in the bowels of the earth.

vìschio *sm* (*bot*) mistletoe; (*sostanza appiccicosa*) birdlime.

vischioso *agg* viscous; (*appiccicoso*) sticky.

viscido *agg* slimy.

visibilità *sf inv* visibility.

visiera *sf* (*di elmo, casco*) visor; (*maschera da scherma*) mask ◊ **berretto a visiera** peaked cap

visionàrio *agg, sm* visionary.

visione *sf* vision ◊ **prima visione** first screening.

vìsita *sf* visit; (*breve*) call; (*med*) examination ◊ **visita guidata** guided tour; **visita di controllo** check-up; **far visita a qualcuno** to pay somebody a visit; **orario di visita** (*ospedale*) visiting hours; (*ambulatorio*) surgery hours.

visitare *v tr* to visit; (*brevemente*) to call on; (*med*) to examine.

visitatore (**-trice**) *sm* visitor.

visivo *agg* visual ◊ **campo visivo** field of vision; **arti visive** visual arts.

viso *sm* face.

visone *sm* mink.

vispo *agg* lively.

vista *sf* sight; (*veduta*) view ◊ **a vista d'occhio** visibly; **essere in vista** (*fig*) to be in the public eye; **punto di vista** point of view; **conoscere di vista** to know by sight.

visto *sm* (*segno*) tick; (*BrE*) (*AmE*) check; (*consolare*) visa; (*bur, firma*) endorsement.

vistoso *agg* showy; (*ingente*) considerable.

visuale *agg* visual ◊ *sf* view.

vita *sf* life; (*durata*) lifetime; (*anat*) waist ◊ **il costo della vita** the cost of living; **essere in vita** to be alive; **essere in fin di vita** to be at death's door; **a vita** for life.

vitale *agg* vital.

vitalità *sf inv* vitality.

vitamina *sf* vitamin.

vite sf (bot) vine; (meccanica) screw.

vitello sm (vivo) calf; (carne) veal; (pelle) calf (skin) ◊ **fettina di vitello** veal cutlet.

vittima sf victim ◊ **fare la vittima** to play the martyr.

vitto sm food; (pasti) board ◊ **vitto e alloggio** board and lodging.

vittoria sf victory.

vittoriano agg Victorian.

vittorioso agg victorious.

viva inter ◊ **viva la regina!** long live the Queen!

vivace agg vivacious; (intelligenza) lively; (colore) bright.

vivaio sm (piante) nursery; (punto vendita) garden centre; (pesci) fish farm; (fig) breeding ground.

vivanda sf food.

vivere v intr to live ◊ v tr (passare) to go through ◊ sm life ◊ **guadagnarsi da vivere** to earn one's living.

viveri sm pl provisions.

vivisezione sf vivisection.

vivo agg alive; (vivente) living; (vivace) lively; (colore) bright; (ricordo) vivid; (emozione) intense; (interesse) keen; (ringraziamenti) heartfelt ◊ sm pl the living ◊ **farsi vivo** to get in touch; **dal vivo** live; **pungere qualcuno sul vivo** to cut somebody to the quick; **a fuoco vivo** on a high heat.

viziare v tr to spoil; (giur) to invalidate.

viziato agg (persona) spoilt;

(rapporti) spoiled; (aria) stale; (giur) invalid.

vizio sm vice; (cattiva abitudine) bad habit; (difetto) flaw.

vizioso agg dissolute; (difettoso) faulty ◊ **circolo vizioso** vicious circle.

vocabolario sm (dizionario) dictionary; (lessico particolare) vocabulary.

vocabolo sm word.

vocale agg vocal ◊ sf vowel ◊ **corde vocali** vocal cords.

vocazione sf vocation; (attitudine) talent.

voce sf voice; (diceria) (BrE) rumour, (AmE) rumor; (di bilancio, dizionario) entry ◊ **te lo dirò a voce** I'll tell you when I see you; **parlare ad alta voce** to speak in a loud voice; **alzare la voce** to raise one's voice; **corre voce** rumour has it that.

vodka sf inv vodka.

voga (pl **-ghe**) sf (remare) rowing; (energia) enthusiasm ◊ **essere in voga** to be popular.

vogare v intr to row.

voglia sf (desiderio) desire; (volontà) will; (med) birthmark ◊ **aver voglia di** to feel like; **morire dalla voglia di far qualcosa** to be dying to do something; **contro voglia** unwillingly.

voi pron you ◊ **voi siete state a Edimburgo?** have you been to Edinburgh?; **ehi, voi due** hey, you two.

volante agg flying; (foglio) loose ◊ sf (polizia) flying squad ◊ sm

309

(*auto*) steering-wheel ◊ **otto volante** roller-coaster, (*AmE*) big dipper.
volantino *sm* leaflet.
volare *v intr* to fly.
volata *sf* (*sport*) final sprint ◊ **di volata** in a rush.
volàtile *agg* volatile ◊ *sm* bird.
volentieri *avv* willingly ◊ **un caffè? volentieri!** a coffee? with pleasure!
volere *v tr* to want; (*desiderare*) to wish; (*gradire, consentire*) to like; (*aver bisogno di*) to need ◊ **voler bene** to love; **senza volere** unwittingly, without meaning to; **voler dire** to mean; **vuoi un caffè?** would you like a coffee?; **te la sei voluta** you asked for it; **ci vuole un'ora** it takes one hour; **vuoi scherzare?** are you joking?
volgare *agg* vulgar; (*popolare*) common.
vòlgere *v tr/intr, rifl* to turn ◊ **volgere al termine** to draw to an end; **volgere qualcosa a proprio favore** to turn something to advantage.
volo *sm* fligh ◊ **al volo** quickly; **prendere al volo** (*palla*) to catch in mid-air; (*occasione*) to seize; **capire al volo** to understand straight away; **volo di linea** scheduled flight.
volontà *sf inv* will; (*desiderio*) wish ◊ **a volontà** at will, as much as one likes; **ultime volontà** last will and testament; **forza di volontà** willpower.
volontariato *sm* (*attività*) volun-

tary work; (*volontari*) voluntary workers (*pl*)
volontàrio *agg* voluntary ◊ *sm* volunteer.
volpe *sf* fox; (*fig*) sly fox.
volpino *sm* (*cane*) Pomeranian.
volt *sm inv* volt.
volta *sf* (*tempo*) time; (*turno*) turn; (*curva*) bend; (*arch*) vault ◊ **una volta** once; **due volte** twice; **tre, quattro volte** three, four times; **ogni volta** every time; **una volta per tutte** once and for all; **una volta tanto** for once; **ti ha dato di volta il cervello?** have you gone out of your mind?
voltafàccia *sm inv* volte-face.
voltàggio *sm* voltage.
voltare *v tr/intr* to turn; (*rigirare*) to turn round; (*capovolgere*) to turn over ◊ *v rifl* to turn (round) ◊ **voltare l'angolo** to turn round the corner; **voltare a destra, a sinistra** to turn right, left.
volto *sm* face.
volùbile *agg* fickle.
volume *sm* volume ◊ **volume d'affari** volume of business; **ad alto, a basso volume** at high, low volume.
voluminoso *agg* voluminous, bulky.
vomitare *v tr/intr* to vomit.
vòmito *sm* vomit ◊ **ho il vomito** I feel sick.
vóngola *sf* clam.
vorace *agg* voracious.
voràgine *sf* abyss.
vòrtice *sm* whirl; (*gorgo*) whirlpool; (*di vento*) whirlwind.
vostro *agg* your ◊ *pron* yours ◊ **la**

vostra macchina your car; **è vostra questa macchina?** is this car yours?; **un vostro parente** a relative of yours.

votare *v tr* to vote for; (*sottoporre a votazione*) to vote on; (*approvare*) to pass ◊ *v intr* to vote ◊ *v rifl* to devote oneself (to).

votazione *sf* voting; (*scuola*) marks (*pl*).

voto *sm* (*politico*) vote; (*scolastico*) mark; (*relig*) vow.

vulcànico (*f* **-a** *pl* **-ci -che**) *agg* volcanic.

vulcano *sm* volcano ◊ **vulcano in eruzione** erupting volcano; **vulcano attivo** active volcano; **vulcano spento** dormant volcano; **essere un vulcano di idee** to be bursting with ideas.

vulneràbile *agg* vulnerable.

vuotare *v tr, rifl* to empty ◊ **vuotare il sacco** to spill the beans.

vuoto *agg* empty; (*non occupato*) vacant; (*fig, persona, discorso*) shallow ◊ *sm* (*spazio*) empty space; (*fis*) vacuum; (*fig*) void ◊ **a mani vuote** empty-handed; **a stomaco vuoto** on an empty stomach; **sotto vuoto** vacuum-packed; **vuoto d'aria** air pocket; **assegno a vuoto** uncovered cheque, dud cheque; **cadere nel vuoto** (*fig*) to fall on deaf ears.

W

wafer *sm inv* wafer.

walkman *sm inv* personal stereo.

water *sm* toilet bowl.

watt *sm inv* watt.

week end *sm inv* weekend, week-end.

western *agg* cowboy ◊ *sm* western.

whisky *sm inv* (*scozzese*) whisky; (*irlandese*) whiskey.

windsurf *sm inv* (*sport*) windsurfing, sailboarding; (*tavola*) windsurfer, sailboard.

würstel *sm* frankfurter.

X

xenofobìa *sf* xenophobia.

xenòfobo *agg* xenophobic ◊ *sm* xenophobe.

xerocòpia *sf* xerox, photocopy.

xilòfono *sm* xylophone.

xilografìa *sf* (*arte*) wood-engraving, xylography; (*stampa*) xylograph.

Y

yacht *sm* yacht.

yankee *agg, sm/f inv* Yank, Yankee.

yak *sm inv* yak.

yemenita *agg, sm/f* Yemeni.

yen *sm inv* yen.

yeti *sm inv* yeti.

yiddish *agg inv, sm inv* Yiddish.

yoga *sm* yoga ◊ **maestro di yoga** yogi.

yogurt *sm* yog(h)urt.

yogurtiera *sf* yoghurt maker.

yorkshire *sm inv* (*cane*) Yorkshire terrier.
yo-yo *sm inv* yoyo.

Z

zabaione *sm* zabaglione.
zaffata *sf* whiff; (*di fumo*) cloud.
zafferano *sm* saffron.
zaffiro *sm* sapphire.
zainetto *sm* backpack.
zaino *sm* backpack, rucksack.
zambiano *agg, sm/f* Zambian.
zampa *sf* (*gamba*) leg; ("*piede di mammifero*") paw; ("*piede di uccello, elefante*") foot; (*zoccolo*) hoof ◊ **a quattro zampe** (*animale*) four-legged; (*carponi*) on all fours; **giù le zampe!** hands off!
zampillare *v intr* to gush, to spurt.
zampillo *sm* spurt.
zampogna *sf* bagpipe, zampogna.
zampone *sm* (*cuc*) zampone.
zanna *sf* fang; (*elefante*) tusk.
zanzara *sf* mosquito.
zanzariera *sf* mosquito net; (*porte, finestre*) (insect) screen.
zappa *sf* hoe ◊ **darsi la zappa sui piedi** to shoot oneself in the foot.
zappare *v tr* to hoe.
zar *sm inv* tsar.
zàttera *sf* raft ◊ **zattera di salvataggio** life-raft.
zavorra *sf* ballast; (*fig*) dead wood.
zebra *sf* zebra; (*attraversamento pedonale*) zebra crossing.
zecca (*pl* -**che**) *sf* (*zool*) tick; (*fabbrica di moneta*) mint ◊ **nuovo di zecca** brand-new.
zenit *sm inv* zenith ◊ **il sole è allo zenit** the sun is in the zenith.
zénzero *sm* ginger.
zeppa *sf* wedge; (*suola*) platform; (*fig, pezza*) patch.
zeppo *agg* packed full ◊ **pieno zeppo di** crammed with, packed with
zerbino *sm* doormat.
zero *sm* (*numero*) zero, nought; (*telefono, anche*) o; (*calcio*) nil; (*tennis*) love ◊ **taglio a zero** (*di capelli*) skinhead; number one all over; **a zero gradi** at freezing point; **sopra zero** above freezing, above zero; **sotto zero** below freezing, below zero; **ricominciare da zero** to start again from scratch; **crescita zero della popolazione** zero population growth.
zeta *sf* (*BrE*) zed, (*AmE*) zee ◊ **dalla a alla zeta** (from) A to Z, from beginning to end.
zia *sf* aunt.
zibellino *sm* sable.
zìgolo *sm* bunting.
zigomo *sm* cheekbone.
zigzàg *sm inv* ◊ **a zigzag** zigzag.
zinco (*pl* -**chi**) *sm* zinc.
zìngaro *agg, sm* gypsy.
zip *sf inv* zip ◊ *sm inv* (*inform*) zip.
zippare *v tr* (*inform*) to zip.
zittire *v tr* to silence ◊ *v intr* to hiss ◊ *v rifl* to fall silent.
zitto *agg* silent ◊ **zitti!** keep quiet!
zòccolo *sm* (*calzatura*) clog;

(*zool*) hoof; (*battiscopa*) skirting board.

zodìaco (*pl* **-ci**) *sm* zodiac.

zolfo *sm* sulphur, (*AmE*) sulfur.

zolla *sf* clod ◊ **zolla erbosa** turf.

zolletta *sf* ◊ **zolletta di zucchero** lump of sugar, sugar lump, sugar cube.

zona *sf* zone; (*area*) area ◊ **zona pedonale** pedestrian precinct; **zona disco** area for parking discs only; **zona verde** (*extraurbana*) green belt; **difesa a zona** zone defence, zonal defence.

zonzo *avv* ◊ **andare a zonzo** to stroll about.

zoo *sm inv* zoo.

zoologìa *sf* zoology.

zoològico (*f* **-a** *pl* **-ci -che**) *agg* zoological.

zoppicare *v intr* to limp; (*essere zoppo*) to be lame; (*fig*) to be shaky.

zoppo *agg* (*persona*) lame; (*tavolo*) rickety ◊ *sm* lame person.

zucca (*pl* **-che**) *sf* (*bot, tonda*) pumpkin; (*bot, oblunga*) (*BrE*) marrow, (*AmE*) squash; (*testa*) head ◊ **non avere sale in zucca** not to have any sense.

zuccherare *v tr* to sugar.

zuccheriera *sf* sugar bowl.

zuccherino *agg* sugary ◊ *sm* (*zolletta*) lump of sugar, sugar lump, sugar cube; (*caramella*) sweet.

zùcchero *sm* sugar ◊ **zucchero di canna** cane sugar; **zucchero filato** (*BrE*) candy floss, (*AmE*) cotton candy; **zucchero semolato** granulated sugar; **zucchero in polvere** (*BrE*) castor sugar, (*AmE*) powdered sugar; **zucchero a velo** icing sugar.

zucchina *sf* (*BrE*) courgette, (*AmE*) zucchini.

zucchino *sm* v. **zucchina**.

zuccone *sm* blockhead.

zuppa *sf* soup ◊ **zuppa di pesce** fish soup; **zuppa inglese** trifle.

zuppiera *sf* (soup) tureen.

zuppo *agg* soaked.